옮긴이
손희정

경희대학교 비교문화연구소 학술연구교수, 미디어연구×영상문화기획 단체 프로젝트38 멤버. 중앙대학교 첨단영상대학원에서 영화이론을 전공했으며, 수전 팔루디의 영향 아래 페미니즘 문화비평을 하고 있다. 지은 책으로 『손상된 행성에서 더 나은 파국을 상상하기』『당신이 그린 우주를 보았다』『다시, 쓰는, 세계』『페미니즘 리부트』 등과 공저 『제로의 책』『도래할 유토피아들』『원본 없는 판타지』 등이 있다. 『다크룸』『여성괴물, 억압과 위반 사이』『호러 영화』 등을 우리말로 옮겼고, 『백래시』에 해제를 썼다.

스티프트

STIFFED

배신당한 남자들

수전 팔루디 지음

손희정 옮김

arte

『스티프트』는 탁월하고 중요한 책이다. (…) 팔루디의 취재력과 문학적 역량이 함께 숨 막히는 자신감으로 아름답게 펼쳐진다. 이 책에 등장하는 남자들은 난생처음 시도하는 방식으로 팔루디에게 자기 이야기를 털어놓으며, 그렇게 엮인 풍부하고 복잡한 태피스트리는 서구 가치 체계 전반을 재고하게 한다. (…) 팔루디는 지난 30년간 성별을 갈라놓았던 흑과 백, 선과 악, 남과 여라는 이분법을 타개하고자 먼 길을 떠난다. (…) 팔루디가 만난 남자들은 할 말이 많은 사람들이다. 그들은 팔루디에게서 자신들이 꿈꾸던 여성, 그러니까 경청하고 이해해 주는 누군가를 찾을 수 있었다. —《타임》

역사학과 사회학, 설득력 있는 내러티브와 사회 연구를 풍부하게 담은 이 책은, 우리가 막 떠나온 20세기가 어떤 세기였는지 궁금해하는 이들에게 신뢰할 만한 자료가 되어 줄 것이다. (…) 수전 팔루디는 오늘날 남성으로 산다는 것이 무슨 의미인지를, 우리 삶에서 곧잘 대립하곤 하는 수많은 힘을, 진퇴양난에 빠진 남자들의 처지를 규명한다. 팔루디는 공장보다는 쇼핑몰과 시장 지배가 우세한 문화를 열심히 들여다봄으로써 (…) 남성 경험의 구조를 훌륭하게 직조해 낸다. (…) 팔루디는 남성과 여성의 삶에서 인간의 경이로움,

인간의 실패, 인간의 가능성을 본다. 이 문제를 제대로 이해한 끝에, 『스티프트』는 최종적인 기약을 남겨 둔다. 아직 실현되진 않았으나 그저 시간문제일 뿐인 희망, 어쩌면 우리가 진정한 '이해'에 가닿을지도 모른다는 희망 말이다. —《로스앤젤레스타임스》

팔루디는 개별 사례와 개개인의 면면을 통해 보다 광범위한 이야기를 능수능란하게 엮어 낸다. 일반적인 것과 구체적인 것을 연결하고, 다양한 목소리를 들려줌으로써 자신의 주장에 생동감을 불어넣는다. (…) 이 책은 수십 년이 지나서도 다시 새롭게 읽힐 것이다. (…) 『스티프트』는 우리 시대의 병리학이다. —《워싱턴포스트》

제2차세계대전 이후 격동의 수십 년간 남자들에게 일어난 일을 섬세하면서도 연민 어린 시선으로 평한 책. 공정한 시각과 열정적인 취재가 돋보이는 이 책은 (…) 20세기 후반 미국이 얼마나 급변했는지를 보여 준다. —미치코 가쿠타니, 《뉴욕타임스》

『스티프트』의 가장 큰 단점은 이것이다. 이 책을 읽는 즉시 여기저기 뛰어다니며 이 사람 저 사람 옷깃을 붙든 채 '이 책을 읽으세요! 이 책에 관해 이야기 좀 나눠야겠어요!' 하고 간청하고 싶어진다는 점. —《샌디에이고유니언트리뷴》

『스티프트』는 진지하고도 인도적인, 감탄스러운 책이다. 이 책은 노동자이자 부모이며 시민이었던 남자들을 사회가 어떤 막다른 골목으로 내몰았는지 기록한다. 『스티프트』가 전문용어 대신 구체적인 이야기로 가득한 책이라는 점이

고맙다. 이 책에서 분석한 내용은 논쟁을 촉발할 의도가 다분하며, 앞으로 꾸준히 뜨거운 도마 위에 오를 것이다.
—《슬레이트》

6년에 걸친 공격적인 취재와 그 결과에 생기를 불어넣는 놀라운 재능의 산물. 생생한 현장감이나 세심한 관찰이 부족하다며 이 책을 내려놓을 사람은 아무도 없을 것이다.
—《뉴욕타임스북리뷰》

『스티프트』는 우리 남자들의 꼬락서니를 보면서도 우리를 좋아해 주는 한 여성이 쓴 눈부신 책이다. —CBS 뉴스

독자들은 『스티프트』에서 저마다 자기가 아는 남자들을 발견할 테고, 다시는 이전과 같은 방식으로 그들을 바라보지 않을 것이다. (…) 『스티프트』는 남성다움의 정의가 의문에 부쳐진 시대에 과연 자기 정체성을 탐색하는 미국인 남성으로 존재한다는 게 어떤 의미인지, 나아가 어떤 느낌인지, 남자건 여자건 양쪽 모두가 새롭게 인식할 수 있도록 새로운 시각을 제공해 준다. 심사숙고를 거쳐 세심한 취재를 바탕으로 잘 쓰인 책이다. (…) 『스티프트』는 하나의 이정표와도 같은 책이자, 보기 드물게 주목할 만한 책이다. 이 책을 통해 남자들은 자기 자신을 다른 방식으로 바라보게 될 것이며, 여자들은 남자들을 더 잘 이해할 수 있을 것이다.
—《콜럼버스디스패치》

팔루디는 페미니즘 논쟁을 불러일으킨 『백래시』로 유명하지만 이번 책에서는 남자들을 공격하지 않는다. (…) 『스티프트』는 공적인 대화를 과대 대표해 온

'비난의 정치'에서 벗어나도록 도움을 줄 것이다.
—《애틀랜타저널앤드컨스티튜션》

수전 팔루디의 『백래시』는 근 수십 년 새에 등장한 여성 관련 도서 가운데 가장 중요한 책이었다. (…) 하지만 『스티프트』는 『백래시』를 훨씬 뛰어넘는다. (…) 그 의미가 깊고 만만치 않은 저작이다. (…) 매 페이지가 중요하다.
—《뉴욕리뷰오브북스》

수전 팔루디는 겁 없는 탐색 작업, 취재 인터뷰, 페미니즘적 회의주의, 역사적 변화에 대한 민감한 포착을 바탕으로 20세기 말 미국 사회의 경제적·문화적 압박에 직면한 남자들의 분노를 설득력 있게 해석해 냈다. (…) 팔루디는 굴하지 않는다. —《시카고트리뷴》

놀라운 책이다. (…) 페미니즘이 팔루디의 렌즈이자 나침반이라면 저널리즘은 괄목할 만한 주 종목이다. 팔루디는 소리굽쇠처럼 귀를 기울여, 눈에 보이지 않는 진동을 포착한다. (…) 팔루디는 남자 수백 명과 이야기를 나눴다. 그들은 팔루디가 유명한 페미니스트라는 걸 모르거나 신경도 쓰지 않는다. 그들에겐 여자와 이야기 나눌 기회가 필요했다. (…) 팔루디는 귀로 들을 줄 알고, 가슴 깊이 연민하며, 언제나 변화에 열려 있는 마음가짐을 갖고 있다. 그녀는 남자들의 세상에 변화를 일으키고 싶어 한다. 이제껏 남자들은 영웅적인 역할, 의미 있는 일, 안정적인 직업, 아내의 존경, 우주에 대한 통달, 자존감, 그리고 높은 점수를 딸 것이라는 거짓말에 속았다. 언제 어디선가 그런 약속을 받았지만, 이내 배신당했다. 하지만 누구에게 배신당했단

말인가? (…) 항공우주 프로젝트에서 테일후크와 로드니 킹을 거쳐 S.I. 뉴하우스에 이르기까지 어떤 주제가 됐건 팔루디는 가젤처럼 우아한 산문으로 이를 조명하며, 놀라운 통계를 통해 감응을 불러일으킨다. 그녀는 자신이 조우하는 '성난 백인 남성'의 이야기를 존중하는 마음으로 끝까지 듣고, 그들이 전하는 미묘한 어감과 단서를 솜씨 좋게 다룬다. 게다가 이처럼 탁월한 책 전반에 걸쳐 전문용어는 단 한 번도 등장하지 않는다. —존 레너드, 《뉴스데이》

팔루디의 산문은 마감이 잘된 원목처럼 견고하고 매끄럽다. 팔루디는 세세한 부분을 포착하는 보석 세공인의 눈을 가지고 있다. 그 취재 노력은 때때로 영웅적이라 할 만한 범위를 자랑한다. (…) 팔루디는 위험한 주제를 용감하고 훌륭하게 다뤄 왔고, 『스티프트』는 저명한 한 페미니스트가 남성성을 바라보는 반가운 시선을 보여 준다. —《시카고선타임스》

『스티프트』에서 팔루디는 전례 없던 방식으로 남성성 구석구석에 페미니즘의 통찰을 비추는 획기적인 논의를 선보이고 있다. (…) 이 모든 소년 및 남자에게 그녀는 사려 깊고 연민 어린 귀를 빌려준다. (…) 『스티프트』는 우리를 눈뜨게 하고, 그날그날 뉴스를 이해하는 방식이 변화할 수 있게 해 준다. '남자들은 무얼 원하는가'라는 새로운 질문에 완벽하게 답할 만한 사람은 아무도 없겠지만, 적어도 팔루디는 도발적으로 이런 질문을 할 수 있는 배짱과 지성을 갖추고 있다. —《보스턴글로브》

난센스를 뚫고 나아가고, 남자들 스스로 말하게끔 하며, 그

말에서 독창적이고 공감 어린 통찰을 이끌어 내는 뛰어난 책이다. 브라보. —《커커스리뷰》

『스티프트』는 20세기 미국 남성이 경험한 배신을 치밀하게 논증한 본보기일 뿐 아니라 놀라운 공감대를 선보이는 작업이기도 하다. (…) 팔루디의 작업이 대중문화를 둘러싸고 수없이 비슷비슷하게 이뤄진 비평들과 갈라지는 지점은 그 분석의 깊이와 너비에 있다. 대다수 대중문화 비평가들이 어떤 현상에 대한 피상적인 분석을 한 다음, 근거 없는 의견에 이끌려 지나친 웅변조가 되곤 하는데, 팔루디는 그런 접근을 피한다. (…) 『스티프트』는 도전적인 책이다. (…) 이 책은 오랫동안 수동성에 길든 남녀 모두에게 자기 삶을 바꾸기 위해 무언가 중요한 일을 할 것을, 소비주의와 피상적인 겉모습 숭배에서 손쉬운 답을 찾으라며 등 떠미는 사회적 가치관을 거부할 것을 제안한다. (…) 팔루디는 남녀 모두가 공유할 수 있는 혁명의 청사진을 위해 첫 밑그림을 그려 낸 것인지도 모른다. —《시애틀위클리》

마음을 사로잡는 (…) 놀라운 사례연구. 결국 팔루디는 우리에게 '프라미스키퍼스'나 '100만 남성 행진' 같은 대규모 집회가 단순히 역사의 표면에 등장한 파문이 아니라 표면 아래서 일어나는 심각한 지진의 전조일 수 있음을 경고한다. —《빌리지보이스》

개인을 그려 낸 르포르타주의 역작. 눈부신 글 솜씨와 엄청난 설득력을 갖춘 이 책은 철저히 연구할 가치가 있는 흥미로운 이야기와 통찰로 가득하다. —《시애틀프레스인텔리전서》

팔루디는 오늘날 장식 문화에서 남성성이 떠오른 일을 맛깔스럽게 공격해 낸다. (…) 그 엄중한 분석에 넘어가지 않기란 불가능하다. (…) 팔루디의 저서가 도래함과 더불어 '위기의 남자들'이 도처에 존재함으로써 규정된 문화적 순간은, '남자로 존재한다는 것이 어떤 의미인지'를 새롭게 말할 역사적 기회를 남녀 모두에게 제공한다.
—《하트퍼드쿠란트》

강의실이나 TV와 라디오 토크쇼는 물론, 부엌과 서재 및 침실에서도 친구들 그리고 가족들과 수전 팔루디의 『스티프트』를 읽고 토론해야 한다.
—《포트워스스타텔레그램》

몰입감 있고 도발적이다. (…) 팔루디는 미국 남성의 꿈의 선박을 전복시킨 많은 사건을 세심하게 또 격렬하게 추적한다. (…) 완전히 매혹적이고, 완전히 흥미로우며, 완전히 설득력 있다. —《탬파트리뷴》

『스티프트』에 관한 멍청한 리뷰도 있지만('세상에, 페미니스트가 남자들을 위해 할 말이 있다고?'), 좀 더 똑똑한 서평가들은 이 책이 신호탄이라는 점을 인정했다. 페미니스트와 안티페미니스트, 그리고 '단지 혼란스러울 뿐인 사람들'에게 유익한 책이다. 대단히 훌륭한 데다 오락성까지 겸비한 이 책은 '우리는 지금 어디에 있는가'에 관한 사회적 보고서다. —몰리 이빈스

정곡을 찌른다. —아널드 슈워제네거

20주년 기념판 서문

버림받은 자들은 어떻게 트럼프 지지자가 되었나

1996년 크리스마스를 코앞에 둔 어느 추운 겨울날, 마이크 맥널티는 안전벨트가 망가진 데다 쉭쉭 소리까지 나는 낡은 에어로스타 밴을 몰고 덴버 공항에 나를 마중 나왔다. 그는 낡은 차를 수리할 경제적 여유가 없었다. 우리는 차로 몇 시간을 달려 포트콜린스에 있는 그의 새집에 도착했다. 얼마 전 마이크가 화재보험을 판매하는 연봉 10만 달러짜리 일자리에서 해고당한 뒤 맥널티 가족은 남부 캘리포니아 교외의 3000제곱피트에 달하는 집을 팔고 주거지를 옮길 수밖에 없었다. 집으로 가는 길, 마이크는 자신의 문제에 대해 얘기했다. 아내가 직장과 아파트를 구하고 있으며 어쩌면 이혼을 요구할 수도 있다는 이야기였다. 그는 총기 소지 찬성론자이자 열광적인 '검은 헬기' 음모론자✠가 되었을 뿐만 아니라 텍사스주 웨이코의 다윗파✝의 앞날에 집착하고 있었다. 이 사이비 종교의 지도자가 얼

✠ '검은 헬기'는 미국의 오래된 음모론으로, 이 말 자체가 음모론자를 조롱하는 뜻에서 사용되기도 한다. 검은 헬기 음모론자들은 미국 정부가 적국을 염탐하기 위해 아무런 표지가 없는 검은 헬기를 운용하고 있으며, 이 헬기가 지나가기만 하면 이상하게도 가축이 도살당했다는 증언이 나온다고 믿는다. 헬기는 말 그대로 헬리콥터인 경우도 있고, 헬기로 위장한 제트기나 스텔스 헬기를 가리킬 때도 있다.

✝ 1955년 미국의 벤저민 로든(Benjamin Roden)이 창시한 종말론적인 종교운동. 1935년 빅토르 후테프(Viktor Khutev)가 창설한 '다비디언 제7일안식일예술재림교'를 계승하고 있다고 주장한다.

마 전 총기 비축으로 고발된 후 다윗파 사람들이 연방 요원들에게 포위당하는 일이 있었기 때문이다. 맥널티를 사로잡은 모든 정치 드라마가 그 개인의 비통함을 반영하고 있는 것 같았다. 그는 말했다. "내 앞에 놓여 있던 모든 장래가 사라져 버렸습니다."

미국에서 마이크 맥널티 같은 이들은 대부분 1990년대에 해고당했다. 대체로 생산직 노동자이거나 대학 학위가 없는 중간관리자들이었고, 무엇보다 남성이었던 그들은 이미 과거가 된 인구 집단처럼 여겨졌다. 마이크 맥널티가 넋두리를 늘어놓았던 배신은 깊게 젠더화되어 있었다. 하지만 이 인구 집단이 너무 오래되어 곧 멸종될 것으로 여겨졌던 것에 비해, 시간은 다른 결과를 보여 줬다. 도널드 트럼프는 클리블랜드에서 개최된 2016년 공화당 전당대회에서 그 남자들에게 이렇게 선언했다. "나야말로 당신들의 목소리를 대변할 인물입니다." 이 간청은 남성과 여성을 가리지 않고 충분히 많은 사람들에게 가닿았으며, 특히 남성들에게 호소력이 있었다. 그렇게 트럼프는 대통령에 선출되었다. 트럼프는 대학 학위가 없는 백인 남성들 사이에서 44퍼센트라는 놀라운 득표율 차이로 승리했다. 마이크 맥널티가 고물 미니밴에 나를 태웠던 그날로부터 20년이 흐른 뒤, 배신당했다는 감각이 전국을 지배하고 있는 것처럼 보였다.

2016년 대선은 전례 없는 성별 분열을 초래했다. 도널드 트럼프 취임에 반대한 첫 군중집회는 민주당원들이나 리버럴들, 혹은 진보주의자들의 행진이 아니었다. 알다시피 그건 '여성 행진Women's March'✢이었다. 참가자들은 트럼프가 남성의 억

✢ 2017년 1월 21일 미국 워싱턴 D.C.를 중심으로 세계 각지에서 일어난 시위. 워싱턴 D.C.에서만 20만 명이 모였으며 전 세계적으로는 500만 명이

울함에 호소하고 특히 남성 행위의 극단적인 천박함을 옹호함으로써 남성적 보복 정치를 대변하는 후보로 비치는 지경에 이르렀음을 강변하고 있었다. 이와 관련해 미국공영라디오(NPR)는 "테스토스테론이 2016년을 접수했다"라고 방송했으며, 《복스》는 "여성혐오가 이겼다"라고 언명한 바 있다. 또 《허핑턴포스트》는 "세상 천지에 백인 남자들의 승리가 울려 퍼졌다"라고 공표했다.

하지만 이런 말로는 상황을 충분히 설명할 수 없다. 그렇다, 백인 남성들은 늘 민주당보다 공화당을 좋아했다. 오래전부터 그랬다. 그렇다, 성별에 따른 투표 격차는 기록적인 수준에 도달했다. 그 와중에 백인 여성들 역시 도널드 트럼프를 선호했고, 대다수는 대학 교육을 받지 않은 이들이었다(비록 이 여성들의 지지율은 대학 교육을 받지 않은 백인 남성들의 지지율 71퍼센트에 비해 10퍼센트 뒤처지기는 했지만). 여전히 미국 사회는 트럼프의 당선을 본질적으로 남성들이 관계된 현상으로 인식했고, 이에 관한 뉴스를 충격으로 받아들였다.

선거철 내내 총기 소지에 대한 열광과 힐러리를 향한 증오가 공론장에서 그리고 노련한 전문가들과 정치인들 사이에서 공히 새로운 열병으로 취급되곤 했다. 마치 열대지방에서 발원해 방금 이 땅에 당도한 지카바이러스라도 되는 양 말이다. 핵심에 존재하는 내부자들조차 지나치게 긴장한 것처럼 보였다. 이런 분위기는 힐러리 클린턴 캠프 선거대책본부장이었던 로비 무크가 PBS 〈프런트라인〉에서 했던 말에 잘 드러난다. "우리는 방금 두꺼운 각목으로 얻어맞았는데, 너무 갑작스러운 일이었습니다." 하지만 정말 그런가? 마이크 맥널티는 어쩌고?

함께한 것으로 알려져 있다. 매해 워싱턴 D.C.에서 개최되는 '생명을 위한 행진(March for Life)'을 제외하면 1960년대 및 1970년대 반전 집회 이후 가장 규모가 큰 시위였다.

2016년 여름과 가을 내내, 선거를 둘러싼 욕설을 들으며 나는 20년 전 이 책『스티프트』집필차 취재를 하던 와중에 미국 남성성의 풍광을 여행한 1990년대를 떠올리지 않을 수 없었다. 이번 대통령 선거 유세 기간에 드러난 많은 요소는 빌 클린턴 행정부 중반에도 이미 존재했던 것들이고, 그 시기로부터 순식간에 해동되어 다시 등장한 것처럼 보였다. 선거운동에서 등장한 '새로운' 질문이 나에겐 해묵은 질문처럼 느껴졌다. 왜 트럼프 신봉자들은 본인들의 물질적 이득에 반하는 정책을 추구하는 후보를 지지하는가? 그들은 왜 그토록 힐러리를 증오하고, 총기 소지에 열광하며, '애국주의적인' 민병대식 집회에 모여드는가? 실직과 수입 감소, 사회적 지위 하락 때문에 불안했던 건가? 소수자들과 이민자들 그리고 여자들에게 기회가 가는 것이 원통했던 걸까? 그렇다. 과거에 그랬듯 지금도 그러한 것이다. 미디어에서도 과거와 똑같은 사람들에게 이에 관한 질문을 던졌다. 그들이 바로 성난 백인 남성이었다. 2016년에 부활한 시대착오적이고 악취 나는 문화에 책임이 있는 존재들이 바로 그들이었을 터다.

나는 이 남자들을 만난 적이 있다. 1990년대 중반, 캘리포니아주 롱비치에 있는 맥도널더글러스 이직 지원 사무소✠에서 말이다. 이곳은 위너슈니첼✢ 체인점 뒤편 작은 쇼핑몰 구석진 자리에서 '진로 변경'을 도와주는 일종의 인간 개조 상점이었다. 거의 3만 명에 가까운 전직 항공우주산업 종사자들이 서비스 경제의 임시직 채용이라는 멋진 신세계에 내던져지기

✠ 맥도널더글러스는 전투기, 민간 항공기, 우주선 등을 제작하는 미국의 항공기 제조 기업이다. 사측은 대대적인 구조조정 이후 '이직 지원 사무소'를 마련했는데, 이곳에서 저자가 만난 남자들의 이야기는 이 책 2장에서 본격적으로 다룬다.

✢ 미국 캘리포니아주에 본사를 둔 핫도그 체인점.

전에 '면접 기술 훈련'과 '스트레스 관리' 수업을 통해 '처리'되었다. 이직 지원 사무소에 있는 남자들은 온종일 플라스틱 의자에 앉아 멕시코인들이 일자리를 빼앗아 간다는 이야기를 했다. 비록 전직 항공우주 설계자 론 스미스가 인정하기로는, "국경을 넘어온" 항공업계 중간관리자는 없을 거라고 했지만 말이다. 어쨌거나 스미스는 미등록 이주자들이 초래할 위기를 관리하는 차원에서 (그가 긍정적인 의미를 담아 말하는) "경찰국가" 내지 "독재"를 바라게 됐다고 했다. 이런 국가가 되어야 구식 "시스템"이 제자리를 찾고, 통솔 권한이 다시금 자애롭지만 강고한 백인 남성 관리 체제에 주어질 터였다. 분명 클린턴 시절 호황기에도 미국은 이미 다시 위대해질 필요가 있었던 셈이다.✠

'프라미스키퍼스'(약속을 지키는 사람들)✢에서도 이런 남자들을 만날 수 있었다. 프라미스키퍼스에는 200만 남성 회원이 활동하고 있었는데, 이들은 축구장에 모여 복음주의 연사들이 남편들을 향해 가장이자 한 집안의 주인으로서 "성경이 허락한" 역할로 돌아가라며 손짓하는 설교를 들었다. 내가 참석한 대중집회에서 게리 스몰리✣ 같은 연사들은 하이웨스트라인으로 퍼지는 분홍색 짧은 원피스 차림의 거대한 플라스틱

✠ '미국을 다시 위대하게(Make America Great Again)'는 1980년 공화당 대선 후보였던 로널드 레이건의 선거운동 구호였고, 이후 2016년 공화당 후보인 도널드 트럼프로 계승되었다.

✢ 남성들을 위한 복음주의 기독교 산하 단체. 목표는 남성이 용기와 대담함, 리더십을 되찾도록 세계적인 운동을 통해 남성의 부흥을 가져오는 것이다. 동성혼에 반대하고 부부간 정절을 옹호하며, 가장으로서 남성의 지위를 지지한다. 미국에서 출발해 캐나다와 뉴질랜드에도 독립적인 지부가 설립돼 있다. 프라미스키퍼스 취재 내용은 이 책 5장에서 다룬다.

✣ 미국의 가족 상담가. 『게리 스몰리의 친밀감』 『아내가 바라는 남편』 등 기독교 관점에서 쓴 가족 관계 관련 저서로 유명하다. 이 책 5장에 관련 내용이 언급된다.

인형을 청중 앞에 흔들며 경고했다. "우리는 모두 이 인형과 같습니다." 여성화하고 나약하며, 그의 말대로라면 '배터리가 빠져 있다'는 것이다. 그런 정서는 오늘날 남성성의 위기를 설파하는 스승 조던 피터슨의 추종자들이나, 전능한 여자들 손에 거세를 당했다며 징징대는 '인셀' 커뮤니티 포챈4chan+ 이용자들에게는 매우 익숙한 것이다.

나는 이 남자들을 '스퍼포스'✸에서도 만났다. 스퍼포스는 같은 반 여자아이들을 사냥감 삼았던 일로 악명이 높았으며, 이미 당시에 하워드 스턴(도널드 트럼프를 종종 게스트로 초청하던 라디오 진행자)을 우상화하고 있었다. 나는 이 남자들을 클리블랜드 브라운스의 과격한 팬클럽 '도그파운드'※에서도 만났다. 브라운스는 열성적인 팬들의 오랜 헌신을 저버리고 돈 때문에 연고지를 떠난 팀이다. 또한 나는 '프라미스키퍼스' 지부 모임에서도 그런 남자들을 만났다. 이 모임은 일종의 자조 모임으로, 구성원들은 매주 캘리포니아주 글렌도라 교외에 있는 거실에 모여 자기들의 고난을 되새기고, 남자다움을 되찾으려면 어떻게 해야 하는지 곰곰이 따져 보았다. 나는 그들이 프라미스키퍼스의 리더 빌 매카트니가 나눠 준 「권력

+ 영미권 온라인 공간에서 가장 영향력 있는 남초 커뮤니티 가운데 하나. '개구리 페페' 등 각종 밈의 발원지이기도 하다.

✸ 미국 캘리포니아주 레이크우드의 십 대 남성 모임. 가입 조건은 사춘기가 되지 않은 여성을 강간하는 것이었으며, 회원 간의 성폭력과 강간 이력을 비교하기 위해 점수제를 활용했다. 1993년 L.A. 카운티 보안관이 이곳 회원들을 성범죄로 체포하면서 세상에 알려졌다. 스퍼포스에 대한 취재는 이 책 3장의 주요 내용이다.

※ 미국 미식축구 리그 NFL에 속한 팀 '브라운스'는 원래 클리블랜드에 연고지를 두고 있었다. 하지만 1990년대 경제구조 변화로 탄광도시였던 클리블랜드가 빈곤해지면서 브라운스의 요구를 들어주지 못하자, 브라운스는 극히 일부 관계자를 제외하고는 아무도 모르게 볼티모어로 옮겨 간다. '도그파운드'에 관해서는 이 책 4장에서 자세히 다룬다.

을 잡기 위해 따라야 할 수칙」을 실천하려 애쓰는 모습을 목도했다. 빌 매카트니는 한때 콜로라도대학교 미식축구 팀 코치였는데, 선수 학대와 동성애 혐오로 유명한 사람이었다. 게다가 그가 주먹구구식으로 관리했던 스포츠 팀의 강도 및 강간 범죄율은 입이 떡 벌어질 정도였다. 프라미스키퍼스 구성원들은 남자답게 싸우는 법을 알려 주는 매뉴얼을 공부하고, 부부 사이에 벌어진 전쟁담을 공유했다. "당신이 아내와 제2차세계대전 같은 싸움에 돌입하게 되었을 때……"는 흔히 듣는 증언의 도입부였다. 남자들은 프라미스키퍼스 군대를 확보함으로써 "정체성"과 "사명"을 부활시킬 수 있다고 말했다. 그러나 군 사령부는 그런 이벤트에 천문학적인 비용을 청구함으로써 이내 그들을 실망시켰고, 매카트니 코치는 더 많은 돈을 벌 수 있는 기회를 좇아 방향타를 놓아 버렸다.✠

1996년 샌디에이고 공화당 전당대회에서 이른바 '갈퀴를 든 농부들'은, 도널드 트럼프는 아니었지만 자신들의 '브레이브하트'(용맹한 기상)였던 공화당 대선 경선 후보 팻 뷰캐넌의 나팔 소리에 집결했다. 뷰캐넌이 울부짖었다. "올라탑시다, 여러분! 그리고 총소리에 맞춰 나아갑시다!" 그날 이후 지금껏 25년이 조금 넘는 세월 동안, 성난 백인 남성들은 장벽을 부수고 강을 건널 수 있도록 자신들을 이끌어 줄 장군을 기다리고 있었다. 도널드 트럼프는 여태 쭉 이들을 배신해 온 금권정치인과 언론계 인사의 최신 버전일 뿐이다. 전시 지휘관과 노동계급 영웅을 사칭하면서 이민자들을 공격하고 총기 소지권과 기독교 복음주의를 옹호하지만 결국엔 본인이 대변하고 있다던 바로 그 사람들을 등지고 마는 그런 자들 말이다. 샌디에이고 전당대회에서 뷰캐넌 측 대의원들은 "당 화합"을 위해

✠ 빌 매카트니는 프라미스키퍼스 활동을 그만둔 뒤 '예루살렘으로 가는 길(The Road to Jerusalem)'이라는 단체를 창시한다.

첫 투표에서 표심을 바꾸라는 지령을 받았다. 끝까지 뷰캐넌을 밀던 소수의 지지자들은 공화당에서 쫓겨났고, 그들의 '브레이브하트' 뷰캐넌은 TV 진행자로 돌아와 CNN 〈크로스파이어〉의 공동 진행자가 되었다. 뷰캐넌을 지지한 미시간주 대의원 마이클 베이엄은 샌디에이고에 가는 데 전 재산을 쏟아붓고 당일에 투표 중단 시위를 벌이려 했다. 하지만 그날 베이엄과 함께 대회장을 박차고 나온 사람은 취재기자 한 명뿐이었으니, 그건 바로 나였다. 베이엄은 시위 장면을 사진에 담아달라며 미리 나한테 부탁했었다. 그 순간이 대의원으로서 느낀 환멸을 표현하는 드라마틱한 쇼가 되리라 기대했던 것이다. "노르망디상륙작전 같았네요. 모든 배를 대기시켜 놓고 공격할 준비를 했지만, 막상 배에서 뛰어내려 해변으로 달려간 졸병은 나뿐인 거죠."

포트콜린스에 있는 마이크 맥널티의 집에 도착한 뒤, 나는 마이크를 따라 2층에 있는 사무실로 올라갔다. 벽에는 장식용 무기들(유리 케이스 안에 든 바이킹 칼 복제품, 명판 위에 설치된 나폴레옹의 검 모조품 등)이 전시되어 있었고, 벽 한쪽에는 '미국의 영화산업'이라는 제목의 지도가 걸려 있었다(동부 해안은 '레터먼', 서부 해안은 '할리우드'로 표시되어 있었고, 그 둘 사이에 있는 모든 지역은 '기내용 영화'로 분류되었다).

2층 사무실은 영화 편집실로도 사용되고 있었다. 맥널티는 다윗파의 붕괴에 대한 집념을 다큐멘터리 작업으로 전환해, 자신의 운을 저공 지대의 늪에서 끌어올리고자 했다.[✝] 이

✝ 마이크 맥널티가 제작하고 윌리엄 가제키가 연출한 다큐멘터리 〈웨이코: 교전규칙(Waco: The Rules of Engagement)〉(1997)은 다윗파가 FBI와의 교전에서 전멸한 사건을 다루고 있다. 1993년 2월, 다윗파가 불법 폭발물과 무기를 가지고 있다는 정보를 입수한 미국 ATF(주류·담배·총기

모험은 그가 인생에서 경험한 또 한 번의 끔찍한 배신으로 이어졌다. 그가 제작자로 참여해 전 재산을 거덜 내 가며 완성한 영화는 아카데미상 후보에 오를 정도로 설득력이 있었지만, 그는 작품의 소유권을 인정받지 못했고 아카데미상 시상식에 초청받지도 못했다. 맥널티의 반동적인 관점이 진보적인 할리우드의 구미에 맞지 않을 것을 염려한 영화 투자자들 때문이었다.

1998년 4월 19일 아침 나는 일련의 '패트리어츠'(애국자들) 그룹과 만났다. 그들은 ATF(주류·담배·총기 및 폭발물 단속국)의 공격을 받아 근거지가 큰 화재에 휩싸이면서 일어났던 다윗파 말살 5주기를 기리기 위해 웨이코 잔디밭에 모였다. 전투태세를 갖추기라도 한 듯 야전 바지에 전투화 차림인 사람이 많았다. 마이크 맥널티는 (잔디밭에 모인 사람들이 말에 뼈를 실어 말했듯) 그날의 특별 연사이자 스타였으며 "거물 제작자"였다. "여러분에게는 책임이 있습니다." 그는 연단에서 "여자들과 아이들을 위해" 정부의 무질서를 폭로해야 한다고 훈계했다. 이미 집안에서는 더 이상 수행할 수 없게 됐다며 투덜거리던 바로 그 역할을 '다윗파 가족'의 보호자로서 해내는 것. 이것이 바로 그가 말한 책임이었다.

이렇게 '보호'를 명목 삼아 돈을 갈취하는 폭력배들의 폭거와도 같은 모임 안에서, 사이비 교단의 (이미 죽은) 아내들과 아이들은 적의 손아귀에서 구해 내야 할 존재가 되었다. 그런데 하필이면 그 적이 죄다 여성이었다. 인터뷰 도중 세 여성

및 폭발물 단속국)가 텍사스주 웨이코에 있는 다윗파 근거지를 급습하는데, 이때 벌어진 총격전으로 요원 네 명과 다윗파 여섯 명이 사망하는 사건이 벌어졌다. 이후 FBI가 사건을 이어받아 결국 76명 사망자를 내고 일망타진했다. 사망자에는 어린아이 스무 명과 임신부 두 명이 포함되어 있었다. 웨이코 사건은 이 책 8장에서 자세히 다룬다.

의 이름이 특히 자주 등장하는 바람에 나는 그 셋을 묶어 '웨이코의 세 마녀'라고 부르게 됐다. 이들 삼인방은 총기 규제를 옹호하는 세라 브래디(그의 남편이자 전직 백악관 대변인 제임스 브래디는 로널드 레이건 암살 기도 사건 때 중상을 입었다), 법무부 장관 재닛 리노(사람들은 '학살자 리노'라고 불렀다), 그리고 단연 힐러리 클린턴이었다. 웨이코에서 만난 한 남자가 이렇게 말했다. "진짜로 간사한 사람은 〔대통령인 빌〕 클린턴의 아내죠." 그러자 다른 남자가 맞받아쳤다. "그 여자랑 그 족속들이 사회보장국에서 돈을 빼 가고 있어요." "낙태 비용도 사회보장국에서 내고 있죠." 이야기는 이런 식으로 계속됐다. 트럼프가 '사기꾼 힐러리Crooked Hilary'라는 말을 만들어 내기 훨씬 이전에, 1990년대의 성난 백인 남성들은 이미 그 결론에 도달해 있었다.

ATF와 법무부 장관 리노가 웨이코 대화재에 책임이 있는지 여부는 불분명했다. 내가 인터뷰한 다윗파 생존자 한 사람은 관련 조사 결과, 다윗파 사람들이 직접 불을 질렀다는 정황이 드러났음을 확인해 주었다. 그러나 맥널티와 남성 교우들은 그런 증거에 휘둘리지 않았다. 이들은 힐러리 클린턴과 마녀들이 배후에 있다고 믿었다. 맥널티는 주장했다. "백악관에서 결정권을 쥐고 있던 건 바로 그 여자였습니다."

우리가 함께 시간을 보내는 동안 맥널티는 자꾸만 그 주제로 돌아갔다. "내 생각에는 그 여자가 말 그대로건 비유적으로건 왕좌 뒤에 있는 권력이에요. (…) 강탈자들은 항상 위험하죠. 궁극적으로 목적을 달성하려면 악행을 저질러야 하니까요." 2층 사무실에 전시된 물건 가운데 특히 눈에 띄는 것이 있었다. 맥널티는 그 귀한 기념품을 미국의 디스토피아적 미래를 암시하는 끔찍한 전조로 여겼다. 사격장에 갈 때면 과녁 한가운데에 그 이미지가 있는 상상까지 한다고 했다. 그건 바로 영부인 힐러리의 얼굴과 함께 전면에 '마담 프레지던트'라는 스탬프가 찍힌 '3달러짜리 힐러리 지폐'였다.

마이크 맥널티의 지폐, 여자 대통령. 변하는 것처럼 보여도, 근본적으로 변하는 것은 아니다Plus ça change…… 1996년 이후 그 모든 경제적이고 사회적이고 정치적인 변화에도, 보수적인 남성들 사이에서 혐오의 대상으로 여겨져 온 힐러리 클린턴의 위상은 조금도 수그러들지 않았다. 그리고 이는 오늘날 보수파가 일으키는 반동이 남성의 오랜 분노—아직도 제대로 진단되지 않은 분노—에 얼마나 깊이 뿌리박고 있는지 잘 보여 준다. 그토록 긴 시간 동안, 여러 구세주가 등장했다가 사라지는 와중에도 힐러리 클린턴은 그들에게 영원한 어둠의 공주였고, 여성 찬탈의 예언자였으며, 미국 남성의 쇠퇴와 좌절 그리고 배신의 근원이자 원천이었다.

※ ※ ※

1999년 『스티프트』가 처음 출간되었을 당시 이 책이 기록하고 있는 남성들의 곤경은 경멸과 조롱의 대상이었다. "이 남자들은 그저 찌질이일 뿐"이라는 말이 일종의 후렴구였다. 나는 책 홍보를 위해 미디어에 얼굴을 비칠 때마다 자꾸만 이런 얘기를 들어야 했다. "그 사람들은 인터넷 경제에 맞춰 본인들을 업데이트해야 해요." 자기계발을 하지 않으면 도태되는 건 당연하다는 식이었다. "왜 우리가 그 사람들을 신경 써야 하죠?" 자신이 꽤나 잘난 줄 아는 TV 뉴스 진행자가 멋진 옷에 힙스터 안경을 쓰고 나에게 비아냥거렸다. "시대에 발맞추지 못한다면, 그건 그 사람들 문제예요." 그러나 2016년이 보여 주었듯 그건 '우리'의 문제이기도 하다.

전직 항공우주산업 종사자들을 위한 이직 지원 사무소에

모여든 남자들은 산업 전반에 걸친 구조조정—오로지 간부직 남자들의 안위만을 위해 설계된 구조조정—에서 살아남지 못한 이들이었다. 프라미스키퍼스 집회에 나온 남자들은 직장을 잃어 남성 가부장 역할을 만족스레 누릴 수 없게 된 이들이고, 남성 주도권을 고양시켜 주는 조직 안에서 위안을 찾았다. 샌디에이고에서 갈퀴를 들었던 소시민들은 본인들의 '브레이브하트'로부터 버림받았고, 공화당 전당대회에서 무기력하게 버려졌다. 마이크 맥널티와 마찬가지로 이들도 역사적인 힘의 희생양이었다. 역사가 늘 그렇듯, 그런 힘은 월스트리트·워싱턴·실리콘밸리·할리우드·스포츠계 등을 이끄는 엘리트 남성에게 복무했다. 하지만 이런 새로운 배치 속에서 버림받았다고 느낀 남자들은 자신들이 겪는 곤경의 원인을 여자들의 음모에서 찾고 싶어 했다. 포스트페미니즘 시대에 권력을 박탈당한 남자들에게 '여자는 열등하며 의존적'이라는 생각은 더 이상 위안이 되지 않았다. 이 시대는 남자들이 겪는 고통의 책임을 전가할, 유독 눈에 띄는 여성 '권력자'를 한 줌 정도 제공해 주었다. 하지만 궁극적으로 여성의 권위는 남성의 고통과 별 관계가 없었고, 이 여자들은 남자를 괴롭히는 권력자와도 거리가 멀었다. 그런 권력자라면 힐러리 클린턴보다는 팻 뷰캐넌이나 도널드 트럼프 같은 남자들에 더 가까웠다.

2016년 대선 직후 도널드 트럼프가 맨해튼 힐튼호텔에 등장해, "기억에서 잊힌" 미국인들을 대표하겠다고 맹세했다. 당시 그는 보통 사람이자 아버지 같은 남성성으로 치장하고 있었다. 미국 사회가 한때 추앙했고, 페미니즘 문화가 망쳐 버린 옛날식 정력의 현현인 대통령 후보. 그것이야말로 말썽 많은 대선 기간 동안 트럼프 쪽에 유리하게 먹힌 역할놀이였다. 《브라이트바트뉴스》가 주장한바 "트럼프의 포퓰리즘적이고 내셔널리즘적인 반란은 '가장 위대한 세대Greatest Generation'✠와 함께 시작되었다". 그리고 그의 성공은 제2차세계대전에 참전했던 보병들의 "'할 수 있다'라는 독립독행에 그 기원을 두고" 있었다. 궁지에 몰린 트럼프 추종자들은, 자신들의 전령이 아기 기저귀를 한 번도 갈아 준 적 없고, 유모차나 밀면서 "안사람처럼 구는" 아빠들과는 결코 함께하지 않을 것이라고 외치는 복고적 선언에 전율을 느꼈다. 대선 기간에 《애틀랜틱》과 공공종교연구소(PRRI)가 시행한 여론조사에 따르면, 공화당 후보 지지자의 45퍼센트가 "요즘 사회는 남자답게 행동한다는 이유만으로 남자들을 처벌한다"라는 정서에 동의했다. 트럼프 진성 지지자들에게 '미국을 다시 위대하게Make America Great Again'라는 구호는 '남자를 다시 위대하게make men great again'와 같은 말이었다.

트럼프 당선과 그의 승리로부터 더욱 자극받은 #미투 운동에 뒤이어, 미국의 자유주의적이고 진보적인 정치 지도자들은 대통령과 그 추종자들이 지금 같은 '문명화된' 시대에 걸맞지 않은 '전통적 남성성'—개인주의적 경쟁, 카우보이의 허세, 마초들의 군림이라는 구시대적 이데올로기—의 산물이라고 믿었다. 내가 2019년 1월에 적었듯, 미국심리학회는 "전통적 남성성"이 "심리적으로 해로우며", 건강하지 않고 폭력적인 행동의 원인이 될 수 있다고 설명하는 『소년 및 남자를 위한 심리치료 가이드Guidelines for Psychological Practice with Boys and Men』를 배포했다. 또한 새로 출시된 질레트 면도기 광고에서는 "오늘의 소년들"에게 "너무 오래 지속된" "해로운" 남성성과 결

✠ 톰 브로코(Tom Brokaw)의 베스트셀러 『가장 위대한 세대』에서 따온 용어로, 1901년과 1927년 사이에 태어난 미국인들을 일컫는다. 이 세대는 대공황의 여파 속에서 성장해 제2차세계대전을 겪고, 전후 미국의 부흥을 주도했다.

별하고 남성의 정력을 과시하는 구닥다리 같은 행동을 멈추라고 촉구했다. 해당 광고는 그런 구식 남성성 과시를 일진들의 허세 가득한 '수컷 자랑'으로 재현했으니, 트럼프야말로 그런 행위의 화신이나 다름없었다.

이 같은 공언을 듣다 보면, 트럼프가 20세기 중반을 사로잡았던 남성성에 대한 전통적인 신념으로의 회귀를 약속하면서 힐러리 클린턴에 대항해 전투를 벌이고 있다고 믿을 수도 있겠다 싶다. 많은 언론이 선거 마지막 몇 주 동안 '성별 전쟁The Battle of Sexes'이라는 말을 헤드라인으로 삼았던 것처럼 말이다. 하지만 더 자세히 들여다보면 트럼프는 전혀 다른 싸움의 주인공이었으니, 그 싸움은 성별 간에 벌어진 전투라기보다는 한 성별 안에서 벌어진 전투였다. 트럼프의 거침없는 발언은 그가 포스트모던 가부장제의 화신이자, 이미지에 기반한 감각 포화 상태의 엔터테인먼트 경제를 위해 재설계된 상남자he-man라는 사실을 은폐한다. 이 지점이야말로 내가 『스티프트』를 쓰기 위해 만난 수많은 남자가 배치되어 있던 전장이다. 당사자들이 그 점을 인식하고 있었건 그렇지 않았건 간에 말이다. 이들의 진정한 싸움—가시성·성과·명성이 곧 자원이 되는 문화적 풍경 안에서 그들 자신의 성별(남성)이 어떻게 규정될 것인가를 둘러싼 전쟁—은 1990년대부터 그 윤곽이 뚜렷해지기 시작하여 현재 정점에 다다랐다. 이것은 남성성의 녹슬어 버린 공리주의적 서비스 모델과 눈길을 사로잡는 장식적 대체품 사이의 전투였다. 그 전투에서 트럼프는 '가장 위대한 세대'의 남자들을 수호하기는커녕 유기해 버렸다.

우리가 지금 경험하는 장식 문화culture of ornament에서 남자다움을 규정하는 것은 전시 가치display value(억울한 자의 공격성을 드러내는 팬터마임과 이죽거리는 입모양, 과장된 으르렁거림으로 고양되는 가치), 그리고 시장에서 거래되고 테크놀로지에 의해 촉진되는 '개성'이다. 여기서 관건은 얼마나 많은 사람이 보고 있느냐다. 트럼프는 낚시성 남성성 과시에 특화된 인물이다. 그가 복구하고 있다는 전통적 성역할이란 오히려 긴 세월 다른 쪽 성별에 속해 있던 자질이다. 인기, 허영, 화려함. 이것이야말로 한때 여성성의 상업적 얼굴을 구성하던 자질 아닌가?

장식적인 남자다움은 무대 위에 올려진 연기performance로서의 젠더, 이를테면 '내가 의사는 아니지만 TV에서는 의사를 연기하지'의 마초 버전이다. 트럼프의 경우라면 '내가 건설업자는 아니지만 〈셀러브리티 어프렌티스The Celebrity Apprentice〉✠에서는 건설업자를 연기하지'일 테고 말이다. 트럼프는 (편법이나 세법을 무시함으로써 상속받을 수 있었던 재산을 제외하면) 건설업을 통해서가 아니라 자기 이미지를 상품화함으로써 재산을 축적했다. 그는 기술이 아닌 명성으로부터 이윤을 남긴 사람이다. 호화로운 건축의 '샤넬 No.5'이지만, 코코 샤넬의 재능은 없는 것이다. 그는 애초부터 '트럼프'라는 브랜드의 진열장이었던 〈어프렌티스The Apprentice〉 시즌1 첫 에피소드에 출연해 잔뜩 우쭐거렸다. "나는 '트럼프'라는 이름을 최고급 브랜드로 만들었죠. 그걸로 일가를 이룬 사람이니, 내가 아는 걸 다른 누군가에게도 좀 나눠 주고 싶군요." 그러나 그는 TV에 출연한 초보자들에게 아무런 지식도 나눠 주지 않았다. 단지 본인이 해당 프로그램에서 말했듯 '그들도 언젠가는 유명인이 될 수 있다'는 식의 행운의 여신 판타지를 제공했을 뿐이

✠ 2004~2017년 미국 NBC에서 방영된 리얼리티 서바이벌 오디션 프로그램 〈어프렌티스〉의 번외 시리즈. 〈어프렌티스〉에는 2008년부터 2015년까지 당시 부동산 개발업자였던 도널드 트럼프가 출연했고 이를 통해 자신의 인지도를 높일 수 있었다. "당신은 해고야(You're fired)"라는 유행어를 남겼다.

다. 매주 오프닝 크레디트가 올라갈 때마다 들려오던 그의 목소리에서 알 수 있듯, 그가 진정으로 통달한 분야는 다른 종류의 것이었다. "이것은 독재다. 그리고 내가 바로 독재자다."

클릭 장사를 하며 꾸준히도 정력을 뽐내던 이 남자는 내심 허영 가득한 속임수를 감춰야만 했다. 그는 기괴하기 짝이 없는 전리품을 자랑하고, 항시 실속 없이 거창하기만 한 통제력과 지배력을 과시함으로써 이런 허영을 추구해 왔다. 트럼프가 폭력과 무모함을 앞세워 가하는 위협은 하나같이 그가 벌이는 과장되고 필사적인 몸부림의 일부이기도 하다. 더욱이 장식적인 남성성이라는 측면에서 볼 때, 그가 여성에게 절대 권력을 행사하는 장면을 연출한다는 점은 특히 중요하다. 이 여성들은 대개 그와 마찬가지로 번쩍번쩍 화려한 비즈니스에 종사하는 이들이었다. 트럼프의 자기대상화와 그가 대상화하는 신인 여자 배우의 자기대상화를 달리 어떻게 구별할 수 있겠는가? 여하튼 그런 장면을 위해 다년간 트럼프는 미인 대회 참가자들, 패션모델들, 연속극에 출연하는 여자 배우들에 대한 지배력을 극적으로 포장하는 데 거의 강박적으로 매달려야 했다. 그의 천박하고 지저분한 성격은 그가 출연하는 TV 시리즈(겉만 번지르르한 '이사회실의 야성적인 남자' 시리즈)에서 언제나 필수 버팀목이 되어 왔다. 이 새로운 '남자 중의 남자'는 본인이 장식적인 윤리에 굴복했다는 사실을 감추고자 '여성성'에 호통치는 쇼를 선보인다. 저 '위대한 도널드'는 그런 사람이다. 〈어프렌티스〉 주제가에서도 경고하거니와, 여러분은 "여러분이 **엉덩이 놓을 곳**bottom-line✢을 신경 써야" 한다.

이와 관련해, 좌파 쪽에서 자신들이 시대에 뒤떨어진 구식 남성성과 싸우고 있다고 생각하는 건 틀린 접근이다. 기저에 깔린 문제 일부는 정확하게 그런 구식 남성성이 사라져 발

✢ 협상 테이블에 올릴 최종 가격을 의미하는 말.

생하고 있기 때문이다. '가장 위대한 세대'의 남자다움이 사라졌다며 애통해하는 선거운동에서 정말로 사라졌던 건 바로 그 시대에 남성성이라는 게 실제로 무엇을 의미했는지에 관한 이해였다. 뉴딜정책 아래 미국은 부강한 국가를 위한 집단적인 봉사, 빼기지 않는 유능함, '일을 완수할 수 있는' 능력을 통해 드러나는 쓸모 있는 남자다움을 옹호했다. 그것은 연방정부 공공사업진흥국(WPA)✠의 어마어마한 노력 속에서 명백하게 또 물리적으로 표현되었다. 공공사업진흥국은 수십조에 달하는 돈을 써서 학교를 짓고, 급수시설을 건설하고, 시골에 전기설비를 하고, 메마른 땅을 재조림하는 데 수없이 많은 평범한 남자를 고용했다. 대공황기 남자다운 남자들은 얼굴 없는 이타적 공복公僕이었다. 프랭클린 D. 루스벨트 내각의 법무부 장관 프랜시스 비들이 썼듯, 그들은 "공동의 목표와 목적, 공동체 자체에 개인의 노력을 투여하는 데서 만족"을 얻었다(스포일러가 될 수도 있겠지만, 나는 이제부터 여러분이 읽을 내용에 등장하는 몇 가지 통찰을 미리 언급하려 한다). 이는 루스벨트 본인이 했던 말에서도 드러난다. "개척 국가를 열어 가던 시기엔 무자비한 힘을 가진 남자의 자리가 있었다." 그러나 지금에 이르러 그 남자는 "조력자인 만큼이나 위험인물일 가능성"이 있다. 이들은 "모든 남자에게 주어진 역할을 거스르"며, "공공복리를 위한 목적을 달성하는 데 동참하길 거부"한다.

1930년대 영웅적인 공복의 이상은 제2차세계대전으로 옮겨져, 최전선 종군기자였던 어니 파일의 일간 특전에 고이 보존되었다. 이 기사들은 칭송받지 못했던 사병들(가령 "평범한 소시민들"과 "진흙과 비와 서리와 바람을 맞은 청년들")을 찬양하고 실크 스카프를 두른 "날라리"(공군 조종사)를 펌하했

✠ 1935년 공공사업을 수행하기 위해 설립되어 구직자 수백만 명을 고용한 미국의 뉴딜 기관.

다. 홀로 화려하게 빛나면서 카메라에 포착된 스타들을 파일은 본능적으로 불신했다. 미국이 사랑한 종군기자는 저 홀로 잘났다는 듯 개인적 승리를 뽐내던 이들에 대해 "빌어먹을 거물들"이라고 일갈했다. 제2차세계대전 참전 용사들의 남성성은 과시적인 행동이 아니라 동료 병사들의 필요에 부응하고 조용한 위로를 제공하며, 그들에게 헌신하는 능력으로 규정되었다. 파일은 졸병의 윤리에 대해 이렇게 말했다. "우리 모두는 어느 낯선 밤에 서로를 돌보는 새로운 직무를 맡은 사람들이다." 서로를 돌보고, 도움을 제공하고, 자기 자신을 내세우지 않는, 즉 공동체에 이바지하려는 남성성의 원형은 본질적으로 어머니다운 남성성이요, Y 염색체에 기록된 모성의 자질이었던 것이다.

트럼프가 대선 운동을 시작으로 백악관에 입성한 뒤에도 '나야말로 가장 위대하고 가장 훌륭하다'며 거듭 떠들어 댄 데서 분명히 드러나는바, 그는 어니 파일이 말한 졸병들을 경멸했을 뿐이었다. 그가 완성해 냈다고 떠든 (트럼프식 1인 공공사업진흥국이나 다름없는) 어마어마한 건설 프로젝트, 호텔, 카지노, 항공사 및 대학은, 몇몇 예외를 제외하면 재정상 실패, 적자 행렬, 미지급 청구서, 그리고 임금을 받지 못한 익명의 노동자들("평범한 소시민들")에 관한 한 편의 호러물이었다. 아이러니하게도, 2016년 대선 출마자들 가운데 뉴딜의 남성성을 수용하려 한 사람이 있었다면 그건 오히려 힐러리 클린턴이었다. 힐러리 클린턴은 후보 수락 연설에서 금으로 뒤덮인 엘리베이터를 타고 내려오는 것이 아니라 네 가지 기본적인 자유의 필요성을 강조했던 1941년 루스벨트의 연설을 언급했다. 그리고 "영속적이고 진정한 번영은 모두에 의해 건설되고 모두에게 공유되어야 한다는 미국의 근본적인 믿음"을 옹호했다. 트럼프는 부대를 보살피는 능력이 아닌 카메라를 지휘하는 재능으로 주변 모두를 위축시킴으로써 자기 이미지를 부풀리는 금도금 같은 거물이었고, 지금도 여전히 그렇다. 트럼프 지지자들 중에는 스스로를 산업 경제의 붕괴 속에서 부당하게 대우받는 평시의 졸병 같다고 느끼는 이가 그토록 많았건만, 결국 이들은 자신의 왜건을 끌고 리얼리티쇼 날라리에게로 달려간 셈이었다.

마이크 맥널티는 2015년 2월 20일 심장마비로 갑작스레 사망했다. 그의 나이 예순여덟이었다. 트럼프와 '사기꾼 힐러리', 그리고 '인생이 쌍년이다, 쌍년에게 투표하지 말자'의 시대가 열리자 나는 마이크가 살아 있었다면 이 시기를 어떻게 보냈을지 궁금해지곤 했다. '미국을 다시 위대하게'라는 현상이 그를 놀라게 하진 않았으리라. 그에게는 2016년 여름에 등장한 두려움과 분노가 낯설지 않았을 테니까.

맥널티의 진정한 적은 경제와 계급의 폭발적인 힘이었다. 탈산업화 사회와 악화 일로를 걷는 노동력 유연화, 기업 고용과 중산층 붕괴, 인포테인먼트와 테크 문화의 윤택한 이면에서 이뤄지는 권력 재구성. 그러나 이런 일은 그가 통제할 수도, 대적할 수도 없는 힘이었다. 그가 구체적으로 볼 수 있었던 건 군림하는 여성의 이미지일 뿐이었다.

현대 장식적인 남성성의 주요 특징—시선의 대상이 되어 평가받고, 끊임없이 어린아이 취급을 당하고, 받침대에 올려진 장식품처럼 전시되고, 거울을 들여다보는 등—은 여성혐오 문화가 여성들에게 경멸적으로 부과했던 의무들이기도 하다. 지난 반세기 동안 여성들은 이를 해체하고 여기서 벗어나기 위해 고군분투해 왔으니, 저런 특징들이야말로 제2물결 페미니스트들이 단호히 거부한 바로 그 자질들인 것이다. 제2물결 페미니스트 가운데 가장 유명한 축에 드는 인물이 힐러리 클린턴이고 말이다. 그렇다면 남성 동지들이 이러한 여성들과 함께하려면 무엇이 필요할까? 이 '성별 전쟁' 선거에서 여성 유권자들은 트럼프의 여성혐오와, (트럼프의 여성혐오만큼은 아니었지만) 클린턴의 페미니즘에 고무되었다. 하지만 진짜 전쟁—아직 선포되지도 결판나지도 않은 전쟁—은 미국인들이 추구할 남자다움이 돌봄과 배려의 편에 설 것인가 아니면 나르시시즘의 편에 설 것인가를 둘러싼 싸움이다.

차례

일러두기

✠ 이 책은 1999년 초판 출간된 *Stiffed: The Betrayal of the American Man*의 20주년 기념판(2019)을 우리말로 옮긴 것이다.
✠ 본문의 각주는 [원주]로 표시된 한 곳을 제외하고는 모두 옮긴이의 것이다. 미주는 원주를 옮긴 것이다.

1부 출발

제2차세계대전 이후 태어난 아들들, 전쟁에서 승리한 아버지를 둔 아들들의 이야기를 들을 때면 가끔 나 자신과 그들의 기억이 만들어 낸 몽상에 빠지곤 한다. 남자들과 대화를 나누면 나눌수록 이 상상 속 이야기는 점점 더 구체성을 띠어 간다. 이건 침대에서 자는 척하며 아버지를 기다리는 한 소년의 이야기다. 오늘 밤 아버지는 아들에게 기적 같은 유산을 보여 주기로 했다. 바로 인공위성이라는 유산이었다.

문이 열리고, 복도 불빛이 방으로 흘러들어 침실 바닥에 남자의 선명한 그림자를 드리운다. 소년의 눈에 비친 아버지는 잠시나마 비현실적이고 납작한 유령 같다. 그림자는 방 안으로 들어와, 카우보이 파자마 차림의 소년에게 얼른 재킷으로 갈아입으라며 재촉하고는 커다란 크롬 손전등을 손에 쥐여준다. 그런 다음 옷장에 쌓여 있는 옷더미 아래에서 케즈 바람막이를 꺼낸다. 아직 8월이지만 소년은 코트를 두른다. 아버지가 숨죽이며 호들갑을 떠는 와중에 소년은 뜻밖에도 기분 좋은 편안함을 느낀다.

그날 저녁 어머니가 부엌에서 바삐 접시를 닦는 동안 소년과 아버지는 작당 모의라도 하듯 《라이프Life》 잡지 최신 호를 들여다보고 있었다. 아버지는 오늘 밤, 그러니까 평소라면 소년이 잠자리에 들고도 한 시간이나 지났을 시간에, 부자끼리 단둘이서 관측할 환상적인 궤도를 손가락으로 가리켰다. '10층 높이의 상공! 북극성보다 일곱 배나 밝은!' 아버지는 그 위성이 풍선에 가까운 '기구위성'이라면서 아들에게 이런저런 설명을 해 주었다. 그 물체가 발사되기 전엔 어떻게 달걀 모양 마그네슘 구체로 접힌 채 거대한 빨래집게로 고정되어 있었는지, 궤도에 올라섰을 때 어떻게 껍데기가 정확한 타이밍에 열렸는지, 그리하여 '에코'라 불리는 거대하고 빛나는 고무공이 인간이 만들어 낸 위대한 폭발을 통해 탄생했는지를 말이다. 아버지는 에코의 표면이 담뱃갑을 덮고 있는 셀로판지의 절반 두께라고 말했다. 자칫 운석에 맞아 구멍이 날 수도 있고, 태양광 때문에 진로를 방해받을 수도 있는 것이다.[1] 에코는 언제든지 망가질 수 있었다! 그때부터 소년의 뇌리엔 이런 생각이 자리 잡았다. 그토록 강력한 무언가가 그토록 연약할 수도 있구나 하는 생각.

손전등과 데이비 크로켓Davy Crockett의 너구리 모자✠를 움켜쥔 소년은 아버지 뒤를 좇아 어머니가 잠들어 있는 침실을 지나 계단을 내려와서는, 새 필코 TV가 그들이 지나가는 모습을 멍하게 응시하는 가운데 거실을 지나친다. 한 달 전 끈적끈적한 7월의 어느 저녁 무렵 소년은 부모와 함께 필코 TV 앞에 앉아, 색종이 조각 흩날리는 무대 위의 젊은 대통령 후보가 서쪽으로 얼굴을 돌리며 "새로운 세대" "젊은이들"에게 "하늘의 지배권을 둘러싼 경주"에 동참할 것을 촉구하는 장면을 지켜봤다. 그 후보는 이미 "아시아에 침투한" 공산주의의 손아귀에서 지구는 물론 "우주 저편"을 구해 내는 일이 바로 그와 같은 소년들에게 달려 있다고 말했다.[2]

✠ 서부 개척 시대의 영웅으로 알려진 데이비('데이비드'의 애칭) 크로켓이 쓴 것으로 유명한 너구리 모피 모자. 팔루디는 이 책 1장에서 데이비 크로켓이 어떻게 영웅이 되었는지를 추적하고 있는데, 1950년대 '가장 위대한 세대'인 아버지들의 아들들이 데이비 크로켓 모자를 즐겨 썼던 사실의 문화적 의미를 확인할 수 있다.

소년은 아버지를 따라, 전기냉장고가 어둠 속에서 둥둥 울리는 부엌을 지나 스크린도어를 통해 밖으로 나온 뒤 계단을 내려간다. 그곳에는 알루미늄으로 된 파티오 가구와 바비큐 그릴이 곧 땅에 닿으려는 비행접시처럼 인광을 발하고 있다. 부자는 이제 잘 깎인 암녹색 잔디밭의 4분의 1에이커 지점에 서 있다. 아버지는 짧게 자른 잔디 위에 낡은 감색 반코트를 담요처럼 펼치며 몸을 구부린다. 너구리 모자를 쓴 소년과 아버지가 따끔거리는 모직 코트 위에 무릎을 꿇고 앉는다. 두 사람은 바랭이 잔디 위의 개척자들이다. 이윽고 아버지가 소년의 손전등을 끈다. 두 사람을 붙들고 있던 익숙한 것이 모두 사라지고, 부자는 눈부신 하늘로 끌려 올라간다. 아버지는 소년의 어깨를 감싸며 저 멀리 희미한 빛으로 시선을 이끈다. 소년이 하늘을 올려다본다. 소년은 제 아버지가 가리키는 것이 하나의 사물 이상의 것임을 알고 있다. 그것은 자부심과 비밀스러운 지식의 등댓불이요, 자신이 기여해 온 어떤 미래로 아들을 데려가려는 아버지의 선물이다. 처음 소년의 눈에 비치는 건 나무들 사이로 차갑고 광활하게 펼쳐진 별들의 장막뿐이다. 그러다 마침내 창공을 가로질러 나아가는 빛이 한 점 보인다. 끝도 없이 작고, 믿을 수 없이 반짝이는 빛이.

※ ※ ※

나는 이 소년을 안다. 1950년대 후반과 1960년대 초반에 성장한 여느 사람들처럼 나도 그와 같은 남자를 수십 명쯤 알고 있었다. 그는 길모퉁이에 있던 바비였다. 권총집에 장난감 총을 넣고 동네를 돌아다니며 여자아이들과 반려동물들을 위협하던 소년. 또한 그는 로니였다. 핼러윈이 한참 지난 뒤에도 슈퍼맨 코스튬을 입고 다니던 소년. 로니는 자기가 하늘을 날 수 있다는 확신에 차 어느 날 거실 계단에서 뛰어내렸다가 현관 리놀륨에 부딪혀 머리가 깨지고 만다. 또한 그는 프랭키이기도 했다. 그 소년은 학교 운동장에서 소형 로켓에 불을 붙이려다 손가락 일부를 날려 버렸다. 뒷마당에서 하늘 높이 반짝거리는 미국 인공위성을 함께 구경하진 않았을망정 프랭키의 아버지도 아들에게 그런 미래와 전망을 약속했다. 그 시대 아버지들은 스스로 의도했건 안 했건, TV에나 등장할 법한 완벽한 아버지처럼 저 멀리 떨어진 비현실적인 존재로 보일 때가 많았다. 그들은 그냥 전후戰後 시대의 아버지였다. 데면데면한 아내·아이들과 함께 새로 조성된 교외에 살며, 최신식 알루미늄 주택으로부터 몇 마일 떨어진 곳에 새로 조성된 기업 '단지' 내에서 새로운 일에 종사하고 있었다. 말하자면 전후 아버지들의 삶이란 본인들이 이해하기에도 너무나 새로운 것이었으니, 하물며 아들에게 그걸 설명할 수 있었겠는가.

이런 아버지들 중에는 제2차세계대전이나 한국전쟁 참전용사가 많았다. 하지만 그들은 남성적 정력으로 향하는 피비린내 나는 길을 물려주고 싶어 하지 않았다. 아니, 보통은 이런 화제를 입에 올리려고조차 하지 않았다. 이들 아버지가 노르망디나 미드웨이섬, '단장斷腸의 능선'에서 경험한 '세례'를 거의 언급하지 않았기 때문에, 소년들은 저마다 DC 코믹스 캐릭터 서전트 록의 전투 모험이라든지 〈말뚝상사 빌코Sergeant Bilko〉✠, 끝도 없이 이어진 TV 전쟁 드라마 시리즈(〈유럽의 십자군Crusade in Europe〉 〈태평양의 십자군Crusade in the Pacific〉 〈바다의 승리Victory at Sea〉 〈빅 픽처The Big Picture〉), 좀 더 나중에는 지아이 조GI Joe 장난감과 미니어처 무기로부터 세부 내용을 가져

✠ 1955~1959년 미국 CBS에서 방영된 시트콤 〈필 실버스 쇼(The Phil Silvers Show)〉를 가리킨다. 조너선 린 연출, 스티브 마틴 주연의 1996년 코미디 영화로 각색되기도 했다.

와 적당히 꾸며 내야 했다.[3] 아버지의 전쟁 지식은 설사 그것이 공유되었다 하더라도, 평화로운 땅에서 남성성을 증명해야 하는 그 아들들에겐 별 도움이 안 되었을 것이다. 당시는 승리 뒤에 오는 남자다움의 시대여야 했고, 이 무렵 남성성 순례의 길잡이는 전쟁의 신 마르스Mars가 아니라 화성Mars 탐사를 향한 꿈이었다. 인공위성이야말로 눈에 보이는 유산이었다. 그래서 에코는 지구로부터 1000마일 떨어진 상공에서 반짝거리는 껍데기와 함께 떠다니며 한 세대를 다음 세대와 연결하는 삼각측량의 원점遠點이자, 베이비붐 세대의 모든 소년이 장차 추구해야 할 비약적인 기술력과 진보의 가시적 지표가 되었다. 아버지 세대의 남자들은 세계를 '쟁취'하여 이제 그 세계를 아들들에게 넘겨주고 있었다. 그들의 국가는 그 전까지 상상도 못 한 파괴력을 거머쥔 채 가장 강력하고, 부유하고, 지배적인 국가가 되었다. 아버지들은 자기 아들들을 우주의 주인으로 만들어 주었으며, 알렉산드로스 시대에 그랬듯 이들이 빚어낸 세계는 영원히 계속될 것만 같았다.

미국의 세기 vs 보통 사람의 세기

40년 뒤 밀레니엄을 앞두고 국가가 흔들리자, 시대의 흐름을 예측하는 사람들은 미국 사회가 파국으로 치닫고 있다는 사실에 동의하는 듯했다. 미국의 남자다움이 공격받고 있다는 것이었다. 신문 편집자들, TV에 나오는 전문가들, 근본주의 설교자들, 시장주의자들, 입법자들은 정치적 스펙트럼에 상관없이 "남성성의 위기"라는 진단에 목소리를 보탰다. 우파 라디오 진행자들과 좌파 남성운동 대변인들은 자기들이 같은 입장에 서 있다는 불편한 사실을 깨달았다. 신문 헤드라인은 이렇게 울부짖고 있었다. '심판대에 선 남자들' '소년들의 곤경' '남자들이 과연 필요한가?' '남자다움은 회복될 수 있다'……. 보수지인 《위클리스탠더드Weekly Standard》('남자다움의 위기')에서 《뉴스위크Newsweek》('백인 남자의 피해망상')를 지나 진보지인 《유트리더Utne Reader》('남자들: 이제는 서로 협력해야 할 때')에 이르기까지, 정치 성향을 막론하고 온갖 정기간행물에서 남성성의 위기를 표제로 내걸었다.[4] 테일후크Tailhook✠와 시타델Citadel✢에서부터 스퍼포스Spur Posse, 사우스센트럴 갱스터, 고지대 사막의 스킨헤드, 연방정부 건물과 임신중지 클리닉을 폭파해 버린 자경단을 거쳐 아칸소주·미시시피주·켄터키주·펜실베이니아주·오리건주·콜로라도주 학교 운동장에서 총격을 가한 자들에 이르기까지, 신문·방송 기자들은 젊은 남자들이 문제를 일으킨 사건을 연이어 경쟁하듯 보도했다.

한편 좀 더 가벼운 라이프스타일 미디어들 역시 기꺼이 '남성성의 위기' 아류 장르—'신사들'의 시가 클럽과 랩 댄서들이 나오는 클럽으로 물러난 남자들, 남성 성형수술 붐, 스테로이드 남용, 기적의 발모제, 비아그라 판매의 활황—로 관심을 돌렸다. 우파, 좌파, 중도파 가릴 것 없이 사회과학자들은 "위기에 빠진" 젊은 흑인 남성들, 리탈린 중독에 빠진 교외 지역의 백인 "나쁜 남자들", 온 사방에 널려 있는 "무능한 아빠들"에 대해 떠들었고, 그보다 드물기는 했지만 위축된 남성 노동자들의 고통에 대해서도 이야기했다. 사회심리학자들과 연구자들은 지난 수십 년간 남성의 조난 신호가 문제적으로 증가해 온 데 대한 보고서를 발표했다. 불안과 우울장애, 자살과 자살 시도, 신체적인 질병, 특정한 범죄 행동, 그리고 평균적으로 남성을 여성보다 7년 먼저 땅속에 파묻어 버리는 "사망

✠ 1991년 9월에 일어난 미 해군항공대 조종사들의 집단 성폭력 사건. 당시 해군 장교들이 이 사건을 무마하려 했던 것이 큰 스캔들이 되었다.

✢ 남부 캘리포니아에 있는 군사학교로, 집단 폭력과 괴롭힘이 문제가 된 바 있다. 이 책 3장에서 자세히 다룬다.

률 격차" 등.[5] 세기말에 이르자 정치 전문가들은 대통령의 남성성 기능부전 말고는 논읫거리가 없는 듯 보였다. 그들은 마치 Y 염색체가 국가의 가장 큰 문제라도 되는 양 빌 클린턴Bill Clinton의 테스토스테론 수치와 남자다움의 자격(테스토스테론이 과도한 건가 아니면 부족한 건가? 그저 사무실에서 몸을 함부로 놀리는 남자일 뿐인가 아니면 군대에 끌려온 뭣 모르는 숫총각인가?)에 대해 숙고했다.

여론조사 기관들은 새로운 유권자 집단을 "성난 백인 남성the Angry White Male"으로 명명하고 이들의 투표 경향에 대해 연구하는 한편, 1980년대 후반부터 "도전자" 내지는 (좀 더 냉정하게) "변화에 저항하는 자들"로 이름해 온, 당시 급부상한 '위기에 빠진 남자들' 인구 집단의 쇼핑 목록을 조사했다. 마케팅 담당자들은 위기를 오락과 수익으로 바꾸기 위해 서두르고 있었다. 〈행실이 나쁜 남자들Men Behaving Badly〉 같은 TV 프로그램에서부터 '여자나 아내를 때리는 남자들을 부숴 버리자'고 선언하는 티셔츠 및 스포츠 용품 판매(한 신문에서는 이를 헤드라인으로 다루며 "나쁜 남자 이미지를 현금화하는 상업화 현상"이라고 소개했다), 또 위기에 빠진 남자들의 상처를 어루만져 주는 광고 문구(남성용 화장품 회사 브루트의 1990년대 애프터셰이브 광고 문구는 '남자들이 돌아왔다!'였다)에 이르기까지 그 형태는 다양했다. 그리고 직업이 없는 사람 수십만 명이 워싱턴에서 열린 두 집회—'네이션 오브 이슬람Nation of Islam' 흑인 회원들이 주도한 '100만 남성 행진'✢과 백인 복음주의자들이 주도한 프라미스키퍼스Promise Keepers(PK, 약속을 지

✢ 1995년 10월 16일 워싱턴 D.C.에서 열린 아프리카계 미국인 남성들의 대규모 모임. 이는 미국 내 인종차별에 반대하는 대규모 집회였으나 남성들만의 행사였고, 2년 뒤 이 집회의 남성 중심성을 비판하면서 '100만 여성 행진'이 열렸다.

키는 사람들)의 '몸으로 막자Stand in the Gap' 집회—에 몰려들며 남성의 위기라는 진단이 사실임을 확인시켜 주었다.[6]

한데 남성의 위기에 그토록 많은 사람이 동의하면서도, 누군가 '왜'라는 질문을 던지면 그 합의는 곧 깨어지고 말 터였다. 답이 없어서는 아니다. 오히려 모두가 저마다 욕받이 소년을, 아니 그보다는 욕받이 소녀를 마음속에 두고 있었다. 그렇게 비난할 대상을 찾아 헤매던 이들은 사방팔방에서 자신들이 선택한 원인 제공자를 자기만의 정당성을 가지고 뒤쫓으며 쓰디쓴 즐거움을 누렸다.

페미니스트이자 저널리스트로서 나는 페미니스트 저널리스트가 출발할 법한 지점, 즉 매주 진행되는 가정폭력 가해자 자조 모임에서 이 위기를 조사하기 시작했다. 나는 수요일 저녁마다 캘리포니아주 롱비치 고속도로에서 몇 블록 떨어진 곳에 위치한 베이지색 벽토 건물을 찾아가, 우리 시대 전형적인 남성형 범죄를 저지르고 법원 명령에 따라 그 죄를 뉘우치려는 남자들 모임에 참석했다. 매주 가정폭력범을 위해 열리는 상담 회기를 모니터링하면서 내가 알아내려 한, 좀 더 보편적인 남성의 조건이란 대체 무엇이었을까? 남자들은 천성적으로 짐승이라는 것? 아니면 좀 더 낙관적으로, 그런 모임의 노력이 짐승 같은 짓을 관리하는 방법이라든지 심지어 '치료'하는 방법을 보여 줄 거라고 기대했던 걸까? 이제 와 돌이켜 보면 어느 쪽이었든 나는 충분히 검토되지 않은 의심스러운 가정에 기대고 있었다. 그건 바로 미국 남성의 위기를 초래한 것은 남자들의 **행동**일 뿐 그들에게 일어난 어떤 구조적인 일들과는 무관하다는 생각, 그리고 그 행동이 무엇이건 간에 남자들로 하여금 그 행동을 **그만두**게 한다면 그들이 경험하는 위기를 치유할 방법을 찾을 수 있을 거라는 기대였다. 나는 남성성의 위기란 난동을 부리는 남성성이 초래했을 것이라는 의혹을 품은 채 나만의 욕받이 소년을 상정해 놓고 있었다. 만약 남성 폭력이라는 게 통제 불능으로 미친 듯 날뛰면서 발길 닿는 족족 모든 것을 통제하려는 남자다움의 전형적인 표현이라면, 가정폭력 가해자 자조 모임이야말로 이 특정한 암흑의 핵심에 있을 터였다.

변명을 하자면 나만 그런 순환적인 추론을 한 건 아니었다. 미국의 남성성을 조사하겠다고 말한 직후 나는 똑같은 제안을 하는 언론인들, 페미니스트들, 안티페미니스트들, 그 밖에 다른 자발적인 조언자들에게 시달려야 했다. 여권 옹호론자들은 직장에서 스토킹하는 남자들과 온라인에서 성적 괴롭힘을 자행하는 남자들에 관한 뉴스 클립을 메일로 보내왔다. 어느 잡지의 남성 편집자는 나한테 연안의 석유 굴착 시설에서 일하는 남자들을 조사해 보라고 채근하면서 호기심과 열의에 가득 차 이렇게 말했다. "그들은 역행하는 남성성의 진정한 보루야!" 역시 남성인 어느 동료 기자는 자꾸만 내게 전화를 걸어 본인이 신문 기사에서 발견한 끔찍한 남성 범죄 행위, 특히 연쇄 강간이나 연쇄살인에 대해 경각심을 일깨우려고 했다. 자청하여 나를 도와주던 이들은 내가 O.J. 심슨O.J. Simpson의 살인사건 재판을 참관하지 않는 걸 끔찍한 판단 착오로 여겼다. 개중에는 이 재판이야말로 "모든 상황과 모든 사람을 통제할 자격이 본인에게 있다고 생각하는 미국 남성의 문제를 연구하기에 완벽한 사례"라고 보는 사람도 있었다.

O.J. 심슨 재판이 열릴 무렵 나는 이미 몇 달간 가정폭력 모임에 참석하고 있던 참이었다. 우연한 일이지만 O.J. 심슨 역시 이 모임에 오기로 되어 있었으나, 그는 정신과의사와 전화로 상담하겠다고 약속하고는 모임에서 빠졌다. 그즈음 나에게는 그 위기라는 게 무엇이건 간에, 자격이라든지 통제 같은 허세에 찬 감각으로부터 비롯된 것이 아니라는 사실이 이미

분명해 보였다. '폭력에 대한 대안Alternatives to Violence'이라는 모임을 이끌던 두 상담가는 '통제'를 중심 이슈로 만들기 위해 노력했다. 모임에 새로 합류한 멤버들은 각자 여성에게 어떤 행동을 했는지 묘사해 달라는 요청을 받았는데, 그들은 대체로 침울한 상태로 우물쭈물하거나 '사건'을 모호하게 언급하거나 일관되게 "나는 통제 불능이었어요"라며 폭행할 의도가 없었음을 드러냈다. 그러면 상담가들은 해당 멤버가 실은 그 모든 사건이 벌어지는 동안 얼마나 통제력을 유지하고 있었는지 보여 주는 데 많은 에너지를 쏟아야 했다. 당신은 칼이 아닌 주먹을 사용했으며, 얼굴이 아닌 복부를 강타했고, 치명적인 타격을 입히기 전에 멈추었다, 등등. 어느 회기에서는 남자들이 자기 파트너를 괴롭힐 수 있는 수많은 방법을 기록한 인쇄물 「권력과 통제의 핸들The Power and Control Wheel」을 검토하는 데 전념했다. 의심의 여지 없이 이 남자들이 타격을 가했던 신체적 접촉은 지배욕에서 불붙은, 최상의 통제를 향한 욕망으로부터 비롯된 것이었다. 나는 어떤 상황에서도 그런 폭력에 면죄부가 주어질 수 없다고 생각한다. 상담가들은 가해 남성이 자기 행동에 책임을 지게끔 하는 방식으로 나름의 가치 있는 목표를 추구하고 있었다. 하지만 폭력 이면의 논리는 여전히 이해하기 어려웠다.

군기지가 폐쇄된 후 나이트클럽 경호 일과 페이스트리 케이터링 일을 해야 했던 한 군인은 이 모임에서 '졸업'하기 직전 어느 저녁에 상담가들의 입장이 옳았음을 확인시켜 주는 듯했다. 그는 군부대에서 함께 일하던 여자 친구를 때린 밤을 떠올렸다. "전에는 부정했어요." 굳은살 박인 커다란 손을 무릎 위에 덩그러니 올려놓은 채 뚫어지게 응시하면서 그가 말을 이었다. "그땐 정신이 나갈 것 같았어요. 하지만 이 손으로 사정없이 여자 친구를 때린 밤을 돌아보면, 나는 정신을 잃지 않았어요. 기분이 좋았죠. 나는 권력이 있었고, 강했고, 상황을 통제하고 있었어요. 남자답다고 느꼈죠." 하지만 가장 인상 깊었던 대목은 그다음이었다. 그는 최근 들어 그렇게 누군가를 통제한다는 기분이 든 것이 그때가 유일했다고 했다. "그때 느낀 권력감은 오래가지 않았어요. 수갑을 차기 전까지만 느낄 수 있었죠. 그러곤 다시, 나는 남자도 아니라는 기분에 사로잡혔어요."

이 대목의 그는 전형적이다. 모임에서 알게 된 남자들은 하나같이 세상을 나아갈 나침반을 잃어버렸다. 그들은 일자리, 집, 자동차, 가족을 이미 잃었거나 잃는 중이었다. 그들에겐 '무법자' 혹은 '도망자'라는 딱지가 붙어 있었지만 그들 스스로는 따돌림당한다고 느꼈다. 그들이 무엇보다 간절히 바란 것은 순종하는 것, 소속감을 갖는 것, 사회가 부여한 남자로서의 역할에 정확히 부합되는 것이었다. 이런 면에서 볼 때 그들은 현대에 전형적으로 나타나는 '아내 구타자'였다. 인구통계학적 연구들에 따르면 이들 '아내 구타자'는 일반적으로 기대되는 성역할을 수행할 준비가 되어 있지 않고, 사회적으로 고립되어 있으며, 무력하다는 감각에 사로잡혀 있다. 그리고 성역할 규범이 아니라면 기댈 곳이 없다.[7]

세상의 지배를 받고 있음이 분명한 이 남자들이 스스로를 지배자로 인식하기 위해 몇 주씩 분투하는 모습엔 뭔가 터무니없는 구석이 있었다. 실직당한 어느 엔지니어는 상담가들에게 유감스럽다는 듯 말했다. "저 '핸들'엔 이름이 잘못 붙었어요. '무기력과 통제 불능의 핸들'이라고 불러야 해요." 아마도 남자들은 아내를 때리면서 통제하고 있다는 기분을 느꼈을 것이다. 하지만 그들이 일상적으로 경험하는 건 통제받는다는 기분이었다. 이런 기분을 드러내는 것은 남자답지 못한 일이었기에 그들은 표현할 길이 없었다. 그 기분이 사실상 그들을 "남자도 아니"게 만들 테니 말이다. 그런 남자들이 느끼기엔 대장 노릇을 하고 싶다는 욕망이야말로, 그들에게 지배력을 기대하는 국가에서 살아남기 위해 꼭 필요한 수단이었다.

무엇이 남자들을 혼란스럽고 불안하게 하는가. 이를 둘러싼 모든 의견 불일치의 밑바탕에는, 우리의 정치적 신념이 무엇이건 간에 남성이 처한 곤경의 본질을 제대로 보지 못하도록 우리 눈을 가리는 끈질긴 사고방식이 하나 깔려 있다. 페미니스트에게 남자들의 문제가 무엇인지 진단해 달라고 요청하면 아주 명료한 설명이 돌아올 때가 많을 것이다. 여자들이 남성 지배에 제대로 저항하고 있기 때문에 남자들이 위기감을 느끼는 거라는 식으로 말이다. 여자들은 남자들에게 공적 영역에서의 권한을 정당하게 나누자고 요청하는데 남자들은 이걸 참을 수가 없다. 안티페미니스트에게 물어도 한 가지 면에서는 비슷한 진단을 얻게 된다. 여러 보수적인 전문가는 여자들이 동등한 대접을 위해 지나치게 많은 것을 요구해 왔고 남자들로부터 권력과 통제력을 빼앗으려 하기 때문에 남자들이 곤혹스러워한다고 말한다. 그들이 보기에 페미니스트란 "페미나치"다. 왜냐하면 그들은 침실 행동거지에서 화장실 품행에 이르기까지 한때 남자들이 통솔한 모든 영역에서 명령을 내리고 싶어 하기 때문이다. 그 바탕에 깔린 메시지는 이런 것이다. '통제력이 없는 남자는 더 이상 남자가 아니라 고자일 뿐이다.'

페미니스트와 안티페미니스트의 견해 모두, 남자라는 존재는 통솔권을 가지면서 언제나 자기한테 통제력이 있다고 느끼는 존재를 의미한다는 미국 특유의 근대적 인식에 뿌리내리고 있다. 남자야말로 만악의 근원이라는 식의 대중적 페미니스트 농담은 남자가 만사에 책임을 져야 한다는 반동적인 기대 곧 '가족 가치'의 이면일 뿐이다. 문제는, 이 두 가지 견해 모두 대다수 남자들이 느끼는 감정이라든지 이 세계에서 그들이 점하고 있는 실제 위치에 부합하지 않는다는 것이다. 알고 보니 그해 내가 가정폭력 가해자 자조 모임에서 보낸 시간은 우회의 시간이 아니었다. 그 시간은 정말로 문제를 일으키는 남자들의 삶의 동학을 보여 주었다. 다만 그건 내가 기대한 바와는 정반대였다. 남자들은 어딜 가든, 심지어 '폭력에 대한 대안'을 제공하려는 뜻에서 마련된 상담 회기에서조차 대안이 없다는 이야기를 듣게 된다. 이 말은 곧 남자들 스스로가 방향타를 잡고 있어야 한다는 뜻이다.

주변을 통제하는 남자란 오늘날 미국 사회가 남성성에 대해 갖고 있는 지배적인 이미지다. 남자는 사회의 일부가 됨으로써가 아니라, 사회 위에 우뚝 선 채 그로부터 영향을 받지 않음으로써 자기 자신을 증명하게끔 되어 있다. 그는 사회의 손아귀에서 벗어나 홀로 자유로이 여행해야 한다. 갈 길을 방해하는 것이 있다면 그게 누구든 무엇이든 이판사판으로 부딪쳐 가야 한다. 그는 운전석에 앉아 도로 위의 왕이 되어, 남성성이라는 뫼비우스의 띠를 따라 열려 있는 고속도로—영화나 TV 드라마, 소설, 광고, 팝 음악 선율 등 감각을 무디게 하는 것들의 홍수를 뚫고 끝없이 순환하는 도로—를 영원히 내달려야 한다. 그는 남자다. 왜냐하면 그는 멈추지 않을 것이기 때문이다. 그는 자신을 짓누르려는 시도에 맞서 싸울 것이다. 필요하다면 총을 사용할 수도 있다. 최초의 백인 개척자가 신대륙의 황야로 성큼성큼 걸어 들어간 그날 이후, 남자들은 늘 그래 오지 않았던가.

그러나 오랫동안 눈덩이처럼 불어난 이미지들, 가령 말보로맨✠과 더티 해리, 람보에 파묻혀 있던 우리 역사를 들여다

✠ 말보로 담배 광고에 등장하는 카우보이. 서부 개척 시대를 풍미했던 남성상에 착안해 만들어진 이미지다. 1954년 등장하여, 당시만 해도 '여자들의 담배'로 여겨졌던 필터 담배를 '남자들의 담배'로 만드는 데 기여했다.

보면 좀 더 복잡한 역학관계가 있음을 알 수 있다. 미국의 초창기 서부 개척 시대부터 공동체에서 활동하는 남자들은 독불장군 못지않게 존경을 받았고, 가족 같은 사회관계도 고독한 영웅만큼이나 가치 있는 것으로 인정받았다. 심지어 미국 남성 신화의 원본에 가장 가까운 버전을 보더라도 사회로부터 떨어져 있는 남자와 사회의 일부인 남자 사이엔 긴장이 만연했으니, 독불장군이 이상향인 것은 아니었다. '인디언과 싸우는 전사들'은 궁극적으로 정착민들이었다. 애초에 대니얼 분Daniel Boone✠의 이야기는 단순히 총칼로 세계를 길들이는 개척자의 이야기가 아니었다. 분이 황야로 떠난 신화의 요체는 그가 가족을 되찾고 공동체를 건립하기 위해 그 여정에서 돌아왔다는 데 있다. 개척 시대 전문가 리처드 슬롯킨Richard Slotkin이 확인한 것처럼, 18세기 말 분의 삶을 처음으로 신화화한 작가 존 필슨John Filson은 이 부분에서 단호했다. "필슨이 보기에 분의 고독한 사냥 여행은 그 자체가 목적인 것이 아니라 사회적 목적을 위한 수단이다. 분의 서사에서 고독은 궁극적으로 더 나은 사회를 건설하는 데 기여할 때 비로소 가치가 있다. 사냥은 가장의 본분을 다할 수 있도록 길을 터 줄 때에만 고귀했다." 또한 분은 1784년 필슨에게 전한 자전적 이야기에서 이렇게 말했다. "그러므로 우리는 최근까지도 야만인과 들짐승의 서식지이자 그들이 울부짖는 황야였던 켄터크✣가 풍요로운 땅이 된 것을 볼 수 있다. 자연조건이 뛰어난 이 지역은 이

이 콘셉트는 1999년까지 계속됐다.

✠ 미국 서부 개척의 기초를 닦은 이로 유명하다. 브래덕 원정대에 참여하고, 플로리다주와 켄터키주 일대를 답사했다.

✣ 켄터키의 옛 이름. 켄터크는 아메리카 대륙에서 유럽인들이 초창기에 탐험하고 정착한 지역 중 하나이고, 지금의 켄터키주보다 더 큰 지역을 포괄한다. 아메리카 선주민인 쇼니족이 사용하던 이로쿼이어(語)의 Kenta Aki(아버지들의 땅)로부터 지명이 유래되었다는 설이 있다.

제 문명의 거주지가 되었다." 문명화되지 않은 개척지에서 '야만인'을 정복한다는 건 이야기의 절반에 불과했고, 심지어 그렇게 중요한 내용도 아니었다. 분은 초창기에 내륙 지역을 습격했던 일에 대해 이렇게 말했다. "곧이어 나는 내 생명과 재산을 걸고, 가능한 한 빨리 가족을 데리고 켄터크에 정착하겠다는 일념으로 집에 돌아갔다. 켄터크는 제2의 천국이었다."[8] 오로지 그의 가족과 사회의 미래가 달려 있었기 때문에 그 위험은 감수할 만한 것이었던 셈이다.

역사학자 E. 앤서니 로툰도E. Anthony Rotundo는 『미국의 남성성American Manhood』에서 다음과 같이 설명하고 있다. 식민지 시대와 혁명기의 남자들은 "특히 더 큰 공동체에 대한 기여를 바탕으로 평가받았다. 1800년 이전 뉴잉글랜드 사람들은 남자다움과 '사회적 쓸모' 사이에 밀접한 연관성이 있다고 생각했다. (…) 가족과 공동체에 대한 의무를 수행하는 이들은 존경받을 만한 남자들이었다." 이와 비슷하게 18세기 후반 정기간행물에 실린 영웅적 남성상에 관한 연구에서도 남성성의 핵심은 "공적인 쓸모"에 있다는 점이 드러났다. 공적인 생활에 얽매이지 않은 안장 위의 사냥꾼은 반쪽짜리 남자로 여겨졌다. 그런 이는 아무런 사회적 목적도 없이 피를 흘리는 외톨이였고, 별달리 할 일이 없기 때문에 계속 살인을 저지르는 외로운 킬러였다. 1927년 문학사가 버넌 루이스 패링턴Vernon Louis Parrington이 썼던 것처럼 데이비 크로켓은 "개척지의 낭비꾼"이었지만, "숲을 파괴하고 땅을 황폐하게 만들며 사슴과 곰, 비둘기와 타조 떼, 어마어마한 버펄로 무리를 학살하면서 내륙 지대의 자원을 낭비했던 남자 수천 명 중 한 명일 뿐이었다. 정치인 데이비는 서부의 커다란 우스갯거리였으나, 낭비꾼 데이비는 썩 보기 좋지도 않을뿐더러 처치 곤란한 실상實狀이었다".[9]

하지만 19세기 미국이 산업화에 진입하면서 저 쓰레기 같은 남자는 정력의 상징으로 확실한 명성을 얻기 시작한다. 그의 탐욕은 야심 찬 횡재수의 증거가 되고, 그가 쌓아 올린 동물 가죽 더미는 거부巨富의 재산으로 여겨졌으며, 그의 살인 본능은 공동체에 헌신하지 않는 것에 대한 벌충이 되었다. 남자로 존재한다는 건 승승장구함을 의미했고, 본인이 승승장구하고 있는지 확실히 알 수 있는 유일한 방법이란 발길 닿는 족족 모조리 차지하고 통제하고 짓밟는 것이었다. 마이클 키멀Michael Kimmel은 『미국의 남성성Manhood in America』에서 이렇게 썼다. "미국 남성성은 자아라는 내면의 감각과 무관해져 갔고, 점점 더 획득해야 할 소유물과 연결되었다." 데이비 크로켓은 와일드 빌 히콕Wild Bill Hickok, 제시 제임스Jesse James, 캡틴 카버Captain Carver와 함께 남성성의 만신전에 올랐는데, 특히 캡틴 카버의 경우 하루당 가장 많은 버펄로를 도살하여 몇 마일에 달하는 사체를 남긴 것으로 유명하다. "전쟁이라는 저주받은 괴물이 모든 땅에서 사라지게 해 주시옵소서. 전쟁의 증오스러운 동료인 약탈과 탐욕스러운 야망도 함께 물리쳐 주소서." 퀘이커교도 출신의 대니얼 분이 자서전에서 신에게 올린 이 마지막 기도는 잊힌 지 오래였다.[10]

이렇듯 저 혼자만의 야망을 추구하는 윤리가 자리를 잡아가는 동안, 사회적 효용도 여전히 미국 남성성의 경쟁 지표로 남아 있었다. 연방정부는 국가비상사태가 발생할 때마다 이를 소환했으며, 남자들 개개인의 마음과 상상 속에서 '공적인 쓸모'는 잔잔하게나마 꾸준히 갈망의 대상이 됐다. 대호황 시대 말기에 소설가 프랭크 노리스Frank Norris는 『맥티그McTeague』에서 당시 팽배하던 문화를 비판한 바 있다. 이 소설은 약탈적인 '야망'—"모퉁이 창에서 거대한 금니와 날카로운 어금니를 드러낸"—에 휘둘리는 거구의 솜씨 없는 치과의사 이야기로, 주인공은 데스밸리(죽음의 계곡)에서 자신이 죽인 경쟁자의 시체에 묶여 죽음을 맞이한다. 노리스는 많은 이가 '다원주의적 남성성'이라는 새로운 이상향에 대해 마음속에 품고 있던 신념을 표현했다. 그건 바로 다원주의적 남성성이란 결국엔 무익하고 자기 파괴적인 폭력으로 이어질 것이며, '적자생존'이 현대인에게 적용된다면 아무도 살아남지 못할 것이라는 믿음이었다.[11]

하지만 그런 비판은 소수였고, 그나마도 우리 세기가 열린 뒤에는 영화나 TV 등 압도적이고 새로운 미디어에서 생산하는, 남성의 정력을 과시하는 이미지들에 거의 잠식되었다. 1955년 월트디즈니가 제작한 TV 드라마를 통해 새로운 캐릭터로 재탄생한 데이비 크로켓은 대니얼 분의 휘광을 영원히 가려 버렸다. 인기 프로그램 〈디즈니랜드Disneyland〉의 3부작 시리즈에 등장한 데이비 크로켓의 '모습'은 현실 세계에서 대량 살육으로 이어졌다. 그가 쓰고 나온 너구리 모피 모자에 대한 수요가 치솟자, 이를 충족하기 위해 시장경쟁이 시작되면서 대륙의 너구리 개체수가 현격하게 줄어들었던 것이다. 대중문화의 상상력 안에서 대니얼 분은 데이비 크로켓으로 흡수되고 말았다. 배우 페스 파커Fess Parker가 디즈니 드라마에서 두 인물을 모두 연기했다. 그는 대니얼 분이 (자기가 생각하는) '문명화되지 않은 야만인들의 복색'을 착용하지 않았다는 사실을 간과한 채, 드라마에 아메리카너구리 모피 모자를 쓴 모습으로 출연했다.[12] 개척 시대의 새로운 왕은 광고판에 등장한 자신의 도플갱어 말보로맨과 함께, 한 시대를 다스렸다. 말보로맨 역시 정착민이 아니었고, 서부의 황량한 풍경을 통솔하는 무언의 아이콘에 불과했다. 새롭게 대량소비 상품이 된 황야에서 외톨이 영웅들은 데스밸리와 모뉴먼트밸리를 비롯해 사람이 살 수 없는 서부의 모든 계곡을 배경으로 꾸준히 자연을 정복해 나갔다. 이 남자들은 황무지에서 집으로 돌아온다는 점이 아니라 황무지로 떠난다는 점에서 점수를 받았다. 그들은 가장의 본분을 다함으로써가 아니라 총질로 주변 환경을 손에 넣고 통제함으로써 가치를 인정받았다. 드라마가 회를 거듭할수록, 또 시리즈가 이어질수록 이야기가 풀어 나가야 할 본질적인 질문은 우리의 영웅이 사회에 적극 참여하고 사회적으로 쓸모 있었느냐가 아니라, 과연 통제력을 가지고 살아남았느냐가 되었다.

그래서 현대에 남성의 불안을 둘러싼 논쟁은 예외 없이 황야의 통제라는 오랜 이슈를 통해 방향을 선회한다. 지금까지 논의된 바는 남자들이 통제력과 권력을 실행하거나 남용하는 방법이었지 정박할 수 없음, 맥락 없음이 그들에게 고통을 야기하는가 여부는 아니었다. 1994년 《타임Time》지는 '남자들이 정말 그렇게 나쁜가?'라는 표제를 핵심 질문으로 내걸며 코웃음 쳤는데, 돼지 얼굴을 한 남자가 정장 차림으로 결혼반지를 뽐내는 표지 이미지가 특히 인상적이다.[13] 이 이미지는 지배자의 위치에서 탐욕스럽게 뒹구는 돼지를 보여 주었지만, 미국 남성들의 보다 보편적인 경험—정장 차림이 필요한 직업과, 결혼반지가 상징하는 가족, 그리고 자기 삶이 묻어 있는 어떤 맥락을 잃을지도 모른다는 두려움—에 대해서는 아무런 고려도 하지 않았다. 만약 남자들이 자기 운명의 주인이라면, 본인들이 시장에서나 가정에서나 자기 발밑에 있는 흙더미를 휩쓸어 가는 듯한 힘들에 지배당하고 있다는, 입 밖에 낼 수 없는 감각에 대해서는 도대체 어떻게 대처해야 할까? 만약 남자들이 사건을 일으키는 존재로 신화화되었다면, 그들은 지금 자신들에게 일어나는 일을 어디서부터 이해해 나가야 하는 걸까?

25년여 전부터 여자들은 자기 삶에서 "이름 없는 문제a problem with no name"를 의심하기 시작했다. 전후 미국 교외에 살던 가장 운 좋은 여자들조차 으리으리한 휴게 공간을 가로

질러 반짝반짝 빛나는 후버 청소기를 작동시키면서 자신이 속았다는 사실을 감지했다. 마침내 이런 의혹을 다룬 책이 속속 등장했으니, 가장 유명한 저작이 바로 베티 프리단Betty Friedan의 『여성성의 신화The Feminine Mystique』다. 이 책에서 추적한바, 여자들이 느낀 불편함의 근원은 바로 대중매체, 광고, 대중심리학 그리고 온갖 "도움이 되는" 조언을 내다 파는 산업이 발휘해 온 문화적 힘이었다. 여자들은 자신들이 갇혀 있던 상자의 윤곽을 따라 길을 더듬으면서, 상자가 그들 주위에 어떻게 구축되어 있는지, 상자의 모양이 어떻고 자신들은 또 어떤 모양으로 만들어져 왔는지, 그리고 상자 속 거울로 된 벽에 비친 모습이 실제 자기 모습을, 혹은 자기가 될 수도 있었던 모습을 어떻게 왜곡했는지 파악해 가면서 그 상자를 벗어나기 시작했다. 역설적이게도 여자들은 자기가 어떻게 조종되었는지 이해함으로써 행동을 취할 수 있었다. 에바 피지스Eva Figes는 1970년 『가부장적 태도Patriarchal Attitudes』에서 "여자들은 대체로 남자들이 만들었다"라고 썼다.[14] 지금의 모습이 남들 손에서 만들어진 것이라면, 이전 모습으로 되돌아가는 일은 여자들 스스로의 몫이 될 터였다. 일단 여자들이 겪는 문제의 원인이 남성 중심의 사회와 문화에서 비롯한 외부적 힘에 있음을 알게 되자, 여자들은 이 문제를 좀 더 또렷이 바라보고 거기에 도전할 수 있었다.

남자들도 상자의 윤곽을 감지하긴 한다. 하지만 그들은 본인의 사양에 맞춰 그 상자를 직접 만든 것 아니냐는 소리를 듣는다. 그렇다면 도대체 누구에게 불만을 토로해야 할까? 상자는 남자를 가두기 위해서가 아니라 진열하기 위해서 존재한다. 게다가 어쨌거나 그가 만든 상자 아닌가? 모름지기 남자라면, 그리고 스스로 원한다면, 상자를 파괴할 수도 있지 않을까? 남자들이 상자에 갇힌 느낌이라고 말하는 건 칭찬받을 만한 정치적 항의가 아니라 유치하고 부적절한 징징댐으로 여겨진다. 왕이라는 자가 어찌 감히 자기 성城에 대해 불평하는가.

여자들의 기본적인 불만은 본질적으로 합리적인 것으로 간주된다. 우리 시대의 가장 과격한 안티페미니스트들조차 '동일노동 동일임금의 기회는 당연히 보장되어야 한다'고 서둘러 말한다. 여자들의 도전은 모두가 수긍한다. 반면 남자들의 불만은 과장되어 보이고 거의 히스테리에 가깝게 느껴진다. 과열된 상상 속에나 존재할 유령들 혹은 마녀들과 전쟁을 벌이는 남자가 너무 많은 것만 같다. 여자들은 남자들이 요새를 지키느라 그 요새 문화가 그들을 어떻게 주조하는지 못 보는 거라고 여긴다. 남자들 스스로도 그 문화가 자신들에게 어떤 영향을 끼치는지 보지 못한다. 사실 그들은 보고 싶어 하지 않는다. 만약 그걸 보았더라면 통제라는 환영으로부터 벗어날 수 있었을 텐데 말이다.

오늘날 환영에 더 집착하는 것은 남자들이다. 그들은 본인들이 광범위한 문화에 따라 주조되었다는 생각보다는 차라리 페미니즘으로부터 학대당했다는 생각을 선호한다. 남성의 타고난 힘과 통제력을 그들의 손아귀에서 빼앗으려는 '비정상적인unnatural' 힘으로서 페미니즘을 악마화해 버리면 그만이다. 반면에 문화는 우리가 살아가는 총체적인 환경이며, 따라서 문화의 영향력을 인정하는 것은 남자들이 상상한 그런 힘을 그들이 실제로는 한 번도 가져 보지 못했음을 받아들이는 것과 다름없다. 남자들이 문화에 체현되어 있다는 얘기는 곧 우리 시대 남성성에 대한 기준으로 보자면 그들은 남자가 아니라고 말하는 것과 같다. 성적 괴롭힘을 둘러싼 최근 판결보다 문화적·사회적으로 형성된 강력한 기대가 남자들의 불행에 더 직접적인 원인을 제공한다. 그러나 남자들은 현대 남자다움의 핵심에 놓여 있는 자만심을 정당화하기 위해 반드시 처치해야 할 악당으로 페미니즘을 설정함으로써 이러한 사실을 외면해 버린다.

오로지 자기 우주 안에서 주인으로 존재하기에 급급한 현대 남성성의 패러다임 때문에, 남자들은 자신의 딜레마로부터 벗어날 길을 궁리하지도, 자신의 위기를 해결할 정치적 행보를 보이지도 못하게 된다. 과연 남자들이 역사적 힘에 복속된 존재가 아니라 역사를 만드는 존재라면 어떻게 스스로 들고 일어날 수 있겠는가. 그리하여 남자들의 고통에 가장 공감하는 사람들조차 그들의 문제를 정치적으로 보는 데서는 뒷걸음치고 만다. 1977년 출간된 허브 골드버그Herb Goldberg의 책 『남성으로 존재하는 것의 위험The Hazards of Being Male』은 남자들이 "굴레"를 쓰고 살아간다는 점을 인식한 '곤경에 처한 남자' 장르의 초창기 작업 중 하나였다. 그럼에도 골드버그는 그 굴레를 벗겨 낼 만한 어떠한 해결책도 부정했다는 점에서 전형적이었다. 그는 10주년 기념판 서문에 "여성운동 같은 남성운동이란 있을 수 없다"라고 쓰면서, "외부에서 찾은 해답과 해결책으로 남자들의 문제를 풀 수 있다"는 희망을 갖는 건 "환상을 부채질"할 뿐이라고 경고했다.[15]

다른 이들과 마찬가지로 골드버그는 남자들의 문제가 내적인 문제라고 가정했다. 그러나 명백하게 남성성은 사회에 의해 형성된다. 그것이 얼마나 변화무쌍한지 궁금한 사람들은 탈레반 치하 카불과 파리의 거리에서 남성성이 얼마나 다르게 표현되는지를 살펴보길 바란다. 서로 팔짱을 끼고 돌아다니는 이스탄불의 남자들, 그리고 남자다움이 가족 부양과 깊이 연관되어 있어 어떤 직업에 종사하든(식당에서 식기 치우는 일을 하든 뭘 하든) 사내로서 자긍심을 갖고 있는 L.A.의 멕시코계 이민자 남성을 살펴보라. 인류학자 데이비드 길모어David D. Gilmore는 이상적인 남성성에 관한 포괄적인 비교문화 연구

『만들어지는 남성성Manhood in the Making』에서, 남자다움이란 문화권마다 다르게 평가받는다고 설명했다. 가령 스페인에서는 노동계급의 충실함으로, 일본에서는 근면과 절제로, 사이프러스에서는 집 밖에 나와 남자들끼리 어울리는 삶에 대한 의존성으로, 시크교도들 사이에서는 호혜로, 우간다의 기수족 사이에서는 화를 다스리고 "창조적인 에너지"를 표현하는 것으로 드러나는가 하면 타히티 사람들에게는 아무런 의미도 띠지 않는다는 것이다. 길모어는 "남자다움이란 상징적인 각본"이자 "문화적 구성물이며, 셀 수 없이 다양하지만 늘 필수적인 것은 아니"라고 결론짓는다.[16]

남자다움이라는 관념이 시대와 문화에 영향을 받으며 달라진다는 건 자명하다. 그럼에도 무엇이 남자들을 괴롭히느냐에 관한 동시대 논의들은 대체로 심리학적이고 생물학적인 내용에만 고착되어 있다. 뭐가 됐든 남자를 힘들게 하는 것은 용솟음치는 테스토스테론, 정자 수, 리탈린 복용, 잘못된 양육 방식에서 얻은 상처 등 개인의 본질적인 측면임이 틀림없다고 보는 식이다. 남자는 고통을 완화하기 위해 비아그라를 처방받거나, 체육관 평생 회원권을 끊거나, (새로 등장한 '남성학' 코너에 놓여 있는 전형적인 베스트셀러 두 권이 조언하듯) "정신의 밑바닥에 누워 있는" 야성적인 남자 내지는 "내 안의 왕"과 다시 만나야 한다(상담가이자 융 정신분석가인 『내 안의 왕The King Within』 공동 저자는 남성성을 회복하고 싶으면 이집트 파라오 사진을 수집해야 한다면서, "당신이 피라미드 안에 있다고, 혹은 피라미드가 당신 안에, 당신 가슴속에 있다고 상상해 보라"며 남성 독자들에게 조언한다).[17] 위기에 빠진 남자가 해야 할 일은 자신을 군주로 상상하고, 근육을 키우고, 무장하고, 적에 맞섬으로써 자신의 통제력을 증명하는 것뿐이다.

여자들은 고립된 상태에서 벗어나 조직화를 꾀하면서 '이름 없는 문제'에 직면했다. 그에 반해 남자들에게 주어지는 해결책이란 자기 자신을 전례 없이 고립된 조건에서 바라보라는 것뿐이다. 미국 남자를 괴롭히는 게 무엇이건, 할리우드에서부터 대중심리학을 거쳐 매디슨 애비뉴✠에 이르는 대중문화에서는 남자들에게 당신들 스스로 사회를 벗어남으로써, 상상 속 풍경에 등장하는 상상의 적을 제압함으로써, 숲속에서 '내면의 남자다움'이 깨어날 때까지 북을 두드림으로써, 텅 빈 도로를 최대 속도로 운전함으로써 치유받을 수 있다고 말한다. 그렇게 남자들은 자신들을 괴물로 만드는 힘에 집단적으로 맞서기보다는 각자 스스로 자기만의 투쟁을 극적으로 구성해, 무대 위에서 임의로 지정된 적들에 맞서 싸우리란 기대를 받는다. 이 싸움은 마치 권투 시합이 벌어지는 링이 관중석과 따로 떨어져 있듯 사회로부터 분리되어 있다. 사회는 강 건너 불구경만 할 뿐 그 싸움에 참여하거나 영향력을 행사하는 일이 없다.

남성의 위기와 혼란에 대한 대중적인 설명은 대체로 늘 탈역사적이다. 남자들이 살아가는 조건은 무시되고, 남자들 자체는 영원히 '동질적인 보통 사람'으로 축소된다. 100년 전에 여성이라는 혼란스러운 성별을 다루고자 "여자 문제"라는 말이 제기되었을 때 여자들이 단수로 취급되었던 것처럼 말이다. 하지만 만약 남자를 이 세계의 저자가 아닌 대상으로서 고려한다면 남자들의 문제는 어떻게 인식될 것인가? 남성 지배라는 가정을 잠시 접어 두고, 남성 범죄와 비행을 열거한 페미니스트의 기록이라든지 여자들이 남성의 권위를 강탈해 갔다는 안티페미니스트의 고발을 한편으로 치워 놓고서, 지난 한 세대 동안 남자들이 무얼 경험해 왔는지 살펴본다면 어떨까? 역사를 갖지 않는 존재는 신뿐이다. 아무리 '힘 있는' 남자일지

✠ 미국에서 '할리우드'가 영화산업을 대표하는 지명인 것처럼 광고업계를 대표하는 지명.

언정 그가 세상에 영향을 미친 것 못지않게 세상으로부터 많은 영향을 받았으리란 점은 자명하다.

※ ※ ※

전후 미국의 남자들에겐 과연 무슨 일이 일어났던 걸까?

이에 관해서는 어니 파일Ernie Pyle이 이미 우리에게 말해 주었는지도 모른다. 제2차세계대전 당시 그가 종군기자로 전선에서 쓴 기사들은 한동안 군인을 미국 남성성의 이상으로 만들었다. 1790년대 프랑스 혁명가들이 본질적으로 모성을 의미하는 도상 안에서 자신들의 투쟁을 묘사했다면(나중에 들라크루아의 그림에서 가슴을 드러낸 채 깃발을 들고 전장으로 향하는 평화의 여신 마리안으로 이미지화되었다), 1940년대 미국인들은 그와 반대의 성별로 자신들의 우상을 표현했다. 이오지마✠의 자갈밭에 깃대를 세우려고 안간힘을 쓰는 한 무리의 해병들은 국가의 미덕을 표현하는 지고의 이미지가 되었다. 사악한 적들을 물리치고 분쟁 중인 개척지에 대한 권리를 주장함으로써 아버지, 그리고 아버지의 아버지가 마련해 둔 임무를 성공적으로 완수하며 국가의 의무를 다하는 한 무리의 이름 없는 젊은이들. 이것이 바로 전후 남성성의 본보기였다. 제2차세계대전을 지나면서 미국은 남성적인 국가를 자처하며, 우리의 '남자들'이야말로 국가적 권위를 드높이고 국제적 리더십을 수행할 준비가 되어 있다는 자아상을 세우게 된다. 국가가 세계를 지배하고 남자는 국가를 지배하며, 특정 유형의 남성 페르소나가 남자들을 지배한다는 이념이었다.

사실 그런 유형의 남자들에겐 별로 눈길을 끌 만한 매력

✠ 일본 남동쪽에 위치한 면적 20제곱킬로미터의 섬으로, 제2차세계대전 당시 전략적 요충지로 활용되던 곳.

이 없었다. 적어도 처음에는 그랬었다. 어니 파일은 실크 스카프를 두른 파일럿이 아니라 이제껏 잊혀 있던 보병들을 추앙했다. 그는 일간지 칼럼에서 이들을 "진흙과 비와 서리와 바람을 맞는 청년들"이라고 불렀다. 그리고 이것이 다른 어떤 전쟁 관련 보도보다도 미국인들이 제2차세계대전을 기억하는 방식에 영향을 미쳤다. 이 별명은 빌 몰딘Bill Mauldin의 전시 만화에 등장하는 '보병dogface' 캐릭터 '윌리와 조'를 통해 시각화되었는데, 작가가 말하는 것처럼 "눈 밑의 처진 살과 귓속의 때가 서로 너무 닮아서 누가 윌리이고 누가 조인지 분간하는 사람이 거의 없었다". 그 자신이 이탈리아 군사작전에서 '졸병doggie'이었던 몰딘은 육군 항공대 '조종사들'의 화려한 이미지에 훅을 날리는 만화를 즐겨 그렸다.[18] 전쟁 중 가장 많은 훈장을 받은 참전군인 오디 머피Audie Murphy가 고전이 된 제2차세계대전 회고록 『지옥에서 돌아오다To Hell and Back』를 통해 회상하길, 그는 자신과 동료 군인들이 로마의 어느 카페에서 술에 취한 항공병들을 만나 「어린이 비행사Junior Birdman」✢를 개사한 노래를 부르며 그들을 조롱한 뒤, 말 그대로 (좌우로 이리저리) 훅을 날렸다고 한다.

> 수여식이 열리고
> 양철 날개를 나누어 줄 때
> 너도 어린이 비행사가 될 수 있어—
> 응모권을 보내기만 한다면.[19]

그러나 어니 파일이 지상의 남자들을 칭송했던 건 단순히 맹

✢ 항공 및 모형 비행기 제작에 관심 있는 어린이들을 위해, 1934년경 BAC(오늘날 미국연방항공청)의 지원을 받아 미디어 그룹 허스트 커뮤니케이션이 설립한 전국적인 조직 '어린이 비행사'의 단가.

목적 애국심 때문이 아니었다. "온갖 빌어먹을 거물들." 한번은 그가 친구들에게 이런 말을 던지기도 했는데, 주목받고 싶어 하는 이들, 개인의 '성취'를 공개적인 볼거리로 만드는 이들에 대해 파일이 어떻게 생각하고 있었는지 단적으로 드러내 주는 말이다. 전쟁 전에도 파일은 《워싱턴데일리뉴스Washington Daily News》에 미국 최초의 항공 칼럼으로 추정되는 기사를 써서 마초적인 과시에 의문을 던진 바 있었다. 그가 매일같이 쓴 공군 관련 기사는 스턴트를 과시하거나 기록 갱신에 몰두하는 스피드광의 우스꽝스러운 짓거리 대신, 형편없는 항해장비에도 편지를 배달하기 위해 용감히 폭풍에 맞선 남자들의 묵묵한 헌신을 다뤘다. 파일은 할리우드에 관해 쓰는 것도 꺼렸다. "영화배우 얼굴을 보는 것까지가 내 최선이야. 그자들은 역겨워." 파일이 친구에게 한 말이다. 전쟁 중에 그는 할리우드풍 영웅 행세를 하는 조종사들을 추앙하지 않았다. 반짝이는 "날라리flyboy"에 열광하는 건 다른 매체들이 하는 것으로도 족했다. 파일에겐 진흙투성이 사병들이야말로 그 어떤 조종사보다 위대했다. "전쟁은 지구에 살며 소소한 일상을 영위하는 우리 안에서 낯설고도 위대한 존재를 만들어 낸다." 파일은 자기 자신 또한 함께 행군하는 여느 남자들과 다르지 않다면서 이렇게 썼다. "그들은 정말 비참하게 살다가 죽는다. 이를 너무도 결연히 받아들이는 그 모습은 차마 눈이 부셔서 쳐다보지 못할 만큼 존경스럽다."[20]

파일의 견해는 공식적인 것이 되었다. 정부의 라디오 선전에서는 이 충돌을 "소시민의 전쟁little guys' war"이라고 불렀다. 전쟁이 끝나자 드와이트 D. 아이젠하워Dwight D. Eisenhower 장군은 이렇게 선언했다. "거대한 전투 기계에 몸담은 모두가 이번 전쟁에서 진정으로 영웅적인 존재는 단 하나뿐이라는 사실에 동의했습니다. 그 사람은 바로 지아이 조입니다. (…) 그가 속한 소대를 이끈 지도자들은 충성심, 의무에 대한 헌신, 불굴의 용기가 뭔지 제대로 보여 주었습니다. 우리가 남자들의 이런 자질에 경의를 표하는 한, 이는 우리 마음속에 영원히 살아 있을 것입니다." 아이젠하워의 음성과 파일의 타자기를 통해 보병은 남성성의 상징으로 격상되었다. 보병은 과시적 영웅주의로 치장된 개인의 위업을 통해서가 아니라, 전쟁을 수행하고 부대원들의 안녕에 이바지하는 조용한 쓸모를 통해서 정력을 증명해 낸 남자들이었다. 파일은 이렇게 적었다. "우리 모두는 어느 낯선 밤에 서로를 돌보는 새로운 직무를 맡은 사람들이다." '소소한 일상을 영위하는' 남자들은 저마다 공통의 임무를 공유하는 팀의 일부였고, 이들의 남자다움이란 자기 자신보다 조금 더 큰 무언가에 기여하는 일에서 비롯했다. 제9보병사단이 노르망디 해변 북쪽의 항구도시 셰르부르를 공격했을 때 파일은 부대에 있으면서 이에 관해 썼다. "그들은 그냥 나아갔다. 한 명씩, 몇 초 간격으로 앞으로 나아갈 때 그들은 영웅적인 존재가 아니었다. (…) 그들은 전사가 아니었다. (…) 그들은 운명의 장난으로 손에 총을 쥐게 된 미국 소년들이었다. (…) 그들은 두려웠지만, 여기서 그만둔다는 건 그들의 권한 밖이었다. 그들에겐 선택의 여지가 없었다. 그들은 착한 소년들이었다."[21]

어니 파일은 매일 칼럼을 쓰면서, 이 겁에 질린 착한 소년들을 국가의 눈으로 판정하여 남자로 만들었다. 파일의 남자 만들기 과정을 보여 주는 표본이 그의 가장 유명한 칼럼인 「와스코 대령의 죽음」이다. 이 칼럼은 아버지와도 같은 친애하는 부대 지휘관에게 바치는 글로, 파일은 동료 병장들의 증언을 인용해 "그는 나의 아버지 바로 다음에 위치하시는 분"이라고 말했다.[22] 수많은 칼럼과 뉴스릴 및 영화에서 제2차세계대전 최전선을 배경으로 깔아 놓은 서사를 보면 아버지 되기에 성공하는 이야기, 남성으로 변모하는 이야기가 지배적이었다. 대공황 시기를 살던 아버지들은 아들에게 남성성을 물려줄 수도, 아들을 남성성으로 인도할 수도 없었다. 소년들은 남성이 운영하는 거대한 고아원, 곧 군대의 자비로운 날개 아래 전장으로 보내졌다. 그곳에는 아버지를 대신하여 단호하지만 자애로운 역할을 수행하는 상관들이 있었으니, 이들은 악랄한 적에 맞서는 영웅적인 투쟁의 열기 속에서 소년들이 남자로 성장해 갈 수 있도록 지켜봐 주었다. 미국 내에서 벌어진 아버지-아들의 분열은 이렇게 치유돼 갔다. 소년들은 구제되어 남자로 빚어졌으며, 귀향해 아내를 물색하고, 가족을 이루고, 세계 속에 장성한 권력으로 자리 잡은 국가 공동체 안에서 성인 남자의 자리를 꿰찼다.

여기까지가 미국이 전쟁영화 수십 편을 통해 자국민들에게 전한 이야기다. 이 이야기에 나오는 남성 사회의 강인하고도 다정한 지휘관들은 고마움을 아는 '소년들'이 자기 책임을 다할 수 있도록 준비시켰다. 1943년 영화 〈과달카날 다이어리Guadalcanal Diary〉의 주요 주제도 이것이었다. 영화에서 소년들은 아웅다웅하는 새끼 고양이들처럼 장난스럽게 몸싸움을 하며 함선에 올라 전장으로 향하고, 이후 아버지 같은 대령과 아버지 같은 신부가 통솔하는 선상의 또 하나의 가족-해병대 안에서 서로의 차이를 털어 낸다. 대령은 신부에게 자랑스럽게 말한다. "훌륭한 아이들입니다, 신부님. 잘 해낼 겁니다." 존 웨인John Wayne이 스트라이커 중사로 출연하는 1949년작 〈이오지마의 모래Sands of Iwo Jima〉의 주제도 마찬가지였다. 스트라이커는 엄격한 아빠이며, 자신이 책임지는 풋내기들을 유능하고 어른스러운 형제들로 주조해 낸다. 그는 소년들에게 말한다. "나와 함께 있는 동안 너희는 남자답게 움직이고 남자답게 생각하게 될 거다. 한 가지 방식이 실패하면 다른 방식으로 너희를 가르칠 거야. 어떤 식으로든 반드시 해낼 테다." 이후 그는 아버지 노릇을 하며 젊은이들 무리를 어른으로 길러 낸다.

모순적이게도 전쟁 상황에서 소년들을 보살피되 잔혹함이 아닌 다정함을 통해 그들을 남자로 만드는 것은 남성 사회의 꿈이었다. 비유컨대 고아가 된 '자유의 아들Sons of Liberty'이 건설한 국가, 더 가깝게는 실직한 아버지 세대가 가족을 부양할 수 없게 된 국가는 모종의 확신—자국 내에 평화의 기초를 충분히 마련할 수 있을 만큼 강력한 '아버지-아들'의 유대를 형성하고야 말았다는 확신—을 등에 업고 제2차세계대전 중에 출현했다.

1945년 8월 14일, 일본과의 전쟁이 승리로 끝나자 미국인들은 이런 전환을 기념했다. 트루먼Harry S. Truman 대통령은 이틀간의 휴일을 선포했다. 온 나라에서 기쁨에 찬 시민들이 자발적으로 거리에 뛰쳐나와 즉흥 퍼레이드를 열고 춤을 추는가 하면 색종이와 샴페인, 물을 뿌리며 귀향 군인들을 환영했다. 여자들은 병사들에게 달려 나가 키스 세례를 퍼부었다. 《라이프》는 펼침면 두 쪽에 걸쳐 저 유명한 '전방위적 키스' 사진을 싣고 이를 "전국의 해안을 물들인 입맞춤"이라고 소개했다. 맨해튼에서는 200만 명이 타임스퀘어로 몰려가 자축했으며, 브루클린에서는 이탈리아계 미국인 부모들이 거리에 테이블을 차려 놓고 젊은 영웅들에게 음식과 와인을 대접했다. 백악관 잔디밭에 선 트루먼 대통령은 환호하는 군중을 향해 공표했다. "우리는 가장 위대한 임무를 맞닥뜨리고 있습니다." 대통령은 귀환하는 남자들에게 자유국가와 자유세계 재건이라는 책무에 도전할 것을 요청했다. "이 일을 해내려면 우리 모두의 도움이 필요합니다. 나는 우리 모두가 해내리란 걸 알고 있습니다."[23] 미국의 소년이 남자로 성장함을 이토록 절절히 인식하면서, 국가의 이름으로 이처럼 확실한 남성성을 드러낸 순간이 또 있었던가. 소년의 행보를 환호하고, 소년의 공헌이 필수적이라 부르짖고, 소년에겐 그 임무를 무한히 완수해 낼 능력이 있음을 국가가 믿어 주는 그런 상황이 말이다.

어니 파일이 졸병들을 밀림의 왕이라도 되는 양 떠받들면서, 전후 남자다움이란 어떠해야 하는가를 둘러싸고 많은 이가 희망한 꿈의 설계자가 되고 말았다. 이로써 공동의 임무와 공동의 적, 선명한 전선 속에서 형성된 전시 남성성이 평시에도 지속되리라는 약속이 주어졌다. 1950년 무렵 미국에서는 준군사화된 평시 경제와 국가안보 상태가 형성되었다. 냉전이라는 맥락에서 전후의 남자들 역시 유럽과 아시아 전역, 미국 내, 심지어 우주 개척지에서도 공산주의에 맞서 싸워야 한다는 공동의 임무를 집단적으로 공유하는 듯 보였다. 지아이 조와 마찬가지로 전후의 남자들은 개인의 우월함이 아니라, 동등한 익명의 남자들로 구성된 조직에 대한 자발적 봉사와 의무감에 따라 판단될 터였다. 고참병의 시대는 아직 끝나지 않았다.

※ ※ ※

그러나 제2차세계대전은 이런 종류의 남성성을 위한 대관식이 아니라 오히려 그 남성성이 숨을 헐떡이는 마지막 순간이었다. 어니 파일이 칼럼에서 묘사한 남성성 모델은 대공황기에 그가 미국의 작은 마을과 시골을 돌아다니며 앨라배마주의 소작농과 미시시피주의 새우 통조림 공장 노동자, 오클라호마주의 막노동자와 대평원 황진지대Dust Bowl 농부의 조용한 투쟁을 기록하면서 공들여 만든 것이었다. 사실 파일의 비전은 노르망디상륙작전보다 뉴딜정책에 더 많이 기대고 있었다. 병사들을 상찬하기 전에 그는 "CCC 청년들"—"남자가 산에서 무엇을 할 수 있는지" 보여 주는 '민간 치산치수 사업단Civilian

Conservation Corps'✠의 청년 노동자들—과 같은 평상시의 졸병들을 상찬했다. 그가 문학에서 찾았던 모델은 존 스타인벡John Steinbeck이었고, 제2차세계대전이 일어나기 훨씬 전에는 가난, 그리고 소아마비에 걸린 몸과 싸워 승리한 프랭클린 D. 루스벨트Franklin D. Roosevelt 대통령이 그의 영웅이었다. 어느 날 파일은 사우스다코타주 래피드시티를 방문한 루스벨트 대통령이 다리 교정기를 착용한 채 "강한 팔"로 몸을 일으키는 모습을 보고는 감격하여 이렇게 썼다. "그렇게 꼿꼿하게 선 남자를 본 적이 없다."[24]

사회복지와 형평성 증진을 위해 고군분투하는 사회에 내재되어 있던 관념이자 그런 사회에 유용하기도 했던 남자다움이라는 관념은 뉴딜정책을 통해 촉진되었으며, 학교 및 상하수도 건설, 농촌 지역 전기 공급, 치수, 황무지 재조림 등 대규모 사업에 수십억 달러를 쏟아부었던 연방 공공사업진흥국Work Projects Administration(WPA)의 엄청난 노력으로 활성화되었다. WPA는 미술가·작가·배우·극작가·음악가 등으로 구성된 소규모 단체를 고용하기도 했는데, 그들의 유산은 지금도 공공건물의 예사롭지 않은 벽화, 해당 지역과 주州 정부에 관한 안내문, 고전 연극과 음악으로 우리 곁에 남아 있다. 뉴딜의 이상적인 남성상은 루스벨트 내각 법무부 장관 프랜시스 비들Francis Biddle이 당시에 썼던 것처럼 "공동의 목표와 목적 및 공동체 자체에 개인의 노력을 투여하는 데서 만족을 얻는" 사심 없는 공복이었다. 그에 따르면 "이건 자아로부터 도망치는 것이 아니라 자아실현"이었다. 그리고 이는 남성적 자아를 실

✠ 루스벨트의 뉴딜정책의 일환으로 1933년부터 1942년까지 18~25세(이후 17~28세로 확대)의 미혼 남성을 대상으로 실시한 정부 노동 구제 프로그램. 미국 대공황기 일자리를 찾는 데 어려움을 겪던 청년들을 치산치수 사업에 동원하여 구제했다.

현하는 일이기도 했다. WPA의 원형인 공공예술품사업Public Works of Art Project(PWAP) 참여 작가가 루스벨트 대통령에게 편지로 전한바 이 시기는 미국 예술이 비로소 "정력"을 띠게 된 시대였는데, 이는 "우리 동포를 위해 최고의 작품을 제작할 수 있는 절호의 기회"가 주어진 덕분이었다. 뉴딜을 연구한 역사학자 아서 에커치 주니어Arthur Ekirch, Jr.는 "더 이상 경쟁이 협력과 연합보다 우월하게 여겨지지 않았다"라고 설명한다. 뉴딜의 뛰어난 설계자였던 장본인이 1932년 연설을 통해 이 새롭게 고안된 남성성의 개념을 자세히 설명했다. 루스벨트는 "개척 국가를 열어 가던 시기엔 무자비한 힘을 가진 남자의 자리가 있었"지만, 이제 그자는 "조력자인 만큼이나 위험인물일 가능성"이 있다고 공언했다. 그런 남자가 위험한 까닭은 "모든 남자에게 주어진 역할을 거스르는 (…) 외로운 늑대"이며, "공공복리를 위한 목적을 달성하는 데 동참하길 거부"하기 때문이라는 것이 루스벨트의 설명이었다.[25]

루스벨트 내각의 농무부 장관이었으며 훗날 부통령 자리에 오르는 헨리 윌리스Henry Wallace가 이런 윤리를 강력하게 추진했다. 그는 '보통 사람Common Man'이라는 영웅상을 중심으로, 국가의 미래를 위해 진보적인 꿈을 제시한 아이오와주의 농업인이었다. 윌리스는 제대로 된 교육·일자리·주거의 기회만 주어진다면, 평범한 노동자 부대가 생산·복지·민주주의 확대를 통해 미국 내에서만이 아니라 세계적으로도 "새로운 개척지"를 열어 가는 원동력이 될 수 있으리라 기대했다. 1942년 5월 윌리스가 유명 연설에서 명명한 "보통 사람의 세기"에는 남녀 모두가 포함되어야 했지만 그는 철저하게 남성적인 용어로 이를 정의했다. 윌리스가 보는 미국이라는 나라는 아무리 "반바지를 입는다 한들 남자가 되길 피할" 순 없는 "열여덟 살 소년"이었으며, 초연하게 "우리의 책무를 어깨에 짊어짐"으로

써, 또 단순히 세계 지배를 열망하기보다는 세계의 요구에 공헌함으로써 성숙한 미합중국으로 발돋움할 수 있었다.[26] 그가 반은 농담 삼아 말하길, 미국의 임무는 "전 세계 모든 사람에게 우유 1쿼트✠를 마실 수 있는 특권"을 선사하는 것이어야 했다. 역사학자 존 모턴 블룸John Morton Blum이 서술한 바와 같이 월리스를 인도한 것은 "형제애의 가능성과 농부 고유의 미덕에 대한 본인의 믿음"[27]이었다.

어니 파일이 처음엔 유럽 전선에서, 나중엔 태평양 전선에서 지키려 애쓴 것, 그리고 전쟁통에서도 살아남기를 희망했던 것은 (그저 '독일 놈들과 일본 놈들 죽여 버려!'라는 전쟁 속 함성에 응답하는 것이 아니라) 서로에게 책임을 다하는 보통 사람의 존엄과 도덕적 품위였다. 그는 유럽의 전투가 끝날 무렵 "우리 병사들이 용감하기도 했고 그 밖의 여러 이유 덕분에 전쟁에서 승리할 수 있었다"라고 썼다. "우리가 승리한 건 우리가 남들보다 잘난 운명을 타고나서가 아니다. 이 승리를 자랑스러워하기보다는 감사히 여겨야 한다. (…) 죽은 이들은 우리가 흡족해하는 것을 원치 않을 것이다."[28]

1945년 4월 18일, 전쟁이 끝나기 몇 달 전 어니 파일은 잠시 상황을 파악하기 위해서 오키나와에 있는 참호 밖으로 머리를 내밀어 주위를 둘러보는 실수를 저질렀다. 이윽고 일본군의 기관총 총알이 그의 왼쪽 관자놀이를 관통했다. 생전에 파일 자신이 묘사했던바 "다소 낡은 중고 남자"[29]는 그렇게 사망했다. 어니 파일이 죽은 날은 그가 그려 온 금욕주의적인 남자가 사망한 날이자 '보통 사람의 세기'가 사산된 날이었는지도 모른다. 그때는 아무도 눈치채지 못했겠지만.

전쟁이 끝나 갈 무렵, 전후 미국의 두 가지 비전이 전국적인 무대에 올라 이목을 끌며 경합했다. 오랫동안 잊고 있던 국

✠ 액량 단위. 1쿼트는 0.94리터 정도다.

가의 미래를 둘러싼 싸움 현장에서 양쪽 도전자는 윌리스의 '보통 사람의 세기' 그리고 헨리 루스Henry Luce의 '미국의 세기'였다. 1942년 8월 방송인 에드워드 머로Edward R. Murrow는 "내일을 이끌 미국 정책의 선구자" 자리에 헨리 윌리스의 비전이 오르느냐 헨리 루스의 비전이 오르느냐에 따라 세계의 운명이 갈릴 것이라고 썼다.[30] 《타임》과 《라이프》 창간자이자 편집자였던 루스는 미국이란 나라가 글로벌 무대에 거인처럼 등장할 명백한 운명manifest destiny을 짊어진 남성적인 국가라고 보았다. 그는 평범한 남자들이 장래의 패권국가와 연합하여 더 큰 자아감각을 쟁취해야 한다고 제안했다. 윌리스의 남성적 이상이 온통 부모가 아이를 돌보는 것과 같은 보살핌과 양육에 관한 것이었다면, 루스의 이상은 온통 통제력에 관한 것이었고 더 중요하게는 이를 과시하는 것이었다.

1941년 루스는 정책 입안자들에게 보내는 호소문이자 지금은 고전이 된 「미국의 세기」를 《라이프》에 게재하여, "미국의 근본적인 문제"란 시민들이 "강대국의 일원으로서 제 역할을 다하지 못한 점"이라고 주장했다. 루스의 주장은 히틀러에 대응하기를 꺼리던 국가에서만큼은 미덕을 가지고 있었다. 하지만 "우리가 적합하다고 생각하는 목적을 위해, 우리가 적합하다고 생각하는 수단을 통해서, 우리의 영향력을 세계에 전면적으로 행사"하기 위한 루스의 '치료제'는 침략을 정당화하는 전후의 처방전을 승인해 주는 것이었다. 그는 국가의 근육을 확장하지 못한다면 남성적 정력을 상실하는 끔찍한 대가를 치르게 될 것이라고 반복해서 경고했다. 그는 "고립주의자의 불임이라는 바이러스"가 미국을 오염시킬 거라고 썼다. 우리는 세계를 지배해야만 한다. 그러지 않으면 "애석하게도 발기불능을 고백해야 할"[31] 테니까.

윌리스는 "무력은 중요하지만 충분하지 않다"라는 경고

와 함께, 미국이 세계를 지배해야 한다는 루스의 요구에 응답했다. "정의 없는 무력을 사용하면, 조만간 우리 역시 증오해 마지않던 나치 같은 이미지에 빠져들게 될 것이다." 이미 1940년대 초반에 그는 그런 사고방식이 피해를 입히고 있다고 보았다. "집단적인 안보의 상징이 집단적인 공격성을 구축하는 데 사용되고 있다. 파시즘에 대항하던 위대한 국가들의 연합은 공산주의에 대항하는 국가들의 연합이 되고 있고, 패배자들의 이상은 승자들의 차지가 되었다." 그는 하소연하듯 물었다. "우리는 우유의 세기로 들어가고 있는 것인가, 아니면 피의 세기로 들어가고 있는 것인가?"[32]

이 질문은 적어도 19세기 초부터 계속되어 왔다. 미국 남성은 제 동포를 간호함으로써 공로를 세웠는가, 아니면 세계의 다른 사람들을 들이받음으로써 공로를 세웠는가? 미국 남성은 공동체를 돌보기 위해 고향으로 돌아온 대니얼 분인가, 아니면 짐승 털가죽을 챙기기 위해 공격을 불사했던 데이비 크로켓인가? 제2차세계대전 뒤에 다가온 시간들은 물론 '우유의 세기'를 열지 못했다. 헨리 월리스 자신도 피에 굶주린 시대의 첫 희생자가 됐다. 일자리 6000만 개를 창출하면서 노동권과 시민권을 지지하고 대기업에 도전하고자 했던 월리스의 캠페인은 당시 보수화되어 가는 의회의 '강경화'에 부딪히고 말았다. 결국 그는 부통령 후보에서 밀려났고, 1944년 그 자리는 해리 S. 트루먼의 차지가 되었다. 4년 뒤 월리스가 제 발등을 찍듯 제3당 후보로 대통령 선거에 출마하자, 그는 공산주의자 사기꾼으로 여겨졌다. 그리고 지체 없이 아무도 찾지 않는 진보주의자들의 더미로 떠밀려 났다.[33]

처음에 '미국의 세기'는 '보통 사람의 세기'와 피를 나눈 형제인 척했다. 이는 새로운 세대의 남자들을 도와, 월리스와 파일이 꿈꾸던 자상한 아버지가 되는 길로 이끄는 이념인 양 등장했다. 더욱이 남자들 자신이 이런 아버지상을 갈망하기도 했다. 제2차세계대전의 퇴역군인들은 사실상 일반 대중이 원하던 것보다 보통 사람의 윤리를 더 지속하고 싶어 했다. 그들은 지배보다는 치다꺼리에 중점을 둔 남자다움의 이상을 열렬히 환영했다. 전쟁 중에 서로 도움과 위안을 나눈 일이야말로 그들에겐 가장 중요한 경험이었고, 그들이 지키고자 했던 것도 바로 이런 부분이었다. 역사학자 폴 카터Paul A. Carter는 『1950년대의 또 다른 면Another Part of the Fifties』에서 이렇게 말했다. "군인들은 전쟁 경험으로 군사화되기보다는 놀라우리만치 자신들이 복무했던 군대를 민간화했다."[34] 『좋은 전쟁The Good War』에서 포병 윈 스트랙Win Stracke이 구술사가 스터즈 터클Studs Terkel에게 말하길, 그는 전쟁에서 돌아와 "새로운 가족을 부양하기 위해 어떻게 생계를 꾸려 나갈지를 주로 걱정"했으며, 해외에서 복무했을 때의 기억을 가장 소중하게 간직하고 있었다고 한다. "난생처음 경쟁사회에서 벗어날 수 있게 된 동료 열다섯 명이 있었다. (…) 해야 할 일이 있고 모두가 손을 보탰으며, 혹자는 남들보다 더 열심이었다. 그들은 살면서 처음으로 금전적 손실을 두려워하지 않고 서로 도울 수 있었다. 상대방의 목을 벤다든지 상사 등을 통해 다른 누군가를 깔아뭉개는 일은 없었다. 내가 군대를 좋아한 까닭은 경쟁과 경계, 모든 거짓된 기준이 없었기 때문임을 깨달았다."[35]

어니 파일이 그렸던 이타적인 영웅의 남자다움이라는 이상을 받아들인 남성들, 즉 베이비붐 세대를 낳은 아버지들은 1950년대와 1960년대에 그 남자다움의 경험을 아들들에게 그대로 물려주려고 했다. 해외로 나가서 세계를 해방시킨 "보통의 소시민들"은 조용한 산업과 보살핌으로 조국을 해방하리라는 기대감을 안고 귀국했다. 막상 그 기회는 트루먼 대통령이 완전고용과 식량·의료·교육·주택에 대한 평등한 접근을 보장하는 민주당의 '신권리장전New Bill of Rights'을 포기함으로써 크게 위축되긴 했으나, 퇴역군인들 중에는 기존의 제대군인원호법GI Bill of Rights✠을 최대한 활용하여 대학 학위, 직업 기술 및 주택을 취득한 이가 전례 없이 많았다. 퇴역군인들은 연방 자금 지원 교육을 활용했고, 이후에는 국방 자금을 지원받는 기업 및 생산 라인에 자리 잡으며, 재향군인관리국으로부터 지원받는 트랙트하우스(규격형 주택)에서 가정생활을 시작했다. 중서부 작은 마을 출신 백인 남자들과 남부 시골 출신 흑인 남자들은 군대가 지원하는 일자리와 저렴한 주택을 찾아, 그리고 남부 캘리포니아의 전도유망한 오아시스를 찾아 서쪽으로 이주했다. 그들은 자신들의 헌신, 익명의 봉사, 팀에 대한 겸허한 충성심이 더 크고 견고하고 생산적인 무언가가 되어 이를 아들에게 물려줄 수 있기를 바랐다.

100년도 더 전에 알렉시 드 토크빌Alexis de Tocqueville은 미국 특유의 역설을 의아하게 여긴 바 있었다. 이 나라 시민들은 "일어서려는 열망에 사로잡혀 있는 것 같았지만, 그중 아주 큰 희망을 품거나 아주 높은 목표를 가진 사람은 거의 없었다".[36] 그러나 이제 미국 남자들은 가장 거대한 희망과 가장 높은 목표를 품고서 함께 일어서려는 것처럼 보였다. 제2차세계대전 퇴역군인 출신인 젊은 대통령이 1961년 국가원수가 되었을 때, 국가의 목표는 달만큼이나 높이 솟아오르는 것 같았다. 남자들은 '미국의 세기'가 자신들의 세기가 되리라는 기대로 활기에 넘쳤다. 그들은 전후의 포상금이 머지않아 자기들 차지가 될 것임을 아들들에게 보여 주고 싶었다. 그들은 아들들에게

✠ 미국 퇴역군인들에게 교육·주택·보험·의료 및 직업훈련의 기회를 제공하기 위해 1944년에 개시된 제반 법률 및 프로그램의 통칭. 이들 프로그램은 제2차세계대전이 끝난 뒤 돌아온 퇴역군인들을 사회에 통합하고 미국의 노동인구를 증가시키기 위해 시작되었다.

약속했고, 이를 실행에 옮길 계획이었다. 〈이오지마의 모래〉에 등장하는 스트라이커 중사처럼 그들은 맹세했다. "한 가지 방식이 실패하면 다른 방식으로 너희를 가르칠 거야. 어떤 식으로든 반드시 해낼 테다."

넘겨주지 못한 손전등

미국에서 제2차세계대전이 끝난 뒤 찾아온 기대감으로 한껏 고양되었던 시기는 '베이비붐' 시대로 알려져 있다. 이 말만 들으면 마치 보금자리를 돌보고 기저귀를 가는 젊은 엄마들의 일상이 이 시대를 규정짓는 특징이라도 되는 것 같다. 하지만 이 시기는 그야말로 소년의 시대였다. 〈아빠가 제일 잘 알아 Father Knows Best〉✠와 〈비버는 해결사Leave It to Beaver〉, 유소년 축구단 의례와 청소년 과학경진대회 장학금, BB탄과 로켓 클럽, 축구 연습과 알파벳이 적혀 있는 야구 잠바, 카우보이 옷을 입은 장난꾸러기 어린 아들을 바라보거나, 좀 더 성장한 아들에게 새로 출시된 (지느러미처럼 꼬리가 날렵한) 컨버터블의 열쇠를 자랑스레 건네주는 '아빠' 이미지로 도배된 광고 등이 지배하는 문화였던 것이다. 그건 아버지가 아홉 살 난 빌과 열한 살 난 롭에게 "지하실에 있는 화로에서 낡은 스토커 모터를 제거하는 법"[37]을 알려 주는, 《라이프》 화보에서 선보였던 아버지와 아들의 에덴동산이었다. 이 세계에서 대중문화는 각 정원 문 뒤에 숨겨져 있는 진실과 무관하게, 아버지들은 사랑하는 아들과 함께 거친 놀이를 하고, 비행기를 조립하고, 뒤뜰에서 야구공 던지기를 하면서 내내 여가 시간을 보낸다는 믿

✠ 1949년 라디오 드라마로 시작해 큰 인기를 누리고, 1954년 TV 드라마로 제작되기 시작해 1960년 5월까지 방송된 미국의 시트콤. 능력 있는 아버지와 지혜로운 어머니, 종종 사고를 치지만 궁극적으로는 착한 세 남매가 주인공으로 등장한다.

음을 우리에게 심어 주었다.

내가 성장한 출세 지향적인 중산층 교외 지역에는 소년들의 탁월함에 대한 믿음이 있었다. 이는 부모와 학교 교사의 세심한 관심에서, 스포츠 팀 교사와 컵스카우트+, 리틀리그의 중심적 역할에서, 소년 대회와 소년 선수권과 소년 기록을 중심으로 진행되는 지역 생활에서 명백하게 드러났다. 마치 이러한 규격화된 미국 소도시들이 주로 남자 청소년들의 성취를 전시하기 위해 조성되기라도 한 양 말이다. 남자아이들이 주기적으로 벌이는 난동은 전혀 통제받지 않았다. 그들은 소형 오토바이로 잔디를 망쳐 놓거나 새로 이사 온 이웃에게 돌을 던져도 아무런 처벌을 받지 않았고, 공공 수영장에서 여자아이들을 괴롭혔다. 그런 행동에는 이 작은 영토에서 군림하며 일진 짓을 하는 게 그들의 타고난 권리라는 가정이 내재되어 있었다. 이 시대에 여자아이로 자란다는 건 부러운 눈으로 지켜보는 것을 의미했으며, 그렇게 여자아이들은 남자아이에게 자동적으로 자격이 있고 힘이 있다고 생각하게 됐다. 확실히 우리가 성장하던 시기에 남자아이들은 통제권을 갖고 있었다. 남자아이는 선물을 베푸는 자였다. 그리고 그들 역시 그렇게 믿었다.

1960년대라는 빛나는 새 시대를 연 것은 에코가 발사되기 한 달 전, 민주당 전국 전당대회에 등장한 젊은 존 F. 케네디 John F. Kennedy의 연설이었다. 이 연설은 그의 대통령 취임 연설과 함께 남성 청소년의 의식에서 잊히지 않을 후렴구가 되었을 터다. 그는 일반 대중이 아니라 주로 "젊은 남자", 그러니까 "권력에 오르려는 젊은 남자" "낡은 슬로건과 오래된 망상을 떨쳐 버릴 수 있는 젊은 남자"에 관해 말했다. 케네디가 암묵적으로 제시한 것은 정치적 강령이라기보다는 검증되지 않

+ 보이스카우트 산하의 8~10세 어린이 단체.

은 남성 세대를 위한 새로운 통과의례였다. "내가 말하는 새로운 개척지는 그저 일련의 약속이 아닙니다. 그것은 일련의 도전입니다." 케네디는 아버지가 아들을 위해 세상을 얻는 것만으로는 충분치 않다는 걸 이해했다. 아들 스스로가 승리했다고 느껴야만 했다. 아버지들에게 지아이 조가 될 수 있는 기회가 있었다면, 적어도 케네디는 아들들에게 '그린베레'(특전부대)에 도전할 수 있는 기회를 제공해야 했다. 아버지들에게 나치와 '닙스Nips'✠가 있었다면, 아들들에게도 적을 만들어 주어야 했다. 케네디는 1961년 취임식에서 공산주의의 위협과 "적대 세력의 먹이" "최대 위험의 시간" "긴 황혼의 투쟁", 그리고 가장 인상적으로는 "어떤 대가를 치르더라도" "어떤 적에게든 대항할" 준비가 되어 있는 국가에 대해 모호하지만 끊임없이 언급했다. 미국이 남자다움을 유지할 방법, 그 유일한 방법은 곧 싸움이었다. 케네디는 취임사에서 이렇게 말했다. "그리고 여타 강대국에 알리십시오. 이 반구半球는 내 집의 주인으로 남을 작정이라는 것을." 케네디가 사람들에게 설득하려던 건 정부가 지원하는 남자-만들기 프로그램이었다. 말하자면 연방이 디자인한 남성성이라는 이름의 보험을 판매하고자 했던 셈이다. 당시에 작가 노먼 메일러Norman Mailer는 이렇게 말했다. "대통령은 미국을 강하고 안전하고 활기찬, 러시아에 대항할 수 있는 국가로 유지하고 그에 필요한 교육량을 계산하기 위해 위원회·정치인·정부 부처·첩보원·컴퓨터를 동원했다. 미국의 위상을 유지하기 위해서 말이다[강조는 노먼 메일러]. 남성적 정력이란 오늘날 미국 정치 계획상 무언의 세일즈맨이다."[38]

대통령이 국가의 젊은 남성들에게 한 약속은 아버지가 소년에게 한 약속, 항공우주 기업이 회색 플란넬 작업복을 입은

✠ 일본어 日本(니혼/닛뽄)의 영어 음차 Nippon(니폰)에서 파생한 말로, 일본인을 낮춰 부르는 말.

남성 직원에게 한 약속, 우주비행 관제 센터가 우주비행사에게 한 약속, 확장된 군대가 냉전에서 싸우고 있는 병사들에게 한 약속, 《보이스 라이프Boys' Life》 편집자들이 "우주 정복자" "로켓 라이더"를 언급할 때 독자들에게 한 약속, 항공 엔지니어인 아버지 프레드 맥머리Fred MacMurray가 세 아들에게 한 약속✣, 장난감 제조사 마텔이 물을 동력으로 삼는 2단 플라스틱 미사일을 어린 소비자들에게 판매할 때 한 약속이었다. 그것은 장엄한 승천에 대한 약속이었고, 땅에서 하늘을 향해 발휘하는 기량에 대한 약속이었다. 여기서 모든 남성적 힘과 전쟁의 아름다움은 숨 막히는 폭발, 탐사의 권력과 근육의 폭발에 응집되었다. 동시에 그 약속은 어니 파일의 전쟁을 반복하기로 되어 있었다. 이 전쟁에서 충직한 사람들이 수행할 익명의 작업은 머나먼 국경에서 얻게 될 가시적이고 영광스러운 또 하나의 승리, 모든 남자의 몫이 될 승리에 보탬이 될 터였다. 물론 어떤 군인 형제들의 군대도 국경에서 직접 싸우지는 않을 것이다. 케네디 대통령은 이렇게 선언했다. "그러나 사실, 달에 가는 것은 한 남자가 아닙니다. 이 점은 분명합니다. 달에 가는 건 미국 전체가 될 것입니다. 우리 모두가 그를 달에 보내기 위해 움직여야 합니다."[39] 1962년 《타임》은 우주비행사 존 글렌John Glenn✢을 처음으로 궤도에 올리기 위해 "거의 3만 5000명"이 필요함을 상기시켰다. "케이프커내버럴+에 있

✣ 1960~1972년 미국 ABC에서 장기 방영된 시트콤 〈나의 세 아들(My Three Sons)〉에서 프레드 맥머리는 세 아들을 키우는 엔지니어 '스티븐 더글러스' 역을 연기했다.

✢ 미국의 국민적 영웅. 1959년 머큐리 프로젝트를 통해 우주비행사로 선발되었고, 1962년 2월 20일 프렌드십 7호를 타고 미국인 최초로 우주 궤도를 도는 데 성공했다.

+ 케네디우주센터가 위치한 곳. 1963년 케네디 대통령 서거를 기리며 '케이프케네디'로 개칭했다가, 1973년 다시 '케이프커내버럴'로 변경했다.

는 우주비행사 동료 및 직원 2000명 외에 남자 1만 5000명이 대서양을 가로질러 뻗어 있는 선박들에서 복구 또는 구조 작업을 위해 대기했고, 4대륙 2대양에 설치된 열여덟 곳 관측소에 기술자 500명이 배치되어 있었으며, 거의 4년간 우주 프로그램에서 일했던 과학자·기술자·공장노동자 1만 5000명이 이 비행에 자신의 족적을 남겼다."[40]

그 약속은 남자다움을 향한 사명이었다. 이는 국가적 남성 패러다임이라고 부를 만한, 오랜 시간 검증된 교리로부터 청사진을 빌려 온 것이었다. 그 약속에는 네 가지 측면이 있었다. 첫째, 마땅히 차지해야 할 개척지가 있다는 약속. 미국 서부 개척지와 전쟁 당시의 전선은 이제 우주에 존재하는 개척지가 되었다. 둘째, 분명하고 사악한 적을 분쇄할 것이라는 약속. 인디언이나 나치를 대신해서 이제 공산주의가 바로 그 적이 되었다. 셋째, 익명의 구성원이 더 큰 제도적 영광을 누릴 수 있는 형제애 제도의 약속. 보병들의 자리에 이제 국립항공우주국(나사NASA)의 구성원들로 대표되는 조직 구성원들, 엔지니어들, 중간관리자들 및 정부 관료들의 형제애가 들어섰다. 그리고 마지막으로, 부양하고 보호할 가족에 대한 약속. 전시 노동에 집중했던 아내들은 이제 기차 플랫폼에 서서 전선이 아니라 직장을 향해 떠나가는 남편들을 향해 손을 흔드는 주부가 되었다.

제2차세계대전 모델을 평시 설정으로 전환하는 데는 약간의 준비가 필요했지만, 결국 완료되었다. 전쟁에서 승리하기 위해 공군에 퍼부어졌던 연방 자금이 이제 평화를 얻기 위한 로켓 동력에 들이부어졌다. 남성 군대를 지원하기 위해 건설과 도로에 자금을 투입했던 정부는 이제 남성 관료 인력을 지원하기 위해 교외 지역 건축과 고속도로 건설에 돈을 썼다(이 고속도로는 냉전 부대를 수송하고, 핵 공격이 있을 시 도시에 있는 사람들을 대피시키기 위한 용도이기도 했다).[41] 이는 평시를 준비하는 모델이었지만 결국은 전쟁의 위급성을 암시하도록 설계되었으며, 그 점은 정부가 국내 도로 건설 사업에 붙인 '국방 및 주간 고속도로 시스템The National System of Interstate and Defense Highways'이라는 이름에서 명백하게 드러났다. 평시의 군인들은 교육을 받았고, 뉴욕주 레빗타운과 캘리포니아주 레이크우드 등지(고속도로를 따라 상업 지구를 개발하는 지역)에 있는 토지와 주택을 제공받았으며, 끊임없이 확장되는 방위산업에서 보조금을 받는 일자리를 얻었다. 전시의 여성 노동자였던 '탱크 여공 로지Rosie the Riveter'✠는 해고되어 집으로 보내졌고, 소집 해제된 군인들이 전후에 받게 된 월급에 의존하는 소비자로 성장했다. 그 아들들은 로켓과 미사일 전사 세대를 육성하는 데 6억 3440만 달러 상당의 과학 및 수학 교육을 약속한 국가방위교육법 덕분에, 교육을 받고 전투에 대비할 수 있게 됐다.[42] 그리고 냉전시대 국내 팀에 새로 합류한 모든 신입 사원은 정부가 지원하는 신축 미식축구 경기장의 관람석에서 경기를 응원하는 법을 익혔다. 이 모든 것에는 충의에 대한 약속이 있었다. 회사는 나를 해고하지 않고, 아내는 결코 나를 떠나지 않을 것이며, 내가 응원하는 팀은 결코 다른 지역으로 튀어 버리지 않으리라는, 내일의 새로운 남자에 대한 보장이 있었던 것이다. 그리하여 이들은 역사상 가장 강력한 경제적 맥박을 가진, 세계에서 가장 강력한 국가를 대표하는 냉전시대의 전사가 되었다. 이런 시대에 소년들은 아버지의 유산과 아버지의 약속을 전적으로 신뢰하지 않았겠는가?

✠ 제2차세계대전 중 군수공장과 조선소 등에서 일한 여성들을 상징하는 미국의 문화 아이콘으로, 여성의 노동과 경제권에 대한 상징이기도 하다. 이 여성들은 당시 군에 입대한 남성 노동자들을 대신하는 노동력이었고, 대다수가 전후에 해고되었다.

소년들 역시 자신의 운명과 조국의 운명을 함께 책임져야 한다는 사실을 당연하게 여기지 않았을까?

※ ※ ※

베이비붐 시기에 성장한 남자들과 이야기를 나누다 보면, 그들 마음속에 있는 남자다움에 대한 사명이란 '지켜진 약속'이 아니라 배신·상실·환멸로 나타나곤 했다. 그것은 한 세대의 남자들이 발사 카운트다운을 보러 케이프케네디에 줄을 섰다가, 모든 희망과 꿈을 담은 로켓이 발사대에서 타 버리는 장면을 목격하게 된 것과 같았다. 그들에겐 너무나 많은 기대와 설렘, 그 무엇도 잘못될 리 없다는 확신이 있었다. 하지만 어째서인지 모든 게 잘못되고 말았다.

환멸은 개척지에서 시작되었다. 1957년 러시아인들이 최초의 인공위성 스푸트니크를 궤도에 올려놓자 미국인들은 충격을 받았다. 이건 '위기'였다. 두 강대국 사이에서 누가 창공을 지배할 것인가를 둘러싼 최후의 대결이 벌어지고 있었고, 이는 제2차세계대전의 모든 엄중함을 이어받은 결전으로 여겨졌다. '수소폭탄의 아버지' 에드워드 텔러Edward Teller는 TV 시청자들에게 이 성층권에서의 대립이 "진주만보다 더 중요하고 거대한 전쟁"이라고 말했다. 《더리포터The Reporter》는 스푸트니크가 "진주만 공습에 갖는 의미는, 진주만 공습이 메인호 침몰에 갖는 의미와 맞먹는다"✠라고 주장했다. 《라이프》의

✠ 1898년 쿠바 아바나항에 정박 중인 미 군함 메인호가 폭파하여 승무원 260명이 사망한 사건. 스페인은 이 폭파 사건을 내부 폭발이라고 주장했지만 미국은 '메인호를 잊지 말라'라는 슬로건을 내걸고 반(反)스페인 기조를 형성하여 미국-스페인 전쟁을 시작한다. 이후 제2차세계대전 당시 일본의 진주만 공격을 계기로 미국이 참전할 때 루스벨트는 "진주만을 기억하라"라고 선언한다.

「편집장의 말」은 한 걸음 더 나아가 스푸트니크는 렉싱턴에서 "전 세계에 울린 총성"✝과 같다고 썼다. 당시 권력의 정점에 있던 상원 의원 린든 B. 존슨Lyndon B. Johnson은 미국이 하늘에서 결정적인 단계에 이르렀다고 선언하면서 언어를 타고 하늘로 비상했다. "우주에 대한 통제력은 세계에 대한 통제력을 의미합니다. 우주에서 무한을 지배하는 자는 지구의 기후를 통제할 힘을 갖게 될 것입니다. 가뭄과 홍수를 일으키고, 조수를 바꾸고, 해수면을 끌어 올리며, 멕시코만류의 경로를 바꾸고 온화한 기후를 혹한으로 바꿀 수 있죠. 그것이 바로 궁극의 위치입니다. 저 우주 어딘가에 있는, 지구를 완전히 통제할 수 있는 그런 위치 말입니다."[43]

그러나 우주는 정복할 가치가 별로 없는 곳으로 밝혀졌다. 우주탐사를 부추긴 이들이 이해하지 못했거나 그냥 모르는 척하기로 한 건 바로 개척지가 어떤 역할을 했느냐 하는 부분이었다. 개척지는 단순히 남자들이 문명화된 안락함을 뒤로하고 위험을 대면하는 텅 빈 들판이 아니었다. 그곳은 남자들이 합당한 이유를 가지고 위험에 맞서는 곳이었다. 그들이 거기 있었던 까닭은 뒤이어 올 자국민들이 차지하게 될 영토에 대해 권리를 주장하기 위해서였다. 1890년 프레더릭 잭슨 터너Frederick Jackson Turner가 서부 개척 시대가 막을 내리는 것을 보면서 내뱉은 저 유명한 탄식에서 알 수 있듯 "지속적으로 전진하는 개척 전선의 원시적인 환경"으로의 회귀란 "영원한 부활"의 조건이었으며, 남성 개척자에게 새로운 공동체의 정착민이자 대들보로 거듭날 수 있는 통과의례를 제공했다.[44]

그러나 우주는 메마른 땅이었고, 여성과 어린아이가 정착할 수 있거나 정착하고 싶어 할 만한 곳이 전혀 아니었다. 우

✝ 1775년 4월19일, 미국 매사추세츠주 보스턴 인근의 렉싱턴-콩코드에서 울린 총성. 미국 독립전쟁의 시작을 알렸다.

주탐사는 사회와 단절된 채 누구도 따라갈 수 없는 길을 개척하는 일이었기에, 실제적인 투자가 뒤따르지 않았다. 우주는 남성적 힘의 비밀을 품고 있는 공간도, 남자다운 변신의 공간도 아니었다. 무언가를 가르쳐 줄 사람도 없었고, 그렇다고 적대해서 싸울 사람이 있는 것도 아니었다. 그곳은 한 남자가 거의 유아적 퇴행의 상태에서 수동적으로만 통과할 수 있는 공허였다. 우주 비행사는 포대기에 싸인 채 태아 자세로 의자에 묶여 있는 의존적인 존재였다. 그는 '어머니 지구'에 있는 관제 센터의 앞치마 끈에 묶인 상태가 아니고서는 우주를 통과할 수 없었다. 우주비행사가 경험을 통해 성장하는 일은 없었다. 왜냐하면 경험이란 것 자체가 없었기 때문이다. 닐 암스트롱Neil Armstrong이 달에 첫발을 내디뎠을 즈음, 우주에 쏟아부은 온갖 홍보 노력에도 불구하고, 미국인들이 새로운 영웅들의 모험을 앞에 둔 채 이미 새어 나오는 하품을 참고 있었다는 건 놀라운 일이 아니다.[45]

소년은 나이가 들어 마침내 동남아시아에서 자기만의 전쟁✠을 치르게 되지만, 그 전쟁은 아버지가 대면했던 것과 같이 명확하고 가시적인 적에 맞서는 용기의 도가니가 아니었다. 적의 정체나 임무, 어디를 쏘아야 하는지 혹은 누가 그들을 쏘고 있는지 아무것도 분명한 것이 없었고, 그러므로 승리의 의미도 마찬가지로 불분명했다. 그 전쟁은 제2차세계대전 같은 '남성적인' 전쟁도 아니었다. 상륙도, 최전선도, 궁극적인 목표도 없었다. 본질적으로 내전이요, 가족들과의 전쟁이었던 탓이다. 그곳에서 군인들은 지포 라이터로 오두막에 불을 지르고 소를 도살하고 아이들에게 총을 쐈다. 여기서 가장 극적으로 기억되는 병사들 지도자는 자애로운 와스코Henry T. Waskow 대령이 아니라 미라이에서 엄청난 규모의 민간인 학살을 저지

✠ 1955년부터 1975년까지 벌어진 베트남전쟁.

른 것으로 알려진 애송이 청년 윌리엄 캘리William Calley 중위였다. 이 전쟁에서 가장 기억에 남는 공표 내용은 벤째✢를 왜 완전히 파괴했는지에 관한 설명이었으니, 곧 이런 내용이었다. "그 도시를 지키기 위해서 파괴할 필요가 있었다."[46]

이후 소년은 사이공에서건 켄트 스테이트✣에서건 집으로 돌아왔고, 그곳에선 국내 게릴라전이 계속되고 있었다. 이제 소년과 다툼이 붙은 마을 사람들은 소년 자신이 지켜 왔다고 생각한 바로 그 사람들이었다. 소년들의 귀향을 반긴 건 키스를 날리는 여자들이 아니라 그의 노고에 무관심하거나 심지어 적대적인 여자들이었다. 이 여자들은 남자들이 돌아왔음에도 직장을 떠나지 않았다. 그들의 많은 수가 남성에게 의존해야 한다는 생각을 받아들이지 않거나, 설사 받아들인다 하더라도 원망을 품었다. 왜냐하면 그즈음이 되었을 때 남자들은 더 이상 '억압받는' 사람들을 해방시키거나 주방위군과 충돌함으로써 자신을 증명하려 하지 않았고, 그들의 아내나 여자 친구는 자기 스스로 해방되리라 결심했기 때문이다. 남자들은 사랑하는 이들을 지원하고 보호한다고 생각했지만, 여자들은 이제 대체로 혼자서도 잘 해냈다. 그리고 여자들 입장에선 권위를 세우려는 남자들의 노력이 그다지 반갑지 않았다. 실제로 소년의 아내는 종종 그 소년을 억압자로 보았다.

이윽고 마침내 소년이 성장하자, 충성심에 대한 대가로 남성으로서의 명예와 자부심을 약속했던 제도가 그를 배신했다. 사실, 곤경은 처음부터 존재했다. 제2차세계대전에서 군인들

✢ 베트남 남부 벤째주의 주도.

✣ 오하이오주 켄트주립대학교. 팔루디가 참조하고 있는 것은 켄트주립대학교 발포 사건이다. 1970년 5월 4일 주방위군이 베트남전쟁 반대운동을 하던 학생들에게 발포해 학생 네 명이 사망하고 아홉 명이 부상당했다. 일주일 뒤 15만 명이 워싱턴에 모여 반전시위를 벌였고, 전국적으로 대학생 및 고등학생 400만 명이 동맹휴학에 들어가면서 반전운동이 거세진다.

이 누렸던 소속감과 가치 있는 임무 수행이라는 전장 경험이 계속될 거라는 미국—미국 경제계—의 약속에는 어떤 진정성도 없었다. 전후 '화이트칼라' 고용으로 형성된 거대 관료 집단, 특히 정부 예산의 큰 지분을 차지하는 방위산업체들은 부풀려진 직함으로 포장된 불필요한 인력으로 가득 차 있었다. 거대한 규모의 중간관리직은 자기가 무엇을 관리하고 있는지조차 몰랐고, 어쩌면 자기가 전혀 필요하지 않을 수도 있다고 의심하는 직원들로 넘쳐 났다. 이들 기업은 중요한 역할이 아니라 안정적인 직장을 제공했다. 그리고 궁극적으로 그조차도 거짓말이라는 사실이 드러났다. 맥도널더글러스McDonnell Douglas, 록히드Lockheed, IBM, 심지어 군대 자체도 평생의 안정을 보장해 주진 못했다. 철갑옷을 두른 노동조합의 보호는 사라졌다. 전후 병사들이 안보 국가에 복종한 결과란, 역사적으로 보았을 때 짧은 순간에 불과했던 번영의 시간이 흐른 뒤, 대규모 구조조정과 혁신, 노동조합 파괴, 민간 위탁 및 외주화와 더불어 그들에게 날아온 해고통지서와 고용불안이었다. 남자들이 자신과 동일시했던 기관들은 더 이상 그 남자들을 동일시하지 않았다. 홈타운 스포츠 팀조차 새로 지은 호화로운 홈구장과 100퍼센트인 입장권 수익, 매점 영업권을 제공하는 다른 도시로 야반도주함으로써 팬들의 헌신에 보답했다.

개척지, 적, 형제애라는 제도, 그리고 보호가 필요한 여성. 남자다움을 얻을 수 있었던 오랜 공식의 모든 요소가 한순간에 사라졌다. 우주와 그 안의 모든 것의 주인이 될 거라는 말을 듣고 자란 소년들은 그 무엇의 주인도 되지 못했음을 깨달았다. 어떻게 그 짧은 시간 안에 이런 일이 일어날 수 있었을까?

난폭한 자와 향수를 뿌린 자

1957년, 그러니까 전국의 소년들이 에코가 머리 위로 지나가는 것을 지켜보기 3년 전, 또 다른 작은 미국 남자가 하늘에 관한 생각에 사로잡혔다. 그는 스푸트니크가 발사되던 해 개봉한 SF 영화의 주인공이었다. 〈놀랍도록 줄어든 사나이The Incredible Shrinking Man〉의 주인공 스콧 캐리는 좋은 직장에 교외 주택, 요트에 아름다운 아내까지 다 가진 남자다. 그는 제대군인원호법이 구상하고 형제애 넘치는 기업의 자선으로 보증된 전형적인 삶의 모델이다. 이 영화에서는 말 그대로 형제애 기업이 등장한다. 스콧 캐리는 형의 회사에서 일하고 있다. 그런데 그가 태평양에서 요트를 타고 휴가를 즐기던 중 방사선 안개를 통과하게 되면서 이상한 일이 벌어지기 시작한다. 그는 공포에 질려 아내에게 말한다. "나는 매일 점점 작아지고 있어, 루."

스콧 캐리가 영화 제목 그대로 줄어들기 시작하면서, 그에게 약속되었던 미래는 하나씩 깨어진다. 평생 경제적인 안정을 약속했던 고용주는 그를 해고한다. 아내 루는 그를 보호해 주지만, 그가 집 지하실에서 길을 잃자 그만 고양이에게 잡아먹힌 걸로 여기고 만다. 그에게는 오직 여성적인 방어 수단만이 남는다. 인형의 집에 숨고, 재봉 핀으로 거대한 거미와 싸워야 하는 처지인 것이다. 그런데 그가 다른 것도 아닌, 바로 미국 정부에서 행한 군사적 핵실험 때문에 줄어들게 되었다는 사실이 암시적으로 밝혀진다. 형은 그를 해고하면서 '유일한 희망은 이름난 괴물이 되어 미디어에 네 이야기를 파는 것뿐'이라고 말한다. "나는 거물이군!" 스콧은 쓴웃음을 지으며 말한다. "나는 유명해! (…) 세상을 웃길 수 있는 농담이 하나 더 늘어 버린 셈이네." 영화의 끝, 줄어든 사나이는 이 책 도입부에서 선보였던 나의 몽상 속 소년처럼 별 아래에서 은하계를 바라본다. 그러나 그는 혼자이고, 그가 바라보는 창공은 인간의 기술적 미래에 대한 증거 없이 텅 비어 있다. 줄어든 사나이는 고요한 하늘에 간청한다. "나는 뭐였습니까? 나는 그럼에도 사람이었습니까? 아니면 미래의 남자였습니까?”

스콧 캐리는 몸이 줄어들수록 주변 사람들을 더 밀어낸다. 작아질수록 더 호전적이게 되고, 경쟁자를 굴복시키려는 열망이 더욱 커지는 것이다. 지배권을 회복하려는 집착 때문에 그는 본인 말마따나 남자를 그린 우스꽝스러운 “캐리커처”처럼 변해 간다. “매일매일 나는 점점 더 독재자가 되어 갔고, 루이스를 지배하기 위해 더욱 괴물같이 굴었다.” 이 말은 ‘폭력에 대한 대안’ 모임을 찾는 누구나, 또 남성 문제를 살펴보고 있는 누구나 한 번쯤 들어 봤음 직한 대사다. 배신당한 약속의 바다에서 남성의 역할이 점점 줄어드는 상황. 그 속에서 많은 남자가 스스로 점점 더 횡포해지고 있다는 걸 깨달았다. 심지어 어떤 남자들은 유의미한 마지막 결전을 향해 광기 어린 여정을 떠나면서 ‘괴물’이 돼 버린 자신을 발견했다.

숀 넬슨Shawn Nelson이 1995년 봄 어느 날 저녁에 저지른 일을 따라 하려는 사람이야 거의 없겠지만, 그의 상황에 공감하는 이는 많을 것이다. 전차 부대에서 쌓은 경력이 쓸모없어진 전직 군인, 공구 박스를 도둑맞고 직장을 잃은 전직 배관공, 아내에게 버림받은 전남편. 서른다섯 살 넬슨은 주방위군 무기고에 몰래 숨어들어 57톤 M-60 전차를 탈취한 다음, 샌디에이고 거리를 질주했다. 그는 소화전을 밀어 버리고, 차 마흔 대를 부쉈으며, 신호등과 전신주를 파괴해서 5000명분 전기를 끊어 버렸다. 그는 한때 자신이 건설하고 봉사하고 보호해야 한다고 믿었던 자국의 세계와 전쟁 중이었다. 그의 세계는 뒤집혔다. 만약 전차가 결국 자신을 끝장낸 거라면, 그는 본인이 지휘하기로 되어 있었던 그 전차를 직접 몰아 버릴 작정이었다. 결국 전차는 그를 죽였다. 경찰은 포탑 해치를 통해 숀 넬슨을 사살했다. 그가 몰던 전차가 3피트 높이 고속도로 콘크리트 벽에 막혀 멈춰 섰음에도, 그가 비무장 상태였음에도 경찰은 아랑곳하지 않았다. 이후 경찰은 언론에 이렇게 설명했다. 그가 전차를 다시 몰기 시작했다면 교통 상황이 "위험에 처했을 것"이라고.[47]

어떤 남자가 본인을 위해 작동하는 기반 시설을 얻을 수 없다면, 적어도 그것을 허물어 버릴 수는 있을 것이다. 국가가 싸울 적을 제공하지 않는다면 집에서 전쟁을 치러 버릴 것이고, 형제애가 없다면 그는 홀로 설 것이었다. 숀 넬슨 세대의 많은 남자가 그의 행동 자체는 이해하지 못했을지언정 그의 절망감에는 공감했다. '놀랍도록 줄어든 사나이'처럼, 그들은 영향력을 행사할 수 있는 영역과 더불어 자신들의 위상 역시 줄어들고 있다는 걸 느낄 수 있었다. 그들은 이제 언제라도 눈을 뜨면 지하실에 처박혀 있을지 모른다는 두려움을 느꼈다. 그리하여 많은 남자가 정복할 적을 찾아 나서는 듯했는데, 현재의 혼란 속에선 그들을 이끌어 줄 다른 길을 생각할 수 없었기 때문이다. 적을 찾아내려는 탐색을 제외하면, 남성 패러다임을 지탱하고 있던 모든 기둥이 무너져 버린 것이다.

처음부터 이 탐색이야말로 헨리 루스가 말한 '미국의 세기'의 핵심이자, 궁극적으로는 '미국의 세기'의 전부였다. 그리고 이는 세기말에 이르러 남성적 미래의 때 이른 죽음에 대해 책임을 물을 누군가를 찾는 일로 대체되었다. 이 탐색이 계속될수록 탐색자들은 더욱 광기를 내뿜으며 필사적으로 매달렸다. 1950년대에 정부 기관, 방위산업체, 노동조합, 학교, 언론, 할리우드 등에서 시작된 공산주의자들에 대한 무분별한 색출이 결국에는 모습을 바꾼 적들—사무실의 여성, 군대 내 동성애자, 거리의 흑인 청년, 국경의 미등록 이주민 등—에 대한 사냥으로 전환되었고, 거기서부터 검은 헬기black helicopter, 세계공동정부, 그리고 (상상의 지평에서 운집해 있는 평화유지군 패거리인) 거위걸음 제식훈련을 하는 유엔 등 존재하지도 않는 것들과의 초현실적인 '전투'가 시작되었다. 소수의 남자가 가정법원, 직원 주차장, 맥도날드, 미 의회, 백악관, 콜로라도주 학교 건물, 또 가장 악명 높은 오클라호마주 연방정부 건물 등에서 자신들이 봤다고 상상한 적을 사살하려 했다. 그리고 훨씬 더 많은 남자가 현실 세계에서 판타지 세계로 이동해, 규정하기 어려운 적을 파괴하기 시작했다. 액션영화와 비디오게임, TV에서 방영되는 스포츠 토너먼트, 유료 채널의 종합격투기가 그런 무대였다.

하지만 세상도 싸움 자체도 바뀌었기 때문에 그 어느 것도 만족스럽지 않았다. 어니 파일의 표현을 빌려서 말하자면, 진정한 싸움은 더 이상 군인과 나치의 싸움이 아니라 같은 편에 있는 이들끼리의 싸움, 진흙투성이 병사들과 화려한 파일럿들의 싸움이었다. 그리고 이 싸움은 파일이 원했던 방식으로 흘러가지 않았다.

파일이 남긴 유산에는 미국인의 기억 속에 남아 있는 파일의 공적을 다룬 〈지아이 조의 이야기The Story of G.I. Joe〉라는 영화가 있다. 영화는 (어니 파일의 편집장이 말했듯) "'할리우드'라는 단어의 의미는 곧 사기꾼"이라고 여기는 종군기자 파일의 이야기를 담아냈다.[48] 실제로 전쟁 기간 동안 유명해진 그는 집으로 돌아왔을 때 엄청난 부담을 느꼈다. 사인해 달라는 군중과 사진기자 무리, 강연 투어와 라디오 출연 요청, 그에게 '글 쓰는 찰리 채플린'이라는 별명을 붙이고 그에 관한 특집을 준비하던 《타임》 편집자들의 무례한 질문, 시가를 피우라는 요구, 조각가 앞에서 오랜 시간 앉아 있어야 하거나 여성미용 잡지를 위해 포즈를 취하는 일 등등. 이런 "광란의 금붕어 생활"은 단벌 차림에 담배를 말아 피우던 그를 다시 전쟁터로 도망치게 만들었다.[49] 하지만 세상을 떠난 뒤, 할리우드를 싫어했던 그는 할리우드의 아이콘이 되었다.

원래 파일의 칼럼 모음을 바탕으로 한 영화(시나리오 초안 작가로 아서 밀러Arthur Miller가 고용됐었다)는 군의 입장에서 할리우드가 전쟁 영웅을 그릴 때 무시해 버렸다고 불평하던 사병들을 기릴 예정이었다.[50] 이 졸병들은 자신들이 부당한 대우를 받고 있음을 이미 인지하고 있었다(영화 속 졸병들조차 그랬다). 영화가 시작되면 한 군인이 파일에게 신랄하게 말한다. "당신 같은 사람들은 조종사에 대해서나 쓰지, 안 그래요? 할리우드의 영웅들. 우리는 그저 옆에서 쫓아다니는 덩어리일 뿐이고. 그게 다죠, 그저 쫓아다니는 무리 말예요." 그들은 파일의 관심을 고맙게 여기고 그가 졸병들에게 공감한다는 걸 알고 있었지만, 동시에 파일 본인이 원하든 원하지 않든 그가 기자이고 새로운 킹메이커이며 유명인을 빛나게 하는 사람이라는 것 역시 알고 있었다. 그리고 바로 이 대목이 영화가 의도치 않게 전하고 마는 이야기였다. 영화 속 사병들은 터벅터벅 걸어가면서 파일에게 외친다. "이봐요, 내 이름을 신문에 실으려면 어떻게 해야 합니까?" 그들은 파일이라는 다리를 통해 세상의 인정에 가닿고 싶지만, 그 다리가 본인들을 위한 다리가 아닐까 봐 두려워한다. 파일이 취재 기사로 퓰리처상을 수상했을 때, 그 명성에 대해 군인들이 느끼는 뒷맛은 씁쓸했다. 그들은 축하 전보를 구겨 그에게 던지면서 절을 하고는 "우리의 영웅"이라며 조롱한다. 그들은 파일이 조종사들 가운데 하나가 되었다는 걸, 저 화려한 세계 속으로 그를 잃고 말리라는 걸 감지한다. 〈지아이 조의 이야기〉는 동맹국과 추축국 사이의 싸움을 그린 이야기라기보다는 전후에 펼쳐진 전투를 그린 이야기에 가까웠다. 그 전투는 누가 '세기의 남자'가 될 것이냐, 졸병이냐 조종사냐, '보통 사람'이냐 '슈퍼맨'이냐, 공동의 대의에 충성하면서 남성의 명예를 누릴 것이라 기대하는 익명의 남자들이냐 다가오는 미디어 및 엔터테인먼트 시대에는 '저 자신만을 과시하는 개인'이 '협업하는 남성들 무리'를 대체할 것임을 직감적으로 알았던 화려한 남자들이냐를 두고 벌어졌다.

익명의 군중 틈에서 뽑혀 대중매체와 엔터테인먼트의 화려함이라는 새로운 무대 위에 올려진 소수의 남자는 도달할 수 없는 존재들이었다. 그건 그들이 무조건 거만하거나 자기도취적이었기 때문은 아니었지만, 그중 일부는 확실히 그렇게 되었다. 그들은 그야말로 형제들과 연결된 끈이 모두 끊어져 버린 영역에 존재했다. 이런 의미에서 우주비행사는 상징적이며 가장 유명한 전후 조종사였다. 그는 모든 형제를 대신해 우주를 경험하는 대표적인 남자여야 했다. 그러나 그를 지지하던 많은 남자는 그 경험을 공유하지도, 주목의 대상이 되지도 못했고, 그저 회사에 충성을 바치는 '조직원'에 불과했다. 회사는 그들을 보이지 않는 곳으로 내몰아 회사의 진짜 스타, 즉 회사의 브랜드명을 뒷받침하는 데 필요한 벽지로 만들어 버렸다. 우주선 발사는 미디어라는 창공에 소수의 유명 인사를 쏘아 올렸을 뿐이다. 나머지는 우주 관제 센터의 모니터에서 떨어져 나와 '무명인들의 우주'로 내동댕이쳐질 터였다.

아버지들은 우주탐사가 미국 남성이라면 누구나 자신의 확대된 모습을 볼 수 있는 거울을 떠받쳐 줄 것이라는 믿음을 아들들에게 주었다. 에코는 (나르키소스와 사랑에 빠진 그리스신화의 요정을 일컫는 그 이름처럼) 그들의 말 한 마디 한 마디를 전 세계에 퍼뜨리면서 영광되게 해 줄 터였다. 나사NASA, 맥도널더글러스 및 미국 군수산업 일반의 다른 기술적 성취와 마찬가지로 위성과 로켓은 세계에서 평균적인 남자의 존재를 확대해 줄 것으로 기대됐다. 새로운 거대 기관들이 내놓은 새로운 거대 기계들로부터 비롯된 광채도 남자들 자신을 거대하게 느낄 수 있도록 해 줄 것 같았다. 하지만 거울 속 이미지는 방송이 좋아할 만한 자체적인 삶을 살고 있는 듯했고, 누군가가 할 수 있는 최선이라곤 그런 이미지를 되비추기 위해 노력하는 것뿐이었다. 소년이 뒤뜰에서 둥글게 활모양을 그리며 날아가는 인공위성을 지켜본 그날 밤, 아버지는 그에게 스푸트니크는 적이라고, 미국이 정복할 적이라고 말했다. 하지만 수십 년 뒤 장성한 아들이 창밖으로 자신의 뒤뜰을 바라보았을 때, 그곳에는 99개 채널을 선보이는 위성방송 수신용 접시 안테나만 있을 뿐 스타가 될 기회는 없었다. 그리고 좀 더 그럴듯한 시나리오가 그의 마음속에서 움트기 시작했다. 어쩌면 에코가 그를 완전히 정복해 버린 건지도 모른다는 시나리오 말이다.

새로운 개척지나 분명한 적, 보호가 필요한 여성들을 찾지 못한 것이 참담한 일이었다면, 소시민 아버지들이 아들에게 준비시켜 놓지 못했던 또 다른 문제가 있었다. 새로운 세대의 남자들은 단순히 공리주의적 세계를 잃은 것이 아니었다. 그들은 장식적인 영역으로 내몰렸고, 그 변형은 트라우마로 드러났다. 여기서 내가 말하는 건 제조업에서 서비스업으로의 경제적 전환(힘이 필요한 '남성적' 노동에서 '여성적' 도움과 보조로의 전환)만을 의미하는 것도, 제조업 위주 사회에서 전자 기술 위주 사회로의 전환만을 의미하는 것도 아니다. 그리고 단순히 컴퓨터, 로봇, 스마트 폭탄 등 지상에서 남자들을 점점 더 소모품으로 만들면서 그들을 우주로 들어 올린 뒤, 궁극적으로는 그들을 대체해 버릴 기계를 생산하는 막대한 군수산업 활동을 남자들 스스로가 떠받치고 있는 아이러니에 대해서만 말하는 것도 아니다. 그런 변화는 그저 표면적인 징후일 뿐이었다. 이 모든 변화는 근본적으로 우리가 문화를 생산하는 사회에서 현실 사회에 전혀 뿌리를 두지 않은 문화로 전환되어 왔기 때문에 일어났다. 오늘날 우리가 살고 있는 문화는 미디어야말로 사회를 풍요롭게 할 수 있다는 듯 가장하지만,

우리의 새로운 공적 공간들, 그러니까 우리의 '디지털 마을 광장'과 '사이버 커뮤니티', 홍보 공장과 셀러브리티 산업은 실체 없는 불모지이자 실물에 대한 쓸쓸한 대체물에 불과하다. 우리는 한때 특히 남자들이 공적 생활에 유용한 존재로서 참여할 수 있는 사회에 살았지만, 지금 우리는 거의 어떤 공적 역할도 수행하지 않은 채 장식적인 존재로서 소비자 역할만 수행하도록 권장하는 문화에 둘러싸여 있다. 남성성의 낡은 모델은 남성에게 맥락을 부여함으로써, 사회적으로 기여하는 바가 있어야 남자다움의 영역으로 들어가는 입장권을 살 수 있다고 약속함으로써 그들에게 더 큰 사회적 시스템의 일부가 되는 방법을 제시했다. 그런 남자다움은 스스로를 증명하기 위해 사회를 필요로 했다. 남자들이 권위와 힘을 추구했던 전통적인 영역들, 그러니까 정치·종교·군대·공동체·가정은 모두 사회적이었다.

장식 문화ornamental culture에는 이런 대응물이 없다. 유명인과 이미지, 화려함과 엔터테인먼트, 마케팅과 소비주의를 중심으로 구성된 장식 문화는 아무 데로도 이어지지 않는 예식의 관문이다. 그것의 본질은 단순한 판매 행위가 아니라 자아를 판매하는 행위이고, 이 탐색에서 모든 남자는 본질적으로 홀로 서야 한다. 모든 남자는 자신을 이끌어 줄 아버지 같은 존재(이를테면 와스코 대령) 없이 자기 자신의 이미지를 마케팅해야 하는 고독한 영업 사원이다. 셀러브리티의 시대에, 아버지는 아들에게 물려줄 지식도 권위도 없다. 아들 개개인은 자기 이미지의 아버지가 되어야 하며, 그 자신의 아담을 창조해야 한다.

'미국의 세기'는 남자들이 소속감을 느꼈던 제도를 일소하고, 그런 제도를 시각적 스펙터클—오직 바라볼 수만 있을 뿐이며, 예측 불가한 글로벌 상업 세력에게 막대한 이윤을 가져다주는 스펙터클—로 대체하는 장식 문화를 통해 모습을 완전히 드러냈다. 셀러브리티 문화가 남자들에게 미친 영향은 액션 히어로와 록 뮤지션의 노골적인 전시를 훨씬 능가하는 것이었다. 평범한 남자는 바보가 아니다. 그는 아널드 슈워제네거Arnold Schwarzenegger가 될 수 없다는 걸 알고 있다. 그럼에도 문화는 유명인들뿐만 아니라 평범한 사람들에게도 남성성이란 내면의 힘으로부터 나오는 것이 아니라 몸을 치장하는 무언가이며, 사회적인 것이 아니라 개인적인 것이고, 행동으로 보여 주는 것이 아니라 전시하는 것이라고 말하면서 남자다움에 대한 기본적인 감각을 바꾸어 버렸다. 한때 남자다움을 구현한다고 여겨졌던 내적인 자질들, 그러니까 확고부동함, 내면의 힘, 목적에 대한 자신감은 남자다움을 향상시키기 위해 구매해야 할 상품이 되었다. 남성성의 본질로 여겨지던 것이 추출되어 병에 담긴 채 남자들에게 되팔려 나간다. 그야말로 비아그라의 경우가 딱 그렇지 않은가.

동시대 남자들이 미디어의 통념대로 허영심이 많아서, 혹은 전쟁을 통해 빚어낸 아버지의 규율과 희생에 감사할 줄 모르는 '자만에 빠진' 1960년대 세대의 산물이어서 그런 것은 아니다. 그보다는 오늘날 남자들이 살고 있는 문화가 허영심 말고는 자기 자신을 증명할 영역을 거의 남겨 놓지 않았기 때문이라고 보는 것이 진실에 가까울 것이다. 그들이 길을 잃어버린 문화는 아버지 세대에게서 탄생했다. 영화 〈라이언 일병 구하기Saving Private Ryan〉라든지 톰 브로코Tom Brokaw의 책 『가장 위대한 세대The Greatest Generation』에 대한 열광에서 드러났던, 제2차세계대전을 거친 아버지에 대한 베이비붐 세대 남자들의 당대적인 향수는 정확하게 그들의 아버지가 전쟁 후에 가졌던 것이다. NBC 〈데이트라인Dateline〉이 브로코의 책을 바탕으로 다큐멘터리를 제작하여, "그저 강한 것이 아니라 더욱 강한” 제2차세계대전 영웅들을 특히 응석받이 아들들과 비교하면서 추앙할 때 (아마 제작진의 의도는 아니었겠지만) 그 기저에는 곤혹스러운 맥락이 숨어 있었다. 그 맥락이란 이 아들들이 얼마나 아버지 없이 자랐다고 느끼는가, ‘영웅’인 아버지가 얼마나 자신들을 제대로 양육하지 않았으며 남자다움을 제대로 준비시켜 주지 못했다고 느끼는가 하는 부분이었다. 다큐멘터리에 등장하는 아들들 가운데 한 사람인 프랭크 킬머Frank Kilmer는 남자다움에 도달할 수 있는 자기만의 길을 찾기 위해 노력하면서 국토를 가로질러 불교 사원에 들어갔다가 이후 배관공이 된다. 하지만 그는 여전히 “소원한” 관계의 아버지가 자신에게 물려주지 않은 지식에 사로잡혀 있다. 그는 아버지와 관련해 이렇게 말했다. “잔인하지만 솔직하게 말하자면 나는 아버지에게 큰 실망만을 안겨 주었죠.”[51] 이 말에 함축되어 있는 바는 사실 그의 아버지가 그를 얼마나 실망시켰는가 하는 내용이기도 했다.

어린 킬머의 실망은, 전쟁이 끝나고 몇 년 뒤에 제작된 〈이오지마의 모래〉를 비롯하여 존 웨인의 수많은 전쟁영화 곳곳에서 이미 예고된 바였다. 자세히 들여다보면, 존 웨인이 연기한 인물들은 반복적으로 제2차세계대전의 장교보다는 전후 아버지의 모습을 그리고 있었다. 그는 고립되어 있었고, 무슨 생각을 하는지 알 수 없는 순응하는 집행자이자 냉전시대의 남자였다. 게리 윌스Garry Wills가 『존 웨인의 미국John Wayne's America』에서 예리하게 지적하듯 웨인이 스크린에서 선보였던 페르소나가 전후 소년들 사이에서 그토록 큰 인기를 누렸던 건, 굴하지 않는 권위를 가진 존재였기 때문이었을 뿐만 아니라 “애정을 표현하지 않는다는 바로 그 이유에서” 함께 출연하는 젊은 배역들과 웨인 사이에 “정서적 연결”이 형성되었기 때문이었다. 어쩌면 침묵이 사랑을 전달한다는 것. 그것이 웨인의 영화가 암시하는 내용이었다. 이에 대해 윌스는 "웨인은 그런 아버지에 대한 대안이자 그런 아버지를 위한 변명"이었다고 썼다.[52] 그리고 뭇 아버지들과 달리 웨인은 종종 영화의 마지막 장면에 이르러 경계를 늦추고 인간미를 드러냈다. 웨인이 연기한 스트라이커 중사가 〈이오지마의 모래〉 마지막 장면에서 죽음을 맞이할 때, 병사들은 그의 주머니 안에서 아들에게 보내는 미완의 편지를 발견한다. 부성적 고백의 시작을 알리는 이 편지를 통해 아버지로서 스트라이커는 이렇게 증언한다. "나는 많은 부분에서 실패했다." 이것이야말로 프랭크 킬머와 같은 전후 현실의 아들이 듣고 싶었던 말이다.

사실 아버지들은 전쟁 기간에 영웅적인 행동을 보여 주었음에도, 전쟁이 끝난 뒤엔 이미지에 기반한 상업이 지배하는 세계—전후 좋은 삶을 누리겠다는 성급함으로 빚어낸 세계—에 무심코 아들들을 내다 버렸다. 아버지는 아버지대로 이유가 있었다. 대공황으로 수년간 궁핍한 생활을 하다 제2차세계대전이라는 혹독한 고난을 겪었기 때문이다. 그러나 아버지들이 남겨 놓은 것은 그 아들들이 전통적인 남자다움—아버지들 스스로가 나름의 판단을 거쳐 그토록 지지하던 종류의 남자다움—을 전혀 발휘할 수 없는 문화였다. 상징적으로 말하자면, 아버지가 아들에게 진짜로 남겨 준 건 군인의 윤리가 아니라 지아이 조 '액션피겨'였다. 주요 특징이라곤 옷에 액세서리를 다는 능력밖에 없는 12인치로 '줄어든 사나이' 인형 말이다.

아버지가 아들에게 새로운 개척지를 주기는 했다. 하지만 그곳은 대량소비주의가 쇄도하면서 황폐해져 버린 땅이었다. 사회를 건설하거나 가꾸거나 사회에 기여하는 것과 같은 남자다움의 보다 생산적인 측면은, 남자다움의 조잡한 겉모습을 연기할 수밖에 없는 거울이나 다름없는 광고 문화의 평평하고 반짝거리는 표면에서는 그 발판을 마련할 수 없었다. 게다가 폭력을 과시하는 것보다 더 조잡하게, 더 전형적으로 남자다움을 드러낼 수 있는 수단이 어디 있겠는가? 하지만 힘, 결단력, 용기 그리고 기술까지, 남성적인 효용의 모든 가시적인 측면을 사용할 때에도, 폭력의 목적은 오로지 해체하고 파괴하는 것일 뿐이다. 폭력은 행동을 의미하지만, 은폐 행위이기도 하다. 다시 말해 폭력이란 목적 없음을 숨기는 위협적인 가면인 것이다. 어떤 면에서 우리 문화는 데이비 크로켓의 황무지를 복제하고 있는데, 그곳에서 남자는 소비하는 것 말고는 할 일이 없었고(크로켓의 경우에는 야생동물들을 소비한 셈이었다), 그런 소비를 공격적인 성취로 포장하는 것 말고는 이를 남성적인 행위로 보이게 할 방법이 달리 없었다. 크로켓 역시 쇼를 하고 있었던 셈이다. 한 해에 곰 105마리를 죽였다거나 12피트나 되는 "기괴하고 거대한 메기"와 맨손으로 사투를 벌였다거나 하는 그의 허세는 초기 이미지 전쟁의 프로파간다였다.[53]

일찍이 1963년에 노먼 메일러는 새로운 무법자의 통치가 시작되는 희미한 기색을 관찰했다. "잘 싸우고, 잘 죽이고(항상 명예롭게), 잘 사랑하고, 많은 사람을 사랑하고, 냉정하고, 대담하고, 당당하고, 거칠고, 총명하고, 용감한 총잡이가 아니라면 평화란 없는 것 같았다. 그리고 우리 모두가 저마다 자유롭고, 방황하고, 모험을 하며, 폭력적이고, 향기롭고, 예상치 못한 것의 파도 위에서 성장하기 위해 태어났다는 이 신화에는 길들일 수 없는 힘이 있었다. (…) 물론 실제로 국가사업의 4분의 1은 그런 존재에 의존해 왔을 것이다."[54] 남성의 공리주의적 자질이 퇴보하고 사회적 역할이 줄어들면서, 폭력은 점점 더 여러 불량한 남성적 특징을 주도하는 깡패 두목 같은 역할을 맡게 되었다.

'미국의 세기'가 끝날 무렵, 잡지·광고·영화·스포츠·뮤직비디오 등 소비자 세계의 모든 매체는 남자다움이 직장이 아닌 시장에서 펼쳐지는 퍼포먼스 게임이 되었다는 메시지를 전달했고, 남성들의 분노는 이제 그 쇼의 일부가 되었다. 장식 문화는 젊은 남성들에게 무뚝뚝함·적대감·폭력이 곧 매력을 표출하는 길이라는 생각을 심어 줬으며, 그것이야말로 거울 앞에서 여성화될 위험 없이 남성들 자신을 선보일 수 있는 방법이라고 주장했다. 하지만 셀러브리티 남성성이 '나쁜 남자' 내지는 '악동'의 태도를 숭배한다면, 그런 남자가 보이는 반항이란 대체로 화장과 다르지 않은 허울일 뿐이었다. 그의 불만을 받아 줄 사회가 없으니 그의 불만을 들어 줄 곳도 없다. 셀러브리티 문화에서 사회적·정치적 변화에 대한 진지함은 정말로 음침하고 무력한 마비에 불과한 '아이러니'의 자세로 대체되었다.

그러나 문화적으로 만들어진 이미지는 여전히 '세계에 군림하는 남자'를 미국 남성성의 모델로 홍보하고 있다. 그런 이미지는 오히려 슈퍼스타들이 스포츠 경기장과 전쟁터, 거대 도시 경관을 주름잡으며 더 부풀려지기만 했다. 하지만 평범한 남자에겐 원격제어장치를 통해 제어할 수 있는 범위가 점점 줄어들었고, 그의 남성적 에너지를 생산적으로 활용할 수 있는 장소 역시 줄어들어만 갔다. 그는 여전히 군림하는 위치에 서리라는 기대를 받지만, 직장에서의 장악력과 자기 삶에서의 장악력이 희미한 가능성으로 사라져 가는 와중에 그에게 남은 것이라곤 그저 날것의 지배뿐인 것 같다. 통제하고자 하는 충동은 다스려지지도 정박되지도 않은 채 곧 통제 불능 상태가 된다. 사회가 없었더라면 대니얼 분은 그냥 살인마에 불과했을 것이다. 셀러브리티 문화에 의해 밀려난 남자들뿐만 아니라 그 안에서 높은 지위를 차지할 수 있었던 소수의 남자가 마주하게 된 것 역시 바로 이 막다른 골목이었다. 권투선수였던 마이크 타이슨Mike Tyson은 그 안에서 승승장구하다가 결국 투옥되었다. 그는 데지레 워싱턴Desiree Washington을 성폭행한 혐의로 유죄판결을 받은 후 교도소에서 이렇게 말했다. "나는 더 이상 빅 스타이고 싶지 않은 것 같습니다. (…) 나는 모든 사람이 잠재적으로 적敵인 곳—여기 와서 깨달았는데—에서 살고 싶지 않습니다."[55]

제조업에서 서비스업으로, 또는 생산에서 소비로 옮겨 가는 경제적 전환은 전통적인 남성의 영역에서 전통적인 여성의 영역으로 옮겨 가는 전환을 상징하는 것으로 여겨지곤 했다. 하지만 젠더라는 측면에서 봤을 때 그건 단순한 성별 전환의 문제를 훌쩍 넘어서는 것이었다. 이는 우리가 생각하는 것보다 남자들에게 훨씬 더 충격적으로 다가왔다. 산업적인 맥락에서 봤을 때 공장노동자의 등을 부러뜨리고 정신을 파괴하며 광부의 폐를 망가뜨리면서 남성의 건강과 노동을 착취했던, 논란의 여지가 없는 그 모든 상황에서도, 유용성의 사회에는 단 한 가지 장점이 있었다. 그건 바로 그 사회가 금욕주의, 진실성, 신뢰성, 부담을 기꺼이 지려는 능력, 타인을 우선시하려는 의지, 보호하고 희생하려는 욕구 등 내면의 자질을 통해 남자다움을 규정했다는 점이다. 이는 사회가 오랫동안 여성이 가지고 있는 모성의 본질로 인식해 온 바로 그 자질이 남성적인 자질로 재기호화된 것이었다. 남자들은 모성적인 여성성이라는, 사적인 영역에 연관되어 있는 기술을 습득하는 한 공공연하게 유용한 존재일 수 있었다. 자신을 돌보지 않고 아이들을 돌보는 어머니들처럼, 남자들도 불평 없이 가족은 물론 사회까지 돌보아야 했는데, 사실 그것이 그들을 남자로 만드는 자질이었다. '양육 개념nurturing concept'으로 규정되는 남성성은 인류학자 데이비드 길모어가 비교문화연구에서 발견한 몇 안 되는 연속성 가운데 하나였다.[56] 남자다움에 대한 모성적 개념은 헨리 윌리스가 제2차세계대전에 참전한 '보통 사람'을 "아

기를 잃은 암곰"에 비유할 때 염두에 두었던 바와 정확히 일치했다.[57]

이와는 대조적으로 장식 문화에서 남자다움이란 외모, 젊음과 매력, 돈과 공격성, 특정한 자세와 허세, '무대 소품', 삐쭉 올린 입술과 울퉁불퉁하고 굴곡진 이두박근, 잡지 표지에 등장하는 젊은 청년의 화려함, 그리고 어떤 우주비행사나 운동선수 혹은 폭력배를 다른 사람들 우위에 올려놓는, 팔릴 만한 '개성'에 의해 규정된다. 이것들은 오랫동안 여성적 허영심의 본질, 그러니까 사적이고 모성적인 보살핌에 대한 반대항이자 여성스러움의 공적인 얼굴로 지정되어 온 것과 동일한 특성이었다. 대상화, 수동성, 어린아이처럼 구는 태도, 무대 위에서의 과시, 거울을 들여다보는 행동 등, 이런 공적인 '여성성'의 면모는 여성혐오 문화가 근대 여성들에게 부여한 하찮고 굴욕적인 자질들로 폄하되던 것이었다. 남자들이 그토록 고뇌하는 건 당연하다. 이들은 한때 자신들을 꼭 필요로 했던 사회를 잃었을뿐더러, 여성들이 최근까지도 비하당하고 비인간화되었던 바로 그 사회에 '다다르고' 있다.

미국의 구식 남성성 패러다임은 TV에 등장하는 스포츠 스타, 갱스터 래퍼, 액션 히어로, 스탠드업 코미디언으로 이루어진 실체 없는 2D 군대와 경쟁하는 남자에게 아무런 도움을 주지 못한다. 장식의 영역으로부터 남자다움의 감각을 끌어내려는 노력은 물론이거니와 그 영역을 탐색하는 건 무엇보다 실재하는 문제로 인식되지 못하기 때문에 더욱 끔찍한 악몽이다. 세기말에 이르러, 남자들은 유명인이 주도하는 소비문화에 참여해야만 남성으로서의 가치가 측정되고 여성적인 행운이 주어지는 낯선 세계에 와 있음을 깨닫게 됐다. 그런 세계에 남자다움으로 향하는 통로란 없다. 남자들은 발견되기를 기다릴 수밖에 없다. 그리고 운이 좋더라도 남자들의 '성취'는 화려함glamour과 전시display에 깃든 '여성적' 함의 때문에 젠더 혼란으로 가득 차 있다.

어니 파일 영화가 옳았다. 미래의 남자는 병사가 아니라 조종사였다. 어니 파일이 그린 남자다움의 모델은 아이젠하워 정권 이후로 살아남지 못했다. 이제 아이젠하워의 자리에 들어선 사람은, 대형 선박에서 복무하며 익명으로 남기보다 작은 배에서 일하며 외로운 스타가 되길 꿈꾸던 어느 초계 어뢰정의 대령이었다. 케네디는 전장에서 단 한 차례 '구조' 임무를 수행한 바 있었는데, 이 일은 미국 정치사상 처음 열린 할리우드 스타일의 화려한 입후보 행사에서 팔려 나갈 용도로 재포장되었다. 하지만 이건 전환의 시작에 불과했다.[58] 1980년이 되면 로널드 레이건Ronald Reagan이 새 대통령으로 취임하는데, 그는 오로지 영화 속에서만 전쟁을 경험해 본 남자였다.✠ 그리고 1996년, 지아이 조의 화신으로 자리매김해 왔던 대통령 후보 밥 돌Bob Dole은 전쟁에 참전하지 않은 것으로 유명했던 남자 빌 클린턴에게 패배했다. 그 선거에서 미국인이 받아들인 것은 한 남성이 깊은 고민 끝에 결정한 병역거부가 아니었다(클린턴은 병역 기피 때문에 맹비난받았다). 미국인들이 받아들인 건 더 이상 보병이 미국 남성성의 모범적 모델이 아니라는 점이었다. '라이언 일병'✣과 '가장 위대한 세대'를 향한 유명인들의 온갖 찬사에도 불구하고, 1990년대가 쇠퇴하면서 이 남성성의 표본은 다가올 세기에 설 자리가 없을 것임이 분명해졌다. 밥 돌은 한통속으로 발기부전 치료를 받아야 할 처지

✠ 로널드 레이건은 배우 출신 정치인으로, 전미영화배우조합 조합장 이력을 바탕으로 정계에 진출하게 된다. 그는 영화 속 이미지를 현실 정치로 가져온 것으로도 유명한데, 관련해서는 수전 제퍼드의 『하드 보디(Hard Bodies)』 참고.

✣ 스티븐 스필버그의 1998년 영화 〈라이언 일병 구하기〉에서 홀로 남겨진 보병.

였다. 존 케네스 갤브레이스John Kenneth Galbraith가 30년 전 『새로운 산업국가New Industrial State』에서 주장한 바를 부정할 수 있는 사람은 많지 않을 것이다. "병적으로 낭만적인 이들을 제외한다면, 모든 사람이 지금이 소시민의 시대가 아니라는 것을 인정한다."[59]

반항 없는 이유

나 같은 페미니스트들을 괴롭힌 질문은 여성들의 변화에 남성들이 저항하는 이유의 본질이 무엇이냐는 것이다. 여성이 독립할 수 있다는 가능성을 불안해하는 남자들이 왜 그토록 많은 걸까? 그 가능성을 꺼리고, 이에 분개하고 두려워하며, 지독한 열정으로 맞서 싸우는 남자들이 왜 그토록 많을까? 나의 조사는 이런 질문에서 시작됐다. 하지만 놀랍게도 이것이 끝내 나를 움직인 가장 근원적인 질문은 아니었다. 이 책을 마무리할 수 있게 해 준 건 그 질문이 아니다. 내가 전후 남성들의 곤경을 탐구할수록 그 곤경은 나에게 한결 친숙하게 다가왔다. 공적 생활에서 필요한 역할, 품위 있고 안정적인 생활을 영위할 생계, 가정에서 받는 존중, 문화적으로 받는 존경 등 남성들이 잃어버린 것을 생각할수록, 20세기 후반의 남성들은 20세기 중반의 여성들과 비슷한 지위로 떨어진 것처럼 보였다. 더 넓은 세상과의 연결고리를 잃고 쇼핑과 초超여성성을 장식적으로 과시함으로써 공허함을 채우도록 초대받은 1950년대 주부들이 1990년대 남성들로 모습을 뒤바꾸었다. 이들 남성은 더 넓은 세상과의 연결고리를 잃고 소비와 헬스장에서 키운 초超남성성을 전시함으로써 공허함을 채우도록 초대받았다. '여성성의 신화'에 대한 공허한 보상은 남성성의 신화에 대한 공허한 보상으로 둔갑했다. 신사들의 시가 클럽은 숙녀들의 빵 굽기 경연만큼이나 만족스럽지 않고, 나이키의 에어조던 운동화는 디오르의 뉴룩✠만큼이나 무의미했다.

그래서 나의 질문은 바뀌었다. '남자들은 어째서 여자들이 더 자유롭고 건강한 삶을 위해 투쟁하는 것에 반대하는가'를 질문하는 대신, '남자들은 어째서 그들 자신의 싸움을 시작하지 않는가'를 질문하기 시작했다. 마구잡이로 더해 가는 트라우마에도 왜 남자들은 자신들의 곤경에 체계적이고 합리적으로 대응하지 않을까? 우리 시대의 문화가 말도 안 되게 모욕적인 방식으로 남자들에게 자신을 증명할 것을 요구하고 있는데도 왜 남자들은 반항하지 않는 걸까?

많은 여성이 그러하듯, 나는 내 성별의 침묵에 도전하고 싶다는 욕망 속에서 페미니즘에 이끌렸다. 그리고 나는 여성의 목소리를 없애려 애쓰는 남자들의 모든 외침 밑에도 마찬가지로 침묵이 울려 퍼지고 있다는 생각을 하게 되었다. 왜 남자들은 그들의 삶에서 경험한 일련의 배신, 예컨대 지켜지지 않은 아버지의 약속과 같은 배신에 대해서는 페미니즘에 하듯이 반응하지 않는 걸까? 아버지들이 제안했던 개척지가 황무지였음이 밝혀졌을 때, 아버지들이 쳐부수라고 말했던 적이 종종 초가집에서 떨고 있는 여자들과 아이들로 밝혀졌을 때, 아버지들이 '이게 네 동앗줄'이라고 주장했던 제도 때문에 오히려 '줄어든 남자'가 되고 말았을 때, 아버지들이 '네 도움을 필요로 하는 사람'이라 말했던 여자가 스스로 직업을 갖고자 했을 때, 이 모든 것이 다 사기이고 배신stiffed임이 명백해졌을 때, 왜 아들들은 아무것도 하지 않았는가?

한 세대 전 여성성의 신화가 붕괴된 건 여성들에게 단순한 위기가 아니라 역사적인 기회였다. 여성들은 '이름 없는 문제'에 이름을 붙이고 스스로를 해방시키는 과정을 시작함으로써

✠ 1947년 디자이너 크리스티앙 디오르가 발표한 여성복 스타일. 넓은 어깨와 가는 허리를 강조했다.

정치적 운동을 일으켰다. 왜 남자들은 그렇게 하지 않았을까? 내가 보기엔 이것이야말로 미국 사회가 직면한 '남성성의 위기' 뒤에 숨어 있는 진짜 질문 같다. 남성성의 위기는 남자들이 여성해방과 싸우고 있기 때문이 아니라, 그들이 자기 자신의 (혹은 사회의) 해방을 위해 싸움을 조직하기를 거부했기 때문에 등장했다. 전통적인 남성 역할이 위기에 처한 게 아니라 남자들 자신이 아무것도 하지 않아서 위험에 처하고 만 것이다.

여성운동과 대중매체에 종사하는 많은 이가 '남자들이 권력을 포기하려 하지 않는다'며 불평한다. 하지만 이 얘기는 대다수 남자들의 상황에는 부합하지 않는 것 같다. 그들 개개인은 자기가 권력의 고삐를 쥐고 있다기보다는 입안에 권력의 작은 조각이 들어 있을 뿐이라고 느낀다. 어쩌면 그들은 유령과도 같은 상태에 매달려 있다고 보는 편이 더 그럴듯할 것이다. 내가 인터뷰한 수많은 남자는 집안에 남성 가장이 있는 것의 중요성을 주장하면서도 그 역할을 스리슬쩍 명예직으로 강등시켰다. 그들은 집집마다 '명목상 가장'이 있는 게 중요하다고 말했다. 하지만 그러한 명목상의 우월한 지위를 놓지 못하는 천성만으로는, 아무리 타협적으로 생각해도 남성의 이 깊은 침묵을 충분히 설명할 수 없다.

남자들이 어린 시절에 승인받은 남자다움의 규약을 어기는 것을 왜 그토록 꺼리는지 이해하려면, 아마도 남성에 대한 사회적 제약이 얼마나 강력한지부터 이해할 필요가 있을 것이다. 젠더에 따른 적절한 행동을 규정하는 문화적 메시지가 여성에게만 쏟아지는 건 아니다. 지난 반세기 동안 뉴욕 매디슨 애비뉴와 할리우드, 각종 대중매체는 남자들에게도 가차 없이 메시지를 쏟아부었다. 선을 벗어난 남자들을 향한 조롱과 의심, 적개심의 수준은 과도할 정도이며, 남자들은 그에 묵종으로 깊이 반응한다. 하지만 이 또한 완전히 만족스러운 설명은 아니다. 여자들 역시 상업적이고 정치적인 조작의 대상이었지만 이런 조종의 끈을 성공적으로 걷어차지 않았던가?

어쩌면 사회가 남자들에게 모험을 떠날 길을 제시하지 않았기 때문에 남자들이 움직이지 않았던 것인지도 모른다. 확실히 문화는 남성성에 대한 대안적인 비전을 제시하지 않았다. 사실 누구도 그렇게 하지 못했다. 먼지 날리는 『그림동화』를 복제하면서 원시적인 클리셰에 집착하는 이른바 남성운동도, 전직 장군이 운영하는 봉사 캠프나 학교를 통해 남자다움의 재무장된 모델을 요구하는 보수적이거나 진보적인 정치 지도자들도, 과거의 영화라는 판타지를 그리워하고 그 부활을 꿈꾸는 프라미스키퍼스 구성원들이나 '네이션 오브 이슬람' 각료들도, 점점 더 거대한 소비문화에 흡수되어 가면서 남성적 역할에 더 이상 도전하지 않게 된 게이 문화도 그랬던 것이다. 심지어 남자들에게 변화를 요구하면서도 그 변화를 제대로 개념화하지 못한 여성운동마저 마찬가지였다. 그렇다고 하더라도, 페미니스트들이 언제 '우리를 위해 혁명을 조각해 줄 남자들'을 기다린 적이 있던가? 여성운동은 어떤 도움 없이도 스스로 길을 개척하지 않았던가? 아니, 도움이 아니라 엄청난 저항 속에서도, 지배적인 문화를 깨고 나오지 않았는가 말이다. 그렇다면 남자들은 왜 행동하지 못하는가? 그 궁극적인 대답은 남자들뿐만 아니라 페미니스트들에게도 적지 않은 파문을 일으킬 것이다. 결국 나는 그들이 서로 적대자이기는커녕 지금 이 순간에도 서로가 상대방의 전진에 꼭 필요한 태세를 취하고 있다고 믿게 되었다. 하지만 이런 답은 마지막 순간에야 찾아왔다. 우선 나는 시작해야만 했다.

시작점

처음에는 곤경을 겪고 있는 남성성의 신호탄에 이끌려 남부 캘리포니아를 찾았고, 이어서 그곳으로 이사를 했다. 1990년대 초에 그곳은, 당시 언론이 좋아하던 표현을 빌리자면 "유해한 남성성toxic masculinity"의 진원지처럼 보였다. 실제로 그곳이 탐색을 하기에 좋은 장소인 건 맞았다. 애초에 상상했던 방식대로는 아니었지만.

내가 남부 캘리포니아에 처음 도착했을 때 지역 경제는 엉망이었다. 이 지역은 미국의 다른 지역보다 더 가혹하게 경제적으로 위축되고 있었다. 상대적으로 소수의 거대한 방위산업체에 의존하던 경제에서 경기침체는 더 심각했고 더 오래 지속되었다. 캘리포니아주의 시련은 버려진 중서부 축구 팬의 분노나 텍사스주 웨이코의 다윗파Branch Davidians 건물에서 발생한 희생에 대한 민병대의 복수심 등 주변화된 남성들의 경험에서 볼 수 있는 다른 신호들과 마찬가지로, 호들갑스럽긴 하나 눈여겨볼 만한 구석이 있었다. 자칭 '애국자'이자 열정적인 낚시꾼이며 다윗파 사건에 강하게 사로잡혀 있던 한 남자가 한번은 이런 사회적 동학에 대해서 나에게 강을 비유 삼아 설명해 준 적이 있다. "사회라는 강의 흐름에서 무슨 일이 일어나고 있는지 보고 싶다면, 강 가장자리로 가서 그곳에서 무슨 일이 벌어지고 있는지 살펴봐야죠. 그러면 강 한가운데에서 벌어지는 일을 이해할 수 있게 됩니다. 만약 당신이 강이 흘러가는 방식을 이해하고 있다면 말이에요." 또 그는 말했다. "당신이 목격하고 있는 것을 '주변적인 요소'로 치부하지 않도록 매우 조심해야 해요. 그러지 않으면 당신의 이야기를 듣고 있는 사람에게 이게 그 사람의 문제가 아니기 때문에 그는 괜찮을 거라는 확신을 주게 돼요. 그건 헛소리죠." 마찬가지로 불완전 고용 상태에 있거나, 계약이 해지되었거나, 해고당한 남부 캘리포니아 남자들과 내가 방문했던 다른 지역에 거주하는 그 동료들의 이야기 역시 좀 더 일반적인 남성적 상실, 곧 이후의 경제'호황'이 어느 정도 숨길 수 있었던 상실에 대해서는 통찰을 가지고 있었지만, 그 해결책을 보여 주진 못했다.

경제 상황의 호전은 내가 취업을 위한 모임이나 '재취업 교육' 센터, 군기지 내 가족복지 센터, 그리고 맥도널더글러스 같은 항공 기업이 운영하는 이직 지원 사무소 등지에서 만난 남자들에게 별다른 위안이 되지 못했다. 심지어 다시 취업하게 된 남자들의 경우도 마찬가지였다. 그들 안의 무언가는 이미 망가졌고, 부풀려진 주가와 임시 고용 인력을 기반으로 한 호황으로는 문제가 해결될 수 없었다. 이 경기 호황은 이미 부유한 이들에게는 막대한 부를 제공하고 보통 사람에게는 불안정한 직업과 지위에 대한 불안, 그리고 (1998년경에 이르러, 1980년 이후로 개인 파산이 일곱 배나 증가하게 된 원인인) 카드 빚더미를 떠넘겼을 뿐이었다.[60] 어떤 범주 자체에 변화가 일어나 버렸고, 그 변화는 미국의 남자다움이라는 근본 개념을 위협했다. 국가의 남성과 그 제도 사이에 맺어진 사회적 협약이 무너지고 있었다. 그런 상황은 노동제도 안에서 가장 두드러졌지만, 그렇다고 해서 그곳이 유일한 분야는 아니었다. 충성심과 생산성, 봉사라는 남성적 이상은 산산이 부서졌다. 그런 규범은 낡은 것으로 간주됐으며, 이 규범을 지키려는 남자들은 다소 한심하게 여겨졌다. 충성심이란 '당신이 너무 둔하거나 멍청해서 회사가 당신을 저버리기 전에 당신이 회사를 저버릴 수 없다'라는 것을 의미했다. 생산성은 이제 기업과 주주가 직원 노동이 아니라 해고된 직원 수로 측정하는 것이었다. 봉사는 좁은 방에 갇힌 텔레마케터, 그 귀에 꽂힌 전화기, 그리고 '좋은 하루 보내세요'식 대화(이미 짜인 대로 대답해야 할 뿐 아니라 늘 모니터링당하는 멘트)로 대변되는 소비자 지원 이상의 의미를 가질 수 없게 되었다. 그렇게 깊고 충격적인 변화는 모든 남자에게 영향을 미쳤다. 직장을 잃었건 그저 직장을 잃을까 봐 두려워했건 간에, 혹은 뒤통수를 때리는 이 새로운 조류에서 익사하고 말았건 가라앉지 않고 살아남았건 간에 말이다. 여행을 하는 동안 나는 유동적인 이미지에 바탕을 둔 새로운 경제에서 충분히 보상을 받은 남자들도 만나 보았다. 그럼에도 그 남자들 역시 (나에게 몇 번이고 말했던 것처럼) 자신들을 성공하게 해 준 그 힘에 의해 '거세'당했다고 느꼈다.

하지만 내가 L.A.에 간 까닭은 실직한 성인 남자들을 인터뷰하기 위해서가 아니었다. 애초에 나를 사로잡아 그곳으로 이끈 건 어린 청년들의 비행이었다. 그들의 아버지인 성인 남자들에 대한 관심도 필연적이기는 했지만, 어쨌거나 나중에야 가지게 된 호기심 어린 생각이었다. 나는 아들을 통해 그 아버지와 우연히 마주쳤다고도 할 수 있다. 처음에 아버지들은 소년들의 모험담에서 언급되지 않는 사라진 사람들 같았다. 내가 만난 아들들은 아버지 없이 만들어 낸 기이한 거품 속에 존재하는 듯했다. 이야기를 들어 보려고 협조를 구했을 때, 아버지들은 사건 당사자라기보다는 당황한 구경꾼에 가까워 보였다. 마치 출근길에 스쳐 지난 끔찍한 사고를 대하는 사람처럼 말이다. 아버지와 아들은 평행우주에 살고 있는 것 같았다. 그리고 우리의 이미지 문화와 미디어 문화가 젊은이들에게 매료되어 있는 탓에, 카메라 스태프들을 매혹시킨 것도 아들들의 우주였다.

신문 헤드라인만 놓고 보자면, L.A.라는 도시는 암적인 존재라 할 만한 청년 남성성—성적 약탈을 자행한 스퍼포스에서부터 부모를 살해한 메넨데스 형제에 이르기까지, 십 대 갱단에서부터 노스할리우드 쇼핑 거리에 AK-47 소총을 난사했던 스키 마스크를 쓴 앳된 은행 강도에 이르기까지—의 주요 수출지였다.[61] 때로 '악동'은 말 그대로 L.A.의 수출품으로 여겨졌다. 1997년 여름 《뉴욕타임스New York Times》는 "서부 해안에서 온 젊은 갱단이 뉴욕에 자리 잡았다"라며 독자에게 경고했다. 서부 해안의 폭력배들은 "느리지만 분명하게 (…) 동쪽으로 이주하고 있"으며, 뉴욕시의 감옥을 "교두보"로 활용하면서 이미 "입회 의식의 일환으로 도시의 거리에서 135건의 무작위적인 칼부림"을 벌인 상태였다. (6개월 뒤 《뉴욕타임스》는 이것이 잘못된 경보였다고 인정하며 이렇게 밝혔다. "경찰, 사회학자 그리고 갱 전문가에 따르면 실제 갱단은 뉴욕에 존재하지 않는다." 《뉴욕타임스》 측은 청년 갱단을 둘러싼 히스테리가 출처를 알 수 없는 "광범위한 소문" 때문이라고 설명했다.)[62] 하지만 악동은 셀룰로이드로 포장해 에어브러시로 꾸민 운송품이 되어 광고에 자주 등장했는데, 이런 광고에서는 지금껏 그 소년을 악마화했던 바로 그 자질이 미화되었고, 소년이 일으킨 과장된 범죄행위는 수익을 위해 재포장되었다. 요컨대 성적 약탈자가 성적 대상으로 둔갑한 셈이었다. 으르렁거리는 젊은 갱스터들과 강간범들이 속눈썹이 긴 투팍 샤커Tupac Shakur 같은 우상이나 입술을 삐쭉 올린 마키 마크Marky Mark 핀업 사진으로 거듭나면서, 맥10 기관단총을 든 '야수' 같은 소년들에 대한 미디어의 악몽은 이제 할리우드와 매디슨 애비뉴의 상업적인 백일몽이 되었다. 포식자 같은 '태도'를 과시하며 나이키 신발을 신은 깡패와 가슴을 훤히 드러낸 캘빈클라인 포스터 소년이 자신의 성기를 도드라져 보이게 만드는 팬티를 입고, 선셋도로의 광고판들 사이에서 박차를 가하는 말보로 카우보이와 서로 돋보이기 위해 경쟁했다. 향수를 뿌린 불량소년들은 지배적인 남성 아이콘, 지퍼를 열고 돌아다니는 '파리 대왕'이 되었다.

다수의 언론이 악동 약탈자들의 과장된 이야기로 독자를 자극했다. 《타임》의 1994년 9월호 커버스토리 「아이들이 나빠졌을 때」는 "자그마한 마약 밀매범과 열여섯 살짜리 무장 괴한"에게 압도된 시스템의 파국적인 초상화를 선보였다. 《타임》의 또 다른 커버스토리 「소년과 그의 총」에는 볼품없고 누군지 알 수 없는 한 남자아이가 총을 움켜쥐고 범죄자풍의 반다나로 얼굴을 가린 채 등장했다. 《뉴스위크》 역시 커버스토리를 통해 「청년 폭력이라는 사실상의 '전염병'」을 경고하면서 《타임》과 장단을 맞췄다. 《U.S.뉴스앤드월드리포트U.S. News & World Report》는 「살인하는 아이들」이라는 커버스토리에서 "놀랄 정도로 많은" 십 대 소년이 "피도 눈물도 없는 품성"을 갖고 있다며 숨넘어갈 듯 법석을 떨었다. 어떤 신문 혹은 어떤 잡지를 읽어도 기사 내용은 다 똑같았다. 플로리다주 포트로더데일의 일간지 《선센티널Sun-Sentinel》은 "소년들의 비행이 두려워할 만한 전국적 위기가 되었다"라며 심각한 어조로 헤드라인을 썼고, 클리블랜드의 《플레인딜러Plain Dealer》는 "일각에서 '어리고 무자비하다'고 말하는 세대"를 개탄했으며, 롱아일랜드의 《뉴스데이Newsday》는 "나는 야수와 같다"라는 청소년들의 말을 인용하며 이들 무리로 빼곡히 채운 특집 기사 「거친 소년들」을 내놓았다.[63]

소년들은 정치인들의 관심을 사로잡았다. 연방 청문회가 청년 남성의 무법 행위를 고발하기 위해 소집되었다. 의회는 고등학교의 주니어 ROTC 프로그램을 두 배로 늘리고 중퇴자를 위한 신병훈련소와 도심 캠퍼스의 소규모 군사 아카데미에 수백만 달러를 투입하면서 군사주의적인 해결책을 찾으려고 했다.[64] 주 의회 의원들은 이런저런 자잘한 법안들의 초안을 작성했다. 정부 관리들은 십 대 남자아이를 성인으로 기소할 수 있도록 하는 통금과 '강경한' 정책을 지지했다.[65] 그리고 L.A.시 대변인은 어느 순간 해 질 녘부터 새벽까지 시행되는 통행금지를 비롯해서 심지어 청소년들의 '신분증 소지법'이 필요하다고 주장했고, 경찰은 망치 작전의 일환으로 거리를 급습하곤 했다. 망치 작전이란 일종의 수사 포위망 작전인데, 이는 1988년부터 1991년 사이 보안관들이 소수자 청년 남성 수만 명을 체포했던 방식과 유사했다. 체포는 종종 의심스러운 이유로 이뤄졌다. 소탕 작전이 한번 벌어진 뒤 언론이 떠나고 나면, 경찰들은 '용의자들' 90퍼센트를 무혐의로 석방했다.[66]

1994년 국정연설에서 빌 클린턴 대통령은 국가의 도덕적 타락의 주요 원인으로 야수 같은 소년을 지목했다. "우리는 이 나라를 갱신할 수 없습니다. 열세 살 소년들이 반자동 무기를 구해, 재미 삼아 아홉 살 소년을 쏜다면 말입니다." 어느 여론조사에서는 미국인들이 범죄와 폭력의 가장 큰 요인으로 젊은 남자들을 꼽았으며, 살인 혐의로 유죄판결을 받은 십 대를 사형에 처할 것을 촉구하는 목소리가 다수를 이뤘다.[67]

하지만 청소년 범죄가 증가하는 동안, 실제로 그 상황은 언론이 주장하는 것처럼 '전염병' 수준이거나 사악한 수준은 아니었다. 1990년대 청소년이 체포된 비율은 살인사건의 15퍼센트 미만, 폭력 범죄의 약 18퍼센트 정도에 불과했다. 또한 언론이 학교에서 일어난 총격 사건에 대해 어마어마한 양의 기사를 쏟아 냈던 것에 비하면 FBI 통계 결과 살인 혐의로 체포된 어린이의 수는 실제적으로 증가하지 않았다.[68] 사회과학자 마이크 메일스Mike Males가 『희생양 세대The Scapegoat Generation』에서 밝히듯 십 대 남성이 체포되는 사례는 실제 범죄의 증가를 훨씬 넘어서는 수준으로 늘어나고 있는데, 범죄의 증가는 사실 청소년 문제라기보다는 빈곤의 증가와 함수관계를 맺고 있는 문제다. 1980년대와 1990년대 젊은이들에게 불균형한 고통을 안긴 것은 급격히 늘어난 빈곤이었다.[69] 그러나 공적인 아버지들은 '범죄자' 아들을 후려치는 쪽으로 가닥을 잡았다. 아버지와 아들의 세계가 분리된 대륙처럼 뿔뿔이 흩어지던 때에, 남자 어른들 세대 역시 아들에게 물려줄 만한 남성적 기술과 공동체 리더십을 거의 보유하고 있지 않은 듯한 때에, 그리고 세계를 지배하리라는 기대를 받는 아버지들, 스스로도 그 점만큼은 알고 있는 아버지들 역시 신세계에 홀로 고립되어 있는 바로 이 때에, 아버지와 아들이 주고받는 비난은 둘 사이를 묶어 주는 최후의 연결고리처럼 느껴졌다.

소년들은 미디어의 '악마 연구자들'이 그려 낸 모습과 달리 실제로 살인을 저지르는 괴물은 아니었을지 모른다. 하지만 그들은 분명 어느 정도는 곤경에 빠져 있었고, 언론이 펼쳐 놓은 고해성사의 장에서 자신의 범법 행위를 고백하고 싶어 안달이 나 있었다. 그러나 이런 범법 행위 이면에 무엇이 존재하는지는 거의 다뤄지지 않았다. 어린 남자들이 일으키는 문제 행동의 경제적·사회적 뿌리는, 그보다는 다른 원인을 선호하는 미디어에서 거의 간과해 왔던 부분이다. 미디어는 테스토스테론, 마약, '허용적인' 부모 또는 일하는 무심한 부모(이 경우엔 전자건 후자건 거의 항상 어머니가 문제였다)에서 원인을 찾으려 했고, 10년쯤 지났을 무렵엔 점차 페미니즘 탓이 되어 갔다. 언론이든 전문가든 이들이 백인 소년 문제에 관심을 돌릴 때 가장 선호하는 타깃은 바로 여성운동이었던 것이다(이와 대조적으로 흑인 소년과 라틴계 소년은 일반적으로 무고한 국가를 공격하기 위해 총기와 마약을 취급하는 군대로 간주됐다). 《뉴스위크》는 커버스토리 「사내애들이 그렇지 뭐」에서 다음과 같이 초조한 기색을 내비쳤다. "지난 10년간 딸들에게만 관심을 쏟아부은 결과, 우리 아들들이 외면당하고 있는 것일까?" 《뉴욕타임스》도 「소년들은 어떻게 걸 파워에 패배했는가」를 통해 마찬가지 염려를 들먹였다. 이 기사는 "학교에서 주목을 끌면 안 되는 성별이 온갖 주목을 끌고 있다"는 점이 문제일지 모른다고 결론 내렸다. 1990년대 후반 '악동'

이 불러온 사회 위기를 다룬 출판물이 쏟아지는 가운데, 언론은 이런 견해를 뒷받침해 줄 만한 '전문가'의 증언을 수도 없이 찾아냈다. 『아들 키우기Raising a Son』라는 인기 도서의 공저자 돈 일리엄Don Elium과 진 일리엄Jeanne Elium은 페미니스트의 태도란 어머니가 아들을 폄하하도록 자극함으로써 "살인하거나 자살하는 남자아이를 만들 수 있다"라고 주장했다.[70]

어쨌든 일리엄 부부는 한 가지 면에서는 옳았다. **소년들이 세상에 일으키고 있는** 문제는 **세상이 그들에게 행한** 일들에 근거를 두고 있었다. 나는 남성들이 일으키는 문제에 쉬지 않고 강한 불빛을 쏘아 대는 1990년대 언론의 탐조등을 충실히 좇아다니다가 이 문제를 스스로 깨달았다. 남자들은 언제나 젊었고, 언제나 여자·마약·총기에 관련된 문제를 일으켰다. 사건이 일어나는 곳은 주로 남부 캘리포니아였고 말이다. 나는 L.A.에서 남쪽으로 약 20마일 떨어진 롱비치의 밀리칸고등학교에서 매주 열리는 '폭력 예방' 수업에 참여했다. 그곳에서 아이들은 이동식 책걸상 세트에 앉아(재정적으로 궁핍한 공립학교에서 통용되는 교실 물품이다), 그래피티 아티스트와 거리의 패거리가 끼치는 악영향에 관한 비디오를 시청했다. 나는 무단결석 학생을 감시하는 이들과 함께, 어느 L.A. 공립학교의 철조망을 넘어 탈주한 젊은 남자들을 찾아다녔다. 나와 동행한 유사 경찰들은 그들 나름의 '국가 지명수배자 명단'이라 할 만한, 얼굴을 찡그린 십 대 깡패들이 찍힌 폴라로이드 사진으로 나에게 깊은 인상을 주고 싶어 했다(그중 한 사람은 비밀경찰관이 되고 싶었다는데, 가족 사진첩 같은 앨범에 스냅사진을 넣어 다녔다). 나는 비참할 정도로 열악한 지역 병원 연회장에서 열린 L.A. 카운티 '유스 서밋'(청년 대표단 회의)에 앉아 있기도 했다. 그곳에서는 가난한 남성 청소년들로 구성된 패널(성인 패널은 없었다)이 어른들 사회가 말하는 청년들의 위기에 어떻게 대처할 것인가를 놓고 토론하고 있었다.

다른 상황과 마찬가지로, 소년 문제는 위기에 빠진 남자아이들의 표면만을 보여 주는 것이었다. 그 문제를 초래한 건 단순히 방종하거나 무관심한 부모 혹은 성질 나쁜 페미니스트가 아니라 소년과 아버지의 멱살을 부여잡고 있는 문화였다. 대를 이어 계속되는 상처는 서로 달라 보이지만, 결국엔 양쪽 다 똑같은 트라우마에 시달리고 있었다.

1993년 가을, 온갖 신문에서 '미국 남성성의 위기가 시작된 곳'으로 지목하던 그곳에서 나는 아버지와 아들이 공통적으로 지고 있는 부담이 무엇인지 깨달았다. 빌리 셰헌Billy Shehan과 이야기를 나누던 중이었다. 우리는 롱비치에서 동쪽으로 몇 마일 떨어진 마을 레이크우드에 위치한 어느 레스토랑 체인점의 싸구려 플라스틱 의자에 앉아 있었다. 공기는 시원했고, 환풍구를 통해 레스토랑 배경음악이 흘러들었다. 빌리 셰헌은 전국적으로 악명 높았던 악동 무리 '스퍼포스'의 '섹스 점수제' 챔피언이었다. 미디어에서 명성을 얻은 뒤 반년쯤 지났을 무렵, 빌리는 자신의 어린 시절이 어쩌다 이렇게 불미스러운 방향으로 흐르기 시작했는지 알아내려 애쓰는 중이었고, 본인을 인터뷰한 기자들이 포착하지 못했던 어떤 연관성을 찾아내기 시작했다. 대체로 기자들은 스퍼포스를 '모든 영광을 머리 위로 날려 버린 오만한 고등학교 운동선수들'로 치부했다. 그러나 빌리 셰헌은 스포츠는 더 뿌리 깊은 문제들 가운데 그저 눈에 가장 잘 띄는 징후에 불과한 게 아닐지, 진짜 문제는 고등학교 생활의 트로피보다는 미국 역사와 좀 더 관계가 있는 건 아닐지 의심하고 있었다. 그가 나에게 말했다. "공원이 여기 있는 이유는 〔항공우주 기업〕 맥도널더글러스 때문이죠. 팝워너✠가 여기 있는 것도 더글러스 때문이에요. 그러니 우리

✠ 레이크우드의 유소년 야구 리그 중 하나. 자세한 이야기는 이 책 3장

는 어떤 식으로든 사회의 산물인 거죠, 아닌가요?"

그렇다. 그들도 그렇고, 그들의 아버지들도 그렇고, 한때 사회가 걸었던 약속의 붕괴로 타격을 입은 모든 남자가 그랬다. 이 이야기는 전후 남성들의 영역을 여행한 한 페미니스트의 이야기다. 이 여행은 L.A.에서 출발하여 아버지들이 만들고 아들들이 거주했던, 그러나 종국에는 그들 중 누구에게도 속하지 않았던 미국 전역으로 이어졌다. 이는 또한 내가 한때 소년으로 알았던 남자들, 인공위성을 보면서 세상이 자신들의 것이 되리라 믿었던 남자들이 수행한 남자다움으로의 위험한 항해를 이해하려 고군분투하는 동안 나 자신이 경험한 정신적 여정을 담고 있기도 하다.

에서 펼쳐진다.

2부 쓸모 있는 남자

1996년 할리우드를 경유해 롱비치 해군 조선소에 처음 가 보았다. 인공적으로 건설된 이 롱비치라는 도시는 약 30마일짜리 고속도로를 통해 공업항과 연결돼 있다. 이 길을 운전하던 나는 지리적으로는 물론이거니와 세대적으로도 경계를 넘고 있다는 사실을 깨달았다. 할리우드에서 롱비치까지 남쪽으로 여행하는 일은 전후 미국 경제의 나무를 타고 그 뿌리로 내려오는 것이나 다름없었다.

그 나무의 맨 위에 붙은 가지, 새롭고 빛나는 성장 층에는 쇼핑몰과 화려한 멀티플렉스, 파스텔 톤의 미니몰, 가전제품 매장, 에스프레소 프랜차이즈가 장식처럼 주렁주렁 매달려 있다. 5번 고속도로가 남쪽으로 향할 때, 도로는 디자이너 브랜드 아울렛이 있는 시타델몰의 그림자를 관통한다. 이 쇼핑몰은 거대한 아시리아식 포탄과 총안이 설치된 벽으로 둘러싸여 있는데, 이곳이 한때는 유니로열Uniroyal 타이어 공장이 있던 자리다. 유니로열은 1970년대 후반에서 1980년대 초반에 경기 침체가 닥쳐오기 전 제너럴모터스General Motors, 베슬리헴스틸Bethlehem Steel, 크라이슬러Chrysler, 파이어스톤Firestone, BF굿리치BF Goodrich, 노리스인더스트리Norris Industries, 굿이어Goodyear 등 이 지역 다른 대형 제조업체와 함께 무너졌다(이는 큰 타격이기도 했는데, 전국적으로 노동자 1150만 명이 공장폐쇄 및 이전으로 일자리를 잃었다).[1] L.A. 지역 공장이 몰락하면서 대부분 남성이던 4만에서 8만 명에 이르는 중공업 노동자가 생계를 잃었다. 그들은 업무일에 중장비와 씨름하면서 돈을 벌었고, 덕분에 노동조합에 가입한 중산층으로 올라설 수 있었다.[2]

이어서 고속도로가 지나가는 토랜스와 레이크우드는 '에어로스페이스 앨리Aerospace Alley'(항공우주 골목)로 유명한 구간인데, 이 지역은 좀 더 최근에 경제적으로 몰락했다. 이곳은 한때 가장 큰 규모로 집중적인 냉전 방위 계약을 따내, 전체 연방 국방비의 거의 5분의 1을 차지했다. 항공우주산업은 남부 캘리포니아에서 가장 규모가 큰 고용주였다.[3] 내가 길을 따라 운전하던 날, 이곳은 전쟁이 휩쓸고 지나간 자리처럼 보였다. 마치 엄청난 폭격을 맞은 뒷골목 같았다고나 할까. 한때 거대한 항공우주 관료 집단을 모시던 주차장은 눈에 띄게 텅 비어 있었다. 콘크리트 벽으로 되어 있는 실업 상담소의 입구는 이제는 임대 표지판이 덕지덕지 나붙은, 부티 나지만 사람은 별로 없는 무기 제조회사와 그곳에서 지원했던 온갖 부수적인 사업 공간보다 더 활발한 움직임을 보여 주고 있었다. 무너져 내리고 있는 L.A. 카운티의 항공우주산업은 1990년대 중반까지 일자리의 절반 이상을 앗아 갔고, 더 광범위한 지역 위기를 초래했다. 카운티에서 제조업 일자리 25만 개를 포함해 일자리 총 50만 개 이상이 사라졌다.[4]

1990년대 중후반, 이 길을 자주 다니면서 나는 현대 남성성에 관한 두 가지 비극적이고 대조적인 이야기를 목격했다. 하나는 우리에게 일종의 경고처럼 다가왔는데, 한때 미국 최대의 무기 제조업체였지만 지금은 회사의 몸집을 줄이고 있는 맥도널더글러스와 관계된 내용이었다. 다른 하나는 내가 이 길 끝에 도달했을 때 발견한 이야기였다. 이 이야기는 먼젓번 이야기보다는 덜 알려졌지만 남자다움과 관련해 중요한 교훈을 담고 있었다.

110번 고속도로는 20세기 중반 남부 캘리포니아 산업 성장의 뿌리였던 항구에서 끝난다. 그곳은 배를 건조하고 수리하는 프로메테우스의 작업장이었다. 처음으로 그곳을 찾았던 날 아침, 고속도로의 마지막 커브를 돌자 항구의 하늘이 광활하고도 드높게 펼쳐져 있었고, 차가 빈센트 토머스 다리의 위압적이리만치 가파른 호를 타고 오를 땐 마치 내 몸이 하늘에 오르는 것만 같았다. 마침내 다리 꼭대기에 다다르자 그 아래로 목적지가 내다보였다. 직소 퍼즐 조각처럼 불규칙한 모양의 납작하고 들쭉날쭉한 반半건조지대 곶串, 바로 터미널섬이었다. 외관에는 선명하고 기념비적인 롱비치 해군 조선소의 기하학적 무늬가 새겨져 있었다. 아래로 내려가서 더 가까이 다가선 순간, 실용적인 세계의 단정한 선과 직각으로 이루어진, 광택이 나지만 꾸밈없는 윤곽이 드러났다. 어떤 것도 장식을 위한 게 아니었다. 철사와 로프 하나하나가 어떤 목적을 가지고 그 자리에 있었다. 꼭 필요한 것들만 갖춘 금욕주의에는 본질적인 아름다움이 있다. 감춘 것이 아무것도 없는, 있는 그대로의 세상이 지닌 정제된 순수함이랄까.

롱비치 해군 조선소는 에어로스페이스 앨리 안에서 북쪽에 위치하고 있는 거대한 더글러스 공장 단지(이후 맥도널항공에 합병되었다)와 대체로 비슷한 시기에 그 이름을 알렸다. 전성기에는 이곳에서 항공기 제작과 조선 및 선박 수리가 함께 진행되었고, 현지에서 수십만 명을 고용했다. 게다가 알루미늄을 가공하고 합성고무를 성형하고 전동공구와 군수용품 등을 만드는 작은 공장 수백 개가 위치하고 있어서 L.A. 지역 제조업의 4분의 3이 이곳에서 이뤄졌다.[5] 여기에서도 노퍽, 보스턴을 비롯해 미국 해안을 따라 위치한 다른 도시들처럼 항공우주산업과 해양산업이 동일한 임무를 공유하는 것처럼 보였다. 즉 전쟁이라는 목적에 복무하기 위해 기록적인 시간 내에 기념비적인 작업을 완수해 내는 것. 다만 한쪽이 미국의 산업적 과거를 나타낸다면, 다른 한쪽은 미국의 기업적 미래를 나타내고 있었다.

죽은 병사들이 켜켜이 쌓여 있었다

1908년 롱비치 항구에 시어도어 루스벨트Theodore Roosevelt 대통령의 '대백색함대Great White Fleet'가 처음으로 입항했다. 그 뒤로 이곳에는 해군이 쭉 주둔해 왔다. 주류 밀매업자들의 은신처로 활용되었던 터미널섬은 제2차세계대전 동안 국내 최대의 드라이독✠ '모렐Moreell'을 자랑하는 거대한 시설로 탈바꿈했다. 전쟁으로 말미암아 조선 및 수리가 미국 최대의 비농업 직종이 되면서, 롱비치 해군 조선소 역시 남부 캘리포니아에서 두 번째로 규모가 큰 고용주로 떠올랐다. 그곳에서 노동자 1만 6000명이 하루 종일 일했다.[6] 해군 조선소는 전시에 미친 듯이 공장 조립라인을 돌리며 기록적인 수의 구축함과 수송선, PT 보트, 상륙 보급선을 제작해 내던 민간 조선소—캘십Calship, 토드조선소Todd Shipyards, 크레이그Craig, 콘솔리데이티드Consolidated, 그리고 베슬리헴조선Bethlehem Shipbuilding 등—와 협력했다. 터미널섬에서 캘십은 한 달에 리버티선✢ 열두 척을 건조했다. 전쟁이 한창일 때에는 5만 5000명의 정규직 직원이 하루에 배 한 척을 완공했다. 이 새로운 전사들men-of-war✣이 태평양 전투에서 절뚝거리며 귀향하면, 롱비치 해군 조선소는 그들을 돌보면서 기록적인 속도로 회복시켰다. 엄청난 작업

✠ 선박의 건조 및 수리를 하는 독(dock). 바다에 면한 입구에 설치된 케이슨 게이트로부터 바닷물을 배수하고, 독 내에 끌어올린 선체를 노출시켜 여러 가지 수리 공사를 한다.

✢ 제2차세계대전 때 미국이 대량 건조한 수송선.

✣ '돛을 단 군함'이라는 의미가 있다.

속도와 놀라운 수리력을 뽐내며(전쟁에서 파손된 배를 한 달에 스무 척씩 바다로 돌려보냈다) “함대의 작업장”으로 칭송받았던 조선소는 이곳 해상에서 전설적인 승리를 거두기 위한 필수적인 지원 시스템이었다.[7]

전쟁이 끝날 무렵, 미국의 조선소와 함대는 새롭고 탄탄한 경제의 화신으로 칭송받으며 미국 남성성 윤리의 중심에 우뚝 섰다. 1945년 10월 27일에는 트루먼 대통령이 국경일인 ‘해군의 날’을 주재하면서 항공모함에 ‘프랭클린 D. 루스벨트호’라는 이름을 수여하고, 허드슨강에서 7마일에 달하는 군인들의 행렬을 사열했다. 100만 인파가 그 연설을 듣기 위해 센트럴파크로 몰려들었고, 수백만 청취자가 라디오에 귀를 기울였다. 이날 트루먼은 말했다. 미국의 힘이란 “기억에서 잊힌 남자”를 위해 루스벨트가 벌인 “끊임없는 전투”, 그리고 해군의 “아버지”로서 그가 발휘한 지도자 정신—“소매를 걷어붙이고” 공동의 국가적 임무에 착수했던 그 정신—에 달려 있음을 결코 잊어서는 안 된다고. 그리고 이는 “지난 5년간 여기 있는 이 항공모함을 비롯해 10만 척이 넘는 선박을 건조한 전국 조선소”의 수많은 노동자가 명예롭게 보여 주었던 바로 그 정신이기도 했다.[8] 대통령은 전국의 청중에게 미국이 그러한 투지와 의무를 윤리 삼아 새 시대로 당당히 나아갈 것이라고 확언했다.

그로부터 50년이 흘러 나를 맞이한 조선소는 과연 어마어마한 위용을 자랑했다. 머리 위로는 갠트리크레인[+]이 우뚝 솟아 있었고, 크레인의 팔은 거대한 말의 머리처럼 위아래로 끄덕거리고 있었다. 그중 가장 높은 것은 세계에서 가장 큰 자주自主식 해상 크레인으로 높이가 374피트에 달했으며 400톤 이

+ 일반적으로 컨테이너 전용 부두에 설치되어 있는 대형 크레인으로, 컨테이너선으로 컨테이너를 싣거나 내리는 작업을 한다.

상을 들어 올릴 수 있었다(역사상 가장 큰 비행기였던 하워드 휴즈의 '스프루스구스Spruce Goose'[멋진 거위]를 끌어 올린 적도 있었다). 크레인의 그림자 속에서 일하는 사람들은 그것을 '독일인 헤르만'이라는 애정 어린 별명으로 불렀다. 이 크레인은 미국에서 가장 큰 전리품이었는데, 원래 독일군 소유였던 것을 1945년 포획해 부분적으로 해체한 뒤 바지선에 실어 파나마운하를 통해 겨우 운송해 온 것이었다. 거대한 기중기 아래에는 5600만 갤런 바닷물에 해군의 가장 거대한 항공모함을 띄울 수 있는 모렐 드라이독의 거대한 아귀가 나란히 자리 잡고 있었다.[9]

그러나 기계의 규모는 부차적인 광경이었다. 그 장소의 비밀은 그런 거대한 기계를 다루는 인간의 숙달된 능력에 있었다. '독일인 헤르만'은 로봇으로 만들어진 슈퍼맨이 아니었다. 그것을 작동하기 위해서는 외과의사의 정밀함과 기술을 갖춘 열두 명에서 열다섯 명에 이르는 인력이 필요했다. 모든 드라이독의 펌프와 밸브 및 통풍구를 다루면서 선박을 정박지로 이동시키는 과정은 기계화된 과정이 아니었다. 조선소 직원들은 드라이독 바닥의 터무니없이 작은 용골 반목을 배치하는 데 필요한 아주 미세한 수치를 계산하느라 몇 주씩을 보냈다. 기술과 경험, 진취성을 통해 말도 안 되게 작은 반목 위에 거대한 함선을 균형 잡아 올려놓을 수 있었던 일군의 남자들이야말로 조선소의 가장 경이로운 부분 중 하나였다.

'모렐'이라는 이름은 '해봉의 왕벌King Bee of the Seabees'✠로 알려진 벤 모렐Ben Moreell 제독의 이름에서 따온 것이다. 벤 모렐은 제2차세계대전 당시 해안 시설, 비행장, 항구, 정글을 통과하는 도로 등 900개소를 건설했던 광란의 해외 건설 현장

✠ '해봉'은 미국 해군 건설 대대(U.S. Naval Construction Battalions, NCB)의 별명이다. CB에서 음차하여 Seabee라는 별명을 갖게 됐다.

에서 해군 건설 대대를 이끌었다. 이는 군사 동원을 위한 전시 기반 시설을 제공하는 엄청난 규모의 설계 및 공사 사업이었다. 이후 드라이독의 수혜자들이 존경을 표하면서 본받고자 한 것은 모렐이 이끌었던 병사들의 생산성이었다.[10] 몇 년 뒤 조선소는 그 맹세를 지켰다. 한 번에 40척이나 되는 배가 항구를 가득 채우고 있었다. 13.5마일에 달하는 철로와 수천 피트의 교각에는 용접사와 장비사, 전기기사와 보일러 기사가 빽빽하게 들어차 있었다. 체스터 하임스Chester Himes는 자신이 제2차세계대전 동안 조선업자의 조수로 일했던 (롱비치 바로 옆에 위치한) 샌피드로의 조선소를 배경으로 하는 소설 『고함을 칠 때 그를 놓아주시오If He Hollers Let Him Go』에서 이렇게 썼다. "여기저기서 일꾼, 트럭, 판자 승강기, 야드크레인, 다목적 차량이 분주하게 움직이고 있었고, 아크 용접기의 푸른 섬광은 정오의 태양보다 더 밝았다. 언제나 시끄럽고, 줄어들 기미가 보이지 않았던, 귀를 찢어 놓던 소음. 나는 그것을 첫사랑처럼 사랑했다."[11]

조선소는 미국 남성성의 어느 한때를 대표했다. 기념비적일 정도로 공동의 활동에 집중했고, 지칠 줄 모르고 근면했으며, '유용한 생산성'과 '봉사에 연결된 노동'이라는 감각을 바탕으로 세워진 남성성. 조선소 사령관 에밋 스프렁Emmett E. Sprung 대령은 1951년 조선소 개명 행사에서 이렇게 선언했다. "조선소의 신조는 '우리를 위해서가 아니라 다른 이들을 위해서'가 될 것입니다." 해군 건설 대대원들과 마찬가지로 조선소의 남자들 역시 전사보다는 건설자라는 남성적 모델에 자신의 가치와 정체성을 두고 있었다. 남자가 된다는 건 '독일 놈들을 죽이는 것'이 아니라 더 큰 임무를 완수하는 데 필수적인, 무언가 실체가 있는 것을 집단적으로 창조하는 일이었다. 1993년 L.A.의 방송인 휴얼 하우저Huell Howser는 캘리포니아주의 역사를 다루는 프로그램에서 '타이탄Titan'을 방문했다. 그는 크레인에 50년 된 독일 휘장이 그대로 걸려 있는 것을 보고 당황했다. 하우저는 전직 조선소 노동자였던 두 가이드에게 물었다. "이게 예전 모습 그대로인 건가요?" 그는 경이에 찬 것 같았다. 이제는 "우리 것"이 되었는데, 왜 이전에 타이탄을 다루었던 이들의 흔적을 지워 버리지 않은 걸까? 전직 노동자들은 그저 어깨를 으쓱할 뿐이었다. '독일인 헤르만'에 대해 그들이 가장 중요하게 생각했던 점은 그것을 정복했다는 사실이 아니었다. 그건 바로 그들이 타이탄을 작동하는 방법을 알고 있다는 점이었다.[12]

하우저가 촬영을 한 지 3년 만에 크레인은 임대되어 파나마로 예인되었다. 조선소 해체는 계속되었다. 예산을 삭감 중이었던 국방부는 조선소가 스스로 공장을 폐쇄하고 문을 닫기까지 2년의 시간을 허락했다.

1996년 여름, 조선소를 방문한 어느 날 나는 조선업의 세계는 여전히 남자다움을 둘러싼 '전투'의 한가운데에 놓여 있다는 사실을 명백하게 깨달았다. 비록 그 전투가 트루먼 대통령이 구상했던 그런 싸움은 아니었지만 말이다. 나를 처음 맞이한 사람들 중에는 정부에서 일하는 '결혼 및 가정 문제 전문 상담치료사' 테리 로즌솔Terri Rosenthal이 있었다. 그녀는 언뜻 고통스러운 미소를 지으며 '당신은 확실히 미국 남자를 관찰하기에 적절한 장소에 와 있다'고 말했다. "여기는 백인 남성 지배의 마지막 보루거든요."

나는 공식적인 권위의 무게가 느껴진다는 점 외에 그녀의 평가를 어떻게 받아들여야 할지 확신이 서지 않았다. 그녀는 하룻밤 사이에 조선소를 정복한 치유 전문가 집단 중 한 명이었다. 이 '경력 전환' 상담가가 설치한 교두보는 색 유리창으로 된 큐브 모양의 건물인 '빌딩300'의 구석에 위치하고 있었다. 이곳에는 한때 조선소의 관리·계획·공무를 담당하던 사무실이 있었다. 조선소 노동자들은 그 건물 내부에서 벌어지고 있는 과정이 너무 비밀스러웠던 탓에 그곳을 '블랙박스'라고 불렀다. 조선소에서 직접적인 생산에 전념하지 않는 유일한 건물이었던 것이다. 상담가들은 효율적으로 공간을 바꾸었다. 그들은 베이지색과 녹색 천으로 덮인 사무실 칸막이를 신속하게 설치하고 '면접 기술 교육'과 '스트레스 관리' 수업을 위한 신청서를 게시했다. '정리해고에서 재정적으로 살아남기' '당신을 위한 효율적인 이직' 등등 곧 있을 강의 일정 안내가 행복한 얼굴을 한 만화 캐릭터로 꾸며져 있었다. 그중 한 캐릭터는 물 위를 걷는 남자였는데, 거대한 파도가 머리를 덮치려고 하는 와중에도 이상하리만치 활짝 웃고 있었다.

롱비치시 고용개발부는 테리 로즌솔에게 조선소에서의 마지막 나날을 고통 속에서 보내는 이들을 위로하는 일을 맡겼다. 로즌솔이 마지막으로 근무한 곳은 맥도널더글러스의 롱비치 공장 단지 근처, 도로를 따라 11마일 정도 떨어진 곳에 있는 '이직 지원 사무소'였다. 사무소 상담가들이 전직 항공우주 엔지니어들을 재취업시킬 수 있었던 건 아니었지만, 맥도널더글러스의 대규모 해고에 따른 정신적 여파로 생긴 반감과 증오를 관리하는 것만으로도 정신없이 바빴다. 로즌솔은 자신의 조선소 의뢰인들에게도 그 이상을 기대하지 않았다. 사실 '백인 남성 지배의 마지막 보루'라는 프로필을 보았을 때, 더 나쁠 것이라 예상했다.

1996년 8월 어느 날 아침, 테리 로즌솔은 라미네이트 탁자에 커피 잔을 내려놓고 이제 막 포장을 뜯은 회전의자에 털썩 주저앉으면서 안타까운 듯 한숨을 내쉬었다. "항공우주 분야의 남성들과 비슷한 점이 많아요. 여기에선 사회적 기술과 업무 기술, 대화 기술 등에서 극도로 제한된 기술을 가진 남성 인구를 다루고 있다는 점이 다르긴 하지만요." 핀잔 섞인 그녀의 말은 블루칼라 남성에 대한 캐리커처처럼 들렸다. "그들은 감정을 표현하지 않아요. 잘못된 자부심과 알코올의존, 그리고 폭력적인 문화 때문이죠. 이건 가장 거친 남성 자아의 정수예요." 그 증거로 그녀는 최근에 본부 레크리에이션 사무소에 남아 있는 장소를 방문했던 기억을 떠올렸다. "볼링장에 있는 바를 봐야 해요. 아주 초현실적인 장면이 펼쳐진다고요. 온통 깜깜한데, 그 어두운 심연 속에 은유적으로 입을 다문 사람들이 있어요. 그들 각각은 앞을 똑바로 바라보고 있죠. 앞에 맥주를 한 병씩 놓고 말이에요." 그녀는 다 안다는 듯한 표정을 지었다. "이 남자들은 진짜 세계에서 사는 데 필요한 연장이 없어요."

나는 그다음 해까지 조선소에 종종 들렀다. 조선소가 폐업이라는 화려한 의식을 치렀기 때문이다. 하지만 테리 로즌솔이 그 장소를 '백인 남성 지배의 마지막 보루'라고 진단했던 게 무슨 의미인지 확신할 수가 없었다. 우선, 그녀가 '백인'이라고 말했던 조선소 인구의 60퍼센트가 흑인·라틴계·아시아인이었다. 하지만 한 가지 점에서만큼은 그녀가 옳았다. 조선소는 '마지막 보루'였는데, 그곳에서 일하는 사람들은 특정 종류의 남성성을 마지막까지 구현하고 있는 사람들이었기 때문이다.

조선소에 막 다니기 시작했을 때, 내가 차를 운전해 조선소의 문을 통과하면 어니 맥브라이드 주니어Ernie McBride, Jr.가 '배, 조선소, 한 팀'이라고 적힌 크고 오래된 배너 아래에서 나를 기다리고 있었다. 나중에 그 배너의 내용은 '자긍심을 가지고 마무리하자'로 바뀌었다. 맥브라이드는 주름진 얼굴과, 내가 만난 어떤 홍보 담당자들보다도 노동으로 닳은 손을 가지고 있었다. 그는 1996년 7월 22일까지 전자 기계공, 레이더 전문가, 전투 전기 시스템 전문가로 30년을 보낸 사람이었다. 그런 다음엔 죽어 가는 조선소의 공보관으로 임명되었다. 나는 그의 유일한 손님이었다.

"조선소에 온 것을 환영합니다." 맥브라이드는 살짝 수줍어하며 질긴 가죽 같은 손을 내밀고 안전모를 건네면서, 다소 간 형식적으로 나를 맞이했다. 모자는 더 이상 머리를 보호할 필요가 없는 '작업' 공간에 어떤 희망을 품게 하는 듯했다. 게다가 그는 서류에 나의 이름과 직함('작가')을 인쇄하는 수고를 마다하지 않았다.

맥브라이드는 블랙박스 최상층에 있는 그의 새 사무실로 안내했다. 평생 처음 가져 보는 전망 좋은 사무실이었지만, 그 전망은 더 이상 부지런히 일하는 인파로 북적거리는 전망이 아니었다. 배도 연장도 사람도 없는 모렐의 심연이 창밖으로 펼쳐졌다. 마치 블랙홀 같았다. 최근에 수리한 선박이자, 드라이독의 마지막 선박인 항공모함 '킨케이드Kinkaid'가 막 출항한 참이었다. 킨케이드가 떠나면서 남아 있던 노동자 수천 명이, 맥브라이드와 마찬가지로 "본업을 벗어나out of trade✠ 일하고" 있었다. 즉 평소 업무와 다른 일을 하고 있었다는 의미다. 운이 좋다면 자신들의 기술을 역으로 이용하여 연장과 기계를 분해할 기회를 얻기도 했다. 그 외에는 쓰레기를 줍고 부두를 쓸었다.

'본업을 벗어나' 일하던 두 사람이 복도를 맴돌고 있었다. 맥브라이드가 문을 열자 그들이 들어오더니 큰 전망 창으로 다가가 풍경을 둘러보았다. 텅 빈 부두만이 눈에 들어왔다. 남자들의 눈에는 그들의 잃어버린 희망, 구축함✢ 킨케이드의 유령 같은 윤곽이 떠올랐다.

"킨케이드는 대단한 일감이었죠." 맥브라이드가 그들의

✠ trade는 특별한 훈련과 기술이 필요한 종류의 직업을 뜻하고, 그중에서도 특히 손을 사용하는 일을 의미한다.

✢ 어뢰 따위를 무기로 사용하여 적의 주력함이나 잠수함을 공격하는 작고 날쌘 군함.

시선을 따라가며 중얼거렸다. "작업하는 데 11개월이 걸렸고, 해상 시운전을 두 번이나 했으니까요."

방문객들이 그 추억을 이어받았다. 킨케이드의 주축 수리를 맡았던 마티 허낸데즈Marty Hernandez는 배관공이자 정비공이었고 킨케이드에서 프로젝트 보조 관리자 일을 했다. 지금은 버려진 건물의 석면을 제거하는 '환경 전문가'로 일하고 있었다. 밥 토머스Bob Thomas 역시 프로젝트 보조 관리자로 킨케이드의 수직 발사 시스템을 책임졌다. 토머스가 말했다. "그 배는 대단한 작업 그 자체였죠." 그가 말하는 방식으로 보아 이보다 더 큰 칭찬은 없다는 걸 알 수 있었다. "봐요, 배라는 건 밀폐된 작은 우주와도 같아요. 모든 게 연결되어 있거든요. 수직 발사 시스템을 손보면 배의 다른 모든 시스템에 영향을 미칩니다. 레이더, 전자장치, 숙소, 물 보급, 심지어 화장실까지 영향을 받아요. 배의 시스템 하나를 건드린 거지만, 모든 곳에 영향을 주게 되는 셈이에요."

물론 이 배가 이 남자들의 마음속을 연결해 주는 유일한 우주는 아니었다. 그날 아침 마티 허낸데즈는 나를 모렐 드라이독으로 데려갔다. 우리는 바다의 엄청난 압력으로부터 시멘트 틈을 분리하는 거대한 부동 수문 위에 섰고, 그는 바닷물을 만에 가두어 놓는 벽의 플러그를 보여 주었다. 그는 한때 야구장·술집·식당 등 각종 부대 건물이 있었지만 지금은 휑한 어느 한 곳을 가리켰다. "없는 게 없었죠." 그가 부드럽게 말했다. "필요한 건 모두 있었어요. 아주 안전하게 보호받는 항구였죠. 비바람이 몰아쳐도 걱정할 게 없었어요."

맥브라이드의 사무실에서 남자들은 정부의 결정이 얼마나 정신 나간 짓인지에 관해 이야기를 나눴다. 롱비치 해군 조선소는 거의 10년간 전국에서 가장 실적이 좋은 조선소로 꼽혔다. 비용 절감과 작업 품질, 안전성 면에서 해군이 수여하는 최우수상을 수상하기도 했다. 또한 1989년 정부 시설로서는 보기 드문 성과를 이룩했으니, 바로 2600만 달러 수익을 창출한 것이다. 4년간 이 조선소는 정부 지출에서 1억 달러를 절감해 주었고, 흑자를 내는 국내 유일의 공공 조선소가 되었다. 그리고 연방정부 회계감사에 따르면 롱비치 조선소는 1989년부터 1991년까지 민간 선박 수리 업체보다 좋은 성과를 냈다. 당시 민간 업체들은 종종 정해진 기한보다 몇 달씩 작업이 지연됐고, 30퍼센트씩 예산을 초과하기도 했다.[13]

그러나 그런 실적은 괜한 적만 만들었다. 롱비치 시의원 레이 그래빈스키Ray Grabinski는 이렇게 말했다. "민간기업 사람들은 작업 품질이 좋은 데다 수익까지 내는 공공 조선소가 있다는 사실을 싫어했습니다." 민간이 운영하던 샌디에이고 항만조선소협회Port of San Diego Shipyard Association는 심지어 전 연방 기지 폐쇄 변호사를 고용하여 조선소 임시 가동 중단을 위한 로비를 맡기면서 성공 포상금으로 7만 5000만 달러를 약속했다.[14] 그러나 캘리포니아 해안에서 항공모함을 처리할 수 있을 만큼 큰 드라이독을 보유한 조선소는 이곳이 유일했고, 그 덕분에 연방 기지 재편성 및 폐쇄 위원회의 두 차례 구조조정에서도 살아남을 수 있었다. 조선소 남자들은 세 번째와 마지막 구조조정도 낙관했다. 그러던 1995년 6월, 자축 파티로 마련한 샴페인 리셉션에서 그들은 사망선고를 듣게 된다.[15] 기계 엔지니어링 기술자이자 조선소를 구하기 위한 투쟁을 주도했던 노동조합 지부장인 루이스 로드리게스Louis Rodriguez가 말했다. "나는 울었어요. 모두가 울었죠. 우리 정부, 우리가 이바지했던 정부가 우리한테 칼을 꽂은 거나 다름없었어요."

마침 내가 방문한 날 아침, 그들의 쓰라린 패배를 다룬 《로스앤젤레스타임스Los Angeles Times》 신문이 맥브라이드의 책상 위에 놓여 있었다. 서부 해안에서 해군과 계약을 맺은 회사들 가운데 가장 규모가 큰 민간 도급업체 사우스웨스트 머린Southwest Marine은 그간 롱비치 조선소의 가장 강력한 경쟁자였는데, 의심스러운 사업 관행으로 다시 신문 지면을 장식한 것이다. 이 회사는 샌디에이고에 기반을 둔 다른 민간업체들과 함께 샌디에이고 정치인들의 도움을 받아 롱비치 조선소 폐쇄를 성공적으로 로비해 왔다. 이들 기업 중 상당수는 연방 정치인의 금고에 현금을 쏟아부었고, 은퇴한 고위 해군 관계자들을 고용해 안락한 임원 자리에 앉혔으며, 주요 의원들에게 골프 접대, 저녁 식사 및 선물 세례를 퍼부었다. 그리고 이런 행위는 때로 불법적으로 이루어졌다. 1992년 샌디에이고에 있는 조선소 '태평양 선박 수리 및 제작Pacific Ship Repair and Fabrication'의 최고경영자는 무엇보다도 의회 선거운동에 불법 정치자금을 댄 혐의가 인정되어 18개월 징역형을 선고받았다.[16] 현재 사우스웨스트 머린은 최대 1억 5000만 달러에 달하는 5년짜리 해군 수주를 따내기 위해 사기를 쳤다는 혐의에 맞서고 있었다. 어니 맥브라이드의 책상 위에 놓여 있던 《로스앤젤레스타임스》가 폭로한 바에 따르면, 정부는 회사가 해군 재산을 훔치고 선박 수리 비용을 크게 부풀렸다는 전직 임원의 주장을 조사하는 중이었다(연방정부는 이 건에 대해 한 번도 기소하지 않았다). 당시 회사의 최고경영자였던 백만장자 아서 엥글Arthur Engel은 자신의 요구가 무시당하는 걸 좋아하지 않는 거물급 정치자금 후원자였다. 《로스앤젤레스타임스》의 보도에 따르면, 그는 롱비치 해군 조선소를 지지한 의원에게 환불을 요구하기도 했다.[17]

정치적으로 영향력을 행사하는 건 분명 효과가 있었다. 이제 정부가 경치 좋은 샌디에이고에 새로운 드라이독을 건설하기 위해 20억 달러를 지출하는 와중에, 모래가 많은 롱비치에 있는 완벽한 상태의 드라이독은 비워 둘 거라는 이야기가 흘러나오고 있었다. "이 모든 건 해군 고위층이 롱비치 대신 샌디에이고에 있는 발코니에서 민트 줄렙을 마시고 싶었기 때문이에요." 그래빈스키 시의원이 씁쓸하게 말했다.

그러나 이 모든 일이 일어났음에도 조선소 남자들은 이상하리만치 복수심이 없었다. 정부가 당신을 그렇게 취급했는데, 킨케이드의 사무실에 앉아 일에 몰두하는 게 힘들진 않습니까? 나는 맥브라이드의 사무실에 있었던 남자들에게 물었다. 결국에 가서 작업 속도를 줄이고 태업을 하자는 건 감원 대상자들 사이에서 많이 나오는 이야기 아닌가. 남자들은 내 질문에 혼란스러워했다. 밥 토머스가 말했다. "오, 안 될 일이죠. 여기 일하는 남자들은 스스로 '이봐, 이건 우리 일이야. 항상 하던 것처럼 일을 합시다'라고 했어요. 모두가 가진 결기가 대단했습니다." 마티 허낸데즈가 덧붙였다. "우리에겐 다른 길이 없었어요. 우리는 자긍심을 가지고 마무리하기로 했죠. 그게 우리니까요. 우리의 정체성이죠."

조선소 운영 책임자이자 킨케이드 정밀검사 담당자였던 커트 레너드Kurt Leonard는 자신이 직면하고 있는 가장 어려운 문제가 "내 사람을 배에서 내리게 하는 것"이라고 했다. 아무도 떠나고 싶어 하지 않았다. 게다가 '내 사람'을 '초과 노동'이 일어나는 건물로 보내고도 아무렇지 않을 감독관은 없었다. 예전에 그 건물은 부상당한 사람들이나 실직 상태인 사람들이 가는 곳이었지만, 이제는 청소에 동원되는 남자들을 관리하는 본부로 기능하고 있었다. "흠이 있다면 수리했어요. 우리가 작업을 끝낼 즈음엔, 완전히 새로운 배처럼 보였죠." 레너드는 국방부의 꽃보직을 제안받은 적도 있었지만 "내가 창조한 것을 볼" 수 있기를 원했기 때문에 조선소에 남기로 했었다. 이제 그는 킨케이드 사람들에게 하선을 명령해야 할 처지였다. "나는 돌아다니면서 모두에게 '당신은 이제 떠나야만 합니다. 다음 단계로 이동할 차례예요'라고 말해야 하는 사람이었어요." 감독관들은 돈을 모아 부두에서 바비큐 파티를 열었다. 남자들이 하나둘 안전모를 탁자 위에 내려놓고, 마지막으로 프로젝트 사무실을 통과해 나갔다. 레너드가 회상했다. "내 안전모를 거기에 두고 왔어요. 조선소 사령관도 안전모를 두고 왔죠. 그 탁자는 죽은 병사들의 시체로 가득했어요. 죽은 병사들이요. 켜켜이 쌓여 있었죠."

킨케이드가 떠나간 다음 날, 남자들은 장비를 반납하라는 지시를 받았다. 그리고 몇 주 뒤, 보일러 기사였다가 초과 노동 관리자가 된 벤 프랜시스코Ben Francisco는 여전히 연장을 갖고 있는 남자들의 이름과 드릴·그라인더·끌·클램프·샌더·손전등·측정기 등 연장이 정리되어 있는 두꺼운 목록을 내게 보여 주었다. 그가 한숨을 쉬면서 말했다. "이건 11구역 사람들 명단일 뿐이에요. 애착 담요처럼 마지막 날까지 연장을 붙들고 싶은 거예요." 초과 노동 책임자 도이스 스코긴스Doyce Scoggins는 고철로 바꿀 장비를 모으기 위해 부두로 갔다가 감독관 한 명이 "아주 비싼 밸브를 붙들고 있는 것"을 본 적이 있다고 했다. "자기 팀원들을 지원하려면 그게 필요하다고 생각한 거죠. 나는 '이봐요, 그거 별 소용없어요. 선박 외에는 사용할 곳도 없잖아요. 배는 이제 떠나 버렸고, 돌아오지 않는다고요'라고 말할 수밖에 없었어요."

그런데 그들은 왜 그렇게 열심히 일했을까? 왜 그들은 작업장을 폐쇄한 정부를 조롱하지 않았을까? 내가 커트 레너드에게 물었더니, 이런 답변이 돌아왔다. "아니에요, 그럴 수 없죠. 우리는 그런 식으로 상황을 바라보지 않았어요. 우리는 배를 돕는 사람들이었어요." 당시에는 어쨌거나 그의 설명이 납득되지 않았다. 하지만 조선소에서 내가 만났던 모든 남자가 사실상 비슷한 말로 자신을 설명하고 있었다.

그들의 말에 귀를 기울이면서, 흔히들 인원 감축이라고 하면 상사에게 총을 쏜 전직 우체국 직원 뉴스를 떠올리는 시대에 도대체 이런 남자들은 어디에 들어맞는 사람들일지 궁금했다. (실제로 1980년대 인원 감축으로 타격을 입은 도시들에서 살인 사건은 '직장 내 사망 원인' 1위였고, 1990년대에는 전국적으로 2위에 등극했다. 특히 여성의 경우가 그랬는데, 남성 사망 원인 가운데 '살해'는 12퍼센트를 기록했다면 여성의 경우 42퍼센트에 달했다.)[18] 지난 20여 년간의 탈산업화와 '구조조정'은 미국의 광활한 산업을 휩쓸었다. 중서부 전역에 걸쳐 철강 및 자동차 공장을 폐쇄하고, 방위산업을 죽여 버렸으며, 거대 기업에서 수많은 노동자를 해고했다. 크라이슬러에서 6만 명, 제너럴모터스에서 17만 4000명, IBM에서 17만 5000명, AT&T에서 12만 5000명이 직장을 잃었다.[19] '격분하는 것going postal'은 극단적인 반응이었지만, 구조조정은 종종 폭력적으로 받아들여지는, 폭력적인 이탈이었다. 그러나 이런 전통적인 남성 직장의 '최후의 보루'에서 일하는 원형적인 노동자들은 놀라울 만큼 품위 있게, 쓰라린 실망을 감수하고 있었다. 그들의 분노를 기적적으로 만灣에 가두어 놓은 제방의 플러그가 무엇일까? 나는 궁금했다.

남자답다고 느낄 수가 없어요

고속도로에서 11마일을 거슬러 올라가면서, 그리고 L.A. 경제 발전 나무의 몇 년을 거슬러 올라가면서, 나는 구조조정의 참상을 보았다. 맥도널더글러스 이직 지원 사무소는 붉은 에나멜 지붕으로 된 패스트푸드 프랜차이즈 위너슈니첼 매장 뒤편 작은 쇼핑몰에 위치하고 있었다. 한때 작은 규모의 소매점이 있던 자리였다. 방위비가 에어로스페이스 앨리 위로 영원히 쏟아질 것 같았던 시기에 이곳은 활기로 넘쳤겠지만, 이제는 주립 실업 사무소와 이직 지원 사무소 말고는 아무것도 없었다. 이직 지원 사무소의 존재를 알리는 표지는 물론이거니와, 맥도널더글러스가 롱비치에서 행한 정리해고 규모가 너무나 컸던 나머지(1990년에서 1994년 사이에 거의 3만 명을 잘라 냈다), 정부가 이를 처리하기 위해 사측의 도움을 받아 별도 사무소를 마련해서, 직장을 잃은 군용기 제작 장인들을 관리해야 했다는 사실을 반영하는 표지도 없었다.

1994년 봄 처음 이곳을 방문했을 때, 나는 감시당하는 듯한 불안한 느낌으로 부서진 자들이 줄지어 늘어서 있는 길을 지나갔다. 늦은 아침이었고 태양은 높이 떠 있었으며 거리는 분주했다. 나는 돌아서서 주차장을 둘러보았다. 여섯 대 정도의 차 안에 남자들이 앉아 있었다. 그들에게 다른 꿍꿍이가 있었다거나, 하릴 없이 어슬렁거리고 있는 게 아니었다. 그들은 그저 그곳에 앉아 지켜보면서, 무언가를 혹은 누군가를 기다리고 있었다. 그들에게는 할 말이 없었다. 그중 일부는 말 그대로 몇 년을 그렇게 기다려 왔다.

맥도널더글러스와 시 고용개발부가 운영하는 '이직 지원 사무소'는 일종의 인간 수리 공장으로 기능하게끔 만들어진 곳이었다. 해고된 항공우주 분야 노동자들은 그곳에서 '이력서 개발' 수업, '면접 기술 교육'과 '기술 이전 워크숍' 그리고 '스트레스 관리' 세션 같은 조립라인을 통해 '처리'된 뒤 임시직 경제의 멋진 신세계를 맞이할 준비를 갖추어 반짝반짝 빛나는 새로운 모습으로 거듭날 터였다. 하지만 내부는 활력을 되찾아 주는 스파라기보다는 남성 전용 요양원 같았다. 맥도널더글러스는 수많은 여성을 해고했지만(해고는 대체로 여성 고용 비중이 높았던 사무직과 행정직에서 일어났다), 그들은 마찬가지로 저임금을 주는 다른 직장으로 쉽게 옮겨 갈 수 있었다. 반면 남자들은 뿌리 뽑히고 방향 감각을 잃었으며 잔뜩 억울해진 채로 전시 피난처와도 같은 이곳에 모여 있었다. 그들의 얼굴은 혼란과 분노로 긴장되어 있었다. 그들은 모두 같은 질문을 던졌다. 우리에게 이런 짓을 한 적敵은 누구입니까?

사무소 유리문 안쪽에서는 접수처에 비치된 신청서가 방문객을 맞이했다. 사내 소식을 전하는 게시판이 있었고, 로비 너머에 있는 앞방은 칸막이로 공간이 나뉘어 있었다. 각각의 작은 칸막이 방에는 전화기가 놓여 있었는데, '1인당 10분으로 제한'이라는 안내문이 붙어 있었다. 그다음에 위치한 뒷방에는 낡은 탁자 세 개를 이어 붙여 만든 작업 공간 비슷한 것이 마련돼 있었고, 그 위에 낡은 IBM 타자기 두 대가 놓여 있었다. 그중 한 대의 자판에는 '고장' 표시가 붙어 있었다. 남자들은 매니큐어 관리사, 접수원, 카지노 딜러 등을 모집한다는 소식으로 가득 차 있던 그날의 구인 목록이 나붙은 벽을 대충 살펴본 뒤 자연스럽게 뒷방으로 몰려들었다. 나는 라스베이거스의 카지노가 '피트 클러크'✠ 일자리를 포함해서 구인 광고를 가장 많이 낸다는 것을 알게 됐다. 해당 업무의 성격에 대해서는 다음과 같이 적혀 있었다. "장시간 서서 작업할 수 있는 능력과 어두운 조명 아래에서 컴퓨터로 문서 작업을 수행할 수 있는 시각적 능력 필요. 손을 뻗고, 구부리고, 웅크리는 동작을 반복적으로 수행하는 일……."

모집 공고가 나는 직종들이 이곳 남자들의 거주지나 경험으로부터 너무 멀리 떨어져 있는 것처럼 보였기 때문에, 그러니까 '본업을 벗어나' 보였기 때문에, 때로 테이블 주위의 대화는 취업 팁에 관한 이야기로 흐르곤 했다. 내가 들었던 건 배신과 절망으로 가득 찬 일관성 없는 이야기였는데, 모두에

✠ 카지노에서 게임이 원활하게 진행되도록 관리하는 직원. 각 테이블의 딜러를 모니터링하고, 한 게임이 너무 붐비지 않도록 플레이어 수를 관리하며, 테이블마다 칩이 떨어지지 않도록 살피는 일 등을 한다.

게 해당되는 이야기였고, 특별한 사람은 아무도 없었다. 남자들은 이유를 알 수 없이 생기에 찬 분위기 속에 앉아 있었으며, 그들 옆에는 결연하게 경쾌한 태도를 유지하고 있는 소수의 간호병, 그러니까 '재취업 전문가'이자 사무소의 상담가인 이들이 함께했다. 안내 데스크에서 일하는 돌로레스 '디' 스몰디노Dolores "Dee" Smaldino는 본인 또한 맥도널더글러스에서 해고된 직원으로 계속해서 커피포트와 빵 바구니를 채웠고, 이따금 누군가의 등을 문지르며 끊임없이 격려의 말을 늘어놓았다. 그녀는 남자들의 관심을 구인 공고로 돌려 보려고 노력했지만, 쉽지 않은 일이었다.

전형적인 '맥도널더글러스 맨'이란 대학 교육을 받은 중년의 주택 소유자였으며, 가족의 생계를 책임지고 있는 사람이었다. 그는 하늘을 정복했고, 추축국에 폭탄을 퍼부었으며, 두려움의 대상이었던 F-15 시리즈 및 F/A-18 제트 전투기 시리즈뿐만 아니라 큰 사랑을 받았던 상업용 수송기 DC 시리즈를 제조한 회사에서 일했던 사람이다. 그런 남자에게 카지노에서 피트 클러크를 모집 중이라는 게시물을 보는 건 급작스러운 죽음처럼 느껴졌다. 그들은 자유낙하 중이었고, 그건 아주 길고 긴 나락이었다. 한때 맥도널더글러스의 설계자였지만 2년 가까이 실직 상태인 론 스미스Ron Smith가 목록을 쳐다보면서 나에게 말했다. "통제력을 잃고 있는 것 같아요. 벼랑 끝에 매달린 사나이 같죠. 손이 점점 미끄러지기 시작했어요."

많은 남자에게 이 절벽에서 안전한 바위는 이직 지원 사무소뿐이었다. 어떤 남자들은 사무소가 오전 8시에 문을 열어 오후 4시 30분에 문을 닫을 때까지 그곳에서 "근무하며" 하루를 때웠다. 또 어떤 남자들은 주차장에서 밤을 보내기도 했다. 개중에는 낡은 휴가용 트레일러에서 잠을 자는 사람도 더러 있었는데, 운이 나쁘면 자기 차에서 자야 했다. 한번은 전직 '맥도널더글러스 맨' 세 사람이 돈을 모아 캠핑카를 사서 주차장에 세운 적도 있었다. 사무소장 셜리 주드Shirley Judd가 말했다. "아직 가족들에게 얘기하지 않은 분들이 있어요. 옷을 차려입고 매일 이곳에 오지요." 어떤 남자는 다섯 달씩이나 그렇게 위장하며 시간을 보냈다고 했다. 직업상담가 샐리 간Sally Ghan이 덧붙였다. "맥도널더글러스를 잃었다는 걸 아직 못 받아들이는 사람이 많아요. 회사가 다시 불러 주길 기대하면서 아르바이트를 하고 있죠. 더글러스로 돌아갈 날을 기다리면서 말이에요."

이 추락 사고 현장에서 표류하고 있는, 모든 잊힌 존재 가운데 머뭇거리며 움츠러들기로는 돈 모타Don Motta만 한 사람이 없었다. 해고당한 뒤로 쭉 체중이 늘어난 이 덩치 큰 남자는 지팡이에 기대어 다리를 끌면서 걸어야 했다. 겨우 마흔여덟 살이었지만, 머리카락이 이미 가장자리부터 희끗희끗하게 변하고 있었다. 구식 검은색 플라스틱 테를 두른 두꺼운 안경 너머로 너른 웅덩이 같은 눈이 보였다. 사무소에서 맥도널더글러스로부터 기증받은 삐걱대는 의자 하나에 지친 몸을 맡길 때마다 걱정 가득한 그 눈이 깜빡였다.

돈 모타는 12년간 이어진 레이건 행정부의 국방비 지출 전성기 시절 군수산업 계약 협상가로 일했다. 맥도널더글러스는 그가 내부자로서 쌓았던 전문성을 높이 샀다. 더글러스에서 일하기 전 13년간 국방 계약 감사기관의 선임 감사관으로 협상 테이블의 반대편에서 일한 경력이 있었기 때문이다. 대체로 연방정부로부터 자금을 지원받았던 맥도널더글러스의 성격을 감안할 때, 돈 모타는 평생 정부에서 나오는 녹봉을 받으며 살아왔다고도 볼 수 있었다. 예측 가능성, 안정성, 안전을 모두 보장받았던 셈이다.

회사 재직 기간의 마지막 분기 동안 모타는 해고 발작이 그 어느 때보다 빈번해지고 심각해지다가 결국에는 종결되는 과정을 지켜보았다. 1990년대 중반 '제1의 물결'에 따라 피고용인 20퍼센트가 내보내졌는데, 그 수는 8000명에 달했다. 1992년 말에는 일자리 1만 개가 추가로 비워졌다. 모타는 똑같은 동작을 몇 번이고 반복하면서 말했다. "나는 회사의 다른 부서로 이동해야 했어요. 하지만 상사에 대한 충성심이 있었죠. 아마도 그게 실수였나 봅니다." 모타 세대의 남자들에게 직장에서 충성하는 건 실수일 리가 없었다. 그야말로 평생직장으로 가는 밥줄이었으니까.

결국 그날이 다가오고야 말았다. 고위 관리자가 사무실로 불렀을 때 돈 모타는 이미 목소리가 떨리고 있었다. 그는 안정을 찾고자 낡은 사무실 책상 위에 두툼한 손을 얹은 채 말해야 했다. "자네가 해고 통지 대상이라는 소식을 전해야 해서 미안하네." 모타는 고위 관리자가 했던 말을 떠올렸다. 그 말이 너무도 짧고 완곡했던 나머지, 모타는 도무지 이게 실제로 일어난 일인지 확신할 수 없었다. 일을 정리하는 데는 2주라는 시간이 주어졌다.

모타는 그다음 할 일이 가장 두려웠다. 아내 게일에게 전화를 걸어 해고 사실을 알려야 했다. 집에 있을 아내에게 전화를 걸었지만 아무 말도 나오지 않았다. "나는 그저…… 그저 말을 할 수가 없었어요." 이후 2주 동안, 사실상 모타는 아무 일도 없었다는 듯 회사에서 퇴근해 집으로 돌아왔다. 마지막 출근일이 되어서야 말문이 열렸다. "오늘이 마지막 날이야, 하고 말했어요. 아내는 안 믿었던 것 같아요."

끝없이 계속되는 악몽처럼 몇 주, 몇 달이 흘렀다. 이력서를 100건 발송했고, 면접에 네 번 참여했다. 그러나 어떤 기회도 취업으로 이어지진 않았다. "그다음엔 집세를 어떻게 내야 하나 싶었어요." 매달 대출금을 갚아 나가려면 3주 치 실업수당 수표(주당 230달러)가 필요했다. 집을 재융자했다. 아내의 건강보험료를 내기 위해 본인의 건강보험을 포기했다. 한 달에 353달러였다. 그즈음 저축은 거의 다 떨어진 상태였다. 그 이야기를 하는 돈 모타의 이마에 땀방울이 맺혔다. 생활비는 한 달 치도 채 남아 있지 않았다.

직장에서 해고 대상이라는 게 집에서도 해고 대상임을 의미할 수 있다는 그의 두려움에는 어느 정도 근거가 있는 것으로 드러났다. "게일은 내가 일자리를 열심히 찾지 않는다는 인상을 받았던 것 같아요. 일을 안 하려 든다고 느낀 거죠. 나는 내가 어찌할 수 있는 일이 아니라고 말했고요." 나중에 그의 아내 게일은 나한테 이런 말을 했다. 남편을 비난하는 게 부당했을 수는 있지만, 파멸하거나 자포자기하게 될까 두려워 친절한 본능이 잠식되어 버렸노라고. "그이를 더는 믿을 수 없다는 사실 때문에 마음이 너무 아팠어요. 부서 전원이 해고당했는데도, 사실 일을 망친 건 그이였을지 모른다는 생각마저 들었죠."

정리해고 후 몇 달이 지났을 때였다. 귀가한 돈 모타는 거실 소파에 다른 남자가 앉아 있는 걸 보았다. 새 남자친구를 두고 게일은 이렇게 평했다. "나한테 매력을 느꼈나 봐요. 그리고 나를 먹여 살리기도 했죠." 그 남자는 게일에게 다달이 400달러씩 용돈을 주었고, 이내 전통적인 남편 역할의 세 번째 요구 사항마저 충족시켰다. 어느 날 돈이 집에 들어와 게일을 위협하자, 그 남자가 뛰어들어 돈을 때려눕힌 것이다. 그런 식으로 보호자를 자처하는 과시적 행위는 꼴불견이 아닌가. 하지만 오히려 게일은 안도감을 느꼈다.

돈 모타가 말하길, 그 사건이 일어나기 불과 일주일 전에 아내는 그를 집에서 내쫓았다. 아예 현관의 망사문까지 잠가 버렸다. 물론 망사문이라는 게 그다지 큰 장벽은 아니었다. 하지만 문을 때려 부순다는 건 돈 모타가 생각하는 남자다움은 아니었다. 본인이 위협적으로 굴 때가 있었다고는 해도 말이다. 그는 자신의 거대한 몸을 안타깝게 내려다보면서 말했다. "보다시피 내가 그렇게 마초적인 이미지는 아니잖아요." 그에게 남성성이란 현관의 망사문을 새로 구입하는 것이지 문짝을 경첩에서 떼어 내는 건 아니었으니, 바로 그게 '맥도널더글러스 맨'들 사이에서 널리 공유되는 남성성이었다. 이제 더 이상 그럴 수 없다는 사실이야말로 돈 모타에게 형언할 수 없이 커다란 수치심을 불러일으켰다.

"남자답다고 느낄 수가 없어요. 그럴 수 없다고요. 가족을 부양할 수 없는 게 사실이거든요. (…) 내가 집도 사고 차도 사고, 애가 대학에 가고 싶어 하진 않지만 어쨌든 딸 대학 등록금도 낼 수 있을 때에는 성공했다는 느낌이 듭니다. 남들도 그걸 보고요. 하지만 딸을 부양할 수가 없었어요. 아내를 먹여 살리지 못했죠."

그는 한 마디 한 마디가 힘겹다는 듯 천천히 단어를 내려놓으며 말했다. "아주 솔직히 말하자면요. 나는. 내가. 거세. 당한 것 같다고. 느껴요."

모타는 실직자들 사이에서 예외적인 사람이었지만 가족 문제에서만큼은 그렇지 않았다. 그곳에 있는 많은 남자가 그에 못지않은 끔찍한 사연을 갖고 있었다. 다만 그는 거세당했다는 그 느낌을 구조조정과 직접적으로 연결시키려 했다는 점에서 이례적이었다. 남자들 대부분은 다른 성별, 다른 국적, 다른 인종을 범인으로 지목했다. 1994년 가을 캘리포니아주 투표용지에는 반反이민 국민투표 발의안 제187호가 상정되었고, 그 중심에는 "우리의 일자리를 빼앗는 불법 체류자"라는 말이 가득했다. 이는 필연적으로 '소수자' 일반의 일자리 침해에 대한 공격으로 확대되었다. 1993년에 해고되기 전까지 연봉 5만 4000달러를 받았다는 쉰두 살 백인이자 "경력이 많은 재료 지원 분석가" 같은 남자들 이야기가 넘쳐 났다. 그 남자는 캘리포니아주립대학교 롱비치 분교에 있는 맥도널더글러스 노동자를 위한 직업교육 사무소에 쳐들어와 "사무실에 있던 모든 소수자를 모욕하기 시작"했다. 사무소장 폴 보트Paul Bott가 당시 상황을 설명해 주었다. 우선 그 남자는 사무실에 있던 아시아인들에게 "비열"하고 "의뭉스럽"다고 했고, 사무소 2인자인 수전 허Susan Huh가 하는 말을 알아들을 수 없다고 주장했다. 한국계 여성인 수전은 특별한 억양 없이 흠잡을 데 없는 영어를 구사하는 사람이었다. 보트가 말했다. "그자 얼굴이 비트처럼 빨개지더니, 머리에서 혈관이 튀어나와 원시 괴물처럼 고동치고 있었어요."

실제로 맥도널더글러스의 화이트칼라 직군에서 존재감이 크지 않았던 소수자들은 1990년대 초 항공우주 업계에서 일어난 인원 감축의 절반 이상을 차지한 것으로 추정된다.[20] 그 한복판에 있던 일부 백인 남자는 자기가 하는 말이 비합리적임을 흔쾌히 인정한다. 하지만 분노는 어디론가 흘러가야 하고, 적어도 소수자라는 타깃은 편리하게도 자신들과 무관한 것처럼 보였다. 한때 설계자로 일했던 론 스미스가 어느 날 오후 내게 말했다. "그러니까, 국경을 넘어온 설계자나 엔지니어는 없다고 생각해요. 하지만 마음이 상하는 부분은 이런 거예요. 내가 끝내주게 잘해 낼 수 있는 일자리에 면접을 보러 갔는데, 면접관이 '꿈도 꾸지 마' 하는 표정으로 나를 쳐다보고 있는 거죠."

이렇게 인정한다고 해서 평소 소수자에게 품고 있던 독설을 버린다는 뜻은 아니라는 듯, 스미스는 어깨 너머를 바라보며 목소리를 낮추어 멕시코인들의 "불법적인 권력"에 대해 이야기하기 시작했다. 그리고 그 덕분에 (그가 긍정적인 뉘앙스를 담아 다양한 방식으로 언급한) "경찰국가" "독재" "통제된 환경" 따위를 열망하게 되었다고 말했다. 그렇게 된다면 과거의 “시스템”이 복구되고, 그의 지위 역시 회복되며, 지휘 권한이 다시금 자애롭지만 강고한 백인 남성들 손에 쥐어질 터였다. 그가 다른 이들과 공유하고 있는 이런 인종적 태도가 배제와 특권에 기반한 남성성을 그 중심에서 떠받치고 있었다.

하위 직급을 제외하고 맥도널더글러스는 사실 유난히 백인 중심적인 기관이었고, 이는 (제2차세계대전을 수행한 연방정부가 통합 정책을 추진했음에도) 항공우주산업이 강력하게 유지해 온 분리 정책의 오랜 결과이기도 했다. 1941년 의회 청문회에서는 남부 캘리포니아 항공기 산업 전체를 통틀어 생산직 흑인 노동자가 겨우 네 명밖에 고용되지 않았다는 사실이 드러나기도 했다.[21] 하지만 ‘인종’은 회사가 중간관리자들에게 제공한 독점적 특전의 일면에 불과했다. 론 스미스를 비롯해 해고당한 직원들은 맥도널더글러스에서 자신들이 점하고 있었던 지위 덕분에 일반 남성들보다 높은 지위를 누릴 수 있었다고 생각했다. 멕시코인·흑인·여성이 자신의 지위를 약탈해 간다는 적개심은 부분적으로 화이트칼라라는 지위를 상실했다는 통탄에서 비롯했는데, 그건 꼭 소득 문제인 것만은 아니었다. 맥도널더글러스의 화이트칼라 남성들은 다른 블루칼라 동료들에 비해 월등히 많은 돈을 번 건 아니었지만, 그들이 전후 경제 윤리에 따라 새롭게 구분된 남성들 사회 안에서 어느 쪽에 머물고 싶었는지는 분명했다. 그들은 거대한 집단 사업에서 의미 있는 참여를 하기보다는 화려하고 유명한 기업에 소속되는 걸 높이 사는 편이었다.

그는 자기 사람들을 돌보았다

반면, 내가 폐업일에 만난 롱비치 해군 조선소는 포용과 공동체 윤리를 담지하고 있는 장소였다. 조선소의 통합적인 성격은 명백한 윤리적 의미를 넘어 추가적으로 숨은 이점을 가지고 있었다. 이곳은 인종에 상관없이 모든 남성 노동자가 독점적 지위나 지배에 근거하지 않은 모종의 남성성을 수용할 수 있게끔 환경을 조성했다. 조선소 남자들은 그런 유형의 남자다움으로 승격된 것이 아니라, 그런 남자가 되기를 요청받은 것이었다. 조선소에서는 위계 서열조차 포용성을 강조했다. 사무직 관리자들은 대체로 생산직 사업장에서 올라왔고, 본인이 감독하는 업무가 실제로 자신이 해 왔던 일이라는 점이 자부심의 핵심이었다. 로스쿨을 졸업한 뒤 조선소의 드라이독에서 견습을 받기 위해 변호사로서의 미래를 포기하고 이곳에서 31년간 일해 온 직원이자 계약 담당자인 밥 세이벌Bob Sabol은 "생산직 노동자로 일했던 사람들이 사다리 끝까지 올라선 뒤 정상의 자리에서 은퇴하는" 장소에 몸담고 있다는 사실이 주는 전형적인 만족감에 대해 말했다. 그곳에서는 정상과 바닥이 그렇게까지 멀리 떨어져 있지 않았다. 그가 지적한바, 조선소의 최고 민간인 책임자가 9만 8000달러를 버는 동안 가장 적은 급여를 받는 보조원들과 생산직 노동자들은 2만 5000달러를 벌지만, 시간이 지나면 이들도 급여가 점차 올라가 적어도 3만 5000달러까지 벌 수 있었다. 민간 선박 수리 회사 노동자들은 롱비치 조선소에서 비슷한 일을 했던 노동자들이 받는 급여의 평균 3분의 1 정도밖에 받지 못했다. 물론 기업 소유주들은 사치스럽게 살았다. 사우스웨스트 머린의 설립자 아서 엥글은 300만 달러짜리 집에 살면서 요트를 조종했으며, 한동안 샌디에이고 파드리스✠의 지분을 소유하기도 했다.[22]

흑인들과 라틴계 사람들을 숙련된 일자리로 끌어들였던 조선소와, 그 일자리를 원하던 소수자들에게 야망과 성공은 포용성이라는 이상으로 규정되었다. 특히 흑인 노동자들에게

✠ 샌디에이고를 연고지로 하는 MLB 프로야구단. 내셔널리그 서부 지구 소속이다.

조선소는 더 큰 공동체에 소속되어 특정한 유형의 남자다움의 기본, 사회적으로 꼭 필요한 직업을 가지고 다른 이들에게 도움이 되는 일을 잘 해낼 수 있는 자질을 습득하는 길이었다. 이제 그들은 직업을 잃고 일터에서 쫓겨날 마당이었지만, 그럼에도 다시 일어설 수 있는 건 상당 부분 조선소에 몸담기 위해 치열하게 애써 왔던 시간 덕분이었다. 물론 조선소는 길드와 수공예 작업이 활발했던 옛 황금시대의 유물이 아니었다(그리고 그렇게 생각하는 건 싸구려 로맨스에 탐닉하는 것이나 다름없었다). 조선소의 견습 모델은 그 나름대로 큰 문제와 착취 구조를 보유한 힘겨운 시대로부터 이어져 왔다. 조선소의 진정한 미덕은 지금의 노동자들이 그런 구식 모델을 가지고 무엇을 만들어 냈느냐에 있었다. 그들은 낡은 천을 활용해서 무언가 더 나은 것을 빚어냈는데, 그 작업은 조선소가 마지막 10년에 접어들었을 때에도 여전히 진행 중이었다. 그들이 보낸 최고의 시간은 조선소가 폐쇄되기 직전의 그 시간들이었을 터다.

어니 맥브라이드 주니어를 만난 뒤 몇 주가 지난 어느 날 오후, 우리는 그의 아버지를 방문하기 위해 레몬 애비뉴 앞 장미꽃이 만발한 작은 방갈로로 차를 몰았다. 어니 맥브라이드 시니어Ernie McBride, Sr.는 1948년 그 집을 구매했다. 당시 백인 이웃들은 그를 마을에서 쫓아내기 위해 청원을 했고, 그는 법정에서 인종차별적인 계약과 싸워 승리했다. 동네에는 이제 대체로 흑인들이 살고 있었으며, 최근 시의회는 그 집을 역사적인 랜드마크로 지정했는데 그 집 안에서 한때 용감한 '미국흑인지위향상협회National Association for the Advancement of Colored People'(NAACP) 모임이 열린 적이 있기 때문이었다. 게다가 시의회 측에서는, "진정한 랜드마크"인 맥브라이드 본인을 랜드마크로 지정할 수 없기 때문에 그의 집이 랜드마크가 된 것이라

고 설명했다.[23]

나는 맥브라이드 시니어를 그 평판으로 익히 잘 알고 있었다. 그는 1940년대 이 도시에 NACCP 지부가 설립될 당시 공동 설립자였고, 지역 식료품점의 차별적인 고용 관행을 중단시키는 한편 지역 주택의 인종차별을 철폐하는 시위를 주도했다. 피켓 시위를 조직해 초등학교에서 민스트럴쇼✠를 폐지시켰으며, 인종차별적인 고등학교 교과서 역시 폐기시킨 장본인도 그였다. 맥브라이드 주니어는 공무관으로 일할 새 사무실을 꾸미면서, 코칭을 맡았던 초등학교 운동부 스냅사진과 나이키 패션 화보에서 스니커즈 모델을 했던 딸의 사진을 게시판에 붙였다. 그리고 그 옆에 작은 안내문을 하나 붙여 놓았다. 그건 『의회 의사록Congressional Record』 1995년 1월 20일 자에서 인용한 내용으로, 롱비치 해군 조선소를 합병하는 과정에서 그의 아버지가 수행한 역할이 언급되어 있었다.[24] 사실 어니 맥브라이드 시니어는, 당시까지만 해도 조합원 명부에 흑인 이름이 올라가는 걸 금지했던 노동조합이 처음으로 받아들인 조선소 흑인 남성들 가운데 한 명이었다. 그는 조합원이 되기 위해 백악관에까지 호소해야 했다.

우리가 집 앞에 차를 세웠을 때, 맥브라이드 시니어가 문 앞에서 우리를 기다리고 있었다. 여든일곱 살인 그는 자세가 구부정하기는 했지만 기세는 여전했다. 그의 등 너머로 보이는 TV는 경찰과 젊은 흑인 남성들 사이의 대립을 보도하는 지역 뉴스채널에 고정되어 있었다. 그는 이 문제로 고통스러워했다. 왜냐하면 자신이 역사적인 싸움을 통해 연마해 온 그 어떤 연장도 이 새로운 갈등을 해결하는 데 유용해 보이지 않았기 때문이다. 그 문제에 대항하기 위해 집결할 사람도 전혀 없는 것

✠ 19세기 중·후반 미국에서 유행한 코미디 쇼. 백인이 얼굴을 검게 분장하고 흑인 노예의 삶을 희화화하는 노래를 부르고 춤을 췄다.

같았다. 그가 말했다. "창밖을 보면 흑인 청년들이 재난에 봉착한 게 보여요. 그에 대해 아무런 조치도 취하지 않는다면, 흑인 남성은 사라질 겁니다." 그리고 맥브라이드가 보기엔 흑인 남성의 소멸과 더불어 국가에 꼭 필요한 저항 역시 사라질 터였다. "미국에 대한 유일한 도전은 미국의 흑인 남성들이죠." 하지만 그가 1992년 L.A.뿐만 아니라 롱비치까지 쓸어 버렸던 저 절망적인 '반란'을 염두에 둔 건 아니었다. 그는 오직 어른만이 오를 수 있는 원칙적인 도전에 대해 말하고 있었다.[25]

맥브라이드 주니어는 화제를 조선소로 유도하기 위해 살살 재촉했지만, 거기까지 가기에는 제법 긴 시간이 남은 듯했다. 맥브라이드 시니어의 노쇠한 목소리가 흘러나왔다. "나는 공헌을 했고, 그것이 남자가 할 수 있는 유일한 일이지요. 나는 내가 이룩한 일들로 기억될 거예요. 하지만……" 그는 벽에 붙어 있는 수많은 명판과 표창장을 절망적으로 쳐다보았다. 오랜 세월에 걸쳐 그가 수상한 내역이었고, 도시에 진입하는 데 필요한 다양한 열쇠이기도 했다. 하지만 이 가운데 어떤 열쇠도 TV와 거리에 흘러넘치는 지금의 악몽으로부터 벗어날 문을 열어 줄 순 없을 터였다.

어니 맥브라이드 시니어는 1930년 아칸소주 리틀록에서 다른 남자 다섯과 함께 차를 타고 롱비치와 가까운 마을인 윌밍턴에 왔다. 고속도로 끝에서 만나게 될 공장 일자리와 사회적 평등이라는 신기루에 모두가 이끌렸다. 하지만 그가 발견한 건 미묘한 그늘이 드리워진 익숙하고 낡은 차별과 변함없는 경제적 거세였다("유일한 차이는 버스에 표지판✠이 없다는 것뿐이었죠"). 다만 거기에는 잔인한 뒤틀림이 있었다. "내가 롱비치에 왔을 때……" 하고 그가 떠올렸다. "흑인 남자를 위

✠ 흑백 분리주의에 따라 버스에서 백인석과 흑인석을 나누었던 표지판을 의미한다.

한 일자리는 없었을뿐더러 온통 여자만 고용하는 사무실 청소부 자리뿐이었죠." 그는 한 구직 광고를 보고 거기에 적힌 주소로 찾아갔다. 광고에는 이렇게 쓰여 있었다. '200파운드가 넘는 여성, 완전 흑인이어야 함, 급여 좋음.' 마침 그곳은 직원들이 피켓을 들고 시위를 하고 있는 카페였다. 흑인에게는 음식을 팔지 않았던 식당 주인은 흑인 여성이 '제미마 아줌마'✚처럼 차려입고, '나도 짜증 나'라는 피켓을 든 시위자들을 쫓아다녔으면 하는 모양이었다. 맥브라이드 시니어는 주인과 담판을 짓는 한편, 노동조합에 있는 한 친구에게서 '그 일자리를 거부한 모든 여성에게 하루치 일당을 제공하겠다'는 약속을 받아 냈다.

그가 말했다. "〔롱비치에서는 온통〕 석유산업이 도약하고 있었어요. 죄다 돈 되는 일이었고, 우리는 몇 년간 그런 그늘 아래에서 살았죠." 하지만 그는 밖으로 내몰려 있었다. "구두닦이 외에는 흑인 남자들이 할 일은 없었으니까요." 그래서 슈퍼마켓에서 직업을 구하기 전까지 거의 2년간, 맥브라이드 시니어는 구두닦이 가판대에서 일했다.

1939년 어느 날 밤 그는 아내에게 말했다. "전쟁이 일어날 것 같으니 그 준비를 해야 할 것 같소." 1930년대 후반엔 흑인 공무원의 90퍼센트가 청소 일을 하고 있었다. 하지만 그는 알았다. 전쟁이 시작되면 변화의 기회가 찾아올 것이라는 사실을.[26] 그는 야간 전기 학교에 등록했다. 백인 남성의 직업 세계에 들어갈 수 있는 기회가 있다면, 지금이 바로 그 기회였다.

✚ 미국의 식품 대기업 퀘이커오츠의 팬케이크·시럽 브랜드인 '앤트 제미마(Aunt Jemima)'의 로고 이미지로 '인심 좋게 생긴 중년의 흑인 여성'을 의미한다. 민스트럴쇼에 등장하는 전형적인 흑인 유모(mammy) 캐릭터에서 따왔다. 오랫동안 인종차별적이라는 비판이 있었고, 2020년 퀘이커오츠는이 브랜드 운영을 중단하겠다고 발표했으며 2021년 '펄밀링컴퍼니(Pearl Milling Company)'로 리브랜딩했다.

"그때 군수산업이 시작되었지만, 어떤 지역 노동조합도 흑인을 고용하지 않았죠." 항공 제조회사였던 더글러스는 흑인 남자들에게 단 하나의 직종만을 제공했다. 바로 설거지였다. 조선소에서 미숙련 노동자와 반숙련 노동자의 진입로였던 '일반 노동조합 507지부'는 당시 다른 직능별 조합 대부분과 마찬가지로 흑인 조합원을 금지하는 조항을 계약에 포함하는 전략을 취하고 있었다.[27] 1943년 맥브라이드는 대통령 부부에게 이 조항을 철회할 것을 요청하는 편지를 보낸 다음, 편지 쓰기 캠페인을 조직했다. 그 후 얼마 지나지 않아 맥브라이드는 루스벨트 대통령으로부터 정의롭지 못한 현실을 환기시켜 줘서 고맙다는 편지를 받는다. 그리고 노동조합 역시 대통령으로부터 편지를 받게 되는데, 편지에는 이런 식의 금지령이 계속 시행된다면 정부가 더 이상 노동조합을 통해 채용하지 않겠다는 내용이 고지되어 있었다.

그러나 맥브라이드 시니어와 네이선 홀리Nathan Holley(터스키기 전문학교에서 학위를 받은 친구)는 노동조합에서 기피 대상이었다. "홀리가 말했어요. '밤새도록 걸린다면, 우리가 해결해야지.' 그래서 우리는 노동조합 회관으로 돌아갔어요. 그리고 홀리가 거기에 있던 두 남자에게 말했죠. '우리는 충분히 남자답다'고. 그런 다음 홀리는 노동조합 회관 문을 열고 말했어요. '당신들은 우리를 쫓아낼 수 있을 만큼 남자답진 않지.'" 그 편지가 모두 거짓말이라고 외치는 노동조합 간부들과, "대면"하여 맞서는 남자들 사이에 거의 싸움이 날 뻔했다. 마침내 그중 한 사람이 책상으로 물러나 노동조합 본부에 전화를 걸었다. 곧이어 '대통령의 명령은 사실이며 따라야만 한다'라는 말을 듣게 된 그는 마지못해 맥브라이드와 홀리에게 노동조합원이 될 수 있다고 고지했다. 하지만 그러기 위해서는 25달러를 내야 한다고 덧붙였다. 두 사람의 돈을 다 모아도

한 사람 회비밖에 낼 수 없는 상황이었다. 나머지 돈을 빌리는 데 일주일이 걸렸다. 하지만 그들은 해냈다.

1943년 맥브라이드 시니어는 일급 전기기술자로 고용된 흑인 네 사람 중 하나가 되었다. 그는 고도로 숙련된 기술을 요하는 전동발전기 부서에서 유일한 흑인이었다. 시카고에서 이곳 조선소로 건너온 한 전기기사가 그에게 말했다. “나는 전선을 어떻게 연결하는지를 알지만, 당신은 왜 그렇게 해야 하는지를 이해하네요.” 곧 맥브라이드는 지역 전기공 노동조합 고충위원회 위원장이 되었다.

루스벨트 대통령이 사망했다는 소식이 조선소에 당도했을 때 맥브라이드 시니어는 드리아 도크에 서 있었다. “모든 흑인 노동조합원이 함께 울었어요. 어떤 일이 일어날지 알고 있었거든요.” 그리고 그 일이 일어났다. 트루먼 대통령이 취임하던 날, 모든 흑인 노동조합 간부가 해고된 것이다. “나만 해고를 피했죠. 나를 해고할 거라는 이야기를 들었을 때, 내가 먼저 그만뒀거든요.” 맥브라이드 시니어는 노동조합 회관을 떠난 마지막 흑인 노동자였다.

그 우울한 날에도, 그는 인종차별주의자들이 승리하지 못할 것임을 알고 있었다. 그는 흑인 청년들이 숙련된 선박 작업에 진출할 수 있도록 도움을 주었고, 몇 년 안에 흑인들은 다른 어떤 대형 산업에서보다 보수가 좋은 조선소 생산직에 자리 잡을 수 있을 터였다.[28] 그가 말했다. “내가 절대로 두려워하지 않았던 두 가지가 있어요. 내 아버지가 말씀하시던 대로, 손과 머리를 쓸 줄만 안다면 미국에서는 어떻게든 살 수 있습니다.” 그는 다이닝룸 식탁보 위에 덩그러니 올려 둔 자기 손을 내려다보았다. 마디마디가 울퉁불퉁하고 마비된 손을. TV 화면에서는 젊은 흑인 남자가 손에 수갑을 차고 머리는 후드에 파묻은 채로 두 다리를 벌리고 경찰차에 붙어 있었다. 맥브라이드 시니어는 그 모습을 보기 위해 몸을 돌렸다. 아무 말도 하지 않았다. 할 말이 없었기 때문이었다. 오직 두려워할 일만 남았을 뿐.

사람이 손과 머리를 사용할 수만 있다면 닻을 내릴 수 있었던, 그 단단한 땅이 씻겨 내려가고 있었다. 맥브라이드 시니어는 그 침식을 일찌감치 목격한 사람이었다. 조선소 노동조합이 그를 쫓아냈을 때에도 그는 꾸준히 다양한 곳에서 일을 했지만 결국 지역 포드 대리점에서 배달 트럭과 견인 트럭을 몰게 되었다. 1970년대 후반에 이르러 대리점은 비용을 줄이기로 결정했고, 15년간 그 회사를 위해 일하다 예순다섯 살이 다 된 맥브라이드 시니어에게 추가 급여 없이 다른 업무를 함께 처리하라고 주문했다. 다른 업무란 곧 청소였다. 출근길에 그 소식을 접한 맥브라이드 시니어는 차를 돌려 집으로 돌아왔다. 그는 일을 그만두겠다고 회사에 연락했다. "내 남은 월급도 아낄 수 있지 않겠소." 물론 회사는 그렇게 했다.

어니 맥브라이드 주니어가 아버지의 손에 자신의 손을 부드럽게 얹었다. 그는 일하러 가 봐야 할 것 같다고 설명했다. 맥브라이드 시니어는 앞마당까지 우리를 배웅했다. 우리가 차를 빼서 나오는 동안 그는 나무줄기 같은 두 다리로 서서는 장미들 사이로 손을 살짝 흔들었다. 한두 블록을 지나간 후, 그의 아들이 말했다. "아버지가 이룩하신 일이 없었더라면, 나에게는 기회가 없었을 겁니다." 단조로워서 오히려 애통하게 들리는 딱딱한 목소리였다.

아버지들의 사랑은 조선소에서 가장 뚜렷하게 느껴지는 감정이었다. 특히 맥브라이드 주니어처럼 본인의 아버지가 그곳 개척자인 남자들 사이에서 그랬다. 릭 메자Rick Meza의 아버지는 최고경영진에 오른 최초의 라틴계 남성 중 한 명이었다. 호세 '조' 메자José "Joe" Meza는 1942년에 부두에서 못을 줍는 일을 시작했는데, 그건 당시 멕시코계 미국인들에게 어울린다고 여겨지던 몇 안 되는 직업이었다. 결국 그는 용접 분야에 뛰어들었고, 라틴계 노동자 최초로 작업장 감독관이 되었다. "어렸을 때 포드를 탔던 기억이 나요." 릭 메자는 해체 중인 조선소에서 어느 느린 오후를 보내던 중에 말했다. "어머니랑 같이 아버지 점심으로 호일에 싸인 부리토를 들고 차를 몰고 가곤 했어요. 해병대가 드나들던 3번 게이트를 통과했죠. 그때 여긴 온통 흙먼지투성이였어요." 그는 쇄석 도로를 향해 손을 흔들었다. "우리는 부리토를 들고 배까지 걸어갔어요. 아버지는 용접을 하던 배의 선체 바닥 현창에서 튀어나오곤 했어요. 기름과 먼지투성이라서 너무 까맸고, 나는 아버지를 못 알아보곤 했죠. 아버지를 보면서 내가 할 수 있었던 생각은, 그저, 정말 열심히 일한다는 것뿐이었어요. 아버지는 정말 열심히 일했어요." 어느새 그의 목소리가 존경과 슬픔에 잠겨 있었다. 아버지는 몇 년 전에 세상을 떠났다. "그 모습을 사진으로 찍어 놓은 것 같아요. 그 이미지가 지워지지 않아요."

릭 메자는 한 세대 후에, 아버지의 작업장으로부터 멀리 떨어진 조선소에 제도공으로 취직했다. 부친의 뒤를 따라 조선소에 들어온 많은 남자가 그랬던 것처럼, 그는 가능한 한 아버지에게 취업 사실을 숨기려고 했다. 그는 1년 가까이 아버지에게 이 일을 말하지 않았다. 그가 어깨를 으쓱하며 수줍은 미소를 지었다. "스스로 해내고 싶었어요. 모르겠어요, 남자들은 그렇게 하죠." 조선소 세계에서는 자신의 재능을 키워 주고, 실질적인 역량을 쌓을 수 있도록 공동체 인맥을 만드는 데 도움을 주는 아버지 같은 존재를 찾는 것 역시 '남자들이 하는 일'이었다. 조선소에서 인정받는 사람은 홀로 빛나는 광대, 그러니까 스타가 아니었다. 사실 혼자서 일하는 건 애초에 가능하지 않았다. 만약 복수심에 불타는 감독관이 누군가 추락해서 목이 부러지는 꼴을 보고 싶다면, 그 사람을 혼자 일하도록 내보내는 게 가장 확실한 전략일 것이다. 조선소에서 성장한다는 건 일종의 의존을 수용하고, 그것을 나약함의 표시가 아니라 강인함의 표시로, 남자가 되는 길로 보는 법을 터득한다는 의미였다.

"오, 저기 본이 있네요!" 주차장을 건너고 있을 때 마티 허낸데즈가 '본'이라는 사내에게 나를 소개하려고 성화를 부리면서 외쳤다. "나한테는 아버지 같은 분이었어요." 나중에 그는 자신의 진짜 아버지 역시 조선소에서 10년 넘게 일했지만 자신을 "남자로 만들어 준 사람"은 운영 책임자인 본 가비Vaughn Garvey라고 설명했다. "내 가능성을 봐 준 유일한 사람이었죠." 그의 눈에 갑자기 눈물이 맺혔다. "나는 배관공 감독관이었는데, 본이 항공모함 워즈워스에서 나를 프로젝트 보조 감독관으로 임명하고, 상을 받을 수 있도록 추천해 주기도 했어요. 본은 나에게 운을 걸었어요. 그리고 성장할 수 있는 기회를 줬죠. 내가 아는 최고의 남자 중 한 명이에요."

블루칼라 생산직이나 노동조합 환경에서 숱하게 드러난바, 구식 가부장제는 손쉽게 배타적인 전제주의로 흐를 수 있었다. 다만 그러한 시스템은 견습을 통한 육성 능력 또한 보유하고 있었으니, 조선소 노동자들이 '이만하면 할 만하다' 싶은 포용적인 직장 생활을 기반으로 삼을 수 있었던 것도 그 덕분이었다. 조선소에서 성공한 남자들에겐 '아버지'가 있었다. 혈연관계도 아니었고, 심지어 같은 인종이 아닌 경우도 많았지만 이 '아버지'들은 경험이 풍부한 연장자로서 남자들의 능력을 알아봐 주고 그 능력을 함양해 주었다.

아마도 조선소에서 데니스 스완Dennis Swann만큼 좋은 아버지로 인정받았던 사람은 없을 것이다. 그의 친부는 1950년대에 조선소에서 일했는데, 그 작업장 최초의 흑인 전기기술자이자 총감독관이었다. 스완이 말했다. "나는 아버지의 발자취를 따라왔다고 할 수 있죠." 하지만 그 말은 곧 아버지처럼 스완 역시 항해 장비를 수리하는 그의 작업장 '자이로gyro'에서 첫 흑인 노동자였다는 의미에 불과했다. 1963년 그가 자이로에서 보낸 첫해는 끔찍했다. "바닥을 쓸고 닦는 일을 했죠. 그리고 유리가 닳아 없어질까 봐 걱정될 정도로 유리를 닦아야 했어요." 이건 공군에서 4년간 기술을 연마한 숙련된 기계공이 할 일이 아니었다. 마침내 찰리 스폰Charlie Spohn이라는 남자가 자이로 작업장을 관리하기 위해 등장했다. 스완이 말했다. "그때부터 내 인생은 바뀌었죠. 찰리 스폰이 아니었다면 나는 이 자리에 있지 못했을 겁니다." 백인인 스폰은 스완의 "재능을 알아봐 주었"다. 그는 스완에게 자이로컴퍼스(회전나침반)를 분해해 수리하는 작업을 넘겼는데, 복잡할뿐더러 고도의 기술을 요하는 까다로운 작업이었다. 하지만 스완 본인이 표현한바 "엘리트 중 하나"였던 그는 작업을 멋지게 해냈다. "그러고 나서야 모두가 나를 인정했죠. 갑자기 정비공 1인자가 됐어요. 내가 다른 정비공들을 데리고 작업을 나가면 그 사람들이 나를 보조했어요." 스폰은 계속해서 스완에게 그가 잘할 수 있는 포지션을 맡겼고, 그를 계기 감독관으로 승진시켰다(전국의 모든 해군 조선소를 통틀어 첫 흑인 계기 감독관이었다). 그리고 결국에는 그를 해당 조선소 최초의 프로젝트 감독관으로 임명했다. "누군가의 안에 무언가가 있다면, 찰리는 그것을 꺼내 잘 활용할 거예요."

스완이 결혼할 때 찰리 스폰은 들러리가 되어 주었다. 그로부터 35년 뒤, 스폰은 이미 은퇴한 지 오래였지만 두 사람은 여전히 자주 전화 통화를 나눈다. 스완은 다정하게 그를 "아빠"라고 불렀다.

이런 관계는 세대에 걸쳐 이어졌다. 스완은 최근 '올해의 라틴아메리카인'에 이름을 올린 조 솔리스Joe Solis의 아버지가 되었다. 스완과 솔리스 사이가 너무 가까운 나머지 이들은 조선소에서 "부자父子 팀"으로 통했고, 솔리스는 프로젝트 보조 감독관 자리까지 승진했다. 스완은 "찰리 스폰이 나에게 해 준 것과 똑같이 해 주었"다고 말했다. "배우고자 하는 의지를 봤어요. 그 친구가 생산하는 걸 보았죠. 무언가를 생산하지 않는다면 나의 '좋은 녀석' 목록에 오를 수 없어요. 피부색 따위는 신경 쓰지 않죠. 그런 것들이 하늘로 주먹을 치켜들고선 '어이, 형님!'이라고 하진 않잖아요. 그건 의미가 없어요. 생산하는 사람이어야만 하는 겁니다."

라틴계 최초의 작업장 감독관 조 메자Joe Meza 휘하에서 일했으며, 고위 관리직에 입성한 최초의 흑인 남자들 가운데 한 명인 아이크 버Ike Burr도 마찬가지였다. 아이크 버는 조 메자의 아들 릭의 멘토가 되었다. 릭에 따르면 그의 "아버지는 자기 사람들을 돌봤"지만 정작 아들인 릭을 돌본 사람은 아이크였다. 릭은 일종의 경외감을 가지고 말했다. "아이크는 상사들 중 최고였죠. 자기 날개 아래에 두었지만, 보호해 주진 않았어요. 일을 잘하면 지지해 주었죠." 버는 릭이 생산 비용을 절감할 수 있는 방법을 고안해 냈을 때 상금 250달러가 따라오는 상에 릭을 추천했다. 그건 일반적인 기업에서 보듯 근무 태도나 업무 관리 면에서 '매우 우수함'이라는 모호한 기준에 따라 수여되는 그런 상이 아니었다. 릭 메자는 거대한 알루미늄판이 뜨거운 플라스마로 절단될 때 휘어지는 것—해결하기 위해서는 돈과 시간이 많이 드는 문제였다—을 방지할 방법을 고안해 냈다.

말년에 조선소의 '아버지'가 된다는 건 인간이 아닌 지식 체계를 지휘하게 된다는 의미이자, 자신의 지식을 젊은이에게 전달한다는 의미였다. 젊은이들 역시 그 지식을 숙달함으로써 언젠가는 스승이 될 터였다. 더 많은 지식을 보유한 사람은 단순히 권한을 가졌기 때문이 아니라 그 권한의 일부를 다른 이들에게 기꺼이 부여할 능력이 있기 때문에 '아버지'였다. 조선소는 권력의 독점과 통제 대신 노동과 기술, 유용성을 기반으로 하는 부자 관계 모델을 만들어 냈다. 그것은 조선소 문 너머의 세계에서는 찾아보기 어려운 모델이었다.

"예전과 달리 이제 사람들을 돌본다는 건 행동이 아니라 립 서비스가 되어 버린 것 같습니다." 조선소 지휘관 존 피커링 John Pickering 대령이 어느 날 사무실에서 화를 참지 않고 나에게 말했다. 조선소 폐쇄를 막겠다고 약속해 놓고 아무 일도 하지 않는 정치인들을 떠올릴 때마다 그는 화가 났다. 여기서 그는 '돌본다'는 말이 아주 구체적인 의미를 띠고 있다고 말했다. "내 사람들을 돌본다는 건 그들에게 친절하게 군다는 뜻이 아닙니다. 그건 그들이 알아야 할 것을 가르친다는 의미예요."

이제 조선소가 문을 닫는 마당에 '아버지'가 입양한 '아들들'에게 어떤 권한을 부여할 수 있을 것인가? 이것이 데니스 스완 같은 남자들을 무겁게 짓누르는 질문이었다. 킨케이드의 프로젝트 감독관으로서 그는 정밀검사를 위한 대처 계획을 세워 모두가 함께 협력할 수 있도록 신경 썼다. 나아가 퇴근 후 저녁 시간에도 자신과 함께 일하는 부하 직원들의 일자리를 찾아보았고, 특히 이직이 쉽지 않은 업무를 담당해 온 노동자들이 이력서를 작성하는 일을 도왔다. 그는 신청서 열 건이 왕복 여섯 시간이나 걸리는 바스토와 베이커즈필드에 필히 전달되도록 했다. 그런 다음 배 위에 올라서는, "데크 플레이트로 내려가는" 남자들에게 말을 걸었다. "나는 나가서 그들과 이야기했어요. 꼭 일 이야기를 한 건 아니죠. '아내는 잘 지내지?' '아이는 언제 낳을 예정이야? 그나저나 내 시가는 어딨나?' 이런 얘기였어요. 우리는 부두에서 바비큐 파티를 열곤 했죠."

그가 말을 멈추고 웃었다. "일하면서 도넛만 100만 개 가까이 샀을 거예요."

공동의 생활을 위한 이런 지원 노력은 '블랙박스'에서 일하는 경력 전환 상담가를 당황케 했다. 상담가인 앨리슨 렌쇼Allison Renshaw가 어깨를 으쓱하며 내게 말했다. "어떤 사람이 (재취업 교육을 위한) 지원금을 받을 자격을 얻으면, 그 사람은 즉시 다른 사람들도 지원금을 받아야 한다고 생각해요." 또 다른 상담가인 킴 슬래니Kim Slany는 이렇게 덧붙였다. "다음 날로 전화통에 불이 나죠. 그리고 모두가 이런 말을 시작해요. '내 친구가 당신에게 물어보라던데요…….'" 어떤 남자는 트럭 운전사 자리를 얻은 뒤 모든 친구에게 신청을 권했다. 어떤 상사는 자신을 제외한 모든 이의 일자리를 찾으러 왔다. 어떤 보일러 기사는 보일러공 구인 광고를 보자마자 작업장에 있던 나머지 사람들에게 그 소식을 알렸다. 킴 슬래니가 기억을 떠올렸다. "내가 물어봤어요. '그 정보를 혼자만 아는 게 좋지 않겠어요?' 그러자 그 남자가 이렇게 답했죠. '제일 실력이 좋은 사람이 일자리를 가져야죠!' 서로가 서로를 지키려는 것처럼 보였어요."

거꾸로 말해, 조선소를 폐쇄하면 모든 기술력의 근간이 되는 역량이 사라질 터였다. 어느 날 오후, 운영 책임자 겸 인사 담당자인 커트 레너드가 말했다. "우리 조선소는 모든 업무 처리에서 언제나 최고였어요. 이제 조선소는 사람들을 돕는 데 집중하고 있죠. 우리는 **그 분야에서도** 최고가 될 겁니다."

그 말 이면에서 한층 뿌리 깊은 신념의 목소리가 들려왔다. 그럴 수만 있다면, 다시 남자로서 나아갈 수 있으리라는.

내가 하는 일은 과연 무엇일까

조선소 노동자들과 마찬가지로 더글러스항공의 노동력은

1941년 공장이 '민주주의의 병기창'✠에 합류했을 때 분명하고도 기념비적인 사명을 가지고 있었다. 또한 조선소와 마찬가지로 더글러스는 영웅적인 활력을 내뿜으며 전시 임무를 완수했다. 어느 지역사 연구자는 이에 대해 "전시 국내 전선에서 수행된 위대한 성과"라는 합당한 평가를 내리기도 했다.[29] 당시 총 17만 5000명의 노동자를 보유하며 미국 최대의 전시 민간 고용주 자리에 올랐던 더글러스의 롱비치 공장은 전쟁 기간 동안 10억 달러 상당의 항공기를 제작하면서 가장 규모가 큰 공장이 되었다. 당시 이곳에서는 비행기를 총 9411대 제작했는데, 대략 하루에 열한 대에 달하는 비행기를 제작한 셈이었다. 아이젠하워는 더글러스의 DC-3 설계가 승전의 필수적인 요소였다고 말했다. DC-3은 전쟁 기간 동안 C-47 군용수송기로 전환되었고, 모든 연합군이 이 비행기를 사용했다. A-20은 영국군과 러시아군 모두에게 승리를 안겨 주었는데, 영국군의 경우엔 영국전투 승전을, 러시아군의 경우엔 스탈린그라드전투 승전을 A-20의 공으로 돌렸다.[30]

어니 파일은 전쟁 당시 남쪽에서 쏟아져 들어온 항공기 노동자들을 '항공계의 오키Aviation Okies'✚라고 불렀는데, 확실히 그들의 노력은 뉴딜의 방대한 토목 사업에 참여하기 위해 미국 중부 황진지대를 피해 온 남자들 그리고 유라시아에서 진흙 속을 행군해야 했던 군인들의 용맹한 전통과 그 궤를 같이했다. 다만 한 가지 작은 차이가 있다면 그건 바로 더글러스항공

✠ 프랭클린 D. 루스벨트 대통령이 1940년에 주창한 외교정책 구호.

✚ 오키(Oki)는 '오클라호마 출신 뜨내기'라는 뜻으로, 1930년대 초 미국 중부 대평원에 닥쳐 온 기후 재앙으로 인해 발생한 기후난민을 일컫는 멸칭이다. 이 시기 거대한 모래폭풍이 미국 중서부를 휩쓸었고, 이것이 황진지대를 만들었다. 그 결과 20만 이재민이 발생했는데, 이들 중 다수가 캘리포니아주 등으로 이동해 빈민층을 형성했다. 캘리포니아주에서는 출신 지역과 상관없이 이주민들을 '오키'라고 불렀다.

의 전시 노동자들 가운데 87퍼센트가 여성이었다는 점이다.[31] 맥도널더글러스 대변인 존 톰John Thom이 나에게 말했듯 롱비치 공장은 "탱크 여공 로지가 실제로 발명된 곳"이었다. 여성들은 태양 아래서 더글러스의 가장 위대한 순간을 만들어 냈다.

전쟁이 끝나고 더글러스가 평시를 위한 재정비를 시작했을 때, 군수산업 전반에 걸쳐 반복되었던 숙청의 첫 번째 단계는 여성 공장노동자 대량 해고였다.[32] 더글러스는 남성으로 인력을 대체한 뒤 상업용 항공기를 비롯해서 군과 정부가 냉전을 치르기 위해 필요하다고 판단했던 폭격기와 전투기 및 로켓 생산을 계속했다. 국가를 적의 공격으로부터 방어할 필요까진 없었을지언정 적어도 공중 지배력에서는 압도적인 우위를 보여 줄 필요가 있었던 것이다. 기술 훈련으로, 또 제대군인원호법 기금을 통해 취득한 대학 학위로 무장한 재향군인들이 어느새 공장 문 안쪽으로 흘러넘쳤다. 이들은 연방 보조금을 통해 세워진 새로운 교외 지역인 레이크우드로 집단 이주했는데, 그곳에서는 연방정부가 보증하는 대출 덕분에 참전 용사들이 직접 계약금을 준비할 필요도 없었으며 월 50달러면 주택담보 대출을 해결할 수 있었다.[33]

전후 '더글러스 맨'은 자가주택이 있었고, 가족을 부양할 수 있는 적절한 급여를 받았으며, '더글러스 가족'—회사 우두머리들이 선포하고 이내 직원들이 동의한 것—의 회원 자격을 얻을 수 있었다. 더글러스는 직원들의 근속 기간과 충성도를 높이 사는 것으로 유명했다. 회사가 1967년 맥도널항공McDonnell Aircraft과 합병하여 세계 최대의 군수물자 공급업체 반열에 올랐을 때, 남자들은 하나의 왕조와 계약을 체결했다는 사실에 더욱 자신감을 느꼈다. 그들은 '더글러스 가족'이라는 식탁에서 분명 한자리를 꿰찰 수 있다는 말을 들었고, 그 덕분에 가정이라는 식탁에서도 가장의 자리를 보장받을 수 있었다.

항공우주 업계는 1968년까지 미국에서 가장 규모가 큰 제조업 고용주에 속했으며, 이 업계에 뛰어드는 남자들은 사명감과 함께 그 미래에 대한 믿음을 갖고 있었다. 전직 맥도널더글러스 노동자들 역시 여전히 그 미래에 매달리고 있었다.[34] 론 스미스는 이직 지원 사무소 내에서 주인을 잃은 '이사회실' 탁자에 자리를 잡고는, "무언가 대단한 일"에 합류했을 당시의 전율을 떠올리며 즐거워했다. "세상 꼭대기에 있는 것 같았어요. 와우, 나는 평생 여기에 있을 거야, 하고 생각했죠." 1990년에 해고된 전기기술자 글렌 위스네스키Glenn Wisniewski는 "시스템의 일부"가 되었다는 사실 덕분에 한껏 들뜨기도 하고 안정감을 얻기도 했다. 그 시스템은 "가족 같은" 시스템이었고, 모두가 "함께하는 시스템"이었다. 이 남자들이 이해하기로, 항공우주 시스템은 뉴딜의 연장선상에 있었으며 더 커지고 더 좋아졌을 뿐 아니라 남자들에게 더 높은 경제 궤도로의 진입을 보장해 주었다. 전후 국가는 점점 더 화이트칼라 중심으로 돌아갔고 생산직 노동의 가치는 등한시되었다. 그리고 이러한 변화는 정부가 지원하는 화이트칼라 계급으로 "상승"하는 남자들에게만 유익해 보였다.[35] 한때 맥도널더글러스의 시스템 엔지니어로 일한 제임스 로런스James Lawrence는 이렇게 말했다. "항공우주 시스템은 1930년대, 1940년대 노동계획과 마찬가지로 계획된 것이에요. 민주당이 공공사업진흥국을 세워 일자리를 만든 것처럼요. 그들이 한 일은 블루칼라 노동자들의 네트워크를 가져와, 화이트칼라 네트워크를 발전시키기 위해 재구성한 것뿐입니다. 그게 바로 항공우주산업이에요."

로런스는 상황을 이렇게 요약했다. "1950년대에 남자는 남자가 될 수 있었죠. 정부가 지원했으니까요."

하지만 만약 맥도널더글러스가 하나의 '가족'이라면, 남자들은 자신들을 가족 구성원 중 누구라고 상상했을까? 회사와 이들은 서로 어떤 관계를 맺고 있었을까? 조선소 사례와 마찬가지로 아버지와 아들 관계로 상상했을까? 아니면 완전히 다른 종류의 '가족' 관계였을까?

햇살이 따사로웠던 전후 10년 새에도, 불안은 삐걱거리는 기업의 드림하우스 마룻바닥 위를 헤매고 다녔다. 대통령의 찬사, 상업적인 추천사, 그리고 젊고 활기찬 남자들의 나라에 바치는 언론의 헌사 아래에도 의심이 도사리고 있었다. 믿음을 갈망했던 남자들, 그 믿음을 바탕으로 남자일 수 있었던 남자들조차, 전후 기업과 국방이라는 관료적 통로를 반드시 거쳐야만 남자다워질 수 있다는 식의 분위기를 의심하기 시작했다. 신흥 안보 국가인 미국이 어쩐 일인지 그 요새 안에서 일하는 병사들에게 예상치 못한 불안을 안겨 주는 듯했다. 1950년대에 이 같은 불안은 "마음이 여린", 마음이 초조한 나머지 "휩쓸리기 쉬운" 남성 직장인 관련 대중서가 갑자기 쏟아지면서 그 모습을 드러냈다. 가장 유명한 예가 윌리엄 화이트William Whyte의 『조직인간The Organization Man』, 데이비드 리스먼David Riesman의 『고독한 군중The Lonely Crowd』이었고, 가장 급진적인 책으로는 C. 라이트 밀스C. Wright Mills의 『화이트칼라White Collar』가 있었다. 1950년 리스먼은 "오늘날 인간은 회사의 그림자"라고 썼다. 화이트는 새로운 노동 제도에서 "노동 자체가 아니라 다른 사람들의 노동을 관리하는 것이 목적이 되었다"라고 지적하며, 야망이란게 그저 반갑게 악수를 나누고 인정을 추구하는 행위로 전환됐다고 밝혔다. 밀스는 1951년 전후 화이트칼라 노동자를 "새로운 소시민new Little Man"이라고 불렀는데, 이들은 본인이 그저 많은 "권한을 가진 자들의 조수"가 되었을 뿐인데도 기업의 사다리를 오르고 있다고 착각하는 사람들이었다. 밀스는 이렇게 썼다. "그는 언제나 누군가의 하수인이다. 회사의 하수인, 정부의 하수인, 군대의 하수인.

아무래도 스스로 일어서지는 않는 존재인 듯하다."[36]

물론 현대 비즈니스 생활에 나타나는 그런 특질은 새로운 것이 아니었다. 기술력보다도 '인성'에 따라 앞날이 더 크게 좌우되는 피고용인은 19세기 산업 조직 영역에서 수면 위에 떠올랐고, 상사의 기분을 띄워 주려고 애쓰는 하급 간부는 20세기 초 속물적인 중산층에서 흔히 볼 수 있는 유형이었다. 1920년대 중반 브루스 바턴Bruce Barton의 베스트셀러 『아무도 모르는 남자The Man Nobody Knows』✠는 예수를 오로지 매력만 앞세워 성공한 기업 유망주처럼 묘사했다. 일찍이 시어도어 드라이저Theodore Dreiser의 후기 빅토리아 소설 『시스터 캐리Sister Carrie』는 소매업자 등 새롭게 부상하는 유형에 대해 묘사한 바 있는데, 그의 성공은 실제로는 모르는 사람에게도 "잘 아는 사람인 양 개인적으로 인사할 수 있는" 능력에 달려 있었다. 그들에겐 "좋은 옷이 제일의 필수품이었으며, 그것 없이 그들은 아무것도 아닌" 세일즈맨이었다.[37] 그럼에도 전후 사회비평가들이 미국 경제계에서의 직장 생활이 분수령에 이르렀다고 평가했을 때 그건 틀린 말이 아니었고, 화이트칼라만이 그 영향력에 시달렸던 것도 아니었다.

1945년 리처드 매드슨Richard Matheson은 50퍼센트의 장애 때문에 징집 해제되어 집으로 돌아왔다. 87에이콘 사단에 복무했던 그는 당시 유럽을 가로질러 묵묵히 걸었었다. 참호 보병 사단trench foot division. 그는 87에이콘 사단을 그렇게 불렀는

✠ 브루스 바턴은 1920년대 미국 광고 황금시대를 대표하는 스타 광고인으로, 당대 거의 모든 광고상을 휩쓴 크리에이티브의 전설이다. 출간 1년 반 만에 25만 부가 팔려 나간 저서 『아무도 모르는 남자』에서는 예수를 신적인 위치에서 끌어내려, 대중을 유도하고 설득하는 데 타고난 광고인으로 묘사했다. 이 때문에 기독교계로부터 큰 공격을 받았지만 책의 인기에는 지장이 없었다. 이 책 한국어판은 '예수의 인간경영과 마케팅 전략'이라는 제목으로 출간되었다.

데, 망가진 장화를 신고 얼어붙은 날씨에 행군하느라 발이 망가져 버린 남자들이 수도 없이 많았기 때문이다. 매드슨은 거의 발을 잃을 뻔했다. 그때 그의 나이는 열여덟이었다. 제대 후 매드슨은 브루클린에 귀향했다가, 냉전이 시작되면서 캘리포니아주로 옮겨 갔다. 그리고 1951년 무렵, 그는 더글러스항공에서 일하고 있었다. "비행기 부품을 재단했어요." 그 시절을 떠올리며 그가 말했다. 우리는 샌퍼낸도밸리에 있는 그의 쾌적한 자택(나뭇잎으로 덮인 '외부인 출입 제한 주택지'에 위치했다)에서 대화를 나누는 중이었다. 이런 생활이 가능해진 건 항공우주업계를 떠난 뒤 시작한 작가 이력 덕분이었다. "스커트 천을 자르는 것 같았죠." 특별한 훈련은 없었다. "일이 너무 바빠서 아무나 고용했어요. 더글러스 비행기가 추락하지 않은 게 기적이랄까요. 아무도 자기가 뭘 하고 있는지 몰랐거든요. 모두 아마추어였습니다." 그들은 거대한 프로젝트의 흐름 안에서 자기가 대략 어디쯤에 속하는지도 몰랐다. "비행기 비슷한 건 보지도 못했죠. 그저 볼트나 금속 조각이 전부였어요. 심지어 작은 부분이 조립되는 것도 못 봤어요."

매드슨은 머릿속으로 자기만의 맞춤형 제품을 만드는 방법을 찾았다. "나는 내 〔용접〕 마스크 안에서 단편소설을 완성했지요." 1년 뒤 그는 일을 그만두고 형과 함께 일하기 위해 롱아일랜드로 이사했다. 여가 시간에는 "바이러스가 모든 사람을 뱀파이어로 만든 세계에서 고립되어 혼자 살아가는 외로운 남자에 관한 이야기"를 쓰기 시작했고, 이 이야기는 1954년 소설 『나는 전설이다I Am Legend』로 완결되었다. 그로부터 몇 년이 지난 어느 날 지하실에 앉아 있을 때 또 다른 소설 아이디어가 떠오르기 시작했다. 그는 자신의 아버지에 대해 생각하고 있었는데, 한때 아버지는 "폭풍 속에서도 돛을 올릴 줄" 아는 노르웨이 상선의 선원이었지만 미국에 와서는 타일 바르는 일을 하게 되었다. 아버지는 매드슨이 아주 어렸을 적에 가족을 버렸고, 아들이 열여섯 살이 되었을 때 세상을 떠났다. 매드슨은 아버지에 대해 "아는 것이 거의 없었"다. 그는 "본인의 기술을 연마할 수 없었기 때문에 남자로서 위축된" 자기 아버지와 같은 남자에 대해 생각했고, (그의 관점에서 보자면) 여자들을 직장으로 끌어들여 "사회적으로 남자들을 위축시키기 시작"했던 전쟁에 대해서도 생각했다. 그는 알도 레이Aldo Ray와 제인 와이먼Jane Wyman이 출연한 코미디 영화의 한 장면을 기억했다. 한 남자가 커다란 모자를 머리에 쓰고 있는데 그것이 자꾸 귀 아래로 미끄러져 내리던 장면이었다. 그러다 지하실에 앉아 거미가 그늘진 구석에서 거미줄을 짜는 모습을 바라보던 중 그의 머릿속에 소설의 줄거리가 떠올랐다. 그는 그 이야기를 '줄어드는 남자Shrinking Man'라고 불렀다. 이 이야기를 책으로 출간하면서 출판사 골드메달Gold Medal은 제목에 정관사 The를 추가했다. "출판사에선 그게 일반적인 이야기처럼 보이지 않길 바랐죠." 그는 눈썹을 아치형으로 만들면서 씁쓸하게 웃었다. "골드메달 출판사가 원하는 건 철학이 아니었으니까요." 그리고 나중에 할리우드는 이 제목에다 '놀라운incredible'이라는 형용사를 덧붙였다. 마치 이건 SF 영화일 뿐, 관객 누군가에게 개인적으로 적용되는 이야기는 아니라고 안심시키려는 듯이 말이다.

그러나 매드슨이 보기에 이 이야기에서 놀라울 건 하나도 없었다. "내 캐릭터는 언제나 나에 관해 말하죠. '고뇌에 찬 나' 말입니다." 1952년 출간한 미래주의 단편소설 「기계 형제Brother to the Machine」의 주인공은, '관제선'을 타고 머리 위를 맴도는 관리자들의 감독 밑에서 일해 온 자신의 삶을 반추한다. "그는 생각했다. 남자로 존재한다는 건 더 이상 축복이나 자긍심, 선물이 아니다. 기둥을 주시하고 있는, 보이지 않는 남자들에게 이용당하다가 부서진 채로, 머리 위에 떠 있는 관제선에 주먹이 묶인 채로 반격할 때를 기다리며 기계들의 형제가 되는 것일 뿐. 이게 사실임을 깨닫게 되었을 때에는 그 일을 계속할 이유가 없다는 걸 알게 된다."[38]

매드슨은 1989년 출간한 단편 선집 서문에서 1950년대에 쓴 자기 작품을 두고 이렇게 설명했다. "이 시기 내 작품은 남자들 개개인에게 너무 많은 것을 기대하는 지나치게 복잡한 세계, 그 미지의 세계에 대한 불안과 두려움의 감각에 깊이 사로잡혀 있었다. (…) 여기에 내 편집증적인 라이트모티프의 또 다른 측면을 추가할 수 있을 것이다. 다른 인물들은 남자 주인공을 이해하지도, 적절하게 인정하지도 못했다는 것."[39]

개인에게 너무 많은 기대를 품는 동시에 순응을 기대하는 분위기, '보이지 않는 남자들'에게 감시당하고 조종당하지만 그들에게서 전혀 이해받을 수 없다는 그 메스꺼운 감각은, 전후 작업장을 지배하게 된 새로운 기술관료적 기관 맥도널더글러스에도 만연해 있었다. 사회학자 리처드 세넷Richard Sennett은 『권위Authority』에서 경영 현장에 일어난 상전벽해를 이렇게 묘사했다. "상사는 영향력으로서만 존재할 뿐 인간으로서는 존재하지 않았다." 직원들은 "관리직에 있는 사람들의 얼굴에 드러나는 공허함에 반응하고 있는" 자기 자신을 발견하게 되었다.[40]

1960년대 후반 나사 우주 연구소에서 일하기 위해 맥도널더글러스를 찾은 리처드 포스터Richard Foster는, 표면상으로는 우주비행사로서의 삶이 남성적 자유와 자급자족의 극치를 제공하는 것처럼 보였다고 말했다. "목가적이었어요. 작고 푸른 잔디밭과 일렬로 줄지어 서 있는 집들 말이에요. 고속도로를 달리면서 인생을 계획할 수 있었죠." 하지만 시간이 지날수록 그 계획에서 자신은 빠져 있다고 느끼게 되었다. 그는 게임에서 주도권을 쥘 것이라 기대했지만, 사실상 그 게임의 플레이어조차 되지 못했다. "그러면 고립감을 느끼기 시작하죠." 다른 관리자들과 마찬가지로 그는 가장 미약한 방식으로 회사에 '소속'되어 있었다. 결국 그의 개인적 성과는 기관에 아무런 영향을 미치지 않는 것으로 판명 났다. 그는 기업의 '비용 절감' 계획으로 다섯 번이나 피해를 입었고, 그렇게 여러 차례 해고당하면서 급여는 8만 달러에서 2만 8000달러로, 결국에는 0달러로 급락했다. 그가 대낮에 맥도널더글러스의 푸른 유리 타워 근처에 있는 레스토랑 체인점 비닐 의자에 앉아 나와 이야기를 나누고 있는 이유는 그 때문이었다. "그다음에 알게 되는 건요. 내가 회사 바깥에 서서 안을 들여다보고 있다는 거죠. 그러곤 스스로에게 질문하게 되는 거예요. 남자로서, 내 역할은 무엇일까? 내가 하는 일은 과연 무엇일까?" 1990년대 중반 즈음 그는 사무기기를 대여해 주는 리스 회사에서 일했다. "나는 돈을 팔았어요." 이렇게 말하는 그의 얼굴이 불편함으로 조금 붉어졌다.

구식 공장노동자들은 회사 방침에 개입할 수는 없을지언정 적어도 자기가 무슨 일을 하고 있는지는 눈으로 확인할 수 있었고, 본인의 기술이 회사의 부富로 연결된다는 점을 알고 있었다. 그러나 냉전시대 항공우주 업계에서는 그런 연결고리가 종종 끊어졌다. 이윤은 마구 퍼 주는 정부 계약과 연동되어 있었고, 예산은 언제나 노동자들이 피땀 흘려 일하는 양을 상회했다. 맥도널더글러스 같은 항공우주 회사는 수년간 경쟁할 필요가 없었던 데다가 연방정부에 간접비를 부풀려 청구하면서 12퍼센트 이상 미리 정해진 이윤을 보장받을 수 있었다. 만약 노동자들의 작업이 기대에 못 미치면 오히려 더 좋은 일이었다. 정부가 회사와 수리修理 작업 계약을 맺어, 두 배의 이윤을 남기도록 해 주었으니 말이다.[41] 노동시간이 그저 또 다른 청구 수단에 불과할 때, 스스로를 중요한 존재로 느끼기는 어려운 법이다.

롱비치 공장에서 가장 규모가 큰 노동조합인 전미자동차노동조합(UAW) 148지부의 지부장 더글러스 그리피스Douglas Griffith는 1990년 지역신문과 인터뷰를 하면서 이례적으로 솔직하게 답변했다. "많은 노동자가 그냥 우두커니 서 있어요. 놀고 있는 건 아닙니다. 대부분은 업무 지시를 기다리고 있는 거죠. 관리자들이 노동자들에게 스스로 다음 일을 알아서 할 권한을 부여하지 않았기 때문입니다. 사실 그런 일은 스스로 알아서 할 수 있어야 합니다. (…) 감독에게서 지시가 내려오기를 기다리느라 일하는 시간 절반을 허비하는데, 사실 그들도 다 아는 일입니다. 살면서 본 것 중에 제일 미친 시스템입니다."[42]

맥도널더글러스는 관리 모니터링이라는 새로운 윤리의 본보기였다. 그곳에는 11단계 관리 시스템이 있었고, 매드슨의 '관제선'에 오른 미래주의적 관리자나 할 법한 일을 기본 업무로 삼는 이들이 가득했다.[43] 그들은 대체로 비공개적인 기준에 따라 직원을 평가하거나 문제를 지적하면서 하루를 보냈다. 어느 날 오후 우리가 이직 지원 사무소 회의실 탁자 주변에 그룹을 지어 둘러앉아 있는데, 전 직원 한 사람이 이렇게 주장했다. "내가 일했던 그 어느 회사보다도 비공개 정보가 많았어요." 그러자 다른 남자들이 속상하다는 듯 고개를 끄덕이며 동의했다. 맥도널더글러스 홍보부장이었던 G.J. 마이어G.J. Meyer가 회고록 『경영진 블루스Executive Blues』에 쓴바, 회사 직원들은 자신들이 "모호한 규칙들의 거대한 집합체가 지배하는 낮은 수준의 침체에 빠져 하루하루 헤매고 있음을 깨달았다. 모든 것에 규칙이 있었지만, 본인이 직접 맞닥뜨리기 전까지 그 규칙들은 보이지 않았다". (마이어는 회사 주변 길을 따라 조깅하다가 우연히 그런 규칙을 맞닥뜨렸다. 갑자기 보안 요원들이 나타나더니 그가 두 가지 규칙을 위반했다며 질책하는 것이었다. 위반 사유는 맥도널더글러스 사유지에서 뛰었다는 것, 그리고 반바지를 입었다는 것이었다.)[44]

사측은 '얼굴 없는 당국이 모든 통제권을 쥐고 있다'고 생각하는 사람들의 분노를 달래기 위해 갈수록 민망해지는 '직원 임파워링' 캠페인을 주기적으로 열기 시작했지만, 이 캠페인의 공허함은 분노를 고조시킬 뿐이었다. 일단 시작은 1970년대에 추진된 '나는 참여하고 있어요'라는 프로그램이었다. 당시 사측은 고등학교에나 있을 법한 건의함을 마련한 뒤, 청원을 넣으라며 노동자들을 부추기곤 했다. 뒤이어 '자기 쇄신의 다섯 가지 열쇠'가 등장했다. 당초 윤리적 경영에 관한 의식을 고취하기로 되어 있던 이 프로그램은 사실상 회사에 대한 직원들의 충성도를 시험하는 기회로서 주로 기능했다.[45] 이러한 시도는 1980년대 후반 '종합적 품질경영Total Quality Management'에서 절정에 달했다. 이 개념은 관리·경영 분야의 스승 W. 에드워즈 데밍W. Edwards Deming의 주장을 발전시킨 전후 경영 철학의 성배나 다름없었다(그는 기업 환경에서 두려움과 위협을 제거하고 가짜 기업 슬로건을 폐기하면 생산성이 향상될 것이라고 강조했다). 데밍의 아이디어는 원래 일본에서 채택하고 있던 것이었다. 그러나 1980년대에 미국 기업 경영진이 이를 재구상함에 따라 '종합적 품질경영'이란 종종 두려움을 조장하는 일종의 미신이 되어 버렸고, 그 속에서 '임파워링'을 외치는 구호들은 진정한 권한과 진보를 대체하고 말았다.[46]

1989년 2월, 창업주의 아들인 CEO 존 맥도널John McDonnell이 맥도널더글러스의 종합적 품질경영 시스템(TQMS)을 공개했다. 그는 이 시스템이 직원들에게 더 많은 "권한"을 부여함으로써, 직원들은 이제 스스로를 부하 직원이 아닌 "팀원"으로 여기게 될 것이고, "맥도널더글러스의 모두가 주인처럼 행동하게 될 것"이라고 고평했다. 그런데 막상 회사가 팀워크를 강조하는 방식은 어딘가 이상했다. 당장에 사측은 관리자 5200명을 페인트 격납고로 소환하여 해고 사실을 통보한 다음, '2주간의 역할놀이 회기에 참여해서 자신의 팀플레이 능력을 심사위원단에게 증명한 뒤 다시 지원하라'고 고지했다. 롱비치 관리자들 가운데 절반이 이런 식으로 일자리를 잃었다. 그중 전략 기획자인 제임스 더글러스James Douglas는 더글러스항공 창립자 도널드 더글러스Donald Douglas의 아들로, 30년을 일한 뒤 해고되었다. 그는 존 맥도널에게 편지를 보내 재고해 줄 것을 요청했다. 하지만 "답장조차 없었"다는 게 그에게 주어진 현실이었다. 맥도널더글러스는 직장에서 두려움을 없애고 있다고 광고한 지 1년도 채 되지 않아 대량 해고를 발표했다. TQMS가 낳은 혼란 속에서 몇 달 동안 일자리는 공석으로 남았고, 그 바람에 생산이 지연되었으며, 작업이 일정보다 늦어지는 만큼 손실 또한 증가했다. 이후 2년간 맥도널더글러스는 3억 4400만 달러 손실을 입었다.[47] 그리고 회사 주변에서 TQMS는 '직장을 그만두고 시애틀로 이사할 시간Time to Quit and Move to Seattle'의 준말로 통용되었다(시애틀에 보잉 본사가 있었다). 1991년이 되자 사측은 TQMS의 '팀워크' 개념을 중단하고 이전의 관리자 중심 조직 스타일로 되돌아갔다. 경영진은 관리자들이 너무 '허용적'이었기 때문에 TQMS가 실패한 것이라고 발표했다. 곧 엄중한 단속이 뒤따랐고, '억압적'이며 '군국주의적'인 상사에 대한 불만이 자연스레 급증했다. 1991년 말에 무역 잡지 《에비에이션위크앤드스페이스테크놀로지Aviation Week & Space Technology》는 "더글러스가 본질적으로 권위주의적인 경영 아래 작동하고 있다"라고 결론지었다.[48]

권위주의는 온정주의라는 동전의 뒷면에 불과했다. 관리자가 허용적인 아버지의 역할을 수행하든 계엄사령관의 역할을 수행하든, 문제는 그대로였다. 관리자가 자신이 관리하는 사람들에게 실질적으로 제공할 수 있는 것이 아무것도 없다는 것. 관리자들은 그저 어르고 달랠 뿐, 가르쳐 줄 수 있는 건 아무것도 없었다. 내가 맥도널더글러스에서 인터뷰한 남자들은 조선소 남자들과 달리 자기 상사에 대해 말한 적이 없다. 아니, 대체로 상사에 대한 언급 자체가 없었다. 그들의 감독관은 실질적인 권한도, 전달할 지식도 없는 중간관리자였으며, 이 문제는 공장 저 밑바닥까지 뻗쳐 나갔다. 전미자동차노동조합 148지부의 지부장 더글러스 그리피스는 이렇게 말했다. "요즘엔 직원이 리벳을 어떻게 쏘는지 어깨 너머로 살펴보려는 감독관들 중에도, 도대체 리벳을 어떻게 쏴야 하는지 전혀 감이 없는 자들이 많죠."[49] 관리자는 '아버지'가 아니었다. 그들은 감시 카메라에 불과하거나 그보다도 못한 존재였다. G.J. 마이어의 『경영진 블루스』에서는 맥도널더글러스가 "관대한 보상을 받는 수감자들의 강제 노동 수용소"라고 결론지었다.[50] 만약 회사가 '가족'이라면, 관리자와 관리되는 자의 관계는 곧 아내를 쥐락펴락하는 남편과 그 아내의 관계에 가장 가까웠다.

자기 일에 대한 장악력을 박탈당한 남자들은 직함과 직위(짝퉁에 가까운 직위)로 보상받았다. 회사는 '오즈의 마법사'처럼 검은 가방에서 멋진 직함을 꺼내어, 이를 간절히 원하는 사람에게 마구잡이로 뿌려 댔다. 베트남에 뿌려진 수많은 공로훈장처럼, 가령 여기저기 갖다 붙이면 그만인 영예로운 호칭이 바로 '엔지니어'였다. 물론 맥도널더글러스에는 (특히 비행기 조립 공장의 경우) 실제 엔지니어들이 있었다. 하지만 엔지니어링 업무를 맡았다기보다는 엔지니어링 업무에 끼워 맞춰진 사람에게 이 호칭이 붙는 경우가 훨씬 많았다.

이직 지원 사무소의 직업상담가인 진 베리Jean Berry는 어느 날 아침 '직능 이전' 수업에서 이 문제를 섬세하게 다루었다. 그녀는 『직업 명칭 사전Dictionary of Occupational Titles』을 돌리면서 남자들에게 각자 자기의 직능을 찾아보고 "현실 세계"에서 관련 직업이 어떻게 불리는지 확인해 보라고 했다. 그녀는 '여러분이 일자리를 찾으려면 맥도널더글러스가 부여한 부풀려진 직함을 포기해야 한다'고 말했다. "더글러스에는 스리피스 양복을 입고 자신을 엔지니어라고 부르면서 돌아다니는 사람이 너무 많았죠. 더글러스가 그들을 '엔지니어'라고 불렀기 때문이에요. 엔지니어링 학위가 없는 '엔지니어'라니. 그래서 많은 사람이 충격을 받았죠. 주위를 둘러보고 나서야 '나는 엔지니어가 아니구나' 하고 알게 됐으니까요."

이직 지원 사무소에서, 맥도널더글러스의 중간계층이라 할 수 있는 기획자·엔지니어·관리자들은 자기가 잃어버린 일에 대해 거의 이야기하지 않았다. 그들은 잃어버린 월급, 자동차, 한때 소유하고 있었던 복층주택의 평수에 대해서는 말했지만, 자기가 어떻게 회사의 부에 기여했는지는 말하지 않았다. 전기기술자인 엔지니어 글렌 위스네스키에게 맥도널더글러스에서 보낸 시간 중 가장 가치 있게 생각하는 것이 무엇인지 물었을 때, 그는 자신의 집에 대해 자세히 설명하기 시작했다. "경관이 좋은 42만 5000달러짜리 집이었어요! 침실이 네 개! 차고 세 개! 수영장에다가 스파까지 딸려 있었죠! 해고를 당하고 별 성과 없이 구직 활동을 한 끝에, 42만 5000달러짜리 드림하우스는 바로 경매에 부쳐졌습니다." 위스네스키는 씁쓸하게 말했다. '엔지니어'라는 단어는 그들이 맥도널더글러스에서 실제로 어떤 일을 담당했는가 하는 문제를 가려 주었다. 그 안으로 너무 밝게 빛을 비추다 보면, 본인들이 상상했던 것보다 훨씬 작은 남자가 BMW를 몰고 침실 네 개짜리 집에 살고 있었다는 사실을 까발리는 것만 같았다. 그들의 이력서는 이해할 수 없는 공허한 동사로 가득했다. 그들은 일을 "해치우"고, "조직하"고 "가능케 했"다. 하지만 그들이 실제적인 업무를 수행한 것 같지는 않았다. 그들은 씩씩거리며 자신들의 쓸모를 주장했지만, 그 쓸모가 과연 어떤 성과로 이어졌는지, 그저 회사 배지를 뗀 순간 그것 또한 허공으로 사라져 버린 건 아닌지, 확신할 수가 없었다.

회사에 어떤 기여를 했는지 의심스러운 상황에서 본인과 블루칼라 동료 사이의 거리를 명확히 하는 건 더욱 중요해졌다. 그들은 아무것도 '만들지' 않았지만 더 많은 돈을 받았다. 비록 그 차이가 종잇장만큼 얇은 차이였고, 1990년대 이후에는 언제든지 증발해 버릴 수 있는 돈이긴 했지만 말이다. '대량 해고'라는 말은 맥도널더글러스 맨을 움츠러들게 했다. 중산층이라는 지위는 그들을 노동하는 폭도와 구분해 '대중'보다 우위에 서게끔 해 줄 수 있어야 했다. 시스템 엔지니어인 제임스 로런스에게 의무적인 재교육 회기에 참석할 계획이 있는지 물었을 때, 그는 이렇게 항의했다. "나는 생산직에 있는 블루칼라가 아니에요. 이런 접근이 이해가 안 갑니다. 이 프로그램의 목표가 나 같은 고위급을 끌어내려 노동자들이랑 같이 내버려 두는 게 아니라면 말이죠." 그는 몸을 앞으로 내밀어서 자신의 말을 내 얼굴에 바로 내리꽂았다. "'원하든 원치 않든 여러분은 노동자가 될 겁니다!' 이건 체계적이에요. 그들은 정신적으로도 경제적으로도, 모든 방식에서 우리의 등골을 빼먹었어요. 앞으로 20년간 미국에 더는 중산층이란 없을 겁니다."

맥도널더글러스의 엔지니어들은 장인-도제 관계 대신 상표를 통해 고용주와 관계를 맺었다. 그들은 프리메이슨식으로 맥도널더글러스 넥타이 핀이나, 양복 옷깃에 꽂는 작은 은색 비행기를 통해 회사원으로서의 정체성을 고수했다. 이직 지원 사무소 상담가들이 말했던 것처럼 그들은 자기 가족보다 '더글러스 가족'에 더 강한 소속감을 느끼는 것처럼 보였지만, 그것은 생산이 아닌 소비에 기반을 둔 소속감이었다.

사실, 구매 가능하며 장식적인 정체성에 충실히 임한다는 것은 회사 자체가 심어 준 개념이었다. 존 맥도널은 1980년대 후반 회사가 파산 상태에 이른 가운데, 회사 이미지를 살리겠다며 마케팅 업체에 아낌없이 돈을 썼다. 이러한 노력은 특히 기업 로고를 다시 만드는 일에 집중됐다. 맥도널더글러스는 재고가 넘치는 구내매점 안에, 혹은 업무 성과에 대한 보상으로, 회사 로고가 붙은 자질구레한 장신구를 직원들 보는 앞에 주렁주렁 매달아 놓았다. 성과라는 것 자체가 이미지 제고와 엮여 있는 문제였다. 1988년 회사는 직원들에게 연방 적자를 줄일 방안을 모색하는 최신 홍보 캠페인에 참여할 것을 촉구했다. 그리고 여기에 기여한 직원들에게 '현대 미국의 애국자' 증서, 옷깃에 다는 핀, 레이건 대통령의 팩스 서명이 새겨진 메달을 수여했다.[51]

항공우주 업계와 미국 경제계가 대체로 그렇듯, 맥도널더글러스 역시 이미지 관리에 집중하는 곳으로 유명했다. 그리고 회사의 문제가 대중에게 공개됨에 따라 그런 상황은 더욱 심해졌다. 1979년 DC-10에서 엔진이 분리되어 273명이 사망하자, 맥도널더글러스는 "DC-10 제트 여객기에 관한 중대 발표"를 하겠다며 시카고 쉐라톤 센터 임페리얼홀에 일군의 기자단을 불러모았다. 그런데 그 현장에서 기자들이 본 것은 우주비행사 찰스 '피트' 콘래드Charles "Pete" Conrad가 DC-10 여객기를 찬양하며 노래 부르는 광고 영상이었으니, 결국 중대 발표의 내용은 "수백만 달러짜리 광고 캠페인"이었던 것이다.[52]

더글러스의 로버트 후드Robert Hood 사장은 이렇게 말했다. "회사 이미지의 중요성은 아무리 강조해도 지나치지 않습니다. (…) 회사가 이미지 은행에 '투자'하는 건 매우 중요합니다." 하지만 그 '투자'가 매번 회삿돈으로 이루어지는 건 아니었다. 맥도널더글러스는 홍보 컨설팅 및 캠페인의 대가로 정부에 수백만 달러를 요구했는데, 가령 1982년에는 시카고 추락 사고 이후 시작한 '홍보 캠페인'을 명목으로 국방부에 비용을 청구하기까지 했다.[53] 1993년 가을, 맥도널더글러스가 비용 절감을 위해 수만 명을 해고했을 당시 정부 감사관은 이곳에서 지난 5년간 연회, 칵테일파티, 승마 원정, 골프 라운딩, 오락 생활, 영화 및 오케스트라 연주회 티켓 구매, 커피 머그 기념품 구매 따위에 세금 약 5500만 달러가 사용됐다고 밝혔다. 회사는 1991년 해군이 라스베이거스에서 개최한 저 악명 높은 테일후크 연례 심포지엄✠에서 발생한 접대비 및 음료비 2만 8000달러를 세금으로 충당하려 하기도 했다.[54] 기업의 부대비용pin money을 뜯어내는 일은 이런 식으로 꾸준히 이어졌다. 그리고 C-17 수송기 계획이 예산을 10억 달러 이상 초과할락 말락 할 즈음, 회사는 언제나 후하디후한 남편인 공군에게서 미리 부적절한 돈을 받아내려고 기를 썼다.[55]

국방부가 찔러 주는 자잘한 돈은 이런저런 장식품(커피 머그 등 판촉용 굿즈)과 맞바꿀 수 있는 경화硬貨였다. 그런데 이런 장식품은 묘하게도 1950년대 가정주부들과 여러 장식용 '엔지니어'의 아내들이 '유지'하고 있던 지위를 연상시켰다. 새롭게 탄생한 교외 중산층에서 회사원의 아내란 대개 전시 상황에서 일을 하다가, 국가의 전격적인 평시 프로파간다 캠페인으로부터 융단폭격을 맞은 뒤 일을 그만둔 여성이었다. 국가가 저

✠ 1991년 9월 8~12일 라스베이거스 힐튼호텔에서 열린 미 해군 내 사조직 테일후크의 제35회 연례 심포지엄. '악명 높다'는 건 이 연례 심포지엄에서 벌어진 성폭행 사건 때문인데, 해군 및 해병 항공대 장교 100명 이상이 최소 여성 여든세 명과 남성 일곱 명을 강간했다. 이 사건을 비롯하여 이후 수사 과정을 아울러 '테일후크 스캔들'이라고 부른다.

캠페인을 통해 수많은 여성에게 심어 주고자 했던 바는, 거실 가구에 광을 내는 건 그들의 여성성을 드높여 주는 반면 새로운 일자리를 얻는 건 그들의 여성성을 더럽힐 것이라는 확신이었다. 너도나도 보금자리 마련에 한창 열을 올리던 그 시절엔 사실상 서로 잘 알지도 못하는 사람들끼리 결혼을 서두르는 경우가 부지기수였다. 이러한 경향은 특히 방위산업을 통해 전국적으로 조성된 교외 지역에서 두드러졌는데, 그곳에선 사람이든 사물이든 모든 게 다 낯설고 새롭기만 했다. 이제 막 지어진 교회에서 걸어 나온 신랑·신부가 이제 막 형성된 '공동체'에 들어간다. 이들은 자기가 누구랑 팔짱을 끼고 있는지, 어떤 사회에 진입하고 있는지 확신하지 못한다. 항공우주 업계 종사자인 화이트칼라 남편의 봉급으로 별도의 계약금 없이 트랙트하우스에 입주하고 나면 소꿉놀이를 할 기회가 보장된다는 것 말고는 어떤 것도 확신할 수 없다.

가정주부는 항공우주라는 공식의 필수적인 부분이었다. 이 공식이 시작되는 곳은 정부–남편이 번쩍이는 전투기와 미사일을 열심히 전시하고 있는 저 꼭대기다. 냉전 시기 세계 '무대'에서 벌어지는 최후의 결전 순간순간마다 누가 총 여섯 자루를 쥐고 주도권을 잡을 것인가. 이것을 보여 주려는 과시적 소비의 글로벌 버전이 바로 항공우주산업이었다. 정부가 후한 보조금으로 (이미 거기에 길들여진) 항공우주 회사를 떠받치고 회사가 명예로운 직함과 집에 가져갈 보너스로 직원들을 떠받쳤듯이 '맥도널더글러스 맨' 또한 새로 부양할 아내의 수호자 역할을 맡아야 했다. 그리고 아내는 의존관계로 얽힌 먹이사슬의 끝자락에서 꼭 필요한 역할을 해 주었다. 무력해진 아내야말로 남편이 직장에서 경험하는 무력함에 균형을 잡아 줄 중요한 균형추였던 것이다. 아내는 남편이 사무실에서 잃어버린 남자다움을 다시 돌려주었고, 남편은 집에서 빈둥거리는 부르주아적 여성성을 아내에게 둘러씌워 주었다. 그러나 전업주부인 아내는 남편에게 장식적인 남성성만을 부여할 수 있었으며, 남편은 쇼핑을 좋아하는 배우자에게 냉장고나 세탁기를 주저 없이 살 만한 급여 수표를 건넬 수 있을 따름이었다. 1950년대 교외라는 개척지에서 '진짜 남자'가 얻으려 한 것은 언덕 위에 있는 집이 아니라 그 집에 있는 아내였다. 부부 사이에는 남편이 고용주와 맺은 것과 동일하게 암묵적인 거래가 오갔다. 남편은 아내에게 평생 경제적인 안정을 보장했고, 아내는 그 대가로 남편에게 평생 충실할 것을 약속했다. 맥도널더글러스에 몸 바친 남편이 회사와 결혼하면서 받은 작은 은색 비행기를 옷깃에 달고 있듯, 아내는 약손가락에 결혼반지를 끼고서 '죽음이 우리를 갈라놓을 때까지' 헌신할 것임을 드러냈다. 회사에서 이뤄지는 결혼 생활과 마찬가지로 이 부부 관계 또한 매주 급여 수표가 나오는 한 '유지'될 터였다.

항공우주 업계 종사자의 아내가 조선소 노동자의 아내보다 전업주부가 될 가능성이 훨씬 더 높다는 사실은, 조선소와 맥도널더글러스가 실용적인 존재와 장식적인 존재라는 구분에서 각기 다른 위치에 서 있었음을 보여 주는 또 한 가지 징표다. 실용성과 장식성의 경합은 아주 오래되고 또 모호한 것이었다. 확실히 맥도널더글러스에는 비행기를 생산할 정도의 실용성이 존재했는가 하면, 대공황 시대엔 장식성이 반란을 일으켜 가장 침체돼 있던 일부 산업에서조차 실용성에 도전한 바 있었다. 그러나 이제 중대한 변화가 일어나기 시작했고, 이 싸움에서는 정도의 차이가 곧 종류의 차이로 이어질 수 있었다.

남자다움의 이상으로서 실용적인 남성성은 전통적으로 남자들에게 물질세계의 원료에서 무언가를 얻어 내기 위해 노력할 것을 요구했다. 작가 셔우드 앤더슨Sherwood Anderson은 기계의 부상이 남성성에 미치는 치명적인 영향을 한탄하며 『어쩌면 여자Perhaps Women』(1931)에서 이렇게 쓰고 있다. “남자는 일할 때 자연과 직접적으로 연결될 필요가 있다. 남자들은 원료를 직접 만져야 한다. 재료를 직접 다듬고, 자신의 손을 이용해 나무·진흙·철 따위로 무언가를 만들어 낼 수 있어야 한다. 연장을 손에 쥐고 다룰 줄 알아야 한다. 그렇게 할 수 없다는 것, 그렇게 하도록 허락하지 않는다는 것은 남자에게 영향을 미친다. 모두가 그걸 알고 있다.” 남자들은 그 실용성을 등에 업고 “어떤 힘”을 소유하게 된다. 앤더슨에 따르면 그 힘 없이는 “남자들은 여자에게 아무런 쓸모가 없다”. 또는 『세일즈맨의 죽음Death of a Salesman』 주인공 윌리 로먼이 간결하게 표현한 것처럼 “연장을 다루지 못하는 남자는 남자가 아니다”.[56]

그러한 남자다움에서 중요한 또 한 가지는 재료를 다루는 기술을 충분히 내면화하는 것이었다. 장인정신은 남자들에게 어떤 자부심을 불러일으켰는데, 거기에는 맞춤형 제작에 필요한 노하우란 하루아침에 얻어지는 것이 아니라는 확신이 깔려 있었다. “나는 그 일에 능숙했어요”라는 말은 조선소 노동자들이 자기 일에 대해 이야기할 때 자주 등장하는 표현이었다. 그건 어떤 과시나 허세도 깃들지 않은, 이론의 여지 없는 사실이었고, 한 남자의 인생이 마음 편히 기댈 수 있는 진실이기도 했다. 권위는 그런 안정에서 자라났다. 권위authority라는 단어의 본뜻이 그러하듯, 이 권위는 뭔가 생산적인 것을 **창출해 내는**authored 데 바탕을 둔 권위였던 것이다.[57]

그럼에도 이런 종류의 남자다움은 도구(연장)나 생산성, 권위를 넘어서는 무언가에 의존하고 있었다. 핵심은 수작업이 아니라, 기술—사회적으로 중요한 일로 전환될 수 있고 공적인 가치를 인정받을 수 있는 기술—을 보유한다는 관념 전체였다. 이러한 버전의 남자다움에서는 물건을 만드는 일과 공동체에 이바지하는 일이 그냥 같은 것이었다. 조선소 남자들은 손으로 무언가를 만드는 것과 인간 사회를 만드는 것 사이, 역량과 공동체 사이의 오랜 실용주의적 연결고리 덕분에, 산업 현장에서 발휘하던 숙련된 기술을 조선소 폐쇄라는 사회적 숙제에 적용할 수 있었다. 맥도널더글러스의 중간관리자들에겐 그런 연결고리나 능력이 없었고, 그런 자신감도 없었다.

1951년, 『줄어드는 남자』의 작가 리처드 매드슨이 여전히 더글러스항공에 출근 도장을 찍고 있을 때, 그는 「옷이 남자를 만든다」라는 단편소설을 발표했다. 주인공은 옷이나 모자, 신발을 벗지 않으려고 하는 홍보 담당관인데, 본인의 주장에 따르면 그 이유는 "코트 없이 남자는 남자가 아니"기 때문이다. 그러던 어느 날 동료 직원이 그의 모자를 훔치자, 그는 자신이 더 이상 제 기능을 할 수 없다는 걸 알게 된다. 그의 상태는 빠르게 악화되고, 결국 그는 자신의 양복으로 대체되어 양복이 스스로 매무새를 가다듬고 주인 없이 혼자 일하러 가는 지경에 이른다. 아내는 "친구들에게 '이 빌어먹을 것이 찰리보다 더 성적으로 매력적'이라고 말하며" 그를 떠나 양복에게 가 버린다.[58]

맥도널더글러스에서 해고된 많은 남자가 이 우화에서 뼈아픈 진실을 발견할 수 있었을 것이다. 회사가 직원들에게 했던 약속을 파기한 뒤 의존성의 도미노는 차례차례 무너졌다. 맥도널더글러스의 수석 산업 엔지니어였던 마이크 멀크Mike Mulk는 어느 오후 이직 지원 사무소 내 '취업 동아리'의 다른 회원에게, 20년간의 결혼 생활은 해고가 남긴 마지막 사상자일 뿐이라며 신랄하게 말했다. "경영진과 틀어진 것처럼 내 결혼 생활도 산산조각이 났어. 혼인 서약을 생각해 보니까 '비가 오나 눈이 오나, 건강할 때나 아플 때나'라고 되어 있었지 '직업이 없을 때에도'라는 말은 없더라고. 하지만 직업은 있어야 했던 거야. 일자리가 날아가니까, 아내도 떠났거든."

내가 이직 지원 사무소를 방문한 해에 거기서 만난 사람들은 대부분 비슷하게 버림받은 이야기를 했다. 오언 벤슨Owen Benson이 말했다. "아내는 정리해고로 인한 스트레스에 대해 불평을 했죠." 그는 엔지니어링 일자리를 다시 구할 수 없다는 것이 분명해졌을 때 아내와 이혼했다. "아내는 불확실성에 대처해야 한다고 불평했어요." 그의 아내는 결국 스스로 직장을 구했고, 그곳에서 다른 남자를 만났다. 결혼 생활이 끝나면서 벤슨은 끝 간 데 없는 불확실성의 구덩이에 빠졌다. 모아 둔 돈을 빠르게 소진해 버렸고, 그의 섬세한 표현에 따르면 이제 "식량 부족" 상태가 되었다. 그는 시간당 4.75달러를 받으면서 비디오 케이스를 만드는 공장 '프라이드 플라스틱'의 야간 근무 조립라인에서 잠시 일하기도 했다. "내 일은 비디오 케이스를 닫아서 박스 안에 넣는 거였어요. 하지만 조립라인 속도가 너무 빨라 케이스가 바닥에 다 떨어졌고, 루실 볼Lucille Ball 영화의 한 장면처럼 남자들이 나를 향해 고함을 치곤 했죠. 내 손은 생각처럼 빨리 움직이지 않았어요." 이후 그는 '땅콩 아저씨'가 되어 돈을 벌었다. 갈색과 노란색으로 된 거대한 껍질을 입고, 식료품점 입구에서 견과류 샘플을 나누어 주는 일이었다. "'땅콩 아저씨'가 되는 게 좋았어요. 적어도 사람들에게 무언가를 나눠 줄 수 있는 일이니까요."

그럼에도 오언 벤슨은 자신에게 닥친 재앙을 이전 고용주 탓으로 돌리지 않았다. "우리에게 남은 것이 없어서, 갈 곳이 마땅치 않아서 안타까운 마음이 들죠. 하지만 항공우주 업계에 서운한 마음은 들지 않습니다."

폭탄을 터뜨려 그들 삶을 산산조각 내어 버린 잘 보이지 않는 적의 얼굴을 찾는 과정에서, 이직 지원 사무소의 남자들은 위가 아닌 다른 곳을 둘러보는 쪽을 선호했다. 최고경영진(때로는 그들을 해고한 특정 관리자를 제외하고)은 지금은 밖으로 나돌고 있지만 언젠가는 가정으로 돌아올 남편처럼 여겨졌고, 전前 직원들은 오디세우스의 아내 페넬로페처럼 여전히 이곳에 남아 충성스럽게 물레를 돌리며 그 남편을 기다리고 있었다. 남자들은 회사가 정부와 새로운 계약을 체결할 것이라는 소문이 돌 때마다 '다시 불러 주겠지' 하는 기대감에 들떠 신나게 이야기했다. 한편 글렌 위스네스키는 팩스 기계 앞에 붙박여 영원히 이력서를 보내고 있었다. 그는 구인 광고를 손수 분류해 스크랩해 두었는데, 개중에는 너무 오래되어 누렇게 변색된 것들도 있었다. 어느 날 그 모습을 지켜보던 오언 벤슨이 위스네스키에게 말을 걸었다. 자기가 듣기로는 일요일자 신문에 나오는 구인 광고에다 한꺼번에 지원서를 보내는 게 현명하다고. "저들이 관심을 주는 건 파일 더미에서 처음으로 집어 드는 지원서"라는 얘기였다.

그 말에 위스네스키는 어깨를 으쓱했다. "그냥 저들한테 내 소재와 주소를 업데이트해 주려는 것뿐이야." 그러고는 "기다리는 동안" 바쁘게 지내려는 것뿐이라고 덧붙였다.

기업 경영이 한계에 부딪히고 의존관계의 사슬이 너덜너덜해진 상황에서, 맥도널더글러스 남자들은 정반대의 사슬, 그러니까 비난의 사슬을 구축했다. 경영진과 달리, 한때 그들에게 의존했다가 이제는 그들을 떠난 여자들은 사면받지 못했다. 여자들은 배신자였다. 특히 그들과 함께 머물고 있긴 하나 일자리를 구한 여자, 그리하여 급여 수표를 쥐고 있는 여자라면 누구나 배신자였다. 어느 날 오후 맥도널더글러스의 전 직원 빌 거설Bill Gersel이 이직 지원 사무소의 집단 회기에서 발표한 내용에 따르면, 그는 아내가 지금 가족을 부양하고 집에서 보육 사업을 운영하고 있다는 사실에 가장 큰 굴욕감을 느끼고 있었다. "아침에 일어나서 바지를 꺼내 입으려는데 말이죠. 그 바지를 이미 아내가 입고 있는 셈이에요."

남자들을 가장 수치스럽게 하는 건 맥도널더글러스에서

여전히 일하고 있는 여자들이었다. 대량 해고 기간 동안 연방 노동부 관계자들은 맥도널더글러스 롱비치 공장에서 숨이 멎을 정도로 높은 수준의 성적 괴롭힘 및 차별에 대한 불만이 쏟아지고 있다고 보고했다. 5년간 330건 이상의 불만이 접수되었다. 여자들은 성적 괴롭힘을 당하고, 조롱당했으며, 심지어 임신했다는 이유로 해고당하기까지 했다. 1995년 연방 판사는 원치 않는 성적 접촉 사실을 뒷받침하는 "압도적인 증거"와 적대적 근무 환경을 드러내는 "의미심장한 증거"를 발견할 수 있었다.[59]

남자들은 노동계급 동료들에게 그랬듯 반대쪽 성별에도 명확한 선을 긋고자 했다. 사무소장 셜리 저드Shirley Judd가 말했다. "다들 여자한테 원한을 품고 있어요." 남자들은 '일자리를 빼앗아 갔다'는 추상적인 이유로 여자들에게 분개했을 뿐 아니라, 아내나 여자 친구 등 여자들 개개인에게도 '나를 버렸다'며 분노를 표출했다. 이 같은 분노는 언어적 학대와 신체적 폭력을 낳았지만, 한편으로 그 밑에는 수치심과 두려움이라는 더 깊은 우물이 있었다. 이에 피해 여성 쉼터에서는 가정폭력이 증가하고 있음을 보고하면서, 그 대표적인 원인으로 이 지역 주도산업에서 벌어지고 있는 대규모 정리해고를 지목했다. 반면 이직 지원 사무소 직원들이 본 것은 남자들의 두려움이었다. 셜리 저드가 기억을 떠올렸다. "어떤 사내가 있었는데요. 그는 아내를 두려워했어요. 자기가 해고당했다는 걸 아내가 알게 되면 어떤 반응이 나올지도 두려워했고요. 실제로 그는 이곳 주차장으로 옮겨 와 자기 캠핑카에서 지냈어요. '아내가 나한테 신체적으로 해를 입힐 것'이라고 내게 말하더군요. 아내 사진을 보여 주기도 했는데, 되게 조그마한 사람이더라고요. 그치만 사내는 이렇게 말했어요. '내 말을 믿어요, 저드 씨. 아내는 사악하다고요.'" 어떤 여자는 남편이 해고되었다는 소식을 듣고 그를 길바닥에 던져 버리겠다며 으름장을 놓기도 했다. "일자리를 못 구하면 집에서 나가라고 했대요." 그 남편이 찾을 수 있었던 유일한 일거리는 한밤중에 사무실과 화장실을 청소하는 것이었고, 그는 그 일을 하기로 했다. 몇 주 뒤 저드는 사무소에서 다시 그 남자와 마주쳤다. 남자는 이렇게 말했다. "아내가 나를 다시 사랑해요. 요즘 일하고 있거든요."

이직 지원 사무소 직원들이 보기에 남자들은 때때로 좀 지나치게 자기 가정을 걱정하는 듯했다. 하지만 대부분의 경우, 버림받을 거라는 최악의 두려움은 현실이 되었다. 저드가 말했다. "뿔뿔이 흩어진 가족이 많죠. 그리고 대체로 떠난 건 남자 쪽이 아니었어요. 사실…… 남자가 떠난 경우는 잘 떠오르지 않는군요." 나 역시 그렇다.

사무소는 이 젠더 갈등에서 뜻밖의 역할을 했다. 남성이 반대쪽 성별에 대해 적대감을 드러내도 안전한 일종의 비무장지대로 자리 잡은 것이다. 저드가 말했다. "그분들은 우리에게 놀라우리만치 노골적으로 여자에 대한 적대감을 드러냈어요." 그들은 사무소 측에서 여자들의 지원서도 제출해 준다는 것을 알게 되었을 때, 그게 마치 배신 행위라도 되는 양 분노하며 자기 지원서를 찢어 버리기도 했다. "그러는 와중에도 사실 여자를 만나러 사무소에 오는 남자가 많아요."

나는 이런 모순적인 마음 상태를 제임스 로런스와 대화하면서 접할 수 있었다. 그는 자신의 고통을 여성 탓, 그중에서도 특히 여성운동 탓으로 돌리는 데 가장 열을 올리는 남자들 중 한 명이었다. 한데 그는 자기가 여자에게 말을 하고 있다는 사실, 심지어 페미니스트와 이야기하고 있다는 사실에도 당황하는 것 같지 않았다. 오히려 그는 내가 그의 말을 "듣고" "마음을 열 수 있게" 해 준 것에 진심 어린 감사를 표하면서 나를 세심하게 배려하고 예의 바른 태도를 보여 주었다. 이 정중하고 조심스러운 남자와 그가 쏟아 내는 표독스러운 말을 매치하는 건 쉽지 않았다. 하지만 '귀 기울여 듣고', 고개를 끄덕이고, 그가 하는 말을 받아 적으면서 나는 (사무소의 여성 직원들과 마찬가지로) 나 자신이 '올바른' 종류의 여성, 그러니까 권위의 목소리라는 남성적인 위치에 그를 다시 올려놓음으로써 그의 세계를 바로 세워 주는 여성의 역할을 수용하고 있었던 건 아닌지 의심하게 됐다.

"완전히 역할이 바뀌었네요." 어느 날 오후, 회의실 탁자를 앞에 두고 앉아 있을 때 그가 처음 내게 건넨 말은 그것이었다. "내가 지금까지 실업 상태인 이유 중 하나는, 거기에 굴복하지 않았기 때문입니다." 페미니즘 운동의 진전에 대한 거부감이 본인의 실직과 무슨 상관이 있는지 알 수 없었을뿐더러 그 이야기를 더 깊게 듣고 싶은 생각도 없었다. 그가 말했다. "남성 젠더는 뒷자리를 차지하게 되었어요. 전반적으로 말이죠." 그리고 어떻게 그리된 것인지는 본인도 설명을 못 하겠지만 어쨌거나 페미니즘 운동이 그에게서 직장을 앗아 갔단다. "미국 사회에서 여자들이 아주 남성적인 역할을 맡게 되었죠. 옷도 그렇고 머리모양도 그래요……." 그는 짧게 깎은 머리를 표현하려고 뭔가 자르는 듯한 동작을 취했다. 그런 다음 잠시 말을 멈추고 반쯤 사과했다. "어쩌면 내 말이 의도치 않게 모욕적일 수도 있겠네요." 하지만 이 말이 무색하게 그는 모욕적인 언사를 이어 갔다. "페미니즘 운동은, 문제가 좀 있긴 해도 완벽했던 사회를 파괴해 버렸어요. 나는 거세당하는 데 질렸을 뿐입니다."

내가 그에게 페미니즘이 어떻게 그를 '거세'했는지 묻자, 그는 최근 이혼으로 끝난 결혼 생활에 대해 말했다. "갑자기 아내는…… '가장'이라고 말하고 싶지는 않고요, 그러니까 우리 집 생계를 책임지는 중심이 되었어요. 양쪽 역할을 다 했죠.

갑자기 나는 내 목적이 무엇인지 정당화하려고 애쓰기 시작했어요. 하지만 그럴 수가 없었죠. 나는 전통적인 길을 가려 했고, 아내는 다른 길을 가고 있었죠. (…) 아내는 점점 더 진보적이게 되었고, 나는 더 전통적이게 되었어요. 그러곤 아내는 이혼소송이 더 쉽겠다는 생각을 하게 된 거죠."

로런스는 일하는 아내를 보면서 자신의 '역할'에 대해 꺼림칙함을 느꼈고, 이런 감정은 아내가 맥도널더글러스에서 일하고 있다는 사실 때문에 더 심해졌다. 그가 1991년 엔지니어 자리를 잃고 플로리다주 멜버른의 그러먼항공우주산업사에서 다른 일자리를 얻었을 때, 아내는 자신의 직장과 캘리포니아주에서의 삶을 포기하려 하지 않았다. 그래서 두 사람은 2년간 떨어져 지냈다. 이후 그는 결혼 생활을 되살릴 수 있기를 기대하며 캘리포니아주로 돌아왔다. 하지만 그의 말에 따르면, 비행학교의 새 일자리가 날아가자 아내는 서면으로 그가 일을 구하지 못한 것을 탓했다. 그는 "맥주를 좀 더 많이" 마시기 시작했다. 아내는 언어적 학대로 그를 고발했고 "거기서부터 결혼 생활은 곤두박질쳤"다. 아내가 이혼 서류를 제출했을 즈음 그는 파산 위기에 놓여 있었다. 그는 자기 개인의 모든 퍼즐 조각을 인생의 지도에 끼워 맞춰 보았다. 그리고 어째서인지 그 지도 위에 페미니즘에서 이혼, 파산으로 이어지는 직선을 그릴 수 있었다. 엔지니어였던 그는 선형적인 설명을 좋아했나 보다.

"나에겐 아무것도 남지 않았어요." 어느 날 그가 내게 말했다. 나는 점심 식사를 함께 들자며 그를 사무소에서 데리고 나왔고, 우리는 근처 골프장 레스토랑에 앉아 있었다. 그가 이야기하는 동안 우리는 진한 황록색 바지를 입은 은퇴한 남자들이 골프 카트를 대 놓고, 아이조드✠ 셔츠를 다듬고, 모든 규칙을 준수한 후 보상을 받은 사람들의 만족스러운 분위기를 풍

✠ 골프웨어 브랜드.

기며 창문에 비친 제 모습을 바라보는 광경을 목도했다. 그 광경이 로런스에게 불쾌감을 자아냈음은 분명했다. 물론 거기서 밥을 먹자고 한 사람이 로런스이긴 했지만 나는 그에게 미안한 마음이 들었다. “할 수 있는 일이 없어요.” 그가 접시에 남은 음식을 이리저리 휘저으며 말했다. 코티지치즈와 과일 조림으로 구성된 은퇴자용 식사를 하기에 그는 너무 젊었다. “압류는 어쩔 수 없는 일이었어요. 파산도 어쩔 수 없었던 거고요. 커스터 George Armstrong Custer✠가 어떤 기분이었는지 알겠더라고요. 여기가 내 최후의 보루예요…… 더 물러날 곳이 없어요.”

그 주 후반에 나는 글렌 위스네스키와 함께 사무소의 팩스 기계 옆에 서서, 그의 키 높이만큼 쌓여 있는 종이가 빨려 들어가는 모습을 지켜보고 있었다. 그때 돈 모타가 우리 옆을 지나갔다. 내가 어떻게 지내느냐고 묻자 그는 “별로 좋지 않죠”라고 답했다. “좀 모자란 사람들이랑 일하던” 임시직을 일주일 만에 잃은 참이었다. 시에서 운영하는 기획 예산이 바닥난 탓이었다. 그의 아내는 그가 일을 구했을 땐 집으로 들어오도록 했다가 일자리를 잃자 다시 내쫓았다. “아내는 내가 집을 우리 손에 넣는 데 필요한 마지막 대출금을 내지 않았다고 화가 났어요. 하지만 나는 돈이 없어요. 내 수당은 다음 주면 끝이라고요.” 그래서 아내는 그와의 관계를 끝내 버렸다.

돈이 지나가고 난 다음에 한 직업상담가가 내 시야에 들어왔다. 그녀가 목소리를 낮추며 물었다. “돈과 상자 얘기 들었어요?” 내가 고개를 가로젓자 그녀가 이야기를 들려주었다. 돈

✠ 미국 남북전쟁 및 아메리카 선주민과의 전쟁에서 기병대 사령관을 지낸 군인. 시팅 불과 크레이지 호스가 이끄는 선주민 부족들의 연합을 상대로 한 ‘리틀빅혼전투’에서 패하여 전사했다. 오랜 시간 미국 백인들 사이에서 영웅으로 평가받았지만, 이후 미국 정부의 아메리카 선주민 학살을 비롯하여 리틀빅혼전투가 체계적으로 연구되기 시작하면서 오히려 졸장이었던 것으로 재평가되고 있다.

의 아내 게일 모타와 새 남자 친구가 어느 날 사무소 앞에 차를 세웠다. 차가 비틀거리며 멈추는 바람에 바퀴가 삐걱거렸다. 게일이 작은 골판지 상자를 품에 들고 차에서 뛰쳐나왔다. 그녀는 돈의 이름을 부른 뒤 상자를 도로 경계석 위에 얹어 놓고는 다시 차에 올라탔다. 그길로 차는 주차장을 빠져나갔다.

사무소 직원들이 그 상자 안에서 발견한 건 돈이 어렸을 때 돌아가신 부모님 사진들과 돈의 더러운 세탁물이었다. 나중에 내가 이 사건에 대해 게일에게 물었을 때 그녀는 이렇게 설명했다. 본인이 사무소에 등장한 것이 남편에게는 아주 모욕적일 수 있겠지만, 자기 역시 잔인하게 굴려고 했다기보다는 절망에 빠져 있었던 거라고. "나는 그 사람이 더러운 이불보와 수건을 사용하고 또 사용하고 또 사용하는 걸 계속 지켜봤어요. 더 이상 견딜 수가 없었죠." 그 밖에 또 무엇을 상자에 담았느냐고 묻고 나서야, 나는 상담가가 들려준 얘기에서 돈의 자랑스러운 소유물 하나가 빠져 있었음을 깨달았다. 그건 바로 맥도널더글러스의 커피 머그였다.

갑판 아래로 내려가야 한다

1980년대 후반 맥도널더글러스가 정부에서 퍼 주는 마지막 후원금으로 흥청거리던 당시, 롱비치 해군 조선소에서는 항해 속도를 올리기 위해 돛을 가다듬고 있었다. 조선소 측은 군축으로 곧 위기가 닥칠 것임을 깨닫고(해군 차관을 만난 롱비치시 관계자들은 조선소가 "군더더기 없이 끝내주는 생산 기계"가 되어야 살아남을 수 있을 거라 보고했다), 신임 사령관 래리 존슨Larry Johnson 대위를 중심으로 '프로젝트 관리'라는 새로운 생산성 실험을 시작했다. 이는 조선소 남자들 스스로 계획한 시도였는데, 당시 미국 기업 전체를 휩쓸고 있던 종합적 품질경영 계획과 크게 다르지 않았다. 작업장 권력은 이내 직함과 분야 대신 업무를 중심으로 재편되었다. 당시 운영 책임자였던 커트 레너드는 이렇게 회상했다. "우리는 위계 구조를 버리고 생산중심 구조로 선회했습니다."

지금까지 철권으로 다스리던 작업장의 구식 리더들(조선소 남자들은 그들을 "작은 신"이라고 불렀다)은, 각 작업의 통제권을 '프로젝트 관리자'에게 넘겼다. 그들의 직무는 각각의 선체 작업이 그저 결함 없이, 제시간에, 예산 내에서 마무리될 수 있게 하는 것이었다. 프로젝트 관리자는 근면한 과거 행적, 선내에서 가장 더러운 일을 기꺼이 수행하고자 하는 태도, 그리고 다른 남자들의 존경을 바탕으로 선임되었다. 권력이 아래로 이동하고, 노동과 관리 사이의 격차가 크게 좁혀졌다. 본질적으로 프로젝트 관리는 조선소의 전문성을 뒷받침하는 오랜 아버지-아들 동학을 제도화하고 이를 맞춤화하여 가장 헌신적인 아버지가 승진할 수 있는 환경을 만들었다. 얼마 지나지 않아 조선소는 흑자를 내기 시작했다.

1987년 조선소 사령관은 첫 번째 프로젝트 관리자로 아이크 버를 선임했다. 그는 전직 부착공으로, 릭 메자의 '아버지'였으며, 최근에 항공모함 '데이비드 R. 레이David R. Ray'의 정밀점검을 맡았던 생산 책임자였다. 이 작업 당시 그는 대체로 가장 먼저 해치를 열고 부하들과 함께 배의 가장 습한 곳으로 기어 들어가는 사람이었다. 항공모함 레이는 기록적인 시간 내에 기록적으로 낮은 비용으로 수리가 완료되었고, 이 배 수리를 담당한 장교 커트 레너드는 버에게 '할 수 있다고 말했고, 해냈습니다'라는 문장이 새겨진 수제 명판을 선물했다.

아이크 버를 처음 만났을 때 나를 놀라게 한 것은 그가 직장을 체화한 방식이었다. 그의 면모는 꾸밈이 없고 실용적이었으며, 간결했다. 체격을 보면 키가 크고 마른 편이었는데, 머리는 짧게 이발되어 있었고, 말과 움직임은 절제되어 있었다. 그의 눈은 쓸데없는 잡담을 경계했다. 그는 내게 "사람들 내면으로 들어가는 데엔 별 관심이 없"다는 말을 한 차례 이상 했다. "나는 상당히 권위주의적이죠." 그렇다고 해서 본인이 지배하길 좋아한다는 의미는 아니었지만, 내 생각에 그를 편안하게 느끼는 사람이 많을 것 같진 않았다. 외모로 봤을 때 그는 어리석은 사람을 봐줄 것 같지 않았다. 내가 그에게 '권위주의적'이라는 말이 통제력을 가진다는 걸 의미하는 거냐고 묻자, 그는 이렇게 답했다. "어떤 상황에서 통제력을 갖고 있다고 느끼려면, 자기가 무엇을 알고 있는지 알아야 하죠. 그건 '사람들을 통제한다' 혹은 '통제하지 못한다'의 문제가 아닙니다. 그건 일어나고 있는 일에 관여한다는 걸 의미하죠."

버는 개인적인 일의 '내부'를 살피는 건 꺼렸지만 그만큼 자기가 맡은 프로젝트 내부의 작동에 대해서는 열변을 토할 수 있었다. 만약 조선소에 처음 합류했을 때 어떤 '느낌'이었는지를 물으면, 그는 자기 직업의 물리적 특성으로 답을 할 터였다. 내가 바로 그 질문을 던지자 그는 이렇게 대꾸했다. "항공모함 '본험 리처드Bon Homme Richard'(좋은 남자 리처드)가 나의 첫 배였습니다. 나는 정비공과 함께 갔죠. 너비 4피트, 길이 6피트, 깊이 4피트인 냉각장치의 토대를 설치하는 일을 담당하고 있었어요." 그는 허공에서 손을 움직여 모양을 잡으면서 말했다. 1965년 당시에 측정한 치수를 떠올리는 모양이었다.

광이 날 정도로 깨끗하게 청소돼 있는 버의 사무실에 앉아 이야기를 나누던 날, 그는 이렇게 말했다. "'데이비드 R. 레이'가 좋았던 점은 무언가를 운영할 수 있는 첫 번째 기회를 줬다는 거죠. 나에게는 그걸 어떻게 만들어 가야겠다는 비전이 있었어요. 다른 사람에게는 없는 거였죠. 그리고 그렇게 만들어 냈어요. 내가 경영진에게 '이 일을 어떻게 진행할지 계획이 있습니까?'라고 물었을 때, 그들은 이렇게 답했어요. '당신이 한번 말해 보시오.' 큰 차이가 있는 거죠."

그리하여 아이크 버는 롱비치 조선소 사령관으로부터 프로젝트 관리로 전환하는 일을 도맡아 달라는 요청을 받았고, 이후 양쪽 해안 해군 조선소에 소환되어 버 자신이 개척한 원칙을 적용하는 데 도움을 주기도 했다. 직업적인 삶 대부분을 하도급 작업장에서 부착공으로 보내 온 한 남자에게 이건 '큰 차이'였다. 더군다나 L.A. 도심에서 어린 시절을 보내며 고된 일상과 시민권 박탈을 뼈저리게 경험한 그에게는 엄청난 일이 아닐 수 없었다. 어느 날 부모와 함께 콤프턴을 방문하기 전까지만 해도 그는 "흑인 역시 집을 소유할 수 있는지조차 모르고 있었"다. 버는 지금 이곳까지 이른 거리를 이렇게 측정했다. "내가 자랄 때, 우리 집에는 앞문과 뒷문, 그리고 화장실 문이 있었죠. 이제 나는 방마다 문이 있는 집에 살고 있어요."

버는 열여덟 살에 간신히 터널을 빠져나와 대학에 입학했지만 거기서도 어려움은 있었다. 그래서 미래가 텅 빈 벽에 부딪혔다고 생각했다. 그는 훗날 평생의 이력으로 이어질 우연한 만남에 대해 이렇게 설명했다. "나는 버몬과 브로드웨이가 교차하는 길모퉁이에 서 있었습니다. 한 남자가 아들에게 어떤 신청서를 건네고 있었죠. 그런데 내가 옆에 있으니까, 그 남자가 나에게도 한 장 주었어요."

그건 조선소 견습 자격을 얻기 위한 수학 및 물리학 시험 신청서였다. 남자 약 7000명이 응시했다. 67명이 합격했고, 아이크 버는 그중 한 명으로 성적 상위 그룹에 이름을 올렸다. 따라서 그는 1지망 분야에서 견습을 받을 수 있어야 했다. 하지만 그가 전기공 훈련을 받고 싶다고 신청하자, 견습 프로그램 자리가 꽉 찼다는 답변이 돌아왔다. 그리고 다음 날, 백인 몇 사람에게 전기공 견습생 자리가 열렸다. 버는 2지망으로 용접을 신청했지만 이번에도 거부당했다. "견습 지도사가 '부착공을 해 보는 게 어떻겠느냐'고 말했죠." 1년 반 뒤, 조선소의 흑인 노동자들이 흑인을 용접에서 배제하는 견습 제도의 오랜 관행에 불만을 제기했다. 불만이 접수된 후 아이크 버는 갑자기 전기공이나 용접공 자리에 관심이 있느냐는 제안을 받았다. "나는 됐다고 말했어요. 내가 있던 곳에 계속 있고 싶다고요." 그는 전기·용접 분야 견습공들이 "보조 인력 취급을 당하는" 게 싫었다. 부착 분야에 와 보니 무거운 강철 구조 작업이 몹시 고되기는 해도 "똑똑한 사람 취급을 받을 수 있었"고, 더 많은 "권한"도 얻을 수 있었다. 부착공으로 보낸 첫해에 그는 "항공모함 냉방 시스템 전반의 기초를 책임지게 됐"다.

버의 채용 날짜는 시의 적절했다. 1960년대 중반부터 1970년대 초반까지 조선소에는 인종적 변혁의 바람이 불었다. 당시 조선소를 이끌던 신임 사령관은 노동자 차별에 반대하고 소수자 육성에 전념했다. 이러한 변화는 조선소 내 인종차별에 반대하는 운동을 했던 부착공 J.B. 라킨스J.B. Larkins 같은 남자들에게 생산 책임자이자 조선소직원협회장으로 부상할 수 있는 길을 터주었다. 그리고 보일러 제조 견습공을 찾는 조선소 공고에 응했던 빈털터리 우편 노동자 데릭 메이Derrick May 같은 이들에게도 문이 열렸다. (메이의 골골거리던 자동차 타이어가 면접 당일에 끝내 퍼져 버렸을 때, 그는 자전거에 올라타 35마일 거리를 페달을 밟으며 달렸다. 도착했을 때 땀범벅이기는 했지만 넥타이는 끝까지 단정하게 매듭지어져 있었다.)

아이크 버는 십장에서 현장 감독관으로, 또 프로젝트 총감독으로 꾸준히 승진했다. 또 그 와중에 조선소에서 번 돈으로 뒷마당에 "맛이 간" 수영장이 있는 집을 사서 손수 수영장을 새로 짓기도 했다. 그는 메이백화점에서 일하다가 전업주부가 된 아내와 두 아이를 부양했다. 아내가 초기 아동 발달을 전공으로 학위를 따고 싶다고 했을 땐 UCLA에서 공부할 수 있도록 학비를 대 주었다. 그러다 동네에 범죄가 만연하기 시작하자 이사를 두 번 했고, 결국 L.A.에서 멀리 떨어진 교외에 집을 샀다. 두 시간에 달하는 버의 통근은 이제 새벽 4시에 시작된다.

어느 날 오후, 평소와 달리 부쩍 수다스러워진 아이크 버가 말했다. "당신이 꿈꾸던 모든 것이 여기에 있어요." 교외에 있는 드림 하우스라든지 뒷마당에 있는 수영장을 두고 하는 말은 아니었다. 그는 일 자체에 대해 말하고 있었다. "당신이 꿈꾸던 모든 것이 여기에 있어요. 조선소는 그 자체로 하나의 세계와 같아요. 아이템 대부분이 유일무이한 것들이에요. 한 번 만들어지면 반복되지 않죠. 그래서 만족스러운 거예요. 무언가를 시작하면 완성할 수 있으니까요. 당신이 만든 것이 뭔지 확인할 수 있어요. 맞춤 제작의 세계는 끝났어요. 오로지 여기에만 남아 있죠."

'프로젝트 관리'라는 개념이 떠오르면서 그 일을 하는 사람들도 부상하기 시작했다. 조선소의 아이크 버나 데니스 스완, 헨리 시스네로스Henry Cisneros 같은 남자들이 바로 그런 사람들이었다. 그들은 어느 누구보다 선체 내부를 잘 아는 사람들이었다. 왜냐하면, 이것이야말로 아름다운 아이러니이기도 한데, 한때 그들은 피부색 때문에 그곳을 벗어날 수 없었기 때문이다. 헨리 시스네로스는 일련의 거울을 보며 구부러진 파이프 내부를 용접할 수 있었고 ("언제나 제대로 망치질을 했"기 때문에) 작업장에서 "해머"라 불리던 사람으로, 항공모함 '타라와Tarawa'에서 용접 분야 최고 관리 직책을 맡았다. 그곳에서 그는 "팀과 함께 참호에서" 계속 일했으며 그 분야에서 절감된 비용으로 작업을 완료한 첫 감독관이 되었다. 그의 접근 방식은 전형적이었다. 데니스 스완이 나에게 자신의 관리감독 스타일을 설명하며 일러 주었듯이 "요컨대 갑판에 서서는 감독할 수 없"었다. "적어도 생산의 세계에서는 그렇죠. 당신은 갑판 아래로 내려가야 합니다."

이 남자들은 현대 기업 경영 이론을 정면으로 거부하면서 현장 감독관이 누리던 직업적 특권을 없애 버렸다(이전에 현장 감독관은 안전모 색으로 구별되었다). 스완이 말했다. "어떤 현장 감독관은 자기에게 '선생님Sir'이라는 존칭을 붙이라고 요구하기도 했죠. 예전에는 현장 감독관을 보면 도망쳤어요!" 항공모함 '바비Barbey'의 수리 작업을 책임지게 되었을 당시 스완은 함께 일하는 사람들에게 안전모 없이 모이라고 했다. 그러곤 이렇게 말했다. "둘러보세요. 이 방에는 모자가 없습니다. 여기서 나가더라도 모자가 없는 것처럼 일합시다. 일하는 사람들 사이엔 아무런 차이도 없을 겁니다. 내가 하지 않을 일은 다른 누구에게도 시키지 않겠습니다." 스완은 십장들과 노동조합이 이를 어떻게 받아들일지 확신이 없었다. 하지만 그가 여전히 약간 경이에 차서 말한 것처럼 "그건 효과가 있었"다. 항공모함 '바비' 작업은 정부의 지출을 기적적으로 줄여 주었다.

1988년 루이스 로드리게스는 '국제 전문기술 엔지니어 연맹International Federation of Professional and Technical Engineers'(IFPTE)의 174지부 남성 600명을 대표하는 지부장으로 선출되어 조선소를 구조하는 임무를 맡았다. SOS, 즉 '우리 조선소를 구하라Save Our Shipyard'라는 기치 아래 로드리게스와 동료 노동자들은 남부 캘리포니아 전역을 방문하여 의회에 제출할 서명 40만 건을 모았다. 또한 그는 의회와 국방부 관계자들을 하나하나 만나기 위해 여섯 차례나 워싱턴을 찾았으며, 마침내 댄 퀘일Dan Quayle 부통령과의 인터뷰까지 성사시켰다. 부통령은 "그래, 하고 싶은 말이 뭔가, 젊은이?"라며 그를 맞이했다(로드리게스는 당시 사십 대 중반이었다). 다만 부통령이 이 일과 관련해 내놓은 것이라곤 로드리게스의 딸 첼시에게 줄 사인과 로드리게스가 사용하게 될 부통령 넥타이핀 두 개뿐이었다(그는 공화당 의원을 방문할 때마다 그 넥타이핀을 착용했다).

조선소 폐쇄 위협이 더욱 가중되자 이곳 남자들은 눈에 띄게 서로 가까워졌다. 전통적으로 조선소의 공동체적 느낌은 각 작업장이나 노동조합 지부, 혹은 '블랙 헤리티지 위원회' '라틴계 헤리티지 위원회' '아시아 태평양 제도 주민 헤리티지 위원회' 등 당시 번창하기 시작한 소수민족 중심의 사교 모임을 중심으로 유지돼 왔었다. 이는 1940년대까지 거슬러 올라가는 전통으로, 전시 조선소 노동자들이 재정적·의료적·사회적 필요를 서로 채워 주기 위해 상호부조적인 '공제회'를 만들던 데서 비롯한 것이었다.[60] 그리고 이제 작업장에서는 각 소수민족 단위의 행사에 조선소 인원 전체가 참석하는 경우가 점점 늘어나고 있었다. 3년간 '블랙 헤리티지 위원회' 회장을 맡았던 데니스 스완은 "원래 흑인 행사에 가면 온통 흑인들뿐"이었다고 했다. "라틴계 행사에 가면 라틴계가 다였고요. 그런 식이었습니다. 하지만 마지막 몇 년간은 다 섞였죠. 모두가 이런 행사를 좋아하게 되면서 규모가 커진 거예요." 스완의 멘토인 찰리 스폰은 '블랙 헤리티지 위원회'에서 영예를 얻은 최초의 백인 노동자가 되었다. 또 루아우luau(태평양 제도에 속하는 하와이의 연회 형식)로 진행된 조선소의 마지막 파티에서는 500장의 티켓이 전부 매진되었고, 주최 측은 태평양 제도 출신이 아닌 조선소 직원을 '사모아 공주'로 선택했다. '공주'로 선택된 엘리자베스 크로켓Elizabeth Crockett은 이게 조선소의 현대적 윤리의 핵심이라고 설명하면서 이렇게 말했다. "무슨 일이 일어난 거냐면 말이죠, 소수민족 집단이 다른 민족 집단을 존중하기 시작한 거예요." 조선소의 생존 노력이 헛된 일이라는 주장도 있었지만 그 윤리는 통했다. 로드리게스가 나에게 말했다. "아버지는 나에게 '네가 필요한 자리가 아니라, 너를 필요로 하는 자리에 임하라'고 했어요. 나는 여기에 있고, 내가 이 일을 계속할 수 있는 건 조합에 있는 다른 사람들의 어려움에 집중하기 때문이에요. 조선소는 나에게 제2의 가족이었습니다. 여기에서 나가면 나는 정말로 완전히 길을 잃을 거예요. 가족을 잃게 되는 거죠."

어느 날 나는 28년 차 베테랑 선박 설계자와 함께 인접한 (그리고 폐쇄된) 해군기지 주변을 둘러보았다. 롱비치의 환경 활동가들은, 저명한 흑인 건축가 폴 리비어 윌리엄스Paul Revere Williams가 설계한 기지 건물을 불도저로 밀고 그 자리에 컨테이너 터미널을 만들 것이란 사실에 화가 나 있었다. 선박 설계자가 그 활동가들을 만나러 가는 자리에 나를 데려갔다. 하지만 정작 이날 그는 위태로운 건물들 주변 나무에 둥지를 튼 왜가리의 곤란한 처지에 대해 더 많은 이야기를 했다. "아마도 해오라기들인 것 같은데 말이죠. '빌딩 1' 앞에 하루 종일 앉아 있단 말이에요. 집을 없애 버리면 갈 곳이 없을 거예요." 조선소 남자들은 조선소에 있는 거대한 기계식 크레인을 돌보는 것과 마찬가지로 왜가리를 돌보는 일 역시 자신들의 책임으로 여겼다. "작년에는 새끼들이 둥지에서 자꾸 떨어져 문제가 됐죠. 꽤 큰 새끼들이었는데 말이죠! 돌아다니면서 걔네를 둥지로 다시 올려 주는 사람들이 있었어요."

저 새와 저 남자들을 생각하던 와중에, 불현듯 조선소와 맥도널더글러스의 서로 다른 '가족' 동학과 관련한 어떤 아이디어가 떠올랐다. 맥도널더글러스에선 남성 노동자들이 특정 유형의 여성성, 즉 장식적인 여성성과 유사한 의존성에 남자다움의 기반을 두도록 독려했다. 회사는 그들에게 반짝이는 타이틀과 멋진 명판과 제트전투기 모양의 장식품을 내주었다. 하지만 그들이 책상에서 분홍색 쪽지를 발견했을 때, 그 모든 것은 깡통으로 바뀌고 말았다. 롱비치 해군 조선소의 남자들 역시 여성적인 면모를 지닌, 그러나 전혀 다른 성격의 남성 윤리를 품으려고 했다. 그건 바로 모성(돌봄)이었다. 조선소는 일종의 모성적 남성성이 표출되는 공간이었다. 남자들은 조선소라고 하는 사회를 돌봄으로써 남자가 되는 법을 서로에게 가르쳤다. 조선소 문 밖의 문화가 그들을 모욕하고 배신했음에도, 그들은 돌보고 배려할 줄 아는 재능에 의지하여 그 시간을 상당히 남자답게 견뎌 냈다. 그들의 남자다움은 난공불락의 모암母岩 위에 서 있었다.

나를 더 저렴하게 내놓았어요

나는 넉 달간 휴지기를 보낸 후, 1994년 가을 핼러윈 직전에 맥도널더글러스 이직 지원 사무소를 다시 찾았다. 아침 7시 45분. 너무 이른 시간이었다. 하지만 글렌 위스네스키는 이미 사무소 문이 열리기를 기다리고 있었다. 그는 그날 밤 문이 닫힐 때 마지막으로 떠날 사람이기도 했다. 위스네스키는 1993년에 딱 한 번, 장기간 사무소를 떠난 적이 있었다. 그의 처지가 심각해졌을 당시 집으로 사용하던 망가진 자동차를 밀다가 어깨가 탈구되었던 것이다. 그에 따른 신경 손상으로 팔은 쓸모없이 몸통 옆에 매달려 있는 상태가 되었고, 그는 팔을 쓸 수가 없었다. 결국 그는 장애가 있는 노동자는 사무소 시설을 사용할 수 없다는 이유로 사무소에서 잠시 쫓겨나게 됐다. 위스네스키로서는 다시 해고를 당한 것만 같았다. 1년이 지난 어느 날 셜리 저드는 세리토스몰에서 집으로 걸어가는 그를 발견하고 차로 태워다 주었다. "그녀는 사람들이 나를 그리워하고 있다고 말했어요. 많은 것이 바뀌었다고도요. 사무소를 사용해도 괜찮다고 하더라고요." 그는 즉시 돌아왔다. 그리고 이날 아침, 위스네스키는 당일에 팩스로 보낼 이력서 서른네 장을 나에게 보여 주었다. "나를 더 저렴하게 내놓았어요." 그는 맥도널더글러스에서 받은 마지막 봉급보다 1만 달러나 낮춘 희망 연봉을 제시했다. 여름 동안 아홉 군데 면접을 봤고, 그중 두어 군데만이 항공우주 분야였다. 하지만 어느 것도 취업으로 이어지진 못했다.

문이 열리자 다른 익숙한 얼굴들이 스쳐 지나갔다. 그 사무소의 이직률이 1990년대 기업 평균치보다 낮을 수도 있겠다는 생각이 들었다. 상담가들도 모두 여전히 그곳에 있었고, 여전히 핼러윈을 맞아 사무실을 꾸며 놓았다. 목에 올가미를 걸어 놓은 핼러윈용 골판지 해골이 팩스기 위에 매달려 있었다. 뒷방에는 부서진 타자기가 여전히 부서진 채로 놓여 있었다. 구인 게시판에는 동일한 공고들이 나붙어 있었다. 제록스 기계에 테이프로 붙여 놓은 감동적인 메시지 역시 바뀌지 않았다. "우리 대부분은 이 세계를 지나가면서 예고되지 않은 조용한 삶을 살고 있다. 우리를 위한 화려한 퍼레이드도, 우리의 명예를 드높이는 기념비도 없을 것이다. (…) ―레오 버스카글리아Leo Buscaglia."✠

그러나 몇 가지 달라진 점도 있었다. 우선 느릿느릿 움직이던 돈 모타가 사라졌다. 그가 어디로 간 건지 아무도 이야기하고 싶어 하지 않았다. 그저 몇 달 전 갑자기 사라졌다며, 다른 사람에게 물어보라고 답할 뿐이었다. 나머지 변화들은 문 옆에 있는 등록 신청서 위쪽에 게시되어 있었다. 그 내용을 읽어 볼 필요는 없었다. 늘 왔다 갔다 하던 사람들이 잇달아 나에게 나쁜 소식을 전하러 다가왔으니까. 그들의 목소리는 불

✠ 미국의 교육학자이자 교수, 저술가. 사랑의 가치를 강조한 강연으로 미국 전역에서 명성을 얻어 '닥터 러브'라는 애칭으로 불리기도 하면서 대중적인 멘토로서 많은 사랑을 받았다. 그의 대표 저서 『살며 사랑하며 배우며』는 우리말로 번역·출간되었다.

안하고 초조한 기색이 역력했다. 사무소는 이사를 준비하고 있었다. 맥도널더글러스는 더 이상 사무소를 지원하지 않기로 했다. 시에서 (뻐아프게도 '도널드 더글러스 드라이브'로) 장소를 이전해 새로운 시설을 운영하기로 했는데, 그곳이 롱비치에 있는 모든 실직 노동자를 위한 이직 지원 사무소가 될 예정이었다. 사무소가 이전한 후에는 고용시장 변동의 희생자임을 증명할 수 있는 해고 노동자들만이 출입 가능하게 된다.

맥도널더글러스의 롱비치 대변인인 존 톰은 회사가 사무소 자금 지원을 철회한 것에 대한 공식적인 이유를 다양하게 늘어놓았다. 이를테면 해고가 점점 줄어들고 있다(가장 최근에 일어난 해고는 거의 1년 전 일이다), 특정 시점에 다다르면 회사가 더 이상 전에 일하던 노동자들을 책임을 질 필요가 없어진다 등등. 그러나 사무소 거주자들로서는 강제 이주가 잡힌 시점을 무시하기 어려웠다. 맥도널더글러스는 그저 사측으로부터 거절당해 슬픔에 잠긴 남자들 무리가 현재 재직 중인 직원들의 사기를 꺾는 걸 원치 않았을 뿐이다. 회사는 사무소 바로 옆에 새로운 시설 즉 구내매점을 짓는 중이었고, 현재 직원들은 이곳의 잠재고객이었다(이 점을 신랄하게 지적한 사람이 적어도 한 명 이상이었다). 앞으로 구내매점에서는 맥도널더글러스의 비행기 모델, 재킷, 커피 머그 등을 판매할 예정이었다. 건설 인부들이 벌써 밖에서 측량을 하고, 톱질을 하고, 구멍을 뚫고 있었다. 그리고 이 광경은 사무소가 이전하고 나면 오로지 회사 로고—더 이상 내 것이 아닌 로고—가 새겨진 기념품을 구매하는 소비자로서만 이곳에 돌아올 수 있다는 사실을 남자들에게 상기시켰다.

며칠 동안 돈 모타의 행방을 수소문하던 중 나는 돈의 가장 가까운 친구인 스티브 윌리엄스Steve Williams를 소개받았다. 하지만 그는 고장난 차를 고치기 위해 수리 비용을 긁어모으느라 자리에 없었다. 마침내 윌리엄스가 도착했을 때 나는 모타에 대해 물었다. 그가 바닥을 내려다보며 입을 뗐다. "돈은…… 그러니까, 돈은 감옥에 갔어요." 그는 그게 생각처럼 그렇게 나쁜 상황은 아니라고 빠르게 덧붙였다. 돈은 번화한 거리에서 다른 차를 들이받고 그대로 운전을 하다가 몇 블록을 지나간 후에야 멈췄다. 윌리엄스가 말했다. "분명 뺑소니에 해당하는 일이었죠." 그는 학부모회의 좋은 아빠였던 돈이 차량 범죄를 저질렀다는 걸 상상하기 어려워하는 듯했다. 상대방은 부상을 입었다고 주장하면서 경찰을 불렀고, 이제 돈 모타는 180일을 복역하고 있는 참이었다. 게일 모타는 보석금을 내지 않았다. 그녀는 이번 일로 돈이 벌써 올해만 세 번째 사고를 쳤으며, 자신은 더 이상 견딜 수가 없다고 말했다. 체납된 세금과 연체된 모기지 론에 시달리는 와중에 남편의 보석금으로낼 돈까진 없다는 거였다. 게일이 말했다. "이미 남편한테 너무 많은 돈을 썼어요." 윌리엄스는 돈이 L.A. 카운티 감옥에 수감되어 있다면서, 감동과 공포를 동시에 느끼는 듯 덧붙였다. "O.J. 심슨이 수감되어 있는 바로 거기요." 윌리엄스는 다섯 달 전 돈이 체포되던 날 이후 그를 보지 못했다.

나는 윌리엄스에게 감옥에 있는 모타를 만나러 함께 가지 않겠느냐고 물었다. 그는 그러자고 하면서도 어딘가 불안하고 썩 기꺼워 보이지 않았다. "거기에 있는 돈이 잘 상상되지 않는군요."

스스로 갇히다

아이크 버는 조선소에서 공식적으로 퇴사하는 날을 조금 미루었다. 그는 남부 캘리포니아에 있는 군사시설 엘토로 해병대 항공기지에서 새로운 일자리를 구했고, 배지를 반납하러 롱비치에 갈 시간도 없을 만큼 언제나 "너무 바빴"다. 그는 엘토로에서 설비 관리자로 일하고 있었는데, 그곳 역시 폐업을 준비 중이었기에 이 일도 임시직이었다. 그럼에도 1997년 1월 말 어느 아침, 그는 하루를 빼서 마지막 조의를 표하고자 조선소를 찾았다. 그는 이번 일을 위해 단정하게 차려입었다. 더블버튼이 달린 회색 양복, 페이즐리 무늬 넥타이, 거기에 매치시킨 행커치프. 그리고 향수도 조금 뿌렸다.

조선소에서는 아침 관리 회의가 진행 중이었다. 버는 잠시 들러 달라는 요청을 받았고, 아직 처리되지 못한 일에 몇 가지 방침을 제안했다. 이어서 조선소 사령관 존 피커링 대령이 일어나더니 버가 조선소 내 "문제 해결사"로서 "프로젝트 관리에 필요한 모든 걸 알고 있었"으며, "일을 완수하는 데 의지가 되는" 사람이었다는 즉석연설을 했다. 그러고 피커링은 버에게 긴 명문銘文이 적힌 수제 명판을 건넸다.

버는 그런 관심에 당황해서 명판을 팔 아래에 끼워 넣었다. "퇴사 과정을 마무리하러 가는 게 좋겠습니다." 그가 거친 파도에 부딪히는 것 같은 목소리로 말했다. 그는 마지막으로 신체검진을 받고 퇴사 과정을 마무리하기 위해 자리를 빠져나왔다. 그의 새 구두가 낡은 바닥 위에서 삐걱거리는 소리를 냈다. 조선소 간호사는 리벳건을 다루면서 수년간 일해 왔기에 "중간 정도에서 중증에 이르는 청력 상실"을 제외하고는 건강하다고 말했다. 떠나는 길에, 버는 릭 메자와 마주쳤다. 릭은 재교육을 신청했고, 학교로 돌아가 컴퓨터지원설계(CAD)를 배우고 있었다. 우리는 릭을 따라 위층에 있는 컴퓨터실로 올라가 그와 몇몇 조선소 동료가 고안한 프로그램을 살펴보았다. '조선소'에서 '건물'을 클릭하고 내부에 무엇이 있는지 찾는 방법에 대한 시연이 이어졌다. 아이크 버는 몇 발짝 떨어져 팔짱을 낀 채, 누가 봐도 회의적인 태도로 그 광경을 지켜보았다. 방을 떠난 후 나는 버에게 어떻게 생각하는지 물었다. 그러자 그가 딱 부러지는 목소리로 말했다. "이게 무슨 게임도 아니고. 직접 보는 것하고 같을 수가 없죠." 물론 볼 것이 남아 있는 건 아니었다. 한때 실존했던 우리 주변의 모든 것이 이제는 가상현실이 되어 버렸다.

늦은 오후가 되자 아이크 버는 자신의 마지막 정류장인 작은 사무실에 도착해, 조선소에 접근할 수 있는 암호를 양도하는 양식에 서명했다. 그는 서명을 하면서 웃음을 터뜨렸지만, 그 와중에 입 밖에 내뱉은 말들은 그 웃음이 거짓임을 암시했다. "가진 게 아무것도 없어요. 모든 걸 잃어버렸죠."

그 하루가 지나갔다. 버는 맥주를 한잔하고 작별을 고하러 조선소 노동자들을 위한 클럽에 들렀다. 클럽 안은 익숙한 얼굴로 가득했다. 우리는 조선소 최고경영자 존 파이퍼John Pfeiffer가 회사에 오래 몸담은 충실한 직원 몇 사람과 함께 앉아 있는 자리에 합류했다. 버는 이곳에 잠시 머물러 이야기를 나누고는 자기 물건을 정리하러 갈 참이었다. 그는 마지막으로 자신이 일했던 사무실에 들르고 싶어 했다. 우리는 초과 노동 작업장으로 차를 몰고 가서 그 어둡고 황량한 통로를 따라 걸어갔다. 발소리가 꽹과리 소리처럼 쨍그랑거렸다. 침묵이 우리를 에워싸고 포효했다. 버는 이제 다른 사람 차지가 된 사무실의 불을 켰다. 그는 주위를 둘러보며 '지저분하다'고 말하고는 파일 캐비닛 서랍을 열어 몇 가지 서류를 뒤적였다. 그는 청사진이 여러 겹 말려 있는 더미에서 몸을 일으키더니 바닥에 무릎을 꿇고 앉아 그중 하나를 펼쳤다. 밑면에 찍혀 있는 도장으로 미루어 1944년 3월에 작성된 전함의 '침수 영향도Flood Effect Diagram' 서류였는데, 다 펼치니 방 면적의 4분의 1 크기나 됐다. 그가 몸을 굽혀 적요하게 그려진 선들을 바라보면서 말했다. "봐요, 이게 진짜죠."

버는 건물 문을 잠그고 나를 차에까지 바래다주었다. 내가 위로의 말을 담은 작별 인사를 건네자 그는 아주 작은 부분까지 완벽하게 표현해 놓은 조선소의 청사진을 꺼냈다. “가져가세요.” 그는 그걸 나에게 던진 다음 자신의 픽업트럭으로 서둘러 걸어갔다. 버 본인이 말했듯 그는 “사람들 내면으로 들어가는 데엔 별 관심이 없”었다. 그리고 그중에서도 가장 관심이 없는 건 자기 내면이었다.

※ ※ ※

1994년 추수감사절 일주일 전, 스티브 윌리엄스와 나는 돈 모타를 만나기 위해 차를 몰고 L.A. 카운티 감옥으로 내려갔다. 토요일이라 그런지 방문객 출입구가 붐볐다. 우리는 감옥 바깥에서 30분쯤 줄을 선 뒤에야 로비로 들어갈 수 있었고, 거기서 다시 줄을 섰다. 순서가 되어 번호표를 받았지만, 앞으로도 두 시간에서 다섯 시간까지 걸릴 수 있다고 했다. 스티브가 경악하며 중얼거렸다. “감옥에 이렇게나 사람이 많다니…….” 시간이 갈수록 점점 스티브는 안절부절못하고 초조해했다. 그는 돈 모타가 어떤 상태일지 궁금해했다. 물론 나도 궁금했다. 부엉이 안경 너머로 커다랗게 보이는 슬픈 눈동자의 돈이 이런 곳에 있는 모습을 상상할 수 없었다. 스티브는 돈을 만나면 무슨 말을 해야 할지 걱정이라고 털어놓았다. 면회 시간이 끝나기 전에 “할 말이 떨어지면” 어쩐단 말인가. 나는 스티브 윌리엄스가 사무소에서는 돈의 가장 친한 친구였을지 몰라도 맥도널더글러스에서는 그다지 깊은 관계가 아니었음을 깨달았다. 스티브를 여기까지 끌고 온 데 대한 죄책감이 느껴지기 시작했다.

마침내 명단에서 돈의 이름이 불렸을 때, 우리는 다른 방문객 서른 명과 함께 앞으로 달려갔다. 곧 방음창이 난 방음벽을 앞에 둔 채 칸막이가 늘어서 있는 길고 좁은 방으로 안내되었다. 우리는 20분으로 엄격하게 제한된 면회 시간에 맞춰 그 중 한 칸에 자리 잡았다. 이윽고 돈이 성경책을 들고 방음창 앞에 나타났다. 그때껏 봐 온 모습보다 훨씬 더 좋아 보였다. 비치된 전화기가 5분간 작동하지 않는 바람에, 우리는 '사무소 사람들이 당신을 그리워한다'고 종이에 써서 돈 앞에 들어 보였다. 그가 미소를 지으며 조용히 고개를 끄덕였다. 이번만큼은 웃음 뒤에 숨은 눈물이란 없었다. 마침내 전화기가 작동하기 시작하자, 나는 돈에게 사고에 대해 물었다. 하지만 사고는 이미 돈에게는 지나간 뉴스였다. 그는 감옥에서의 생활, 특히 교도소 모범수로서 자신의 위치에 대해 얘기하고 싶어 했다. 그는 세탁소와 식당에서 일하고 있었다. 그는 모범수로서 색깔이 다른 티셔츠를 입었고, 그건 다른 재소자들과 그를 구분해 주었다. "보안관보들이 '대체 당신이 왜 여기에 있는지 모르겠군요!'라고 해요." 그들은 그를 '존경'했다. "여기도 그렇게 나쁘진 않아요."

나는 마지못해 스티브 윌리엄스에게 전화기를 넘겼고, 그는 한층 더 마지못해 전화기를 넘겨받았다. 그는 얼룩진 유리 장벽 너머로 친구를 바라보았다. 스티브가 서둘러 운을 뗐다. "우리가 만난 이후로, 여전히 취직을 못 했어. 사실, 1월부터는 먹고살기도 어려운 상황이야." 그러곤 서둘러 사무소가 이사를 가게 됐다는 소식을 비롯해, 누가 여전히 일자리를 못 찾고 있는지, 인테리어에 어떤 변화가 생겼는지 따위 소식을 전하면서 공통의 관심사로 넘어갔다. 스티브가 돈에게 물었다. "자네, 사무소에 새로운 벽을 세울 때 거기 있었던가?" 수감자는 고개를 저었다. 스티브가 다시 말했다. "꽤 괜찮아졌어. 좀 더 사무실 같아졌거든."

사무소가 어떻게 인테리어를 바꿨는지에 대해 스티브가

자세한 설명을 마칠 때쯤, 우리에게 주어진 20분이 모두 지나 전화는 끊어졌다. 나는 종이에 마지막 질문을 적어서 방음창에 갖다 댔다. “감옥에 가는 것이 맥도널더글러스에서 해고되는 것보다 더 나쁠까요, 더 나을까요?” 돈은 ‘더 낫다’를 가리키면서 웃었다. 그러고는 자리를 떠났다.

나중에 돈의 아내 게일은, 그가 복역 기간을 두 달쯤 앞당겨 퇴소할 수도 있었지만 그러지 않았다고 말했다. “감옥에 있고 싶어 했어요.” 게일은 그 점을 놀라워했다. 돈은 집으로 편지를 보내와 “식당에서 자기가 무슨 일을 하는지, 의무실에서 어떻게 다른 남자들을 돌보는지, 아침 몇 시에 출근하는지, 몇 시간 일했는지 따위 이야기를 늘어놓곤” 했다. “이상한 일이죠.”

그러나 그날 오후 롱비치로 돌아오던 스티브와 나에게는 그 점이 그렇게 이상해 보이지 않았다. “돈은 정말 잘 지내고 있는 것 같네요.” 스티브가 말했다. 나는 동의했고, 우리는 돈의 얼굴에 얼마나 혈색이 돌았는지, 살이 얼마나 빠졌는지, 또 그가 조금은 자부심을 가진 채 어찌나 어깨를 쭉 펴고 있었는지 등에 대해 이야기를 나누었다. 나는 무엇이 변했는지 이해할 수 있었다. 그 벽 안에서 그는 ‘현실 세계’에서는 잃어버린 경제적 안정을 찾은 것이다. 그런 면에서 주립 교도소는 맥도널더글러스의 이직 지원 사무소와 마찬가지 역할을 했다. 심지어 좀 더 나은 이직 지원 사무소였다. 감옥에서 그는 쫓겨날 걱정을 하지 않아도 되었다. 언제나 갇혀 있을 수 있었으니. 직원들이 밤사이 문을 걸어 잠글 때에도 그는 밖으로 나갈 필요가 없었다. 돈 모타는 직장을 찾았다.

미국의 아버지들에게 경제적 절망을 가져다주었던 남부 캘리포니아 지역이 그 아들들에게도 혼란을 안겨 준 건 우연이 아니다. 아들에게는 아버지의 온 세계가 컴퓨터 소프트웨어 프로그램 속 모형 '현실'처럼 축소된 듯 보였을 터다. 주위에서 증기를 내뿜으며 철커덩철커덩 움직이던 산업 장치들은 완전히 조용해졌다. 항공우주 부대는 한때 매끄럽게 반짝이던 산업단지에서 철수하는 중이었고, 폐쇄된 군사기지의 버려진 무기는 부서진 바빌론 조각상처럼 부식되고 있었다. L.A.에서 떠오르는 젊은 남성 세대를 위한 가장 빛나는 기념물은 도심 상업지구 중심에 서 있는 새로운 남자 교도소, 그러니까 거대한 '쌍둥이 빌딩Twin Towers'이었다.

제2차세계대전 이후 몇 년간 미국 사회는 미국 소년의 새로운 이미지—꼬리지느러미가 달린 컨버터블을 탄, 자신만만하고 다소간 천박하면서도 여전히 전후의 에너지와 도덕적 활력으로 충만한, 앞날이 창창한 청년—와 더불어 또 다른 소년의 이미지—제2차세계대전 이후의 건강한 십 대와 이란성쌍둥이 같은 악랄하고 구제 불능인 청년—를 만들어 냈다. 문학평론가 레슬리 피들러Leslie Fiedler✠가 전자를 '좋은 악동Good Bad Boy'으로 명명한 것은 유명한데, 그 선조는 '톰 소여'까지 거슬

✠ 미국의 문학평론가. 신화에 대한 관심, 장르소설에 대한 옹호, 심리학에 기반한 비평으로 유명하다.

러 올라가다가 '비버 클리버'와 '왈리 클리버'✠로 이어진다. 피들러는 '좋은 악동'이야말로 "미국이 생각하는 자기 이미지"라고 썼다. "소년은 처음에는 거칠고 제멋대로였지만, 그 창조주로부터 무엇이 옳은지에 대한 본능적인 감각을 부여받았다."[1] 그러나 1950년대 초반이 되자 미국이 약속한 미래의 어두운 비전이 '나쁜 악동Bad Bad Boy'이라는 형상을 중심으로 형성되기 시작했다. '나쁜 악동'은 무결한 영혼을 도덕적 나침반으로 삼는 순진한 악동이 전혀 아니었다. 이들은 쓸데없이 불안감을 자극하는 뉴스릴·잡지·신문과 TV 스페셜의 주인공이었다. 미디어에서는 '잔혹한' 범죄와 약탈적 성행위로 얼룩진 새로운 '청소년 비행'을 충격적으로 묘사했고, 의회 청문회와 정부 조사에서는 마리화나라든지 폭력적인 만화책 혹은 공산주의 때문에 청소년 비행이 늘어났다고 주장했다. 또 공공 여론조사에서는 이 같은 청소년 비행이 인종차별적인 분리주의 학교나 야외에서 진행된 핵무기 실험보다 더 위험하다고 평가했다.[2]

사실 1950년대 청소년 범죄의 급속한 확산이란 주로 대중의 과열된 상상이 낳은 산물이었으며, 그 통계적 증거 역시 통금 및 교통법규 위반은 물론 '차량 폭주'까지 체포 사유가 되면서 엄청나게 부풀려진 것이었다.[3] 정말로 위협적이었던 건 당시 등장한 대중문화를 차용해 아버지 세대를 비웃고 경멸하는 듯한 그들의 태도였다. 말런 브랜도Marlon Brando의 찡그린 표정과 엘비스 프레슬리Elvis Presley의 골반 흔들기는 마치 윗세대에게 '꺼지라'고 말하는 것만 같았다. 역사가 제임스 길버트James Gilbert는 청소년 범죄로 패닉에 빠진 1950년대를 연구한 책 『분노의 순환A Cycle of Outrage』에서 "십 대들은 '청소년기'라

✠ 1957년부터 1963년까지 CBS와 ABC를 통해 방영된 가족 시트콤 〈비버는 해결사〉 주인공들. 비버와 왈리는 20세기 미국 '정상가족'의 모범이라 할 수 있는 클리버 가족의 순수하고 호기심 많은 두 형제로 그려진다.

는 개념에 유행과 소비의 장벽을 둘러침으로써 미국 문화의 비밀스럽고 잠재적으로 적대적인 영역을 차단해 버렸다"라고 썼다.[4] 아니면 오히려 미국 문화가 십 대들을 차단하고 있었던 건지도 몰랐다. 상품 기획자들과 영화 제작자들은 능글맞게 웃는 남성 청소년에게서 이미 '잘 팔릴 만한' 상품성을 발견하고 있었다. 어떤 경우든 '나쁜 악동'이란 젊은 세대 남자들에겐 그저 가죽점퍼만 있으면 충분히 흉내 낼 만한 남성적 이미지로 떠오르는 중이었다.

전후 세대의 아들들은 뜨거운 환호를 받으며 버릇없이 성장했고, 왕국의 열쇠를 넘겨받아 잠시나마 번영을 누렸다. 그러나 수십 년이 흘러 이들은 그 열쇠로 열 수 있는 것이라곤 쉐보레 자동차 문과 쇼핑몰 입구뿐이라는 사실을 깨달았다. 상점에서 구입한 제리 리 루이스Jerry Lee Lewis✝ 레코드판과 영화 〈하이스쿨 헬캐츠High School Hellcats〉가 이들의 요새였다고 한다면, 이제 와 돌이켜 볼 때 이들의 왕국은 광고로 도배된 감옥에 가까웠다. 심지어 반항까지도 그들 자신을 가두고 말았으니, 그들이 일으킨 분노가 숱한 비난 속에서도 팝 음악과 영화, 패션으로 둔갑해 버린 탓이었다.

세기말에 이르러 '나쁜 악동'은 모든 일을 망친 원인으로 지목당하게 된다. 심지어 배교자背敎者 같은 이들의 스타일을 수익성 있는 상품으로 바꿔 낸 문화마저 그들을 비난하고 나섰다. 미국인들은 그 문화가 낳은 '나쁜 악동'에게 새삼 분개한 나머지 눈이 뒤집힐 지경이었다. 미국의 빛나는 미래가 썩어 버렸다고 본다면, 이 소년이야말로 그 중심을 갉아먹는 벌레였다.

우리는 거물이 될 수도 있었는데

10월 초 어느 평일, 점심시간이 훌쩍 지난 시간이었지만 크리

✝ 1950년대 중반 엘비스 프레슬리와 함께 로큰롤 열풍을 이끌었다.

스 벨먼Kris Belman은 잠에서 깬 지 두어 시간밖에 되지 않은 상태였다. 살짝 넋이 나간 듯 텁수룩한 머리에 서퍼 같은 모습을 한 이 열아홉 살 청년은 습관처럼 정오에 일어났다. 딱히 갈 데도 없었다. 지난봄, 그러니까 1993년 봄에 그는 고등학교를 졸업했다. 그러나 미식축구팀 유니폼을 찢은 탓에 벌금 44달러를 내기 전까지는 졸업장을 받을 수 없었다. 그는 "유니폼을 돌려받아야 돈을 낼 것"이라고 했다. "건식 벽재를 바르는 사람에게 폐품을 주워다 주는 일"을 고작 사흘간 했을 뿐, 그때 말고는 일자리를 구하지 못했다. 레이크우드에는 맥도널더글러스 노동자 수만 명과 이후 록웰(현재 폐업 상태) 같은 항공우주 기업 노동자들, 인근 노스롭과 휴즈(수천 명이 정리해고 당했다)의 노동자들, 그리고 한때 이 회사들에 물품을 공급하고 서비스를 제공했던 다른 회사 노동자들이 거주하던 베드타운이 형성되어 있었다. 하지만 이곳 사람들은 이제 침대에서 일어날 이유가 거의 사라지고 없었다.[5]

크리스 벨먼은 집에 혼자 있었다. 아버지(맥도널더글러스를 주 거래처로 하는 항공우주 관련 물품 판매업 영업 사원)는 외출했고, 어머니는 그해 초 부모님의 별거로 집을 떠난 상태였다. 형은 도박을 걸 만한 '행위'를 찾아 바깥에서 어슬렁거리고 있을 터였다. 크리스 벨먼은 헐렁한 반바지를 입은 다음, 철망에 치장용 벽토를 얹은 성냥갑 같은 집들이 이루는 평평한 격자무늬와 갈변하는 잔디밭 속으로 생명의 흔적을 찾아 나섰다. 인도는 텅 비어 있었고, L.A. 남동부 교외를 달군 강렬한 담갈색 태양을 배경으로 그늘이 드리워져 있었다. 마을에는 하나같이 하얀 칠을 한 집들이 빼곡이 들어서 있었다. 이는 1950년대 초 미국에서 유례없이 규모가 큰 주택 건설 프로젝트가 진행되면서 비슷비슷하게 생긴 주택들이 급조된 결과였다. 당시 많게는 하루에 100채가 건축되어 3년 새에 1만

7500채가 완성됐는데, 고작 15분 만에 굴착기로 땅을 파낸 탓에 토대의 깊이가 1피트에 불과했다. 《타임》은 1950년 4월 이 주택들이 시장에 나온 날 3만 명에 달하는 사람들이 청약을 넣기 위해 "우르르 몰려왔다"라고 보도했다. 가구가 비치된 모델하우스는 겨우 몇 채뿐이었는데도 그 주 600명에 달하는 고객이 자동 쓰레기처리 장치, 스테인리스스틸 주방, 전망 창을 갖춘 8000달러에서 9000달러짜리 주택을 매입했다. 이 개발 사업의 모토 '내일만큼이나 새로운 도시'는 분명 도시 설립자들에게는 다소 불편한 슬로건이었을 것이다. 레이크우드의 작가이자 시 공무원이었던 D.J. 월디D.J. Waldie가 고향을 노래한 시적이고도 양면적인 찬가 『성스러운 땅Holy Land』에서 쓰고 있는 것처럼, 이 도시의 첫 번째 조례는 길흉을 점치는 온갖 행위를 불법으로 규정하고 있었기 때문이다.[6]

크리스 벨먼은 레이크우드의 여느 청년들과 마찬가지로 공원에 자연스럽게 이끌렸다. 레이크우드는 항공우주산업 종사자의 아들들을 위한 하나의 커뮤니티로 설계된 곳이었다. 작은 공원들이 네트워크를 이루어 모든 소년이 야구장과 축구장에 쉽게 접근할 수 있었다. 자동차가 못 들어오는 특별 도로를 따라 걸으면 바로 공원이 나왔다. 이곳 공원에서 열리는 스포츠 리그는 1950년대 후반에 시작되었다.[7]

항공우주 업계에 종사하는 아버지들은 자기가 직장에서 무슨 일을 하는지 아들에게 설명하기가 어려웠다. 하물며 그런 관료적인 업무의 '숙련된 기술'을 전수하기란 훨씬 더 어려웠다. 공원은 아버지-코치가 자신의 지식을 아들-선수에게 전수하는 장소였으며, 이곳에서 아들은 그 지식이 어린 시절을 지나는 데 유용할 것이란 생각을 갖게 됐다. 텅 빈 관람석 옆에서 크리스는 고등학교 친구 지미 래프킨Jimmy Rafkin과 섀드 블랙먼Shad Blackman을 마주쳤다. 지미는 보이지 않는 공이라도 치려는 듯 버려진 합판 조각을 하릴없이 휘두르고 있었다. 한때 크리스와 지미는 미식축구팀에서 함께 뛰었고, 섀드는 배트민턴팀에 있었다. 크리스가 아무것도 안 한다고 하자, 두 사람 역시 아무것도 안 한다고 대꾸했다. 잠시 후 세 사람은 크리스의 집에 가서 다 같이 아무것도 안 하기로 했다. 이들은 측면 도로를 따라 내려가 차도로 올라섰다. 하나같이 체크무늬 반바지를 입은 채 신축성 있는 허리띠를 매고 있었는데, 이는 섀드 블랙먼이 즐겨 말한 대로 "접근성을 높이기 위해서"였다.✠

크리스는 집으로 향하는 비둘기처럼 늘 TV 앞으로 달려갔다. TV에서는 언제나처럼 MTV 화면이 흘러나오고 있었는데 그는 이 백색소음을 좋아했다. 지미는 겨드랑이에 끼고 있던 운동화 상자를 소파 위에 사랑스럽다는 듯 올려놓은 뒤 요란하게 뚜껑을 열었다. 섀드가 평소와 달리 잔뜩 들떠서는 크리스에게 말했다. "야, 이것 좀 봐. 리복이야. 지미가 45달러가 아니라 38달러에 샀어. 상자에 잘못 표시돼 있었거든." 세 사람 모두 이 작은 사기에 즐거워하며, 달콤한 승리감이 말라붙을 때까지 라벨이 잘못 붙은 상자 이야기를 몇 번이고 되풀이했다. 그러고 나서야 점심 먹을 준비가 됐다. 점심은 내가 사기로 했다. 세 사람으로서는 운이 좋았다. 아버지가 감독관으로 재직 중인 선박 수리 회사에서 "때때로 일하는" 지미 말고는 돈 있는 사람이 없었기 때문이다. 그들은 레이크우드 몰에 있는 멕시코 패스트푸드 프랜차이즈 '칠리스'를 골랐다.

세 사람은 비닐로 된 긴 의자에 앉으면서 서로를 팔꿈치로 찌르며 "가짜 신분증을 꺼내는 것"과 "내가 사실은 열아홉 살이지만, 오늘 오후에는 스물세 살"인 것에 대해 큰 소리로

✠ 스퍼포스의 일원이었던 이들은 여성과 성관계를 맺는 횟수로 허세를 부리고 점수를 매기고 있었다. '접근성을 높인다'는 건 이런 맥락에서 쓰인 말이다.

떠들기 시작했다. 쾌활한 목소리의 웨이트리스가 그런 건 의식하지 않는다는 듯 별다른 말 없이 그들이 주문한 음료수를 받아 적었다. 딸기 마르가리타 세 잔.

"저 여자는 나한테 빠졌어, 새끼야. 딱 보면 알지." 웨이트리스가 음료를 가지러 가자 섀드가 말했다. "내가 꼬실 수 있어, 그 정도는 껌이야."

크리스는 나에게 몸을 기울였다. "보세요, 내가 말했던 게 이거예요. 원하기만 하면 아무 여자나 다 가질 수 있어요. 내 친구들한테 맨날 들이댄다니까요. 강요할 필요도 없어요. 바다에 있는 물고기 떼라고요." 그는 다 알고 있다는 듯 음흉한 눈빛으로 나를 쳐다보았다. "내 옆에도 한 명 앉아 있지."

섀드가 말했다. "이해할 수가 없는 건 여자애들은 왜 그렇게 말이 많냐는 거야, 안 그래요? 걔네는 거짓말을 하고 누구든 곤란하게 만들 수 있어요. 아줌마처럼 말이죠." 그가 버터 나이프를 내 쪽으로 찔렀다. "지금 여기서도 무슨 일이든 일어날 수 있고, 아줌마 때문에 우리가 곤란해질 수도 있죠."

내가 물었다. "정확히 어떻게 그럴 수 있다는 거죠?"

"뭐, 그냥 '예를 들어' 그렇다는 거예요, 알잖아요? 말하자면 우리가 운전을 하면서 그냥 장난을 치고 있는데, 만약에 아줌마가 우리 행동이 마음에 안 들거나 한다면, 그래서 우리를 완전히 경멸한다고 쳐 봐요. 그러면 돌아가서 '걔네가 나를 치려고 했다, 어쩌고저쩌고' 하는 기사를 쓰는 거죠. 아줌마가 하는 말이 우리보다 더 영향력이 크잖아요. 무슨 말인지 잘 알면서."

부리토가 나오자 그들은 며칠 굶은 사람처럼 먹는 데에만 몰두했다. "치즈랑 살사 좀 더 달라고 해도 돼요?" 섀드가 구슬프게 물었다. "아니면 돈을 더 내야 하나?" 이들은 온갖 허세를 부리는 와중에도 식당에서 식사하는 기본은 잘 모르는 듯했다.

지미가 섀드의 요점을 좀 더 분명히 짚었다. "크리스가 지난밤 여자애 하나랑 데이트를 했다고 쳐요. 걔가 '크리스가 나를 강간했다'고 말하거나 하면 자동적으로 그게 사실이 돼 버리죠. 아무도 질문할 수 없어요."

"자동적으로요." 섀드가 끼어들었다. "진짜 그런 일이 있었는지 알아보려고 우리를 감옥에 처넣을 수도 있어요. 여자애들은 하고 싶은 말을 해 버리면 그만이고, 그러면 사람들이 다 믿어 주죠. 걔네가 왜 그렇게 영향력이 있는지 알 수가 없어요. 안 그래요?"

크리스도 맞장구를 쳤다. "여자애들은 원한다면 누구하고 섹스할 수 있는 힘이 있어요. 걔네가 강자예요. 여자애 비명을 듣는다면 뛰어오겠죠? 맞아요. 하지만 남자가 소리 지르는 걸 듣는다면요? 누가 뛰어오나요? 아무도 안 와요."

섀드는 지미가 음료를 다 마신 잔에서 마라스키노 체리를 끄집어냈다. 그는 체리 줄기를 씹으면서 자기 세대가 경험하는 부당한 운명에 대해 불평을 늘어놨다. "우리 아빠도 젊었을 때 똑같은 일을 했다고요. 양다리를 걸친다든지 하룻밤 잠자리를 한다든지. 별일 아니었어요. 하지만 타이슨 사건 알죠? 타이슨 사건 이후로 상황이 안 좋아지고 있어요."

"잠깐만." 크리스가 끼어들었다. "타이슨이 한 짓은 강간이야, 새끼야. 내 생각엔 그래. 하지만 여자애가 하룻밤에 남자 일곱이랑 섹스하고, 낮에 또……."

내가 끼어들었다. "실존 인물에 대한 이야기인가요?"

"하룻밤에 남자 일곱한테 대 준 여자 이야기를 들었어요. 그 얘길 하는 거예요." 크리스가 말했다. "그리고 다른 방에서 또 자기 아빠랑 굴렀다더라고요."

지미가 말을 받았다. "나는 여자들이 그저 우리를 이용해 먹으려고 그러는 것 같아."

그러자 섀드가 아량을 베푼다는 듯 말했다. “나는 여자애들이 이 세상에서 더 많은 권한을 얻게 되어 좋아요. 하지만 이미 충분한 지휘권을 갖고 있는 것 같아요. 안 그래요?” 그는 버터나이프로 찌르는 동작을 했다. “여자애들은, 뭐랄까, 조만간 용기를 내서 남자들이랑 정면으로 맞서기 시작할 거예요. 씨발, 대들고 말이죠. 그러면 여자애들은 다 뒤질 거예요. 그렇게 될 거라고요, 아줌마.”

지미가 킥킥 웃었다. 섀드의 말을 듣고 무언가 떠오른 것이다. “재밌는 일이 있었는데, 한 여자애가 남자 친구랑 싸운 거예요. 그런데 어떤 남자가 다가와서 그 남자 친구를 패기 시작한 거죠. 그러자 여자애가 그 남자를 또 패기 시작하고, 아주 난리가 난 거예요. 그래서 그 남자가 또 여자애를 때렸죠.”

“아구창을 날렸다더라.” 섀드가 끼어들었다.

내가 물었다. “그래서 어떻게 됐는데요?”

“기사로 쓸 만한 건 없어요.” 지미가 말했다.

섀드가 다시 뛰어들었다. “봐요? 딱 거기예요. 아줌마도 그러잖아요. ‘아이고, 걔네가 여자를 때렸네.’ 아줌마 말이 우리가 한 얘기를 그렇게 덮어 버리죠. 아줌마가 한 말이 늘 이긴다고요.”

내 차를 타고 벨먼의 집으로 돌아가는 길에 라디오 소리는 그들이 원하는 만큼 크게 울렸다. 섀드가 말했다. “야, 그 여자가 내 두 번째 잔에 얼마나 알코올을 더 탔는지 맛봤냐? 걔는 확실히 우리가 마음에 들었던 거야. 걔를 꼬셨어야 했는데.” 크리스가 창밖으로 손을 내밀어 지나가던 젊은 여자한테 손가락 욕을 날렸다. “어떤 애가 나를 싫어했는데.”

뒷좌석에서 섀드가 음란한 신음 소리를 냈다.

크리스가 말했다. “지난번에 경찰을 부르고 난리였다고.”

“거봐요.” 섀드가 의자에 기대어 내 어깨를 자꾸 두드리며 말했다. "무슨 말인지 알겠죠? 여자애들이 권력을 갖고 있다니까요."

1990년대 중반 몇 년간 벨먼 집안 소년들과 그 십 대 친구들, 그러니까 일명 '스퍼포스'는 미국 사회에 남성 문화가 여성혐오적이고 폭력적이며, 남자아이들이 미친 듯 날뛰고 있다는 의혹을 불러일으켰다. 그들이 스포트라이트를 받기 시작한 것은 1993년 3월 18일, 경찰이 레이크우드 고등학교에 나타나서 스퍼포스 회원 여덟 명(그리고 주말에 한 명 더)을 체포했을 때였다. 그들은 성범죄 스무 건을 저지른 혐의를 받았는데, 강간에서부터 불법적인 성관계와 열 살 여자아이에게 행한 음란행위에 이르기까지 죄목은 다양했다. 결국 검찰은 합의 아래 성관계를 맺었다는 결론을 내리고 한 건을 제외한 모든 사건에 대해 무혐의 처분을 내렸다. 이들 중 단 한 명만이 음란행위를 인정받아 청소년 재활센터에서 1년이 채 안 되는 시간을 보냈으며, 다른 여덟 명은 일주일 뒤 석방되었다.[8] 심각한 실형을 산 유일한 사람은 크리스 벨먼의 형이자 스퍼포스 설립자인 데이나였는데, 그 역시 성폭력으로 감옥에 간 건 아니었다. 데이나는 열세 건의 절도 및 사기 혐의로 주립 교도소에서 10년 형을 선고받았고, 특히 젊은 여성의 신용카드를 훔쳐 라스베이거스 듄스 호텔에서 흥청망청 도박을 한 혐의로 유명해졌다.[9] 그럼에도 이후 소년들이 (고등학교 졸업 앨범에서 그랬듯) TV 토크쇼에 나와 으스대고 허세를 부린 덕분에 이들의 고향 레이크우드는 '레이프우드'(강간 숲)라는 별명을 얻었다.[10] 그들은 《뉴욕타임스》 1면을 차지했으며 《뉴스위크》《새시Sassy》《펜트하우스Penthouse》 등 여기저기에 등장했다. 1993년 봄에는 한동안 TV만 틀면 스퍼포스 일원 중 누군가가 유명인과 수다를 떠는 장면을 볼 수 있었다. 지역신문 《롱비치프레스텔레그램Long Beach Press-Telegram》은 그들의 TV 출연 스케줄을 '스퍼포스 첫 출연' '스퍼포스 TV 출연' 같은 제목 아래 박스 기사로 싣기까지 했다.[11] 토크쇼에 등장한 스퍼포스 회원들은 대부분 체포되지 않았던 이들이지만 그 점이 중요한 것 같진 않았다. 이들은 자기가 벌인 성적 착취에 대해 기꺼이 자세히 설명하(거나 과장하)려는 의향이 있었고, 실제로 그렇게 했다.

그들은 미디어를 사로잡은 스퍼포스 '게임' 세부 사항을 쉬지 않고 거듭 늘어놓았다. 이 게임은 여자들과 섹스할 때마다 점수를 따는 교내 승부차기 대회 같은 것이었다. '후킹업hooking up'(낚기)이라고 하는 이 성관계엔 반드시 삽입 성교가 포함돼야 했고, 여자 한 명당 1점이 주어졌다. 스퍼포스의 케빈 하워드Kevin Howard는 〈제니 존스 쇼The Jenny Jones Show〉에 출연해 이 부분을 열심히 설명했다. "한 여자와 150번을 했건 200번을 했건, 그건 그냥 1점이에요."[12] 만약 그 점수가 어떤 스포츠 스타—가령 샌안토니오 스퍼스✠의 데이브 로빈슨Dave Robinson—의 등번호—89번—와 같아지면 해당 회원은 그 선수 이름을 자기 이름으로 내걸 수 있었고, 다른 회원들은 그를 그 이름으로 불렀다. 그러니까 데이브 로빈슨은 자신도 모르는 사이에 스퍼포스의 이름에 영감을 주게 된 셈이었다. (데이나 벨먼은 로빈슨의 팬이었고, 스퍼스가 로빈슨과 계약했을 때 벨먼과 친구들도 그들만의 방식으로 계약을 했다. 다시 말해 스포츠 용품 가게에 가서 스퍼스 모자를 구매한 것이다.) 이 게임의 승자는 오로지 한 명, 가장 많은 점수를 딴 한 사람뿐이었다. 그리고 그 주인공은 바로 4년간 지속된 게임을 통해 최종 67점을 얻은 빌리 셰헌이었다. 그는 〈제인 휘트니 쇼The Jane Whitney Show〉에 출연해, 바로 전날 밤에도 방송국이 숙소로 잡아 준 맨해튼 호텔에서 1점을 올렸다며 자랑한 바 있었다.[13]

온 국민의 주목을 받는 상황은 스퍼포스를 영원한 셀러

✠ 미국 웨스턴콘퍼런스 중서부 지구에 소속된 농구팀.

브리티로 바꾸어 놓았다. 적어도 그들 마음속에서는 그랬다. 1993년 크리스마스를 앞두고 제프 하워드Jeff Howard에게 전화를 걸어 만날 약속을 잡는데, 그가 이렇게 말했다. "딱 보면 알 거예요. 〈모리 포비치 쇼Maury Povich〉에 나갔었거든요."

누군가가 밥을 사겠다고 할 때 스퍼포스가 선호하는 또 다른 식당인 '코코스'에 도착했을 때, 하워드는 스퍼포스 친구 몇을 대동하고 있었다. 모두 열두 명이었다. 내 경험상 그들은 혼자 다니는 경우가 별로 없었다. 웨이트리스는 테이블 네 개를 하나로 붙여야 했고, 스퍼포스는 마치 고등학교 대표 팀 시상식에라도 온 양 의례를 치르듯 자리를 잡았다. 그중 누구도 더는 고등학생이 아니었지만 말이다.

사실 그 자리는 (내가 처음 안으로 들어갔을 때 하워드가 말했듯) 거의 동문회나 마찬가지였다. 하워드는 작고 여윈 열여섯 살짜리 남자아이를 가리켰다. 갓 사춘기를 지나고 있는 듯한 그 아이는 겁에 질린 눈으로 방 안을 흘깃거리고 있었는데, 그가 바로 열 살 된 여자아이에게 음란행위를 한 죄목으로 커비소년원에 보내졌던 스퍼포스 회원이었다. 그는 가족 방문을 위해 석방되었다고 했다. 아마도 친척의 보호감찰을 전제로 나올 수 있었을 텐데도 아무런 보호자 없이 코코스에 와 있었다.

나는 스퍼포스 회원에게 수첩을 돌려 이름을 적어 달라고 했다. 소년원에 다녀온, 어딘가 불안해 보이는 남자아이가 내 옆에 앉았다. 나는 그에게 소년원 기록으로 신원을 확인하지는 않을 거라 말했고, 그는 가명을 써도 괜찮은지 물으며 부드럽게 이야기했다. "'로스트 보이Lost Boy'(길 잃은 소년)라고 불러 주세요." 나는 그 이유를 알 수 있었다. 그에게는 소년원 전선에서 벗어나 휴가를 보내는 남자에게서, 그리고 스퍼포스 가운데 유일하게 훈장을 받은 전쟁 영웅에게서 기대할 법한 뻔뻔스러운 건방짐이 없었다. 그는 낮고 단조로운 목소리로 말했다. "커비 애들은 저를 '예쁜이'라고 불렀어요. 걔네는 저를 겁쟁이로 여겼죠." 그는 주위를 조심스럽게 둘러본 다음, 내가 질문하는 동안 자기 앞에 놓여 있는 식탁 매트를 바라보았다. 그는 수동적이지만 충실하게, 따분하고 단조로운 어조로 답했다. 그리고 자신이 경험한 성적인 만남을 마치 남 일처럼 묘사했다.

"걔가 나한테 구강성교를 해 줬어요. 그리고 다시는 안 만났어요." 그는 요식적으로 말한 뒤 말을 멈추고 다음 질문을 기다렸다. 내가 물었다. 아, 그러면 어떻게 그 여자애 방에 들어가게 됐나요? "다른 남자애 두 명이랑 갔어요." 그가 기계적인 어조로 말을 이었다. "그 여자애가 걔네 자지랑 내 자지를 다 빨아 줬어요."

"걔는 창녀예요!" 테이블 건너편에 있던 남자애 하나가 소리쳤다.

"매춘도 했다던데요." '로스트 보이'가 말했다. 그러곤 이 정도로는 충분히 문제적인 것 같지 않다고 느꼈는지 말을 덧붙였다. "두 번이나요."

"파티에서 만난 애예요." 제프 하워드가 최후의 일격을 날렸다. "걔가 맥주 마시는 거 본 애들도 있어요."

'로스트 보이'가 다시 자기 이야기로 돌아왔다. "여자애는 20분 동안 구강성교를 해 줬어요. 보통은 몇 분밖에 안 걸리는데, 그때는…… 기분은 좋았던 것 같지만, 그때는……." 그는 그날 저녁 자신이 경험했던 특별한 정신 상태를 표현하기에 알맞은 표현을 찾느라 골몰했다. 마침내 그가 말했다. "지루했어요. 밤새 거기 앉아 있고 싶진 않았어요." 그러더니 말을 멈췄다.

나는 그래서 결국 어떻게 되었느냐고 물었다.

"10분 뒤에 바지를 올리고 나왔어요. 큰형인 데이나 [벨먼]을 불렀어요. 그러니까 나는 데이나를 '큰형'이라고 불러요. 다른 애가 걔랑 계속 섹스하고 있었고요."

그를 소년원에 보낸 열 살 여자아이와의 사건에 대해 묻자 이런 답이 돌아왔다. "내가 인정하지만 않았다면 별일 없었을 텐데 말이에요."

하지만 별일은 이미 일어났다. 그는 열 살짜리와 성적인 관계를 맺지 않았나.

"나는 걔가 몇 살인지 몰랐어요. 몸이고 뭐고 다 자란 애 같았다고요. 파티에서 봤을 뿐이에요. 이름도 몰랐는걸요."

스퍼포스의 비공식 철학자였던 '포인트' 킹 빌리 셰헌이 탁자 너머로 몸을 기댔다. "이 여자애들은 이름이 없어요. 우리는 이름이 있죠." 그는 보라는 듯 테이블을 가리켰다. "그래서 당신도 우리랑 이야기하고 있는 거잖아요. 중요한 건 브랜드명이죠."

소름 끼치는 성적 에피소드에 관한 소름 끼치는 설명으로부터 넘어가기에는 조금 이상한 연결구처럼 보이긴 하지만, 일단 주제가 '이름'을 알리는 얘기로 넘어가고 나자 이야기는 그로부터 벗어날 수 없었다. 크리스 벨먼이 말했다. "우리는 거물이 될 수 있었어요. 우리가 정확한 연락처만 얻을 수 있었다면 말이죠."

"우리는 모두 홍보에 집중하고 있죠." 빌리 셰헌이 말했다.

"나는 배우나 모델이 되고 싶어요." 지미 래프킨이 말했다. "그쪽으로 유명해지고 싶거든요."

크리스 벨먼은 "내 라디오 프로그램에서 디제이가 되고 싶"다고 했다. "아니면 대세 코미디언도 좋죠. 어렸을 때는 스포츠 선수가 되고 싶었는데. 그게 꿈이었어요. 지금은 베이거스로 가서 카지노에서 코미디를 하고 누군가 내 농담을 들어주면 좋겠어요. HBO 같은 데서 만드는 온갖 코미디 쇼에 나오는 남자들을 많이 봤어요. 에디 머피Eddie Murphy, 앤드루 다이스 클레이Andrew Dice Clay 같은 사람들 있잖아요. 거기에 올라가서 그런 거물들이랑 어울리고 싶어요. 언젠가는 그럴 수 있을 거예요."

빌리 셰헌이 이야기를 요약했다. "봐요, 브랜드명이 매우 중요하다고요. 이름 없는 바지 대신 게스 청바지를 입는 거랑 비슷하죠."

내 옆에 조용히 앉아 있던 '로스트 보이'는 소용돌이치는 목소리들에 흠뻑 취했다. 그는 저들이 자기 이야기를 방해하는 것에 개의치 않는 듯했다. 나는 그에게 왜 열 살짜리 여자아이에게 성적인 행위를 했는지 물었다. "어차피 여자애들은 널리고 널렸어요." 그가 답했다. "엮일 여자애들이 필요했어요. 점수를 쌓기 시작한 참이었거든요. 그래서…… 여자 셋, 남자 셋이 있다고 치면, 내가 한 명이랑 섹스를 하고 나면 '우리 바꿔서 할까?' 이렇게 물어봐요. 그러면 대부분의 경우에 여자애들이 그러자고 해요. 싫다는 애들도 있죠. 그러면 '번호 알려 줄래?' 해요. 나는 한 번도 강요한 적이 없어요. 나는 나를 높이 평가하죠. 근사한 기회를 놓친 건 개네예요." 이 마지막 말은 마치 그가 믿지 않는 캐릭터를 맡기 위해 연기하면서 판에 박힌 대본을 읽고 있는 것처럼 식탁 매트에 둔탁하게 전해졌다.

그가 말을 이어 갔다. "우리는 여자애들한테 시간 낭비하기 싫다고 말하죠. 연애하면서 시간을 낭비할 순 없어요."

나는 물었다. 당신을 지루하게 만드는 여자, '시간 낭비'하기 싫은 여자들과 섹스를 하는 이유가 뭐죠?

그러자 그가 처음으로 나를 똑바로 쳐다보며 답했다. "점수를 위해서죠. 점수를 따야만 해요. 내 명성을 쌓고 있는 중이었으니까요. 내 이름을 만들고 있는 중이었다고요." 결국 빌리 셰헌은 이야기의 주제를 전혀 바꾸지 않았던 셈이었다.

'로스트 보이'에 따르면 그들이 가장 즐거웠던 순간은 한 여자아이와 섹스하는 모습을 비디오로 녹화했을 때였다. "한 번은 우리 셋이 옷장에서 염탐을 하고 있었어요. 옷장 문을 열어서 사진과 비디오를 찍었죠. 비디오를 팔 수도 있었을 거예요. 하지만 그런 걸 누가 사겠어요?"

빌리 셰헌은 그와 다른 스퍼포스가 한 여자와 교대로 섹스하는 동안 포르노 영화를 재생하고 영화에서 본 움직임을 따라 하기 시작했던 때에 관해 입을 뗐다. "영화 속에 있는 것 같았어요." 그 느낌이 너무도 만족스러웠던 나머지 그는 다음 날 밤 스퍼포스 회원 네 명이 함께 있을 때 다시 시도했다. 그리고 그다음 날 밤에는 회원 열 명을 모았다. 비디오카메라를 가지고서. "그걸로 포르노를 찍었죠. 훌륭했어요."

하지만 그럼에도 그를 비롯해 스퍼포스 회원들이 섹스에 대해 말하는 방식에는 기이한 냉담함이 있었다. 지루함은 비디오카메라가 등장한 뒤에야 사라진 것 같았다. 그들의 성적 착취는 명백하게 행위 자체보다는 본인 스스로 그걸 연기하는 공연자가 되는 것과 관련이 있었다.

그날 밤 남자아이들은 어느 회원 집에 모여 파티를 했다. 부모가 집을 비웠기 때문에 선택된 장소였다. 스퍼포스 파티는 늘 똑같았다. 한쪽에서는 블랙잭을 하고, 스테레오가 터져 나갈 듯 랩 음악을 틀어 놓았다(이날은 퍼블릭에너미Public Enemy의 음악이었다). 그리고 TV 주위에 원을 그리며 아이들이 엎어져 있었다. 하지만 이 파티는 코코스에서의 오찬처럼 특별한 행사였다. 자기들이 출연한 〈투나잇 쇼The Tonight Show〉✠를 보기로 한 것이다. 물론 빌리 셰헌이 마지못해 인정하듯 그들이 실제로 프로그램에 '출연'한 것은 아니었다. 하워

✠ NBC에서 제작하는 미국의 대표적인 밤 시간 대 토크쇼. 당시에는 코미디언 제이 레노가 진행했다.

드 스턴Howard Stern이 출연했을 때 몇 사람이 방청권을 얻을 수 있었던 것뿐이다. 셰헌이 말했다. "KSLX[+]에서 일하는 여자애한테 좀 넣어 달라고 했어요. 진짜 '스퍼포스는 당신을 사랑해요, 하워드!' 하면서 열심히 소리를 질렀죠. 우리 말을 들었을 거예요. 확실해요."

샌안토니오 스퍼스 모자에 L.A. 다저스 티셔츠, 게이트타운 반바지를 입고 온갖 로고를 자랑하는 한 회원이 빌리한테 어슬렁거리며 다가왔다. "야, 어떻게 제이 레노Jay Leno를 만나게 된 거야?" 빌리가 어떻게 가게 됐는지 설명했다. 그러고는 덧붙였다. "물론 우리가 팔리기 때문이지. 우리가 청중으로 앉아 있는 게 시장성이 있으니까." 스퍼포스의 '브랜드명'을 높이는 것이 궁극적인 목표였다. "이미지를 세상에 알려야 해요. 전 세계적으로 그 이미지를 만드는 게 핵심이라고요."

이전에 크리스 벨먼은 아무런 성과 없이 끝났던 할리우드에서의 스퍼포스 홍보 활동에 대해 이야기해 준 적이 있었다. "배우 미키 루크Mickey Rourke 알죠? 그 사람 룸메이트가 우리한테 전화를 걸었어요. '키지'라는 사람인데. 진짜 이름이 뭔진 모르겠고요. 여하튼 그래서 할리우드에 그 사람 로프트를 방문하러 갔었죠." (이후 미키 루크의 홍보 담당자는 그가 로프트를 소유하고 있는 건 맞지만 '키지'라는 이름의 룸메이트는 없다고 말했다.) "미키 루크를 만나진 못했지만, 그가 키지를 시켜 우리한테 연락했을 거예요. 키지와 남자 몇몇이 피자를 몇 번 사 줬어요. 나랑 형 둘을 '태투Tatou'라는 클럽에 데려갔고요. 영화 관련으로 몇몇 에이전트를 소개해 줬죠."

크리스는 원래 스퍼포스에 관한 TV 영화 제작에 관심을 표현했던 에이전트와 프로듀서들이 그들을 "그냥 날려 버리

[+] KSLX FM. 애리조나주 피닉스 지역에 서비스를 제공하는 클래식 록 라디오 방송국.

기로 결정했"다고 말했다. "그 사람들은 우리를 진짜 나쁜 놈으로 만들고 싶어 했어요. 우리가 부모님 집으로 가서 아빠를 두들겨 패고 딸을 강간하고, 그런 모습을 담고 싶어 했죠. 하지만 그건 우리가 아니에요." 그렇지만 크리스와 스퍼포스 친구들은 서둘러 그런 줄거리에 동의했다. "현금으로 주겠다고 했었죠. 그런데 모든 프로그램이랑 방송에서 우리를 너무 나쁜 놈으로, 강간범으로 취급하더니 '저런 애들을 부자로 만들어 줄 순 없다'고 했어요." 크리스는 '여자 임원들'이 프로젝트를 묻어 버렸을 거라고 의심했다. 이후 키지는 "로프트에서 이사를 나왔"고, 그들은 "더 이상 키지와 이야기를 나누지 않았다". 처음으로 크리스 벨먼의 얼굴에 감정이 스쳤다. 그건 분노였다. "그 인간을 잡고 싶어요." 그가 테이블을 주먹으로 내리치며 말했다. "우리한테 엿을 먹였으니까. 아주 제대로 엿 먹였다고요."

그날 저녁 파티에서 나는 그런 쓰라린 폭발을 여러 번 목격했다. 그 중심엔 언제나 그들의 '이름'을 높이는 데 도움을 주려 했으나 어쩐 일인지 충분한 결실로 이어지지는 않았던 미디어 인사나 연예계 인사가 있었다. 크리스 앨버트Chris Albert가 블랙잭 테이블 다리를 세게 차면서 소리쳤다. "모리 포비치, 그 사람은 우리한테 거짓말을 했어요. 우리에게 궁전을 제안하는 것처럼 보이게 만들었어요. 뉴욕에서 열흘. 리무진이 두 대나 나왔죠. 포비치는 개쌍년이에요." 왜 그렇게 화가 났는지는 정확히 설명하지 못했다. 어쨌거나 뉴욕에서 열흘이나 보내지 않았는가. 사실은 열하루였다. 리무진도 탔다. 하지만 그는 자신이 사기당한 것 같다는 강한 의심을 품게 되었다. 뭔가 더 있었어야 했는데. 하지만 그게 뭔지는 몰랐다.

〈투나잇 쇼〉가 시작되기 한 시간 전, 빌리 셰헌은 밖으로 나가 마리화나를 피웠다. 로니 로드리게스Lonnie Rodriguez는 현관 계단에 앉아 멍하니 막대기로 풀밭을 찌르고 있었다. 그들은 오랫동안 만나지 못했던 감방 동료처럼 서로 인사를 나눴다. 어떤 면에서 그들은 그런 사이이기도 했다. 빌리가 말했다. "나랑 로니는 같이 텔레마케팅을 했어요. 아, 세상에, 몇 년은 한 것 같네요." 그들은 창문 없는 방의 삭막한 칸막이 안에 전화기만 놓인 책상 앞에 앉아 끝없이 줄지어 있는 번호로 전화를 걸었다. 최근 보호관찰 위반으로 6개월을 복역한 로니는 "스트레스를 너무 많이 받았"다고 했다(무엇 때문에 감옥을 갔느냐는 질문에는 "대부분 폭행이죠, 나는 그걸로 유명하거든요"라고 답했다). 그는 텔레마케팅 회사 내셔널프로모션National Promotions에 감금되는 것이 자신을 더 쇠약하게 만든다고 했다.

"정말 짜증나죠." 빌리가 동의했다. "하지만 말이에요, 내가 첫 주에 판매 2등을 했어요. 300달러나 했다고요. 둘째 주에는 1등을 했고요. 사람들을 낚기 위해서 썰을 좀 풀었을 뿐이고, 결과가 어떻게 될지는 별로 신경 안 썼어요. 목소리를 좀 바꿨죠, 연기하는 것처럼요. 다른 목소리를 열 가지쯤 연기할 수 있거든요. 그 사람들을 다 속였어요. 스퍼포스를 하기도 전이었지만 우리는 텔레마케팅에서 사람들을 낚고 있었던 거예요. 수년간 낚은 거죠."

텔레마케팅은 스퍼포스의 짧은 역사에서 중요한 이정표였다. 빌리가 말했다. "그때 처음으로 점수를 기록하기 시작했어요." 그들은 이미 고객 전화에 대한 수익을 계산하고 있었고, 이후 성적 행위에 같은 방식을 도입한 건 자연스러운 수순이었던 것으로 보인다. 빌리가 덧붙였다. "모든 건 통계예요." 그들이 살고 있는 더 큰 세계에서도 마찬가지였다. 텔레마케팅과 '점수제'는 등급과 순위, 마케팅 백분위수 및 장타율이 가장 중요하게 여겨지는 경제의 두 가지 얼굴일 뿐이었다. 중요한 사람은 가장 많은 점수를 획득한 사람들뿐이었고, 어떤 범주에서든 1위를 차지한 사람만이 압도적인 우위를 과시할 수 있었다. 그날 밤 빌리 셰헌은 나에게 이렇게 말했다. "나는 세상을 지배하고 싶어요. 아니, 세상까지는 아니라고 하더라도, 내가 정상에 있기 때문에 사람들이 나를 보는 곳, 내 이름을 말하면 모든 이가 고개를 돌리는 그런 곳으로 가고 싶어요."

"이제 시작한다! 시작해!" 거실에서 함성이 들려오자 빌리와 로니가 튀어 올라 안으로 돌진했다. 카펫에 자리 잡은 스퍼포스 회원들은 좁은 거실의 많은 부분을 차지하는 와이드스크린 TV 앞 명당을 차지하기 위해 다투고 있었다. 빌리와 로니는 광고가 끝나기 전에 자리를 잡았다. 월마트가 미국인들에게 즐거운 크리스마스가 되기를 기원했고, 메넨데즈 형제 사건과 마이클 잭슨을 다룬 타블로이드 TV 프로그램 광고가 이어졌다. 소년들은 참지 못하고 야유와 불평을 퍼부었다. 누군가 외쳤다. "야, 저 새끼들 좀 치워 버려. 지금은 우리의 순간이라고."

그리고 마침내 제이 레노가 돌아왔고, 하워드 스턴과 잡담을 나누었다. 저녁 내내 시끄러웠던 방은 처음으로 고요해졌으며 소년들은 숨을 멈추었다. 눈은 고정되었고, 목은 앞으로 기울어져 있었다. 카메라는 청중을 재빠르게 훑었지만 아무도 보이지 않았다. 다시 한번 카메라가 청중석을 돌자 크리스 앨버트가 벌떡 일어나 두 팔을 벌려 의기양양하게 외쳤다. "나다! 저거 나라고! 씨발, 내가, 씨발 〈투나잇 쇼〉에 나왔다고!" 앨버트는 동료들과 하이파이브를 하며 승리의 워킹을 선보였다. 이제 카메라는 하워드 스턴에게 돌아왔고, 빌리 셰헌은 나를 쿡 찔렀다. 그는 스턴의 눈에서 인정의 눈빛을 봤다고 확신했다. "그가 어떤 눈빛인지 봤어요? 하워드가 우리를 아는 척했다고요."

이후 파티는 시들해졌다. 몇 차례 블랙잭 판이 돌아갔고, 이후 스퍼포스 회원들은 문밖으로 빠져나가 어두운 직각 도로망으로 흘러들어 가기 시작했다. 나는 빌리와 로니 그리고 여전히 TV 출연으로 들떠 있는 크리스와 함께 걸었다.

로니가 말했다. "스퍼포스 덕분에 나는 존중받게 됐어요. 하지만 곧 그만둬야죠." 그는 얼마 전 아들이 태어나 아버지가 되었고, 어쨌든 일을 구한 참이었다. 배스킨라빈스 계산원 일이었다. "하지만 스퍼포스는 죽지 않을 거예요. 내 아들이 이어 가겠죠. 우리는 계속 존재할 거예요."

"그리고 우리는 완전 존재하지." 빌리는 누군가 그렇지 않다고 한 것처럼 말했다. "신에게 맹세코, 우리는 완전 존재한다고." 빌리는 고개를 뒤로 젖히고 무표정한 검은 창공을 향해 외쳤다. "하워드 스턴은 우리가 존재한다는 걸 안다! 모두가 우리를 안다고, 모두가 하룻밤 만에."

나는 차를 타고 L.A.로 향했다. 시간이 좀 흘러 빌리와 로니는 다시 만났지만, 크리스 앨버트는 만나지 못했다. 그는 1년 반 뒤인 7월 4일, 폭죽을 터뜨리러 헌팅턴비치에 갔다가 거리 싸움에 휘말려 총에 맞아 숨졌다. 그의 죽음은 연합통신의 소소한 기삿거리가 되었다. 간단한 부고 기사에서는 그의 유일한 업적을 언급했다. "앨버트는 NBC의 〈데이트라인〉과 〈제니 존스 쇼〉 등 몇몇 뉴스와 토크쇼에 등장했다."[14] 그날 밤 〈투나잇 쇼〉에 존재했던 사실은 주목받지 못했다.

여자들이 세계를 망칠 것이다

고화질 카메라 불빛의 눈부신 조명 속에서 젊은 남성들이 주도하는 위험 지대는 대체로 마약, 총기, 섹스, 그리고 질 나쁜 행동의 끝없는 반복으로 엮여 들어가는 경향이 있었다(그 카메라조명이 미국 시민들의 삶을 점점 더 주도하고 있었다). 내가 1990년대에 그 지역들을 방문하면서 목격한 장면들은 각기 독특하고 서로 다른 개성을 가지고 있었고, 그로부터 얻은 교훈들은 종종 모순적이었다. 하지만 백열 미디어의 조명은 그들 사이의 차이를 환하게 비춘다기보다는 모호하게 가려 버렸다. 그래서 내가 처음 덥수룩한 카펫shag-carpeted✠이 깔려 있던 스퍼포스의 파티 룸을 떠나 대륙 반대편인 사우스캐롤라이나주 찰스턴에 있는 사관학교 캠퍼스로 이동했을 때 나는 이음매 없이 연결되는, 별반 다르지 않은 지루한 이야기를 듣게 될 거라 기대했다. 미디어를 통해 본 스퍼포스와 시타델은 테스토스테론, 공격성, 그리고 페미니즘에 대한 모욕 등이 섞인 혈기 왕성하고 통제되지 않는 악동이라는 똑같은 주제의 재탕처럼 보였다. 언론은 그 이름들을 숨도 쉬지 않고 연이어 언급했으며, 그들을 하나로 묶어 「우리 청년들에게 대체 무슨 일이 벌어진 것인가?」라는 절망적이면서도 예상 가능한 특집 기사에서 다루었다. 그런 기사에 등장하는 나쁜 남자아이들의 행동에 대한 설명에서 주목할 만한 변형은 한 가지뿐이었다. 캘리포니아 레이크우드에서 활동한 스퍼포스는 트럭 옆에서 여자아이들을 먹잇감으로 삼았다면, 시타델 주립 사관학교의 사관생도들은 군인이 되기를 꿈꾸는 외로운 여성 생도를 집단적으로 괴롭혔다.

1994년 1월 12일 아침, 비가 몰아쳐 시타델 연병장의 깔끔하게 손질된 잔디가 납작해졌다. 땅은 순식간에 깊게 젖었다. 151년 된 캠퍼스는 학교가 세워지기 전의 논두렁으로 돌아간 것 같았다. 그러나 섀넌 포크너Shannon Faulkner는 변호사들과 친척들, 입에 발린 소리를 늘어놓는 사람들, '독점 기사'에 쓸 말 몇 마디 듣기 위해 가까이 다가서려고 경쟁이 붙은 기자

✠ shag에는 '카펫 등 모직 제품의 털이 긴'이라는 뜻도 있지만 속어로 '섹스'라는 의미도 있다.

들 부대가 머리 위로 열정적으로 들고 있는 우산들 아래에서 토스트처럼 건조하게 폭우를 피할 수 있었다. 더 많은 미디어가 뒤쪽으로 몰려들었다. TV 카메라를 짊어진 건장한 남자들이 한 블록쯤 줄을 섰고, 힘없는 금발의 뉴스 캐스터들이 빗물에 씻긴 화장을 수정하고 있었다. 섀넌 포크너는 봄학기 수업을 등록하러 가는 길이었다. 그녀는 시타델의 젠더 라인을 건넌 첫 여성이었다. 그녀는 자신을 내쫓고 학교를 남성 '전통'의 회랑으로 지키기 위해 작동하는 무시무시한 정치적·법적·문화적 기구들을 물리치고 있었다. 하지만 그런 그녀가 지금 당장 해결해야 하는 임무는 진흙으로 뒤덮인 주차장을 가로질러 가는 것이었다. 목이 뽀송뽀송한 흰색 블라우스에 주름이 잡힌 긴 흰색 치마를 입고 하얀 꽃장식이 달린 하얀 신발을 신은 채, 그녀는 검은 우산의 바다에서 신부의 빛을 발하는 환영처럼 보였다. 무언가 내키지 않는 듯한 신랑들이 이 장면의 가장자리에서 흠뻑 젖은 채로 그림자처럼 맴돌았고, 어두운 색 판초는 제복에 축축하게 달라붙어 있었다.

언론은 사관학교 생도들이 완고한 성차별주의자로 캐스팅된 전형적인 남녀 대결을 카메라에 담기 위해 이곳에 왔지만, 바로 그 기자들의 등장 덕분에 대결은 중단되었다. 포크너와 그녀를 둘러싸고 있었던 지지자들은 귀향 환영 행렬의 장식된 차량처럼 남성 청년들이 이룬 회색 바다를 통과했다. 그녀가 시타델 학교 건물의 계단을 올라갈 때 생도들은 그들 자신의 드라마에서 구경꾼처럼 뒤로 물러났다. 길 건너편으로 후퇴한 그들은 퍼레이드 참가자처럼 멍하니 바라보았다. 빗물이 모자의 챙 위로 넘쳐 얼굴을 타고 흘러내렸다. 취재진의 한 사람으로서, 나는 그 순간의 아이러니에 충격을 받았다. 시타델은 어쩌면 퀴퀴한 남부연합의 옷장에서 벗어나 20세기 후반의 성 중립적인 신선한 공기 속으로 끌려들어 가려던 참이었다. 하지만 이 모든 격변을 촉발시킨 여성은 그들의 기사도적 꿈에 등장하는 여느 '남부 숙녀'처럼 멀리 떨어진 채로 꽃과도 같이 추앙받고 있었다.

학생들이 찰스턴의 애슐리강 유역에 있는 이 무어 양식 정문이 세워진 캠퍼스에 온 이유는 다양했는데, 그중 하나는 안도감이었다. 그들은 학교를 외부 세계의 사회적·경제적 변화로부터 숨을 수 있는 피난처로 여겼다. 그중 가장 핵심적인 변화는 여성이 공적 생활의 모든 측면으로 진출할 수 있게 되었다는 점이었다. 비가 억수같이 쏟아졌던 기자회견 날보다는 건조해진 어느 아침, 나는 생도들이 쉼 없이 훈련하는 드넓은 연병장을 거닐었다. 그러다 멈춰 서서 더 이상 사용하지 않는 군용 장비들을 살펴보았다. 그것들은 잘 다듬어진 풀밭에 잔디밭용 장식품처럼 정돈된 채 나열되어 있었다. 셔먼 탱크의 장갑裝甲은 사우스캐롤라이나주의 햇볕에 평화롭게 빛났다. 잠수함의 어뢰 장전 해치는 문이 활짝 열려 있었고, 티파티를 기다리는 정자처럼 보였다. 수집해 놓은 대포들이 한가롭게 위로 기울어져 있었고, 포구는 시멘트로 발라져 있었다.

여름 태양 아래서 녹슬어 가는 제2차세계대전의 무기는 생도들 자체를 떠올리게 했다. 그건 학교 안내 책자에 등장하는 빛나는 모습이라기보다는 바둑판같은 안뜰을 가로질러 장난감 병정처럼 앞뒤로 행군하는 모습이었다. 그들은 어깨에 핀이 없는 소총을 메고 경비할 필요가 없는 막사를 지키고 있었다. 작동하지 않는 총과 좀먹은 무기 때문에 나는 처음에는 잘못된 결론을 내리고 말았다. 이곳이 소년들이 남자다움을 '증명'하는 척만 하는 환상의 놀이터라고 생각했던 것이다. 그때 내가 이해하지 못한 건 생도들이 시간을 통해 무언가를 얻고 있다는 것, 즉 남성으로서, 그리고 인간으로서 정신적 생존에 필수적이라고 느끼는 무언가를 얻고 있다는 점이었다. 소총이 장전되어 있건 말건 그건 중요하지 않았다. 소년들이 여기서 배운 것에는 총기가 필수가 아니었다. 하지만 군인이라는 허울은 그들이 진정한 교훈을 추구하는 데 필수적인 보호막이었다. 그 외관이 도전받을수록, 생도들은 그 진위를 증명해야 하고, 결국 세상이 그들에게 기대하는 바로 그 폭력에 의지해야 한다는 강박을 더 많이 느꼈다.

시타델의 수호자들은 공립학교가 교과과정에서 여성을 배제하는 걸 누군가 법적으로 문제 삼는 건 시간문제임을 예전부터 알고 있었다. 1990년대 초 사우스캐롤라이나주 파우더스빌의 고등학교 3학년생인 섀넌 포크너가 바로 그 문제를 제기했고, 몇 년에 걸친 법정 다툼이 시작됐다. 캠퍼스의 젊은이들은 레이크우드 여학생들의 고소가 스퍼포스를 분노케 했던 것처럼 그들만의 공간에 들어오려는 섀넌 포크너의 노력에 분노했다. 연방 판사는 시타델에 1994년 봄 학기 동안 포크너의 주간 수업 참여를 허용하라고 명령했으며(그때까지 여성은 야간 연장 수업에만 참여할 수 있었다), 그해 7월 미국 지방법원은 시타델이 그녀를 사관생도들의 군단에 받아들여야 한다고 판결했다. 모든 학부생이 소속되어 있는 시타델의 연대聯隊는 엄격한 막사 생활, 가혹한 규율, 훈련을 통해 소년들을 '완전한 남자'로 만들어 주기로 약속했던 곳이었다. 3주 뒤 시타델은 항소했고, 결과를 기다리는 동안 판결의 실행을 유예할 수 있게 되었다.[15] 그러면서 법적 투쟁이 격화되었다.

이 과정을 '남성적 변신의 호된 시련의 장은 여성혐오적일 수 있었다' 정도로 말하는 건 대단히 절제된 표현이다. 포크너의 법정 공청회 증언에서 명백해진 바와 같이 '여자'란 생도들 사이에서 궁극의 모욕이었다. 시타델 동문이자 1991년도 우수 장학생이었던 론 버놀Ron Vergnolle은 "4년간 생도를 헐뜯는 의도로 '여성woman'이라는 단어가 사용되는 걸 대략 몇 번이나

들었습니까?"라는 질문에 이렇게 답했다.

> 대략적으로라도 몇 번이었는지 수를 세기는 어렵습니다. 너무 빈번하게 일어나는 일이었으니까요. 그곳에서의 생활의 매일, 매분, 매시간의 일부였죠. 만약에 '여성'이라는 단어가 사용되었다면 오히려 안도감을 느꼈을 거예요. 당신이 욕을 먹을 때 대체로 듣게 되는 온갖 여성에 대한 저질스러운 단어들에 비한다면 말이죠. 그런 단어들은 생식기까지 내려가기 마련이고, 바로 거기에 비난의 핵심이 있어요. 요점은 뭐냐면, 해야 할 일을 하지 않으면 남자가 아니라는 거예요. 여자라는 겁니다. 그리고 그게 막사에서 매일 매시간 훈련을 받는 방식입니다.[16]

예전에 학생이었던 마이클 레이크Michael Lake가 나에게 말했다. "시타델 생도들의 신조에 따르면 여자들은 권리가 없어요. 그들은 물건이고, 당신이 하고 싶은 대로 뭐든 할 수 있는 그런 대상인 셈이에요." 그런 세계관을 유지할 수 있는 유일한 방법은 물론 그런 태도에 도전할 수 있는 여성이 캠퍼스에 발을 들이지 못하도록 하는 거였다. 이런 방침에 대한 공인된 설명이란 여자들은 숙녀로서 "존중받을 수 있도록" 거리를 두어야 한다는 것이었다. 시타델이 법정에서 남성만 입학할 수 있다는 방침을 두둔하기 몇 달 전, 나는 거의 스파르타 수준으로 냉방이 엉망인 연대 사령관 노먼 두싯Norman Doucet의 막사에 앉아 있었다. 그는 여성을 배제하는 게 이성에 대한 신사적 인식을 어떻게 향상시켰는지 나에게 설명하고 있었다. "이곳에 여자가 없다는 사실 덕분에 우리는 여자들을 더 잘 이해하게 됐습니다. 여자들이 여기에 없기 때문에, 우리는 미학적으로 여자들의 진가를 알아보게 된 거죠."

그러나 시타델의 경계를 넘은 여성들은 인정받지 못했다. 새로 도착한 여성 교직원들은 포르노그래피적인 메시지와 그림뿐만 아니라 음란 전화까지 받았다고 보고했다. 한 여성 교수는 연구실 앞에 명패를 걸어 두지 않았다. 그 때문에 어떤 괴롭힘을 당하게 될지 알고 있었기 때문이다. 중세사 교수 제인 비숍Jane Bishop은 《뉴욕타임스》에 게재된 남녀공학을 지지하는 사설을 연구실 문 앞에 게시했는데, 며칠 뒤 그 사설에는 온갖 낙서가 휘갈겨져 있었다. 개중에는 이런 내용도 있었다. "비숍 박사, 당신이야말로 여자가 이곳에 발을 들여서는 안 되는 이유야." 다른 낙서에는 이렇게 쓰여 있었다. "여자가 세상을 망칠 것이다."

디셈버 그린December Green은 1988년 시타델에 합류했는데, 정치학부가 종신직 교수로 고용한 최초의 여성이었다. 그녀는 스물여섯 살이었고 매력적이었다. 한 동료는 "생도들이 환상을 가질 만한 대상"이었다고 회상했다. 이내 그녀는 오밤중에 음란 전화를 받기 시작했다. 이어서 '보지' '씨발년' 같은 외설스러운 문구가 연구실 문에 나붙었다. 업무 측면에서 그녀는 높은 평가를 받았다. 강의·연구·업무 실적을 인정받아 상을 받기도 했다. 하지만 1992년 그녀는 시타델을 떠났다. 생도들의 분노를 어찌할 수 없다는 절망감 때문이었다.

현재 오하이오주에서 교편을 잡고 있는 그린은 이렇게 회상했다. "그곳에서 끔찍한 일을 수없이 많이 당했죠." 복도에서 단체로 이글이글 불타는 시선을 던지는 일에서부터 생도들의 교수 평가에 등장하는 살해 위협에 이르기까지 적대감의 스펙트럼은 광범위했다. 그린은 전화번호부에 등록되지 않은 번호를 사용해야 했고, 결국 괴롭힘을 피해 이사까지 가야 했다. 남성 중심적인 교수진과 행정실은 거의 아무런 지원도 제공하지 않았다. 학과장은 그녀에게 '학생들에게 좀 더 모성적으로 접근하라'고 지시했다(인종차별을 지지하는 에세이에 대해 지적을 받은 생도가 불만을 제기한 뒤였다). 그녀는 생도들에게 받은 협박 편지들을 학부 학장에게 제출했지만, 학장은 아무런 조치도 취하지 않았고 그 편지들을 "잃어버리고 말았다". 남자들만의 시타델을 지지하는 한 교수는 어느 날 학생들이 교실 창밖으로 그린에게 야유를 퍼붓는 동안 그 옆에 서 있었다. 다른 직원이 그녀에게 말했다. "당신이 뿌린 대로 거두는 겁니다." 생도들이 여자를 공격의 대상으로 골랐을 때, 선생들은 그 일을 방해할 생각이 없다는 사실을 매우 분명하게 보여 주었다.

생도들은 처리해야 하는 또 다른 여성 그룹에서 적의 얼굴을 보았다. 바로 "데이트 상대들"이었다. '데이트 상대'에 대한 생도들의 태도는 스퍼포스의 포식 행위보다 더 적대적이었다. 생도들은 나에게 같은 반 친구들이 입맛에 맞지 않게 구는 여자 친구를 어떻게 "마구 때리는지" 묘사해 주었다. 시타델에서 열린 한 파티에서 졸업생 론 버놀은 만취한 생도가 한 여성에게 구토를 하는 동안 생도 두 명이 그 여성을 짓누르고 있는 걸 보았다. 버놀은 전 여자 친구를 모욕한 걸 과시하는 게 일반적인 관행이라고 덧붙였다. 그리고 그 모욕이 터무니없을수록 더 좋은 이야깃거리가 되었다. 예를 들어 그런 이야기로 관심을 끌고 싶어 하는 두 생도들이 '도그 데이Dog Day'(개의 날)에 무슨 짓을 했는지 자랑스럽게 떠벌렸다. '도그 데이'는 선배들이 주최하는 규모가 큰 야외 파티였다. 데이트 상대 때문에 화가 난 그들은, 데이트 상대들이 간이 화장실에 들어갔을 때 그들을 그 안에 가두고 화장실을 엎어 버렸다. 전해지는 바에 따르면, 한 생도는 살아 있는 햄스터를 '데이트 상대'의 집 문에 압정으로 박아 놓았고, 다른 생도는 여자에게 거절당하자 그 여자가 공포에 질려 지켜보는 앞에서 그녀의 고양이 머리를 유리창에 뭉개 버렸다고 자랑했다. 버놀이 말했다. "그 고양이 이야기는 말이죠. 그 녀석의 명함이었어요."

이런 태도는 생도들이 매일 연병장을 돌면서 외치는 노래들에서도 드러났다. 군가 대부분은 여성혐오적인 가사로 잘 알려진 「조디Jodies」✠였다. 하지만 시타델에 등장한 최근 노래에는 여자들의 눈을 도려내고, 신체 부위를 잘라 내며, 내장을 적출하겠다는 가사들이 포함되어 있었다. 그중 한 곡은 「캔디맨The Candy Man」 곡조에 따라 다음과 같이 진행된다.

누가 두 개의 부스터 케이블✢을 견딜 수 있을까?
그녀의 가슴에 클립을 찝어라
배터리를 켜고 그 쌍년이 경련을 일으키는 걸 봐라
SM맨은 할 수 있어,
SM맨은 할 수 있어

다음 구절은 "누가 얼음송곳을 견딜 수 있나……" 따위다. 이것이 섀넌 포크너가 문을 두드린 세계였다.

1993년 추수감사절 다음 날 새벽 1시 30분, 찰스턴에서 약 250마일 떨어진 그린빌 외곽의 작은 마을 파우더스빌에 있는 섀넌의 부모 샌디와 에드 포크너의 집에 전화벨이 울렸다. 이웃으로부터 온 전화였는데, 집밖으로 한번 나와 보는 것이 좋겠다는 이야기였다. 차 한 대가 그들의 집 주변을 돌고 있다는 거였다. 처음 잔디밭으로 나갔을 때, 부모는 아무것도 보지 못했다. 그런 다음 돌아서자, 흰 베란다 기둥을 가로질러 집

✠ 미국 군부대에서는 군가를 '조디 콜(Jody call)' 또는 '조디'라고 부르는데, 조디는 군인이 자신의 의무를 다하는 동안 여성 파트너가 '바람피우는 상대'를 가리킨다.

✢ 자동차 배터리 충전용 케이블.

의 벽면을 따라 (샌디의 표현을 빌리자면) "피처럼 붉은색"으로 거대하게 '쌍년' '호모년' '창녀' '레즈'라는 글자가 쓰여 있는 것이 눈에 들어왔다. 에드는 새벽 6시에 일어나 흰색 페인트 통을 들고 딸이 보지 못하게 서둘러 그 메시지를 지웠다.

판사가 시타델에게 포크너의 사관학교 입학을 명령하고 며칠 후, 찰스턴의 아침 출근 시간 운전자들은 거대한 이동식 간판을 지나치게 된다. 일군의 생도들이 밤사이에 가져다 놓은 것이었다. 거기에는 '섀넌 죽어라'라고 쓰여 있었다. 그 전해에 섀넌의 집에는 온갖 낙서와 기물 파손이 일어났었다. 누군가가 집 아래로 기어들어 온수기의 비상 배기밸브를 열어 놓았다. 샌디가 모는 자동차의 연료탱크가 열려 있기도 했다. 또 누군가는 포드의 SUV 차종인 브롱코로 우편함을 밀어 버렸다. 샌디는 또 다른 사람이 차로 "화단에 '8' 자를 새겨 놓았"다고 말했다. 서던벨의 음성메시지 함을 두 번이나 해킹해 포크너 가족의 인사말을 '쌍년'이나 '큰 방댕이' 등을 언급하는 랩 가사 녹음으로 바꿔 놓은 이도 있었다.

포크너가 사관학교 입학을 기다리며 주간 수업을 듣던 장소에서는 교지 《브리거디어Brigadier》(준장) 지면에서부터 화장실 세면대에 이르기까지 온갖 군데에서 그녀에 대한 비웃음이 계속됐다. 시타델의 야간 프로그램에 참여하고 있는 대학원생 톰 루커스Tom Lucas는 뇌리에 박혀 있는 낙서 하나에 대해 이야기해 주었다. 캠퍼스의 남자 화장실에 있던 내용이었다. "들어오라 그래. 그럼 죽을 때까지 강간해 줄 테니까."

포크너가 공식 생도로서 겪는 시련은 오래가지 않았다. 그녀는 일주일도 채 견디지 못했다. 동료들의 끊임없는 분노로 몸에 병이 났고 정신적으로도 충격을 받아 결국 그만두게 됐다. 다음 날 미디어는 생도들이 달성한 반전을 기록했다. 섀넌이 굴욕감을 느끼면서 고개를 숙이고 우는 모습이 화면에 포착되었다. 반면 가장 많이 사용된 사진은 승리감에 취해 고소해하는 생도들 모습이었다.

생도들은 이후로도 이어진 여성 생도들의 물결과 비슷한 전쟁을 반복했다. 1996년에는 젊은 여성 두 명이 학교를 그만두었다. 생도들이 그들의 입에 주방 세제와 디오더런트 스프레이를 퍼붓고, 운동복에 매니큐어 리무버를 뿌린 뒤 불을 붙인 뒤였다.[17] 그러나 승리의 영광 역시 잠시였다. 문제는 여자들이 진정한 전쟁의 대리자에 불과했다는 점이었다. 그건 음란함이나 폭력으로는 대적할 수 없는 새로운 경제와 새로운 문화와의 전쟁이었다.

생도들은 오랫동안 섀넌 포크너 배후에 있는 무언가 더 거대한 것과 싸우고 있다고 생각했다. 그들은 미국시민자유연맹American Civil Liberties Union(ACLU)이 "그녀를 조종하고 있다"라고 주장했다. 그녀는 전미여성기구National Organization for Women(NOW)의 (아마도 돈을 받는) '졸卒'이라는 것이었다.✠ 사실 섀넌은 페미니즘과는 거리가 멀어 보였다. 그녀는 자매애를 기피하면서 스스로를 '개인주의자'라 불렀다. 군사학교가 그녀를 받아 줘야 한다고 판사가 판결을 내린 이후, 포크너는 《뉴욕타임스》에 이번 재판의 승리가 "여성을 위한 판결"이기만 한 것이 아니라 무언가를 원한다면 "그것을 추구하라"라는 믿음에 대한 확인이라고 말했다.[18]

✠ 미국시민자유연맹은 1920년에 설립된 미국의 비영리 인권단체로, "미국 헌법과 법률에 의해 이 나라의 모든 사람에게 보장된 개인의 권리와 자유를 수호하고 보호하기 위해 노력"해 왔다. 사형제 반대, 동성 결혼 및 성소수자 입양권 지지, 피임 및 임신중지권 등 재생산권 지지, 여성 및 소수자에 대한 차별 철폐 등을 주장한다. 전미여성기구는 미국 최대 규모의 여성단체로 1966년 워싱턴에서 개최된 여성의 지위에 관한 위원회 제3차 전국회의에서 창립되었다. 초대 회장은 제2물결 페미니즘에 큰 영향을 미쳤던 『여성성의 신화』의 저자 베티 프리단이다.

아마도 이 부분이 생도들이 참을 수 없는 점이었을 터다. 그들의 극단적이고 잔인한 여성혐오에는 어떤 변명의 여지도 없지만, 포크너는 단지 더 큰 위협의 사절일 뿐이라는 그들의 의심에는 정곡을 찌르는 부분이 있었다. 포크너는 생도들에게 괴롭힘을 당하는 와중에도, 수많은 생도들이 허우적거리고 있었던 셀러브리티 문화 속에서 '개인주의자'로서 인기를 구가하며 보상을 받고 있었다.

젊은 남자들이 문화적으로 열세에 있다는 사실은 폭우 속에서 포크너가 입학 허가를 받기 위해 등장했던 날 분명히 드러났다. 그녀의 행렬은 학교 건물 계단 꼭대기에서 멈췄고, 변호사는 의뢰인이 질문에 답하겠다고 말했다. 경쟁적으로 몰려들어 있는 마이크 앞에서, 포크너는 세련된 침착함으로 언론에 응대했다. 그녀는 이미 몇몇 기자의 이름을 알고 있었고 그들을 친근하게 알아보았다. "아니에요, 샐리." 그녀는 시타델의 육체적인 혹독함에 대해 걱정하지 않았다. 그녀는 바로 그날 아침에도 새벽 6시 30분에 일어나 조깅을 했다. "맞아요, 존." 그녀는 '외향적인' 성격으로 남성 생도들을 설득할 수 있으리라 확신했다. "그들은 나와 이야기를 나누게 될 거예요." 아니다, 그녀는 그들의 적대감을 염려하지 않았다. 그들은 그녀 '개인'을 알게 된다면 마음이 가벼워질 터였다. 그렇다, 그녀는 정규과목 이외의 활동에도 등록하고 싶다고 했다. 어쩌면 《브리거디어》에 글을 기고할지도 몰랐다.

예의 바르면서도 단호한 미소를 지으며 포크너는 취재진에게 이제 질문을 마무리해야 한다고 말했다. 그녀는 질문을 하나만 더 받겠다고 했다. 이제 열아홉 번째 생일을 앞둔 십대 여성은 미디어 관리에 탁월한 재능을 가지고 있었다. (다른 유혹과 마찬가지로) 너무 많이 말하거나 지나치게 쉬운 대상이 되지 않는 방법을 이해하고 있었던 것이다. 열성적인 기자는 군중의 소음과 비를 뚫고 소리 질렀다. “시타델에 도전하면서 증명하고 싶은 것이 무엇입니까?” 포크너는 1초의 망설임도 없이 대답했다. “나 자신에게 증명하고 싶습니다. 남들에게 증명해야 할 건 없습니다.”

몇몇 취재기자가 포크너 주위의 무리에서 벗어나 젊은 남자들에게 다가갔다. 이 이야기가 펼쳐지는 화면 속으로 그들을 끌어들이기 위해서였지만, 곧 포기했다. 생도들은 쓸 만한 말을 생각해내지 못했다. 그들은 정해져 있는 말을 반복하도록 프로그래밍된 로봇 같았다. “그녀는 150년 전통을 망치고 있습니다.” “그녀는 시타델의 경험이 선사할 유대감을 결코 경험할 수 없을 겁니다.” 대체로 그들은 입 자체를 열려고 하지 않았다. 그들의 기계 같은 낭독 아래 도사리고 있었던 건 기자들의 존재에 대한 분노였다. “겪지 않았으면 이해할 수 없을 겁니다.” 그들은 이어지는 질문에 예상된 적대적인 대답을 던지고는 퉁명스럽게 돌아섰다. ‘당신들이 이곳에 있는 게 싫다’라는 게 허공에 남겨진 소리 없는 메시지였고, 언론에 대한 바로 그 분노에 찬 침묵을 보면서 나는 처음으로 깨달았다. 이곳은 더 이상 레이크우드가 아니었던 것이다. 여성에 대한 증오심이 어떤 유사점을 가지고 있건 간에, 이곳 전선은 어쩐지 레이크우드와 달랐다.

눈에 띄지만, 눈에 띌 준비가 되어 있지 않았다

1994년 봄 어느 날, 나는 레이크우드 공원에서 빌리 셰헌을 만났다. 그는 벤치에 앉아 예전에 활동했던 포니리그 야구팀이 연습 중인 모습을 지켜보고 있었다. 열세 살 남자아이들이 주먹으로 야구 글러브를 치고 모자를 고쳐 쓰고 있었고, 누구도 외로운 구경꾼인 빌리를 신경 쓰지 않았다.

그는 끝나 버린 운동선수 경력에 대해 곰곰이 생각하고 있었다. 그는 몇 주 전에 롱비치시립대학교 야구팀에서 쫓겨났다. 롱비치 이전에는 골든웨스트대학교와 리오 혼다대학교에서 야구선수로 뛰었다. 골든웨스트에서는 외야에서 싸움이 붙는 바람에 그만두게 되었고, 리오 혼다에서는 팀이 너무 흐리멍덩해서 혐오감에 그만둬 버렸다. 스퍼포스로 탄 유명세 때문에 롱비치에서 그는 눈에 띄는 존재였다. (그 유명세는 미디어의 주목 때문이지 경찰의 주목 때문은 아니었다. 빌리는 한 번도 체포된 적이 없었다.) 사람들이 관중석에서 "몇 점이나 땄냐?" 하고 외치곤 했다. 덕분에 그는 선수 명단에서 빠지곤 했고, 또 그는 그대로 으스댔다. "코치가 그러더라고요. '네가 경기를 너무 산만하게 만들어서 한 팀이 될 수가 없겠다. 사람들이 경기에 집중하지 않잖니.'" 분노한 나머지 빌리는 롱비치시립대학교 야구팀 모자를 '파쇄'해 버렸다.

포니리그에서는 미래가 밝아 보였다. "팝워너Pop Warner✠에서 뛰면서 평판도 좋았고 이미지도 좋았어요." 그가 말했다. "레이크우드 팝워너는 한 번도 진 적이 없었죠. 내 이름도 점점 더 유명해졌고요. 하지만 더 유명한 브랜드명을 가진 사람이 나타났어요." 그 아이는 타율이 빌리만큼 좋지는 않았다(고 빌리가 말했다). 하지만 아버지가 동네에서 사랑받는 코치였기 때문에 올스타 팀에 이름을 올릴 수 있었다. 빌리가 생각하기에 그 자리는 자기 거였다. "나는 나중이 되어서야 올스타에 이름을 올릴 수 있었는데요, 너무 늦었던 거죠. 일찍 선발된 애들이 브랜드를 갖게 되었어요. 펩시 같은 거랄까요."

빌리는 자기가 활동하던 시절의 코치를 알아보고 인사를 하러 갔다.

✠ Pop Warner Little Scholars의 줄임말로, 5~16세 청소년에게 미식축구 등의 기회를 제공하는 비영리단체이며 국제적으로 활동하고 있다. 미국에서 가장 큰 유소년 미식축구 협회이기도 하다.

"다들 어디에 있어요?" 빈 관람석을 향해 걸어가면서 빌리가 말했다. 그 질문이 대화의 포문을 열었다.

"아, 잘 모르겠네. 더는 예전처럼 팀 중심적이지 않으니까." 알 위너Al Weiner 코치가 기력 없이 대답했다. 그는 모자를 벗고, 가느다란 백발을 손으로 쓰다듬었다.

"엄마들이 더 이상 집에 없으니까 그래." 아트 태비존Art Tavizon 코치가 말을 얹었다.

위너가 말했다. "아니야, 애들이 문제야. 옛날에는 경기를 뛰지 않는 애들도 구경하러 왔었잖아. 지금은 자기가 뛰지 않으면 구경도 안 한다니까."

"여자애들도 더 이상 보러 안 오고 말이야." 태비존이 말했다.

위너가 고개를 끄덕였다. "여자애들이 관심이 없지. 여자 스포츠에 더 빠져 있으니까."

태비존은 여자 스포츠에 대해서 말하면서 입을 가늘게 벌리면서 수평선에서 위협적인 뇌우를 본 것처럼 들판 너머를 음울하게 바라보았다. "'타이틀 나인Title Nine' 때문에 모든 게 변했어." 그는 국가에서 공적 자금을 지원받는 학교에서 성차별을 금지한 1972년 연방법을 넌지시 언급했다. 이 연방법 덕분에 여학생들이 섀넌 포크너가 시타델로 안내되었던 것처럼 교내 스포츠로 이끌렸다. "축구나 야구는 큰돈이 들어오는 스포츠였는데. 그 모든 걸 이제 여자 배드민턴에 넘겨줘야 해! 코치들은 자금을 모으느라 바쁘지. 돈이 전부 여자 스포츠로 흘러가 버렸으니까."

코치는 말을 멈추었지만 그저 숨을 쉬기 위해서였다. 그는 이제 이야기를 막 시작했을 뿐이었다. "여자아이들 체조할 공간이 필요해서 우리 웨이트 룸을 없앴어. 11년간이나 사용하던 건데. 밖으로 쫓겨났다고." 그의 목소리는 점점 커지고 얼굴은 더 붉어졌다. 나는 문득 이제 빌리가 이야기의 중심이 아니라는 걸 깨달았다. 코치는 여자를 대표하고 있는 나에게 화를 내고 있었던 것이다. "여자들이 '50대 50으로 파이의 절반을 내놓으라'며 자기주장만 내세우는 대신 좀 앉아서 생각을 해 봤으면 좋겠어. 그들이 물러나고 큰 스포츠가 예전처럼 자금을 지원받도록 내버려 둬야 하는데. '타이틀 나인'은 고교 스포츠를 다 망쳐 버릴 거야."

그 이야기를 끝내고 나서 그는 갑자기 열세 살 소년 스타들에게로 돌아갔다. 빌리와 나는 그가 멀어져 가는 걸 지켜보았다. "저게 야구의 진짜 문제는 아니죠." 빌리는 그렇게 말하고는 자기가 내린 최신 진단을 제시했다. "야구의 문제는 그게 아빠의 경기라는 거예요." 게다가 야구는 화려한 스포츠도 아니었다. "야구는 치어리더가 없기 때문에 눈에 띄지 않죠. 그러니까 미식축구 같은 스타가 안 나오는 거예요." 나는 그가 생각하는 스포츠 분야에서 십 대 여자아이들보다 아래에 있는 아버지들의 서열이 궁금했다. 경기를 지도하던 어른 남자들의 의견이 더 이상 중요치 않게 된 건 언제쯤부터였을까? 빌리의 아버지는 12년간 팝워너를 헌신적으로 지도했다. 크리스와 데이나 벨먼의 아버지 돈도 마찬가지였다. 그는 파크리그·리틀리그·포니리그·콜트리그의 헌신적인 코치이기도 했다.

나는 빌리에게 물었다. '아빠의 경기'가 왜 그렇게 문제죠?

"아빠와 내 관계의 중심엔 스포츠가 있었어요. 내가 문제를 일으켰을 때, 내가 자기를 엿 먹이는 거라고 받아들였죠. 아빠는 내가 챔피언이 될 수 있다면 뭐든 해 줬을 거예요. 아빠들이 우리 안에 심어 놓은 건 바로 스포츠죠. 그건 질병 같아요. 모든 동네를 오염시켰어요." 빌리의 아버지는 그저 다른 아버지들과 같은 걸 바랐을 터다. 아들에게 무언가 물려주는 것. 그리고 전후 교외 지역에서 그 유산은 스포츠에서의 성취였다. 그러나 상속의 계보가 거꾸로 거슬러 올라갔다는 사실이 밝혀지고 말았다. 이 세대 반전의 이야기에서 부모는 자녀를 통해 그들의 '이름'을 얻고 있었다. 크리스와 데이나의 어머니인 도티 벨먼은 기자에게 말했다. "우리도 스타였어요. 우리는 리틀리그에 들어갔고, 인기가 많았습니다."[19] 빌리는 직감으로 아버지들이 더 이상 이 세상이 돌아가는 방식에 대해 가르쳐 줄 게 없다는 걸 알고 있었다. 하지만 여자아이들에겐 배울 것이 있었다. 결국 스퍼포스 회원들은 여성이 오랫동안 지휘해 온 것, 바로 카메라의 관심을 염원했다. 그들은 여성에게 구애하기보다 훨씬 더 많은 정성을 들여 대중의 눈속 봉안에 접근하는 여성의 비밀을 탐냈다. 빌리 셰헌이 〈제인 휘트니 쇼〉에서 말한 것처럼, 그는 휘트니가 스튜디오 무대에서 하는 일을 레이크우드에서 하려 했을 뿐이었다. 그가 말했다. "우리는 아마도 같은 의도를 가지고 있을 거예요."[20]

반면에 생도들은 카메라가 사라지기를 바랐다. 사관학교에 입학하던 날 섀넌 포크너는 더플백을 매고, 머리를 짧게 자르고, 자신의 '개성'을 지운 채로 도착했다. 생도들은 막사 앞에 서서 소리를 지르고 있었다. 하지만 그녀에게 소리 지른 건 아니었다. 그들은 "언론을 죽여라! 언론을 죽여라!" 하고 외쳤다. CNN 카메라맨이 발이 걸려 쓰레기통 쪽으로 넘어지자 생도들은 환호하면서 새된 소리를 내뱉었다. 생도들이 캠퍼스 담장 밖으로 주먹을 휘두르며 고함치는 모습을 찍은 보도사진에는 갈등의 기세가 고스란히 담겨 있었다. 이들 사진이 제대로 보여 주지 않았던 건 섀넌 포크너가 근처에 없었다는 점이었다. 남부 캘리포니아 일간지 《스테이트State》의 기자로 시타델 뉴스를 취재하고 있던 클로디아 브린슨Claudia Brinson이 내게 말했다. "미디어에 대한 엄청난 적대감이 있었죠. 마치 우리가 그들에게 끔찍한 짓이라도 한 것처럼 말이에요."

물론 미디어가 '그들에게' 한 가장 명백한 일은 학교의 입장을 비판하는 것이었다. 그러나 생도들은 섀넌 포크너가 없었더라도 언론에 반대했을 것이다. 문제는, 그들이 포크너의 입학을 기록하는 미디어를 싫어했을 뿐 아니라 미디어를 학교로 끌고 들어온 포크너(더 나아가 모든 여성)를 싫어했다는 점이었다. 포크너가 수업에 등록한 순간, 사관학교 행정실은 그녀에게 이제부터 학교의 허가 없이 미디어와 접촉할 수 없다고 고지했다.

1991년도 졸업생은 《브리거디어》에 보낸 편지에 이렇게 썼다. "미국의 시민권에 대한 관심은 건강한 관심이었다가, 자유가 아닌 명성에 초점을 맞춘 광기 어린 집착으로 바뀌었다."[21] 스퍼포스였다면 섀넌 포크너의 유명세를 부러워했을 터다. 하지만 생도들은 이를 피하고 싶었다. 생도 중 한 명인 제러미 포스트론Jeremy Forstron이 금요일 밤, 시타델 사람들이 자주 어울리는 찰스턴의 술집인 '빅존스'에서 나에게 말했다. "시타델은 예전처럼 금욕적일 수 없어요. 미디어는 시타델에 변화를 일으키는 가장 큰 요소입니다." 그는 거기에 모인 이들의 소음을 뚫고 내게 자신의 이야기를 전달하기 위해 소리를 치고 있었다. 그 자리는 한데 뭉쳐서 이야기를 나누는 생도들, 소매에 검은색으로 가는 선이 그어진 교복을 입은 2학년생, 블레이저 차림의 3학년생 등으로 붐볐다. 블레이저를 입은 3학년생 앨런 머피Alan Murphy가 나에게 말했다. "입고 있는 옷으로 몇 학년인지 분간할 수 있어요." 그는 그런 예측 가능성에서 큰 위안을 얻는 것 같았다. 잔뜩 지친 표정의 웨이트리스가 30분 전에 주문한 맥주를 한 잔 들고 다가왔다. 그녀는 음료수를 내밀며 불평했다. "대체 어떻게 찾으라는 거예요? 다들 똑같아 보이는데." 그렇게 똑같아 보이는 것이 바로 포스트론이 말한 '금욕주의'였다. 자신을 드러내야만 하고 '개인'이 되어야만 하는 상황으로부터 그들을 지켜 주는, 침투할 수 없는 침묵과 익명의 벽. 반면 섀넌 포크너는 스스로를 '개인'이라 부르고자 했다.

이러한 익명성에서 미디어와 여성은 동일한 위협을 나타냈다. 소년들은 가혹한 세계의 감시하는 눈을 피해서 시타델에 왔다. 그들은 여성적인 시선에 노출되어 있는 한 자기 자신으로 존재할 수 없다고 느꼈다. 생도들은 여자가 학교에 오면 얼마나 "당황스럽고 부끄러울지"에 관해, 또 미디어가 "그저 우리를 망신 주고 싶어" 하며 "우리를 조롱하려 든다"는 것에 관해 거듭 이야기했다.

1993년 가을 학기 첫날, 서구 문명사 수업을 듣는 생도들은 포크너가 대변하는 위험에 대해 생각하면서 그녀가 자신들의 사생활에 제기한 위협에 대한 이야기로 계속 되돌아갔다. "여자들이 여기에 들어온다면, 모든 방에 창문 가리개를 설치해야 할 것"이라며 한 생도가 말했다. "막사에 있는 모든 창문을 생각해 보세요. 8000달러, 9000달러가 들지도 몰라요." 사실 그는 조사를 해서 창문용 가림막에 관한 보고서를 쓰기도 했다. 다만 왜 그 모든 창문을 덮어야만 하는지에 대해서는 설명하지 않았다.

발달심리학자 에릭 에릭슨Erik Erikson은 이렇게 썼다. "수치심은 그 사람이 완전히 노출되어 있다고 가정하며, 그렇게 시선의 대상이 된다는 것을 의식할 때 일어난다. 그는 이미 보이는 상태이지만, 그렇게 드러날 준비가 되어 있지 않다. 그래서 우리는 수치심을, 마치 바지를 내리고 있는 것처럼, 불완전한 옷차림을 한 상태에서 응시당하는 상황으로 꿈꾼다. 부끄러움을 느끼는 사람은 세상이 그를 보지 못하도록, 그가 노출되어 있음을 눈치채지 못하도록 강제하고 싶어 한다. 그는 세계의 눈을 파괴해 버리길 원한다."[22] 하지만 생도들은 무엇을 그렇게 수치스러워한 걸까? 그들에겐 왜 사생활이 그토록 중요했을까? 세간의 이목을 끈다면 굴욕감을 느낄 수밖에 없는 잠긴 막사 문 뒤에서 그들은 도대체 무슨 경험을 한 것일까? 자연스레 나는 그것이 공중도덕 관점에서 보아 기껍지 않은 어떤 것, 사회가 혈기 왕성한 미국 남성들에 대해 혐오스럽고 도착적이라고 매도할까 봐 두려워하는 어떤 것이리라 예측했다. 영 틀린 생각은 아니었다. 하지만 그건 내가 상상했던 그런 종류의 일이 전혀 아니었다.

생도들이 가장 좋아하는 한 강사의 교실에서 나는 그 은폐에 대한 욕망을 이해하기 시작했다. 어느 날 오후 우리가 학교 건물로 향하던 중 제임스 렘버트James Rembert 대령이 싹싹하게 말했다. "섀넌이 우리 반에 있었다면, 나는 성적 괴롭힘으로 3월에 해고되었을 겁니다." 대령은 실제 군대 내에서 주어진 직함이 아니었다. 그건 한때 사우스캐롤라이나주 비조직 민병대로 알려졌고, 현재는 SCUM이라는 약자로 불리는 의례적인 조직이 시타델의 교직원들에게 수여하는 이름이었다. 렘버트는 꼿꼿한 태도를 가지고 있고 테드 터너Ted Turner✠와 신체적으로 닮은 부분이 있었다(터너는 우연히도 세 아들을 모두 시타델에 보냈고, 1994년 2500만 달러를 기부했다).[23] 그러나 그의 과장된 완고함과 정중함은 때때로 그를 몬티 파이선Monty Python✢처럼 엉뚱한 사람으로 보이게 했다. 대령은 나에게 남부 캘리포니아의 "마지막 백인 렘버트" 중 한 명이라고 소개했다. 렘버트 가문은 그가 사우스캐롤라이나주의 존스 헌

✠ CNN 설립자.

✢ 1969년에 결성된 영국의 전설적인 코미디 그룹. 그레이엄 채프먼, 존 클리스, 테리 길리엄, 에릭 아이들, 테리 존스, 마이클 페일린 등 여섯 명으로 구성되었다. 풍자와 블랙 코미디 등으로 유명하고, 코미디계의 비틀즈로 평가받기도 한다.

팅 클럽에 들어갈 수 있을 만큼 오랜 혈통을 가진 위그노 가문이다. 존스 헌팅 클럽은 남성들만 들어갈 수 있는 모임으로 실제로 사냥을 하지는 않으며, 시타델 동문들이 회장을 맡아 왔다. 렘버트는 1961년 시타델을 졸업하고 훈련 중대 사령관으로 있다가 포트브랙의 특수부대에서 낙하산병으로 복무했다. 그는 케임브리지대학교에서 박사학위를 받은 다음 시타델의 성벽 안으로 돌아와 그 뒤로 그곳에 거주하면서 가르치고 있었다. 그는 나에게 여가를 즐길 때나 공부할 때에는 남자들과 어울리는 것이 좋다고 말했다. "나는 평생 젊은 남자들을 상대해 왔어요. 그 사람들과 어떻게 어울려야 하는지 잘 알죠. 여기서 나는 여자들하고는 할 수 없는 말을 자유롭게 할 수 있어요. 말할 때마다 조심하고 싶지 않아요."

렘버트는 (그가 한 번도 가 본 적이 없는) 베트남에서 입었던 '부상'에 관한 익살스러운 이야기로 영어 수업을 시작했다. "〔그 부상은〕 지난 35년간 나를 순결하게 만들었지." 그는 이렇게 분위기를 살린 다음, 그날 토론 주제였던 문학작품 『베어울프Beowulf』에 관한 이야기로 넘어갔다. 그는 생도들에게 『베어울프』의 서사는 "형제애에 대한 충성"과 "남성들 간의 유대감"에 관한 것이라고 말했다. 렘버트는 장난기 어린 웃음을 띠고 나를 쳐다보았다. "시타델에서처럼 말이죠. 물론 여자들 이야기도 나옵니다, 팔루디 씨. 음식을 준비하는 장면에서요." 그러고 나서 그는 채점을 마친 그 주제에 대한 에세이를 생도들에게 돌려주었다.

렘버트는 장난스럽게 공포에 휩싸인 목소리로 말했다. "라이스 군, 싱글 스페이스 에세이를 제출하면 어떻게 하지?" 이건 해서는 안 되는 일이었다. 렘버트는 그 학생에게 연필을 들고 핵심을 "펜-에-트레이트pen-e-trate"(관통 혹은 삽입)하라고 지도했다(이렇게 음절을 길게 늘이며 말했다). "호모 새끼도 아니고 말이지! 잡지도 못해요, 던지지도 못해요, 쓰지도 못해요." 그는 다른 학생에게도 마찬가지 어투로 수동태를 사용한 것에 대해 꾸짖었다. "절대로 수동태는 쓰지 마. 수동태를 쓰면 여성스러워지고 동성애자가 될 테니까." 렘버트는 학생들에게 말했다. "그러니까 다음에 또 수동태를 사용하면, 내가 너희의 그 호모스러움을 가만두지 않을 거야." 렘버트는 자신의 교수 '테크닉'에 큰 자부심을 갖고 있었다. 처음 그의 설명을 들었을 때는 이해가 잘 되지 않았다. 불안한 젊은이들을 '호모 새끼'라고 부르는 게 어떻게 편안한 교실 분위기를 만든다는 걸까?

문학에 대한 조언이 마무리되자, 렘버트는 섀넌 포크너에 관한 주제를 띄웠다. 여성에 대한 일반적인 반감이 일어났다. 여자들은 스파르타식 캠퍼스의 육체적 고통을 버티지 못할 것이다. 신체 단련 요건을 충족시키지 못할 것이고, 머리를 짧게 밀려고도 하지 않을 것이다. 한 생도가 "그 여자가 여기 있는 남자들의 관계를 바꿔 버릴 것"이라고 말하자, 이야기는 더 흥미로운 영역으로 흘러가기 시작했다. 하지만 그 관계의 본질이라는 게 과연 뭘까?

3학년 생도가 말했다. "샤워를 같이 한다는 건 굉장히 친밀한 일이죠. 우리는 함께 벌거벗은 하나의 덩어리이고, 그게 우리를 더 가깝게 해 줘요. 함께 면도하고, 함께 벌거벗고, 함께 두려워하고. 함께 울 수도 있죠." 또 다른 생도인 로버트 부처Robert Butcher는 이 남자들이 각각의 생도를 돌봐 준다고 말했다. "그에게 옷을 입혀 주고, 셔츠를 바지에 넣어 주고, 신발에 광을 내 주죠."

내가 물었다. 엄마와 아이처럼요?

한 생도가 대신 답했다. "바로 그거죠. 가족인 거예요. 식사도 엄마 밥처럼 먹는다고요." 그러자 다른 이가 덧붙였다.

"어쩌면 프로이트가 말한 그런 건지도 모르죠. 어쨌든 남자들은 여자가 주변에 없을 때 서로에게 더 큰 애정을 느낀다고요. 어쩌면 우리 모두는 동성애자일지도 몰라."

학급 전체가 웅성거렸다. "야, 그건 네 얘기지." 여러 명이 이구동성으로 말했다.

나는 렘버트의 교수 '테크닉'을 이해하기 시작했다. 그들이 남자들 사이의 친밀한 관계에 대해 말할 때마다 사회가 어떻게 생각할지에 대한 불안이 치솟았다. 동성애자를 모욕하는 농담이 그런 두려움과 긴장을 가려 주는 차폐막 혹은 분출해 버릴 수 있는 배기밸브를 제공하는 것이다. 남자들에게 부과된 규칙, 시타델만이 아니라 그 밖의 사회로부터 강요된 규칙은 그들로 하여금 친밀성을 비하하지 않고서는 그것을 누릴 수 없도록 요구했다. 사적인 다정함은 동성애에 대한 경멸을 공개적으로 조장하는 사람들, 여성의 마뜩잖을 시선으로부터 보호받는 사람들에게만 허용됐다. 렘버트는 수업에서 이렇게 말했다. "여자가 없다면 우리는 서로 껴안을 수 있지. 보병 소대만큼 우리를 잘 보살펴 주는 곳은 없다."

야유를 받았던 학생은 렘버트의 설명과 급우들이 고개를 끄덕이며 동의하는 모습에 용기를 얻어 다시 끼어들었다. "고등학교 때 레슬링을 했는데, 거기엔 위대한 전통이 있었어요. 경기를 시작하기 전에 코치가 우리 엉덩이를 정말 세게 때렸죠."

렘버트는 미소를 짓고는 본인과 스카이다이빙 군인 동료들도 점프하기 직전에 그렇게 했다고 말했다. "맨 먼저 뛰어내리는 사람의 그곳을 토닥여 주었지." 남성 친밀감의 주제가 지나치게 직접적으로 거론되었지만, 그 주제가 운동장과 전장이라는 안전지대에 접합되는 순간 방에는 안도감이 돌았다.

이후 렘버트와 나는 "엄마 밥"을 주는 교내 식당에 점심을 먹으러 갔는데, 마치 사디스트들이 운영하는 감옥 구내식당에서 식사를 하는 듯한 경험이었다. 상급생들은 의자 깊숙이까지 제대로 앉지 않은 신입생, 포크를 정확하게 직각으로 맞추지 않은 신입생, 여타 무수히 많은 불분명한 규정을 준수하지 않은 신입생들에게 침이 튀도록 고함을 지르고 있었다. 렘버트는 불협화음이 들끓는 가운데 만족스럽게 앉아 이 언어적인 대학살을 묵인하고 있었다. 그는 시타델 남자들 사이의 남성적 돌봄이라는 주제로 돌아왔다. 그는 동료 중 한 사람이 "항상 내 볼에 입을 맞춘"다고 말했다. "진짜 결혼 같다니까요. 생도들 사이에서 찾을 수 있는 애정 어린 친밀감이 있어요. 이런 안도감 덕분에 그들은 방어적이지 않은 태도로 서로에게 다정함을 투사할 수 있죠."

캠퍼스 곳곳에서 이 주제를 둘러싼 다양한 버전의 목소리를 들을 수 있었다. 어느 날 시타델 학장 로저 클리프턴 풀 Roger Clifton Poole 장군은 어떻게 그가 '4학년제'✠를 운영하면서 성공할 수 있었는지 설명했다. 이는 본질적으로 상급생들이 신입생들을 "완전히 부숴 버리고" 입학 전의 정체성이 지워지는 1년간의 괴롭힘 과정에 기대고 있다. 여기서 상급생들은 끊임없이 신입생을 괴롭히고 "준비" 자세(닭처럼 턱을 목 쪽으로 끌어당겨 서 있는 차렷 자세)를 요구한다. "유대"와 "소년을 남자로 만드는 것"에 대한 온갖 공허한 말 뒤에 결국 장군이 꺼낸 건 이런 말이었다. "나는 혼자가 아니란 걸 배웠어요. 나 자신에게 기댈 필요가 없었습니다. 집을 찾은 거죠." 나는 궁금했다. 그가 다른 데서는 못 하지만 이 집에서만큼은 할 수 있었던 일은 과연 뭐였을까? "여기서는 동급생들을 껴안고 입 맞추는 걸 부끄러워할 필요가 없죠." 그의 말이었다.

✠ 시타델이 자랑하는 교육 코스로 신입생 때 준비(prepare) 단계, 1학년 때 참여(engage) 단계, 2학년 때 기여(serve) 단계, 3학년 때 주도(lead) 단계를 거친다.

나는 여성 입학에 대한 가장 격렬한 의견 대립 중 하나를 학생들이 운영하는 '아프로아메리칸학회'에서 목격하게 되었다. 흑인 생도들은 여전히 시타델에서 대면하게 되는 적대감을 고통스럽게 인식하고 있었고, 그들이 경험하고 있는 배제와 섀넌 포크너가 경험하고 있는 배제 사이의 유사점은 그렇게 쉽게 털어 낼 수 없었다. 논쟁은 매우 격해졌고 생도들은 화가 나 있었다. 그때 학회장 로버트 피커링Robert Pickering이 내부의 모든 갈등을 갑자기 봉합하고 방 안에 열렬한 합의를 불러일으키는 말을 꺼냈다. "여자들은 우리가 여기서 하는 일을 이해할 수도 없고 존중해 주지도 않을 겁니다. 남자로서 나는 섀넌 포크너 앞에서 울 수 없습니다. 하지만 내 룸메이트 산텔과 함께라면, 나는 그가 눈물을 흘리는 걸 본 적이 있죠."

그때 나는 연방 법정에서 본 비디오를 떠올렸다. 그것은 아프로아메리칸학회에서 가장 이름 난 회원이자 사관학교의 선임 연대장이며 최우수생이었던 노먼 두싯이 내레이션을 한 비디오였다. 시타델은 두싯에게 학교의 본질을 파악하고, 학교가 남성으로만 이뤄진 기관으로 남아야 하는 이유를 설명하는, 일상생활을 담은 비디오를 제작하도록 부탁했다. 의미심장하게도 그가 이 비디오에 담기로 한 것은 전투 집회와 총기 훈련이 아니라 거의 전적으로 가정적인 장면들이었다. 그날 법정에서 내 옆자리에 앉아 있던 섀넌 포크너의 어머니 샌디는 격분하고 당혹한 표정으로 돌아보았다. "저건 다 내가 집에서 하는 일이잖아요!?" 그녀가 속삭였다.

증인석에서 두싯은 내레이션을 이어 갔다. "[화면 속 사건들은] 발레나 무용이 펼쳐지는 장면 같죠. 지금 생도들은 시타델 셔츠를 바지 속에 넣어 주고 있는 겁니다." 이 장면에서 생도들은 바지 지퍼를 반쯤 열고는 허리 부분을 접은 채 서 있고, 이를 도와주는 생도가 뒤로 다가와 팔을 그의 허리에 감싸면서 헐렁한 셔츠를 뒤쪽으로 단단히 잡아당긴 다음 가능한 한 바지 안쪽으로 밀어 넣고 생도의 바지를 위로 당긴다. 이어 두싯이 말했다. "바로 이 장면을 보시면, 이것이 4학년제의 전부임을 아실 수 있습니다. 혼자서는 셔츠를 제대로 입을 수 없습니다. 급우가 함께해 줘야죠. 급우들에게 정말 많이 의존해야 합니다."

두싯이 동영상을 상영하고 나자, 시타델 측 변호사는 두싯을 향해 왜 여성 생도들이 문제를 일으키는지 판사에게 설명해 달라고 요청했다. 두싯이 제기한 유일한 문제는 여자들이 자신의 가정적인 관계를 보게 되었을 때 느낄 모멸감이었다. 신입생들, 혹은 그들이 면도한 정수리를 부르는 단어인 '알머리knob'✠는 특히 심각한 곤란함을 느낄 터였다. 그는 상급생들이 신입생을 훈련시키는 동안 이따금씩 여자들이 연병장에 들어올 때마다 알머리가 경험했던 수치심에 대해 언급했다. "알머리가 정말로 두려워하는 것 중 하나는 행렬이 끝난 뒤 부모님이나 여자 친구, 약혼자 등이 자신의 상급생 남자 친구를 기다리고 있을 때 출격구 앞에 멈춰 차렷 자세로 죽은 듯이 서 있어야 하는 일입니다. 그건 정말이지……. 나도 그런 걸 본 적이 있고 또 볼 때마다 막고 싶었습니다만, 정말이지 4학년으로서 보고 있기 불편한 광경입니다." 그가 말을 하는 동안 법정에 있는 생도들은 동의한다는 의미로 고개를 끄덕였다.

부족의 희생 의식이든 형제회 입회식이든 상관없이, 사실상 거의 모든 남성 청소년의 통과의례가 어머니의 보호 영역에서 벗어나야 하는 필연적인 상황에서 젊은 남성을 돕기 위해 구성되었다는 건 사회학적인 상식이다. 그 분리는 졸업식

✠ 사전적으로 '(TV 등 기계에 달린 동그란) 손잡이' '(무엇의 표면이나 끝에 달린 동그란) 혹' 등의 의미가 있지만, 영국에서는 '음경'을 가리키는 비속어로 사용되기도 한다.

직전까지 시타델에서 의식화된 형태로 반복되며, 각 졸업생들은 반지 전달식에서 '금띠'를 받게 된다. 그들이 계속해서 강조했던 것처럼 "어느 대학에서보다도 더 큰 졸업 반지"를 받는 이 의례는 말 그대로 결혼식이었다. 생도가 어머니와 한쪽 팔짱을 끼고 10피트 크기의 반지 모형을 통과하면, 캠퍼스의 교목이 축복한 반지를 졸업생에게 수여한다. 일종의 재구성된 결혼식에서 어머니는 생도를 떠나보낸다. 생도는 어머니에게 작별의 입맞춤을 하고, '주니어 소드 드릴'✝이 제식 검으로 만든 아치 아래로 행진한다. 그는 군대의 새로운 신부가 된 것이다. 결혼한 생도는 전통에 따라 충성심을 우선으로 삼겠다는 의미로 결혼반지 위에 시타델 반지를 끼도록 했다. 실제로 방청석에 있던 동문 몇 사람은 그 순서대로 반지를 끼고 있었다.

두싯은 입학 첫날의 "훌륭한 부분 중 하나"에 법원의 주의를 집중시켰다. 그는 그 장면을 자신의 영화에 담았다. 아들이 캠퍼스로 들어가 머리를 짧게 밀기 위해 캠퍼스 이발사를 향해 곧바로 행진해 가는 걸 보면서 정문에서 우는 어머니들의 모습이었다. 두싯은 머리를 미는 장면에서 잠시 머뭇거렸다. "바로 이 부분이 핵심입니다. 어머니들은 이 시간 이후로 자신의 아들을 구분할 수도 없습니다."

알머리는 그저 어머니로부터만 도망치는 게 아니었다. 그들은 모든 여자로부터 도망치고 있었다. 두싯의 발표를 듣던 나는, 생도가 어머니의 손아귀에서 벗어나는 주제에 대한 전통 심리학의 설명이 반토막짜리인 건 아닌지 궁금해졌다. 내가 보기에 이 젊은 남자들은 두 가지 모순된 목표를 가지고 있었다. 하나는 문화가 당당히 선포하는 것이었고, 다른 하나는 숨겨야만 하는 것이었다. 그들은 기본적인 인간적 유대를 끊어야만 했지만, 역시나 그들도 인간이기에 그 유대를 즉시 다

✝ 졸업식에서 반지 수여식을 준비하고 진행하는 생도들의 모임.

른 곳에 재건하려고 했다. 한마디로 그들은 번성하기 위해 다른 생명 유지 시스템을 찾아야 했던 거다. 수치심을 강요하는 사회적 시선으로부터 숨겨야 하는 것은 바로 이 두 번째 충동이었고, 생도들이 인식하기에 그 시선은 여성, 그러니까 어머니와 잠재적으로 어머니를 대리하는 젊은 여성에게서 가장 강하게 발산되고 있었다.

미디어의 견해에 따르면 생도들은 여자들이 쳐들어와 전사 문화를 오염시키는 걸 원치 않았다. 일부 생도 역시 이런 주장을 견지했다. 그러나 이들은 남성성에 대한 편견으로 여성스러움을 허락하지 않는 문화의 모욕으로부터 자유로운 채로 '여성적인' 역할을 수행하려는 젊은 남자들이기도 했다. 이들은 여성이 남성성에 대한 고정관념을 강요한다고 느꼈다. 그들이 행하는 전사의 품행은 곧 여성적 시선과 그 시선이 그들을 가두려고 하는 완고한 남성성의 틀에 대항하는 무기였던 셈이다.

시타델에서 그들이 들어선 곳은 막후 탈의실에서 실제로 연기가 진행되는, 전쟁을 위해 설치된 무대였다. 여기에서 젊은 신병들은 어린 시절의 친밀감, 목욕하고 옷 입고 보살핌을 받는 부드러움으로 안전하게 돌아갈 수 있었다. 이곳에서 그들의 가정적인 삶이 발각되거나 일상생활에서 '여성성과 동성애'를 들먹이는 비난을 당할 때 느꼈던 수치심은, 싱글 스페이스로 보고서를 작성했다는 이유로 '호모 새끼' 소리를 듣는 의례를 통해 흐릿해졌다. 이곳에서 그들은 어머니의 보살핌을 받을 수 있으며, 무엇보다 그들 스스로가 어머니처럼 보살필 수 있었다. 그들은 남성적인 언어로 모성적인 여성성을 표현할 방식을 찾고 있었다. 그들은 어니 파일의 졸병들이 전쟁터에서 찾은 바로 그 가치를 평시에 찾을 수 있는 방법을 모색하고 있었던 것이다. 그러기 위해서는 모욕당할 두려움 없이 돌봄을 주고받을 수 있는 곳, 서로의 필요를 돌보는 일이 조롱의 대상이 아닌 자부심이 될 수 있는 곳, 그런 친밀성이 남자다움을 무효화하는 것이 아니라 남자다움의 표지가 되는 곳이 필요했다.

알머리는 실제로 '인정의 날Recognition Day'에 시타델의 남자다움으로 진입하게 된다. 이때 상급생들은 그들이 지쳐 나가떨어질 때까지 신체 단련을 시킨 다음 다정하게 훈련을 멈추게 하고 종이컵에 물을 담아 그들에게 먹인다. 그 순간, 9개월 만에 처음으로 나이가 많은 생도들이 알머리의 이름을 부르고 다정하게 안아 준다.

페미니스트 사회학자들은 시타델 같은 장소나 남성으로만 구성된 형제애의 공간에서 진행되는 이런 통과의례를 자세히 살펴보면서, 이를 전형적으로 여성 없는 '재탄생'을 시도하는 것으로 간주해 왔고, 명백한 여성혐오 행위로 비판했다. 거대한 반지 모형이건 사람을 녹초로 만드는 호된 훈련이건, 남성이 주조한 관을 통과해서 재탄생하지 않으면 남자는 남자가 될 수 없다는 생각은, 굳이 페미니스트 관점에서 보지 않는다 하더라도 당연히 여성혐오적인 부분이 있다. 하지만 그게 이러한 의식의 주된 목적이 아니라면 어떨까? 만약 젊은 남자들이 여성을 제거하기보다는, 사회의 맹비난을 피하면서 모성적인 여성다움을 경험할 수 있는 방법을 찾으려 하는 것이라면? 어쩌면 그들이 진정으로 찾고 있었던 건 조선소 남성들의 경험, '내 사람을 돌보는' 경험이었을지도 모른다. 여러 입학 안내 책자에 광고되고 있는 시타델의 모토는 '남자다움이 지배력을 만나는 곳'이었다. 생도들은 실제로 생산적인 지식의 총체를 숙달할 수는 없다. 하지만 사관학교의 백과사전식 설명서에 대량으로 기록되어 있는 학교의 화려한 행동 체계와 '전통'은 그들이 해독할 수 있는 지식의 코드였으며, 그들이 정복해서 견습생인 '알머리'에게 물려줄 수 있는 비밀의 영토였다.

인정의 날이 지나면 알머리들이 군단에 통합되면서 알머

리와 상급생 사이의 관계가 모성적 관계에서 렘버트가 '진정한 결혼'이라고 말했던 혼인적 관계, '형제애'의 유대감으로 전환된다. 시타델의 졸업 앨범에는 해마다 이 결합을 보여 주는 놀라운 이미지 기록이 들어가 있고, 그걸 훑어보는 건 졸업 앨범을 보는 것 같다기보다는 결혼 앨범을 보는 것 같았다. 각 페이지가 시타델의 남자들이 온통 서로 껴안고 입을 맞추는 사진들로 가득 차 있었다. 물론 이러한 충동은 농담조의 사진 설명으로 항상 정교하게 무력화되어 버린다. 1992년 졸업 앨범에는 생도 둘이 강렬하게 키스하는 사진이 수록되어 있었고, 그 아래로 '이리 와요, 빅 보이'라는 캡션이 붙어 있었다. 다음 페이지에는 두 생도가 서로 끌어안고 있는데 '춤을 정말 잘 추시는군요, 당신'이란 설명과 함께였다. 다음 페이지에서는 시타델의 퇴역 부사령관인 하비 딕Harvey Dick 대령과 다른 시타델 관리자가 포옹을 하고 있다. 설명에 따르면 후자가 "딕스터에게 오래된 입맞춤을 심어 주려는 참"이었다.[24] 이 남자들이 추구하는 친밀성은 육체적이고 관능적이지만 반드시 성적인 것은 아니다. 그것은 엄마와 아이의 관계와 좀 더 깊게 연결되어 있는 관능, 지복의 일체감에 대한 꿈에 가깝다.

어느 날 오후 생도 한 무리가 T.J. 클랜시T.J. Clancy가 농담 삼아 '나체 의례'라고 부른 캠퍼스의 다양한 행사에 관해 이야기해 주었다. '3학년 벗기는 날Senior Rip-Off Day'이 있는데, 이는 3학년생 300명이 서로 옷을 벗겨 모닥불에 태우고, 땅 위에서 포옹하고 씨름하는 봄철 의식이다. 생도 론 아이스터는 '누드 플래툰Nude Platoon'(벌거벗은 소대)에 대해 이야기했다. 여기서 2학년생들은 "십자형의 군용 도구 벨트만 차고 완전히 벌거벗은 채로 학교 건물 안뜰을 뛰어다니며 '우리는 벌거벗은 소대를 사랑합니다!'라고 외쳤다". 그리고 생일 의례도 있었다. 생일을 맞이한 당사자의 옷을 벗겨서 그를 의자에 묶어 놓고 온

몸에 면도 크림을 바르는 것이었다. 물론 공용 샤워실에서 일어나는 매일의 누드 의례도 있다. 샤워실은 생도 생활에서 가장 소중하게 보호받는 성지였고, 한 명 이상인 젊은 남성이 나에게 사용한 표현대로라면 "시타델 경험의 심장부heart"였다. 생도 데이비드 스피소David Spisso는 이렇게 말했다. "나는 여자애 하나가 들어오는 걸로 이런 일을 포기하고 싶지 않습니다. 집과도 같은 거니까요."

시타델은 젊은 남성들에게 남성의 의존성을 경험하는 동시에 그것을 숨길 수 있는 방법을 제공한다. 생도들은 기사도적 신비주의의 고도의 진지함과 "입맞춤"이나 "호모새끼" 같이 쏟아 내는 로커룸 농담 속에서 벌거벗은 친밀성을 가리면서, 서로에게 그렇게 노출되면서도 안전할 수 있었다. 그러나 그들의 가장 중요한 보호막은 학교 자체가 제공하는 전투적인 허울이었다. 그 방패는 그들을 나머지 세상으로부터 물리적으로 분리하고, 무언가를 짓이기느라가 아니라 행군하느라 바쁜 한 무리 남성들의 이미지를 보여 주었다. 요새화된 벽은 필수적인 완충장치다. 그러나 그 허울이 찢어진다면 어떻게 될까? 세상을 막으려는 그들의 노력이, 시타델의 다소 허약한 보루가 견딜 수 없는 사회적 힘에 압도돼 버린다면? 의존성이 그들의 비밀이라면, 공개적으로 노출되는 것은 수치심으로 이어질 수 있다. 하지만 수치심은 무엇으로 이어질까?

팝워너 시스템

스퍼포스도 때로 옷을 벗곤 했지만, 그들에게 탈의는 몰래 탐닉하기 위해 프라이버시가 필요한 그런 행위는 아니었다. 사실, 그들은 미디어의 시선을 끌기 위해서 셔츠를 벗었다. 크리스 벨먼은 《피플People》에서 셔츠를 벗고 근육을 과시하는 포즈를 취했다. 그의 형인 데이나는 《글래머Glamour》에서 똑같은 포즈를 취했는데, 손가락으로 반바지 앞부분을 도발적으로 잡아당기고 있었다. 그리고 존 웨버는 《롤링스톤Rolling Stone》에서 면도한 가슴 근육과 다리를 자랑했다.[25] 사실 내가 크리스 벨먼을 처음 만났을 때, 그는 내가 자신의 핀업 사진을 다시 사용해 주기를 바랐다. 사생활 보호 역시 별로 중요한 문제가 아니었던 셈이다. 내가 빌리 셰헌에게 그의 일기를 한번 훑어봐도 되겠느냐고 물었을 때, 그는 일기 한 상자를 건넸다. 거기엔 직접 그린 본인 성기 그림이 들어 있었다.

스퍼포스는 생도들이 그랬던 것처럼 하나의 단일한 단위가 되거나 그룹 안에서 자신의 고유한 정체성을 잃거나 서로를 돌보기를 열망하지 않았다. 미디어는 스퍼포스 '클럽'의 성격을 오해했는데, 이는 갱이나 형제애 집단이었다기보다는 그냥 일상적인 술친구 같은 것이었다. 크리스 벨먼이 나에게 말했다. "사람들은 계속 우리를 갱이라고 불렀어요. 우린 그런 게 아니에요. 모자를 쓴 애들이 있긴 했지만요. 더욱이 우리가 일단 유명해지고 나니까 전혀 알지도 못하는 애들이 자기들도 스퍼포스였다며 나서더라고요." 스퍼포스의 핵심 멤버들이 모두 헐렁한 체크무늬 반바지를 입고 모자를 거꾸로 쓴 것처럼 보였다면 이건 그룹의 결속보다는 소비문화를 따랐기 때문이었다. 어느 날 빌리 셰헌이 말했다. "우린 진정한 의미의 그룹은 아니었어요. 그저 데이비드 로빈슨을 좋아하는 애들이었죠. 미디어가 우리를 하나로 묶고 나서야 우리의 결속도 더 단단해졌어요." 그리고 그건 감정적인 문제라기보다는 홍보를 위한 것이었다. 스퍼포스는 굳게 단결된 그룹의 친밀성을 추구하지 않았다. 그들은 데이비드 로빈슨 같은 브랜드명이 제공해 줄 수 있는 명성을 찾고 있었다. 항공우주 분야에서 활동하던 아버지들처럼 그들은 서로가 아니라 그들을 묶어 줄 이름에 달라붙었다. 모두가 맥도널더글러스를 알고 있듯이 모두가 샌안토니오의 스퍼포스를 알고 있었다. 그 연장선상에서 그들도 '알려질' 수 있었다. 로빈슨의 이름이 그들의 이름이 될 수도 있었다.

빌리의 어머니 조이스 셰헌Joyce Shehan이 말했다. "빌리는 사실 그 아이들과 어울리지도 않았어요. 빌리는 [다른 많은 스퍼포스들과] 다른 고등학교에 다녔죠. 이 아이들 모두를 압도한 건 바로 미디어의 유혹이었어요." 조이스는 스퍼포스 여덟 명이 체포되던 날, 일이 어쩌다 그렇게 된 건지 기억을 떠올렸다. "그날 오후 집에 돌아왔는데, 빌리가 말했어요. '가야 돼요, 엄마! 벨먼네 집에서 뭔가 일이 벌어졌어요!' 운명이 자기를 부르는 것처럼 느꼈죠." 조이스는 아들을 말렸지만 소용없었다. 문이 쾅 닫히고, 그녀는 거실에 앉아 눈물을 흘렸다. "할 수 있는 일이 없더라고요."

"스포츠를 하는 건 성적인 활동을 하는 거랑 마찬가지죠." 빌리 셰헌이 부모의 집을 둘러보면서 나에게 설명했다. 10제곱피트 크기인 침실 벽은 거의 옷을 입지 않은 '버드 라이트녀'와 '후터스녀'의 포스터, 그리고 "빨아 줘, 세워 봐, 나쁜 남자 클럽, 계집애들은 영웅이 아니다" 따위 내용의 스티커로 장식되어 있었다. 나는 이 이죽거리는 시궁창 감성과 빌리를 매치하는 데 어려움을 겪고 있었다. 내 생각에 빌리는 (종종 마약 때문에 정신이 혼미해져서 길을 잃긴 해도) 자기분석 능력에서 다른 스퍼포스 아이들과 달랐다. 그는 학교에 다니며 영재를 위한 월반 프로그램에 참여했고, 우등으로 졸업했으며, 비록 롱비치시립대학교 출석률은 낮았지만 어쨌거나 대학에 간 몇 안 되는 스퍼포스 중 한 명이었다. 그는 높은 SAT 점수를 자랑스러워했다(대략 1600점 만점에 1410점을 받았다고 했다). 또 패밀리 피트니스 센터에서 매일 운동하려고 노력했다. 그렇게 헬스를 한 데 비하면 빌리는 신체적인 부드러움을 지니고 있어서, 여전히 솜털 같은 부드러움을 가지고 사춘기 소년처럼 걸었다. 포스터만 제외하면, 스포츠 팀의 삼각 깃발과 벗어 놓은 옷더미가 바닥에 널려 있는 것이 여느 아이의 방 같았다.

집을 다 둘러보고 거실로 돌아갔을 때, 빌리의 삼촌 브라이언 셰헌과 빌리의 새 여자 친구인 홀리 배저Holly Badger 그리고 스퍼포스 일원인 제프 하워드가 야구 관련 TV 영화를 보면서 대용량 콘칩을 먹고 있었다. "여자애들한테 인기를 끌려면 눈에 띄어야 해요." 빌리가 말했다. "그게 아니라면 어떻게 인기를 끌겠어요? 스포츠도 마찬가지예요. 홈런을 쳐야 해요. 거울 같은 거라고요." 스포츠 경기와 거울을 보는 일이 같다는 건 처음 듣는 소리였다. 그래서 무슨 뜻이냐고 물었다.

빌리가 말했다. "팝워너가 바로 그런 거예요. 레이크우드는 팝워너를 중심으로 세워졌어요." 팝워너 리그에서 축구를 하는 건 레이크우드 남자아이가 의지할 수 있는 몇 안 되는 연속성 중 하나였다. 도시의 아버지들은 새로운 교외의 거대하고 게으른 어린이 인구를 걱정하면서 공원 스포츠 리그를 설립했다. 1953년까지 레이크우드 인구의 45퍼센트가 19세 미만이었다.[26]

리그는 베이비붐세대가 곤경에 빠지지 않도록 계획되었다. 그들은 할 일이 필요했으니까. 하지만 빌리가 말하길 팝워너, 포니리그, 콜트리그, 올스타스의 정교한 레이크우드식 생활 규제의 요체는 무언가를 하는 것이 아니라 무언가가 되는 것에 있었다. "팝워너 때문에 여자 꼬시는 걸 좋아하게 됐다니까요."

빌리의 삼촌은 벽에 무겁게 기대어 서 있었다. 구겨진 피츠버그 스틸러스 모자 아래로 그의 주름진 얼굴이 보였다. 빌리와 닮았지만 누군가에게 얻어맞은 얼굴이었다. 그는 크리스마스 일주일 전에 '부바'라는 이름의 레스토랑 주방장 자리에서 해고되었다. 그는 한때 '프런트 앤드 로더' 트랙터 기사였지만, 새로운 경제체제에 휘말려 웨이터 일과 페드코 매장 계산원 일을 했다. 녹초가 된 것 같은 목소리로 그가 말했다. "그래서, 팝워너가 난교 시스템이라도 된다는 거냐?"

"시스템 맞아." 빌리가 대꾸했다. "팝워너 시스템에서 사람들은 눈에 띄는 법을 배워요, 남들이 나를 알아보게끔 하는 법을 배우죠. 이를테면 모자는 어떤 식으로 써야 하는지 같은 거요. 나도 앞머리가 살짝 보이도록 모자를 비스듬하게 쓰기 시작했는데, 그게 귀여워 보이기 때문이었어요. 그러자 다른 애들도 모두 그렇게 하기 시작했죠. 내가 유행시킨 게 많아요."

홀리 배저가 말했다. "남자들은 다 주목을 끌려고 팝워너에 들어가는 거예요." 입을 과장되게 움직이는 모습으로 보건대 그녀는 그런 남자들의 행동을 고상하게 여기기보다 한심하게 여기고 있음이 분명했다.

빌리가 삼촌에게 말했다. "스포츠는 더 이상 스포츠가 아니잖아요. 완전히 다른 차원으로 진화했으니까. 과연 큰 성공을 거둘 수 있을 것인가에 도박을 거는 거나 마찬가지가 됐다고요."

홀리가 끼어들었다. "왜 남자들은 도박을 좋아하는 거야? 도박만 하려고 들잖아." 이어 그녀는 나를 향해 말했다. "남자애들은 주말마다 라스베이거스에 가요."

"그게 강력한 한 방이니까, 그거면 되거든." 빌리가 대꾸했다. "데이나가 도둑질에 중독된 거랑 비슷한 거랄까."

"그래, 부수고 침입하는 거랑도 비슷하고." 홀리가 날카롭게 지적했다. 홀리는 4년 전, 그러니까 본인이 9학년이었을 당시 성 비위로 체포된 어느 스퍼포스 일원이 집에 쳐들어온 적이 있다고 했다. "걔가 나랑 내 여자 친구 위에 올라타려고 했어요. 내가 발로 찼더니, 나한테 쌍년이라며 욕을 했죠. 그러고는 내 반지를 빼앗아 자기 손에 낀 채 도망쳤어요." 이런 일을 홀리만 경험한 건 아니었다. 스퍼포스는 여자아이들에게서 물건을 훔쳤다. 신용카드나 수표책, 보석, 체육관 회원권 같은, 왜 가져가는지 알 수 없는 이상한 물건들을 가져갔다. 심지어 스퍼포스 중 한 남자아이가 플라스틱 회원권에 여자 얼굴이 인쇄되어 있음에도 그 회원권을 사용하려 하기도 했다.

빌리가 말했다. "도둑질은 도박이야. 도박은 다른 무언가로 발전하지."

"빌리는 야구하느라 인생을 낭비하고 있어요." 같은 날 우리가 현관에 서 있을 때 빌리의 삼촌이 한 말이다. 그는 대박을 터뜨릴 기회 못지않게 성공할 기회가 많았다. 그리고 라스베이거스 거주자인 만큼 브라이언 셰헌은 그런 기회가 얼마나 좋은 건지 알고 있었다. 자신은 간호사가 되면 어떨까 생각하고 있다고 말했다. 적어도 사회는 간호사를 필요로 하고 있었으니까. 그는 팔짱을 끼고 길 건너편에 질서 정연하게 늘어선 집들을 바라보았다. "야구와 명성이라. 빌리는 지네 아버지에게 토크쇼에 나가지 않겠다고 약속했었죠. 하지만 며칠 뒤 비행기를 타고 뉴욕으로 가 버렸어요."

홀리는 가방을 어깨에 메고 현관에 나타났다. 그녀는 근처에 있는 2년제 대학에 수업을 들으러 가는 길이었다. 제프와 빌리는 야구 모자를 거꾸로 쓰고(제프의 모자에는 '스투시 Stüssy', 빌리의 모자에는 'L.A.'라고 쓰여 있었다) 디자이너 브랜드 스니커즈를 현관 계단에 찧으면서 취업 가능성에 대해 이야기하고 있었다. 빌리는 빅토리아 시크릿에서 짐 나르는 일을 찾았지만 정신없이 바쁜 크리스마스 시즌에만 채용된 것이었다. 이윽고 홀리가 그들에게 쌀쌀맞게 알렸다. "나는 학교에 갔다가 일하러 갈 거야." 빌리는 말없이 계단에 계속 발길질만 해 댔다. 홀리는 영혼 없이 입을 맞춘 다음 차를 몰고 자리를 떴다.

우리는 다시 안으로 들어갔다. 빌리는 컴퓨터를 켜더니 자기가 쓰고 있는 '영화 트리트먼트'를 보여 주었다. 이 영화에서 그는 '빌리 셔우드'로 출연할 참이었는데, 이 인물은 "실패를 용납하지 않는" "점수가 가장 높은" 캐릭터라고 했다. 그는 캐스팅 목록까지 쓴 뒤로 글쓰기를 때려치운 상태였고, 대신 여자 친구 문제에 관한 노트를 노랫말 형태로 타이핑해 놓았다. 얼마 전 빌리는 몇몇 스퍼포스 일원과 함께 밴드를 결성해 직접 노래를 만들기도 했다.

> 내가 키스했던 여자애는 나에게만 키스했었어.
> 하지만 걔는 변했고 다시 창녀가 됐지.
> 원래 모습으로 돌아간 거야.
> 나는 그녀를 내 것으로 만들 수 있을 거라 생각했어. (…)

빌리는 그쯤에서 멈췄다. 밑에는 이렇게 쓰여 있었다. "하지만 내 질문에 대한 답을 통해 깨달았지. 나는 그녀가 필요했던 적이 없어. 나에게 필요한 건 그녀가 나를 필요로 하는 거였지."

어딘가 못된, 통제되지 않는

스퍼포스 훈련장은 포니리그와 팝워너의 경기장이었고, 어찌 보면 그건 셀러브리티 시대의 훈련장이었던 셈이다. 레이크우드의 스포츠 리그에 모여든 젊은 남자들은 스타의 사다리를 올라야 한다는 기대, 그리고 득점에 따른 명성이 현대의 남자다움을 결정한다는 사실을 확실하게 배웠다. 그러나 그들은 그 위험이 얼마나 큰지, 이 득점 전쟁에서 승리하는 데 필요한 자원이 자신들에게 얼마나 부족한지도 배웠다. 공놀이가 스타덤으로 이어지는 경우는 정말 극소수에 불과했다. 나머지 남자들에게 팝워너는 궁극적으로 오늘날 남성적인 "플레이어"가 되기란 불가능함을 가르쳤다. 스퍼포스인 지미 래프킨이 나에게 말했다. "자라면서 모든 게 팝워너 중심으로 돌아갔어요. 스포츠에 최선을 다하고, 최고가 되기 위해 노력하고 또 노력하죠. 하지만 그래 봐야 100만 명 중 한 명이 성공하는 판인 거예요. 그러니까 그게 무슨 의미가 있나요? 그게 다 뭘 위한 거였냐고요."

처음에 시타델은 산업 시대의 훈련장이기도 했다. 지금에야 사관학교가 남북전쟁 전 남부 남성 문화의 보고로 회자되고 있지만, 사관학교가 수행한 첫 번째 긴급임무는 남북전쟁 이후 제조업 및 기계화라는 새로운 전선에서 남부 젊은이들이 북부인들과 싸울 수 있도록 준비시키는 일이었다. 시타델 신화 신봉자들은 학교의 기원을 1822년에 세워진 무기고—찰스턴의 해방 노예 덴마크 베시Denmark Vesey가 계획한 노예 반란에 대응하여 만들어진 곳—로 부풀려 말하고 싶어 한다. 그러나 남북전쟁이 중단되고 1882년 학교가 다시 문을 열었을 때, 연방 재건 관리들은 학교의 군사력을 철저히 박탈했다. 교육기관으로서 시타델의 역사는 여기서 시작한다고 보는 편이 좀 더 정확하다. 남부 남자들에게 북부 '뜨내기들carpetbaggers'✠의 상업 및 산업기술과 경쟁하는 방법을 제시함으로써 남부의 남자다움을 되살리라는 명령이 명시적으로 떨어진 것도 이 무렵이었다. 당시 '뜨내기들'은 딕시Dixie✢의 아들들보다 현대 상업이 펼쳐 놓은 적자생존의 장에 참여할 준비를 훨씬 잘 갖추고 있을 거라 여겨졌다. 1882년부터 1885년까지 시타델 회장을 지낸 존 페어 토머스John Peyre Thomas는 버릇없는 대농장 소년에게 자립의 기초를 가르칠 필요가 있음을 지적했다. "아프리카 노예제도가 여러 면에서 남부의 백인 청년들에게 해로운 영향을 끼쳤다는 사실을 인정해야 한다. 평범한 남부 소년

✠ 남북전쟁 후 돈을 벌기 위해 북부에서 남부로 온 이들을 일컫는 말.

✢ 미국 동남부의 여러 주를 가리키는 말.

들은 어릴 때부터 성인이 될 때까지 본인의 명령에 따라 물을 가져오고, 신발을 닦고, 말에 안장을 얹는 등 말하자면 자신의 개인적 필요를 다 충족해 주는 노예를 곁에 두면서, 다소간 의존적이고 게으르며 비능률적으로 성장했다."[27]

시타델은 20세기 후반까지 이 목적을 수행했다. 그 자랑스러운 반지는 남부의 새로운 상업 경제에서 더 높은 고용의 문을 열어 주는 열쇠였다. 따라서 생도들의 공통된 후렴구란 이랬다. "반지를 번쩍이고 일자리를 구하라." 지난 수십 년간 시타델 동문은 사우스캐롤라이나주의 정재계에서 높은 지위를 차지해 왔고, 졸업생들은 모교의 후배들에게 그 유산을 물려주고 다리를 놔 주기 위해 헌신적으로 노력해 왔다. 어린 생도를 '상급생upperclassmen'(상류층 남성)으로 변화시키는 '4학년제'는 대학 동문 네트워크가 제공하는 '고위층 보장'에 대한 은유이기도 했다. 하지만 이 계층구조의 경제적 토대가 무너지면서 동문회의 힘도 무너졌다. 이러한 변화는 기수마다 가장 영향력 있는 유명 인사의 직업을 나열한 홍보 자료 「성공한 동문들」 명단에도 뚜렷하게 반영되었다. 거물이 된 우등생 명단은 초창기에는 대규모 건축 및 교량 건설 등을 이끌었던 창립자들로 시작됐지만, 1984년에 이르면 급격히 축소됐다. 84년 목록에 이름을 올린 이는 스테이크 식당 프랜차이즈의 임원이 유일했다.

1990년대 중반 시타델 학생취업지도실의 서류가 그 변화를 고통스럽게 증언하고 있었다. 책임자인 바버라 페어폭스Barbara Fairfax가 말했듯, 동문회는 이제 대부분 판매 및 서비스직을 제공하고 있었다. 그녀는 암울한 전망 속에서도 좋은 모습을 보여 주기 위해 노력하면서 지난 1년간 일부 졸업생들이 따낸 '경영 교육생' 직책을 유쾌하게 강조했다. 그건 대체로 K마트나 월마트의 일자리였다. 1990년대 중반 학생취업지도실에서 진행한 설문조사에 따르면, 졸업생의 약 20퍼센트가 무직 상태이며 어떻게 생계를 꾸려 갈지 확신이 서지 않는다고 답했다. 일하지 않는 청년들, 특히 사관학교를 졸업한 청년들을 위한 구식의 기본값 역시 더는 신뢰할 수 없었다. 군축 소식이 눈에 띄게 뉴스에 등장하는 시기에 시타델 졸업생의 3분의 1 미만이 군에 입대했으며, 18퍼센트만이 군복무를 직업으로 삼게 되었다. 이는 시타델 졸업생 중 절반에서 4분의 3에 이르는 이들이 자연스럽게 임관하던 시절에 비해 가파른 하락세였다. 그들은 조심스러울 수밖에 없었다. 지역신문인 《포스트앤드쿠리어Post & Courier》에서는 섀넌 포크너의 법정 소송 뉴스가 찰스턴 해군 조선소의 폐쇄 및 지역 군사시설의 퇴역 소식과 경쟁하고 있었다.

포크너 소송에서 최종 변론이 있기 전날 밤, 나는 시타델 교수인 필리프 로스Phillipe Ross와 린다 로스Linda Ross의 캠퍼스 내에 위치한 집에서 저녁을 먹었다. 생물학 교수인 필리프는 찰스턴 해군 조선소에서 '재훈련' 강사로 첫 야간대학 학기를 마친 참이었다. 그는 해고된 원자력 엔지니어들이 이 지역의 몇 안 되는 성장 산업 중 하나인 유독성 폐기물 관리에 들어갈 수 있도록 준비시키고 있었다. 매주 겁에 질린 채 절망에 빠진 사람들로 가득 찬 방을 마주해야 하는 건 기운이 빠지는 경험이었다. 26년 만에 직장에서 쫓겨난 한 중년 엔지니어의 간청이 그의 마음에서 떠나지 않았다. "내가 원하는 건 그저 일하는 것뿐입니다." 시타델에서 심리학을 가르치는 외래교수이자 이런 상황에 확실하게 공감하고 있는 여성인 린다 로스는 고통스러운 얼굴로 테이블 건너편을 보았다. 그녀가 부드럽게 말했다. "젊은 남성이 대학에 가면 집도 사고, 심지어 보트도 사고, 하면서 괜찮은 삶을 영위할 수 있다는 믿음은 더 이상 가능하지 않죠." 그녀는 최근에 만났던 시타델 졸업생에 대해 떠올렸는데, 그는 슈퍼마켓의 계산대에서 일하고 있었다. 그녀가 말을 이었다. "정말 두려운 일이에요." 그녀가 두려워한 것은 그저 시타델의 남자들만은 아니었다. "이 변화는 산업혁명보다 더 큰 영향을 끼칠 수 있어요. 하지만 앞으로 다가올 일에 준비가 된 사람은 거의 없죠."

일반적으로 대중은 수녀원이든 사관학교든 고립이라는 특성을 자랑하는 기관이란 현재 벌어지고 있는 사건의 밀물과 썰물에 크게 영향을 받지 않는, 정적이고 추상적인 불변의 존재로 상상한다. 확실히 시타델의 경우 침략하는 언론과 사수하려는 생도들은 학교를 한 세기 동안 유지된 불굴의 전통의 산물로 소개했다. 그럼에도 벽돌로 막힌 문화는 국가적 불안에 대한 충실한 수비대라기보다는 국가 불안의 척도였다. 생도들이 여성들을 향해, 그리고 서로에게 드러냈던 폭력성이 언제나 학교생활의 필수 요소였던 건 아니었다. 국가가 사회적으로 용인되는 물리적 충돌에 휘말리고 군인이 필수적인 서비스를 제공한다고 간주되던 시기, 시타델은 실제로 군국주의의 마구를 느슨하게 하거나 완전히 제거했었다. 따라서 미국 역사상 가장 '허용할 수 있는' 전쟁이었던 제2차세계대전 중에는 징벌과 굴욕으로 설명되는 '4년학제'가 거의 중단되었는데, 이는 진짜 군대가 현대 전쟁에서 사용할 군인을 필요로 했기 때문이었다. 군장을 완전히 착장한 퍼레이드는 중단되었고, 상급생들은 신입생에게 차렷 자세인 '준비'를 시킬 수도 없었다.[28] 역사학 교수이자 군사 전문가인 제이미 무어Jamie Moore는 "전쟁부와 해군부가 ROTC에게 교련을 줄이고 미적분을 더 많이 공부하도록 요구했었"다고 말했다. "당시 시타델은 4학년제가 군사훈련을 방해한다는 이유로 이를 중단했었습니다." 이런 변화가 학교의 전인교육에 방해가 되었던 것 같지는 않다. 오히려 어니스트 ('프리츠') 홀링스Ernest ("Fritz") Hollings 상원의원과 '나이트리더Knight-Ridder' 뉴스 체인의 최고경영자 알바 챔프먼 주니어Alvah Chapman, Jr., 사우스캐롤라이나주의 전 주지사 존 웨스트John C. West를 포함해서 시타델의 가장 유명한 졸업생들 중 많은 이가 이 시기에 등장했다.[29]

제2차세계대전 당시를 이끌었던 시타델의 친절하고 부드러운 문화는 이후 10년까지 잘 살아남았다. 곧 새롭게 4학년제가 확립되었지만 비교적 온화한 상태를 유지했다. 1953년도 졸업생이자 전직 해병대 출신인 전 시타델 사령관 하비 딕이 회상했다. "요즘처럼 소리를 지르지 않았었죠. 신입생 머리카락을 밀지도 않았어요." 1958년도 졸업생이자 현재 찰스턴시 대변인인 엘리스 칸Ellis Kahn은 이렇게 기억했다. "시타델에 다니던 4년간, 아무도 나에게 폭력적으로 굴지 않았어요. 존중의 시간이었습니다."

전후 몇 년간 여성들은 섀넌 포크너의 지원이 야기한 온갖 분노에 부딪히지 않고서도 여름 학기에 입학할 수 있었다. 찰스턴의 《뉴스앤드쿠리어News & Courier》는 1949년 6월 21일자 신문에서 "학교 역사상 처음으로 여성이 시타델 수업을 침략했다"라는 기사를 실었는데, 16면의 '주목할 만한 뉴스'에 실린 단신일 뿐이었다. 신문은 "남학생 대부분이 '아마존'의 도래를 대수롭지 않게 여겼다"라며 유쾌하게 보도했다. "오직 젊은 학생들만이 다소 불안해 보였다. 교수들과 강사들은 수업에서 여성을 보게 된 것을 반가워했다."[30]

물론 베트남전쟁은 캠퍼스에 이 같은 편안한 분위기를 가져오지 않았다.✠ '주니어 소드 드릴'이 폭력적인 야행성 탈선을 벌이기 시작한 건 이 무렵이었다. 학교의 입학 책임자이자

✠ 베트남전쟁이 제2차세계대전과는 어떻게 달랐는지, 그게 미국 남성성과 관련해 갖는 의미는 무엇이었는지에 대해서는 이 책 6장에서 자세히 다룬다.

베트남전쟁 당시 시타델 학부생이었던 월리스 웨스트Wallace West가 말했다. "4학년제는 매우 육체적이죠. 제가 그곳에 있었을 때, 학업이라든지 긍정적인 리더십을 진심으로 강조한 사람은 아무도 없었습니다. 중요한 건 몸이 지칠 때까지 일할 수 있는 사람이 되는 거였어요." 이 시기 졸업생들은 하나같이 사이프러스 막대기, 옷걸이, 빗자루 손잡이, 소총 개머리판 따위로 두들겨 맞았던 기억이 있다. 기절할 때까지 후끈후끈한 방에서 체조를 해야 하는 '땀 파티'는 신입생들이 흔히 겪는 일이었다. 팻 콘로이Pat Conroy의 소설 『규율의 제왕The Lords of Discipline』은 시타델의 첫 흑인 생도를 향한 특별한 악의를 지닌 끔찍한 괴롭힘에 관한 이야기인데, 여기에 영감을 준 것이 바로 이 시대였다. "그들은 우리를 고문했습니다." 콘로이가 당시 기억을 떠올리며 말했다. 그는 생도들이 강제로 벽장에 손가락으로 매달려 있어야 했던 일, 항문과 고환에 날카로운 물건이 박혔던 일을 잊을 수 없었다. "내가 되고 싶지 않은 인간이 정확히 어떤 사람인지 가르쳐 줬죠."

1968년 대학 행정부에서는 폭력 행위를 조사하기 위해 위원회를 꾸렸다. 위원회는 "〔4학년〕 체제에 심각하고 광범위한 학대가 있었다"라는 결론의 보고서를 발표했다. 보고서는 학대 가해자는 퇴학시켜야 한다는 강력한 권고안을 내면서 캠퍼스에 보다 평화로운 미래를 약속하는 것처럼 보였다.[31]

그러나 10년 뒤 국가가 탈산업화하고 젊은 남성들의 임금과 위상이 하락하기 시작하면서, 시타델의 폭력과 잔학 행위를 기록한 그래프가 다시 한번 치솟기 시작했다. 1979년 시타델은 베트남 포로수용소에서 8년간 생존한 군사 영웅의 지위를 인정해, 제임스 스톡데일James B. Stockdale 중장을 신임 총장으로 선출했다. 그는 이곳에서 만들어진 역경의 핵심을 보지 못했고, 캠퍼스에서 증가하는 폭력에 몸서리쳤다. 스톡데일과 아내 시빌이 함께 쓴 회고록 『사랑과 전쟁In Love and War』 후기를 보면 “내가 막 물려받았던 체제에는 비열하고 통제 불가능한 무언가가 있었다”라고 쓰여 있다.[32]

총장 집무실에 자리 잡은 첫날, 스톡데일은 책상 서랍을 열고 거기서 “판도라의 상자”를 발견했다. “내가 책상 서랍에서 꺼낸 종이 뭉치에 처음부터 끝까지 기록되어 있던 내용을 읽은 사람이라면, 그리고 그걸 쓴 몇몇 사람과 대화를 나눈 사람이라면 누구라도 마음에 상처를 입었을 겁니다.” 가장 기억에 남는 건, 도대체 무슨 일이 일어났기에 “냉철하고 낙관적이며 적극적인 사람이었던 아들이 심신이 지친 비이성적이며 혼란에 빠진 냉소적인 사람”이 되어 버렸는지 알고 싶어 하는 어느 분노한 아버지의 편지였다. 스톡데일은 시타델 소속 의사가 반복적으로 “학생들의 과도한 입원”에 대해 불평하는 메모 사본도 발견했다. 이후 스톡데일은 폭력을 다스리기 위해 노력했지만 성공하지 못했다. 학교운영위원회는 신입생을 권총으로 위협한 상급생의 퇴학 처분을 기각했다. 스톡데일이 폭력에 맞선 결과, 오히려 폭력에 이목이 더 집중되었고 이는 더 많은 폭력으로 이어졌다. 상급생이 총을 든 사실이 총장의 입을 통해 폭로된 데 분노한 어느 동료 생도는 스톡데일의 집을 폭파해서 친구를 대신하여 보복하려 들기도 했다. 총장에 취임한 지 1년 만에, 한때 전쟁포로였던 이는 결국 사퇴했다.[33]
나는 캘리포니아주 팰로앨토에서 스톡데일을 만났다. 그는 스탠퍼드대학교에서 전쟁과 혁명, 평화 문제를 다루는 후버연구소 연구원으로 재직 중이었다. 그는 나에게 말했다. “시타델 행정부와 생도들은 개인들을 남자로 만들고 있다고 생각했어요. 하지만 그들은 그게 무슨 의미인지, 혹은 자신들이 누구인지, 전혀 몰랐죠.”

생도들의 경우, 자신이 누구인지 모른다는 사실에 대해 폭력적으로 대응했다. 그렇게 폭력의 수준이 미국의 싸우는 남자들의 운명과 연동되어 있었다면, 시타델이 초기부터 복무하고자 했던 산업 경제가 붕괴하고 남성의 운명이 몰락해 버린 소비문화에서, 그 폭력의 수준은 얼마나 더 격렬하게 요동치게 되었을까?

그저 66점이었는데

레이크우드는 미국에서 교회나 법원 대신 쇼핑몰을 중심으로 형성된 최초의 교외 지역이었다. 수년간 이 도시에서 가장 높은 곳은 쇼핑몰의 중심에 위치한 에미컴퍼니백화점의 거대한 간판에 붙어 있는 알파벳 M 네 개였다. 각각 16피트 높이인 이 엠블럼은 레이크우드 어디에서나 보였다. 거리로부터 300피트 떨어진 넓은 주차 구역으로 둘러싸인 보행자 전용 코트가 있는 (비유적인 의미에서) '언덕 위의 소비도시'는 이후 전국 교외 쇼핑몰의 청사진이 되었다.[34] 종종 내가 레이크우드에 올 때 빌리 셰헌은 쇼핑몰에서 만나자고 제안했다. 그에게 쇼핑몰은 맨해튼의 빌트모어 시계 같은 것이었다. 또한 스퍼포스가 쇼핑몰의 아트리움에 있는 벤치에서 구부정하게 앉아 빈둥거리거나 이런저런 스포츠웨어 매장에서 운동화를 신어 보는 데 지나치게 많은 시간을 보낸 곳이기도 했다. 1994년 늦봄 어느 오후, 그곳은 우리 만남의 목적지가 되었다. 빌리 셰헌은 자신이 어떻게 여자애들을 "엮는지" 보여 주고 싶다고 했다.

지난 5년간 남부 캘리포니아의 경제적 어려움, 특히 레이크우드의 고통은 이 시립 사원의 광채를 칙칙하게 만들었다. 우리는 빈 가게의 임대 간판들을 지나쳤고, 쇼핑몰 한가운데에 있는 큰 회전목마가 휘청거리는 걸 보았다. 페인트칠이 된 말들이 위아래로 흔들리고 있었고, 안장은 비어 있었다. 빌리는 포토 섁Foto Shack에 들러 학교에서 안면이 있던 여자아이와 이야기를 나누었다. 그녀는 잠시 동안 그의 이야기를 정중하게 듣다가 다시 일하러 가야 한다고 말했다. 빌리가 물었다. "여기 일자리 있어?" 그녀는 고개를 저었다. 빌리는 자신의 이름과 전화번호를 적은 종이를 유리 카운터 위에 놓으면서 만일의 경우를 대비해서 매니저에게 전달해 달라고 부탁했다. 우리가 주차장으로 돌아오면서 그가 말했다. "봐요. 이렇게 엮는 거죠."

빌리는 기분 전환 삼아 나에게 점심을 사 주려고 했다. 그는 차로 '인앤아웃 버거'에 가자고 제안했다. 하지만 메뉴를 살펴본 후 빌리는 여기에서조차 2인분의 식비를 감당할 수 없다는 걸 깨달았다. 나는 사실 별로 배가 고프지 않고 음료수만 있으면 된다고 그에게 말했다. 그래서 그는 나에게 콜라를 사 주었고, 주머니를 뒤져서 프렌치프라이 작은 사이즈를 살 수 있을 만큼의 동전을 찾아냈다. 우리는 콘크리트로 되어 있는 파티오에 볼트로 고정된 시멘트 피크닉 탁자에 자리를 잡았다. 주도로에서 10피트 정도 떨어져 있었고, 교통체증 탓에 뜨거운 바람이 불었다. 버려진 햄버거 포장지가 허공을 가르며 우리 발뒤꿈치에서 펄럭였다.

나는 크리스 앨버트가 모리 포비치에게 왜 그렇게 화를 냈는지 빌리에게 물었다. 빌리는 아마도 포비치가 약속했던 돈을 "제때에" 스퍼포스에게 주지 않았기 때문이거나, 닉스 경기 입장권 여섯 장을 약속했는데 두 장만 구해 줬기 때문일 것이라고 추측했다. 그러나 그를 정말로 화나게 한 건 무언가 모호한 이유였다. 그들에 대한 TV 쇼가 아무리 많이 만들어졌다고 한들(〈제니 존스 쇼〉와 〈더 홈 쇼The Home Show〉는 스퍼포스 게스트들에게 각각 1000달러씩 지불했다), 이런 미디어 잡동사니는 스퍼포스가 상상했던 방식의 성과를 거두지 못했던 것이다.[35] 그들은 방송이 어딘가로 이어지는 길이라고 상상했다. 그들이 기대했던 건 들어간 곳으로 빠져나오는 원형 도로는 아니었다. 빌리는 자신의 미디어행이 막다른 곳에서 끝이 나 버린 건지 알고 싶었다. 그는 말했다. "만약 내가 토크쇼에서 스타인 것처럼 말했다면, 스타처럼 보였을 거예요. 그 대신에 나는 리무진을 타고 대마를 피우고 술을 마셨죠."

빌리가 크리스 앨버트 그리고 케빈 하워드와 함께 미디어가 대 준 돈으로 뉴욕시로 향했던 그 여행은 〈모리 포비치 쇼〉와 〈제인 휘트니 쇼〉에서 남발한 다양한 약속과 함께 시작되었다. 이 TV 프로그램들은 그들의 관심을 얻기 위해 경쟁하고 있었다. 빌리가 회상했다. "일단은 '뉴욕 여행! 무료!'를 외쳤죠. 〈제인 휘트니 쇼〉 PD가 말했어요. '1000달러를 줄게요. 돈 쓸 걱정은 하지 않아도 됩니다. 매일 리무진을 제공할 거고요, 고급스러운 식사, 마찬가지로 고급스러운 이것저것을 제공할 겁니다.'" 〈모리 포비치 쇼〉 PD는 그들이 다른 쇼에 먼저 나가지 않는다면 선불로 300달러, 9일간 하루에 75달러를 주고 닉스 경기 입장권도 주겠다고 했다. 그런데 빌리가 생각하기에는 뭔가 다른 암시도 있었다. "〈모리 포비치 쇼〉 PD가 여자 스태프들하고 엮어 주겠다고 했어요. PD는 전화로 모리를 연결해 줬어요. 모리는 마치 텔레마케팅 거래를 성사시키는 것처럼 일했죠. 모리는 '내려와 봐, 여긴 온통 여자 스태프뿐이거든, 다들 예쁜 애들이야.' 그래서 내가 말했어요. '하나 골라도 돼요?' 그러자 그가 대꾸했죠. '그럼, 내가 괜찮다고 했으니까 믿어.' 그건 기본적으로 우리한테 여자들을 엮어 주겠다는 소리잖아요." 의심의 여지 없이 포비치나 스태프들 가운데 어느 누구도 스퍼포스가 상상하던 걸 제안하지 않았다. 하지만 텔레마케터가 상품을 팔 때처럼 남자아이들은 자신들이 듣고 싶은 대로 들었다.

공항에서 호텔로 가는 길에 빌리는 오랫동안 망명한 왕자가 자신의 왕국을 되찾기 위해 돌아온 것 같은 느낌을 받았다.

"내가 여기 거대한 도시에서 리무진을 타고 돌아다니고 있고, 택시와 자동차가 다 내 것 같았죠. 빌딩들과 그 창 속에 있는 모든 여자들도 마찬가지고요. 내가 원하는 건 뭐든지 할 수 있을 것 같았어요. 나는 빠르게 유명해졌고, 나를 보려는 청중이 있었어요. 1000만 명이 내 이야기를 들을 거였다고요. 나는 주목을 끌었어요."

이후 열흘 정도 TV 프로그램들은 스퍼포스의 관심을 놓고 겨루었고 소년들은 라디슨 호텔방의 미니바에 있는 작은 병들로 흠뻑 취해 있었다. "11일 동안 그 남자들은 우리의 절친이었어요." 빌리는 PD들 얘기를 하고 있었다. "그들은 우리에게 감탄을 금치 못했죠." 어느 날 밤 〈제인 휘트니 쇼〉 고위 관계자 한 사람이 그들을 리무진에 태워 스트립 바까지 데려다주었다. 그곳은 '골드핑거스'라는 퀸즈의 클럽이었다. "입장료만 50달러였어요. PD가 마실 걸 사 주고 팁으로 쓰라고 돈을 줬어요. 거기 있는 여자들을 많이 알고 있었고, 우리한테 소개도 해 줬죠. 나는 팁으로 800달러를 썼어요." (여기서 언급된 PD는 이 문제를 어떻게 다루었는지에 대해서 말하기를 거부하고, 나를 워너브라더스 그룹의 기업 홍보 수석 부사장 바버라 보르글리아티에게 소개해 주었다. 그녀는 본인들이 그토록 끈질기게 구애했던 바로 그 청년들에 대해 이렇게 언급했다. "나는 그 쓰레기들을 위해 우리 회사의 간부들을 팔아먹지는 않을 거예요. 걔네하고는 한 방에 있고 싶지도 않아요.")

한편 〈모리 포비치 쇼〉는 프로그램 스태프로 일하는 젊은 여성 네 명과 함께 저녁 시간을 보내도록 자리를 마련하면서 소년들에게 구애했다. "모든 스태프가 여자였어요." 빌리가 회상했다. "나한테는 여자가 아니라면 직업을 구할 수 없다는 사인처럼 보였죠. 남자들을 역차별하는 거예요." 빌리는 그날 여자 스태프들과 보낸 저녁이 '데이트'라는 인상을 받았다. "걔네가 술 마시자고 했어요. 좋은 시간을 같이 보냈죠. 걔네 행동을 보면서 넷 중 셋은 나를 좋아한다고 생각했어요. 그런데 자정이 딱 되니까 걔네가 모두 갑자기 더러운 신데렐라들처럼 '오, 이제 가 봐야 해' 하는 거예요." 스퍼포스가 밤을 더 즐기고 싶어하자, 여자들 중 한 명이 택시를 타고 타임스퀘어로 가 보라고 권했다. 빌리가 말했다. "나는 그래도 안전하냐고 물었어요. 그들이 답했죠. '오, 그럼, 안전하지.'"

타임스퀘어에 다다르자 그들은 택시에서 튀어 내렸다. "마치 모리랜드에 있는 것처럼 모든 게 판타지였어요. 도시 전체가 토크쇼 같았죠." 그들은 차양으로 가득한 거리를 지나 창녀들로 가득한 거리를 지났고, 그 이후에 거리는 더 어둡고 위험해 보이기 시작했다. 빌리는 도시에 대한 인상을 녹음하기 위해 가져온 녹음기를 꺼내 든 채, 거기에다 대고 이야기하며 걷고 있었다. 갑자기 어둠 속에서 두 손이 뻗어 나와 그의 멱살을 잡았다. 그다음 빌리가 알게 된 건 자신이 빌딩 사이로 끌려 들어갔다는 사실이었다. "그 남자가 뭔가 총구처럼 느껴지는 걸 내 등에 겨누고 있었어요." 남자는 빌리의 손에서 녹음기를 강탈하고 주머니에서 지갑을 꺼냈다. 그러고 나서 도망쳤고, 빌리 역시 그랬다. 빌리는 자신의 심장박동 소리를 들으며 밤새 호텔방에 누워 있었다. 다음 날 아침 그는 〈모리 포비치 쇼〉 측에 전화를 걸어 강도당한 것에 대해 배상을 요구했다. 그들은 거절했고, 빌리 역시 출연을 거절했다. "나에게 빚진 게 있다고 생각했어요."

그리하여 빌리는 〈제인 휘트니 쇼〉에 출연했다. 거기서 빌리는 여자를 래디슨호텔로 불러들여 67점을 올린 일을 자랑했다가 엄청나게 욕을 먹었으며, 이 일은 두고두고 회자되었다. 그는 더 가난해진 채로, 그리고 녹음된 기억도 잃어버린 채로 집에 돌아왔다. "돌아오고 난 뒤 한동안 모든 사람이 방송 때문에 나를 알아봤어요." 빌리는 빈 프렌치프라이 봉지를 점점 더 작은 사각형 모양으로 접어 가면서 말했다. "하지만 지금은, 그러니까 몇몇은 여전히 알아보지만……." 그의 목소리가 끊겼다. 우리는 앉아서 점점 더 심해지고 있는 교통체증을 바라보았다. 태양은 버지니아 슬림 담배 광고판 뒤로 기울어져, 실물보다 거대한 젊은 여자 주위로 황금빛 아우라를 빚어내고 있었다. 그녀는 '이건 여자를 위한 물건'이라고 알리는 커다란 글씨 아래로 머리를 수줍게 뒤로 젖히고 입술을 살짝 벌리면서 순진한 듯 웃고 있었다. 빌리는 목을 가다듬었다. "아, 웃긴 게 뭔지 알아요?" 나는 기다렸다. "그 점수, 못 땄다는 거예요." 그가 말했다. 나는 그를 쳐다보았다. 그는 모자를 벗어 그 모자 뒤에 있는 똑딱단추를 초조하게 잠갔다 풀었다 하고 있었다. "PD가 '방송에서 포인트를 올린 척하라'고 하더라고요. 그래서 그렇게 한 거예요." 그는 짧고 쓰라린 웃음을 지었다. "나중에 그에 대해 노래도 썼어요. '모두들 내가 67점을 올렸다고 생각했지, 난 겨우 66점이었는데.'"

유니폼을 입은 남자가 꿈이다

"수치심이야말로 모든 폭력의 일차적이거나 궁극적인 원인이다." 매사추세츠주 교도소의 정신 건강 책임자였던 제임스 길리건James Gilligan 박사는 미국에서 벌어지는 폭력적인 남성 행동의 기원에 대한 사려 깊은 고찰인 『폭력Violence』에서 이렇게 결론 내렸다. "폭력의 목적은 수치심의 강도를 줄이고 그것을 가능한 한 반대되는 자존심으로 대체하여 개인이 수치심에 압도되는 것을 방지하는 것이다." 길리건의 조사에 따르면 미국 남성에게 수치심의 주요 원인은 사회적 지위 하락, 실업, 무기력한 속내를 폭로하는 환경, 남성성을 거세하는 의존성이 드러나는 것 등이다.[36] 그에 따르면, 보다 일반적으로 말해 남성의 수치심은 세상이 당신의 남자다움에 대한 주장을 불신하고 그것을 쓸모없게 여기고 심지어 우스꽝스럽다고 생각한다는 의심에서 비롯된다. 이런 상황에 대한 폭력적인 반응은 일종의 거북이 등딱지와 같은 역할을 하여 그 안에 들어가 있는 취약한 입주자를 보호하고 더 굴욕적인 내부 검사를 막는 방패 역할을 한다. 폭력이란 약하고 부족한 존재로 드러나는 것에 대한 반응이다.

섀넌 포크너가 입학 신청서를 제출하면서 시타델에 카메라를 끌어들이기 몇 년 전, 생도들은 그러한 노출에 대비하고 있었다. 그들을 감싸고 있던 전투적인 표면은 이미 무너지고 있었다. 그들은 자신들이 더 이상 학교 '전통'을 구축해 나갈 수 없다는 걸 감지했다. 완고하고 훈련된 군인의 이미지가 더 이상 학원 문밖 세상에서 남성적인 명예나 좋은 직장으로 이어지지 않는다는 사실 역시 스스로 깨달았다. 남성으로서 느끼는 부족함과 무력감에 대한 수치심은 폭력을 낳고 언론과 대중의 관심을 끌었으며, 노출되었다는 감각과 수치심만 강화했다.

1991년 가을, 연대의 군목은 축구팀의 가장 유망한 신입생이었던 마이클 레이크에게 최근에 캠퍼스에서 목격한 잔인한 괴롭힘이 자신이 기억하는 한 가장 추악한 일이었다고 말했다. 레이크 본인은 몇 주간 상급생들에게 두렵고 힘든 일을 당한 뒤에 학교를 떠나기로 마음을 먹은 참이었다. 그는 상급생들에게 개머리판으로 맞아 쓰러졌고, 결국 어두운 곳으로 끌려가 피비린내 나는 구타를 당해야 했다. 그해는 스타 신입생 운동선수를 때리는 해였다. 그는 섀넌에 앞서 학교에 들어온 유일한 셀러브리티였다. 사이클링 팀의 한 사람은 고환 2인치 밑에 칼이 놓여 있는 상태에서 손가락으로 매달려 있어야 했다. 어느 플레이스키커✠는 기절할 때까지 물에 머리를 스무

✠ 미식축구에서 땅에 볼을 놓고 차는 플레이스킥을 하는 선수.

번이나 처박혔다. 어느 라인베커✠는 씹다 뱉은 담배를 삼켜야 했고, 본인 말에 따르면 "수업 시간에 명료하게 말할 수 없을 때까지" 괴롭힘을 당했다.[37]

모교를 공개적으로 비판하는 것이 사실상 반역 행위로 여겨지는 학교임에도 불구하고, 이 학대는 너무나 충격적이어서 몇몇 운동선수는 《스포츠일러스트레이티드Sports Illustrated》에 자신이 경험한 일을 이야기했다.[38] 하지만 관련 보도는 폭력을 멈추게 하는 대신 분노를 가중시킬 뿐이었다. 캠퍼스에서는 백인우월주의자들이 활동하는 것으로 알려진 '문학' 클럽인 처칠 학회가 결성되었다. 전미유색인종지위향상협회National Association for Advancement of Colored People(NAACP) 지역 지부는 두 가지 인종차별 사건에 대한 연방 조사를 촉구했다. 하나는 '딕시'를 부르기를 거부했던 흑인 신입생의 침대 위에 올가미가 등장했던 사건이고, 다른 하나는 끝까지 신원이 밝혀지지 않은 저격수에 의해 흑인 생도가 부상을 입은 사건이었다. '주니어 소드 드릴'의 리더는 5피트 높이의 찬장에서 엎드린 생도의 머리 위로 뛰어내린 뒤 막사에 쓰러져 피를 흘리고 있는 상태 그대로 내버려 두었다. 새벽 3시에 원정경기에서 돌아온 라크로스 팀원은 의식을 잃은 생도를 우연히 발견했다. 얼굴이 갈라지고 턱과 코가 부러졌으며, 입안은 핼러윈 호박 등처럼 이가 빠진 상태였다.[39]

'파리 대왕'의 폭력을 향한 욕망의 분출은 인상적일 정도로 정확하게, 길을 잃은 소년의 야만성을 그린 소설에 등장하는 각본처럼, 동물을 희생시키는 궁극적인 폭력 행위로까지 이어졌다. 어느 날 새벽 2시경, 상급생 생도들이 막사에 너구리를 가두고 칼로 찌르기 시작했다. 테드 터너의 아들인 보 터너Beau Turner는 젊은이들의 외침에 잠에서 깼다. 보 터너가 내

✠ 미식축구에서 상대 팀 선수들에게 태클을 걸며 방어하는 수비수.

게 말했다. "룸메이트와 나는 그걸 막으려고 밖으로 나갔습니다. 하지만 너무 늦었죠." 이 에피소드는 이런저런 버전으로 전해졌지만, 괴롭힘에 가담한 생도가 동물의 꼬리를 자르고 칼을 항문에 박았다는 대목만큼은 동일했다. 가장 많이 회자된 부분은 그가 동물을 학대하며 외친 말이었다. "저년을 죽여라, 저년을 죽여!"

학교 당국은 이런 사건의 일부를 비밀에 부쳤지만, 홍보 차원에선 악몽이라 할 만큼 나쁜 소식은 지역 안에서 충분히 퍼져 나갔다. 그리고 학교는 마침내 상황을 평가하기 위해 시타델 지지자들로 이루어진 위원회를 소집했다. 심지어 그들은 1992년 보고서에 음식과 수면 부족으로 인해 신입생들에 대한 학대는 통제 불가능하다고 결론 내렸다. 다소간 개선된 변경 사항이 도입되기는 했지만, 사실 이 문제에 기름을 부은 건 위원회가 고려하고자 했던 그런 문제가 아니었다.[40] 마이클 레이크가 짧았던 신입생 때 겪었던 학대에 대해 떠올릴 때, 마치 백지 위에 보이지 않은 잉크로 쓴 무언가가 떠오르듯이 그는 또 다른 분투의 희미한 윤곽을 함께 떠올릴 수 있었다. 그건 남성이 두 가지 역할을 모두 수행한다는 사실에 의해 시야에서 가려진, 씁쓸하지만 확실하게 고정되어 있는 남녀 간 싸움인 젠더 갈등이었다. 구타를 당한 신입생 스포츠 스타는 옷을 벗고 굴욕당하는 '여자'였다. 약탈적인 상급생들은 그를 조리돌림하고 약탈하는 '남자'였다. 기껏해야 여자들이 보지 않는 곳에서 모자 관계를 남성적으로 복제하려던 전략이, 최악의 경우에 이르러 '여성적인 것'을 잔혹하게 짓밟아야 하는 사도마조히즘적 관계가 되어 가고 있었다.

레이크는 회상했다. "그 사람들은 항상 나를 '계집애'라고 불렀습니다. 아니면 '빌어먹을 어린 년'이라고 했죠." 머리카락을 밀던 바로 그날이 시작이었다. 상급생들은 주위를 에워싸고는 "야, 그 계집애 같은 머리털을 잘라 내는 거냐?" 하며 야유했다. 레이크가 그해 가을 미식축구를 하게 되리라는 걸 알았을 때 첫 반응은 이랬다. "그게 뭐야? 계집애들 운동이야?" 또 다른 생도인 리처드 브라이언트Richard Bryant는 신입생 시기 자체가 가정폭력과도 같았다고 회상했다. "상급생들은 밖에 나가 술을 진탕 마시고 돌아와서 괴롭히는 걸 즐겼어요. 그럴 땐 그저 상급생들이 내 방에 오지 않기만을 바랄 뿐이었죠." 브라이언트는 1993년 시타델에 입학해 거의 1년간 자신이 "지속적인 학대"로 규정한 행위들을 견뎌 내다가, 마침내 막사 4층에서 뛰어내려 모든 것을 끝내고 싶다는 생각에 사로잡히게 됐다. 브라이언트를 향한 조롱은 하나같이 그를 여자와 동일시하는 내용이었다. 그가 두려움을 보일 때마다 선배들은 말했다. "브라이언트, 낙태라도 하고 있는 것처럼 보인다?" 아니면 이렇게. "브라이언트, 혹시 그날이냐?"

가정적인 성향이 여성성으로 오인될까 두려워서 반여성적 감정의 파도가 일었는지도 모르지만, 남성이 성별 전쟁에서 여성과 남성 모두를 연기하는 캠퍼스란 동성애에 대한 매혹과 두려움에 사로잡힌 캠퍼스로부터 불과 한 발자국밖에 떨어져 있지 않았다. 그것이 미디어 때문이건, 침략해 들어온 여자 때문이건, 혹은 호의적이지 않은 경제 때문이건 생도들의 남자다움에 대한 감각을 위협하는 것이라면 무엇이든 그를 '호모 새끼'에 대한 농담이 비열한 현실이 돼 버리는 악몽의 영역으로 밀어 넣을 수 있었다. 1980년대 후반과 1990년대 초반 긴장이 고조된 시기에, 오랫동안 사랑받았던 공동 샤워장은 어린아이 같은 유대감을 자아내는 곳일 뿐만 아니라 동성애 혐오적인 괴롭힘의 장소가 되기도 했다. 나는 신입생들에게 이런 이야기를 들었다. 신입생들이 샤워를 할 때 상급생들이 비누를 손에서 떨어뜨리고, 신입생들이 그걸 주우려고 하면 상급생들이 괴성을 질렀다는 것이다. "줍지 마, 줍지 마. 아니면 여자애들한테 해 줬듯이 너희한테도 해 줄 테니까."

과거 핼러윈 때 상급생들이 기저귀를 차거나 여장을 하고 돌아다니면서 신입생들에게 사탕을 받는 전통이 있었다면, 이제 이 시기의 '장난'은 어마어마한 폭력으로 전환되었다. 상급생 한 명이 해 준 이야기에 따르면, 어느 생도는 사탕을 나눠 주는 생도 위로 찬장을 엎어뜨리고 그 위를 걸어간 적도 있었다. 행정부는 핼러윈 행사 자체를 중단시키려 했지만 뜻대로 되지 않았다. 결국 숱한 신입생이 부상을 입고 말았다. 생도를 형제애로 이끄는 역할을 했던, 장난스럽게 엉덩이를 두드리는 행위에도 어두운 버전이 있었다. 그 일은 베트남전쟁 시절과 마찬가지로 1990년대의 스트레스와 침략 아래에서 점점 더 수면 위로 올라왔다. 최근 학교를 졸업한 졸업생은, 나이 많은 생도들 무리가 밤마다 2학년생들에게 굉장히 고통스러운 시련을 가하다가 결국은 짓밟고 구타하는 것으로 마무리되는 양생법을 고안했다고 말했다. 그들이 '바나나라마'라고 명명한 이 과정은 실제로 어느 생도의 항문에 바나나를 박아 넣었던 어느 날 밤 절정에 달했다.

동성애혐오적인 히스테리는 실제로 게이이거나 게이로 인식되는 소수의 젊은이들에게 화산과도 같이 분출되었다. 몇몇은 결국 괴롭힘을 당하다 못해 학교를 떠났다. 희생양이 그렇게 높은 비율로 증가하자 대체로 잠자코 있던 시타델 상담 센터가 괴롭힘의 표적이 되었던 청년들을 위한 일종의 그룹 치료 프로그램을 마련했다. 그들은 캠퍼스 안에서 '그것It'(술래)으로 불렸다. 인정사정 안 봐주는 술래잡기 놀이에서처럼 말이다.

허버트 파커Herbert Parker는 2학년을 마친 후 군복무를 위해 2년 반 동안 학교에서 떠나 있었다. 그가 다시 돌아왔을 때

학교는 이상하고 미묘한 위협이 상존하는 곳이 되어 있었다. 어느 날 저녁, 한 생도가 근무시간이 끝난 후 학생활동센터의 TV 방에서 청소부와 담소를 나누며 어슬렁거리고 있는 파커를 목격했다. 다음 날 아침이 되자 그가 청소부와 성적으로 낯뜨거운 자세를 취하고 있다가 들켰다는 소문이 파다했다. 파커는 당황했다. "나는 옷을 다 갖춰 입고 있었어요. 혼자서 소파에 앉아 있었고요." 나중에 그가 나에게 한 말이다. 그 소문 때문에 1년을 완전한 고립 속에서 보내고 나자 그 당혹감은 공포와 굴욕감으로 바뀌었다. 생도들은 회의장이나 수업에서 그와 가까운 자리를 피해거나 같은 방을 쓰지 않으려고 했다. 그리고 이는 결국 두려움으로 이어졌다. 끊임없는 위협 전화, 밤에 그의 창 아래에서 학교를 떠나라고 외치는 사람들, 그리고 결국에는 살해 협박까지 등장했다. 생도들은 그를 학생 명예법정에 데려가 퇴학시키려고 했다. 파커가 나중에 사용한 표현에 따르자면 "마치 누군가를 죽이기라도 한 것"처럼 말이다.

1994년 6월의 어느 날 저녁, 섀넌 포크너의 법정 소송에서 최종변론이 끝난 후 나는 아래층에는 게이와 이성애자들이 어울려 놀고 위층에서는 주말마다 야간 드래그쇼를 하는 동네의 '혼합' 바인 '트리하우스Treehouse'로 향했다. 생도들이 게이 남성들에게 어떤 폭력을 저지르는지 인터뷰를 하기 위해서였다. 두 마디에 한 번씩 "호모 새끼"가 욕으로 등장하고, 동성애자 생도가 반복적으로 그토록 잔혹하게 파문당하는 캠퍼스에서 그런 증오범죄는 불가피할 거라 예상했다. 물론 그런 경우가 전혀 없었다고 할 수는 없지만, 상황은 내가 기대했던 것과 달랐다. 놀랍게도 트리하우스의 게이 단골들은 나에게 생도들의 딜레마에 대한 공감을 바탕으로 한 통찰을 주었다.

아래층 바에 앉아 있던 크리스 스콧Chris Scott이 말했다. "시타델을 설명할 수 있는 적절한 단어는 말이죠. 벽장이에요."

바에 앉아 있던 몇몇 사람이 그 말에 동의한다는 듯 중얼거렸다. "걔네도 나 같은 호모를 좋아하는 거예요." 여기서 '나 같은'이라 함은 정확하게 게이를 가리키는 건 아니었다. 그날 밤 그는 반짝거리는 검은 머리와 뚜렷한 얼굴선을 가진 전형적인 《GQ》 남자 모델처럼 보였지만, 드래그 공연을 위해 차려입었을 때는 여성으로 패싱됐다. 스콧이 눈썹을 치켜세우며 말했다. "생도들은 드래그 퀸을 원하는 거죠."

이후 트리하우스를 두 차례 더 방문해서 이어 간 대화에서도 크리스 스콧의 논평은 반복되었다. 나는 그곳에서 이야기를 나누면서 드래그 퀸 열두 명 가운데 생도와 데이트하지 않은 사람은 오직 두 명뿐이라는 사실을 알게 됐다. 그나마도 그건 저 두 사람이 생도들은 "너무 감정적"이라며 일부러 만나지 않았기 때문이었다. '홀리'는 한 생도와 3년을 만났다. "1993~1994년 미스 트리하우스"였던 '마리사'는 한 생도와 연애를 하다가 헤어졌고, 이제는 다른 생도와 막 로맨스가 싹트고 있는 참이었다. 그리고 '티파니'의 주변에는, 다른 드래그 공연자들이 다들 동의하는 것처럼, 생도들이 파리처럼 들끓었다.

커다랗게 뜬 눈과 흘러내리는 검은 머리카락으로 셰어 흉내를 내는 '킴버 러브'는 개인적으로 생도들과 얽히지 않는 것이 낫다고 말했다. "나는 그 허세 때문에 걔네랑 안 어울려요. 남성우월주의자들처럼 군다고요. 그리고 그거 다 가짜예요." 생도들과의 데이트를 피해야 하는 또 다른 이유가 있었다. "폭력적인 사람을 만날 수도 있거든요." 크리스 스콧이 말했다. "걔네는 우리가 그런 걸 원한다고 생각하고, 나중에는 그게 마치 우리 탓이라는 듯 우릴 공격해요." 이야기를 나누는 동안 무대 활동명이 '메리 테로리스타'인 로니(그는 내게 성을 공개하지 말아 달라고 부탁했다)가 어슬렁거리고 다니다가 바 의자에 앉았다. 소설가 지망생인 그는 무대를 감상 중인 청중에게 자신이 작업하고 있는 단편소설의 서두를 낭송했다. 그건 그가 첫 번째 연인을 만났던 추억의 편린을 다룬 내용이었다. 그리고 그의 첫 연인은 생도였다. 로니는 생도들이 펼치는 금요일의 사열식이 즐거웠다고 말했다. "퍼레이드는 〔찰스턴의〕 퀴어들에겐 큰 이벤트였어요. 우리는 칵테일파티를 하고 남자 애들을 구경하러 가죠. 지극히 '남부 숙녀'다운 일이잖아요."

로니는 시타델 도서관에서 아무도 대출하지 않는 책에다 암호화된 메시지를 넣어 교환함으로써 연인과 은밀한 만남을 약속했다. 때때로 애인은 그와 밤을 보낸 뒤, 시타델 트레이닝복을 입고 새벽 조깅을 다녀온 것처럼 교문을 통과해 뛰어 들어갔다. 로니는 그 관계에서 유일한 고난은 연인이 괴롭힘 때문에 감정적으로 힘들어하는 걸 보는 거라고 말했다. "생도들은 새장 속 새처럼 그곳에 갇혀 있어요. 애인도 그 이야기를 털어놔야만 했죠. 생도 대부분에게 자신을 위한 삶이란 없어요. 현실 세계를 살아갈 능력도 없죠." 로니에게 온갖 감정을 쏟아 냈지만, 애인은 동료 병사들에게 남자다움의 모범이었다. 그는 '주니어 소드 드릴' 일원이었고, 연대 장교였으며, 옷장 선반에 오랫동안 손가락으로 매달릴 수 있는 "메달리기 왕"이었다. 그건 시타델에서는 중요한 기술이었다. 로니는 미소를 지었다. "우리가 섹스할 때 그에게 샤코(시타델의 군용 모자)를 쓰게 하곤 했어요. 그게 제일 남자다우니까요."

로니 자신도 공군에서 4년을 보냈고, 랑베르 대령 반의 생도들이 표현한 감정과 비슷한 이유로 군대 생활에 대한 깊고 지속적인 애착을 가지고 있었다. "군 생활의 일상이란 옷을 살짝만 걸치고 돌아다니다가 바지를 입히고, 바느질하고, 신발에 광을 내는 등 여자들이 하는 일을 얼마나 잘 하는가를 통해 얼마나 좋은 남자인지를 평가받는 거예요. 여성적인 기술에 능하다면, 당신은 더 좋은 남자가 될 수 있죠. 하루가 끝날 때 막사에 반바지에 티셔츠와 인식표만 걸치고 주부들처럼 둘러앉아 구두를 닦으며 수다를 떨 때보다 더 동지애가 강해지는 순간은 없어요."

그래서 소꿉장난을 했다는 거냐고 내가 물었다.

"맞아요." 그는 말했다. 하지만 물론 다른 생도들은 그런 식으로 보지 않았다. "그들은 광을 내고 왁스 칠을 하고 윤이 나게 만들었지만, 의식적으로 여성적인 기술을 다루고 있다고 생각하지는 않았어요. 그들은 **완전한 남자**가 되어 가고 있다고 생각하죠." 로니가 보기에 시타델은 사회적 기대로부터 도망치는 비공식적인 탈출구 역할을 했다. "당신은 생계를 꾸릴 필요가 없어요. 리더가 될 필요도 없죠. 그저 뒷좌석에 앉아 있으면 되는 거예요. 그게 큰 위안을 주죠. 당신은 그저 인간답게 행동하면 되는 거예요. 남자답게 굴 필요는 없죠."

트리하우스의 드래그 퀸들 가운데 많은 수는 여학생 입학에 반대했는데, 그건 생도들의 반대에 대한 거울 이미지 같은 이유 때문이었다. 생도들은 여자 동료가 들어와 자신들이 세상을 향해 세심하게 구성해서 선보이는 장교이자 신사로서의 전형적인 모습을 망칠까 봐 두려워했다면, 드래그 퀸은 그 드라마에서 자신의 역할을 지키고 싶었다. 티파니가 말했다. "지금 만나고 있는 생도가 나한테 뭐라고 했는지 알아요?" 우리는 공연 몇 시간 전에 분장실에 앉아 있었고, 티파니는 등이 달린 영화배우용 분장실 거울의 미니어처 버전인 레이디 클레롤 거울 세트를 보면서 마스카라와 아이라이너를 전문가적인 정밀함으로 한 겹씩 바르고 있었다. "그가 뭐라고 그랬냐면, '넌 진짜 여자보다 더 여자 같아' 정확히 그렇게 말했어요." 티파니는 일어서서 증거를 보여 주려는 듯이 남부 미녀의 포즈를 취했다. "난 여성성의 모든 부분을 과장해서 보여 주죠. 가슴, 헤어스타일, 서 있는 모습." 제복을 입은 신사라는 판타지

보다 이 그림을 더 잘 완성시키는 것이 뭐가 있겠는가?

미스 트리하우스인 마리사는 사열해 놓은 가짜 손톱에 분홍색 매니큐어를 바르다가 올려다보았다. "나는 걔네가 모자를 쓰는 방식을 좋아해요. 살짝 낮게 걸려 있도록 해서 눈이 안 보이게 하거든요. 우리는 모두 여성 마술사고, 걔네는 남성 마술사인 것 같아요. 제복을 입은 남자는 일종의 꿈이죠."

티파니는 말했다. "핼러윈 때 내 생도 남자 친구가 뭐로 변장하고 싶어 했는지 알아요? 생도였다고요."

일군의 남자들이 분장실에서 부드럽게 서로의 저녁 공연 준비를 돕는 모습, 핀을 꼽고 장식을 붙이고 몸매를 부각시키는 작업을 하는 등의 정교한 과정은 노먼 두싯의 비디오에 등장하는 생도들이 서로의 바지에 셔츠를 넣어 주는 모습과 크게 다르지 않았다. 드래그 퀸은 대화를 나누면서 스타킹과 에이스 붕대, 그리고 화장품 가방을 앞뒤로 건넸다. "내 마스카라 본 사람 있어?" "그래, 블러시 가진 사람?" 나는 어린 시절의 파자마 파티를 떠오르게 하는 편안함을 느꼈다. 그때 친구들과 서로의 머리에 커다란 분홍색 스폰지 헤어롤러를 꽂은 뒤 머리가 어떻게 됐는지 확인하곤 깔깔거리며 웃고 비명을 질렀었다. 이곳에서 벌어지고 있는 일은 놀이였다. 이 문화에서 오직 여성에게만 허락된 일종의 자유와 자연스러움과 부드러움이 있는. 이곳에서 각각의 남자들은 "꼭 남자답게 행동하지 않아도 되고 인간답게 행동하도록" 허용되었다.

남자들이 가장 힘든 조건 아래에서, 부분적으로, 그리고 한시적으로 젠더의 규칙이 구부러지고 그로부터 도망칠 수 있는 장소로 시타델과 트리하우스를 발견한 건 놀라운 일이 아니다. 트리하우스의 드래그 퀸들에게 남녀 구분이란 유령의 집 속 거울 방에서처럼 끝없이 조작되어야 하는 바보 같은 장난이었다. 하지만 생도들에게는, 시타델이라는 연극무대와 머리

끈과 리본 치장에도 불구하고, 자신들의 '트리하우스'(나무 위의 집)를 지키는 게 너무나도 심각한 일이었다. 분장실에 앉아 있을 때, 나는 생도들이 트리하우스의 마술사들로부터 자기 변신의 기술을 배울 수 있었다면 어땠을까 상상했다. 전쟁이라는 게임 없이 젠더 게임을 하는 방법을 배울 수 있었다면, 그들이 갈망했던 서로를 돌보는 동지애와 육체적 보살핌, 그리고 친밀감을 호전성과 잔인성을 전시함으로써 보정하려 들지 않고 그 자체로 받아들일 수 있었다면 어땠을까, 하고 말이다.

생도처럼 드래그 퀸은 남자들만의 안전한 영역에서 사회의 남성성에 대한 비판적인 시선으로부터 벗어나 머리를 풀고 일종의 모성적 남성성을 즐길 수 있었다. 그러나 이 영역 안에서 그들은 또한 스퍼포스와 같았다. 그들은 자신들을 과시하고 무대에 올려 화려하게 관심을 끌었다. 빌리 셰헌은 수백만 TV 시청자 앞에서 행진하는 '모리랜드'의 왕을 꿈꿨다. 티파니와 킴버 러브, 마리사는 그들을 숭배하는 팬들 앞에서 뽐내면서 트리하우스의 여왕을 꿈꿨다.

만약 트리하우스 공연자들이 임시방편으로 세운 장치들이 효과가 있는 것처럼 보였다면, 그건 또한 그 옵션이 문밖에 있는 남성들에게는 얼마나 믿기 어려울 정도로 제한되어 있었는지 보여 준다. 파자마 파티가 일어나는 장난감 집은 더 큰 사회로부터의 후퇴를 나타냈지, 사회로 돌아가는 대체 경로나 사회 자체가 어디로 향할지에 대한 대안적인 비전은 아니었다. 드래그 퀸은 여성으로 분장하고 성별 구분을 뛰어넘어 어미 닭이나 핀업 모델처럼 행동할 수 있었다. 이건 이성애자건 동성애자건, 보통의 남자들에게는 해결책이 될 수 없었다. 심지어 다시 바지를 입고 클럽이라는 피난처를 떠나는 보통의 드래그 퀸들에게도 마찬가지였다. 드래그 퀸은 **여자인 척**해야만 그걸 해낼 수 있었다.

그게 바로 문제였다. 트리하우스 내부에서 드래그 퀸은 일종의 여성성을 환영함으로써 더 보살피는 성향을 드러낼 수 있었다. 현실 세계에서는 섀넌 포크너에 의해서건 모리 포비치에 의해서건 남성을 '여성화'하는 것은 남성적 보살핌의 가능성을 파괴할 뿐이었다. 왜냐하면 그건 남성들이 스스로를 보살필 수 있는 집단적인 익명성과 공리주의적 안전을 부수어 남성들을 포식자로 만드는 유명세 경쟁으로 대체해 버렸기 때문이다. 스퍼포스와 생도들 모두 여자들이 모든 힘을 가지고 있다고 생각한 건 당연한 일이었다. 화려함을 통한 성취라는 '여성적' 세계가 (비록 실제로 여성들에 의한 것은 아니었지만) 그들을 압박하고 있었고, 둘 중 어느 집단도 그 힘을 피할 방법을 찾지 못했다. 스퍼포스는 시대에 뒤떨어진 익명성으로부터 벗어나기 위해 필사적으로 노력했다. 즉 그들은 여자들에게 접근하고 치근덕거림으로써 생도들이 되지 않기 위해 노력했다. 생도들은 가치가 외모 측정기의 반짝이는 점수로 판단되는 미디어의 세계에 휩쓸려 가지 않기 위해 저항했다. 그러니까 섀넌 포크너를 쳐 냄으로써 그들은 스퍼포스가 되지 않으려고 노력했던 것이다.

둘 다 실패했다.

과시와 오락을 요구하는 새로운 글로벌 세력에 맞서 자기 자신을 지키는 것은 이제 막 성인이 된 모든 소년에게 험난한 과업이었다. 스퍼포스는 항해하기 좀 더 쉬운 경로를 택한 것처럼 보였다. 적어도 바람은 그들이 나아가고 싶은 방향으로 불고 있었으므로. 그러나 새로운 관상용 해협을 건너려고 했던 많은 이가 깨닫게 되었듯이, 남자다움으로 가는 길은 불확실했고 기만적이었다. 거울처럼 반짝이는 바다에서 헤엄치는 것보다 가라앉는 경우가 더 많았다.

※ ※ ※

나는 이후로 몇 년간 빌리 셰헌과 계속 이야기를 나누었다. 레이크우드에서 그의 악명은 오래 지속되었지만 별 도움이 되지 않았다. 그가 말했다. "스퍼포스 때문에 아무도 나를 고용하려고 하지 않아요." 반짝거리는 미디어 문화가 그를 레이크우드에 다시 뱉어 놓았을 때, 그는 '명성'이라는 붓이 그를 왕자가 아니라 두꺼비로 만들어 놓았다는 걸 알게 되었다. 우리가 마지막으로 만났을 때 그는 전달에 50군데에 지원했었다고 말했다. 레스토랑, 주유소, 피자 배달 전문점, 각종 보조직 등 "온갖 쇼핑몰" 상점에 지원서를 넣은 것이다. 이 전격적인 이력서 홍보 과정에서 그는 면접 기회 두 건을 따낼 수 있었다(그중 하나는 칠리스였다). 하지만 구직에 성공하지는 못했다. 나는 다른 스퍼포스 중에 괜찮은 직업을 가진 사람이 있는지 물었다. 빌리는 머리를 쥐어짜 보았다. 그리고 조그마한 생선 가공 사업을 하는 청년 한 명을 겨우 떠올렸다. 그가 비통하다는 듯 말했다. "내가 스퍼포스 짓거리를 하지 않았다면 지금 일을 하고 있겠죠."

빌리는 딱 한 번 더 대중의 시선을 다시 사로잡았다. 그와 스퍼포스의 오랜 친구들이 롱비치에 있는 머피스 바에 억지로 들어가려고 했다. 그곳에서는 '성 패트릭의 날'을 기념하는 비공개 파티가 열리고 있었다. "경호원들이 나를 붙잡아 끌어내려고 했어요. 그들은 내가 2층에서 농구공을 던져 사람이 다칠 뻔했다고 말했죠. 개네 중 하나가 나를 따라 밖으로 나오더니, 나를 붙들고 유리창이 깨질 정도로 세게 주류 판매점 유리창으로 밀어붙였어요. 스무 대나 되는 경찰차가 왔죠." 빌리는 체포되었다. 하지만 기소되진 않았고 곧 석방되었다. "경찰은 내가 누군지 알고 있었어요. '아, 빌리 셰헌. 대체 여기서 뭐하고 있는 거야?'" 빌리는 별로 신경 쓰는 것 같지 않았다. "나는 아무도 아닌 것보다는 알려지는 게 더 좋아요." 무명의 공포가 감옥에서 하룻밤을 지내는 공포보다 훨씬 컸다. "아무도 아닌 채로 죽는 거, 그게 내 최악의 두려움이죠. 그렇게 되지는 않을 거예요. 내 이름은 브랜드가 될 테니까요. 하지만 내 안의 아주 작은 부분은 이렇게 말해요. 아무 일도 일어나지 않으면 어떡하지? 내가 그냥 평범한 사람이라면?"

빌리는 평범한 존재가 되지 않기 위한 새로운 계획을 가지고 있었다. 그는 X등급 영화 사업을 하고 있다는 남자와 이야기를 나누러 갔다. 빌리는 사진을 몇 장 찍어서 이 남자에게 포르노 제작자에게 전해 달라고 부탁하려고 했다. "내 생각에, 나는 이미 자극적인 범주에 들어선 것 같아요." 나는 그저 고깃덩어리로 보일까 봐 걱정되지는 않는지 물어봤다. "아, 어차피 평생 그런 기분이었어요. 바보가 아니라면 모두가 그럴 거예요. 우리는 모두 고깃덩어리 꼭두각시죠. 아시면서." 그가 덧붙였다. "모두가 남자가 여자를 통제할 수 있다고 말하지만, 오히려 그 반대죠. 여자들은 훨씬 더 쉽게 모든 걸 해요. 직장도 쉽게 얻고요. 왜냐면 지금의 일자리란 건 결국 나를 어떻게 보여 주느냐의 문제거든요. 모든 게 다 공연이에요. 여자들이 그렇게 만들었죠."

빌리는 일기장에 쓰고 있던 노랫말을 보여 주었다. 노래는 이렇게 시작했다.

> 나는 우리에 갇힌 채 알몸이 되고 싶다. 벌거벗은 쌍년과.
> 나는 우리에 갇힌 채 알몸이 되고 싶다. 벌거벗은 쌍년과.
> 먹이를 먹고, 번식을 하고, 대마초를 조금 피우고,
> 그러면 우리는 애완동물이 될 수 있을 텐데.

나는 무슨 답을 듣고 싶은지 잘 모르는 채로 질문했다. 뭐에 영감을 받은 거예요?

“어느 날 밤 TV를 보고 있었어요. 새벽 3시쯤 됐나? 그런데 한 여자가 우리 안에서 춤을 추고 있더라고요. 그래서 그런 생각이 들었어요. 저 안에서 춤을 추면서 저 여자의 반려동물이 되면 얼마나 좋을까. 여자가 관심도 주고, 먹여 주고, 귀여워해 주고. 하지만 동시에 그 여자도 우리 안에 있는 거잖아요. 그러니까 도망칠 수 없는 거죠. 그런 게 내가 생각하는 유토피아예요.”

반년 뒤, 빌리는 새로운 시작을 위해 라스베이거스로 이사했다. 나는 이 사막의 오아시스에서 그가 최근에 머물렀다는 소식이 들려온 곳에 이곳저곳 전화를 돌려 보았다. 삼촌 댁, 할머니 댁, 그리고 남자들이 우글거리는 독신남들의 안식처에까지. 하지만 아무도 그를 보지 못했다. 나는 밤에 어딘가, 라스베이거스 유토피아의 인공적인 빛 아래 도금한 우리 안에서 춤을 추는 그의 모습을 상상했다.

1990년대 초반의 경기침체가 완화되면서 회사에서 버림받은 남자들의 비애는 미국 남성성의 연대기에서 썩 유쾌하진 않지만 그럭저럭 마무리된 한 챕터가 된 것 같았다. 그러나 높은 인원 감축 비율은 조용히 이어졌다. 1995년과 1997년 사이에 기업 구조조정, 공장폐쇄 및 경제적 혼란으로 약 800만 명이 해고되었다.[1] 차이점이라면 이번엔 혼란이 예고되지 않았다는 점이었다. 언론은 대체로 이런 상황을 무시했다. 건실한 회사원은 여전히 '추락하고' 있었다. 다만 《뉴스위크》 표지에 등장하지 않았을 뿐. 다시 한번, 그는 미국의 '경기 호황'이라는 새로운 서사와 충돌하는 낡은 이야기가 되어 버렸다.

그런데 그 서사에는 명백하게 불쾌한 사실이 누락되어 있었다. 남성의 실질임금이 1970년대부터 겉으로 보기에도 거침없는 하락세를 이어 갔다는 점이었다(1990년대 후반에 다소 개선되기는 했지만, 여전히 남성의 중위 주급은 1979년 수준에 미치지 못했다). 남성의 근속기간은 계속 줄어들었고, 같은 고용주와의 고용 중위 기간 역시 1983년에서 1998년 사이에 거의 20퍼센트 감소했다(반면 여성의 경우에는 5퍼센트 증가했다). 그리고 노동인구에 진입하는 새로운 남성 그룹은 남성 중장년 그룹의 수입을 따라가지 못했다. '경기 호황'은 비정규직과 임시 계약직 노동자들, 혜택이 적거나 보장되지 않는 노동자들의 등골을 빼먹으며 건설되고 있었다. 1990년대 초 불황 때 해고된 직원은 지난 네 번의 국가적인 경기침체에서 해고된 직원보다 이전 직장을 되찾을 가능성이 훨씬 낮았고, 재취업한 직원은 파트타임으로 고용될 가능성이 컸다. 표면적인 경제 상황이 회복되고 있는 동안, 그 아래 놓여 있는 회사와 회사 직원 간의 사회적 계약은 계속해서 출혈을 일으켰다. 상처는 국가경제가 해마다 변동하는 것과 아무 상관이 없는 이유로 방치되었다. 고용주는 출혈을 막고 싶어 하지 않았다. 직원을 해고함으로써 이윤을 높이는 건 그들에게 피해가 아니라 은혜였다. AT&T, 제록스, IBM 같은 회사의 대규모 정리해고는 주가에 즉각적인 상승을 가져왔다.[2] 회사의 이익과 직원의 이익은 더 이상 일치하지 않았다.

고용주와 고용인 간의 전후 협정은 충성도에 대한 기본 개념, 즉 시간이 지남에 따라 강화되는 유대가 견고한 남성 정체성의 기초라는 믿음 위에 세워졌다. ('컴퍼니 맨company man'〔회사원〕이란 말은 있어도 '컴퍼니 우먼company woman'이라는 말은 없었다. 해고는 여자 직원들에게도 고통이었지만, 해고가 여자들의 삶에서 망치지 않는 한 가지는 여성으로서의 정체성이었다.) 1980년대와 1990년대 남성들은 미국 전역에서 자신이 고용인들과 맺고 있다고 생각했던 계약이 거짓말이라는 사실을 깨달았다. 그들은 회사 규칙이 비효율적이고 비생산적이라는 사실을 은밀히 알게 되었을 때에도 그에 따라 행동했다. 그들은 좋은 군인이자 좋은 아들이었다. 하지만 그들에게 되돌아온 건 불명예 제대였다. 운송 관리자로 일하다가 해고된 뒤 비서로 일하고 있는 한 노동자가 자기 자신에 대해 쓴 것처럼, 그들 각자는 개인적으로 "개처럼 이용당하고 쫓겨났다". "나는 의미 있는 누군가였다. (…) 지금은 아무것도 아니다, 그저 임시직일 뿐."[3]

새로운 경제에서는 당신이 현금을 테이블로 가져왔을 때

에야 충성심을 증명할 수 있다는 사실이 드러났다. 그 시대의 다른 모든 것과 마찬가지로 충성심 역시 상품이 된 것이다. 맥도널더글러스의 이직 지원 사무소의 일부 남성들은 이 잔혹한 진실에 직면하기를 거부했지만, 젊은 세대에게는 선택의 여지가 없었다. 그들은 기업에 대한 충성심이라는 게 아버지에게 수치스러운 얼굴을 한 중년 외에는 아무것도 남겨 주지 않았다는 걸 보았고, 그들은 그런 상황의 일부가 되고 싶지 않았다. 스퍼포스는 새로운 컴퓨터 프로그래머가 독립 사업자가 되기를 원하고 새로운 운동선수가 자유계약선수가 되기를 원하는 것과 같은 이유에서 셀러브리티가 되길 원했다. 개인의 명성, 유명인이 되는 것, 그것이 충성심이 없는 세상에서 얻을 수 있는 유일한 보호막이었다. 그리고 유명인이 되려면 팀의 충성스러운 구성원이 아니라 시장성 있는 개성, 자신만의 브랜드가 있어야 했다.

남자가 남성 자아를 찾기 위해 스스로를 놓아 버릴 수 있는 '팀'은 더 이상 존재하지 않는 것 같았다. 직장에도 없었고, 전장에도 없었다. 그리고 운동장에조차, 없었다.

마실론에서 온 왕

1995년 12월 17일 저녁, 빅 도그Big Dawg는 비틀거리며 아내 메리를 지나쳐 문을 열고 들어가 작은 거실 소파에 쓰러졌다. 한 시간 전에 메리는 TV에서 그를 보았다. 지금은 그가 울기 시작했을 때 카메라가 클로즈업을 잡기 위해 어떻게 움직였는지 설명하고 있다. 그는 어깨를 으쓱하며 단조로운 목소리로 말했다. "상관없어." 하루 종일 기자들이 그를 지켜보고 있었다. 그들은 주차장에서 그를 '습격'해 관람석까지 따라갔다. 그가 말했다. "다른 도시에서 온 기자가 너무 많았어요. HBO의 게리 마이어스, 《데일리뉴스Daily News》와 《뉴욕타임스》, ESPN의 영향력 있는 기자들. 100야드 이동하는 데 한 시간이나 걸렸죠." 관중석에서는 경기 내내 기자 세 사람이 그와 동석해 그의 모든 감정을 모니터링했으며, 그가 어디를 보든 카메라 렌즈와 눈이 마주쳤다. "기자들이 가장 많이 물어본 질문은 '기분이 어떠십니까?'였어요. 그래서 기본적으로 내가 한 이야기는 그 사건을 어떻게 느꼈는가에 대한 거였죠." 그건 그가 그 끔찍한 소식을 들은 이후로 지난 몇 주 동안 계속해 온 이야기이기도 했다. 그는 비유를 하나 정했고, 계속 그걸 사용했다. "당신의 가장 친한 친구가 말기암에 걸렸고, 당신이 그를 방문할 수 있는 시간이 세 번밖에 남지 않았다는 것을 알게 된 것과 같습니다." 그는 이 비유를 셀 수 없이 반복했지만, 언론은 매번 그것을 받아 적었다. "언론은 나를 너무 많이 이용해 먹었어요. 너무 희석돼 버렸죠." 그는 슬픔에 잠겨 말했다. 그렇다고 해서 언론을 외면할 순 없었다. "누구도 실망시키고 싶지 않았어요." 마지막 날, 언론이 그에게 이 사건에 대해 어떻게 느끼는지 또다시 물었을 때, 그는 그의 믿음직한 대답을 적절하게 업데이트해서 답변을 내놓았다. "오늘, 모든 게 끝났습니다. 나의 친구는 죽었습니다." 빅 도그, 그러니까 존 톰슨은 그가 사랑했던 클리블랜드 브라운스가 시립 경기장에서 펼친 마지막 경기를 이렇게 묘사했다.

미식축구팀의 구단주 아트 모델Art Modell은 50년이나 된 쇠약해진 프랜차이즈를 볼티모어로 옮기고 있었다. 그곳에서 팀의 성과나 관중의 규모와 상관없이 자신에게 연간 수입 3000만 달러를 보장해 주는 엄청난 특혜, 세금 감면, 정부 보조금이 뚝뚝 떨어지는 알사탕 같은 거래를 성사시킨 것이다.[4] '직원들', 그러니까 소속 선수들은 그와 함께 옮길 예정이었다. 하지만 그 밖에 다른 직원들은 맥도널더글러스만큼이나 확실하게 떨궈 냈고, 무엇보다 더 본능적으로 보이는 고통을 불러

일으켰다. 그는 팬들을 뒤로하고 떠나 버렸던 것이다.

빅 도그는 단순한 브라운스의 팬이 아니었다. 그는 자칭 '도그파운드Dawg Pound'의 리더로, 경기장 동쪽 끝 구역의 낡아빠진 외야석을 그리스 코러스✠가 경기장에서 벌어지는 상황에 대해 떠들며 사납게 울부짖는 개집으로 바꿔 놓은 장본인이었다. 빅 도그는 이렇게 말하기를 좋아했다. "나는 도그파운드 멤버들을 열두 번째 선수라고 생각해요." 여기서 '빅'은 그의 체중을 의미했는데(그는 385파운드 정도 나갔다), 이 이름이 그를 'D. 도그' '정크야드 도그' '잼 도그' '식 도그' '어글리 도그' 등과 구분해 주었다. 도그파운드 멤버들은 가장 열렬하고 충성스러운 팬인 "외야석의 존재들"이거나 구단주인 아트 모델이 나에게 설명했던 것처럼 "값싼 좌석에 앉아 있는 짓밟힌 사람들"이었다. 수년간 이 남자들(거의 다 남자였다) 대부분은 개 가면과 가짜 털로 만든 보송보송한 강아지 귀를 착용하고 모든 홈경기를 주도했다. 그들은 모든 경기에서 스티로폼으로 만든 개뼈다귀를 흔들고, 경기장으로 개 비스킷을 던지고, 끊임없이 울부짖으며 불협화음을 선보였다. 그들이 '어떻게 느꼈는지'를 전시하는 게 그들의 존재 이유였다고 말할 수 있을 것이다. 그리고 이것이 그들의 마지막 퍼포먼스였던 셈이다.

훗날 빅 도그는 말했다. "우리가 게임에서 이겼어요. 하지만 나는 우리가 진 것처럼 돌아앉았죠." 그는 이 특별한 패배의 본질을 뭐라 불러야 할지 몰라 고통스러웠다. 비록 그 일을 돌이킬 수 없다는 것, 어쩐지 입 밖으로 꺼낼 수 없는 개인적인 수치심을 불러일으키고 있다는 것을 알고 있었지만 말이다. 이 때문에 그는 신랄한 감정에 집중하는 걸 좋아했다. "현실이

✠ 고대 그리스 비극과 희극에 등장하는 코리스. 무대에서 벌어지는 사건에 대해서 집단적인 목소리로 해설하는 역할을 한다.

내 얼굴을 강타하는 것 같았어요." 그는 어둠 속을 멍하니 바라보며 잠을 자려고 노력하는 동안 그날의 게임을 복기했던 긴 시간에 대해 이야기했다. "직시하고 싶지 않았던 현실 말이에요." 그래서 대신에 언젠가는 다가올 새로운 클리블랜드 팀의 미래에 집중했다. "나는 그저 새 팀을 꾸려 볼티모어로 가서 아트 모델의 엉덩이를 걷어차고 싶을 뿐이에요." 그는 자신이 왜 그렇게 상처를 받았는지, 관중석에 있던 남자들이 왜 얼굴을 두 손에 파묻고 울었는지, 혹은 그들 모두가 어째서 "가족의 죽음" "심장절개수술" "두들겨 맞고 칼에 찔린 것처럼" 같은 말을 들먹였는지 진짜로 알지 못했다. 빅 도그는 단 한 가지만 확신할 수 있었다. "나는 이기고 싶어요." 그렇게 말한 그는 높은 곳에 있는 어떤 신에게 간청이라도 하는 듯 두 손을 비비며 천장을 올려다보았다. "정말 너무 이기고 싶어요."

미식축구는 1890년대부터 미국 남성 의례의 일부분이었다. 그건 세기 전환기, 위대한 제국과 남성 불안의 시기에 처음으로 대학 미식축구 경기장에서 수용됐다. 미식축구 창립자인 월터 캠프는 시계 회사 임원이었다. 역사가 마이클 오리아드에 따르면, 캠프에게 이 새로운 스포츠는 신뢰와 단결로 새로운 사업 세계를 운영할 "경영 엘리트에게 이상적인 훈련장"을 제시했다.[5]

캠프는 럭비에서 한 가지 주요 규칙을 변경함으로써 현대 미식축구를 탄생시켰다. 그건 경기가 시작되기 전에 공을 가지고 있을 팀이 정해진다는 내용이었다(럭비에서는 공을 차지하기 위해 거대한 덩어리가 되어 몸싸움을 벌인다). 그러므로 시작에서부터 미식축구의 핵심은 통제력과 지배력을 유지하는 것에 놓여 있었다. 이는 의심의 여지 없이 미식축구가 제2차세계대전이 끝날 때까지 주로 대학 스포츠로 남아 있었던 이유였다. 제대군인원호법의 시대 이전에 대학은 지배계급의 훈련을 위한 탁월한 공간이었으니까.

야구가 기존의 체제를 유지한다기보다는 교란하기 위해 경기장에 위치하고 있는 구성원들 사이로 무질서하게 공을 날려 보내는 게 목적인 것과 달리, 미식축구는 어떤 대가를 치르더라도 공을 통제하고 상대 팀 영역의 마지막 1인치까지 정복하는 것을 전제로 했다.

하지만 전쟁 이전의 미식축구에는 회사 회의실보다 공장 현장에서 더 친숙한 면모가 존재하기도 했다. 대학 미식축구와 대조적으로 프로미식축구는 철강 노동자, 제철 노동자, 광부들의 스포츠였다. 그들의 얼굴은 헬멧을 쓰고 반사 방지 페인트로 칠하기 훨씬 이전부터 육체노동에서 온 검댕과 땀으로 얼룩져 있었다. 미식축구의 이런 판본은 미국의 중공업 지대의 질척거리는 눈밭 경기장에서 등장했다. 이곳에서는 '아이언톤 탱크'나 '프로비던스 스팀 롤러' 같은 이름을 가진, 가난한 팀들이 치열한 경쟁을 벌였다.[6] 팬의 상상 속에서 이 미식축구장 위의 선수들은 공공사업진흥국의 벽화에서 바로 튀어나온, 기념비적인 무표정한 노동자들이 생명을 얻은 것이나 다름없었다. 프로미식축구 선수들은 어니 파일의 "진흙-비-서리-바람을 맞은 청년들"과 동급의 존재들이었다. 그들은 미국의 구식 산업이 만들어 낸 서리가 낀 하늘 아래 진흙탕 위에서 졸병과 같은 드라마를 써내는 존재들이었다.

미국 스포츠사가 존 튜니스가 1958년에 썼던 것처럼, 제2차세계대전 이후 경기장은 남성적 과거로부터 등장한 영웅적인 황무지로 신화화되었다. 그곳에서 "미국인들은 여전히 개척자이며, 그들의 조상들처럼 여전히 진취적"일 수 있었다.[7] 그러나 경기장의 "새로운 개척자"는 자기가 속한 전후의 새로운 국가와 마찬가지로 매우 다른 경기에 휘말리게 되었다. 전후 미국에서 프로미식축구가 인기 스포츠로 부상하게 된 건,

옹호자와 반대자 모두에게, 일반적으로 미국이 세계 무대에서 점하고 있던 탁월한 지위가 경기장에서 드러나고 있었기 때문으로 이해됐다. '미국의 세기'가 도래하면서 국가는 개선凱旋의 리더십을 보여 주는 경기, 혹은 우쭐대는 제국주의를 보여 주는 경기를 납작 엎드려 받아먹었다. 1950년대 중반 즈음 프로미식축구는 야구의 긴 그림자 속에서 벗어났다. 메이저리그와 마이너리그 야구, 그리고 대학 미식축구가 침체된 동안에도 프로미식축구는 번성했다.[8] 비유적으로 말하자면, 프로미식축구는 미국의 권력과 기득권자들의 새로운 제국의 언어로 입장했다. 미식축구가 괜히 '기득권들의 경기'로 불리게 된 건 아니었다. 핵미사일 발사 명령을 담은 대통령의 서류 가방이 '미식축구'로 불리게 된 것도 괜한 일이 아니었고 말이다. JFK에서 닉슨Richard M. Nixon을 지나 레이건까지, 미 제국의 대통령들은 미식축구 경기장의 이미지가 가진 힘에 매료되었다. 닉슨은 반전 시위대가 워싱턴으로 행진하는 동안 허세를 부리며 미식축구 경기를 관전했다. 레이건은 심지어 대통령 재임 기간에 어깨 보호대와 헬멧을 쓰고 가명을 '기퍼'라고 써 붙였다. 기퍼는 1940년 영화 〈누트 로크니, 전 미국이 사랑한 남자Knute Rockne, All-American〉에서 그가 연기한 1920년대 노터데임의 스타플레이어 조지 기프George Gipp의 별명이었다.

관중이 축구 경기장으로 몰려든 이유는 바로 그 안에서 펼쳐지는 드라마가 그들이 동일시하는 '상승하는 미국'의 힘과 권위를 기념하기 때문이라고들 가정했다. 그들은 조국의 제국 건설을 즐기고 있었고, 경기를 볼수록 식욕이 솟구쳤다. 적어도, 언론이 스퍼포스 소년들을 '거만한' 주니어-마초 이기주의자들로 보았듯이, 미식축구 비평가들은 통념적으로 이 스포츠가 테스토스테론에 사로잡힌 남성 팬들이 선천적으로 공격적인 성향을 탐식하기 위한 구실이 되고 있다고 보았다. 경기장 위의 우쭐대는 공격성이 관중석의 거만하고 버릇없는 태도를 선동하고 나쁜 행동을 하도록 부추기는 것으로 여겨졌다. 다른 말로 하자면, 미식축구의 고어 장면이 피에 굶주린 남성 팬들을 길러 낸다는 것이다.

그러나 팬이 미식축구와 맺는 관계는 결코 그렇게 간편하게 설명할 수 있을 정도로 간단하지 않았다. 노동계급 관객들에게 자기 팀을 '지지'한다는 건 소외에 맞서 싸우는 방식이기도 했고, 고급 관람석인 스카이박스와 TV, 인조 잔디의 시대에도 여전히 국가적 정체성이란 진흙탕에서 뒹구는 평범한 사람들이 만들어 내는 무언가라는 생각을 고집하는 방식이기도 했다. "수박 겉핥기로 관찰하는 사람들이 저지르는 가장 큰 실수 중 하나는 팬들이 그저 수동적으로 앉아 있는 동안 선수들이 모든 일을 처리하고 '대리'로 그들을 위해 일을 마무리한다고 믿는 것이다." 스포츠의 열성적인 팬이자 철학자인 마이클 노백Michael Novak은 미식축구를 "시련·훈련·분투에 대한 경험"으로 보았던 자신의 경험을 묘사하면서 이렇게 말했다.[9] 노동자에게 미식축구란, 관중석에 앉아 있을 때에도 열외로 소외당하지 않도록 저항하는 한 방법이었다. 그곳에서 그는 자기가 즐기는 문화의 중심 드라마 중 하나에서 여전히 핵심 '선수'라고 믿을 수 있었다. 그러므로 TV와 광고 수익에 의해 촉진되고, 주로 미국의 스포츠 바와 거실에 최적화되어 있는 스포츠가 변신하면서 그 자신이 팀의 미래에 얼마나 수동적이고 하찮은 존재였는지 폭로됐을 때, 그로서는 자신이 궁극적으로 주변으로 내몰린 그 상황에 전혀 준비되어 있지 않았을 터다.

클리블랜드 브라운스가 팬들을 버리고 도망친 최초의 팀은 아니었지만, 그 팬들에겐 특히 (빅 도그의 표현대로 하자면) "종말"을 두려워할 충분한 이유가 있었다. 브라운스는 충성·금욕주의·산업에 기반을 둔 프로미식축구의 전통을 대표했으며, 클리블랜드에서 남쪽으로 50마일 떨어진 두 철강 노동자 커뮤니티의 경쟁으로부터 태어났다. 내셔널풋볼리그National Football League(NFL)의 직접적인 전신인 미국 프로미식축구협회는 현재 프로미식축구의 명예의 전당이 있는 오하이오주 캔턴의 차고에서 조직되었다. 브라운스의 창단 감독인 폴 브라운은 인근 도시인 마실론에서 자랐고 그의 아버지는 산업 노동의 열매를 도시 밖으로 운반하는 철도의 조차원이었다. 한참 대공황기의 나락에 빠져 있을 때, 마실론에 있는 워싱턴 고등학교에서 브라운 감독은 후에 그에게 '현대 프로미식축구의 아버지'라는 이름을 안겨 줄 경기 브랜드를 만들었다. 그리고 무언가 다른 걸 하나 더 창조했는데, 그게 바로 현대 미식축구 팬이다.

나는 필 글릭Phil Glick이라는 예순두 살인 마실론 주민 덕분에, 팬이 탄생한 의미를 분명하게 이해할 수 있게 되었다. 1951년 워싱턴고등학교를 졸업한 글릭은 1992년까지 캔턴에 있는 팀켄 롤러 베어링 컴퍼니에서 평생 부품 측정사로 일하다가, 회사가 구조조정에 들어가자 버티다 해고당할 위험을 감수하지 않고 조기퇴직을 선택했다. 또한 그는 고등학교 미식축구팀인 마실론 타이거스의 비범한 팬이었다. 팀에 대한 헌신 덕분에 그는 고등학교 축구팀을 관리하는 후원회 네 군데 중 하나인 '사이드라이너스Sideliners'✠의 총무 겸 회계 관리자로 선출되었고, 이후에 결국 이 클럽들을 통솔하는 기구인 '마실론 타이거스 풋볼 부스터스 클럽'의 총재직을 맡게 된다. 1988년 마실론 부스터스의 수장으로 뽑혔을 때 글릭은 자신의 행운을 믿을 수 없었다. "아내가 말하곤 했죠. '머지않아 당신이 총재가 될 거예요.' 근데 정말 그런 일이 일어났죠. 아내가 세상을 떠나고 2년 뒤였지만요." 글릭은 그가 자주 찾는 장소

✠ '미식축구 경기장의 사이드라인을 지키는 사람들'이라는 뜻이다.

인 마실론 시내의 암베츠 클럽✠에서 나와 점심 식사를 하면서 추억에 잠겼다. 마을의 중심가를 따라 손으로 칠한 표지판이 있는 벽돌과 판자로 이루어진 구멍가게와, 클럽에서 제공하는 맥 앤 치즈의 가격만 보면, 우리가 마치 1936년에 와 있는 것 같았다. 그는 왼쪽 옷깃에는 미국 국기를, 오른쪽 옷깃에는 마실론 타이거스의 미식축구 헬멧 핀을 착용했다. 이야기를 하는 방식으로 보았을 때, 그가 그 두 가지를 동등한 무게로 여기고 있다는 데엔 의심의 여지가 없었다. 그는 식빵과 소금 크래커가 담긴 접시를 옆으로 밀고선 커다란 졸업 반지를 보여주기 위해 그의 닳은 손을 탁자 위에 올려놓았다. 침울하게, 그는 1년 임기가 끝난 뒤 부스터스 총재에게 수여된 반지를 빼서 살펴보라고 건네주었다. 적당한 무게감을 가지고 있지 않을까 기대하면서, 나는 유물처럼 **M**이라는 글자를 보존하고 있는 호박 아스픽을 살펴보았다. 그는 한숨을 쉬었다. "아내가 이걸 볼 수만 있다면……." 그는 코트 주머니를 더듬어 팀의 호랑이 마스코트인 '오비Obie'를 손으로 그려 넣은 핀을 꺼냈다. 그는 내가 그의 제안에 따라 셔츠 깃에 오비를 다는 동안 승인의 뜻과 함께 그걸 지켜보는 게 당신의 몫이라고 말했다. "이제 당신은 우리가 누군지 늘 떠올릴 수 있을 거예요."

필 글릭은 해마다 가을 주말이면 수백만 명이 받아들였던 남자다운 삶의 방식의 본보기였다. 어쨌든 당시에 내가 이해하지 못한 건 글릭에게 팬의 의미가 그저 부스터스 총재로 알려지고 미니어처 슈퍼볼 반지 같은 것을 착용하는 것 이상이라는 점이었다. 그의 열렬한 지지는 초기의 전통적인 성격을 품고 있었는데, 그건 관객으로 존재하거나 선수들의 명성을 수용하는 것에 머문다기보다는 무언가 유용하고 도움이 되는 일을 **함으로써** 알려지는 사회봉사와 더 관계있었다. 마실

✠ 미국의 재향군인회 중 하나.

론 부스터스는 우리가 이해하고 있는 의미에서의 '팬'이 아니었다. 그들은 돌봄을 제공하는 사람들이었고, 돌봄의 대상은 어린 운동선수들이었다. "만형 같은 거예요. 한 명의 선수를 돌보죠." 글릭은 자신이 이끈 첫 마실론 후원회 '사이드라이너스'에 대해 설명했다. 이곳 회원인 사이드라이너는 선수 한 명을 돌봐 주는데, 후원회의 용어로 하자면 어느 한 선수를 "입양"해서 그 선수의 필요를 책임지고, 그가 어려울 때 도와주는 대리 아버지 역할을 하는 것이다. 가령 어떤 사람은 숙제를 도와주고, 어떤 사람은 선수가 제대로 옷을 입고 지원을 잘 받고 있는지 챙긴다. 또 어떤 사람은 졸업 이후의 삶에 대해 조언해 주기도 한다. 매 경기가 끝나면 사이드라이너는 로커 룸에 들어갈 수 있는 특권을 누린다. 필 글릭이 말했다. "경기 때마다 함께 식사를 하죠. 암베츠 클럽이나 아메리칸 리전✝, KFC 같은 데서요."

사람들은 마실론 부스터스 총재 글릭의 연설을 바랐다. 하지만 평생 말더듬이로 살아온 남자에게 그건 악몽 같은 기대였다. 글릭은 "처음에는 완전히 겁에 질렸었"다고 회상했다. 하지만 그가 자신이 돌봐야 하는 젊은이들의 공감을 필요로 하는 만큼이나 그 젊은이들 역시 자신이 제공하는 걸 필요로 한다는 사실을 기적처럼 깨닫게 되자, 불안은 줄어들고 말더듬 역시 사라졌다. "아직도 내가 돌봤던 청년들에게서 크리스마스카드를 받아요. 패커스에서 뛰고 있는 스티브 루크Steve Luke는 연설을 하려고 고향에 왔을 때 사이드라이너스를 알아보았죠." 그는 잠시 말을 멈추고 종이 냅킨으로 눈가를 꼭꼭 눌렀다. "그 생각을 하면 목이 메여요."

스포츠 팬을 마치 부모처럼 돌봐 주는 존재로 구상한 사람이 바로 폴 브라운이었다. 그는 1932년부터 1940년까지 마

✝ 마찬가지로 미국의 재향군인회 중 하나.

실론 타이거스를 지도했는데, 그런 팬을 키우는 건 의심할 여지 없이 주로 대공황기에 파산한 팀의 후원금을 조성하는 일과 연결되어 있었다. 1932년 그가 감독으로 부임했을 때에는 자금이 너무 빠듯해 한 학년을 8개월로 단축해야 했다. 감독의 연봉은 쥐꼬리만 한 1600달러에 불과했고 학교 운동 기금은 3만 7000달러 적자를 기록했다. 팀은 그 전 시즌에 단 한 경기에서 이겼을 뿐이었고, 비참한 선수들은 결코 채워지지 않는 3000석의 황폐한 경기장에서 돌투성이의 험난한 운동장 위를 뛰어다녀야 했다.[10]

그러나 텅 빈 경기장보다 더 나쁜 건 텅 빈 배였다. 지역 사료에 따르면, 1934년 가을 타이거스 소속의 한 선수가 "배를 너무 세게 부딪혀서 토했는데, 나온 거라곤 토마토밖에 없었다"라고 한다. 폴 브라운이 그 "기이한 식단"에 대해 묻자 해당 선수는 집에 밥 먹을 돈이 없다고 말했다. 그가 먹은 거라곤 뒷마당 정원에서 훔친 토마토뿐이었던 것이다. 영양실조인 팀을 승리로 이끌 가능성은 없다고 여긴 브라운은 학교 이사회 멤버이자 전직 선수를 설득하여, 이른바 '부스터스 클럽'이라는 후원회를 결성하도록 했다. 후원회 정관에는 이렇게 쓰여 있다. "각 선수들에게 하루 한 끼의 식사는 제공할 수 있을 만큼 후원금을 조성한다." 이것이 미국 최초의 고등학교 후원회로, 회원 수는 2년 만에 1000명으로 배가되어 선수들 집에 음식 바구니를 배달하기 시작했다. 그때 지원받았던 어느 배고픈 소년은 결국 오하이오주립대학교에 진학했고, 후원회는 그의 대학 시절 내내 가난한 그 집 식구들을 계속 먹여 살렸다.[11]

폴 브라운은 일단 마을의 아버지들이 청년 복지에 투입되면, 그들이 팀의 미래에도 투입될 거라고 계산했다. 그리고 그가 옳았다. 브라운은 마실론의 남자들에게 경기에서 누릴 수 있는 특별한 아버지 지분을 부여했다. 매주 월요일 밤, 그는 부스터스 클럽 사람들에게 이전 경기의 영상을 보여 주고 다가오는 경기에 대해 의견을 나누었다. 그런 준비 과정에 참여하고자 하는 관심은 어느 순간 엄청나게 성장해서 팬 2500명이 야외 브리핑에 참석할 정도였다.[12]

이제 잘 먹고 비 오는 날을 위한 특별한 양면 코트나 뒷면에 자기 이름이 새겨진 특별한 워밍업 저지를 세심하게 갖춰 입은 미식축구팀은 마실론을 "미국 내 고등학교 미식축구의 수도"로 끌어올리는 전설적인 기록을 선보이며 팬들의 헌신에 보답했다.[13] 폴 브라운이 팀을 지도한 9년간 타이거스는 80승을 거두었고, 패배는 단 여덟 번이었다. 타이거스는 6년간 오하이오 주립 선수권 대회에서 우승했으며, 네 번이나 전국 챔피언으로 선정됐다. 브라운이 1940년 마침내 오하이오주립대학교 감독 자리로 옮길 때, 그는 33연승이라는 영광스러운 연승의 날개를 달고 있었다. 1940년의 팀이 얼마나 대단했냐면, 당시 대학 리그에서 잘나가는 팀들과의 연습경기에서조차 상대 팀을 쓸어 버릴 정도였다.[14]

폴 브라운의 말에 따르면, 타이거스에 대한 열렬한 지지는 마실론의 "주요 산업"이 되었다.[15] 대공황기 동안 제철소가 문을 닫거나 4분의 1의 속도로 가동되고, 많은 남성 인구가 직장을 잃거나 불안정하게 고용되면서 팀의 부富를 위해 "일하는 것"이 새롭고 보람 있는 소명이 되었다. 1890년대의 심각한 불황기에 이 도시의 실업자들은 정치적인 방향으로 에너지를 돌렸었다. 지역의 선동가였던 제이콥 콕시는 전국의 실업자들을 워싱턴으로 이끌고 가 5억 달러짜리 공공사업 계획을 요구했다. 남자들은 국회의사당으로 행진했지만 기마경찰에게 구타당하고 곤봉으로 맞았다. 콕시와 다른 행진 지도자들은 그저 풀밭을 걸었다는 이유로 즉시 체포당했다. "콕시의 군대"는 전설이 됐다. 1932년 콕시는 마실론 시장에 당선된다.

하지만 그건 워싱턴에서 벌어질 또 다른 대결을 위한 명령이라기보다는 감상적인 투표에 가까웠다. 대공황기에 이르러 마실론 사람들은 본인들이 이길 수 있는 전쟁에 표를 던지고 있는 셈이었다. 바로 미식축구였다.[16]

2만 6000명이 거주하는 도시에서 평균 1만 8200명이 경기에 참여했다. 팬 대부분은 어린이가 아닌 성인들이었으며, 오늘날에도 여전히 그렇다. 대공황이 한창일 때 군중을 수용하기 위해 마을 원로들은 공공사업진흥국에서 2만 1000석 규모의 새로운 스타디움 건설을 위한 자금을 받아 냈다. 그 결과 1937년에는 미국 최고의 고등학교 스포츠 경기장이 탄생한다. 1940년까지, 경기장은 티켓 판매로 연간 10만 달러 이상을 벌어들였고, 이는 지역의 많은 기업들이 벌어들일 수 있는 것보다 많았다. 제2차세계대전 중에는 연방 공무원들이 마실론까지 내려와 야간 경기를 취소하고 마을의 귀중한 전기를 절약해야 한다고 요구하는 일도 있었다. 그러나 도시의 원로들은, 주립 전기공사 기록의 도움을 받아, 경기 중에는 모두가 경기장에 있기 때문에 오히려 도시의 전기 부하가 실제로 떨어졌음을 증명할 수 있었다.[17]

대공황이 끝나자 남자들은 생계를 책임지는 역할을 되찾았지만, 팀을 지원하면서 제철소의 조립라인에서 얻을 수 없었던 무언가, 즉 그들이 기업이라는 기계의 톱니 이상이라는 감각을 갖게 되었다. 타이거스 부스터스에게 팀은 자신들에게 속해 있었다. 팀의 승리는 당연히 그들의 승리였다. 국가적 제조업체들, 국가적 브랜드, 그리고 국가적 엔터테인먼트 산업이 마실론의 정체성을 지워 가기 시작했을 때, 미식축구팀은 그들의 소도시를 지도에 표시했다. 한 현지 축구 팬은 이렇게 말했다. "도시의 주인들은 그걸 이렇게 설명해요. 어떤 가난한 남자가 길 아래 제철소에서 하루 여덟 시간을 일하면 아무것도 아닌 사람이 되지만, 오로지 마실론 출신이기 때문에 매년 가을 10주 동안은 왕이 될 수 있다고요."[18]

다른 모든 것이 손아귀에서 빠르게 빠져나가던 시기에 한 남자가 팀의 부를 축적하는 데 손을 댄다는 것, 그것이 '팬'이 된다는 것의 뿌리였다. 스포츠 팬의 일반적인 용어로 하자면, 그가 '승자를 만드는 일'을 거드는 것이다. 이 분야는 상품이 여전히 지역적으로 맞춤 생산될 수 있는 장인의 작업장이 되었다.[19]

1934년 루이스 멈포드는 『기술과 문명』에서 "낭만적인 움직임은 기계적인 세계상에서 소외된 삶의 필수적인 요소에 주의를 환기시켰기 때문에 기계에 대한 교정으로서 중요하게 여겨졌다"라고 썼다. 현대에는 기계의 부상으로 인한 인간의 상실을 보상하기 위해 "낭만적인" 제도들이 등장했다. "이 제도들의 수장은 아마도 대중 스포츠일 것이다. 우리는 스포츠를 선수보다 관중이 더 중요하고, 경기가 경기 자체를 위해 진행될 때 그 의미의 상당 부분이 상실되는 조직된 경기로 규정할 수 있다. (…) 관중은 자신의 존재가 자기편이 승리하는 데 기여한다고 느낀다. (…) 그건 축소된 '나'를 통해 확대된 '그것'에 순응함으로써, 주문을 받아 자동으로 채우는 식의 수동적인 역할에서 벗어날 수 있도록 해 주었다. 왜냐하면 스포츠 경기장에서 관중은 완전히 동원될 수 있으며 유용할 수 있다는 환상을 가지고 있기 때문이다."[20]

현대의 미식축구 팬들은 때때로 (빅 도그가 자신을 그렇게 불렀던 것처럼) 팀의 '열두 번째 선수'로 불려 왔다. '열두 번째 선수'의 고향인 마실론에서, 후원자들은 자신의 팀이 이기기를, 그것도 대승하기를 원했다. 하지만 그들이 이 승리에서 보았던 자신의 역할이란 젊은이들을 지도하고 돌보는 책임 있는 어른의 역할이었다. 기념품으로 가득한 마실론의 거실에서부터 고등학교, 대학교 그리고 클리블랜드 브라운스에서까지 폴 브라운 밑에서 운동을 했던 토미 제임스와 이야기를 나눌 때, 그는 눈썹을 둥글게 치켜올리며 이렇게 말했다. "여기 팬들은 모두 스스로를 감독이라고 생각해요. 사실 자신들이 더 나은 감독이라고 생각하죠. 권위자라고 생각하니까요." 오늘날까지도 이 도시의 미식축구 팬들은 상징적인 행동으로 팀에 대한 헌신을 보여 주는 것으로 잘 알려져 있다. 그들은 마실론 병원의 산부인과 병동에 있는 모든 신생아에게 오비와 부스터스 클럽의 이름으로 장식된 플라스틱 축구공을 선물한다.

물론 그러한 체제는 사회적 기대의 틀에 들어맞지 않는 마실론 소년의 삶을 지옥으로 만들 수도 있었다. 운동선수가 아닌 아들에게 플라스틱 축구공은 아무런 유산도 아니었고, 성적을 내지 못한 부끄러운 실패를 떠오르게 할 뿐이었다. 만약 열광적인 지지가 필 글릭 같은 남자들과 그들이 돌보는 '청년들' 사이에 만족스러운 유대를 제공했다면, 그런 상황은 제한적이었고, 마찬가지로 다른 소년들에게는 두려움과 증오심을 심어 주는 무기가 될 수도 있었다. 영화감독 윌리엄 E. 존스William E. Jones가 1991년 다큐멘터리 〈마실론Massillon〉에서 분명히 하고 있듯이, 그런 환경에서 게이로 자란다는 건 끔찍했다. 최선의 경우는 투명 인간처럼 사는 거고, 최악의 경우에는 집단적인 따돌림을 경험해야 했으니까 말이다. 마찬가지로 경기장 밖에서 아버지의 지원을 원하는 이성애자 십 대에게 시민사회의 이러한 처방전은 답답하고 실망스러웠다.

여러 면에서, 폴 브라운 모델은 아들보다는 아버지에게 더 만족스러웠다. 단, 브라운의 뒤를 따라야만 하는 불행을 겪었던 감독들이라는 특정한 '아버지들'만 제외하면 말이다. 남성 원로들은 때때로 그들을 감독 자리에서 내쫓았다. 그들 중 하나였던 마이크 커런스는 가방을 싸면서 전혀 놀랍지 않다는 듯 결론을 내렸다. "이 직업의 가장 웃기는 점이 뭐냐면 말이죠. 한 번도 이게 나의 팀이라고 진심으로 말할 수 없었다는 거예요. 이건 도시의 팀이죠."[21] 1990년대에는 일부 제철소가 노동자를 해고했을 뿐만 아니라 완전히 문을 닫았고, 팀에 대한 권리를 주장하는 건 큰 위안이 되어 주었다. 나는 필 글릭이 35년간 팀켄에서 월급을 받았지만, 팀켄의 휘장이 새겨져 있는 배지나 반지, 넥타이핀을 착용하지 않았다는 걸 알아볼 수 있었다.

마실론은 1826년, 2년 뒤에 오하이오-이리 운하가 개통될 것을 예상해서 갑자기 만들어졌고, 곧 주요 곡물 시장과 산업의 중심지가 되었다.[22] 그러나 오늘날 마실론의 사람들과 이야기를 나누어 본다면, 당신은 이 도시의 첫 번째 정착민이 폴 브라운이라고 생각할 것이다. 1989년 잡지 《오하이오Ohio》에 따르면 그의 사진은 여전히 "예수그리스도와 JFK같이 마실론 가정의 거실에 걸려 있다." 1991년 브라운이 세상을 떠났을 때, 지역신문은 그 소식을 케네디 암살 소식처럼 다루었다. 도시 전체가 슬픔에 빠졌다. 마실론 《인디펜던트Independent》 1면 사설은 고등학교 이름을 워싱턴에서 브라운으로 변경할 것을 제안했고, 다음과 같이 추론했다. "무엇이 마실론이 이룩해 온 훌륭한 면모에 더 많은 영향을 미쳤는가? 누가 여기에서부터 앞으로 나아가야 할 이상향에 대해 더 적절한 모범을 보여 주었는가? 조지 워싱턴인가? 아니면 폴 브라운인가?"[23] 결국 브라운을 기념하는 건물은 미식축구 경기장이 되었다. 스타디움은 이미 1976년에 '폴 브라운 타이거 스타디움'으로 이름이 변경되었었다. 1980년대 후반과 1990년대 초반에 이 도시의 아버지들은 경기장을 개조하기 위해 100만 달러를 왁자지껄하게 모금했다. 그리하여 경기장은 마실론이 내려다보이는 경사면에 파르테논 양식으로 우뚝 서게 되었다.

필 글릭은 1996년 3월 어느 날 오후, 리모델링된 경기장을 보여 주겠다며 언덕 위로 나를 데려갔다. "나는 1962년부터 바로 거기에 쭉 앉아 왔어요. 3섹션, 두 줄 아래." 자랑스럽게 빈자리를 가리키며 그가 말했다. 그는 나에게 일반 인조 잔디보다는 좀 더 남자아이들에게 안전할 새롭고 부드러운 운동장 커버를 보여 주었다. 그런 다음 그는 나를 최신 시설인 3층 기자석으로 데려갔다. "이게 우리의 자긍심이자 기쁨이죠. 기자를 120명까지 수용할 수 있습니다." 물론 언론과는 무관한 많은 사람이 경기가 잘 보이는 곳을 찾아 그 좌석을 구매했다. "기자석을 구매하려면 10년 단위로 계약해야 해요. 전부 다 팔렸어요." 나오는 길에 우리는 멋진 통신 센터를 갖추고 있는 완전히 새로운 점수 판을 감상하기 위해 잠시 멈춰 섰다. 그 위에는 브라운의 거대한 얼굴이 선명하게 새겨져 있었다. 그가 말했다. "그럼요. 폴 브라운은 언제나 우리를 내려다보고 있어요." 그렇게 많은 세월이 흘렀건만, 바로 그 이미지야말로 사이드라이너스가 여전히 지키고자 하는 것이었다. 그들의 아들인 타이거스를 보호하는 눈으로 내려다보는, 진정으로 돌보고 생산하는 아버지로서의 이미지 말이다.

1946년 브라운은 자신의 우승 공식을 클리블랜드로 가져가 곧바로 리그 역사상 가장 많은 관중을 끌어모았다. 그가 맡은 새 팀의 팬들은 그가 마실론에 남긴 팬들만큼 열렬히 헌신하고 열광적으로 충실했다. 클리블랜드 사람들 역시 제철소와 굴뚝 그리고 '보통 사람'의 윤리가 지배하는 산업 풍광에서 왔다(1939년 클리블랜드를 방문한 어느 편집자는 "어니 파일이 … 미국 대통령이라는 인상이 곧 머릿속에 가득 찼다"라고 썼다).[24] 그들 역시 공동체 참여가 신의 뜻을 따르는 것에 가까이 있는 도시에서 살았다. 도시의 별명은 '협력의 도시'였는데 그럴 만한 이유가 있었다. 어느 신문 칼럼니스트가 클리블랜드가 브라운스가 설립된 해인 1946년에 150주년 기념 축제에서 관찰한 것처럼, "도시와 문화의 향상을 위한 클리블랜드의 열성은 아마도 미국 도시들 사이에서도 가장 두드러진 특징일 것이다." 경제 공황기, 시민들은 도시를 활성화시키려는 열정을 놀라운 수의 공공사업진흥국 프로젝트와 대규모 공공 미술품 및 공원 개선에 쏟아부었고, 그때 만들어진 것들이 여전히 도시의 경관을 지배하고 있었다. 클리블랜드 브라운스가 탄생한 해에, 대공황과 전쟁이 뒤따르자 클리블랜드는 주저 없이 다시 한번 도시 건설에 뛰어들었다. 그해에 시 유권자들은 24개 시민 프로그램을 모두 승인하여 공원, 학교, 병원, 공공서비스 및 복지사업, 정부 건물, 새로운 중앙 시장, 구름다리 등에 5800만 달러를 할당했다. 미식축구에 한해서는 시민들의 열성은 한계를 몰랐다. 4만 명이 넘는 사람들이 크리스마스 3일 전 몹시 추운 오후에 새로운 팀의 승리를 응원하기 위해 모여들었다. 당시 스포츠 열성 팬에 대한 통계분석은 "클리블랜드가 그 인구에 비해 미국의 다른 어떤 도시보다 스포츠에 더 큰 관심을 보였다"라고 결론지었다.[25] 브라운스 팬은 마실론 부스터스 전통의 자연스러운 계승자처럼 보였다. 하지만 과연 그랬을까?

모자가 없는 남자들

빅 도그가 미식축구와 처음으로 교감을 나눈 건 TV를 통해서였다. "형들은 고질라 영화를 보려고 했고 나는 스포츠를 보고 싶었기 때문에, 우리는 토요일마다 싸우곤 했어요." 당시에는 그저 존이었던 빅 도그는 톰슨 가족의 네 형제 중 막내였다. 1961년 클리블랜드에서 태어나 시립 경기장에서 몇 마일 떨어진 공원과 거리에서 뛰어놀았지만, 클리블랜드 브라운스는 그에게 지역 생활의 연장이라기보다는 그토록 꿈꾸던 지역사회로부터의 탈출구처럼 보였다. "1970년대 초반에 나는 항상 아버지에게 프리시즌 경기에 데려가 달라고 졸랐는데, 사실 아무도 프리시즌 연습경기에는 가고 싶어 하지 않았기 때문에 좀 이상한 일이긴 했죠.” 빅 도그의 아버지는 경기장에 잘 가지 않았다. 특히 그가 당뇨병 때문에 작은 델리✠를 포기하고 가족과 교외로 이사하게 된 이후에는 경기를 보러 가는 데 드는 비용이 그에게 너무 비쌌다. 비교적 젊은 나이에 머리가 하얗게 새어 버려서 모두가 ‘화이티’라고 불렀던 제럴드 톰슨은 식료품점에서 생산 관리자로 일하게 되었다. 재봉사였던 존의 어머니는 부족한 수입을 보충하기 위해 재봉 일을 받기 시작했는데, 곧 집에서 가외로 운영하던 그녀의 작은 가게가 가족의 주요 수입원이 되었다. 식료품점 직원들은 야구팀을 꾸렸고, 제럴드 톰슨은 심판으로 활동했지만, 운동선수를 꿈꾸는 아들에게는 아무런 도움도 주지 못했다. 빅 도그는 야구, 하키, 축구, 농구, 미식축구, 아일랜드식 축구(미식 스포츠의 변형), 그리고 ‘헐링hurling’이라는 아일랜드 스포츠(막대기와 가죽 공을 사용한다) 등 커뮤니티 리그에서 제공하는 모든 스포츠에 참여했다. “나는 항상 운동선수가 되고 싶었어요. 스포츠를 너무 사랑했죠.”

제럴드의 건강이 악화될수록 막내아들은 그의 분노와 비통함의 표적이 되었다. “아버지는 갑자기 흥분해서 폭발하곤 했어요. 그런 상태가 오래 지속됐어요, 그러니까, 사실 평생을 그랬다고 할 수 있죠. 아버지는 내가 막내여서 아마도 나한테 가장 화를 많이 냈던 것 같아요. 그리고 내가 별로 참지 않는 편이기도 했고요. 나는 반항하는 아들이었어요. 말대꾸를 해댔고, 아버지는 나를 쫓아오곤 했죠. 진짜 화가 나면 지팡이로 때렸어요.” 상황이 더 나쁠 때도 있었다. 빅 도그는 아버지가 칼을 들고 쫓아왔던 경우도 있었다고 했다. “누나는 집에서

✠ 조리된 육류나 치즈, 흔하지 않은 수입 식품 등을 파는 가게.

나가고 싶어서 열아홉 살 때 결혼했어요." 존은 다른 피난처를 찾았다. 그건 관중석이었다.

"집의 모든 문제로부터 도망칠 수 있는 좋은 방법이었어요." 빅 도그가 말했다. 그는 신문 배달을 끝내자마자 버스에 올라타서 7시에 시작되는 클리블랜드 인디언스 경기를 관람했다. 그는 물론 브라운스 경기를 보고 싶었지만, 야구 경기를 볼 정도의 돈밖에 없었다. 그래도 가끔씩, 같은 반 친구의 아버지가 브라운스 경기 입장권을 두 장 사 줄 때면 친구가 그를 데려가기도 했다. 바로 그때 그는 처음으로 단순히 경기를 보는 것 이상을 할 수 있다는 생각을 했다. 자신이 경기에서 차이를 만들 수도 있겠다는 생각을 말이다. "어느 해, 샌프란시스코 포티나이너스와 경기를 하고 있을 때였죠. 눈이 내리고 있었고, 1피트 정도의 눈이 경기장에 쌓여 있었어요. 내가 〔샌프란시스코 쿼터백〕 존 브로디와, 확실하진 않지만 〔그린 베이 패커스 풀백 존〕 브로킹턴에게 눈덩이를 던졌던 걸 기억해요. 등번호가 42번이었던 건 기억하죠. 그러니까 뇌리에 굉장히 선명하게 남아 있어요. 그리고 그가 우리를 가리켰던 것도 기억나고요. 그들은 우리에게 이렇게 손짓했어요." 그는 그 모습을 보여 주기 위해 여기에서 잠시 말을 끊었다. 그들은 그에게 가운뎃손가락을 들어 보였던 모양이었다. "아주 쿨했죠." 그는 나에게 손가락 욕설이 선의를 담고 있었다고 강조했다. 그들은 관중석에 있는 두 소년의 익살스러운 행동에 짜증을 내기보다는 매료되었다. 정말인지 알 수는 없지만, 적어도 빅 도그는 그렇게 기억하고 있었다. 브라운스는 그날 오후에 패배했지만, 빅 도그에게 남은 건 선수들의 관심이었다. "선수들이 우리를 겨누고 있었던 거예요!"

제럴드 톰슨의 건강은 척추관절염과, 그의 아들이 시간이 훨씬 더 흐른 후에야 이해할 수 있게 되었던 조현병으로 더욱 악화되었다. 가족들은 경제 사정이 나빠지면서 더 작은 집으로 이사를 하게 되었다. 고등학생이 되었을 때, 운동을 향한 존의 열망은 사그라들었다. 그가 회상했다. "학교에서 문제가 많았어요. 아버지 때문이었죠." 아버지의 폭력이 심해지면서 존은 나쁜 성적과 마약이라는 벽 뒤로 숨어들었다. 대체로 마리화나를 피웠지만 '윈도페인window pane'이나 '블로터blotter'✠를 할 때도 있었다. "그래서 학교생활이 망가졌어요. 지금 그 시절로 돌아가서 〔다시 하고 싶어요〕. 하지만 이미 지나가 버렸죠. 오래전에 지나가 버렸어요. 〔그러나〕 가장 큰 문제는 내가 학교에 가지 않았다는 거였어요."

무단결석과 그에 수반되는 사소한 말썽들 때문에 결국 존은 가톨릭 자선단체 사회복지사 앞에 앉게 되었다. 그 대화를 통해 존은 집으로부터 도망칠 수 있는 다른 방법이 있을 수 있다는 인상을 받게 된다. "그녀는 나에게 가톨릭 자선단체를 통해 가정적인 상황에 들어갈 수 있는 선택권을 주었어요." 그가 할 일은 그저 법원에 가서 부모의 양육권 면제를 신청하는 것이었다. 그는 그렇게 했다. "혼자 스스로 법원에 가서 했던 모든 과정은 아버지로부터 도망치기 위한 거였어요." 사회복지사는 그에게 "그곳이 얼마나 좋은 곳인지 이야기"해 주었다. "큰 수영장도 있고, 축구장도 있고, 야구장도 있다고 말이죠. 거긴 휴양지 같다더라고요. 온갖 스포츠를 할 수 있고요. 그 사람이 나한테 그런 이야기를 했어요." 존은 그 말을 믿고 서류에 서명했다. 그의 나이 열여섯이었다. "하지만 막상 가 보고 나서야 그런 곳이 전혀 아니라는 사실을 알게 됐죠." 그는 '악동들의 집'으로 더 유명한 샌안토니오고등학교에 입학하게 된 것이었다. 존은 곧이어 깨닫게 되었다. "그곳에 있는 남자애들 90퍼센트가 법정으로 보내졌어요. 걔네는 범죄를 저질

✠ 둘 다 환각제인 LSD 관련 마약을 가리키는 별명이다.

러 그 학교에 와 있었죠." 그는 학교가 감옥에 가까웠다고 말했다. "자유를 얻으려면 스스로 생활비를 벌어야 했어요. 벽에 작은 사물함이 있었고, 매주 토요일마다 검사를 받았어요. 마음대로 나갈 수도 없었고요. 나는 생각했어요. 그건 내 알 바 아니고, 나는 버스를 타고 브라운스 경기에 가야 해." 그는 넉 달 동안 네 차례 도망쳤다. 결국 학교에서는 그를 포기하고 집으로 돌려보냈다.

존은 또 다른 탈출을 시도했다. 이번에는 해군이었다. 채용 담당자는 그가 체중이 너무 많이 나간다고 말했지만 어쨌든 지연 입대 프로그램에 등록하고 그 사이에 체중을 줄이기로 결심했다. 군대에 간다면 비로소 남성 선배로부터 도움이 되는 지도와 관심을 얻을 수 있을 것 같았다. 그는 "아일랜드 축구에서 알게 된 다섯 남자"와 방을 빌려, 도시에서 가까운 술꾼들이 모여 있는 남학생 클럽 하우스 같은 환경으로 이사했다. 몸을 만들기 위해 존은 빗자루 하키를 시작했다. 그건 늦은 밤 이가 빠진 얼음 위에서 하는 가난한 남자들의 아이스하키 같은 것이었다. "고무를 녹여 씌운 빗자루를 들고 스케이트를 타는 대신 뛰는 거죠."

존은 해군에 입대하기 전날 송별 파티에서 "완전히 망해버렸"다고 회상했다. "몇몇 친구와 싸움이 붙었죠." 술에 취해 친구 한 명을 쫓던 존은 덤불 위로 엎어져 어깨가 탈구가 되고 기절했다. "병원에서 깨어났는데 견인을 한 상태였어요. 어머니와 누나가 와 있었죠." 그는 공포에 휩싸였다. "살도 다 뺐는데, 몸 상태도 좋았는데, 내가 다 망쳐 버린 거예요."

그런 상태에도 불구하고 존은 병원에서 퇴원해서, 두 눈에 모두 멍이 들고 삼각건으로 어깨를 고정시킨 상태로 해군기지에 나타났다. "그들이 말했어요. '어이 동생, 자네는 입대를 할 수 없네.'"

한편 갈수록 쇠약해져 가던 아버지는 결국 재향군인 관리 병원에 영원히 입원하게 되었다. 그는 수년간 거기에 매달렸다. 1990년 아버지가 세상을 떠날 때 존은 병실에 있었다. 듣고 싶은 이야기가 있었고, 그 어둡고 고요한 시간을 끝까지 기다렸지만 끝내 들을 수 없었다. 빅 도그는 그 길었던 밤을 회상하면서 얼굴을 돌렸다. "좀 힘들었달까요. 왜 힘들었냐면 말이에요, 그러니까, 내 생각에는 말이에요. 음, 이렇게 표현해 볼까요? 내 생각에는 아버지한테 한 번도 사랑한다는 말을 들은 적이 없었던 것 같아요."

그 이유를 설명하기는 어려웠지만, 재향군인 병원에 다니던 시기에 보았던 이미지 하나가 뇌리에서 떠나지 않았다. 어느 겨울 아침, 그는 경내를 내려다보다가 정신질환 환자 중 한 명이 얼음으로 덮인 호수에서 혼자 미끄러지는 걸 보았다. 그 남자는 갑자기 멈춰 서서 얼음에 작은 구멍을 내고 모자를 차가운 물 위에 놓았다. 그러곤 도망쳐서 나무에 올라가 비명을 지르기 시작했다. 비명 소리에 경비원이 왔고, 호수에 떠 있는 모자를 보고 911에 전화를 걸었다. "다음에는 예측하시다시피 온갖 구조대랑 소방차가 와 가지고 그 아래로 내려가서 갈고리를 던지고 구조대원들이 물속에 들어가고 그랬죠." 결국 미친 남자는 나무에서 내려와 발작적으로 깔깔거리며 웃었다. 존 역시 "죽을 것처럼 웃었"다. 고통이 섞인 웃음이었다. 존이 성인의 남자다움이라는 살얼음을 조정할 수 있도록 도와주어야 했던 그 아버지는 망가져서 투석기에 묶여 있었다. 그리고 저 아래에는 온통 권위 있는 남자들이 실체 없는 법석을 떠느라 바빴다. 존은 자신이 필요로 할 때 한 번도 그곳에 있어 주지 않았지만, 텅 빈 모자 하나를 구하기 위해 온 힘을 다하는 사람들을 보면서 고통스러운 박장대소를 터뜨리고 말았던 것이다.

빅 도그의 인생에서 그를 구해 준 건 여자들이었다. 그는 아버지가 아닌 어머니에게서 장사를 배웠다. 어머니는 옷가게에서 재봉사로 고용되자 아들을 위해서도 일자리를 얻어 주었다. 어머니에게 재단 일을 배울 때, 어머니가 옷을 수선하고 그는 다림질을 했다. 빅 도그가 회상했다. "어머니가 쿠퍼하이머[남성복 매장]에 갈 때 나도 함께 갔어요. 팀처럼 일했죠." 몇 년 뒤 그는 남자 친구와 함께 목공과 건설업에 뛰어들기 위해 뉴욕으로 이사했지만 성공하진 못했다. 일부 노동조합 간부들은 젊은 아일랜드계 남자들을 이탈리아계 남자들의 작업현장으로 보냈다. "다른 말로 하자면, 우리를 날려 버릴 가장 쉬운 방법이었던 거죠." 하지만 아일랜드계 현장이라고 해서 일을 찾을 수 있었던 건 아니었다. 마침내 빅 도그는 파산했다. 하지만 다시 한번 한 여자의 주선으로 살아날 수 있었다. 그는 남동생의 결혼식에서 미래에 아내가 될 메리를 만났다. 그녀는 컴퓨터 프린터 리본 판매원인 삼촌에게 이야기를 했고, 그가 존에게 연락처를 몇 개 건네주었다. 그중 하나가 정규직 판매원 자리로 이어졌다. "한 사람 밑에서 11년째 일하고 있어요." 빅 도그는 놀랍다는 듯 말했다. 그와 메리는 그중 10년을 부부로 살았고, 두 사람 사이에는 그가 애지중지하는 쌍둥이 딸이 있었다.

"메리는 정말 나에게 잘해 줬어요." 아홉 살 난 딸 미셸과 메건이 자야 할 시간이 되었다는 현실을 외면한 채 잠옷을 입고 소파에 기어올라 졸린 눈으로 그의 큰 어깨에 기대어 있었다. 메리가 다가와 다른 소파에 앉더니 자수바늘을 집어 들었다. 그는 그녀를 애정 어린 눈빛으로 바라보았다. "아내가 나를 바로잡아 주었죠."

메리는 온화하게 어깨를 으쓱하더니 바느질에 집중하며 말했다. "내가 남편 목줄을 꽉 잡은 거죠."

빅 도그는 감사하다는 듯 고개를 끄덕였다. "근본적으로

메리는 내 인생 전체를 바꿔 놨어요."

빅 도그는 메리와 어머니의 도움에 감사했지만, 그것이 남성 인도자가 들어와 주기를 기대했던 공간을 완전히 채워 주지는 못했다. 34년을 사는 동안, 그는 존경하거나 의지할 만한 남자를 거의 만나지 못했다. 한 가지 중요한 예외가 있다면 바로 클리블랜드 브라운스 선수들이었다. 그런 점에서 빅 도그의 이야기는 전형적이다. 나와 대화를 나눈 거의 모든 도그파운더가 이 문제에 대한 이야기를 꺼내 놓았다. 조 '버바' 매켈웨인Joe "Bubba" McElwain에게 아버지는 소원한 존재였고, 가스회사에서 배관사로 야간 근무를 했던 아버지를 거의 본 적이 없었다. 조를 "돌봐 준 건" 친형인 버드 '정크야드 도그' 매켈웨인Bud "Junkyard Dawg" McElwain이었다. 형이 그에게 브라운스를 알려 주었다. 브라운스 경기에 함께 다니는 도그파운더인 스콧 샌터리와 에드 쿠더나의 경우 두 사람 다 이혼 가정에서 자랐고 아버지를 거의 보지 못했거나 대화를 나누지 못했다. 에드가 말했다. "어머니와 함께 경기를 보러 간 적이 있었어요." 아버지는 함께 있지 않았고, 있었더라도 적대적이거나, 말이 없거나, 가르쳐 줄 교훈이 없었다. 내가 이야기를 나누었던 도그파운더 중에서 아버지로부터 미식축구 경기에 대한 사랑을 물려받은 경우는 없었다.

시인 도널드 홀은 야구에 대해 "모든 아버지에서 모든 아들로 이어지는 긴 세대를 연결하는, 반복되는 여름의 지속적인, 끝없는 경기"라고 묘사했다. 이런 야구와 달리 프로미식축구는 많은 이에게 나이 든 남자와 젊은 남자 사이의 유대감이 아니라 그들을 갈라놓은 갈등과 실망의 진열장이 되었다.[26] 세대 간의 연속성은 전후 몇 년간, 심지어 야구조차 손쓸 수 없는 방식으로, 무너지고 있었다. 그리고 미식축구는 더 피비린내 나는 장소였다. 어쩌면 일부 관찰자들이 짐작했던 것처럼,

미식축구 팬은 복수를 원하는 야구팬이었을지도 몰랐다.[27]

전후 팬들을 실망시킨 어른이 꼭 아버지인 건 아니었지만, 그럼에도 많은 남자가 그 배신을 실망스러운 아버지의 얼굴로 개인화했다. 실패한 아버지들 뒤에는 미국의 위 세대 남성이 전후 미국의 아들에게 했던 약속의 잔해가 있었다. 그들은 젊은이들에게 국가의 번영을 물려주고 그 위에 또 다른 번영을 세우는 방식을 가르쳐 주겠노라 말했었다. 아들들은 이 완전한 배신을 받아들일 준비가 되어 있지 않았다. 그들에게 미식축구는 단순히 울분을 풀어낼 광장 이상이었다. "스포츠에는 늘 희망이 있죠." 전 클리블랜드 브라운스의 마스코트이자 열렬한 팬인 세스 태스크Seth Task가 어느 날 오후 자신의 소형 콘도에서 경기 비디오테이프에 둘러싸여 앉아 나에게 말했다. "가망이 없어 보일 때에도 상황은 항상 뒤집힐 수 있거든요." 팬이 된다는 건, 찰리 브라운으로 하여금 이번만큼은 루시가 처음으로 공을 치우지 않을 거라 믿으며 그 손안의 미식축구공을 향해 1000번째로 돌진하게 만드는 만큼이나, 미친 믿음의 행위였다.✠ 그건 그들 역시 마침내 의미 있는 경기의 일부가 될 수 있다는 희망이기도 했다.

클리블랜드 브라운스의 홈타운 팬들은 마실론의 팬들이 타이거스에 대해 느꼈던 가부장주의적 온정주의와 어떤 면에서는 비슷한 관계를 팀과 맺기 시작했다. 그러나 세월이 흐르면서 고통스러운 역할 역전이 일어나 버렸다. 그건 아버지와 마찬가지로 브라운스의 소액 소유주였던 로버트 그리스 주니어의 책상 뒤에 걸려 있는 커다란 액자 사진에 명확하게 드러나 있었다. 가문이 5대에 걸쳐 시민으로서 자선 활동을 하면서 클리블랜드에 헌신해 온 열정적인 클리블랜드인인 그리스는 브라운스를 이적하기로 한 결정에 분노하며 팀의 지분을 매각

✠ 찰리 브라운과 루시는 미국의 카툰 『피너츠』의 주인공들이다.

해 버렸다. 그건 볼티모어 이적으로 인해 얻을 수 있는 수익조차 포기한 결정이었다. 어느 날 오후 우리가 그의 사무실에서 이야기를 나누고 있을 때, 그리스는 자리에서 일어나 몸을 돌려 벽에 걸려 있는 사진을 찬찬히 살펴보았다. 그 안에서 자신의 도시에 대한 사랑이 배신당한 이유라도 찾으려는 듯 보였다. 그건 1953년 시립 스타디움에서 브라운스 경기를 관전하는 팬들을 담은 흑백사진이었다. "처음으로 경기장이 경기를 보러 온 사람들로 만석이 됐던 날을 찍은 거예요. 한번 보세요. 뭐가 보입니까? 여기에는 뭔가 아주 다른 것이 있어요."

모자 말인가요? 나는 조심스럽게 물었다. 왜냐하면 모든 남자(그리고 관람석엔 사실상 남자들뿐이었다)가 정장 차림에 넥타이를 맨 채 페도라를 쓰고 있었기 때문이었다.

"네, 모자예요." 그리스가 여전히 사진을 응시하며 말을 이었다. "모자와 정장. 게다가 여기, **엔드존**✠이거든요." 그곳이 이후에 바로 도그파운드가 차지하게 될 그 자리였다.

그리스의 아버지는 1936년 클리블랜드에 미식축구를 가져오기 위해 처음 조직된 남성 그룹의 일원이었다. 그리스 주니어는 아버지의 동기에 대해 이렇게 말했다. "**공민적인**, 완전히 **공민적인** 것이었어요. 아버지는 '팬'이 아니었습니다. 미식축구를 한 적도 없었고요. 스포츠를 대단히 좋아하지도 않았어요. 아버지가 생각하는 좋은 토요일이란 밖으로 나가 여덟 시간씩 정원을 가꾸는 거였죠. 정원을 좋아하셨어요." 아버지의 동기가 재정적인 것도 아니었다. "그 시절에 미식축구는 돈이 되지 않았어요. (…) 아버지는 클리블랜드에 무언가를 **가져오고** 싶었던 거예요." 브라운스가 활동을 시작했을 때 "아버지

✠ 엔드 라인과 골 라인의 사이에 있는 160피트에서 30피트의 지역을 말한다. 이 위치에 광적인 미식축구 팬덤들이 지정 좌석을 차지하고 응원을 펼치는 외야석이 마련되어 있다.

가 시내를 뛰어다니던 게 생각나요. 항상 입장권을 주머니에 넣고 다니면서 사람들에게 나눠 줬죠. 언제나 스물네 명을 경기장에 데려갔어요. 공동체를 위한 활동이었죠. 무언가를 주는 일이었어요."

한참 뒤에, 그 페도라와 오늘날 야구 모자 사이의 결정적인 차이가 나를 놀라게 했다. 페도라는 무언가 줄 수 있는 위치에 있는 한 남자의 잡화였고, 그 남자는 자신이 매끄럽게 녹아든 시민사회에서 스스로의 가치와 목적에 대해 어느 정도 감각을 가진 성인이었다. 야구 모자는 소년의 의복이었다. 그 소년은 여전히 유산을 상속받기를 기다리고 있는, 여전히 남성 권위로부터 안내를 받고 그가 성인 사회에 입문했음을 알려 주는 표지와 배지, 그리고 아마도 페도라를 부여받기를 희망하는 어른-아이였다.

마실론 부스터스는 열정을 가지고 팀을 지원했다. 그것이 말 그대로 다음 세대에 '부스트boost', 즉 격려와 원조를 제공하는 방법이었기 때문이다. 그들은 그런 지원을 통해 팀의 아버지가 될 수 있었기 때문에 팬으로서의 역할을 받아들였다. 한 세대 지나 빅 도그와 같은 팬들은 정확히 그 반대를 찾고 있었다. 그들은 자신들의 아버지가 되어 줄 팀을 찾고 있었던 것이다. 이 새로운 시대의 팬들에게 희망이란 팀이 자신들의 부스터가 되어 주는 것이었다.

아버지와도 같은 미식축구

팬과 팀 간의 관계는 항상 감독이 가운데에서 중재했다. 마실론 부스터스와 경기장 위의 남자아이들 사이에는 폴 브라운이라는 신화적인 인물이 존재했다. 그러나 이 이어지는 부계 사슬에서 감독은 가장 약한 고리임이 드러났다. 감독의 약점은 널리 퍼진 신화 뒤에 숨겨져 있었다. 미식축구의 초기 역사를 순식간에 뒤덮은 가볍고 투명한 향수 속에서 모든 성공적인 감독은 이상적인 아버지로 기억됐다.

이 환상의 요점을 다룬 영화적 재현은 1940년 영화 〈누트 로크니, 전 미국이 사랑한 남자〉에 등장했다. 이 작품에서 팻 오브라이언은 아빠-감독으로 출연했고 로널드 레이건이 그의 사랑스러운 젊은 선수-아들 조지 기프 역할을 맡았다. 두 사람의 주요 만남은 경기장이 아니라 병상에서 이루어진다. 그곳에서 기프는 죽어 가고 있고 감독 로크니는 젊은이의 유산을 이어 가겠다고 맹세한다. 어떤 의미에서 빅 도그가 재향군인 병원에서 밤을 새워 가며 아버지의 병상을 지켰던 기억과는 반전된 이미지였다. 영화에서 환자는 아버지가 아니라 아들이었고, 임종을 안타까워하는 건 아들이 아니라 아버지였다. 영화에서, 감독은 진정으로 신경을 쓰고 있었고, 아들은 헛된 고통을 겪었던 게 아니었다.

이런 이야기를 하기 위해선 심각한 조작이 필요했다. 누트 로크니와 조지 기프의 신화적인 관계는 1940년 영화의 발명품이었던 것이다. 사실 1920년대 기프가 마지막 숨을 내쉬고 있을 때 노터데임 팀의 감독은 그로부터 아주 멀리 떨어진 곳에 있었다. 그리고 실제로는 '기퍼를 위해 1승을 꼭 이뤄 주세요' 같은 유언도 없었다(조지 기프는 스스로를 '기퍼'라고 부르지도 않았고, 무엇보다 경기장에서의 분투 때문이 아니라 사흘간의 폭음으로 폐렴에 걸렸을 가능성이 높았다). 여기서 진실은 로크니가 선수들을 조종하기 위해 눈물을 짜내는 이야기를 지어내는 종류의 '아버지'였다는 것이다. 어느 경기 직전에, 그는 여섯 살짜리 아들 빌리가 병원에서 죽어 가는 척하면서, 그 아이로부터 받았다며 조작된 전보를 선수들에게 읽어 주었다. "우리 아빠를 위해 꼭 이겨 주세요. 아빠한테 중요한 일이에요." 또 하나의 진실은, 로크니는 본인의 아들의 삶에서는 대체로 부재하는 아버지였다는 점이다. 그는 또 다른 어린 아들 잭이 실제로 치명적인 병마와 싸우고 있을 때, 아들 곁에 없었다. 그는 경기장에서 선수들에게 승리해야 한다고 다그치고 있었다.[28]

그럼에도 『천둥을 흔들어 쓰러뜨리다Shake Down the Thunder』에서 학자 머리 스퍼버Murray Sperber가 자세히 설명하고 있는 이런 폭로들은 누트 로크니에 대한 칭송 일색의 전기들 사이에 왜소하게 끼여 있다. 미식축구의 진정한 신봉자들은 현실보다 신화를 선호했다. 로널드 레이건이 모든 미국인이 사랑한 아버지 누트 로크니에 대한 환상을 본인의 망가진 알코올 의존자 아버지라는 현실보다 선호했던 것처럼 말이다. 아버지가 영화의 프리미어 시사회에 등장했을 때, 레이건이 이후에 사용했던 표현에 따르면, 그는 "오싹한 공포"를 느꼈다.[29]

〈누트 로크니, 전 미국이 사랑한 남자〉가 첫 상영을 하고 5년 뒤, 폴 브라운은 제2차세계대전에서 막 돌아온 젊은이들을 모으기 시작했다. 1945년이었고, 마실론의 감독은 클리블랜드에서 새로운 축구팀을 구성하기 위해 초빙되었다. 소문에 따르면 이 감독은 '소년들'의 복지와 발전을 위해 놀라울 정도로 헌신했다. 그는 선수들이 잘 지원받기를 원했고, 그의 표현대로 하자면 '고급' 스타일로 장비를 갖추고, 옷을 입고, 훈련하고, 보상받기를 원했다. 브라운은 원정경기에서 선수들이 반드시 일등석 비행기를 타고 좋은 호텔에 머물도록 했다. 감독과 부스터스가 마실론의 미식축구 아들들에게 도움을 주었던 것처럼 그는 다시 한번 남자아이들이 남자로 성장하도록 돕는 데 전념하는 것처럼 보였다. 그는 계약서에서 선수들이 경기가 없는 시기에는 대학 교육을 받도록 명시해 놓았고, 졸업하면 보너스를 주었다. 브라운에게 이 모든 건 새파란 풋내기들을 그가 건설하고자 했던 '왕국'의 성숙한 구성원으로 만들기 위한 과정이었다. 그는 이를 "우리 자신을 고양시키는 일"이라고 불렀다. 브라운은 강변했다. "오하이오주립대학교에서, 나는 내 친아들에게 요구하지 않을 일을 절대로 나의 선수들에게 요구하지 않을 것입니다. 그게 내가 브라운스를 운영하는 방식입니다."[30]

고등학교(그리고 나중에는 대학교)에서 코칭 방식을 발전시켜 실제 남자아이들에게 적용한 폴 브라운은 '미식축구의 아버지'라는 별명을 얻었다. 이제 그는 자신의 방법을 새로운 프로리그인 올아메리칸콘퍼런스(AAFC)✠로 이식했다.[31] 그는 대중에게 미래 아들들의 복지를 위해 헌신하는, 가상의 인물인 누트 로크니의 전후 환생처럼 비쳤고, 어떤 면에서는 스스로도 그렇게 자신을 포장했다. 그러나 전쟁 전 소도시의 미식축구 팬덤의 시민적 아버지상이 전후의 프로리그에서도 살아남을 수 있었을까?

클리블랜드 브라운스의 1946년 오리지널 팀의 일원인 단테 라벨리Dante Lavelli는 "전쟁 때문에 팬들이 우리에게 더 쉽게 공감할 수 있었"다고 말했다. 그는 시립 경기장에서 약 10마일 떨어진 클리블랜드 교외 지역인 로키리버에 있는 자기 소유의 작고 어수선한 가구 및 가전제품 매장 뒤에서 자신의 과거에 대해 곰곰이 생각하고 있었다. 서리로 뒤덮인 가게의 판유리 창 너머로 눈이 휘날리고 있었다. '라벨리스Lavelli's'(라벨리의 가게)는 문을 연 지 28년간 거의 변화가 없었다. 부서진 카운터와 벽에 테이프로 붙여 놓은 누렇게 변한 신문 스크랩에 미세한 먼지가 쌓여 있었다. 낡은 TV와 메이태그 건조기,

✠ All-America Football Conference. 1946년 설립되어 1949년까지 지속되었던 미국의 프로미식축구 리그. NFL의 가장 강력한 라이벌이었다. 미국 최고의 선수들을 끌어들여 프로미식축구를 혁신했지만 결국 NFL과의 경쟁에서 살아남지 못했다.

옆으로 누워 있는 매트리스 등을 잡다하게 모아 놓은 상품들도 과거로부터 그대로 건져 올린 것 같았다. 천정은 물로 얼룩져 있고 망가진 배출구엔 덕테이프가 감겨 있는 이런 소박한 환경에서, 단테 라벨리는 다림질된 파란색 블레이저와 빨강·하양·파랑 줄무늬 넥타이를 매고, 거칠고 투박한 겉모습 뒤에 가려진 고풍스러운 공손함으로 방문객을 맞이했다. 동정심은 깊지만 가벼운 감상은 불신하는 사람의 태도였다. 그날 아침 문을 통해 들어온 사람 중에 그가 모르는 이는 아무도 없었다. 로키리버에서 단테 라벨리는 모두의 이름을 알고 있는 것 같았고, 물론 모든 사람이 그를 알고 있었다.

오늘 아침 휴 갤러거Hugh Gallagher는 습관처럼 인사를 나누기 위해 가게에 들렀다. 불그스름한 얼굴에 낡은 빵모자를 쓴 예순여덟 살 남자 갤러거는 사십 대 때부터 라벨리를 알았다. 라벨리는 나에게 말했다. "선수와 팬의 관계가 지금보다는 편했죠. 왜냐면 월급 차이가 크지 않았거든요. 사람들이 '성공'이라고 부르는 그런 게 없었어요."

휴 갤러거는 힘차게 고개를 끄덕이며 의자에 고쳐 앉았다. 그가 끼어들었다. "그 시절, 팬들은 팬 이상이었어요. 팬들은 선수들의 친구였고, 선수들도 정말 현실에 있는 사람들이었어요." 갤러거는 자신이 하는 말을 잘 알고 있었다. 그는 팬이 됨으로써 라벨리와 친구가 될 수 있었다.

라벨리가 말했다. "전쟁이 끝난 후에 모두가 한배를 탔기 때문이죠. 우리 모두 전역해서 맨손으로 다시 시작해야 했으니까."

갤러거가 회상했다. "경기가 끝나고 돌아갈 때 선수들과 만나서 친분을 쌓을 수도 있었고, 아니면 선수들이 팬들을 초대하기도 했어요. 둘 다 같은 걸 원하고 있었던 거죠. 우리는 함께 패밀리 레스토랑인 카볼리에 가거나 서쪽에 있는 바에 가곤 했어요. 돌이켜 보면 선수들은 함께 어울릴 수 있는 사람들이었어요. 요즘 같으면 선수들한테 말이라도 걸었다간 고소를 당할 테죠!"

라벨리는 뚜껑이 열린 던킨도너츠 상자를 그에게 건넸다. 내가 도착했을 때 다 떨어져서 다시 사 온 것이었다. "하나 더 드세요." 그가 나에게 도넛을 세 번째 권했다. "왜요? 잼 들어간 도넛은 안 좋아해요? 그러면 파우더 뿌린 걸 먹어 봐요." 우리는 그가 가게 뒤편에 마련해 놓은 원형 테이블에 앉았고, 라벨리가 뒤죽박죽된 청소기와 세탁기에 둘러싸여 커피를 내릴 때, 그는 사업장이 아닌 가족의 주방을 주재하고 있는 것처럼 보였다.

"선수들은 내 사무실에서 팬들에게 편지를 쓸 때 내 책상을 사용했어요." 갤러거는 추억에 잠겨 미소를 지으며 이야기했다. 축제 용품과 기업용 기념품을 유통하는 그의 소규모 사업체는 경기장 근처에 있었다.

"맞아, 이른 아침이었지." 라벨리가 살짝 신음 소리를 내며 기억했다. "팬레터에 답장을 썼어. 한 번에 두세 통은 썼는데."

"봐봐요." 갤러거가 비밀이라도 털어놓는 것처럼 목소리를 낮추고 테이블에 몸을 기대면서 말했다. "팀의 기반은 단순히 경기력뿐만 아니라 팬들과의 관계 위에 세워졌어요. 홈타운 거래인 셈이죠. 우리는 심지어 경기장 위에 앉아 있곤 했어요. 가족의 일부분이었다고요."

"도넛 좀 먹어 봐요." 라벨리가 끼어들었다.

"아무도 다른 사람을 얕잡아 보지 않았어요." 갤로거는 계속했다. "선수들은 고등학교나, 교구 학교에 가서 연설을 했고, 그 이후에도 몇 시간씩 머물렀죠. 그곳에 함께 있다는 것만으로도 완전히 행복했어요. 선수들은 연설을 하고 25달러, 혹은 50달러를 받았어요. 그리고 어떤 선수들은 그 돈 받는 것도 꺼렸고요."

"선수들이 연설을 하게 된 건 폴 브라운 때문이었어요." 라벨리가 덧붙였다. "첫 10~15년간 선수들이 팬들과 가까워진 이유는 대체로 폴 브라운이 대중을 만날 수 있도록 선수들을 파견했기 때문이에요. 고등학교나 남자들 클럽에 찾아가서 팬들을 양성하는 활동이 계약서에 있었어요."

새로운 팀의 구단주는 팬 기반을 구축하는 기술 때문에 브라운을 선택했다. 브라운은 팀의 90퍼센트를 오하이오주 출신의 선수들로 채우라는 요구를 보고 자신에게 맡겨진 임무가 대중적인 추종자를 키우는 것임을 이해했고, 그의 초기 움직임의 많은 부분이 이에 맞게 계획되었다.[32] 하지만 그렇다고 해서 팬들과 맺어진 관계가 인위적인 것은 아니었다. 그들의 지속적인 평등주의는 새로 찾은 평화보다는 막 끝난 전쟁과 더 관계가 깊었다. 브라운 명단의 대부분은 말 그대로 지아이 조들이었다. 폴 브라운 자신이 군대에 복무하는 동안 그 사람들을 모았다. 그는 서른다섯 살에 군대에 선발되었고, 오대호 해군 훈련소에서 기지의 미식축구 감독으로 임명받았다. 그곳에서 그는 유럽과 태평양 전선에서 승리한 군인들이 이 지역의 작은 마을로 돌아오자 운동에 가장 적절한 선수들을 뽑았다. 벌지 전투의 피 구덩이에서 싸웠던 단테 라벨리는 오하이오주 허드슨의 작은 마을로 돌아왔고, 이탈리아계 이민자인 아버지가 그곳에서 철강-노동자로 일하고 있었다. 21년간 미드필드에서 골포스트를 통해 공을 던질 수 있는 팀의 유명한 플레이스키커였던 루 '더 토' 그로자Lou 'The Toe' Groza는 오키나와의 끔찍한 상륙작전으로부터 고향인 오하이오주 마틴스페리로 돌아왔다. 그는 징집 해제된 지 이틀 만에 브라운스에 발탁되었다. 브라운은 육군에서 딱 걸맞은 이름을 가진 맥 스피디와 다른 많은 보병을 데려왔다. 해군에서는 팀의 전설적인 쿼터백 오토 그레이엄Otto Graham과 뛰어난 풀백인 마리온 모틀리, 그리고 이제 막 시작하는 팀에서 인종 유리천장을 깬 두 흑인 선수 중 한 명을 발탁했다. 재키 로빈슨Jackie Robinson✠이 야구에서 최초로 인종차별의 벽을 넘어서기 1년 전이었다. 모틀리는 리퍼블릭 스틸의 코크스 제조 가마에서 토치로 고철을 달구던 삯일꾼 자리를 그만둘 수 있어서 기뻤다. 전쟁과 강철의 고통에 비하면 미식축구는 휴가처럼 보였다.[33]

브라운스의 초기 라인업에 속한 남자들은 대체로 어니 파일의 오래도록 고생한 보병들이었다. 군에서 기본으로 나누어주었던 군복과 크게 다르지 않은 진흙색 유니폼과 로고 없는 헬멧은 보병의 삶이 계속될 것임을 암시했다. 금욕주의적이고 생산적인 익명성이라는 남성적 전쟁 윤리는 팀 안에서 거의 20년간 지속적으로 육성되었다. 오하이오주의 스포츠 칼럼니스트 테리 플루토Terry Pluto는 『온 세상이 브라운스 타운일 때When All the World Was Browns Town』에서 1964년의 팀 구성원들은 "세상이 그들을 애지중지해 줄 것이라 생각하지 않는 사람들"이었다고 썼다. "그들은 세상이 그들의 이름을 듣는 것만으로도 무릎을 꿇을 것이라 믿지 않는 남자들"이었다. 그들은 "로커 룸에서 침실 슬리퍼를 신었던" 친근한 라인배커 갤런 피스Galen Fiss와 "다른 사람들을 돌보는 데 경력을 바쳤던" 블로킹백 어니 그린Ernie Green 같은 남자들이었던 것이다.[34] 군대에서와 마찬가지로 미식축구에서는 팀의 정체성이 개인의 정체성을 능가했다. 그리고 이런 기조가 초기 클리블랜드 브라운스의 축구에서만큼 강한 곳은 없었다. 이곳에서 폴 브라운은 이런 격언을 남겼다. "스타는 없다."

선수들이 병사라면 팬들은 지원군이었고, 병원과 보급대가 전쟁의 일부였던 것처럼 그들 역시 현장 전투의 일부였다. 그들은 보호되지 않은 경기장에서 같은 요소들을 용감하게 수

✠ 흑인으로서 최초로 메이저리그에 진출한 미국의 프로야구 선수.

행했다. 보호 덮개와도 같은 그들의 환호는 전투병에게 든든한 지원이 있음을 알려 주었다. 그들은 '충성심'이라는 이름 아래 상호 사랑의 부드러움을 제공했다. "정말 좋은 팬들을 가지고 있었어요, 지금과는 다른." 라벨리가 아쉬운 듯이 말했다. "그들은 충성을 다했죠." 그가 가장 애정을 가지고 회상한 사람은 당시 소소하게 이름이 알려졌던 '폴카왕' 프랭키 얀코비치Frankie Yankovic였다. 아코디언 연주자인 얀코비치는 모든 경기에 참석했고, 그들이 길을 나섰을 때에는 기차역에서 인사를 나누었으며, 팀의 승패와 상관없이 경기 후 팀 파티에서 연주했다. 그러나 폴카왕이 보여 준 관심에서 라벨리가 가장 중요하게 생각한 건 그들이 참전 용사였고 동료 병사였다는 점이었다.

라벨리의 아버지는 그가 브라운스에서 뛰는 매주 일요일 그를 보러 왔다. 라벨리는 아버지의 헌신을 감사하게 생각했다. 하지만 그는 아버지나 경기장 위에 있는 누군가에게 자신을 증명하려고 하지 않았다. 그건 이미 유럽의 전장에서 했던 일이었다. 그는 성장의 경험을 지나왔고, 살아남았다. 다른 퇴역 군인들과 마찬가지로, 그 이후에 따라오는 일들은 전쟁과 그 전쟁에서 그가 기여했던 바에 비해 모두 사사로웠다. 브라운스의 원년 멤버들에게 축구에 대해 묻는다면, 그들의 기억은 종종 점수 이상의 것으로 이어졌다.

"우리는 오마하 해변에 착륙했습니다." 라벨리는 마치 누렇게 변한 페인트가 투명하게 변해 그 뒤로 전쟁터가 보이기라도 하는 것처럼 반대편 벽에 눈을 고정한 채 입을 열었다. "나는 'D 플러스 20' 작전에 참여했어요. 나는 보병이었고, 대체병으로 투입된 거였어요. 영국해협에 상륙했고, 밧줄을 타고 보트들을 넘어 가야 했고, 이후에는 계속 걸었어요. 첫 번째 마을이었던 카렌탄까지 26마일을 걸었습니다. 거기에서 기름통에 감자를 요리하기 위해 잠시 멈추었죠. 그러고는 또 전선까지 계속 이동했어요. 계속 걷다가, 트럭을 타고 가다가, 다시 걷고, 트럭을 타고, 또 걸었어요. 프랑스를 건너 전선까지 행군했죠." 그가 기억 속에서 너무 멀리까지 가고 있었기 때문에 나는 그가 그쯤에서 멈추고 바로 전선으로 다가서기를 반쯤 기대하고 있었다.

"우리 분대에서는 처음 사흘간 벌지 전투에서 살아나온 사람이 우리 열두 명뿐이었어요." 그는 독일의 반격으로 미군 8만 1000명과 독일군 12만 5000명이 사망했던 상황을 두고 그렇게 말했다.[35] 잠시 침묵하던 그가 다시 이야기를 시작했다. "[1944년 벌지 전투 둘째 날] 우리는 말메디 학살이 일어났던 곳을 지나고 있었어요. 이렇게 눈이 오고 있었어요." 그는 여전히 눈이 내리고 있는 가게의 창가 쪽을 가리켰다. "우리는 그들이 총살당한 현장을 보았죠." 그는 독일군에 의해 포로로 잡혀 아무 이유도 없이 기관총에 사살당한 비무장 포로 약 100명에 대해 말했다.[36] "그들은 탱크를 양쪽에 줄지어 세웠어요. 기회는 없었죠. 그냥 거기 세워 놓고 쏴 죽였어요." 라벨리는 이 이미지를 곰곰이 생각하다가 갑자기 조바심을 냈다. "요즘 젊은 사람들은 이게 그냥 영화 속 이야기라고 생각하죠. 전쟁포로! 학살! 이건 다 진짜였어요. 실제로 **일어난 일**이란 말입니다. 이 남자들은, 이 남자들은……."

그는 버림받은 중대원들에 대한 깊은 감정을 설명할 단어를 찾지 못한 채로 잠시 멈추었다. "여기 사진이 몇 장 있어요." 마침내 그가 입을 뗐다. 그는 한때 '접착제 손가락'이라는 별명을 얻을 정도로 쉽게 축구공을 잡았던 검버섯이 핀 손을 바지 주머니에 넣어 지갑을 꺼냈다. 라벨리는 플라스틱 칸 뒤에서 중대원 동료 두 명과 함께 찍은 작고, 얼룩지고, 구겨진 사진 세 장을 천천히 꺼냈다. 그들은 엄동설한에 휘르트겐숲의 잡목림 사이에서 카메라를 응시하고 있었다. 엄숙하고, 지치고, 이미 몹시 늙어 버린 젊은이들이었다. "이 남자의 이름은 윌리 브런즈입니다. 밀워키 출신이죠. 그는 우리가 미국으로 돌아온 후 내가 축구하는 걸 보기 위해 시카고에 오곤 했어요. 여기 있는 꼬마 녀석은 죽었죠." 라벨리는 아무 말도 하지 않고 오랫동안 사진을 살펴보다가 조심스럽게 다시 지갑에 꽂은 뒤, 지갑을 주머니에 넣었다.

가게 벽에는 기념 만찬이나 NFL 명예의 전당 입성식 명판이나 액자 사진 등 미식축구계의 전설적인 경력을 보여 주는 뻔한 기념품들이 걸려 있었다. 하지만 라벨리가 가장 가치 있게 생각하는 건 전시되어 있지 않았다.

브라운스의 훈련이 진행되고 있는 볼링 그린으로 가기 위해, 단테 라벨리는 버스를 중간에 탔다가 히치하이킹을 했다. 걷고, 타고, 걷고…… 그는 전선을 향해 나아갔다. 그만 그런 건 아니었다. 실제로 선수들은 자동차가 없었다.[37] 그는 자신이 가지고 있었던 유일한 옷인 군복을 입고 캠프에 도착했다. 선수들은 모두 거의 같은 급여와 동일한 대우를 받았다. "모두가 같은 위치였어요. 쿼터백이나 라인맨이나, 모두가 한배를 탄 거죠. 폴 브라운은 3군을 1군과 같이 대했어요. 같은 혜택과 특전을 받았죠." 개인 판촉 계약도 없었고, 실제적인 개인 홍보도 없었다. 한번은 한 의류 회사가 라벨리에게 스웨터를 입어 달라고 요청했다. 얼마 안 되는 수입은 팀원들과 공유했다. 라벨리는 공정함이 좋았다. 그건 보병 생활에서 경험했던 불필요한 것들은 지워 버린 평등의 연장처럼 보였고, 평시 미국에서는 잘 눈에 띄지 않는 것이었다. "우리가 경기를 할 때는 모두가 형제자매 같았어요." 그가 회상했다. "내가 가지고 있는 가장 따듯한 기억은 그거죠. 원년 멤버들, 우리는 여전히 친구예요. 우리가 '진짜 친구들'이죠."

'모두 한배를 탄다'는 위상은 선수들과 팬들 사이로도 이어졌다. 브라운스는 장관을 이루는 관중을 모은 최초의 프로미식축구팀이었다. 1946년 가을 개막전에는 6만 명이 넘는 관중이 모여 이전의 모든 프로미식축구 기록을 경신했다. 그리고 이런 헌신은 수년간 계속되었고, 심지어 경기에서 패배하던 기간에도 유지되었다. 브라운스는 1940년대의 가장 큰 라이벌인 샌프란시스코 포티나이너스와 경기할 때 7만 명이 넘는 관중을 끌어모았다.[38] 이뿐 아니라 경기장은 또한 1964년 지역신문의 '도움의 손길 펀드Helping Hand Fund' 기금 마련 행사인 전시용 더블헤더✠ 경기 때도 8만 3000명의 관중으로 가득 찼다.[39]

팬들은 쥐꼬리만 한 급여가 해 줄 수 없는 방식으로 선수들에게 보상해 주었다. 그들은 여전히 군인의 월급을 받고 있었다. 초기 몇 년간 경기를 통해 부자가 된 선수는 없었다. 라벨리가 말했다. "우리가 번 돈으로는 절름발이 바퀴벌레의 목발도 살 수 없었을 겁니다." 거의 모든 브라운스 선수들이 시합 시즌이 끝나면 생계를 벌기 위해 보험·자동차·가전제품 등을 판매했다. 선수들이야말로 익명의 보병들이었던 만큼 팬들의 확신에 찬 환호와 격려가 필요했다. 테리 플루토는 이렇게 쓰고 있다. "브라운스가 인기가 있었던 건 그저 경기를 잘했기 때문만은 아니었다. 그들은 팬들의 지원에 진심으로 고마워했다."[40]

볼티모어로의 이전이 공식화된 이후 몇 달 동안, 단테 라벨리는 오래된 팬들로부터 구단주의 불충을 한탄하는 편지를 받았다. 라벨리는 책상 위의 서류를 이리저리 뒤적여서 나에게 보여 주었다. 편지는 친구들끼리 공유하고 있는 추억과 오랫동안 지속되어 온 대화가 드러나는 개인적인 언급으로 가득했다. 나는 그 편지들 중 몇몇은 동료 병사들로부터 온 것임을 알아차렸다. E.L. '알' 릭스E.L. "Al" Riggs로부터 온 전형적인 편지는 이렇게 시작했다(그 편지는 '릭스 자동차 회사' 편지지에

✠ 보통 같은 두 팀이 하루 동안에 두 번 경기를 하는 것.

쓴 것이었는데, '기억하세요: 자동차를 모르면, 자동차 딜러를 알아야 합니다'라는 슬로건이 인쇄되어 있었다). "안녕, 단테. 우리가 서신을 주고받은 지 정말 오랜 시간이 흘렀지만, 클리블랜드 브라운스가 볼티모어로 이적한다는 《스포츠일러스트레이티드》 기사에서 자네가 그 문제에 대해 어떻게 느끼는지 읽었을 때 편지라도 한 줄 써서 위로의 말을 전하고 싶었네. 나는 클리블랜드 브라운스에 대해 이야기를 들을 때 단테 라벨리라는 이름, 그리고 그 이름이 가져다주는 유럽에서의 '좋았던' 시절에 대한 추억을 떠올리지 않은 적이 없었네. 제28사단의 다른 사람들과 연락은 계속하고 지내나?"

얼음장 같은 바람과 함께 정문이 벌컥 열리고, 한 부부가 어린 아들 둘을 데리고 눈이 묻은 부츠를 쾅쾅 디디며 가게 안으로 들어왔다. 라벨리는 무엇이 필요한지 물어보기 위해 서두르다가 카운터 앞에 멈춰 그릇에서 막대사탕 두 개를 꺼냈다. 부부는 식기세척기를 찾고 있었다. 그는 그들과 함께 상품 카탈로그를 넘겨 보았다. "제가 추천하는 건 이거예요. 여기 있는 건 400달러에 드릴 수 있지만 추천하지는 않습니다. 이 상품은 괜찮아요. 주문하시면 하루 안에 구해 드릴 수 있어요." 그의 구입 권유—그러니까 그게 구입을 권유하는 말이 맞는다면—엔 꾸밈이 없었다. 그가 간결하게 말했다. "검은색과 흰색이 있어요."

다시 문이 벌컥 열리며 또 다른 손님이 들어왔다. "안녕하세요, 단테. 잘 지내요? 그때 샀던 보관장 너무 잘 쓰고 있어요."

단테가 머리를 흔들며 말했다. "아하. 겨우 팔았지." 그가 서글프게 어깨를 으쓱했다. "이제 체리나무의 가치를 아는 사람이 아무도 없어요."

식기세척기를 찾던 부부는 물건을 고른 뒤에 떠났고, 여전히 체리나무의 가치를 아는 남자와 라벨리는 한동안 서서 이런저런 이야기를 나누었다.

우리의 대화가 미식축구 이야기로 돌아갔을 때 라벨리가 말했다. "폴 브라운은 미국이 상징하는 것, 그러니까 근면·헌신·충성을 상징했어요." 그는 잠시 멈추었다가 방금 말한 것에 대해 생각하더니 조심스럽게 자기 말을 수정했다. "그러니까 미국이 그 당시에 상징했던 것 말입니다."

전쟁이 끝난 후 감독·선수·팬 사이의 계약이 깨지기 시작하는 데는 그리 오래 걸리지 않았고, 그에 따른 새로운 관계는 다른 누구도 아닌 폴 브라운에 의해 짜여졌다.

우리는 우리 시대를 지배했다

스포츠 언론은 미식축구 감독을 감상적인 아버지의 틀 안에 위치시켰다. 그는 자신의 아들을 위해 규율을 강요하는 엄격하지만 '헌신적인' 전쟁의 아빠였다. 1950년대에는 그런 신화적인 남성 아이콘에 대한 열망이 대중문화 전반에 퍼져 있었다. 이를 가장 잘 볼 수 있었던 건 존 포드John Ford의 기병 서부극과 제2차세계대전 영화에서 존 웨인이 반복적으로 연기했던 아버지 같은 병장 캐릭터에서였다.

신화가 미심쩍었다 하더라도 스포츠 미디어는 신경도 쓰지 않았고, 감독들은 지배하기 좋아하는 성격을 '소년들'에 대한 헌신의 증거로 내세우면서 그 신화를 지속하는 데 만족할 따름이었다. 물론 의심의 여지 없이 그들은 팀과, 어떤 의미에서는 선수들의 발전을 위해 헌신했다. 그러나 선수를 괴롭히는 태도와 사업적인 마인드 때문에 아버지의 모범이라기보다는 철권 경영자처럼 보였던 그린 베이 패커스의 감독 빈스 롬바디Vince Lombardi건, 아니면 냉담한 응시와 굳은 얼굴을 한 훗날의 달라스 카우보이의 감독 톰 랜드리Tom Landry건, 프로미식축구의 떠오르는 프랜차이즈의 지휘봉을 잡은 감독들은 와스코 대령의 '아버지다운 양육'보다는 롬바디가 다른 누구보다 우상화했던 이를 닮은 '아버지의 군림'에 맞추어져 있었다. 그 남자는 바로 조지 패튼George S. Patton✠이었다.[41]

전후 감독의 지배적인 윤리는 감정적으로 연루된 아버지의 애정보다 원격 관리자의 규율을 더 밀접하게 모방했다. 폴 브라운과 다른 사람들이 라벨리의 말처럼 "미국이 상징하는 것"에 더 이상 가치를 두지 않았다는 건 아니다. 다만 그런 가치들이 직장 생활을 관료적이고 관리적인 새로운 구조로 전환하고 시민의 생활을 국가안보 상태에 맞춰 넣고자 하는 나라에서 재구성되고 있었다. 근면, 헌신, 충성으로 정의되던 남성성은 이 새로운 시대에서 의미하는 바가 달라졌다. 그건 미식축구장 안팎에서 승리와 지배가 모든 걸 집어삼키는 국가 시대의 여명이었다. 제2차세계대전 이전에는 거의 모든 프로 축구팀이 적자로 운영되었다. 축구팀은 시민으로서의 기여였지 수익성 있는 사업이 아니었다. 전쟁이 끝나면서 상황은 달라졌고, '승리'가 계산되는 조건 역시 이에 따라 조정되었다.

폴 브라운은 변신의 화신이었다. 브라운이 마실론을 지배하던 어느 날, 의사는 독감에 걸린 감독에게 침대에 누워 경기에 참여하지 못하도록 했다. 브라운은 전화를 연결해서 병실에서 선수들을 지도하다가 의사에게 경기장에 보내 달라고 미친 듯이 간청했다. 이에 의사는 재미있어하면서 이렇게 말했다. "모든 사람이 쓸모가 있습니다, 폴 브라운. 하지만 그 한 사람이 없어도 일은 굴러갑니다."[42] 고등학교 미식축구팀 팬들은 그 차이를 알고 있었지만, 감독도 그걸 알고 있는지는 분명하지 않았다. 마실론에서도 꼭대기에 있던 그 남자가 이후에

✠ 제2차세계대전 당시 1943~1945년 북아프리카·시칠리아·프랑스·독일 등지의 전투를 지휘한 미국 육군 대장이다. 노르망디상륙작전에서 큰 활약을 했다. 저돌적인 작전과 욕설을 잘 쓰는 것으로 유명했다.

통제하는 존재가 되리라는 조짐은 이미 있었다.

그 한 번을 제외하고 브라운은 마실론 타이거스의 모든 경기에 참석했으며, 골대 안팎에서 점점 더 선수들의 삶에 억압적으로 개입했다. 그는 자세한 행동 규칙을 세웠다. 시즌 동안 선수들은 데이트를 하거나 춤을 추는 것이 허용되지 않았고, 매일 밤 10시에는 잠자리에 들어야 했다. 경기장에서는 모든 것이 책에 따라 진행되었으며, 브라운의 표현대로라면 브라운의 "시스템"에 맞춰 정확하게 따라야만 최고의 찬사를 받을 수 있었다. 그는 경기장의 사이드라인에서 정해진 일련의 "수신호"로 선수들의 움직임을 지시했다. 이것이 그가 나중에 브라운스를 비롯해서 전후 미식축구 전반에 적용했던 사이드라인 플레이콜✠의 탄생이었다.[43]

초기에 브라운스 선수들은 거의 불만 없이 감독의 '시스템'을 견뎌 냈다. 마실론과 콜럼버스 오하이오주립대학교 시절 브라운 밑에서 운동을 했던 토미 제임스가 회상했다. "우리는 경기 전날 밤에 단합해야 했어요. 저녁을 같이 먹고 폴 브라운이 고른 영화를 함께 보러 가기도 했죠. 그리고 취침 점호를 하고 잠자리에 들었어요." 선수들은 규칙에 화를 내기보다는 어리둥절해했다. 그런 제한들이 어리석어 보이긴 했지만, 어니 파일이 사병에 대해 "우스운 짓거리들에 대한 어떤 근본적인 공감이 그들을 살아 내게 했다"라고 썼던 것처럼, 적어도 그런 평등주의는 팀의 군대식 결속을 강화시켰다.[44] 제임스가 말했다. "충성심이 중요했죠. 우리는 항상 팀에서 뛰고 팀에서 마무리를 할 수 있다면, 그것이 의미 있다고 생각했어요."

선수들은 재향군인들이 전후 미국에서 열망했던 것을 미식축구에서 찾았다. 남자들이 참호에서의 동료애를 평화로운 삶에 가져올 방법을 찾을 수 있을지, 혹은 그들이 위계와 상호

✠ 경기 중에 감독과 선수 사이에 소통을 위해 주고받는 신호.

의심에 기반하지 않은 방식으로 남자가 되는 방법을 찾을 수 있을지는 1940년대 후반에 펼쳐진 조용한 드라마 중 하나였다. 미국은 민주주의적 사회복지에 대한 요구와 세계를 지배할 권위를 둘러싼 경쟁 사이에서 새롭게 등장한 강력한 국가였고, 남자들에게는 이 시기가 역사적 전환점이 되거나 가슴 아픈 잃어버린 기회가 될 터였다.

마실론에서 브라운의 규칙은 고등학생에게 자제력과 규율을 개발하도록 가르치면서 일종의 사회복지로 작용했다. 클리블랜드에서는 브라운의 복장 규제, 통금 시간, 그리고 전술 노트와 함께 하는 엄격한 학습 방법, 끊임없는 설교, 테스트는 다른 종류의 전후 윤리를 제공했다. 그것은 이미지, 그러니까 잘 운영되는 조직의 이미지를 고양시켰다. 돌이켜 보면 그의 모델은 전시에 행해진 군대 규율로 후퇴한 것이라기보다는 다가오는 기업식 통제 스타일을 선취한 것에 가까웠다.

브라운은 각 시즌 개막 연설에서 선수들에게 말했다. "우리는 너희가 프로미식축구의 특별한 이미지를 보여 주기를 바란다."[45] 그들은 공공장소에서 담배를 피우거나 술을 마시면 안 되었다. 그들은 공공장소에서 재킷과 넥타이, 슬랙스와 광을 낸 신발을 신어야 했다. 그들은 장소에 걸맞은 '예의'를 지켜야 했고 공공장소에서 욕을 해서도 안 되었다. 만약 그들이 경기 중에 그라운드에서 빈둥거린다면 벌금을 물었다. 무엇보다도, 그들은 팀이 '하층계급'처럼 보이도록 행동해서는 절대로 안 됐다. 말하자면 그런 행동은 사람들에게 리그의 기원이 제분소와 광산이라는 것을 상기시켜 줄 터였다.

브라운은 기회가 닿는 대로 이 모든 것이 얼마나 진지한 문제인지 보여 주었다. 새 리그의 첫 번째 타이틀 경기를 이틀 앞두고 그는 팀의 주장이었던 짐 대니엘Jim Daniell을 해고했다. 이 수비수가 술을 몇 잔 마시고 일부 지역 경찰과 가벼운 말다툼을 한 후였다. "나는 내 선수들을 상류층으로 만들 거다. 냉정하고 틀림없이." 브라운은 시즌 연설에서 이 말을 반복했다. "이 팀에 백정 따위는 필요 없다. 식당에서 티셔츠 차림은 안 된다. 식탁에 팔꿈치를 대지 말고, 먹을 때 소리 내지 말고." 그는 1947년 《타임》과의 인터뷰에서 이렇게 말했다. "우리 팀에는 시끄럽게 떠들고 술을 많이 마시는 거친 남자가 있을 자리는 없습니다. 저는 기름기 없는 모습을 좋아합니다." 브라운이 영입하려던 젊은 대학생 라인맨이 면도하지 않은 채 "노동자 복장"으로 팀 훈련소에 도착했을 때, 브라운은 쓰윽 한번 쳐다보더니 그를 부른 건 실수였다고 말했다. 그리고 그 자리에서 그를 해고했다.[46]

브라운은 '계급은 항상 드러난다'고 주장했다. 그가 자신의 선수들에게서 바랐던 건 새로운 화이트칼라 부르주아지의 얼굴이었다. 브라운은 이렇게 말했다. "나는 내 선수가 과거의 프로선수들이 가지고 있었던 전형적인 모습처럼 보이는 걸 원하지 않았다. 대학 선수들은 평판이 좋았지만, 당시 프로선수에 대한 대중의 인식이란 싸구려 시가를 피우는 똥배 나온 덩치만 크고 멍청한 남자였다. 그런 남자는 역겨웠고, 나는 내 선수들 중 누구도 그런 이미지와 엮이게 하고 싶지 않았다."[47] 브라운이 원했던 건 관리가 잘된 모습이었다. 세련되고 한결같으며, 대학 교육을 받았지만 그렇다고 무기력하지는 않은, 야망을 품고 있지만 체제에는 순응적인. 그가 원했던 건 조직에 헌신적인 조직인으로 대표되는 팀이었다. 브라운 자신이 그런 모습의 모범이기도 했다. 절제된 태도, 단정한 외모, 개성 없는 양복. 그는 도시에 있는 사무실로 출근하기 위해 통근 열차를 타는 전형적인 교외 지역의 남편처럼 보였다. 브라운은 선수들이 일등석을 타고 좋은 호텔에 머물도록 고집했지만, 그건 선수들을 위한 조치였다기보다는 공개되는 팀의 이미지를 위한 것이었다. 그는 프로미식축구를 새로운 화이트칼라 관료제와 전후 미국에서 떠오르던 기업경영 윤리에 맞는 일종의 존경할 만한 중산층 직업으로 바꾸고자 했다.

전쟁 이전에 프로미식축구 감독은 일종의 공장장이었고, 그의 '소년'과 함께 경기장에서 인간의 생산성과 근육이라는 건물을 건설했다. 이후 그는 기업 관리자가 되어 부하들이 고도로 전문화된 조직도가 제시하는 경기 계획을 고수하도록 했다. 이전에 그는 대장 건축가였다. 그 후 그는, 여러 클리블랜드 브라운스 선수가 그를 칭했던 것처럼 '대장 기획자'가 되었다.[48]

전쟁 전 프로미식축구는 비정규적 시간제로 운영했다. 폴 브라운은 처음으로 그런 미식축구를 많은 수의 상근 직원, 과학적 관리 시스템, 방위산업에 필적할 정도의 전문성을 갖춘 정규 사업으로 전환시켰다. 팀은 업무 시간을 지켰다. 선수들은 매일 아침 9시 30분에 회의에 참석해야 했고, 지각을 하면 벌금을 내야 했다. 사실, 지각에서부터 플레이북✠을 잃어버리는 것까지 상상할 수 있는 모든 위반에 벌금이 부과되었다. 지각 벌금은 15분 단위로 가중되었다. 전 미식축구 선수 폴 위긴이 회상했다. "모든 것이 시계에 따라 진행되었어요. 만약 브라운스가 1시 27분에 연습을 시작할 예정이라면 우리는 그 전에 모두 운동장에 모여 있어야 했고 연습은 정확하게 그 시간에 시작됐죠. 일정표에 있는 것 외에는 아무것도 하지 않았어요."[49]

선수들은 브라운의 중간관리자인 보조 코치 연대聯隊의 지속적인 감독하에 있었다. 브라운이 말했다. "나는 항상 코칭스태프 구성을 은행에서의 업무와 동일시했습니다." 그는 은행 관리자처럼 부하들을 감시했고, 이른바 '데이터' 편집이 코칭스태프의 주요 임무라고 보았다. 그가 선택한 감시장치는 카메라였다. 그는 축구 역사상 처음으로 선수가 가진 기술적 결함을

✠ 팀의 공수 작전을 그림과 함께 기록한 책.

발견하기 위해 경기 영상을 사용했다. 전기작가 잭 클래리에 따르면 브라운은 "시스템이 있어야 승리한다"고 믿었다. 브라운의 정확한 지시에 따르지 않는 건 냉담한 분노로 이어졌다. 이 모든 것이 합쳐져 당시 한 잡지가 "역사상 가장 집중적으로 지도받는 축구팀"이라고 간주했던 조건이 완성되었다.[50]

폴 브라운 자신은 점점 더 동떨어진 존재가 되어 갔다. 그는 여전히 모든 연습에 물리적으로 참석했지만, 선수들과는 냉정한 거리를 유지했다. 그는 특별히 접근하기 어려운 사람은 아니었지만, 마실론의 남고생들을 아버지의 낚시터에 데려가곤 했던 그 남자는 더 이상 선수들을 집으로 초대해 저녁 식사를 함께 하는 일조차 하지 않았다. 그의 프로미식축구 브랜드에서 성공은 "통제력 유지"에 달려 있으며, 만약 선수들과 "어울린다면" 통제력을 유지할 수 없다고 그는 주장했다.[51] 그 권한은 점차 경기 중 운동장 위 선수들의 움직임에 대한 통제로 확장되었다. 작전 회의 시간에 쿼터백이 작전 지시를 내리는 전통이 깨졌다. 1950년, 폴 브라운은 사이드라인에서 작전 지시를 내리고 가드들의 중계를 통해 작전 회의에 자신의 메시지를 전달했다. (그는 심지어 쿼터백의 헬멧에 있는 라디오 수신기를 통해서 작전 지시를 전달하려고 했지만, 다른 팀에서 신호를 수신하게 된다고 불만을 제기하자 그 생각을 폐기했다.) 대학 시절 창의적인 시그널 콜러signal caller✠였고 그 세대 최고의 쿼터백 중 한 명인 오토 그레이엄은 감독의 명령으로부터 절대로 벗어나지 않을 것으로 기대되었다. 그래서 그는 스포츠지에서 '오토매틱 오토automatic Otto'(자동으로 조정되는 오토)라는 별명을 얻었다. 그레이엄은 조용히 불평했지만, 폴 브라운은 꿈쩍하지 않았다. 브라운은 이렇게 썼다. "쿼터백은

✠ 경기에서 팀 선수들에게 다음 작전을 지시하는 선수. 미식축구에서는 대체로 쿼터백이 맡는다.

기계에서 중요한 톱니다. 하지만 여전히 톱니라는 사실에는 변함이 없다." 1961년 쿼터백 밀트 플럼이 언론에 자신이 작전 지시를 할 수 없는 것에 대해 불평하자, 브라운은 재빠르게 그를 다른 팀으로 트레이드해 버렸다.[52]

군인의 동지애로 시작된 것은 맥도널더글러스의 관리 조직의 초기 스포츠 판본으로 바뀌었고, 인간의 모든 노력은 시스템의 분석 원칙에 따라 처리되고 규제되어야 했다. 선수들에게 브라운은 방위산업체의 보이지 않는, 메모나 작성하는 간부들만큼이나 헤아리기 어려웠고 거리감이 있었다. 브라운에게 선수들은 순종적인 경력 가도에서 항공우주 '엔지니어'처럼 조종 가능하고 순응적인 존재들이었다. 그의 미래에 대한 구상은 곧 축구계에 널리 퍼졌다. 냉전시대에 접어든 지 얼마 지나지 않아 스포츠 전문 기자들은 이미 감독이 "맞춤 정장을 입은 임원"처럼 움직이면서 "쿼터백으로부터 생각할 권리를 빼앗는 버튼식 축구"에 대해 불만을 토로하고 있었다.[53]

선수들이 스스로 생산적이라고 느끼는지, 경기에 대한 개인적인 기여에 자부심을 가질 수 있는지 여부는 우승 기록 유지가 중요한 관심사였던 브라운에게는 별로 중요하지 않았다. 새로 생긴 AAFC에서 브라운스는 유일무이한 진정한 우승 도전자였으며, 리그가 지속되었던 4년간 내리 우승을 차지했다. 3시즌 29연승 끝에 팀은 마침내 한 경기에서 졌다. 격분한 브라운은 언론에 "일을 제대로 하지 못한" 선수들이 다음 경기까지 만회하지 못한다면 "내가 여전히 뭔가 얻을 수 있을 때, 그들 중 일부를 다른 팀으로 트레이드하겠다"라고 밝혔다.[54] 1950년 AAFC가 해산되고 브라운스가 NFL에 입성했을 때, '클리블랜드 노바디스'(《스포츠일러스트레이티드》가 이후에 그들을 '노바디스Nobodies' 즉 '아무도 아닌 남자들'이라고 불렀다)는 첫 번째 역사적인 대회에서 모든 예상을 뒤집어엎었다.

그들은 “압승으로 기록되기에 부족함이 없는 이번 경기에서, NFL에서 두 번이나 우승한 위대하고 사나운 이글스를 굽고, 찌고, 요리했다.” 노바디스는 첫 시즌에 우승을 확정지었다. 다음 5년간 브라운스는 챔피언십 경기에 진출하는 데 한 번도 실패하지 않았으며, 두 번이나 우승했다. 1946년부터 1971년까지 연속된 기록에서 승리한 경기보다 진 경기가 더 많았던 적은 단 한 해밖에 없었다. 그들은 NFL의 첫 번째 ‘왕조’였다. 브라운이 나중에 말했다. “우리가 역사상 가장 위대한 팀이라고 말하지는 않겠습니다. 하지만 우리 팀이 그 시절을 지배했던 건 분명하죠.”[55]

클리블랜드가 더 많이 승리할수록 브라운은 연승에 더욱 더 집착했다. 그의 입장은 단순하고 변함이 없었다. 그는 단호하게 말했다. “이기는 것, 오직 중요한 건 그것뿐이야.” 팀이 빛나는 것만으로는 충분하지 않았다. 자기 선수들이 다른 사람 모두를 지워 버려야 했다. 그는 선수들에게 일렀다. “나는 너희가 다른 사람을 해치워 버리겠다는 순수한 욕망으로 경기에 임하기를 바란다. 정상에 오르기 위해서는 무언가를 희생해야만 한다.” 이건 그가 데리고 있었던 선수들이 받아들였던 것과는 매우 다른 열망이었다. 이런 의미에서 오토 그레이엄의 말은 전형적이었다. “나는 이기는 것을 즐겼고, 이기기 위해 뛰었어요. 하지만 승리가 세상에서 가장 중요했던 적은 없었습니다.” 그에게 중요한 건 “이기기 위해 노력하는 것”이었다. “그게 가장 중요한 일이었죠. 최선을 다하는 거 말이에요.”[56] 1950년대 후반이 되면, 초기에 마실론, 오하이오주의 콜럼버스, 그리고 심지어 클리블랜드에도 있었던 중고등 과정의 일부였던 멘토링이 경기장에서 사라져 버렸다. 감독의 집착은 냉전시대 미국 사회가 가지고 있었던 집착과 같았다. 그의 딜레마도 마찬가지였다. 어떻게 군림하면서도 여전히 충성심을 고양시킬 수 있을 것인가, 어떻게 괴롭히면서도 여전히 사랑받을 수 있을 것인가.

공을 앞으로 밀고 나가야만 공을 계속 가지고 있을 수 있다는 미식축구의 핵심 규칙은 그 시대의 우려와 불안에 정확하게 들어맞는다. 전후 외교정책 입안자들과 마찬가지로 브라운은 제국 건설의 공세에 빠진 남자였다. 그는 수비수들에 대한 훈련은 남들에게 맡기는 걸 좋아했다. 항상 정상에 있어야만 한다는 위태로움은 또 다른 친숙한 냉전 상태를 낳았다. 그건 바로 끊임없는 편집증이었다. 브라운은 훈련소의 보안이 무너지고, 플레이북이 도용되고, 비밀 수신호가 유출되어 해독됐다는 의심에 끊임없이 시달리기 시작했다. 브라운은 영원토록 미식축구판 '침대 밑에 숨어 있는 빨갱이'를 찾아 헤맸다. 라이벌 팀의 정찰병이 훈련 캠프에 잠입해 있을 거라 생각했던 것이다.[57]

전 선수 버니 패리시Bernie Parrish는 브라운이 잠재적인 스파이로부터 훈련 과정을 숨기기 위해 어떻게 연습장 주위에 7피트 높이의 캔버스 천을 걸었는지 떠올리면서 이렇게 썼다. "그는 비밀스러운 훈련에 대한 페티시가 있었다." 브라운의 명령에 따라 팀의 장비 관리자인 모리 코노Morrie Kono는 "전자 도청장치를 찾기 위해 탈의실을 수색하고 울타리에 난 구멍들에서 무고한 구경꾼을 쫓아내는 데 몇 시간을 보내야 했다".[58] 브라운 스스로도 캔버스에 은밀하게 뚫린 구멍이 있는지, 심지어 하늘에 스파이가 있는지 주기적으로 꼼꼼하게 살펴봤다. 조지 플림턴George Plimpton은 『종이 사자Paper Lion』에 이렇게 적었다. "비행기가 연습장 위로 날아갈 때 브라운은 엉덩이에 손을 대고 위를 올려다보았다. 그러면 선수들은 그가 정찰병이 하늘에서 연습 장면을 찍고 있다고 의심하고 있다는 걸 알았다." 어디도 안전하지 않았다. "중간 휴식 시간, 브라운은 탈의실에서 카메라를 찾아다녔고, 방이 도청되고 있는 건 아닌지 의심하면서 마이크를 찾기 위해 손으로 벽을 훑고 다녔다. 본인의 수색조차도 두려움을 진정시킬 수 없었다. 팀과 이야기를 나눌 땐 팀원들을 그의 주변으로 가까이 모이도록 한 다음 칠판에 표를 그려 가며 작전을 설명한 뒤 재빠르게 지우개로 지워 버렸다. 그 이름은 절대로 큰 소리로 발설되지 않았다. 그는 선수들에게 가까이 몸을 기울이며 음모라도 꾸미는 듯이 말했다. '후반전에서 우리는…….' 그러곤 열 손가락을 세 번 들어 보이고 입 모양으로 '서른 번의 패스를 할 거다'라고 뻐끔거렸다."[59]

슬픈 아이러니는 브라운의 완전한 통제와 지배에 대한 강박적인 욕구가 그가 애초에 팀에 고용될 때 만족시켜야 했던 남자들과 분명하게 공유되지 않았다는 점이었다. 그들은 바로 클리블랜드의 팬들이었다. 브라운스가 어리둥절할 정도로 대단한 승리의 기록을 세움에 따라 팬들의 관심은 사그라들었다. AAFC에서 네 번 연속 우승하자 정규 관중은 6만 명에서 2만 명으로 줄어들었다. 브라운은 말했다. "나는 8만 명 앞에서 패배하느니 만 명 앞에서 승리하겠다." 현대식 팬덤을 발명한 이 남자는 자신이 왜 스타디움에 왔는지 잊었다. 혹은 잡지 《콜리어스Collier's》가 1949년에 주목했던 것처럼, "교육 수준이 낮고 충성도 높은 평균적인 팬들은 약자를 응원하는 경향이 있다. 그는 아돌프 히틀러가 1936년 올림픽에서 패배한 독일 선수들을 공개적으로 무시한 것을 혐오스럽게 기억할지도 모른다"는 사실을 잊었다.[60]

결과적으로 팬들은 자신의 팀이 폴 브라운의 말대로 "미식축구의 뉴욕 양키스"가 되는 걸 원하지 않았다. 그는 블루칼라 마을의 팀에게 화이트칼라의 이미지를 얹으려 했다. 클리블랜드 사람들은 무뚝뚝함과 용맹함, 지독하게 못생긴 갈색 유니폼, 루 그로자의 불뚝한 배, 그리고 맥 스피디의 짝짝이다리 때문에 초창기의 클리블랜드 브라운스를 사랑했다. 그들은 효율성 전문가가 운영하는 '일류' 조직이 아니라 리그에서 가장 오래된 경기장 중 하나에서 먼지와 진창 위를 구르는 '클래블랜드 노바디스'이기 때문에 브라운스를 사랑했던 것이다. 브라운 시스템이 미식축구 전반에 걸쳐 소개한 선수들의 기업화는 도처의 팬을 괴롭혔다. 《라이프》가 1957년에 언급했듯이, 선수는 "얼굴 없는 직원이 되었다." 끝없는 교체 때문에 팬들은 선수들을 알아보기 어려웠고, 그 때문에 그와 동일시하는 것 역시 쉽지 않았다. "선수 리스트가 제공된다 하더라도, 팬은 그 선수들을 제대로 알아볼 수가 없었다."[61] 선수들이 원조 브라운스에 가져왔던 병사 같은 겸손은 폴 브라운의 권위주의에 의해 미묘하게 변형되었다. 제국의 명령에 따라 그들의 익명성은 이제 어린애 취급당하면서 쉽게 대체될 수 있는 대상으로 여겨지는 회사원의 처지를 반영하고 있었다.

선수들이 톱니라면, 경기는 예측 가능했다. 버니 패리시가 회상했던 것처럼 "팬들은 거리에서 우리를 멈추고 '폴 브라운은 도대체 뭐가 문제입니까? 그가 어떤 작전을 쓸지 하나부터 열 까지 다 예측할 수 있어요'라고 말했다."[62] 그들은 브라운의 접근 방식에서 선수들의 지능에 대한 경멸, 나아가 팬들 자신의 지능에 대한 경멸을 감지했다. 한때 브라운은 그들과 같은 남자들에게 젊은 남성을 키우는 "부스터스"가 될 수 있는 힘을 주었다. 하지만 이제 그가 선사하는 경기에서 그들에게 남겨진 건 NASA의 컴퓨터 기술자가 머큐리Mercury 발사 추진 보조 로켓을 발사하는 걸 충실히 지켜보는 어린 학생과 같은 역할뿐이었다.

간절하고 맹렬한 심장

원조 브라운스 팀의 구성원은 더 나이가 많았을 때 미식축구에 입문했으며, 그들 중 많은 사람들이 전쟁의 가마솥은 말할 것도 없고 이미 직업 세계를 경험했다. 그들은 미식축구가 남자다움을 확인받는 호된 시련의 장이 될 거라 기대하지 않았다. 그들을 대하는 폴 브라운의 처우가 터무니없을 때에도 그들은 어깨를 으쓱하고 넘어가곤 했다. 토미 제임스가 나에게 말했다. "우리끼리 욕을 하곤 했어요. 그래도 최선을 다했고 경기를 치러 냈죠." 오토 그레이엄은 "다소 어린애 취급받는 것"에 지치다가 1954년 은퇴했다. 하지만 폴 브라운이 대체할 선수를 찾을 수 없다며 다음 시즌에 다시 돌아와 달라고 했을 때 그레이엄은 그 말에 따랐다. 그게 좋은 스포츠맨 정신인 것 같았다.[63] 팀에서 뛴 지 9년 차에 폴 브라운이 자신을 해고했다는 사실을 신문 기사를 읽고서야 알게 되었을 때, 토미 제임스는 "그냥 내려가서 어깨 보호대와 신발, 물건들을 집어 들고 그에게 인사를 했다. 그게 끝이었다". 한동안 제임스는 "화가 났고 그를 미워했다. 그리고 브라운스 조직 자체를 증오했다. 하지만 돌아왔다". 결국 그건 그저 게임이었을 뿐이니까.

하지만 1950년대 후반과 1960년대 초반에 브라운스에 합류한 젊은 세대는 전후 기업의 그늘 아래에서 성인이 되었고, '대장 기획자'와 더 취약하고, 그렇기 때문에 더 불안한 관계를 맺었다. 브라운의 지시에 따르면서 그들은 좋은 군인이 아니라 무기력한 예스맨이 된 것 같았다. 그들은 전쟁이 아니라 학교에서 바로 왔고, 브라운이 부모처럼 구는 것에 분개했다. 원정경기에서 뭘 먹고 싶은지 상의하지도 않은 채 음식을 주문했을 때, 다 함께 볼 영화를 혼자 정한 뒤 로프를 친 극장 특별석에서 같이 보도록 만들었을 때, 마치 폴 브라운은 선수들에게 피터 팬의 지위를 상기시키면서 잔혹한 기쁨을 느끼는 것 같았다. 하지만 그게 그의 의도는 아니었다. 그는 그저 자신이 아는 유일한 방법인 '시스템'을 추구하고 있었을 뿐이었다. 그러나 그는 스포츠 영웅이 남자다움의 왕도라고 생각하며 자란 새로운 세대를 상대하고 있었다. 그들 대부분은 훈련에 참여하게 되었을 때, 그 문 안쪽에서 감독이 성인의 세계로 들어갈 열쇠를 전달해 줄 거라 기대하고 있었다.

"미식축구를 시작한 첫해에 나에게 가장 중요한 건 경기 자체가 아니라 밥 보우트 감독에게 인정과 존중을 받는 것이었다." 전 세인트루이스 카디널스의 선수 데이브 메거시Dave Meggyesy가 고등학교 시절 감독에 대해 쓴 말이다. 클리블랜드에서 태어난 메기시는 오하이오주 시골에서 자랐다. 그의 아버지는 빅 도그의 아버지와 마찬가지로 비통에 빠진 채 자신의 좌절을 아들에게 주먹을 휘두르는 것으로 해소하려 했다. "축구는 금세 내 삶이 되었고, 내가 반복해서 본 패턴에서 감독은 일종의 대리 아버지가 되었다." 진실을 마주하기까지 수년이 걸렸다. 감독은 아들을 영원토록 소년기에 가두어 두려는 아버지였던 것이다. "고등학교나 대학 미식축구에서처럼, 프로미식축구에서 감독이 권위를 확립할 수 있는 유일한 방법은 선수들을 어린아이 취급하는 것이다." 1970년 미식축구를 떠나면서 매기시는 이렇게 썼다. "감독들은 선수를 죽이지 않으면서 반복적으로 거세하는 재능을 개발한다. (…) 감독 대부분—빈스 람바르디는 고전적인 예일 뿐이다—은 선수들에게 남자가 되는 것이 어떤 것인지 살짝살짝 보여 주면서 감질나게 할 뿐, 언제나 손이 닿을 수 없도록 만든다."[64]

선수들은 기본적인 장자권을 박탈당한 아들이 보일 법한 분노에 찬 반응을 드러냈다. 물론 선수 대부분은 자신을 그런 식으로 보려 하지 않았다. 그들은 숙맥 같았던 브라운스의 원년 멤버들보다 자신들이 (버니 패리시의 표현에 따르자면) "좀 더 세련되었다"고 주장했다. 그들은 한물간 감독의 지시에 별로 신경 쓰지 않았다. 당시 클리블랜드의 유명한 풀백 짐 브라운은 대수롭지 않다는 듯 "나는 표현의 자유를 좋아한다"고 말했다. 자기는 "개인의 억압"에만 반대한다는 것이었다.[65] 새로운 선수들은 자신들이 경험 많고 세상에 대해 잘 아는 남자들이라고 주장했다. 그들이 보기에 전임자들은 풋내기들이었다. 그러나 그들의 언어는 더 깊은 불만의 감정을 배신하고 있었다.

그들은 폴 브라운의 냉정함 때문에 소외감을 느꼈는데, 처음에는 따뜻함을 약속받았기 때문에 더욱 분노했다. 짐 브라운이 말했다. "폴은 칭찬과 배려로 나를 현혹했습니다. 하지만 그때는 폴이 그저 사람을 다루는 패턴을 따르고 있을 뿐이라는 걸 몰랐죠. 그 패턴을 보자면, 그는 대체로 예측 가능한 순간에, 배관공이 렌치를 비틀어 따뜻한 물을 잠가 버리는 것처럼 단호하게 친근감을 잠가 버릴 거예요." 버니 패리시는 자신의 쓰라린 회고록 『그저 경기였을 뿐They Call It a Game』에 많은 선수가 느낀 환멸을 담았다. "나는 돌아온 탕자처럼 환영받았다. 그리고 세계에서 가장 위대한 감독 폴 브라운이 나를 선택해서 그와 함께 전쟁에 가자고 했다." 하지만 네 시즌을 지나면서 패리시는 "그를 증오하게 되었"다. "1962년, 마지막 해가 되었을 때 나는 완전한 혼란이 야기한 좌절 속에서, 심장마비조차 그에게는 너무 큰 복이라고 느낄 정도였다."[66]

어른들의 세계로 가는 길에 만난 인생 선배의 조언에 대한 보답으로 충성을 맹세했다고 믿었던 젊은이들은 배신감을 느꼈다. 어디에선가, 연결이 끊어져 버린 것이다. 돈 드릴로Don DeLillo가 냉정하고 눈앞에 잘 나타나지도 않는 감독이 탑에서 명령을 내리고 '바비'라는 이름의 충실한 선수가 그걸 이행하려고 노력하는 1972년 소설 『엔드존』에서 생생하게 묘사한 것처럼, "감독은 우리의 복종을 원했고 그게 전부였다. 하지만 바비는 충성을 다했고, 간절하고 맹렬한 심장을 바쳤다. 그리고 그것을 증명하기 위해 자신의 몸을 부쉈다."[67]

어린 선수가 충성을 다하지 않는다면, 그건 배신을 맹세한 것이나 다름없었다. 그 간절하고 맹렬한 심장이 반역으로 바뀌는 것이다. 감독을 폭군으로 보는 것은 그를 구세주로 보는 것의 이면에 불과했다. 폴 브라운을 섬기겠다고 서명한 선수들은 이제 그를 "빛바랜 군주제"를 지배하는 "완전한 독재자"라며 비난했다. 그의 가장 큰 죄는 "아버지 같지 않은 모습"을 보여 준다는 것이었다. 하지만 그의 기업적인 거리감은 문제의 절반에 불과했다. 그것만큼이나 선수들을 분노하게 한 건 아이러니하게도 그 '완전한 독재자'가 완전한 지배라는 기업적 약속을 지키지 않았다는 점이었다. 선수 대부분은 이기는 것만이 전부라고 생각하는 감독과 같은 윤리를 따랐다. 전형적으로, 짐 브라운은 감독이 "더 이상 우승에 집착하지 않는다"고 불평했다. 이러한 의심은 1960년대 초반에는 편집증적으로 높아졌는데, 이때 몇몇 선수는 폴 브라운이 실제로 "2등을 목표로 하고 있다"고 확신했다.[68]

미국의 신인 미식축구 선수들은 축구 경기장에서 냉전과도 같은 전쟁을 치르는 임무를 수행하고 있다고 느꼈다. 그리고 그런 임무에는 끝없는 경계심과 승리가 필요하다는 걸 이해했다. 몇몇은 그 임무를 문자 그대로 받아들였다. 그린 베이 패커스의 센터였던 짐 링고Jim Ringo는 데이브 메거시에게 다음과 같이 침울하게 조언했다. "데이브, 미식축구에서 빨갱이들이 이 공의 한쪽에 있고, 우리는 그 반대편에 있는 거야. 그게 이 경기의 전부야. 실수하면 안 돼." '미국의 세기'의 이 아이들은 올해에도, 다음 해에도, 그다음 해에도 선수권이 필요했던 것이다. 그게 아니라면 어떻게 남자가 될 수 있었을까? 패리시는 "그게 미식축구가 존재하는 방식"이라고 지적한다. "당신은 매 게임, 매주, 그리고 그 안에 있는 한, 반드시 당신 스스로를 기꺼이 증명해야 하고 끊임없이 반복해서 증명할 수 있어야 한다."[69] 라벨리의 벌지 전투 경험은 평생을 갈 만큼 의기양양한 경험이었다. 그리고 그를 지탱해 주는 건 단순히 승리의 경험이 아니라 분대원들의 상호 보살핌이었다. 패리시의 세대는 승리만을 가지고 있었다. 그건 전투의 날에 한 번 승리하는 것으로 끝나는 게 아니라 매주 일요일, 취약하고 끊임없이 변화하는 완전한 지배의 교두보에서 몇 번이고 새롭게 쟁취해야 하는 승리였다.

그래서 선수들은 반란을 일으켜서 결국 폴 브라운을 쫓아냈고, 그 존속살인이 사실이 되기 전에 이미 그를 대신할 큰형을 입양했다. 그것이 바로 아트 모델이었다. 그는 1961년 당시 전대미문의 가격인 400만 달러에 브라운스를 구매했다. 그건 사실 그의 돈도 아니었고, 클리블랜드가 그의 고향인 것도 아니었다. 그는 은행으로부터 자금을 조달한 뉴욕 출신의 광고쟁이이자 TV 제작자였다. 그는 겨우 서른다섯 살이었고, 여태까지 1948년 뉴욕의 첫 낮 시간대 TV쇼 〈마켓 멜로디스Market Melodies〉를 제작한 것으로 유명세를 누리고 있었다. 이 프로그램은 슈퍼마켓에 설치된 TV에서 재생되면서 여성 쇼핑객의 입맛을 사로잡았다. 모델이 회상했다. "나는 어느 눈 오는 일요일, 브라운스와 베어스의 경기를 보러 가기 전까지 한 번도 클리블랜드에 가 본 적이 없었어요. '뉴욕 바깥은 다 브리지포트✠'라는 게 브라운스를 사기 전까지 나의 태도였죠." 모델에게 브라운스는 마치 황실의 건물처럼 유혹적이었다. 그가 즐거워하며 말했다. "이건 마치 뉴욕 양키스 왕국을 살 수 있는 것처럼 느껴졌달까요."[70]

모델은 이 젊은 미국 백부장들을 만나게 되어 신이 나 있었다. 그는 감독과 달리 다가가기 쉽고 다정했으며, 아버지의 모습이라기보다는 오히려 그 소년들 중 하나처럼 보였다. 말

✠ 미국 코네티컷주 서남부, 롱아일랜드 사운드에 면한 항구도시.

하자면 그 역시 자신의 대리 부계가족을 찾고 있는 듯했다. 그가 자주 말했듯, 사랑했던 아버지의 죽음은 그 자신을 형성했던 젊은 시절의 뜨거운 경험 중 하나였다. 아버지는 출장을 자주 다니는 와인 판매상이었는데, 매력적이고 잘생긴 사람으로 텍사스의 한 호텔에서 의식이 없는 채로 발견된 뒤 여덟 시간 만에 사망했다. 당시 아트 모델은 열네 살이었다. 어른이 된 "아버지 없는 사기꾼"(그는 어디선가 이렇게 묘사된 적이 있었다)은 확실히 여전히 자신의 우상이었던 아버지를 대신할 누군가를 찾고 있었다. 브라운스 선수들은 그가 처음에 사인첩을 든 소년처럼 행동했다고 회상했다. 버니 패리시가 묘사했듯이 "커다란 눈을 뜬 팬"은 "선수인 우리들에게 지나치게 깊은 인상을 받았다." 모델은 특히 팀의 가장 밝은 빛인 짐 브라운에게 끌렸다. 그는 구단주로서 가진 첫 기자회견에서 그를 "나의 선배 파트너"라고 소개했다. 모델은 브라운을 할리우드의 셀러브리티 문화 용어로 하자면 팀의 "스타"로 보았고, 자기 자신을 스타의 소속사이자 홍보 담당으로 이해했다. 그런 자격으로, 그는 짐 브라운이 라디오 프로그램을 진행하고 베테랑 스포츠 전문기자와 함께 신문에 칼럼을 쓰도록 주선했다. 그건 폴 브라운의 금지를 깨 버린 조치였다. 폴 브라운은 선수들의 이미지 노출이 분열을 초래하는 개인주의적 쇼맨십과 논란으로 이어질 거라 보았다. 음주와 데이트에 대한 폴 브라운의 칼뱅주의적 태도 역시 그런 것에 구애받지 않고 떠들썩한 걸 즐기는 모델과는 상관없는 일이었다. 곧 캐딜락을 타고 다니는 구단주는 선수들을 하이파이 스피커와 한껏 선정적인 모델들이 구비되어 있는 플레이보이를 위한 완벽한 총각의 집으로 초대해 함께 술을 마셨다. "아트는 폴 브라운에 대한 불평을 공감하며 들어 주었다." 패리시는 회상했다. "그는 분명히 우리와 어울리는 걸 좋아했다. 우리 불만을 들어 주는 건 팀의 진정한 내부가 되는 방법이었다. 그는 정말로 팀의 일원이 되고 싶어 했다." 선수들이 모델의 공감하는 귀에 폴 브라운에 대한 비난을 쏟아 내기까지 오랜 시간이 걸리지 않았다. 그리고 이에 힘입어, 그들은 라디오에 출연해서 불만을 제기하기에 이르렀다.[71]

한편 무대 뒤에서 모델은 항상 감독의 권한이었던 계약 협상권을 빼앗고 누구에게나 똑같이 대우하는 감독이라면 결코 허용하지 않았을 연봉 제한 없는 특별한 계약조건을 자신이 선호하는 신인에게 제공하면서 폴 브라운의 권위를 훼손했다. 모델은 심지어 폴 브라운을 더 작은 사무실로 옮겨 버렸다. "내가 한때 우리 팀에 행사했던 통제력이 내 눈 앞에서 사라져 버렸다." 이후에 브라운은 이에 대해 이렇게 썼다. 두 남자 사이의 갈등은 한 사람만이 "정상"에 설 수 있고 다른 한 사람은 필드에서 완전히 쓸어버려야 끝나는 대결이 되었다. 폴 브라운은 1960년대 초 일련의 좌절을 겪었다. 시라큐스대학교 스타 어니 데이비스Ernie Davis를 데려오려던 값비싸고 화려한 트레이드는 그가 백혈병 진단을 받으면서 재앙이 되어 버렸다. 1962년 시즌에서는 쿼터백이 부상을 당하면서 3위에 머물렀다. 그리고 짐 브라운은 감독을 교체하지 않는다면 미식축구를 그만두겠다고 공개적으로 위협했다. 아트 모델은 기회를 포착했다. 그는 폴 브라운을 사무실로 불러 해고했다. 폴 브라운이 기억하는 바에 따르면 모델의 해고 통보는 이와 같았다. "스타디움에 들어설 때마다 내가 당신의 영역을 침범하는 것 같았어요. 이제부터 그곳을 지배하는 이미지는 단 하나일 겁니다." 훗날 폴 브라운은 해고당한 다음 날에 관해 썼다. 그가 아침에 일어나 현관 앞에서 발견한 건 책상에서 사용하던 물건들이었다. 골판지 상자에 담긴 샐러드처럼, 그의 가족사진까지 함께 던져져 있었다.[72] 맥도널더글러스 스타일의 관리자는 이제 자신이 해고된 맥도널더글러스 엔지니어와 대략 비슷한 위치에 있다는 걸 알게 되었다. 폴 브라운은 (이날만큼은 어쨌거나) 돈 모타 못지않게 쭈그러들었다.

며칠 뒤 모델은 새 감독을 발표했다. 팀의 점잖은 보조 코치 블랜톤 콜리어였다. 모델은 콜리어가 자신의 권위를 방해하지 않을 것이라고 판단했다. 고풍스러운 충성심으로 폴 브라운의 평생의 친구였던 쉰여섯 살 콜리어는 켄터키주에서 온 부드러운 말투의 점잖은 신사였으며, 보청기와 두꺼운 뿔테 안경, 중절모를 착용한 할아버지 같은 존재였다. 그는 징병에서 제외될 수도 있었지만 제2차세계대전에 참전하는 것이 자신의 의무라고 생각했기 때문에 서른일곱에 해군에 입대했다. 그는 누군가가 자리에서 밀려나는 게 아니란 걸 확인한 후에야 브라운스의 보조 코치직을 수락했었다. 이번에는 폴 브라운의 축복이 없다면 일을 맡을 수 없다고 모델에게 말했다. 폴 브라운은 축복해 주었고, 콜리어는 브라운이 받은 연봉의 절반도 안 되는 돈을 받고 감독이 되었다.[73]

콜리어는 청교도적 행동강령을 버리고 감독이 작전을 부르는 관행을 중단했다. 그러면서 언론에 "선수들은 본인이 팀의 운영에 직접 참여하고 있다는 느낌을 갖길 원할 것"이라고 말했다. 그는 또한 선수들에게 브라운이 거절했던 애정을 줬다. 《새터데이이브닝포스트Saturday Evening Post》는 "선수들은 깊은 감정을 지닌 조용한 남자 콜리어에게 응답하고 있다. 그는 선수들이 경기장을 떠날 때 마치 전쟁에서 돌아온 아들인 양 그들을 꼭 안아 주곤 한다"라고 썼다. 콜리어는 1964년 '영광의 귀환' 시즌에서 선수들이 원하던 승리를 안겨 주었다(그건 그가 팀을 맡았던 8년의 시간 중 유일한 예외였던 것으로 드러나기는 했다). 선수들은 새로운 감독의 지명에 환호했다. 반면 클리블랜드 팬들은 크게 갈라졌다. 보다 선수들이 주도하는 즉흥적인 경기 스타일로 돌아오는 걸 보고 기뻐하면서도 많은 팬들은 팀을 창립한 감독을 해고한 것과 그 사실이 암시하는 신의 없음에 분노했다.[74] 팬들은 두 감독의 장점을 놓고 토론하느라 바빴고, 그러느라 그런 논쟁이 얼마나 무의미한지 보지 못했다.

그들을 배신한 남자는 새로운 구단주였다. TV 제작자였던 모델은 미식축구의 미래가 결국 모든 구단주들의 충성심을 좌우할 수 있는 미디어인 TV에 달려 있다는 걸 이해했다. 모델은 TV로 중계되는 스포츠 중에서 미식축구가 우세한 지위를 차지하게 만드는 데 중요한 역할을 했다. 그는 31년간 NFL의 TV 위원회 의장을 역임했다. 그는 미식축구를 연예산업으로 전환시키는 과정에서 핵심적인 역할을 했던 '먼데이 나이트 풋볼'을 만드는 데에도 도움을 주었다. 사실 브라운스는 그 덕분에 화려한 신생 팀이었던 뉴욕 제츠를 대신해서 그 프로그램 첫 방송에 초대받기도 했다. 모델은 1964년 CBS에 TV 방영권을 1400만 달러에 판매하는 일에 참여했으며, 절친한 친구이자 NFL 협회장이며, 전 홍보 담당자이자 마케팅 전문가였던 피트 로젤Pete Rozelle이 이를 관리했다. 그는 수문을 여는 것을 도왔다. 이 문을 통해 1977년 미디어 네트워크와의 4년 계약으로 벌어들인 6억 5600만 달러에 달하는 돈이 NFL 금고에 쏟아져 들어왔다. 그해야말로 다시 돌아올 수 없는 강을 넘어가는 변곡점이었으니, 리그가 사상 최초로 입장권 판매보다 TV에서 더 많은 수익을 올렸던 것이다.[75]

새로운 미디어 문화는 경기가 진행되는 방식을 비롯해서 스포츠와 선수의 관계만이 아니라 스포츠와 팬의 관계도 변화시켰다. 새로운 관계에서 선수들은 슈퍼스타가 되었고 팬은 눈이 휘둥그레진 우상 숭배자가 되었다. 선수들은 조종사, 우주비행사가 되었고, 평범한 팬이 할 수 있는 일이라곤 그걸 지켜보는 것뿐이었다. 그조차도 (NFL의 관점에서 보자면) 그의 거실 소파에 앉아서 말이다.

폴 브라운의 길고 무미건조했던 관리의 시대 이후, TV로 방영된 미식축구는 선수들의 개성을 회복시키는 것처럼 보였다. 하지만 브라운의 시스템에 노예가 되었을 때 그들의 익명성이 더럽혀진 것처럼, 그들의 개성은 새로운 주인 곧 TV의 목적에 의해 타락했다. 남자가 되는 과정에서 그들은 스포츠 셀러브리티가 되었다. TV의 스타덤과 함께 급여와 특혜, 그리고 팬들의 지지는 엄청나게 높아졌다. 전제군주 같은 감독은 궁극적으로 부의 축적을 통해 타도되었다. 슈퍼스타 선수들은 감독보다 몇 배나 많은 돈을 벌었다. 그러나 새로운 풍요는 그들이 기대했던 남성적 존엄이라는 포상을 주진 않았다. 왜냐하면 그들의 연봉은 예능 시청률이라는 변덕스러운 영역에 묶여 있었기 때문이다. 미화된 대상이 되는 불안, 팀의 이미지가 아니라 선수 자신의 이미지를 유지해야 한다는 불안이 스타의 지위와 함께 왔다.

스포츠 핀업이 되는 과정에서 미식축구뿐만 아니라 야구·농구 선수들도 많은 것을 얻었다. 구단주가 선수들의 모든 움직임과 생계를 통제하면서, 선수들의 짧은 경력을 거의 노역에 가까운 수준으로 유지하기란 더 이상 불가능했다. 이제 선수들은 자신들이 교섭하고 협상할 수 있는, 활기 찬 노동시장에 서 있다는 걸 알게 됐다. 본질적으로 그들은 자기 자신을 거래할 수 있는 권리를 얻었고, 단순한 법적 의미를 넘어서는 '프리랜서'가 되었다.

TV와 광고업계의 돈은 선수들을 노예상태에서 해방한 것은 물론, '팀'이라는 개념 자체에서도 분리시켰다. 그리하여 선수들은 자기만의 주체성·커리어·이미지 말고는 그 어떤 충성심으로부터도 벗어날 수 있었다. 이렇듯 특전이 많은 신세계였지만, 몸이 자유로워질수록 오히려 선수들은 독립성을 잃은 채 남자다움에서 멀어진다고 느꼈다. 스포츠 자체가 점점 더 이미지화하는 문화에서 선수가 자기 자신을 판촉하려면 결국 자기 이미지를 판촉할 수밖에 없었다. 그런 문화 속에서 스포츠란 미국의 거실에 갇힌 채 온갖 자동차와 맥주 광고 틈바구니에서 반복 재생되는 일련의 이미지들일 뿐이었다. 짐 브라운 같은 새로운 스포츠 '스타'가 이따금 할리우드 영화에 출연한다든지, TV 스포츠 아나운서 겸 유명인이 되어 차세대 스타 이야기와 (미디어에 관점에서 봤을 때) 가십거리를 대중에게 소개하는 건 자연스러운 일이었다.

새로운 지위를 만들기 위해 선수들은 과장해야 한다는 걸 깨달았다. 많은 사람은 '나쁜 남자'의 성질 더러운 땡깡이 미디어로부터 가장 많은 관심을 받을 뿐만 아니라 구단주로부터 돈을 얻어 낼 수 있음을 빠르게 익혔다. 물론 수가 적긴 했지만 계속 예전과 같이 충성스럽고 착한 소년처럼 행동하는 선수들도 있었다. 그러나 그들 역시 종종 주변에 있는 나쁜 남자들의 터무니없는 행동과 연결되었을 때에만 보상을 받는 특정한 이미지를 연기하고 있는 자신을 발견하곤 했다. 하지만 그건 확실히 남자다움으로 가는 길은 아니었다. 모든 스포츠가 이런 상황이었다. 1982년 빅Bic이 존 매켄로John McEnroe✠에게 거금을 주고 광고모델로 계약했을 때, 그 회사가 사들인 것은 부분적으로 존 매켄로의 저 유명한 '삐침'이었다. 이와 마찬가지로 이후에 데니스 '내 멋대로 살 거야' 로드먼✢이 형광색으로 머리카락을 물들인 채로 상대편 선수의 사타구니를 걷어차

✠ 미국의 전설과도 같은 테니스 선수. 코트에서 심판 판정에 불복하고 성질을 부리는 것으로 유명하며 '코트의 악동'이라는 별명이 있다.

✢ '내 멋대로 살 거야(Bad As I Wanna Be)'는 농구 선수 데니스 로드먼의 자서전 제목이다.

곤 하는 영화 캐릭터를 연기하면서 900만 달러라는 어마어마한 계약금을 따낼 수 있었던 것 역시 그의 점보트론 사이즈로 과장된 태도들 덕분이었다.[76] 그래서 가장 규모가 큰 계약과 상품화 패키지를 가진 선수 대부분이 미식축구의 새로운 경기장에서 가장 유치한 배우가 된 것처럼 보였다.

"1960년대 중반에 이르러 진정한 척도는 단 하나였습니다." 《뉴욕타임스》의 스포츠 칼럼니스트인 로버트 립사이트는 《스포츠월드Sports World》에 이렇게 말했다. "그건 가격이었죠. 군중은 더 이상 의미가 없었습니다." 아트 모델이 1970년대에 시립 경기장 재건에 수백만 달러를 쏟아붓겠다고 발표했을 때, 그는 두 가지 목적을 가지고 있었다. 그건 호화로운 소수를 위한 스카이박스와 광고 수익으로 1년에 100만 달러를 벌어들일, 북미에서 두 번째로 큰 점수 판을 새롭게 짓는 것이었다.[77] 단테 라벨리는 모델이 "팬들에게 알리지 않고 입장권 가격을 올린" 바로 그날, 신뢰를 배반했다고 생각했다.

그래, 그런데 팬들은 어땠을까? TV로 중계되는 미식축구의 등장으로 인해 어떻게 경기가 광고 사이에 끼워진 소모성 조각으로 쪼개지게 되었고, 보기에 더 좋다는 이유로 선수들에게 해로운 인조 잔디를 사용하게 되었으며, 어떻게 스포츠가 결국 거대한 판돈 기계로 바뀌게 되었는가 등에 대해서는 많은 이들이 이미 다루어 왔다. 하지만 그런 변화가 팬들에게 한 일은 무엇이었을까?

TV 시대가 열리고 처음에 눈에 보이는 역할을 담당한 유일한 '팬'은 치어리더였다. 미식축구가 TV로 중계되기 시작하며 대학 미식축구의 남성 '응원단장'이 사상 처음으로 폼폼을 흔드는 치어리더들로 교체된 것은 우연이 아니었다. 1970년대 후반까지 프로미식축구팀 대부분은 자체 치어리더 팀을 만들었으며, 그때까지만 해도 달라스 카우보이스의 치어리더처럼 화려하게 '헐벗은' 팀은 없었다. 이들은 《플레이보이》의 관심을 끌면서 그 자체로 하나의 사업체가 되었고, 의상과 보석, 그리고 트레이딩 카드 라인을 완비했다. 치어리더들은 팬들과는 다른 영역에서 선수들과 합류했다. 스포츠 역사가 벤저민 레이더Benjamin Rader가 주목하는 것처럼 "여자들은 치어리더라기보다는 최고의 엔터테이너가 되었다".[78] 응원단장은 팬들을 경기장의 플레이와 연결했지만, 폼폼걸스는 카메라가 제공하는 엔터테인먼트 상품이 되었다. 어쨌거나 광고주들이 침을 흘렸던 새로운 남성 팬들은 점점 더 관중석에서 사라졌다. 1980년대가 되면 그중 많은 이가 스포츠 바에 모여 버드라이트 광고판에 둘러싸인 채 머리 위에 걸린 TV 앞에 모여들어 숭배자들처럼 경기를 올려다보게 된다. 과거의 부스터스들은 사라진 지 오래였다. 그렇게 해서 재탄생한 건 모델 자신의 모습과 다르지 않은 "눈이 휘둥그레진 팬들"이었다. 결국 팬들은 자신들 중 한 명에 의해 배신당하게 되었던 셈이다.

티켓 가격이 평균 노동계급의 급여 범위를 벗어나면서 스타디움은 점점 더 상류층의 전유물이 되어 갔다. 프로미식축구가 원래 대변하고 미화하겠다고 약속한 남자들, 즉 지금은 사양산업이 된 공장지대rust belt에서 성실하게 일했던 공장노동자들은 전자 시대로의 전환기에 가장 차단되고 외면당한 사람들이었다. 미식축구의 TV 시청자는 사무직, 중간관리직, 교외지역에 더 많았다. 그들은 프로미식축구의 초기 역사에서 볼 수 있었던 전통적인 노동계급, 소수민족 시청자보다 화면에 광고되는 고가의 품목을 살 여력을 갖춘 이들이었다.[79]

미식축구 팀의 새로운 관리자, 참모, 홍보 전문가도 마찬가지였다. 마이클 노백은 1967년 『스포츠의 즐거움』에서 "오늘날 미식축구는 정치인, 국장, 관리자, 임원, 관리인, 컨설턴트, 교수, 언론인, 엔지니어, 기술자, 조종사, 항공교통관제사,

비밀 감찰 요원, 보험 대리인, 소매업 관리자, 은행 임원 및 투자분석가 등, 특히 새로운 화이트칼라와 전문직 계급의 놀이가 되었다"라고 썼다.[80] 폴 브라운은 프로미식축구를 '상류층' 영역으로 끌어올리기 시작했다. 마실론 초기부터 계급의 전환은 미식축구 팬의 창시자였던 후원자 프로그램의 암묵적인 일부였다. 그러나 미식축구가 대표하는 노동계급 공동체를 끌어올리는 대신, '스포츠계의 아트 모델들'은 그 세계에 속한 이들을 남겨 두고 떠났다. 몇몇 우주비행사는 로켓을 타고 성층권으로 날아오르며 방송을 탔지만, 그 로켓의 부스터boosters(추진로켓)는 모두 지구로 떨궈진 것이다. 그러나 스포츠 부스터에 대한 배신은 싸움을 초래했다. 특히 팬들이 오래 지속된 관계를 포기하려 하지 않았던 클리블랜드에서는 더욱 그랬다.

모든 도그는 자신을 위한다

빅 도그가 메리와 결혼한 후 첫 가을, 그는 7년간 시립 경기장 2층에서 차지하고 있던 자리를 포기했다. 더 이상 치솟는 가격을 감당할 수 없기도 했지만, 메리가 자신의 광적인 열정에 관심을 가져주기를 바라기도 했다. 그래서 1985년 가을에 빅 도그는 원래 자리를 동쪽 엔드존 외야석에 있는 좌석 중 시야가 좀 더 좋은 두 좌석으로 교환했다. 그 좌석은 반값이었는데, 거기엔 이유가 있었다. 경기의 큰 흐름을 보기에는 별로 좋지 않았던 것이다.

불굴의 의지로 미식축구 관람을 버티던 메리는 쌍둥이 딸을 출산하면서 이를 핑계로 삼았다. 덕분에 매주 일요일마다 남편과 함께 경기장에 가서 팀을 숭배하는 일로부터 벗어날 수 있었다. 빅 도그는 더 좋은 자리를 헛되이 희생했던 셈이었지만, 그는 그렇게 생각하지 않았다. "신나는 일이었죠. 맨 앞자리에 앉을 수 있었으니까요. 엔드존이 내 자리에서 10피트

거리 정도밖에 안 됐어요." 그가 대부분의 시간을 앉아서 보낸 건 아니었다. 그는 코칭스태프가 사이드라인을 서성거리며 경기에 대한 조언을 외쳤던 것과 같은 이유로 대체로 서 있었다. 그는 클리블랜드 브라운스 팬이 원래 수행하고 있었던 지원병의 역할을 되찾고 있었다.

이때 빅 도그는 혼자가 아니었다. 1985년에 저렴한 관람석 1만 개 중 2000개만이 정기권 소지자의 자리였다. 1993년이 되면 그 수는 6000석으로 급증한다.[81] 남자 수천 명이 경기를 볼 수 있는 높은 좌석에서 선수들이 자신을 볼 수 있는 낮은 자리로 내려왔다. 그리고 그곳에서 차이를 만들어 낼 수 있을 거라 기대했다. 그들은 경기장을 평등하게 만들려고 했다. 그들은 선수들과의 친밀한 관계를 되살리면서 팀의 운도 되살리고자 했다. "우리는 완전히 별개의 분대와도 같았던 거죠." 빅 도그가 말했다. 맨 앞줄에 있었던 팬들은 심지어 제2차세계대전 헬멧을 쓰기도 했다.

팀은 확실히 도움이 필요했다. 1980년대 중반까지 브라운스는 쇠락하고 있었다. 10년 반 동안 팀은 포스트시즌 경기에 겨우 네 번 진출했을 뿐이었고, 그 외에는 모두 실패했다. 폴 브라운의 왕조는 너무 오래전에 사라져서 마치 꾸며 낸 전설처럼 보였다.

팀의 쇠퇴는 클리블랜드의 쇠퇴를 반향하고 있었다. 시민의 자부심과 산업의 모델이었던 이 중서부 도시에게 끔찍한 10년이 지나가고 있었던 것이다. 도시에 닥쳐온 구약성경 속 욥이 경험한 것과 같은 재앙은 대대적인 파괴와 죽음, 그리고 방위군의 개입을 불러왔던 1966년 봉기✠와 함께 시작되었

✠ 휴 봉기(Hough Riots). 1966년 7월 18일부터 24일까지, 클리블랜드 흑인 밀집 지역이었던 휴에서 발생한 흑인 봉기. 1950년대에 클리블랜드에는 흑인 인구가 급증하면서 인구구성에 변화가 생겼고, 흑인들이 표준 이

다. 이후로 제조업 일자리 10만 개 이상이 사라졌고, 공립학교 시스템이 몰락해서 사실상 법정관리에 들어갔으며, 1978년에는 시 정부가 채무불이행으로 무너졌다. 그렇게 클리블랜드는 대공황 이후 불운을 겪은 첫 번째 주요 도시가 되었다. 1970년대 후반이 되자 클리블랜드는 더 이상 블루칼라의 도시가 아니었다. 일자리의 70퍼센트 이상이 저임금 서비스 경제에 몰려 있었다. 1980년대가 되자 빈곤층이 클리블랜드 인구의 5분의 1을 차지했고, 실업률은 거의 12퍼센트에 달했으며, 범죄율은 치솟았다. 일련의 난처한 사고, 스캔들 그리고 재난 덕분에 클리블랜드는 엿같은 도시 생활을 풍자하는 스탠드업 코미디의 단골 웃음 포인트가 되었다. 이 도시는 사회적인 것에서부터 재정적인 것, 환경적인 폐해에 이르기까지 베트남전쟁 이후 미국에서 잘못된 모든 것에 대한 캐리커처나 다름없었다. 1억 1100만 달러의 부채가 있었고, 장부는 '감사 불가' 상태였으며, 인프라는 엉망진창이었다. 근처 이리 호수에 있는 물고기의 절반은 뒤집어져서 둥둥 떠 있는 것 같았고, 쿠야호가강과 시장의 머리카락에 모두 불이 붙었다. 클리블랜드 사람들은 기회가 되는 대로 짐을 꾸려 도망쳤다. 1930년에 전국에서 여섯 번째로 컸던 도시가 1980년대에는 열여덟 번째로 큰 도시가 되었다. 클리블랜드는 이제 "협력의 도시"가 아니라 "호수의 실수"로 이름을 떨쳤다.[82]

많은 클리블랜드 사람들과 마찬가지로 빅 도그도 이러한 하락으로 인해 개인적으로 큰 충격을 받았다. 그는 가족에게 가장 큰 상처를 주었던 공립학교 시스템 안에서 이런 하락과 싸우려고 노력했다. 그는 교육위원회 회의에 참여해서 악화되는 교육에 대해 소동을 벌였고, 학교에 컴퓨터를 도입하는 계

하의 과밀 주택, 지역 상인들의 생필품 바가지요금, 경찰의 괴롭힘 등을 경험하면서 이에 대한 저항이 결국 과격한 봉기로 이어졌다.

획을 지지하는 동료 학부모를 결집하려 했다. 그러나 상황은 어처구니없을 정도로 절망적이었다. 학교를 재건해야 할 도시 금고에는 돈이 없었고, 연방 차원에서 교육부를 해체하려는 레이건 행정부는 도움을 주려 하지 않았다.

반면 경기장에서는 한 줄기 빛이 내려왔다. 그의 이름은 버니 코사르, 오하이오주 보드먼에서 자란 경이로운 대학 쿼터백이었다. 코사르의 평생의 야망은 클리블랜드 브라운스에서 뛰는 것이었다. 그는 구식의 팬들을 되돌려 놓을 구식의, 근면한 운동선수였다. 빨간 셔츠를 입은 신입생이었던 그는 대학에서 높은 성적을 유지하면서 마이애미대학교 미식축구팀을 전국 선수권 대회로 이끌었다. 1985년에는 브라운스에 합류하기 위해 정규 드래프트(선수 선발)를 건너뛰었다. "나는 그냥 집에 가고 싶어요." 그의 이런 언동 때문에 NFL 경영진은 이후 '코사르 규칙'을 만들어서, 선수가 팀을 직접 선택하는 걸 방지했다. 어쨌든 일반적으로 선수들의 물결이 비탄에 잠긴 브라운스로 내려왔던 건 아니었다. 코사르는 독특한 선수였고, 도시는 고마움에 겨워 그를 독생자로 받아들였다.[83]

새로운 쿼터백은 재미있고 가족과 함께 있는 걸 실제로 즐기며 일요일 미사에 가는 걸 좋아하는 가정적인 남자였다. 브라운스의 전 마스코트인 세스 태스크는 "버니가 클리블랜드시와 마찬가지로 미운 오리 새끼 같았기 때문에 모두가 버니와 동일시"했다고 말했다. 그리고 그는 클리블랜드를 아꼈다. 클리블랜드 《플레인딜러》의 칼럼니스트 빌 리빙스턴Bill Livingston은 "버니는 우리가 그를 쫓아다니는 것보다 우리에게 더 많이 구애했기 때문에, 그 인기가 대단했다"라고 썼다. 브라운스가 1985년 그를 영입했을 때, 아트 모델은 《스포츠일러스트레이티드》와의 인터뷰에서 "누군가 클리블랜드에서 뛰고 싶어 한다는 건 일상적인 일이 아니"라며 눈시울을 붉혔다.

모델은 자신이 코사르의 "대리 아빠"라고 선언했고, 관중석의 남자들 역시 마찬가지였다.[84]

빅 도그는 자랑스러운 아빠들 가운데 한 명이었다. 그는 시즌이 시작될 때까지 흥분을 억제할 수 없었고, 그해 여름 훈련 캠프에 가서 어떤 도움을 줄 수 있는지 알아보았다. 어느 날 그와 다른 팬들이 울타리를 따라 팀이 몸을 푸는 걸 지켜보는 동안, 코너백 핸퍼드 딕슨Hanford Dixon이 몇몇 동료 선수에게 개처럼 짖었다. 딕슨이 나중에 떠올리기로는 "그저 우리 수비수들에게 불을 좀 붙이려고" 했던 것뿐이었다. 그는 승리하려면 "고양이를 쫓는 개 무리와 같아야" 한다고 말했다. 그렇게 '도그 수비수Dawg Defense'가 탄생했으니, '도그'란 딕슨의 앨라배마주 사투리를 기리는 말이었다.[85]

두 번째 프리시즌 경기에서 빅 도그는 외야석에 자리를 잡았고, 개의 두개골이 옆자리를 차지하고 있는 걸 보게 된다. 그건 딕슨이 짖는 모습을 목격했고 그로부터 아이디어를 얻은 프리랜서 화가이자 독실한 팬인 톰 맥맨Tom McMahon의 것이었다. 그는 얼굴에 반은 오렌지색, 반은 팀의 색상인 갈색으로 칠한 다음 나머지 오렌지색을 그의 무시무시한 플래카드에 칠했는데, 그건 빗자루 두 개 위에서 덜렁거리고 있는 송곳니 달린 두개골이었다. 아무도 감히 그 두개골을 어디서 구했는지 묻지 못했다. 빅 도그가 말했다. "알고 싶지 않았어요! 묻고 싶지도 않았고. 그러니까, 안 물어봤고 안 궁금하단 거죠! 그건 이빨이랑 뭐랑 다 있었고 악취도 엄청났어요. 닥스훈트처럼 작았지만 두개골 모양 자체는 도베르만에 가까워 보였고, 빗자루 두 개에 연결되어 있어서 두개골의 입을 움직일 수 있었어요. 그렇게 짖을 수도 있었죠." 하지만 무엇보다 "선수들이 그 두개골에 반응"을 했다. "그게 뭔지 보려고 다가왔다니까요."

다음 경기 전날 빅 도그는 '도그 수비수'를 지원할 방법을 고민하던 중 어느 의상 가게를 발견했다. "가게에 들어갔더니 벽에 박힌 작은 못에 온갖 마스크가 걸려 있더라고요. 그리고 개처럼 보이는 마스크 하나가 위쪽에 있었어요. 나는 '저 위에 있는 마스크는 얼마에 파는 겁니까?'라고 물었죠." 점주가 마지못해 사다리를 타고 올라가 마스크를 가져왔다. "그 여자는 내가 그런 걸 살 리 없다고 생각했던 거죠." 그가 웃었다. "8년이나 거기에 매달려 있었다고 하더라고요. 1980년 이후로는 생산되지도 않은 거고요." 거기에는 10달러와 12달러, 가격표 두 개가 붙어 있었는데, 점주는 둘 중 저렴한 가격으로 가져가라고 말했다. 다음 날 아침, 빅 도그는 새로운 유니폼을 입었다. 길고 엉뚱한 얼굴을 가진 고무로 된 바셋하운드가 "모두를 웃게 만들었"다고 그는 말했다. 이는 15년간 침체에 시달린 경기장에서 결코 작은 일이 아니었다. "사람들이 엄청 웃었어요." 어리벙벙해진 선수들 역시 반응을 보였다. "선수들이 몸을 풀면서 우리에게 짖었죠. 대단한 일이었어요."

이후 세 번의 경기가 지나가면서, 외야석의 거주자들이 강아지 사료 회사인 밀크본의 강아지 비스킷 상자를 들고 와 경기장에 던지기 시작했다. 선수들이 이따금 비스킷을 가로채서 관람석으로 다시 던졌을 때 외야석의 팬들은 열광했다. 곧 들판에 비스킷이 너무 많아져서 경기장 관리자가 하프타임에 수레에 담아 치워야 했다. 그러는 동안 온갖 종류의 개 가면이 등장했다. 어떤 일요일에는 관람석이 가장무도회처럼 보였고, 마스크를 쓰지 않은 얼굴을 찾는 것이 쉽지 않을 정도였다. 톰 맥맨은 개집을 통째로 들고 왔는데, 아마도 그 두개골이 살던 집이었을 터다. 조('버바')와 버드('정크야드 도그') 매켈웨인 형제는 진짜를 데리고 와서 광기를 극에 달하게 했다. 클리블랜드 브라운스 운동복에 그려져 있는 세인트버나드 두 마리를 실제로 경기장에 데려온 것이다. 하지만 매켈웨인 형제들 자체가 더 극적인 광경이었다. 공구 제작자인 조와 노동자인 버드는 머리부터 발끝까지 뒤덮는, 강아지 모양의 축 늘어진 귀가 달린 후드가 붙은 닥터 덴톤 스타일✠의 푹신한 잠옷을 입고 나타났다. "그들은 나를 '포지 베어'[귀가 작은 머펫]라든지 '이웍'[〈제국의 역습The Empire Strikes Back〉에 등장하는 작은 털북숭이 동물]이라고 부르곤 했죠. 코스튬에 비해 귀가 너무 작았기 때문이에요." 버드는 약간 원통하다는 듯 내게 말했다. "제대로 맞추는 데 200달러가 넘는 비용이 들었어요. (…) 많은 사람이 우리를 보고 '당신은 팀과 한편입니까?'라고 묻겠죠." 그와 조가 생각하는 한 당연히 팀과 한편이었다.

팬과 선수 사이의 장벽이 극적으로 낮아진 것 같았다. 스콧 섄터리가 회상했다. "선수들이 내려와 손을 흔들면 우리는 시작했죠." 그와 친구 에드 쿠더나는 도그파운드에 합류하기 위해 좋은 자리를 포기했으며, 둘 다 그럴 만한 가치가 있다는 데 동의했다. 쿠더나가 말했다. "그러면서 확실히 참여하고 있다는 느낌이 들었어요." 조와 버드 매켈웨인은 두어 시간 일찍 경기장에 도착해서 선수들이 도착할 때 기운을 북돋아 주었다. 선수들은 진짜 개들을 쓰다듬고 도그파운더의 지지에 감사를 표하기 위해 멈춰섰다. "[라인배커] 프랭크 스탬스는 심지어 시즌이 끝나면 전화하라고 했어요, 맥주나 한잔 하자고요." 조 매켈웨인이 말했다. 그래서 실제로 전화를 했지만 원정경기 입장권을 몇 장 얻었을 뿐이었다. 벽은 넘을 수 있어 보이기는 했지만, 어쨌거나 여전히 그곳에 있었다. "선수들에게 뭘 더 바랄 수 있겠어요?" 그럼에도 선수들도 노력하는 모습을 보였다. 러닝백 토미 바델은 도그파운더들을 별명으로 불렀고, 심지어 울타리 쪽으로 와서 헌신적으로 짖는 사람의 등을 두드리고 감사를 표했다. 코너백 핸퍼드 딕슨은 지역신문에 매일 '도그

✠ 상하의와 발 부분이 하나로 연결된 모양의 잠옷 디자인.

일기'를 썼다. 이 일기에서 도그 팬들을 언급하면서 가장 좋은 지원 방법을 조언하기도 했다. 필드에서, 그는 종종 몸을 돌려 도그에게 짖어 달라고 간청했다. 팬들은 기뻤다.[86]

팀 경영진도 도그파운드의 잠재적인 유용성을 인식했다. 클리블랜드 브라운스는 이전에 마스코트를 가져 본 적이 없었다. 외야석에서 짖어 대는 온갖 소리와 함께, 의상을 차려입고 경기장에 등장한 도그를 공식적으로 만들지 않을 이유가 무언가? 그리하여 곧이어 '로버 클리블랜드' 경연이 이어졌다. 승자는 25세인 세스 태스크로, 향수 방문판매를 하던 중에 이 경연에 대해 들었다. 그 소식을 알려 준 사람은 그의 아내였다. 열렬한 팬인 태스크는 이후 약속을 취소하고 차를 타고 45분을 달려 "9번 〔고속〕도로를 타고 내려와" 브라운스 본사에 도착했다. "운 좋게도 내 사업을 운영하고 있었던 터라, 스케줄을 조정할 수 있었죠." 그가 기억을 떠올렸다. 그는 긴 줄의 마지막에 섰고, 이미 많은 이들이 정성을 들인 소품과 기이한 표지판으로 무장하고 있었다. "내가 가진 건 오로지 열정이었어요." 그가 말했다. 끔찍하게 더운 날이었고, 태스크의 순서가 되었을 때 그는 두꺼운 안경을 벗어야 했다. 큰 개 머리 아래에서 김이 껴 버린 안경 때문에 앞을 거의 볼 수 없었고, 그러다 경기장에서 참가자들을 관찰하고 있던 아트 모델과 부딪힐까 봐 염려됐기 때문이었다. 그럼에도 그는 혼란스럽지만 행복한 뛰뛰기 댄스를 시작했고, 결국 선택되었다. "실제로 브라운스를 위해 일한 건 아니었어요. 그냥 내가 알아서 하는 거였죠." 다른 말로 하자면 브라운스는 그에게 경기당 100달러를 지급했고 다른 혜택은 없었다. 그건 그저 또 다른 "무소속 계약직"이었고, 방문판매와 다를 바가 없었다. 하지만 적어도 그는 "스스로 믿는 무언가"를 하고 있었다. 그리고 팬들은 그의 노고에 박수를 보냈다.

다른 사람들이 고마워하는 일을 하는 것. 그게 빈스 어윈이 도그파운드에서 자원봉사를 한 중요한 이유였다. 오하이오 주 리트먼에 있는 모튼 솔트 공장의 트랙터 운전사이자 석탄 처리를 담당했던 어윈은 어느 날 거대한 송곳니와 길고 뾰족한 코가 달린, "광견병에 걸린 것처럼 보이는" 개 마스크를 쓰고 관람석에 나타났다. 마스크를 쓴 것이 처음은 아니었다. 예전에 어른으로서, 노동조합 회의에서 한 번 마스크를 쓴 적이 있었다. 수년간 그는 노동조합 지부의 수동성에 좌절했다. 고충을 토로하는 건 아무런 해결책도 찾을 수 없었다. 노동조합 회의에서 목소리를 냈을 때도 태도가 나쁘다는 말을 들어야 했다. 얼마 지나지 않아 그는 안전모에 '나쁜 태도'라는 글자를 새겼다. "그들은 곧 그 안전모를 벗으라고 했어요." 한때 "사람들이 밑바닥에서부터 성장했던" 공장은 일련의 인수합병을 거치면서 주인이 여러 차례 바뀌었고 "이제 회계사와 사무직 노동자들이 운영하는 공간"이 되었다. 그들은 이윤을 남기는 가장 좋은 방법은 필수적인 노동자들의 혜택을 줄이는 것이라고 생각했다. "노동조합이 아무것도 하지 않는 걸 보고 너무 속상했어요." 1982년 주요 노동조합 협상가들이 계약 비준을 위한 노동조합 회의를 불과 며칠 앞두고 경영진과 함께 골프장에서 목격됐다는 소식을 들은 후, 어윈은 평정을 잃었다. "오버롤 작업복과 노인 마스크, 파이 통조림 몇 개, 휘핑크림 한 캔을 구했죠." 회의가 진행되는 가운데 빈스 어윈은 뒷문으로 난입해 노동조합 위원장에게 휘핑크림을 얹은 파이를 던지고, 빠르게 빠져나왔다. "노인 가면을 쓴 사람이 누군지 알아내는 데 2년 정도 걸렸어요." 그러나 계약 협상이 차질 없이 승인되면서 그 순간의 만족감은 금세 사라졌다. 나중에, 그는 노동조합 위원장에게 성공적으로 도전했다. 그때까지도 노동조합 위원장은 자기 자리를 지키고 있었다. 그리고 변화란 그가 바랐던 것보다 더 어렵다는 사실이 드러났다. "공장 일은 진짜 막다른 골목이구나 싶었어요." 그는 결론 내렸다. "시스템을 부정하려고 했지만……." 그는 손을 내밀고 손바닥을 위로 뒤집었다. 비어 있었다. 하지만 관중석에서는 달랐다. 그는 마스크를 쓴 남자가 무언가 영향력을 행사할 수 있는 장소를 찾았다.

파이 대신에 어윈은 큰 종과 3피트 길이 생가죽 뼈를 들고 있었다. 그는 경기장과 이 정도 거리만 떨어져 있다면 선수들을 "만질 수 있"고 그들에게 닿을 수 있다는 걸 알게 되었다. 그들은 어윈의 종소리와 그가 휘두르는 뼈, 그리고 그런 것들이 표현하는 무궁무진한 헌신과 지지를 보지 않을 수 없었다. 이것이 리본을 단 치어리더와는 다른 구식 노동자의 헌신임을 보여 주기 위해, 그는 큰 삽을 들고 빅 도그와 다른 도그파운더들처럼 안전모를 썼다. "여기는 블루칼라들의 도시이고 내가 바로 블루칼라 사나이죠." 그가 설명했다. 그의 새롭고 헌신적인 개-자아를 소개하기 위해 "빈스 'D. 도그' 어윈"이라는 이름이 박힌 명함을 새로 팠다. 명함에는 작은 개 얼굴과 큰 뼈 그림이 그려져 있었고, 그 아래 "훌륭한 '도그'는 언제나 충성스럽다"라는 문구가 새겨져 있었다. 경비원이 훌륭한 도그에게 게이트에서 뼈를 버리라고 명령했을 때 (던질 수 있는 큰 물건은 잠재적인 위험으로 간주된다) 어윈은 다른 팬과 공모해 관중석 벽에 걸린 40피트 밧줄을 통해 그걸 몰래 가지고 들어갔다. 어느 날, 유머 감각이라고는 없는 경찰이 그를 자리에서 내쫓았다. 어윈은 뒤쪽으로 호송되었고, 그곳에서 압수당한 뼈다귀는 "금고에 안치되어" 버렸다. 그가 뼈를 잃고 어깨를 움츠린 채 관중석으로 돌아갔을 때 예상치 못한 일이 일어나 그의 기운을 북돋았다. 그를 향했던 정신적 지원에 여전히 감사하면서, 그가 회상했다. "내가 계단을 내려오는데 모두가 나를 응원하기 시작했어요. 굉장히 들뜬 기분이었죠. 이 모든 사람이 나를 지지하고 있다는 걸 알았으니까요."

클리블랜드 브라운스는 항상 엄청난 팬 기반을 가지고 있었다. '브라운스 배커스Browns Backers'는 6만 8000 회원과 379개 지부를 가진 미국 최대의 축구 팬클럽이었다.[87] 그러나 도그파운드는 무언가 새로웠다. 팀을 지원할 뿐만 아니라 스스로 '지원backing'을 받으려는 남자들의 모임이었던 것이다. 도그파운더들은 일반적으로 브라운스 배커스를 지나친 '엘리트주의자'라며 매도했다. 그들은 공식적인 오찬 모임과 회의를 진행하고, 콧대가 높은 상업형 회원들을 보유하고 있는, 분담금을 지불하는 기구로부터 소외당했다고 느꼈다. 빅 도그가 말했다. "나는 배커스 클럽에 가입하려고 몇 차례 시도했어요. 하지만 늘 뭔가 쌀쌀맞게 대한다는 생각이 들더라고요." 도그파운더들은 자신들이 엘리트의 일부가 아니라는 걸 알고 있었다. 어쨌거나 그걸 원했던 것도 아니었고 말이다. 그들은 그저 자신들의 끈덕지고 겸손한 신실함을 알아주기를 바랐다. 그들은 비가 오나 눈이 오나 틀림없이 나타나 용맹과 품위를 증명하는, 그게 아니라면 의지할 것이라곤 없는, 그런 종류의 남자로서 여전히 명예로울 수 있는 공간을 찾고 있었다. 그렇기 때문에 경기가 잘 보이지 않는 자리임에도 불구하고 그 딱딱한 의자를 선택했던 것이다. 도그파운더들은 자신들을 찬밥 신세로 만든 이 세계 안에서도 어딘가에선 충성심이 여전히 인정받고, 보병이 여전히 사랑받는다는 사실을 확인하고 싶었다.

이런 이유에서 도그파운드의 콘셉트는 시립 경기장 외야석에 한 번도 간 적이 없는 남자들에게 받아들여졌다. 도그파운더들은 불안정하고 변화무쌍한 직장에서 일하는 모든 노동자가 이해할 수 있는 걸 요구했다. 충성심이 중요하고, 그들이 소품이 아니라 여전히 선수이며, 충성 서약을 한 기관을 지키기 위해 자신의 역할을 다했다면 그들 역시 그 대가로 보호받을 거라는 확답 말이다. 도그파운드 마니아들은 "전국적으로 주목을 끌었"고, 크리블랜드 브라운스의 역사는 다소간의 경의를 품고서 그들에 대해 서술했다. "클리블랜드에서 하루 종일 운전하는 거리에 들어와 본 적도 없는 팬들이 갑자기 동일시할 수 있는 팀을 발견했다. 도그 현상의 감정적 발산은 전례가 없었다."[88] 뉴멕시코주 앨버커키에서 라디오 프로그램 '유명인'인 T.J. 트라우트는 방송에서 자신을 '데저트 도그The Desert Dawg'(사막 도그)라고 선언했다. 그는 "그들은 언제나 약자"였기 때문에 팀에게 헌신하겠다고 말하고, 1989년에는 브라운스가 아메리칸풋볼컨퍼런스(AFC)✠ 챔피언십에서 승리하지 못한다면, 치킨 복장을 하고 '나는 패배자 브라운스 팬이다, 나를 걷어차라'라고 쓰인 팻말을 들고 앨버커키 쇼핑몰을 행진할 거라고 약속했다. 팀은 결국 승리하지 못했고, 데저트 도그는 쇼핑몰에서 수치스럽게 걸어 다녀야 했다. "〔하지만〕 다행히도 수많은 브라운스 팬이 나를 지지하기 위해 찾아왔죠. 그분들이 나를 발로 차고 괴롭히려 했던 브롱코스 팬들로부터 지켜줬어요."[89]

이건 마치 도그파운더가 (혹은 워싱턴 레드스킨스를 파는 호게츠, 그린 베이 패커스를 응원하는 치즈헤드가) 인생의 다른 영역에서 풀려 버린 모든 오래된 유대 관계를 경기장으로 옮겨 오려고 노력하는 것 같았다. 직장과 가정에서 단절된 유대에 대한 분노는 감정적 격렬함과 여전히 규칙을 따르는 것처럼 보이는 단 한 경기에 대한 애착으로 다시 나타났다. "광적인 팬들은 언제나 있었다." 오하이오주를 비롯해 여러 주의 팬 행동을 연구하는 켄트주립대학교의 사회학자 제리 루이스는 이렇게 논평한다. "하지만 이건 완전히 새로운 범주라고

✠ NFL의 두 컨퍼런스 중 하나.

볼 수 있다. 슈퍼팬의 특이한 점은 한 시즌에서 끝나는 게 아니라 시즌을 거듭해 가며 장기간에 걸쳐 헌신하는 사람이라는 점이다. (…) 그들은 자신들의 행동이 다른 팬들을 자극하고, 그것이 자신들이 응원하는 팀을 더 잘하게 만든다는 사실을 의심하지 않는다. (…) 여긴 그들의 주말 직장이다."[90]

도그파운더는 자신의 노력이 생산적이라고 믿을 만한 이유가 있었다. "〔도그파운드가〕 시작된 이후로 브라운스는 플레이오프에 진출했어요." 빅 도그는 행복하다는 듯 환기했다. 몇 년간 고전을 면치 못하던 팀은 1990년대 후반에 5연속 플레이오프 시즌을 치렀고, AFC 결승전에도 세 번 진출했다(하지만 승리의 전망은 덴버 브롱코스에게 막혔다). 승리의 주문이 팬들의 헌신에 의해 풀렸는지 코칭스태프와 선수들의 변화에 의해 풀렸는지 여부는 도그파운더에게 토론하고 자시고 할 문제가 아니었다. "당연하죠." 내가 도그파운드가 팀의 운명에 영향을 미쳤다고 생각하느냐고 물었을 때, 빅 도그는 그렇게 답했다. 그는 1986년 뉴욕 제츠와의 홈경기에서 연장전이 두 번이나 이어진 일을 언급했다. "그날 엄청 추웠는데, 경기에서 이긴 건 정말 팬들 덕분이었어요. 우리가 〔제츠의 수비수였던 마크〕 개스티노를 괴롭혔거든요. 브라운스는 우리 쪽 7~8야드 라인에서 공을 갖고 있었어요." 그건 바로 도그파운드 옆이었고, 개스티노와 그의 동료 제츠는 엄청난 울부짖음 때문에 주의가 산만해졌다. "1만 명이 '개스티노는 망했어!'를 외쳤어요. 그게 차이를 만드는 거죠." 세스 태스크는 클리블랜드가 베어스에게 지고 있던 경기를 떠올렸다. "아무런 이유 없이 경기장이 갑자기 〔응원으로〕 달아올랐어요. 팬들은 팀을 위해 그 경기를 끌어갔죠. 클리블랜드는 마침내 잿더미에서 살아나고 있었어요. 그리고 전 국민이 그것을 보았죠."

그들의 공헌은 희생을 기반으로 했다. 도그파운더에게는

최악의 날씨에도 그 자리에 가는 게 중요했고, 부유한 입장권 소유자가 때로 임시 피난처를 제공했을 때에도 밀폐된 특별석으로 피난하지 않는 것이 중요했다. 항상 집에서 경기장까지 8마일을 걸어갔던 걸 강조했던 매켈웨인 형제들도 매표소 앞에서 얼어 버릴 것 같은 추위에도 철야를 했던 날을 자랑스럽게 기억했다. "플레이오프 입장권을 구하기 위해 밤새도록 앉아 있었어요." 버드가 말했다. "천 명이 넘는 사람들이 기다리고 있었고, 진짜 추웠어요. 드럼통에 장작을 피워 놓았지만 그다지 도움이 되지는 않았죠. 어머니가 수프를 가져다줬어요." 형제인 조가 덧붙였다. "나는 날씨 좋을 때만 나타나는 팬들을 좋아하지 않아요. 우리는 추울 때나 더울 때나 우리 선수들과 함께하니까요."

그러나 1990년대에 들어서면서 '저 좋을 때만 나타나는 친구들' 가운데 가장 제멋대로인 친구는 관중석이 아니라 경기장 위에 있다는 징후가 보이기 시작했다. 선수들은 도그파운드에 흥미를 잃은 듯했고, 경기력은 다시 한번 곤두박질쳤다. 빅도그는 1990년 라디오에서 진행하던 '인사이더스Insiders'(내부자들) 팬 콘테스트에서 우승해, 그 포상으로 비공개 연습을 참관할 수 있었다. 그는 자신이 본 것에 충격을 받았다. "선수들은 그냥 핸드폰으로 남들의 짜증을 유발하거나, 블로킹 연습을 하는 인형 위에서 어슬렁거리고 있었어요. 심지어 그걸 숨기려고도 안 했죠. 실은 감독도 거기 있었어요." 선수들이 다른 방향으로도 쇠락하고 있다는 징후는 지난 몇 년간 계속 수면 위로 올라오고 있었다. 마약중독 선수 재활치료를 위해 브라운스가 만든 비밀 마약 프로그램 '이너 서클'에 누가누가 참여했다더라 하는 소문이 떠들썩했고, 1980년대 중후반까지 언론은 팀에 만연하던 약물남용을 보도했다.[91] 버드 매켈웨인은 말했다. "팬들을 잊어버리고, 팬들이 임금을 지불해 준다는 사실도 까먹은 선수가 많았죠. [세이프티safety✠ 에릭] 터너처럼 말예요. 나는 그의 번호를 차고 있었는데, 술집에서 만나면 우리한테 말을 걸곤 했어요. 하지만 진짜 거물이 되고 나서는 더 이상 말을 걸지 않았죠." 여기서 '진짜 거물이 되었다'는 건 특별 보너스 275만 달러와 함께 3년간 800만 달러 이상으로 갱신된 계약을 염두에 둔 말이었다. 팬들의 고통은 높이 치솟은 계약금과 함께 커져만 갔는데, 특히 1995년 1700만 달러 계약과 500만 달러 특별 보너스로 NFL 최고 연봉을 받은 자유계약선수(FA) 안드레 라이즌에게 이목이 쏠렸다. 그의 거만한 태도가 팬들에게는 변화된 분위기의 증거로 보였다. 브라운스는 NFL에서 연봉이 가장 높은 팀에 속했으며, 1995년 시즌에는 달라스 카우보이스 다음으로 계약 보너스에 많은 돈을 쏟아부었다.[92] 한편 팬들을 무시하는 느낌을 주는 사람은 또 있었으니, 바로 1991년 합류한 새 감독 빌 벨리칙이었다. 언론을 외면하면서 종종 냉담하게 구는 인물인 벨리칙은 도그파운드의 의심스러운 공헌에 별 관심이 없는 것처럼 보였다.[93] 클리블랜드의 오랜 스포츠 저널리스트이자 라디오 토크 프로그램 〈아는 남자들Guys in the Know〉 진행자인 레스 러빈은 "벨리칙이 팬들에게 완전히 오만하게 굴었"다고 말했다. 감독과 팬 사이의 갈라진 틈은 2년 뒤 벨리칙이 토박이 아들 버니 코사르를 내보냈을 때 깊은 골이 되어 버렸다. 도그파운드에서 벨리칙을 지지했던 몇 안 되는 사람 중 하나였던 빅 도그조차 "벨리칙이 버니를 내보냈을 때, 그건 도시의 몰락이나 마찬가지"였다고 말했다.

팬들은 무엇보다 벨리칙이 코사르를 트레이드할 생각조차 하지 않았기 때문에 화가 났다. 감독은 코사르를 해고한 뒤 "그의 신체 능력이 저하되었다"라는 내용을 담은 보도 자료를 통해 그의 남성성을 모욕하고 더 큰 굴욕감을 주었다. 관중석 남

✠ 미식축구에서 상대 팀과 멀리 떨어져 있는 수비수.

자들은 분노에 사로잡혀 그 문구에 달려들었다. 몇 년 뒤 나와 이야기를 나눌 때 그 문제를 언급한 도그파운더가 많았는데, 마치 감독이 본인들에게 그런 말을 하기라도 한 것처럼 "능력 저하"라는 말을 내뱉었다. 코사르가 해고된 방식은 현대적인 작업장에서 많은 도그파운더가 취급당했던 방식을 원치 않게 떠올리게 했다. 도그파운더는 바로 그 현실을 잊기 위해 경기장으로 왔는데 말이다. 브라운스는 슈퍼스타와 빈둥거리는 개 사이에서 남성들이 차지할 수 있는 다른 역할이 존재하던 시대로의 회귀여야 했다. 20년간 열렬한 팬이었지만 항의의 의미로 시즌 입장권을 포기해 버린 로키 디칼로Rocky DiCarlo가 기자에게 말했던 것처럼, 코사르는 "역사상 최고의 쿼터백은 아니었을지 모른다. 하지만 그는 좋은 쿼터백이었고, 좋은 사람이었다. 이런 취급을 당해선 안 됐다". 좀 더 친밀한 수준에서 보자면, 그건 또 다른 아버지의 배신과도 같았다. "모델은 '버니는 나에게 아들과도 같습니다, 언제까지나 이곳에 함께할 거예요'라고 말했었다고요." 도그파운더 에드 쿠더나는 씁쓸하게 회상했다. 모델은 당시 언론에 버니를 "사랑"했지만 감독을 지지하지 않을 수 없다는 입에 발린 해명을 내놓았을 뿐이었다.[94]

코사르가 해고된 후, 도그 팬들은 과격해졌다. 너대니얼 웨스트Nathanael West의 파국 소설 『메뚜기의 날The Day of the Locust』에 등장할 법한 거의 1000명에 가까운 군중이 경기장에서 벨리칙을 따라다니며 괴롭혔다. 빅 도그의 기억에 "그들은 외설스러운 말, 정말로 증오의 말"을 외쳤다. "몹시 사나웠죠. 할 수만 있다면 그를 찢어발길 것 같았어요." 안전한 "인터뷰 룸"으로 돌아온 감독은 두꺼운 벽 너머로 여전히 "빌은 꺼져라!"라고 외치는 성난 팬들을 무시해 버렸다. 그리고 신랄하게 말했다. "팬들의 말을 듣는다면, 당신도 그들 중 하나가 되어 저기에 앉아 있게 되는 거죠."[95] "저기에 앉는다"라는 말의 의미는, 퇴역

당해서 노동자 지옥의 특별석에 앉는 신세가 된다는 의미였다. 감독은 도그들이 수년간 땅에 묻으려고 했던 그 의혹을 말로 표현해 버렸다. 팬은 이제 핵심이 아니었다.

그 후 몇 주 동안 팬들의 분노는 또 다른 표적을 향하기 시작했다. 그건 바로 새로운 쿼터백 비니 테스타베어디였다. 지지자들보다는 화려한 계약조건에 더 헌신하고, 점점 더 카메라에 잘 보이기 위해 움직이는 필드 위의 남자들을 향한 들끓는 분노가 불길에 휩싸였다. 그들의 말에 새로운 악의적인 어조가 스며들었다. 팬인 피터 카든은 팬 잡지 《브라운스뉴스일러스트레이티드Browns News Illustrated》에 보낸 편지에서 이렇게 썼다. "그 노망 난 늙은이[빌 벨리칙]가 모를까 봐 하는 말인데, 그의 고객들은 비니 노트시클리버드를 경멸합니다." 그는 다른 팬의 말을 소개했다. "그가 술집에 들어온다면, 나는 그를 [연쇄살인마] 제프리 다머보다 더 심하게 패 줄 겁니다."[96] 버니의 교체와 관련해 팬들을 가장 괴롭혔던 건 이것이 노동자에서 매력적인 고양이로의 교체처럼 보였다는 점이었다. 빈스 'D. 도그' 어윈이 역겹다는 듯이 내게 말했다. "벨리칙은 비니 테스타베어디처럼 보이는 남자를 원했던 거죠."

개 얼굴과 안전모를 쓴 팬들은 필사적으로 피하려 했던 진실과 마주했다. 이제 팬들과 선수들 모두, 카메라의 시선을 누가 사로잡을 것인가를 두고 펼쳐지는 전투에 포획되고 말았다는 것. 안전모를 쓰고 강아지 복장을 입는 쇼, 비가 오나 눈이 오나 그곳에 자리하는 그 쇼는 결국 일종의 미인 대회가 되었다. 그곳에서 시선의 대상은 노동자에 대한 기이한 묘사로 카메라를 매혹시켜야만 했다. 그들도 역시 이 새로운 시대의 진정한 팬, 즉 TV로 경기를 보는 소비자들에게 더 재미있는 이미지가 되었을 뿐이었다.

필드 위의 남자들과 관중석의 남자들은 그의 겉모습이 무엇보다 중요하고, 세간의 관심을 끌어오며, 찰나의 가치를 부여하는 세상에 들어서 버렸다. 셀러브리티 문화에서 이른바 '남성의 시선male gaze'은 더 이상 권력이 위치한 자리가 아니었다. 배신당한 팬이자 스포츠 작가인 존 언더우드가 공격적인 글 『버릇 나빠진 스포츠Spoiled Sport』에서 썼듯이, 그 운동선수는 이제 더욱 "아름다움이 퇴락하거나 멍청함이 드러날 때까지 '보살핌을 받을' 아름다운 여성과 같아졌다."[97] 브라운스의 선수들은 블루칼라 도시를 대표하는 현장의 철강 노동자가 아니었다. 그들은 스스로를 광고하는 모델들이었다. 그들은 상품을 팔고 있었다. 그들의 지지자는 D. 도그와 빅 도그가 아니었다. 운동화와 음료 회사가 그 선수들을 '돌봐 주고' 있었던 것이다. 팬들은 그저 광고주에게 선수들이 더 매력적으로 보이도록 하고, 팀이 많은 사람들이 원하는 소비자 아이템이라는 사실을 확인시켜 주기 위해 그곳에 있는 셈이었다. 팬들은 필요한 순간에 박수와 웃음을 제공하는 퀴즈 쇼 프로그램 촬영장의 청중과 다르지 않았다. 그들은 선수들을 위한 소품이자 액션의 배경이었고, 그들 사이에서 눈에 띄게 차려입거나 꾸민 건 쉬는 법이 없는 카메라의 눈이 잠시 멈추어 비출 만한 유용한 볼거리로 의미가 있었다. 그리고 그렇게 화면에 등장하게 되면 결국 집에서 경기를 관람하는 시청자들에게 '열광적인 축구 팬'이라는 농담거리가 될 뿐이었다. 도그파운더인 댄 해어러신이 기자에게 분통을 터뜨리며 말했다. "스포츠를 이렇게 취급하면서 팬들을 카메라를 위한 배경으로 만들어 버렸습니다. 우리한테 이럴 수 있다면, 누구한테나 이럴 수 있다는 거죠."[98]

폭력의 증가는 1980년대와 1990년대 후반의 팬 현상이 되었다. 갑자기 팬들이 선수들에게 펀치를 날리고 조명탄을 쏘고, 관중석에서 뼈를 부러뜨렸다. 필라델피아 이글스는 경찰견과 기마경찰을 데려왔고, 빠르게 확산되는 범법자들을 그 자리에서 심리하기 위해 경기장 지하에 임시 법정을 마련했다. 언론은 팬의 잘못된 행동의 원인을 과음, '망상장애'의 증가, 물질주의에 대한 사회적 강박, 또는 단순히 '시민성'의 전반적인 상실 등 다양한 이유로 설명하고자 했다.[99] 팬을 소품 정도로 폄하하는 것이 분노를 유발할 수 있다는 점, 폭력적인 모습 자체가 매력의 의무적 과시의 이면일 수도 있다는 점은 거의 고려되지 않았다. 팬들이 머물고 있었던 쇼 비즈니스의 영역에서 분노란, 비록 카메라가 비추고 있지 않을 때에도, 관심을 끌고 인정을 받기 위한 수단이었다. 그리고 명성이 결코 오지 않으리라는 사실에 대한 공포를 표현하기 위한 수단이었고 말이다.

삼류 미식축구 스타인 아버지에게 학대당한 아들이었던 소설가 프레더릭 엑슬리Frederick Exley는 1968년 '허구적 회고록' 『어느 팬의 노트A Fan's Notes』에서 이렇게 썼다. "내가 싸웠던 마지막 이유이자 가장 중요한 이유를 이해했다." 그는 뉴욕 자이언츠 경기가 끝난 후 낯선 남자 둘과 무분별한 주먹다짐을 한 후 드러난 사실에 대해 말하고 있었다. "그 깨달음은 나를 아주 조용히, 무감각하게 울게 했다. 왜냐하면 내 마음속에서 나는 언제나 이 최종적이고 가장 고통스러운 이유를 알고 있었고, 그것이 내가 나 자신과 타인들에게 초래한 슬픔을 무의미하게 만들었다. 나는 그게 나의 운명이라는 걸 알고 있었기 때문에, 그리고 그걸 알고 있다는 사실을 견딜 수 없었기 때문에 싸웠다. 군중의 고함 소리를 듣는 것이 운명이었던 아버지와 달리, 나의 숙명은 남자 대부분과 함께 관중석에 앉아서 다른 이들을 상찬하는 것이었다. 팬이 되는 게 나의 숙명이고, 나의 운명이며, 나의 목적이었다." 이것은 관중석에 있는 많은 남자들과 마찬가지로 애초에 경기의 일부가 되기 위해서는 팬이 되어야 했던 남자가 깨달은 참혹한 진실이었다. "나는 지금의 나로서는 믿을 수 없을 만큼, 어떤 마술적인 방식으로 나 스스로를 실제로 〔자이언츠 선수 프랭크 기퍼드의〕 성공의 도구라고 여기게 되었다." 이제 그는 현대의 명성은 공유되지 않는다는 사실을 알고 있다. 셀러브리티 문화에 형제애란 없었다.[100]

팬들은 이 쓰라린 진실을 향해 더듬더듬 다가가면서 선수들에게 접근할 수 있는 방법을 찾았는데, 오직 그럴 때에만 단지 한두 줄기 빛이 그들의 눈썹을 스칠 수 있었기 때문이었다. 잠시 후, 팬들은 선수들이 대중의 주목에 헤드록을 거는 것에 분개하지 않을 수 없었고 이내 궁금해하기 시작했다. 이 모든 것이 개인이 유명세를 얻는 문제라면, 본인들 역시 욕망할 만한 상품이 될 수는 없을까? 광포한 팬들은 점점 더 선수들의 공연을 돕는 것이 아니라 자신의 공연을 키우는 데 집중하기 시작했다. 관중석에서의 쇼는 필드 위에서의 드라마와 충돌하기 시작했고, 심지어 방해하기까지 했다. 1989년 덴버 브롱코스와의 경기 4쿼터에서 도그파운드 팬들은 경기장에 개 비스킷뿐만 아니라 달걀·배터리·돌멩이 등을 퍼부었다. 쏟아지는 총격이 너무 심해서 관계자는 경기 진행을 경기장의 다른 끝부분으로 옮겨 버렸다. 몇 주 뒤 브라운스는 "소란을 줄이기 위한" 열 가지 프로그램을 발표했다. 여기에는 물건 투척 금지, 맥주 판매 제한, 그리고 비디오 감시 추가가 포함되어 있었다.[101]

도그파운더는 원래 선수들에게 "가까워지기" 위해 외야석으로 내려왔지만, 필드와 같은 높이에 도착한 후 그들은 이제 자신들이 욕망했던 국민적 감동을 전달하기에 훨씬 더 나은 위치에 있는 다른 종류의 팀과 가까워졌다는 걸 알게 되었다. 바로 TV 제작진이었다. 느리지만 확실하게 그들의 목적이 바뀌었다. 이제 카메라를 관중석으로 돌리는 게 도그파운더의 목표가 되었다. 이런 근본적인 변화의 징후 중 하나는 98번이 새겨진 브라운스 저지를 입은 빅 도그에게서 나타났다. 어리둥절해진 기자들이 그에게 어떤 선수의 번호를 입고 있는 것이냐 물었을 때, 그는 "내 번호!"라고 외쳤다.[102] 수년간 빅 도그는 브라운스가 슈퍼볼에서 우승하면 얼마나 자랑스러워할지 꿈꿔 왔다. 이제 그는 스스로 슈퍼볼행을 갈망하기 시작했다. "도시의 대표로서, 나 자신을 크게 홍보할 기회가 있다면, 그건 바로 슈퍼볼이죠. 내가 기다리던 건 바로 그거예요." 그가 내게 말했다. 그는 단지 개인의 이익을 위해서가 아니라 자신의 노력으로 인해 "클리블랜드가 얻게 될 주목"에 대해 생각하는 거라고 설명했지만, 두 가지 충동은 서로 분리하기가 점점 더 어려워졌다. 물론 도그파운드에는 처음부터 대중의 관심을 좇는 요소들이 있었다. 그게 아니라면 빈스 어윈이 그런 명함을 인쇄했던 이유가 무엇이었겠는가? 수년간 팀을 위한다는 소명 의식과 자기 홍보는 외야석 팬들의 마음속에서 결투를 벌여 왔다. 그러나 1990년대 중반에 이르러서는 유명세가 승리하는 것처럼 보였다.

언론은 빅 도그를 외야석의 '영적 지도자'로 즐겨 불렀지만, 그건 도그파운드의 본질을 잘 모르고 하는 소리였다.[103] 도그파운드에는 지도자가 없었고, 미디어의 쪼가리 보도를 놓고 사소한 파벌 다툼만 점점 더 심해졌다. 유명세를 향한 전투에서, 모든 도그들이 자신을 위해 싸웠다. 카메라의 시선을 사로잡는 동승자라면 그게 누구라도 라이벌이었다. 빅 도그는 큰 덩치 덕분에 가장 많은 관심을 끌었고, 그의 얼굴이 신문에 실린 수많은 팬 사진 한가운데에 박혀 있었기 때문에 다른 도그들의 분노의 표적이 되었다. 〈엔터테인먼트 투나잇Entertainment Tonight〉과 〈굿모닝 아메리카Good Morning America〉가 열광적인 팬을 다루는 꼭지에서 선택한 건 빅 도그였다. 클리블랜드 《플레인딜러》가 스포츠 보도를 홍보하는 광고에도 빅 도그 사진이 실렸다. 퍼스트내셔널뱅크가 예금자와 팬을 동일시하는 전면광고를 위해 부른 것 역시 빅 도그였다("경기장 위의 최고의 은행과 거래하고 싶다면 오하이오 퍼스트내셔널뱅크 팀과 함께하세요……"). 석유 회사 BP 아메리카가 무료 급식소를 위한 모금 행사에서 "유명인 급식자"로 와 주십사 청한 것 역시 빅 도그였고, 외야석에서 아이들, 그리고 심지어 사인북을 들고 있는 몇몇의 여성들에게 둘러싸여 있는 사람 역시 빅 도그였던 것이다. "어떤 여자가 사진을 같이 찍자면서 10달러를 지불하려고 했어요." 빅 도그의 아내인 메리가 회상했다. "이 남자하고? 깜짝 놀랐지 뭐예요."[104]

다른 도그들은 놀라기보다는 질투심을 느꼈다. 빅 도그는 말했다. "내가 그런 일 덕분에 떼돈을 벌고 있다고 생각했기 때문인지, 많은 사람이 부정적인 말을 하기 시작했어요. 하지만 그건 사실이 아닙니다. 은행 광고의 경우에는 100달러를 받았고요. 사진을 찍기 위해 애크론까지 직접 차를 몰고 가야 했어요. 그 정도 광고를 찍으려면 5000달러는 줘야 하는 거 아닌가 싶기도 하고요. 꽁으로 먹은 셈이죠. 하지만 나를 마케팅하기에는 좋은 방법이었어요." 다른 도그파운더들이 원한 것 역시 돈이 아니라 '마케팅'이었다.

시청자가 참여하는 스포츠 방송에서 팬들은 빅 도그를 '홍보의 개'이자 '미디어 돼지'라며 비난했다. 도그파운더인 스콧 샌터리는 나에게 이렇게 말했다. "아무도 빅 도그를 우리의 대변인으로 세우지 않았어요. 그는 언론의 관심을 끌기 위해 항상 시가를 입에 물고 있었습니다. 그 남자는 진짜 크잖아요, 어떻게 그를 놓칠 수 있겠어요?" 마스크를 처음으로 착용했던 도그파운드라는 타이틀을 주장하는 빈스 어윈은 빅 도그가 방송을 타는 시간을 최대한 늘리기 위해 언론플레이를 했다며 비난했다. "그는 중간 휴식 시간에 그저 카메라에 잘 보이려고 선수도 없는 경기장을 향해 짖고, 울타리를 두드릴 때가 많았어요. 그래서 사람들이 그에게 야유를 퍼부었죠."

때때로 외야석에 있는 빅 도그의 경쟁자들은 그를 '피그 도그Pig Dawg'(돼지 도그) 내지는 '팻 도그Fat Dawg'(뚱뚱한 도그)라고 불렀다. 빈스 어윈은 도그파운드에서 빅 도그의 지위를 약화시키려는 보다 위험한 시도들을 기억하고 있었다. "비노라고 불리는 사내가 다가 와서 코트를 열어 보이면서 '여기, 내가 뭘 가지고 왔는지 좀 보쇼!'라고 말했어요. 빅 도그의 마스크였죠. 나는 '저리 치워요!'라고 말했어요. 빅 도그는 경찰을 불렀어요. 두 쿼터가 지나고 나서야 마스크를 돌려줬어요." 하지만 그 사건이 빅 도그를 또 다른 공격으로부터 보호해 주지는 못했다. 어느 날 맥주를 과음한 도그파운더가 빅 도그에게 주먹을 날렸다. 빅 도그가 내게 말했다. "그가 내 등을 주먹으로 때렸고, 내가 돌아섰을 때 다른 사내가 내 옆구리를 때렸어요." 당시 그는 자신을 방어하기 위해 마스크를 벗어 자기 자리 아래 헬멧에 숨겼다. 잠시 후 그가 헬멧에 손을 뻗었을 때 마스크는 이미 사라지고 없었다. 이번에는 마스크가 돌아오지 않았고, 그는 새 마스크를 사야 했다.

팬들이 빅 도그를 미디어 잡종으로 묘사한 데에는 사실 기만적인 부분이 있었다. 그들 역시 언론의 관심을 끌고 싶어 했기 때문이다. 스콧 샌터리가 친구 에드 쿠더나와 가졌던 일종의 의식에 대해 회상했다. "브라운스 경기가 끝난 후, 우리는 집으로 돌아가 바로 TV를 켰어요. 그리고 우리가 TV에 나왔는지 확인하려고 모든 스포츠 뉴스 클립을 봤죠." 그들은 "유니폼처럼" 언제나 같은 옷을 입었다. 에드 쿠더나가 거들었다. "그래야 사람들이 우리가 누군지 알아보죠." 빈스 어윈은 그가 계속해서 자신의 착장을 꾸미는 이유가 눈에 띄기 위해서라는 사실을 인정했다. "모든 건 눈에 띄느냐 마느냐의 문제가 됐죠." 그는 '높은 관심도'를 추구하면서 BBC에 세 번이나 등장했다. 〈블리츠Blitz〉라는 영국 TV 미식축구 프로그램이었다. 그리고 1995년 브라운스를 홍보하는 광고에도 "대사가 없는 역할"로 등장했다. 어윈이 회상했다. "'여기에 빌 벨리칙과 그의 개들이 있습니다'라는 말이 나오고, 그런 다음에 우리가 무릎을 꿇고 있는 모습을 보여 줬죠. 우리는 개처럼 앉아 있어야 했어요." 어윈은 〈브라운스 인사이더스Browns Insiders〉의 5분 광고에도 출연했는데, 벨리칙 감독에 대해서 질문을 하기로 되어 있었다. 그가 말했다. "벨리칙은 실제로는 거기에 없었어요. 그래서 그냥 있는 척하는 건가 보다 했죠."

"많은 사람이 TV에 나오길 원했지만, 우리는 아니었어요." 버드 매켈웨인이 말했다. 우리는 그의 형인 조의 비좁은 집에 앉아 있었다. 그 집은 고속도로에 너무 가깝게 붙은 채 줄지어 있는 무너져 가는 작은 방앗간 같은 집들 사이에 있었고, 트럭이 지나갈 때마다 벽이 덜덜 떨렸다. 이 선언이 있은 뒤 잠시 후, 조는 그들이 등장한 미디어 목록을 읊고서는 〈페퍼 존슨 쇼The Pepper Johnson Show〉에 출연했던 모습을 담은 비디오를 보여 주었다. 자신들의 이미지를 좀 더 널리 배급하기 위해서, 조와 버드 매켈웨인은 '극단적인 팬'을 뽑는 톱스Topps✠ 트레이딩 카드 대회에서 오디션을 보았다. 우승자는 트레이딩 카드에 얼굴을 넣을 수 있었고, 우승을 축하하는 작은 파티에 참여할 수 있었으며, 트레이딩 카드에 함께 등장하는 선수와 만남을 가질 수 있었다. 그 대회에서 매켈웨인 형제는 승리했다. "축하합니다!" 그들이 여전히 간직하고 있는 톱스 홍보 팀에서 보낸 편지에 쓰여 있었다. "당신의 클리블랜드 브라운스에 대한 지원이 마침내 보상을 받았군요."[105] 하지만 파티는 열리지 않았고, 칼 뱅크스Carl Banks 선수도 만날 수 없었다. 톱스의 대리인은 그들을 몇몇 TV와 라디오 프로그램에 종종거리며 끌

✠ 껌, 사탕 및 수집품을 제조하는 미국 회사. 미식축구·야구·농구·아이스하키·축구 등 스포츠와 비스포츠를 테마로 하는 트레이딩 카드를 생산한다.

고 다녔다. 버드가 떠올렸다. "그리고 그 사람이 말했죠. '어, 나는 이제 비행기를 타야 해요.' 그리고 그게 다였어요." 조는 "내 얼굴이 카드에 나왔는지 보려고 200달러쯤 들여서 〔톱스〕 카드를 샀어요." 그가 기대했던 것과 가장 가까운 사진은 카드 뒷면 하단에 있는 팬들의 작은 단체 사진이었다. 동생 버드의 얼굴은 조산아의 엄지손톱만 했다. 조의 얼굴은 확실히 어디에도 없었다. 조가 말했다. "다들 비슷비슷하게 생겼으니까 우리 가운데 한 사람만 쓴 모양이죠."

자기가 키우던 닥스훈트 두개골로 모든 도그파운드 현상을 시작했던 팬은 TV를 향해 더 직접적으로 움직였다. 톰 맥맨은 가슴팍의 털을 밀어 새겨 넣은 'No.1'이라는 글자가 카메라에 잡히도록 한겨울에도 셔츠를 벗은 채로 외야석에 있지 않을 때에는 〈굿모닝 로레인 카운티Good Morning Lorrain County〉라는 지역 케이블 TV 프로그램을 공동 진행하느라 바빴다. 그 프로그램이 사라지자 그는 자신을 '닥터 유Dr. You'라고 소개하는 또 다른 프로그램을 시작했다. 그는 여성복을 입고 여성 시청자들을 초대해서 그들에게 "남자 친구 문제"에 대해 조언을 해 주었다. 작은 도장업을 운영하면서 가족을 부양하느라 고군분투하던 가옥 도장 업자인 맥맨은 다른 모든 도그파운더들처럼, 계속 훈련받아 온 전통적인 남성적 직업과 그가 갈망하는 '여성적' 셀러브리티의 위치라는 두 가지 사이에 끼어 있었고, 직업적으로 어중간한 상태에 갇혀 있었다. 그는 직장에서 쉬지 않고 일했다. 접수원인 그의 아내는 당시에 남편이 일요일에도 항상 일을 했다고 말했다. 물론 브라운스가 홈경기를 할 때만 빼고 말이다.

1993년 여름 어느 일요일, 그는 일을 마무리하다가 슬레이트 지붕에서 미끄러져 2층 반 정도 되는 높이에서 떨어져 사망했다. 《플레인딜러》에 실린 부고는 간단했다. 1년 뒤 또 다른 소식이 들려왔다. 맥맨의 절망한 아내는 밤에 외딴 도로에서 차를 몰고 배수로로 곤두박질쳤고, 차가 몇 번이나 뒤집혔다. 그녀는 사망한 채로 발견되었다. 네 아이는 이 사고로 고아가 되었다.[106] 내가 도그파운더에게 맥맨에 대해 물었을 때, 대체로 그의 사망 소식을 들은 것도 같다고 희미하게 기억했지만 누구도 더 알아보려고 하지 않았다. 어떤 이는 산재로 사망한 도그파운더 중 한 사람과 헷갈리기도 했다. 성실했던 도장공이 생계를 위해 무엇을 했는지 아무도 모르는 것 같았고, 그의 이름을 제대로 기억하는 사람도 없었다. 누군가는 말했다. "매카시였나요?" 다른 누군가가 말했다. "매캔?" '개 두개골을 가진 사나이'가 가장 일반적으로 통용되는 이름이었다. 사람들은 오로지 미디어용 소품으로만 그를 알고 있었다.

역대 가장 무책임한 아버지

"공식적으로 표명합니다. 앞으로 10년 안에 국내 어떤 학교에 감독이 필요하다고 하더라도, 나와 노터데임은 고려 대상에서 제외해야 할 겁니다." 1924년 누트 로크니가 선언했다. "노트르담은 내 삶의 일부이고, 내게 야망이 있다면 그건 지금의 나를 있게 해 준 이 학교에서 삶을 보내는 겁니다."[107] 1년도 채 되지 않아 그는 서던캘리포니아대학교와 감독 자리를 놓고 협상을 하고 있었다. 이듬해 그는 컬럼비아대학교와 비밀리에 만나 미국 최대 미디어 시장에서 감독으로 활약하길 열망하며 계약을 맺었다. 하지만 일이 뜻대로 잘 풀리지 않았고, 결국 그는 꼬리를 내린 채 다시 노터데임으로 돌아왔다. 그리고 여전히 자신의 단 한 가지 야망은 "지금의 모습"으로 만들어 준 그 공동체에 머무는 거라고 계속 주장했다. 그리고 지금의 모습에 포함되어 있지 않은 건 바로 좋은 아버지의 모습이었고, 그건 로크니 이후로 감독을 맡았던 다른 미식축구 대장들도 마찬가지였다. 1990년대에 들어서면, 미식축구의 키를 잡고 있는 충실한 아버지의 이미지는 이미 오래전에 뒤처진 아이콘이 되어 버린다.

1994년에 아트 모델은 "나는 내 리그의 다른 사람들이 그랬던 것처럼 이 도시를 강간하려는 게 아닙니다"라고 말했다. "나는 절대로 '이걸 얻지 못하면 떠날 거'라고 말하지 않을 겁니다. 믿어도 좋아요. 만약 그런 짓을 한다면 견딜 수 없을 거예요." 1년도 되지 않아 모델은 정을 내리쳤다.[108]

1995년 11월 초 어느 일요일 오후, 격분한 도그파운더들은 경기장과 그들 사이를 분리시키는 울타리를 밀어붙였다. 그러면서 사타구니를 부여잡고 욕설을 외치며 그곳에 없는 한 남자에 대한 치명적인 위협을 퍼붓고 있었다. 《스포츠일러스트레이티드》는 남성들 중 일부가 "사람의 머리 가죽에 구멍을 뚫을" 만큼 큰 얼음조각을 부수어 경기장으로 던졌다고 보도했다. 그 얼음조각은 이런 상황을 예상하면서 출동했던 경찰과 추가 경비원의 발치에 떨어졌다. 폭도가 외쳤다. "모델을 내놔라! 모델을 데려와라!!" '모델은 지옥에서 뒈져라, 모델은 지옥으로 떨어져라'라고 쓰인 위협적인 플래카드가 도그파운드 위에서 흔들렸다. 피끓는 분노의 대상인 일흔 살 구단주는 35년 만에 처음으로 홈경기에 불참했다. 팬들이 '베네딕트 아트Benedict Art'라고 불렀던 그 남자는 클리블랜드에서 열리는 경기에 더 이상 참석하지 않았다.

그 끔찍한 일요일, 빅 도그는 이번만은 울타리를 밀어붙이는 팬이 아니었다. 그는 너무 떨려서 화를 낼 수도 없는 상태로 자리에 침울하게 앉아 있었다. 수없이 써서 너무 닳아 버렸기 때문에 빅 도그의 어머니가 바느질로 수리를 해 줘야 했던 그 마스크를 벗어 버린 채였다. 빅 도그는 자신의 "뼈다귀 가방"에서 마스크를 꺼낼 생각도 하지 않았다. 기자들이 왜 의상을 입지 않느냐고 묻자 빅 도그는 답했다. “형제의 장례식에서 개 마스크를 쓰지는 않잖아요, 안 그래요?”[109]

아트 모델은 1988년부터 브라운스의 지분 5퍼센트를 소유하고 있었으며 이번 거래를 중개한 당사자인 백만장자 금융인 앨프리드 러너Alfred Lerner의 소형 제트기에 탄 채로 계약에 서명했다. 그 후, 그 남자들은 시가를 피웠다. 모델은 축하할 일이 많았다. 메릴랜드주는 모델에게 볼티모어로 이사한다면 2억 달러인 세금을 들여 스카이박스 108석과 클럽 좌석 7500석이 완비된 새로운 스타디움을 건설한 다음 팀이 임대료 없이 사용할 수 있도록 제공하겠다고 약속했다. 팀은 또한 모든 입장권 수익, 할인 입장권 수익, 주차장 사용료, 그리고 경기장 홍보 비용을 주머니에 넣을 수 있었다. 그리고 볼티모어와 메릴랜드는 이사 비용으로 최대 7500만 달러를 할당했다. 1500만 달러에 달하는 새로운 멋진 훈련 시설도 무료로 건설될 참이었다. 비용은 각 팬이 경기장 입장권을 구매할 “권리”를 얻기 위해 지불해야 하는 “개인 좌석 구입 자격”을 판매한 가격으로 충당할 예정이었다.[110]

그렇다고 메릴랜드가 재정적으로 여유로웠던 것도 아니었다. 사실 주 정부는 그해 일사분기에 예산이 6000만 달러가 부족하다고 보고했다. 메릴랜드는 전년도에 일자리 2700개를 잃었고 학교는 재정위기에 빠졌으며 복지 수혜자를 위한 직업훈련 및 보육 프로그램을 중단했다. 그런 와중에 정부가 매년 복지 프로그램에 지불하는 금액의 두 배 이상인 약 3억 달러를 모델에게 기꺼이 양도한 것이다.[111] 11년 전에 볼티모어는 유서 깊은 프랜차이즈인 볼티모어 콜츠를 잃었다. 팀은 짐을 꾸리고 말 그대로 오밤중에 인디애나폴리스로 이사했다. 1980년대 후반까지 구단주들은 본질적으로 그들 앞에서 선수들이 했던 것처럼 움직였다. 그들은 스스로가 자유계약선수와 마찬가지라고 선언했고, 스카이박스가 가장 잘 구비되어 있는 새 경기장으로 향하는 가장 자유로운 (혹은 가장 저렴한) 승차를 제공한 도시로 튈 준비가 되어 있었다. NFL은 1982년 오클랜드 레이더스가 L.A.로 이적하는 걸 막으려다가 5000만 달러짜리 독점금지 판결에서 패소한 뒤 리그에서 손을 뗐다. 그 후 몇 년간 콜츠도 달아나고, 세인트루이스 카디널스는 애리조나주로 튀었으며, 로스앤젤레스 램스는 세인트루이스를 위해 갈라졌고, 레이더스는 오클랜드로 돌아가고…… 하는 일들이 벌어졌다. 모델의 결정 당시 여덟 개 NFL 팀이 더 푸르른 인조 잔디로 옮길 계획을 세우고 있었다. 팬들이 경기장으로 얼음조각을 투척했던 일요일 오후, 브라운스는 내슈빌의 '오일' 없는 환경으로 이동 중이던 휴스턴 오일러스와 경기 중이었다.

아트 모델은 발표 직후 기자간담회에서 "내가 원하는 건 오로지 승부를 겨루는 것 뿐"이라고 하소연하듯 말했다. 모델은 새로운 환경에서 경기를 치를 수 없었기 때문에 지난 2년간 2000만 달러를 잃었고, 브라운스는 6000만 달러 빚을 지고 있다고 말했다.[112] 그러나 그는 지원으로 버텼던 방위산업에서처럼 '승부'라는 말을 정의했다. 오로지 부자가 되는 것 말고는 아무런 목적도 없이 막대한 정부 보조금을 받아먹는 것. 모델은 이 조작된 '승부'에서 혼자가 아니었다. 1980년대 후반부터 2000년대 초반까지 한 추정치에 따르면 150억 달러가 새 경기장에 사용되었고, 그중 3분의 2가 납세자들의 주머니에서 나왔다. 도그파운드 같은 유형은 이 루프에서 제외되었다. 가치가 있는 팬은 고급스러운 스카이박스와 개인 좌석 구입 자격을 구매할 수 있는 부자들과 기업들이었다. 어떤 도시에선 개인 좌석 구입 자격이 5000달러에 달하기도 했다. 카펫이 깔린 스카이박스에 고립되어 직접 미식축구 경기를 보는 건 이제 차를 사는 것과 같아졌다. 계약금이 요구된 것이다.[113] 1931년에 지어진 대공황 시대의 시립 경기장은 일반 대중을 위해 설계되었다. 모델은 특히 클리블랜드가 야구팀과 농구팀을 위한 멋진 새 경기장을 지은 후 새로운 삽질을 원했다. 모델이 여전히 분하다는 듯 내게 말했다. "정치인들은 나에게 새로운 경기장을 지어 주겠다고 약속했었죠. 그 약속을 어긴 겁니다." 시 공무원이 머뭇거리다가 낡아빠진 경기장을 수리하는 건 어떠냐고 제안한 뒤 자금 조달을 가지고 몇 년을 질질 끌었을 때, 모델은 격분했다. 그리고 그 불만을 볼티모어로 가져갔다.

팀의 재정 문제는 아마도 경기장 사용료보다는 브라운스 선수들의 높은 인건비 때문이었을 것이다. 그런 의미에서 모델이 팀을 위한 최선을 이익을 제대로 고려했던 것도 아니었다. 그는 시와 협상을 통해서 자신이 경기장 운영을 맡고 팀의 경기장 사용료 역시 청구할 수 있도록 했다. 그런 다음, 돈이 부족하자 브라운스의 이사회로 하여금 경기장 운영권을 구매하고 본인의 부채를 떠안도록 만들었다. 소액투자자인 로버트 그리스 주니어는 모델이 운영권 판매를 통해 큰 수익을 얻기 위해 운영권의 일부를 과대평가했다는 사실을 보여 주는 문서를 발견했다. 1982년 그리스는 판매 중단을 위해 소송을 제기했고 승소했다. 모델은 경기장 운영 회사와 빚으로부터 벗어날 수 없게 되었다. 그럼에도 마치 끊임없이 흐르는 황금 수도꼭지에서 유동자금을 인출하기라도 하는 듯 계속해서 지출했다. 팀에게 실제로는 별로 필요하지 않은 분야에서 90만 달러, 만들어지지도 않을 영화를 위해 50만 달러를 썼고, 출판 시장에 진출했다가 100만 달러 이상 손해를 보았다.[114]

모델을 옹호하는 이들은 그가 단지 돈 때문에 볼티모어로 이적하지는 않았을 거라고 주장했다. 그의 동기는 아이러니하게도 아버지의 마음이었다는 것이다. 그는 입양한 아들 데이비드에게 언젠가 팀을 넘겨주고 싶어 했다. 그런데 이론적으로 봤을 때 막대한 부채와 부동산 세법의 복잡함 때문에, 그가 세상을 떠난 뒤에 팀이 그의 아들에게 안전하게 넘어가지 못하는 상황이 벌어질 수도 있었다는 것이다. 볼티모어 거래는 재정적 부담을 덜어 주고 아들을 영원히 지켜 줄 수 있었다. 다른 이들은 그 설명을 비웃으며 팀을 팔지 않고도 눈앞의 세금 문제를 해결할 갖가지 방법이 있었음을 지적했다. 진심이든 아니든, 그러한 아버지로서의 돌봄은 팬들을 차갑게 만들었다. 그들이 보기에, 데이비드 모델은 젊은 시절 마약 남용 문제로 널리 알려졌던 시가나 피우는 허세꾼이었고, 클리블랜드에도 그다지 충성하지 않았다. 그는 자격 없는 수혜자였던 것이다.[115] "데이비드는 진짜 아들도 아니라고요." 많은 팬이 열을 올리며 내게 말했다. 그의 '진짜' 아들은 자신들이었다. 이사를 하고 얼마 지나지 않아 모델은 볼티모어 기자들에게 말했다. "파파 아트Papa Art(아트 아빠)가 축성탄을 빈다고 여러분의 아이들에게 전해 주세요." 이 아버지의 외도가 클리블랜드에 전해졌을 때 《플레인딜러》 스포츠 칼럼니스트 빌 리빙스턴이 쓴 헤드라인—'파파 아트가 대가족을 버리다'—은 모든 클리블랜드 팬을 대변하는 것이었다. 리빙스턴은 이렇게 적었다. "아트 모델은 역대 가장 무책임한 아빠였다."[116]

모델이 클리블랜드를 포기하기로 한 결정의 결과는 쉽게 계산할 수 있을 것 같았다. 그에게는 완전한 승리였고 팬에게는 완전한 패배였던 것이다. 하지만 충격적인 배신 덕분에 도그파운더를 애초에 외야석으로 끌어왔던 그 임무를 완수할 예기치 못한 기회가 찾아왔다. 이제 팬들은 그들의 공동체를 방어할 기회를 갖게 되었다. 그 가능성은 클리블랜드의 시장인 마이클 화이트가 군대를 소집하면서 구체화되기 시작했다. 마이클 화이트 자신은 미식축구 팬은 아니었지만, 도시의 남성 대중에게 브라운스가 가지는 상징적 의미를 이해하고 있었다.

"같은 일이 오클랜드에서 일어났지만, 아무도 아무 말도 하지 않았습니다." 그가 팬들에게 말했다. "같은 일이 L.A.에 벌어졌지만 아무도 아무 말도 하지 않았습니다. (…) 얼마나 많은 도시가 이런 식으로 위협을 당해야만 합니까?" NFL은 팀의 구단주가 "도시를 발로 차도록" 허용한 것에 대해 책임을 질 것인가? 관중석의 남자들은 이제 맞설 것인가? "우리 공동체는 싸울 준비가 되었습니다." 그가 선언했다. 그런 다음 시장은 앞으로 몇 달 안에 그들의 만트라가 될 구호로 팬들을 이끌었다. "팀이 없다면, 평화도 없다. 팀이 없다면, 평화도 없다."[117]

갑자기 도그파운드가 행동에 나서게 됐고, 지방정부도 그들을 지원했다. 클리블랜드시 측은 계약 위반으로 브라운스에게 소송을 제기했다. 법원은 볼티모어 이전에 대해 임시 금지 명령을 내렸다. 그리고 팬들은 전투를 위해 배치되었다. 새로운 종류의 친밀감이 나쁜 소식이 발표된 후 홈경기장에 모여든 도그파운드를 감쌌다. 4쿼터 막판에 브라운스가 그린 베이 패커스에게 패하자, 도그파운더 존 쇼디치가 고개를 숙이고 눈물을 흘렸다. 빅 도그는 울타리를 밀며 쇼디치의 옆에 서 있었다. 두 남자는 서로를 잘 몰랐지만, 무언가가 빅 도그로 하여금 우는 팬에게 팔을 둘러 그를 위로하게 했다. 빅 도그가 말했다. "힘내요, 친구." 쇼디치는 울음을 터뜨리며 빅 도그의 가슴에 얼굴을 묻었다. 빅 도그가 부드럽게 달랬다. "다 쏟아 내요. 마음 아프죠, 알아요. 하지만 우리는 고개를 들어야 합니다."[118]

브라운스를 지키기 위한 투쟁에는 구식의, 그러니까 제2차 세계대전 스타일의 싸움이 가진 모든 특징이 있었다. 팬들은 모두가 좋은 명분임에 동의하는 무언가를 지키고자 했고, 그 노력 덕분에 그들은 선수들 및 지역사회의 사업가들과 비교적 동등한 위치에 올라설 수 있었으며, 서로서로가 동등해질 수 있었다. 그들은 명확하게 규정된 적의 손아귀에서 팀을 구출하는 명확하고 명예로운 임무를 지고 있었다(혹은 적어도 그들은 그렇게 생각했다). 조선소 노동자들이 '우리의 조선소를 지키자' 캠페인에서 힘과 친밀감을 얻었듯이 클리블랜드 팬들은 그들이 모여 있는 '우리의 브라운스를 지키자Save Our Browns'에서 구식 남성성을 회복할 원천을 발견할 수 있을 것 같았다. 그런데 그 조직의 약어는 이중적인 의미를 가지고 있었다. 약어가 S.O.B.✠였던 것이다.

시장의 요청에 따라 자신의 사무실에 조직의 본부를 설치한 판촉 및 홍보 컨설턴트 두웨인 솔즈는 나에게 이 과정을 "군사작전"처럼 진행할 의도였다고 말했다. "소품까지 사용했어요. [위장용] 그물도 내걸고, 전쟁 종합 계획을 벽에 붙였습니다. 목표물과 함께 전술을 나열해 놓았죠. 우리한테는 조명이 달린 커다란 보드가 있었어요. 영화에 나오는 전략회의실처럼 [군복용] 탁한 녹색으로 박스를 칠했죠. 첨단무기, 그러니까 전화·팩스·우편·미디어 같은 무기로 대중을 조직하게끔 설계했습니다. 전쟁도 아닌데 이렇게 조직적으로 진행된 운동은 아마 없었을걸요. 우리의 목표는 NFL이었죠."

1월 17일 NFL은 팀의 볼티모어 이적에 대한 투표를 진행하기로 되어 있었고, 도그파운더에서부터 전직 선수, 지역 기업 임원, 퇴직자, 부랑자에 이르기까지 '조직된 대중'은 데드라인을 향해 달렸다. S.O.B. 본부에 흘러든 노숙자들은 통화 관리에 투입되었다. 노인들로 이뤄진 우편물 담당 여단은 엽서 32만 장을 보내는 일을 도왔다. 도그파운더들은 정원 표지판 1만 2000개를 배포했다. 많은 사람이 대절 버스를 타고 이 지역 다른 미식축구 경기로 이동해 격렬한 시위를 벌였다. 브라운스 팬 200명은 NFL 협회장 폴 태글리아부가 미식축구 팀들의 야반도주에 관한 의회 청문회에 가는 길 복도에서 피켓시

✠ 영어 sob는 '흐느껴 울다'라는 뜻이다.

위를 벌이기 위해 워싱턴 D.C로 향했다.[119] 당시에는 마이애미 돌핀스에 있었던 버니 코사르는 NFL에 팬들을 기리기 위해 공개서한을 보냈다. 그는 "프로미식축구의 전통이 그것이 속해 있는 곳, 바로 클리블랜드에서 살아 숨 쉴 수 있도록 힘쓰는 운동에 동참하고 싶습니다"라고 썼다.[120] 클리블랜드에 본사를 둔 아메리칸 그리팅스 코퍼레이션✠의 경영진은 "클리블랜드 브라운스가 크리스마스에 원하는 건 오직 클리블랜드에 남는 것뿐입니다"라는 인사말이 적힌 3피트 높이의 카드를 모든 NFL 구단주와 협회장에게 보내기로 했다. 마흔 군데가 넘는 MBEMail Boxes Etc. 전문 매장은 팬이라면 누구나 매장에 들어와 무료로 NFL에 팩스를 보낼 수 있도록 지원했다.

'우리의 브라운스를 지키자' 투사들은 2주 만에 NFL에 보내는 청원서에 250만 명이나 되는 이들의 서명을 모았다. 빅도그는 리그 관계자들에게 청원서를 제출하기 위해 출발한 버스 네 대 중 한 대에 올라탔다. 버스는 애틀랜타까지 스물한 시간을 이동했다. 그가 말했다. "애틀랜타행은 전체 과정에서 가장 행복한 싸움이었어요." 그들은 클리블랜드의 한 제지 회사에서 기증한 거대한 두루마리에 서명을 테이프로 붙인 탄원서를 언론 발치에 펼쳐 놓았다. 숄즈가 회상했다. "그런 다음 우리는 군사적인 정밀함으로 그것을 집어 들었죠. 그러고는 그걸 옆문으로 꺼내서 밴과 승용차, 버스에 쌓아 올렸어요. 그리고 NFL이 머물고 있는 호텔의 거대한, 그 거대한! 현관 전체를 말 그대로 포장해 버렸어요." 그날 밤 팬 400명이 호텔 창문 아래서 철야를 했다. 그들은 펜 손전등으로 어두운 잔디밭을 따라 작은 불빛을 만들어 흔들면서 조용히 서 있었다.

캠페인은 매번 언론에 호소했다. 숄즈가 말했다. "우리는 언론에 배포할 문서를 계속 만들었어요. 매일 보도 자료를 냈

✠ 미국의 카드 제작 회사.

죠.” 대중 동원은 ‘인터넷의 날’에 절정에 달했다. 막 자신의 여행사를 팔고 “구직 중”이었던, 열렬한 팬이자 컴퓨터 귀재인 게리 크리스토퍼가 활동에 자원했다. 컴퓨터를 가진 팬 대략 4000명이 배치되어, 도움이 될 거라 생각한 미국의 모든 기관에 대량으로 이메일 경고를 보냈다. 백악관, 주 의회, 리그 관계자, NFL 후원자가 목표가 되었고, 그중에서도 미디어가 주요 표적이었다. 크리스토퍼가 즐거워하며 내게 말했다. “ESPN이 이메일을 지우는 데 사흘 걸렸습니다. 우리는 미디어 열풍을 만들었죠. 우리가 신문을 돕고 있었던 셈이에요. 그들에게 먹이를 주고 동기를 부여했죠.”

그러나 대다수 신문은 그저 이메일을 지워 버렸고, 《뉴욕타임스》에서 《듀크대학교신문》에 이르기까지 표적이 된 기자들은 이메일 홍수에 화를 내며 항의 전화를 걸었다. ‘우리의 브라운스를 지키자’에서 활동하던 팬들이 점차 깨닫게 된 것은 미디어가 그다지 “도울” 생각이 없다는 것, 그들의 동맹이 아니라는 점이었다. 개별 기자들, 특히 지역신문, 라디오, TV의 기자들이 동정심을 가질 수는 있었다. 그러나 다른 미디어는 기껏해야 ‘우리의 브라운스를 지카자’ 캠페인을 오락 프로그램으로서 가벼운 기분 전환 정도로 다룰 “동기를 부여”받았을 뿐이다. 팬들이 자신들이 참전하고 있음을 절반쯤 이해하고 있던 진짜 전쟁에서, 미디어는 NFL의 눈을 통해 세상을 보고 있었다.

빅 도그는 ABC 뉴스를 설득해 S.O.B.의 곤경을 기록으로 남기려는 몇 번의 무익한 시도 후에야 이 진실을 이해하기 시작했다. 결국 ABC는 미식축구 보도를 통해 시청률과 수익의 상당 부분을 쌓은 네트워크의 일부였다. 그에 따르면 애틀랜타에서 청원을 공개할 때, 그 네트워크의 〈굿모닝 아메리카〉는 생중계를 계획했다가 철회했다. 빅 도그는 자신만의 결론을 내리기 시작했다. "〔ABC 뉴스 사장〕 룬 알레지Roone Arledge와 NFL의 유대 관계는 매우 단단합니다. 룬 알레지와 아트 모델도 매우 가까운 사이죠. 아트 모델은 클리블랜드에 있을 때 바로 ABC에서 〈먼데이 나이트 풋볼Monday Night Football〉을 시작했어요. 게다가 그는 TV 계약에 서명했고요."

2월 초 빅 도그는 하원 법사위원회에서 제안한 '팬 권리 법안'과 관련해 증언을 하기 위해서 워싱턴으로 날아갔다. 이 일을 위해 그는 갈색 팀 저지에 도그 칼라, 오렌지색과 갈색 줄무늬가 그려진 흰 바지를 입고, 오렌지색 신발을 신었다. 자신이 말할 차례가 되자, 그는 오렌지색으로 칠한 개뼈다귀를 증인석에 올려놓았다. 이 법안은 오하이오주 의원 두 명이 공동 발의했으며, 빅 도그는 법안을 강력하게 지지하는 입장에서 말했다. "팬들은 소형 제트기를 활주로에 주차한 채 비밀스러운 거래에 서명하기 위해 비밀스러운 노크를 기다리는 남자들로부터 자신을 보호할 권리가 필요합니다."[121]

사실 팬의 권리 법안은 팬이 아니라 리그 경영진을 보호하는 법안이었다. 덕분에 그들은 NFL이 이적을 막으려고 할 때 구단주가 거는 소송으로부터 보호받았다. 팬들이 얻은 것이라곤 임박한 이적에 대해 180일 전에 통보를 받아야 한다는 내용뿐이었다. 회사가 대규모 정리해고를 단행하기 90일 전에 직원들에게 알릴 것을 요구했던, 이전의 정리해고 법안과 마찬가지였다. 정보는 제공했지만 보상은 없었다.[122]

도그파운드가 한 모든 일에도 불구하고, '우리의 브라운스를 지키자' 캠페인은 조선소의 S.O.S. 캠페인과 달리 결국 엄밀히 말하면 풀뿌리 투쟁은 아니었다. 첫 관련 회의에는 시장실 공무원들과 기업주들만 참여했다. 해당 기업들은 맥도날드와 지역 기반 제약 회사 레브코였는데, 맥도날드의 경우 고객을 유치할 좋은 기회가 될 거라 판단해 매장을 서명 모임 장소로 제공했고, 레브코의 경우 '고향의 약국'이라는 기업 이미지를 지키기 위해 브라운스 이적에 반대했다. 하지만 3주 뒤 이 회사는 라이트에이드와의 18억 달러짜리 합병 계획을 발표했다. 이 합병은 매장 300곳을 폐쇄하고 인원 1100명을 해고함으로써 수백만 달러를 벌어들여 최고 투자자들의 배를 불렸다.[123] '전쟁 계획'의 주요 설계자인 두웨인 솔즈는 브라운즈 광신도가 아니라 특별 이벤트 기획자였다. 그에게 팬들이란 근본적으로 광고 캠페인이었던 행사의 화려한 장식품이었다. 솔즈는 조심스럽게 말을 고르며 나에게 말했다. "우리는 빅 도그의 열정을 폄하하지 않았어요. 그 열정을 관리하는 편이 더 낫겠다고 본 거죠. 그래서 빅 도그를 팀의 일원으로 끌어들였어요. 빅 도그는 미디어에서 좋은 활약을 펼쳤습니다. 우리는 그에게 계획을 설명했고, 그는 그걸 잘 따랐어요." 그 '계획'의 궁극적인 목표는 팀을 구하는 게 아니라 시장과 시 공무원의 체면을 살리는 타협에 이르는 것이었다. '우리의 브라운스를 지키자' 캠페인에서 최고의 개들은 결국 NFL을 S.O.B.의 타깃으로 보지 않았다는 사실이 드러났다. 솔즈가 나에게 말했다. "우리는 NFL에 '당신들은 적이 아니다'라는 메시지를 전하고 싶었죠. '당신들은 우리의 표적이 아니다'라고요."

빅 도그가 의회에서 증언한 지 이틀 만에, 시장실은 NFL과 잠정적인 '평화조약'을 체결하고 소송을 취하한다고 발표했다. 그 조건은 양보처럼 보였다. 모델은 팀을 볼티모어로 데려갈 수 있었고, 클리블랜드는 이름, 색상, 그리고 그 "유산"을 "유지"하게 된다는 조건이었다. NFL은 도시를 위해 다른 팀을 찾는 데 동의했다. 클럽 좌석 8000석과 스카이박스 108석을 갖춘 새로운 경기장을 건설하기로 했다. NFL은 건설 비용의 작은 부분만을 담당할 것이며, 세부 조항에 따르면 리그는 향후 "개인 좌석 구매권" 수익으로 해당 비용을 상환받을 수 있었다.[124] 모델은 그 협정이 자신의 관대함을 보여 준다고 주장했다. 그가 내게 말했다. "나는 미식축구 역사상 유일하게 색상과 기념품, 그리고 이름을 남기고 떠난 구단주입니다. 자이언츠도 그렇게 하지 않았죠. 레이더스도, 램즈도 그렇게 하지 않았습니다. 나는 클리블랜드 사람들을 위해 그렇게 한 거예요. 내 충성심을 다른 방식으로 표현한 거죠."

클리블랜드는 사실 볼티모어로의 길을 열어 준 셈이었다. 《플레인딜러》 스포츠 칼럼니스트 버드 쇼는 완곡어법을 꿰뚫어 보고 이렇게 썼다. "'우리의 브라운스를 지키자' 캠페인을 기억하십니까? 어쩐지 킹카Big Man on Campus(BMOC) 캠페인처럼 돼 버렸죠. 백만장자 구단주에게 성을 지어 준 셈입니다Build a Millionaire Owner a Castle."[125] 몇몇 팬도 그 뻔뻔함을 눈치채고 있었다. 모델이 그의 결정을 발표한 직후 세스 태스크(일명 '로버 클리블랜드')는 기자회견을 열어 사임을 발표했다. 그는 거대한 송곳니와 스파이크가 달린 개 목걸이를 한 거대한 개머리 탈을 벗으면서 말했다. "나는 아트 모델을 위해 일할 수 없습니다. 나는 클리블랜드 사람이고, 언제나 그럴 것입니다." 그는 마지막 로버 댄스 스텝을 밟고, 팬들의 권리를 위한 단체를 구성하겠다고 발표한 뒤 무대를 떠났다. 나중에 경기를 녹화한 비디오테이프 더미에 둘러싸여 거실에서 나와 이야기를 나누던 즈음, 그는 분노에서 벗어나 경제 분석을 하는 단계로 넘어가 있었다. "사람들은 NFL에 팩스를 보냈고, 온갖 TV 방송국에 다 찾아갔기 때문에 뭔가 역할을 했다고 생각해요. 하지만 그들은 힘이 없었죠." 태스크의 해결책은 "NFL 구단주들이 팬들과 공정한 경기를 할 것을 요구"하는 걸 임무로 삼는 "팬으로만 이루어진" 조직을 만드는 것이었다. 그는 그 조직에 '미국스포츠팬협회America Sports Fan Association'라는 이름을 붙였다. 이는 전통과는 너무나 거리가 먼 아이디어였던 터라, 브라운스 배커스 클럽의 클리블랜드 지부장 밥 그레이스 Bob Grace는 언론에 대고 "그런 결로는 좋은 성과를 얻지 못할 것"이라며 비난했다. 그는 이후에 보이콧 캠페인을 "군사적"으로 만든 건 좋지 않은 생각이었다고 말했다. 그 계획이 "비생산적"이었다고 판단한 S.O.B.의 두웨인 솔즈 역시 그 의견에 동의했다. "그 사람들은 '팬 혁명'에 대해 말하고 있었어요. 그리고 우리는 그런 언어를 회피해 버렸던 거죠."[126]

태스크는 이렇게 말했다. "기본적인 철학은 이런 거였어요. NFL은 자신의 행동을 변호할 목소리와 돈과 자원을 가지고 있죠. 선수들은 분명히 자신을 방어할 돈과 채널이 있습니다. 구단주는 필요한 모든 대의권을 가지고 있고요. 자신을 대변해 줄 자원을 가지지 못한 유일한 사람들은 수익을 창출하는 바로 그 자리에 있는 사람들이에요. 이만큼 큰 소비자 그룹 중에 대변자가 없는 그룹을 저는 떠올릴 수가 없네요." 브라운스 팬이 자신을 팀의 소유자가 아니라 소비자로 부르는 건 처음이었다. 태스크는 소수의 팬이 인정하고 싶어 하지 않는 진실을 받아들였다. 실제로 그와 동료 조직원들은 랠프 네이더 Ralph Nader✠ 사무실에 전화를 걸어 소비자 캠페인을 어떻게 조직하는지 조언을 구하기도 했다. 그러나 우리가 이야기를 나눌 때까지, 태스크는 다음에 무엇을 해야 할지 확신하지 못하고 있었다. 그는 빈 TV 화면을 똑바로 응시했다. "나는 항상 사람들을 돕고 내가 살고 있는 지역사회를 돕고 싶었습니다." 지금 그는 방문 향수 판매에서 한 단계 올라간 아웃백 스테이

✠ 미국의 변호사, 소비자 보호·반공해 운동의 지도자. 제너럴모터스(GM)의 결함 차를 고발하고, 『어떤 속도로도 안전하지 않다(Unsafe at Any Speed)』라는 책을 저술하여 유명해졌다. 시민의 대변자로서 젊은 변호사들의 그룹인 '네이더 돌격대(Nader's Raiders)'를 이끌고 대기업과 정부의 부정을 잇달아 적발해 많은 성과를 올렸다.

크하우스의 매니저로 일하고 있었지만, 그건 노스웨스턴대학교에서 인류학과 연극을 복수 전공하던 학생이 마음속에 품고 있었던 것과는 좀 다른 일이었다. 그가 말했다. "나는 분별력이 있는 사람이에요. 내게 무언가 다른 소명이 있다면, 신께서 그게 무엇인지 말씀해 주시기를 바랄 뿐입니다."

3월 11일 시장은 시청 레드룸에서 짧은 정오 행사를 통해 합의를 공식화했다. 빅 도그는 그 자리의 귀빈 가운데 한 명이었다. 그는 다가오는 '성 패트릭의 날'에 입을 초록색 스웨터 차림이었는데, 갈색과 오렌지색이 아닌 옷을 입은 모습은 처음 보는 것이었다. NFL 협회장인 폴 태글리아부는 팜비치 리조트에서 1분간 원격으로 회의에 등장했다.[127] 협회장의 형체 없는 목소리가 스피커폰으로 울려 퍼졌다. 어떻게 팬들이 "큰 자부심을 가질 수 있는지", 그리고 자신이 "많은 의미를 가진" 새로운 팀을 얼마나 기대하고 있는지 등의 내용이 달가닥거리는 소리와 함께 들려왔다. 빅 도그와 몇몇의 선별된 팬들은 바지 앞에 국부를 가리는 듯 손을 모은 채로 발을 움직거리며 조용하게 옆에 서 있었다. 화이트 시장은 구경꾼들에게 '브라운스는 구원 받았다'는 확신을 주었고, 새로운 경기장 건설을 위한 프로젝트 관리자인 다이앤 다우닝을 소개했다. 샤넬 스타일의 버건디색 정장을 입은 전직 주립 복권 관리 간부 다우닝은, 새 경기장이 "매우 팬 친화적"이게 될 것이며 "최고 수준"을 자랑할 거라고 장담했다.

빅 도그는 행사에서 마지막 말을 할 수 있었다. 그는 시장과 시의회에 감사를 표했다. 그는 "모든 팬을 위해 횃불을 들고 가라는 요청을 받았"다고 했다. "나는 최선을 다하겠다고 스스로에게 말했고, 최선을 다했다고 생각합니다. (…) 팬들은 최전선에 있었습니다." 그 말을 끝으로 회의는 마무리됐다.

'우리의 브라운스를 구하자' 캠페인 이후, 그 운동이 어떤 의미가 있는지 알아보기 위해 도그파운더를 몇 명 만났다. 나는 고속도로 옆에 있는 조의 집에서 매켈웨인 형제를 만났다. 조는 버드와 함께 거실에 있는 거대한 클리블랜드 브라운스 시계 아래에 앉아 있었다. 둘 다 여전히 브라운스 유니폼을 입고 있었다. 조가 나에게 음료를 권했는데, 당연히 브라운스 컵에 담긴 음료였다. 조는 나머지 의자에 앉아 있던 세인트버나드 품종 강아지인 머그를 쫓아냈다. 좁은 방 건너편에는 묘하게 형태가 비뚤어진 메기가 어두컴컴한 수족관에서 힘없이 어슬렁거리고 있었다. 조와 버드는 당시 합의가 팬들에게 어떤 의미였는지를 두고 논쟁하고 있었다. 조가 말했다. "팬이 없으면 경기도 없는 거지."

버드는 고개를 저었다. "요즘은 그렇지 않아. TV에서 돈을 벌어 선수들에게 주는 거지, 입장료로 주는 건 아니잖아."

"하지만 팬이 없으면 TV 방영도 할 이유가 없잖아." 조가 주장했다.

"할 수 있어, 당연히." 그의 형제가 대꾸했다. "신경 안 쓴다니까. 휴스턴을 봐. 경기장에는 1만 5000명에서 2만 명 정도밖에 안 오잖아."

그러자 조가 애석하다는 듯이 말했다. "만약에 리그를 하나 새로 시작해서 사람들이 보게만 한다면, NFL은 없애 버릴 수 있을지도 모르지."

이 토론을 조용히 지켜보던 조의 아내 설레스트가 입을 열었다. "이 사람들은 브라운스가 없었으면 어떻게 살았을지 모르겠어요. 남편은 경기 때문에 결혼식도 연기했었다니까요." 설레스트가 불만스럽다는 듯 조에게 엄지를 흔들어 보였다. "언제나 미식축구가 먼저예요. 나는 두 번째죠."

"격주 경기였으니까요. 미식축구는 한 주 걸러 한 번씩밖에 안 했어요." 조가 방어적으로 말했다. "그때에 맞춰 결혼식도 올리고 신혼여행도 갔잖아."

설레스트가 눈을 굴렸다. "안 그랬으면 결혼도 못 할 뻔했죠, 내 말은, 조와 버드는 스포츠에 완전 빠져 있어요. 그러니까 이제 어쩔 건지 모르겠네요. 경기장은 저 사람들 집이나 마찬가지였는데요."

설레스트 뒤편으로 메기 한 마리가 수조 바닥을 따라 뒤척거리고 있었다. 조는 내가 쳐다보는 걸 눈치 채고 설명했다. "저 메기는 척추에 문제가 있어요. 천천히 죽어 가고 있죠. 문제는 저 녀석이 자기 집에 비해 덩치가 너무 커졌다는 거예요. 수조가 더 이상 안 맞는데, 그렇다고 갈 곳도 없어요."

며칠 뒤 나는 차를 몰고 캔턴에 있는 프로미식축구 명예의 전당으로 향했다. 가볍게 눈이 내리고 있었고, 푸른빛이 도는 회색 하늘을 배경으로 삭막하고 실용적인 건물이 어렴풋이 보였다. 그러나 내부는 새 시대에 맞게 바뀌어 있었다. 방문객이 나타날 때마다 말을 거는 거대한 배너가 소리치고 있었다. "당신이 경험해 보지 못한 미식축구!" 무슨 의미인지 곱씹게 되는 기묘한 슬로건이었다. 환호하는 제분소 노동자들의 모습이 담긴 마실론과 캔턴의 흑백 경기 사진을 지나고, 레드 그레인지Red Grange 같은 오래된 거장들의 확대된 명언('나는 단지 큰 경기장의 작은 남자였다')과 짐 브라운을 "훌륭한 장인匠人"으로서 기리는 찬사와 함께 걸려 있는 그의 너덜너덜한 운동복을 지나면, 매우 시끄러운 전자 팝 음악이 울리고, 섬광등이 번쩍거리는 비디오게임 구역이 등장했다. "팀 작전 극장"에서 방문객들은 새장처럼 보이는 곳에 앉아 팀의 다음 움직임을 결정하는 버튼을 누를 수 있었다. 그다음에는 NFL 극장이 있었는데, 〈NFL은 끝내준다: 익스트림 풋볼NFL Rocks: Extreme Football〉이라는 영화를 계속 틀고 있었다. 내가 그 상영관에 들어섰을 땐 '파괴를 향한 열망'이라는 제목의 에피소드가 상영

중이었다. 스피커를 통해 음악이 울리고 똑같은 가사가 반복되었다. "나는 매력적인 소년입니다. 나는 매력적인 소년입니다. 나는……."

돌아오는 길에 우스터✠에 들러 빈스 'D. 도그' 어윈을 만나러 갔다. 그는 멀리 떨어진 시골에 목초지로 둘러싸인 집을 샀다. "도대체 여기에서 무슨 일이 벌어지고 있는 건지 정신을 차리고 제대로 보기 위해 극단적인 선택이 필요했어요." 그는 아이들 장난감이 흩어져 있는 거실에 자리를 잡았다. 각성은 시즌이 끝나기 전에 찾아왔다. "마지막 경기에는 안 갔어요. 대신 일을 하기로 했죠. 녹화를 하긴 했지만, 보지도 않았어요." 어윈은 미식축구에 대해 자신만의 결론에 도달했다. "모든 솔트에서 퇴직금을 가지고 한 일에 대해 생각해 봐요." 그는 자신의 고용주에 대해 이야기했다. "그게 대체 뭐죠? '뭐, 당신은 40년간 일했지만, 남은 건 비참한 패배뿐이군요'라는 겁니까? 하지만 CEO는 100만 달러와 엄청난 보너스, 거기다 모든 주식 수천 주를 가지고 은퇴할 수 있는 거예요. 스포츠도 마찬가지더라고요. 같은 짓을 하고 있어요. 더 이상 스포츠라고 할 수 없죠. 그저 큰 사업일 뿐이에요. 제 생각에는 팀, 이름, 색상, 나머지 부분 다 줘 버리고 은퇴시켜야 해요."

그래서 어윈은 스포츠 기사를 읽는 것도 그만두었다. 팬의 열정으로부터 손을 씻어 버린 것이다. "경기에 가는 걸로 참여를 했어요." 그리고 스포츠 세계와의 진짜 관계를 보고 나자 의미 있는 항의 방법은 오직 하나뿐이었다. "나는 나이키를 보이콧해요. 어쩌면 나 혼자 하는 사적인 보이콧일 뿐이죠. 하지만 그게 바로 내가 할 일입니다."

어윈과 이야기를 나눈 다음, 나는 차를 몰고 죽어 가는 공

✠ 미국 오하이오주 북부 도시. 클리블랜드에서 남서쪽으로 약 50킬로미터쯤 떨어져 있다.

장들 너머로 텅 빈 굴뚝 껍데기들을 지나 클리블랜드로 돌아갔다. 어두워진 뒤에야 도시에 들어설 수 있었다. 고속도로가 도심 호숫가에 세워진 공공사업진흥국에서 건설한 일련의 낡은 건축물을 향해 굽이쳐 있고, 경기장은 그 너머에 있었다. 길 양쪽에 거대한 광고판 두 개가 마치 말의 얼굴에서 철썩거리는 눈가리개처럼 솟아 있었다. 그 광고판 중 하나가 홍보하고 있는 회사는 직원 1000명 이상을 해고하고 라이트에이드와 합병하려다 연방 규제 기관에 저지당했다. 광고판에는 이렇게 적혀 있었다. '레브코: 평생의 친구.' 다른 광고판은 갤러리아 몰 홍보였다. '셀럽들이 어울리는 곳에서 쇼핑하세요.' 그렇게 손님들을 초대하고 있었다. 이 두 가지 의심스러운 확신 사이 어딘가에 도그파운드 남자들의 운명이 달려 있는 것 같았다. 충성의 대가로 형제애와 남자다운 존엄을 약속했던 오래된 노동 기관은 그들을 내뱉어 버렸고, 새로운 소비자 기관은 셔츠 라벨에 '셀럽들의 이름'을 박고 다니는 화려한 소년의 외양만을 제공했다. 이 광고판들에 그려져 있는 대안들을 보면서, 나는 왜 도그파운드 대부분이 눈을 가리고 불 꺼진 경기장이나 팬들의 돈으로 지어진 반짝이는 새로운 스타디움이라는 신기루를 향해 직진하는지 알 것 같았다. 경기장은 집이었다. 하지만 조 매켈웨인의 메기와 마찬가지로, 그것이 더 이상 그들에게 들어맞지 않았고, 그렇다고 달리 갈 곳도 남아 있지 않았다.

나라 없는 도그파운드

잠시 동안 도그파운드와 '우리의 브라운스를 지키자' 캠페인은 빅 도그의 이미지를 시장성 있는 상품으로 바꾸었고, 몇 가지 상품화 제안이 들어왔다. 빅 도그 열쇠고리, 빅 도그 피자 회사 홍보, 빅 도그 인형. 그는 심지어 '에이전트'까지 생겼는데, 아내의 상사의 무능력한 남편이었다. 그는 빅 도그로 하여금 술집과 상점에 "모습을 드러내라"며 내보내기까지 했지만, 개 탈을 쓴 남자에 대한 관심은 금세 시들해졌다. 빅 도그는 12월의 몹시 추운 일요일 오후를 쇼핑몰 밖에 있는 사인용 테이블에서 단 한 명의 손님도 없이 보내야 했다. "어릿광대가 된 것 같았죠." 결국 빅 도그는 '에이전트'를 해고했다. "도그파운드에서 다른 도그를 구하겠어." 격분한 그가 테이블을 두드리며 위협적으로 말했다.

그럼에도 빅 도그는 계속되는 마케팅 열망에 대해 설명했다. 어느 날 오후, 계속 물이 새는 축축하고 외풍이 드는 그의 집 지하실 공간에 앉아 있을 때였다. 지하실은 그만의 명예의 전당이었고, 벽의 모든 부분은 브라운스 기념품과 도그파운드 장비로 장식되어 있었다. 쌍둥이는 그를 따라 아래층으로 내려와서 방 주위를 뛰어다니면서 곰 같은 아버지의 포옹을 받기 위해 몇 분마다 한 번씩 뛰어와 무릎을 꿇고 반짝거렸다. 아홉 살짜리 아이들이 그에게 입맞춤을 퍼부었을 때 그는 자신의 꿈에 대해 말하고 있었다. 그가 꿈꿨던 건 "어느 날 여기 지하실에 빅 도그 유니폼을 입은 마네킹을 설치하는 것"이었다. "이 아이들이 그걸 보고 나를 자랑스러워하는 거예요. 아이들은 내가 아버지에게 느꼈던 것과는 다르게 느낄 거예요." 빅 도그는 말 그대로 빈 양복의 유산에 관해 말하고 있었는데, 그 열정에는 공허함이 있었다. 그의 주장에는 나를 신경 쓰이게 하는 것이 또 있었다. 나는 그에게 말했다. 당신 아이들은 말이죠, 이미 당신 아버지와는 다르게 당신을 보고 있어요. 당신이 아이들을 사랑한다는 걸 보여 줬으니까요. 그가 즉시 동의했다. "딸들과 메리는 내 삶에서 일어난 일 중 최고죠." 하지만 그는 여전히 빅 도그 페르소나가 생명을 잃은 것을 슬퍼했다. 나는 이유가 궁금했다.

빅 도그는 브라운스가 버리고 떠나 버린 사건을 "가장 친한 친구"가 병원에서 죽는 모습을 지켜보는 일과 동일시했다. 하지만 그가 진정으로 애도하고 있는 대상은 누구일까? '가장 친한 친구'는 누구인가? 한동안 나는 그 '친구'가 실제로 죽어가는 브라운스가 아니라 이미 오래전 세상을 떠난 빅 도그의 아버지 제럴드 톰슨이 아닐지 의심했다. 빅 도그는 잃어버린 유산을 되찾을 수 없다는 걸 알고 있었다. 아버지는 살아서도 빅 도그를 남자다운 성인으로 고양시키지 못했고, 무덤에서도 마찬가지였다. 그러나 빅 도그가 마네킹에 입힐 텅 빈 개 코스튬을 통해 떠올렸던 그림은 나에게 또 다른 생각을 하게 했다. 병상에 누워 있었던 건 어쩌면 그 자신이었을지도 모른다. 어쩌면 그가 바셋하운드 가면을 쓴 남자아이에게 구식의 마실론 부스터스가 되어 다른 사람들에게 인정받고 존경받는 남자로 키워 주려 했는지도 모른다. 빅 도그는 본인 자신의 아버지 역할을 하고 있었다.

석 달 전, 클리블랜드의 버려진 아들들은 이번이 마지막이 될 거라 생각하면서 아버지의 집으로 모여들었다. 1995년 시즌의 마지막 홈경기가 열렸던 12월 17일이었다. 브라운스는 신시내티 벵갈스와 경기를 하고 있었다. 최종 점수는 브라운스 26대 벵갈스 10이었지만, 도그파운드 중 누구도 축하하지 않았다. 3쿼터가 되자 관계자들은 안전상의 이유로 경기를 반대편으로 옮겨야 했다. 화가 난 일부 도그파운더들이 과자를 던지기 시작했다.[128] 경기가 끝나자 또 다른 시끄러운 소음이 경기장을 가득 메우기 시작했다. 그건 러스트벨트 지역의 미식축구가 한때 상징했던 모든 것을 불러일으키는 금속이 부딪히는 소리, 노동하는 남자들의 소리였다. 도그파운드 남자들이 목재를 톱질하고 망치질하고 쪼개고 있었다. 다만, 그들은 건물을 짓고 있는 게 아니었다. 그들은 외야석을 부수고 있었다. 에드와 스콧 섄터리는 작은 쇠톱과 순수한 힘으로 함께

하고 있었다. 에드가 회상했다. "우리는 10피트 섹션에서 모든 볼트를 제거했어요." 그는 여전히 놀라워하고 있었다. 스콧이 말했다. "처음에는 그저 무언가를 가져가려고 했었죠. 말하자면 '여기 어딘가에 내 돈이 들어갔을걸' 하는 기분이었달까요." 하지만 어느 순간부터는 그곳에 지분이 있다는 걸 보여 주겠다는 욕망은 가진 것 없는 사람들의 격렬한 절망으로 바뀌었다. "그냥 다 부숴 버리고 싶었어요." 그는 그 자리에서 팬들이 공유하고 있었던 충동, 이동식 화장실을 넘어뜨리고 심지어 콘크리트에서 개찰구를 뽑아 버린 충동에 대해 말했다.

빅 도그는 그 난리통에 참여하지 않았다. 그는 나무 파편이 주위를 날아다니는 동안 무표정하게 앉아 있었다. "경기는 접전이었고, 그 때문에 감정적이 될 틈이 없었어요. 하지만 20초를 남기고 상황이 정말 나빠졌어요. 다루기 힘들어졌죠." 경기가 끝날 무렵, 동정심 많은 수비수인 토니 존스가 그에게 다가와 "공을 주었"다. "그 공을 받는 건 쉽지 않았어요. 공을 받으러 가기 위해 몇 명을 때려야 했거든요. 나는 그걸 꽉 안았죠. 아무도 내게서 공을 빼앗아 가지 못하도록 말이에요. 공을 잡았을 때 안심이 됐어요. 왜냐면 그건 내 공이었거든요."

존스는 빅 도그를 껴안고 "보고 싶을 거예요"라고 말했다. 옆에 서 있던 러닝백 토미 바델 역시 똑같이 했다. "그러니까 나도 감정적이 되었어요." 빅 도그는 그 기억 때문에 감정이 북받쳐 오르는 듯했다. "나는 고개를 숙이고 5분쯤 울었어요." 팬들이 둘러싸고 웅성거렸지만 그는 여전히 손에 머리를 묻은 채 앉아 있었다. 시간이 흘러 도그파운더는 떠나고 그 혼자 남았다. "처음에 경찰은 나를 내보내려고 했어요. 나는 무릎에 총을 맞았으니까 나를 들고 나가야 할 거라고 말했어요. 결국 경비원들이 앉아 있어도 된다고 했고, 나는 계속 그곳에 있었죠. 울타리에 기대 있었어요. '채널 스리Chanel Three'와 《플레인딜러》

측에서 몰래 다가오더니 등 뒤에서 내 사진을 찍었어요.”

그는 그곳에 40분 동안 머물렀다. “그때, 구장 관리 팀장이 와서 말했어요. ‘존, 필드에 올라가 본 적 있어요?’ 나는 대답했죠. ‘아니요.’ 그가 말했어요. ‘내려와 봐요.’” 빅 도그가 머뭇거리며 진흙으로 덮인 풀을 밟았다. “직원 한 사람이 나한테 땅콩 봉지를 주면서 잔디를 가져가도 된다고 했어요. 나는 오렌지색으로 ‘브라운스’라고 써 놓은 자리에서 흙덩이를 집었어요.” 빅 도그는 여전히 잔디가 들어 있는 땅콩 봉지와 미식축구공을 침실 화장대에 보관하고 있었다. “나는 경기장 한복판으로 걸어갔어요. 그러고 보니 관중석이 굉장히 가깝더라고요. 만석 경기장에서 경기하는 건 어떤 일일까 생각하기 시작했죠. 팬 9만 명이 환호하는 가운데 덕아웃으로 뛰어나가는 건 대체 어떤 느낌일까.” 몇몇 카메라 스태프가 그를 따라 경기장으로 나왔고, 개중엔 빅 도그가 들고 있던 공을 차 볼 수 있겠느냐고 묻는 이들도 있었다. 그는 그들을 위해 공을 잡았고, 그들이 모두 공을 찬 뒤엔, 그 역시 시도해 보았다. “클리블랜드 스타디움에서 마지막 필드 골을 성공시켰죠.”

그런 다음 그는 길을 잃고 경기장 주위를 배회했다. 마침내 몇몇 관리인이 그에게 아트 모델이 설치한 거대한 TV용 광고판, 그러니까 점수 판을 보라며 소리쳤다. 점수 판 운영자는 거대한 전자 문자로 메시지를 입력했다. “이봐, 존, 집에 갈 시간이야. 더 오래 머문다면 자네한테 임대료를 받을 수밖에 없어.” 그래서 빅 도그는 공과 땅콩 봉지를 들고 출구를 향해 느릿느릿 걸어갔다. 그 순간을 그는 이렇게 기억했다. “저녁 7시가 다 된 시간이었고, 날이 이미 어둑해진 뒤였어요. 차로 돌아오는 길이 멀게만 느껴졌죠.”

5장 하나님의 나라에서 나의 자리는 어디인가요? : 남자다움을 향한 기독교도의 탐색

마이클은 '폭력에 대한 대안' 수요일 밤 모임에 노르망디 전투 티셔츠를 입고 나타났다.✠ 그는 스스로도 이해할 수 없는 이런저런 이유로(제2차세계대전 당시엔 너무 어렸던 터라 전쟁에 대해 기억하는 거라곤 모두 영화에서 본 것들뿐이었다), 디데이D-day✢ 50주년 기념식을 구경하기 위해 프랑스에 다녀온 참이었다. 그리고 어디서 유래했는지 더욱 알 수 없는 충동에 이끌려, 이런 "기억"이 담긴 앨범 한 권을 가정폭력 상담 그룹의 후속 모임에 들고 나타났다. 매주 모임이 열리는 사무실은 롱비치 고속도로 바로 옆 인공 개울로 둘러싸인 토끼장 같은 곳이었다. 남자들은 위층에 있는 상담가의 아늑한 방에서 모임을 가졌는데, 그곳은 꽃무늬 소파와 웃는 얼굴의 봉제 인형으로 화사하게 꾸며져 있었다. 마이클은 크림색 표지에 화려한 서체가 돋을새김된 앨범을 꺼내면서 약간 멋쩍어하는 듯했다. 거의 결혼사진첩을 방불케 하는 앨범이었다. 어쨌거나 나로서는 지구상 가장 피비린내 나는 전쟁터 한 곳의 맹렬한 태양광 아래 서서 홀로 멍하니 눈을 끔뻑거리고 있는 인물 사진

✠ 〔원주〕 이 장에 등장하는 몇몇 이름은 가명이다. 자세한 내용은 1053쪽 상단의 주석을 참고할 것.

✢ 일반적으로 전략적 공격 또는 작전 개시 날을 뜻하는 미국의 군사용어. 가장 유명한 디데이는 제2차세계대전에서 노르망디상륙작전이 개시된 1944년 6월 6일로, 여기에서처럼 '디데이'가 고유명사로 사용될 때에는 이 날을 가리킨다.

은 '폭력에 대한 대안' 프로그램에서 꺼내기에는 좀 독특한 준비물 같아 보였다. 적어도 당시에는 그랬다. 하지만 모임에 참여한 지 얼마 안 됐을 때였고, 여전히 나는 남자들이 아내와 여자 친구를 때리는 짓을 그만두는 법을 배우러 여기 와 있다고 믿었다. 물론 그들이 애초에 이곳에 온 이유는 그게 맞을 것이다. 하지만 구태여 계속 눌러앉아 있던 이유는 디데이와 더 깊은 연관이 있었다.

이 모임은 흔히 말하는 '시스템'과 그 시스템의 권위—아버지에서부터 스포츠 팀 코치, 기업 관리자, 그리고 1950년대 TV에 등장했던 명멸하는 부성적 이미지에 이르기까지 모두 남성적 권위—에 충성하고 복종하는 일의 가치를 믿는 남자들로 이뤄져 있었다. "나는 **좋은 아들**이 되고 싶었어요." 잭 샤트의 말이다. 그는 첫 결혼 당시 아내에게 조금도 빈정거리는 기색 없이 "우리는 〈아빠가 제일 잘 알아〉처럼 살게 될 거야!"라고 했다. 그는 이렇게 회고했다. "결혼하기로 했을 때 나를 흥분시켰던 건 **그녀**가 아니라 내가 결혼한다는 사실, 내 할 일을 한다는 사실 그 자체였어요." 잭은 미국의 남자다움을 규정하고 떠받치는 시스템 전체와 결혼하고 싶어 했으며, 아내와 더불어 맥도널더글러스와도 결혼한 셈이었다. 그는 회사에서 '스트레스 어낼리시스stress analysis'(응력계산) 엔지니어가 되어, 본인의 표현대로라면 "구조물이 버틸 수 있을 만큼 강한지" 테스트하는 일을 했다. 잭의 현재 심리 상태를 고려할 때 그 직함에는 신랄한 의미가 함축되어 있었고, 잭은 이를 놓치지 않았다. 그의 냉소적인 유머는 수요일 밤 모임의 하이라이트였다. "우리 부서에서는 말이죠, 전화를 받을 때 '네, 스트레스부입니다!'라고 해요."

잭의 부서는 남자들을 여기저기 뱉어 내고 있었다. 놀랄 것도 없이 그가 국방 개념으로부터 얻었던 냉전에 임하는 사명감은 엉터리처럼 보였고, 대체로 밤마다 아내가 헬스장에서 개인 트레이너와 함께 역기를 드는 동안 그는 아이들을 보살펴야 했다. 아내는 뭇 여성과 마찬가지로 여성성이 지닌 연약한 꽃 같은 이미지를 벗어던진다는 고결한 목적 아래 훈련받는 듯했다. 아내가 근육질의 몸으로 답하는 건 힘 있는 여자다움을 정당하게 표현하는 것처럼 보였지만, 그가 그녀에게 육체적으로 반응하는 건(폭력을 휘두르는 건) 굴욕적인 패배에 대한 인정일 뿐이었다.

'폭력에 대한 대안'에 참여하는 거의 모든 남자가 이런 생각을 했다. 남자다움에 힘을 실어 줘야 할 버팀목이 무너져 버렸다고. 그러나 적어도 모임에는 기댈 수 있는 버팀목이 하나 남아 있었다. 그것이야말로 남자들이 아홉 달의 참여 기간이 끝난 뒤에도 다시 이곳에 돌아오는 이유를 설명해 주었고, 마이클의 티셔츠에도 영감을 주었다. 그건 바로 그들이 다른 남자들—심지어, 혹은 특히, 그들이 잘 모르는 남자들—에게 보살핌을 받을 장소를 발견할 수 있으리라는 희망이었다. 그들은 보병 정찰병의 긴밀한 단결을 추구했다. 모임의 남자들은 그 탐색 임무에서는 혼자가 아니었다. 제2차세계대전에 대한 향수가 전국적으로 폭발하면서 스티븐 스필버그의 〈라이언 일병 구하기〉, 톰 브로코의 『가장 위대한 세대』, 스티븐 엠브로즈Stephen E. Ambrose의 『시민군Citizen Soldiers』이 문화적 시금석 반열에 올랐다. 검증되지 않은 베이비붐세대 남성들에게 영화와 베스트셀러 도서가 불러일으키는 열망이란 전투의 일부가 되려는 것보다는 다른 남성들로부터 지원과 구원을 받을 수 있는 일종의 "지지하는 구조"의 일부가 되려는 것에 가까웠다. 말하자면 적어도 〈라이언 일병 구하기〉 같은 상황에서 여러 남자가 한 남자, 심지어 알지도 못하는 한 남자를 구하러 올 터였다. 그런 임무의 심장이 바로 사회의 의미였다.

'폭력에 대한 대안'에 참여하는 남자들은 미국 전역의 뭇 남자들과 마찬가지로 그러한 지원, 그러한 책임을 갈망했다. 그들은 이 작은 남성 집단에서 그걸 찾기를 희망했지만, 집단 치료의 기본 규칙이 계속 방해가 되었다. 각 참여자들은 그 자신만을 위해 "책임을 다하고", 화를 다스리고, 공격적인 성향을 억제하고, 자신이 어떻게 "통제"하는 존재였는지를 직시하도록 요구받았다. 그런 원칙은 개인 상담에는 유용했지만, 그만큼 사회의 매트릭스에 포함되고자 했던 남자들의 필요와는 어긋났다. 그룹 모임이 끝나고 난 다음에, 남자들은 어두운 주차장에 모여서 그들끼리 이야기를 나누고 좀 더 큰 유대감을 찾고자 했다. 그러나 그들은 길을 잃었고, 대화 주제는 곧잘 스포츠와 자동차 문제로 흘러가 버리곤 했다. 결국 그들을 "결속"시키는 건 사회에 어떤 기여를 했다는 공통의 경험은 아니었다. 그들 사이에 공통점이 있다면 고립에서 비롯한 격렬한 분노를 같이 살던 여자의 신체에 터뜨렸다는 사실뿐이었다.

어느 날 밤 모임에서 잭은 공격적인 운전자가 길에서 자기 앞에 끼어들었을 때 자제하는 법을 배우고 있는 것 같다고 말했다. 그런 추월은 캘리포니아주에서 통근하는 이들에게는 일상적인 분노 유발 요소였다. 그가 말했다. "굉장히 빡쳤지만 누구에게도 화를 내지 않았죠." 휴즈 에어크래프트에서 22년간 일했던 퇴역 군인이면서 모임 참여 기간을 연장한 폴이 잭에게 고개를 돌려 물었다. "누구한테 화가 났는지 알아낸 적이 있어요? 나는 알아내지 못했어요. 아내는 말했죠. '당신은 **늘** 화가 나 있어.' 진짜 그래요! (…) 하지만 **누구**한테 화가 났는지, 혹은 **왜** 화가 났는지 모르겠어요." 잭 역시 답을 알 수 없었다. "내 생각에는, 대체로 내가 문제인 것 같아요." 잭이 주저하며 말했다. 하지만 실제로 자기 때문인 것 같진 않았다. "누가 리모컨으로 나를 조정하는 것 같아요." 하지만 누가 그 리모컨을 쥐고 있는지는 미스터리였다. 1990년대에 고속도로의 데이지 꽃처럼 전국에 퍼져 있던 잭과 폴, 그리고 비슷한 "분노 조절" 그룹에 있는 남자들은 분노의 근원을 찾아 헤매고 있었다. 혹은 적어도 그들을 지원해 줄 수 있고 그들이 지원해 줄 수 있는, 자신보다 더 큰 무언가를 찾아 그로부터 위안을 받고자 했다. 그러나 질문은 언제나 그들 자신에게로 돌아오는 것 같았다. 많은 이들이 '대체로 내가 문제인 것 같다'고 말하고는 더 이상 질문하지 않는 법을 배웠다.

'폭력에 대한 대안' 모임에서 내가 알게 된 남자들 가운데 일부는 이 프로그램으로는 충분치 않다고 느껴 다른 남성 모임에서 대안을 찾기 시작했다. 잭 샤트도 그중 하나였다. 그는 '프라미스키퍼스'(약속을 지키는 자들)라는 기독교 남성운동에 끌렸다. 이 운동이 던지는 메시지는 1990년대 중반 수십만 남자들의 마음을 사로잡았다. 잭은 교회에 있는 몇몇 남자에게서 그 조직에 대해 들었다. 그는 영적인 원칙에 기초한 남자다움의 비전에 흥미를 느꼈다. 남자들이 직장에서 어떤 일을 겪었는지와 상관없이 남성이 가정에서 독실한 남편과 아버지로서 존경과 감사, 권위를 되찾을 수 있는 새로운 길을 약속하는 것 같았다. "나를 정말로 흥분시켰던 건 내 분노를 조절하는 데 그치지 않았다는 거예요." 잭이 말했다. 내가 반反가정폭력 단체에서 운영하는 프로그램을 처음부터 끝까지를 취재했던 아홉 달 동안, 두 남자가 프라미스키퍼스에 합류했다. 어느 날 '폭력에 대한 대안' 상담가 앨리스 라비올렛은 약간 어리둥절한 상태로, 새크라멘토의 고속도로 순찰대원인 자기 남동생이 프라미스키퍼스의 컨퍼런스에 참석했다고 말했다. 각 지역에서 활동하는 프라미스키퍼스에 동참한 많은 남자들 역시 냉전 이후 경제구조의 전환으로 고통받았고, 고립된 침실 공동체에서 가정 문제로 어려움을 겪고 있었다. 그러나 이런 차이가 있었다. 프라미스키퍼스 남자들은 악화되고 있는 가정환경을 개인의 탓이 아닌 더 큰 맥락에서 바라보고자 했다.

나는 남자들이 이끄는 대로 따라가 보았다. 그렇게 나는 롱비치에 있는 상담실을 떠나 북동쪽으로 차로 약 한 시간 거리에 있는 샌게이브리얼 산맥 기슭에 위치한 교외 지역 글렌도라의 한 거실에 다다랐다. 그곳에서 소수의 프라미스키퍼스가 영적인 남자로 새롭게 거듭나기 위해 고심하고 있었다.

1990년대 중반 프라미스키퍼스 남자들이 미국 전역의 미식축구 경기장에서 회합한 일은 잘 알려져 있다. 주말 내내 진행된 집회는 새롭게 태어난 복음주의자 빌 매카트니Bill McCartney가 통솔했다. 그는 콜로라도대학교 미식축구 팀 감독이었고 1994년에 가족과 하나님께 헌신하기 위해 감독직을 그만둔다고 선언했다. 모든 경기장에서 일어난 장면이 스포츠 이벤트와 꼭 같았다. 프라미스키퍼스의 "팬들"은 음료수를 들고, 팀 모자를 쓰고, 슬로건을 외치며, 심지어 파도타기응원을 하기도 했다. 하지만 이 팬들은 필드 위로 나섰고, 남자 수만 명이 다음 경기를 위해 옹기종기 모여드는 것처럼 경기장 위로 몰려들었다. 집회에 참석한 서른일곱 살 쇼핑몰 보안 책임자가 기자에게 말했다. "모든 사람이 같은 팀, 그러니까 예수님 팀을 응원하는 꽉 찬 경기장에 있는 건 내 인생에서 처음입니다."[1] 그들은 이 특별한 경기에 참여해서 가족 안에서 칭찬받을 만한 남자다운 역할을 얻으려고 했다. 그들은 집회 연사들이 말하는 "영적인 책임"과 "서번트 리더십servant leadership"✠을 가정에서 되찾는다면 그렇게 될 수 있으리라 생각했다.

✠ 타인을 위한 봉사에 초점을 두고 자신보다 구성원들의 이익을 우선시하는 리더십. 섬김을 받고자 하는 전통적인 리더십과 달리 자신이 타인을 섬기는 것을 추구하는 리더십이다. 그린리프 센터 설립자인 미국 학자 그린리프가 처음 제안했다.

고결한 남자다움 앞에 놓인 미래를 약속하는 이 그룹의 비전은 거의 하룻밤 사이라고 해도 좋을 만큼 짧은 시간에 전국적으로 확산되었으며, 1997년 C-SPAN에서 생중계된 워싱턴 몰의 대규모 집회에서 절정에 달했다. 프라미스키퍼스가 이 산업에서 혼자였던 건 아니었다. 오히려 1995년 수도 워싱턴에서 개최된 저 유명한 '100만 남성 행진'은 참가 인원 면에서는 더 앞서 있었는데, 이 '속죄의 날' 행사는 '네이션 오브 이슬람' 지도자였던 루이스 파라칸Louis Farrakhan이 조직해 흑인 남성 수십만 명이 참여했다. 그리고 1980년대 후반과 1990년대 초반에 벌어졌던 세속적인 '남성운동'이 이 두 차례 콘클라베(비밀회의) 앞에 존재했다. 일반적으로 뉴에이지의 한 흐름으로 여겨지는 남성운동은 수십만 남자들에게 주말에 모여 북을 치고 노래를 하면서 그들 안에 숨겨진 "야성적인 남자wild man"를 찾아 그 안으로 도피하자고 유혹했다.✠ 남성운동의 가장 저명한 대변인이자 『무쇠 한스 이야기Iron John』라는 베스트셀러의 저자인 시인 로버트 블라이Robert Bly는 이 남자들로 강당을 가득 채웠다. 그러나 프라미스키퍼스는 규모와 지속성 면에서 이 모든 남성 모임을 압도했다. 조직이 최고조에 달했을 때, 60달러라는 적지 않은 입장료에도 불구하고 경기장 행사에는 연간 거의 100만 명(1996년에는 110만 명)이 모여들었다. 그리고 남자들은 집으로 돌아가 작은 그룹들을 모아 광범위한 전국 네트워크를 조직했다. 이 네트워크는 때때로 '서번트 리더십'을 향한 탐색을 몇 년씩 지속해 갔다.

✠ 신화시적 남성운동(mythopeotic men's movement)이라고 불린 이 흐름은 정치적이거나 사회적인 활동보다는 함께 모여서 북을 치고 노래를 부르는 등 아메리카 선주민의 의식을 흉내 내는 의식이 그들로 하여금 잃어버린 남성다움과 남성적 정체성을 되찾게 해 줄 것이라고 주장했다. 이 운동의 대표적인 논자가 팔루디가 뒤이어 소개하고 있는 로버트 블라이다.

프라미스키퍼스에 합류한 사람들은 각자의 고통스러운 삶을 합친 것보다 더 큰 무언가를 만들고자 했다. 그들이 직장인으로서 당한 배신과 시민으로서 당한 배신은 가정에서 느낀 강렬한 배신감에 의해 가중되었다. 프라미스키퍼스가 어쨌거나 말하려고 했던 건 바로 그 배신이었다. 그들은 한 남성적인 시설, 그러니까 미식축구 경기장의 잿더미에서 무언가가 등장하기를 기대하고 있었다. 미식축구 경기장은 한때 남성적인 친교를 약속했지만 이제 거대한 소비자 광고판이 되어 버렸고, 그로부터 좀 더 전통적이고, 따라서 좀 더 단단한 또 다른 친교의 장이 등장한 것처럼 보였다. 지난 2000년간 그토록 많은 남자들을 하나로 단결시키고 양육해 온 종교보다 더 지속 가능한 것이 어디 있겠는가? 그들은 아내와 자녀의 사랑뿐 아니라 임무에 착수했다는 확신, 마침내 사회로부터 인정받을 사명을 발견했다는 확신, 그리고 이 목적은 형제애에 의해 지원받을 것이라는 확신을 회복시켜 줄 거대한 투쟁에 동참하고자 했다.

테스토스테론의 나라에 오신 걸 환영합니다!

골대 옆에 세워져 있는 거대한 무대에는 이오지마 스타일로 손 세 개가 깃발 하나를 들고 있는 프라미스키퍼스의 엠블럼이 그려진 현수막이 드리워져 있었다. 그 무대 위에서 연사는 모여 있는 남성 청중을 향해 가정에서의 실패를 회개하고 기도와 종교적 영도를 통해 가족 내 지배권을 되찾아야 한다고 촉구했다. 그들은 가정의 영적인 삶의 주인이자 "복종"과 "예속 상태"를 통해 가정의 영역을 책임지는 종교적 권위자가 되어야 했다. 미디어와 페미니스트 단체 대부분이 보기에는, 이런 조언은 아내의 목에 가부장제의 족쇄를 채우라는 의심스러운 사탕발림처럼 들렸다. 달라스의 설교자인 척 스윈돌이 문신을 한 기독교 오토바이 갱단과 함께 무대에서 화려하게 빛나길 즐기고 "파워, 파워, 우리에겐 파워가 있다!"라는 구호로 군중을 이끄는 건 별 도움이 되지 않았다. 프라미스키퍼스 연사들이 성 바울의 유명한 가정 규약인 "아내들이여 남편에게 복종하라"를 그토록 좋아하는 것도 별 도움이 되지 않았다(남침례회는 1998년 이 지시를 공식적인 신앙 신조에 추가했다).[2] 무대 위 강연자들의 수행원들이 하나같이 수십 년간 여성 진보를 징벌하겠다는 열정을 불태웠던 종교적 우파 출신인 것 역시 도움이 되지 않기는 마찬가지였다. 그리고 무엇보다도 프라미스키퍼스의 설립자인 빌 매카트니가 동성애자 해방은 물론 여성의 재생산 권리에 대한 헌신적인 적임을 증명했다는 사실이 도움이 되지 않았다. 남자들에게 가족 리더십에 전념하라고 촉구하기 1년 전, 그는 프로라이프 집회에서 임신중지를 범죄화할 것을 요구하고 동성애에 대해선 "전능하신 하나님에 대한 가증한 행위"라고 비난했다.[3] 그가 프라미스키퍼스 행사 중 열렸던 기자회견에서 드러냈던 성역할에 대한 견해는 빅토리아시대의 결혼 매뉴얼에서 갓 튀어나온 것 같았다. 그는 입이 떡 벌어진 기자들 앞에서 열정적으로 자신의 이론을 되풀이했다. "숙녀들"은 그들의 남자들, 즉 "이끄는 자들"에 의해 "빛으로 영도되어야 할 수용체"라는 내용이었다.

따라서 의심스러워하던 미디어들이 프라미스키퍼스의 연사이자 설교자인 토니 에번스가 남자들에게 "남자다움의 회복"에 대해 조언한 내용을 끝없이 인용했던 건 놀랄 만한 일은 아니었다.

> 여러분이 맨 먼저 할 일은 아내와 나란히 앉아 이런 말을 건네는 겁니다. "여보, 내가 끔찍한 실수를 했어. 내 역할을 당신에게 떠넘겨 버렸지. 내가 우리 가족을 이끄는 걸

> 포기하고, 당신한테 내 자리를 대신하라며 강요했어. 이제 나는 내 역할을 되찾아야 해." 지금 제 얘기를 오해하지 마세요. 역할을 되돌려 달라고 부탁하라는 얘기가 아닙니다. 여러분 스스로 되찾아 오라는 겁니다.[4]

토니 에번스의 말은 프라미스키퍼스가 '서번트 리더십'을 강조하는 온갖 찬사 속에서도, 사실은 여성혐오와 마초적인 지배를 권장하는 은밀한 캠페인을 조장하고 있다는 사실을 보여주는 이론의 여지가 없는 증거처럼 보였다. 에번스가 하는 말의 나머지 부분은 별 다른 관심을 받지 못했다. 그는 거의 전적으로 아름다운 아가씨들을 정복하고 저 혼자서 악당들을 총으로 제압하지 않는 한 남자들은 무가치하다고 말하는 "마초" 대중문화를 개탄하는 것에 집중하고 있었다. 에번스는 "람보는 폭력적일 뿐만 아니라 무관심하다"라고 비판했다.[5] 이어서 그는 사람들에게 물질적 가치를 거부하라고 촉구했으며, 그들에게 TV를 끄고 아내와 이야기하라고 권고했다. 그리고 울어도 된다며 남자들을 안심시켰다. 에번스는 성경 말씀을 통해 자신의 말을 뒷받침 했는데, 남성 지배를 지지하는 설교자라면 선택하지 않을 법한 구약을 계속해서 인용했다. 그건 바로 「욥기」였다.

사실 프라미스키퍼스라는 조직은 이러한 모순으로 가득 차있었다. 척 스윈돌이 할리 데이비슨을 타고 무대에 오른 후에, 연사 게리 스몰리Gary Smalley는 그의 표현대로 하자면 "배터리는 별도로 구매"해야 하는 인형을 움켜쥐고 장난감 세발자전거를 탄 채 경사로를 천천히 올랐다. 의도적으로 무릎 높이에 자신을 놓음으로써 그 무력감을 과시했던 것이다. 그는 땋은 머리에 머리핀을 달고 분홍색 드레스, 분홍색 신발을 신은 플라스틱 장난감 소녀를 들어 올리며 말했다. "우리는 모두 이 인형과 같습니다." 스몰리는 어린 시절 자신을 괴롭히던 형이 얼마나 "두렵게 했는지" 고백했고, "스물다섯 살에도 너무 무서워 집에 혼자 있을 수 없었"다고 털어놓았다. 하비스트 크리스천 펠로십 교회의 그레그 로리Greg Laurie 목사가 '다시 새장으로 돌아가고 나서야 불행에서 벗어난 작은 새'를 이야기했던 것처럼, 남자들이 '우리에겐 파워가 있다!'라고 외칠 때마다 그 힘을 포기할 때 얻게 되는 위안에 대한 알레고리가 느껴졌다. 왜냐하면 남자들은 저마다 "나를 안전하게 지켜 줄" 하나님의 구속하는 창살을 열망했기 때문이다. 남편에 대한 아내의 복종을 지지했던 이 조직은 아내의 직업을 우선시했거나 가사노동의 어려움을 알아챈 남자들이 쓴 1인칭 기사를 제휴 정기간행물 《뉴맨New Man》에 게재했다. 예를 들어 로버트 조바는 「예기치 않은 선택」이라는 글에서 "아내들이여, 남편에게 복종하라"라는 바울의 격언을 그가 아내를 따라 시카고로 가야 한다는 의미로 어떻게 재해석했는지에 대해 썼다. 그곳에서 아내는 《크리스채너티투데이Christianity Today》 편집자로서 명망 있는 직업을 얻었고, 그는 실직 상태에서 "아이들을 위해 운전을 하고, 지역 식료품점에서 가성비 좋은 물건을 찾았으며, 세탁기의 '섬세 모드'와 '강력 모드' 간 차이점을 배웠다."[6] 심지어 스윈돌이 청중에게 밝힌 바에 따르면 '우리에겐 파워가 있다'라는 슬로건조차 "우리 딸들이 고등학교 시절 치어리딩할 때 사용한" 오래된 응원에서 차용해 온 것이었다.

대회 무대는 대체로 임신중지 반대운동 이력이 있거나 기독교연합Christian Coalition에 소속된 연사들로 가득한 까닭에 우려스러울 때가 많았다. 하지만 필드와 외야석에서, 남자들은 그렇게 쉽게 분류되지 않았다. 연사들은 "성경적으로 승인된" 가부장주의적 가정과 "전통적인" 남성적 질서로 돌아가자고 외쳤지만, 일반 구성원들은 조용히 앉아 있었다. 그들은 예의 바르고 주의 깊었으며, 소란을 피우는 경우는 거의 없었다. 설사 그들이 페미니스트가 만든 세계를 전복하려고 했다 한들, 그런 징후는 전혀 드러내지 않았다. 그들은 대부분 매너 있고 단정하게 보이고자 했다. 외야석의 단골이었던 스포츠 관중이 경기장에 쓰레기를 던지고 기물을 파손하던 시대에, 프라미스키퍼스는 자신이 가진 모든 쓰레기를 조심스럽게 다루었다. 그들은 연설 중에 순종적으로 메모했고, 병원 환자들이 착용하는 식별 밴드와 똑같이 생긴 프라미스키퍼스 아이디 팔찌를 항상 착용하고 있었다. 그들은 보잘것없는 도시락을 받을 때에도, 매점 텐트에서 'PK'(Promise Keepers의 약자) 브랜드 커피 잔이나 모자를 사기 위해, 혹은 ATM 기계를 사용하기 위해 끝도 없이 긴 줄에 서 있을 때에도 불평 한마디 없이 예의 바르게 행동했다. 그들은 순종을 충실하게 순종하기만 하면 마침내 상을 받을 것처럼, 기꺼이 유순하게 행동했다.

오클랜드에서 열린 스타디움 행사에서 매점 앞에 가장 길게 늘어선 줄은, 영감을 주는 성경 메시지가 가슴팍에 새겨진 티셔츠를 판매하는 부스였다. 그 메시지는 이랬다. '나는 벌레요I Am A Worm.'✠ 이렇게 무장한 남성 쇼핑객들은 '부채 없는 생활' '변화하는 시대의 커리어' '아메리칸드림에 무슨 일이 생긴 걸까?' 따위 제목의 책 더미를 뒤지러 '기독교인을 위한 금융 지침Christian Financial Concepts' 테이블로 몰려들었다. 남부 캘리포니아의 애너하임 스타디움에서 열린 집회에서 방황하고 있을 때에는 한 남자가 다가와 "테스토스테론의 나라에 온 것을 환영합니다!"라고 외쳤지만, 그 어조는 거만하다기보다는 애절

✠ 「시편」 22편 6절의 일부. 전문은 다음과 같다. "나는 벌레요 사람이 아니라 사람의 훼방거리요 백성의 조롱거리니이다." 여기서 스스로를 '벌레'라고 고백하는 것은 예수그리스도가 십자가형 등 고난과 고통을 겪는 와중에도 하나님에게 겸손하게 의지하는 모습을 표현한 것으로 해석된다.

했다. 해당 행사에서 만난 캘리포니아주 보몬트의 프라미스키퍼스 회원 빌 무어의 말은 더 전형적이었다. 인터뷰를 위해 무어와 그 동료들에게 다가가자, 그가 내게 쓸쓸히 말했다. "당신이 우리 같은 남자들 이야기를 책에서 다룰 거라면, 우리를 이렇게 불러야 합니다. '테스토스테론 수치가 낮은 남자들.'"

프라미스키퍼스 회합에 참석한 남자들은 오토바이를 탄 무법자들이 아니었다. 그들은 "좋은 아들들"이었다. 노스다코타에서 신발 가게를 운영하는 서른두 살 트로이 바버는 관중석에 앉아 "어젯밤에 울었어요"라고 나에게 부드럽게 말했다. 근처에 있다가 그의 말을 듣게 된 한 참석자는 "나는 비참하게 실패했죠"라고 맞장구쳤다. 그 뒤에 앉은 미네소타주 세인트폴에 있는 사립대학 경비원 크리스 마틴슨Chris Martinson은 슬픈 듯이 말했다. "우리는 남자 구실을 못해요." 바로 그때 비행기 한 대가 지역 여성 단체가 지불한 현수막을 펄럭이며 경기장 위에서 윙윙거렸다. 현수막에는 큰 글자로 다음과 같이 적혀 있었다. '프라미스키퍼스, 패배자이자 울보들.' 남자들은 말없이 당황한 채 그늘진 눈으로 비행기가 하늘을 가로질러 가는 것을 지켜보았다. 그 평가를 절대적으로 부정하는 건 아니었던 셈이다. 비행기가 사라지자 캔자스시티의 래리 콜맨은 혼란스러운 상태로 나를 쳐다보았다. "내 아내는 지배할 수 있는 종류의 사람이 아니에요." 그의 친구 크리스 로페즈Chris Lopez도 혼란스럽기는 마찬가지였다. "저기 저 남자들 말이에요. 우리는 진짜로 길을 잃었어요. 도움이 필요하죠."

스타디움 행사에서 남자들이 어떤 도움을 받을 수 있는지는 불분명했다. 빌 매카트니의 이름은 대화에서 거의 언급되지 않았다. 내가 대화를 나눈 몇몇 남자뿐 아니라 더 많은 남자들이 그의 이름을 잘못 알고 있었다. 가장 흔한 두 가지 실수는 그를 매카시라고 하거나 폴 매카트니라고 하는 것이었다. 그리고 그 남자 때문에 이곳에 왔다는 사람은 아무도 없었다. 매카트니가 가족과 더 많은 시간을 보내기 위해 미식축구 감독으로서 고액 연봉을 받는, 성공 가도를 달리던 직장을 폐기 처분해 버렸다는 사실은 그들에겐 불가해한 일이었다. 경기장에 있는 남자 대부분은 높은 급여와 번창하는 직업이 없다는 이유로 가족들이 그를 폐기 처분해 버릴까 봐 그곳에 와 있었다. 감독의 기자간담회는 북적거렸던 반면에, 집회의 피날레를 장식하는 그의 관례적인 연설은 대체로 대규모 엑소더스로 이어졌다. 그의 연설은 ("이보다 더 좋을 순 없다!"와 같은) 과장된 스포츠 클리셰로 가득 차 있었다. 남자들에게 그가 마이크를 쥔다는 건 이제 사람의 물결을 뚫고 출구로 향할 시간이라는 신호였다.

그럼에도 그들은 상기된 열정을 품고 주차장으로 향했다. 나는 처음에는 도대체 그들이 무엇을 보고 그토록 황홀해하는지 의아했지만, 결국 그건 내가 질문을 잘못 구성한 탓이란 걸 깨달았다. 이 주말 이후 가장 많이 인용되는 하이라이트는 눈에 보이는 게 아니었기 때문이다. 사적인 모임, 다른 몇몇 남자와 함께 기도할 수 있는 기회가 그들에게 가장 큰 활력을 주었다. "눈물이 나요." 남자들이 줄줄이 회합에서의 경험을 이야기했고, 그들의 눈은 마침내 반짝거렸다.

작은 모임이 그렇게까지 호소력을 가지는 이유는 무엇이었을까? 그리고 그 남자들은 무엇 때문에 눈물을 흘렸을까? 이런 질문을 한다면 프라미스키퍼스는 그가 언제나 제대로 이해하지 못했던 죄에 대해 "회개"하고 있었다고 답할 것이다. 그는 "순종하지 않았"고, "이기적"이었으며 "용서"가 필요했다. 그런데 그는 도대체 뭐가 그렇게 후회스러웠을까? 도대체 어떤 약속을 지키지 못했던 걸까.

일반적으로 프라미스키퍼스는 다루기 힘든 사람들이 아니

었다. 프라미스키퍼스가 1994년 스타디움 행사에 참석한 남성을 대상으로 진행한 설문조사에서 대체로 중년 남성으로 이루어진 이 집단은 의무감 있고 올바르며 예절과 판단력에 대한 사회적 기대에 열심히 부응하려는 것으로 나타났다(63퍼센트는 "나는 법률 '조문'을 따른다"라는 말에 동의했고, 74퍼센트는 "다른 사람들이 내 영적인 삶을 어떻게 인식하는가가 나에게 매우 중요하다"라는 문장을 긍정했다).[7] 대회에 참석했던 전형적인 남자들은 탕자의 비유✠에 나오는 이름 없는 형제와 같았다. 그는 일반적으로 자신이 속해 있는 베이비붐세대의 유명한 저항의 드라마✢에서 움츠러들었다. 학우들이 1960년대와 1970년대 초반에 연좌 농성을 벌이고 있는 동안, 훗날 프라미스키퍼스가 될 그들은 기껏해야 기독교학생회Inter-Varsity Christian Fellowship(IVF), 캠퍼스선교단Campus Ambassadors, 대학생선교회Campus Crusade for Christ(CCC) 활동 같은 '운동'에 참여했었을 뿐이었다.

캘리포니아주 전도사이자 복음주의자인 빌 브라이트가 설립한 대학생선교회는 학생들의 불안을 흡수함으로써 그 불안에 맞서기 위해 의도적으로 고안된 조직이었다. 이 그룹은 1967년 '지금 혁명Revolution Now'을 시작했다. 이는 1967년 캘리포니아 버클리대학교에서 시작된 전격적인 전도 사업이었고, 특히 브라이트의 절친한 친구이자 당시 주지사였던 로널드 레이건이 학내 반전운동 진압이라는 차원에서 지원했다. 대학생선교회는 대학의 운동선수와 남학생 사교 클럽 회원들을 대상으로 "공격적인 전도"와 "형제애"(자매애는 아니었다)

✠ 「누가복음」 '탕자의 귀환'에는 아버지에게 재산을 나눠 달라고 요구하는 둘째 아들의 이야기가 등장한다. 여기서 자기 몫의 재산을 전부 탕진해 버리고 아버지를 볼 낯이 없어 방랑하는 아들을 아버지는 다시 사랑으로 받아들인다. 이후 팔루디의 논의에서 '탕자'와 '좋은 아들'의 비유는 계속 반복된다.

✢ 베트남전쟁 반대운동.

를 강조했다. 1970년대까지는 이 조직의 젊은 회원들이 '민주사회를 위한 학생 모임Students for a Democratic Society'(SDS)에 참여하는 급진적인 학생들보다 많았다. 같은 반 친구들이 학생 파업을 위해 주먹을 치켜들거나 평화를 의미하는 사인인 'V'를 들고 서로를 환영하는 동안, 대학생선교회의 신병들은 하늘(천국)을 가리키는 손가락 모양으로 된 예수 운동의 "하나의 길" 펜던트를 자랑하곤 했을 터다. 이 로고는 당시 반전운동을 의미하는 손동작에 대한 응답으로 만들어진 것이었다.[8]

빌 브라이트가 프라미스키퍼스의 연사이자 최고 거물급 주창자 자리에 오른 것은 신학적으로 정당한 보상처럼 여겨졌다. 빌 매카트니는 1974년에 '행동하는 운동선수Athletes in Action'라는 대학생선교회의 지부를 통해 회심했고, 그가 이후에 기술했던 것처럼 "예수그리스도의 인격과 직접적으로 마음을 터놓고 대화하는 실재적인 관계"를 위해 아버지의 종교였던 로마가톨릭교에 대한 제도적인 헌신을 포기했다. 매카트니는 그가 "통제권을 포기"하고 "실제로 나를 인도하고 성장하도록 돕는 존재의 편재를 느낄 수 있는" 인격화한 후견인을 찾고 있었다. 그를 비롯해서 성장 중인 다른 프라미스키퍼스가 원했던 건 권위를 깨는 것이 아니었다. 매카트니는 이렇게 썼다. "개인적으로 나는 내 인생을 포기해야 했다. 내게 필요했던 건 관계였다."[9]

※ ※ ※

"남자에 대해 이야기하고자 한다면, 바로 여기에서 시작해야 합니다." 빌 매카트니는 큰 소리로 외쳤다. 나는 그로부터 한 발자국도 안 되는 거리에 있었다. 나는 그와 이야기를 나누기 위해 덴버에 있는 프라미스키퍼스 본부에 와 있었다. 본부 건물은 한 블록 정도의 크기로, 예전에는 인쇄기와 트럭 로비 협회가 있던 곳에 자리하고 있었다. 전직 미식축구 감독은 「누가복음」이 펼쳐져 있는 성경을 한 손에 들고 내가 앉아 있는 의자 옆에 무릎을 꿇고 있었다. 내가 그에게 왜 미국 남자들이 프라미스키퍼스에 그렇게 강렬하게 반응했는지 질문했고, 그는 그에 답하던 중이었다. “우리의 목적이 무엇입니까?” 그가 물었다. 그리고 이어 말했다. “인간 영혼의 깊은 열망은 의미를 향해 **울부짖고** 있습니다.” 그건 마치 “가서 이기자!”라고 외치는 게임 전 연설과도 같았고, 그의 얼굴은 PK라는 글자가 새겨진 골프 셔츠만큼이나 보라색으로 달아올랐다. “그리고 당신이 진정한 의미를 획득할 수 있는 유일한 방법은 당신의 **목적**을 수행하는 것입니다, 알겠습니까?”

그렇다면 프라미스키퍼스가 남자들에게 제공한 목적이란 구체적으로 무엇이었는가?

“하나님이 그들을 얼마나 사랑하는지 알게 되는 것, (…) 사랑하는 아버지, 사랑하는 남편의 진정한 의미에 가장 가까이 다가가고, 하나님이 우리를 얼마나 사랑하는지에 관해선 본인의 사랑이란 표면조차 제대로 건드리지 못한다는 것을 이해하는 일입니다. 보십시오. 하나님 아버지는 우리를 너무나도 사랑하십니다. 그토록 열정적으로, 그토록 강렬하게, 그토록 종합적인 보살핌과 관심으로 사랑하시는 겁니다. 그래서 그분은 잠에 들지 못하십니다. 졸지도 않으시죠. 그분은 우리를 밤낮으로 지켜보고 계십니다. 그리고 언제나 우리를 응원하고 계시죠. 알겠습니까? 지금—.”

나는 끝없이 쏟아져 나오는 말의 일제 사격 사이에 몇 가지 단어로 끼어들어 보려 했지만 성공하지 못했다. “끼어들지 마세요!” 그는 연극이라도 하는 듯 허공에 팔을 흔들었다. “내가 당신에게 모든 이야기를 해 줄 테니까, 나를 막지 마십시오. 그런 다음에 뭐든 물어봐도 좋아요. 자, 그럼 이제, 이걸 상상해 봐요. 그렇게 누군가가 사랑받는 모습을요. 그분은 우리의 머리카락 한 올까지도 다 알고 계십니다. 그분은 우리가 생각을 하기 전에 이미 우리의 생각을 알고 계십니다. 그분은 우리가 입 밖으로 내기도 전에 우리가 한 말을 다 기억하고 계십니다. 알겠어요? 그분은 우리의 삶에 깊이 관여하고 있습니다. 그분은 이 남자 제프를 사랑하고 있습니다, 알겠습니까? 그분은 이런 사랑으로 제프를 사랑하십니다."

나는 '제프'가 누군지 알 수가 없었다. 그 방에 있는 유일한 다른 사람의 이름은 '스티브'였다. 미디어 홍보 이사 스티브 채비스. 나는 또한 이 모든 것이 어떻게 남성을 위한 '목적'이 되는지 잘 이해가 되지 않았다. 만약 신이 남자에게 그분의 사랑을 전하기 위해 잠을 희생하고 밤낮으로 일하는 존재라면, 매카트니가 묘사하고 있는 건 신의 목적 아닌가?

내가 그런 질문을 던져 매카트니를 꼼짝 못 하게 하려는 찰나, 그가 열정적으로 노래했다. "그분은 당신의 아들을 보내셨습니다!"

나는 다른 방법을 시도해 보았다. 매카트니는 그 자신의 '목적'을 어떻게 보고 있는가? 몇 차례 시도 끝에 나는 마침내 그에게서 충분한 내용을 끌어냈다. "젊은 사람들을 도울 수 있기 때문에 지금 내 인생에는 가치가 있습니다." 그건 젊은이들로 가득한 팀을 저버리고 서른을 넘긴 회원이 압도적으로 많은 조직을 이끌게 된 전직 미식축구 감독의 입에서 나오기에는 좀 이상한 말이었다. 그리고 그가 남겨 두고 떠난 젊은 남자들, 콜로라도대학교의 버펄로스는 지도가 필요하기로 악명 높았다.

매카트니 휘하에서 이 팀은 놀라운 체포 기록으로 《스포츠일러스트레이티드》로부터 큰 주목을 받았다. 이 잡지는 선수들의 범죄 활동이 너무 허랑 방탕해서 캠퍼스 경찰이 범죄를 조사하러 갈 때 버펄로스의 선수 명단 사본을 가져갔을 정도였다고 보도했다. 한번은 3년간 선수 스물네 명이 절도, 성폭력, 혹은 강간 혐의로 체포당했다. 한 선수는 심지어 그 지역에 출몰한 덕트테이프 강간범으로 밝혀졌는데, 그는 여덟 여성의 입과 눈을 덕트테이프로 막고 폭행했다. 이 선수는 강간 혐의 네 건으로 기소되었고, 유죄를 인정했으며, 25년 형을 선고받았다.[10]

매카트니는 그의 전설적인 짜증, 경직성, 그리고 종교적 태도를 견뎌야 했던 많은 선수에게 그다지 사랑받는 감독은 아니었다. 덴버의 대안 주간지 《웨스트워드Westword》에 실린 기사에 따르면, 그들 중 일부는 그들이 아는 단 한 가지 방법으로 복수를 감행했다. 스퍼포스처럼 매카트니의 십 대 딸을 성적으로 정복하려고 했던 것이다. 매카트니는 《웨스트워드》 기사를 "신성모독"이라고 맹렬히 비난하면서 신이 개입하지 않았다면 그 기사의 필자를 죽여 버렸을 것이라고 주장했다. 매카트니는 특정 선수들이 딸을 유혹했다는 반박하기 어려운 증거를 알고 있었지만, 팀에 대한 징계 조치를 취하지는 않았다. 딸이 매카트니에게 팀의 스타 쿼터백 때문에 임신을 했다고 말했던 것이다. 그로부터 4년 뒤에 그녀는 수비 태클과의 관계 안에서 다시 임신을 하게 된다. 순결 옹호자인 매카트니는 두 사생아의 할아버지가 되었다.[11]

매카트니가 최대 볼륨으로 나에게 계속해서 증언을 하는 동안, 미디어 홍보 이사인 스티브 채비스가 의자에 앉아 눈에 띄게 당혹스러워하고 있었다. 과거에 라디오 방송국 기자로 일했던 채비스는 의심할 여지없이 미디어 참상이 일어나고 있음을 인식했다. 그는 전직 감독이 내 앞에서 무릎을 꿇은 순간부터 매카트니를 방에서 쫓아내려고 조심스럽게 노력하고 있었다. 매카트니는 자신이 새로 찾은 "목적"에 대한 나의 질문에 답을 하기 위해 다시 한번 열정적으로 성경을 뒤적거리고 있었다. "「이사야」 38장 19절." 그는 마침내 집게손가락으로 그 구절을 두드리며 말했다. "주의 진실을 아버지가 그의 자녀에게 알게 하리이다." 그는 축축하게 빛나는 눈으로 의기양양하게 나를 올려다보았다. "보세요, 그분은 남자에게 주 안에서 자녀들을 양육하는 책임을 맡기셨습니다. 알겠습니까?"

사실 그의 아내인 린디 매카트니가 여러 논평에서 분명하게 밝히고 있듯 남편은 아이를 키우는 데 별 도움이 되지 않았다. 그는 이런 코멘트를 자신의 책에도 수록했고 이후 기자들에게 말해도 좋다고 허락했다. 그녀는 매카트니의 첫 번째 저작 『재에서 영광까지From Ashes to Glory』에서 "어떤 면에서는 감독의 아이가 되는 건 꿈같은 일이다"라고 썼다. "하지만 그건 악몽이기도 하다." 아이들은 아버지를 거의 만나지 못했다. "빌은 아이들이 고등학생이 되기 전까지 아이들이 축구를 하는 모습을 본 적이 없었다." 그뿐 아니라 린다는 빌이 프라미스키퍼스를 설립하기 전은 물론이고 그 이후에도 남편의 '영적 리더십'에 대해 별로 대단하게 생각하지 않았다. 린다에 따르면 남편은 대체로 그녀를 "맨 아래 선반에 놓아둔 물건"처럼 취급했다. 남편은 경기장 밖에 있을 때에는 술집에 가는 걸 좋아했는데, 그곳에서 인사불성이 될 때까지 술을 마시곤 했다. 유산을 했을 때도 남편을 찾을 수가 없었다. 빌은 아무 말 없이 "바텐더가 있는" 술집으로 사라져 버린 상태였고, 그녀는 혼자서 병원에 가야 했다. 린디는 술을 거의 마시지 않는 사람이었지만, 절박한 마음에 한번은 술을 마시고 그의 관심을 끌기 위해 노력하다 정신을 잃은 적도 있었다. 하지만 그는 눈치조차 채지 못했다. 그가 프라미스키퍼스를 시작한 후에도 크게 달라진 건 없었다. 그녀는 《뉴욕타임스》 인터뷰에서 그에 대해 "항상 다른 사람들의 배관을 수리하는" 배관공이라고 설명했다. 프라미스키퍼스가 성장함에 따라, 린디의 고통도 자랐다. 부부가 회고록에서 이야기했듯이 1993년에 린디는 신경쇠약 상태였고, 목숨을 버릴 생각까지 하게 되었다. 그녀는 스스로를 가두었고 자조自助에 관한 "100권이 넘는" 책을 읽었으며, 일곱 달 동안 매일 토하고 거의 아무것도 먹지를 못했다. 그녀는 70파운드 가깝게 몸무게가 줄었다. 빌은 이렇게 썼다. "나는 그녀가 살을 빼는 걸 보았고, 자랑스러웠다."[12]

나는 매카트니에게 아내가 말한 가정 내에서의 고통에 대해 물었다. "나는 은혜로 구원받은 죄인으로 여기 있는 것이지, 다른 어떤 것의 본보기로 여기 있는 게 아닙니다. 하지만 내가 분명히 아는 게 있죠. 내가 뭘 아는지 아십니까?" 나는 모른다고 고백했다. "**그분**은 나를 사랑하신다는 겁니다." 어쨌거나 매카트니는 책에 나오는 주장을 되풀이하며 요즘 아내의 "영적 지도자"가 되기 위해 더 열심히 일하고 있다고 말했다. 내가 그게 무엇을 의미하느냐고 묻자 그가 말했다. "준비를 하는 건 나의 책임입니다. 그리고 다른 사람들에게 지금 시간을 내서 TV를 끄고 주님 앞으로 나오도록 격려하는 것이 나의 책임입니다. 봐요, 그게 **나의** 책임이란 말입니다. 아내가 그걸 하도록 기다리지 않습니다. 나는 그러지 않죠. 하지만 내가 제안을 하고 그녀가 아직은 때가 아니라고 한다면, 나는 '그래, 그럼 언제가 되면 때가 된 걸까?'라고 말합니다. 그러나 그건 **이미** **주어진** **일**입니다. 내가 바로 그 권한을 부여받은 사람인 거죠. 영적인 일을 이루는 유일한 방법은 바로 그 남자가 총대를 메는 것뿐입니다."

매카트니는 숨을 쉬기 위해 잠시 멈추었고, 그 순간을 포착한 스티브 채비스는 자리에서 벌떡 일어나 감독에게 놓치면 안 되는 "다른 약속"이 있다고 말하면서 그를 문 쪽으로 단호하게 안내했다. 나는 이전만큼이나, 아니 이전보다 더 혼란스러운 상태로 남겨졌다.

그래서 나는 본부에서 좀 더 살펴보는 건 포기했다. 어쨌거나 매카트니는 사람들이 프라미스키퍼스로 몰려드는 주된 이유가 아니었다. 사람들이 그에게서 깨달음을 구하지 않는다면, 나도 그렇게 해서는 안 될 터였다. 구성원들이 말하는 것처럼 기도 모임이 프라미스키퍼스의 매력 포인트라면, 조직의 중역이 머물고 있는 스위트룸이나 폴솜 스타디움의 외야석은 프라미스키퍼스를 관찰하기에 적절한 장소가 아니었다. 그렇게 나는 글렌도라 거실의 더 작고 고요한 영역으로 향했다. 그곳이 훨씬 더 많은 이야기를 들려줄 자리였다.

신이 당신의 결혼을 구원해 줄 것입니다

티머시 애트워터의 집은 동네에 있는 다른 집들처럼 가족생활을 위해 지어졌다. 부엌의 전망창은 앞마당을 향하고 있었는데, 이는 전후에 인기를 누렸던 혁신적인 디자인이었다. 덕분에 주부들은 반짝거리는 완전히 새로운 전기레인지를 사용하면서 아이들을 지켜볼 수 있었다. 수년에 걸쳐 동네 주민들은 페인트를 다시 칠하거나 현관을 고치고, 뒤뜰 수영장을 만들면서 집을 각자의 취향에 맞게 바꾸어 나갔다. 그래도 동네에 대한 전반적인 인상은 집들이 다 비슷비슷해 보인다는 것이었다. 방문한 지 몇 주가 지났지만, 나는 여전히 집을 잘 구분하지 못하고 동네를 헤매곤 했다. 나는 마침내 집 앞에 주차되어 있는 티머시의 휴가용 트레일러의 브랜드를 알아보게 되었다. 주택 디자인이 비슷비슷한 건 서부에서의 모험이라는 경험을 공유했던 개척자 가족들이 이웃을 구성하던 시절의 공동체적 유대감을 유도하기 위해서였다. 개발업자들은 자신들이 건설하는 멀리 떨어진 교외 전초기지에도 그런 식으로 글렌도라, 몬로비아, 라 그레센타 등의 이름을 붙였다. 아내의 이름 '레아도라'에서 본떠 자신이 세우고 있는 마을에 '글렌도라' 라는 이름을 붙인 개발업자는 이 마을을 "건전한 분위기와 기독교 이상을 유지하는 가족 중심의 공동체"라고 홍보했다. 도시의 기획자들은 전후 몇 년간 복음주의 열정의 급증으로 인해 훨씬 더 많은 교회들이 생겨났고, 주거지역이 번성하면서 (1960년대까지 글렌도라는 남부 캘리포니아에서 가장 빠르게 성장한 도시였다) 거주자의 꿈을 이루어 주었고 "교외 거주자의 기쁨"으로 이어졌다고 자랑했다.[13] 그러나 종려나무가 늘어선 긴 거리를 따라 애트워터의 부부의 집을 향해 운전을 하다 보면 그 거리만큼, 그리고 종려나무가 평행하게 서있는 만큼, 고립의 무게에 짓눌리는 기분이었다.

글렌도라는 전형적인 배드타운(교외 주거지)이었다. 상공회의소는 도시 경계 안에 어떤 "보기 흉한" 산업도 들어오지 못하도록 반대했지만, 교외 지역에서 가장 중요한 장비 중 하나인 잔디 스프링클러를 제조, 판매했던 선구적인 제조업체 '레인 버드 스프링클링 매뉴팩처링Rain Bird Sprinkling Manufacturing Corp.'만은 환영했다. 반면에 가족 도덕에 어긋난다고 판단한 주류 판매점, 핀볼 아케이드, 당구장은 완전히 제압해 버렸다. (영화관은 허락됐지만 맥도날드가 이를 잠시 운영했고, 곧 햄버거 가게로 전환됐다.) 제2차세계대전과 전후 몇 년간, 지역사회의 주요 고용주는 인접해 있는 아주사에 위치한 에어로젯제너럴Aerojet-General이었다. 이곳의 로켓 공장에서 아폴로Apollo 우주선 엔진을 제작했다. 글렌도라는 달 창륙 장면에 큰 자부심을 가졌었다고 한다. 그랬다면, 그건 도시가 1960년대로부터 받아들인 몇 안 되는 모습 중 하나였다. 극도로 보수적인 커뮤니티는 자라나는 두려움과 함께 시대의 격변을 지켜보았다. 《글렌도라프레스Glendora Press》 사설에서는 당시 "시위에 참가한 모든 학생을 (···) 퇴학시켜야 하며, 그에 더해 그들이 대학에 지원했을 때 대학 당국이 알 수 있도록 그들의 이름과 학교에서 쫓겨난 이유가 명시된 자료를 모든 대학에 보내야 한다"라고 주장했다. 당연하게도 글렌도라 기획자들은 시대를 이끈 급진주의자 한 사람과 이 도시가 맺고 있는 관계에 대해 떠들지 않았다. 버클리 자유언론운동Free Speech Movement(FSM)을 이끌었던 마리오 사비오는 글렌도라에서 나고 자랐으며, 틀림없이 이 공동체에서 가장 중요한 인물이자 돌아온 탕자와도 같은 존재였다.[14]

애트워터의 집 안에 있는 감성적인 바느질 샘플과 하트 모양의 냉장고 자석은 묘하게도 '폭력에 대한 대안' 상담실을 연상케 했다. 프라미스키퍼스 그룹은 빈 새장과 가짜 담쟁이를 심어 놓은 세라믹 화분으로 장식된 거실에 앉았다. 이 장면은 내가 프라미스키퍼스의 가정을 생각하면 떠올리게 될 어떤 미감이었다. 우리는 때때로 그룹의 실질적 리더인 마틴 부커의 집에서 만나기도 했는데, 그의 거실은 연한 푸른색으로 맞춘 커튼과 소파가 있는 보육원을 떠올리게 했다. 부커의 거실은 인상적으로 줄지어 서 있는 장식용 박제동물로 가득 차 있었다. 그룹의 다른 남자들과 마찬가지로 마틴 역시 자신이 아는 유일한 방법으로 아내의 파스텔 톤 반란에 저항했는데, 그건 홈 엔터테인먼트 시스템으로 도피하는 것이었다. 그는 자신이 "고급 오디오 애호가"라고 소개했다. 마틴은 "서라운드 사운드 효과"를 만들기 위해 거대한 스피커 여섯 대를 거실에 설치했다. 한번은 그가 서라운드 효과를 들려주기 위해 군용기가 머리 위에서 날아가는 소리를 녹음한 걸 들려주었다. 효과는 확실했다. 우리는 모두 파스텔 톤의 연한 청색 소파 위로 폭탄이 떨어지기라도 할 것처럼 몸을 수그렸다.

나는 애트워터의 거실에서 남자들의 이야기를 듣고, 경전을 공부하고, 긴 기도로 그날의 모임을 마무리하면서 많은 저녁을 보냈다. 그러나 내가 참석한 첫 번째 모임은 1995년 10월 저녁, 애트워터의 집에서 몇 마일 떨어진 부커의 집에서 열렸다. 나는 좀 일찍 도착했다. 마틴은 커피를 끓이고 빵을 준비하고 있었다. 그는 부엌 창 쪽을 계속 쳐다보았다. 아내 주디는 아직 직장에 있었다. 항공우주 회사의 재무관리 담당인 그녀는 남편보다 더 많은 시간을 일하곤 했다. 마틴은 한 사역에서 다른 사역으로 옮겨 다니다가, 마침내 근처의 복음주의 단체에 정착해서 홍보와 행정을 책임지고 있었다. "주디는 수억 달러 상당의 장부를 결산하는 일을 하죠. 그래서 집에서도 비용 지불을 담당하도록 했어요." 마틴이 한번은 그룹에게 씁쓸하게 말했다. 그는 자신의 일을 충분히 좋아했지만, 끊임없이 장려하고 전도해야 한다는 압박감 때문에 지쳐 있었다. 마틴은 달같이 동그란 얼굴에 스프 그릇 같은 머리 모양을 한, 언제나 체중과 전쟁을 벌이고 있는 남자였고, 영업에 능한 사람은 아니었다. "다른 남자들 그룹과 다르게 프라미스키퍼스가 좋은 점은 말이에요." 그가 찬장에서 커피 잔을 꺼내면서 나에게 말했다. "집으로 가라고 가르친다는 점이죠."

30분 뒤, 사람들이 도착해서 자리를 잡았다. 마틴은 그날 저녁의 주제가 "그리스도 안에서의 성공"이라고 말했다. 그는 낡은 '새 국제판' 성경에서 「누가복음」 2장을 펼쳤다. 방 안에 있던 남자들도 그렇게 했다. 그들 중 많은 이가 미니 서류 가방처럼 손잡이와 지퍼가 달린 중역 스타일의 가죽 덮개를 성경에 부착한 것이 눈에 띄었다. 한 사람은 'Jesus'라고 새겨진 열쇠로 성경에 달린 자물쇠를 열기도 했다. 마틴은 그 장 마지막 문장으로 우리를 안내했다. "예수는 지혜와 그 키가 자라며 하나님과 사람에게 더욱 사랑스러워지시더라." 그는 방을 둘러보았다. "우리가 그리스도의 삶을 연구할 때 우리는 남자가 되기 위한 방법을 연구하고 있습니다. 그리고 우리는 직장과 은행 계좌에서 우리의 명성과 성공을 추구하면서 남자로서 실수를 저질렀습니다. 우리는 내가 누구인지 알기를 갈망합니다. 하지만 우리는 이 모든 걸 뒤쫓느라 너무 바쁩니다. 우리는 예수님 안에 우리의 정체성이 있단 걸 보지 못합니다. 그분은 우리에게 필요한 확신과 안정감을 주고 계십니다."

그룹 토론 중에 종종 격렬하게 메모를 하는 극도로 신경질적인 교사인 제러미 푸트는 초조한 듯이 손으로 머리를 쓰다듬었다. "하나님 안에서 안도감을 얻을 수 있다는 걸 믿기가 매우 어렵습니다." 그가 말했다. "직장이 있을 때는 괜찮죠. 하지만 직장이 없을 땐, 어우 정말, 미칠 것처럼 두렵습니다. 가보지도 못하고, 일어설 수도 없고, 앉아 있을 수도 없죠." 마치 그런 불안을 묘사라도 하는 듯, 그의 무릎이 초조하게 흔들렸다. "직업을 잃었다는 생각만으로도…… 하지만 그러면 안 되는 거잖아요? 왜냐면 하나님께서 나를 먹이시고, 책임지시고, 보호해 주실 거라는 걸 믿어야 하니까요."

"수백만 명의 남자들이 실직에 직면해 있습니다." 마틴이 말하자 "음흠……" 소리가 함께 울렸다. "그러므로 직장에서 정체성을 찾으려고 한다면, 당신은 정체성을 잃을 수 있습니다."

마틴이 하는 말은 그중 많은 이가 고통스럽게도 본인의 경험으로부터 이미 배운 이야기였다. 마이크 페티그루는 지난 몇 년간 세 번 해고를 당했는데, 그중 두 번은 품질 관리 및 보증을 전문으로 했던 회사에서 일어난 일이었다. 바트 홀리스터는 12년간 자판기 회사에서 문제가 생긴 지점으로 날아가 현장 서비스를 제공하는 엔지니어로 일하다가 해고당했다. 자기 사업을 시작하려고 했지만 "사업에는 별 재주가 없었다". 그는 큰 조직이 가지고 있는 구조를 선호했다. 제러미 푸트는 수학 교사라는 정규직을 잃었고, 이제는 서로서로 거리가 먼 세 군데 고등학교에서 임시 교사로 일하느라 매일 몇 시간씩 운전을 해야 했다. 프랭크 커밀라는 20년 넘게 일했던 록웰 오렌지카운티의 항공우주 공장에서 조기퇴직을 받아들여야만 했다. 데니 엘리엇은 록웰에서 10년을 보낸 후 4년 전에 해고되었으며, 그 뒤로 일자리를 못 찾고 있었다. 필사적으로 카펫 청소 사업을 시작하려 했지만, 지금껏 그의 유일한 고객은 프라미스키퍼스 그룹에 속한 남자들 가족이었다.

"남자로서 우리는 모두 무언가 중요한 것과 동일시해야 합니다." 마틴 부커는 말을 이어 갔다. "우리가 차를 몰고 다닐 때 '이걸 가지면 행복해질 거다'라고 말하는 온갖 광고판에 둘러싸여 있죠. 이 차를 가지면, 베가스로 여행을 떠나면,이라고요. 그건 그냥 영업일 뿐이에요. 하지만 우리가 그리스도로부터 나의 정체성을 얻는다면, 그런 건 하나도 필요 없습니다. 왜냐하면 그로부터 정체성을 얻게 되니까요. 그분의 행하심으로 말미암아 당신은 '은혜 안에서 성장'하게 될 겁니다."

"그거 좋군요." 제러미가 메모장으로부터 고개를 들며 말했다. "나는 성장할 필요가 있거든요."

"그리고 정말 좋은 건 말이에요," 마틴이 말했다. "이 과정이 실적을 기반으로 하지 않는다는 점이죠. 당신은 그분의 인정을 얻으려고 할 필요가 없습니다. 우리는 그저 그분께 의지하면 되는데도 나이키 광고처럼 '그저 해라'라는 말을 들으면서 살아가는 겁니다. 그건 말이죠, 내가 애리조나에서 온 남자와 이야기를 나누었던 것과 비슷한 거예요. 그는 직장을 잃었습니다. 결혼도 파탄 나기 직전이었고요. 그는 온갖 자기계발서의 벽에 둘러싸여 있었고, 책장마다 그런 책들이 그득그득했죠. 긍정적인 생각과 스스로 이걸 하고 저걸 하라고 말하는 그런 책들 말입니다. 하지만 한번 그가 그리스도 안에 자기 정체성을 두자, 그는 그걸 전부 다 쓰레기통에 던져 버렸습니다. 그는 더 이상 노력할 필요가 없었던 거죠. 예수님이 통제하고 계셨으니까요." 실직과 결혼 파탄, 그건 이 남자들에게 하나가 무너지면 다 무너지는 도미노처럼 익숙한 조합이었다. 이혼 직전의 공포가 그들 대부분을 이런 그룹으로 몰아넣었다. 그들은 그룹이 그 과정을 역전시켜 주기를 바랐다. 어떻게든 결혼 도미노가 다시 세워지면, 삶의 다른 무너진 조각들 역시 튀어 오르기라고 할 것처럼 말이다.

프라미스키퍼스가 이 직장-결혼 딜레마에 대해 제안한 해법은 나름대로 훌륭했다. 이 조직의 이론에 따르면, 일단 남자들이 그리스도 안에서 정체성을 확립하고 나면 가족 안에서 생계를 책임지는 가장으로서가 아니라 영적인 지도자로서 새로운 남성적인 역할을 되찾을 수 있었다. 프라미스키퍼스는 남자들에게 스스로를 가정 전선의 개척자, 그리스도를 위한 대니얼 분으로 다시 상상하라고 제안했다. 그렇게 가족이 오래도록 정착할 수 있는 영적으로 강화된 벙커를 건설하기 위해 깨진 결혼과 영성이 부족한 가정으로 이루어진 신앙 없는 황야를 뚫고 그들만의 길을 열어 가라고 말이다. 그런 해결책은 미국 남성성 패러다임의 기본 구조에는 도전하지 않으면서도 전통적인 남성 노동자 정체성의 흔적으로부터 미끄러질 수 있다는 점에서 독창적이었다. 그 패러다임은 간단하게도 종교 전쟁의 용어로 재구성되었다. 남자들의 공동 "소명"은 이제 가족의 영적 구원이 되었다. 남자들의 "개척지"는 가정 내에서의 전선이 되었고, 남자들의 "형제애"는 프라미스키퍼스의 기독교적인 우애로 바뀌었다. 그리고 남자의 "공급자 및 보호자"로서의 역할은 경제적인 생계가 아니라 종교적인 생계를 제공하고 소비문화 뒤에 숨어 있는 사탄의 세력으로부터 아내를 지키는 것이 되었다.

이런 방식으로 영적인 전쟁터에서 남성 역할을 재구성하는 건 그룹의 가장 큰 집단적 불안 중 하나이자 롱비치 가정

폭력 그룹과 공유한 두려움을 완화하는 데 도움이 되었다. 그건 아내들이 제대로 무장한 존재들이라는 두려움이었다. 그러나 여자가 더 강력한 전투원이라는 환상은, 그 자체로 이미 고통스러운 가정 내 분쟁을 은유로 은폐하는 또 다른 방법, 즉 그들 자신을 여자 골리앗 앞에 선 수많은 영웅적인 다윗처럼 보이게 하는 방법이었을 뿐이다. 어느 날 저녁 마이크 페티그루는 말했다. "군대에선 모의훈련을 통해 전투를 경험해 볼 수 있죠. 하지만 총알이 집에서 날아다니기 시작하면 말이죠……." 그는 보이지 않는 군대에 항복이라도 하는 듯 두 팔을 들었다. 남자들이 가정 내 상황에 대해 이야기할 때 전쟁과 전투의 은유는 언제나 입가에 머물렀고, 자신들은 언제나 희생자 쪽이었다. 하워드 페이슨은 "당신이 아내와 제2차세계대전 같은 전쟁 중에 있을 때" 같은 표현을 썼고, 마이크 페티그루는 "폭탄이 당신 가족 위에 떨어졌을 때"라고 표현했다.

하지만 여성이 그들을 공격할 수도 있다는 두려움을 유발하는 실제 사례를 제시하면, 그룹의 남자들은 눈을 가리는 경향이 있었다. 1년 전 프랭크 커밀라의 며느리가 남편을 살해한 혐의로 체포되어 기소된 사건이 있었다. 그러나 그룹은 이 끔찍한 사건에 대해 거의 언급하지 않았고, 심지어 사건에 대해 특별히 궁금해하지도 않는 것처럼 보였다. 내가 처음 그룹에 합류하여 살인사건에 대해 들었을 때, 가장 기본적인 세부 사항 외에 사건에 대한 더 자세한 내용을 아는 사람은 거의 없었다. 프랭크가 말할 차례가 되었을 때 종종 재판 전 절차에 대해 소식을 전했지만, 남자들은 형식적인 애도의 말을 중얼거리며 초조하게 화제를 바꾸는 경향이 있었다. 그들은 프랭크의 이야기를 어떻게 다루어야 할지 몰랐다. 모임의 목적에 비해 그 사건은 너무 노골적이었고, 심지어 프랭크의 아들은 전쟁에서 이기지도 못했다.

내가 참석한 첫 번째 모임에서 남자들은 여전히 그룹의 두 가지 "성공" 스토리를 축하하거나 재활용하고 있었다. 마이크 페티그루와 하워드 페이슨은 둘 다 이 모임에 합류할 때 파경 직전이었다. 9년간 함께 한 마이크의 아내 마거릿은 이사를 나가 이혼 전문 변호사를 만남 참이었고, 12년 넘게 함께 산 하워드의 아내 리비는 곧 떠날 것이라고 큰 소리로 떠들어 왔다. 리비는 이제 그런 위협을 거두었고, 부부는 최근 결혼 서약을 갱신했다. 동시에 마거릿은 새 아파트를 포기하고 마이크가 있는 집으로 돌아왔다.

"마이크에게 일어난 일이 영감을 줘요." 제러미가 말했다. 당시 그의 아내는 집에서 그를 쫓아내려 했다.

"마이크의 이야기는 희망을 주죠." 바트가 동의했다.

"우리에겐 기적이 필요해요!" 마틴 부커가 외쳤다.

마이크의 '기적'은 1993년 여름, 그룹의 첫 스타디움 이벤트에서 펼쳐졌다. 그들 중 아홉 명은 7인승 밴을 타고 볼더까지 스무 시간을 운전해 갔다. "남자들은 그 일에 대해 『나를 운디드니에 묻어주오Bury My Heart at Wounded Knee』✠처럼 말했어요." 마틴 부커가 살짝 눈빛을 빛내며 나에게 말했다. 그 비유를 이해하진 못했지만, 마이크가 마음에 상처를 입은 상태였다는 건 알 수 있었다. 그는 일도 없고 아내도 없었다. "마거릿이 집을 나갔을 때, 나는 위험한 상태에 빠졌어요." 마이크가 말했다. 하지만 그는 마거릿이 마음을 돌릴지도 모른다는 실낱같은 희망에 매달렸다. 결국 그녀가 스타디움 행사에 참여할 수

✠ 미국의 작가 디 브라운(Dee Brown)이 1970년 출간한 책으로, 여전히 중요한 작품으로 평가받고 있으며 전 세계 17개 언어로 번역되었다. 19세기 말 미국의 팽창주의가 아메리카 선주민에게 끼친 악영향에 대한 비판적 성찰을 바탕으로 미국 서부 아메리카 선주민의 역사를 다루고 있다. 2007년 동명의 작품으로 영화화되었다.

있도록 입장권을 사 주었다. 마이크는 망가졌지만 그녀는 그렇지 않았다. 그리고 마침 마이크의 생일이기도 하니까 주말 회개 프로그램을 선물하는 게 나쁘지 않겠다는 생각을 했던 것이다. 그룹의 다른 두 남자도 아내가 참가비를 지불했다.

마이크는 이미 여러 차례 했던 이야기를 다시 꺼냈다. 그룹의 남자들 역시 그 이야기를 결코 지겨워하지 않았다. "그때, 아내는 기독교에 반항하고 있었어요. 아내는 성경이 부적절하다고 말했었죠." 그는 아내가 심지어 '오컬트'에 빠져 있었다고 말했는데, 그건 사실 그녀가 읽고 있던 뉴에이지 계열 자기계발서를 가리키는 것이었다. "〔스타디움 행사에서〕 세상이 나를 어떻게 더럽히고 어떻게 나를 잘못 조종했는지를 배웠고, 매우 흥분했어요. 여기 마흔한 살인 나는 다른 사람으로 거듭나거나 일에서 성공해 아내를 되찾으려 했었죠. 하지만 내가 했어야 하는 일은 아내가 속박에서 풀려나기를 기도하는 거였어요. 그게 진실이기 때문이죠. 내 아내는 묶여 있었던 거예요. 사탄의 지배 아래 있던 아내가 영적인 영역으로 돌아올 수 있도록 기도하는 것이 내 몫이었던 겁니다."

스타디움 연설이 계속되는 길고도 길었던 첫날이 끝나고, 마이크 페티그루와 마틴 부커는 마거릿을 위해 기도하려고 밴으로 갔다. 마이크가 회상했다. "마틴은 마거릿이 어떻게 신에게 등을 돌리게 되었는지에 대해 이야기해 주었어요. 그녀는 스스로 해낼 수 있고 신은 필요하지 않다는 속세의 말에 속은 채 살아가고 있었죠. 마틴은 우리가 할 일은 예수님의 이름으로 그녀를 위해 기도하고, 그녀를 구원하는 일이라고 했어요. 우리는 사탄이 그녀에게 던져 놓은 구속을 공격해서 그녀로부터 사탄을 떼어 놓았어요." 두 남자는 새벽 2시 반까지 붙어 있었다. "마틴에게 내 죄를 고백했어요. 예컨대 마거릿의 '몸에 손을 댄 일' 같은 거 말이죠. 우리는 함께 울었어요." 이틀 내내 그들은 붙어 앉아서 울었다. 그러고 나서 기적이 일어났다. "우리가 머물던 숙소로 돌아갔을 때" 마이크가 회상했다. "음성메시지 함을 체크했는데, 아내로부터 전화 예닐곱 통이 와 있었어요. '전화 좀 줘! 제발 전화해 줘!'라는 메시지가 남겨져 있었죠."

마틴 부커는 "신이 마이크의 기도에 정확하게 응답한 것"이라고 말했다.

"그래서 내가 그룹의 남자들에게 무조건 버티라고 말하는 거예요." 마이크가 말했다. "계속 기도하면서 말이죠. 왜냐면 신이 당신의 결혼을 구원해 줄 테니까요."

※ ※ ※

"마틴은 마이크에게 내 안에 악마가 있다고 말했어요." 마거릿은 나에게 무미건조하게 말했다. 우리는 몬로비아 근처, 녹음이 우거진 테라스가 있는 식당에서 점심을 함께하고 있었다. 그녀가 그 이야기에 동의하지 않은 건 아니었다. 다만 그녀의 악마는 남자들이 생각한 것과는 상당히 다른 모습이었다. 그 주말에 마이크는 악마의 손아귀에서 그녀를 되찾기 위해 기도했고, 마거릿은 새로운 아파트 의자에 앉아 자기계발서를 읽으며 남자에 대한 집착을 끊는 방법을 찾기 위해 노력했다. 몇 달 전, 그녀는 관리직으로 일하고 있던 직장에서 해외에서 온 연구원을 만났다. 그는 특별 프로젝트 때문에 회사의 남부 캘리포니아 지부에 파견을 온 참이었다. 낭만적인 만남이 이어졌다. "그 남자는 나에게 관심을 기울였죠." 그녀가 말했다. "그는 마이크가 언제나 그러는 것처럼 수집품에 관심을 쏟는 게 아니라, 나에게 집중했어요. 그게 너무 좋았어요. 나 자신이 사람으로, 그리고 여자로 느껴졌죠." 이 로맨스가 그녀로

하여금 마이크에 맞서고 결국은 그를 떠나게 만들었다. 하지만 마이크가 프라미스키퍼스 행사에 참여했던 그 주말에 그녀의 대담함이 그녀를 배신하고 말았다. 연구원은 곧 집으로 돌아가야 했고, 그녀는 그 남자가 "그저 주위를 산만하게 하는, 일탈이었을 뿐이라는 사실"을 직시해야만 했다.

그 주말에 그녀는 영감을 주는 문헌이라면 무엇이든 읽으며 밤의 절반을 뜬눈으로 지새웠다. 거기에는 마이크가 빌려준 항공우주 기술자 겸 성직자 닐 앤더슨의 『이제 자유입니다The Bondage Breaker』도 포함되어 있었다. 닐 앤더슨은 "당신이 덫에 빠졌을 때" 그리고 "어쩌다 이렇게 모든 것이 엉망진창이 되었는지 알 수 없을 때" 어떻게 해야 하는지 조언을 하고 있었다. 프라미스키퍼스 사이에서 인기 있는 이 책은 독자들에게 "반역자 왕자와 맞서라"라고 지시했고 "예수님의 권위의 휘장을 달고" 왕자의 책략에서 벗어나라고 지시했다.[15] 마이크는 책에서 반복적으로 등장하는 예수가 추종자들에게 부여한 "권위"에 대한 만트라를 좋아했다. 하지만 마거릿은 유럽에서 온 반란군 왕자에 대한 미래 없는 집착으로부터 "자유"로워질 수 있다는 생각에 집중했다. 마이크가 이 책을 주었다는 것, 그가 더 나은 남편이 되기 위해 주말 동안 노력하고 있다는 것, 자신이 떠난 이후로 "참을성" 있고 "친절"하게 행동하고 있다는 것, 그리고 그녀 자신이 지금 절박하고 외롭고 잠을 이룰 수 없다는 것. 이 모든 것이 그녀로 하여금 마이크에게 전화를 걸게 만들었다.

그가 집으로 돌아왔을 때 그녀는 이미 다른 생각을 하고 있었다. "여전히 그에게 아무런 감정이 없었어요." 그녀는 불어서 엉겨 붙은 파스타 접시를 바라보며 한숨을 쉬었다. "재결합에 감정적인 이유는 없었어요. 마이크에 대해 사실 이렇다 저렇다 할 감정 자체가 없으니까요." 그녀는 잠시 말을 멈추더니 의미심장한 표정을 지었다. “그리고 꽤 오랫동안 그랬었죠.” 마거릿이 마이크에 대해 가지고 있었던 오래된 불만 중 하나는 돈 문제였다. “남편이라면 금전적 미래를 제공해야 하는 거잖아요.” 그녀는 이렇게 말하길 좋아했다. “나는 집이나 금전적인 안정에 대한 기대가 있었어요. 그런 것들에 대한 열망이 있었죠. 그리고 그는 전혀 제공하지 못했고요. 남편은 보험이 돼 줘야 하는 거잖아요, 하지만 마이크는 내 보험이 아니었어요.” 마거릿의 보험이라는 단어는 말 그대로 머리 위를 덮어 줄 지붕을 가진 집을 살 수 있을 만큼 빚을 낼 수 있는 능력을 의미했다. 장기 세입자로서 살아야 하는 지위는 특히 그녀를 짜증 나게 했다. 마이크는 귀가하자마자 마거릿에게 상황이 좀 어렵더라도 집을 사겠다고 약속했다. 그리고 그들은 집을 구매했다.

마이크와 마거릿은 1982년 봄에 시에라마드레 마을의 한 빨래방에서 만났다. 마이크가 회상하기로, 마거릿은 기타로 비틀스의 「블랙버드」를 연주하면서 세탁물이 건조되기를 기다리고 있었다. “가사처럼, 블랙버드가, 날았죠!” 그들은 많은 부분에서 여전히 서로 잘 모르는 상태로 1년 반 뒤에 결혼했다. 마거릿을 사로잡고 있던 주된 생각은 “드디어 존중할 만한 직업을 가진 신앙인을 만났다”는 것이었다. 해고되기 전까지 마이크는 수입이 괜찮았고, 고서와 골동품 수집을 즐겼다. 그는 스스로 수집가라고 생각했지만, 마거릿 눈에는 강박적이고 통제 불능인 사람으로 보였다. “그는 강박적이 되어 가면서 과도하게 사 모으기 시작했죠. 그는 단지 구매 열풍에 휩싸인 거예요. 내가 집주인한테 전화로 ‘집세를 조금만 연기해 주세요’라고 말하는 사이에도 책을 사고 있었으니까요. 수표책을 관리하는 건 나고, 돈을 쓰는 건 남편이었죠.” (마이크는 결국 책 컬렉션을 팔아서 집 계약금 1만 5000달러를 긁어모았다.)

때로 돈을 둘러싼 말싸움은 폭력적인 대립으로 격화되었다. 특히 함께 술을 마시는 시간이 밤까지 이어지는 저녁에는 더욱 그랬다. 이것이 마이크가 마틴에게 마거릿의 "몸에 손을 댔다"고 말했던 그런 상황들이었다. "나는 책을 계속 사면 안 된다고 말했고, 그는 화를 냈죠." 마거릿이 말했다. "그러면 신발이나 다른 물건을 집어 들어 나한테 던졌어요. 그러면 반드시 나를 맞혔어요. 잘 던지거든요." 내가 이후에 마이크에게 이에 대해 말을 꺼냈을 때, 그는 롱비치 가정폭력 상담 그룹의 남자들과 아주 비슷한 대답을 내놓았다. "너무 혼란스러웠어요." 그가 말했다. "이성을 좀 잃었죠. 가끔씩 그런 짓을 했어요, 그러니까, 손을 뻗어서 찰싹! (…) 하지만 자주 그랬던 건 아니에요. 집사람도 내가 두려웠을 거예요. 내 짐작엔 말이죠." 나도 그랬을 거라 짐작할 수밖에 없었다. 마이크는 6피트에 275파운드나 나가는 남자로 상당히 눈길을 끄는 체구였다.

마이크가 프라미스키퍼스 주말 행사에 가기 1년 전인 6월의 어느 날, 그와 마거릿은 저녁 식사 후에 동네를 산책하고 있었다. 그 저녁엔 둘 사이에 긴장감이 팽팽했다. 보도를 왔다 갔다 하면서 마거릿이 마이크에게 그와 "가깝고 친밀하게" 지낼 수 없음에 실망했다고 말했다. 마이크는 폭발했다. "마치 나를 찢어발겨 버리겠다는 듯이 돌진하곤 하는 사람이죠." 마거릿이 떠올렸다. "내가 그 말을 했을 때, 무언가가 남편의 성질을 긁었던 모양인지 펴붓기 시작했어요. 나는 도망쳤고, 그때 남편이 나를 걷어찼어요." 어찌나 세게 찼는지 손의 뼈가 부러졌다. 그녀는 집으로 도망쳤지만, 열쇠는 남편에게 있었다. "이렇게 거대한 받침대 뒤에 있는 계단에 쪼그리고 앉았어요." 그녀가 말했다. "그가 나를 보지 못하게 말이죠."

페티그루 집에서는 그 사건을 "손 사고"라고 불렀다. 그리고 이 "손 사고"는 예측 가능하게도 회개의 시간으로 이어졌다. 마이크는 자신의 행동을 고치고 술을 줄이겠다고 약속했다. 그러나 이전에도 이 모든 일을 겪었던 마거릿은 남편의 약속에 별로 감동받지 않았다. "그 모든 세월을 힘들게 만들었던 건 그가 언제나 엄청나게 후회했다는 거예요. 남편은 자기가 무언가 잘못했다는 걸 깨닫고 나면 지키지도 못할 온갖 근사한 약속들을 늘어놓았죠. 손이 부러졌을 때, 나는 이게 악순환이라는 걸 깨달았어요. 그는 또 아무 일도 없었던 것처럼 화해하려 들 거고, 그러면 또 한 6개월 정도는 별일 없이 지나가겠죠. 하지만 그게 반복되는 거예요."

부러진 뼈는 "내가 마음을 먹기 위해 필요했던 계기였을 뿐이에요. 불씨에 기름을 부은 거죠." 그녀는 상담가를 찾았고 마이크가 없는 미래에 대해 생각하기 시작했다. 그녀는 살을 빼고 머리를 짧게 잘랐다. 자기 마음에는 들었지만 마이크라면 "남자 같다"고 생각할 스타일이었다. 그리고 얼마지 않아 그녀는 연구원을 만났다. 마이크 곁에 있는 걸 견딜 수 없었고, 매일 밤 점점 더 일찍 잠자리에 들면서 마이크를 피하기 시작했다. 결국 마거릿은 "마이크에게 집을 나가겠다고 말하기로 결심"했다. 그리고 우연히도 "밸런타인데이 2주 뒤"로 날을 골랐다. 그날은 금요일이었다. 마이크가 퇴근해서 집에 오기 직전에 그녀는 집 안에서 체계적으로 움직이며 모든 문을 열었다. "내가 소리를 질러야 하는 상황이 된다면, 사람들이 그걸 들을 수 있도록 해야 했어요." 그가 문으로 들어왔을 때, 그녀는 신발을 신었다. "도망쳐야 할 수도 있었으니까요."

그런 다음 그녀는 그를 앉히고 떨리는 목소리로 말했다. "마이크, 나는 당신이 정말 두려워. 그리고 지금도 당신이 무섭고 말이야. 하지만 말해야겠어. 나는 할 만큼 한 것 같아." 그러고 나서 "다른 사람을 만나고 있다"고 그에게 알렸다. 놀랍게도 "그는 폭력적이 되는 대신 아이처럼 무너졌다." 그건 계시적이고, 이상하게도 해방적인 순간이었다. “그의 반응을 보고…… 나는 여전히 그때처럼 선명하게 그 모습을 기억할 수 있는데요!” 그녀는 정말 놀랍다는 듯이 말했다. “그러니까 내가 저렇게 다 큰 남자를 울릴 수 있다는 걸 보니까, 내가 굉장한 힘을 가지고 있다는 걸 깨닫게 됐어요.” 그렇게 깨달은 힘이라는 어음에 기대어, 그녀는 각방을 쓰기 시작했다. 그리고 결국 집에서 완전히 나와서 방송 강좌에 등록하고 법적으로 결혼 전의 성씨로 이름을 되돌렸다.

마이크가 회상하듯 그는 “좀비”였다. 몇 주 뒤 그는 구조조정 과정에서 해고당했다. 품질 관리 기사로 다른 직장을 찾았지만, 마거릿 없이는 “너무 우울했어요. 월요일, 화요일, 그냥 침대 밖으로 나올 수가 없었죠. 첫째 날과 둘째 날에 회사에 전화를 걸었어요. 그리고 세 번째 날 또 전화를 걸자, 회사에서 말했죠. ‘그냥 영원히 출근하지 마시죠.’” 그해 여름, 실업 상태로 그는 근처에 있는 샌게이브리얼 산맥으로 차를 몰고 나가 “정말 공격적으로 하이킹”을 하면서 몇 시간씩 방황했다. 반쯤은 암벽에서 미끄러져서 뼈가 부러지거나, 더 나쁜 일이 일어나기를 바라는 마음이었다. 절망에 빠진 그는 교회에서 알고 지내던 부부 생활 상담가인 젤 브룩스에게 전화를 걸었다. 그리고 젤은 프라미스키퍼스를 추천했다.

“나는 완전히 제정신이 아니었어요. 하지만 시간이 좀 흐른 후 조금씩 낙관적인 기분을 느끼는 시간이 생기기 시작했어요. 그중 어떤 부분은 자긍심 문제였죠. 마거릿의 눈에 매력적인 사람이 되고, 근사한 직장을 찾고, 그래야지, 그러면 나를 거절하지 못하겠지, 그렇게 마음먹었어요.” 그는 “정확히 원하는 연봉을 설정해 놓고” 그에 맞는 직장을 구하게 해 달라고 기도했다. 하지만 무엇보다 프라미스키퍼스가 그에게 위안을 준 건 그녀를 되찾기 위해서 꼭 직장에서 ‘성공’할 필요는 없다는 메시지였다. “내가 얻은 조언은 아내는 내가 아니라 하나님에게 속해 있음을 깨달으라는 거였어요.” 마거릿이 “하나님의 소유”라고 생각하니 소유권과 관계된 부담들로부터 자유로워질 수 있었다. 그런 부담들 중에서도 내 소유를 빼앗겼다는 공포로부터 헤어 나올 수 있었던 것이다. “진실로 내 것이 아닌 것을 통제하려 했다는 걸 깨달은 거예요. 그녀를 돌보는 건 신에게 달린 일이죠. 내가 아니라 신께서 그녀를 소유하셨으니까요.”

그럼에도 ‘기적’이 일어나고 마이크의 기도가 ‘응답’받았을 때, 마이크는 알 수 없는 분노에 휩싸였다. “화가 났어요. 이상한 일이었죠. 정말 위협적으로 느껴졌어요. 왜 그렇게 화가 났던 걸까요? 힘을 되찾는 데 그렇게 오랜 시간이 걸렸고, 더 이상 그녀에게 취약하다고 느끼지 않는데 말이죠. 그녀가 돌아와서 기뻤지만, 나는 여전히 화가 났어요. ‘아내가 나를 다시 떠날까?’라는 생각에서 벗어날 수가 없었거든요.”

나는 ‘기적’이 일어난 지 1년이 됐을 무렵 페티그루 부부의 새집에 방문했다. 저녁을 먹으러 나갔을 때 마거릿이 차도 옆의 관목에 너무 가까이 주차해서 차를 긁을 뻔하자 마이크가 버럭 화를 내는 일촉즉발의 순간이 있었다. 하지만 큰 피해는 없었고, 그는 물러섰다. “마이크와 나는 어려움을 겪고 있어요.” 마거릿은 남은 음식을 싸 온 봉지를 들고 마이크를 지나 부엌으로 가면서 이를 악물고 말했다. 그에게 역겹다는 듯한 눈빛을 보내고 있었다. 마이크는 나에게 집 구경을 시켜 주었다. 방 대부분이 서로 연결되어 있는 단층집이었다. 간신히 화해해서 각자의 공간이 필요한 부부에게 이상적인 장소는 아닌 것처럼 보였다. 그는 유리 진열장에 보관하고 있던, 여전히 가지고 있는 물건들을 보여 주었다. 잠시 후 긴장이 풀렸고, 우리 셋은 식탁에 둘러앉아 이야기를 나누었다. 부부는 최근 결혼 10주년을 기념했고, 그때 마거릿이 마이크에게 시를 한 편 써 주었다. 마거릿은 그중 일부를 나에게 읽어 주었다. 온통 마이크가 그녀의 "빛나는 갑옷을 입은 기사"이고 그녀는 그의 "공주"라는 내용이었다. 마이크는 시를 즐기고 있다는 걸 분명히 보여 주면서 주의 깊게 귀를 기울였다. 차도에서의 폭풍우는 지금 이 순간만큼은 잊힌 것 같았다.

나는 프라미스키퍼스로 인해 두 사람의 관계가 어떻게 변했는지 물었다. 아내는 남편에게 '복종'해야 한다고 가르치는 조직의 명령은 그저 최소한의 립 서비스만을 얻었을 뿐이다. 마이크는 마거릿을 위해 기도하고, 마거릿은 마이크를 자신의 "영적 우산"으로 "존경한다"고 말했다. 그 외에는 마이크 쪽 장부에는 양보가 기입되어 있는 것처럼 보였다. 마거릿은 말했다. "마이크는 너무 무책임하게 물건에 돈을 쓰고, 강박 충동이 있어요. 지금도 여전히 내가 수표책을 관리하지만, 나를 재정적으로 보살피고 보호하는 일, 나의 재정적 미래가 괜찮은지 살피는 일은 남편의 몫이죠." 마이크는 또한 집을 꾸미는 일에서도 손을 뗐다. "보세요. 나는 건축, 도예, 그런 것들을 사랑하기 때문에 집 꾸미는 일을 하고 싶었어요." 그는 유리장을 향해 커다란 손을 들어 보였다. "하지만 이제 아내 말을 듣습니다." 그는 마거릿을 쳐다보더니 갑자기 애처로운 목소리로 물었다. "나 말 잘 듣지?" 마거릿이 고개를 끄덕였다. "그럼. 카펫은 마이크가 좋아하지 않았기 때문에 집에 들여놓은 적이 없었어요. 그리고 나는 늘 문에 화환을 걸고 싶었지만, 마이크는 언제나 '내 집엔 안 돼!'라고 했었죠."

그날 밤, 긴 시간 운전을 해서 집으로 돌아가는 길에 나는 마거릿이 마이크에게 보낸 시에 대해 생각했다. 그리고 "기사"는 "공주"를 경제적으로 부양하지 않지만 그럼에도 공주들은 기사들을 사랑하고 존경한다는 걸 깨달았다. 그건 도시 외곽,

베드타운의 많은 남자에게는 부여되지 않은 특권이었다. 프라미스키퍼스는 남자들에게 직업이 없어도 아내에게 사랑받을 수 있다고 말했다. 경제가 불안하게 급변하는 시대에 확실히 좋은 뉴스였다. 그게 만약 사실이라면 말이다. 페티그루 가족의 재산에 대한 몰두와 '경제적 미래'에 대한 마거릿의 집착으로 판단하건대, 프라미스키퍼스의 기사 작위는 마이크 페티그루에게 갑옷이라기보다는 무화과나무 잎사귀에 가까웠다. 마거릿은 분명히 프라미스키퍼스의 남성적인 '서번트 리더십'에 장단을 맞춰 줄 의향이 있었지만, 이 거래에서 그녀가 얻은 것은 무엇이었을까? 내가 프라미스키퍼스에서 만난 수많은 아내들처럼, 그녀 역시 그 그룹의 교리를 자신의 필요에 맞춰 받아들였다. 그리고 남편이 경제적으로 자신을 지원해야 한다는 1950년대식 기대를 가지고 있으면서 동시에 1990년대식 독립을 원했다. 마거릿의 시에서 더 인상적인 부분은 자신에 대한 설명이었다. 그녀는 마이크의 공주라는 것이었다, 왕비가 아니라. 그리고 구혼자는, 그가 아무리 기사답게 군다고 하더라도, 공주를 소유할 수는 없었다.

"모든 건 정체성에 달려 있어요." 마거릿은 어느 날 오후, 마이크가 없을 때 나에게 말했다. 이 말에는 그녀가 마이크를 "영적 우산"으로서 "존경"하는 역할을 수행할 때에는 볼 수 없었던 힘과 확신이 있었다. 그녀가 결국 마이크의 『이제 자유입니다』로부터 얻은 건 여성의 종속이라는 전통적인 유대를 끊을 수 있는 신이 부여한 권리에 대한 감각이었다. "『이제 자유입니다』를 읽을 때, 사실 다른 남자에 대한 감정으로부터 벗어나고 싶었어요. 그리고 내가 자유로워질 수 있다는 사실을 깨달았죠. 가장 중요한 건 자유에요. 내가 원하는 방식대로 살아가기 위한 선택. 그것이야말로 신이 주신 거예요. 그리고 중요한 건, 그걸 받아들여야 한다는 거였어요. 내가 내 자유를 받아들여야 했던 거죠. 누구도 나에게서 그걸 앗아 갈 권리는 없어요." 이것은 원형적인 페미니즘이 가미된 "진실이 당신을 자유롭게 하리라"였다. 마거릿은 남자에게 복종하기를 거부하는 걸 정당화하기 위해 종교적인 교리에 기대고 있었던 반면에 그녀의 남편은 본질적으로 자신의 복종을 남자다운 행위로 고양시키기 위해 동일한 교리를 사용했다. 마거릿의 계시는 나에게 (그리고 마거릿에게, 어쩌면 마이크에게도) 더 짜릿하게 다가왔다. 그녀는 지금 삶에서 더 "대담"해졌다고 말했다. "기회를 보면 잡아요. 인생이 나를 그냥 지나치도록 내버려두지 않을 거예요." 그녀는 그것이 자신을 어디로 이끌지 확신하지 못하고 있었지만, 한 가지만은 분명했다. 더 이상 그녀는 '마이크의 아내'라는 정체성을 자신을 규정하는 주된 정체성으로 꼽지 않았다. "나는 이제 내가 누구인지 알아요." 그녀가 말했다. "마이크가 넘어서는 안 되는 선이 있다는 것도 알죠. 그는 나를 때리면 안 돼요. 나를 학대해도 안 되죠. 나는 그로부터 독립된 나 자신이에요."

그녀는 마이크의 반대에도 두 번째 직업을 찾고 있다. 마이크가 꺼리지만 학교 역시 계속 다녔다. 그리고 그녀는 몇 년간 성을 다시 페티그루로 바꾸라는 마이크의 권유에 저항했다. "나는 내 이름이 좋아요." 그녀가 말했다. 어떤 면에서 그녀는 여전히 싱글이었고, 그녀 자신의 공주였다……. 그리고 기사는 전혀 필요하지 않았다.

결혼이라는 함정

1996년이 열리고 사흘 뒤, 글렌도라 그룹의 남자들은 새해를 맞아 티머시 애트워터의 거실에 모였다. 다른 프라미스키퍼스 그룹에 소속되어 있던 랜디라는 새로운 회원이 합류했다. 그는 "하지만 회원 수가 줄어들고 있어요"라고 알렸다. 이건 어디에서나 벌어지고 있는 문제였다. 지난 한 해 동안 자신이 속해 있던 그룹이 깨져 버린 남자들이 애트워터의 집에 나타났다. 그곳은 프라미스키퍼스의 허술하고 물이 새는 뗏목에서 떨어져 나온 유목流木이었다.

글렌도라 그룹은 지원군이 필요했다. "다른 남자들로 하여금 책임을 질 수 있도록 지탱해 주는 남자들"의 중요성을 강조하는 이야기들은 계속 반복되었지만 회원들의 헌신이 사그라드는 걸 막는 데는 역부족이었고, 덕분에 글렌도라 그룹 역시 어려움을 겪고 있었다. 처음으로 그룹에서 사라진 건 원래 리더였던 부부 및 가족문제 상담가 젤 브룩스였다. 그는 남자들 중 상당수가 다니는 코너스톤 교회로 옮겼다. 몇몇 남자들은 그룹에 조인하기 전 젤에게 개인적으로 상담을 받고 있었고, 젤을 따라 글렌도라 그룹에 참여한 것이었다. 프라미스키퍼스는 그룹 리더를 "포인트맨point man"이라고 불렀는데, 브룩스는 글렌도라의 포인트맨으로 활동하겠다던 약속을 깨고 난 뒤에도 모임에는 계속 나오겠다고 약속했었다. 하지만 그의 출석률은 떨어지기 시작했고, 최근 몇 달 동안 모임에 참석하지 못했다. "그냥 우리가 젤의 집으로 가서 끌고 와야 할 것 같은데요." 제러미의 말투에 씁쓸한 기색이 역력했다.

마틴 부커는 순서대로 "가정생활을 개선"하기 위한 새해 결심을 이야기해 보는 게 어떻겠느냐고 제안했다. 그는 생활에서 해결하고 싶은 "문제들"의 리스트를 작성해 왔는데, 우리가 그걸 함께 살펴봐 주기를 바랐다. 리스트에는 "운동을 더 할 것"과 "TV는 덜 볼 것" 등이 적혀 있었다. "여러분이 내가 더 많은 책임을 질 수 있도록 도와주길 바랍니다." 그가 말했다.

티머시 애트워터는 결혼 앨범을 꺼내서 "15년이 넘는 세월을 부부로 함께 보낸 낸시의 사진을 보며" 새해를 제대로 시작하기 위해 노력했다고 말했다.

마틴이 물었다. “사진 보면서 울었어요?” 그는 영감을 받아서 흐르는 눈물을 의미했지만, 그 사진들이 티머시의 마음속에서 불러일으킨 감정은 그런 것이 아니었다.

“네, 울었어요.” 티머시가 말했다. “막 청소년기에 들어선 딸의 사진을 보고 울었죠. 그런 사진을 보고 있으면 언제부터 그 아이가 멀어지기 시작했는지 알 수 있으니까요.” 티머시와 낸시의 딸은 부부에게 성가신 짐이 되었다. 딸은 문제를 일으키고 통제 불능의 약물의존자가 되어 결국 자기 아이들을 버리고 떠나 버렸다. 손주들은 이제 부부와 함께 살고 있었고, 평생 가족의 재정을 책임져 왔던 상황이 조금은 나아지기를 기대하고 있었던 티머시에게 큰 타격을 주었다.

“정말 짧게 말할게요.” 티머시가 갑자기 주제를 바꾼 것에 대해서 사과하면서 말했다. “이 이야기를 여러분과 나누고 싶어요. 크리스마스 한 주 전에, 직장 상사가 나에게 폐기장으로 돌아가 1년간 일하라고 하더라구요.” 지난 30년간, 티머시는 대기업의 연공서열 제도가 없는 비조합 기계공장에서 일했다. “폐기장에서 근무하지 않은 사람들도 있는 데다 나는 이미 한 번 근무를 했기 때문에 그건 공정하지 않다고 말했어요. 회사 내에 중재할 사람이 없고 우리가 믿고 의지할 사람도 없기 때문에, 그가 공정해야 한다고 말하려고 했던 건데. 근데 그가 이러더라구요. ‘공정함은 별로 중요하지 않아요. 나는 회사에 가장 좋은 선택을 할 뿐입니다.’ 그래서 나는 ‘주님, 이 일에 순종하겠습니다’라고 말했어요. 나는 그저 기도를 할뿐이었죠. 그런데 이번 주에 모든 교대근무를 연기하고 결국 연공서열제로 갈 수도 있다는 소식을 들었어요.”

마틴 부커는 그 일을 “기적”이자 “하나님이 우리 삶에서 어떻게 승리를 이루시는가에 대한 증거”라고 말했다. 하지만 마틴의 선언은 다소 성급했다. 몇 주 뒤, 핏기를 잃고 눈 밑에

다크서클이 내려앉은 티머시가 문에서 나에게 인사를 하면서 자정에서 아침 7시까지 일하는 근무에 배정받았다는 뉴스를 전해 주었다. 하지만 글렌도라 프라미스키퍼스의 1월 3일의 모임에서 티머시의 "승리"는 영적인 주인에 대한 복종은 남자다움을 주장하는 행위라는 증거로 환호받았다. "기도는 행동입니다." 제러미가 늘 들고 다니는 클립보드에 연필을 두드리며 열광했다.

마틴 부커는 제러미에게 신년의 행동계획을 물었다. "나의 새해 결심은" 제러미가 말했다. "기도 생활을 좀 더 계획적으로 하는 거예요. 코르크판을 세울 예정입니다."

제러미의 아내 글렌다는 최근 제러미를 드디어 집에서 추방하려던 노력에 결실을 맺었는데, 아내와 함께하는 것이 그의 "의무"라는 마틴 부커와 젤 브룩스의 말에 힘입은 제러미가 일주일 전에 다시 집으로 들어왔다. 글렌다는 그 전주 일요일 교회가 끝난 후 주차장에서 그룹의 몇몇 남자들과 만났을 때 분노해서 그들을 나무랐다. "아, 제러미?" 마틴이 조심스럽게 말했다. "당신이 집에 있는 거에 글렌다는 어떻게 적응하고 있나요?"

제러미는 어깨를 으쓱했다. "음, 내 생각엔 익숙해지고 있는 것 같아요. 내가 다시 집으로 들어가니까 소리를 지르고 난리가 났었죠. 방에서 이틀 동안 안 나왔어요. 나는 우리가 따라야 할 규칙을 담은 계약서를 작성했어요. 예컨대 '그녀의 방에 들어가지 않는다' 같은 내용으로요. 아내는 내가 여전히 집에서 나갔으면 한대요."

마틴이 끼어들었다. "글쎄요, 누가 뭐라고 하든 당신은 아내와 함께 있어야 할 의무가 있어요."

제러미는 클립보드를 쳐다보며 아무 말도 하지 않았다. 그 자리에서는 언급하지 않았지만 이후에 나에게 해 준 이야기에 따르면, 글렌다는 경찰에 신고를 했다. 경찰은 그에게 집에서 나가라고 했다. "일요일이었어요. 그래서 교회에 갔죠." 그날 저녁 집으로 돌아가서 소파에 베개를 놓고 꼼짝도 하지 않았다.

"그럼……." 마틴 부커가 목을 가다듬으며 말했다. "새해니까 프라미스키퍼스의 목적이 무엇인지 재확인하는 게 좋을 것 같아요. 우리는 서로를 사랑하고 지지하고, 우리가 비틀거릴 때 서로를 안아 줄 거예요." 그는 공식적으로 작성되어 있는 "프라미스키퍼스의 일곱 가지 약속"을 돌리고 각 구성원들은 소리 내어 그 내용을 읽었다. "프라미스키퍼스는 약속을 지킬 수 있도록 도와줄 형제가 필요하다는 것을 이해하고, 몇몇 다른 남자들과 중요한 관계를 추구하는 데 전념한다." "프라미스키퍼스는 영적·도덕적·윤리적·성적 순결을 실천하는 데 전념한다." "프라미스키퍼스는 사랑, 보호, 성경적 가치를 통해 단단한 결혼과 가정을 구축하기 위해 헌신한다" 등의 내용이 포함되어 있었다.

"여러분," 마틴이 말했다. "나는 이런 가치들에 헌신하고 싶습니다. 그리고 만약 내가 책임을 다하지 못하는 부분이 있다면, 나는 여러분이 나를 팔로 감싸고 '마틴, 이게 당신이 노력해야 할 부분이야'라고 말해 주기를 바라요."

"나는 헌신하고 있어요." 티머시가 말했다. "잠언에서 하나님께서 우리가 분별심을 절실히 필요로 해야 한다고 말씀하신 부분을 읽었어요. 그리고 생각했죠. 나는 분별심을 진실로 갈구했던 적이 없었구나. 우리가 옳은 길로 가고자 하는 한, 신은 언제나 우리를 위해 더 많은 노력을 기울이고자 하십니다."

마틴 부커는 티머시에게 그들이 올해 올바른 길로 나아갈 수 있도록 기도해 달라고 부탁했다. 우리는 모두 고개를 숙였고 티머시가 말했다. "아버지, 우리가 모든 것을 스스로 하려고 하면 희망이 없습니다. 우리는 무력합니다, 아버지. 우리가 처한 시스템은 추악합니다. 당신이 우리를 진심으로 사랑하심을 아는 건, 아버지, 축복입니다. 당신과 더 가까워지고 친밀해질 수 있도록 도와주소서."

마틴 부커는 책을 내밀었다. 표지에는 거대한 빨간 글자로 '남자답게 싸워라Fight Like a Man'라고 쓰여 있었다. 그는 다음 주부터 고든 댈비Gordon Dalbey가 쓴 이 책을 가지고 토론을 시작하자고 했다. "책은 항복만이 남자가 왕국의 전사가 될 수 있는 유일한 방법이라고 이야기해요. 어떻게 아내 옆에서 함께 싸우고 왕국의 전쟁을 준비할 수 있는지 알려 줍니다."

하워드 페이슨은 새해에는 아내와 싸우는 것과 아내와 "옆에서 함께" 싸우는 것의 차이를 이해하고 싶다고 말했다. 하워드는 결혼 생활을 되살려 냈는데, 그건 이 모임의 또 다른 "성공담"이었다. 하지만 그의 관자놀이에서 뛰는 정맥은 그게 완전히 승리가 아니었음을 암시했다. 이웃집에서 계속되던 위기가 그의 마음을 짓누르고 있었다. "그 남자는 진짜 학대범이예요. 자기 아내한테 언제나 소리를 질렀죠. 주변에 사는 사람들한테 다 들릴 정도였어요. 아마 그 사람 아내도 지쳤던 모양이에요. 그 남자가 오전 6시에 낚시를 나갔다가 오후 3시에 집에 들어왔을 때, 아내는 이삿짐 트럭을 불러서 짐을 모두 싣고는 집을 싹 비워 버렸어요. 그는 현관에 앉아서 계속해서 울기만 했어요." 결국 하워드 페이슨과 다른 이웃이 그에게 다가갔다. 두 사람은 무슨 말을 해야 할지 몰랐고, 그래서 하워드는 그를 위해 기도하고 "항복"에 대해 이야기했다. 이게 1년 전에 있었던 일이다. 그 남자는 여전히 그 집에 살고 있고, 허약한 그림자 같은 모습으로 아내가 돌아오기를 기다리고 있었다. 하지만 그녀가 돌아와서 문을 두드릴 것 같지는 않았다. 그녀는 새로운 삶을 시작했다. 다른 남자를 만나 지금은 임신을 한 상태였다.

유령처럼 밤을 지새우는 이웃 남자의 모습은 하워드를 겁에 질리게 만들었다. 그것이야말로 그의 가장 큰 두려움이었다. "1년 전에 아내 리비는 나를 증오했어요." 그가 말했고, 푸른 혈관이 뛰었다. "우리가 다시 사랑하게 된 건 신이 내 태도를 바꿔 준 덕분이죠. 하지만 96년에는 우리 결혼 생활에 더 최선을 다할 거예요."

※ ※ ※

페이슨 가정의 모든 조리대와 벽 공간은 리비가 "내 골동품"이라고 부르는 것들로 덮여 있었다. 주위를 둘러보면 험멜✠이 도자기 먼치킨 군대를 이끌고 이 집을 침략해서 점령해 버린 것 같다는 인상을 받게 된다. 책장에선 꼬마 요정 인형이 미소 짓고 있고, 작은 동물들이 벽난로를 따라 춤을 춘다. 트롤 모양의 소금, 후추 통이 식탁 위를 배회한다. 나는 페이슨 부부에게 저녁 식사 초대를 받았고, 우리는 미니어처 퍼레이드에 사방이 둘러싸인 식탁에 둘러앉았다.

리비는 사과 같은 볼에 몸집이 아담한 사람으로, 그녀 자신의 험멜 컬렉션 중 조금 더 큰 사이즈로 제작된 장식품처럼 보였다. "매주 토요일 골동품 가게에 가곤 했는데, 뭔가를 보면 그냥 사야 했어요." 그녀는 갑자기 트롤 후추 통의 목을 주먹으로 움켜쥐었다. "그렇게요. 그냥 구매 열정에 휩싸였던 거죠. 그건 충동이었어요. 그때는 이해할 수 없었지만, 지금 돌이켜 보면 그래야만 했던 거구나 싶어요……." 그녀는 식탁의 상석에 앉아 있는 남편을 바라보았다. 하워드는 본능적으로

✠ 독일의 도자기 제조업자 프란츠 괴벨이 1935년 마리아 이노센치아 험멜 수녀의 그림을 바탕으로 제작하기 시작하면서 인기를 끌어온 도자기 시리즈.

포크를 내려놓고 팔짱을 꼈다. 강한 타격을 준비하는 라인맨 같았다. 그녀는 그를 향해 고개를 기울였다. "남편이 괴물을 만든 셈이죠." 그녀가 말했다.

하워드는 멕시코로 가는 교회 청소년 여행에서 리비를 만났다. "나는 아내를 안아 올려서 물웅덩이를 건넜어요." 그는 그리운 듯 회상했다. 단 한 번 기사도적인 행동이, 하워드의 표현으로 하자면 "서로의 목을 조르던 세월"로 이어졌다. 이후 그들은 서둘러 결혼했다. 물웅덩이에서의 추억이 있은 지 여섯 달 뒤였다. 하워드는 스물 한 살이었고, 리비는 열아홉이었다. "우리는 혼전 성관계에 반대했어요." 하워드가 말했다. 열정에 사로잡혀, 하워드는 결혼 날짜를 앞당기자고 리비를 설득했다. 목사가 휴가 중이었던 탓에 대리 목사를 세워 결혼했다. "나는 결혼이 어떤 변화의 과정일 거라고 생각했어요." 리비가 말했다. "서로 맞춰 가는 과정일 거라고 말이죠." 그녀가 잠깐 말을 멈췄죠. "나는 매일 밤 울었어요."

하워드는 아이를 "당장" 원했고, 리비는 그게 결혼한 후에는 "해야만 하는 일"이라고 생각하면서 따라갔다. 1년 안에 딸 제니퍼가 태어났다. 가정생활은 하워드에게 잘 맞았다. 그는 딸을 돌보고 집 안을 어슬렁거리는 걸 좋아했다. 평범한 가정생활이 그를 편안하게 했다. 그는 파탄 난 가정에서 자랐고, 곧이어 둘째 딸까지 태어난 후 아이들과 함께 지내면서 마침내 가정의 일원이라는 느낌을 갖게 되었다. 한편 리비는 서서히 재가 되어 가고 있었다. "하워드가 하고 싶었던 건 쉬는 것뿐이었어요!" 그녀가 말했다. 여전히 그것만 생각하면 화가 났다. "왜 당신은 늘 소파에 그렇게 누워만 있어? 왜 아무것도 안 해? 이런 생각이 들었죠." 하워드는 회사에서 중간관리직까지 올라갔지만, 그 당시에도 그의 급여로는 생활비가 다 충당되지 않았다. "교회에서 나이 든 부부들을 보곤 했어요." 리비가 회상했다. "자기 집에 좋은 가구를 가지고 있었어요. 교회 여자들 모임에 갈 때마다, 나한테 뭐가 없는지 생각하게 됐죠." 그녀는 할머니의 신용카드를 빌려서 작은 탁자와 등까지 거실 가구를 싹 새로 바꾸어 넣었다. "그런 생각이 들었어요. 우리 집만 있다면." 결국 그녀는 아버지를 말로 구슬려 집 계약금을 얻어 냈다.

"장인 돈은 갚았어요." 하워드가 끼어들었다. 그의 얼굴이 갑자기 붉어졌다. "그것도 책에 꼭 쓰세요."

이제 집과 함께 새로운 돈 걱정이 시작됐다. "매달 하워드가 얼마나 버는지, 우리가 어떻게 청구서 비용을 대며, 어떻게 세금을 내는지가 문제가 됐어요." 주택 비용을 충당하기 위해 하워드는 어머니에게 앞방에 세 들어 살라고 부탁했다. 말할 것도 없이, 손님방을 시어머니의 막사로 전환한 것이 결혼 생활의 긴장을 누그려 줄 리 없었다. 말다툼과 비명 소리가 끊이지 않게 되었다. "솥이랑 냄비가 날아다녔습니다." 하워드가 인정했다. 리비가 임신 중이던 어느 날 밤, 하워드가 술에 취한 채로 그녀를 쫓아와 때리겠다고 협박했다. 리비는 침실 문을 잠그고 숨었다. "나는 기적의 사나이를 계속 기다렸어요. '그래, 내 영적인 지도자는 어디 있지?'" 남편이 존경할 만한 사람이 아니라면, 그럼 대체 나는 뭐지? 그녀는 질문했다. "나는 소리 지르고 울었어요. 그리고 언제나 하워드에게 물었죠. '왜 나를 사랑해? 왜 내가 좋아?' 내 정체성이 뭔지 알 수 없었기 때문이었어요."

이런 치열한 전투 중에 하워드는 두 번 크게 아팠고, 그중 두 번째에는 야구공 크기의 암 종양이 발견되었다. 리비는 다소 당혹스러워하면서 플로렌스 나이팅게일의 역할을 수행하는 건 자신이 원했던 정체성은 아니었다고 말했다. 그게 아무리 기독교도 아내에게 기대되는 틀에 잘 맞았다고 하더라도 말이다. 1년간 하워드는 화학 치료와 사무실 사이에서 비틀거렸다. “일을 쉴 여력은 안 되었거든요.” 집에서는 침묵의 벽 뒤로 숨어들었다.

“그는 나와 감정을 공유하지 않았어요.” 리비가 말했다. “어머니하고는 대화했지만, 나에게는 말하지 않았죠.” 하워드의 머리카락이 빠지는 동안, 리비는 체중이 늘었고 스스로를 싫어하게 되었다. 하워드는 그 시기의 결혼 생활을 “대침체기”라고 말했다. 리비는 저녁을 먹고 난 뒤의 저녁 시간을 가장 선명하게 기억하고 있었다. “나는 거실 TV 앞에 있었고, 그는 침실 TV 앞에 있었죠.”

리비의 탈출구는 중고품 할인 가게였다. “누군가 호두까기 인형 컬렉션을 가지고 있다면, 나도 있어야만 했어요. 그래서 그걸 사고 나면 ‘어유, 그래서 뭐?’ 이런 기분이었죠. 나는 돈을 쓰고 또 썼어요. 돈을 가장 어리석게 쓰는 방법이죠.” 그렇게 돈을 쓰게 된 이면에 놓여 있는 충동이 뭐라고 생각하느냐고 묻자, 그는 엄지손가락을 들어 하워드를 가리켰다. “그가 나한테 예산을 관리하도록 했거든요.” (저녁 식사 내내, 리비와 하워드는 서로를 “그”와 “그녀”라고 불렀다. 마치 둘 다 그 자리에 없는 것처럼.) “그는 계속해서 내가 사고 또 사고 또 사도록 내버려뒀어요.” 그녀는 신음했다. “그 돈으로 뭘 할 수 있었을지 생각하면…….”

무언가 일어나야만 했다. 그리고 무언가 일어났지만, 두 사람 다 상상하지 못했던 방향이었다. “뭔가를 원했고, 일을 하기로 했어요.” 리비가 말했다. 그녀는 딸 제니퍼를 낳고 얼마 되지 않아 시간제로 일하는 보모를 고용하고 비서로서 첫 직장을 구했다. 그러고 나서는 관리직으로 옮겼는데 “돈을 좀 더 벌 수 있을 거라 생각했기 때문”이었다. 제니퍼가 두 살이 되었을 때, 리비는 병원에서 행정 보조원으로 일했고, 반년 뒤에는 첫 정규직을 얻었다. 그리고 그녀의 삶이 바뀌었다.

"나는 직장에서 일을 잘 했어요. 그래서 사람들이 나를 좋아했죠." 그녀가 회상했다. "칭찬이 자자했어요. (…) 나는 직장에서 대단한 성취감을 느꼈고요. 하지만 집에서는 아니었죠."

하워드가 다시 팔짱을 끼며 말했다. "무슨 일이 일어났냐면 말이죠. 리비가 일에서 정체성을 찾기 시작한 거예요."

리비는 고개를 끄덕였다. "하워드에게 '당신이 나랑 얘기하기 싫다면, 나는 직장에서 나랑 이야기할 친구들이 있어. 나를 좋아하는 사람들 말이야'라고 말하곤 했죠. 주말에는 출근하고 싶어 죽을 것 같았어요. 같이 일하는, 내가 결혼한 것도 아닌 사람들이 나를 더 아껴 준다고 느꼈어요! 거기서야 충만해진 느낌이었다고요."

리비는 사무실에서 사다리를 조금씩 오르기 시작했다. 곧 구매 및 회계 부서로 승진했고, 돈 쓰는 걸 멈추지 못했던 쇼핑객은 세심한 예산 담당자로 변신했다. "있잖아요." 리비가 나한테 말했다. "일을 하기 전에는 목사님한테 상담하러 가곤 했어요. 자아존중감 상담에도 가 보고요, 부부 생활 상담에도 갔었죠. 하지만 내가 변하기 시작한 건 일을 시작하면서부터였어요. 살도 빠지기 시작했죠. 스스로를 다르게 보기 시작했고요. 내가 가치 있는 사람이라고 느껴지기 시작한 거죠." 우리 세대의 많은 여성들이 그랬던 것처럼, 그녀에게 일할 수 있다는 건 고무적인 일이었다. 전통적인 여성성에 대한 기대라는 한계를 넘어설 수 있었기 때문이었다. 남자 대부분과 마찬가지로 남편에게 고용은 그저 전통적인 남자다움의 기본적인 기준선이었을 뿐이었다. 리비는 일을 통해 자신을 독자적인 개인으로서 인식할 수 있었다. 하워드는 그저 팀에 머물기 위해 노동하고 있었을 뿐이었다.

집에서도 변화가 생겼다. 리비는 싸구려 물건으로 가구를 장식하는 데 관심을 잃기 시작했고, 먼지를 터는 것조차 신경 쓰지 않았다. "의문이 들기 시작했어요. 내가 왜 요리를 하고 청소를 하는 거지?" 하워드는 점점 더 자라는 두려움을 안고 그녀의 변화를 지켜보았다.

그는 그녀가 쇼핑을 줄인 것에는 기뻤지만, 일에 대한 그녀의 애착이 훨씬 더 위협적이라는 걸 깨달았다. 그리고 그건 옳았다. 그녀와 마찬가지로 그 역시 일이 그녀의 탈출구라는 걸 알고 있었다. "요즘 시대의 남자들은 아내가 집에 앉아서 기다리려고 하지 않는다는 걸 깨달아야 해요." 그가 내게 말했다. "미국에서 남편과 아내의 역할은 극적으로 바뀌었죠. 전에는 모든 사람의 역할이 정해져 있었어요. 지금은 여자들이 밖으로 나가 직장에서 일하고, 바깥세상에는 유혹이 너무 많죠. 모든 게 너무 세속적입니다. 우리는 예전의 정체성을 많이 잃었습니다." 물론 그의 말이 정확하게 "우리"를 의미한 건 아니었다. 그의 아내는 정체성을 잃지 않았으니까. 그녀는 그를 포함하지 않는 정체성을 새로 찾았다.

하워드는 교회 게시판에서 프라미스키퍼스를 알리는 광고를 보았다. "조언이 필요했어요." 그가 말했다. 처음에 받은 조언은 두 사람이 6주짜리 부부 생활 세미나에 등록하라는 것이었다. 세미나에서 사람들은 프라미스키퍼스의 연사인 게리 스몰리의 책 『사랑스럽고 지속적인 결혼의 숨겨진 열쇠Hidden Keys to a Loving, Lasting Marriage』를 공부했다. "숨겨진 열쇠"란 하워드가 말했듯이 "남성과 여성은 서로 생각하는 방식이 다르다. 여성들은 매우 감정적이고, 자신을 향한 정서적인 관심을 필요로 한다"는 계시였다. 리비가 그 모임에서 배운 건 "남자들은 칭찬을 해 줘야 한다"였다. "나는 하루에서 수천 번씩 내가 그에게 망신을 줬다는 걸 깨달았죠." 이게 나쁜 교훈은 아니었지만, 페이슨 부부가 겪고 있는 위기와는 크게 관계가 없었다. 물론 리비는 "정서적인 관심"이 필요했다. 하워드 역시 물론 "칭찬"

이 필요했다. 세미나는 남자와 여자의 차이를 강조했지만, 사실은 둘 다 같은 걸 원하고 있었던 셈이었다. 그들 각자에게 정말로 필요했던 건 삶의 목적이었다. 세상과 의미 있는 관계를 맺는 것이었고, 리비가 말했던 것처럼 그들로 하여금 "나도 가치 있다"고 느끼게 하는 소명이 필요했다. 리비는 일에서 그런 부름이 무엇인지 대략적으로 감각했다. 그리고 하워드는 아내의 새로운 사명이 그의 사명을 지우고 있다고 느꼈다.

세미나 둘째 주에 리비는 하워드에게 직장에서 한 남자와 바람을 피웠지만 헤어지기로 결심했다고 고백했다. 그러자 하워드는 10년 전 그녀가 임신을 했을 때 바람을 피웠다고 말했다. "일주일 휴가를 내고 둘이 꼭 붙어 있었어요." 리비가 말했다. "우리는 너무 두려웠죠." 리비는 직장에서 만난 남자와 헤어지려고 했지만, 그가 리비를 놓아주려 하지 않으면서 상황은 험악해졌다. 그녀는 직장 상사에게 문제를 제기했고, 결국 그 남자의 커리어와 그녀의 커리어가 모두 망가질 뻔했다. 결국에는 둘 다 견책 처분을 받았다.

부부 생활 세미나가 끝난 직후, 하워드와 리비는 작은 예식을 열어 결혼 서약을 갱신했다. "리비와 나는 오늘 밤 하나님의 권능과 그분이 어떻게 우리의 삶을 변화시킬 수 있는지에 대한 증거로서 이 자리에 서 있습니다." 하워드는 이 순간을 위해 준비한 서약을 읽었다. "하워드는 하나님의 권능을 보여 주는 살아 있는 증거입니다." 리비는 자신의 서약을 읽었다. "그는 암, 흡연, 괴로움, 그리고 결혼 생활의 위기를 이겨냈습니다. 저는 해로운 식습관, 게으른 생각, 충동적인 소비, 그리고 결혼 생활의 위기를 극복했습니다!" 그들은 두 번째 반지를 교환했다.

리비는 이제 남편과 함께 기도한다고 말했다. 새롭게 서약한 후 몇 달 동안 그녀는 승진을 기도했다. 그녀 생각에는 이미 너무 늦어졌고, 당연히 승진해야 하는 상황이었다. 그녀는 하워드에게도 프라미스키퍼스 모임에서 승진 기도를 해달라고 부탁했다. 매주 글렌도라 그룹은 기도로 모임을 마쳤다. 각 사람이 기도 제목을 제출하면 그의 오른쪽에 앉은 사람이 그를 위해 기도했다. 내가 보기에는 리비의 승진을 바라는 하워드의 기도는 영 마음에 없는 말을 하는 느낌이었다. 하워드는 고개를 숙인 채 신께서 보시기에 가장 좋은 일이라면 무엇이든 따르겠다고 기도했다. 하지만 이내 덧붙였다. “제가 생각하기에 우리의 결혼 생활을 위해 리비는 직장에서 맺고 있는 관계들을 끊어야 할 것 같습니다.”

무언가를 원할 땐 조심해야 한다는 말이 있듯이, 하워드의 기도는 응답을 받았다. 리비는 승진을 하지 못했고, 그런 고용주의 무시 때문에 결국 다른 병원에 지원을 하게 된다. 거기에서 그녀는 더 높은 급여를 받고 더 많은 권한을 행사하며 팀장으로 일할 수 있게 되었다. “학사학위가 있어야 오를 수 있는 자리에서 일하게 된 거죠!” 대학을 나오지 않은 리비는 자부심을 가지고 말했다. “면접을 잘 봤거든요.” (이후 리비는 학교로 돌아가 학사학위를 땄고, 더 나은 일자리를 잡았다.)

하워드는 식탁 건너편에서 리비를 두고 이렇게 말했다. “뭐, 아무도 지원하지 않은 게 도움이 된 거죠.” 리비가 날카롭게 쳐다보자 하워드는 얼굴에 어색한 미소를 띠며 덧붙였다. “농담이야.”

“좋은 점은 상사들이 모두 여자라는 거예요.” 리비가 말을 이어 갔다. “내가 일하는 곳에서도 예전에는 남자들이 모든 걸 주도했죠. 내 새로운 상사는 훌륭해요. 이미 변경 사항들을 실행하고 있어요. 물론 내 밑에서 일하는 남자들은 화가 났죠.”

하워드가 말했다. “아내는 나보다 더 큰 사무실을 갖고 있어요.”

만약 당신의 말마따나 아내가 직장에서 자기 정체성을 찾고 있다면 당신 본인의 자리는 어디에 있습니까, 하고 내가 물었다. "그게 내가 프라미스키퍼스에서 배운 거죠. 나는 정체성이란 내가 가지고 있는 게 아니라 그리스도 안에서 얻을 수 있는 거라고 배웠어요. 예수그리스도가 내 정체성이에요."

나는 하워드가 어떻게 자식도 없는 총각을 본받아 자신의 정체성을 찾을 수 있을지 확신이 서지 않았다. 왜 하필이면 예수의 이미지인가? 더 적절한 구약의 모범들이 있지 않은가? 예를 들어 이스라엘의 열두 부족을 번성시킨 열두 아들의 아버지이자 가부장인 야곱이라거나, 혹은 바로 그 지점에서, 하나님 아버지 자체는 어떠한가? 프라미스키퍼스는 남성이 더 나은 아버지와 남편이 되도록 돕는 것으로 의제를 띄웠다. 그런데 "그리스도 안에서의 정체성"이야말로 프라미스키퍼스가 무엇보다도 강조했던 주제였다. 이는 "우리는 예수님을 사랑합니다! 다른 건 아무것도 중요하지 않습니다!"에서 예수야말로 "궁극적인 프라미스키퍼스"라는 말에 이르기까지 경기장에서 계속해서 반복되었던 구호에서도 볼 수 있었다. "예수로부터 시작해야 합니다." 프라미스키퍼스의 대표자들은 전형적으로 강조했다. "이 운동이 예수님에 관한 것임을 이해하지 못한다면, 우리의 약속을 지킨다는 이런 말들은 모두 횡성수설에 불과합니다."[16] 하워드와 글렌도라 그룹의 형제들에게 "그리스도 안에서의 정체성"을 찾는 것은 성경이 그리고 있는 남성성에 대한 다른 어떤 이미지보다 더욱 강력하게 호소했다. 대체 왜였을까?

다이어트 성공으로 이끌어 줄 영적인 열쇠

나는 다음 주에 읽을 책인 고든 댈비의 『남자답게 싸워라』를 찾기 위해 기독교 서점의 향기로운 파스텔 톤 복도를 따라 내려가 보았다. 포푸리와 재스민 향초 외에는 아무것도 팔지 않는 쇼핑몰 양품점에 갇힌 것 같았다. '남성학' 코너는 뒤편 책장 구석에 있었는데, 십자군 기사들과 경기장의 땅바닥을 몸으로 막고 서 있는 미식축구 선수들 옆모습이 그려진 하드커버 컬렉션이었다. 이 컬렉션은 다른 상품들에 비해 절망적일 정도로 수가 적었고 볼품도 없었다. 서점의 선반 위에는 분홍색 종교 소책자와 장미로 장식된 영적인 안내서들이 줄지어 늘어서 있었고, 주름 장식의 성경 커버와 어린양이 수놓인 아기 담요가 장식장에 쌓여 있었다. 진열장에는 꽃무늬 장신구들과 미소를 짓는 예수상이 한가득이었고, 차를 마시고 꽃내음을 맡는 평온한 주부들의 초상화가 벽을 채웠다. 꽃으로 장식된 보석함에서 희망을 전달하는 노래들이 흘러나오고 있었고, 태엽으로 움직이는 유아용 모바일과 배 속에 뮤직박스가 들어 있어 누르면 귀에 거슬리는 목소리로 달콤한 말을 속삭이는 봉제 동물인형 등도 적지 않았다.

나는 책을 찾았다. 표지에는 근육질에 웃통을 벗은 고전적인 그리스 전사의 실루엣이 전투태세를 갖추고 있었고, "왕국 전쟁을 위한 인류의 구원"이라는 그의 사명을 예고하는 핏빛의 붉은 글자 위로 칼과 방패가 높이 솟아 있었다. 한 여성이 보조개 파인 큐피Kewpie 천사✠가 기도하는 모습이 그려진 카드를 계산하기 위해 줄을 서 있는 동안, 나는 도대체 어떤 남자가 예수를 테마로 하는 이 진부함의 도가니 속에서 근육질의 기독교도로서 자신의 삶을 다시 시작하리라 상상할 수

✠ '큐피'는 그 이름에서부터 로마신화에 등장하는 사랑의 신 큐피드를 연상하게 하는 인형으로 큰 머리와 큰 눈, 통통한 뺨, 머리 위에 뾰족 솟은 곱슬머리가 특징이다. 1912년 미국의 가정 잡지 《우먼즈홈컴패니언》에 삽화로 등장해 인기를 끌면서 이듬해 이 이름을 등록명으로 한 인형이 제작·판매되었다.

있을지 궁금했다. 미디어는 종종 프라미스키퍼스를 종교에 대한 남성적 정력을 회복하기 위한 세기 전환기 운동과 비교했고, 전직 미식축구 감독인 빌 매카트니를 빅토리아 이후의 종교 부흥 운동가인 빌리 선데이의 현대적 화신으로 인식했다. 선데이는 땀에 전 신파극과 예수를 테스토스테론에 절여 묘사한 것으로 유명했다. 그 묘사 안에서 예수는 더 이상 "핏기 없는 얼굴의 아첨꾼 같은 존재"가 아니었다. 빌과 빌리의 행동 사이에는 실제로 비슷한 점이 있었다. 전직 감독으로서 매카트니의 종교적 수사는 미식축구의 진부한 표현으로 어지럽혀져 있었다. 전직 야구선수였던 선데이가 오직 남자들로만 이루어져 있는 관중 앞에서 얼굴을 일그러뜨리던 그 모습은 종종 마운드에서 직구를 던지려는 투수의 모습과 닮아 있었다. 매카트니는 신께서 그에게 콜로라도대학교와의 15년 축구 계약을 파기하라고 계시했다고 주장했다. 선데이는 신께서 그에게 방금 필리스와 맺은 3년 계약으로부터 빠져나오라고 명령했다고 말했다. 그리고 확실히 매카트니는 "가장 남자다운 사람은 예수그리스도를 알아본 남자"라는 선데이의 주장에 동의했을 것이다. 둘 다 기독교도 남자들의 명성을 "우물쭈물하는 시시콜콜한 종류의 어중이떠중이"로부터 회복시키려고 했다. 선데이의 표현에 따르자면 "그런 상태는 모든 사람을 호구로 만든다."[17] 그러나 두 시대에 벌어진 운동 사이에는 표면을 흐르는 유사성과는 다른 깊은 차이가 있었다.

근육질의 기독교는 세기의 전환기에 점점 더 감상적이 되어 갔던 개신교의 압박에 항의하면서, 그리고 궁극적으로는 산업주의가 세상을 점차 파괴해 가는 상황에 직면해 "거세된" 교회의 무능력에 항의하면서 등장했다. '악마의 술'과 그에 수반되는 병폐(도박, 춤, 성매매)에 대해 비판했던 빌리 선데이의 종교부흥운동은 시민적 영역과 입법 영역에 제한되어 있었으며, 포퓰리스트 기독교 운동 중에서도 가장 이빨 빠진 운동이었다. 이는 '노동 전도사' '철도 전도사' 같은 이름으로 불린 일련의 노동계급 설교자들에게서 그 목소리를 찾았다.[18] "여자들은 충분히 오랫동안 교회 일을 맡아 왔다"는 내용으로 소집된 1900년대 초반의 '남성과 종교 전진 운동The Men and Religion Forward Movement'은 산업과 공교육 그리고 정부에서 여건 개선을 압박함으로써 기독교 남성의 활동 범위를 회개 이상으로 확장하여 그를 "사회봉사와 유용한 활동"에 참여시키려 했다. 1911년 시작된 2년간의 부흥 운동에 100만 명 이상 개신교 남성이 참여한 이 운동은 단순히 설교에만 머물지 않았다. 여타의 "사회적 행동" 프로젝트들 중에서 회원들은 노동조합 회관을 건립하고 지역 감옥을 청소했으며 쓰레기 수거 개선 및 물과 우유 검사를 위한 로비 활동을 펼쳤다. 그러나 궁극적으로 이 운동의 지도자들은 산업 질서에 대한 실질적인 정치적 도전 앞에서는 뒷걸음쳤다. 그들은 결국에는 술집이나 사창가에서 벌어지는 좀 더 안전한 대중적인 "죄"와 싸우는 걸 선호했다.[19]

이 운동과 비슷한 시기에 사회복음주의 운동은 자본주의에 대한 급진적인 비판과 함께 진보적인 기성 교회들로부터 출현했다. 그 지지자들은 개혁주의나 급진적 정치의 영역으로 더욱 대담하게 뛰어들어, 기독교인의 남자다움을 "소시민little man"을 옹호하고 기계 시대의 힘에 맞서려는 의지로 재구상했다. 뉴욕 침례교 목사이자 사회복음의 저명한 목소리인 월터 라우센부시는 새로운 산업 질서가 "남자들로 하여금 남자다움의 문제에서 더 이상 성장하지 못한 채로 겁먹고 수치심을 느끼게 만든다"라고 썼다. 사회복음주의자들은 새로운 경제적 불공정에 맞서 싸우는 과정에서 노동자와 성직자를 하나로 묶는 형제애를 촉구했다. 그들의 이상은 그리스도의 일꾼이라는 지위를 전면에 내세웠으며, 교회의 공장 현장 개입이 정당하다고 주장했다. 사회복음주의 사역자가 말했듯이, 예수는 목수였고 "노동자의 족쇄를 풀어 그를 높은 자리로 끌어올렸으며, 위대한 미래의 열쇠를 그의 손에 쥐여 주었"기 때문이다. 이 운동의 지지자들은 1908년 "사회적 신조"를 지지했는데, 이는 "산업 변화의 급격한 위기로부터 비롯된" 억압에 맞서 노동자를 보호해야 한다고 촉구했다. 사회복음주의자들은 장시간 노동과 높은 산재비율에 항의했다. 공장에서는 노동자들을 대표할 노동조합의 결성과 퇴직금을 비롯해 이윤 분배까지 요구했고, 아동노동 폐지와 착취 작업장 폐쇄를 주장했다. 이런 노력은 결국 강력한 산업 세력의 대항 앞에서 물거품이 되었다.[20]

'남성과 종교 전진 운동'이 "교회 생활로부터 사라진 남성 300만 명을 찾는 것을 돕겠다"는 목표를 선언했던 것처럼(이는 미국 개신교 교회의 3분의 2가 여성이라는 기울어진 현실을 참조하고 있었다), 프라미스키퍼스 역시 남자들을 교회 활동으로 다시 데려오려 했다.[21] 하지만 그런 노력의 목적은 무엇이었을까? 프라미스키퍼스 지도자들의 연설과 문헌은 남자다움을 묘사하는 상업적 이미지와 전쟁을 벌이라는 요청으로 가득했다. 스포츠카 광고나 카우보이 흡연자를 칭송하는 광고판의 공허한 약속과 〈람보〉나 〈S.O.S. 해상구조대〉 같은 영화와 드라마에서 판매하는 불가능하고 타락한 남성적 정력들이 바로 그런 상업적 이미지였다. 그건 가치 있는 전쟁처럼 보였다. 마이크와 마거릿, 하워드와 리비의 가정불화에 대해 들으면서 그런 생각이 들었다. 마이크의 서적 수집을 둘러싼 다툼과 리비의 "중고 매장"에서의 "소비 광풍" 아래로 이어지는 하나의 주제는 소비주의와 그것이 풀어 놓는 욕망과의 싸움이었다.

그러나 버드 라이트, 말보로 컨트리, 스포츠 채널 등을 홍보하는 광고판(그리고 애너하임 스타디움에 걸린 "바브라 스트라이샌드 닮은꼴 콘테스트"를 홍보하는 거대한 광고)에 둘러싸인 경기장에서 남자들을 규합한 프라미스키퍼스 조직은 지지자들로 하여금 이런 징후들이 대변하는 시장 세력에 도전할 수 있도록 이끄는 어떤 효과적인 방법도 제안하지 않았다. '남성과 종교 전진 운동'이나 사회복음주의 운동과 달리, 프라미스키퍼스는 지역 공원에서 쓰레기를 줍거나 낙서 위에 페인트칠을 하려는 이따금의 노력을 제외하고는 시민 또는 사회적 행동의 영역에 거의 진출하지 않았고, 이는 대체로 공동체 변화보다 환경 미화에 초점을 맞춘 하루 치 특별 행사였을 뿐이었다. 이 그룹은 가장 보수적인 데다 이런 단체라면 나서지 않을까 싶은 이슈조차 정치적인 문제라면 참여하기를 꺼렸다. 조직의 인기에 위협이 될까 봐 낙태에 대한 공식적인 입장조차 가지고 있지 않았던 것이다.[22] 결국 조직 자체를 대량 판매함으로써 인기를 유지하고 PK 로고를 홍보하는 것이 조직이 가장 두드러진 추진력이었다. 1997년 워싱턴에 모인 프라미스키퍼스는 아무런 변화를 요구하지 않고 그저 자신의 모습을 드러냈을 뿐이다. 그저 TV 카메라 앞에 그 모든 사람들의 육체를 전시하는 것이 그 행사의 목적이 되어 버렸다.

회원들을 향해 TV를 끄라고 말하는 안쓰러운 요구에도 프라미스키퍼스가 남자들에게 제공한 것은 시장과의 또 다른 교감이었다. 모든 길은 오로지 PK 물품을 판매하는 매점 텐트나 좋은 냄새가 나는 서점으로 이어지는 것 같았다. 프라미스키퍼스와 제휴한 잡지 《뉴맨》은 독자들에게 "남자가 된다는 건 단순히 빵값을 버는 사람, 그러니까 가장이 된다는 것을 훨씬 넘어서는 그 이상"이라고 조언했다. 그러나 편집자들이 제안한 대안이란 그저 빵을 구매하는 소비자가 되는 것이었다. '뉴맨' 곧 '새로운 남자'란 쇼핑객이었다. 잡지의 표지 헤드라인은 정기적으로 "남성을 위한 멋진 소품들" "다이어트를 성공으로 이끌어 줄 영적인 열쇠" "현명하게 휴가를 보내는 여덟

가지 방법" 등을 알려 주겠다고 약속했다.[23]

어느 날 오후 애너하임 스타디움에서 나는 무전기로 일을 지시하면서 점점 광적으로 변해 가는 PK 직원 옆에 서 있었다. "1번 매점 텐트, 1번 매점 텐트, CD 케이스 받았습니까?" "2번 텐트에 모자가 떨어졌습니다! 다시 말합니다. 지금 당장 2번 텐트에 모자를 갖다주세요." 거대한 텐트 안에서 남자들이 PK의 공식 플라스틱 토트백에 무작위로 작은 물건들을 쑤셔 넣거나, 이미 지쳤지만 쾌활한 표정을 한 계산원들이 관리하는 금전등록기에 돈을 넣기 위해 끝도 없이 이어지는 줄에 서 있는 걸 보는 동안 상당히 충격적인 사실이 나를 강타했다. 남자들은 모두 쇼핑을 하고 있었고, 여자들은 모두 일을 하고 있었다.

한 세기 전에 근육질의 기독교인들은 빅토리아시대의 개신교를 손상시키는 가치들, 그들이 "여성적인 경향"이라고 이해한 가치들에 저항하려고 노력했다. 결국엔 아무런 효과가 없었지만 말이다. 사실 감상적이고 눈물을 자아내는 설교는 19세기 미국 기독교의 복잡한 변화의 한 측면일 뿐이었고, 이런 사탕발림 설교는 여성적 가치로의 전환보다는 국가경제의 첫 번째 동요를 보여 주는 전조에 가까웠다. 그럼에도 근육질의 그리스도인들은 대중적 호소에 치우친 설교단의 상품화된 경건함에 반발했다. 반면에 프라미스키퍼스는 남성들에게 허울뿐인 격식에 굴복하라고 암묵적으로 강요했다. 프라미스키퍼스에서 전시된 기독교는 문제에 대한 해결책을 제시하기보다는 구성원의 문제를 반영하고 있을 뿐이었다.

프라미스키퍼스는 남성들로 하여금 소비문화가 초래한 굴욕에 대해 의미 있는 입장을 취하도록 촉구하는 대신 경기장 행사에서 쇼핑 욕구를 충족시킨 후 집에서 소비자 "권위"를 행사하도록 격려했다. 프라미스키퍼스가 남성들에게 권장했던 가정에서의 영적 통솔이란 타파웨어 파티를 여는 거였다.

그리고 신앙생활과 관련해서 어떤 물품을 사야 할지, 어떤 성경을 구매해야 하는지, 어떤 비디오와 TV 프로그램을 봐도 되는지 등 예배 관련 물품 구매와 소비활동을 담당하라는 지시를 내렸다. 프라미스키퍼스는 남성들이 가정에서 구매와 오락을 지휘할 수 있도록 권한을 부여했다. 그들은 소비주의 그 자체가 아니라, 가족 내의 주요 소비자로서 아내들이 전통적으로 담당해 왔던 역할에 도전하고 있는 듯했다. 프라미스키퍼스는 여성 주체의 지위를 찬탈함으로써 소비자 문화의 "여성화" 측면에 맞서 싸울 것을 제안했다. 마치 남성이 쇼핑을 책임지기만 한다면 더 이상 "여성적"으로 느껴지지 않을 것이라는 듯 말이다. 그것은 본질적으로 마케팅전략이었고, 고도로 피상적인 차원이었다. 상품은 거절하지 않되 그저 그 색을 핑크에서 블루로 바꾼 것뿐이었으니까 말이다.

만약 프라미스키퍼스가 깔아 준 길이 추종자들을 현금인출기와 모자나 커피 잔을 판매하는 매점으로 완전히 돌아서게만 한다면 참가자들은 개의치 않는 것 같았다. 그들은 아무런 불평 없이 PK 제품에 엄청난 금액을 지출했다. 1995년에 상품 판매 수익은 기부금 액수의 거의 두 배에 달했다. 《뉴맨》의 정기적인 기고가이자 복음주의 기독교 작가인 켄 에이브러햄Ken Abraham은 그 수치를 보고 머리를 긁적이며 놀라움을 표했다. 조직에 대한 찬사를 아끼지 않는 연대기적 서술인 『프라미스키퍼스는 누구인가?』에서 그는 다음과 같이 썼다.

> 1995년 PK의 감사 재무제표에 따르면 프라미스키퍼스는 프라미스키퍼스 모자, 머그, 그리고 기타 물품 판매로 무려 1400만 달러를 벌어들였다. PK 서적, CD, 테이프, 그리고 PK 잡지 《뉴맨》은 프라미스키퍼스의 금고에 로열티 80만 달러를 추가했다. 이러한 수치를 감안할 때 프라미

스키퍼스와 동일한 다양한 제품을 판매하는 소매점의 연간 매출은 평균 약 75만 달러에 달할 것이다. 분명히 PK 기계의 톱니는 달러로 기름칠이 되어 있을 것이다.[24]

글렌도라 그룹에서는 종종 집 인테리어, 피트니스 장비, 다이어트 제품, 가전제품, 부동산 시장의 변천사 등 신문의 라이프스타일 지면에 더 적절해 보이는 문제들에 대한 토론이 벌어지곤 했다. "주디와 나는 거액의 보험금을 받았어요." 한번은 마틴 부커가 그룹에게 말했다. 집에 온 손님이 사고로 집에 불을 내면서 보험금을 타게 된 상황에 대한 이야기였다. "좋은 물건들을 살 수 있었죠." 일반적으로 폐회 기도 시간도 비슷한 방향으로 진행되었다. 마틴 부커는 종종 신에게 자신이 "체중을 조절"하고 "러닝머신을 좀 더 자주 사용할 수 있도록" 도와 달라고 기도했다. 제러미 푸트의 호소는 매주 똑같았다. "주여, 아시는 것처럼" 그는 시간이 흘러갈수록 기도에 조금씩 짜증을 더해 가며 말했다. "저는 팜스프링의 공동 별장을 팔아야 합니다. 도와주세요." 한번은 기도에서 구체적인 가격을 언급하기도 했고, 자신이 1500달러를 기꺼이 깎아 줄 수도 있다고 말했다. "우리가 신에 대해 왜곡된 견해를 가지고 있나?" 라는 주제로 토론이 이루어졌던 어떤 주에는 제러미가 이렇게 인정했다. "우리는 모든 걸 신께 맡겨야 합니다. 하지만 나는 그러지 못하는 것 같아요. 신이 그 공동 별장을 팔아 줄 것 같지가 않거든요."

결혼 생활을 개선하기 위해 무엇을 하면 좋을지에 대한 그룹의 아이디어 중 상당수는 소매시장을 중심으로 등장했다. 마이크 페티그루는 "크리스마스를 맞아서 마거릿과 함께 집을 꾸미는 게 중요하죠"라고 말했다. 데니는 아내가 주최하는 베이비 샤워를 위해 함께 쇼핑을 가서 아내를 도운 다음 파티

선물로 거실을 꾸몄다고 말했다. 그들은 가사용품 구매에 동참하면서 즐거워했다. "주디는 크리스마스를 준비하면서 이런 작은 집을 하나 주문했는데요. 디즈니에서 만든 눈 덮인 집인데, 경첩이 열리고 닫혀요." 마틴 부커는 크리스마스 즈음 연말이 되었을 때 그룹에게 말했다. "제니〔그들의 딸〕에게 그걸 보여 줬을 때, 제니는 '와아아아!'라고 외쳤죠. 정말 특별한 순간이었어요. 그런 시간을 좀 더 많이 가질 수 있다면, TV의 미식축구 경기나 보면서 걱정하는 대신 우리 가족이 성장하는 걸 도울 수 있겠죠."

나로서는 디즈니 장난감의 포장을 푸는 것과 TV로 중계되는 축구 경기를 보는 것 사이에 그렇게 큰 차이가 있는지 명확하게 다가오진 않았지만, 어쨌거나 남자들을 괴롭히는 건 그게 아니었다. 그들은 아내들의 반응 때문에 좌절했다. 여자들은 이 영역에서 그들의 "도움"을 원하지 않았다. 마거릿은 남편의 장식 취향과 소비 습관 때문에 짜증이 났다. 리비는 집에서 더 많은 시간을 보내고 싶어 하는 남편이 혐오스러웠다. 그녀에겐 남편의 그런 모습이 헌신적이라기보다는 "게을러" 보였던 것이다. 1995년 가을의 어느 날, 그룹을 드나들던 댄 로즈Dan Rhodes는 아내에게 "도와주겠다"는 제안을 했지만 그녀가 냉담한 반응을 보였다고 보고했다. 댄은 스파-수영장을 운영했었지만 수익성이 떨어지자 가게를 내놓고 수영장 수리공이 되었다. 그러다 작업 도중 부상을 입었다. "장애를 얻어서 일을 쉬고 있을 때 아내는 크리스마스 장식을 만들어서 돈을 벌기 시작했어요. 이제는 꽃꽂이와 사진 앨범으로 사업을 확장했습니다. 나는 퇴직해서 아내를 돕겠다고 말했는데요. 아내가 별로 달가워하지 않았어요." 데니 엘리엇은 움찔 놀라서 고개를 끄덕였다. 그는 "지난주에 사촌이 전화를 했어요. 남편 때문에 화가 났더라고요. 남편은 일을 안 하고 개가 가족을 먹여 살리는 데 말이죠. 남편이 엄마 역할을 하고, 쇼핑을 하는 거죠. 사촌이 말하기를 '그러는 걸 좋아하는 것 같다'는 거예요. 그리고 그게 너무 마음에 안 든다고 하더라고요."

한 세기 전 소스타인 베블런은 『유한계급론』에서 부르주아 아내의 탐욕이 남편의 생산성을 광고한다고 주장했다. 그녀의 "과시적인 소비"는 남편의 모자에 달린 장식용 깃털과도 같은 것으로, 그가 시장에서 얼마나 생산성이라는 힘을 발휘하고 있는지 보여 주기 때문이었다. 그러나 프라미스키퍼스의 남자들이 살아가는 베블런 이후의 세계에서는 아내의 탐욕이 더 이상 그들의 수입을 보여 주지 않았다. 그건 오히려 미납 신용카드 청구서가 엉망으로 쌓여 있다는 신호에 가까웠다. 사실 남자들은 생산력의 부족을 보충하기 위해서 소비했다. 항공우주산업 공장에서 계속 근무할 수는 없더라도, 최소한 군용 제트기 소리가 녹음된 레코드를 사서 창문이 덜컹거릴 때까지 볼륨을 높일 수는 있었던 셈이다. 그러나 글렌도라의 남자들이 쇼핑을 할수록 텅 비어 가는 은행 계좌는 생산성의 부족을 더욱 강조했다. 무엇보다도, 생산성을 향한 확실한 길은 단 하나뿐인 것처럼 보였다. 장식에 대한 적성을 시장으로 가져가 판매하는 것. 그리고 그곳에선 여자들이, 적어도 남자들이 보기에는, 우위를 점하고 있는 것 같았다. 결국 댄의 아내는 한때 가족을 위해 무료로 만들었던 값싼 크리스마스 장식품들을 800번 무료 전화로 통신판매를 하는 데까지 나아가고 있었다.

남자들이 보기에 이미지가 만들어 내는 가치에 의해 움직이는 경제는 여자들에게 유리했다. 그리고 이에 대해 남자들이 느끼는 좌절감은 광범위하게 퍼져 있었다. 댄의 실망은 '폭력에 대한 대안' 집단의 남성인 칼이 반복적으로 제기한 불만을 떠올리게 했다. 칼은 남부 캘리포니아 군기지에서 해고된 후 아이들을 부양하기 위해 나이트클럽 경호, 케이크 데코레이팅, 케이터링 서비스 등 온갖 서비스업을 뒤죽박죽으로 전전하면서 혼신의 힘을 다했다. "내 여자 친구가 여기저기 아무데나 다니면서 얼마나 돈을 잘 버는지 봤어요." 그는 그룹에게 씁쓸하게 말했다. "나보다 돈을 더 잘 벌어요. 근데 그런 게 어디서든 보이죠. 여자들은 수영복 모델을 1년만 하면 집을 살 수 있어요. 그냥 엉덩이를 흔들면 되는 거예요. 나는 날이면 날마다 내 엉덩이를 갈아 넣고 있지만, 대체 뭘 얻을 수 있죠? 아무것도 없어요. 가끔은 내가 여자였으면 좋겠어요."

물론 실제로 "엉덩이를 흔들면서" 갑자기 큰돈을 버는 여자는 거의 없다. 대부분은 남자들과 마찬가지로 스스로를 갈아 넣어야 했다. 그리고 남자들보다 더 낮은 임금을 받았다. 그해에 전국적으로 여성의 중위 임금은 남성에 비해 약 3분의 1이 적은 수준이었다. 1965년 동일임금법이 통과된 후 30년간 여성은 남성과의 임금격차를 겨우 10퍼센트 정도 좁혔을 뿐이다. 프라미스키퍼스 남자들과 '폭력에 대한 대안' 남자들은 살면서 만난 여자들이나 여성 일반이 새로운 장식적인 경제의 운 좋은 승자들이라고 생각했지만, 사실 일하는 아내와 여자 친구 대부분은 생계를 유지하기 위해 힘든 시간을 보내고 있었다. 그들 대부분은 '여성의 일'로 범주화된 분홍색 저임금 게토에서 벗어나지 못했다. 전국의 일하는 여성 가운데 60퍼센트 이상이 판매(대체로 소매업), 서비스(예컨대 식당 종업원), 행정 지원(읽기, 비서) 일자리에서 고군분투했다. 그럼에도 임금격차가 서서히 좁혀지고 있다는 게 남자들이 겪는 재앙을 반영한다는 남자들의 생각은 완전히 틀린 건 또 아니었다. 다만 어느 연구에서 보여 주듯, 임금격차가 줄어들었다는 그 '진보'의 60퍼센트가 여성의 임금이 올라서가 아니라 남성의 실질임금이 하락해서였지만 말이다.[25]

남자가 아내의 크리스마스 장식 사업을 아무리 부러워해도, 그건 여전히 가족은 물론이고 자기 자신조차 충분히 부양할 수 있는 그런 일은 아니었다. 리비는 남편보다 더 큰 사무실을 가지고 있었지만 더 많은 수입을 집으로 가져오지는 않았다. 마거릿은 독립적인 "공주"를 꿈꿨지만 비서의 월급으로는 충분하지 않았고 또 다른 수입원이 필요했다. 그게 돈을 잘 버는 연구원을 만난 후에야 마이크를 떠났다가 그와는 미래가 없다는 걸 깨달은 후 다시 마이크에게 돌아온 한 가지 이유일 것이다. 프라미스키퍼스의 모든 아내들 중에서 남편 없이 자력으로 자신을 부양할 수 있었던 유일한 사람은 마틴의 아내인 주디였다. 그녀는 미래가 불안한 항공우주산업에서 일하고 있었다. 전업주부였던 프라미스키퍼스의 아내들은 독립한다면 더욱 암울한 미래에 직면하게 될 터였다. 1997년까지 전국적으로 혼자 아이를 키우는 싱글 맘의 55퍼센트와 집을 떠난 주부의 61퍼센트가 빈곤선 이하의 생활을 하고 있었다. 싱글 맘의 경우 전국 빈곤율의 세 배에 달하는 빈곤율이 지속되었고, 1990년대 일반 인구에서 빈곤율은 하락했지만 집을 떠난 주부의 경우에는 빈곤율이 실제로 상승했다.[26]

어찌 되었건 남자들은 "엉덩이를 갈아 넣으면" 무언가를 얻을 수 있었던 시절로 돌아가고 싶어 했다. 그게 결국 등골을 빼먹는 공장이나 따분한 회사에서 일하는 것에 불과하고, 그로부터 보장되는 건 그저 매일 갈 곳이 있다는 사실 뿐이라고 하더라도 말이다. 데니 엘리엇은 프라미스키퍼스의 계율을 따르고 집안일에 "참여"하려고 노력한다고 말했지만, 사실 그건 그의 결혼이나 삶이 돌아가는 방식은 아니었다. 아내 메리는 전업주부였는데, 그가 집에 있는 걸 힘들어했다. "메리는 집안의 모든 걸 통제하기를 원해요." 그가 나에게 말했다. "심지어 마당까지도요!"

누가 우리를 그리스도의 사랑으로부터 떼어 놓으리오?

서비스 경제에서 난파당하고, 자신이 한때 부양했던 아내들의 의심을 사게 되었을 때, 데니와 같은 남자들이 삶의 목적을 찾기 위해 종교에 의지하게 된 것을 잘못이라 할 수는 없다. 그들은 자신의 믿음을 둘 제도, 발 딛고 선 자리를 확고하게 해 줄 단단한 반석, 하룻밤 새에 사라지지 않을 구조와 질서를 찾고 있었다. 그래서 남자들은 기독교를 만나게 되거나 다시 새롭게 의지하게 되었다.

기독교에서 예배자가 속세와 맺는 관계를 규정하는 힘은 언제나 중요한 면모 중 하나였다. 기독교는 세계의 각종 종교들 중에서도 인간적이고 개인적인 고통을 다루는 근본적인 드라마를 선보이면서 가장 덜 추상적인 편에 속했고, 덕분에 사회와 가정의 영역에 잘 적용될 수 있었다. 수 세기 동안 남녀 모두 그리스도의 이야기에서 가족과 공동체, 국가의 세속적인 유대에 의미와 안정성을 부여하는 방법을 봐 왔다. 그러나 프라미스키퍼스가 그 추종자들로 하여금 동일시하기를 원했던 예수는 모든 시대의 기독교인들이 보아 왔던 그런 예수가 아니었다. 세상이 변하면서 예수에 대한 대중적인 표현 역시 변했다. 기독교의 형태는 인간의 필요와 목적, 욕망과 두려움에 따라 변하는 그리스도 자신의 형상과 마찬가지로 매우 가변적이라는 사실이 증명되었다.

중세 수도원장들에게 예수는 종종 가슴에서 자애의 젖이 흐르는 양육하는 (그리고 심지어 관능적인) 어머니였다. 12세기에 캔터베리의 안셀무스✠는 이렇게 썼다. "당신은 암탉처럼 날개 아래에 어린 닭들을 끌어모으는 어머니가 아니십니까?

✠ 에리우게나와 함께 스콜라철학의 시조로 불린다. 이탈리아 출신의 스콜라 철학자로 영국에서 캔터베리 대주교를 지냈다. 철저한 실재론자로서 신(神)의 현존을 존재론적 방법을 통해 증명하고자 했다.

진정으로, 주님, 당신은 어머니이십니다." 또 클레르보의 베르나르✝는 이렇게 썼다. "유혹이 네 자신을 찔렀다면, 그 상처보다는 십자가에 박힌 분의 가슴을 빨아라. 그가 너의 어머니 되시고, 너는 그의 아들이 되리라."[27] 19세기 중반의 많은 빅토리아시대 부르주아 교회 여성에게 그리스도는 온화하고 세심한 남편의 모습을 취했다. 역사가 바바라 웰터가 논문 「미국 종교의 여성화」(1974)에서 쓴 것처럼 19세기 개신교 여성들이 작곡한 찬송가에서 그리스도는 "매우 친밀한 사람"이었다. "가수는 그에게 다가가고, 그에게 안기며, 그의 손을 잡는 등의 노래를 부르도록 요청받았다. 그리스도에게 보내는 연애편지만이 착한 여자가 공개할 수 있는 유일한 연애편지였고, 승화sublimation라는 단어는 아직 사용되지 않았다."[28] 그리고 또다시 1920년대 중반 베스트셀러였던 브루스 바턴의 『아무도 모르는 사나이』에 등장하는 예수는 "개인적 매력"을 바탕으로 "세계를 차지하는 조직을 창조한" 성공적인 사업가이자 마케팅 경영자이며 "놀라운 자기 확신"과 "엄청난 성실함"의 투사였다. 그 시대의 예수는 당시 기독교를 대중화하려던 다른 스피커들 사이에서도 광고쟁이 바턴이 묘사했던 것처럼 "쾌활한 웃음"을 지닌 "인기 있는 저녁 식사 손님"이었다. 그는 친구 사귀는 법과 사람들에게 영향력 행사하는 법을 알고 있었다.[29]

이 모든 이미지는 종교적 상상력 못지않게 세속적인 힘으로 만들어진 것이었다. 수도원의 수도원장들에게 모성 그리스도는 교회 교리의 곳곳을 지배하고 있는, 엄하고 복수심에 불타는 최후의 심판자 하나님에 대한 대안적 이미지를 제공했다. 캐럴라인 워커 바이넘이 중세 종교의 여성적 이미지에 대

✝ 클레르보를 중심으로 수도권 69곳을 창설했던 종교인. 십자군 모집을 위한 홍보를 위임받았으며, 그의 설득력 있는 설교는 프랑스와 독일, 특히 라인 지역에서 대단한 호응을 얻어 수많은 지원자를 모집할 수 있었다.

한 연구에서 쓰고 있는 것처럼, 돌보는 예수의 이미지는 12세기 사회에서 권위와 남성 역할에 대한 수도원 지도자들의 일반적인 양면성을 반영했다.[30] 빅토리아시대 교회 여성들에게 그리스도의 부드러움은 그들이 결혼 생활에서 겪었던 감정적으로 메마른 삶을 보상해 주었다. 시대가 그러했으므로, 여자들은 아무리 숨이 막혀도 결혼으로부터 도망칠 수 없었다. 1920년대, "개성"이 지배적 가치로 부상하던 시절, 브루스 바턴의 '호감을 주는 미소를 띤 성공한 유망주' 예수는 초창기 경영 및 마케팅 관료제에 적응하려고 안달이 난 젊은 사업가들에게 위로가 되는 자기계발 매뉴얼을 제공했다. 바턴은 그들에게 예수 역시 셀프 마케팅의 계획을 따랐다는 확신을 주었고, 그게 그를 어디로 이끌었는지 보라고 외쳤다. 훌륭한 광고인처럼 (바턴 자신은 광고대행사 BBD&O의 창립 임원이었는데) 예수는 자신의 메시지를 "단순하고 간략하게" 만들고 "무엇보다 성실하게" 행동함으로써 고객의 "관심"을 사로잡았다. 그리고 그런 자기 홍보 전략은 "가장 위대한 성취의 이야기"로 이어졌다.[31] 이를 비롯해서 수많은 경우에 그리스도의 이미지와 그 이미지를 중심으로 배태된 기독교의 모습은 사회가 교인들에게 노동자로서, 배우자로서 혹은 시민으로서 부여한 기대에 적응하거나, 그 기대를 재인식하거나, 심지어 그에 저항하는 데 도움을 주었다. 프라미스키퍼스는 그중에서도 예수의 특정한 이미지를 받아들였다. 그들은 다른 여러 가능성 가운데서도 딱 그 모습을 선택한 것이다. 왜 그런 이미지였을까? 그리고 그것은 그들이 자신의 삶에서 협상하고 안도하는 데 어떤 도움을 주었을까?

프라미스키퍼스의 대변인은 이 운동의 지지자들이 더 세심한 부모가 되고 더 위엄 있는 남편이 되는 데 초점을 맞추고 있다고 강조했다. 이런 역할들이야말로 그들을 사로잡아야 하는 역할들이었다. 하지만 프라미스키퍼스 이벤트에서 시간을 보내고 글렌도라 남자들과 어울릴수록, 나는 이게 과연 그들의 핵심 관심사인지 궁금해지기 시작했다. 남자들은 아이들에 대해서 거의 이야기하지 않았다. 나는 모임에서 아이들을 키우는 방식이나 아이들과 관계 맺는 방식을 어떻게 바꿀 수 있는지에 대해 이야기하는 걸 들어 본 적이 없다. 거의 1년 가까이 매주 만났지만, 어떻게 하면 더 좋은 아버지가 될 것인가에 대한 회기는 단 한 차례도 없었다. 그뿐 아니라 남자들은 프라미스키퍼스가 언급한 또 다른 목표—「에베소서」 5장 22절 "아내들이여, 남편에게 복종하라"에 따라 결혼 생활을 회복하는 것—에서도 그다지 활력을 얻는 것 같지 않았다. 글렌도라 남자들 중에 프라미스키퍼스 활동 덕분에 아내와의 사이에 놓여 있는 권력의 선을 옮길 수 있었던 이는 없었다. 또한 그들은 고분고분하지 않은 배우자들을 "있어야 할 자리에" 두는 것에 대해 이야기한 적도 없었다. 그들은 아내들을 억압하는 것보다는 아내에게 감동을 주는 것에 더 관심이 있는 듯 보였다.

그럼에도 남자들은 떼를 지어 프라미스키퍼스에 합류했다. 거기에는 그럴 만한 이유가 있었다. 나는 처음에 이 운동이 들불과도 같이 성장한 이유를 설명하기 위해서 다른 기록자들이나 비평가들과 마찬가지로 이 운동의 지도자들이 폄하하는 것들, 그러니까 페미니즘, 성소수자 인권운동, 그리고 음란물 등에 초점을 맞추는 실수를 저질렀다. 일반적으로 종교적 우파가 응징을 강조하는 면모는 유해한 비난을 천둥과도 같이 맹렬하게 쏟아붓기 때문에 단순히 무시하고 넘어가기는 어렵다. 그 시끄러운 주장들이 조용한 주제들을 익사시켜 버리는 것이다. 하지만 지도자들이 무엇을 **욕**하는가가 아니라 회원들이 무엇을 **찾고** 있는지를 살펴봐야 한다는 생각이 서서히 떠올랐다. 그제야 나는 이 "영적 전쟁"에 참여하라는 스타디움 소환장의 질풍노도에 묻혀 있는 또 다른 드라마의 가장 희미한 윤곽을 감지하기 시작했다. 결국 남자들을 강력하게 매혹했던 건 프라미스키퍼스가 기독교를 재현하는 방식, 그리고 그 재현이 그들의 삶에서 해결하지 못했던 가장 어렵고 근본적인 관계에 대해 말을 거는 방식이었다. 그리고 그 관계야말로 아내나 자녀와 맺는 관계보다 더 고통스러웠다.

나는 글렌도라 그룹이 고든 댈비의 『남자답게 싸워라』를 함께 공부한 주에 그 관계가 무엇인지 처음으로 어렴풋이 알아차리기 시작했다. 프라미스키퍼스 지지자들은 고든 댈비의 책을 널리 공부했고, 프라미스키퍼스 웹사이트 채팅방은 이에 대한 열정적인 토론으로 흘러넘쳤다. 사실 그의 이름을 듣지 않고 프라미스키퍼스와 대화를 나눈다는 건 거의 불가능한 일이었다. 내가 참석한 첫 번째 모임에서 글렌도라의 남자 한 명이 나에게 말했다. "고든 댈비는 내 세상을 뒤흔들었습니다." 『남자답게 싸워라』는 하나의 주제에 초점을 맞춘 댈비의 시리즈 가운데 네 번째 책이었다. 책을 출간할수록 그 주제는 점점 더 강렬해졌다. 그건 바로 아버지에게서 받은 상처에 대한 이야기였다.

기독교 남성들의 피정을 이끌던 목사이자 상담가로서 댈비는 아버지의 사랑이 절실히 필요하다는 사실을 목도하고 그에 압도당했다.

> 시내의 명문 대학 동문회, 도심의 상점가 교회, 교회의 중산층 교회 등 온갖 남성 집단과 이야기하면서 나는 모든 비즈니스 정장, 모든 낡은 작업복, 모든 깔끔하게 다림질된 스포츠 셔츠 안에는 아빠를 그리는 소년의 상처받은 심장이 있다는 걸 발견했다.
>
> 그 남자는 상처를 받았고, 종종 화가 났다. 건강한 사

> 십 대로, 플란넬 셔츠를 입은 한 도급업자는 내가 주최한 남성 피정 프로그램에서 열린 소모임 뒤 질의응답 시간에 이렇게 물었다. "알고 싶습니다. 우리 모임 남자들이 그렇게 완전히 글러먹은 사람들인가요? 아니면 무언가요? 그러니까, 우리 중 누구도 아버지에 대해 어떤 긍정적인 말도 할 수 없지 않습니까!"[32]

댈비에 따르면 그 자신이 속한 베이비붐세대의 전형적인 남자는 "끔찍할 정도로 소원하고 권위주의적인 아버지 앞에서 보낸 어린 시절" 때문에 특히 괴로워하고 있었다. "그가 사랑하고 필요로 했던 첫 번째 남자가 그를 배신했다." 댈비는 그런 부담을 피할 수 없다는 걸 깨달았다. "성인이 되어서도 문제는 남아 있다. '나는 좋은 소년인가? 나는 제대로 하고 있나? 나는 합당하고 수용 가능한 믿음을 가지고 있나? 나는 기대에 부응할 수 있을까?' 즉 '아버지는 나를 사랑할까?'" 그가 보았듯 이런 문제는 어린 시절에 해결되지 않았다. 왜냐하면 아들들은 "아버지로부터의 소외가 급속하게 확산된" 시대에 자랐기 때문이다. 댈비는 그 세대 남자아이들이 아버지 손에 인도되는 대신 상업 문화 속에서 전자제품이라는 대체품을 제공받게 되었다고 예리하게 논평했다. "한때 가부장과 그의 이야기로부터 스스로에 대해 배우며 즐겁게 앉아 있던 이들이 이제는 TV의 반짝이는 화면 조정용 신호와 녹음된 웃음소리 앞에 조용히 앉아 있다." 이 소외된 아들들은 자신이 남자인지 알 방법을 잃어버렸다. 왜냐하면 침묵하고 있거나 실종되어 버린 아버지들이 그들에게 그에 대해 말해 줄 방법이 없었기 때문이었다. 그리고 그 알지 못함이 "수치심을 불러일으켰다."[33]

댈비는 아버지와 관계된 이 세대의 고통에 대한 영적 해결책을 예수의 모습을 통해 상상했다. 그가 그린 예수의 이미지란 모든 버림받은 속세의 아들들에게 바로 천국에 그들을 사랑하는 아버지가 존재함을 알려 주러 온 운 좋은 아들의 모습이었다. "예수님은 왜 하나님을 자신의 '아버지'라고 불렀을까?" 댈비는 신중하게 말했다. "그는 '어머니' '형제' '자매' '친구' '하나님' '생명' 등 다른 이름을 선택할 수도 있었다. 하지만 지구상에 존재하는 우리가 알아볼 수 있는 모든 관계와 개념 중에서도 그는 아버지를 선택했다. 왜였을까?" 왜냐하면 예수는 특별히 아들들에게 "좋은 소식"을 알리기 위해 이 땅에 왔기 때문이라고, 그는 결론 내린다. "당신은 속세의 아버지로부터 원하는 걸 얻지 못했다고 해서 부끄러워할 필요가 없다. 당신의 하나님 아버지가 당신에게 그것들을 내려 주실 테니까." 예수의 사명은 각 남자들이 "결국 진정한 아버지와 아들로서의 운명을 발견하도록" 돕는 것이다. 반복적으로 댈비의 책은 예수를 관대한 형이자 동생들 역시 사랑받기를 바라는 "사랑받는 아들"로 그려 냈다. 예수는 십자가에서 흘린 눈물과 하나님과의 "급진적인 친밀성"을 통해 "나약해도" 괜찮고 그들의 새로운 아버지에게 "마음을 열어도" 괜찮으며, 아버지는 속세의 아버지들이라면 절대로 하지 못할 방식으로 그들을 받아들일 것임을 강변하는 존재였다.[34]

『남자답게 싸워라』의 마지막 구절에서 댈비는 몇 년 전에 경험한 "환영vision"에 대해 이야기한다. "폭풍 구름과 함께 빠르게 가라앉는 어두운 수평선을 마주한 평원을 전경으로 안장을 얹은 말들이 길게 늘어서 있는 모습을 보았다. (…) 말 옆에는 다친 남자들, 허리를 구부리고 있는 사람들, 지팡이와 붕대, 부목과 함께 절뚝거리는 남자들이 있었다. 그리고 예수가 그들 한 명 한 명 말에 올라탈 수 있도록 돕고 있었다." 이 남자들은 어떤 종교적인 소명을 띠고 출발하려고 하고 있었지만, 영토를 점령하거나 적을 처단하러 가는 것은 아니었다. 그들은 아버지를 찾기 위한 여정을 준비하고 있었다. 댈비는 아들이 되는 것이 진정한 남성의 통과의례라고 썼다. 예수를 통해 남자는 "아버지가 준 상처와 직면할 수 있지만, 더 이상 그 문제가 그를 규정하진 않는다. 왜냐하면 그는 하나님 아버지가 그를 진정한 아들로 정의하실 것임을 받아들이기 시작했기 때문"이라고 댈비는 결론짓는다. "남자가 된다는 건 아들이 된다는 것이었다."[35]

새해 둘째 주에 글렌도라 그룹 멤버들은 『남자답게 싸워라』 공부를 시작하기 위해 티머시 애트워터의 집 거실에 모였다. 마틴이 이야기를 시작했다. "댈비의 새 책은 세속적인 남성운동이 최근 어떻게 '아버지에게 받은 상처'라는 문제에 눈을 뜨게 됐는지 다루고 있어요." 밖에서 자동차 알람이 밤을 깨웠다. 안쪽 침실에서 티머시의 손자가 울음을 터뜨렸다가 다시 잠잠해졌다. "하지만 남성운동이 문제를 파악했음에도 해결책을 제시하지는 못하고 있었죠. 이제, 고든 댈비는 해결책이 있다고 믿습니다. 바로 예수죠." 마틴은 "그리스도 안에서 정체성을 찾는다"는 건 예수처럼 된다는 의미가 아니라, 예수처럼 아버지에게 돌봄을 받는다는 것을 의미한다고 말했다. "예수님은 아버지에게 완전히 의존하는 삶에 대한 완벽한 모범을 보여 줍니다. 그분은 말씀하십니다. '내가 행하는 모든 것은 아버지가 내게 원했던 일이다. 모든 일이 아버지를 영광되게 하는 일이다. 왜냐하면 나의 아버지는 사랑하는 아빠이기 때문이다.'"

그들의 그룹은 이제 명확한 목표를 가지고 있다고 마틴은 말했다. 왜냐하면 고든 댈비가 말했듯이 남성이 "안전"하고 "개방된" 환경에서 "비슷한 상처를 받은 다른 남성들"과 함께 할 때 그들은 치료를 향한 길을 닦았기 때문이었다. 댈비는 이렇게 썼다. "균으로부터 보호되는 수술실과 같은 감정적 안식처는 위대한 외과의사가 그의 아들을 치료할 수 있게 해 준다.” 그리고 덧붙였다. “〔그 치료는〕 혼자서는 할 수 없는 일이다. 참으로 하나님께서 마련해 놓으신 것이다. 아들이 된다는 건 남자가 같은 처지에 놓여 있는 아버지의 아들들 사이에서 자기 자신을 형제로 볼 수 있게 하기 때문이다.”[36]

마틴 부커는 방 안을 둘러보면서 남자들을 쳐다보았다. 그들은 입을 다문 채 『남자답게 싸워라』를 각자 심장 앞에 방패처럼 펼쳐 들고 있었다. 마틴은 책을 내려놓고 성경을 집어 들어 「로마서」 8장을 펼쳤다. 그는 감격에 차서 허스키한 음성으로 읽어 내려갔다. “그뿐 아니라 또한 우리 곧 성령의 처음 익은 열매를 받은 우리까지도 속으로 탄식하여 양자 될 것 곧 우리 몸의 속량을 기다리느니라. 우리가 소망으로 구원을 얻었으매 (…) 누가 우리를 그리스도의 사랑에서 끊으리요?” 나는 마틴이 댈비를 읽고 잃어버린 아버지와 그를 대신할 남자에 대한 글을 읽어 내려가던 그날 밤처럼 활기찼던 모습을 본 적이 없었다. “그리고 바로 여기에 승리가 있습니다.” 그는 글렌도라의 남자들에게 말했다. 그의 목소리는 흥분으로 갈라졌다. “우리가 가진 희망이에요. 우리는 ‘양자’로 받아들여졌습니다. 우리는 그분의 사랑과 결코 ‘끊어질’ 수 없습니다.” 마틴은 성경을 덮으면서 희망을 갖고 수줍게 미소를 지었다. “나는 프라미스키퍼스의 운동 전체가 이와 관련되어 있다고 생각해요. 아버지가 사라진 시대에, 신이 개입하시는 거죠. 우리가 하나님 아버지를 진정으로 알게 될 때, 우리는 마땅히 되어야 할 남자가 될 수 있습니다. (…) 올해가 우리 인생의 최고의 해가 되리라 믿어요.”

※ ※ ※

1960년 사회학자 로버트 벨라는 이렇게 썼다. “어떤 위대한 종교도 기독교보다 더 가족적 상징주의에 집중하지 못했다는 건 분명해 보인다. 무엇보다, 부자 관계는 상징적으로 절대적 핵심에 놓여 있다." 그러나 그는 이렇게도 말했다. 기독교 사회는 지상의 어떤 사회보다 아버지와 아들의 유대 관계 유지에 신경을 쓰지 않았다고. 역으로 중국 유교에서 부자 관계의 상징성은 그다지 두드러지지 않지만 "세상 어디에도 부자 관계의 유대를 그토록 강조한 문명은 없었다".[37] 이 경우에 역설은 또한 인간들이 무언가를 필요로 할 때 나타난다고 볼 수 있겠다. 세속적인 사회에서 아들들이 원하지만 찾을 수 없는 것은 다른 영역에서 추구되어야만 하는 셈이다. 하지만 천상의 아버지와 땅의 아들 사이에 얽혀 있는 종교에서 부자 관계는 지상의 어떤 것만큼이나 복잡하다는 사실이 드러났다.

학자이자 번역가인 스티븐 미첼의 『예수에 따른 복음The Gospel According to Jesus』에 따르면 "셈족의 아람어✠로 된 말에서 예수의 입을 통해 직접적으로 우리에게 전해진 유일한 단어는 아바abba, 즉 '아버지'라는 말"이었다. 그리스도가 팔레스타인에서 성년이 되는 과정에 대한 이야기 중 눈에 띄는 전기적 사실이 하나 있다. 미첼은 "예수의 삶에서 우리가 처음으로 깨달은 건 그가 사생아로 자랐다는 점"이라고 썼다. "예수의 다양한 말씀을 통해 엿볼 수 있듯이, 우리가 예수의 감정적인 삶이라고 부를 수 있는 하나의 현실이 있다면 그건 신성한 아버지의 임재와 인간 아버지의 부재다." 「마태복음」에서 예수는 이런 교훈을 내렸다. "땅에 있는 자를 '아버지'라 부르지 말라. 너희 아버지는 한 분이시요, 그는 하늘에 계시니라."[38]

용서는 예수의 가장 중요한 메시지였다. 그러나 예수가 사

✠ 성경에서 사용된 히브리어와 가장 밀접한 셈족 계통의 언어. 아람어는 성경 시대와 그 이후 시대에도 크게 영향을 미쳤던 언어이며, 대부분이 히브리어로 기록된 구약성경 중에서도 일부분이 아람어로 기록되었다.

람들에게 지상의 조상을 용서하라고 가르친 것인지 아니면 그들을 헐뜯었는지는 분명하지 않다. 이 주제와 관련해서 그가 자식의 도리를 그다지 지지한 것 같지는 않다. 예수는 제자들이 아버지들의 절실한 기대, 그러니까 아들이 자신의 작업장에서 견습공으로 일할 것이라는 기대를 주저 없이 저버리기를 기대했다. 그리스도는 빈번하게 지상의 아버지를 무시하고 심지어 공개적으로 개탄했다. "아버지가 아들과, 아들이 아버지와 분쟁할 것이다." "나에게 와서 그 아비를 미워하지 아니하면" 그리고 나머지 가족들을 미워하지 않는다면 "그는 내 제자가 될 수 없느니라". 예수는 한 남자가 수행단에 합류하기 전에 죽은 아버지를 땅에 묻어도 되겠느냐고 묻자 "죽은 자가 죽은 자를 매장하게 하라"라고 답했다. 스티븐 미첼Stephen Mitchell은 다음과 같이 결론지었다. "부모에 대한 충실함에 관한 그의 가르침은 한결같이 부정적이며 종교적 감수성뿐만 아니라 우리의 평범한 예절 의식에서도 너무나 충격적이어서 교회에서 거의 언급되지 않는다."[39] 다수의 신약 학자들은 아버지에 대한 예수의 적대감과 아버지 통치를 폐지해야 한다고 요구한 것에 대해 의아해했다. 종교학 교수 리처드 호슬리에 따르면 예수가 추종자들에게 그려 준 사회에서는 "지역공동체의 '아버지들'이란 없었고, 특히 전통적으로 확립된 질서를 대표하는 '선생들'이 없었다". 오로지 형제자매만이 있고 가끔씩 어머니가 존재할 뿐이었다. 성서 연구자 존 도미닉 크로산 역시 마찬가지로 예수는 "지배와 종속의 축을 따라 위계적인 또는 가부장주의적인 가족을 둘로 찢는 것"을 목표로 했다고 썼다.[40]

반면에 지배가 얼마나 가혹하고 지배자가 얼마나 잔혹하든지 간에 심판과 복수를 삼가라는 그리스도의 부르심은 매우 많았다. 그의 가르침은 관용과 사면이라는 올리브나무 가지를 모든 인간 죄인에게 일관되게 확장시켰으며, 아마도 그는 그 교훈이 죄를 짓는 아버지에게도 적용되도록 의도했을 터다. 그래서 기독교 남성들이 아버지와 아들의 유대를 어떻게 인식했는지는 예수님의 가르침을 듣거나 읽는 남성들의 경험에 의해 크게 좌우되었다. 그리스도 자신의 본질과 마찬가지로, 그들이 용서의 편에 섰는지 아버지를 거역하는 편에 섰는지 여부는 영적인 측면 못지않게 사회적·경제적 문제와도 관련이 있었다.

그리스도의 가르침은 억압적인 종교적·세속적 권위에 대한 격렬하고 급진적인 적대감을 배경으로 유대 사회에서 일어났으며, 압도적으로 가난했던 추종자들은 그들의 땅을 빼앗고 미래에 세금을 부과한 지배계층을 전복시키기를 갈망하면서 예수의 설교에서 정치적 반란과 권력 찬탈에 대한 메시지를 이끌어 낼 수 있었다. 호슬리를 비롯한 학자들이 주장했듯, 그리스도는 세금 징수원과 성직자들의 억압이 형제들의 공동체에 자리를 내어주는 위계질서 없는 세상을 그려 보여 주었다. 이런 격앙된 분노의 풍토 속에서 그리스도는 연장자들에게는 저항의 상징이 되었는데, 그는 환전상들의 밥상을 뒤엎고 아들들이 밭에서 노동을 하면서도 아버지를 버리도록 영감을 준 반역자였다.[41]

그러나 예수는 또한 선한 아들의 모범으로 해석될 수도 있었다. 법을 공공연하게 조롱하기보다는 용서하는 자로서, 아버지에 대한 도전이라기보다는 아버지를 투사하는 존재일 수도 있었던 것이다. 로마 황제 콘스탄티누스가 개종함에 따라 4세기 말이 되면 기독교는 권력자들이 주도하는 기성 종교로 변질되었고, 농민들을 주인의 지배와 화해시키는 임무를 떠맡게 된다. 니케아신조✠로 공식화된 공식 기독교 교리는 예수가

✠ 325년 제1차 니케아공의회에서 채택된 신조로 아버지인 신, 아들인 그리스도 및 성령의 삼일신(삼위일체)의 신앙을 표현하고 있다.

고통을 통해 인류를 구원하고 신성으로 승천한 인간이라는 이전의 대중적 믿음을 지워 버렸다. 이제 그는 하나님 아버지의 후손으로 선언되었으며, 따라서 그 역시 하나님과 '삼위일체'의 하나가 된다. 그는 반란을 이끄는 반역자 흑양이 아니라 아버지와 구별할 수 없는, 사랑받는 사절이었다. 에리히 프롬은 『그리스도의 도그마The Dogma of Christ』에서 사변적이지만 그럼에도 영감을 주는 정신분석학적 용어로 이렇게 설명했다. "대중은 더 이상 아버지를 환상 속에서 폐위시키기 위해 십자가에 못 박힌 남자와 동일시하지 않고, 오히려 아버지의 사랑과 은혜를 즐기기 위해 동일시했다. 사람이 신이 된다는 생각은 공격적이고, 적극적이며, 아버지에게 적대적인 성향을 나타내는 상징이었다. 하나님이 사람이 되셨다는 생각은 아버지와의 부드럽고 수동적인 유대감의 상징으로 바뀌었다." 이런 이미지는 말할 것도 없이 기독교 황제 아래에서 제국의 권위를 행사하는 데에도 유용했다.[42]

그리스도가 아들에게 아버지에 맞서 싸우라고 했는지 아니면 아버지에게 복종하라고 했는지에 대한 질문은 4세기에는 해결되지 않았다. 우리 미국에선 그 이후 역사의 일부를 추적할 수 있는데, 스스로를 "성난 신의 손에 있는 죄인"으로서 분투하는 자로 이해했던 칼뱅주의자들의 비전이, 부드러운 수염을 기른 노인이 하늘에서 땅으로 빛을 발하는 동안 예수가 어린아이 같은 양 떼를 돌보는 빅토리아시대의 묘사에 자리를 내주었다. 전자의 이미지에서 신은 "아버지가 아들을 다루듯이 인간을 다루지 않았"고, 고집스러울뿐더러 인간의 필요에는 아무 관심이 없는 가혹한 어른이었다.[43] 물론 개신교 강단에서 그린 초상화가 모두 그런 식이었던 건 아니었지만 (모든 칼뱅주의자가 한결같이 가혹한 하나님을 믿었던 만큼이나) 당시 지도자들은 맹목적으로 사랑을 베푸는 신의 이미지를 표현하고자 했다. 그들은 신을 “관대한 부모”이자 “부드러운 아버지”로 묘사했다. 빅토리아시대 어느 목사가 말했듯 (마틴 부커가 프라미스키퍼스를 찬양하기 위해서 들먹였던 구절을 사용하자면) 그를 믿는 신자가 된다는 건 곧 “집으로 돌아가는 것”이었다. 그곳에서야말로 마침내, 그리고 영원히 보살핌을 받는 아이가 될 수 있었다.[44]

빅토리아시대 성직자들 중에는 주요 지지층인 여성들에게 맞춰 이런 식의 매우 감성적인 메시지를 발신하는 경우가 많았다. 여성들에게 호소하려고 노력하면서 남성들의 관심에서 벗어나 부자간 유대보다는 부녀간 유대에 초점을 맞춘 종교를 형성하는 경우도 있었다. 앤 더글러스가 썼듯, 당시 인기를 누린 여성 소설들은 소녀다운 수동적인 경건함이야말로 기쁨이 넘치는 행복한 여성성인 것처럼 묘사하면서 설교자들의 이런 노력을 뒷받침했다. 빅토리아시대 초기에 가장 유명했던 인물은 해리엇 비처 스토의 『톰 아저씨의 오두막집』에 등장하는 소녀 에바였다. 에바는 고결하고 무기력하며 죽어 가고 있었다.[45] 20세기에 들어선 뒤에야, 특히 제2차세계대전 이후에나 부자간 유대를 새롭게 강조하려는 기독교적 갈망이 자라나기 시작했는데, 본질적으로 이는 빅토리아시대 여성이 하나님과 맺은 부녀간 유대를 복제하고 있었다. 사적인 아버지와 공적인 아버지가 점점 사라지면서 아들들은 아버지의 관심을 갈망했다. 신과의 친밀한 부자 ‘관계’를 약속한 신복음주의 운동은 냉전 미국에서 많은 남자들을 끌어들였다. (제2차세계대전에서 돌아온 젊은 용사들이 전후 생활의 혼란에 ‘적응’하도록 돕는 것을 목표로 하는) 네비게이토선교회, 빌리 그레이엄Billy Graham의 청소년선교회Youth for Christ(YFC) 그리고 빌 브라이트의 대학생선교회(CCC) 등이 그런 흐름에 있었다.[46]

1960년대에 줄어들기 시작한 미국 주류 교회의 교인 수는 미국 역사상 처음으로 지속적인 감소를 기록하고 있었다. 하지만 교회를 떠난 사람들이 반드시 조직화된 종교적 유대를 거부한 건 아니었다. 오히려 그중 많은 사람은 그런 유대가 복음주의 교단이나 오순절 교단에서처럼 더 팽팽해지고 개인화되기를 원했고, 그 교단의 신도 수는 급격히 증가했다. 1976년이 되면 미국인의 4분의 1에서 3분의 1이 자신이 거듭난 기독교인이라고 답했고, 이 갤럽 여론조사는 "복음주의의 해"가 열렸다는 징후였다.[47] 이러한 새로운 종교운동에서 조직적 유대는 일반적으로 감정적·가족적 측면에서 경험되었다. 빌리 그레이엄은 1965년 베스트셀러 『불타는 세계World Aflame』에서 자주 사용되는 비유를 인용하여 이렇게 썼다. "그리스도를 영접하는 순간 (…) 당신은 그분의 가족에 아기로 태어난 것입니다." 1979년 십자군 역사가인 리처드 케베도는 "CCC를 이해하기 위한 가장 만족스러운 방법은 그것을 단순한 운동이 아니라 하나의 확대 가족으로 보는 것"이라고 썼다. 새로운 개종자들을 그룹으로 데려온 이가 있다면, 그 십자군은 "영적인 '부모'가 되었다".[48] 그런 운동은 제도적 권위에 도전하는 게 아니라 개인화된 권위적인 존재와의 "관계"를 약속하며 그 부재에 대한 감각에 응답하는 것이었다.

이 기독교 단체들이 발표한 "개인적인 복음 전도" 프로그램은 회원들이 빅토리아시대의 여자아이 에바처럼 감정적이며 순종적으로 효도한다면 아버지의 애정 어린 시선을 끌 수 있다는 희망을 제시했다. 아버지는 그들을 개인적으로 바라볼 터였다. 그는 항상 감성적인 용어로 묘사되는 관계, 급성장하는 TV 전도 산업의 아침 토크쇼 세트에서나 볼 수 있는 아늑하고 심지어 솜사탕 같은 친밀감을 위해 그들을 찾을 것이다. 과거에 사탕이나 "고급 식료품"을 판매하는 사업체 '브라이트 캘리포니아 콘펙션Bright's California Confections'을 운영했던 빌 브라이트는 확실히 옥수수 시럽에 대해 이해하고 있었다.[49] 그가 이해하고 있었던 또 한 가지는 전후 젊은이들의 감정적인 굶주림이었다. 브라이트는 청중에게 다른 모든 종교는 "신을 찾기 위한 인간의 최선의 노력"에 기반하고 있기 때문에 정통성을 지니지 못한다고 주장했다. 반면 기독교는 아들의 정통성을 회복하기 위한 신의 탐구, "하나님의 인간을 향한 탐색"을 다루고 있기 때문에 유일한 길이라고 강조했다. 아버지는 예수님의 모습으로 아들들을 찾기 위해 이 땅에 오셨다. (그레이엄 역시 비슷한 입장을 취했다. 그는 "수 세기 동안 가장 극적인 탐구는 하나님의 인간에 대한 애정 어리고 참을성 있는 추구였다"라고 썼다. 그는 이를 연민 어린 세인트버나드가 스위스의 산에서 위험에 처한 아이를 추적하는 것에 비유했다.) 그리고 신은 일대일 관계를 찾고 있었다. 브라이트는 잠재적인 개종자들에게 즐겨 말했다. "저는 종교에 대해 이야기하러 온 것이 아니라 하나님과의 개인적인 관계에 대해 이야기하기 위해 왔습니다."[50] 전후 새로운 전도의 두드러진 특징은 주님과의 친밀하고 개인적인 접촉에 대한 약속, 그것이 아무리 작든, 개인적이든, 물질적이든 간에 당신과 당신의 모든 관심사가 곧 주님의 관심사가 되는 흔들리지 않는 애정의 관계였다. 그건 실제로 하나님이 당신의 공동 별장에 관심을 두는 그런 종교였던 것이다.

그러나 그토록 강렬하게 이 메시지에 응답한 전후 남성 수백만 명이 모두 그저 실패한 부동산 투자에 집착하는 나르시시스트였다고 말하는 건 아무것도 설명해 주지 않는다. 그들이 하늘의 아버지다운 보살핌과 인도를 구했다면 분명 그럴 만한 이유가 있었을 것이다. 그렇다면 결국 그들이 여전히 믿고 있는 세속적인 남성 세계의 측면이란 대체 무엇이었던 걸까? "부재하는 아버지"는 단순히 아버지가 함께하지 않는 가정에서 성장했다는 문제만을 의미하지 않았다. 그건 공공의 아버지들이 아들에게 줄 것이라고 기대되었던 사회적·경제적 건축의 많은 부분이 무너지고 있는 것처럼 보이고, 나머지는 그들의 눈앞에서 알아볼 수도 없는 무언가로 변해 가는 시대를 살아가야 한다는 문제였다. 성경은 "내 아버지의 집에는 거할 곳이 많다"라고 주장했다. 하지만 이제는 그런 집이란 낯선 이들과 사용 시간을 나누어 공동 소유해야 하는 것처럼 보일 뿐이었다. 프라미스키퍼스에 온 사람들은 규칙을 따르고 약속을 지켰다. 약속과 규칙을 어긴 것은 그들의 "아버지들"이었다. 10년간 충성을 다했지만 그에게 정오까지 "퇴출" 당해야만 한다고 말한 항공우주 회사 관리자, "회사에 좋은 것"만 신경 쓰면서 그들을 폐기장 야간작업으로 내몰았던 기계공장 관리자, 아무리 그가 내뱉는 불가능한 요구에 부응하기 위해 노력해도 얼굴이 보라색이 될 때까지 고함을 질러 대기만 했던 미식축구 감독…… 그리고 무엇보다 그들의 첫 번째 아버지, 그들을 이 세계로 데려왔지만 그 안에서 싸울 수 있도록 무장시켜 주지 않았던 바로 그 아버지 말이다.

그래서 프라미스키퍼스의 남자들은 그들 앞의 수많은 세대의 남자들이 직면했던 질문과 만났다. 축구 경기장의 공개된 무대에서 그들에게 제기될 질문, 그리고 소모임의 "감정적 안식처"에서 답하기 위해 노력했던 그 질문. 그건 바로 기독교에서 아버지를 용서할 기회를 찾을 것인지 아니면 아버지가 그들을 배신한 방식에 저항할 것인지였다.

※ ※ ※

"자, 이 중풍병자는 죄를 지어 마비된, 여기 모인 우리의 상징입니다." 집회 첫날이 막바지에 다다르자 오클랜드 콜로세움의 스피커에서 라울 리스Raul Ries 목사의 목소리가 울려 퍼졌다. 리스는 「마가복음」에 나오는 전신이 마비된 청년에 대해 이야기하고 있었다. 그는 예수에게 치료를 받기 위해 판자에 얹힌 채로 지붕을 통해 내려졌다. 연설의 요점은 "죄는 마비시킨다"는 것이었다. 하지만 몸을 가누지 못하는 청년은 리스의 연설에 또 다른, 더 큰 상징적 의미를 더했다. 그는 자신이 "폭력적인 가정에서 자라면서 인생에서 거의 24년간 마비 상태"였다고 말했다. 폭력이라는 단어를 통해 그가 언급하려 했던 가족구성원은 단 한 사람이었다. "아버지는 알코올의존자이자 학대자였습니다. 신체적으로도 언어적으로도 나를 학대했죠." 그는 밤마다 술집을 돌아다니며 싸움을 벌이던 음울한 아버지의 모습을 묘사했다. 아버지는 때때로 어린 아들을 대동하기도 했다. 그는 주먹의 힘으로만 아들과 연결된 사람이었다. 우뚝 솟은 분노가 그의 유일한 유산이었다. 스타디움은 조용해졌다. 내 양쪽에 있던 두 사람은 너무 집중해서 듣고 있어서 숨을 죽이고 있는 것 같았다. 리스는 나와 이야기를 나눌 때, 여러 해 이어진 어린 시절의 불행이 성인이 된 그에게 인생의 목적을 주었다고 말했다. "내가 자라기 시작하고 아버지가 나를 신체적으로 학대하고 때리기 시작했을 때, 나의 목표는 열여덟 살이 되면 아버지를 죽이는 거였어요." 그 대신에 그는 해병대에 입대해서 베트남으로 갔다. 그곳에서 그의 "희생양"은 베트콩이었고 그의 "분노의 방출"은 너무나도 광적이었다. 그는 심지어 해병대 정신과의사를 죽이겠다고 위협했고, 결국 정신이상으로 재향군인 병동에 감금되었다.

이후 아버지의 대용물은 그의 아내가 되었다. 리스는 그녀를 구타했다고 말했다. 결국 아내는 짐을 싸 들고 집을 나가겠다고 선언했다. "그날 저녁 아내는 교회에 가고, 나는 집으로 돌아와 아내가 싸 놓은 가방을 봤죠. 나는 온 집 안을 돌아다니며 다 부숴 버렸어요. (…) 소총을 꺼내 탄약을 장전하고 아내가 집에 돌아오기를 기다렸죠." 그를 멈추게 하고 결국 무릎을 꿇게 만들었던 건 거실 TV에서 흘러나오고 있었던 한 설교자의 신앙 간증 장면이었다. 설교자의 말은 리스에게 단 하나의 희망을 전했다. 어쩌면 실제로 그를 사랑하는 아버지가 존재할지도 모른다는 것. "여러분, 들어 보세요." 그가 말했다. 목이 멘 채로 목소리가 높아졌다. "남자들이여, 들어 보십시오! 이것이야말로 가장 중요한 것입니다." 그는 예수가 중풍병자에게 한 말을 인용했다. "예수께서 말씀하셨습니다. 아들아, 너는 죄 사함을 받았느니라."

방탕한 아들이 아니라 방탕한 아버지가 많은 프라미스키퍼스의 연설 주제였고, 아무리 어렵다고 하더라도 용서만이 해결책이었다. 1994년 애너하임 스타디움에서 열린 집회에서 한 목사가 이야기한 내용은 내가 지금까지 들었던 어떤 말보다 더 냉혹하게 방탕한 아버지에 대해 상상하고 있었다. "나의 아버지는 우리를 버렸습니다." 여기서 '우리'란 그와 형제들을 의미했다. 그는 네 살 때 아버지를 딱 한 번 본 것이 다였다. "그는 나를 팔에 안고 '내 아기'라고 말했습니다. 내 인생에서 처음으로 남자의 품에 안겨 보았습니다. (…) 나는 그와 함께 있어야 하고, 그의 포옹을 받아야 한다는 걸 알았습니다." 이후로 23년간 그는 "그 사랑을 찾아 헤맸"다. 그는 거듭난 기독교인이 되던 "그날 밤이 아버지가 나를 안아 주던 밤처럼 느껴졌"다고 했다. "그리고 그날 아침에 나는 나의 사랑을 예수 그리스도께 드렸습니다."

청중 속 남자들이 이 이야기에 격렬하게 반응한 건 그들 대부분이 아버지에게 묵사발이 될 때까지 맞았거나, 어린 시절 아버지에게 버림받았기 때문은 아니었다. 그런 이야기들의 극단성이 많은 이들을 괴롭혔던 고통스러운 감각을 사그라들게 했던 것이다. 왜냐하면 미성숙하고 파괴적인 방식으로 그들의 아버지가 그들을 버린 건 사실이기 때문이었다. 1994년 프라미스키퍼스 행사에 참석한 남자들을 대상으로 한 설문조사에서 "당신이 자라는 동안 〔당신의〕 아버지가 부재중이라고 느꼈습니까?"라는 질문에 응답자의 절반이 그렇다고 답했다.[51] 그들 역시 우화 속의 돌아온 탕아의 형제처럼 아버지에게 실망했고 아버지를 원망했다. 그는 아버지가 시키는 대로 다 해낸 착한 아들이었지만, 이기적인 아들이 돌아왔을 때 아버지가 그 아들의 귀환을 축하하는 와중 열외로 떠밀려 났다. 이기적인 아들은 아버지의 일이나 땅에 아무런 도움을 주지 않았지만, 어리석은 짓을 했다는 이유만으로 주목을 끌었다. 그것은 많은 프라미스키퍼스에게 익숙한 동학이었다. 그들은 공적인 아버지의 집에 충실하게 머물렀지만, 앞서 산 장로들의 문화는 다른 아들을 부와 명성의 자리에 올려놓았다. 돌아온 탕아처럼 나쁜 아들은 드라마틱한 등장을 선보였기 때문에 환영받았다.

볼더 폴섬 스타디움에서 집회가 진행되던 중, 관중석에 앉아 있던 남자들은 소그룹으로 나뉘어 그들의 "남성 멘토"에 대해 이야기해 보라는 지시를 받았다. 내가 합류한 그룹에서는 단 한 명도 남성 멘토를 떠올리지 못했다. 정오 점심시간에 나는 경기장의 중역 식당으로 가서 프라미스키퍼스 회장의 아내인 홀리 필립스와 점심을 먹었다. 남성을 "거세"하는 아내에 관한 그녀의 연설은 기립 박수를 받았다. 내가 그녀에게 우리 그룹 사람들이 모두 그들을 이끌어 준 남자에 대해 떠올리는 걸 어려워했다고 말하자, 그녀는 전혀 놀라는 기색 없이 말했다. "이건 아빠 없는 남자들이 시작한 운동이에요. 아버지 없음의 시대죠. 그리고 아버지가 없다면, 대체 누가 도와줄 수 있겠어요?"

홀리 필립스는 일반적인 상황을 언급한 것이겠으나, 몇

달 뒤 내가 랜디 필립스와 함께 아침을 보내며 알게 된바 자기 남편의 경험에 대해 말했던 건지도 몰랐다. 프라미스키퍼스 회장은 예수운동Jesus Movement✠ 지지자 같은 부드럽고 희미한 모호함을 가지고 있었는데, 그는 실제로 하와이를 떠돌며 소규모 복음주의 사역 목사로 일했던 1970년대 초에 예수운동에 몸담았었다. 그러나 매카트니가 그를 고용한 건 그의 종교적인 이력 때문이 아니라(예수운동에 참여했던 이들의 생활방식은 평범한 CCC 사람들의 취향에 비해 너무 공격적이었다), 특별 행사 홍보 기획자로서 가진 기술 때문이었다. 필립스는 하와이에서 열린 두 번째로 큰 콘서트를 비롯해 여러 대규모 행사를 성공적으로 조직해 냈다. "타고난 재능"과 함께 표류했던 젊은 시절의 회전초✝와도 같았던 삶에 대한 해독제라도 되는 것처럼, 그는 조직화에 의욕을 보이고 있었다. (그는 조직화 사업이 자신에게 "활력을 불어넣어 주었"다고 했다.) 필립스에게 그의 배경에 대해 이야기해 달라고 요청하자, 그가 가장 먼저 한 말은 "나는 망가진 집 출신이에요. 아버지는 내가 여섯 살 때 우리를 버렸죠"였다. 그는 마치 방이 기울어져 의자에서 떨어지기라도 할 것처럼 의자의 팔걸이를 잡고 말했다. "고통스러운 시간이었습니다. 일곱 살 반, 여덟 살? 그 이후로 아버지를 보지 못했어요." 고통스러운 시간은 어른이

✠ 1960년대 말과 1970년대 초 미국 서부 해안에서 시작되어 1980년대 후반까지 주로 북아메리카와 중앙아메리카, 유럽에 퍼진 복음주의 기독교 운동. 예수운동은 초기 기독교인들의 원래 삶으로 돌아가려는 신학적 복원주의를 바탕으로 했다. 그 결과 예수운동의 참여자들인 '예수의 사람들(Jesus People)'은 종종 교회, 특히 미국 교회를 배교자로 보았다. 예수운동은 대체로 당시 미국의 반문화운동의 입장을 취하고 있었으며, 단순한 생활과 금욕으로의 회귀를 요구했다. 예수운동의 가장 중요한 면모는 공동체 생활이었고, 많은 '예수의 사람들'이 공동체를 이루어 생활했다.

✝ 가을이 되면 줄기 밑동에서 떨어져 공 모양으로 바람에 날리는 잡초.

되어서도 계속되었다. "랜디 필립스의 안에는 공허가 있습니다." 그는 자신을 3인칭 이름으로 불렀다. "신은 우리가 어머니 그리고 아버지의 사랑을 이해하고 경험하도록 창조하셨습니다. 그리고 그게 없다면 혹은 부적절하게 표현된다면, 분명히 어떤 공허를 만들어 냅니다."

베트남전쟁 기간 중 거의 막판에 징집된 병사였던 랜디 필립스는 1972년의 여름을 캘리포니아주 포트오드에 있는 기지에서 보냈다. 거기서 그는 복음주의 네비게이토선교회가 이끄는 성경 공부 모임에 들어가 기독교인으로 거듭났다. 그가 나에게 말했다. "그곳에서 처음으로 예수님이 왜 십자가에 매달려 돌아가셨는지에 관한 해석을 들었어요." 그의 흐릿하고 부드러운 목소리는 내가 이전에 들어 본 적이 없는 방식으로 또렷하고 뾰족해졌다. "그리고 그곳에서 나는 예수님이 나의 죄를 사하여 주려고 직접적으로 돌아가셨다는 걸 깨달았죠. 그것이 의미하는 바는 예수님이 나와 직접적인 관계를 원한다는 것이었습니다. (…) 그게 예수님이 우리에게 약속한 거예요. 관계 말입니다."

내가 글렌도라 그룹 남자들과 앉아서 개별적으로 그들의 삶에 대해 이야기 나눌 때, 아버지와의 단절된 관계는 거의 항상 다른 어떤 것보다 중요한 관심사로 떠올랐다. 그러나 동시에 각 남자들이 아버지의 문제를 폭로하고자 할 때, 그는 그 논거를 무너뜨리기로 결심한 것처럼 자신의 증거를 불신한다는 걸 알게 되었다.

어느 날 오후 나는 티머시와 낸시 애트워터의 집을 방문하고 있었다. 집은 그룹이 있을 때보다 덜 폐쇄적으로 느껴졌다. 햇빛을 받기 위해 블라인드는 걷어져 있었고, 프라미스키퍼스 모임 기간 동안 침실에 갇혀 있던 손자들은 집 안팎으로 신나게 뛰어 놀고 있었다. 테이블 위에는 점심식사가 차려져 있었다.

식사 기도를 마치고 편육이 담긴 커다란 그릇을 돌리고 나서 티머시가 말했다. "나는 아버지와 전혀 가깝지 않았어요. 아버지는 일 중독자였죠."

그러자 낸시가 덧붙였다. "티미의 아버지는 열심히 일하는 법을 가르쳤죠. 하지만 저이에게 가족을 돌볼 수 있는 다른 방법은 가르쳐 주지 않았어요."

모든 대화가 티머시의 불행의 주요 동맥인 위축된 부자관계로 돌아오는 것 같았다. 아버지의 설명할 수 없었던 분노, 아버지의 신체적 위협, 아버지가 발로 그의 등을 걷어찼던 것, 어머니에 대한 아버지의 학대, 아버지가 며칠씩 사라졌던 일, 아버지가 눈이 보이지 않는 고모, 사촌, 그리고 조부모와 함께 살도록 보내버린 일 등. "어린 시절에 대한 흐릿한 기억이 두 개가 있어요." 티머시가 나에게 말했다. 첫 기억에선 그와 어머니가 아버지의 폭력으로부터 도망치고 있었다. "엄마와 나는 아빠의 소형 페인트 트럭에 올라타 문을 잠갔어요. 아빠가 창을 두들겼죠. 그리고 엄마가 차에 시동을 걸었고, 아빠는 자동차 발판에 올라타서 계속 창을 두드리고 소리를 질렀어요. 나는 아직도 그 얼굴이 생생해요." 이웃 사람들이 경찰을 불렀다. "아빠가 어느 경찰에게 '아내를 좀 치기는 했지만 뺨을 갈기지는 않았다. 나는 아내를 이리저리 좀 밀었을 뿐이다'라고 말했던 걸 기억해요." 다른 기억은 더 희미했다. 티머시가 더 어렸을 때였다. 밤이었다. 무언가 때문에 겁에 질린 그는 복도를 걸어 내려가 부모님의 침대로 기어 들어갔다. 잠시 후 그는 날카로운 타격에 맞아 잠에서 깼다. "아빠가 엄마를 굉장히 세게 때리고 있었고, 나도 때렸죠."

티머시는 샌드위치를 한 입 베어 물고는 "하지만 꽤 좋은 어린 시절이었어요"라고 결론 지었다.

낸시는 의심스럽다는 듯 말했다. "그게 당신한테 어떤 영향을 미쳤는지 좀 봐요." 그녀는 나를 향해 말했다. "덕분에 아주 내성적인 사람이 되었어요."

"힘들었지만, 아빠가 나를 무자비하게 구타한 기억은 없어요. 그 때문에 병원에 가야 했던 적은 없었으니까. 잘 하려고 그런 거예요."

"야구 가르쳐 준 거 말고" 말하는 낸시의 목소리에 짜증이 묻어났다. "대체 아버님이 당신한테 뭘 해 줬어요?"

티머시는 쉰 목소리로 웃었다. "예, 내가 리틀리그에 있을 때, 아빠가 보러 온 건 딱 한 게임이었어요. 그런 다음 자기 팀을 꾸리는 일에 집착했고, 그게 다였습니다. 제가 컵 스카우트 활동을 할 때, '아버지와 아들의 저녁' 행사가 있었어요. 다른 남자랑 가야 했죠." 티머시는 정신을 차렸다. "하지만 그건 그냥 좀 힘든 일이었을 뿐입니다. 어떤 남자들은 아예 아버지가 그들을 버리고, 얼굴에 침을 뱉었어요. 그룹의 아무나 여섯 명쯤 붙들고 물어보세요. 적어도 다섯은 우리 부자 정도의 관계도 못 가졌다고 할 거예요. 아버지는 좋은 남자였어요. 아버지를 원망하지 않아요. 그는 단지 시대의 산물일 뿐이에요. 아빠들이란 일어나서 일하러 가야 하잖아요."

"말년이 되어서야 아버지를 더 자주 볼 수 있게 됐어요." 티머시가 말했다. 그와 낸시가 집을 살 때 경제적인 어려움이 있었고, 티머시의 아버지가 아래층 거주 구역을 인수해서 함께 사는 대가로 부동산에 투자하기로 했다. 아버지는 암 투병 중이었다. 하지만 곧 아버지는 티머시의 아들이 자신의 진통제를 훔쳤다고 주장했고, 화가 나서 이사를 나가 버렸다. "아버지가 집에 투자한 돈을 갚아야 했어요. 몇 년이 걸렸죠. 하지만 추잡한 상황은 아니었어요."

"아니기는!" 낸시의 눈에 좌절이 스쳐 지나갔다. "아주 추잡했죠."

“뭐, 완전히 그런 건 아니었잖아.” 티머시가 설득력 없이 말을 끝맺었다. “아버지가 이사 나가기 전에, 우리 둘이 카드 놀이를 하면서 좋은 추억을 만들었어요.”

낸시는 냅킨을 뭉쳐 체념한 듯 접시 위에 떨어뜨렸다. 그리고 탁자를 치우기 위해 일어섰다. 그녀의 생각은 앙 다문 입술 뒤에 봉인되어 있었다.

남자 쪽 아버지에 대한 이러한 상반된 견해는 종종 글렌도라 커플을 갈라놓았다. 페이슨 가의 경우 리비는 결혼 생활에서 일어난 문제의 상당 부분은 하워드가 아버지에 대한 사실을 직시하기를 거부했기 때문이라는 결론에 도달했다.

“아버지가 나를 유기했던 것 같아 원망을 많이 했어요.” 하워드는 어느 날 오후, 부부가 거실에 앉아 함께 이야기를 나눌 때 말했다. “아버지는 내가 다섯 살 때 떠났어요. 재혼을 하고 다른 가족을 만들었죠. 매해 크리스마스에 나는 희망을 가지고 기다렸지만. 카드 한 장 안 왔어요.”

“하워드는 아빠가 없었기 때문에 늘 남자들로부터 인정을 받고 싶어 했어요.” 리비가 말했다. “다 기억할 수도 없을 만큼 자주 아버지에 대한 불만을 이야기했죠. 그게 우리 결혼 생활의 진정한 방해물이었어요.”

하워드가 말했다. “아버지는 나에게서 많은 걸 앗아갔어요. 나는 아버지를 정말로 미워했어요. 내 안에서 암이 자라는 것 같았죠. 아버지를 용서하는 건 정말 어려웠어요. 하지만 나는 용서했어요.”

“나는 언제나 남편한테 말해요.” 리비가 말했다. “**정말로** 아버지를 용서했어? 라고요. 왜냐면 하워드에게는 여전히 그렇게…… 그렇게 보이는 것들이 있기 때문이에요.” 리비는 잠시 말을 고른 다음 입을 뗐다. “여전히 해결되지 않은 것”이 있어 보였다.

"나는 용서했어." 하워드가 단호하게 말했다. "하지만 나는 무릎을 꿇고 주님께 간절히 기도해야 했어요. 주님께 그 기도를 들어 달라고 간구해야 했죠."

마이크 페티그루의 아버지는 보병 하사관이자 술고래였고 "세차를 하다가 얼룩이라도 남으면 두들겨 패는" 사람이었다. 마이크가 열여섯 살이었을 때, 아버지는 그를 집에서 영원히 쫓아냈다. 마이크의 죄목은 밤새도록 파티에서 놀았다는 것이었다. 마이크는 그러려고 했던 건 아니었지만 자신의 주량을 잘 몰라서 너무 많이 마셨고, 친구네 집 소파에서 잠들어 버렸을 뿐이었다고 말했다. "아버지는 말 그대로 쇠스랑을 들고 나를 집에서 쫓아냈어요." 그는 어느 날 저녁, 그의 집 부엌에서 나와 대화를 나누다가 그날 일을 회상했다. "아버지가 쇠스랑을 들고 내 방으로 와서는 이렇게 말했죠. '넌 더 이상 이 집에서 못 산다. 짐을 싸라. 20분 줄 테니까.'" 마이크는 그때 아버지가 어땠는지 보여 주기 위해서 포크를 들고 허공을 찔렀다. 결국 어머니가 글렌도라에 있는 모텔에 그가 머물 곳을 마련해 주었고, 그녀가 일하던 식당에서 설거지 일을 할 수 있도록 주선해 주었다.

그런 식으로 몇 년이 지났다. 어느 날 여동생으로부터 전화가 왔는데 "거의 히스테리 상태"로 흐느끼고 있었다. 그녀가 사소한 질문을 했는데 아버지가 분노해서 동생 방을 베개에서부터 기둥에 이르기까지 다 때려 부수고 있다고 했다. 마이크는 집으로 달려갔다. 그는 아버지에게 멈추라고 소리쳤지만 아무 소용없었다. 그때 마이크가 등을 돌리는 실수를 저지르자 아버지는 그에게 돌진했다. 두 남자는 싸우면서 방을 가로질러 복도로까지 나갔고, 그곳에서 마이크가 아버지를 너무 세게 때려 아버지가 바닥에 쓰러졌다. "머릿속에서 '일어나, 일어나란 말이야, 이 씨발 새끼야! 일어나라고!'라고 외쳤던 게 기억나요." 아버지는 어머니에게 경찰에 신고하라고 소리쳤고, 어머니는 그렇게 했다. 경찰은 마이크를 집에서 데리고 나갔다. "그때부터 쭉 아버지랑 나는 냉전 상태였어요. 내가 집에 가면 아버지는 차고로 가버렸고, 내가 살아 있다는 걸 인정하려 하지 않았어요."

하지만 마이크는 그건 모두 과거의 일이라고 장담했다. 그는 나에게 친절하게 머그잔을 건네고 커피를 따라 주었다. "나는 어떤 대가를 치르더라도 아버지와 화해해야겠다고 생각했어요. 아버지는 독일산 와인을 좋아했죠. 그래서 아버지의 날에 비싼 와인을 사서 아버지 댁으로 갔어요. 아버지는 처음에는 차고로 가서 나를 보지도 않았죠. 하지만 마침내, 아버지와 화해를 했고 우리는 바에 가서 함께 고주망태가 되었어요."

그의 이야기는 믹서기를 막 통과해서 해피엔딩이 들러붙은 신파조로 마무리되는 그리스 비극처럼 느껴졌다. 오이디푸스'와' 아버지는 술 취한 친구처럼 서로 팔짱을 끼고 지평선을 향해 느릿느릿 걷고 있었다. 사실은 마이크가 이 상황을 그렇게 보기로 결심했던 거였다. 그게 아니라면 아들이 어떻게 아는 게 거의 없는 아버지와 유대감을 만들어 갈 수 있었겠는가? 그는 이미 한번 소원해진 관계로부터 등장한 유령을 만난 적이 있었다. "내가 스무 살 혹은 스물한 살쯤에 어머니한테 전화가 온 적이 있었어요. 어머니가 말했죠. '집에 좀 와라. 너를 보고 싶어 하는 사람이 있다.'" 마이크가 그날의 일을 떠올렸다. 마이크가 집에 도착했을 때, 단정한 용모에 그보다 몇 살 위로 보이는 남자가 거실에 앉아 있었다. 어머니는 형이라고 소개했다. 마이크는 전혀 몰랐지만, 아버지는 전에 결혼한 적이 있었고, 그는 어렸을 때 버림받은 아버지의 첫 번째 아들이었다. 소년은 군대에 입대했다가 이제 (마이크의 표현에 따르면) "아버지를 찾으러" 왔다. 이복형은 몇 주 동안 머물렀다.

"이야기의 슬픈 부분은 이후에 일어났어요. 그는 해안을 따라 히치하이킹을 할 거라며 떠났죠. 그런데 일주일 후에 칼에 찔려 샌프란시스코만에 떠 있는 채로 발견됐어요." 마이크는 커피를 한 모금 마시기 위해 잠시 멈췄다. "누구 짓인지 결국 알아내지 못했어요. 아무런 단서가 없었거든요." 그는 커피머신의 빈 표면을 살펴본 다음 이상하다는 듯 말했다. "그를 알아볼 수 있게 해 준 건 군인 인식표뿐이었어요." 아버지에게서 버림받았다는 사실, 그리고 익명성과 필멸성 안에서 마이크가 갑자기 등장한 그를 형제로 보았다기보다는 자신의 분신, 그러니까 자기 자신으로 여겼었다는 건 명백해 보였다. 어머니가 두 남자를 서로에게 소개하는 장면은 이런 인상을 더 단단하게 만들어주었다. 그날 어머니는 이렇게 말했던 것이다. "마이크, 이쪽은 마이크 페티그루야. 그리고 마이크, 이쪽도 마이크 페티그루란다."

마거릿 페티그루가 부엌에 있던 우리에게 합류했다. 마이크는 몽상에서 깨어나 조리대에 있는 도구 세트를 가리켰다. "아버지 물건이에요." 그가 유쾌하게 말했다. "아버지가 빌려줬어요. 지금은 많이 부드러워졌죠. 훨씬 친절해졌어요."

마거릿은 엉덩이에 손을 얹었다. "그 말이 맞을 수도 있어요. 하지만 그건 아무래도 아버님 몸이 약해졌기 때문이라고 생각해요."

마이크는 그 말을 무시했다. "지난 주말 아버지와 함께 벼룩시장을 어슬렁거리면서 토요일을 보냈어요. 우리 둘 다 서로를 용서한 거라고 생각해요." 서로라고? 나는 마이크가 도대체 무얼 사과해야 했는지 궁금했다. 마이크 역시 그게 뭔지 정확히 알진 못했다. 그건 그가 아버지에게 행한 어떤 행동이라기보다는 아버지에 대해 느낀 감정에 가까웠다. 아니면 아버지에게 느끼지 않았고 느끼지 못했던 어떤 감정의 문제일 수도 있었다. "내가 아는 건 용서를 받아야 했다는 거예요. 그러고 나니까 아버지를 사랑하는 게 더 편안해졌습니다." 나는 오클랜드에서 라울 리스 목사가 군중에게 했던 말이 떠올랐다. "이것이야말로 가장 중요한 것입니다. (…) 예수께서 말씀하셨습니다. 아들아, 너는 죄 사함을 받았느니라." 하지만 그들이 도대체 무엇을 잘못했단 말인가?

나는 티머시 애트워터의 거실에 앉아 그토록 오랜 시간을 보내고서야 이 사람들이 느끼는 "죄"가 무엇인지, 경기장 행사에서 이루어진 고뇌에 찬 회개의 중심에 무엇이 있는지, 그리고 마이크 페티그루가 주장한 것처럼, 그가 아버지에게 용서를 빌어야 한다는 그 강한 믿음 뒤에 숨어 있는 게 무엇인지 이해하기 시작했다. 나는 그들이 기대를 받았던 모든 분야에서 죄를 지어온 것 때문에 슬퍼하는 줄 알았다. 가족을 실망시키고, 직장에서 실패한 듯 느껴지고, 아이들에게 무심하고, 아내를 무시하거나 학대한 것. 어떤 차원에서는 이런 것이 그들의 죄였고 그들은 이런 일을 후회했다. 하지만 그들은 무언가 형언할 수 없는 어떤 죄 때문에 더 깊이 고뇌했다. 그건 바로 믿음의 실패였다. 그들은 아버지를 따르는 것이 옳다고 믿었던 아들들이었다. 그리고 그 충성심이 배반당했을 때, 그들은 자신의 믿음 역시 고통스러울 정도로 시험받았다는 걸 깨달았다.

그렇다면 여기에 위기, 곧 죄가 있었다. 그들은 욥의 충성심 시련을 통과하지 못했다. 그들은 "아버지"를 의심했고, 땅에 있는 아버지뿐만 아니라 때로는 비밀스럽게 하늘에 있는 아버지조차 의심했다. 그들이 지키지 못한 약속은 아버지를 믿겠다는 약속이었다. 심지어 약속을 지키지 않은 혹은 지키지 못한 아버지들이라도 여전히 믿을만한 아버지들이었다. 아니, 사실은, 믿을만하지 않다고 하더라도 어쨌거나 아버지들이긴 했던 것이다. 그들은 평생에 걸쳐 그 순종 서약의 정당성에 의문을 제기하면서 "불복종" 했다. 그들은 자신이 느낀 그 배신에 대해 쓴소리를 내뱉으면서도 끈질기고 불안한 죄책감과 수치심에 사로잡혀 있었다. "때로는 신을 100퍼센트 믿을 수 있는지 모르겠어요." 티머시 애트워터는 본인이 내뱉은 배신의 발언에 움찔하며 말을 이었다. "내가 신을 필요로 할 때 그가 거기에 계시지 않는 것 같기 때문이죠. 다리를 처음 건널 때 다리가 무너졌는데, 그러고 나서 콘크리트 다리를 다시 세운 뒤 그걸 건너라고 하면 어쩐지 건너기 꺼려지잖아요. 그런 거죠." 말수가 적은 젊은 회원 크레이그 헤이스팅스는 다음과 같이 말했다. "우리는 하나님이 우리를 싫어한다고 생각합니다." 남자들은 "정체성을 그리스도 안"에서 찾았지만, 예수의 삶에서 거리를 두고 싶어 하는 단 하나의 면모야말로 그들이 가장 닮은 부분이었다. 여기에서 그들의 죄는 예수의 죄와 같았다. 십자가에 매달린 그리스도는 아버지를 향해 비탄에 젖어 인간적인 울음을 울고 말았던 것이다. "엘리 엘리 라마 사박다니Elo'i, Elo'i, la'ma sabach'thani? 신이시여, 신이시여, 어찌하여 나를 버리시나이까?"[52]

프라미스키퍼스의 남자들은 선택의 기로에 놓였다. 아버지를 거역할 것인지, 아니면 아버지를 용서할 것인지. 그들은 결국 자신의 의심을 억누르기로 결정했다. 그들은 용서를 선택했다. 하지만 그건 도대체 어떤 종류의 용서였을까? 용서라는 선택은 또 다른 선택을 포함하고 있었다. 한편으로는 이미 잘 알려진 용서가 있었다. 가혹한 진실을 마주하고 그들과 화해하는 용서. 다른 한편에는 망각의 향유가 있었다. 과거를 용서하기보다는 그런 과거가 일어났다는 것 자체를 잊으려는 욕망. 고든 댈비의 저서는 글렌도라의 남자들에게 그리스도에 대한 믿음을 통해 이 세상의 아버지들을 보다 "현실적으로" 보기 시작할 수 있다고 조언했다. 그러나 그것은 남자들이 매달렸던 메시지가 아니었다.

제러미 푸트는 말했다. "아버지에 대한 모든 것을 하나님께 내어 드린다면, 그것이 나를 자유롭게 할 거예요. 알다시피, 나는 예전에는 그런 생각을 해 본 적이 없었어요. 하지만 그게 '그리스도 안에서의 자유'가 의미하는 바죠. 나는 내 아버지를 미워하고 그를 단죄하고 싶어 하는 마음으로부터의 해방을 하나님 아버지께 맡길 수 있어요." 제러미는 스스로 증오심과 복수심을 다룰 필요가 없다고 설명하고 있었다. 그 역시 신의 몫인 것이다. "아무 일도 일어나지 않은 거나 다름없게 되었죠." 제러미가 말했다. 다만, 물론, 그 일이 일어났다는 사실에는 아무런 변함이 없었지만.

"나는 마흔 살이 될 때까지 전혀 모르고 살았던 친아버지를 미워했어요." 댄 로즈는 어느 날 저녁 그룹에게 이렇게 말했다. "고속도로를 운전하다가 그를 욕하고 있단 걸 깨닫기도 했어요. 마흔이 되어 그런 마음을 하나님께 맡겼고, 이젠 거기서 자유로워요." 나는 그에게 무엇이 당신을 '자유롭게' 한 것 같으냐고 물었다. "글쎄요. 전체 스토리를 이야기하는 게 좋을 것 같아요. 내가 가지고 있는 정보는 출생증명서에 적힌 이름뿐이었어요. 아버지에 대해 알고 있는 거라곤 제2차세계대전 당시 사병이었다는 것뿐이었고요. 로스엔젤레스시 경찰국 LAPD 실종자 조사국에 있는 친구에게 이름을 알려 줬어요. 그 친구가 일주일도 안 되어 아버지를 찾아 줬죠." 그가 잠깐 이야기를 멈췄다. "샌디마스[옆 동네]에 살고 있더라고요. 그래서 찾아 갔어요. 문을 두드렸죠. 그가 문을 열었어요. 나는 '내가 당신 아들이에요' 하고 말했어요. 그의 말로는 어머니가 나를 임신한 건 당신이 전쟁터로 떠난 뒤였다고 하더라고요. 그러니까 그는 내 생부가 아니었던 거죠. 하지만 그는 자기가 아버지면 좋겠다고 했어요. 언제나 아들을 원했다더라고요."

댄은 이 방문이 상황을 "해결"했다고 말했다. 적어도 "알게 되었다"는 것이다. 하지만 댄의 다음 말이 보여 주는 것처럼, 실제로는 아무것도 해결되지 않았고 아무것도 확인된 바 없었다. "오늘 점심 때 한 식당에 앉아 있는데, TV에서 〈모리 포비치 쇼〉가 나오고 있더라고요. 아버지와 아들이 재결합하는 모습을 내보내고 있었어요. 나는 그저 앉아서……." 그는 감정을 추스르기 위해 노력했다. "결국 TV 채널을 돌려야 했죠."

방에 있는 누구도 입을 열지 않았다.

댄이 말을 이어 갔다. "뭔가 빠진 것 같아요. 아직도 아버지의 날이 되면 궁금해요. 아버지가 나를 사랑하긴 했을까?" 그는 잠시 멈추었다. "아무래도 거기서 완전히 자유로운 것 같지는 않아요."

글렌도라의 거실에 앉아 기억을 채찍질하고 "사랑해 주는 아빠"로 대체하려 애쓰는 남자들의 이야기를 들으며 나는 다른 저녁, 다른 방에 있던 다른 남자의 고뇌가 떠올랐다. 바로 '폭력에 대한 대안' 상담소에서 만난 남자들이었다. 당연하게도 가정폭력 모임에 속한 남성들은 거의 모두 폭력적인 아버지와 계부에 대한 머리카락이 곤두서는 무서운 이야기를 가지고 있었다. 하지만 대니얼의 경험만큼 잊을 수 없고, 그에 대해 이야기하는 것만으로도 오금이 저리게 하는 건 없었다. 그의 아버지는 한 살 때 사라졌고, 계부가 그가 성인이 될 때까지 키웠다, 아니 구타했다. 대니얼이 긴장하며 말했다. "그는 언제나 나를 때렸어요. 7년간의 구타였어요. 말 그대로 구타예요. 전기 연장선, 구두, 부츠, 옷걸이 같은 걸로 얼굴과 배를 난타했죠." 결국 대니얼은 "군대로 탈출"했다. 그러다 열아홉 살 때 집으로 다시 불려 갔다. 어머니가 세상을 떠났기 때문이었다. 계부는 어머니를 2피트 떨어진 위치에서 소총으로 쐈다. "법정에서 그에게 불리한 증언을 한다면 하루도 더 살지 못할 거라고 엄청나게 협박을 했어요." 그는 증언하지 않았다. 그는 당시를 "지옥처럼 두려웠"다고 표현했다. 계부는 8년 형을 선고받고 2년 반 만에 감옥에서 나왔다. 대니얼의 진술이 형량에 영향을 미쳤을지 여부는 알 수 없지만, 제대로 증언하지 못했다는 사실이 내내 그에게 마음의 짐이 되었다. 그리고 그것이야말로 스스로 피하고 싶었던 지옥이었다. 서른세 살이 되어서도 그는 여전히 그 안에서 살고 있었다. 대니얼이 회원들에게 말했다. "그 남자는 지금 길에서 살아요. 거리를 배회하고 있죠. 내가 그를 죽이지 않는 건 오로지 아내와 가족 때문이에요." 그는 자신이 계부를 죽이려 들지도 모른다는 사실이 진실로 두려웠지만, 자신을 괴롭히는 자가 어디에 있는지 알지 못했다. 더 큰 공포는 계부가 자신을 찾아오는 것이었다. "내가 계단을 내려가면……" 대니얼이 문을 가리키며 말했다. "거기에 그가 있을 수도 있는 거죠. 탕!" 대니얼은 스스로에게 총을 쏘는 몸짓을 했다. "늘 악몽을 꿔요. 거기서 도망칠 수가 없어요. 12년간 아무 소식도 못 듣고 살다가 갑자기 '탕! 생일 축하해!' 할 수도 있죠. 이 남자를 지구상에서 사라지게 해야 해요."

그날 밤은 물론 그 이후로도, 나는 '폭력에 대한 대안' 모임이 끝날 때마다 야외 계단을 내려갔다. 꽃이 만발한 관목과 자갈이 깔린 산책로 옆으로 인공 개울이 기분 좋게 졸졸 흐르고 있었다. 나는 울타리 옆에서 대니얼을 기다리고 있는 계부의 그림자를 보았다고 상상하곤 했다. 그리고 자문했다. 그저 이야기로만 알고 있는 그 남자를 내가 잊지 못한다면, 그의 의붓아들은 도대체 어떻게 그를 잊을 수 있겠는가.

그날 저녁 댄 로즈가 이야기를 한 후 글렌도라에서 마틴 부커가 폐회 기도를 인도했다. 우리는 고개를 숙였다. 마틴이 입을 열었다. "아버지, 감사합니다. 저희를 당신의 아들로 당신의 가족에 받아들여 주심에 감사합니다. 당신은 자애로운 아버지입니다. 당신은 우리가 필요로 하는 것을 주셨나이다."

다음 차례는 제러미 푸트였다. 이번만큼은 그도 공유 별장을 언급하지 않았다. "아버지, 저희를 도와주소서. 두려운 것이 너무나도 많습니다."

※ ※ ※

프라미스키퍼스 모임이 이토록 지지가 필요한 사람들에게 어떤 도움이 되었다면, 그 자양분의 열쇠는 형제애를 도모할 수 있는 그룹의 잠재력에 있는 것처럼 보였다. '폭력에 대한 대안' 상담에서 프라미스키퍼스 그룹으로 옮겨온 잭 샤트는 나에게 이렇게 말했다. "남자들 사이에는 언제나 장벽이 있어요. 남자들이 같이 할 수 있는 일이라곤 일이나 스포츠뿐이죠. 하지만 프라미스키퍼스는 마음을 공유해도 괜찮다고 말하죠. 그룹의 다른 남자들이 당신의 형제이기 때문이에요. 우리는 이제 한 아버지를 섬기니까요. 바로 하나님이요. 우리 모두가 형제들입니다."

어느 날 제레미 푸트는 글렌도라 그룹에서 이런 말을 했다. "내 생각에 신은 우리 형제들을 통해 우리를 사랑하는 것 같아요. 어떤 의미에서 우리가 각자의 아버지들에게서 받지 못했던 사랑을 보상해주는 거죠." 하지만 그가 떠올렸던 형제애의 유대에 대한 모범은 고통스럽게도 얇은 실로 짜여 있는 것처럼 보였다. "1995년에 L.A. 프라미스키퍼스 컨퍼런스에 갔었어요." 그가 그룹 앞에서 회상했다. "내 옆에는 낯선 사람이 앉아 있었죠. 그가 나에게 말했어요. '주님을 찬양하는 것이 옳은 일 아닌가요?' 나는 그를 안아 주고 싶었습니다. 그에게서 따뜻함을 느꼈거든요. 그와 깊이 연결되어 있는 기분이었어요. 그가 한 말은 그게 다였는데 말이죠. 하지만 그건 내 생각일 뿐이었어요. 나를 위해 그렇게 해 줄 형제가 필요해요."

그렇다면 그들은 서로에게 그렇게 해 주었을까? 다음에 다시 잭을 만났을 때, 그는 한 프라미스키퍼스 그룹을 그만두고 다른 그룹에 합류한 참이었다. "첫 번째 그룹의 모임에선 그저 이런 이야기들뿐이었어요. '잘 지냈어요?' '네, 잘 지냈죠.' '가족들은 어때요?' '잘 지냅니다.' '오, 나도 좋아요, 좋아요.' '오, 맞아요, 우리 애들은 축복을 받았어요.' '오, 그래요? 잘됐네요.'" 잭은 웃었지만, 신음 소리 같았다. "엘리베이터에 갇힌 사람들 같았달까요. 서로에게 아주 예의바르고 거리를 두려 했죠. 하지만 나는 우리가 해낼 수 있을 거라 생각했어요. 더 친밀해질 수 있을 거라고요. 내 옆에 앉은 남자가 새벽 2시 30분에 전화를 걸어서 도와 달라고 할 수도 있고요. 형제애의 중심을 만들 수 있을 거라 믿었어요. 평생의 형제가 될 줄 알았죠." 잭은 말을 멈추고 고개를 흔들었다. "하지만 '커피 어때요?' 하는 관계 이상으로 나아가질 못했어요. 6주 뒤에도 여전히 '어때요?' '오, 잘 지내요'가 다였죠." 그룹은 줄어들기 시작했다. 몇 주 동안 나타나지 않은 남자들도 있었다. 잭이 떠올렸다. "늘 무언가 빠져 있었어요. 그리고 많은 남자가 모든 걸 주일학교처럼 바꾸고 마지막에 무언가 '공유'할 시간을 가져야 한다고 생각했어요. 나는 내 인생을 고작 12분 안에 다른 사람이랑 나누고 싶진 않아요."

잭의 새 그룹도 더 나아 보이지는 않았다. "두 달 반 정도 됐는데요. 이제 서로 전화번호를 교환하는 단계까지 갔어요. 나는 전화기를 들고 '내 경제 상황이 걱정이야' '내 관계가 걱정이야' 하는 단계까지 가고 싶어요. 그러니까 말 그대로 형제간에 할 만한 정도까지 나아가고 싶은 거죠."

글렌도라 그룹 역시 그와 같은 '어떻게 지내세요?' '오, 잘 지내죠' 신드롬 징후를 보이고 있었다. 여름이 시작되자 그룹은 뒷마당 수영장 파티를 하러 모였다. 남자들은 아내를 데려왔고, 아내들은 즉시 접이식 의자를 서로에게 가까이 끌어당기며 애초에 이 모임이 마치 본인들 모임이었던 것처럼 수다를 떨었다. 남자들은 대부분 아내의 의자 근처를 맴돌거나 조용히 옆자리에 앉아 있었다. 수영장 끝에서 그들 중 가장 젊은 크레이그 헤이스팅스가 물을 튀기는 어린 아들을 주시하며, 염소를 푼 푸른 물 너머에 있는 남자들에게 의심스러운 눈빛을 던지고 있었다. 그가 나에게 말했다. "이 그룹은 너무 시시해요. 나는 글러브를 끼고 나에게 덤빌 남자들을 원해요. '야 이 씨, 개소리하고 있네! 솔직해져 봐!' 이러면서 말이죠. 그렇게 남자가 되는 거 아닌가요? 솔직해지면서요."

크레이그는 다른 날 오후 우리 둘이 앉아 이야기를 나눌 때 이 주제로 돌아왔다. "프라미스키퍼스를 비난하려는 건 아니에요. 문제는 조직이 아니라 어떻게 연결성을 만드냐는 거죠. 이 그룹은 그 연결성이 너무 피상적이에요. 나는 마틴이 자신감이 있어 보였기 때문에 선택했어요. 하지만 너무 감상적인 이야기만 하더라고요. 그리고 우리가 그렇게 솜사탕 같은 이야기만 할 때는 '개소리 집어치워' 같은 말을 하기 어려워요. 특히 우리가 그리스도인이기 때문에 욕을 해서는 안 되니까요."

그는 탁자에 놓인 펜을 집어 들었다. "내가 프라미스키퍼스에게 바라는 건 이런 거예요." 그는 자신이 설명한 것을 그렸다. 그건 아티초크였다. 그는 잎사귀의 연속적인 레이어에 이렇게 적어 넣었다. '피상적. 가까운 친구. 친밀한 관계.' 그리고 가운데에는 '마음'이라고 썼다. 그는 가장 바깥에 있는 레이어를 가리켰다. "그룹에서 우리는 언제나 이즈음에 머물러 있죠. 교회에 아는 남자 몇이 있는데, 아내들이 외출하면 남자들끼리 모여서 클린트 이스트우드Clint Eastwood의 〈석양의 무법자The Good, the Bad and the Ugly〉를 보며 팝콘을 먹어요. 우리는 '가까운 친구'이기는 하지만, '친밀한 관계'는 아니에요." 그는 자신의 그림을 들여다보았다. "이건 간척 사업 같은 거죠. 우리는 통풍구를 열겠다고 마음을 먹어야 해요. 왜냐하면 신뢰가 쌓이는 곳은 마음이거든요. 우리는 두려워해요. '가까운 친구가 되는 것'조차 두렵죠." 그는 진정한 형제가 되는 법을 배울 수만 있다면 그들의 아버지를 찾을 수도 있을 거라 말했다. "가지고 싶은 하나는 하나님과의 진실한 관계예요. 〔그리스도인으로 거듭난 이후〕 12년이 지났지만, 나는 여전히 그게 부족하고, 그래서 가슴이 아파요. 가끔 누군가의 멱살이라도 붙들고 물어보고 싶어요. '빌어먹을, 왜 나는 연결이 안 되는 걸까? 내가 뭘 놓치고 있는 거지? 하나님 왕국에서 내 자리는 어디에 있는 거야?'"

'마음'에 다가갈 수 없다는 이런 감각은 10년이 흘러 전국적으로 프라미스키퍼스의 호소력이 쇠퇴하기 시작한 주된 이유였다. 빌 매카트니의 핵심 메시지가 가족의 책임에서 인종과 교단을 초월한 화합으로 옮겨 감에 따라, 프라미스키퍼스는 당초 특정 남자들을 불러들이던 봉화에서 점점 멀어졌다. 종파 간 갈등이나 인종적 편견을 끝내자는 요구는 높이 살 만한 것이었겠지만, 그게 남자들이 프라미스키퍼스에 온 이유는 아니었다(그리고 열정적인 홍보와 "장학금"을 주겠다는 제안에도 소수민족 남성을 끌어들이는 데에는 미미한 성과만을 보았을 뿐이다). 남자들이 본 것은 자신이 충성서약을 하면 "아버지들" 역시 실제로 약속을 지키는, 그런 제도의 미광이었다. 전후 부성의 상징이었던 미식축구 감독은 그들을 돌보기 위해서 자기 직업을 내던지지 않았던가? 무대 위에 오른 온갖 종교적 어른들이 그들을 성숙한 남자로 고양시키는 일에 전념하겠다고 말하지 않았던가? 프라미스키퍼스의 지도부는 당신들은 보상을 받을 것이며, 누구에게 배신을 당했다고 하더라도 여전히 인간으로서 자유와 목적을 찾을 수 있다고 거듭 말하지 않았던가?

그러나 1990년대 말에 이르자, 감독은 많은 회원들이 일상생활에서 경험한 바로 그 배신을 프라미스키퍼스 안에서 반복하고 있는 것 같았다. 1998년에 매카트니는 본인이 초래한 조직의 금전 문제, 재정적 어려움을 이유로 유급 직원 전체를 해고했다.[53] 스타디움 행사에 더 많은 인원을 끌어들이기 위해서(그 어느 때보다 더 광범위하게 미디어에 보도되었다), 그는 더 이상 입장료를 부과하지 않기로 결정했다. 이는 인위적으로 발행부수를 부풀려 더 많은 광고주를 유치하기 위해 무료 구독을 제공하는 잡지 발행인 같은 수법이었다. 맥도널더글러스의 항공우주 엔지니어를 해고한 최고경영자와 충성스러운 팬을 등진 팀 소유주처럼 매카트니 또한 "자신의" 아들들의 희생을 함께 나누지 않는 "아버지"였다. 해고는 그에게 영향을 미치지 않았다. 그는 프라미스키퍼스에서 월급을 받지 않았기 때문이다. 하지만 그는 스타디움에 등장할 때마다 4000달러의 연설비를 받았고, 1995년과 1996년에 6만 1833달러를 벌어들였다. 거기다 단체는 그의 보험료와 경비를 지불하고 있었다. 뿐만 아니라 매카트니는 여전히 콜로라도 감독 계약의 혜택을 누리고 있었다. 연간 35만 달러를 받기로 한 15년짜리 계약에는 5년 차 이후에 발효되는 면책 조항이 있었고, 그가 팀을 떠나기로 결심했을 때 그 조항은 발효되기 시작했다. 그에 따라 그는 남은 10년간 연간 15만 달러를 계속 받을 수 있었다. 이 황금낙하산이 다가 아니었다. 여기에 더해 이 전직 감독은 책 인세, 수익성 좋은 연설비, '빅 서 워터 베드Big Sur Water Beds' 같은 회사와 체결한 "동기 부여 자문" 계약금 등을 벌어들이고 있었다.[54] 그는 자기 이름과 감독으로서의 이력, 그 자신을 홍보했고 소비자본주의의 깊은 바다에서 아주 행복하게 헤엄칠 수 있었다. 몸부림치는 채로 남겨진 것은 그의 추종자들이었을 뿐이다.

※ ※ ※

5월 어느 날 오후, 제러미 푸트와 나는 글렌도라의 '데니스'✠에 앉아 있었다. 그는 억눌린 고뇌에 빠져 있었다. 글렌다가 다시 한번 그를 집에서 쫓아내려고 했다. 그들은 부부 상담을 받고 있었지만, 그녀는 지난 몇 번의 약속을 취소했다. 그녀에겐 상담을 계속해야 할 이유가 없었다. 결혼 생활을 끝내고 싶었기 때문이다. 마틴과 젤은 계속 제러미에게 떠나지 말라고 말했다. "그 사람들 말로는 이혼은 옳지 않은 일이래요." 가끔 그는 자기가 왜 몇 달 동안 모임에도 나오지 않은 젤의 말을 듣고 있는지 궁금했고, 마틴의 조언이 맞는 말인지 확신할 수도 없었다. 이런 이야기가 반항적인 비판으로 비칠까봐 걱정했는지, 제러미는 재빨리 이렇게 덧붙였다. "하지만 프라미스키퍼스는 도움이 되죠. 좋은 점은 고통스러운 감정을 다른 남자들과 나눌 수 있다는 걸 알려줬다는 거예요. 예전엔 그런 생각을 해 본 적이 없었거든요."

그래서 그의 다음 말은 충격으로 다가왔다. 그가 한 말은 분명히 너무 고통스러운 말이었고, 모임과도 공유하지 않았던 말이었기 때문이다. "아버지가 지난달에 돌아가셨어요." 그가 말했다. 그의 목소리는 마치 그 소식을 방금 전에 들은 것처럼 터져 나왔다. 나는 예전에 제러미와 나눴던 대화를 떠올렸다. 그때 아버지에 대해서 한 이야기가 인상적이었기 때문이었다. "아버지는 감정을 누르고 있다가 폭발해요." 그때 그가 말했다. "폭발해 버리는 성격이랄까요."

2년간 제러미는 아버지를 만나지 못했다. 아버지는 생애 마지막 몇 달간 인공호흡기를 착용하고 있었다. "전화로 이야기를 나눠 보려고 했어요. 하지만 튜브 때문에 말씀을 못 하셨

✠ 프랜차이즈 패밀리 레스토랑.

어요." 그는 장례식장 연단에 서서 "아버지가 운동장에 나를 만나러 왔을 때의 이야기, 한번은 덴버에서 내가 뛰는 모습을 보러 왔지만 그때는 아버지가 말을 하지 않았기 때문에 몰랐었다는 이야기" 등을 나누었다. 나에게 추도사에 대해 설명할 때 그의 목소리가 떨렸다. "말할 수 있어서 좋았어요. 아버지를 기릴 수 있는 기회였으니까요."

장례식이 끝나자 제러미의 여동생이 그를 따로 불러냈다. 그녀는 프라미스키퍼스 남자들의 조언을 무시하고 집에서 어서 나가라고, 글렌다가 원하는 이혼을 해 주라고 말했다. 그는 여동생의 말이 옳다는 걸 인정했다. "늘 그룹의 조언이 옳다고 확신하는 건 아니에요. 우리는 더 성장해야 하죠. 그룹 내에서도 별 감흥조차 주지 못하는 사람이 많아요. 거의 아무 말도 하지 않거든요." 우리는 계산을 하고 햇볕이 내리쬐는 주차장으로 걸어갔다. "프라미스키퍼스는 목표가 있어야 한다는 점에서 알코올의존자 모임과 비슷해요." 그룹이 자신이 의지할 수 있는 형제애로 "성장"하지 못한 것을 생각하며 제러미가 말했다. "남자들은 목적이 있기 때문에 거기 있는 거예요. 목적이 없으면 남자들이 오지 않죠." 그는 자신의 차 옆에 서서 열쇠를 만지작거리며 생각의 문을 열려고 노력했다. "그게 어쩌면 우리 그룹의 문제인지도 모르겠어요. 목적을 잃어버린 거죠."

그다음 주에 글렌도라 그룹은 평소와 같이 애트워터의 집에 모였다. 며느리가 아들을 살해한 혐의로 재판을 받고 있는 프랭크 커밀라가 한 달이 조금 넘는 공백을 깨고 돌아와, 그룹에 근황을 전하기 시작했다. 그는 화가 나 있었다. 지방 검사보가 아직 준비가 되어 있지 않았던 검사로 하여금 막판에 이 케이스를 종결하도록 했다. 중간에 마틴 부커가 끼어들었다. "법정에서 말고도 할 수 있는 일이 있을 텐데요." 그러자 한 남자가 자신이 계획하고 있던 모터홈 여행에 대해 이야기하기 시작했고, 대화는 휴가지에 대한 이야기로 넘어가 버렸다.

마틴은 고든 댈비의 야간 수업을 소개했다. "여러분은 프라미스키퍼스 동료가 차에 포르노 잡지를 가지고 있다면 어떻게 하실 건가요?" 마틴에 따르면 댈비가 기독교 남성 그룹에서 이 질문을 제기했고, 누구도 그룹 자체가 어떤 도움이 될 거라고 주장하지 못했다. "이 이야기는 남자들이 서로의 엉망진창인 삶에 함께 서는 것이 얼마나 어려운지 보여 줍니다." 마틴이 말했다. "우리의 과제는 이 그룹을 정직해질 수 있는 그룹으로 만들고, 서로에게 다가가 '우리는 가족이다. 우리는 연결되어 있다'고 말하는 걸 도전으로 삼는 겁니다."

그의 자리에서 제러미 푸트는 몸을 꿈틀거리고 있었다. "내가 그룹에서 어려움을 겪고 있으면 어떻게 합니까? 나는 언제 질문을 제기할 수 있죠?"

그룹의 젊은 반항아인 크레이그가 재촉했다. "지금 말해 보세요."

제러미는 숨을 들이쉬고는 다시 프랭크 커밀라에게로 주제를 옮겨 갔다. "좋아요. 프랭크가 4주 동안이나 모임에 나오지 않았을 때 아무도 '프랭크는 잘 지내고 있나?'라고 묻지 않았죠. 아무도 신경 쓰지 않는데, 어떻게 우리가 신경 쓴다고 말할 수 있죠? 신경 쓴 사람이 있기나 한가요?"

바트는 점점 화가 나는 상태로 듣고 있었다. "잠깐만요, 제러미. 그렇게 신경 쓰였다면 당신이 프랭크한테 전화를 걸었으면 되잖아요?"

"전화번호를 몰랐어요."

마틴이 끼어들었다. "주소록을 줬잖아요. 우리가 2주가 흘렀는데 전화를 하지 않았다고 해서 신경을 쓰지 않는다고 말한다면, 그건 과장이에요."

"아니에요. 내 말은 그러니까, 우리가 신경 쓰느냐를 물은 거예요."

"제러미, 이 그룹이 어떻게 만들어졌는지 기억해요?" 마틴이 짜증을 내며 물었다. "많은 사람들이 떠났지만, 우리는 오랜 시간 절뚝거리면서도 여기까지 왔어요."

"전화번호가 있었다면 전화를 걸었을 거예요." 제러미가 말했다.

이 모든 갈등의 중심이었던 프랭크 커밀라가 드디어 입을 열었다. "내 번호는 전화번호부에 있어요."

방이 조용해졌다. 그러자 마틴이 다소 감정적으로 말했다. "프랭크? 우리는 당신을 사랑해요."

프랭크는 손을 들어 별일 아니라는 듯 더는 말하지 말라는 제스처를 취하며 웅얼거렸다. "고마워요."

"우리는 당신을 사랑해요, 프랭크." 다른 몇몇 남자가 의무적으로 맞장구를 쳤다. 크레이그가 참지 못하고 말했다. "그래도 우리는 당신에게 전화를 걸지 않았죠!" 모두가 웃었고, 방 안의 긴장감을 누그러뜨렸다. 하지만 그게 문제를 해결해 주지는 못했다. 다음 주에 그룹은 다시 긴장된 공손함으로 돌아와 있었다. 프랭크 커밀라는 계류 중인 법원 사건에 대해 거의 이야기하지 않았다. 제러미 푸트는 더 이상 모임에 모습을 드러내지 않았다.

한 달 뒤 나는 패서디나에서 크레이그를 만나 점심 식사를 함께했다. 그는 모임에 계속 나갈지 잘 모르겠다고 했다. 아티초크의 레이어를 통해 나에게 보여 주었던 그 탐구 과정에서 '모임'은 그를 마음으로 이끄는 데 아무런 도움을 주지 못했다. 패배감 가득한 목소리로 그가 말했다. "예수님을 보세요. 열두 제자를 뽑았지만, 우리는 바르톨로메오 등에 대해서는 읽어 본 적이 없어요. 열두 명 중 절반은 그저 '친한 친구'였던 거죠. 예수님한테는 세 절친이 있었어요. 베드로, 야고보, 요한. 이들이 '친밀한 사람들'이었죠. 하지만 그가 '마음'을 원했을 때, 어떻게 했을까요?" 크레이그는 나의 대답을 기다렸다. 내가 아무런 답을 못 하자 그는 자문자답했다. "그는 그들을 모두 버려두고 나무 옆에서 홀로 하나님께 말을 걸었습니다."

3부 사악한 제국

6장 모두 군인이 되어 아무도 남지 않았네 : 누구도 피하지 못한 베트남전쟁

제2차세계대전에 뒤이어 펼쳐진 세대 간 드라마의 결정적인 한 장면에서, 방탕한 아들과 착한 아들은 영원히 갈라서게 된 것 같았다. 1930년대 말과 1950년대 중반 사이에 태어난, 대략 2700만 명에 달하는 젊은이들이 이제 소년기를 거쳐 첫 번째 성숙기를 맞이하여 거대한 행렬을 이루고 국가 검문소에 속속 당도했다.[1] 그곳에서 젊은이들을 기다리고 있던 건 인생행로를 이어 갈 일련의 경로들이었다. 선택은 어렵고, 혼란스럽고, 고뇌로 가득했다. 게다가 일단 선택을 하고 나면 돌이킬 수도 없었다. 그들은 그 길, 그 경로가 규정하는 방식대로 남은 평생을 살아야 할 터였다.

선택이 전적으로 그들에게 달려 있는 건 아니었지만, 홍보는 그런 식으로 이뤄졌다. 아들들이 베트남전쟁에 참전할지 여부를 결정하기 훨씬 전에, 제2차세계대전에 참전했던 아버지들은 이미 그들을 위해 이런저런 결정을 내려 놓은 참이었다. 1948년 의회는 평시 징병법을 제정했고, 1950년에 이르러 그 법에서 가장 특징적인 대목을 실행에 옮겼다. 그 대목은 바로 학급 성적 상위권에 들었거나 특별적성검사에서 우수한 점수를 받은 대학생에 한해 징집을 유예할 수 있다는 내용이었다. 당시 선발징병제Selective Service System(SSS) 국장이었던 루이스 허시Lewis B. Hershey가 설명했듯, 이 아이디어는 일종의 "클럽 입회 절차club of induction"를 이용해 젊은 남자들을 국가안보에 이바지하는 방향으로 "이끄는" 동시에, 그들이 자기 길을 선택하고 있다는 인상을 주려는 의도에서 나온 것이었다. 허시는 이 "은밀한 인도" 방법이 "갑갑할 정도로 훈훈하게 데워진 방에 서 있는 것"과 같다고 말했다. "몇 가지 문이 열려 있지만, 그 문들은 모두 국가를 위한 공인된 애국적 복무로 형태를 달리해 가며 이어진다." 신냉전시대에 예비 엔지니어·수학자·과학자감으로서 촉망받는 소년들은 미국 경제계로 향했다. 그리고 그보다 전망이 밝지 않은 형제들에게는 군복무의 기회가 주어졌다. 이는 곧 장래에 미사일 제작자가 될 게 아니면 총알받이가 될 거란 의미였다. 역사가인 크리스천 애피Christian Appy는 『노동계급 전쟁Working-Class War』에서 "영향력 있는 정책 입안자들은 진흙투성이 전투병들로 이루어진 군중이 아니라 하얀 가운을 입은 과학자들·엔지니어들 팀이, 냉전이건 열전이건 미래의 전쟁 결과를 좌우하리라는 생각에 점차 설득되었다"라고 썼다. 군인을 사회의 소모품으로 간주하는 이런 시스템은 장차 제2차세계대전 영화가 주는 환상, 즉 모름지기 남자란 전장에서 불굴의 의지를 발휘하게 돼 있다는 환상 속에서 아들을 키웠던 바로 그 어른들의 지지를 받게 되었다.[2]

미리 정해진 이 경로 안에서 아들들은 스스로 '선택'해야 하는 상황에 직면했다. 그 세대의 2700만 징병 대상 남성 중 약 32퍼센트가 베트남전쟁 시기에 입대했으며, 약 8퍼센트가 베트남에서 복무했고, 약 3~6퍼센트가 전투에 참가했다. 그 밖의 남성 다수는 군복무를 전혀 하지 않았다. 군복무를 하지 않은 1590만 남성 가운데 1540만 명이 징집을 연기하거나 면제받거나 실격됐다. 약 50만 명이 병역을 기피했고, 그 중 9000명이 유죄판결을 받아 3000명 이상이 투옥되었다.[3] 이 세대에는 징병제와 끝까지 대결한 진정한 반전 '급진파'나 전장으로 돌아가고 싶어 했던 진정한 참전 용사들이 있었지만 이들은 비교적 적은 수였다. 젊은이 대부분은 혼란스러운 중간 그룹에 속했다. 그들은 징병을 연기하면서도 마음이 편치 않았다. 입대를 고려하다가도 이내 마음을 바꾸는가 하면, 군대에 가서도 '그냥 집에 있을걸' 하고 후회하며 전쟁에 반대했다. 반전운동의 변방에 잠시 몸담기도 했지만, 남자로 성장하는 기회를 놓친 것은 아닌지 걱정했다. 로런스 라이트Lawrence Wright 기자는 1983년 회고록 『새로운 세계에서In the New World』를 통해 이 같은 양가감정의 전형을 표현했다. "이제 나는 군복무의 문지방에서 의구심으로 가득 차 있었다. (…) 나는 두 가지 감정의 양극단 사이에 멈춰 있음을 깨달았다. 한편으로 나는 나의 조국이 잘못했다고 믿었고, 내가 군복무를 하는 것이 비윤리적이라고 생각했다. 하지만 다른 한편으로는 전쟁이 진행되고 있는데 내가 그걸 놓치는 것일 수도 있었다. 이건 남자로서 나의 이미지와 근본적으로 상충되는 일이었다."[4] 라이트와 같은 대다수 남성은 해결책 없이 집에 머물며 이 이미지와 씨름했다. 그들이 모두 같은 부류였다고 할 수는 없을지라도, 결국엔 응석을 부리는 나르시시스트 무리로 정형화되어 유명세를 얻기에 이르렀다. 대학생들이 징집을 연기할 수 있었던 건 특권에서 배제된 빈곤층은 물론 노동계급에 대한 차별임이 명백했다. 그러나 이는 아이비리그 엘리트의 규모를 넘어 더 많은 국민을 보호하는 길이기도 했다. 이 특혜의 우산은 수백만 명을 품을 수 있을 정도로 거대했다. 그 아래서 그 모든 도덕적 곤경, 남성성의 딜레마와 힘겹게 씨름한 젊은이가 있었으니, 그는 장차 우드스톡✠의 우상이 아니라 프라미스 키퍼스 복음주의자들의 우상으로 떠오르게 된다.

✠ 우드스톡페스티벌. 1969년 8월 15일부터 사흘간 뉴욕주 북부 베델 근처 화이트레이크의 한 농장에서 열린 음악 페스티벌로, 이 시기를 뜨겁게 달군 반전평화운동과 반문화운동의 열망이 폭발하던 전설적인 록 음악 축제였다.

내가 인터뷰할 당시 고든 댈비 목사는 근무 중 일정 시간을 캘리포니아주 샌타바버라 근처 작은 사무실에서 보냈다. 그 사무실은 골레타 프로페셔널 빌딩의 비슷비슷하게 생긴 모텔식 사무실들 틈에 있었다. 남쪽으로 불과 몇 마일 떨어진 해변의 수채화 같은 몽환적인 이미지는 100만 마일 이상은 떨어져 있는 듯한 느낌을 주었다. 반면에 눈앞의 사무실은 얼룩덜룩한 천장과 수직 블라인드, 소독제 따위로 이루어진, 어디에나 있을 법한 대합실의 미적 감각을 뽐내고 있었다. 댈비의 방에는 책상이 없고 가구도 드문드문 놓여 있었다. 이 방의 공식적인 세입자는 지역의 빈야드✠ 교회 직원이었는데, 댈비는 그 사람한테서 방을 다시 임차한 상태였다. 벽 높이의 미닫이 유리문은 살짝 금이 간 탓에, 열릴 때마다 둔탁한 소음을 냈다.

8월 어느 날 아침, 댈비 목사의 사무실에서 그를 기다리던 중이었다. 사무실 주인에 대한 단서를 찾기 위해 별 성과 없이 주위를 둘러보다가, 내가 바라보고 있는 이 불모지는 아버지 없는 자의 건축이라는 생각이 들었다. 이런 환경은 빈야드 교회에 적합했다. 예수운동에 뿌리를 둔 신–카리스마적 교회인 빈야드 교회는 (그 구성원 한 명이 나에게 고통스럽게 말했던 것처럼) 60세에 알아논Al-Anon✢에 합류한 알코올의존자의 아들이 수년간 이끌고 있는 '아버지 없는 운동'이었다. 이 조립

✠ 빈야드 운동은 직역하면 '포도원을 세우는 운동'이다. 이적(異蹟)이나 기사(奇事), 치유 등을 통해 권능 있는 복음 전도를 강조하는 오순절 운동이나 은사 운동을 말한다. 주창자 존 윔버(John Wimber)는 자신의 이런 신학을 바탕으로 1977년 요르바 린다 갈보리 채플을 설립하여 크게 성장시켰으며, 애너하임 빈야드 교회는 6000명이 넘는 대형 교회로 성장했다. 빈야드 주창자들은 내적으로 들려오는 음성이나 투사, 직관을 하나님의 음성으로 간주하여 신앙을 주관화하고 진동이나 넘어짐, 낄낄대며 하루 종일 웃어 대는 웃음, 몸부림치는 것 등 육체에 가시적으로 나타나는 현상을 영적인 체험으로 간주하여 체험만이 신앙의 기초라고 주장한다.

✢ 알코올의존자 구제회.

식 건물은 내가 고든 댈비에 대해 생각할 때 기대했던 서식지는 아니었다. 그는 글렌도라의 남자들, 그리고 기타 수많은 소규모 프라미스키퍼스 그룹의 롤 모델이자 구세주 아니었던가. 나는 사람의 온기가 느껴지는 건물, 어쩌면 보살핌과 연속성을 암시하는 오래된 건축물을 그리고 있었다. 한마디로 아버지가 지었을 법한 집을 상상했던 것이다.

처음 만나자마자 그가 말했듯이, 댈비는 자신이 프라미스키퍼스의 전국적인 지도자들에게 절연당한 아들, 버림받은 아들이라 느끼고 있었다. "프라미스키퍼스가 나를 거부했을 때 큰 상처를 받았습니다." 그는 강철 빛의 검푸른 눈동자를 다른 쪽으로 돌리며 부드럽게 말했다. "내가 남자들을 치유해야 한다고 말했기 때문에 나를 내쫓았죠. 나는 남자들한테 '당신이 도달해야 할 일곱 가지 기준이 있다'는 식의 이야기를 하지 않아요. 나를 죽인 건 그 기준들이에요. 내 아버지도 죽였죠. 아버지의 영혼이 그 때문에 파괴됐으니까요."

1992년 댈비가 연사로 초청받아 프라미스키퍼스의 첫 대회에 참여했을 때, 그는 독하게 비판을 쏟아 내는 아버지를 흉내 내는 듯한 다른 연사들의 꾸짖는 어조 때문에 마음이 불편했다. "나는 책임자들을 만나서 말했죠. '이봐요, 남자들에게 더 높은 기준을 강요하는 건 그만둬야 해요. 우리는 남자들로 하여금 그 기준에 도달하지 못하게 만드는 상처들부터 다루어야 합니다.'" 이런 제안에 돌아온 것은 냉랭한 시선이었다. "그들은 그저 나를 바라보기만 했어요. 그러면서 속으로 '얘는 한 팀이 될 수 없겠는데'라고 생각했겠죠." 댈비는 이해력 부족한 관계자들 앞에 앉아서 "프라미스키퍼스는 미식축구 선수들이라는 걸 깨달았"다. "우리 아빠와 같달까요. 그들은 운동선수들이에요. 그리고 스포츠처럼 접근했어요. 말하자면 성과지향적인 접근을 했다는 거예요. 내 아버지처럼 말이죠. 그들은 아버지가 나를 받아들이지 못했던 것처럼 나를 거부했어요. 그리고 나 역시 그걸 그들에게 투사했죠. 결국 포기할 수밖에 없었어요." 댈비는 다시 프라미스키퍼스 컨퍼런스에 연사로 초청받지 못했다.

댈비는 습관적으로 조깅하는 사람의 수척한 모습을 하고 있었고, 신진대사보다는 형이상학적인 배고픔에서 오는 걱정이 가득한, 잊히지 않을 강렬함을 지니고 있었다. 표면적으로 그는 글렌도라 남자들과 많은 공통점을 가지고 있었다. 그는 그들과 아버지에 대한 타오르는 배신감과 동시에 그걸 극복하고자 하는 충동을 공유하고 있었다. 댈비가 내게 말했다. "아버지를 공경하고 싶습니다. 사역을 하면서 겪는 어려움 중 하나는 내가 진심으로 아버지를 공경하고 싶다는 점입니다. 내 아버지는 할아버지가 아버지에게 베푼 것보다 훨씬 더 많은 것을 내게 베풀었어요. 할아버지는 일주일에 엿새, 제철소에서 열 시간씩 일을 하고 집으로 돌아왔습니다. 그다지 따뜻하거나 포근한 기억은 아니었겠죠. 나는 아버지를 위해 여러 번 울었습니다. 주님은 마침내 내 아버지를 위해 울 수 있는 장소로 인도하셨습니다, 그게 아니었다면 나는……."

그는 말을 끝맺지 못했다. 아마도 그 자리에 다다를 때까지 너무 오랜 시간이 걸렸기 때문이었을 터다. 글렌도라의 남자들처럼, 그는 탕자의 비유를 인생의 비유로 삼고 자랐지만 결정적인 차이가 있었다. 글렌도라의 남자들은 스스로를 집에 머물렀던 선한 장자로 여겼지만, 고든 댈비는 집을 떠났던 어린 소년과 동일시했다. 사실 그는 여전히 그렇게 생각하고 있었다. "나는 스스로를 장남이라고 생각한 적이 없었어요. 나는 언제나 탕자였습니다." 댈비는 좀 더 순종적이었던 동시대 남자들에 대해 어느 정도 안쓰러움을 느끼면서 부정적으로 평가했다. 자신의 저서 『아버지의 아들들Sons of the Father』에서는 그들을 "예스맨"이라 불렀다.[5] 그는 나에게 말했다. "저항하는 이들이 왕국에 더 가까이 있죠. 아버지에게 '노'라고 말해 보지 않은 사람은 아버지에게 자유롭게 '예스'라고 말할 수 없습니다." 아직 젊었을 때 그는 아버지에게 "노"라고 말했다. 덕분에 그는 그의 세대의 중요한 영역에서 전형적인 인물이 되었다. 그는 전쟁에 가기를 거부했다.

축구와 농구 및 테니스 스타였던 댈비의 아버지는 제2차세계대전 중에 국가에 복무하기 위해 해군에 입대한 뒤 그곳을 떠나지 않았다. 이후 20년간 아버지는 필라델피아 해군 조선소의 소위 계급에서 시작해 전 세계를 횡단하는 사령관 자리까지 올랐다. 그는 제2차세계대전 당시 등장한, 기업경영 라인을 따라 재편성된 새로운 군대의 일원이었다. 주로 업무 관리자로서 승진했는데, 초기에 획득했던 MBA 학위 덕분에 이력에서 차이를 만들어 낼 수 있었다. 그 과정에서 때로는 작고 때로는 의미 있는 방식으로 이런저런 유명한 냉전의 순간들에서 존재감을 드러냈다. 그는 쿠바 미사일 위기 상황에 항구 봉쇄에 참여했다. 그는 파키스탄 같은 제3세계 국가에서 미국이 후원하는 해군 창설을 도왔고, 항공모함 '랜돌프Randolph'✠의 보급 장교였으며, 1962년 지구 궤도를 세 바퀴 도는 존 글렌의 역사적인 일주 항해 후 대서양에서 그를 데리고 오는 일에 참여했다. 댈비 시니어가 자신의 직업생활을 아들에게 신나게 늘어놓을 때, 그가 국가를 위해 복무하는 기간 중 가장 자랑스러운 순간 중 하나로 꼽았던 건 바로 미국 우주비행사를 위해 미국식 스테이크 저녁 식사를 준비했던 일이었다.

✠ 제2차세계대전 중 미 해군이 건조한 에식스급 항공모함 스물네 척 중 하나. 이름을 붙인 두 번째 미 해군 함선이었다. 1944년 10월 취항해서 태평양에서 여러 작전에 투입되었으며, 일본군의 카미카제 공격으로 큰 피해를 입기도 했다.

고든은 항공우주 기술의 남성적인 창공에서 아버지의 위치를 찾도록 길들여졌다. 1960년 아버지는 그에게 컴퓨터가 "미래의 길이 될 것"이라고 말했다. 열다섯 살에 졸업생 대표로 고등학교를 졸업한 대단히 전도유망하고 조숙한 학생이었던 그는 당대 아버지의 전형적인 기대, 그러니까 수학자나 엔지니어가 될 것이라는 기대를 한 몸에 받으면서 듀크대학교에 진학했다. 그는 수학을 선택했다. "내가 고등학교 2학년 때, 러시아가 스푸트니크✠를 쏘아 올렸어요. 그리고 미국이 패닉에 빠졌죠. 과학자를 길러 내야 했어요! 그래서 학교에서 공부를 좀 한다는 남자아이들은 이런 질문을 받았죠. 어떤 과학을 전공할 거야? 다른 걸 할 수 있을 거라고는 생각도 못 했습니다." 하지만 그때 댈비는 문학을 발견했고, 그가 있던 노스캐롤라이나 캠퍼스 곳곳에서 민권운동이 시작되었다. 4년 뒤 그는 수학 과목 학점 평균 C, 새롭게 발견한 인문학에 대한 사랑, 인종적 불평등에 대한 각성, 그리고 아버지와 최대한 거리를 두려는 압도적인 열망을 뽐내게 되었다. 1964년 어느 날 그는 모든 소지품을 낡은 뷰익✢에 넣고 서쪽으로 운전해 갔다. 가는 길에는 마치 고대문명의 폐허에서 야영을 하듯 리틀리그 선수 대기석에서 여러 번 잠을 청했다. 그는 캘리포니아주로 향했고, 그곳에서 이후 10년간 민권운동을 조직하고 반전운동을 펼쳤으며 의도적으로 빈곤한 생활을 이어 갔다.

댈비는 컴퓨터가 없는 나이지리아 마을에서 평화 봉사를 하기 위해 2년간 미국을 완전히 떠나 있기도 했다. 1968년 샌프란시스코 지역으로 돌아와 베트남전쟁에 항의하고 주택 차

✠ 소련이 1957년 10월 4일 바이코누르 우주기지에서 발사한 인류 최초의 인공위성. 스푸트니크 발사 성공은 소련이 미국과의 우주전쟁에서 첫 번째 승리를 알린 사건이었다.

✢ 미국 GM사의 승용차 상표명.

별 정책에 반대했으며, 파업 중인 포도 농장 노동자들과 함께 행진했다. 그리고 스탠퍼드대학교에서 언론학을 계속 공부한 후 새너제이 바리오에서 중학교 수학 교사로 일하면서 징병을 피했다. 그는 머리를 길게 기르고 샌프란시스코 남쪽의 가난한 흑인 도시인 이스트 팰로앨토로 이사해 "오직 흑인 여성하고만 데이트를 했"으며 "소울 음악이 아니면 듣지 않았다". 그는 이렇게 말했다. "흑인이 되려고 필사적으로 노력했어요. 그게 내 백인 조상들, 백인 아버지들에게 복수할 방법이었기 때문이죠." 더 구체적으로 그는 그 방법이 "나 자신을 아버지로부터 떼어 내 줄 것"이라고 생각했다. 그러고 나서 댈비는 아버지에게 어떤 경우에도 베트남전쟁에 참전해 국가에 복무하는 일은 없을 거라 알렸다. 해군 사령관은 외아들과 의절했다. 이런 방식으로 고든 댈비는 자기 세대의 가장 중심에 놓여 있던 남성적 위기에 동참했다.

※ ※ ※

댈비가 반란을 일으키고 있던 그해, 마이클 번하트라는 청년이 입대를 준비하고 있었다. 어렸을 때 제2차세계대전 영화를 본 기억만큼이나 군복무를 하고 싶었던 기억도 남아 있었다. 롱아일랜드 프랭클린 스퀘어 뒤뜰에서 보낸 어린 시절의 여름날이란 상상 속 유럽 전선에서 펼쳐지는 길고 목가적인 전쟁놀이의 시간이었다. 번하트는 한때 기수騎手를 꿈꾼 사람에게 걸맞은 작고 단단한 몸, 그리고 종교적인 형식을 따랐던 건 아니지만 본질적으로 댈비만큼이나 영적인 정열을 가지고 있었다. 그는 무언가를 알아내려고 노력하는 남자였다. "우리는 늘 전쟁놀이를 했어요." 그는 반쯤 경이로움에 사로잡힌 채 어린 시절에 대해 이야기했다. 내가 플로리다 북부의 팬핸들 지역에 위치한 그의 10에이커에 달하는 말 농장을 방문했을 때였다. "우리에게는 리더가 있었고, 먼지 폭탄으로 이것저것을 공격하곤 했죠. 전쟁이 디데이처럼 우리 모두가 함께 참여하는 대단한 일이라고 생각했어요. 그리고 우리는 이 위대한 군대의 일부가 될 터였고, 위대하게 짜여진, 무언가를 해낼 사람들의 일부가 될 거라고 생각한 거죠. 그러고 나서 귀향했을 때, 사람들에게 해 줄 이야기가 있을 테고요. 그건 환승 같은 겁니다."

마이클 번하트는 그가 아는 어른들로부터 이런 감동을 얻지는 못했다. "전쟁에 대한 직접적인 이야기를 많이 듣지는 못했어요. 그저 할리우드 영화에서나 봤죠." 아버지 아널드 번하트는 어린 시절 류마티스 열병을 앓은 후유증으로 제2차세계대전에 참전하지 못했고, 그건 그에게 영원한 수치심으로 남았다. "아버지와 루이 '삼촌'(아버지의 친한 친구)은 제2차세계대전이 발발했을 때 입대하기 위해서 군대를 찾아갔고, 거기에서 신체검사를 받았어요. 아버지는 심장에 이상이 있었죠. 그래서 4등급을 받았어요. 루이 삼촌은 다른 등급을 받았던 것 같은데, 뭐였는지는 잊었습니다. 여하튼 두 사람 모두 무너져 버렸어요. 그리고 내 생각에는…… 흠…… 그게 문제였죠. 싸우기에 적합하지 않다는 이야기를 들었을 때 기분이 좋을 수는 없지 않겠습니까."

마이클 번하트의 아버지는 아들에게 남자가 된다는 것에 대해 알고 있는 모든 걸 전수했다. 물건 만드는 법, 시민적 책임과 기술 습득의 중요성, 그리고 남성성과 과시는 아무런 관계가 없다는 믿음. 아버지가 전해 준 남자다움의 척도는 본질적으로 전쟁 이전에 만들어진 것들이었다. 그는 자신의 두 손으로 여기저기를 수선해서 세운 가족의 집 근처에서 영세 소매점을 운영하고 있었다. 그는 지역 공화당 정치에 적극적으로 참여했고, 절친한 친구들과 함께 마을 시민 협회를 조직했다. 이 두 절친은 어린 마이클에게도 언제나 도움을 주는 사람들이었다. 번하트는 이 삼총사를 "나의 세 아빠"라고 불렀다. "아버지와 함께 일하던 때가 가장 기억에 남아요." 번하트는 아버지에 대해 이렇게 말했다. "어떻게 일을 *해야 하는지*, 어떻게 물건을 고치고 만드는지 배웠어요. 아버지는 이것저것 수리하는 일 같이, 마을에서 내가 할 일을 찾아 주었죠. 그리고 비공식적으로 잘하는지 살펴봐 줬어요. 그리고 아버지의 명성은 내가 하는 일에 달려 있기도 했죠. 아버지는 가치 있는 일들을 가르쳐 주었어요."

하지만 마이클 번하트는 그 교훈에서, 그의 표현에 따르면, "돌봄"에 바탕을 둔 봉사가 남자다움의 기초라는 확신을 지워 버렸다. 장엄한 할리우드 스타일의 전쟁에 대한 비전을 마음에 품고, 그는 군대에서 시작하기로 결정했던 것이다. 그는 자신의 뜻에 따라 사촌과 친구 대부분이 다녔던 가톨릭 고등학교가 아니라 롱아일랜드의 라샐육군고등학교La Salle Military Academy에 입학했다. 그곳은 가톨릭 수도사와 현역 군인 간부가 엄격하게 운영하는 남학생 전용의 유명한 가톨릭 기숙학교였다. 그는 고향에서 만난 젊은 졸업생들에게 깊은 인상을 받았었다. 가장 호소력 있었던 건 그들이 "어른처럼" 행동했다는 점이었다. 그들은 동료들이 아니라 성인 남자에게 배운 성숙함을 갖추고 있었다. 나이 든 생도들이 지배했던 시타델과 달리, 라샐에서는 "수도사들이 *책임을 지고* 있었다"고 번하트는 강조했다. "괴롭히는 애들도 없었고요, 그런 짓을 주도하는 상급생도 없었습니다. 수도사님들은 일을 처리하는 법을 알고 있었죠. 뭘 해야 할지 늘 알고 있었어요." 수도사들은 그가 아버지의 지도 아래 경험했던 도덕적 교육을 이어 나갔다. "나는 일을 처리하는 경로와 방법이 있다는 걸 배웠어요. 점수표가 있었는데요, 거기에 펀치를 찍어야 했고, 잘 찍혔는지 늘 확인해야 했죠. (…) 일을 쉽게 하는 방법이란 없었어요. 지름길 같은 건 없었죠." 그는 또한 스스로 수도사들과 같은 남성 리더가 되고 싶다는 걸 깨달았다. "그분들을 정말로 동경했어요. 나는 그런 애새끼들한테 자신의 삶의 많은 부분을 줄 수 있는 사람이 있다는 걸 믿을 수 없었어요. 내 말은, 그러니까 솔직하게 말하자면 이 학교에는 마피아 가문이나 〔니카라과의 독재자 아나스타시오〕 소모사 같은 중앙아메리카의 독재자 가문의 아이들이 다니고 있었거든요. 하지만 수도사님들은 전적으로 헌신했죠."

아버지의 권유로 번하트는 마이애미대학교로 향했다. 그는 해양생물학을 전공할 예정이었다. 그에게는 자연을 연구하는 일이 매력적으로 다가왔다. "나는 항상 모든 것이 어떻게 작동하는지 알고 싶었고, 사물을 더 큰 시스템의 일부로 보고 싶었어요." 하지만 그의 마음은 여전히 군대 생활에 가 있었다. 그는 육군 ROTC뿐만 아니라, 공격 중대로 알려져 있던 육군 특수부대가 대학에서 운영했던 특별 엘리트 부대에도 들어갔다. 무릎이 안 좋았던 덕분에 베트남 참전을 피할 수 있었던 걸 늘 다행으로 생각하던 룸메이트 짐 로빈슨은 그를 이해할 수 없었다. 짐이 내게 말했다. "마이크는 전쟁을 **지나치게** 좋아했죠. 군에 입대해서 나라에 복무하고 군 지도자가 되는 데 매우 집중하고 있었어요. 학교는 별로 중요하지 않았습니다."

1967년 봄, 2학년 중반에 번하트는 학교를 중퇴하고 군에 입대했다. 부모와 형제들을 부양하기 위해 10학년 때 고등학교를 자퇴한 아버지는 실망했다. 번하트는 이렇게 회상했다. "하지만 아버지는 알고 있었어요. 내가 그토록 국가에 복무하고 싶어 하는 데에는 부분적으로 당신의 책임도 있다는 걸요. 당신이 내게 심어 준 가치가 무엇인지 알고 있었거든요." 당시에 번하트는 베트남에서 벌어지고 있는 일에 대해 희미한 느낌만을 가지고 있었다. "공산주의를 강요당하는 작은 나라가 있고, 반면에 우리는 적어도 표면적으로는 그 사람들에게 원하는 걸 할 수 있는 기회를 주려고 노력하는 것처럼 보였죠. 그 전쟁이 무엇 때문에 일어났는지 확신할 수는 없었지만, 내 또래의 다른 남자들과 함께 위험을 감수하고 기회를 잡아야 한다고 느꼈어요. 내가 가지 않으면 누군가 내 대신 그 자리에 가야만 했고, 그건 내가 함께 자라온 모든 가치들에 위배되는 일이었어요."

마이클은 또한 그가 "계획the Plan"이라고 불렀던 걸 가지고 있었다. 그는 장교가 되고 싶었지만 지휘하기에는 너무 어려 보인다고 생각했다. 뿐만 아니라 그는 키도 작았다. 5피트 4 정도에서 성장이 멈춘 것이다. "신뢰뿐만 아니라 자신감을 고취하기 위해서는 몇 마일을 더 가야 한다고 생각했어요." 그래서 그 '계획'이란 입대해서 기습 공격 대원이자 낙하산병으로 훈련 받는 것이었다. "나는 군대에 가서 완수해야 할 일은 뭐든 다 하려고 했어요. 계급장도 좀 높이고 전투 경험도 쌓으려고 했죠. 그러고 나서 웨스트포인트✠로 갈 예정이었어요. 그러면 지휘권을 가질 수 있을 테니까요."

※ ※ ※

고든 댈비와 마이클 번하트는 동세대 청년들에게 중요한 사건을 지나면서 서로 다른 길을 선택했다. 이는 그들과 다른 형제들을 구분하는 분기점이 되었고, 국가는 그들이 그런 구분 방식을 흔들지 못하도록 했다. 베트남은 미국적 남성성을 규정하는 사건이 되어야 했지만, 조국의 아들들이 진정한 남자가

✠ 미국육군사관학교(United State Military Academy, USMA). 뉴욕의 웨스트포인트에 위치한 까닭에 일반적으로 '웨스트포인트'라고 불린다.

되기 위해 그 다리를 건너고 있다고 생각했을 때 무너져 버렸다. 일반적인 통념은 이러한 붕괴가 아버지의 결정이 아니라 아들의 선택에 의해 촉발되었다고 고집을 부린다. 징병소를 통해서건 반전 집회에서건, 아들이 어떻게 그 다리에 접근했는가는 한 남자의 가치를 가늠하는 보편적인 척도가 되었다. 빌 클린턴 대통령의 베트남 시절 징집 기록을 둘러싼 논쟁은 한 세대의 사람들이 평생에 걸쳐 이런 노선을 따라 어떻게 분열되고, 정복되어야 했는지를 보여 주는 가장 널리 알려진 예일 뿐이다.

미국의 좋은 아들과 탕아 사이의 구분은 세기말의 대중적 상상력 속에 여전히 새겨져 있었고, 이 묘사에는 항상 침묵하는 다수의 노동자 계급 아들들과 특권을 누리면서도 권위에 저항한다고 허세를 떠는 히피들 사이의 어떤 간극이 등장했다. 전자는 조국을 사랑하고 의무에 충실하지만 과소평가되었고, 후자는 머리를 기르면서 전통적인 젠더 규범에 도전하고 국가를 폄하함으로써 조국의 자기 이미지를 훼손시켰다. 베트남에 간 소년들은 “약속을 지켰다”고 평가받았지만, 전쟁에 저항한 소년들은 선택을 내릴 때 “자아실현을 이용”했다는 말을 들었다. 후자는 존 휠러가 사용했던 표현인데, 그는 웨스트포인트에서 훈련을 받은 대위였다. 그는 베트남의 인력 및 물자 흐름을 관리할 때 사용됐던 물류 정보 시스템을 고안한 사람이었다.[6] 두 부류의 아들 사이에 벌어진 이 극적인 “전쟁”은 국가가 한 세대와 한 나라의 남성성에 대해 평가를 내릴 때 불가피한 조건인 듯했다. 자주 반복되는 그 시합에서 경기장은 오직 두 명의 참가자만을 선보였다. 풀을 먹인 듯 반듯한 착한 아들의 면전에서 록 음악에 심취한 채 조롱하고 침을 뱉는 나팔바지 차림의 변절자와 결국에는 폭발해서 길길이 날뛰고 마는 착한 아들.

세부적인 내용을 볼 때에도 이 도덕성 연극은 의심스러웠다. 1998년 사회학자이자 베트남 참전군인인 제리 렘브키Jerry Lembcke는 단 하나의 주장을 철저하게 파헤친 연구 결과를 발표했다. 그건 반전 시위대가 돌아오는 참전 용사들에게 정기적으로 침을 뱉었다는 주장이었다. 그는 침을 뱉고 야유를 퍼부었던 이들이 (극히 일부의 예외를 제외하고) 이전 전쟁들에 참전했던 매파 퇴역 군인들이었다는 사실을 밝혀냈다. 그들은 젊은 참전군인들이 승리하지 못했기 때문에 패배자라고 여겼다. "우리는 전쟁에서 이겼지만, 저들은 그러지 못했지. 꼬락서니를 보아하니, 애초에 이길 수가 없었겠구먼." 한 해외참전용사회Veterans of Foreign Wars(VFW) 회원이 1970년대 초 베트남 참전병들이 행진하는 밸리 포지✠에서 촬영된 비디오테이프에서 비웃으면서 한 말이다. 그 옆에서 머리카락이 희끗희끗한 동료들이 행군 중인 전직 보병들에게 비방과 조롱을 퍼부으며 괴롭히고 있었다. 다시 말해, 베트남 참전군인들은 그들의 **아버지들**에게 공격당하고 있었다.[7] 그러나 렘브키의 폭로는 노골적으로 무시당하지는 않았다고 해도 대단한 신뢰를 얻지는 못했다. 그렇게 두 아들 사이의 최후의 결전은 포스트-베트남 시대의 지배적인 신화로 남았다.

사실 이 형제들 사이에서 누가 더 "좋은 아들"이고 누가 "탕아"인지는 국가가 신나게 떠들어 대려고 했던 것보다 훨씬 더 모호한 명제였다. 두 유형의 아들 중 결국에 누가 남성 연장자들과 그들이 창조해 놓은 시스템에 더 깊이 침투할 것인가 역시 자명하지 않았다. 마침내 전쟁에서 돌아온 군인들 중 방대한 수의 남자들이 전쟁에 반대하게 되었고, 때로 고향에 머물며 반전을 외쳤던 동년배들보다 더 급진적인 방향으로 돌

✠ 미국 펜실베이니아주 동남부의 마을. 1978년까지 워싱턴 군대의 동절기 병영이 있었다.

아서기도 했다.[8] 아버지들은 공동의 임무, 분명하게 구분할 수 있는 적이 존재하는 전선, 공유된 형제애, 그리고 여자와 아이들을 보호하는 사명이라는 남성적인 패러다임을 지지했다. 그리고 그 패러다임이 실패했다는 징후가 베트남에서 오래도록 지속된 치명적인 교전에서만큼이나 분명하게 드러나는 곳도 없었다. 그 실패의 의미는 너무나 파괴적이어서, 청년들은 그걸 대면할 준비가 되어 있지 않았다. 그가 충성스럽건 반항적이건 간에 말이다. 심지어 남성 연장자들보다도 더 그랬다.

'탕자'인 아들들: 내가 미국인으로서 품고 있던 마음을 아프게 했다

베트남전쟁 당시 보수 진영에서 시작된 '반항아들'의 행동에 대한 진단은 시대가 지나면서 미국 사회의 지배적인 담론으로 자리 잡았다. 그 진단 내용은 우리가 목격한 바가 부친 살해나 다름없다는 것이었다. 아동심리학자 브루노 베텔하임 Bruno Bettelheim은 이 견해를 가장 강력하게 주장하는 사람 가운데 하나로, 《뉴욕타임스매거진New York Times Magazine》과 의회 청문회를 통해 이 반항아들이 독일의 국가사회주의자 아들들과 흡사하게 "아들을 아버지에게 적대하게 만드는 이데올로기"를 수용한 음울하고 위험한 소년들이라고 주장했다. 그는 1969년 의회 교육특별소위원회에서 그들이 "떼를 쓰는 시기에 고착되어 있다"고 주장했다. 그들은 아버지를 전복해야 할 "위험한 적"으로 보는 것만이 "자신이 진짜 남자임을 증명하는" 유일한 방법이라고 상상하는 소년들이라는 것이었다. 그는 불길하게 선언했다. "이 모든 것이 히틀러유겐트✠ 교육의 주요 신조였으며, 지금 우리 학생들에게 남은 것도 이런 내용들입니다. 나는 무장 세력 대열에 히틀러와 스탈린을 지향

✠ 나치 독일의 청소년단. 1933년에 히틀러가 청소년들에게 나치의 신조를 가르치고 훈련하기 위해 만든 조직이다.

하는 이들이 포함되어 있다는 걸 의심하지 않습니다. 따라서 그들이 위험하다는 걸 다시 한번 강조합니다."[9] 이와 유사하게 백악관에서도 묵시록적인 언어가 흘러나왔다. 스피로 애그뉴 Spiro Agnew 부통령은 "널리 알려진 불만 속에 드러난 존속살해 발언"을 매도하고 허용적인 육아 방식을 비난했다. 보수적인 출판물들은 급진적인 태도들을 "테러"라고 부르며 꾸준히 비난을 쏟아 냈다. 그들에 따르면 이 "테러"는 피에 굶주린 자코뱅✝ 청년들이 촉발한 것들이었다. 1969년 《내셔널리뷰National Review》 헤드라인은 이게 무엇인지 한 줄로 요약했다. "혁명이 그들의 부모를 잡아먹고 있다." 주류 출판물의 전문가들은 다소간 완화된 톤으로 같은 주제를 다루었다. 대표적인 것이 1970년 《U.S.뉴스앤드월드리포트》 칼럼이었다. 이 칼럼은 깃발 아래 모여든 "유치하지만 잔혹한" 급진파들을 이렇게 폄하했다. "나는 버릇없는 애새끼들의 폭정에 지쳤다."[10]

이렇게 소리 높여 외치는 마을 관원들에 따르면, 엄마 품에서 오냐오냐 자란 아들들은 유아용 식사 의자에 앉아 숟가락을 두드리고, 시금치 먹기를 거부하면서, 성냥 쪽으로 기어가서 부모의 집을 불태우고 있었다. 아들들은 어른이 되기를 원하지 않았고 엄마를 포기하고 싶지도 않았다. 그리고 마마보이로 영원히 머물기 위해 기꺼이 아버지를 죽이려고 했다. 그런 소리를 늘어놓는 이론가들에게는 안된 일이지만, 반전활동가들에 대한 연구를 보면 전후의 말썽쟁이 도깨비인 "허용적인 육아"는 청년들의 급진주의와 아무런 상관이 없었다. 응석받이로 자란 아들들이 엄격하게 자란 아들들에 비해 전쟁에 더 많이 반대하지는 않았다는 사실이 밝혀진 것이다.[11] 그럼에도, 전쟁에 반대하는 젊은이들이 웬디의 치맛자락에 매달

✝ 프랑스혁명 시기 급진 공화주의자들. 수사적인 의미로 '과격한 정치가' '파괴적 개혁자'를 의미할 때 사용되기도 한다.

려 있는 여성화된 피터 팬이라는 그다지 예리하지도 않은 암시는 강력한 효과를 가진 계략이었다. 정확하게 그들이 남자답지 못하다고 낙인을 찍었기 때문이다. 30년 뒤 시인 로버트 블라이는 "부드러운 남자"라는 이 상상된 역병을 『무쇠 한스 이야기』를 중심으로 한 남성운동의 주요 신조로 다시 불러 세운다. 이 운동에는 수많은 중년의 베이비부머들이 참여했다.[12] 그의 이야기는 엄마들의 과보호가 급진주의를 낳았고, 이는 부친 살해를 초래했으며, 결국 여성화로 이어졌다는 식으로 흘러갔다. 흥미롭게도 이 세대의 탕아는 오직 어머니만의 책임이었다. 아버지는 부당하게 비난받은 희생양인 경우가 아니라면 이 방정식에서 제외되었다.

고든 댈비가 동의했다. "우리는 모두 아버지를 미워했어요. 그런 시기였죠." 하지만 부친 살해라는 진단이 무시한 것은 이른바 '미움'의 근원이었다. 댈비가 말했듯 그런 분노는 사실 아버지와 연결되고 싶다는 부서진 희망, 그렇다고 쉽게 내동댕이칠 수도 없는 그 희망에 뿌리박고 있었다. 1960년대 후반이 되어서야 이 젊은이들 중 소수가, 지금 돌이켜 봤을 때 완전히 당대적 특징이라고 할 수 있는 절박한 행동에 의지하기 시작했다. 사실 처음에 그들은 남성 권위자들을 공격하는 게 아니라 명예롭게 따르려고 했다. 케네디 대통령을 위시하여 영향력을 행사할 수 있는 자리에 있는 진보적 기득권층은 명예로운 미래에 대한 환상을 심어 주었고, 아들들은 그 구애에 흔쾌히 굴복했다. 학생운동이 전쟁이 격화되면서가 아니라 케네디가 당선된 해인 1960년에 시작된 건 우연이 아니다. 그 시기 수많은 '급진적' 학생들이 활동을 시작할 영감을 받았던 계기로 미시간대학교에서 있었던 케네디의 연설을 꼽았다. 그 연설에서 케네디는 평화봉사단 창설 계획을 공개했다. 톰 헤이든은 당시 대학신문 기사에서 이 연설에 대해 "가장 극적이고 짜릿한 순간"이라고 극찬했다. '민주사회를 위한 학생연합 Students for Democratic Society'(SDS) 회원이었던 작가 제임스 밀러는 케네디가 내놓은 "새로운 기사도의 시대"에 대한 약속에 얼마나 매료되었었는지 회상했다. 그리고 신좌파 운동 초기에 새로운 지도자들이 권력자들을 향해 보냈던 진지한 호소를 되짚어 보면서 어째서 그토록 순진할 수 있었는지 의아해했다. 그들은 "인내심 많고 사려 깊은 아버지가 성급하지만 선의를 가진 아들의 긴급한 간청에 응답하면서 그들의 잘못된 방식을 바꿀 수도 있다"고 생각했던 것이다.[13] 수년간 실제로 그런 가정이 신좌파 운동을 지배했다. 그게 아니었다면 그 지지자들은 애가 끓었을 것이다. 1965년 워싱턴에서 열린 반反베트남전쟁 행진에서 SDS의 회장 칼 오글스비는 이렇게 말했다. "지금 전쟁을 계획하고 있는 사람들을 생각해 보십시오. 그들은 도덕적 괴물이 아닙니다. 그들은 모두 명예로운 사람들입니다. 그들은 모두 진보주의자들이죠." 비통함은 경멸에서 나온 것이 아니라 깨져 버린 믿음에서 비롯되었다. 그들은 "나의 진보적 가치를 입으로만 떠들었고, 내가 미국인으로서 품고 있었던 마음을 아프게 했다".[14]

종종 젊은 남성 시위자들은 공공장소에서 한 번, 그리고 집에서 한 번, 이 명예로운 남자들 때문에 상처를 받았다. 반전운동이 특히 후반부에 부모를 괴롭히거나 소외시키려던 많은 이를 사로잡은 건 틀림이 없지만, 이 활동가들의 본심을 가장 잘 대표하는 것은 충성, 특히 아버지에 대한 충성이었다. 헌신적인 반전 급진파 남성에 대한 연구들(컬럼비아대학교 신문방송학 대학원 소속 연구자들의 연구나, 해리스의 여론조사, 또는 사회학자 시모어 마틴 립셋 같은 좀 더 모호한 연구자들에 의한 연구 등)에 따르면 그들의 가장 두드러진 특징은 얼마나 그 아버지들과 동일시하는가에 놓여 있었다. 그들이 보기에 아버지들은 일반적으로 진보적이고 윤리적이었다. 립셋이 쓴 것처럼, 학생들은 "부모들보다 좀 더 이상주의적이고 헌신적이었지만 전반적으로 같은 방향을 향하고 있었다".[15] 1967년 '베트남의 여름Vietnam Summer'이라는 반전운동을 이끌었던 젊은 급진주의자 그룹의 태도와 배경을 연구했던 사회심리학자 케네스 케니스턴은 "이 그룹의 거의 모든 젊은 급진주의자들" 안에서 "지속되었던 관심사"는 "계속해서 아버지들의 이상주의적이고 실질적이며, 적극적으로 원칙주의적인 면모와 동일시하는 것"이었다고 결론 내린다. 활동가인 아들들은 그렇게 아버지를 긍정적으로 보기 위해 케니스턴이 "아버지의 이미지 안에서 분열되었다"고 묘사한 어떤 전형적인 상태를 지속했다. 그는 아버지가 여러 면에서 "지배당하거나 굴욕당했고, 무능할 뿐만 아니라 자신의 세계관에 따라 행동하기를 꺼린다"고 생각하면서도, 아버지에 대해 그려 놓은 이상적인 이미지에 집중하면서 아버지의 이상주의를 그런 무력함의 족쇄로부터 해방시키는 걸 자신의 역할이라고 생각했다. 아버지의 원칙을 깨는 것이 아니라 실천하려고 했기 때문에, 그들은 과거 정치적 봉기에 동참했던 이들과 현저하게 달랐다. 케니스턴은 1960년대 남성 활동가들에게 "급진적이 된다는 것은 (…) 핵심 가치 면에서는 아무런 근본적인 변화를 초래하지 않는 것"(강조는 원문)이었다고 썼다. "유일하게 놀라운 사실은 그가 이런 가치를 진지하게 받아들이고 미국 사회와 세계가 그것을 구현하기 위해 행동할 것을 제안한다는 점이다."[16]

"아버지는 매우 지조 있는 분이였습니다." 고든 댈비가 나에게 말했다. 그의 아버지는 사회적으로 책임 있는 자리에 있는 남자였다. 국가안보와 관계된 일을 했으니까. 댈비는 여전히 1947년 아버지가 애틀랜틱시티에 있는 해군 조선소에 데려가 탁상에 앉히고 소년의 머리에 장교 모자를 씌워 준 날을 흥분된 마음으로 기억했다. 댈비는 세 살이었다. 젊었을 때 댈비는 아버지가 세워 준 삶의 전략을 글자 그대로 따르려고 했다. 그는 자신이 보기에 도덕적이고 공공심이 있는, 늘 거리감 있고 냉담했던 남자에게 칭찬을 받고 싶었다. 베트남전이 가열되기 전에 그는 실제로 해군 ROTC에 등록하려고 했다. "나는 남자애들이 으레 그렇듯 절박하게 아버지를 닮고 싶었어요." 댈비가 색맹이라는 이유로 부적격 판정을 받았을 때, 그는 "무너져 버렸"다. "난 생각했죠, 아버지처럼 절대 될 수 없겠구나. 남자가 될 수 없겠구나." 그가 이후에 평화봉사단에 합류했을 때, 그는 아버지의 가장 지조 있는 면모이자 케네디의 가장 지조 있는 면모라고 생각했던 바로 그 부분을 완수할 수 있기를 바랐다. "아버지는 사회 공헌을 중요하게 생각했으니까요." 댈비는 JFK의 평화봉사단 연설을 기억했다. "남자다웠죠! 그가 '갑시다'라고 말했을 때, 나는 갈 준비가 되어 있었어요! '국가가 당신을 위해 무엇을 해 줄지를 묻지 말라'는 바로 그거였으니까요. 나 자신을 버리고 밖으로 나가는 일이었습니다. 아버지가 나에게 가르쳐 준 대로 말입니다."

댈비는 처음으로 그의 시야를 과학자에서 작가로 돌리게 했던 문학작품을 생생하게 기억했다. 대학 생활 초창기에 그는 과제 주제로 E.B. 화이트의 1941년 에세이 「호수로 다시 한 번Once More to the Lake」을 배정받았다. 이 에세이는 아버지와 아들 사이의 신비로운 관계에 대한 친밀한 백일몽을 그리고 있었다. 마지막 문단에서 화이트는 살아온 세월이 그에게 허락한 우월한 위치에서 아들이 뇌우 후에 수영을 하기 위해 젖은 수영복 속으로 몸을 꿈틀거리며 넣는 모습을 바라보며, 자신의 생명력이 소년에게로 흘러가는 것을 느낀다. 댈비는 이 부분을 여전히 암송할 수 있었다. 이는 아들을 지키는 자의 자발적이지만 멜랑콜리한 변화였다. "나른하게, 그리고 들어갈 생각도 없이, 나는 아이를 쳐다보았다. 그 단단하고 작은 몸, 마르고 헐벗은 몸을. 그리고 아이가 활력이 흐르는 몸통 위로 작고, 눅눅하고, 차가운 옷을 끌어 올리는 걸 보았다. 그가 부풀어 오른 허리띠를 졸라매자, 갑자기 사타구니에 오싹한 한기가 느껴졌다." 그 이야기는 댈비에게 지대한 영향을 미쳤다. "그때는 이해를 못했어요. 이제 아버지로서 이해합니다. 아들에게는 나의 어떤 모습이 있어요. 모든 미스터리를 넘어서는 미스터리죠. 아버지로서 나는 아들이라는 가지가 붙어 있는 뿌리이자 기둥이에요. 내 역사가 아들의 역사죠. 내가 누구였는가가 지금 내 아들이 누구인가예요. 내 심장이 아들의 심장이고요." 그런 앎은 '끔찍하다'고 말하는 그의 목소리는 어느덧 허스키한 속삭임이 되었다. "왜냐하면 멈춰서 생각해야만 하거든요. 신이시여, 나의 아버지도 이런 느낌을 가졌을까요? 만약 그랬다면 어디에서 합선이 생긴 건가요? 도대체 무슨 일이 일어났던 거죠?"

댈비가 대학 1학년 때 쓴 화이트의 에세이에 대한 과제는 최고 점수를 받았고, 그를 인문학으로 이끌었다. 하지만 그렇다고 해서 아버지의 승인을 얻을 수 있었던 건 아니었다. 댈비가 회상했다. "듀크대학교에서 받았던 첫 성적표에서 가장 부끄러웠던 건 영어 과목에서 받은 A였어요. 아버지에게 설명해야만 했죠. 이걸로는 스푸트니크를 발사할 수 없을 테니까요."

아버지의 침묵은 계속되었고, 댈비는 그걸 깨야만 했다. 이는 결국 댈비로 하여금 아버지를 맹렬하게 비난하게 만들었다. "1960년대에 등장한 건 말입니다. 아이들의 감정이 허용되지 않았을 때, 아이들이 목소리를 부정당했을 때 찾아오는 반항 정신이었어요. '나는 당신에게 화났어요. 이걸 나에게 해 주지 않았지만, 나는 그게 필요했어요. 당신은 이런 걸 했는데, 나는 당신이 한 일 때문에 화가 났어요. 당신은 나에게 상처를 줬어요.' 이런 말을 할 수 없을 때 반항이 찾아오죠." 아버지들이 침묵한 건 이유가 있었기 때문이었다. "잊으면 안 돼요. 히피들은 제2차세계대전 전사의 아들들이에요. 그들은 우리를 멋지게 지켜 냈죠. 전쟁이야말로 그 사람들이 남자다움과 동일시할 수 있는 장소였어요. 하지만 탱크 안에서 혹은 총을 들어야만 성공할 수 있었던 자질들이 아버지 됨으로 바로 해석되는 건 아닙니다." 댈비에게 반항은 전사 아버지와의 관계에 다시 불을 붙이려는 잘못된 시도였다. "종종 '남편에게 싸움을 붙이면 그가 폭발할 거고, 그러면 우리에겐 적어도 해결해야 할 문제가 주어지겠죠'라고 말하는 여자들이 있잖아요. 내가 아버지랑 하려고 했던 게 그런 일이었던 것 같아요. 어떤 수준에서든 관심을 끌고 싶었던 겁니다. 그리고 나는 그런 행동들이 그를 나에게서 더 멀어지게 만들 뿐이라는 걸 깨달을 만큼 현명하지 못했어요."

아들들은 노먼 메일러가 "오래된 개척지와 새로운 농가 사이에 존재하는 무인 지대"라고 묘사했던 곳에 아버지에 의해 발이 묶인 채 계류되어 있다고 느꼈다. 1963년 버클리의 반전운동 지도자 마리오 사비오는 "사회는 도전을 제공하지 않는다"라고 썼다. "도전"은 이로부터 3년 전 JFK의 대통령직 수락 연설의 핵심 키워드였다. "미국의 학생들이 지금 준비하고 있는 '미래'와 '직업'은 대부분 지적·도덕적 낭비일 뿐이다. 이런 겉만 번지르르한 소비자 천국이 우리를 순종적인 어린이로 자라게 할 것이다."[17]

연배가 좀 더 있는 반전 활동가 피터 머린Peter Marin이 인식했듯, 1960년대 선언문 「열려 있는 진실과 불타는 젊음의 맹위」에서 사라진 건 다음 세대로 하여금 하나의 문화를 그저 쇼핑하기보단 그런 문화를 세우는 진정한 과업에 참여하도록 이끌었던 유산이었다. 그리고 그 유산이란 "젊은이들이 과거를 파괴하지 않으면서도 남자다움과 남성적 힘을 회복하는 데" 필요한 아버지와의 연결이었다.[18] 하지만 아버지들은 상황을 복구하기 위해 할 수 있는 일이 없었다. 그들 역시 쇼핑객의 세계에서 길을 잃었으니까. 그들 역시 "겉만 번지르르한 소비자 천국"에 놓여 있는 "예의 바른 아이들"로 전락했다. 그중 수많은 이가 자신이 기여했던 바로 그 세계 때문에 무너졌다. 본인의 아버지에 대해 아는 것이 거의 없으면서도 아버지를 "정치적으로 의식 있는 남자"이자 "편집증적인 알코올의존자"로 여기던 반전 급진파 피터 버그Peter Berg는 너무 자주 나이 든 이들이 "잔해, 그저 잔해, 완전히 증후적인 잔해"라며 절망적으로 말했다. 그들의 세계에서 아들로서 살아간다는 건 "사람들을 지키는 것보다 리놀륨 바닥을 깨끗하게 유지하는 것이 더 중요한 (…) 리놀륨 병원"에 사는 것 같았다. 그건 마치 "세계라는 셀로판지 위에서 (…) 걷는 것"처럼 느껴졌다. 그는 이렇게 결론 내렸다. "당신이 수행할 수 있는 역할은 몇 가지 없다. 퀴어가 될 수 있고, 괴짜가 될 수 있고, 연예인이나 예술가가 될 수 있고, 청소년이 될 수 있고, 여자가 될 수 있다. 다만 남자가 될 수는 없다."[19]

물론 1960년대 저항운동을 주도한 건 좌절된 남자다움이 아니라 도덕적 분노였다. 평화 행진을 가득 채웠던 여성들이 "남자가 되고 싶어서" 그 자리에 나온 건 아니었다. 그리고 남자들 역시 의식적으로는 마찬가지였다. 그러나 남자들을 바리케이드로 이끌었던 이유가 무엇이건 간에, 참전을 거부한 남자들은 그들의 남성성에 대한 사회적 평가를 피할 수 없었다. 그 청년들은 전쟁터로 향할 수도 있었고, 그걸 거부하고 집에 머물 수도 있었지만, 어느 쪽이 되었건 남성 정체성을 놓고 벌어지는 전쟁에 징집된 셈이었다. 그리고 그 전투에선 결국 아버지들이 내건 조건에 따라 싸울 수밖에 없었다. 전쟁에 반대하는 행진에 나서기 직전, 아들들은 여전히 아버지들이 의미 있는 무언가를 전달해 주기를 바랐고 기대했다. 처음 시작된 항의란 맹신을 바탕으로 한 행위였다. 아버지들이 보여 준 그 모든 증거에도 아들들이 충분히 열정적으로 울부짖는다면, 소원해진 채로 "잔해가 되어 버린" 아버지들이 그들의 이야기에 귀를 기울이며 "그들의 심장이 아들의 심장"임을 기억해 줄지 모른다고 굳게 믿었던 것이다.

젊은 활동가들은, 만약 아버지들로 하여금 남성성의 경로에 대한 약속을 지키도록 만들 수 없다면, 스스로 이동 수단을 마련할 운동을 창조하고자 했다. 현상 유지의 수호자들이 전전긍긍하며 그 청년들에 대해 무정부적이고 무질서하며, 방종하고 위협적이라고 인식했던 행동들은 사실 아버지들이 경험했던 것과 유사한 시스템을 통해 남자다움으로 나아가려 했던 허술하고 잘못된 시도로부터 비롯됐다. 설사 그 시도가 아버지들의 가치를 뒤엎었다고 해도 말이다. 운동의 형태와 구조는, 적어도 그 초기에는, 남성적 패러다임을 깨기보다는 그에 시동을 걸려는 노력에 가까웠다. 반전운동은 다른 국가를 부당하고 부도덕하고 불법적으로 침략하는 행위를 종식시켜야 한다는 명확한 임무를 제공했다. 반전운동은 때때로 존 웨인 기병대와 카우보이 용어로 상상되는 일종의 개척지를 제공했다. 반전운동 지도자 데이비드 해리스는 징병에 저항함으로써 스스로 "황무지에서 빠져나와 군대를 저지할 장소를 찾고 있었다"라고 썼다.[20] 그리고 시간이 지남에 따라 식별 가능한 적이 뚜렷하게 보이기 시작했다. 바로 미국 정부였다. 1960년대 말, 과연 누가 워싱턴의 권력자들보다 더 적절한 악당 캐릭터가 될 수 있었겠는가? "알다시피 베트남에 들어가는 게 잘못된 일이라는 건 객관적인 관점에서도 명백했어요. 그리고 백악관에 있던 그 남자, 리처드 닉슨은 자기는 뒤로 빠지면서 다른 남자들을 죽음으로 내모는 경직되고 불안정한 아버지의 본보기 그 자체였어요. 마치 한 세대를 한 접시에 담아낸 것처럼 완벽했습니다." 댈비가 나에게 말했다.

물론 댈비를 비롯한 많은 젊은이가 깨닫게 되었듯이 설정은 전혀 완벽하지 않았다. 당신을 이끌어야 할 바로 그 남성 지도자들에 맞서 싸우는 건 방향감각을 잃게 만드는 짜증 나는 일이었다. 활동가들은 과거의 남성 패러다임을 다른 맥락으로 가져와서 솔직하게 재연하는 대신 그 패러다임의 상징적인 측면들을 경멸스럽게 조롱했다. 구슬로 된 옷을 입고 머리카락을 흩날리고 주방위군 총신에 데이지를 꽂았던 것이다. 과장된 전투 수사학은 때때로 어린 시절 제2차세계대전에 품었던 애석한 꿈을 반영하기도 했지만, 그건 또한 아버지들에 대한 풍자적 논평이자 기괴한 패러디였다. 존 웨인을 모방했지만, 동시에 그를 공허하고 위험한 아이콘으로 경멸했다. 시위대는 연장자들의 모험을 새로운 모습으로 바꿔 놓았고, 그런 변신의 일부는 그 나이 든 남자들의 모험이 자신들의 시대에 가한 것처럼 보이는 모든 불의에 대한 진심 어린 거부였다.

그러나 베트남의 혼란스러운 전선과 비교할 때 본국의 시위대는 과거의 재래식 전쟁을 반복하고 있다는 기괴한 감각을 지울 수 없었다. 그건 그들이 거리에서 벌어진 싸움의 열기 속에서 자주 "적"에게 던졌던 욕설에서 분명하게 드러났다. "파시스트!" "나치!" 혹은 오른팔을 들어 조롱하면서 "시그 하일 Sieg Heil!"✠이라고 외쳤던 것이다. 『승리 문화의 종말The End of Victory Culture』에서 톰 엥글하트가 지적했던 것처럼, 제2차세계대전에서 승리victory를 상징했던 'V'가 반전운동에서 평화의 상징으로 사용되기 시작했다.[21] 불행하게도 남성적인 권위

✠ '하일 히틀러'와 함께 가장 많이 사용된 나치식 경례 구호로, '승리 만세'라는 뜻이다.

를 향한 청년 남성의 여정을 방해하는 가장 적대적인 세력은 거리에 없었다. 얼굴 없는 기업 관료제의 권위, 군산 경제의 원격 제어 방식, 진격하는 셀러브리티 문화의 여성화, 이미지 관리 거버넌스의 악의, 이 모든 것은 직접적인 대결을 피했다. 젊은 활동가들은 물론 적들의 얼굴을 끌어낼 수 있을 것이라 기대하며 거리로 나섰지만 말이다.

이 운동은 또한 형제애의 약속, 거리에서의 유대, 그리고 허름한 아파트나 대학 기숙사, 혹은 청년 활동가들이 전략을 짜기 위해 모인 커뮤니티 센터 회의실 등에서 목적의식을 가진 참여를 제공했다. 반전운동 지도자 샘 브라운은 이렇게 회상했다. "청원서에 서명을 하고, 공직에 출마할 후보자를 뽑고, 종전을 촉구하는 시위를 벌였습니다. 해야 할 일이 있었어요. 한편으로 반전운동 조직 자체는 아이러니하게도 군대 조직과 유사했습니다. (…) 그리고 군대에서처럼 적극적으로 반대하는 사람들은 공유된 위험과 가치, 경험들로부터 자라난 동료 의식을 키워 갔죠. (…) 모든 걸 공유했어요. 전술과 전략, 사무실과 아파트, 이상과 희망을요."[22] 이 운동은 질서나 위계질서 면에서는 대체로 전투적이지 않았던 반면('조직'은 무질서하고 분산적이었고, 통제하는 중심이 없었다), 공동의 노력, 명확한 목표, 그리고 국가비상사태를 공유하면서 만들어진 형제애적인 느낌이란 의심할 여지 없이 제2차세계대전에 참가했던 평범한 병사들에게도 익숙한 것이었다.

신좌파 창립 선언문인 「포트휴런 성명서」의 시작을 알리는 연설은 형제애의 유대를 향한 열망에 대해 장황하고 강렬하게 말하고 있었다.

> 인간관계에는 형제애와 정직이 포함되어야 한다. 인간이 상호 의존한다는 건 당대적 사실이다. 그러나 인간의 형

제애는 미래의 생존 조건이자 가장 적절한 형태의 사회적 관계로서 의지를 갖고 지향해 가야 한다. 특히 인간을 노동자 대 노동자, 고용주 대 피고용인, 교사 대 학생, 미국인 대 러시아인으로만 묶는 부분적이고 단편적인 기능적 유대를 넘어서기 위해서는 인간과 인간 사이의 사적인 연결이 필요하다.

외로움, 소외, 고립은 오늘날 인간과 인간 사이의 광막한 거리를 묘사해 준다. 이 지배적인 경향은 더 나은 인사관리나 개선된 장치로 극복할 수 없으며, 사람이 사람을 사랑함으로써 사물 숭배를 넘어설 때에야 비로소 극복할 수 있다.[23]

운동 초창기에 좌파 여성들은 어디에서도 언급되지 않았지만(더욱이 당시에는 이런 식으로 "남자"나 "형제애"를 운운하는 언어가 남자들은 물론 여자들에게도 별로 문제시되지 않았다), 남성적 보호를 제안함으로써 여성의 호의를 살 수 있을 것이라는 약속은 남성 활동가들에게 자명해 보였다. 이 남자들은 여자들이 그저 커피를 타고, 봉투를 붙이고, 남자들과 잠자리를 하는 동안, 그들이 선호했던 방식으로 표현하자면 "몸을 내던져" 싸웠다. 길거리에서건, 저항운동을 하다 감옥에 끌려가서건 말이다. 세라 데이비드슨Sara Davidson이 1960년대를 회고한 책 『루즈 체인지Loose Change』는, 반전운동 안에서 전통적인 성역할을 재현하기 위해 저자의 "급진적인" 버클리 친구들이 얼마나 고통스럽게 의식적으로 결심을 해야 했는지 이야기한다.

금요일, 제프는 새벽 4시에 집을 나섰다. 수지는 그가 최루가스로부터 얼굴을 보호하기 위해 바셀린 바르는 걸 도왔다. 그는 돼지 새끼들이 그의 불알을 부숴 버리지 못하

> 도록 금속 컵에 끈을 달아매었다. 그는 축구 헬멧을 썼다. 수지는 '마더후드 머터니티Motherhood Maternity'✠에서 나온 주름 장식이 달린 원피스를 입고 있었다. 그녀 역시 할 일이 있었다. 시위자들이 체포될 경우 전화를 걸 수 있도록 그녀의 전화번호가 공유되어 있는 상태였다. 하지만 전화는 한 번도 울리지 않았다.[24]

인디언들과 싸운 개척자들처럼 거리의 전사와 징병 저항자들은 여성 정착민을 위해 개척지를 안전하게 만들고 있었고, 그게 그들만의 과업이라고 상상했다. 여성들도 "몸을 내던지고 있다"는 사실은 많은 남자가 간과하고 싶어 하는 불편한 진실이었다. (여성 시위대에 대한 유혈 구타로 절정에 달했던 1967년 국방부 행진은 젊은 남성 활동가들이 제안한 "보호"라는 것으로는 무장한 원수들에게 대적할 수 없다는 사실을 더 잔인하게 상기시키는 사건 중 하나일 뿐이었다. 『밤의 적들The Armies of the Night』에서 노먼 메일러는 이렇게 썼다. "여자들은 남자들에 비해 놀랄 만큼 높은 비율로 체포당했고, 현장에서 추악한 방식으로 구타당했다.") 그럼에도 그들은 자신들의 행동을 남성적인 용어로 표현하는 걸 선호했다. 반전 활동가 마크 거즌Mark Gerzon은 『영웅들의 선택A Choice of Heroes』에서 징집 저항에 대해 이렇게 썼다. "이전에는 남자들만이 전쟁에 갈 수 있었다면, 이제 남자들만이 감옥에 갈 수 있다." 반전운동의 슬로건이었던 "여자들은 '노'라고 말하는 남자들에게 '예스'라고 말한다"는 남성적 약속의 성취를 알리는 듯했다. 젊은 남자들은 "평화를 위한 싸움"을 향해 행진했고, 희생했으며, 다른 젊은 남자들과 형제회에 합류했다. 그리고 마침내 집에 돌아와 한 여성의 품에 안겼다.[25]

✠ 미국의 임부복 상표명으로, 직역하면 '모성과 임신 상태'라는 의미다.

그러나 전쟁을 종식시키려는 운동이 별다른 진전을 이루지 못하자 좌절한 젊은 남성들 중 일부는 할리우드식 폭력 과시라는 환상의 나라로 고개를 돌렸다. 그곳에선 총질을 일삼는 TV 드라마에서나 볼 법한 대화가 팽배했고, 최후의 결전 단계로 넘어가는 것만이 유일하게 명료한 임무였다. 현실에서 시위대가 일으킨 폭력은 이후에 대중적인 신화들이 떠들어댄 것만큼 만연하지는 않았지만(반전운동 대부분은 평화적이었다), 아무 곳으로도 나아가지 못한다는 좌절감이 소수의 남성 청년들로 하여금 열렬한 상상력 안에서만큼은 총싸움을 불사하는 모험으로 발길을 돌리도록 영감을 주었던 게 사실이었다. 어떤 이들에겐 이런 상상이 서부극과 전쟁영화를 보면서 보냈던 어린 시절을 지나 실제로 그 안에서 행동하는 어른이라도 된 것 같은 기분을 주었다. 반전 급진파인 마빈 가슨은 1969년 겨울에 대안 언론 《샌프란시스코익스프레스타임스San Francisco Express-Times》에 극적인 톤으로 "마지막 전투는 무법자들과 범죄자들 사이에 벌어질 것"이라고 썼다. "한편으로는 수백만 미국인들이 상황에 따른 힘 때문에 무법자로 변했고, 다른 한편으로는 존경할 만한 사회의 집단들이 조직적인 범죄 집단임이 마침내 드러났다." 결과는 "누가 총을 가지고 있느냐에 따라 결정될 것이다. 물론 그 시작에서가 아니라 그 끝에서 말이다."[26] 위스콘신주 매디슨의 반전운동에 관한 1981년 다큐멘터리 〈워 앳 홈The War at Home〉에서, 한때 거리 반군이자 지하신문 편집장이었던 켄 메이트는 켄트주립대학교에서 벌어진 반전시위에 대해 묘사했다. 시위에서 학생 네 명이 주방위군에 의해 살해된 후 캠퍼스에선 열흘간의 혼란이 이어졌고, 그 안에서 그 역시 수행한 역할이 있었다. 그는 거리 위의 어떤 목표물에 권총을 겨누고 있는 경찰관을 본 순간을 회상했다. 그와 친구는 즉시 그들의 총에 손을 뻗었다. "우리는 둘 다 총알을 장전하고 그대로 조준했죠." 잠시 후, 젊은이들의 존재를 모르는 채로 경찰은 손을 올리고 자리를 떠났다. 청년들은 총을 다시 거두었고, 드라마틱한 장면이 다시 오기를 기다렸다. 메이트가 말했다. "그 경찰은 자신이 얼마나 운이 좋았는지 모를 겁니다."[27]

특히 신좌파의 사명이 어쩔 수 없이 전쟁을 멈추는 일에만 집중하는 것으로 좁혀졌기 때문에, 그러한 순간에 건설적인 남성성을 창출하는 건 어려운 일이었다. "건설할 것은 적었고, 멈춰야 할 것은 많았다." 전 SDS 회장 토드 지틀린Todd Gitlin은 회고록 『1960년대The Sixties』에서 이렇게 썼다. "그 전부는 〔전쟁〕 기계를 부수고, 거대한 기업의 바퀴를 멈추게 하고, 그 결과를 망치고 싶은 충동이었다."[28] 그러나 건설에 실패한 책임은 아들들의 어깨에 과도하게 지워졌다. 그들의 아버지는 실제로 대규모로 "건설" 했지만, 그건 민간자원보존단Civilian Conservation Corps(CCC)에서 제대군인원호법까지 정부의 결정적인 도의적 지원과 재정적 지원이 있었던 덕분이었다. 이와 대조적으로 이 정부가 아들들을 "위해" 하고 있는 건 분열과 폭력 행위를 도발하기 위해 요원들을 반전운동, 신좌파 운동, 흑인 민권운동에 공격적으로 잠입시키는 것이었다. 시어도어 로작Theodore Roszak은 「청춘과 위대한 거부Youth and the Great Refusal」에서 다음과 같이 썼다.

> 사회 전체를 위해 무언가를 새로 발명하거나 주도하는 막중한 책임을 지는 건 청년의 마땅한 역할이 아니다. 그건 그들이 우아하게 해내기에는 너무 거창한 일이다. 우리의 청년 문화가 그런 두드러진 위치로 부상한다는 건 우리 시대 어른들의 채무불이행이 심각하다는 사실을 보여주는 징후다. 제2차세계대전 이후 우리 사회의 특징이라

> 고 할 수 있는 넋을 놓아 버린 수동성이 초래한 경직된 자세에 갇힌 채로 (…) 나이 든 세대는 어른스러움을 방기해 버렸다. 그러니까 그 '어른스러움'이 단지 키가 크고, 은행 빚 걱정이나 하면서, 운전면허증을 제시하지 않고도 술을 살 수 있는 그런 것들을 의미하지 않는다면 말이다.[29]

1962년 미시간주 포트휴런, SDS를 만들기 위해 한때 뉴딜 캠프였던 전미자동차노동조합 회관에 모인 젊은 활동가들은 그들이 세우고자 하는 새로운 어른들의 사회에 대한 비전을 가지고 있었다. 그 사회는 '자애로운 공동체'를 지향할 터였다. 그곳에서 어른스러움이란 단어는 '참여적 민주주의'에서의 책임감, 그리고 사회복지와 인간의 창의성에 대한 적극적인 헌신을 뜻하리라 기대했던 것이다. 「포트휴런 성명서」에서 말했듯 그들은 아버지의 경직된 자세가 "지위나 풍요에 이르는 통로가 아니라면 청구서를 지불하는 방법 정도로 여겨지는" 무의미한 직업에 그들을 고용하는 시스템의 소산이라고 이해했다. 그리고 이 시스템은 고립된 남성 한 명 한 명을 "어떤 방식으로든 구매를 촉진하는 다양한 거짓말과 그들이 품고 있는 가장 비천한 충동에 호소하는 홍보 활동의 포화에 노출되어 있는 소비자 단위"로 축소시켰다.[30] 1960년대 후반과 1970년대 초반 즈음이 될 때까지, 어떤 자애로운 공동체도 아버지들이 완강하게 버티면서 끝내기를 거부한 전쟁 때문에 제대로 된 성취를 보지 못했다. 자원은 제한되어 있는데 지원은 줄어들고 있었고, 조직은 감당할 수 없을 정도로 확장되었지만 동시에 그 구조는 지나치게 최소화되었다. 정부는 적대적인 와중에 캠퍼스 바깥 대중은 광범위하게 분열되는 상황이었다. 이런 혼란스러운 순간에 운동의 지도부는 종종 승리에 대한 집착, 통제력 유지, 그리고 힘의 과시 등 그들이 한때 가장 경멸했던 아버지 세계의 특징들로 후퇴했다. 그들 중 많은 이가 그토록 비난했던 전쟁 관리자들처럼 '강인함', 국방부 '공격', '때려잡기' 같은 말을 입에 담기 시작했다.[31] 최악의 위반자들은 1967년 이후 유명해진 젊은 남성 지도자들이었다. 그들의 자의식적으로 거칠고 불안한 스타일은 마초 성향을 강화시켰고, 한때 SDS 창립자 폴 포터와 알 하버 같은 사람들이 그토록 유창하게 대변했던 더 부드러운 남성적 목소리는 거의 들리지 않게 되었다. 동시에, 가장 유명한 활동가들은 이미지와 미디어 명성에 중점을 둔 셀러브리티 문화에 굴복하는 것처럼 보였다. 운동의 지도자들은 '건달들heavies'로 불리게 됐는데, 그들은 TV 카메라와 그들의 스타 파워의 강화에 점점 더 관심을 갖게 되었다.

공격성의 전시, 권력을 과시하는 언동, 카메라 앞에 서려는 강박. 이 모든 것은 "자애로운 공동체"라는 전망에 반하는 것이었고, 운동 안에서 사람들을 매혹시키면서 강화되어 온 가치의 많은 부분을 훼손했다. 떠오르는 미디어 문화에서 누가 더 전국적으로 주목받느냐에 따라 결정되는 지배적 지위를 놓고 경쟁하는 상황 앞에서 사명감과 형제들 간의 동지애가 무너졌다. 이런 상황에서, 당시에는 충분히 헤아려지지 않았지만 남성의 미래에서 더 의미심장했던 건, 자애롭기는커녕 자아 확장에만 몰두하는 지도부의 허세에 찌든 성향이 함께 싸우던 여성들을 불안하고 혼란스럽게 만들었다는 점이었다. 소수의 남성 리더들, 특히 노련한 창단 멤버들을 대신하는 젊은 리더들이 스스로 셀러브리티 문화로 이동하는 것에 대해 정직하게 성찰할 생각이 있었다면, 무대 위의 남자들을 지켜봐 왔던 여자들 역시 그런 분석에 동참할 준비가 되어 있었다. 이런 식의 운동이 여성들이 돕기로 결심했던 그런 운동이었을까? 그리고 그 "돕는"는 역할에서 애초에 여성들은 어떤 일을 하고 있었을까? 새로운 남성 리더십 내에서 우세해진 쇼맨십과 그런 과시 아래 놓여 있는 가치에 대한 불만으로 인해 여자들은 남성 리더십의 권위에 근본적으로 도전하기 시작했다. 그와 함께, 남성 활동가들이 의지하고자 했던 하나의 지지가 무너지기 시작한다. 바로 여자들의 존경과 애정이었다.

"전형적인 운동 단체는 카리스마 있는 대변인으로 행동하는 한 명 혹은 여러 명인 남자로 구성된다. 그들은 그 단체의 이름으로 말하고, 협상하고, 그 기구를 대변한다. (…) 그리고 그 단체에서 실제로 일을 하는 건, 당시에는 대체로 여자였다." 마지 피어시는 1969년, 이제는 고전이 된 비판문인 「그랜드 쿨리 댐The Grand Coolie Dam」에서 반전운동 10년이 끝나 가던 무렵의 퇴보한 성 정치를 있는 그대로 솔직하게 분석하며 이렇게 적었다. "운동에서 명성은 대부분 그가 특별히 무엇을 해냈기 때문이라기보다는 그저 몇몇 집회에서 두드러져 보였거나, 대중 앞에서 특정한 수사적인 패를 잘 다루었거나, 어떤 연극적인 역할을 했기 때문에 얻어지는 것이었다." 여성들이 대체로 참호에서 노동을 하는 동안 남자들은 꽃받침 위로 올라가, 마지 피어시의 표현대로라면 "거울 속의 전문적인 혁명가"이자 "눈에 띄고 존경받는 극적인 역할을 하는 화자이자 배우"가 되어 "근사해 보이는" 일을 했다.[32]

운동 후반부에 이르러 많은 남성 리더들이 지배력이라는 의제에 몰두하게 되면서, 그들은 그 지배력을 점점 쉽게 손이 닿을 수 있는 신체 위에 행사하기 시작한다. 그건 다름 아닌 여성들의 신체였다. 반전운동에 참여했던 남자들 중 일부는 스퍼포스보다 훨씬 더 오래전에 이미 "점수"를 계산하고 있었다. 토드 지틀린은 운동이 "격화"되면서 "이 유명 인사들은 더 많은 정복을 노렸다"라고 썼다. 유부남이었던 그의 동료 한 명은 "수많은 만남을 수첩에 기록"하기도 했다. 다른 친구는 지틀린이 도시를 벗어난 사이 지틀린과 동거하는 여자 친구를 유혹하려 했다. 지틀린 자신도 "은밀한 원나잇 스탠드"를 즐겼고, 파트너 중에는 "내 동료와 이별하려던 여자들"도 있었음을 인정했다.[33] 마지 피어시가 말했듯 "구성원과 섹스해서 존재하게 만든다"는 전략은 일부 지부에서는 너무나 명백해졌다. 피어시는 "남자는 여자와 동침함으로써 여자를 조직으로 데려올 수 있고, 그녀와 더 이상 성관계를 맺지 않음으로써 제거할 수 있다"라고 썼다. "남자는 다른 이유 없이 그저 그녀에게 싫증이 났거나, 그녀를 때려 눕혔거나, 혹은 다른 누군가를 노리고 있다는 이유만으로 여자를 숙청할 수 있었다. (…) 한 여성이 그 그룹의 리더가 그녀와 있을 때 발기가 되지 않았다는 이유만으로 그룹에서 쫓겨나기도 했다. (…) 성적인 장벽 양쪽에서 머리 가죽을 벗기는 사냥이 계속되었지만, 여자에서 여자로 이어지는, 심지어 때로 성적인 관계로 이어지진 않더라도 감정적으로라도 정복해야 한다는 필요는 거물급 남성들만의 고질병인 것으로 보였다."[34]

베트남 미라이 같은 곳에서 벌어진 여성과 아동에 대한 강간 및 살해에 항의하면서도, 일부 신좌파 남성들은 그들 가까이에 있는 여성을 하인 신분으로 강등시키고 싶어 하는 것 같았다. "놀랍도록 줄어든 사나이" 역동이 여기에도 자리하고 있었던 셈이다. 거리에서 벌어지는 일에 대한 통제력이 줄어들수록 남자들은 더욱 여자들과 권위를 나누려 하지 않았다. SDS에서 여성 지도자의 비율은 1963년에 26퍼센트로 최고점에 도달한 뒤 계속 떨어져 한 자리 수에 이르렀다. 회원의 3분의 1이 여성이었음에도 말이다. 남자들은 성명서와 협상문 초안 작성을 통제했다. 여자들은 회의에서 거의 말을 하지 못했고, 논의를 주도하려 할 때면 종종 야유를 받았다. 매릴린 살즈먼 웨브Marilyn Salzman Webb가 1969년 반전 집회에서 연설하기 위해 자리에서 일어났을 때, 청중 속 남자들은 "저 여자를

무대에서 끌어내려 강간하라"고 외쳤다.[35]

그렇게 외친 남자들이 누구인지는 끝내 밝혀지지 않았다. 어쩌면 반전운동 지지자들이 아니었을지도 모른다. 하지만 그들이 운동권 자매들에게 그렇게 욕설을 퍼부을 수 있었다는 사실 자체가 상황이 얼마나 악화되어 있었는지를 말해 준다. SDS가 포트휴런에서 소집되었을 때, 이런 광경은 상상도 할 수 없었을 것이다. 세라 에번스Sara Evans는 운동 안에 등장한 젠더 갈등에 대한 사려 깊은 연구를 바탕으로 다음과 같이 썼다.

> 〔마초의 공격성과 군국주의적 환상이라는 새로운 분위기 안에서〕 학생들이 진정한 민주주의가 작동하고 있다는 사실을 보여 주려 했던 찰나와도 같았던 "승리"의 몇몇 달콤한 순간조차, 그 어느 때보다도 강력하게 억압적인 성역할을 재확인하는 무대였다는 사실이 드러났다. 1968년 봄에 학생들이 컬럼비아대학교의 여러 건물을 점령했을 때에도 가사는 모두 여자들의 몫이었다. 한 건물에서 여자들이 반란을 일으키고 음식을 준비하기를 거부했다는 소문이 있었다. 하지만 페어웨더홀의 여자들은 공중전화 부스 크기의 부엌에서 하루에 세 번씩 300인분을 요리했다. 그해 여름, 콜롬비아 투쟁에서 가장 유명한 리더였던 마크 러드는 여자 친구에게 그가 다른 일로 바쁜 동안 "계집애들을 위한 해방chicklib" 수업에 가는 것이 어떻겠느냐고 조언했다.[36]

여자들은 마침내 SDS 회의에서 여성문제를 다루는 하나의 회기를 조직했고, 케이시 헤이든과 메리 킹은 부드럽게 촉구하는 메모인 「섹스와 카스트Sex and Caste」(성별과 계급)의 초안을 작성했다. 이 글은 "우리는 어쩌면 과거보다 더 공개적으로 서로 이야기할 수 있을 것"이라며 품위 있게 제안하고 있다. 이 문서는 전쟁을 하자는 선동은 아니었다. 그저 "객관적으로, 성적 카스트제도처럼 일반적인 미국인의 생각과 거리가 먼 무언가에 기반한 운동이 제대로 될 가능성은 전혀 없다"라고 썼을 뿐이다.[37] 객관적으로 보았을 때, 그들은 더 이상 잘못될 수 없을 지경이었다. 반전운동 10년의 끝에 결국 신좌파 여성들은 잘 알려져 있는 것처럼 반란을 일으켰고, 그들이 막 떠나온 그 운동보다 미국 사회에 훨씬 더 심오하고 영구적인 영향을 미칠 운동✠에 합류하기 위해 돌진했다.

일부 남자들을 종종 회의장 안팎에서 변변찮게 비난하거나, 《뉴레프트노츠New Left Notes》에 실린 팬티가 보이는 물방울무늬 미니드레스를 입은 소녀 여성해방운동가 만화처럼 유치하게 조롱하면서 반격을 가했다.[38] 그러나 이런 미성숙한 반응은 여성이 이미 높은 지위를 차지했다는 특정한 이해를 배반하는 것이었다. 남자들에게 페미니즘은 어차피 별로 없는, 혹은 없다고 상상되는 그들의 자존심이나 '권력'에 대한 위협 그 이상이었다. 그들이 느끼는 수치심은 여자들이 설거지하기를 거부하고, 남자들에게 반기를 들고, 심지어 이별을 고했다는 사실을 넘어서는 문제였다. 비록 이런 경험 역시 굴욕적이었고 또 누군가에게는 충격적이었지만 말이다. 더 깊은 굴욕은 남성과 달리 여성들이 무언가를 건설하는 임무를 수행하고 있다는 사실에서 비롯되었다. 남자들이 자애로운 공동체를 구축하는 데 실패했을 뿐만 아니라 이제 여자들은 남자들 없이 그 일을 해낼 수 있을 것 같았다. 여자들이 사실상 남자들의 임무를 채어 가 버린 것이다. 그리고 남자들은 자신 외에는 탓할 사람이 없다는 걸 깨달았다. 토드 지틀린은 다음과 같이 썼다.

혁명적 신기루에 헌신하는, 강경하게 발언하는 슈퍼맨은

✠ 제2물결 페미니즘.

> 현실에 대한 통제력을 잃어 가고 있다. 그게 독립적인 여성운동이 그토록 빠르고 격렬하게 퍼져 나가는 이유 중 하나다. 자매애가 강력한 이유는 부분적으로 형제애의 운동이 강력하지 못했기 때문이다. 여성단체들은 마초적 운동에 반발했고, 한편으로는 그들만의 혁명적 종말론으로 그것을 복제했다.〔원문 강조〕 그러나 어느 쪽이든, 페미니스트의 분노는 표면적으로 쇼(연설을 하고, 시위를 소집하고, 신문을 편집하는 일 등)를 운영하는 남성이 취약했기 때문에 번성했다. 압도적인 기세 아래 어깨들은 병력을 잃고 있었다.[39]

물론 젊은 남성 활동가 대부분이 '건달들'인 건 아니었다. 그들에겐 잃을 군대가 없었다. 더 일반적으로, 그들은 지역 또는 캠퍼스 반전 집회에 참석하거나 워싱턴에 시위행진을 하러 가는 등 운동의 변두리에서 서성였다. 주로 그들은 자신의 양심과 전쟁을 어떻게 봐야 하는지, 전쟁과 자신의 관계를 어떻게 이해해야 하는지 알 수 없어 혼자 괴로워했다. 징집은 삶의 면면에 그림자를 드리움과 동시에 이상하게 그들에게 집중하는 무시무시한 존재였다. 이제 남자가 된다는 것의 의미는 징집을 연기할 것인지, 그에 저항할 것인지, 아니면 입대할 것인지의 결정에 전적으로 의존하는 듯했다. 통과의례는 젊은이를 성인으로 인도해야 하지만, 징집의 시련은 어디로도 이어지지 않는 관문이라는 사실이 밝혀졌다.

1970년 여름이 끝나 갈 무렵, 고든 댈비는 스물여섯이 되어 입영식의 위협에서 벗어났다. "성인이 된 이후 처음으로 징집에서 자유로워졌어요. 나 스스로에게 '고든, 뭘 하고 싶어?'라고 물을 수 있게 된 거죠. 근데 잘 모르겠더라고요. 아무 생각이 없었어요." 징병을 피하는 것이 그의 경험을 규정하고 틀

지었다. 그런데 그 위협은 하룻밤 사이에 사라져 버렸고, 악몽 외에는 아무런 흔적도 남기지 않은 듯했다. "당시에 내 인생에서 중요한 관심사가 무엇인지 전혀 보이지 않았고, 중요한 명분이나 초점도 보이지 않았어요." 몇 달간의 숙고 끝에 그는 침낭과 타자기, 기타를 꺼내 폭스바겐 비틀에 실었다. 그리고 홀로 샌타페이를 향해 출발했는데 그곳은 잘 모르는 장소였다. 그저 지명을 들었을 때 남자의 "모험"에 적당해 보이는, "무언가 일어날 것만 같은" 울퉁불퉁한 남서부 배경처럼 다가왔을 뿐이었다. 형제들이 서로 돌보는 친교의 꿈은 카우보이 신화로 바뀌었다. 그가 말했다. "영웅으로 받들어지는 미국 남성 캐릭터는 언제나 스스로를 돌봤죠. 그는 언제나 외톨이였어요. 그에게 필요한 모든 걸 스스로 챙겨 다녔죠. 다른 사람은 필요 없어요." 그는 작가가 되려는 생각이 있었고, 짐작건대 이런 식으로 경력을 시작한 다른 작가들을 어렴풋이 떠올렸을 것이다.

댈비는 시에라네바다산맥을 건너 첫날 밤에 데스밸리에 도착했다. 10월이었고, 야숙하기에는 추웠다. 그는 "7000피트 높이의 극심한 강풍" 속에서 플래그스태프에 도착해 잭 런던 Jack London✠ 스타일로 불을 피우고 저녁을 해 먹으려 했다. 하지만 거센 강풍 때문에 인근 대학 캠퍼스의 무료 공공장소를 찾아 들어갈 수밖에 없었다. 그는 몇 시간 동안 학생회관 라운지에 앉아 깜박거리는 TV 화면을 심드렁하게 보고 있었다. "결국 사람들이 와서 모든 문을 잠갔고, 나는 떠나야 했습니다." 그는 피닉스로 가는 고속도로 바로 옆에 차를 주차하

✠ 1876~1916년. 전 세계에 가장 많이 번역 출간된 미국 작가 중 한 명으로 미국 문학사상 가장 대중적인 작가로 손꼽힌다. 연간 1만 통이 넘는 편지를 받는 유명인이자, 전 세계를 여행한 모험가, 스포츠맨, 대중 연설자로서도 열정적인 삶을 살았다.

고 뒷좌석에서 잠들기 전에 "플래그스태프의 높고 쌀쌀한 고원"을 바라보았다. 땅과 그의 삶 사이에 어두운 구렁이 있었다. 그는 울기 시작했다. "모든 게 끝났다는 걸 알았죠." 다음 날 그는 샌프란시스코로 방향을 틀어 돌아왔다.

그는 "뿌리도 없이 자유롭게 날아다니는, 가야 할 때가 되면 떠나는, 그런 영웅적이고 사나이다운 남자 모델"을 추구하며 샌타페이로 떠났다. 하지만 그날 밤 그는 "다시 아기가 된 것처럼 벌거벗고 무기력한" 자기 자신을 보고 말았다. "용감하게 혼자인 것이 아니라 고통스럽도록 외롭다"는 느낌이 찾아왔다. "사람들이 그리웠습니다. 사람들이 필요했죠. 예전에는 한 번도 그런 감정을 느끼도록 내버려두지 않았어요. (…) 패배처럼 느껴졌어요. 그리고 어떤 의미에서는, 패배였습니다." 그는 「포트휴런 성명서」 저자들이 꿈꾸었던 일종의 긴밀하게 연결된 공동체를 만드는 데에 성공한 단 한 집단을 알고 있었다. 그래서 그는 샌프란시스코에서 자신을 환영해 줄 곳, 자신이 연결감을 느낄 수 있고, 심지어 유용하다고 느낄 수 있는 곳으로 차를 몰았다. 그곳은 여성 지인과 그녀의 친구들이 있는 공동체였다. "나는 여자에게로 돌아갔어요. 길을 잃었다는 느낌이 들면, 안전한 곳으로 돌아가고 싶었죠. 남자들 사이에서는 안전하다고 느낀 적이 없었습니다."

이런 일을 경험하기 몇 년 전, 댈비는 다른 사명감을 가지고 애리조나주로 통하는 고속도로를 탈 뻔했다. 평화봉사단과 교직 징병 연기 사이에서, 그는 충동적으로 군대에 지원했고 애리조나주 포트와추카에 있는 미사일 발사 훈련 학교에 임관하게 되었던 것이다. 그는 여전히 전쟁에 반대했다. 그렇다면 저 갑작스러운 입대 열병은 어떻게 된 일이었을까? "전쟁에 나가지 않으면 남자가 될 수 없으니까요." 쉰다섯 성인이 열아홉 소년일 때 했던 생각을 전하고 있었지만 아이러니가 전혀 느껴지지 않았다. 입대 계약서에 서명을 하기 전, 평화운동에 참여하고 있던 한 여성이 그를 옆으로 데려가 말을 걸었다. "그녀는 이 길이 내 영혼을 위한 최선이 아니라는 걸 이해하도록 아주 자애롭게 도와주었어요." 여성은 그에게 "입대하지 않는 것이 더 남자다운 거"라고 말했다. 이에 설득된 그는 다시 교직으로 돌아갔다. 그러고는 하버드 신학대학원에 진학했고, 진보적인 '미국 연합 그리스도의 교회United Church of Christ'(UCC)✠ 목사가 되었다. 하지만 다른 차원에서 그 여성의 주장은 결코 그를 설득하지 못했다.

결국 반전운동 변두리에 있던 대다수 젊은이들은 자신들의 문화가 그들에게 건네준 지도에 비교적 가까이 머무르면서, 반전 투쟁이 펼쳐지던 영토 위에 그 지도를 투명한 슬라이드처럼 겹쳐 놓았다. 목적지에 도달하는 데 실패했을 때에도, 지도가 문제가 아니라 본인이 문제라고 결론 내린 이가 많았다. 전쟁에 항의하는 건 전투 지역에서 "몸을 내던지는" 것만큼 옳은 일이 아니었을 수도 있었다. 다른 시위자들과 함께 투쟁하는 것이 생사를 걸면서 결성된 형제애만 못할 수도 있었다. 기성세대인 아버지들과 싸우는 것이 실제 전쟁에서 싸우는 것만큼 성장을 가져다주지 않을 수도 있었다. 많은 이들이 깨닫게 되었듯, 문제는 반전운동이 전쟁으로 치부되어 버린 게 아니라 충분히 전쟁답지 못했다는 점이었다.

고든 댈비는 명패도 없는 사무실 공간의 접이식 의자에 앉아 청년 시절의 엄격했던 선택에 대해 곰곰이 생각하고 의심했다. "나는 베트남전쟁에 반대했고, 전쟁 자체에 반대합니다." 그는 천천히, 곤혹스럽다는 듯 말했다. 그는 의미를 알 수 없는 생명선의 흐릿한 흔적을 읽으려는 것처럼 자신의 손바

✠ 미국의 개신교 종파. 1957년 복음주의 개혁교회와 회중주의 기독교회가 연합한 교단이며 미국에서 가장 진보적인 교단으로 알려져 있다.

닥을 내려다보았다. "그래도 말입니다. 나는 평생에 걸쳐 내가 참전할 수 있는 전쟁을 갈망해 왔죠."

"좋은" 아들들: 우리는 그곳에 도착하기 전에 길을 잃었다

1968년 3월 16일 아침, 마이클 번하트는 동이 트기 전에 일어났다. 평소처럼 땅속 구멍—땅을 판 뒤 모래주머니로 벽을 쌓고 그 위에 비를 막기 위해 나무 팔레트와 방수포를 덮은 벙커—에서 밤을 보낸 뒤였다. 찰리 중대의 다른 105명이 불안한 침묵 속에 한데 모였다. 베이스캠프 활주로에 쌓여 있는 수어 톤의 무기류와 탄약, 수평선을 향해 오그라들고 있는 그들의 목, 헬리콥터 아홉 대가 내려오면서 내는 성난 말벌처럼 윙윙거리는 소리. 그들은 전투를 위해 빽빽한 수풀을 뚫고 11킬로미터를 가면 나오는 꽝응아이성 해안 근처 작은 마을로 이동하려는 참이었다. 헬리콥터로 불과 15분 거리였다. 번하트의 중대는 베트남에 석 달간 있었다. 브리핑에 따르면 오늘 마침내 그들이 참전하고자 했던 전쟁, 그들이 꿈꾸던 제2차세계대전 스타일의 전투를 치르게 될 터였다. 전날 밤 대위가 그들에게 다음과 같이 설명했다. 그들이 도착하면 베트콩이 모여들 텐데, 베트콩들은 280명이나 되는 병력으로 구성된 정예부대다. 미국 병사는 2대 1로 수적 열세일 것이고 "끝장나게 좋은 싸움"을 치러야 한다. 대위는 적들이 군복을 입고 있을 것이며 "이것이 그들에게 앙갚음을 하고 들어가서 그들을 마주할 수 있는 기회가 될 것"이라고 말했다. 오전 7시면 여자들과 아이들은 모두 시장에 가 있을 테고, 전장에 민간인은 없을 것이다. 미국 항공기와 포병대가 땅을 초토화하면, 보병들이 헬리콥터에서 뛰어내려 적의 진지를 급습하고 벙커를 파괴할 것이다.[40] 이런 말이 작은 디데이처럼 들렸다.

오전 7시 30분경 번하트는 헬리콥터에서 처음 내린 남자들 중 한 명이었다. 적들은 도대체 어디에 있는지 조용했다. 번하트는 "아무런 총소리도 듣지 못했다". 남자들은 이동해서 그 지역을 싹 쓸어버리라는 명령을 받았다. 번하트의 소대가 출발하자 대위인 지휘관은 폭격당한 건물에 세워진 지휘소에서 잠시 후퇴하라고 명령했다. 그들은 미국 보병 탄약 상자를 찾았고, 지휘관은 번하트에게 그것이 위장 폭탄이 아닌지 확인해 보라고 했다. 때마침 번하트가 폭발 가능성이 있는 물체를 검사할 때 사용하는 밧줄을 들고 있었기 때문이었다. 번하트는 상자 주위에 긴 밧줄을 묶고 상자가 폭발하는지 확인하기 위해 몇 번 잡아당겼다. 폭발은 일어나지 않았다. 마침내 그는 포기하고 뚜껑을 열었다. 상자 안에는 의료 용품과 소니 트랜지스터라디오가 들어 있었다.

번하트가 구급상자를 조사하는 동안 멀리서 총성이 들려왔다. 대위 옆에 있는 두 대의 무전기가 딱딱 소리를 내며 작동하기 시작했다. "대화 일부를 들을 수 있었는데, 그 내용은 대위가 듣고 싶어 하던 내용이 아니었죠. 목소리 톤으로 그가 누구와 대화하는지 알 수 있었어요." 그건 대위가 제1소대 "닭대가리 소위"한테 내뱉는, "역겨움을 숨기지 않는, '대체 너 뭐하는 새끼야!' 하는 목소리"였다. 갑자기 소위의 목소리가 끊겼다. 저쪽 무전기가 죽어 버린 것 같았다. 번하트는 대위 쪽을 바라보았다. 무슨 일이 벌어졌는지 조사하러 지휘소를 떠날 기미는 보이지 않았다. "내가 무전기를 들고 나가 보겠다고 했어요. 그는 안 된다고 했죠." 당시 그는 이상하다고 생각했다. 대위는 "언제나 무슨 일이 일어나고 있는지 알고 싶어 했으니" 말이다. 지휘관은 방벽에 등을 기댄 채, 계급장도 없는 나이 든 남자 옆에 느긋하게 앉아 있었다. 번하트는 그 나이 든 남자가 그날의 정보를 제공한 CIA "스파이"일 거라고 의심했다. 지독한 더위 속에서 총성을 들었을 때 갑작스럽고 소름 끼치는 깨달음이 그를 덮쳤다. 그에게 들려온 건 마을을 향해 쏘는 총성이었다. 그리고 아무도 반격하지 않았다.

번하트는 소대로 돌아가기 위해 몰래 빠져나왔다. 잠시 후 대위가 자리에서 일어나 지휘소에 있는 나머지 남자들에게 앞으로 전진하라는 신호를 보냈다. 그들은 무성하게 뒤엉킨 바나나 잎사귀 아래, 속삭이는 대나무 덤불을 지나 어떤 존 웨인 영화도 준비시켜 주지 못했던 전장으로 향했다. 그들이 마을로 다가가는 길에 처음으로 발견한 첫 번째 사상자는 총상으로 창자가 다 흘러나온 어린아이였다. 그 작은 촌락에서 노파들은 손수 차려 놓은 아침 밥상 위에 엎어진 채 발까지 피를 흘리고 있었다. 총알로 만신창이가 된 노인들의 몸이 들판을 더럽혔다. 갈기갈기 찢긴 옷을 입은 여자아이들이 벌벌 떨며 풀밭 위에 가만히 누워 있었다. 군복을 입은 시체는 없었다. 총검에 찔린 물소·소·돼지·오리·닭 등 동물들의 사체 위로 파리가 떼를 지어 날아다녔다. 그렇게 그들은 영원히 '미라이'로 알려질 납골당에서 불경한 정물화에서 다른 정물화로 넘어가며 계속 나아갔다.[41]

번하트가 가장 먼저 비틀거렸다. 믿기지 않는 충격과 메스꺼움의 검은 안개가 그의 눈을 가렸다. 머릿속에 떠오르는 거라곤 소대를 찾아야 한다는 생각뿐이었다. 그는 무참히 공격당한 풍광을 가로질러 이리저리 정신없이 달렸다. "머리 잘린 닭처럼 여기저기를 뛰어다녔어요." 그가 말했다. 한 곳에서 그는 동료 병사가 건물 안으로 숨으려 하는 마을 사람들을 몰아내기 위해 초가 '후치hootches'✠에 불을 지르고, 그들에게 총 쏘는 것을 보았다. 또 다른 곳에서는 반대로, 군인들이 마을 사람들을 집으로 몰아넣은 다음 수류탄을 던지는 모습을 봤다.

✠ 밀주를 제조하는 판잣집에서 유래한 말로, 베트남전에서는 거점에 설치한 반영구적 참호를 가리키는 말로 쓰였다.

다시 앞으로 나아가던 번하트는 한 노인을 우물에 던진 다음 폭파시켜 버리는 군인들 무리와 마주치기도 했다. 달려가는 곳마다 시체를 세어 보니 150구가 넘었다. 번하트는 계속해서 외쳤다. "이건 아니야!" 다른 병사들이 이유를 알고 있다는 듯, 그들이 이유를 말해 주기라도 할 것이라는 듯 그는 애원했다. "왜 이러는 겁니까?"[42]

자신의 소대에 접근할 수 없었던 번하트는 뒤로 물러나다가 결국 사령부와 마주쳤다. 지휘 무전을 통해 그는 마을의 다른 곳에 파견된 군인들의 전투 보고를 들을 수 있었다. "다섯 마리를 잡았어!" "나는 열 마리!" 중대장이었던 어네이스 메디나 대위가 눈 하나 깜짝하지 않고 대학살을 헤치고 앞으로 나아가고 있었다. 전진하는 지휘부 앞에 겁에 질린 젊은 여자가 논을 해치며 달아나는 모습이 보였다. 그녀가 50미터 쯤 앞에 있을 때, 번하트는 메디나가 소총을 들고 쏘는 것을 보았다. 마른 형체가 구겨지면서 쓰러졌다. 메디나는 거기에 만족하지 못했다. 그는 들판을 가로질러 앞으로 나아가 여자가 얼굴을 진흙에 처박고 쓰러져 있는 곳 불과 몇 피트 앞에 섰다. 그리고 그녀에게 두 발을 더 쐈다. 그런 다음 돌아서서 사병의 눈을 사로잡았다. 번하트가 말했다. "〔메디나는〕 나를 쳐다봤어요. 어딘가 바보 같은 야비한 웃음을 지었죠."[43]

하지만 번하트는 그날 봄 아침에 펼쳐졌던 이루 말할 수 없는 공포의 절반도 모르는 상태였다. 그는 학살당한 어머니의 젖을 먹으려다가 총에 맞은 아기에 대해 알지 못했다. 그는 총검을 휘두르는 병사에게 찢겨 죽은 사람에 대해, 마을 사원에서 기도하던 중 무릎을 꿇은 채로 학살당한 스물네 명 남짓되는 노파들과 아이들에 대해 알지 못했다. 한 여자가 죽을 때까지 총알받이가 되어야 했던 순간—그 장면을 목격한 종군기자는 그녀의 "뼈 조각들이 공기 중으로 튀는 걸 볼 수 있었다"고 했다—에 대해서도 알지 못했다. 그는 군인이 네 살 된 아이의 머리에 총을 겨누는 동안 오럴 섹스를 강요당했던 여자에 대해 알지 못했고, 강간당한 뒤 살해된 여러 여자에 대해 알지 못했다. 가해자들은 스스로를 "두 가지 일에 베테랑"이라고 떠벌렸다. 그는 성기에 꽂힌 소총이 발사되면서 사망한 여자와 팔다리가 잘리고 신체가 훼손되고 혀가 뽑히고 얼굴 껍질이 벗겨지고 머리가 잘린 희생자에 대해 알지 못했다. 또한 100명 이상의 노인과 여자, 아이 들이 용수로로 내몰려 총살당했던 가장 악명 높은 참상에 대해서도 몰랐다. 이 참상을 주도했던 자가 바로 "닭대가리 소위" 곧 윌리엄 "러스티" 캘리 주니어 소위였다. 시체가 4~5피트 깊이의 긴 도랑을 가득 채웠다. 두 살배기가 간신히 시체 더미 위로 기어올라 도랑 옆으로 기어가자, 캘리는 아이의 다리를 잡아 올려 구덩이에 다시 던진 다음 직접 총을 쐈다. 어린 아이 같은 얼굴에 규칙에 순종하는 태도를 가진 그토록 유명한 소위가 이후에 인상적이게도 말했던 것처럼, 그는 중대장 메디나가 무선으로 보낸 명령—"그들을 처리하라"—을 따랐을 뿐이었다.[44]

미군의 지휘 계통이 광범위하게 은폐하려 한 덕분에 미국인들은 미라이 학살에 대해 1년 반 넘게 알지 못했다. 그리고 미국인들이 비로소 그 사건에 대해 알게 되었을 때, 그건 베트남에서 잘못된 모든 것을 대변하는 어두운 상징이자 전쟁에 대한 지속적인 이미지가 되었다. 그 극단성 때문에 미라이에서의 만행은 미국의 이름으로 동남아시아에서 분출된 악을 대표하게 된 것이다. 미라이가 곧 베트남이라는 방정식이 성립했다. 그리고 베트남은 모든 것이 갑자기 무너져 버린 곳, 한때 희망적이고 이상적인 국가의 대표자였던 미국 소년들이 갑자기 탈선해 버린 곳이 되었고, 찰리 중대의 살인자 가운데 한 명인 바나도 심슨이 말했던 것처럼 "그저 방향감각과 목적을 잃어버린 곳"이 되었다. 그날 용수로에서 수많은 마을 사람을 쏘아 죽인 일병 폴 미들로의 어머니는 언론과의 인터뷰에서 같은 감정을 표현했다. "나는 나라에 착한 아들을 보냈는데, 그들이 그 아이를 살인자로 만들었습니다."[45]

그러나 적어도 한 사람은 이 문제를 다르게 보았다. 그는 학살의 목격자이자 그날 찰리 중대에서 총을 쏘지 않았던 남자들 중 한 명인 마이클 번하트였다. 그는 30년이 지나 나에게 미라이가 단순히 베트남이었기 때문에 일어난 어떤 사건이라고 말한다면 그건 완전히 핵심을 놓치는 꼴이라고 말했다. 왜냐하면 저 프랑켄슈타인의 괴물은 미국 땅에서 태어났기 때문이다. "이 남자들은 우리가 그곳에 도착하기 전에 이미 길을 잃었어요. 그날 모두는 그저 자기 성격에 맞게 행동한 거죠. 군대 때문에 그렇게 된 게 아닙니다. 베트남이 그들을 그렇게 몰아간 게 아니에요. 그들은 이미 그렇게 폭력적이었습니다. 하와이에서도 이미 그랬고요. 리더십이 부재하는 가운데 길러진 모습 그대로였죠. 미라이 사건이 터지는 데 베트남은 필요하지 않았어요. 그런 참상을 만들어 낸 사회문제는 바로 여기에 있었으니까요."

미국 육군대학에서도 비슷한 의견이 나왔다. 1970년 육군대학은 장교의 리더십에 대해 철저히 연구했는데, 그 결과가 너무나 끔찍해서 애초에 연구를 지시한 베트남 주둔 미군 사령관 윌리엄 웨스트모얼랜드William Westmoreland 장군은 즉시 이 연구를 기밀로 돌리고 장군들에게만 그 내용을 검토하도록 했다.[46] 그러나 1970년대 말, 국방부 정보 분석가와 은퇴 후 연구자가 된 전 육군 장교는 독자적인 연구를 수행하여 그와 비슷한 결론에 도달했다. 그들은 베트남에서의 문제가 제2차세계대전 이후 시기부터 시작되었다고 주장했다. 그 시기에 군대는 상승기류를 타고 있는 기업의 기술 관리 스타일을 본떠 스스로를 개조해서 장교단을 소수의 "기업 간부"와 다수의 "중간관리자"(전투부대에서 근무하는 장교들)로 바꾸었다. 그들은 통계를 개선하고 비용편익률에 따라 보상을 받았을 뿐, 젊은이들에게 성공적인 전투를 위한 생명선이라고 할 수 있는 충성스럽고 형제애적인 유대를 고무시키는 일은 더 이상 그들의 업무가 아니게 되었다. 이 연구의 저자인 리처드 게이브리얼과 폴 새비지는 이 연구에 기반을 둔 저서 『위기에 처한 군대Crisis in Command』에서 다음과 같이 썼다.

> 분쟁 기간 동안 장교단 내에 너무나 분명하게 존재하는 병리는 미국이 제2차 인도차이나전쟁에 휘말리기 거의 20년 전에 시작된 일련의 힘의 논리적인 귀결이었다. (…) 1964년 베트남 들판에서 미국 장교단의 수가 증가했던 즈음에는, 미군의 구조에는 이미 군 생활과 연결되어 있는 전통적인 윤리적 가치보다 개인의 커리어 발전에 대한 고려를 더 중요하게 생각하도록 부추기는 일련의 가치와 관행, 그리고 정책들이 스며들어 있었다. (…) 군대는 현대 회사의 기업가적 모델에 뿌리를 둔 새로운 윤리강령을 개발하고 채택하기 시작했다. (…) 이러한 새로운 윤리가 궁극적으로 〔관료가〕 자신의 경력을 가장 개인적이고 전문적으로 중요하게 생각하도록 장려할 것이라는 사실에 아무도 놀라지 않았을 것이다.[47]

이렇듯 군대의 이상이 '리더십 윤리'에서 '시스템 관리'로 대대적으로 전환하는 과정(이는 웨스트모얼랜드의 "좋은 관리가 좋은 리더십"이라는 선언에서 잘 표현되었다)은 미국이 계속 확대되는 국방예산을 방위 사업자들의 금고에 쏟아부었을 때 시작되었고, 그들의 사업 방식이 곧 군대로 다시 퍼졌다.

"1950년대를 통해 육군은 점점 더 기업 내부의 통제 관행을 채택해 갔다"라고 게이브리얼과 새비지는 쓰고 있다. "〔포드 자동차의 중역이었던〕 로버트 맥너마라가 국방부 장관으로 임명되면서 두 구조가 하나가 되는 과정은 거의 완성되었다."[48] 다시 말해 군대 규율이 붕괴한 이유는 부분적으로 베트남의 축축한 땅에서가 아니라 맥도널더글러스 같은 건조하고 통계적으로 합리화된 관리 영역에 놓여 있었다. 그 회사의 DC-3가 (마그네슘 불꽃과 분당 정확하게 총알 6000발을 뿜어내는 속사 기관총의 눈부신 조합으로) 베트남의 악명 높은 '퍼프 더 매직 드래곤Puff, the Magic Dragon'✠이 되기 훨씬 이전에, 맥도널더글러스 등 방위산업체는 군인들의 전통적인 사회적 관계를 서서히 파괴해 갔던 경영관리 격자도를 군대에 떨어뜨렸다.[49]

항공우주 회사의 상승 뒤에는 폭탄이 도사리고 있었다. B-29로 도쿄를, 원자폭탄으로 히로시마와 나가사키를 완전히 파괴하면서 일본의 항복을 받아 낸 이후 폭격기와 미사일에 탑재한 핵무기가 전쟁의 미래가 될 것이 분명해 보였다. 핵무기를 통제하기 위한 싸움에서 국방부의 어느 조직이 승리하건 바로 그 조직이 전후 시대 예산 싸움의 승자가 될 터였다. 당연히도 승리는 공군의 몫이었다. 정부자금이 항공우주 회사에 쏟아져 들어오자 전후 군대는 새로운 '공중 기병' 사단과 함께 작전에 뛰어들었다. 전략가들은 보병들을 헬리콥터로 이동시킬 원자폭탄 전쟁터, '공중기동' 지상전을 구상했다.[50] 공군과 마찬가지로 육군에서도 새로운 조직윤리는 항공우주산업 관리 원칙에 따라 결정되었다. 그것들은 교대할 수 있는 현장 작업자가 생성하고 시스템 분석가가 처리하는 원 데이터를 바탕으로 컴퓨터 표로 작성된 '승리'였다. 고위 육군 장교 세실

✠ 베트남전쟁 중 미 공군이 개발한 무장 헬리콥터의 첫 번째 기종인 '더글러스 AC-47'의 별명.

커리는 베트남전에 대한 기운 빠지는 연구 결과를 정리해 '신시나투스'라는 필명으로 출간한 『자멸Self-Destruction』에서 군대의 새로운 조직원들은 "제너럴모터스나 IBM과 거의 같은 방식으로 홍보되고 확장될 수 있도록 기업체이자 기업집단으로서의 군대를 강조했다"라고 썼다.[51] 맥너마라가 비용 대비 효율이 더 높은 전쟁을 보장하고자 시스템분석실을 만들기 훨씬 전에 이미 군대는 비즈니스 관리 원칙을 채택하고 있었던 것이다. 당대 최고 훈장을 받은 군인이자 베트남전에 대한 맹렬한 고발이 담긴 책의 저자인 데이비드 해크워스 대령에 따르면, 1950년대에 환영받았던 '새로운 군대New Army'가 "갈수록 비인격적이고 기업적으로 변해 가는" 본질은 언뜻 사소해 보이는 변화에서 처음 발견되었으니 그건 바로 명찰의 도입이었다. "내가 보기에 명찰의 등장은 미군 지도부가 하강하고 있다는 확실한 신호였다. 나폴레옹은 그의 병사 5만 명의 이름을 기억했다고 한다. 새로운 군대에서는 부대장이 다섯 명의 이름도 외울 필요가 없었다."[52]

1971년 육군대학 장교와 사병을 대상으로 실시한 설문조사에서 다음과 같은 패턴이 널리 퍼져 있다는 사실이 발견되었다. "복잡한 직무에는 익숙하지 않은 야심만만하고 빠르게 교체되는 지휘관은 부하들과 대화하거나 그의 말을 듣기에 너무 바빴고, 부하들의 땀과 좌절을 대가로 하더라도 다양한 임무를 무결하게 완료했다는 깔끔하게 낙관적인 보고서를 제출하겠다는 생각에 사로잡혀 있었다." 사병들은 상급자가 자기에게 아무런 관심이 없었다고 보고했다. 요점을 파악하고 있었던 셈이다. 실제로 그들은 신경을 쓸 필요가 없었다. 제임스 윌리엄 깁슨James William Gibson이 쓴 『완벽한 전쟁The Perfect War』에 따르면 그건 더 이상 그들 일이 아니었다. 깁슨은 베트남전쟁 당시 군사 정책과 그 이전 평시 기술 정치의 연관성에 대한 예리한 조사를 담고 있는 이 책에서 "조직의 새로운 기업경영 모델을 고려할 때 군 내부의 사회적 관계는 사라지고 남은 것은 기술 생산 시스템과 관리 방법뿐"이었다고 썼다.[53]

기업화된 군대에선 "일정 기간 내에 승진하지 못하면 떠나야 한다"는 새로운 정책이 수립됐다. 그리고 그 정책 아래에서 장교 대부분은 돌봄 비용이 너무 비싸다고 생각하게 되었다. 맥도널더글러스의 중간관리 계급과 마찬가지로 장교단은 그 기간 동안 비대해졌다. 제2차세계대전 이후 장교가 된 군인의 비율이 두 배 이상으로 뛰었다. 하지만 이런 인플레이션이 질적 향상으로 이어지진 않았다. 이 장교들은 맥도널더글러스 "엔지니어들"과 관료적이고 장식적인 기능을 공유했다. 조너선 셰이 박사는 『베트남의 아킬레스Achilles in Vietnam』에서 이렇게 썼다. "제2차세계대전의 장교들은 다른 문화를 가지고 있었는데, 베트남에서는 자신들의 직무jobs의 제도적 정의와 지위에 집중했다면 그들은 자신의 일work의 본질에 초점을 맞추고 있었다"(강조는 원문). 각 장교의 지위는 올라가야 했고 그러지 않으면 쫓겨났다. 그리고 지배적인 경영 기풍에서 승진을 할 수 있는 전형적인 방법은 문제를 일으키지 않고 인사 기록을 "깨끗하게" 유지하는 것이었다. 인사고과 성적이 나쁘면 경력이 삐끗할 수 있었다. 부대에 문제가 있으면 무시하거나, 필요하다면 덮어 두는 편이 좋았다.[54] 그 결과는 애초에 육군대학의 연구가 말했듯 "하급자에 대한 불충disloyalty"이었다. 드물기는 했지만 베트남전쟁 당시의 장군들조차 기업식 경력주의가 군대 계급에 위기를 불러일으키고 있다는 데 동의했다. '전쟁 관리자The War Managers'라는 찰떡같은 제목이 붙은, 은퇴한 동료 장군이 실시한 한 설문조사에서 거의 90퍼센트가 베트남에서 출세 지상주의가 문제였다고 말했고, 40퍼센트에 가까운 사람들이 "심각한 문제"라고 언급했다. 1970년대에 연구를 진행한 다른 육군 장교는 베트남에서 만연했던 조건 속에서 병사들이 지도자들의 요구를 "불법적인 것"으로 인식했다고 썼다.[55]

전통적인 기본 보병 전투단위는(중대, 소대, 분대)는 본질적으로 남성으로만 이뤄진 가족이다. 이상적으로는 가족의 안녕을 염려하고, 전쟁에서 일어나는 위험과 희생을 공유하는 형제의 무리가 아버지의 지휘를 중심으로 하나가 된다. 형제들을 하나로 묶는 데에는 그들 간의 우애만큼이나 아버지-장교의 역할이 톡톡한 셈이다. 게이브리얼과 새비지는 베트남 전투그룹에서 결속력이 사라진 원인을 찾는 과정에서 조국의 반전시위, 열악한 신병 교육, 인종적 긴장, 혹은 '관대한 사회permissive society'✠ 등 자주 언급되던 비난의 대상들이 중요하지 않거나 무관하다는 사실을 발견했다. 전투단위가 형제애적인 유대를 경험하는지 아니면 사회적 분열을 경험하는지를 가르는 가장 중요한 요소는 그 단위의 장교가 부하들의 아버지가 될 능력을 갖췄는가였다는 사실이 여러 차례 증명되었다. 단기 통계관리를 통한 승진에 집착하는 "중간관리자"는 아버지가 될 만한 남자가 아니었다.[56] 특히 베트남전쟁의 맥락에서 그런 단기 통계가 "얼마나 많이 죽였는가"와 "시신 수"가 되었을 때는 더욱 그랬다.

일부 군사 전략가들이 여전히 주장하는 것처럼 문제는 단순히 전쟁터의 "나쁜 리더십"이 아니었다. "우리가 예비역을 소집했더라면……."✢ 그들은 더 나은 교육을 받은 대위가 참전했다면 베트남에 대한 미국의 개입을 지탱하던 도덕적 파산을 만회할 수 있었던 것처럼 한탄한다. 하지만 설령 아버지다운 장교들을 긴급 공수하는 것이 더 나은 전장으로의 안내를

✠ 1960~1970년대에 특히 성적 자유에 대한 허용이 크게 증대되던 사회.
✢ '제2차세계대전에 참전했던 퇴역 군인들을 소집했더라면……'의 의미.

제공할 수 있었다고 하더라도, 처음부터 잘못 인도된 전투 자체를 구출할 수는 없었을 것이다. 좋은 국가 지도자, 좋은 아버지라면 애초에 아들들을 그런 전쟁에 투입하지 않았을 테니까.

숫자에 열광하는 국방부에 의해 배치된 후, 아들들은 현장에서 등급을 매기는 동일한 기업경영 윤리에 의해 다시 한번 배신당했음을 깨달았다. 새로운 군대 관리자는 출세에 도움이 되는 기록을 만드는 데 필요한 위험을 부하들과 공유하지 않았다. 국방부는 더 많은 장교가 베트남전을 통해서 "경력을 쌓게끔" 장교들의 임무 수행을 절반으로 줄였고, 그 때문에 그들이 전투에 참여한 기간은 고작 여섯 달뿐이었다. 사다리가 높을수록 더 적은 위험을 감수했다. 자기 세대의 리더십은 희생을 분담할 거라던 JFK의 약속에도 불구하고, 그들 중 베트남에서 사망한 이는 500명 미만이었으며 대부분 전투 부상이 아니라 사고나 질병으로 세상을 떠났다.[57] 그들이 나누어지지 않았던 부담은 아들들에게 떨어졌다. 게이브리얼과 새비지는 이렇게 결론지었다. "제2차세계대전 이후 베트남전에 이르기까지 미군의 1차 집단 단결력은 점진적으로 감소했으며, 논쟁의 여지는 있겠지만, 결과적으로 거의 사라졌다."[58]

마이클 번하트는 찰리 중대에 복무하기 위해 하와이의 스코필드 병영에 신고한 날부터 소대의 붕괴를 경험했다. 그 전까지만 해도 그는 다른 미국 소년들 역시 대체로 본인과 비슷한 방식으로 자랐을 것이며, 자신이 그랬듯 아버지에게서 "남자가 된다는 건 책임을 지는 것이고, 사람들을 돌보는 것"임을 배웠으리라고 여겼다. 그는 전도유망한 청년으로 군에서 이력을 시작했다. 기초훈련에서 두각을 나타냈고, 전체 훈련대대에서 두 번째로 높은 사격 점수를 받았다. 그는 비슷하게 높은 점수를 받은 이들과 함께 고급 보병 훈련에 참여한 뒤 앨라배마주 포트맥클렐런의 특별 지도자 과정에서도 우수한 성적을 거두었다.[59] 하지만 장교 후보생 학교에 가는 건 고사했다. "너무 앳된 장교가 될 것 같았어요. 아무도 나를 진지하게 받아들이지 않을 거라 생각했죠." 대신에 그는 조지아주 포트베닝에 있는 낙하산 부대 학교로 갔다. "최고였어요, 최고. 우리는 다 같이 수업을 들었습니다. 모두가 소속감과 자부심을 갖고 있었죠."

베트남전쟁을 겪은 지 30년 만인 어느 늦여름 오후, 마이클 번하트는 플로리다주 퀸시에 있는 자택 근처 커피숍에 앉아 나에게 "계획"이 산산조각 나기 시작한 순간에 대해 설명했다. 머리카락이 가늘어지고 얼굴에는 주름이 생겼지만, 그 시간에 대한 기억만큼은 선명해 보였다. 수년간의 숙고 덕분에 세부 사항이 날카롭게 살아 있었다. 번하트와 이야기하는 건 육체를 떠나 시간여행을 하는 것 같은 느낌을 주었다. 중년이 된 그의 몸은 1998년 라퀸타인 식당에 앉아 있었지만, 목소리는 1968년으로부터 전달되는 것 같았다.

번하트는 '장거리 정찰병'Long-range reconnaissance patrols 곧 LRRPS(병사들은 '럽스lurps'로 읽었다)의 최상위 그룹으로 훈련받기 위해 스코필드 병영에 도착했다. 그들은 정보를 수집하러 유령같이 적진에 숨어드는 엘리트들이었다. 제1의 럽스가 되기 위해 훈련할 일곱 명 가운데 하나로 선발된 번하트는 하와이에서 현수하강, 큰 협곡을 미끄러져 건너기, "대담한 수중 활동" 등을 하며 처음 몇 달을 보냈다. 그는 이렇게 회상했다. "그 남자들을 정말로 신뢰했어요. 팀워크가 중요했죠. 우리는 람보가 아니었어요. 우리는 람보가 곤경에 처했을 때 그를 구하러 가는 남자들이었습니다."

그런데 11여단이 베트남으로 떠나기 불과 2주 전에 새로운 지령이 떨어졌다. 럽스를 해산한다는 거였다. 군대는 사병들의 수많은 죽음으로 고갈된 보병 대열을 보충할 머릿수가 필요했다. 번하트는 말했다. "우리는 생각했죠. '우리가 대체 뭐지? 그저 숫자인가?' 그 전에 우리는 교체될 수 없는 존재였죠. 건설 중인 전통이었고 말입니다."

번하트와 다른 럽스 세 명은 찰리 중대에 재배정되었다. "그리고 우리가 대체 어떤 곳에 배정된 건지 눈으로 확인했을 때……." 번하트가 가쁜 숨을 몰아쉬었다. "나는 눈앞에 놓인 장면에 전혀 준비되어 있지 않았어요. 아예 다른 군대에 있는 것 같았죠." 찰리 중대가 그렇게 특이한 건 아니었다. 번하트가 럽스에서 경험했던 일이 예외적인 경우였지, 사실 찰리 중대는 평균 이상이었다. 이 중대는 '이달의 중대상'을 수상했고 대대에서 최고로 인정받았다. 침울한 징집병들로 넘쳐 나는 곳이 아니었다. 대다수 군인이 자원입대한 남자들이었다. 이후 연구에 따르면 찰리 중대의 하사관 가운데 87퍼센트가 고졸 학력이며, 다른 계급의 70퍼센트가 고등학교 졸업장을 소지하고 있는 것으로 나타났다. 이는 베트남전쟁에 참여한 일반적인 중대보다 높은 수치였다.[60]

번하트와 동료들을 괴롭혔던 건 정신적 혹은 육체적 기량의 수준보다 더 미묘한 부분이었다. "막사에 우리 물건을 옮긴 순간부터 무언가 잘못되었다는 게 명확해 보였어요. 막사의 상태에서부터 그들이 상관에게 말하는 태도에 이르기까지 다 문제였죠." 막사의 흐트러진 상태는 군사시설상의 문제라기보다는 형제애의 문제를 떠올리게 했다. 당직 명단이 게시되지 않으면 아무도 교대 의무를 지려 하지 않았다. 무언가를 책임지는 사람이 아무도 없는 것 같았다. "책임이라는 게 없었습니다. 어떤 과정이 있는데, 그걸 누군가가 놓쳤다고 해도 후속 조치가 없었죠. 명령은 마지못해 수행되거나 무시당했어요. 상관에 대한 존경심도 없어 보였습니다." 번하트가 생각하기에는 이것이 문제의 핵심에 가까웠다. 그가 보기에 중대의 젊은이들은 명령을 거스르는 걸 즐기는 반항하는 선동가들은 아니었다. 그보다는 오히려 아무 지시도 하지 않는 상급자들이 나아갈 바를 알려 주길 기다리는 소년들이었다. 그들은 아버지 없는 세상에서 출세 지향적이고 순종적인 아들들이었다. 이런 점에서 군대는 그들 대부분이 자라면서 배웠던 세상의 일시적 중지가 아닌 그 세상의 연장이었다.

돌이켜 보면 번하트는 자기 아버지에 대해 애정을 가지고 말한 사람, 아니 아버지에 대해 언급 자체를 했던 사람을 단 한 명밖에 떠올릴 수 없었다. 그들 대부분은 보호받기 위해 군에 입대한 고아처럼 행동했다. "아버지가 없거나 아니면 롤모델로서 아버지에 대한 존경심을 잃어버려서, 더 강하고, 폭력적이며, 여자에게 폭력을 휘두르는 그런 종류의 아버지를 찾기 위해 군대에 온 것 같은 남자들이 많았죠." 번하트가 보기에 이런 탐색자들 가운데서도 윌리엄 캘리William Calley는 단연 아버지 없는 사람처럼 보였다. 이건 분명 중대에는 이중적인 문제였다. 어쨌거나 그가 소대장이었으니 말이다. 그는 병사들의 아버지 역할을 해야 하는 인물이었다. "그 모든 일이 일어나기 전, 내가 하와이에서 캘리를 만났을 때에는 그래도 훈련 생활을 하면서 특정 사회적 기술을 배우는 것 같았어요." 번하트가 떠올렸다. "하지만 그는 스무 살이었죠. 그는 여전히 어떻게 맞춰 갈지, 서열 안에서 자기 자리가 어디인지, 그런 연공서열이 어떻게 작동하는지 등을 배우고 있었어요. 그냥 잘 모르는 것 같았어요. 가진 거라곤 〔소위〕 계급장뿐이었죠. 그가 자라면서 아버지 같은 존재가 없었을 거라고 생각하게 하는 무언가가 있었어요. 뭔가 한 조각이 빠져 있는 것 같았달까요." 캘리에 대한 번하트의 견해는 소대 남자들에게도 널리 공유되고 있었다. 소대원 레너드 도인스Rennard Doines는 기자인 시모어 허시Seymour Hersh에게 말했다. "그는 언제나 거물이 되려고 노력했어요." 한편 기관총 사수였던 찰스 홀은 이렇게 기억했다. "캘리는 애처럼 보였죠. 전쟁놀이를 하는 애요." 캘리의 부하들은 그가 가장 좋아하는 표현이 "내가 보스다"였던 것으로 기억했다. 캘리는 저 말을 지겹도록 반복했는데, 그건 정확히 자기가 한 말에 확신이 없기 때문이었다.[61]

캘리는 미라이에서의 범죄가 폭로됐을 때 자신의 이야기를 거의 공개하지 않았으며, 자서전 작가가 그와 나눈 대화를 바탕으로 작성한 1971년의 자서전을 제외하고는 조지아주 콜럼버스에 있는 장인에게 물려받은 보석상에 가끔 나타나 대화를 청하는 모든 이를 외면하며 확고하게 침묵을 지켰다. 캘리는 나와도 거의 이야기를 하지 않았고, 10분이 지난 뒤에는 모든 대화를 거부했다. "사람들 대부분은 완전히 명령에 따랐고, 하라는 대로 했을 뿐"이라는 말이 그가 미라이에 관해 하고 싶은 말의 전부였다. 미라이에 대한 조사가 진행되던 때, 그는 "감정적으로 차가운 가족에서 자랐고, 가족들끼리 전혀 살갑지 않았"다고 말했다. 조사의 일환으로 그를 진찰했던 정신과 의사에게 아버지가 "술을 너무 많이 마셨"고, 가족 중에는 누나가 유일하게 대화를 나누는 사람이었다며 불만을 토로했다. 캘리의 아버지는 중장비 판매원으로 편안한 중산층 생활을 하는 해군 참전 용사였다. 마이애미주의 큰 집에 살았고, 노스캐롤라이나주에 여름 휴양지를 가지고 있었다. 그러나 캘리가 군에 입대하기 전에 어머니가 암으로 세상을 떠났고, 아버지의 사업도 파산했다. 아버지가 마이애미의 집을 팔고 나서, 캘리는 서쪽으로 떠나 결국 캘리포니아로 갔다. 그는 우편물을 받을 새 주소를 남기지 않았으며 집에 편지도 쓰지 않았다. 그는 자서전에서 이렇게 항의했다. "[내 아버지는] 내 말을 (…) 듣고 있지 않았다." 그가 어린 시절 경험한 일은 열아홉 살에 위궤양을 일으킬 만큼 불안한 것이었음이 분명했다.[62]

캘리의 배경에는 잠재적 리더십을 암시하는 내용이 거의 없었다. 그는 부정행위로 7학년 때 낙제를 했고, 사관학교에서 쫓겨났으며, 네 과목에서 F 학점을 받은 후 팜비치주니어 대학교에서 중퇴했다. 그는 위궤양과 음정을 구분하지 못하는 장애 때문에 군복무를 거부당했다. 나중에 군인 숫자를 채워야 하는 상황이 되어서 군대에서 그를 적격자로 재분류했고, 징집될 것 같은 상황이 되자 그는 그 전에 자원입대했다. 그리고 장교후보생학교에 추천으로 입학한 뒤 끝에서 4등으로 졸업했다.[63]

캘리 소위는 육군의 새로운 관리 시스템의 양쪽 끝에서 자신을 발견했다. 아래를 내려다보았을 때 눈에 들어온 건 무언가 자신의 깨끗한 서류를 망쳐 버릴 짓을 할지도 모를 예측 불가능한 어린 남자들뿐이었다. 위를 올려다보았을 땐, 그의 안위에 대해 걱정해 주는 사람은 아무도 없었다. 나중에 말한 바에 따르면, 그는 중대장인 어니스트 메디나 대위를 향한 동경에 강하게 이끌린 나머지 눈시울이 붉어질 정도였다고 한다. 그는 "소년 같은"(이건 언론과 이야기할 때 그가 제일 좋아하는 형용사였다) 왜소한(5피트 3인치) 시종이었고, 거친 선장에게 깊은 인상을 심어 주기 위해 모든 생명체를 소탕하라는 명령을 문자 그대로 받아들였다. 부대의 병사 출신인 그레그 올슨은 나에게 "아들에 대해 아무 관심도 없는 완고한 아버지와 그런 아버지의 인정을 받기 위해서라면 뭐라도 할 아들을 상상할 수 있다면, 그게 기본적으로 메디나와 캘리의 관계였다"고 말했다. 캘리의 변호사는 당연하게도 이를 받아 고객의 이미지를 지나치게 열성적이고 착한 아들로 만들려고 했다. 변호사 조지 래티머가 고개를 끄덕이며 이렇게 말했다. "만약 〔메디나 대위가〕 빌 〔캘리〕에게 소대를 이끌고 산에 올라가 뛰어내리라고 명령했다면 그렇게 했을 겁니다."[64] 30년이 지나서도 캘리는 여전히 그 입장을 고수하고 있었다. 예전만큼 열성적이지는 않았지만. 그가 나에게 말했다. "기본적으로 메디나는 모든 것을 다 이룰 수 있었고, 자신이 무엇을 하고 있는지 알고 있는 것 같았습니다. 반면에 나머지는 무능했죠. 그러니까 기본적으로 동경할 이유가 있었던 겁니다." 하지만 그의 중대에서 캘리의 다른 면모를 본 남자들도 있었다. 번하트가 그 중 하나였다. "모두가 캘리가 메디나를 숭배했다고 하지만, 그게 다는 아니에요. 그는 보병에서 벗어나기 위해서 눈에 띄는 추천서를 받고 싶어 했죠. 언제나 메디나의 비위를 맞추려고 했어요. 그게 승진할 수 있는 유일한 길이었으니까요. 그가 원했던 건 좋은 인사고과였습니다."

캘리가 추구하던 것이 무엇이든, 찰리 중대의 군대는 헌신적인 지휘관이 절실했기 때문에 메디나 대위가 좋은 아버지라는 전설에 많은 투자를 했다. 결국 그들은 현장에서 보낸 1년을 잘 마무리하고 집으로 무사히 돌아가기를 간절히 바랐다. 무전 교환원인 프레드 이드머는 메디나에 대해 "전쟁영화에서 볼 수 있는 그런 종류의 장교"라고 묘사했다. "남자들은 어디라도 그를 따라갈 거예요." 또 다른 병사는 기자에게 "[메디나는] 병아리들을 돌보는 암탉 같았어요. 무슨 말인지 아시죠?"라고 말했다. 베트남에서 찰리 중대가 막다른 골목에 몰린 지 몇 달 뒤, 메디나는 군대를 이끌고 꽝응아이의 시골 지역을 지나가던 중 지뢰밭으로 들어갔고 폭발이 일어나기 시작했다. 남자들은 패닉에 빠져 뛰었고, 더 많은 지뢰가 터졌다. 세 명이 사망했으며 열두 명이 심하게 부상을 입었다. 일부 남자들은 한 병장이 그들을 재난으로 끌고 들어갔다며 비난하면서 그런 상황에서 메디나가 생존자들을 이끌었다고 믿었다. 그는 나중에 그의 "용기, 전문적인 행위, 그리고 부하들을 위한 이타적인 관심"으로 은성 훈장Silver Star를 받게 된다. 메디나의 용사들은 그가 애초에 부하들을 그 지역으로 보내지 말았어야 한다는 사실을 외면하기로 마음먹었다. 지뢰의 위치는 "친절하게도" 지도에 표시되어 있었다.[65] 이 사건을 비롯해 베트남에서 일어난 각종 악명 높은 사건들에 대해 메디나는 여전히 공개적으로 침묵하고 있다. 위스콘신주 마리네트에 있는 그의 집으로 전화를 걸었을 때, 그는 "30년 전 일"이라고 잘라 말했다. "나는 할 말이 없소."

군대가 메디나를 전통적인 지도자로 만들려고 하는 만큼 그들이 그린 초상화에는 뭔가 잘못된 구석이 있었고, 그들도 그걸 알고 있었다. 프레드 위드머는 대위와 부대 사이의 기이한 친밀감에 대해 마치 그들이 모두 같은 평면에 있는 것처럼 불안하다고 표현했다. "메디나의 실패, 전 중대의 실패는 우리가 서로 너무 가까웠다는 점에 있었습니다. 그러면 안 됐습니다." 마이클 빌턴Michael Bilton과 케빈 심Kevin Sim의 『미라이에서의 네 시간Four Hours in My Lai』에서 목격자들은 미라이 학살이 벌어지기 오래전, 베트남에서 중대는 이미 폭력적으로 바뀌고 있었고, 메디나는 그 정점에서 포로들을 직접 두들겨 패면서 부하들을 격려했다고 말했다. 미라이 학살 이틀 전 마을의 한 여성을 때려 사망에 이르게 했을 때, 대위는 범죄자들을 눈감아 주고 거짓으로 지어낸 이야기로 그 사건을 은폐하는 걸 도왔다. 그건 확실히 성숙하거나 도덕적인 어른의 모습은 아니었다. 남자들이 기자들에게 이후에 이야기했던 것처럼, 대부분의 시간에 메디나는 "소년들 중 하나"[66]처럼 보였다. 만약 그들이 메디나를 따르기는 했지만 그가 명령하는 아버지가 아니었다면, 과연 그는 누구였을까?

번하트는 메디나에게 다른 이름을 붙였다. "사람들은 메디나가 얼마나 강한 사람인지 이야기했어요." 번하트는 모텔 커피숍에서 손도 안 댄 아침 식사를 앞에 두고 말했다. "그러자 다른 사람들은 그가 그저 애들 중 하나라고 말했죠. 나는 그의 리더십은 갱단 리더 스타일에 가깝다고 생각해요. 그게 그가 왜 우리의 친구이자 보스가 되고 싶어 했는지 설명해 주죠. 그는 프로토콜을 따르지 않았어요. 명령체계도 따르지 않았습니다. 그는 자기만의 전쟁을 주도하는 갱 리더였어요."

상급 지휘관에게 해명할 필요가 없는 불한당 대위란 베트남에서 변칙적인 일도 아니었고 길거리 깡패 정신도 아니었다. 게이브리얼과 새비지는 『위기에 처한 군대』에서 이렇게 쓰고 있다. "베트남전쟁에서 전투부대는 전통적인 군사적 가치로부터 심리적으로 고립되었고 사회적으로 무질서 상태가 되었다. 이런 의미에서, 그들은 폭도와 크게 다르지 않았다."[67] 대위보다 계급이 높은 사람들은 대부분 지상 작전에서 멀리 떨어져 있는 전쟁에서, 그리고 더 높은 계급이 개인의 경력 개발이라는 듣도 보도 못한 악행에 전념하는 기업화된 군대에서, 메디나 같은 대위들이 급증했다. 그는 오로지 젊은 군대가 지휘를 따르도록 만드는 통제력과 카리스마로 구별될 뿐이었다. 이후에 육군 조사 보고서에서 군인들은 메디나를 "경외심에 사로잡혀 바라보았고, 때로는 거의 두려움에 휩싸여 있었다"라고 썼다. 그의 외모도 그에 걸맞았다. 당시에 사람들이 묘사한 바에 따르면, "검게 탄 피부와 탄탄하고 거대한" 근육을 과시하는 그는 육체적으로 위협적이었다. 중대가 하와이를 떠나기 전에도 남자들을 그를 "미친 개"라고 불렀다. 서른 살 지휘관보다는 거리의 젊은 갱스터에게 더 어울릴 법한 별명이었다. 캘리는 자서전에서 열정적으로 말했다. "메디나 같은 대위를 얻으려면 거의 50만 명에 가까운 장교를 임명해야 할 것이다. 그는 진정한 지도자다. 만약 메디나가 술을 마시고 하와이의 모든 여자와 잤다면, 그의 부대도 그렇게 해야 한다."[68]

찰리 중대의 구성원들은 각각 갱단의 새로운 질서 속에서 제자리를 찾았다. 번하트가 말했다. "중대에는 가학적인 남자들이 몇몇 있었어요. 지금은 대체 뭘 하고 있는지 상상도 안 가네요. 그들은 별다른 이유 없이 성폭력을 저지르고 살인을 하고 싶어 했죠. 그리고 캘리처럼 숫자를 채우고 싶어서 그렇게 하는 남자들이 있었습니다. 또 그저 일부가 되고 싶어서, 소속되고 싶어서 그렇게 하는 남자들도 있었고요. 모두 갱단의 구성원들이 그런 짓을 하는 거랑 같은 이유입니다. 증오와 두려움, 그리고 받아들여지고 싶어서. (…) 군 지도자들은 구성원들이 하는 일에 책임을 지죠. 갱단 리더들은 그렇지 않아요. 가게를 털거나 A 지점에서 B 지점까지 폭발하지 않고 이동하는 것 외에는요. 그리고 메디나는 그걸 잘했죠. 하지만 중대에서 사람들이 뭘 하건 간에, 그게 좋은 일이건 나쁜 일이건, 뭐 대체로 나쁜 일이었지만, 그는 그 문제를 내부적으로 처리하려고 했어요. 보고도 하지 않았고, 군법에 회부하지도 않았고, 군사재판도 없었죠."

아버지의 부재가 빚어낸 공허함을 거리의 갱단이 메운다는 건 익숙한 이야기다. 하지만 그건 겨우 절반의 설명일 뿐이고, 아버지가 왜 부재하게 되었는지는 보지 않으려 하면서 남성 연장자 개인에게 손가락질을 하는 것에 불과하다. 거리의 갱단이 번성하는 환경에서 아버지들은 파국적인 붕괴와 함께 쫓겨났다. 그 붕괴의 뿌리에는 개인적인 이유가 아니라 사회적인 기원이 놓여 있었다. 공익성이 없는 세상에는 아버지를 위한 역할도 없었다. 숙달할 것이 없는 곳에는 물려줄 것도 없고, 기껏해야 영광스러운 베이비시터가 되거나, 전쟁에서라면 보디가드가 될 뿐이다. 국가 차원에선, 갱단의 무허가 사업체와 무너져가는 시민 기반 시설을 둘러보기만 해도, 아버지들이 그들을 위해 책임감을 가질 장소를 찾아 줄 마음이 없다는 걸 알 수 있었다. 베트남에서, 군대의 선전과 선동을 눈여겨본 찰리 중대의 군인들은 외면하기 어려운 현실, 그러니까 전체 조직이 이제 막 무너지기 시작했다는 현실을 목도했다. 조직은 지침이나 명확한 목적을 제공할 수 없었고, 그래서 진짜 아버지가 사라져 버린 상태였다.

캘리는 그저 자신이 믿었던 미국의 시스템을 충실하게 따랐다고 주장했음에도 불구하고, 존 색과 함께 썼던 자서전에서 그 시스템이 사기라는 걸 얼마나 깊이 이해하고 있었는지 밝히고 있었다. 캘리는 "여기 보병들의 임무 중 우리는 첫 번째 장에도 도달하지 못했다"라고 말했다. "오늘날 사회에서는 '몇천이냐' '몇백만이냐' '몇십억이냐' 하는 것이 전부다. 베트남에서도 숫자가 전부였고, 나는 그 숫자를 제공해야 했다. 그렇게 TV에서는 '우리가 오늘 몇천 명을 더 죽였습니다'라고 말할 수 있었고, 미국인들은 '우리 나라는 위대하다'라고 말할 수 있었다. 시체 수가 중요했다. 제기랄." 캘리는 베트남전쟁이 개척지 투쟁이 아니라는 사실 역시 알고 있었다. "우리는 물을 연못 밖으로 밀어내는 남자들이었다. 계속해서 세상을 파괴했고, 우리가 물을 밀어내자마자 물은 다시 차올랐다." 그곳에는 뚜렷한 적도 없었다. "나는 궁금했다. 그 빌어먹을 베트콩은 대체 어디에 있는 건가? 있기는 한 건가?" 그는 형제애가 없다는 걸 보았고, 극심한 고립감만을 느꼈다. "나는 진공상태에 있었다. 나는 병 속에 (…) 갇혀 〔부대를〕 멀리했다. (…) 나는 내 부하 병사들에게 말을 걸 수 없었다." 그는 자기한테 보호를 구하는 여자와 아이가 없다는 걸 알게 됐다. "나는 이 사람들을 도우러 왔다. 하지만 그들은 아무 관심도 없었다. (…) 누군가 우리를 원했다는 걸 보고 싶었다. 단 한 가지 예라도 볼 수만 있었다면! 그러나 어디에도 그런 사람은 없었다." 캘리가 활력을 되찾았던 단 하나인 경험은 그가 우물을 건설하는 시민 구조 부서에 잠시 소속되어 있을 때였다. "나는 살아 있다고 느꼈다. 미국에서는 한 번도 느끼지 못했던 감정이었다. 나는 도움을 주고 있었다. SST(초음속여객기)나 우주선 같은, 어떤 대단한 걸 건설하고 있지 않았는데도 말이다."[69]

캘리는 자서전에서 휴가 기간 동안 성 판매 여성 "이본"과 동거하면서 얻은 깨달음에 대해 기술했다. 처음에 그는 그녀를 미국으로 데려오는 상상을 했다. "나는 그녀를 내 고향 집인 마이애미로 데려가고 싶었다. 쇼를 보고 그녀에게 말했다. '당신은 이제 자유야. 우리는 캐스트웨이즈, 카리롱, 파티룸, 폰데인블루에 갈 거야.'" 그리고 그에게 이런 생각이 떠올랐다. "나는 베트남의 찻집에 앉아 이런 생각을 했던 것이다. 세상에, 나는 훌륭해, 나는 미국인이야. 수세식 변기와 스위치로 켤 수 있는 전등이 있었고 (…) 그러다 갑자기 깨달았다. 그녀가 나에게 영어로 말하고 있다는 걸." 그는 이 여자가 자기보다 더 많이 안다는 사실을 깨달았다. 그녀는 가족을 부양하고, 그가 오로지 꿈을 꿀 뿐인 '사회'와 연결되어 있었다. "마이애미에 있는 사람 아무한테나 100만 달러가 있다면 뭘 할 거냐고 물어보라. '요트를 사겠다'고 답하지, '어머니와 아버지를 돌볼 것'이라고 답하진 않을 거다. 하지만 이본은 '어머니와 아버지를 돌볼 것'이라고 답할 사람이었다. 아니면 '무언가를 배우는 데 쓸 것'이라고 하겠지. (…) 자, 어느 쪽이 더 똑똑한가? 누가 누구를 필요로 하는가? 내가 그녀에게 마이애미로 가자고 했다면 그녀는 이렇게 답했을 것임에 틀림없다. '나는 내 마을이 좋아요, 고마워요. 나는 폰테인블루를 좋아하지 않아요. 아메리칸드림을 원하지 않아요.'"[70]

하지만 그런 각성은 즉시 억제되었다. "생각하고 싶지 않다. 세상에. 계속 생각을 한다면 나는 그저 일개 장교가 될 뿐 베트남 사람들을 도울 수는 없다. 어쨌거나 나는 휴가 중이었고, 우울해지고 싶지 않았다. 나는 무거운 철학에 빠지고 싶지 않았다. 나는 탈출했다. 나에게는 잭다니엘 위스키와 뜨거운 수건 따위가 있었고, 아주 망가져 버렸다. (…) 그리고 이본에 대해서는 더 이상 생각하지 않았다."[71]

캘리는 베트남에 있는 많은 동료 병사들과 같은 심연을 들여다보았다. 어떻게 그러지 않을 수 있었겠는가? 그가 고개를 돌리는 곳마다 오직 한 그룹만이 진정한 사명감, 형제애, 그리고 여성의 지지를 주장할 수 있는 것처럼 보였다. 베트남 연구자 매릴린 영Marilyn Young이 베트콩 죄수 200명 이상을 심문해 미국에서 작성한 연구 결과에 썼듯 "사명감, 지도부에 대한 사병들의 신뢰, 군인과 마을 사람들의 관계, 그리고 '패배 불사'가 적을 지탱하고 있었다."[72]

그 의심의 구렁을 오래도록 응시하는 건 광기의 위험을 무릅쓰는 것, 완전히 방향감각을 잃고 무서운 광야를 끝없이 헤매는 것이나 다름없었다. 그래서 캘리는 찰리 중대 대부분이 그랬던 것처럼 시선을 돌렸다. 평범한 졸병이 진짜 임무를 스스로 만들어 낼 수는 없다고 해도(그건 확실히 그가 해낼 수 없는 일이다), 부대가 비공개적으로 받아들일 수 있는 적에 대한 개인적인 정의를 생각해 낼 수는 있을 것이고, 그렇다면 그는 죽여 버려야 할 "적"을 가질 수 있을 터였다. 그런 식으로 갱단에 있지 않은 자들을 모두 적으로 돌릴 수만 있다면, 미라이에 이르기까지 몇 주 동안 찰리 중대가 그랬듯, 적을 죽이는 것 자체가 임무가 될 수 있었다.

그들은 전통적인 전쟁과는 달리 적군을 보거나 교전하지 않고 몇 달 동안 꽝응아이 지방을 배회했다. 사상자가 나는 경우도 부비트랩, 지뢰, 숨겨진 저격수와 같이 보이지 않거나 무생물인 적들에 의해서였다. 전직 병사 그레그 올슨이 나에게 말했다. "정글에서 엄청나게 걸었지만, 눈으로 확인할 수 있는 대규모의 적과 대결한 적은 한 번도 없었습니다." 그들의 경험은 특이하지 않았다. 그해 미군 사상자의 90퍼센트 이상이 부비트랩과 지뢰에 의해 발생했다.[73] "결국 그런 생각이 떠올랐다"라고 캘리는 썼다. 이 사람들, 그들 모두가 베트콩이라고. 이것은 캘리의 반전된 깨달음이었다. "'그걸 진짜로 어떻게 압니까?'라고 말하는 미국인들이 있다는 걸 안다. 하지만 나는 거기에 있었다. 나는 결정을 내렸다. 대답이 필요했고, 더 논리적인 답을 찾을 수 없었다." 캘리에게, 그리고 베트남에서 도망치는 여자들에게 총을 쏘고, 헬리콥터에서 늙은 농부들에게 올가미를 던지고, 소와 돼지가 마치 비밀 사령부의 일부인 것처럼 처형했던 많은 남자들에게 민간인 학살은 통제 불능 영역에서 일어난 단순 난동이 아니었다. 그것은 아무리 끔찍할지라도 기대했던 체계를 다시 짜려는 시도이기도 했다. 미국인들은 그들의 권위를 숫자로 높일 수 있는 선한 승리자, 인디언과 맞서 싸우는 현대의 전사가 등장하는 통과의례의 드라마를 약속받았다. 이 드라마에서 베트남인들이 비협조적인 배우라면, 캘리 같은 남자들은 그들로 하여금 그 대본에 충실하도록 강요하고, 그들의 시체가 의미를 갖도록 만들었다. 남자들은 어떤 식으로든 임무를 수행했다. 캘리는 말했다. "우리 지역 전체에서 내 의무는 베트콩을 찾고, 그들과 접전하고, 그들을 파괴하는 것이었다. 그리고 이제 베트콩을 찾았다. 거기 있는 모두가 베트콩이었다. 노인들, 아이들, 아기들까지 모두 베트콩이거나 3년 안에 베트콩이 될 놈들이었다. 그리고 베트콩 여자들 배 속에는 셀 수 없이 많은 작은 베트콩이 들어 있다고 생각했다."[74] 그러므로 캘리와 그의 부대가 '미라이에 도착했을 때 눈에 띄는 적이 있을 거'라는 브리핑을 '움직이는 건 모두 쏴 버리라'는 내용으로 곡해한 건 별로 놀랍지 않다.

미국의 세기의 건축가들은 리틀리그 경기장에서, 프로미식축구 경기장에서, TV의 서부 개척지에서, 우주 경쟁에서,

인간성의 모든 것이 점수와 관계되어 있다고 북을 울렸다. 상대 없이는 득점할 수 없기 때문에, 적을 찾고 '교전'하는 것이 건축을 하고 육성을 하고 보호하는 것보다 더 중요했다. 월트 로스토Walt Rostow 국가안보 보좌관(JFK의 '뉴 프론티어'라는 말을 만든 사람)은 1974년 다큐멘터리영화 〈하트 앤드 마인드Hearts and Minds〉에서 미국이 베트남에 개입한 기원을 정확히 지적해 달라는 요청을 받았을 때 "문제는 스푸트니크 발사 이후 현재 단계에서 시작되었다"고 말했다.[75] 그가 말하는 '문제'는 물론 공산주의 적의 위협이었다. 그러나 진짜 문제는 작은 위성의 '위협'이나 소수의 빈곤한 동남아시아 국가에서 벌어진 민족자결권을 위한 투쟁에서 의미 있는 남성 드라마를 만들려고 했던 것이었다. 실제로 중요한 위협이나 가능한 정복도 아니었기에 그건 사실 불가능한 일이었다. 그래서 결국 베트남에 있는 미국의 아들들에게는 기업가 아버지들과 마찬가지로 득점을 해야 한다는 명령 외에 아무것도 남지 않았다. 아버지들은 '시신을 센다'는 개념을 발명한 이들이었다. 이 아버지들은 미라이에서 공식적으로 시신 128구를 기록으로 남겼다. 그건 그들이 시신 수를 줄여서 기록한 몇 안 되는 경우 중 하나였다. 미라이 학살은 400명이나 되는 민간인의 목숨을 앗아갔지만, 추정상으로는 더 많은 이가 사망했다.[76]

베트남에서는 '콘테스트'가 지배적인 은유가 되었다. 모든 중대·대대·사단에는 자기들만의 버전이 있었다. 육군 제25보병사단의 '무리 중 최고Best of the Pack' 콘테스트가 전형적이었는데, 적을 처치하면 '포인트' 100점을 지급하고 포상으로 며칠간 자유 출입증을 줬다. 그날 미라이에서 찰리 중대의 몇몇 구성원은 누가 민간인을 가장 많이 죽일 것인지 겨루는 콘테스트를 개최했다.[77] 낯선 일도 아니었다. 번하트가 이야기한 것처럼, 자유 사격 지역에서 매일 '콘테스트'가 시행됐고 그 결과가 시체 수로 측정되는 전쟁에서 "불행한 민간인이 죽거나 부상당할 뿐만 아니라, 그건 별로 중요하지도 않았"다. "시체 수를 이용한다는 건 점수로 계산될 수 있다는 것을 의미했"다. "〔베트남 사람과 만날 때마다〕 이 사람이 우리 부대와 나에게 위협이 될지 안 될지를 판단해야 했습니다. 그 사람이 위협이 될 것이기 때문에 죽이기로 결정한다면, 그건 올바른 조치입니다. (…) 혹은 그 사람이 위험하지 않다고 하더라도 그 사람을 죽일 수 있죠. 문제는 뭐냐면 그 결과가 올바른 조치처럼 보였다는 거예요. 별다르게 보이지도 않고, 점수도 다르게 매겨지지 않았습니다. 그리고 군인들은 점수가 필요했죠. 개별 병사도 점수가 필요했고, 지휘관도 점수가 필요했고, 대대장과 사단장 역시 점수가 필요했습니다. 그렇다면 과연 어떤 일이 일어날까요?"

'보이는' 게 중요하다는 건 '미국의 세기'의 아들들이 일찍이 흡수한 또 다른 교훈이었다. 어린 시절 그들은 할리우드 전사와 동일시했다. 그들은 군인으로서 액션 장면을 위해 현장에 불려온 스턴트맨처럼 캐스팅된 자신을 발견했으며, 청중은 아마도 어딘가에서 그것을 보고 박수를 치고 있을 터였다. 베트남의 졸병들은 자신의 경험이 "비현실적"이라거나 "영화 같았다"고 (비록 그들이 본 어떤 영화도 이런 상황은 아니었지만) 말했고, 마치 다른 차원으로 넘어가기라도 한 것처럼 그 나라 외의 모든 곳을 "세계"라고 칭한 건 놀랍지 않다. 시모어 허시는 그날 아침 미라이에서 포즈를 취한 병사를 묘사하면서 "힙한 카우보이 영화 스타일로 무기를 발사했다"고 했다. 또 다른 남자들은 TV 속 전투 장면에나 적합했을 모습으로 웅크린 자세와 무릎 꿇는 자세를 취했다. 한 군인은 물소 위로 뛰어올라 "로데오 야생마 라이더처럼" 물소를 계속 찔러 댔다. 캘리는 자신이 경험한 학살 이후의 허탈감을 영화적 언어로 설명했다. "디데이나 이오지마에 참전한 거나 촬영을 하고 방송 나부랭이 일을 하는 거, 하던 일을 멈추는 거, 다 비슷했을 것이다. 나는 확신한다."[78]

그런 제멋대로의 환상을 깨 버릴 사람은 거의 없었고, 메디나 대위 역시 확실히 그런 사람은 아니었다. 한 장교가 선서한 증언에 따르면, 중대가 "그 나라"에 도착하고 한 달이 채 지나지 않았을 때, 메디나는 부하들에게 무장하지 않은 어부를 쏘라고 명령했다. 그들이 찰리 중대가 업적 세기에 포함시킨 첫 시체들이었다. 잔혹성, 강간, 약탈, 민간인 학살로 이미 이름을 떨친 나머지 어메리칼 사단✠도 환상을 깨뜨리지 않았다. 찰리 중대가 베트남을 돌아다닌 지 두 달 만에 그 무리들은 '용의자'를 고문하고, 귀를 자르고, 불붙인 담배를 바지 안에 떨어뜨리고, 어린 여자아이들을 집단 강간하고, 노인들에게 집단 폭행을 가했다. 심지어 포로가 적으로 규명될 가능성이 낮을수록 고문은 종종 더 가혹해졌던 것으로 보였다.[79]

그럼에도 베트남 전역의 전투부대에서 적지 않은 남자들이 버텼다. 그들은 같은 심연을 들여다보고 계속 지켜보기로 했다. 마이클 번하트도 그중 하나였다. 그는 미라이 대학살을 공개적으로 폭로하는 데 중심에 있었던 인물로, 사건을 세상에 알린 탐사 기자 시모어 허시와 이야기를 나눈 최초의 군인이었다. 그와 함께 찰리 부대로 이동했던 럽스 출신 동료 마이클 테리는 그의 명성에 놀라지 않았다. 테리는 대학살 이후 엉망진창이 된 텐트에서 번하트를 만났는데, 당시 번하트가 "충격을 받고 아주 화가 나 있었"다고 기억했다. 유타주 오렘의 시멘트 도급업자인 테리가 나에게 말했다. "그라면 그렇게 했을 거예요. 가치관이 확고한 사람이었거든요. 마이크는 누가

✠ 제2차세계대전과 베트남전쟁 동안 활동한 미 육군 보병 사단으로 찰리 중대가 어메리칼 사단 예하였다.

명령을 내렸다고 하더라도 자기가 생각하기에 옳지 않은 일이었다면 따르지 않았을 거예요.” 또 학살에 대해 꼼꼼하게 조사한 내용을 담은 1992년 책 『미라이에서의 네 시간』 공동 저자인 영국인 신문기자 마이클 빌턴이 나에게 말했다. “마이클 번하트는 자신이 어디로 가고 있는지 알고 있는 사람입니다. 그의 나침반은 진북에서 흔들리지 않습니다.” 번하트는 여전히 왜 그가 그렇게 행동했는지 확신하지 못한다. 아마도 그의 외부인으로서의 위치 때문이었을 거라고 추측할 뿐이었다. “나는 중대가 하와이를 떠나기 일주일 전에 합류했어요. 그들과 함께 훈련받지 않았죠.” 어쩌면 그가 캘리에 대해서 처음부터 끝까지 가지고 있던 혐오 때문이었을 수도 있다. 번하트가 떠올렸다. “그에겐 아무런 통제력이 없어 보였어요. 그리고 비열했죠. 그건 그가 키가 작은 것과는 무관해요. 나도 단신이거든요.” 그가 보기에 중대는 처음부터 “엉망”이었기 때문에, 무언가 잘못되었을 때에도 쉽게 타깃 삼을 수 있는 베트남인들을 탓하는 경향이 덜했을 수도 있다. 혹은 여전히 “세 아빠”의 세계에 묶여 고향에 닻을 내리고 있다고 느꼈기 때문이었을지도 모른다.

이유가 무엇이든 간에 번하트는 마치 그가 “평행우주”라 부르는 세계에 존재하는 것처럼 중대 안에 혼자 있는 자신을 발견했다. 그는 “카프카가 이걸 봤어야” 했다며 씁쓸하게 말했다. “현실을 왜곡하는 바이러스가 세상에 퍼지고, 전 세계가 시달리고 있다고 상상해 보세요. 어찌어찌 당신은 면역이 생겼는데, 다른 사람들은 모두 망상에 빠져 있는 거죠. 그래서 그들은 당신이 미쳤다고 생각해요. 그렇게 시간이 조금 흐르고 나면, 당신도 당신이 미쳤다고 생각하게 되는 거죠.” 하지만 그는 끝까지, 민간인을 죽여 버리면 ‘보이지 않는 적’이란 문제가 해결되리라 믿을 정도로 미쳐 버리진 않았다. “적이 누구인지 알지 못한다는 게 중요한 원동력이 되었어요, 아마도 가장 중요한 원동력이었던 것 같아요. 적을 모른다는 것이 베트남에 대한 신화의 정당한 근거가 되었죠." 그 신화 중 하나는 "클레이모어〔지뢰〕를 가슴에 붙인 채로 사탕을 달라며 다가오는 베트남 아이"였다. 중대 구성원 중 누구도 이런 일을 경험하지 않았고, 다른 누군가가 이런 일을 당했다는 증거 역시 들어 본 적이 없었음에도, 이 이야기는 중대 내에 널리 퍼져 있었다. 번하트가 말했다. "〔아이들에게는〕 무선 장치가 없었습니다. 내가 그 아이들을 믿었다는 말은 아니에요. 하지만 나는 그들을 적으로 취급하지도 않았습니다. 경계했을 뿐이죠. 그건 허용치의 문제였습니다." 중대는 또한 "우리를 함정에 빠뜨리려는 '친절한' 마을 사람들이라는 신화"를 추종했다. 다시 말하지만 중대는 실제로 그런 일을 경험한 적이 없었다.

번하트는 신뢰와 자신감을 불러일으키는 노련한 성인 지도자가 되기 위해 베트남으로 갔다. 이제 그는 자신을 믿고 의지할 수밖에 없었다. 그 자신이 머릿속의 어른, 주변에 존재하는 유일한 어른이었다. 폭력성이 걷잡을 수 없이 커지자, 그는 어리석은 시도라는 걸 알면서도, 그리고 실패할 거라는 부담을 느끼면서도, 남자들을 제압하려고 했다. "나는 중대의 양심 역할을 하려고 노력했었습니다." 그는 부끄러움에 그슬린 것 같은 목소리로 말했다. "하지만 그 일을 제대로 하지 못했죠." 미라이 학살이 있기 훨씬 전에 번하트는 갱단의 "양아치들bullies"과 몇 차례 말다툼을 했다. 그중 한 명이 마을 사람을 때리기 시작했을 때 번하트가 끼어들어 그 사람의 소총을 옆으로 치고 "그의 옷깃을 잡았"다. 그들은 생각보다 빠르게 물러났다. "그들은 전형적인 양아치들이었습니다. 사실은 겁쟁이들이죠, 끔찍할 정도로 겁쟁이들이에요. 거기에 좀 더 머물러 있는 걸로 충분했어요. 그들이 나를 두려워했던 건 아니에요. 그

때고 지금이고, 나는 그렇게 위험해 보이진 않죠. 그보다는 엄마가 어깨 너머로 쳐다보는, 그런 거였을 거예요. (…) 패턴이 보이고 다음에 무슨 짓을 할지 알 수 있어요. 누군가를 쏘려고 하는 것 같으면, 그저 다가가서 쿡 찌르면 됩니다. 아니면 거짓말을 해도 되죠. '브라운! 뷰캐넌이 저쪽에서 좀 보자던데! 얼른 가 봐!' 혹은 그들이 쏘려는 사람 앞에 서서 나를 쏴야만 그를 맞출 수 있게 만들던가요." 끊임없는 가축 도살도 그를 화나게 했다. "이런 거예요. '그래, 사람들은 베트콩일 수도 있다고 치자. 동물들은 대체 왜?!'"

그리고 캘리가 있었다. 중대가 미라이 근처 베이스캠프에 도착한 직후, 소대는 순찰을 나갔다. 그들이 마을을 지날 때, 캘리는 뛰어다니는 마을 주민을 발견했다. 번하트가 떠올렸다. "그는 이렇게 말했죠. '멈추라고 했는데 안 멈추면 쏴 버려. 없애 버리라고.' 나는 대답했어요. '뭣 때문에요? 우리가 하는 말을 못 알아들을 수도 있습니다. 베트남어는 까다로운 언어입니다. 멈추라는 말을 뛰라고 한 줄로 착각할 수도 있지 않습니까.' 우리는 말다툼을 했고, 그가 내게 닥치라고 했죠." 다음 순찰을 나갔을 때 캘리는 번하트에게 바구니를 어깨에 메고 걸어가고 있는 한 여자를 쏘라고 명령했다. 번하트는 형식적으로 그녀를 쫓는 척하면서 베트남어로 "멈춰!"라고 소리쳤다. 하지만 총을 쏘지는 않았다. 캘리가 다시 명령했다. "쏘라고!" "나는 말했어요. '아, 놓친 것 같은데요?' 그가 말했어요. '그게 아니란 건 자네가 더 잘 알 텐데.'" 번하트는 60야드 밖에서 총을 쐈고 놓쳤다. "내가 맞힐 수 있다는 걸 알고 있었죠. 그는 '일부러 그랬지!'라고 말했어요. 나는 '글쎄요, 제가 원래 그렇게 잘 쏘는 사람은 아닌 것 같습니다'라고 답했죠. 캘리는 분노했지만 '거절당할 줄 알면서도 명령을 내리는 것은 피했어요. (…) 그래서 결국 나를 내버려두게 됐죠.'" 하지만 캘리는 베트남 사람들을 내버려두지는 않았다. 어느 날, 목격자들에 따르면 캘리는 구타를 당한 후 우물에 던져진 나이 든 농부의 “심문”을 감독했다. 그는 손으로 우물을 꽉 쥐고 매달려 있었다. 한 병사가 소총 개머리판으로 그를 떨어트리려고 했지만 노인은 버티고 있었다. 캘리가 그의 M-16으로 그를 쏴 죽여 버리기 전까지는 말이다.[80]

캘리는 또한 누가 봐도 영웅적인 게임을 좋아했던 것 같다. 반복해서 그는 “주목받는 리더”로 출연할 기회를 얻기 위해 소대를 위험에 빠뜨렸다. 결국 그의 행동은 치명적인 사건을 초래했다. 그의 소대가 소형 무기와 박격포 공격을 받았을 때 대규모 포병 지원을 요청한 후, 방향을 잃은 캘리는 부하들을 개방된 곳으로 진군시켰고, 그곳에서 무선통신병은 즉시 산산조각이 났다. 그런 다음 캘리는 교전 보고서에서 숫자를 조작해서 베트콩 시신도 여섯 구가 있었다고 주장했다.[81]

“내가 캘리를 죽였더라면…….” 번하트는 바로 옆에서 식당 테이블 주변을 서성거리는 사람들보다 훨씬 더 현재처럼 느껴지는 과거를 곰곰이 생각하며 말했다. “그랬다면 뭔가 달라졌을지도 모르죠.” 그게 당시 현장에서 했던 생각이었을까? “그런 때가 있었습니다.” 그가 천천히 말했다. “무슨 짓이든 할 수 있는 이 남자를 어떻게 해야 할지, 심각한 공포를 느꼈을 때가 있었습니다…….” 번하트의 기억에 따르면, 어느 날 아침 군인들은 땅굴 몇 개를 발견했다. 작은 몸집 때문에 “터널 쥐”로 지정되어 있었던 그는 그 안으로 기어들었다. “깊고 어두운 땅굴 안으로 들어갔고, 그곳에서 오랜 시간을 이동했습니다. 그리고 드디어 그곳에서 빠져나왔을 때, 나는 아마도 모두가 모여 있는 곳에서 100야드✠ 정도 떨어진 마을 가장자리에 있었을 거예요.” 번하트는 다른 병사들을 힐끗 쳐다본 다

✠ 약 90미터.

음 주변을 훑어보았다. 그리고 그가 거기에서 봤다고 말한 내용에 대해 캘리는 단호하게 부인했다. "그건 완전한 거짓말입니다." 하지만 번하트는 마치 어제인 것처럼 기억하고 있었다. "거기에는 캘리가 있었어요. 속바지는 발목에 걸려 있었고, 벌거벗은 베트남 여성이 그 앞에 무릎을 꿇고 있었습니다. 그는 45구경을 손에 들고 있었어요. 그러니까, 그는 야외에서 그러고 있었던 겁니다." 번하트는 거기에 서 있었다. 여전히 땅굴 진흙을 뒤집어쓴 채로. 어두운 분노가 그를 휩쓸고 있었다. 그는 이런 생각을 했던 걸 기억했다. "이 남자는 갈 데까지 갔구나, 가라앉을 데까지……." 혹은 더 놀라운 건 어쩌면 그게 최악이 아니었을지도 모른다는 점이었다. 번하트는 상상도 할 수 없었던 것에 아직 말을 걸지 못한 채, 당시 이런 생각을 했었다고 말했다. "언젠가 그는 말도 안 되는 일을 저지르게 될 거야. (…) 나는 이 남자를 죽여야 한다, 이 남자를 죽여야 해." 하지만 그는 그러지 않았다. "내 자제력은 여전히 너무 강했습니다." 번하트는 이야기를 하다가 거기에서 멈추었고, 거친 빛으로부터 눈을 보호하려는 것처럼 손을 눈 위로 빠르게 가져갔다. "맙소사, 그렇게 할 수 있었다면 좋았을 텐데."

※ ※ ※

미라이라는 공포를 목격한 이들 중 몇몇 남자가 특정 광경에 대해 증언했다. 손에 클립보드를 들고 헬리콥터에서 내린 키가 큰 고위 장교에 대한 이야기였다.[82] 설사 그가 실제로 존재했다고 하더라도, 그의 신원은 끝까지 확인되지 않았다. 그날 중재에 나섰던 유일한 "당국"은 스물다섯 살 헬리콥터 조종사인 휴 톰슨 주니어, 그와 함께 온 기장 글렌 앤드레오타, 그리고 겨우 열여덟 살이었던 로런스 콜번이었다. 아래에서 학살

된 민간인을 무더기로 발견한 톰슨은 헬리콥터를 착륙시켰고, 콜번에게 기관총으로 찰리 중대의 일부 부대를 움직이지 못하게 하라고 명령한 후, 살아남은 소수의 주민을 무장 헬리콥터로 수송했다. 톰슨과 그의 팀원은 그 자리를 떠나면서 시체로 가득 찬 도랑을 마지막으로 통과했다. 앤드레오타는 무언가 움직이는 걸 보았다. 그들은 착륙했고, 기장은 여전히 살아 있는 피에 흠뻑 젖은 세 살배기를 소름 끼치는 웅덩이에서 건져 올렸다. 병원으로 가는 길에 톰슨은 울었다.[83]

오늘날 잘 알려진 바와 같이, 미라이에서 사건이 발생하는 동안 사건을 중단시키거나 이후에 해결하기 위해 내려온 고위 장교는 (키가 크든 작든) 없었다. 찰리 중대의 최고 책임자들은 24시간 이내에 그 끔찍한 일을 알게 됐지만, 은폐하는 것 말고는 아무런 조치도 취하지 않았다. 여단 기록은 진실을 숨기기 위해 조작되었고, 사단장은 이른바 '미라이 임무'를 위해 "격려를 표하는 메시지"를 발행했다. 이는 관리 문서처럼 읽히는 메모로 "이 작전에서 보여 준 신속한 대응과 전문성은 상급 사령부의 눈에 이 여단의 이미지를 다시 한번 고양시켰다"라는 내용이었다. 메디나는 심지어 포상 추천을 받기까지 했지만, 그 추천은 결국 거절당했다. (베트남의 고위 장교들은 종종 어딘가 음습하거나 아예 상상된 작전으로 상을 받았다. 전쟁이 막바지에 이르자 사상자가 줄어들면서 용감한 행동에 수여되는 상이 불가사의하게 치솟았다. 베트남에 있는 장교의 절반 이상이 "용기"를 명목으로 훈장을 달고 집으로 돌아갔다.) 웨스트모얼랜드 장군은 찰리 중대의 "탁월한 행동"을 기리는 칭송의 종이 더미 위에 축하의 말을 추가했다.[84]

그러나 많은 고위 장교가 학살 현장에 있었다. 그들은 피바다 위, 깨끗하고 계층적인 선 너머에서 안전하게 부유하고 있었다. 프랭크 바커 중령은 1000피트, 오란 헨더슨 대령은

1500피트, 새뮤얼 코스터 소장은 2000피트 위였다. 나중에 헨더슨과 코스터는 아무것도 보지 못했다고 주장했다(바커는 심문을 받기 전에 헬리콥터 추락으로 사망했다). 그들과 비슷한 높이에 있었던 전투 조종사와 승무원 스물네 명은 그 모든 걸 보았지만 말이다.[85] 클립보드를 들고 있는 장교는 아마도 환각이었을 것이다. 하지만 그가 의미하는 건 아주 현실적이었다. 그는 항공우주 노동자였다가 〈놀랍도록 줄어든 사나이〉의 작가가 된 리처드 매드슨이 1952년 단편 「브라더 투 더 머신 Brother to the Machine」에서 묘사한 경영의 유령이었다. "관제선"에서 "작업이 제대로 되었는지 내려다보는 보이지 않는 남자" 중 한 명 말이다. 투명 인간의 정체를 이해한 병사들은 하늘에 떠 있는 상급자들이 아버지도 아니고 전장에 있는 사랑받은 아들인 졸병들도 아니라는 것 역시 이해하고 있었다. 매드슨이 썼던 것처럼 "어느 날 상황이 그렇다는 걸 깨달았을 때, 당신은 그것을 계속할 이유가 없다는 것을 알게 되었다".[86]

그리고 그 계시가 베트남의 청년들에게 주어졌을 때, 그들 역시 이유를 찾지 못했다. 1960년대 후반과 1970년대 초반에는 전체 소대와 심지어 중대까지 반란을 일으키기 시작했다. 1968년 지아이 부대는 육군의 7개 전투 사단에서만 68차례나 전투를 거부했다. 1970년, 화려한 제1항공기병사단의 군인 109명이 무기를 내려놓았다. 고의적인 불복종 행위에 대한 군대의 군법회의는 1970년까지 연간 382건으로 증가했다. 1971년에는 미군 1000명당 84명이 "무단이탈"을 했고, 탈영병의 수는 4년 만에 두 배 증가한 8만 9000명에 달했다. 그리고 더 고정적인 탈출 방법이 있었다. 그건 마약에 취해 버리는 것이었다. 인적자원연구기관이 1971년 실시한 조사에 따르면, 베트남에 있던 사병 중 3분의 1이 전쟁이 끝날 무렵 헤로인같이 쉽게 구할 수 있는 "독한" 마약류를 사용한 바 있었다.[87]

병사들은 또한 전장에서 관리자들에게 저항할 수 있는 보다 직접적인 방법을 생각해 냈다. '프래깅fraggings'. 즉 폭발 장치로 지휘관을 살해하려는 시도였다. 가장 일반적으로 그들은 텐트 덮개 아래에 파편성 폭탄을 굴렸다. 군인들은 장교들의 머리에 현상금을 걸었다. 가장 높은 금액은 아마도 1969년에 101 공수(항공기동) 사단의 병사들이 '햄버거힐'✠을 공격하도록 명령한 사령관을 암살하기 위해 모금한 1만 달러 포상금이었을 것이다. 군은 1969년부터 1971년까지 600건 이상의 프래깅을 보고했고, 이를 통해 82명이 사망했고 651명이 부상했다. 1972년이 되면 육군 내 군사 암살을 조사하는 소장은 그 수가 1016건에 달하는 것으로 기록했다. 의심할 여지 없이 둘 다 보수적으로 잡은 숫자들이다. 육군 법무병과는 프래깅을 하는 이들의 10퍼센트만이 체포되어 재판에 회부되었을 것으로 추산했다.[88]

수많은 사병이 알게 된바, 관제선에 있는 보이지 않는 남자들은 자기네는 에어컨이 나오는 베이스캠프의 방에서 뜨거운 물에 샤워하고 신나게 마티니와 영화를 즐기면서도 군인들을 지상에서 죽도록 내버려두었다. "우리는 버림받았다는 느낌을 받았습니다." 번하트가 한 말이다. 그건 베트남 참전군인들이 흔히 사용하는 동사였다. 그는 하늘을 가리키며 문장을 수정했다. "우리는 버림받았다고 느꼈어요, 위에 있는 모든 남자에 의해서 말이죠." 병사들이 탈영하기 훨씬 전에 상관들은 실전에서 실종되어 버렸다. 진정한 탕자들은 아버지들이

✠ 미군이 베트남에서 수행한 가장 치열하고 고전했던 전투 가운데 하나. 1969년 5월 10~20일 북베트남군이 장악하고 있던 해발 937미터인 압비아산을 공략하는 작전이었다. 전사들의 주검이 한 등성이 가득 햄버거 패티처럼 쌓였다고 해서 '햄버거힐'이라는 별명을 얻었는데, 정작 전략적 요충지도 아니었기 때문에 병사들의 분노와 공허감이 컸다.

었다. 2000피트 상공에서 미라이 학살 현장을 맴돌던 아메리칼 사단의 사단장인 새뮤얼 코스터 소장은 고급스러운 자신의 방으로 돌아갔다. 그곳에선 스테이크와 랍스터가 종종 화려한 자기 그릇에 제공되곤 했다.[89] 한편 야전 병사들은 또 다른 밤의 '매복'에 직면해야 했다. 사실 종종 그들은 기습 가능한 '미끼'가 되어 적의 포격을 유인한 뒤 공군이 기습해서 많은 사상자를 낼 수 있도록 도왔다. 많은 경우 시체에 굶주린 지휘관은 그 지역에 적군이 있다는 사실을 졸병들에게 경고조차 하지 않았다. 사회학자 윌리엄 깁슨William Gibson에 따르면 "보병들의 입에서 지휘관들에 대한 이야기가 꼬리에 꼬리를 물며 흘러나왔다. 그들은 적의 대형이 해당 지역에 있다는 걸 알면서도 부하들이 조심하는 걸 원하지 않았기 때문에 그 사실을 알리지 않았다". 번하트 역시 비통하게도 그런 상황에 익숙했다. "그들은 그런 걸 '목표 획득'이라고 불렀습니다." 졸병들은 획득하지도 매복 공격하지도 않았다. 그들은 획득당하고 매복 공격당하기를 기다렸다. 그들은 적들의 내면의 욕망을 불러일으키기 위해 설치된 매혹적인 대상이었다. 한 사병 출신 참전군인이 이후에 이야기했던 것처럼, 골자를 짚어 보자면 이런 것이었다. "우리는 시스템의 여자들이었습니다."[90]

마이클 번하트는 조종함의 보이지 않는 사람들에게 '하늘에 있는 눈'이라는 이름을 붙였다. 그들은 관찰하고, 추파를 던졌지만, 참여하지는 않았다. "그들은 저 위에 있었습니다. 죽을 수도 있는 위치보다 훨씬 높은 곳에 있었고, 거기에 머물렀죠." 진급에 필요한 배지와 메달을 주는 '작전'에 참여하기 위해 내려올 때를 제외하고는 말이다. 몇 달에 한 번씩 번하트는 뻔뻔한 짓이 반복되는 걸 목격했다. 그의 묘사에 따르면 전형적인 대면은 이런 식으로 진행됐다. "몇 달에 한 번씩, 선임 하사관과 선임 참모가 헬리콥터에 보급품을 싣고 와서 야간 경계선에 떨어뜨렸어요. 그러면 그들은 밖으로 나가서 몇 발을 쏘았죠. 그래야 지휘관이 공격을 당했다고 말할 수 있으니까요. 그러고 나서 선임 하사와 선임 참모는 다시 날아갔어요. 그렇게 그들은 CIB(전투보병휘장Combat Infantry Badges)를 받았어요." 고위 장교들이 위험 분담을 회피한 건 찰리 중대의 무리를 분하게 만들었다. 어느 날 대대장 에드윈 비어스 중령이 잠깐 방문했다. 그가 이륙 준비를 하는 동안 번하트는 그가 무전으로 "맥주가 식고 있어서 기지로 돌아가야 한다고 말하는 것"을 들었다. "그게 전체 무리에 퍼지면서 파문을 일으켰어요. 그리고 그들이 우리를 대하는 태도, 그들이 우리를 어떻게 생각하는지, 우리가 알고 있던 그 내용에 마침표를 찍어 버렸죠." 그래서 병사 한 명이 대령을 "혼쭐내려고 했을 때 아무도 놀라지 않았"다. 헬리콥터가 이륙하자 비어스가 갑자기 공격을 당했다. 병사들은 그가 총알의 출처를 찾기 위해 미친 듯이 빙빙 도는 걸 봤다. "우리는 그 장소가 안전하다는 걸 알았기 때문에 포복절도할 준비가 되어 있었죠. 베트콩이 있을 가능성은 없었거든요."

그러나 대체로 찰리 중대는 조준할 고위 장교도 없이 혼자였다. 지상의 병사들은 머리 위로 날아가는 장교를 모두 사살하더라도(그리고 번하트는 비어스에게 총을 쐈던 군인은 고의로 빗나가게 쐈다고 말했다) 그들이 여전히 표적이 되리란 걸 잘 알고 있었다. 그건 덤불 속의 "적"에게만은 아니었다. 하늘에 있는 감시자들은 반대 의견을 잠재우는 방법을 알고 있었다. 미라이 이후 몇 주 동안, 마이클 번하트보다 그걸 더 잘 이해하게 된 사람은 없었다. 갱단에서 갱의 규칙에 도전하는 형제는 누구라도 위험에 처했다. 왜냐하면 당신이 구성원이 아니라면 자연스럽게 적이 되기 때문이다. 번하트가 미라이에서 네 시간 동안 총구를 바닥으로 향하고 "이건 잘못됐어!"라고 외쳤을 때, 그는 그 도전을 시작했고, 바로 그 적이 되었다.

※ ※ ※

며칠 뒤 찰리 중대가 베이스캠프로 돌아왔을 때, 마이클 번하트는 전투 사령부 벙커로 소환되었다. 그는 메디나 대위가 소대 하사 중 한 명과 함께 앉아 있는 것을 발견했다. 그리고 “그의 소그룹에서 엄선된 소수의 사람들”이 있었다. 번하트는 “그들은 내 마음이 움직이는 방식을 알고 있었던 것 같다”고 했다. 대위는 그에게 직접 불쾌한 명령을 내릴 만큼 어리석지 않았다. “메디나는 나에게 겁을 주진 않았어요. 단지 내가 의원에게 편지를 쓴다고 해도 아무 일도 일어나지 않을 거라고 말했죠. 그건 ‘임무에 별 도움이’ 되지 않을 거라고요.” 번하트는 자신의 생각을 숨긴 채 그의 말을 들었다. “나는 거의 말을 하지 않았어요. 알겠다, 모르겠다 답도 하지 않았죠. 나는 그저 내가 옳다고 생각하는 일을 하겠다고 말했습니다.” 아직 전장에서의 복무 기간이 8개월 이상 남아 있었다. “중대의 누군가가 나를 골칫거리로 여겨 제거하려 한들 이상하지 않았어요. 그러니까, 우리 모두 완전무장을 하고 있었으니까요.”

여단 사령관인 오랜 헨더슨 대령은 미라이 “사건”을 조사하는 쇼를 보기 위해 나타났다. 한 장교가 결코 공식적으로 제출하지 않을 메모를 작성하기 위해 관할 부대를 조사하는 과정이었다.[91] 그럼에도 미라이에서 살인을 저지른 병사들은 불안했다. 번하트가 말했다. “그들은 내가 비밀을 누설할 가능성이 가장 높은 사람으로 여겨지고 있단 걸 알았어요. 그때부터 나는 뒤통수를 조심해야 했죠.”

마이클 빌턴과 케빈 심이 『미라이에서의 네 시간』에서 시간순으로 기록했듯, 사병들은 하급 장교에게도 복수했다. 그들은 소위에게 모욕을 퍼부었는데, 대체로 본인의 남자다움을 암시하는 내용이었다. "오늘 밤 10시에 뭐 하십니까?" 찰리 중대의 사병 하나가 장교에게 비웃듯이 물었다. 이를 방금 중대에 합류한 후임 병사가 목격했다. "언제든지 내 침상으로 오면, 빨 수 있게 해 드리지 말입니다." 여전히 소대를 위험한 임무에 자원시켜 좋은 점수를 얻으려던 캘리 소위는 특히 부대원들의 분노의 대상이 되었다. 소대는 그의 머리에 현상금을 걸었다.[92] 찰리 중대의 부대원인 그레그 올슨이 헌병대로 재배치되었을 때 있었던 일을 내게 말했다. "미라이 이후에 일어난 사건들을 기록한 〔헌병대〕 사건 기록부에서 우연히 발견한 사건이 있었어요. 사병들이 〔선임〕 장교를 두들겨 팬 사건이었죠. 거기서 누가 맞았을 것 같습니까? 캘리였습니다."

미라이로부터 석 달쯤 뒤, 메디나는 전투가 없는 곳으로 배치됐다. 캘리는 공무직을 받았고, 결국 소위에서 중위로 진급했다. 찰리 중대의 졸병들은 뒤에 남겨졌고, 기록적이라고 할 만한 복무 기간 동안 정글로 추방되었다. 거의 석 달 가까이, 그들은 베이스캠프는 물론이고 마을도 거의 보지 못했다. 이후에 프레드 위드머는 빌톤과 심에게 씁쓸하게 말했다. "우리를 그곳에 묻어 버리려고 했어요."[93]

번하트가 말했다. "미라이 이후에, 이 중대는 엿 같은 취급을 받았어요. 그들은 빌어먹을 우리가 모두 죽어 버렸으면 했던 것 같아요." 죽은 이들을 위해 세우는 황동 명패에 공격 대상 명단이 있었다면 아무래도 번하트의 이름이 1순위였을 것이다. 매일 도는 순찰의 경우 순찰대 내 위치는 대체로 순번에 따라 순환됐지만, 번하트는 언제나 가장 위험한 자리에 배정됐다. "나는 늘 맨 앞이나 측면에 있었어요. 대열 안에 있었던 적은 한 번도 없습니다. 끝에 서 본 적도 없고요." 밤마다 번하트는 매복을 해야 했다. 그의 분대 차례가 아니라면, 번하트는 그날 당번을 서야 하는 분대로 옮겨졌다. "왜 그랬는지 죽을 때까지 알 수 없겠죠. 하지만 나를 위험에 빠뜨리려는 것처럼 보이기는 했습니다."

원정 기간의 마지막 몇 달 동안 찰리 중대는 득포Duc Pho 기지로 이사했다. 한 번에 한 소대를 덤불 속으로 보내고 나면, 나머지 군인들에겐 습한 지역에서 번성하는 끔찍한 감염을 예방할 수 있도록 옷을 말릴 기회가 주어졌다. 하지만 그런 기회를 갖지 못한 한 남자가 있었으니, 그건 마이클 번하트였다. "나는 매번 덤불로 나가야 하는 소대에 배치됐어요." 그가 기억을 더듬었다. 몇 주 동안 번하트는 엉덩이까지 오는 물속을 헤치며 다녔다. 본질적으로 살을 썩게 하는 "열대의 피부병"이 발과 다리까지 기어올랐다. 곧 그는 걸을 수 없게 되었다. 열대의 피부병이 시작되던 즈음 그는 악몽 같은 이질을 앓고 있었다. 체중은 105파운드로 떨어졌다. 피부는 심한 탈수의 결과로 빈 가방처럼 팔에 매달려 있었다. 의료진이 시도한 어떤 처치도 효과가 없는 것 같았다. 그들은 지휘관에게 번하트를 베이스캠프 의무실로 돌려보낼 것을 요청했다. 메디나의 후임이었던 대위는 사령부로부터 허가를 받아 보겠다고 했지만, 기지는 그 요청을 거절했다.

집으로 돌아가기로 예정된 날짜가 빠르게 다가오고 있었고, 번하트는 몇 주만 버틸 수 있다면 살아서 돌아갈 수 있으리라 생각했다. 베트남의 전투병들은 일반적으로 공식적인 복무 기간이 끝나기 몇 주 전에 현장에서 철수했다. 하지만 번하트의 경우 교대의 기미가 보이지 않았다. "그러다 보니 질문은 이제 '내가 여기서 과연 벗어날 수 있을까'가 되었습니다." 귀국일이 2~3일 남았을 때, 부상당한 병사를 후송하기 위해 의료 헬리콥터가 도착했다. 동정심 많은 위생병이 번하트를 불렀다. "그가 내게 말했어요. '저 의무후송헬기가 오거든 타십

쇼.'" 그는 그렇게 했다. "나는 부상당한 사람을 태우고 그와 함께 올라탔어요." 헬리콥터가 이륙하자 번하트는 다른 사람들을 두고 떠난다는 슬픔과 수치심에 압도당했다.

추라이의 병원에서 의사는 며칠만 늦었다면 절단해야 했을 번하트의 발을 보고 바로 환자의 지휘관에게 신랄한 편지를 보냈다. 잡역병들이 번하트를 간이침대로 옮겼고, 임시로 만든 다리 걸이 붕대에 보라색 풍선처럼 부푼 발을 걸었다. 번하트가 도착한 지 하루가 채 되지 않았을 때, 한 병사가 그의 이야기를 듣기 위해 머리맡에 나타났다. 론 라이든아워Ron Ridenhour는 하와이 시절 같이 훈련을 받은 럽스였다. 징집병이었던 그는 관측 헬리콥터 기총 사수가 됐다. 그는 온갖 잔혹 행위를 목격했다. 미군 무리가 산 채로 베트남인의 가죽을 벗기려 하는 걸 본 적도 있었다. 그러나 그때까지도 그는 대규모 집단학살이 공중전의 영역이리라 생각했다.

그러던 어느 날 베이스캠프에 있던 라이든아워는 하와이에서 온 지인과 우연히 마주쳤다. 그들은 그간 쌓인 이야기도 나눌 겸 맥주와 함께 빈 텐트에 자리를 잡았다. 몇 분 뒤 그 병사는 자랑스레 떠벌리기 시작했다. "이봐, 우리가 핑크빌에서 한 일에 대해 들었어?" '핑크빌'은 군인들이 지도에 표시된 색에 따라 미라이를 둘러싼 지역에 붙인 이름이었다. "오, 세상에. 우리는 마을 전체를 쓸어버렸어. 적어도 300명에서 400명은 됐을 거야. 엄청 많았지, 보이는 사람은 다 죽였어. 아무도 살려 두지 않았어. 적어도 살려 줄 생각은 없었지." 라이든아워는 그때 자기 안에 죄책감이 범람하는 걸 느꼈다고 회상했다. "실제로 그 일에 동참하지 않았다 하더라도, 그 사실을 아는 것만으로도 공모자가 된 것 같았다." 그는 조심스럽게 조사를 시작했다. 미라이에서 있었던 사건에 대한 공식적인 보고서들을 파헤치고, 그날 실제로 어떤 일이 일어났는지 확실하게 파악하기 위해 찰리 중대의 다른 구성원들을 찾아다녔다. 그는 자신에게 처음으로 학살에 대한 모든 걸 이야기해 준 남자만큼이나 즐거워하는 몇몇 남자를 만났지만, 아무도 그걸 공개적으로 확인해 주려고 하지 않았다. 결국 그들은 그 사건의 일부였던 것이다. 훗날 라이든아워는 이렇게 썼다. "믿을 수 있는 사람이 필요했다. 그리고 그런 사람을 알고 있었다. 그의 이름은 마이클 번하트였다." 라이든아워는 번하트가 베이스캠프 병원에 입원했을 때 우연히 추라이에 있었다. 운 좋은 우연이었다.[94]

이제 라이든아워는 그의 동료인 전 럽스의 침대 옆에 서서 잠시 동안 다른 이야기를 나누었다. 그리고 마침내, 라이든아워가 그 이야기를 꺼냈다. 그가 이야기를 마쳤을 때, 번하트는 마치 진흙투성이의 우물 바닥에서 나온 것처럼 베개에서 그를 올려다보았다. "그래." 그가 말했다. 그건 모두 사실이야. 라이든아워가 물었다. 그렇군, 자네는 그럼 그 일에 대해 어떻게 할 참인가? 번하트는 혼자만의 터널 끝에서 되쏘아보았다. "계획이 있어." 그가 마침내 입을 열었다. 그리고 그 계획은 그가 군에 입대할 때 가지고 있었던 "계획"과는 아무런 관계가 없었다. "미국으로 돌아가면 명령체계 목록을 작성할 거야. 그런 다음 한 번에 한 명씩 제거할 거야." 번하트는 소총을 쓸 예정이었다. 그는 자신의 사격술을 변화를 위해 유용하게 사용할 수 있을 터였다. 몇 년 뒤 라이든아워는 이렇게 썼다. "이제와 생각해 보면 그는 진지했다. 우리는 진지한 사람들이었다."[95]

"이해해 주셔야 합니다. 나는 정신이 나간 상태였어요." 번하트는 30년 전 그 순간을 돌아보면서 나에게 말했다. "약간 미쳐 있었죠. 내가 살아 있고, 집으로 돌아갈 거라는 사실을 받아들이기 어려웠습니다. 믿을 수가 없었죠. 저기 어딘가에서 그들이 나를 잡으러 올 것 같았어요. 비행기가 추락하거나 그런 일이 벌어질지도 모른다고 생각했죠." 그렇다면 이 암살 계획은 그저 '말장난'이었나? 그의 표현대로 '섬망의 산물'이었던 걸까? 번하트는 오랫동안 그 질문에 대해 곰곰이 생각했다. "내가 진지했었는지 어땠는지 모르겠습니다." 그가 말했다. 초점을 잃은 눈은 자신만의 사적인 시야에 갇혀 있었다. "아닙니다." 그가 마침내 말했다. "나는 진지했어요. 그 마음가짐을 지켰다면, 해냈을지도 모르겠습니다." 그는 씁쓸하게 웃으며 눈의 초점을 다시 현재로 돌렸다. "그러면 나는 역사의 슬픈 조연이 되었겠죠. 미쳐서 날뛴 남자라는 조연이요."

그러나 그날 라이든아워는 그에게 말했다. "음, 한동안은 못 나갈 거야." (번하트는 미국에서 복무 기간이 좀 남아 있었다.) "그러니 내 계획을 돕는 건 어떤가?" 그의 계획은 조사를 시작하는 것이었다. "어떻게?" 번하트가 말했다. "나도 모르겠어." 라이든아워가 답했다. "하지만 어떻게든 되겠지. 만약 내가 조사를 시작한다면, 자네가 진실을 말해 주겠나?" 번하트가 말했다. "자네가 진실을 말한다면, 나도 진실을 말하겠어." 그러자 라이든아워가 말했다. "좋아."[96]

※ ※ ※

고향에서는 보수적인 전문가들이 '데모꾼 아들들이 아버지를 죽이려 한다'며 비난하고 있었다. 하지만 결국 아버지 살해를 고려하는 데 더 가까이 다가선 것은 베트남에 갔던 좋은 아들들, 어쨌거나 그들 중 일부였다. 그들이 이런 생각을 진지하게 실행에 옮겼는지 여부(수많은 장교가 당한 프래깅이 그 실행을 암시했지만)는 폭로 자체보다 중요하지 않았다. 아버지들은 번하트와 그 형제들을 성인의 남자다움으로부터 멀어지는 길로 인도한 다음 그곳에 버렸다. 사회에 종사하는 성인 남성들의 영역이던 생산하는 힘은 거부되었고, 그들은 그걸 알고 있었다. 훗날 라이든아워가 말했듯 "그건 미국의 전모를 완전히 거세했다". 그는 미라이가 초래한 수치심을 이야기하고 있었다. 그건 남성성을 잃었다는 개인적인 수치심이기도 했다. 라이든아워는 "나로서는, 그 일은 불명예였다"라고 썼다.[97]

번하트가 미라이 때문에 분노했던 건 수많은 무고한 희생과 더불어 자신이 남성으로서 성장하는 과정이 절단 나 버렸기 때문이었다. "나는 미라이 비극에 대해 더 많은 걸 느꼈어야 했는데 그러지 못했습니다." 번하트는 평소처럼 눈 한번 깜빡이지 않고 말했다. 그는 엄격하고 냉혹한 관점에서 자신을 검토하는 법을 배웠다. 그는 그런 태도를 유일한 희망으로 여겼다. "희생자들에 대해 더 많은 걸 느꼈어야 했어요. 하지만 솔직히 말해서 내가 정말로 느낀 건 캘리에서 대대에 이르기까지, 모든 명령이 나를 망쳤다는 거였죠. 나에게는 명확한 계획이 있었어요. 그들이 어떤 종류의 질서를 유지하기만 했다면, 나는 집으로 돌아왔을 때 영웅으로 성장했다고 느꼈겠죠. 나는 내 할 일을 했지만, 그들은 그러지 않았어요. 나는 내가 한 일을 자랑스럽게 여길 수 없었습니다. 엿같은 일이 벌어졌다는 걸 알았으니까요."

하지만 번하트는 암살자의 "정신상태"에 머물지 않았다. 미국으로 돌아왔을 때, 그는 라이든아워와 마찬가지로 진실이 공개되면 아버지들이 책임질 것이란 믿음을 가지고 있단 걸 깨달았다. 적어도 이런 성장의 단계에서만큼은 번하트와 라이든아워, 그리고 베트남에서 돌아온 많은 이들 역시 방탕한 반전 형제들과 크게 다르지 않았다. 1967년 이런 전제를 바탕으로 '전쟁에 반대하는 베트남 참전 용사들Vietnam Veterans Against the War'(VVAW)이라는 새로운 남성 그룹이 설립되었다. SDS가 「포트휴런 성명서」 초안을 작성하기 위해 미시간주에 모인지 거의 10년 만에 이 참전군인들은 같은 주에 모여 VVAW의 '겨울 병사 진상 조사(Winter Soldier Investigation)'에 참여했다. 이는 그 전쟁에서 벌어진 잔혹 행위의 진정한 근원을 찾아가는 고통스러운 조사였다. 찰리 중대의 모부대인 미국 육군 제23보병사단(아메리칼 사단)의 참전군인은 회의 개회사에서 말했다. "우리는 미라이에 대해, 베트남에 대해, 그리고 대학살 미수에 대해 실제로 책임이 있는 사람들을 기소할 계획입니다."[98] 참전 용사들은 연장자들이 자신들이 한 약속을 지키게 만들기로 결심했다.

그건 번하트가 집으로 날아가던 날 품었던 희망이기도 했다. "나는 여전히 그 문제를 해결해 나갈 나만의 길을 찾으려고 했습니다. 나는 어떻게든 내 원래 계획을 따를 수 있을지도 모른다고 여전히 생각하고 있었던 거죠." 그는 포트딕스에서 "최악의 문제아들"을 가르치겠다고 자원하여 훈련 담당 하사관이 되었다. 그의 신병 소대는 지속적으로 기지에서 최고점을 받았다. 그러는 동안 그는 마음 한편으로 론 라이든아워가 성공하면 언젠가 걸려올 전화에 대비하고 있었다. 미국으로 돌아온 직후 번하트는 본가를 방문했다. 아버지 역시 그 전화에 대비시키기 위해서였다.

아버지는 아들의 사정을 생각하며 망연자실하고 분개했다. "아버지의 관심은 나에게 맞춰져 있었습니다. 아버지는 그들이 나에게서 무언가를 앗아 갔기 때문에 역겨워했어요." 하지만 미라이의 더 큰 의미는 아버지가 지지하기에는 헤아릴 수 없거나 너무 두려운 것이었다. "아버지는 그저 이렇게 생각했어요. '아, 세상에는 나쁜 사람들이 있구나.' 그러니까, 그렇죠, 그곳에는 범죄적인 요소가 있었죠." 번하트의 아버지는 여전히 베트남을 제2차세계대전의 관점에서 보고 있었다. "아버지는 직시하려 하지 않았어요. 나는 아버지에게 말씀드렸습니다. '우리는 졌어요. 끝났다고요.' 그러자 아버지가 대꾸했어요. '완전히 끝난 건 아니야.' 내가 말했어요. '아니에요, 끝났어요. 완전히 끝났다고요.' 그건 아버지한테는 생각도 못 할 일이었던 거죠. 항공모함 '미주리Missouri'✠에서 그들에게 항복 서명을 받게 되는 전쟁이 아니라는 점이요."

그러나 번하트가 돌아온 뒤 몇 달 동안 아버지와 아들 사이에 긴장감을 초래한 건 베트남 자체가 아니라 미라이에 대해 공개적으로 밝히기로 한 아들의 결정이었다. "아버지는 정부에 동의하지 않고 반대하는 것 자체가 환영받지 못할 일이라고 믿었습니다. 아버지는 당국의 권위와 그 책임을 결코 의심하지 않았죠. 그는 일을 완수하기 위한 채널이 항상 있다고 생각했어요." 번하트 역시 그렇게 믿었다. "베트남을 경험하기 전까지, 군 당국에 반대하게 될 줄은 꿈에도 몰랐습니다. 그런 일이 있을 거라곤 상상도 못 했죠." 번하트와 아버지는 미라이에 대한 진실을 방송하려는 그의 계획을 놓고 오랫동안 고통스러운 논쟁을 벌였다. "아버지는 내가 반대편으로 변절한 것은 아닌지 의심스러워했어요. 많은 혼란과 중압감이 있었던 거죠." 또한 아버지는 번하트가 목소리를 높임으로써 그가 생각하는 남성성의 자질을 위반하고 주목을 끄는 것 때문에 괴로워했다. "아버지는 남자란 스포트라이트를 받으면 안 된다고 생각했어요. 그 사실이 아버지를 매우 불편하게 했죠." 하지만 "우리는 무너지지 않았습니다." 번하트가 덧붙였다. "아버지와 나 사이는 '이걸로 끝이야' 이렇게 흘러가지는 않았어요. 우리 관계는 그 어느 때보다 불편해졌지만, 그래도 아버지는 여전히 그곳에 계셨습니다. 나는 아버지가 나의 열렬한 지지자라는 걸 언제나 알고 있었어요."

✠ 미 해군이 마지막으로 건조한 아이오와급 전함. 제2차세계대전 당시 일본이 공식적으로 항복하고 항복문서에 서명한 곳으로 유명하다.

론 라이든아워의 철저한 공개 조사 캠페인(군에 보내는 편지, 하원의원 및 상원의원 30명에게 보내는 편지, 압도적으로 무관심한 언론에 대한 호소)은 마침내 애리조나주 하원의원 모리스 유돌Morris Udall이 정부 조사를 요청하도록 자극했다.[99] 얼마 지나지 않아 번하트는 유돌의 사무실에서 전화를 받았다. 스포트라이트를 받는 건 그 역시 아버지만큼이나 달갑지 않았다("군에서의 경력을 격추시킬 것이라는 걸 알았죠"). 하지만 어쩔 수 없었다. "내가 정말로, 정말로 원했던 것이 뭔지 압니까? 전모가 밝혀지는 거였어요. 그것도 정확하게요. 왜냐하면 군이 알기만 한다면 다시는 그런 일이 벌어지지 않도록 하리라 생각했거든요. 군이 다 나쁜 게 아니고, 그 당시에 악취가 났던 건 군단 지도부뿐이었으니까요. 그리고 군대가 다 그렇게 작동하라는 법도 없고요. 군은 이를 바로잡을 수 있었어요. 나는 군이 그걸 스스로 알아서 잘해 주기를 바랐어요. 나는 그냥 내버려두고요."

하지만 군 지도부는 스스로에게 책임을 묻지 않았고, 번하트 역시 조용히 있을 수 없었다. 번하트는 육군 수사관들에게 온종일 보고를 하고 나오는 길 계단에서 그를 기다리고 있는 수많은 기자 및 카메라 스태프와 마주쳐야 했다. 군은 기자회견을 열고 할 말을 준비하거나 생각을 정리할 시간도 없이 마이크 앞에 세웠다. "무슨 말을 해야 할지 몰랐어요." 그러나 언론은 명확하게 듣고 싶은 내용이 있었다. 그들은 이름을 원했다. "언론은 개인들에게 관심이 있었습니다. 나는 이름을 밝히고 싶지 않았어요. 중요한 건 그게 아니었기 때문입니다. 물론 언론에게는 중요했겠죠. 그러나 나는 신경 쓰지 않았습니다. 그 남자들을 대량 학살범으로 하룻밤 사이에 유명하게 만들고 싶지 않았어요." 그는 개개인을 집어내는 것에는 구역질이 났다. 그에게 미라이는 특정한 남자들 탓으로 돌리기엔 너무 크고 조직적인 문제였다.

군대가 공식적인 명부에서 제거하고 싶어 했던 이름 중 하나는 번하트의 이름이었다. 뉴스가 터지자, 육군은 마치 그가 용의자라도 되는 것처럼 훈련 담당 하사관 자리에서 끌어내서 감독하기 쉬운 행정직으로 옮겼다. 훈련 담당관의 숫자를 유지하는 게 군대에서 가장 중요한 우선순위였음에도 그는 임기가 끝났을 때 재입대 요청을 받지 못했다. 대신 "분리 허가서"와 함께 그가 베트남에서 본 것에 대해 더는 이야기하지 않겠다는 서명을 요구하는 문서가 왔다. 대대장은 상급자들이 그의 서명을 원한다고 말했다. 그는 거절했다.

몇 주 동안 스포트라이트와 함께 협박 전화나 편지 같은 사나운 연락이 "엄청나게" 쏟아졌다. 혹자는 그가 죽었으면 좋겠다고 썼고, 혹자는 그를 도와주겠다고 했다. 번하트는 신경 쓰지 않으려 했다. "그랬죠. 어떤 남자가 나를 죽이겠다고 말했어요. 그게 무슨 상관입니까? 모두 어리석은 일이죠." 하지만 악의나 살인 협박과 함께, 그가 균형을 잡는 데 도움이 되는 메시지도 더러 왔다. "수사님 한 분이 편지를 보내왔어요." 그는 라살 군사 아카데미의 어느 신부를 떠올렸다. 번하트는 그 기억에 미소를 지었다. "내가 학교에서 때때로 골치 아프게 하기도 했지만, 신부님은 언제나 내가 문제없다는 걸 알고 있었다고 했죠."

번하트는 미라이를 조사하는 육군 패널 앞에서 몇 시간 동안 계속해서 증언을 했지만, 다시 불려가 똑같은 질문을 반복해서 받았다. 두 번째 증언을 할 때는 패널의 선임 장교 중 한 명인 J. 로스 프랭클린 대령이 법석을 떨었다. 번하트가 바구니를 들고 도망치려던 여성이 어떻게 총에 맞았는지 설명하자 프랭클린은 그를 맹렬하게 공격했다. 프랭클린이 화를 내며 말했다. "그래. 그럼 그것 말고 도망치는 사람을 멈추게 할 다른 방법이 뭐가 있나? (…) 내가 하고 싶은 말은 자네가 이런 식의 비난을 할 작정이라면 이러한 매우 일반적인 진술을 뒷받침할 무언가가 있어야 한다는 거야. 자네는 여전히 제복을 입고 있고, 제복을 입은 사람들이 짐승이라도 된 것처럼 묘사하고 있네. (…) 미래에 자네가 어떤 공식적인 조직 앞에 불려간다고 해도, 또 자네가 어떤 대화를 나누더라도, 자네가 본 건 본 거고, 들은 건 들은 거지. 그 두 가지를 혼동하면 안 되는 걸세, 번하트 병장."[100] 아무것도 혼동하지 않았다고 생각했던 번하트는 현기증이 나기 시작했고, 거의 "정신이 혼미해지기" 시작했다. "나는 의자에서 계속 빙글빙글 돌았어요. 멈추려고 했지만 그럴 수 없었습니다." 그는 자신이 "편집증적"이라는 걸 알면서도, 동시에 "뭐든 가능하겠다"고 믿기 시작했다는 사실을 깨달으면서 약에 취한 것은 아닌지 의심했다. 그리고 정말로 무엇이든 가능했다. 이후에 국립문서보관소의 백악관 파일을 통해 드러났듯, 닉슨 대통령은 미라이의 내부고발자 론 라이든아워에 대한 비밀 조사와 미라이를 조사하고 있었던 기자 시모어 허시에 대한 감시, 그리고 미라이 증언자들에 대한 신뢰를 떨어뜨리기 위한 '더러운 속임수' 캠페인을 지시했다.[101]

나중에 번하트는 프랭클린 대령의 갑작스러운 분노의 원인을 알게 되었다. 번하트가 첫 번째와 두 번째 패널 조사에 임하는 사이에 대령은 그의 지휘하에 있던 이들의 손에 베트남 포로 최소 다섯 명이 고문 살해당했다는 사실을 보고하지 않은 것과 관련해 조사를 받았다.[102] "그는 별이 날아가 버리는 걸 보고 있었던 거죠." 번하트가 말했다. "절대로 장군이 될 수 없는 상황에 처한 거예요. 온갖 과시할 수 있는 자격과 훈장을 가지고 있었지만 말이죠. 전투보병기장, 실버윙, 네다섯 개 훈장을 가지고 있었어요. 모든 학교를 마쳤고 육군대학도 나왔어요. 모든 걸 다 해냈지만, 장군이 될 수 없는 거예요. 뻔히 보였던 거죠. 그래서 나에게 화를 낸 거였습니다."

이야기를 잠재우려는 모든 노력에도 불구하고, 미라이에서 자행된 끔찍한 범죄가 번하트가 상상했던 것처럼 잠시나마 긍정적인 효과로 이어질 뻔한 순간도 있었다. 잔혹 행위의 극악무도함과 문서에 기록된 사건의 본질을 대면한 순간 미국인들은 그 사실을 외면할 수 없었던 것이다. 국민들은 조국이 나아가야 할 방향을 생각하고 변화를 만들 수 있을 것 같았다. 번하트가 말했듯 우리는 "여전히 이 상황을 되돌릴 수 있었다". 실제로 많은 독자가 충격을 받고 구역질을 했다. 헨리 루스의 《라이프》 같은, 전후 현상 유지에 힘쓴 언론계 수호자들에게 편지가 쏟아져 들어왔다. 가족 잡지임에도 《라이프》는 피투성이가 된 시체들과 더불어 여타 공포스러운 장면을 담은 종군 사진작가의 기록 등 미라이의 사악함을 보여 주는 가장 확실한 증거를 게재했다. 어떤 편지들은 그저 자신의 눈을 가리고 싶다는 욕망을 표현했고, 다른 편지들은 한 번도 들어 본 적 없는 마을에서 일어난 일의 세부 사항을 훨씬 넘어서는 어떤 연관관계들을 찾아내는 것 같았다. 시카고에 거주하는 쉰세 살 사업가 줄 론Jule Lohn은 《라이프》 독자투고란에 이런 글을 보냈다. "우리는 바로 여기 미국에서 셀 수 없이 많은 미라이를 매일같이 경험합니다. 나는 도시 공동체의 일상생활에서 벌어지는 개인의 잔인함에 대해 이야기하는 겁니다. (…) 하지만 우리 사회는 무슨 일이 일어나고 있는지 숙고하지 않고 광란의 길을 가고 있습니다. 우리는 살인을 받아들이고 있습니다. (…) 그게 삶의 방식으로 성장할 수 있습니다. 나는 이런 종류의 맹목적인 반응 때문에 극도로 고통스럽습니다." 미국 상원의원 마크 햇필드는 "우리 역시 국민으로서 재판을 받고 있다"라고 썼다. 또한 뉴욕의 로버트 배런 부인은 다음과 같이 썼다. "그들을 위해 눈물을 흘리면서, 누군가가 '멈춰!' 하고 소리쳐 달라고 외치며 울부짖고 싶습니다."[103]

몇 달간의 조사와 2만 쪽에 달하는 증언, 500건 증빙 문서 끝에 육군 패널은 미라이 대학살이 "아메리칼 사단 내의 모든 수준에서" 은폐되었다고 결론지었다. 하지만 소수의 장교만이 기소되었고, 오직 네 사람만이 군법회의에 회부되었으며, 캘리 중위를 제외한 모든 사람이 무죄선고를 받았다. 캘리는 베트남 민간인 스물두 명을 계획적으로 살해한 혐의로 유죄판결을 받고 노역을 선고받았다. 사흘 뒤 닉슨은 캘리를 방책防柵에서 풀어주고 자신의 아파트에서 '가택연금' 상태로 복역하도록 허락했다. 그런 다음 육군 장관은 캘리의 형량을 반으로 줄이고 마침내 그를 가석방했다. 캘리는 감옥에서 다 해 봐야 넉 달 반을 보냈다.[104] 그가 그토록 단축된 복역 기간을 보내는 동안 그의 아버지는 플로리다주 하이얼리어에 있는 자동차 공원에서 죽어 가고 있었다. "내 아들을 돕고 싶지만, 대체 뭘 해야 할지 모르겠군요." 캘리의 아버지는 언론에 투덜거리며 말했다. 캘리는 아버지를 한 번 방문했다. 얼마지 않아 아버지는 세상을 떠났고, 군은 캘리가 장례식에 참석할 수 있도록 허가해 줬다. 캘리는 그 제안을 거절했다. 가택연금을 선호하는 것이 분명해 보였다.[105]

번하트가 말했다. "군은 시스템을 변경하는 대신 찰리 중대 주변에 큰 원을 그렸습니다. 나는 군이 우리가 무엇을, 왜 하는지 알고 목적의식을 가지고 이 문제에서 벗어나기를 바랐습니다. 그런 변화는 출세 지상주의 대신 책임감을 가지고 행동한 장교들에게 보상하는 것에서부터 시작할 수 있었을 겁니다. 하지만 그들은 특정 그룹의 군인들이 마치 진공상태에 살기라도 했던 것처럼 그들만을 조사했죠. 그러니까 왜라는 부분을 절대 밝혀내지 못했어요. 군은 모든 것에서 거리를 두고 멋있어 보이는 데에만 집중했습니다." 국가의 나머지들도 마찬가지였다. 짧은 분노가 폭발한 후, 미국 대중은 높은 비율로 미라이가 변칙적이었으며 어쩌면 그 사건이 조작일 수도 있다는 데 동의했다(어느 설문조사에서는 응답자의 49퍼센트가 그 이야기를 거짓으로 여긴다고 밝혔다).[106] 캘리는 십자가에 못 박힌 희생양처럼 여겨졌다. 여론조사에서 미국인의 80퍼센트가 캘리의 유죄판결에 반대하는 것으로 나타났다. 군대 및 정치 원로들은 목소리를 높였다. 미국재향군인회 및 해외전쟁복원병협회 등 단체들은 캘리를 지지하는 집회를 조직하고 그를 지키기 위한 기금을 모았다. 입법자들은 사면을 촉구하는 법안을 통과시키려고 노력했다. 주지사들은 그를 기리기 위해 주 깃발을 반기 게양했다. 그리스도 같은 중위에게 바치는 곡인 「캘리 중위의 군가」 레코드판은 발매 3주 만에 20만 부 이상 판매되었다. 여자들은 팬레터와 머리카락으로 그를 충만하게 해 주었다. 그는 네 차례나 청혼을 받았다. 많은 팬이 그에게 사인을 받으려 했으며, 어떤 팬은 그에게 흰색 벤츠를 빌려주기도 했다.[107]

캘리는 저도 모르는 새에 새로운 시대의 남자가 되었다. 살인자 셀러브리티가 된 것이다. 떠오르는 젊은 스타는 자신의 시청률을 신중하게 추적했다. 이 기간 동안 캘리와 시간을 보낸 몇 안 되는 사람 중 한 명인 《앨라배마저널Alabama Journal》 기자 웨인 그린호Wayne Greenhaw는 그가 매일의 뉴스 프로그램과 신문을 강박적으로 모니터링했다고 말했다. 그린호에 따르면 그는 "매일 오후 뉴스 시간이 되면 자기 이야기가 어디서 나오는지 보려고 TV를 켰다. 만약 방송이 자기 소식을 다루지 않으면 실망하곤 했다".[108] 캘리는 자신이 일단 TV에서 사라지면 영원히 사라질 것임을 이해하는 듯했다.

메디나 대위는 무죄를 선고받은 마지막 장교였다. 그 재판은 마이클 번하트에게 가장 쓰라린 고통이었다. 번하트는 검찰 측의 스타 목격자였고, 동시에 F. 리 베일리가 이끄는 화려한 변호인단 측에는 가장 큰 위협이었다. 또 다른 검찰 측 주요 목격자는 예정된 증언일 전날 밤 와인을 4쿼트 마신 후 메디나의 변호사 중 한 명과 대화를 하는 바람에 이미 자격을 상실한 상황이었다.[109] 그러나 번하트는 술을 마시지 않았다. 변호인단은 그에게 더 교묘하게 접근해야 했다. 번하트가 증언하기로 예정된 전날 밤, 변호인단의 육군 대변인인 마크 카디시 대위가 그의 호텔방으로 찾아와 겉보기에 온화하고 추상적인 한담 시간을 제안했다. 번하트가 회상했다. "우리는 많은 것에 대해 이야기를 나누었습니다. 우리는 거짓말과 진실, 고결함, 종교 등에 대해 이야기를 나눴죠. 우리 대화는 우리가 옳다고 생각하는 것과 왜 그것이 옳다고 생각하는지, 그 철학에까지 이르렀습니다. 그건 결국 사물의 질서에 대한 것이었죠. 몇 시간을 그렇게 보냈어요. 그리고 나는 그가 친 함정에 빠졌습니다." 카디시가 '진심으로 믿는 정의의 원칙을 지키기 위해 거짓말을 하겠느냐'고 물었을 때 그는 이렇게 답했다고 한다. "상황의 수준에 따라 다르겠죠. 내가 나치 치하의 독일에 있는데, 내 다락방에 유대인이 있다면 성경에 손을 얹고도 유대인이 없다고 말할 겁니다. 그렇다고 하더라도 양심에 가책을 느끼지 않을 겁니다." 번하트는 내게 말했다. "그건 법정과는 무관한 매우, 매우 가정적인 이야기였어요. 하지만 그게 중요한 이야기였던 거죠."

다음 날 아침 번하트는 증인석에 올랐다. F. 리 베일리는 번하트가 변호인에게 "정의의 원칙을 위해 거짓말을 하거나 진실을 숨길 수 있다고 말한 것"이 사실이지 않냐고 물었다. 그는 번하트가 "내가 〔진리라고〕 생각한 것이 중요"하며 "사람이 아니라 원칙, 즉 정의를 지키기 위해 거짓을 말할 수 있다"고 말하지 않았는지 물었다. 번하트가 자신이 한 말을 설명하려 할 때마다 베일리는 그의 말을 잘랐다. 짧은 휴정이 요청되었다. 휴식 후에 군 검찰관이 일어나서는 '증인을 철회하겠다'고 밝혔다.[110] 하지만 번하트는 나중에 이렇게 회고했다. "검찰이 넘어지더니 죽은 척하더군요. 우리가 이겨서는 안 되는 거였습니다." 이렇게 해서 군에게 미라이 민간인 학살에 대한 책임을 물으려던 번하트의 모든 노력이 끝났다.

※ ※ ※

마이클 번하트는 군대를 떠난 뒤 1970년대 붕괴하는 미국 경제라는 또 다른 수렁에 빠져 있단 사실을 발견했다. 그는 플로리다로 이사했고 토지 측량사 팀에서 일자리를 찾았다. 그다음에는 쉐라톤과 케이마트 광고판을 만드는 간판 가게에서 일했다. 그는 22피트 길이의 여행용 트레일러에서 살았는데, 트레일러는 멕시코만의 타폰 스프링스에 있는 휴가객 주차장에 주차해 놓고 오토바이를 타고 출퇴근했다. 그는 외부와의 교류를 끊고 진정한 감정적 개입을 피하면서 음울하게 침잠했다. 그는 내게 "베트남을 잊을 수 있었"다고 말했다. "여기서 일어나고 있는 일이 더 버거웠죠. 어렸을 땐 전쟁에서 돌아와 좋은 직업을 갖게 되면 집도 사고 가족도 꾸릴 수 있을 줄 알았어요. 나한테는 그게 남자의 삶이었으니까요. 그런데 여기에 와도 치러야 할 또 다른 전쟁이 있더라고요. 우리는 또 불리한 상황이었죠. 여기서도 적이 보이지 않았고, 거기서도 마찬가지였습니다. 그냥 손으로 만져 확인할 수만 있었어도 좋았겠지만 그러지 못했어요. 그러질 못했죠."

번하트는 오토바이를 타고 플로리다주 고속도로를 정처 없이 여러 날 질주했다. 그야말로 '언이지 라이더uneasy rider'(불안정한 라이더)✠였다. "다 포기하고 그냥 일이 일어나게 내버려둬야겠다고 생각했어요. 어차피 내가 찾아야만 하는 걸 찾는 길을 가나 안 가나 승산은 반반이었어요. 세상을 헤쳐 나가는 길을 찾는 건 어쨌든 우연의 문제니까요. 될 대로 되라 싶었던 거죠." 어느 날 그는 "오토바이를 타고 돌아다니러" 외출했다. 그다음에 벌어진 일은 여전히 미스터리다. 번하트가 기억하는 건 다음 날 아침 "오토바이가 머리 위에 놓여 있고 방충망 문이 박살이 난 채로" 자신이 트레일러 부엌 바닥에 누워 있었다는 것이었다. 그는 그곳에 누워 자신의 인생이 어쩌다 이렇게 얇은 알루미늄 벽으로 된 진창이 되었는지 생각했다. "주위를 둘러보며 이건 사람 사는 꼴이 아니라고 말했죠." 그는 오토바이에서 몸을 빼내어 해변으로 가 멕시코만에서 오래도록 수영을 했다. 처음에는 수영을 했고, 이후 몇 날 몇 달 동안 근본적으로 새로운 관점에서 자신의 삶에 대해 생각하기 시작했다. 문제는 당국 자체도 아니고 그들이 '아들들'에게 한 약속을 배반한 것도 아니라는 생각이 들었다. 어쩌면 그 약속 자체가 지킬 가치가 없는 것일지도 몰랐다. 아마도 그의 세대에게 제공된 통과의례는 처음부터 가짜였을 것이다. 이행되지 않았기 때문이 아니라 이행할 가치가 없었던 것이다. 번하트는 의아했다. 애초에 그가 어른들의 남자-만들기 임무를 받아들이지 말았어야 했다면, 아버지들에게 임무를 완수하라고 강요하는 것도 무의미했다. 번하트는 남성 기득권층의 도움 없이 본인의 양심으로 자기 길을 찾아야 했다. 그에게는 두려운 전망이었다.

✠ 영화 〈이지 라이더(Easy Rider)〉에서 차용한 표현. 할리우드에 혁명을 몰고 온 뉴아메리칸 시네마 운동을 촉발한 영화로, 당대 반문화적 청년문화를 반영하고 있다. 미국 서부 개척 시대를 비판하는 듯 오토바이를 타고 (동부에서 서부가 아니라) 서부에서 동부로 이동하는 청년들의 이야기를 담았다.

"몇 년간 스스로에게 물었어요. 내가 모든 일을 제대로 했나? 그리고 나는 그 모든 걸 합산해서 그게 내 남자다움의 점수라고 내세울 수 있으리라 생각했었죠. 모든 것이 점수가 되어야 했어요. 군복무를 하면 점수를 얻고, 군에서 뭘 추가적으로 하면 보너스 점수를 얻고, 직장을 얻으면, 결혼하면, 아이를 낳으면 점수를 얻는다고 생각했던 거예요. 하지만 그런 점수는 합산되는 게 아니었어요. 높은 점수를 얻고 돌아다니는 그 모든 사람이 내 눈에는 그다지 남자답지도 않았죠." 그는 멕시코만에서 헤엄치며 생각의 흐름에 따라 표류했다. "혼자 생각했어요. 다른 건 다 잊어버리자. 내가 진짜로 하고 싶은 게 뭐지?" 내면에서 가능성이 깨어났다. 그건 그가 다른 바탕에서, 그리고 표준 남성 체크리스트나 체크포인트를 요구하지 않는 다른 조건에서 남자다움을 구축할 수 있다는 가능성이었다. 계획을 충실하게 따르는 대신, 그가 말했듯 "내 약속에 진실함으로써, 내가 사랑하는 일을 하고 내가 나답다고 말한 자신이 됨으로써 남자다움을 규정한다면" 어떨까? 그 순간부터 그의 인생이 달라지기 시작했다.

※ ※ ※

1998년 늦여름 내내 뇌우가 플로리다주 팬핸들을 흠뻑 적셨다. 하지만 마이클 번하트와 아내 데일을 방문하기 위해 탤러해시에서 시골 오지로 차를 몰고 가던 8월 아침, 비가 그치고 하늘이 개었다. 주변 환경이 그의 변화를 증언하고 있었다. 멕시코만에서 일어난 각성 이후, 그는 학교로 돌아가 생물학 학위를 받았다. 그 뒤로는 계속 일을 했고, 그 커리어가 이어져 현재는 플로리다주 농업부에서 식품 안전 관리자로 일하고 있었다. "나는 동물에게로 돌아갔어요. 이 모든 것에 어떤 의미가 있는 듯한 느낌이 들었어요." 사람들과 교류하는 데는 몇 년이 더 걸렸다. 마이클 번하트는 공수도空手道 수업에서 데일을 만났다. 데일은 수술실 간호사가 되기 위해 공부하고 있었고, 나중에는 총상 치료 전문가가 되었다. 데일의 첫사랑도 동물이었다. 두 사람은 느직하게 결혼했다. 아이를 갖지 않는 대신 동물을 돌보기로 했다. 부부는 사람이 거의 살지 않는 '마을'인 퀸시 외곽의 10에이커짜리 땅을 구입했다. 풀과 나무가 제멋대로 자라 무성하고 비옥한 땅이었다. 베트남 저지대와 다르지 않은 풍경이었다.

나는 그날 아침 피칸 과수원이 내려다보이는 수수한 벽돌 농가 앞에서 마이클 번하트를 발견했다. 그는 자신이 돌보는 세 마리 말 가운데 하나인 '클래시'를 빗질해 주면서 최근 치료한 뒷다리 상처를 살피고 있었다. 번하트가 상처를 노려보며 설명했다. "철조망에 다리를 심하게 다쳤어요." 그는 이전 소유자가 사유지임을 표시하기 위해 마당 주위에 철조망을 설치했는데, 클래시가 다친 걸 본 뒤로 직접 철조망을 다 철거했다고 했다. 어쨌거나 그도 비상경계선이라면 지긋지긋했다.

우리가 서서 이야기를 나누고 있을 때 뒤쪽 스크린도어가 활짝 열렸다. 데일이 짧은 반바지와 티셔츠를 입은 평상복 차림으로 나타났다. 데일은 최근에 입양한 "아이", 곧 '스모키'라는 이름의 독일계 셰퍼드 믹스견과 함께였다. 이들 부부는 스모키가 집 근처 외딴 길에서 배회하고 있을 때 발견했다. 데일이 넌더리를 치며 말했다. "사람들은 더 이상 반려동물을 원하지 않을 때 여기 와서 유기하죠." 번하트 부부는 그 무렵 '날라'와 '밥'이라는 보브캣 두 마리를 비롯해 길 잃은 개 여섯 마리와 고양이 일곱 마리를 보살피고 있었다. "우린 이곳에서 인간적인 공동체를 열고자 노력하고 있어요." 번하트의 이 말에 데일이 한숨을 내쉬었다. 데일은 길 잃은 동물을 구조하는 몇몇 이웃을 제외하면 "지금은 우리가 인간적인 공동체의 전부"라며 한탄했다.

우리는 안으로 들어갔고, 그곳에서 개들은 마치 번하트가 긴 여행에서 막 돌아오기라도 한 양 열광적으로 껑충껑충 뛰면서 온갖 불협화음을 내며 우리를 맞이했다. 우리는 식탁에 앉아 커피를 마시며 이야기를 나눴고, 쓸쓸한 눈빛을 한 알비노 믹스견 '애니'가 뒷다리로 일어나 앞발로 마치 생명줄에라도 매달리듯 번하트의 허리를 감쌌다. "애니는 귀가 안 들려요." 번하트가 애니를 달래고 쓰다듬으며 설명했다. 애니는 언제나 지금처럼 그에게 매달렸다. 그리고 자신을 보호하기 위해 그의 귀에 의존했다. 번하트의 뒤쪽 벽으로 많은 메달과 훈장이 걸려 있는 게 보였다. 하지만 그건 군에서 수여한 휘장은 아니었다. 그건 모두 번하트의 말들에게 수여된 것이었다.

저녁 무렵이 되자 마이클 번하트와 나는 피칸, 사과, 배가 잔뜩 달린 나무가 펼쳐진 그늘 아래, 어두워지는 잔디밭에서 정신없이 원을 그리며 달리는 개들을 훈련하러 밖으로 나가 돌아다녔다. 비옥한 땅에서는 관목이 나무만큼 크게 자랐다. 마치 우리가 거인의 정원에 있는 소인국 사람인 것처럼 외겨이삭과 비파가 우리 위에 우뚝 솟아 있었다. 잠자리조차 거대해 보였다. "아버지가 이곳을 볼 수 있었더라면 좋았을 거예요." 번하트가 깊은 한숨을 쉬었다. 아버지는 21년 전에 돌아가셨다. "아버지가 좋아했을 거예요. 나처럼 말을 사랑했거든요." 개들을 따라 번하트와 나는 집 앞 너른 들판을 천천히 돌아다녔다. 번하트는 코요테와 남부 아메리카 붉은 이리가 울창한 숲속을 어슬렁거리는 저 멀리 수목한계선을 가리켰다. 그는 붉은 이리는 멸종된 것으로 간주되고 있지만 코요테와 교배된 순종이 아니기 때문에 보호받지 못한다고 말했다. "사냥꾼들은 분간할 수 없는 척하면서 총으로 쏴 버려요." 그가 입을 찡그리며 말했다. 사냥꾼들에게는 움직이는 건 모두 적이었다. 그는 말없이 한동안 울창한 에이커를 바라보았고, 개들이 노는 모습을 지켜보았다.

마침내 그가 입을 열었다. “베트남에서 우리는 제2차세계대전 때보다 더 많은 병기를 투척했습니다. 일일 톤수는 엄청났죠. 그리고 시골 지역을 보면, 우리가 그곳을 고사시켰어요. 폭탄으로 포화했고, 네이팜탄으로 쓸어버렸죠. 우리는 실제로 모든 가축을 죽였습니다.”

그래서 다시 동물로 돌아간 거냐고 내가 물었다.

지는 해를 바라보며 그가 눈을 가렸다. “나는 종교가 없지만 때때로 모든 일에는 이유가 있다고 생각합니다. 특히 동물의 삶을 개선하기 위해 무언가를 하면 기분이 좋아져요. 동물들은 베트남에 있던 사람들처럼 무기력합니다. 사실 그 사람들이 더 무기력했죠. 하지만 우리가 망치려 들지 않는 한 그들은 저 바깥의 이리처럼 잘 지내는 것 같습니다. 그리고 동물을 돌봄으로써 그곳에서 잃어버렸던 것을 재건하려고 노력할 수 있을 것 같은 느낌이 들어요.” 그가 ‘잃어버린 것’을 통해 말하려던 건 사망자 수나 전쟁 자체가 아니었다. 그건 가치의 죽음이었다. “찰리 중대에서는 비겁함과 용기가 모두 전도되어 버렸습니다. 만약 배려를 표하면 그건 약함의 표시로 간주되었죠. 민간인을 조금이라도 배려하는 사람은 한심하게 여겨지고, 남자 취급을 전혀 못 받았어요.” 하지만 그런 상실로부터 회복은 가능했다. “남자다움을 보살핌이라는 측면에서 정의한다면, 그로부터 돌아올 수 있을지도 모릅니다.”

번하트는 요즘 남자라는 게 무얼 의미하는지 분류하는 일에 점점 더 신경을 쓰지 않게 되었다고 말했다. “남자라는 건 이런 거야,라고 말할 수 있는 게 있는지 모르겠습니다. 오랫동안 온갖 스테레오타입이 되어 보려고 노력했어요. 하지만 다 무슨 소용입니까? 해낼 수가 없었어요. 이제 더는 정의도 내리지 말아야겠다는 생각이 들었습니다. 그냥 사람이라는 관점에서 생각하기 시작했지요."

× × ×

마이클 번하트는 수천 마일 떨어진 마을에서 학살을 목격해야 했고 자신이 사랑하는 군대에 맞서야 했으며, 수년간의 은폐와 비난과 배신, 수십 년에 걸친 험난한 여정을 견뎌야 했다. 그리고 비로소 미리 정해진 남성적 기대가 없는 삶에 대해 그저 상상할 수 있게 되었다. 그런 기대를 몰아내는 데 끔찍하고도 오랜 시련이 필요했다는 건, 그런 것들이 얼마나 깊게 뿌리박고 있는지 말해 준다. 청년 시절에 전쟁이 야기한 고통스러운 딜레마에 직접적으로 맞서지 않은 번하트 세대의 많은 남자에게 그처럼 긴 시련은 없었을 것이다. 그러므로 그런 해방 역시 없었다. 그들은 부과된 남성적 기준으로 자기 삶을 계속 측정했고, 그렇게 측정할 때마다 계속 자신이 부족하다고 느꼈다.

전투를 갈망한 사람은 고든 댈비만은 아니었다. 전쟁이 끝나고 몇 년간 비통해하는 글이 쏟아지기 시작했는데, 그건 종종 베트남 징병을 유예해서 회피했으나 이제는 그에 대해 죄책감을 느끼는 이들이 쓴 글이었다. 그런 글들은 단지 대중적인 표현이었을 뿐, 친구나 연인에게 늘어놓는 사적인 고백이 더 흔했다. 그런 남자들과 사적인 관계가 있는 사람들이라면 누구라도 한 번쯤은 들어 보았을 것이다. 크리스토퍼 버클리Christopher Buckley는 《에스콰이어Esquire》에 기고한 「베트남 죄의식」이라는 글에서 자신이 아는 베트남 참전 용사에 대해 썼다. 그리고 "그들이 가진 것을 나는 가질 수 없을 것"이라고 덧붙였다. "그건 저울에 무게를 달아 보고 부족함이 없다고 생각했던 그 아우라다.〔강조는 원문〕 그리고 지금에 이르러 나의 감각은 언제나 그 아우라가 부족하다는 걸 느낄 것이고, 때로는 좋은 방법으로, 때로는 터무니없는 방법으로 그것을 보상하려고 노력할 것이다." 그는 또한 군인이나 전쟁 기념비 앞에서는 항상 부끄러움을 느낄 것이라고 말했다. "그것은 참여하지 않은 것에 대한 죄책감이다. 아무것도 하지 않은 것에 대한 죄책감. 나는 앤아버의 물리학 실험실도 베트콩의 시설도 폭파하지 않았다." 두 행위 모두 효과가 없었을뿐더러 가치 있지도 않았다는 사실은 버클리가 자신의 "불완전한" 남성성을 판단하는 것과는 무관했다. 그는 이렇게 결론 내린다. "이제는 내가 갔어야 했다는 걸 안다. 그걸 목격하기 위해서라도."[111]

이런 공개적인 자책 가운데 가장 유명한 한 가지가 바로 1975년 10월 《워싱턴먼슬리Washington Monthly》에 기자 제임스 팰로스James Fallows가 기고한 「아빠, 계급 전쟁에서 당신은 무엇을 했나요?」라는 글이다. 팰로스는 하버드 재학 시절 마지막 해에 당첨 확률이 낮은 번호를 뽑은 후, 신체검사에서 징병 유예를 받기 위해 몸무게가 120파운드가 될 때까지 굶었다. 그는 자신의 징집 폴더에 찍힌 자격 미달 스탬프가 "지금껏 내게 남아 있는 수치심의 시작"이었다고 적었다. 같은 날 그는 노동계급 "첼시 소년들"이 징병소를 통해 배를 타는 동안 자기는 그저 제 목숨만을 부지했다며 자책했다. 그는 형제를 저버린 사람이었다. 이제 그는 용맹한 사람들이라면 "운동에 참여한 소수의 고귀한 영웅"인 징병 저항자들처럼 감옥에 가거나 전쟁터에 나갔을 것이라고 믿는다. 특권층 대학생들이 감옥을 채우거나 해외에서 죽어 가는 것이 문제를 더 빨리 해결할 수 있었을 거라는 희망을 품은 채로 말이다. "프라이팬과 불을 모두 멀리함으로써 우리는 전쟁을 연장하고 첼시 소년들을 위험과 죽음에 빠뜨리고 있었다."[112]

팰로스의 글에 아낌없는 경의를 표한 동료 남성 기자들(공통적으로 이 글에 대해 '용기 있는' '용감한' 같은 형용사를 사용했다)은 이 모든 혼란으로부터 벗어나 스스로를 인정받은 전사로 느낄 수 있는 방법을 찾기 위해, 여전히 혼란스러운 젊은 시절의 경험을 전통적인 남자다움의 틀에 맞추려고 노력하고 있었다. 《에스콰이어》에서는 "진정한 전쟁포로는 집을 떠나지 않았던 젊은 미국인들 아니었을까?" 하고 물었다. 참전을 거부했던 남자도 "마찬가지로 외상후스트레스장애를 경험할 수 있는가?"라는 질문은 《뉴욕타임스매거진》에 실린 칼럼 「남자에 대하여」에서 제기된 것이었다. 이 남성 작가들은 전쟁을 놓친 것이 전장에서 총을 맞거나 감옥에 간 것과 같은 "상처"가 될 수 있다고 스스로에게 확신시키려 애쓰는 듯했다.[113]

이 남자들이 고통과 분노를 느끼고 자신이 불완전하다는 느낌을 가지는 것은 잘못이 아니다. 조국이 남자다움을 규정하는 방식에 따라 그들은 "소외"당했다. 상담가이자 「남자에 대하여」을 쓴 에드워드 틱은 전쟁 당시 대학에 재학 중이었고, 당첨 확률이 높은 번호표를 뽑은 덕분에 전쟁을 피할 수 있었다. 그는 이렇게 썼다. "우리 중 누구도 온전하다고 느끼지 않는다. 베트남전에 복무했거나, 집에서 가족을 돌봤거나, 자유를 위해 싸웠거나, 우리가 택할 수 있었던 모든 선택지들은 모든 남자들이 필요로 하는 통과의례를 제공하지 못했다. 나는 내 자신의 힘과 가치, 온전함을 느끼고 싶고, 나는 내 조국과 내 세대에 속하고 싶다."[114] 그러나 그들이 진정으로 놓치고 있었던 것은 처참한 전쟁이 제공했던 어떤 기회였다. 그 기회란 그들이 남성성에 대한 조국의 정의와 더 풍부하게 대결할 수도 있었다는 기회였다. 당시 미국적인 남자다움이 지니고 있는 제한적이고 파괴적인 측면에 대해 투덜거리는 작은 소리가 있기는 했지만, 그에 대한 도전은 피부를 완전히 뚫고 들어

가지 못했다. 아니, 머리카락 굵기 정도의 깊이에조차 도달하지 못했다. 관련된 논의의 대부분은 여성운동 초기에 나온 내용이었고, 그곳에서도 종종 남자다움은 그 자체로 파괴적이고 조절되지 않는 테스토스테론의 문제라는 추측으로 변질되었다. 이런 생물학적 본질주의로 돌아가는 환원주의적 주장은 남성을 여성이 해방되어야만 하는 "적"으로 몰아냄으로써 단기적으로 여성의 대의에 기여했지만, 남성으로 하여금 자신의 상황에 도전하도록 영감을 줄 수 있는 사고방식은 찾아보기 어려웠다.

환멸 속에서도 전후 아들들은 제2차세계대전을 겪은 아버지에 대한 영화 같은 낭만적인 환상에 집착했고, 자신이 그 본보기를 따라 살지 못했다는 죄책감을 느꼈다. 아들들이 '금욕주의'로 해석했던 참전 용사 아버지의 침묵은 사실 대부분 그들의 영웅적 행위를 축하하는 사회적 분위기 안에서 자신들이 경험한 전쟁의 공포에 맞서길 거부했던 것에 불과했고, 뒤이은 냉전과 소비문화의 어떤 마비 상태에 대한 거부감의 표현이었을 뿐이었다. 그에 더해 아버지들의 침묵이 또한 감추고 있었던 것은 어쩌면, 귀향해서 사회의 성인을 길러 내지 못한다면, 보병으로서 조국을 위해 봉사한 것으로는 충분하지 못하다는, 어떤 사적인 감각이었을 것이다. 이 사회는 아버지들의 다양한 경험 중에서 제2차세계대전의 모범과 승리의 측면만을 아들들에게 보여 줌으로써 제2차세계대전의 아버지들이 의심의 여지 없이 인식할 수밖에 없었던 함정을 팠다. 어쩌면 그것이야말로 문화가 오로지 전쟁에 대해서 떠들고 있을 때에도 아버지들로 하여금 "그들의" 전쟁에 대해 말하지 못하게 만든 이유 중 하나였을 터다. 개인으로서 각각의 아버지들은 문화가 이해하지 못했던 걸 이해하고 있었다. 쟁기 없이 총만 있고, 사회 없이 군인이기만 한 것은, 자신의 살인 능력에 대한 끔찍하고 지울 수 없는 기억을 가진 채로 손에 피를 묻힌 사냥꾼이 되는 것이라는 사실 말이다.

아들이 남자다움으로 건너가는 데 실패했다면, 실은 아버지 역시 마찬가지였다. 그들은 주택 개발 사업으로 만들어진 집에서 막사 스타일로 캠프를 꾸렸지만, 그들이 거주하는 지역 사회와는 거의 관계를 맺지 않았다. 그들은 군인처럼 매일 회사의 본부에 보고를 했지만, 관료주의에는 아무런 기여도 하지 못했다. 그들은 여전히 위에서 결정이 내려져 그들에게 하달되는 군사화된 환경에서 살았다. 그건 (번하트가 전시 복무를 묘사했던 표현대로) "통과해 가는 어떤 과정"으로 치자면 괜찮았다. 하지만 전후 몇 년간 그것은 영구적인 상태, 고착된 상태가 되었고, 한 세대는 그 남자다움의 입구에 영원히 포박되어 버렸다. 그건 아들들이 감히 이름을 붙일 수 있었다면 깰 수도 있었던 주문呪文이었다. 그러나 그렇게 하리라는 기대는 젊은이들에게 지나친 요구였다. 그들은 미디어가 선동해서 만들어 낸 '전장에서 아버지들이 일궈 낸 공적'이라는 영웅적 환상에 위 세대보다 더 많은 걸 투자한 이들이었다. 뿐만 아니라 그들에게는 그런 질문을 제기할 토론의 장조차 허락되지 않았다.

아들들은 번하트가 플로리다주 오지의 말 농장에서 했던 것처럼 남자다움의 공식에 사적으로 도전할 수도 있었지만, 전장에서 돌아와 전쟁에 반대했던 군인들이 했듯이 공적으로 그에 도전할 수는 없었다. 많은 퇴역 군인과 마찬가지로 존 케리는 자신의 반대가 남성성에 대한 새로운 경로와 함께 "새로운 군인"의 창조로 이어지기를 바랐다. 그가 1971년 상원 외교위원회에서 말했듯, 케리 본인을 비롯해 전쟁에 반대하는 베트남 참전 용사 동료들은 "마지막 임무를 수행"하길 원했다. 그건 "이 야만적인 전쟁의 마지막 흔적을 찾아 파괴하고, 우리 자신의 마음에 평화를 가져오며, 지난 10년 이상 이 나라를 몰아간 증오와 두려움을 정복하는 것"이었다. "그리하여 지금으로부터 30년 뒤 우리의 형제가 다리가 없는 채로, 팔이 없는 채로, 혹은 얼굴이 없는 채로 길을 갈 때 한 어린 소년이 다가와 왜냐고 묻는다면 우리는 '베트남'이라고 답할 수 있을 것입니다. 그건 사막을 의미하는 것도, 불결하고 추잡한 기억을 의미하는 것도 아닙니다. 베트남은 미국이 마침내 돌아선 곳, 그리고 우리 같은 군인들이 그런 변화에서 미국을 도왔던 곳을 의미합니다."[115] 그러나 미국은 돌아서는 대신 그냥 고개를 돌려 버렸다. 그렇게 미국 사회에 등장할 수도 있었던 새로운 군인들, 그리고 그 군인들의 새로운 남성성을 향한 탐구를 적대적인 영토에서 좌초시켜 버렸다.

그리하여 베트남전쟁에 반대한 사람과 참전한 사람 모두, 의미 있는 대결을 벌였을 수도 있었던 지점, 손에 쥐고 있던 바로 그 지도에 의문을 품기 시작할 수도 있었던 그 지점을 지나쳐 버렸다. 그들은 아버지가 자신들에게 '싸워서 명예롭게 이길 수 있는 적'을 제공해 주지 못했기 때문에 화가 났다. 그들은 아버지처럼 승리하지 못했기 때문에 화가 났다. 그러나 일반적으로 말하면, 그들은 '승리'를 정의하는 조건에 화를 내거나 강력한 남성성의 핵심 신조 자체에 화를 낼 생각은 하지 못했다. 왜 남자는 "승리"해야만 하는가? 그리고 승리가 더 이상 의미 없어진 시대에 그런 기대의 대가는 무언가? 사회에 헌신하고, 진정으로 내가 쓸모 있다고 느끼며, 형제들에게 사랑받고, 내 인생의 여자들에게 고마운 존재가 되는 다른 길은 없었을까? 왜 그들은 케네디 대통령이 약속했지만 구축하는 데 실패하고 만 '새로운 개척지, 뉴 프론티어'에 대한 생각을 떠나보내지 못했을까?

이런 질문은 대면하기 고통스럽고, 정직하게 답하기도 쉽지 않았다. 하지만 몇 안 되는 좋은 아들들은 끝내 그 질문을 던지고야 말았다. 로버트 로스Robert Roth는 자신의 베트남 참전을 극화한 1973년 소설 『바람 속의 모래Sand in the Wind』에서 이렇게 썼다. “그는 〔케네디의〕 압도적인 진심을 눈앞에서 보았다. 그는 다시 믿고 싶었고, 그 신화를 위해 모든 것을 기꺼이 희생하고자 했다. (…) 그는 급진주의자들이 왜 케네디가 한 일과 그가 대표하는 모든 것을 비웃으면서도, 여전히 그의 이름을 언급하는 것을 피하려고 몸부림치는지 이해할 수 있었다. 그들 역시 믿었었던 것이다.”[116] 마찬가지로, 베트남 참전 군인이자 작가인 팀 오브라이언은 징병을 받아들인 자신의 선택을 잔인할 정도로 정직하게 직시했고, 자신이 어떻게 전시의 용기라는 남자다운 부름이 아니라 승리에 집착하는 사회의 조롱으로부터 비롯된 두려움에 이끌렸는지 성찰했다. 오브라이언은 『그들이 가지고 다닌 것들The Things They Carried』에서 미네소타주 북부 경계 강에서 보트에 앉아 캐나다행 비행기를 타 버리면 어떨까 생각하며 부모와 여자 친구, 상공회의소, 합동참모본부, 게리 쿠퍼 등 물가에서 들끓고 있는 사람들을 상상하는 주인공을 묘사했다. 그는 자신을 허구화한 캐릭터였다. 물가의 사람들은 모두 그에게 “뭔가 이상한 스포츠 경기처럼” 소리 질렀다. “모두가 사이드라인에서 나를 응원했다. 경기장의 함성이 요란했다. (…) 그들이 외쳤다. 배신자! 변절자! 쌍년!” 그는 “그 조롱, 혹은 불명예, 혹은 애국주의적 비웃음을 견딜 수 없었다”. 그렇게 해서 그는 결론에 도달한다. “나는 겁쟁이였다. 나는 전쟁에 참전했다.”[117]

베트남 시대의 남성은 선한 아들과 탕아, 전쟁에 나간 자와 그렇지 않은 자, 위 세대에게 충실히 복종하는 자와 저항하는 자로 나뉘었고, 스스로도 그렇게 자신의 세대를 구분했다. 하지만 그 균열은 그들 대부분이 생각했던 것보다 좀 더 피상적이었다. 방탕한 아들은 그들이 연장자들의 의제라고 생각했던 것을 지키기 위해 '저항'을 시작했다. 그리고 좋은 아들들의 많은 수는 그 의제에 대한 전례 없는 반항으로 자신의 '복종'을 끝냈다.[118] 충실한 아들과 반역적인 아들 모두 결국 원하는 바는 같았다. 집에 돌아가 아버지들에게 인정을 받는 것. 그중 누구도 자신이 원하던 귀향을 얻지 못했다. 진정한 구분선은 여전히 '승리'를 결심한 대다수 남성과, 패배를 정직하고 고통스럽게 받아들이는 것을 남자다움으로 인식한 소수 남성 사이에 그어졌다. 그것이 의미하는 바를 용기 내어 직시한 사람들은 자기가 출발한 길이 아무리 '선'하거나 '방탕'한 길이라 할지라도 무섭도록 아무것도 알 수 없는 영역에 도달한 자신을 발견했다. 무엇보다 이 광야의 가장 깊은 곳에서 자신을 발견한 남자들은 선한 아들, 그러니까 베트남에 갔던 아들이었다. 그리고 그가 만약 매우 용감할 수 있었다면, 그를 인도하는 오래된 코스 표지 없이 미지의 세계로 자신만의 길을 따라 나아갈 수 있었다.

한 남자가 정글에 맞서기 위해 베트남에 갈 필요는 없었다. 고든 댈비 목사는 아버지에게 경의를 표하거나 주먹을 흔드는 데 기초하지 않고 남성이 되는 새로운 길을 모색한 '탕아'였다. 댈비는 "신이 나를 무릎 꿇게 했"다고 말했다. "덕분에 나는 볼 수 있게 되었죠. 아버지를 죽인다고 남자가 될 수 있는 건 아니에요. 그러면 그저 살인자가 될 뿐이죠." 하지만 그는 또한 받아들여진 남자다움의 제약에서 벗어나 자기 길을 찾기 위해서는 그를 지지해 주는 아버지의 사랑의 힘이 필요하다는 걸 이해하고 있었다. 1979년 그는 그걸 찾았다고 믿었다.

"온갖 대중심리학을 시도했어요. 프라이멀 스크림 요법✠도 해 봤어요. 한 시간에 15달러인데, 지하실에서 소리 지를 수 있게 해 줬죠. 베개를 때리고 물건을 부수면서 화를 풀었고

✠ 유아기의 외상 체험을 다시 체험시켜 신경증을 치료하는 정신요법.

요. 심지어 시계추 따위를 사용하는 으스스한 오컬트 의식도 치러 봤습니다. 초자연적인 세계에 눈뜨게 해 줄 거랬죠." 하지만 아무 소용이 없었다. 1979년에 댈비는 다시 태어나는 회심의 경험을 했고, 직접적으로 개인적인 방식으로 하나님을 보기 시작했다. 당시 댈비는 L.A. 근방의 주류 교회 목사였다. 회심 후에 그는 "악마"와 대화하고 그에 대해 논하면서 좀 더 보수적인 신도를 놀라게 했고, 그들은 댈비에게 목사직에서 물러날 것을 요구했다. "목사직을 사임한 지 한 달도 안 됐을 때" 10년간 함께한 아내가 이혼을 하자고 말했다. 댈비가 한 모든 노력이 너덜너덜했다. "나는 하버드 출신 진보로서 내세울 만한 말쑥하고 대단치 않은 이력을 갖고 있었지만, 그런 건 그냥 다 날아가 버렸습니다. 모든 게 무너졌죠." 하지만 그는 후회하지 않았다. 이제 그에겐 하나님 아버지가 있었고, 다시 시작할 수 있다고 믿었기 때문이다.

댈비가 말했다. "내가 말을 걸 수 있고, 내게 말을 거는, 모든 것을 행하시고, 전능하시고, 나를 구원해 주신 아버지가 있는 것 같았습니다. 완전히 새로운 세상이 제게 열린 것 같았죠." 회심의 경험이 그로 하여금 "하나님을 믿고, 그의 남자다움에 대한 정의를 믿을 수 있도록" 그를 자유롭게 했다. "다른 모든 정의는 다 없애 버린 것 같았어요. 그래서 나는 신께 '새로운 정의를 내려 주세요, 이제 내 정의는 더 이상 신뢰하지 않습니다' 하고 기도할 수 있었죠. 그리고 신은 그렇게 해 주셨습니다."

댈비는 하나님 아버지가 그에게 보여 준 새로운 남성성의 정의란 특히 자신처럼 길을 잃었다고 느끼는 다른 남자들을 "치유하는 힘"이라고 말했다. 그의 새로운 남성적 역할을 그가 글쓰기와 상담을 통해 추구할 수 있는 "영적 전투"에서 봉사하는 것이었다. 물론 그의 새로운 적은 사탄이 구현한 악이었다. 이런 식으로, 댈비는 군대를 지휘하는 아버지를 생각하면서 "나는 남자들의 사령관"이라고 말했다. "어떤 의미에서 나는 해군에서 일했던 내 아버지처럼, 말하자면, 남자들에게 하나님 아버지에게 가까이 다가갈 재료들을 보급하는 보급 장교인 거죠. 하지만 그 '재료'는 내 마음입니다." 이것이 정말 새로운 남성성의 청사진인지, 아니면 아버지의 것을 개조한 버전인지 나로서는 알기 어려웠다. 댈비는 여전히 전투와 개척지, 적의 비유에 의존하고 있었지만, 나는 남성성을 찾아가는 그의 경로 찾기가 여전히 진행 중이라는 인상을 받았다. 그가 오래되고 낡은 경로를 버리지 못했다면, 그건 노력이 부족해서는 아니었다.

댈비는 1990년에 재혼했고, 미취학 연령의 아들을 돌보면서 남자다움의 깊고 지속적인 원천을 찾고 있었다. 하늘에서 찾은 아버지의 포옹이 댈비가 지상에 있는 자기 아버지에게 "가까이 다가갈 수" 있게 해 줄 것인지는 완전히 다른 질문이었다. 그리고 내가 보기에 댈비가 가장 강력하게 갇혀 있는 가장 괴로운 부분이 바로 여기였다. 어린 시절 댈비가 아버지와 함께한 활동은 단 하나였다. "어렸을 때 아버지가 나를 교회에 데려갔어요." 그가 말했다. 오직 두 사람이 함께 갔고, 여자들은 끼어들지 않았다. "남자들끼리 할 일이었던 거죠." 그건 가족의 남성적 전통이었다. 댈비의 아버지 역시 어렸을 때 아버지하고만 교회에 다녔었다. 그런 점에서 댈비는 종교가 자신을 아버지와 재결합시키고, 조용히 얼어붙은 모든 세월을 녹이는 시작이 되길 바랐다.

골레타 프로페셔널 빌딩에서 대화를 나누고 몇 주 뒤 나는 고든 댈비로부터 쪽지를 하나 받았다. 그는 어린 시절 집 근처에 있는 교회에서 연설을 하기 위해 노스캐롤라이나주에 들르게 되었고, 아들이 연설하는 걸 한 번도 본 적 없는 아버지를 초대했다. 댈비는 아버지를 교회까지 모셔 올 운전사도 대기시켜 놓았다. 그러나 아버지는 "그렇게 '사람들의 자리를 빼앗는 것'은 잘못된 일"이라는 얄팍한 핑계를 대며 거절했다. 행사 주최 측이 개입해 참석을 요청한 뒤에야 아버지는 응했다. 댈비는 내게 이렇게 썼다. "당연히 상처가 됐습니다. 하지만 그 상처가 나만의 것이 아님을 깨달았어요. (…) 내가 지켜야 할 규율은 예수님께 절실하게 기도하는 것뿐입니다. '너희가 차지하려는 땅에서 너희에게 모든 일이 잘되게 하라'(「출애굽기」 20:12). 그래야만 내 아들이 이 세대 간 악순환의 고리에서 벗어날 수 있습니다."

나는 댈비가 자기 자신과 아들을 위해 그 악순환의 고리에서 벗어날 수 있기를 바랐다. 그리고 변화를 만들고자 고군분투했던 남자들이 그랬듯 댈비 같은 남자들 앞에도 역경이 닥쳐올까 두려웠다. 아마도 마이클 번하트는 결국 수많은 남자가 실패했던 그 배반의 땅을 헤쳐 나갈 수 있을 것이다. 왜냐하면 그의 아버지가 헌신한 '돌보는 남자의 윤리'가 제2차 세계대전 중에도 깨어지지 않았기 때문이다. 어떤 상황에서든 그는 다른 남자들이 거의 알아채지 못하는 사실을 확인할 수 있었다. 그러니까 '적'이란 없다는 사실, 오로지 아버지와 아들 모두에게 주어진, 남자다움을 얻기 위한 위험한 처방만이 적이었다는 사실 말이다.

7장 거울 속 괴물 : 구조에 나선 환상 속 기병대

사이공이 함락된 지 불과 5년 만에 대통령 후보 로널드 레이건은 선거유세에서 "우리는 너무 오랫동안 '베트남 신드롬'을 지고 살았"다고 선언했다. 그의 발언과 뒤이은 당선 소식은 전쟁에 대한 기억이 이제 다 상쇄되었으며, 위안을 주는 영화적 대안으로 교체되어야 한다는 광고나 마찬가지였다. "우리의 대의가 진실로 고귀했음을 인식할 때입니다. 이제 막 식민지배로부터 해방된 작은 나라가 정복에 열중하는 전체주의적 이웃에 맞서 자치 및 자위 수단을 확립하기 위해 우리에게 도움을 구했습니다. (…) 우리가 마치 부끄러운 일이라도 한 것처럼 죄책감에 굴복한다면, 그 대의를 위해 사망한 젊은 미국인 5만 명의 기억을 불명예스럽게 하는 셈입니다."[1]

베트남전쟁은 종종 영화처럼 보였다. 역사가인 매릴린 영이 말했듯 "공연으로서의 전쟁"이 펼쳐진 것이다.[2] 사망자 수에 관한 언론 보도는 국방부가 관리했고, 시청자는 심야 뉴스에 몰두했다. 이와 관련해 벌어지는 최악의 재앙은 종종 적대적인 기자단 탓으로 돌려졌다. 마침내 전쟁이 끝나고 몇 년이 흐른 뒤, 미국인들은 실제 전쟁이 부정했던 영화 같은 결말을 얻게 되었다. 미국인들은 전쟁이 남긴 진정한 교훈과 씨름하며 죽은 자를 기리는 대신 영화가 제공하는 마법의 향유를 바르기로 했다. 이미 오래전 국외 전쟁에서 패했지만, 그것이 미국의 남성성에 어떤 해악을 끼쳤는지, 그리고 남자들이 소명과 자신감, 심지어 미덕에 대해 지녔던 감각에 어떤 폭력을 행사했는지를 둘러싼 전투는 계속되었다. 국가는 남자다움을 되찾기 위한 환상을 좇았고, 위대한 이야기꾼인 로널드 레이건은 최적의 서커스 무대감독이었다.

레이건이 전투에 부린 마법은 베트남전쟁 전에 이미 등장했다. 그는 제2차세계대전 동안 단 한 번도 할리우드 주변을 떠나지 않았건만, 전쟁터에서 벌어진 전투 장면을 생생하게 떠올리면서 부끄러움도 없이 그에 대한 이야기를 늘어놓았다. 참전 부적격 판정을 받은 뒤에는 조종사 교육용 영화 내레이션을 맡고, 〈후방 사수Rear Gunner〉라든지 〈신과 조국을 위해For God and Country〉 같은 비슷비슷한 영화에 출연하면서 전쟁 기간을 보냈다. 나중에 그는 (할리우드 육군 항공대 제1영화 부대✠에서의) "복무" 때문에 따뜻한 가정으로부터 어떻게 찢겨져 나왔는지 회상한 바 있다. 전쟁터에서 묻은 때라곤 메이크업 아티스트가 입혀 준 분장뿐이었던 그가 이렇게 중얼거렸다. "육군 항공대에서 나왔을 때 내가 하고 싶었던 건 수백만의 다른 참전 용사들과 마찬가지로 오로지 잠시 휴식을 취하고, 아내와 사랑을 나누고, 이상적인 세상에서 더 나은 직업에 종사하기 위해 생기를 되찾는 것뿐이었습니다."[3]

남은 생애 동안 그는 자신이 결코 참전한 바 없던 전쟁 장면을 마치 직접 참여한 장면인 것처럼 상상했다. B-17이 추락할 때 조종사 품에 안겨 죽어 가는 사수, 진주만에서 취사병으로 복무하면서도 기관총을 쏘며 해군을 통합한 흑인 선원 같은 감상적인 기억은 모두 영화 대본에서 얻은 기억이었다. 1983년 이츠하크 샤미르Yitzhak Shamir 이스라엘 총리와의 회담

✠ 제2차세계대전 당시 만들어진 미 육군 항공대의 주요 영화 제작 부대로, 영화산업 출신 전문가들로만 구성된 최초의 군사 부대였다. 400편 이상의 선전 및 교육용 영화를 제작했다.

에서 레이건 본인이 통신대의 일원으로 나치 '죽음의 수용소'에서 일어난 해방의 순간을 실제로 촬영했으며 그 필름 사본을 보관하고 있다고 말했을 때, 많은 이가 경악을 금치 못했다. 그가 지어 낸 개인적인 경험보다 더 놀라운 건 이 가짜 경험에 대한 흔들리지 않는 믿음이었다. 아무리 비평가들이 그가 내세운 전쟁 경험이란 허울만 그럴듯한 허구임을 지적하고, 그가 말한 일화의 출처가 오랫동안 잊혔던 전쟁영화 따위라는 사실을 찾아내도, 그는 자신이 빌려 온 기억에 대해 침착하고 확신에 찬 태도를 유지했다. 그는 본인이 그 영화들에서 연기했기 때문에, 혹은 관객으로서 그 영화를 극장에서 직접 보았기 때문에 그것이 자신의 경험이라고 믿었다. "왜냐하면 레이건에게 영화는 진짜였고, 그는 실제 경험이라는 선명함을 갖고서 영화를 기억하고 있었기 때문이다." 루 캐넌Lou Cannon은 『대통령 레이건: 일생일대의 배역President Reagan: The Role of a Lifetime』에서 레이건 본인의 말을 빌려 이렇게 썼다. "어쩌면 나는 너무 많은 전쟁영화를 보았고, 그 영화에 등장하는 영웅적인 행동과 실제 삶을 가끔 혼동하기도 했습니다."[4] 〈마지막 액션 히어로Last Action Hero〉✛ 에서 아널드 슈워제네거의 캐릭터가 스크린에 풀려나기 한참 전에 레이건은 현실과 영화적 꿈 사이를 어렵지 않게 오가고 있었다.

레이건이 한 일은 군 역사를 공상적으로 개작하는 것을 넘어 전후 남성성의 역사를 완전히 다시 쓰는 것이었다. 그는 그 시대 청년들에게 주어진 약속을 믿었다. 새로운 기업경

✛ 존 맥티어넌 연출, 아널드 슈워제네거 주연의 1993년 작. 소년 대니가 극장 영사기사로부터 받은 마법 카드의 힘을 빌려, 자신이 좋아하던 영화 〈잭 슬래이터〉 속편 화면 속으로 빨려 들어가면서 벌어지는 일을 따라간다. 영화 속 액션 히어로 잭 슬래이터와 그 캐릭터를 연기하는 배우 아널드 슈워제네거가 현실과 스크린을 넘나들며 실제 세계와 재현된 세계가 뒤섞이는 이야기다.

영 및 국가안보 권력에 복종하고 권력이 선택한 전선에서 권력이 지정한 적과 싸우면, 그 권력이 우리를 남자로 만들어 줄 것이라는 바로 그 약속 말이다. 레이건으로서는 그럴 만도 했던 것이, 그는 부와 명성을 보상으로 받았기 때문이다. 레이건은 윌리 로먼✠처럼 허우적대며 술만 마시는 구두 판매원 아버지를 부끄러워하면서 배우 생활을 시작했고, 영화 〈킹스 로King's Row〉에서 주인공의 다리를 절단한 기차 못지않게 배우의 남성성을 위협하는 것이 할리우드 경력이라며 걱정했던 사실(레이건의 자서전 『나의 나머지는 어디 있지?Where's the Rest of Me?』)로 유명했다. "한 남자가 오로지 배우로만 활동한다면, 그가 아무리 뛰어난 재능을 가졌더라도 〈킹스 로〉에서 내가 그랬듯 반쪽자리 남자일 뿐이라고 생각한다." 하지만 레이건은 결국 전후 비즈니스 문화에 몸담으며 회사원으로서 자신의 "나머지 반쪽"을 찾았다고 말한다.[5]

할리우드 배우조합장으로서 그는 FBI가 조합 내 공산주의자 대열을 청산할 수 있도록 정보를 주었고, 영화산업 안에서 배우의 권리를 약화하고 기업의 힘을 강화하려 했던 스튜디오의 지침을 실행했다. 기업 참모가 빨갱이를 보았다면, 그도 빨갱이를 보았다. 1965년 그는 "할리우드에 대한 공산주의자들의 계획은 놀라울 정도로 단순했다"라며 자신 있게 선언했다. "그 계획은 오로지 영화 비즈니스를 차지하기 위한 것이었다. 이윤은 물론이고 (…) 세계적 규모의 거대한 선전 기지를 확보하려는 계획이었다. (…) 그게 실현되었더라면 우리의 적들로서는 굉장한 쿠데타가 되었을 것이다." 그는 방위산업체이자 연예 대기업인 고용주 제너럴일렉트릭(GE)의 요청에 따라 사업가들의 오찬 자리를 끊임없이 돌며 "남자들에게 가장 위험한 적으로 알려진" 공산주의의 위협을 경고했다.[6]

✠ 아서 밀러의 희곡 『세일즈맨의 죽음』 주인공.

그 대가로 (윌리 로먼이나 전후 기업문화의 플란넬 복장을 한 직원들과는 대조적이게도) 레이건은 관심을 한 몸에 받게 됐다. 레이건의 새로운 아버지들은 그에게 GE가 배선하는 주택을 하사했고, 감언이설로 포장된 부동산 거래를 통해 3000퍼센트 수익을 올림으로써 그가 백만장자가 될 수 있게 해 주었으며, 완전히 풋내기였던 이 '정치인'을 캘리포니아 주지사 자리에 앉히는 홍보 캠페인을 조직해 자금을 지원하기도 했다.[7] 전후의 거래는 레이건에게 꿈만 같은 것이었다. 납작 엎드려 영화 속 적들을 향해 말로만 그림자 때리기를 하던 남자가 이제 실제로 유명세를 얻고 정치적 쇼맨십을 발휘하게 되었으니, 적어도 그에겐 이것이야말로 남자다움을 구성하는 나머지 반쪽처럼 느껴졌다. 정치학자 마이클 로긴Michael Rogin이 지적한바 "레이건은 독립이라는 미명 아래 보살핌을 받고, 책임자 역할을 하면서 지원을 받는, 모든 미국 남성의 꿈을 실현"한 사람이었다. 레이건이 반쪽짜리가 아닌 온전한 남자일 수 있었던 건 영화 스크린상에서, 자기가 투사한 삶의 모든 스크린상에서 남자를 연기했기 때문이었다. 그리고 그의 배우 커리어가 하락세에 접어들자, GE는 그를 CBS 최고의 인기 프로그램 〈제너럴일렉트릭 극장General Electric Theater〉✢ 진행자로 지명함으로써 그를 구해 주었다. 레이건의 회상에 따르면 "이 TV 프로그램은 순조롭게 진행"됐으며, 그를 "구조하러 온 기병대였다".[8]

대통령 재임 시절 레이건은 개인 목장에서 통나무를 쪼개고, 소도시의 미덕을 옹호하고, 어니 파일의 특전에서 바로 튀어나온 것 같은 금욕적이고 자신을 낮추는 유머를 선보이면

✢ GE 홍보팀에서 제작하고 CBS 라디오와 TV에서 방송되었던 앤솔러지 시리즈. 앤솔러지 시리즈란 각 에피소드마다 다른 장르를 구성하고, 다른 배경과 인물을 등장시키는 드라마 시리즈를 말한다.

서 구식 남자다움의 극치로 후퇴하는 것처럼 보였다. 그러나 좀 더 정확하게 말하자면 그는 시대를 앞서간 남자였다. 일찍이 1930년대 초 스포츠 캐스터들이 전신을 통해 야구 경기 실황을 새로 썼듯이(혹 때로는 조작했듯이), 그는 미디어가 셀러브리티만이 아니라 현실까지 창조해 내는 상황에 힘입어 오히려 가상세계에서 편안함을 느끼는 것 같았다. 레이건의 부상은 어니 파일이 제시한 남성성이 최종 기각되었음을 의미했다. 파일이 보기에 미국이 전쟁에서 승리할 수 있었던 건 화려하지 않은 졸병들 덕분이었다. 반면 레이건은 스크린에서 펼쳐지는 전쟁의 화려함만을 경험하고 승리한 '항공병'이었다. 공적인 삶이 끝날 때까지, 그는 공적인 처방으로 기꺼이 영화를 인용하는 사람이었다. 1985년 베이루트에 억류된 트랜스월드항공Trans World Airlines(TWA)의 인질 서른아홉 명이 인질이 풀려나는 걸 보고 있던 미국 대중을 열광시킬 때 레이건 대통령이 외쳤다. "맙소사! 어젯밤 〈람보〉를 보고 나서, 다음에 또 이런 일이 벌어지면 어떻게 해야 하는지 깨달았습니다." 다른 시대, 다른 남자의 목소리로 이런 말이 나왔다면 그저 엉뚱한 소리로 들렸을지도 모른다. 하지만 환상과 역사, 셀러브리티가 점점 더 혼재되어 가는 시대에, 또 국가가 절실하게 베트남에서 있었던 일이라는 현실을 받아들이는 법을 배워야 하는 시대에 이런 발언은 더 어두운 면모를 띨 수밖에 없었다. 『레이건의 미국Reagan's America』에서 게리 윌스Garry Wills는 이렇게 물었다. "만약 우리가 역사의 백미러를 들여다보았을 때 만날 수 있는 것이 오직 영화뿐이라면 무슨 일이 일어나겠는가?"[9] 레이건은 그 거울에 비친 셀룰로이드 이미지에서, 잃어버린 나머지 반쪽의 남자다움을 발견했다. 그러나 다른 남자들은 거기서 무엇을 찾았을까?

※ ※ ※

1960년대 후반 마이클 번하트가 마이애미대학교를 떠날 무렵, 베트남전쟁 시대의 군대를 대중의 마음속에 각인시킬 한 청년이 입대했다. 그는 어느 누구 못지않게 전쟁을 혼란스러워했다. 고등학교 성적이 몹시 형편없었던 그는 유일하게 자신을 입학시켜 준 스위스의 한 대학에서 2년을 보냈고, 자신이 창단한 대학 축구팀에서 주전으로 뛰지 않을 때는 반전운동에 반대하는 편파적인 연설을 하곤 했다. 그는 이렇게 회상했다. "영어 수업에서 베트남전쟁에 관해 에세이를 쓸 때 찬반 입장을 선택할 수 있었습니다. 나는 완전히 찬성 편에서 에세이를 썼어요. 모든 걸 비방하는 사람들, 평화주의자들, 양심적병역거부자들에게 반대하는 내용을 썼습니다. 열과 성을 다해 비판했죠. 나는 그들을 세상 모두의 자유를 위해 목소리를 내는 사람들이 아니라 참전을 두려워하는 겁쟁이들로 다루었어요. 그들은 이런저런 수사 뒤에 숨어 있었죠. 사실 그들은 겁을 먹었던 겁니다." 하지만 마이애미대학교에 올 즈음에는 그런 확신이 옅어졌다. "대학에서 베트남에 대해 처음 들었을 때만 해도 라디오에서 제대로 다뤄 주지 않았기 때문에, '오, 이건 간단한 전쟁이 되겠군. 금방 끝나겠어'라고 생각했습니다. 그리고 굉장히 낭만적인 일로 다가왔어요. 전쟁은 멀리 동쪽에서 일어났고, 우리가 아주 우월한 데다가 노래도 있었고〔「그린베레의 노래」〕, 존 웨인이 〔베트남전쟁을 바탕으로 한 영화 〈그린베레〉에서〕 그 전쟁을 지지하고 있었으니까요. 제2차세계대전에 비하면 쉬워 보였고, 말 그대로 연습경기 같았어요." 그는 유감스럽다는 듯 웃었다. "내가 무슨 소리를 하는지 전혀 모르고 있었던 거죠."

이 젊은이는 마이애미대학교 4학년이 되어 징집이 다가오자 생각이 "많이" 바뀌었다. "그땐 전쟁을 피하기 위해 할 수 있는 건 다 했어요." 1968년 징집 신체검사를 받으러 육군 신병 모병소에 소집되었을 당시 그는 "잘 들리지 않는 척"을 했다. 하지만 그가 신체검사에서 불합격 판정을 받은 건 청력 때문이 아니었다(그런데 몇 년 뒤 그는 실제로 청각이 손상되었다는 걸 깨달았다). "사실은 심리검사를 마치고 나서 1H 등급을 받았어요. '국가비상사태 때에만 소집'되는 등급이에요. 그게 무슨 말이냐면요. 사람이 부족하다? 그러면 국가비상사태인 겁니다. 적들이 빌어먹을 애틀랜틱시티 성벽을 넘어올 때에만 이 사람을 부르라는 거죠. 적들이 말리부를 치면 그 사람에게 총을 주라는 거고요. '정신적인 문제가 있다'는 말이 무슨 뜻이냐고 물으니 이런 답이 돌아오더군요. '형편없는 명령을 따르느니 등 뒤에서 상관에게 총을 쏠 기질의 사람이라는 뜻입니다.' 그건 맞는 말이에요. 나는 그런 사람이죠."

한데 진실은 더 모호했다. 일반적으로 1H 등급이라 함은 국가비상사태가 아니라면 소집될 가능성이 없는 후순위 번호를 뽑았다는 걸 의미했다. 이듬해 그 청년의 추첨 번호는 327번이었다.[10] 남자는 신병 모집관과의 두 번의 만남을 기억하는 듯했고, 아마도 세월이 흘러 심리적으로 불안정한 소년 이야기를 부각시키면서 두 가지 이야기를 섞었을 것이다. 어쨌거나 그가 징병 문제를 어떻게 처리했는지를 회상하는 방식은 라디오 토크쇼 유명 인사인 러시 림보Rush Limbaugh나 부통령 댄 퀘일처럼 위협적으로 클린턴을 미워하는 사람들이 사용하는 자화자찬식 수정주의에서는 크게 벗어나 있었다. 당시 림보는 양성종양을 핑계로, 퀘일은 국가방위대에 있는 가족 연줄을 동원해 징집에서 빠져나올 수 있었다. 하지만 훗날 두 사람은 군복무를 피하기 위한 어떤 노력도 하지 않았다고 주장했다.[11] 이와 대조적으로 이 남자는 자기 자신을 문제가 있는 변절자로 묘사하면서,

스스로에 대해 회고할 때 유독 엄격했다. 하긴 그는 연극적인 소질이 있었다(대학에서 연극을 전공했다). 그리고 자신이 성난 외로운 늑대 영웅이자 자기 원칙을 위해서라면 상관이라도 쏠 수 있는 일종의 단독 주연이라는 자아상을 갖고 있었다. 그는 대학 시절 제작한 〈세일즈맨의 죽음〉에서 '비프'를 연기했고 그 역할에 매우 만족했다. 비프는 아버지의 망상을 박살 낸 음울한 아들이었다. 그 역할을 하면서 그는, 이유를 꼬집어 말할 수는 없지만 내면 가장 깊숙한 곳에 있는 자아를 표현했다고 느꼈다.

그의 병역거부는 이념적이지 않았다. 그는 군대에 매혹된 채로 성장했다. 열여섯 살 때는 십 대로서 해군에 입대하려고도 했다. 또한 전쟁에 도덕적인 이유로 반대했던 것도 아니었다. 그는 "전쟁에 완전히 반대하진 않았"다고 설명했다. "전쟁에 대해 충분히 알지도 못했습니다. 하지만 1969년 즈음이 되었을 때, 이건 터무니없는 일이란 걸 깨달았어요. 도무지 이길 방법이 없었거든요. 폭격을 〔멈췄을〕 때, 그들이 이기길 원하지 않는다는 걸 알았죠. 그건 권투선수가 손을 등 뒤에 묶고 최선을 다하는 거나 마찬가지였습니다. (…) 내가 정말로 화가 났던 건 바로 그때였어요. 우리가 이길 리 없었죠! (…) 왜냐면 정치인들이 군인들로 하여금 이기게 두지 않았으니까요." (이런 생각을 했던 건 그 남자만이 아니었다. 1979년 해리스 여론조사에 따르면 미국인 73퍼센트는 국가 정치 지도자들이 베트남에서 "〔군인들이〕 이기게 두지 않았을" 것이라고 생각했다.)[12] 그래서 청년은 승리의 드라마를 연출할 또 다른 경기장을 찾았다. 그는 영화에서 경력을 쌓기 위해 전쟁과도 같은 젊은 시절을 보냈다. 할리우드에서 첫 단추를 잘못 끼우거나 고배를 마신 지 수차례, 1976년 마침내 그는 역전승을 거둔 권투선수 이야기로 성공과 명성, 부를 거머쥘 수 있었다. 이 영화에서 링 위의 승리를 노래하는 음악적 만트라는 이후 1996년 공화당 전당대회에서 대통령 후보 밥 돌의 응원가로 등장한다. 그러나 근육질의 고독한 소수로서 쌓아 가던 이 배우의 커리어가 정점에 이른 것은 이 영화 〈록키Rocky〉에서가 아니었다. 그건 1982년 실베스터 스탤론이 처음 '람보'로 등장했을 때였다. 람보는 역전승을 이룬 국가의 의인화 그 자체였다.

'람보' 3부작이 베트남에서의 패전을 미국의 가치에 대한 의기양양한 확인으로 전환시켜 버렸다는 건 일반적으로 받아들여지는 이야기다. 하지만 이 시리즈는 사실상 고독한 미국 남성의 가치를 부활시켰다고 말하는 쪽이 더 정확할 것이다. 람보가 워싱턴에 돌아가 "악취 나는 관료"라 부른 정부 기술관료들은 이 수정주의적 역사에서 더럽혀진 채로 남아 있는 반면, 외로운 졸병은 전사-성인으로 등장했다. 패배한 군대는 전쟁의 수렁에서 하나씩 구조되어 한 명 한 명 좋은 남자로 다시 상상될 터였다. 왜냐하면 잠재적으로 그들 각자는 공정한 조치만 취해졌더라도, 혹은 적어도 초인적인 신체와 우수한 무기만 있었어도 승자가 될 수 있었을 것이기 때문이었다. 〈람보 2〉에 등장하는 유명한 대화는 미국의 세기가 내세웠던 남자다움의 첫 번째 원칙인 '승리'를 요약하면서 재확인시켜 주었다. 람보는 자신에게 베트남으로 돌아가라는 명령을 내린 부대 지휘관 샘 트라우트먼 대령을 향해 묻는다. "대령님, 이번에는 우리가 이기겠습니까?" 이에 트라우트먼이 답한다. "이번에는 자네에게 달렸네." 이건 안심이 되는 소식이다. 왜냐하면 관객들도 이내 알게 되듯 람보는 미국을 대표하는 슈퍼 참전 용사이자, 세계사에서 가장 많은 훈장을 받은 군인으로 기록되어도 부족함이 없을 만큼 많은 훈장과 표창, 메달을 받은 전쟁포로이기 때문이다. 트라우트먼은 이렇게 말한다. "그냥 람보는 내가 본 최고의 전투 베테랑이라고 말해 두지. 순수한 전투 기계랄까. 누군가는 패하기 마련인 전쟁에서 자신은 반드시 이기겠다는 욕망만을 가진 자. 만약 승리가 죽음을 의미한다면 그는 기꺼이 죽을 거야. 두려움도 후회도 없이.”

‘람보’ 시리즈에 대한 기존 인식과 클리셰는 거의 전적으로 두 번째 영화에서 비롯했다. 〈람보 2〉는 세 편 중 박스오피스에서 가장 높은 수익을 올린 작품이었고, ‘승자’로 기록될 만한 영화가 있다면 이 속편이야말로 그에 해당할 터다. 영화의 밑그림이 된 신화는 남성 팬들에게 그들이 원하던 것을 주었으니, 그건 바로 식별 가능한 적들로 가득한, 선명하게 그어진 전선에서 명확한 임무를 수행하여 얻어지는 완전한 승리였다. 영화 속에서 람보가 펼치는 구출은 총체적인 것이었다. 헌신적인 상관 트라우트먼 대령은 연방 교도소에서 노역을 하고 있던 람보를 꺼내어, 베트남에 남아 있는 미군 포로를 찾는 특수 임무를 맡긴다. 람보는 포로수용소의 위치를 확인하지만, 이곳에 갇힌 부대를 구출한다는 게 전혀 달갑지 않은 정부 관료들은 람보를 배신하고 정글에 좌초시킨다. 그럼에도 람보는 요새를 지키는 군복 차림의 베트남 군인들에 맞서, 또 도대체 왜인지 알 수는 없지만 1980년대 동남아시아 정글을 순찰하고 있던 피에 굶주린 소련인들(“빌어먹을 러시아 새끼들”)에 맞서 싸움을 계속한다. 이 적들은 에로틱하게 노출된 람보의 몸통에 전기충격 등 가학적인 성 심리적 고통을 가한다. 사실 이런 전쟁 중 잔혹 행위는 미국이 후원했던 남베트남 심문관, 그리고 피닉스 작전 같은 계획 당시 미국 정보 요원이 즐겨 저지른 전쟁범죄였다.[13] 하지만 이와 반대로 우리의 영웅은 원칙을 지키고, 인내심이 대단하며, 베트남 여성을 존중하고, 무고한 민간인에게는 아무런 해도 끼치지 않는다. 물론 영화 말미에서 람보는 자신을 괴롭힌 자들에게서 벗어나 홀로 포로들을 구출하고, 트라우트먼 대령의 감탄어린 시선을 온몸으로 받으며 베트남 오지로 향한다. 자신을 기다리고 있는 두 번째 의회 명예 훈장을 뒤로한 채 말이다.

'기억에서 잊힌' 전쟁포로-실종자에 관한 신화는 전쟁의 새로운 임무가 되었다. 조너선 셸Jonathan Schell이 썼듯 1972년에는 이미 "미국이 포로를 되찾으러 베트남에서 싸우고 있다는 말에 설득된 사람이 많았다". 1991년이 되면 《월스트리트저널Wall Street Journal》/NBC 뉴스 여론조사에 응답한 사람들의 69퍼센트는 미국 포로가 여전히 동남아시아에 남아 있다고 주장했다. 사실 미국학 연구자 H. 브루스 프랭클린H. Bruce Franklin이 전쟁포로-실종자 전설을 세밀하게 파헤친 『M.I.A. 또는 미국의 신화 만들기M.I.A. or Mythmaking in America』✠에서 쓴바, 전쟁이 끝났을 때 "행방불명"된 것으로 보고된 미군 병사 2273명 가운데 약 절반이 실제로 당시 전사한 것으로 알려져 있다. 나머지 절반의 81퍼센트는 해상이나 오지, 산악 지대에서 실종된 공군이다. 1973년까지 53명을 제외한 모든 남성의 행방이 확인되었고 1976년에는 행방불명 남성의 수가 약 열두 명 정도로 줄어들었다. 결국 철저한 조사 끝에 국방부는 오로지 "상징적 제스처"로만 명단에 이름이 올라간 공군 대위 한 명을 제외하고는 포로나 실종자가 남아 있지 않다고 결론 내렸는데, 그 공군 대위는 1960년대 중반에 사망했다. 그러나 이런 신화에 등장하는 포로가 된 군인은 닉슨의 강력한 정치적 도구가 되었다. 닉슨은 처음에는 전쟁을 연장하기 위해서, 다음에는 1973년 파리 평화협정에 재건 지원 약속을 거부하기 위해서 전쟁포로를 이용했고, 그 뒤를 이은 대통령은 베트남의 유엔 가입과 양국 관계 정상화를 막기 위해서 이를 이용했다. 레이건은 남아 있는 전쟁포로 수색을 "국가의 최우선 과제"로 선언하고, 그 수색을 국가적 상상 속에서 극도로 열광적인 의식으로 고양시켰다. 1982년 전쟁포로-실종자 현수막은 성조기와 더불어 백악관 상

✠ M.I.A.는 missing in action의 준말로 '전시 행방불명'을 의미한다. Mythmaking in America를 M.I.A.로 쓰면서 중의적 의미를 살린 제목이다.

공을 휘날리는 유일한 깃발이 되었고 곧 전국의 공공건물 위로 휘날리기 시작했다. 깃발에 그려진 고개 숙인 포로의 머리 아래에는 그 의도를 전 세계에 알리는 모토가 새겨져 있었다. “당신을 기억합니다.”[14]

전쟁포로 신화의 뿌리는 확실히 국내에 있었다. 전쟁포로는 전후 아들들이 “지휘관”에게 버림받고 남자다움에 진입하기 전, 대기실에 갇혀 있게 된 온갖 방식에 대한 대역이 되었다. 람보 신화에 그토록 극적으로 반응했던 수많은 남자에게 그 “악취 나는 관료들”이란 전시의 관료 집단이 아니라 제2차 세계대전 이후 모든 익명의 아버지(공적이건 사적이건)를 떠오르게 했을지도 모른다. 그들은 아들들을 남성성의 장에 버려둔 채 구조하러 올 기미도 보이지 않았다. 〈람보 2〉는 버림받은 아들들이 어쨌든 아버지를 전혀 필요로 하지 않았으며, 스스로 자신을 치유할 수 있다는 희망적인 가식으로부터 영화적 힘을 끌어냈다. 조국에 의해 두 번이나 투옥되었고 한때 전쟁포로였던 람보는 슈퍼맨처럼 하늘에서 내려와 형제들을 해방하고 자기 자신도 해방시켰다. 적어도 환상 속에서만큼은 어른 수색대 없이도 구원을 얻을 수 있다. 하지만 정말 그런가? 결국 람보는 인정받기 위해 제 업적을 아버지 트라우트먼에게 가져가야만 했다.

〈람보 3〉에 이르러 아들은 아버지를 구하게 된다. 1988년 영화에서 영웅은 태국의 수도원으로 옮겨 간 상태다. 그는 사실상 성자의 모습으로 등장해, 아프가니스탄에서 러시아인들 손아귀에 놓여 있는 멘토 트라우트먼을 구해 낸다. 이 새로운 설정 덕분에 영화 제작자들은 베트남전쟁의 성가신 세부 사항을 고려할 필요가 없게 됐다. 이제 미국인들은 명징한 양심을 가지고 “자유를 위해 싸우는 투사들”을 방어할 수 있게 됐고, 아프가니스탄에서 베트남전쟁과 유사한 싸움을 하고 있던 러시아인들을 침략자로 치부할 수 있었다. 트라우트먼 대령은 자신을 억류하고 있는 러시아인에게 이렇게 말한다. "우리는 이미 베트남전을 치렀소. 이제 당신들이 그 전쟁을 치르고 있는 거지!"

〈람보 2〉와 〈람보 3〉에서 국제적으로 펼쳐지는, 완전히 피해자 위치에 놓인 영웅과 완전히 악랄한 적이라는 관계에 깃든 본질은, 적이 국내에 있고 전투 역시 내부적으로 펼쳐진 시리즈 1편에서 이미 구축된 것이었다. 1편은 험준한 태평양 북서부를 배경으로 하는데, 이때 람보는 베트남에서 막 돌아온 꾀죄죄한 참전군인으로 "홀리데이랜드로 가는 관문"인 '호프Hope'(희망)라는 낙후된 마을을 헤쳐 나가고 있다. 그는 동네의 욕심 사나운 시골뜨기 보안관 윌 티슬의 심기를 건드리게 되고, 티슬의 부하들에게 끌려가 시달리는 와중에 자신이 베트남에서 전쟁포로로 지내며 경험한 일을 떠올리게 된다. 패닉에 빠진 람보는 폭주하고, 곧 피에 굶주린 보안관보들 및 도베르만 핀셰르 무리와 대적하게 된다. 그리고 결국에는 국가 방위군과도 맞서야 하는 상황에 놓인다. 이 대규모 공격을 관장하는 자는 티슬 보안관으로, "그놈을 너무 죽이고 싶은 나머지 입에서 피 맛이 날 지경"이다. 람보가 "전쟁 영웅"이라는 말을 듣자 티슬은 "그 개새끼를 잡아서, 그 새끼의 간에 명예 훈장을 꽂아 주겠다"라고 맹세한다. 비에 흠뻑 젖은 북아메리카 정글의 광야에서 거대한 톱니 모양의 칼로만 무장한 람보는 베트콩 스타일의 게릴라 전술을 사용해 그들을 피해 도망 다닌다. 람보는 (치명적인 나무 작살 같은) 제3세계 무기를 직접 깎아 만들고, 자신의 상처를 봉합하거나 저녁 식사거리를 사냥할 때만 멈춰 선다. 마침내 미국 최고의 사병인 람보와 미국 최고의 악당인 티슬은 버려진 마을 경찰서에서 일대일 대결을 벌이게 된다. 이 싸움에서 람보는 우세하지만, 그가 신뢰하는 유일한 남자인 트라우트먼 대령의 중재로 티슬을 향했던 치명적인 한 발을 발사하지는 않는다. 대령은 람보의 어깨를 자신의 트렌치코트로 부드럽게 감싸며 이 "전쟁 영웅"을 안전한 투항으로 이끈다.

람보 이야기는 20세기 후반 미국 액션 영웅의 원형적인 이야기다. 람보가 등장하는 영화는 베트남전쟁은 물론 미국에서 일어난 남성성의 위기를 논하지 않게끔 세심하게 조정되었다. 저녁 뉴스로 베트남전쟁 소식을 접하기엔 너무 어렸던 수백만 남성 관객이 전국 극장가에서 벌떡 일어나 람보에게 환호를 보낸 이유가 여기 있었다. 람보는 그들에게 판단할 필요가 없다고 말했다. 위기란 존재하지 않았으니까 말이다. 그럼에도 '람보' 시리즈 원작 소설 『퍼스트 블러드First Blood』가 영화 세 편으로까지 만들어진 과정은 이 외면당한 위기의 고통스러운 중심에 있는 인물과 연관된, 마찬가지로 외면당한 과거를 암시한다. 그 인물은 바로 친숙한 아버지다.

'람보' 시리즈 1편이 개봉되기 직전에 영화 제작자들은 원작자 데이비드 모렐과 그 가족이 영화를 처음으로 볼 수 있도록 시사회를 마련했다. 모렐은 이렇게 회상했다. "[영화배급사] 오리온이 아이오와시티에 있는 극장 한 곳을 잡아, 어느 날 오후 우리만을 위해 상영을 준비했습니다. 그렇게 텅 빈 큰 극장에서 오후 2시에 영화를 봤죠. 매우 이상했습니다." 하지만 그건 모렐이 스크린에서 본 이야기의 이상함에 비하면 아무것도 아니었다. "우리는 압도당했습니다. 극장에서 햇살 아래로 나왔을 때는 좀 멍했는데요. 내가 뭘 본 건지 이해할 수 없었기 때문이었죠. 그건 다른 생명체였어요. [티슬은] 아무것도 아닌 존재로 축소돼 있었죠. 한쪽 이야기만을 담고 있었어요. 티슬과 아이 같은 존재가 동등하게 서로 이야기를 펼쳐 내는 게 아니라 그저 아이의 이야기가 되어 있었습니다."

모렐의 원작 소설은 현재 우리에게 친숙한 '슈퍼히어로

대 슈퍼빌런'이라는 공식과는 아무런 상관이 없는 이야기였다. 사실 원작에는 아무런 적도 존재하지 않았다. 영화 제작진은 적을 설정해야 했고, 그들이 선택한 적은 강렬했다. 영화 〈람보〉에서 "공항에 있는 구더기들이 나에게 항의를 하고 침을 뱉고, 나를 아이 살인자라고 부른다"라며 짧게 언급하기는 하지만, 영화가 지정한 천적은 이런 반전 급진주의자들은 아니었다. 사실 영웅은 에이전트오렌지✠로 세상을 떠난 절친한 친구의 죽음과 베트남에서 보내야만 했던 끔찍한 복무 기간에 책임이 있는 군 장교를 증오해야 했지만, 그 역시 면죄부를 받는다. 흥미롭게도 영화 제작진은 소설 속 람보에게 가장 큰 애착을 가진 인물이자 영혼의 핏줄인 인물을 람보의 가장 큰 적수로 골랐다.

『퍼스트 블러드』에서 경찰서장 윌프레드 티슬은 한국전쟁 참전 용사이며 수훈 십자훈장(의회 명예 훈장 다음으로 급이 높은 훈장)을 받은 해병 상사로, 람보를 처음 만났을 때 불가사의하게도 그에게 자석처럼 끌린다고 느낀 인물이었다. 반면 책 속의 트라우트먼 대령은 심지어 람보의 이전 사령관도 아니다. 그는 람보가 한 번도 만나 본 적 없던, 보이지 않는 전쟁 관리자 중 한 명이었다.

영화가 람보와 보안관의 관계를 지워 버린 것은 왜일까? 그리고 어째서 속편이 거듭될수록 트라우트먼 대령은 더 자애롭고 아버지다운 보호자로 바뀌어 가는 걸까? 이 영화는 실베

✠ 1960년대 베트남전쟁 중 미군이 가장 많이 사용했던 고엽제의 한 종류. 이 고엽제를 만든 미국 회사 다우케미컬은 1971년 사용이 중단되기 직전까지 고엽제의 독성에 대해 숨겨 왔다. 베트남전쟁 중에 고엽제 피해를 입은 환자는 100만 명에 이르는 것으로 추산되고 있다. 〈람보〉 오프닝에서 람보는 동료 군인을 만나기 위해 그의 고향을 찾아가지만, 그는 이미 에이전트오렌지의 후유증으로 세상을 떠난 후다. 람보의 고통스러운 모험은 여기에서부터 시작된다.

스터 스탤론 세대가 자라면서 자양분으로 삼았던 존 웨인의 제2차세계대전 영화가 아니었다. 이건 영웅과 나라 바깥 적 사이의 단순한 적대를 그리는 작품이 아니었던 것이다. 전쟁 포로 신화가 사실은 베트남에 관한 것이 아니었듯, 람보의 영웅 전설 역시 마찬가지였다. '람보' 시리즈는 일종의 내전을 기록하고 있었으며, 이것이 바로 람보가 레이건 시대 전쟁 재현의 중심에 그토록 당당하게 자리할 수 있는 이유였다. 젊은 남성 관객들을 극장에서 기립하게 한 것도 바로 이 부분이었고 말이다. 베트남 이후 미국 남성성의 재구성은 아들과 아버지 사이의 그림자극이었다.

티슬이나 트라우트먼이 람보의 아버지가 될 수 있을까? 그렇다면 어떤 아버지가 될 것인가? 이에 대한 답은 데이비드 모렐과 시나리오작가 데이비드 레이브David Rabe, 또 궁극적으로는 실베스터 스탤론 자신이 '람보'라는 텍스트, 그리고 본인의 사적이고 간단하지 않은 유산과 씨름하면서 각본을 수없이 고쳤던 만큼이나 수많은 수정을 거쳤다. 람보 이야기의 각 단계는 러시아의 마트료시카 인형처럼 그 안에 또 다른 이야기를 품고 있는 것으로 드러났다. 그러나 원작 소설이 영감靈感을 따르고, 영화가 소설을 따르고, 그리고 더 많은 대본이 1편을 따르고, 영화가 영화를 따를수록, '불가피한 아버지'라는 존재의 본질이란 프로젝트에 관련된 모든 사람에게 해결되지 않는, **그토록** 영원한 문제로 남아 있었다.

이제 처음으로 피를 보았나니

1992년 데이비드 모렐과 아내 도나는 샌타페이의 고지대 사막으로 이사했다. 그들은 건조하고 텅 빈 곳, 연고가 없는 곳을 원했다. 그들이 고른 집 역시 그런 모습의 공간이었다. 잘 닦인 테라코타 바닥, 하얗게 칠해진 벽, 소리가 울리는 크고 텅 빈 방, 아무런 추억도 깃들지 않은 집이었다. 마당은 향나무와 잣나무, 가시 선인장에 둘러싸여 있었다. 내가 방문한 날엔 로버트 맥너마라의 최신 전기를 비롯해 전쟁사 관련 도서 한 무더기가 커피 테이블 위에 놓여 있었지만, 그즈음 제작에 들어갈 〈람보 4〉 트리트먼트 작업을 요청받은 모렐은 베트남과 정신적으로 괴리되어 있었다. 그는 자신이 최근 몰두하고 있는 희귀 사진 컬렉션을 보여 주고 싶어 했다. 그는 아주 까다롭게 선별해 소수의 작품을 구매했다. 앤설 애덤스Ansel Adams, 에드워드 스타이컨Edward Steichen, 앨프리드 스티글리츠Alfred Stieglitz, 베러니스 애벗Berenice Abbott의 흑백사진을 액자에 끼우는 데 엄청난 정성을 들였다는 걸 알 수 있었다. 나는 작품이 지닌 부정할 수 없는 아름다움을 높이 샀지만, 그들 이미지가 전달하는 날카로운 외로움에 고통스러웠다. 이후 차를 몰고 끝없이 펼쳐진 마른 산악 지대의 광활한 붉은 바위 풍경을 지나 집으로 돌아오면서, 나를 슬프게 한 것이 무엇인지 깨달았다. 그 작품들은 모두 풍경 사진이었고, 그 안에는 사람이 없었다.

1987년 모렐의 외아들 매슈가 희귀한 형태의 골암을 오래 앓던 끝에 세상을 떠났다. 겨우 열다섯 살이었다. 몇 년 뒤 모렐 부부는 아이오와시티에 있는 가정집을 뉴멕시코주 고원의 희박한 공기와 맞바꿨다. 그들의 삶은 이제 로마력처럼 매슈의 죽음 이전과 이후로 나뉘었고, 우리가 함께 시간을 보낼 때 그들의 심리적 자원 대부분이 이 무지막지한 횡단을 견뎌 내는 데 사용되어 왔다는 것은 분명해 보였다. 도나 모렐은 가까이에 있는 누구든 돌보고 잡담으로 안전망을 치면서 상황을 어떻게든 견뎌 내는 듯했다. 하지만 운명에 겁먹은 듯한 시선과 이내 큰 주제로 길을 잃고 이어지는 잡담의 흐름으로 미루어 그녀가 거짓말을 하고 있단 걸 알 수 있었다. 우리가 데이비드의 책 한 권을 찾으러 밀실에 들어갔을 때, 도나는 내 팔을 잡고 선반 위 항아리를 가리키며 말했다. "저 애가 매슈예요. 우리 손이 닿는 곳에 가까이 두고 싶었죠." 남편 데이비드에겐 다른 생존 전략이 있었는데, 그 전략은 그의 삶 많은 부분에서 사적인 악마들을 처치하는 데 도움을 주었다. 데이비드 모렐은 자신의 고통을 소설로 바꾸어 냈다. 그는 어두운 심리 스릴러를 많이 써 온 작가였고, 그즈음 자신의 주인공들을 새로운 임무로 끌어가고 있었다. 데이비드는 나에게 말했다. "매슈가 세상을 떠난 뒤 내 아버지에 대한 탐색은 아들에 대한 탐색으로 바뀌었어요." 아버지를 향한 탐색은 1970년대부터 1980년대까지 책 여덟 권을 생산해 냈다. 물론 그 탐색이 데이비드를 소설 쓰기로 이끈 동력이었고, 결과적으로는 『퍼스트 블러드』로 이어졌다.

데이비드 모렐은 아버지를 알지 못했다. "나는 아버지를 잃었다는 사실에 시달리면서, 아버지 있는 다른 아이들을 보는 걸 괴로워하면서 자랐어요." 영국 공군 폭격수였던 조지 모렐은 캐나다에 있는 인근 공군 학교에서 학생들을 가르치던 중 데이비드의 어머니를 만났고, 데이비드가 태어난 해인 1943년 프랑스에서 총에 맞아 사망했다. 적어도 그게 데이비드가 믿고 자란 이야기였다. 그가 네 살이 다 되었을 무렵 공장에서 소파에 천을 씌우는 재봉사로 일하던 어머니는 아들을 가톨릭계 고아원에 보냈다. "일을 하면서 나까지 돌볼 여유가 없었던 거죠." 얼마나 오랫동안 고아원에 있었는진 몰라도, 그가 기억하기로는 여러 차례 도망쳤으나 번번이 고아원으로 되돌아갔다고 했다. "그곳에 가던 날을 기억해요. 생생하게요. 어머니는 시골에 드라이브를 하러 가자고 했고, 도착했을 때 말했죠. '이제 차에서 내려와 놀자.' 그러곤 그네를 태워 줬어요. 수녀가 그네를 밀어 주었고, 조금 있다가 내가 물었죠. '잠깐만요, 엄마는 어디 있어요?' 이윽고 엄마가 차에 타는 걸 봤어요. 수녀는 나를 막아 세웠고요. 울었던 기억이 나요. 그렇게 된 겁니다."

데이비드는 고아원 시절을 악몽으로 기억한다. "일요일에는 가끔 모두 줄을 서서 간식을 먹었어요. 수녀님이 빨강·하양·파랑으로 된 팝콘 상자를 들고 오면, 우리는 저마다 팝콘 알갱이를 하나씩 얻어 갔죠." 마침내 어머니가 돌아오면서 그는 고아원에서 풀려날 수 있었다. 아니, 어머니를 자칭하는 여자가 왔다고 해야겠다. "나를 데리러 온 사람이 어머니가 맞는지 확신할 수 없었어요. 어머니 얼굴을 기억하지 못했거든요." 그는 온타리오주 키치너-워털루의 초라한 동네 술집 위쪽에 있는 아파트로 돌아왔다. 어머니는 바텐더와 재혼했는데, 데이비드에 따르면 "결혼해서는 안 되는 남자"였다. "어머니는 나한테 아빠가 필요하다고 여겼죠. 하지만 그 남자는 아이한테 관심이 없었어요. 나는 관심이 필요했지만 그는 그런 걸 줄 생각이 없었고, 내가 관심을 얻으려고 소란을 피울수록 내게서 더 멀어졌죠. 그는 나에게 거의 말을 걸지 않았어요. 하루에 세 마디 이상 나눴다면 많이 말한 거였으니까요." 청소년기 초기에 데이비드는 동네 갱단에 붙어서 간신히 먹고살았다. 아버지를 향한 좌절된 인정투쟁은 성인이 되어서도 지속되었다. 작가가 된 뒤 어느 날 밤 그가 집에 왔을 때, 의붓아버지는 종종 그랬듯 식물 종자 회사 버피Burpee에서 나오는 카탈로그 뒤로 숨었다. 끝도 없던 침묵이 깨진 건 의붓아버지가 카탈로그를 내려 들고 비프스테이크 토마토와 글라디올러스가 있는 페이지를 가리키며 입을 열 때였다. "이게 진짜야. 네가 하는 일은 가짜지."

어릴 적 데이비드는 도피하는 법을 배우기도 했다. "영화 속에서 청춘을 보냈어요." 당시 동네 극장 입장료는 15센트였다. "버스 정류장에 가서 버스비를 잃어버렸다며 돈을 구걸하곤 했죠." 그는 서부극, 구출 스릴러, 지구를 침략한 외계인을 격퇴하는 SF 영화에 끌렸다. 카우보이 역할을 하는 전쟁 영웅 오디 머피에게 온 마음을 사로잡혔지만, 그가 보지 않는 단 한 장르를 꼽으라면 그건 전쟁영화였다. "뭐랄까, 전쟁영화가 너무 무서웠어요." 정확하게는 제2차세계대전 영화들이 그랬다. "전쟁에 병적인 두려움을 갖게 됐어요." 그는 TV 뉴스를 보는 것조차 두려워했었다. "일기예보 중간에 누가 끼어들어 '정말 심각한 문제가 생겼으니 지금 다들 중단해야 합니다, 전쟁이 선포됐습니다!'라고 말할 거라 확신했어요." 그가 볼 수 있었던 건 오로지 만나 본 적 없는 아버지의 환영, 그 지구를 향해 추락하는 불타는 유성과도 같은 공군 폭격수의 강렬한 이미지뿐이었다.

스물세 살에 펜실베이니아주립대 대학원생이 되어서야 그런 이미지를 의심할 계기가 생겼다. 데이비드를 찾아온 어머니가 맥주를 몇 잔 마시고는 이상한 말을 흘렸다. "어머니는 이런저런 이야기를 하다가 '오, 그러고 보니 조지가 총알에 맞고서 쓴 내용이 떠오르는구나'라고 말했어요." 데이비드는 어머니를 쳐다보며 쉰 목소리로 물었다. "뭐라고요?" 그러자 어머니가 대답했다. "아, 그래. 네 아버지는 숨어 있었어. 병원에서 죽었지." 그렇게 데이비드는 이야기를 좀 더 들을 수 있었다. "그러니까 내 아버지는 두 번 죽은 거죠. 아니, 진짜 죽기는 했을까요? 존재하긴 했던 걸까요?" 그는 어머니에게 사진이라거나, 아버지의 삶에 대해 뭐라도 알 만한 게 있다면 달라고 했다. "어머니는 전부 불태워 버렸다고 우겼어요. 아버지에 관한 기록은 아무것도 없는 거죠. 내 출생증명서도 없었어요." 어머니가 줄 수 있는 건 훈장뿐이었다. "아버지는 유령이었어요."

청년기 동안 그는 아버지를 대신할 수 있는 세 인물을 찾았는데, 모두 작가였다. 열일곱 살 즈음 그는 TV 프로그램 크레디트에서 첫 번째 인물을 골랐다. "내 인생을 완전히 뒤집어 놓은 건 〈66번 국도Route 66〉였어요. 첫 두 에피소드를 보고 인생이 완전히 바뀌어 버렸죠." 1960년부터 1964년까지 방영된 〈66번 국도〉는 남자아이들을 위한 전형적인 로드 무비로, 잘 만들어진 금요드라마였다. 매주 버즈와 토드라는 두 젊은 친구는 고속도로를 질주하다가 샛길로 빠져 대체로 참혹한 모험을 겪는다. 주인공은 둘 다 고아였다. 버즈는 뉴욕시 우범지역 길거리에서 혼자 자랐다. 토드의 아버지는 거물이었지만 파산한 채로 세상을 떠났고, 아들에게 남긴 것이라곤 2인승 컨버터블 코르벳뿐이었다. 데이비드는 이렇게 말했다. "이 두 캐릭터에서 나 자신을 봤던 겁니다. 당시에는 몰랐지만요."

심리적인 공포와 소도시에서 벌어지는 폭력의 위협으로 가득한 〈66번 국도〉는 일종의 전후 『허클베리 핀의 모험』이었다. 여기서 아스팔트 고속도로는 두 고아 짐과 허크가 왁스칠을 한 뗏목에 몸을 싣고 항해하던 미시시피강이고, 토드는 하얀 얼굴의 부드러운 소년 짐 역할을, 버즈는 그런 토드를 챙겨주는 산만한 허크 역할을 맡았다. 이 드라마에서 가장 폭력적인 인물은 두 소년이 고속도로에서 벗어났을 때 종종 마주쳐야 했던 마을 아버지들이다. 이 가부장주의적 악당들의 미몽을 깨는 일은 몇 번이고 소년들 몫으로 돌아왔다. 물론 1963년에는 시대에 맞게 이야기가 업데이트되었다. 버즈 역을 맡았던 배우가 병에 걸려 하차하자 새로운 캐릭터가 등장했다. 링크 케이스는 베트남에서 "고문顧問"으로 일하다가 귀국한 미군 공습 대원이었다. 그는 베트남 포로수용소에서 탈출해 돌아온 참인데, 그럼에도 그의 아버지는 자기 아들이 전쟁 영웅 대접을 받으며 동네에 금의환향하길 바라는 차가운 사람이었다. 링크는 그런 아버지에게 버림받았다고 느끼면서 어머니에게 제 어린 시절에 대해 고통스럽게 말한다. 어릴 적 그는 방에 거울이 없었으면 했는데, 그 자신이 아버지 눈에 들 일이 없으리라는 게 거울을 통해 상기되기 때문이었다. "나는 그 안에 없었어요."

그러나 젊은 데이비드가 가장 동일시한 부분은 처음에 출연했던 버즈, 그리고 아버지가 부재한다는 버즈의 악몽이었다. 1961년 '진흙 둥지The Mud Nest' 에피소드에서 버즈는 제 핏줄을 좇아 절망으로 가득한 막다른 길까지 추적한 끝에 어머니와 만나게 된다. 결국 그 여자는 어머니가 아니라는 사실이 밝혀지는데, 그녀는 아이의 아버지를 증오한 나머지 아이가 죽도록 내버려둔 사람이었다. "나는 내가 사는 곳 위를 날아가는 비행기가 나오는 끔찍한 꿈을 꾸곤 했어요." 고뇌에 찬 버즈가 낯선 여자에게 풀어놓는 이 고백은 바로 데이비드 모렐의 머릿속에 등장하는 꿈이기도 했다. "비행기는 늘 추락했죠. 천사들이 비명을 지르는 소리와 함께 떨어졌어요. (…) 그리고 언제나 어머니가 꽃을 심고 있는 정원 한가운데에 충돌했어요. (…) 비행기가 충돌하고 난 다음에 정원은 늘 화염에 휩싸였고 장미는 도화선처럼 정말 빠르게 타들어 바닥에 떨어졌죠. 그리고 내 어머니, 내 어머니도 타들어 갔어요. 장미들처럼, 내 주위에 있는 모든 것이 재가 될 때까지요. 나만 빼고 말이에요."

이런 대화를 통해 십 대였던 데이비드는 글쓰기가 곧 불타는 비행기 추락 사고로 잃어버린 부계 유산의 잿더미에서 문학 경력을 만들어 내는 방법이 될 수 있다는 생각을 하게 되었다. 그는 〈66번 국도〉 스토리 작가 스털링 실리펀트Stirling Silliphant의 이름을 기록해 둔 뒤 "그에게 손 편지를 써서 '당신처럼 되고 싶어요'라고 말했"다. 답장을 받을 거라고는 기대하지 않았다. 하지만 일주일 뒤 편지 한 통이 우편함에 도착했고, 어린 데이비드는 놀라지 않을 수 없었다. 편지는 이렇게 시작했다. "답장을 쓰는 데 오래 걸려서 정말 미안합니다." 실리펀트의 조언은 간단했다. "그는 말했어요. '작가가 되고 싶다면 쓰고 쓰고 또 써야 합니다.' 그래서 나는 그를 믿고 작가가 될 준비를 했죠." 그 과정에서 데이비드는 실리펀트에게 작업물을 보냈고, 개중에는 훗날 그의 첫 소설이 될 『퍼스트 블러드』의 초안도 포함되어 있었다. (실리펀트는 저명한 드라마 작가이자 시나리오작가로, 인종적인 편견을 다루면서 아카데미에서 작품상을 수상했던 〈밤의 열기 속에서In the Heat of the Night〉 역시 그의 작품이다.) "스털링이 전화를 했어요!" 데이비드가 말했다. 오랜 세월이 지났어도 데이비드에겐 이 연장자의 관심에 감사하는 마음이 가득했다. "그러고는 말했죠. '좋은 작품이군요. 나 때문에 이런 책을 썼다니, 어찌할 바를 모르겠네요. 그저 새끼 고양이처럼 그르렁거리고 있을 뿐이에요.'" 데이비드도 마찬가지였다. 이후 그는 L.A.로 날아가 베벌리힐스에서 실리펀트와 행복한 한 주를 보내기도 했다. 데이비드의 소설 『장미 형제단Brotherhood of the Rose』이 출간되자 실리펀트는 이 책을 방송국들에 홍보했으며, NBC에서 이 작품이 미니시리즈로 제작될 때는 책임 프로듀서로 활동하기도 했다.

1966년 모렐은 멀리서 숭배하던 헤밍웨이 연구자 필립 영Philip Young 문하에서 공부하기 위해 펜실베이니아주립대학교에 입학했다. 그는 잘 말한 끝에 영의 대학원 조교로 일하게 되었다. 영 역시 아버지 없는 제자를 자신의 날개 아래 거두었고, 어느 여름에는 자신이 집을 비우는 동안 데이비드가 그 집에서 글을 쓰도록 허락하기도 했다. 한편 펜실베이니아주립대학교에서 데이비드는 "지금의 나를 있게 한 세 번째 남자" 필립 클라스Philip Klass를 만났는데, 클라스는 '윌리엄 텐William Tenn'이라는 필명을 사용하는 SF 작가였다. 클라스는 대학에서 창작 수업을 했고, 데이비드는 별로 달가워하지 않는 선생을 궁지로 몰아넣었다. "나는 일대일로 가르쳐 달라고 부탁했습니다." 데이비드가 회상했다. "그가 좋다고 할 때까지 조르고 또 졸랐죠. 그는 말했어요. '알았어, 일주일 동안 단편소설을 한 편 써 봐. 그러고 난 다음에 다시 이야기하지.'" 하지만 데이비드의 노력은 따뜻하게 환영받지 못했다. "그가 말했어요. '진짜 최악이군! 대체 무얼 하는 건가?' 내가 한 건 헤밍웨이를 끔찍하게 흉내 낸 거였죠." 클라스는 소중한 조언을 건넸다. "그는 말했어요. '나는 자네를 잘 모르네. 하지만 자네의 세계에서 가장 중요한 감정 중 하나는 두려움인 것 같군. 자네는 많은 것을 두려워해. 하지만 뭘 두려워하는지는 모르고 있어.'" 클라스는 그 두려움을 잘 들여다보라고 말했다. "그건 마치 자네 안에 있는 페럿 같은 거야. 숨고, 쏜살같이 사라지고, 자네에게 정체를 들키지 않으려고 뭐든 다 할 걸세. 하지만 자네는 그게 뭔지 알아내기 위해 노력해야 해. 그럴수록, 답에 가까이 다가갈수록 자네 자신을 발견하게 될 걸세."

몇 달 동안 데이비드는 자리에 앉아서 두려움에 관해 추상적으로 써 내려갔다. "고소공포증이나 익사에 대한 두려움 따위를 썼어요. 정확히 그가 원치 않았던 것들을 쓴 거죠." 그러던 중 8월의 어느 몹시 습한 날, 그는 멘토의 빈집에서 타자기 앞에 앉아 더위로 탈진한 채 공상에 빠져들었다. "가지들이 축 늘어져 있는 울창한 황야를 가로질러 길을 따라 내려가고 있는 거예요. 뒤에서 발소리가 들리는데, 아무것도 없었죠. 발소리는 또 들려왔고요. 그러곤 다시 소리가 들리는데, 이번에는 내 앞에서 들리는 소리였어요. 나에게 큰 해를 끼치려는 사람이 숲속에 있다는 느낌에 두려웠어요. 위협의 원인을 찾기 위해 원을 그리며 돌았죠. 그 순간 정신이 들었고, 내가 아직 타자기 앞에 있다는 걸 깨달았어요. 페럿이 정체를 드러낸 거죠." 다소 환각과도 같은 이런 상태는 어느 저격수에 관한 단편 「플링커The Plinker」로 완성되었으니, 필립 클라스로부터 격찬을 받은 첫 작품이었다. 데이비드가 내게 말하길 애초에 "스릴러를 쓰려던 건 아니었"다고 한다. "하지만 두려움 때문에 스릴러에 이끌린 거죠. 너무 오랫동안 두려움에 사로잡혀 살아온 탓에 그게 내 주된 관심사가 돼 버렸어요. 나는 익명의 '그들'이 두려웠어요. 내 아버지를 죽인 자들로 상상했던 사람들에게 위협을 느꼈고, 누가 됐든 내 아버지를 앗아 간 이들에게 두려움을 느꼈죠. 아버지가 없으니, 배신당한 느낌이었어요. 하지만 이제 와 생각해 보면 그게 누구의 잘못이겠습니까? 전 지구적인 힘일 뿐이죠. 나는 내게 일어난 일을 통제할 수 없었어요. 하지만 어떻게 반응할지는 통제할 수 있었죠. 그게 나의 테마입니다. 어떻게 생존할 것인가. 그게 내 책들이 궁극적으로 말하고자 하는 바죠."

데이비드의 연이은 스릴러물에서 고아 출신 영웅들은 엘리트가 되어서, 어두컴컴한 군사정보국 지하세계의 게릴라식 군인이 되어서, 혹은 대리 아버지를 자처하지만 끝내 적으로 밝혀질 뿐인 정부 비밀 요원들에게 훈련받은 외로운 전사가 되어서 두려움과 씨름한다. 그들의 정체성은 언제나 파악하기 어렵고, 영웅의 여정에서 언제나 중심에 위치한다. 주인공은 변함없이 고아인 상태에서 선발되어 가짜 아버지가 주장하는 도덕적 사명을 떠맡지만, 결국 그 임무가 부패했을 뿐 아니라 대리 아버지는 포식자이고 영웅은 먹잇감이라는 사실을 알게 된다. 사적인 아버지가 죽거나 사라진 상태에서 공적인 '아버지들'은 병역이라는 미화된 이름으로 소년의 취약성을 착취한다. 영웅에게 부여된 임무란 저들의 속임수를 폭로하는 동시에 사적인 아버지의 실종이라는 불가해한 미스터리와 화해하는 것이다. 그야말로 데이비드의 〈66번 국도〉인 셈이다.

데이비드 모렐은 확실히 SF 멘토의 조언에 따라, 자신을 두렵게 하는 것을 종이 위에서 맞닥뜨리려 노력했다. 그가 들추어낸 두려움도 충분히 현실적이었다. 그러나 두려움을 걸러낸 그의 영웅들은 대개 펄프 판타지✠ 스타일의 초기 액션 영웅이었다. 어떤 면에서 데이비드는 스승이 하지 말라고 조언했던 바로 그 "추상적인" 글쓰기에 의지했으며, 그건 자신의 경험을 바탕으로 한 글쓰기가 아니었다. 그는 베트남에서 싸우지도, 어떤 식으로든 저항하지도 않았다. 그는 존 르 카레John le Carré✢ 같은 정보원도 아니었고, 좀 더 거슬러 올라가자면 대실 해밋Dashiell Hammett✣ 같은 사립 탐정도 아니었다. 그는 자기 소설에 등장하는 "전쟁"과 정보기관이라는 그림자 세계에 대한 판타지를 다른 허구적 이야기(미스터리소설, 영화, TV 등)에 기대어 쓰고 있었다. 그랬기 때문에 진정한 두려움을 소설에 숨겨 놓으면서도 이를 회피했던 것일 수도 있다.

데이비드의 작품들은 스릴러를 등에 업고 정부 및 군부의 음모를 그리는 소설이다. 그럼에도 소설 속 영웅들은 세상을 구하는 게 아니라, 아무리 끔찍하고 실망스러울지언정 잃어버린 아버지의 실화를 발견함으로써 아버지의 보살핌을 받지 못한 자기 자신을 구하려고 한다. 물론 그 과정에서 영웅들은 사악한 정보장교라든지 불법 무장한 우익단체의 형상을 한 인간적인 악, 부정의를 대변하는 자들에 맞서 싸운다. 하지만 실제로 정치적 교전이 벌어지는 건 아니다. 여전히 드라마의 중심에 있는 건 부성애에 대한 탐구였다. 『피의 맹세Blood Oath』에서 주인공 휴스턴은 제2차세계대전 당시 사망한 것으로 추정되는 아버지의 무덤을 찾기 위해 프랑스로 건너가, 미스터리에

✠ 20세기 초 인기를 끌었던 펄프 잡지에 수록됐던 장르소설을 일컫는다. 이 작품들에서 주인공은 종종 실물보다 더 큰 액션 영웅으로, 용맹함을 구현하고 스릴 넘치고 때로는 환상적인 방식으로 다양한 도전에 직면한다.

✢ 스파이 소설의 거장. 영국 첩보원 출신이다.

✣ 하드보일드 소설의 거장. 1915년 스물한 살에 미국 최대 사립 탐정 회사인 '핑커턴 탐정 사무소'에 취직하여 탐정 일을 시작했다.

싸인 살인자들과 맞서게 된다. 하지만 그가 풀어야 할 진정한 "미스터리"는 살인자들과 무관하다. 데이비드는 "아버지가 이야기의 중심"에 있다며 이렇게 내뱉었다. "신이시여, 대체 그는 어떤 사람이었습니까?"[15]

고아인 처지에 배신까지 당한 이들 전사는 현대 문화에서 뚜렷하게 확인되는 아버지 없는 경찰, 살인 청부업자, 탈영병의 홍수와 함께 간다. 데이비드의 주인공들은 클린트 이스트우드가 연기한 '더티 해리', 멜 깁슨Mel Gibson이 연기한 '마틴 릭스'(〈리썰 웨폰Lethal Weapon〉), 로스 맥도널드Ross Macdonald의 전후 미스터리소설에 등장하는 아버지 없는 남자들과 사촌지간이다. 원수를 갚는 이 새로운 남자들은 누아르 소설이나 영화에 등장하는 고독한 탐정들(대공황 시대에 등장한 선배들)과 겉모습은 비슷하지만 사실 근본적으로 다른 종족이다. 레이먼드 챈들러Raymond Chandler의 '필립 말로'는 부패하고 타락한 사회와 싸웠고, 말로의 전후 상속자들은 사적인 아버지의 유산을 강탈해 간 도둑과 싸우는 중이다. 그들의 세계에는 도시 인프라가 거의 없다. 풍광은 광활한 바다에 가깝다. 이 망망대해는 선할 수도 악할 수도 있는 어느 그늘진 남자가 어떤 사회적 지형에도 얽매이지 않은 채 떠다니던 곳이다.

이들 새로운 영웅은 너무나 많은 것을 약속했던 '아빠가 제일 잘 알아father-knows-best' 문화의 고양된 기대와 더불어, 제2차세계대전 및 그 여파로 신체적으로나 정신적으로나 패배한 아버지를 두고 있다는 고뇌를 한꺼번에 안고 성장한 세대의 남자들에게 말을 건다. 데이비드는 대공황 시대의 누아르 영웅들이 전후에 등장한 외로운 전사들로 대체된 일을 곱씹으며 나에게 말했다. "어쩌면 제1차세계대전 이후에는 대규모의 가족 변화가 없었다는 점이 차이점이라면 차이점이겠지요. 하지만 제2차세계대전이 발발하면서 아버지들에게 무언가 큰일이 일어났어요. 마치 퇴위하거나 사라진 것만 같았죠." 이런 의심은 데이비드 또래의 남성들 사이에 널리 공유되면서 영화와 문학뿐만 아니라 심리학 이론의 특정한 변화에도 반영되었다. 『남성성 만들기The Making of Masculinities』의 저자인 사회심리학자 조지프 플렉Joseph Pleck은 제2차세계대전 이후 사라진 아버지가 주요 남성 "문제"에서 권위주의적인 아버지의 자리를 대체했다고 썼다.

> 여러모로 볼 때, 아버지의 부재라는 대규모 사회문제는 제2차세계대전이 만든 것이었다. 일단 전쟁은 자녀에게서 아버지를 직접적으로 (또 많은 경우 영구적으로) 앗아 갔고, 〔남성의 성역할 정체성에 대한〕 초기 연구들이 이 같은 전시戰時의 이별을 다루고 있다. 그러나 더 간접적으로는 전쟁에서 기인한 남녀 관계의 변화가 전후 이혼 급증으로 이어져, 부재하는 아버지를 더 많이 만들어 냈다. 또한 전쟁은 시골 거주자들, 특히 흑인들의 이촌향도를 크게 자극했고, 여러 요인 때문에 이들의 전통적인 '양 부모 가족' 구조는 붕괴되었다. 아버지의 부재가 아들에게 미치는 영향은 곧 성역할 분야에서 가장 자주 연구되는 주제 중 하나가 되었다. 이전 시기와 대조해 보면 그 차이는 현저하다. 프로이트와 융의 심리학 이론에서 아버지는 아이의 심리적 발달에 가장 큰 영향을 미치는 존재였다. 1950년대와 1960년대에도 그는 지배적인 존재였지만, 존재하는 부모로서가 아니라 부재하는 부모로서 그랬다.[16]

데이비드 모렐은 아버지의 부재를 둘러싼 수수께끼를 이해하기 위해 어린 시절 자신의 영웅이었던 이의 자서전을 참고했다. 그 주인공이 바로 저 유명한 제2차세계대전 참전군인 오디 머피였다. 데이비드의 아버지와 달리 머피는 전쟁에서 돌아와 의회 명예 훈장을 받고 할리우드의 화려함도 누렸다. 하지만 그는 자신의 핵심을 잃어버렸으며 끝내 회복하지 못했다. "그는 자기 자신으로부터 너무 멀리 떨어져 있었어요." 이것이 머피의 회고록 『지옥에서 돌아오다』에 대한 데이비드의 논평이었다. 데이비드는 뭐라 꼬집어 설명할 수 없는 강렬함에 사로잡혀 이 책을 읽고 또 읽었다. "그가 의회 〔명예 훈장을〕 수상한 대목 이후 두 쪽을 넘기고서야 방금 내가 읽은 이야기가 뭔지 알았어요. 그 일이 너무 심드렁하게 서술됐기 때문이었죠." 훈장 수여에 대해 덤덤하게 묘사한 건 그저 겸손이 아니었다. 제2차세계대전에서 가장 많은 훈장을 받은 저 군인은 평생 이어질 격렬한 절망과의 전투로 돌아왔고, 그 전투는 베트남전쟁이 나라를 뒤흔들던 1971년에야 끝이 났다. 그해 머피는 버지니아주 상공에서 비행기 추락으로 사망했다. "여기 한 남자가 있었습니다." 데이비드가 말했다. "그는 참전해서 의회 명예 훈장을 받았고, 집에 돌아와 이 모든 영화에서 카우보이를 연기했지만 늘 불안했어요. 베개 밑에 총을 둬야 잠에 들 수 있었고 매일 악몽을 꿨죠. 그의 가정생활은 파탄 났습니다. 비행기 사고는 그의 삶 마지막에 일어난 폭력이었어요. 거의 출구 없는 순환의 마지막이나 다름없었죠." 머피의 고통스러운 삶, 고통을 끝내 해소하지 못했던 삶에서 데이비드는 자신의 두려운 불완전성의 뿌리를 느꼈다.

머피는 마치 그 경험이 자신을 역사의 시간표에서 영원히 풀어 주었다는 듯 『지옥에서 돌아오다』를 현재시제로 썼다. 대표적인 문단은 이렇게 시작한다. "이제 나는 처음으로 피를 보았다. 나는 아무런 거리낌도, 자긍심도, 후회도 없다. 그저 전쟁 내내 나를 따라다닐 지친 무관심만이 있을 뿐이다." 《라이프》 같은 전후 정기간행물은 머피의 주근깨투성이 톰 소여 같은 소년다움을 "전투를 견디고 아무런 상처 없이 집으로 돌아온 미군 병사"의 상징으로 탈바꿈시켰다. 하지만 그는 돌이킬 수 없는 상처를 입었다. 그는 자기가 충분히 누군가를 죽일 수도 있는 사람이라는 사실을 무겁게 인지했다. 그는 자기가 해낸 일에 사로잡혀 있었다. 그는 독일군 240명을 살상했고, 전후 언론은 그 숫자를 자랑스레 떠벌렸다. 그는 "인간의 생명이 신성하다는 생각을 버렸다"라고 썼다. 독일이 항복하던 날 리비에라 폐허에 있던 머피는 흥청망청하는 사람들 사이에서 어떤 기분이었는지 회상했다. "신난 사람들로 가득한 거리에서, 나는 그저 공허한 짜증만을 느낄 뿐이다. 바깥에서는 유럽 승전 기념이 벌어지고 있지만, 내 안에는 평화가 없다. 거꾸로 감기는 공포영화처럼, 전쟁의 이미지가 머릿속을 스쳐 지나간다. (…) 마치 화염이 한때는 녹색이었던 무언가의 까맣게 탄 덩어리만을 남긴 것처럼 이 인간의 집을 휩쓸어 버린 것 같다. 몇 시간 만에 나는 충분히 경험해 버렸다. 방으로 돌아온다. 하지만 잠을 잘 수 없다. 내 마음은 여전히 소용돌이 치고 있다. 어릴 적엔, 남자란 전쟁으로 이름을 떨친다고 들었다. 나에게도 이름이 붙었을까? 피와 파멸의 세월이 내게서 품위를 모조리 앗아 갔을까? 믿음까지도 모두?" 그는 이제부터 단 하나의 믿음을 주장할 것이라고 썼다. "나는 수류탄의 힘, 포병의 힘, 개런드식 총의 정확성을 믿는다. 나는 총알에 맞기 전에 총알을 맞혀야 한다는 걸 믿는다."[17] 그는 이것이 약탈자의 신념이라는 걸 알았고, 그 때문에 스스로를 증오했다.

할리우드의 떠들썩한 광고와 스타에 매혹된 언론이 머피에게 의회 명예 훈장을 안겨 준 그 영웅적인 순간(그가 연기 자욱한 전차 구축함 위에서 홀로 독일군에 저항했던 그 순간)에 대해 자세히도 끊임없이 이야기하는 동안, 영웅의 머릿속에선 전쟁에 대한 또 다른 기억이 불타올랐다. 프랑스 몽텔리마르에서 벌어진 독일군과의 전투에서, 머피는 저격수를 찾기 위해 집집마다 돌아다녔다. 그가 버려진 집의 어두컴컴한 내부에 서 있을 때였다. "방문이 삐걱거리며 열린다. 순간 나는 톰슨 기관단총을 든 끔찍하게 생긴 생명체와 마주하게 된다. 얼굴은 검고 눈은 붉게 반짝인다. 나는 그에게 한 차례 사격을 하고, 그의 총구에서도 불이 번쩍이는 걸 본다. 곧이어 유리 깨지는 소리가 들린다." 그제야 그는 이해했다. "내가 총을 쏘았던 끔찍한 생명체는 거울에 비친, 검게 그을린 내 모습이었다."[18]

전쟁이 끝난 어느 날 그는 그 순간을 다시 떠올리게 된다. 1940년대 후반 어느 밤, 불면증에 시달리던 배우가 침대에서 일어나 권총을 들고 침실 거울을 산산조각 냈다. 이후 30년간 그는 그림자 자아를 공격했다. 영화 촬영장에서 겁에 질린 배우들에게 총을 휘두르고, 거리의 폭력배를 뒤쫓고, 여자 친구의 개 훈련사를 무분별하게 구타하고, 걸핏하면 상상 속에서 자기를 무시한 수많은 사람을 때렸다. 그는 자기가 로스앤젤레스 경찰국의 비공식적인 "범죄 수사대원"이라 여겼고, 댈러스 및 투손 경찰서 명예 보안관 배지를 단 채 마약상을 쫓아다니며 괴롭히거나 도시의 거리에서 빈둥거리는 젊은이들을 주먹으로 때렸다. 가장 친한 친구 한 사람은 "오디는 1인 군대였다"고 정리했다. 언론은 머피를 "가장 많은 훈장을 받은 군인"이라고 불렀지만, 그 자신은 "사형집행인"을 자처했다. 〈신체 강탈자의 침입Invasion of the Body Snatchers〉 등을 연출한 돈 시겔Don Siegel 감독은 머피의 본질을 인식한 몇 안 되는 할리우드 감독 중 한 명이었다. 1970년 시겔은 〈더티 해리Dirty Harry〉에 머피를 캐스팅할 셈이었다. "우리는 이야기를 나누기 시작했어요. 그러다 문득 깨달았죠. 세상에, 나는 살인자를 찾고 있었는데, 바로 여기에 세기의 살인자가 있었네."[19]

오디 머피가 정직한 화해에 관심이 있는 국가로 돌아갔더라면 그는 살인자인 자신과 화해할 기회가 있었을지도 모른다. 그러나 그가 돌아온 조국은 해맑은 미소를 지닌 포스터용 군인을 원했다. 국가는 트라우마 입은 군부대의 얼굴에 새겨진 도덕적 어둠에는 눈을 감아 버렸다. 사회적 후견인들과 미디어의 대변인들은 성찰을 하기는커녕 전후 "조정" 문제를 쾌활하게 떠들어 댔다. 여기서 조정이란 가정의 행복을 구매할 수 있는 소비자들에 의해 달성될 "정상성"으로의 복귀를 의미한다. 머피는 전쟁에서 돌아온 지 10년도 더 지난 시점에 씁쓸하게 말했다. "그들은 군견을 데려다가 민간인으로 살 수 있도록 재활을 시켰다. 하지만 군인들은 즉시 민간인으로 만들어 버린 다음, 가라앉거나 허우적거리게 내버려두었다."[20] 의기양양한 국가는 그와 동료 병사들이 승자이기 때문에 고결하다고 간주해 버렸다. 어째서인지 승리가 그들과 동포의 죄책감을 씻어 주었고, 회개하지 않아도 괜찮다는 면죄부를 주었다.

그러나 50년이 지난 뒤 어느 제2차세계대전 참전 용사의 아들이 예리하게 관찰한 것처럼, 승리는 미국 남자들에게, 또 미국에 아무것도 면제해 주지 않았다. 고든 댈비 목사는 탈무드 「미슈나」에 나오는 이야기를 들려주었다. 그 이야기에서 이스라엘 자손은 적을 쳐부수고, 땅을 차지하고, 정복을 축하하기 시작했다. 진노한 하나님은 천사를 보내어 적들의 죽음을 슬퍼하지 않는 것을 꾸짖고 다음과 같은 메시지를 전했다. "이들 역시 나의 자식들이라는 걸 모른단 말이냐?" 제2차세계대전을 축하하는 분위기에서 댈비는 같은 우화를 보았다. "뉘우친다는 건 말 그대로 돌아보는 것을 의미하며, 자기 죄를 인정하지 않는 한 변화의 힘을 얻지 못합니다. 그래서 승자에게 회개가 더 어렵습니다. 뉘우칠 필요가 없다는 생각에 혹할 수 있으니까요. 그게 바로 우리 아버지들에게 일어났던 일이죠. 제2차세계대전에서 저지른 죄에 대한 회개가 없었던 겁니다."

그러므로 변화도 없었다. 그리고 이 실패는 다음 세대 남자들에게 심각한 영향을 미쳤다. 전후 문화는 귀환한 병사들이 그들의 끔찍하고 비밀스러운 짐(공개적으로 알려져 있다시피 전쟁의 끝을 원자폭탄으로 장식했다는 더 끔찍한 짐은 말할 것도 없고)과 공개적으로 씨름할 기회를 허락하지 않았고, 그럼으로써 아들들에게 물려줘야 했던 도덕적 지식 역시 부인해 버렸다. 그들이 아들들에게 가르칠 수 있었던 거라곤 계속해서 승리의 순간으로 되돌아가는 것뿐이었다. 오디 머피가 수없이 많은 작품에서 총을 갈기는 배역을 맡으며 스크린의 스타로 등장했던 것처럼 말이다.

머피 자신은 그런 공허한 교훈을 전하는 일의 위험을 감지했다. 그는 전쟁이라는 "고약한 사업"은 "남자가 훈장을 받을 만한 종류의 일은 아니"라고 밝혔다. "나를 괴롭히는 게 뭔지 말해 줄게요. '만약 내 아들이 내 이미지대로 살겠다고 하면 어쩌지? 만약 사람들이 아이들에게 그런 걸 기대하면 어떻게 될까?' 하는 겁니다."[21] 국가의 "아들들" 일부는 확실히 그렇게 되려고 했다. 그중 하나가 윌리엄 캘리였다. 그는 자신의 전기작가에게 이렇게 털어놓았다. "우리는 생각했어요. 베트남에 가서 오디 머피가 될 거라고. 문을 걷어차고 후치를 헤집고 다니면서, 끝내주는 한 방을 쏴서 죽이는 거죠. 그리고 베트남에서 높은 살상 비율을 거두는 거죠. 많은 사상자를 내는 겁니다."[22]

전쟁 중에 오디 머피는 승자와 적이라는 간편한 개념을 의심하기 시작했다. 자서전에서 그는 포로로 잡힌 독일 포로수용소 간수를 관찰하던 도중 자신을 덮쳤던 불안한 양가감정을 묘사했다. "그 기이한 절뚝거리는 걸음걸이에는 한심할 정도로 인간적인 면모가 있다. 그게 뭔지는 나도 모른다. 아마 그건 우리가 가슴속에 품고 있는 누구도 궁극적으로 승리할 수 없다는 바로 그 깨달음일지 모른다. 어딘가에서든 우리 모두는 쓰러지고 만다. 압제적인 권력이 우리 공동의 적이다. 어떤 형태나 방식으로든 스스로 거기에 동조하는 이유가 무엇일까?"[23] 그러나 그의 조국은 그런 생각을 탐구하는 데에는 별 관심이 없었다. 특히 그들의 뛰어난 전쟁 영웅이 한 이야기라면 더욱 그랬다. 아무도 머피의 폭로에 관심을 기울이지 않았기에, 그는 말하기를 그만두고 조국의 도시 거리에서 적을 사냥하러 다녔다. 명예 보안관 배지를 빼놓고 본다면 그의 전후 사고방식은 L.A. 갱단과 별 차이가 없었다.

참회를 지지하지 못하는 국가의 실패는 베트남전쟁 이후에도 반복되었다. 피터 머린이 「도덕적 고통 속에 살기」에 썼듯 "외상후스트레스장애"는 베트남 참전군인들이 어떤 나라—여러 면에서 그들에게 뉘우칠 기회를 주지 않으며 스스로도 뉘우치지 않는 나라—로 돌아오면서 경험한 고통에 대한 완곡어법이었다.

> 괴로워하는 많은 참전군인과 이야기를 나눠 보면, 베트남전쟁의 과도한 폭력에 가담한 것이 그들 내적 혼란의 근본 원인이며 그것이 심리적 스트레스뿐만 아니라 도덕적 고통을 드러내고 있다는 걸 의심할 수 없을 것이다. 우리의 집단적인 지혜가 참전군인을 돕지 못했던 것이 바로 이 부분이었다. (…) 우리 사회에는 도덕적 고통이나 죄책감에 접근할 수 있는 유용한 방법이 거의 없는 것 같다. 그건 우리에게 신경증이나 병리학적 증상의 한 형태로 남아 있다. 그건 교훈을 주는 무언가가 아니라 도망쳐야 할 무언가이며, (참전군인들에게도 분명히 그러했을 텐데) 과거에 대한 고통스럽지만 적절한 반응이라기보다는 병이었다.

도덕적 고통을 다루는 열쇠는 그 고통이 참전군인 개개인의 부담이 아니며, 수치심은 "치료"해야 하는 것이 아니라 공유해야 하는 것임을 이해하는 데 있었다. 머린은 베트남 참전군인들이 "죄의식을 혼자서 간직하거나, 마치 자기한테만 들리는 소리처럼 여기면서" "자기 자신을 명확하게 볼 수 있도록 해 주는 일종의 공동체와 좋은 동료"를 박탈당했다고 썼다.[24]

※ ※ ※

1980년대의 데이비드 모렐에게는 1972년작 『퍼스트 블러드』를 쓰게 된 이유를 말할 때마다 꺼내 놓는 정해진 레퍼토리가 하나 있었다. 그는 TV에서 전쟁을 목도하며 소설 아이디어를 얻었다고 주장했다.

> 그 프로그램은 〈CBS 이브닝 뉴스The CBS Evening News〉였다. 무더운 8월 저녁에 월터 크롱카이트Walter Cronkite가 두 가지 뉴스를 뚜렷하게 대조시켰는데, 둘 사이의 마찰이 번개처럼 나의 뇌리를 스쳤다.
>
> 첫 번째 뉴스는 베트남에서 벌어진 총격전에 관한 것이었다. 땀에 젖은 미군 병사들이 정글에 웅크리고 앉아 적의 공격을 격퇴하기 위해 M-16을 쏘고 있었다. 날아오는 총알이 먼지를 일으키고 나뭇잎을 흩어 놓았다. 의료진들이 부상자를 돕기 위해 서두르고 있었다. 장교는 항공 지원을 요구하면서 양방향 무전기에 대고 좌표를 외쳤다. 병사들 얼굴에 비치는 피로와 결단력, 두려움이 당황스러우리만치 생생했다.
>
> 두 번째 뉴스는 다른 종류의 전투를 보여 주었다. 찌

는 듯한 여름, 미국의 도심에는 폭력 사태가 일어났다. 악몽 같은 이미지에서 주방위군은 M-16을 움켜쥐고선 파괴된 차량과 무너진 건물 사이의 저격수를 경계하고 날아오는 돌멩이를 피하면서 불타는 거리의 잔해를 따라 살금살금 걸어가고 있었다.

각각의 뉴스는 그 자체로도 충분히 괴로웠지만, 함께 짝을 이루게 되면 두 배로 고통스러워졌다. 만약 소리를 줄였다면, 그래서 기자가 내가 지금 무엇을 보고 있는지 설명하는 걸 듣지 못했다면, 나는 그 두 편의 뉴스 클립이 하나의 공포에서 나온 두 면모라고 생각했을 것이다. 사이공 바깥에서는 총격전이, 사이공 안에서는 폭동이 일어난 것이라고 말이다. 하지만 사실은 미국 도시 안에서는 폭동이, 미국 도시 바깥에서는 총격전이 일어나고 있었다. 베트남과 미국에서 일어난 일인 것이다.

만약에……? 나는 생각했다. 그 마법의 단어들이 모든 소설의 씨앗이었다. 만약 내가 베트남전이 말 그대로 미국으로 와 버리는 소설을 쓴다면 어떻게 될까?[25]

데이비드는 나에게도 상투적인 답변을 재활용하는 사람처럼 약간 둔한 어조로 같은 이야기를 읊었다. 실제로 그 뉴스 클립은 그저 눈길 한번 줄 만한 것일 뿐, 대단히 인상 깊진 않았다. 그는 심지어 그 뉴스의 시기도 특정하지 못했다. "68혁명 때 일어난 폭동이었던가? 아니면 와츠 폭동이었나?" (와츠 폭동은 68혁명이 있기 3년 전, 베트남전쟁이 아닌 인종차별 때문에 촉발된 것이었다.) 이렇게 큰 소리로 혼잣말을 한 그는 어깨를 으쓱해 보였다. 그는 기억하지 못했다. 왜냐하면 TV 앞에서 보낸 30분이 소설의 원동력은 아니었기 때문이다. 막상 많은 훈장을 받은 베트남 참전군인이 전후에 겪는 고뇌에 대해 쓰려고 자리에 앉았을 때 데이비드는 다른 전쟁, 다른 영웅에 눈을 돌렸다. 그 영웅이 실제 삶에서 겪었던 고통은 오랫동안 그를 사로잡아 왔다. "진정한 영감은 오디 머피에게서 나왔습니다." 데이비드가 나에게 말했다. "『퍼스트 블러드』를 쓸 때마다 늘 오디 머피에 대해 생각했죠. 『퍼스트 블러드』에서 가장 중요하게 다루는 부분이 바로 오디 머피의 인생에서 가장 중요한 부분입니다."

『퍼스트 블러드』가 고전은 아니지만, 이 소설에서 주목할 만한 점은 영화 〈람보〉와 달리 나름대로 돌아온 참전군인의 "도덕적 고통"이라는 문제를 다루려고 진실로 시도했다는 점, 특히 고향에 남아 있던 연장자들과 그 고통을 나눌 필요가 있다는 문제를 이야기하려 했다는 점이다. 영화 속 람보는 무고한 희생자였지만, 데이비드의 책에서 그려지는 람보는 "자신이 전쟁에서 한 일에 관한 악몽에 시달렸다".[26]

오디 머피와 마찬가지로 회복하지 못한 소설 속 살인자는 자신의 그림자를 뒤쫓고, 자신의 거울 이미지인 폭력을 저지르는 남자들을 쏘면서 국내 전선을 배회한다. 『퍼스트 블러드』의 람보는 자신을 3인칭으로 칭하며 스스로에게 거리감을 둔다. "여섯 달 전 병원에서 요양을 마쳤을 때, 그는 자신을 제어할 수 없었다. 필라델피아의 한 술집에서 어떤 남자가 바지 벗는 고고걸을 보려고 자꾸 그를 앞으로 밀자 그는 남자의 코를 부러뜨렸다. 한 달 뒤 어느 밤, 피츠버그에 있는 공원 호숫가에서 잠을 자고 있는 그에게 덩치 큰 깜둥이Negro가 칼을 들이대자 그는 상대의 목을 그어 버렸다. 그 깜둥이가 데려왔던 친구는 도망을 쳤는데, 람보는 공원 끝까지 쫓아가서 컨버터블에 시동을 걸려고 하는 그를 마침내 붙잡았다."[27] 람보는 필요할 때만 총을 쏘는 고결한 전사가 아니었다. 영화 속 람보가 먼저 공격하는 법이 없고 다섯 명 이상을 죽이지 않는 반면, 소설 속 람보는 수백 명을 죽인다. 이 람보는 싸움을 찾아 다니며, 그 싸움은 필사적이다. 경찰서장 티슬이 그를 차에 태워 카운티 경계까지 간 다음 '돌아오지 말라'고 당부한 뒤에도 그는 계속해서 돌아온다. 영화 속 보안관과 달리 티슬은 그를 정중하게 대했는데도 말이다. 람보는 이렇게 혼잣말한다. "이 경찰은 누구보다도 우호적이다. 더 합리적이고. 그를 괴롭힐 이유가 있나? (…) 아니면 그저 문제가 생기길 바라는 건가? 넌 싸움에 굶주린 거야. 그런 거 아니야? 그래야 네가 뭘 할 수 있는지 보여 줄 수 있으니까?"[28] 이후 300쪽에 걸쳐 그는 무수히 많은 사람을 베고, 사지를 찢고, 배를 가르며 피비린내 나는 공포 속에서 자신이 무엇을 할 수 있는지 보여 준다. 사실 그는 미국이 베트남에 풀어놓았던 것의 화신으로, 본국에 돌아와 피의 대가를 뽑아내고 있는 셈이었다.

하지만 인간을 파괴하려는 욕망이 람보를 추동하는 전부는 아니다. 그는 어떤 얼굴에, 그러니까 자신의 얼굴일 수 있었지만 그렇게 되진 않았던 얼굴에도 이끌린다. 소설 서두를 보면 람보가 커피숍 카운터에 앉아 티슬의 모습이 비치는 거울을 응시하는 장면이 나온다. 그들은 서로에게 붙들려 있다. 티슬 역시 처음으로 람보를 마을 변두리로 데려가 차에서 내려주고 떠날 때 백미러에 비친 젊은 이방인의 모습에서 눈을 뗄 수가 없다.[29] 그들은 사냥꾼과 사냥감의 관계를 초월하는 연결, 두 사람 모두에게 살인의 순환에서 벗어날 방법을 제공할지도 모르는 연결을 서로에게서 발견한다. 그들은 서로를 계속 따라다니지만 한편으로는 두 사람 다 받지 못했던 아버지의 유산을 찾고 있는 것이기도 하다.

소설에서 티슬의 어머니는 아이를 낳다 세상을 떠났고, 아버지는 그가 열세 살 때 사냥 사고로 사망한 것으로 나온다. 아버지의 가장 친한 친구이자 "카운티 안에서 가장 잘 훈련된 사냥개 무리"를 소유한 사냥꾼이 티슬을 데려다 키웠는데, 이 사냥꾼은 그를 사냥개 중 하나처럼 다루었다. 끊임없이 잘못을 지적하고, 야단치고, 짧은 목줄을 잡아당기면서 단 한 번도 그를 진정한 아들로 대해 주지 않았다.[30] 어른이 되어서도 티슬은 여전히 양아버지 앞에서는 겁을 먹고 무기력해진 채로 바들바들 떨었다.

람보가 마을에 왔을 때 티슬의 상태는 최악이었다. 아내는 짐을 싸서 캘리포니아주로 옮겨 간 뒤 이혼을 요구하고 있었다. 티슬 부부는 한 가지 중요한 문제에서 서로 양보할 수 없는 상황이었다. 티슬은 아이를 원했고, 아내는 원치 않았던 것이다.[31] 람보의 등장과 함께 티슬의 부성애는 기묘하면서도 두려운 짝을 찾아 버렸다. 데이비드 모렐은 이 때문에 "티슬을 람보의 아버지뻘 나이로 설정했다"고 내게 말했다. 티슬은 람보를 '꼬마the kid'라고 부르는데, 점점 그에 대한 친밀감이 자라남을 느낀다. 그는 람보가 "처음 피를 보았던" 그 어두운 순간을 재연하고 싶어 하는 괴물과도 같은 욕망과 사랑에 대한 절박한 욕구가 람보 안에서 쉼 없이 싸우는 방식을 이해했다.

람보의 내력은 티슬의 내력과 공명한다. 람보는 어릴 적 어머니를 여의고 아버지와는 헤어졌는데, 사별이 아니라 아버지의 폭력 때문에 떨어져 산 것이었다. 데이비드는 이렇게 말했다. "『퍼스트 블러드』에서 나에게 가장 중요한 장면은 람보의 아버지가 그를 때렸다는 사실이 알려지는 순간이에요." 데이비드의 이야기가 많이들 그렇듯, 서사의 핵심은 절반쯤 묻혀 있는 부모의 배신에 대한 어린 시절 기억에 자리한다. 『퍼스트 블러드』의 경우에는 람보의 아버지가 술에 취해 살인이라도 저지를 것 같은 분노에 휩싸였을 때 어떻게 "칼을 들고 그를 죽이려" 했는가 하는 기억, 또 "그날 밤 어떻게 그가 활과 화살로 아버지를 거의 쏴 죽일 뻔한 다음 그 집에서 도망쳐

나왔는가" 하는 기억이 주인공을 사로잡고 있다.[32]

티슬의 친아버지와 양아버지, 람보의 친아버지는 모두 씨를 뿌리고 세심하게 돌보아 거두는 것으로는 구원받지 못하는 사냥꾼을 재현한다. 이런 아버지들이 물려준 피비린내 나는 유산은 티슬과 람보를 서로에게 얽어매고, 결국 소름 끼치면서도 묘하게 공감대를 형성하는 전투 안에 둘을 가둬 놓는 영적 결속력으로 작용한다. 티슬과 람보는 서로에게 적이 아니다. 자신을 구원할 열쇠가 상대에게 있다고 의심하는 나이 든 남자와 청년이다. 티슬은 문자 그대로 람보의 심리적·육체적 고통을 감지하고, 황야를 통과하는 그의 모든 움직임을 직감한다. "그가 지금 가슴에 어떤 통증을 느끼는지 믿을 수 없을 거야." 티슬은 주립 경찰에게 신음하며 말하고, 경찰은 상관의 진단에 당황한다. 람보가 보이지도 않는데 티슬은 대체 어떻게 알 수 있는 건가?[33] 마지막 결전이 임박하자, 티슬은 다른 경찰들에게 자신과 람보를 내버려두라고 간청한다. "나는 그를 쏘았고, 갑자기 그를 더 이상 미워하지 않게 되었어." 그러고는 황홀경에 빠진 듯 람보에 대해 말한다. "나는 그저 미안했을 뿐이야. (…) 그가 나를 쐈든 그러지 않았든 상관없어. 어쨌거나 나는 미안했을 거야. 마지막에 그곳에 있게 해 주겠다고 약속해 줘. 그에게 빚을 지고 있어. 마지막까지 그와 함께 있어야 해."[34]

데이비드 모렐은 영웅과 적이라는 동학을 해체하고, 그 대신 비밀을 공유하는 아버지와 아들의 관계로서 람보와 티슬을 표현하기 위해 갖은 애를 썼다. 그는 이렇게 썼다. "나는 소설을 구조화했다. 그래서 티슬의 관점에서 본 장면이 람보의 관점에서 본 장면을 따라갈 수 있게끔 했다. 그런 전략을 통해 독자들이 각각의 캐릭터를 동일시하면서도 그들에게 양가적인 감정을 갖게 되었으면 했다. 누가 영웅이고 누가 악당인가?

둘 다 영웅인가, 아니면 둘 다 악당인가?"[35] 데이비드는 독자들이 "누구를 응원해야 할지 몰랐"으면 했다고 밝혔다. 확실히 이는 성공적이었다. 이 책에 관한 리뷰들을 보면 람보와 티슬 가운데 누가 영웅인지를 놓고 다투고 있으니 말이다.

책에서 '악당'에 가장 가까운 인물은 티슬과 람보 모두에게 영향을 미친 국가적 배신을 재현하는 샘 트라우트먼 대위다(영화에서는 대령으로 승격되었다). 데이비드는 내게 이렇게 말했다. "그 인물에 '샘'이라는 이름을 붙인 건, 그가 '엉클 샘Uncle Sam'✠에 대한 알레고리적 인물이기 때문이었어요. 〔람보를〕 창조한 메커니즘이 그를 파괴했죠." 성을 '트라우트먼'으로 붙였던 건 그 이름이 데이비드에게 냉담하고 전문적인 어부, "미끼로 그들을 유인하는 낚시꾼"을 떠오르게 했기 때문이었다. 소설 속 트라우트먼은 고위직에 있는 고급 관리다. 그는 티슬에게 자신이 람보를 "훈련시킨 자를 훈련시킨" 남자라고 소개한다. 람보는 그에 대해 훈련 시절부터 "결코 눈에 띄지 않는" 남자, 커튼 뒤에서 명령을 내리는 전장의 '오즈의 마법사'였다고 씁쓸하게 떠올렸다. 람보는 그를 "훈련소 확성기 너머의 집요한 목소리, 고난을 알리는 데 한 번도 실패한 적이 없는 목소리"라고 부른다.[36] 트라우트먼은 살상율과 기술적인 가치, 이미지 관리 등으로 규정되는 새로운 군대를 의인화한다. 이 시스템은 람보나 티슬 같은 사병들을 컴퓨터 테이프의 단순한 입력값으로 보고 그들의 도덕적 필요를 부정한다. 트라우트먼이 "도움을 주기" 위해 마을에 나타났을 때, 그는 람보가 얼마나 많은 사람을 죽였는지를 밝히는 데 가장 관

✠ '미국' '미국 정부' '전형적인 미국인'을 뜻한다. 종종 염소수염을 가진 백발의 백인 남성이 미국을 상징하는 성조기 무늬(별과 줄무늬) 모자를 쓰고 정장 차림을 한 모습으로 그려지는데, 이런 이미지에서 '엉클 샘'은 미국이라는 국가 자체를 의인화하고 있다.

심이 있는 것처럼 보인다. 그의 첫 번째 관심사는 시신의 수인 것이다. 티슬은 공포에 사로잡힌다. 그는 트라우트먼의 차갑고 기계적인 태도, "접힌 부분이나 주름 하나 없이 몸에 완벽하게 맞추어져 있는 군복", "구릿빛" 피부, 그리고 페럿을 떠오르게 하는 야윈 얼굴과 날카로운 턱을 불안하게 관찰한다. 아마도 이 페럿은 데이비드 모렐의 오랜 은사가 두려움과 동일시했던 그 페럿일 것이다.[37]

결국 트라우트먼의 시스템은 승리한다. 안전한 거리에서 강하고 효율적으로 람보에게 치명적인 총격을 가하는 것은 보안관이 아니라 구식 무기를 무력화시키는 전문가인 전쟁 관리자다. "이 산탄총으로 그의 정수리를 날려 버렸소." 그는 람보의 총알에 맞아 죽어 가는 티슬에게 차갑게 보고한다. 트라우트먼과 달리 람보는 그 총알을 쏘자마자 후회한다. 그러나 티슬은 평화롭게 죽음을 맞이한다. 피를 흘리며 누워 있는 동안 그는 아내와 집, 그리고 그때껏 영위해 온 삶에 집중하려고 애쓴다. 하지만 그가 떠올릴 수 있는 건 오직 람보뿐이다. 책 말미에는 이렇게 쓰여 있다. "그는 꼬마에 대해 생각했다. 그리고 그에 대한 사랑으로 가득 찼다."[38]

데이비드가 소설에서 표현한 것은 소원해진 아버지와 아들이 그들의 수치심과 고통을 인정하고 폭력으로 인한 끔찍한 상실을 받아들여야만 연결될 수 있다는 생각이다. 훗날 데이비드는 이렇게 썼다. "람보와 티슬 사이의 마지막 대결이 보여주는 건, 베트남전쟁과 그에 미국이 보인 태도의 축소판이라 할 수 있는 이 이야기에서 점점 더 커지는 무력은 재앙으로 귀결된다는 점이다. 누구도 승리하지 못한다."[39] 그에게 "아무도 승리할 수 없다"는 이해는 아버지와 아들이 새롭고 더 신뢰할 만한 유대를 형성할 수 있는 잠재적인 토대다. 그런 새로운 부자 관계에서 아버지가 아들에게 남기는 유산이란 자신의 도덕적 고통과의 화해가 될 터였다. 그가 다음 세대를 위해 개척한 길은 그들 모두를 도덕적 황무지에서 벗어나게 할 회개의 길이 되어야 했던 것이다.

몇 년 전 데이비드는 타자기 앞에 앉아 숲속에서 적에게 쫓기는 상황을 상상했다. 적을 추적하고 있었는데, 적의 발자국이 그의 앞에도 있고 뒤에도 있어서 원을 따라 빙빙 돌게 되었다는 것이다. 하지만 헛된 일은 아니었다. 결국 적은 그 원의 중심, 그의 내면에 있었다. 그가 두려워한 것은 '미국의 세기'가 남긴 남성성의 교훈에 따라 부정당한 모든 도덕적 수치심이었다. 그 교훈은 남성적 승리를 남성적 미덕으로 정의했다. 그는 그것을 인식하지도 못한 채로 짊어지고 다녔던 셈이다. 이것이 티슬이 람보를 뒤쫓은 끝에 찾아오는 발견이다. 그는 자기 자신과 수치심, 도덕적 슬픔을 찾아 헤매고 있었다. 그리고 이것이 베트남 참전군인들로 하여금 '겨울 병사 진상 조사'에서 스스로를 고발하는 증언을 하게끔 한 깨달음이었다. 전형적인 자기 고발자인 173 공수 여단의 머피 로이드 Murphy Lloyd 병장은 마이크에 대고 말했다. "나는 포로를 고문하는 걸 도왔습니다." 그의 고백은 다른 수많은 고백과는 달리, 피로 얼룩진 세부 사항으로 국내 청중을 자극하려던 게 아니었다. 그건 같이 져야만 하는 짐을 위해 함께 고투하자는 요청이었다. 특수부대의 돈 덩컨Don Duncan 상사는 청문회 마무리 발언에서 이렇게 말했다. "이 남자들 내면의 무엇이 이런 일을 행하게 했든, 그건 우리 모두의 안에 있습니다." 그는 방에 있는 모두에게 "여러분이 한 일과 내가 한 일, 그리고 우리가 왜 그런 일을 했는지에 대한 깨달음을 가져가"자고, 또 "우리가 그 문제에 대해 무언가 하기를 바"란다고 간청했다.[40]

그러나 '미국의 세기'라는 틀 안에서 아버지와 아들은 패배가 아니라 승리로 연결되어야 했다. 그래서 '겨울 병사 진상 조사'는 광범위하게 무시됐고 빠르게 잊혔다. 사병들 중에는 자신의 도덕적 범죄를 인정할 준비가 된 사람이 많았을지 몰라도, 그들의 국가는 그렇지 않았다. 함께 뉘우치는 일도, 아버지와 아들 사이에 새로운 기반을 다질 터전도 없어야만 했다. '전쟁에 반대하는 베트남 참전군인'의 증언 영상은 결국 참전군인들이 본인이 겪은 고통에 대해 주로 말하는 자리였던 1998년 6부작 TV 시리즈 〈베트남: 군인들의 이야기〉 같은 다큐멘터리로 대체되었다.[41] 『퍼스트 블러드』의 메시지 역시 소설이 영화화되는 과정에서 비슷한 방식으로 대체되었다. 영화에서 티슬의 깨달음은 묻혀 버렸고, 소설의 내용은 순교한 아들이 전능한 아버지에게 구원받는 세계, 결국에는 아버지의 왕국에서 승리가 보장되는 세계를 묘사하기 위해 재구성되었다. 이제 와 돌이켜 보면, 『퍼스트 블러드』의 영화 버전인 〈람보〉의 앞선 결론이 자연스러워 보일 때에도, 소설에서 영화로 가는 길에는 급격한 전환이 있었던 셈이다.

내가 너의 아버지가 되어 주마

〈람보〉 시나리오 초안 작성에 참여했던 초기 작가 중 한 명은 데이비드 레이브였다. 그는 대본을 쓰고 고치고 다시 쓰는 10년에 가까운 과정에 참여한 사람들 가운데 실제로 베트남전쟁에 참전했던 유일한 사람이었고, 데이비드 모렐의 책에서도 다루지 않았던 어두운 영역으로 이야기를 끌고 갔다.

책이 출판된 지 1년 만인 1973년 워너브라더스는 영화 판권을 사들였는데, 이미 워너에 앞서 영화화에 관심을 가진 스튜디오가 있었다. ('람보' 시리즈가 만들어지는 과정에는 여러 버전의 시나리오가 있었고, 여러 작가·감독·배우·제작자가 연관되어 있었다. 캐롤코 픽처스가 관심을 갖기 전에 컬럼비아, 워너브라더스, 시네마 그룹 등 여러 영화사에서 이 프로젝트를 거쳐 가기도 했다. 그리고 1982년 두 제작자 앤드루 바지나와 마리오 카사르가 막 설립한 캐롤코에서 드디어 〈람보〉를 제작하게 된다.) 워너브라더스는 알 파치노에게 그 역할을 제안했는데, 얼마 지나지 않아 알 파치노는 데이비드 레이브에게 전화를 걸어 그가 대본을 쓸 수 있는지 물어봤다. 레이브는 그 대화를 이렇게 기억하고 있었다. "〈죠스〉✠가 개봉한 시점이었고, 알 파치노는 주인공 남자가 상어 같아야 한다고 묘사했어요. 한번 고삐가 풀리면 어떤 간청도 먹히지 않는, 아무 생각 없이 투지에 불타는 외곬 생물이라고요." 그는 눈알을 굴리면서 웃었다. "사실 거기에 끌렸어요. 그럴듯해 보였습니다. 이 남자가 전쟁을 구현하고 있는 존재라면, 전쟁이란 바로 그런 거니까요."

전쟁의 외곬적이고 생각 없는 본성, 전투가 마치 의미 있는 변화를 가져다주는 경험이기라도 한 것처럼 만드는 그릇된 미화는 레이브가 무대 위에서 무자비한 정직함으로 탐구했던 주제였다. 사실 알 파치노는 보스턴극단의 〈파블로 허멜의 기초훈련The Basic Training of Pavlo Hummel〉에 막 출연한 참이었다. 이는 레이브의 혹독한 베트남 3부작 가운데 첫 번째 작품이자, 이 주제를 가장 직접적으로 다룬 연극이었다. 아주 열성적인 초년병이었던 파블로가 신병훈련소에서, 그리고 베트남에서 위생병으로서 받는 이른바 "훈련"은 어떤 교육으로도 이어지지 못했다는 사실이 작품에서 드러난다. 전투 훈련은 그를 성숙하게 해 주지도, 지혜롭게 해 주지도 않았으며 오로지 죽음에 이르게 만들었다. 파블로는 결국 그와 창녀를 공유하고 싶

✠ 1974년 출간된 피터 벤츨리(Peter Benchley)의 동명 소설을 원작으로 스티븐 스필버그가 연출한 영화. 뉴잉글랜드의 작은 해안 피서지 애미티에 등장한 거대 식인 상어가 줄거리의 중심이다. 1975년 여름용 상업영화로 극장에서 개봉했고, 미국 영화사상 최초의 블록버스터로 기록되어 있다.

지 않았던 후방군 상관이 그의 발치에 수류탄을 던지면서 세상을 떠나고 만다. 파블로의 시신은 죽어서도 관 속에 누워 훈장을 단 병사가 자신을 향해 짖어 대는 공허한 군가를 멍청하게도 반복한다. 이후에 레이브가 「작가의 말」에 썼듯이, 그는 "자신이 하고 있는 일의 의미를 파악하지 못하는, 정확하게 실재하는 완전한 무능" 때문에 고통받는다. "파블로는 사실 길을 잃었다. (…) 변화하는 건 파블로의 몸이다. 그의 신체적 효율과 심지어 정신적인 효율까지도 증진되지만, 진정한 통찰은 절대 찾아오지 않는다."[42]

레이브는 나에게 소설 『퍼스트 블러드』는 이런 주제에서 "조금은 낭만적인 쪽"에 있으며 "모든 것이 균형을 이루는 인위적인 방식이 거짓"으로 보였다고 말했다. 소설은 전쟁을 일으킨 아버지들이 젊은 아들에 대해 책임감을 느끼면서 회개하기를 바랐고, 아들이 진정한 화해를 추구했던 만큼 아버지들 역시 아들과 정직한 화해를 추구했다고 가정하고 있었으며, 바로 그 점에서 낭만적이었다. 이런 생각이 매력적이기는 하지만, 레이브는 아들을 전장에 보낸 남자들의 실제 행동에서 그런 마음을 드러내는 증거를 볼 수 없었다. 레이브는 아이오와주 더뷰크에서 자랐다. 그곳은 전후 남성성이 모든 영역에서 강화된 세상이었다. 남자다움은 권위에 대한 완전한 복종을 통해 달성되는 것이었다. 그것이 그의 삶에 존재했던 모든 남성 권위자를 통해 강화된 모델이었다. 그의 아버지는 더 많은 보수를 받기 위해 사랑했던 교사직을 포기하고, 고기 포장 공장에서 만족스럽지 않은 일을 했다. 미식축구 감독은 레이브가 자신의 모든 요구를 곧이곧대로 따르길 기대했다. 지역 성당과 이후 가톨릭대학교에서 만났던 사제들은 그들이 가르치는 구속에 대해 청년이 던지는 질문을 가혹하게 침묵시켰다.

그가 보기에 미국의 아버지들은, 사적인 아버지든 공적인 아버지든 스스로에게나 아들들에게 한 거짓말에 대한 진정한 심판으로 나아가기보다는 '본인들의 권위'라는 무너지는 벽을 강화하는 데 훨씬 더 관심이 많았다. "중서부에서, 가톨릭교회에서, 축구팀에서 어른들은 그저 어른이기 때문에 옳았습니다. 그리고 당신이 그들에게 반하는 무언가를 느꼈다면, 당신이 틀린 거였죠." 데이비드 레이브는 베벌리힐스의 차갑고 공허한 호텔 스위트룸에 앉아 나에게 이런 말을 했다. 그는 자신의 연극 〈헐리벌리Hurlyburly〉가 영화로 변신하는 걸 조심스럽게 관찰하면서 그곳에 일주일 동안 머물고 있었다. 레이브는 로댕의 작품 속 인물과 같은 우울한 면모와 그에 어울리는 특징을 지니고 있었는데, 평면과 각도로 이루어진 삐죽삐죽한 기하학적 모습이었다. 축구선수(고등학교와 대학에서 미식축구 선수로 뛰었고 프로선수를 꿈꾸었다)나 정육업자처럼 보였다. 그는 마치 우물을 내려다보듯 꽃무늬 소파에서 몸을 구부려 커피 테이블의 반사되는 표면을 골똘히 들여다보면서 더듬더듬 말을 이어 갔다.

"감독들과 권위자들, 대장들에 대해 생각해 보면 내가 자랐던 방식에는 이 인물들을 통해 표현되는 어떤 믿음이 있었어요." 그는 그것을 "팀 정신"에 속하는 것이라고 표현했다. 그건 미식축구에만 국한된 상태가 아니었다. "기관이나 팀에 소속되어 있고, 팀의 목표가 나 자신의 목표를 대체하거나 증폭시키거나 혹은 검증하도록 해야 한다는 생각이 모든 일에 통용되었습니다. 당신은 충성스러워야 했고, 친구들을 돌봐야 했고, 고통 앞에서 인내하고 아주 금욕주의적이어야 했죠. 당신은 강해야 하고, 기꺼이 한 대를 맞고 한 대를 때려야 했습니다. 그리고 무리 안에서 자신의 자리를 반드시 찾아야 하죠." 그는 지금 돌이켜 보면 남자다움이라는 것을 둘러싸고 하나의 팀을 이루고 있는 이 개념들이 명확한 응용이 없는 속성들의 집합이라는 사실을 1950년대에 이미 알고 있었다고 말했다. "남자다움에 대한 모든 생각이 그 자체로 계략처럼 보이기 시작했어요. 할 일이 있고 정말로 해야만 하는 일이 있는 골드러시나 남북전쟁 같지 않았죠." 베트남전쟁 시기가 되자 이는 "허구, 유령"으로 타락해 버렸고, 게다가 "전쟁이 이미 문제가 된 것처럼 보였지만, 그들에게 질문하는 건 터무니없는 일처럼 여겨졌"다. 레이브가 말하는 그들이란 연장자들이었다. "질문을 하려면 전체 구조에 의문을 제기해야 했어요. 그리고 나는 그렇게 할 생각이 전혀 없었습니다. 탈출구를 찾기가 매우 어려웠어요."

레이브는 1965년 조지아주 포트고든에서 기본 훈련을 받거나 롱빈의 병원 지원부대에서 근무하는 동안 권위자들에게 아무런 질문을 하지 않았다. 그가 도착했을 때, 그 지역은 제1사단에 의해 막 "정리"된 상태였고, 그을린 빈 땅에 레이브의 부대는 퀀셋식 오두막과 막사, 벙커 및 PX 등이 엉켜 있는 거대한 도시를 급하게 건설했다. 그리고 곧이어 길을 따라 술집과 성매매업소가 들어섰다. 그는 "거긴 거대도시가 됐죠. 맥도날드 빼고 모든 게 들어서 있는 거대하고 거대한 장소였어요" 하고 회상했다. "누가 거기서 어떻게 이익을 얻는 건지 알 수 없었어요. 베트남 사람들을 대하는 방식도 이상했죠. 일반 병사들은 어쨌거나 그들을 위해 거기 있는 것도 아니었고, 무슨 일이 벌어지는지도 알지 못했습니다."

다양한 권위자들에 대한 레이브의 신뢰는 그가 베트남에 도착하기 전부터 동요하고 있었다. 이미 그는 대학 사제들에게 신뢰를 잃어 교회를 떠나기로 결심했었다. 하지만 근무 기간 내내 국방부가 내린 임무에 대해 질문하는 것은 자제했다. "이제는 그게 나 자신을 지키기 위해서였는지 아니면 다른 이유 때문이었는지 모르겠어요. 하지만 나는 그에 대한 기본적인 믿음을 갖고 있었습니다. (…) 집에 오기 전까지는 말이죠." 반응이 늦어진 건 이치에 맞는 일이었다. 베트남에서 그를 괴롭혔던 것이 무엇이었는지에 대한 암시는 그가 돌아온 풍경에 뚜렷하게 기록되어 있었다. "돌아와서 얼마 걸리지 않았습니다. 내가 겪은 일은 영화 〈하늘과 땅Heaven and Earth〉에 나오는 장면과 아주 비슷했어요. 미국에 온 베트남 여성이 처음으로 슈퍼마켓에 들어가서는 잔뜩 쌓여 있는 음식과 화려한 색깔에 압도되던 그 장면 말이에요. 이런 풍요로움을 보고 있으면 그저 구역질이 날 것 같아지죠. 두렵기도 하고요. 그리고 아무것도 없다는 걸 깨닫게 됩니다. 모두 가짜라는 걸요. 우리는 그곳에 이유 없이 갔던 겁니다. 여기 있는 사람들은 아무도 신경 쓰지 않고요. 국가는 실제적인 위협을 받고 있지 않았어요. 허구였던 거죠." 레이브는 잠시 멈추고 탁자의 반짝이는 상판을 살펴보았다. "그 상황을 가장 잘 표현할 수 있는 말은 이거예요. '아무것도 위험에 빠지지 않았다.'"

레이브는 베트남전쟁이 그저 더 큰 거짓말 안에 놓여 있는 하나의 거짓말에 불과하다고 생각하기 시작했다. "내 마음속에는 위계질서와 권위라는 전체 구조가 있었고, 그 구조는 가톨릭교회에서부터 상원의원들을 지나 군대까지 이어졌습니다. 모든 걸 알아차리는 것은 쉽지 않았어요. 왜냐면 인위적이거나 서로 야합하지 않은 것처럼 보이지만 실은 연결되어 있는 반사체와 지원체계였기 때문이죠. 사실을 완전히 조작하고 있었는데, 사람들은 그걸 '공산주의의 위협'이라고 불렀죠. 나는 그 말을 100퍼센트 믿었어요." 기꺼이 믿고자 하는 레이브의 마음은 할리우드가 제2차세계대전을 둘러싸고 펼쳐 낸 이야기에 뿌리를 두고 있었다. 전쟁의 확실한 영웅이었던 아버지들의 미덕이나 합법성을 누가 의심할 수 있었겠는가? "내게 제2차세계대전은 크고 풍요로운 환상의 삶이었습니다." 레이브가 회상했다. “아버지는 제2차세계대전에 참전하지 않았어요. 하지만 삼촌 한 분이 벌지 전투에 있었죠. 어머니의 사촌은 해병 대위이거나 중위였습니다. 한번은 책을 읽다가 이오지마 전투 부분에서 우연히 삼촌 이름을 보게 됐어요. 놀라운 경험이었죠. 마치 **개인적으로** 어떤 식으로든 연결되어 있는 것처럼 **신화적인** 느낌이 들었습니다. 전쟁영화를 보고 책에서 삼촌의 이름을 발견하면, 그 기억들이 머릿속에서 섞여 버리는 거죠.” 레이브는 베트남전쟁을 국가적 몰락의 시작이라기보다는 끝으로 보기 시작했다. 그는 베트남에서 제2차세계대전에 대한 오해로 돌아가는 모호한 경로를 발견했다. 정확히 말하자면, 그의 머릿속에서 뒤죽박죽이 되어 있었던 그 화려한 영화들과 말 없는 남자 친척들에게로 돌아가는 경로를 포착한 것이다.

베트남에 다녀온 뒤로 고통스러운 세월을 보내면서, 레이브는 그런 존재들이 주던 신뢰에 대한 약해지는 믿음과 씨름했다. “권위자들에 대한 믿음을 잃는 과정, 그게 남은 내 인생입니다.” 그가 말했다. “그건 하룻밤 사이에 벌어진 일이 아닙니다. 그건 모두 하나의 붕괴에서 일어난 흐름이에요. 교회에 대한 환멸, 베트남……. 믿음의 대상을 제거할 수는 있지만, 충동을 제거하는 건 아주 어렵습니다.” 레이브가 질문에 부친 권위 중에는 아버지도 있었다. “우리는 객관적으로는 괜찮았지만 뭔가 잘못되어 있는 이상한 관계를 맺고 있었어요. 이제야 그걸 알겠어요. 나도 이제 아빠가 되고 보니, 내가 세상에서 유용하지 못하다는 느낌과 그것이 자녀에게 어떻게 작용할 수 있는지 알 수 있습니다. 아버지는 자신의 삶에 매우 좌절했어요. 아버지는 아주 똑똑했지만, 그가 현실과 얼마나 연결되어 있었는지는 잘 모르겠습니다.” 아버지는 그가 지역사회에서 교사로서 수행하고 있던 역할을 희생하고, 시민사회와 연결이 끊어지다시피 한 일을 하면서 전후 가장의 역할을 수행했다. 레이브의 아버지가 일했던 '더뷰크 패킹 컴퍼니The Dubuque Packing Company'는 그 지역에서 가장 규모가 큰 고용주에 속했으며, 그는 가족이 번쩍이는 슈퍼마켓에서 가장 좋은 고기 부위를 쇼핑할 수 있도록 피로 물든 바닥에 몸을 맡겼다. 그의 아들은 아버지가 직장에서 무엇을 하는지 정확히 알지 못했고, 가정에서 그의 권위에 절대 도전해서는 안 된다는 것만을 이해하고 있었다. "내가 아버지의 뜻을 따르지 않거나 아버지의 이상 혹은 표현을 받아들이지 못한다면, 그건 내가 잘못된 거라고 생각하곤 했어요. 아버지에게 상당히 얽매여 있었죠. 제게 군대의 장점 하나는 아버지의 승인이나 도장을 받지 않아도 된다는 마음가짐을 갖게 되었다는 점입니다. 제 길을 갈 수 있었죠."

레이브는 아주 낭만화된 방식으로 대공황기의 삶에 대해서만 말하던 아버지가 갑자기 "시카고에서 어떻게 일했는지"에 대한 이야기로 참전군인 아들에게 감동을 주기 위해 열성을 다하기 시작했다는 걸 알아차렸다. "베트남은 우리 부자관계를 미묘하고 은밀한 방식으로 변화시킨 거죠. 시카고에서 아버지는 길을 다니며 아사한 사람들의 시체를 수거하는 이상한 직업을 가졌었어요." 레이브의 아버지가 이걸 기회로 부자관계를 회복하려 했던 건 아니었다. "아주 경쟁적인 방식으로 이야기가 나왔어요." 전쟁은 두 사람을 하나로 만들어 주지 않았다. 그저 아버지의 좌절된 삶의 모든 억압된 원한을 표면으로 가져왔을 뿐이었다. "아버지는 매우 보수적인 사람이었고, 확고한 노동조합원이었어요. 권위자들을 믿었죠. 고향으로 돌아온 뒤에, 나는 조용히 앉아 그의 장황한 이야기를 가만히 듣고 있었습니다." 장황한 이야기 중 일부는 전쟁에 관한 것이었고, 다른 일부는 아들 세대가 전개한 문화적 도전에 대한 것이었다. "나는 아버지의 마음을 바꾸려고 하지 않았어요. 그렇다고 아버지가 어떤 생각을 하는지 너무 장황하게 이야기하도록 내버려두지도 않았고요. 우리는 정말 아무것도 해결하지 못했습니다."

레이브가 보기에 아버지들은 침묵과 부재, 눈감음과 복종으로 아들들을 속여 자신들이 아들들의 편이라고 믿게 만든 것 같았다. 아들들은 모두 진짜 아버지보다 더 많은 시간을 함께 보냈던 화면 속의 친절한 가짜 아버지들에게 속았다. "누가……, 나의…… 아버지……였습니까?" 레이브의 연극에서 사생아 파블로가 어머니에게 요구하는 대답과 그에 뒤따르는 대화는 『퍼스트 블러드』에 영감을 줬던, 데이비드 모렐의 삶에 등장한 위기를 반향하는 것처럼 보인다.

파블로 아버지는 어디 계신가요?

허멀 부인 알고 있잖니.

파블로 몰라요, 어머니가 말씀해 주세요.

허멀 부인 이미 말해 주었어.

파블로 아니에요, 아버지는 지금 어디 계세요? 아버지는 어떻게 생겼나요?

(…)

허멀 부인 아니, 너에게는 많은 아버지가 있었단다. 많은 남자 말이야. 영화인들, 영화계의 위인들. 그들 모두, 과거의 그 위대한 아버지들, 그들이 네 아버지였다. 용맹한 제76사단을 너는 기억하니? 오, 나는 기억한단다. 꼬마 지미. 얼마나 강인한 꼬맹이였는지, 그리고 그가 어떻게 수류탄 위로 뛰어내렸는지, 너는 보았니? 맙소사, 얼마나 영광스러운지. 작은 양철 모자를 쓴 영광스러운 사람.

파블로 내 진짜 아버지 말이에요!

허멀 부인 네 아버지는 그들과 같았어. 내가 너에게 보여 준 영화에 등장하는 사람들. 내가 누군지 알려 주었잖니.

(…)

파블로 아버지의 이름은 뭐였나요? 나는 아버지의 이름을 몰라요.

허멀 부인 네가 기억을 못 하는 게 내 잘못이란 말이냐?[43]

영광스러운 셀룰로이드 필름 전사들과 오지 넬슨 같은 완벽한 TV 아빠 뒤에 숨은 진짜 아버지는 대단한 아버지가 아니었다. 레이브는 그들이 소비문화에 대한 굴복으로 종종 위험한 만취 상태에 빠지는 걸 보았다. 레이브의 두 번째 베트남 연극인 〈스틱스와 본즈Sticks and Bones〉에서 전쟁으로 시력을 잃은 베트남 참전군인 데이비드는 이해할 수 없는, 언제나 쾌활한 부모인 오지와 해리엇의 집으로 돌아온다. 오지는 아들이 망가졌다는 사실에 그가 스포츠 경기를 볼 수 있도록 TV를 고치려고 노력하는 것으로 대응한다. 그는 아내에게 불평한다. "영상은 나오는데 소리가 안 나와. 수리공을 불러야겠어." 그러자 아내가 말한다. "안 돼, 안 돼. TV 수리공은 아무런 도움이 안 될 거야. 멍청한 사람 같으니라고. (…) 데이비드에게 뭔가 문제가 있어."[44]

물론 오지에게는 실제로 문제가 있다. 아들의 위기가 순간적으로 정신이 들도록 강요한다는 것이다. "매일 잠에서 깼을 때, 구멍으로 걸어 들어가는 것 같아. 밝은 낮을 보고, 태양을 보고, 마치 하늘에서 내려다보는 것 같은 감각으로 하늘을 올려다보지." 오지는 이렇게 고백한다. "내가 곧 떨어질 큰 구덩이 위를 맴도는 느낌. 하늘. 어리석음과 속임수라고 당신은 말하지, 그리고 당신 말이 맞아. 내 안에 있는 느낌은 속임수를 써서 나에게 대적하고 나를 작게 만들면서 스스로의 몸집을 키워서 나를 가득 채우려고 해. 그렇다면 나는 누가 되는 거지? 그거야. 아무도 아닌 그 느낌." 그러나 그의 독백이 끝나갈 무렵, 오지는 완제품으로 주어졌던 교외 생활의 표면으로 다시 돌아온다. 그는 수백 쪽에 달하는 두꺼운 종이 한 묶음을 만들어 내는데, 거기에는 그가 지금까지 구입한 모든 항목과 그 가격이 적힌 목록이 있다. 그는 그 종이뭉치를 의자 위에 배분한다. 가족구성원 각자의 몫이다. "여기 요약된 내 포트폴리오가 있어. 내가 진 빚. 생명보험! 너희는 이것들 여러 개를 언제나 가지고 다녀야 한다. 복사본 두 부 혹은 세 부를 항상. 그리고 약간의 문제만 있어도 사본을 제공해야 해. 사람들에게 내가 누구인지, 그리고 뭘 했는지 알려 다오."[45]

아버지가 소비자 정체성에 안주하는 대가는 아들의 생명이다. 아들이 베트남에서 눈이 멀자 아버지는 잠시 눈을 뜨게 된다. 아버지가 아들을 인도할 수 없듯이 아들 역시 아버지를 광야에서 인도할 수 없다. 데이비드는 오지에게 이렇게 말한다. "때가 되면 아버지께 뭔가 보여드리겠어요. 그것들을 보시게 될 거예요. 내가 아버지의 아버지가 될 겁니다." 하지만 레이브가 쓰고 있듯 "데이비드는 오지를 광기로 몰고 가려고 하는 중이다". 레이브의 더 어두운 관점에서 봤을 때 모렐이 상상했던 공유된 화해는 그저 공유된 정신이상일 뿐이었다. 오지는 아들이 "보다seeing"라고 불렀던 광기를 너무나 격렬하게 거부했고 아들을 살해함으로써 보지 못하는 상태로 돌아가려 한다. 이를 위해 가족은 연극의 끝에 거실에 모여 데이비드가 제 손목을 긋는 것을 돕는다. 오지는 아들에게 장담한다. "기분이 나아질 거다."[46]

아버지들이 그들 자신의 문화의 죽음을 들여다보거나 자신들의 남자다움의 조건에 의문을 제기하는 것보다는 차라리 아들의 죽음을 보고 싶어 한다는 것은 레이브의 베트남 연극에서 되풀이되는 주제다. 〈파블로 허멀의 기초훈련〉에 등장하는 상병이 말하는 것처럼 "나의 늙은 아빠는 나를 보았던 마지막 날에 좋은 말을 해 주었지. '누구에게도 덤벼들지 마라, 아들아. 만약에 네가 그런 짓을 한다면 누군가 너를 쏴 죽여 줄 만큼 상식 있는 사람이 있기를 바란다. 만약 네가 도망쳤다는 소식을 듣는다면, 내가 직접 너를 죽일 거다.'"[47] 레이브에 따르면 이 대사는 그가 복무하는 동안 롱빈 육군병원에 입원했던 실제 젊은 상병에게서 영감을 받았다. 그는 눈에 파편이 박힌 채 병원에 입원했다. "그는 팀에 대한 생각으로 가득 차 있었고, 그와 동료들이 무엇을 했는지에 대해 계속 떠들었어요. 무슨 언덕인가를 지켰다는 것 같았죠. 그는 너무 자랑스러워했지만, 여전히 무언가 떨쳐 낼 수 없는 것이 있었고, 그가 말하는 동안 그걸 느낄 수 있었어요. 그는 '우리는 도망치지 않았어요, 우리는 도망치지 않았다고요. 그리고 내 아버지는 나를 정말 자랑스러워할 거예요. 왜냐하면 아버지는 내가 도망쳤다는 걸 알게 되면 나를 쏴 버리겠다고 말했거든요'라고 했어요. 나에게 그런 말을 하면서 그는 자부심을 느끼고 있었지만, 마음속에선 다른 무언가가 싹트기 시작한 거죠. 대체 그게 무슨 말이지 하는 질문 말이에요." 그게 무슨 말인가 하면, 아버지와 아들은 광기로만 연결되어 있다는 말이었다. 레이브가 〈람보〉에서 강조하고자 했던 것이 바로 이 끔찍한 폭로였다.

"영화 대본을 쓰라고 했을 때, 생각했어요. 음, 〈스틱스와 본즈〉 액션판을 만들 좋은 기회가 될 수 있겠는데. 〈스틱스와 본즈〉에서 이 남자는 집에 와서 여러 단계를 거쳐 그들이 이해할 수 있는 유일한 방법은 참가자가 되어 직접 맛보는 것임을 깨닫죠. 그래서 그가 실제로 하는 건 뭐냐면 얼굴을 선혈에 문대면서 말하는 거예요. '즐겁지 않니! 우리는 아주 좋은 시간을 가지고 있지 않니!' 물론 그건 그의 오판이죠. 그는 그들이 자신보다 훨씬 더 위험하다는 걸 이해하지 못합니다."

레이브의 〈람보〉 버전에서 람보는 동일한 치명적인 오류를 범한다. 그는 자신의 폭력을 기념하면서도 부인하는 미국으로 돌아간다. 시나리오 초안 오프닝 장면에서 람보는 드라이브인을 걸어서 지나는 것으로 묘사된다. 레이브의 지문은 이렇게 진행됐다. "그 벽에는 거대한 웨인과 이스트우드가 소동을 벌이는 지옥의 천사들을 학살 중인 조잡한 그림이 그려져 있다." 람보는 가전제품 매장 앞에서 잠시 멈춘다. 그리고 레이브가 묘사했듯 "쇼윈도 안 TV 세트 중 하나에서는 브로드 크로포드✠가 누군가를 쏘고 있다. 다른 TV 세트에서는 밥 스택✛이 누군가에게 기관총을 갈기고 있다." 람보는 후드 위로 죽은 사슴이 늘어져 있는 지프와 소총을 들고 있는 몇몇 사

✠ 본명은 브로더릭 크로포드. 1930년대부터 1970년대까지 활동한 배우다. 영화에 처음 등장할 때부터 민병대나 무법자 갱단, 외인부대 소대든 바에서 빈둥거리는 남자든 가리지 않고 무리에서 가장 덩치 큰 인물을 연기했고, 비열하고 잔인한 악당보다는 코믹한 말썽꾼 역을 많이 맡았다.

✛ 본명은 로버트 스택. 깊은 목소리와 압도적인 존재감으로 유명한 배우로, 40편이 넘는 장편영화에 출연했다. 큰 성공을 거둔 ABC TV 시리즈 〈언터처블〉(1959~1963)에 출연하여 1960년 프라임타임 에미상 시리즈 남우주연상을 수상했으며, 이후 실화 범죄 시리즈 〈미해결 미스터리〉(1987~2002)의 진행/내레이션을 맡기도 했다.

냥꾼을 피해 길을 건넌다. 그리고 총과 낚시 용품 등을 판매하는 가게와 마주치는데, 그 진열창에는 각종 소총과 산탄총, 권총, 연발 권총 등이 가득 전시되어 있다. 이 풍요로움 앞에는 자신들의 상품을 탐욕스럽게 바라보는 두 남자가 아이들을 품에 안고 서 있다.[48]

소설에서처럼 람보는 경찰서장 티슬과 얽히는데, 티슬은 그를 마을 가장자리까지 두 번 데려다주면서 절대 돌아오지 말라고 경고한다. 하지만 레이브의 람보는 전쟁에서 얻은 미국에 대한 소름 끼치도록 억압된 깨달음을 상징했다. 그는 그 깨달음을 고향으로 가져와 마을의 아버지들로 하여금 직면하게 하려는 것이다. "그들은 나를 보게 될 겁니다." 람보는 말한다. "불 속에서. 우는 아이들 안에서. 나를 보게 될 겁니다." 그는 광기 그 자체이며, 뱀을 품고 동굴 벽을 난폭한 막대기 그림으로 뒤덮고 있는 원시인이다. 레이브는 말했다. "내 시나리오에서는 배신과 그 엄청난 힘이 이루고 있는 패턴이 람보를 죽음의 벡터로 밀어 넣죠. 그리고 일단 그곳에 깊숙이 들어가기만 한다면, 그곳이 바로 당신이 있을 자리예요. 아무도 당신을 되돌려 놓을 수 없어요." 하지만 마을의 아버지들은 람보의 메시지를 받고 싶어 하지 않는다. 그런 거부 안에서 그들은 〈스틱스와 본즈〉의 아버지처럼 더 강하고 더 위험하다. 람보는 그가 티슬과 그의 무리를 뒤쫓고 있다고 생각한다. "나는 당신을 찾아다녔어요, 티슬." 그가 말한다. "내가 당신을 찾고 있단 걸 몰랐습니까?" 하지만 레이브의 티슬은 람보와 영적인 연결을 발전시키는 데 관심이 없다. 그는 오로지 탄압에만 몰두한다. 그는 보안관보들을 개처럼 팬다. 그는 람보와 그가 상징하는 자각이 영원히 부서지는 걸 보고 싶어 한다. 티슬은 눈을 가려 버린 사적인 아버지이자 동시에 시체를 세는 데 미쳐 있는 군대의 아버지다. 그랬기 때문에 레이브에게는 트라우트

먼 캐릭터가 필요 없었고, 그를 작은 배역으로 축소하거나 아예 없애는 걸 고려하고 있었다.[49]

람보가 저지른 살인으로 흘린 피 역시 티슬의 책임이 된다. "당신은 내가 한 모든 짓, 그걸 내가 하길 바랐잖아요." 람보는 티슬을 조롱한다. 티슬이 "길에서 너를 봤을 때, 네 배짱을 내 손아귀에 넣고 싶었지"라며 마찬가지로 람보에게 으르렁거렸을 때, 람보는 차분하게 답한다. "알고 있어요. 그게 우리 모습이죠, 티슬. 우리 둘 다의 모습 말입니다. 다만 내가 당신보다 더 낫죠." 람보가 "더 낫다"라고 말했을 때 그가 의미하는 바는 자신이 더 많은 사람을 죽였기 때문에 아버지의 게임에서 자신이 승리했다는 것뿐이다. 그는 이를 씁쓸하게도 분명히 하고 있다. "우리는 시체를 셌습니다. 그들을 죽이고, 숫자를 셌죠. 그게 우리를 역대 최고로 만들어 줬어요."[50]

람보는 마을 사람들의 몸을 통해 이 원칙을 계속해서 보여 준다. 그는 거리에서 만나는 모든 사람을 멈춰 세우고 이름을 묻는다. 그들이 이름을 말하면, 그는 그들을 죽인다. 이 일은 밤새도록 계속된다. 람보는 멈추지 않고 살육을 저지르고 결국에는 마을에 불을 놓는다. 아침이 되자 람보는 무장을 하지 않은 상태로 폐허를 지나 티슬의 사무실 문까지 걸어간다. "서장님, 숫자를 보고하겠습니다." 그가 티슬에게 말한다. "시체들 숫자 말입니다. 우리가 어떻게 했는지 서장님이 알았으면 합니다. 87구입니다. 87구. 보비, 빌리. 우리가 처치한 이들입니다. 헬렌, 제니―." 어느 지점에선가 티슬은 그를 쏴 버린다. 람보는 뒤로 홱 젖혀지며 신음을 내뱉는다. "네, 서장님!" 티슬이 다시 한번 그를 쏘고, 람보 역시 또다시 신음 소리를 내뱉는다. "네, 서장님!" 그리고 다시 "네, 서장님!" 거기에서 프리즈 프레임. 이것이 시나리오의 마지막 장면이었다.[51]

레이브의 〈람보〉는 미국 땅에서 벌어진 미라이로의 귀환이었다. 람보는 쉬기 위해 집으로 돌아온 캘리 중위였으며 티슬은 “아들”로 하여금 살인을 저지르도록 부추겼지만 그 결과에 대해서는 아무런 책임도 지지 않았던 갱스터 아버지 메디나 대위였다. 그는 아무런 처벌도 받지 않고 벗어날 수 있었다. 그러나 결과적으로 연예계는 허구의 티슬이나 〈스틱스와 본즈〉의 오지가 그랬던 것처럼 “보고” 싶지 않았다. 할리우드는 미라이를 다시 찾기 위해서가 아니라 묻어 버리기 위해서, 미국 남자들의 기분을 망치기 위해서가 아니라 기분을 “좋게 만들기” 위해서 영화를 제작하고자 했다. 레이브가 지금까지 쓴 부분을 감독에게 보내라는 전화를 받았을 때, 그는 여전히 시나리오 작업을 하고 있었다. 레이브는 완성되지 않은 시나리오를 모아, 그가 구상하고 있는 엔딩에 대한 대략적인 설명을 몇 쪽 안에 정리해서 우편으로 보냈다. 그는 타자기 앞으로 돌아갔지만, 초고를 마무리하기도 전에 두 번째 전화를 받았다. 더 이상 고생할 필요 없다는 내용이었다. 그들은 레이브의 시나리오를 원하지 않았다. “왜인지는 말해 주지 않았어요.” 레이브가 말했다. “그저 ‘안 될 것 같네요’라고 했죠.” 스튜디오 입장에서는 그게 진심이었을 것이다. 결국 할리우드는 베트남이 실제로 미국 남성성에 대해 폭로하려고 했던 내용 앞에서 문을 닫고 망치질을 하려고 노력하고 있었다.

창조주에게 아담이 간구하기를

그 후 6년간 〈람보〉 시나리오는 많은 손길과 다양한 판본을 거쳤다. 컬럼비아 픽처스에서 워너브라더스, 캐롤코를 거치면서 아홉 명이 넘는 감독이 최소 열여덟 개 버전의 시나리오를 청탁했다. 리처드 브룩스, 존 프랑켄하이머, 시드니 폴락, 마틴 리트 같은 뛰어난 감독들이 소집되었고, 폴 뉴먼, 알 파치노, 스티브 매퀸, 로버트 드니로, 클린트 이스트우드, 존 트래볼타,

닉 놀티, 브래드 데이비스, 마이클 더글러스 같은 주연급 배우들이 람보 배역이 어떠냐는 제의를 받았다. 그러는 동안 람보의 이야기는 계속 달라졌다. 어떤 시점에서 그는 어릿광대였고, 다른 시점에서는 여성 정신과의사에게 지나치게 애착을 가진 환자였다.[52]

비슷한 문제가 20년 전에 영화 제작자들을 괴롭힌 적이 있었다. 오디 머피가 고향으로 돌아온 시절에 대한 영화인 〈불타는 전장〉✠의 후속작을 만들려고 할 때였다. 〈람보〉와 마찬가지로 할리우드는 진짜 이야기를 할 수 없었다. 아니, 하고 싶지 않았다. 그 진짜 이야기에서 머피는 완전히 망가진 인간이요, 적을 찾아 거리를 활보하는 자칭 '처형자'이며 공격적인 남편이자 태만한 아버지였고, 총기를 사재기하면서 오리·토끼·다람쥐 그리고 "범죄와의 전쟁"같이 좀 더 사회적으로 수용 가능한 배출구로 분노를 향할 때에만 자기 자신을 억제할 수 있는 총기 소유자였다. 그래서 영화 제작자들은 판본이 바뀔 때마다 더 우스꽝스러워지는 허구를 창조해 냈다. 결국 제작되지 못했던 1956년의 〈귀환The Way Back〉에서 오디 머피는 자신의 가장 끔찍했던 전쟁 경험을 상담을 통해 되살리며 "전쟁에 대한 불안"을 "치유"했다. 수정본에서 오디는 아내 및 아들들과 함께 목장으로 향하여 갓 태어난 망아지를 보며 평온을 찾는다. 세 번째 수정본에서는 알코올의존에 빠진 친구를 구함으로써 평온을 찾는다.[53] 결국 영화 제작자들은 포기했고, 머피는 서부극으로 돌아갔다.

〈람보〉 제작자들은 한 가지 차이를 제외하고 비슷한 과정을 거쳤다. 이 영화는 결국 제작되었던 것이다. 로널드 레이건이 서부를 떠나 백악관으로 질주하고 있을 때, 당시로서는 최신 버전의 시나리오를 쓰기로 한 마이클 코졸은 가장 최

✠ 오디 머피의 『지옥에서 돌아오다』를 원작으로 하며 원제는 동일하다.

근에 제작을 맡은 공동 제작자 앤디 바나로부터 전화를 받는다. "바나는 내게 '널려 있는 쓰레기는 다 치우고 깨끗하게 만들어 봅시다'라고 말했어요." 코졸은 씁쓸한 곤혹스러움을 가지고 그 대화를 떠올렸다. "형편없는 작가에게 말하는 터프한 배급사의 어조였죠. '이봐, 내 수영장에서 나뭇잎을 좀 치워 주겠어?' 하는 것처럼 말이죠." 하지만 코졸은 바나의 말뜻을 알아들었다. "그는 서부극처럼 만들라는 말이었어요." 코졸은 거절했다. 그는 "전쟁에 완전히 반대"한다고 나에게 말했다. "군대에 반대하고요." 그리고 베트남전쟁을 미화할 생각은 눈곱만큼도 없었다. 그는 베트남전쟁이라면 몸서리가 쳐졌다. 샌프란시스코의 "히피 도예가"였던 그는 처음부터 전쟁을 반대했고 조국의 모험적인 태도에 혐오감을 느껴 한동안 유럽으로 이주해 있기도 했다.

코졸의 1980년 시나리오는 레이브의 버전보다는 상당히 순화되긴 했지만 여전히 스튜디오의 마음에 들기에는 너무 진실에 가까웠다. 코졸이 말했다. "이 영화는 워너브라더스가 우리에게 '베트남전쟁에 대한 영화는 아무도 보고 싶어 하지 않는다고!'라고 말하던 분위기에서 만들어졌다는 걸 알 필요가 있죠." 코졸은 결국 이 프로젝트에서 손을 씻고 관심 밖으로 치워 버렸다. "애초에 전쟁영화를 좋아하지도 않으니까요. 〈람보〉가 개봉했을 때, 보지도 않았어요." 그는 〈람보 2〉가 개봉했던 1985년 핼러윈 전까지 그 시나리오에 대해 다시 떠올리지 않았다. 코졸은 샌타모니카에서 살고 있었는데, 그 거리는 항상 '사탕 주면 안 잡아먹지!Trick or Treat!'라고 외치는 사람들로 넘쳐 나는 곳이었다. 그날 밤 그가 문을 열었을 때 똑같은 괴물 복장을 한 아이들 무리를 만나게 되었다. "처음에는 아이들이 해적 분장을 한 줄 알았어요. 그러고 나서 깨달았어요. 아이들은 람보였던 겁니다. 모두가 람보였어요. 셀 수 없이 많은 작은 람보들이요."

결국 끊임없이 다시 쓰이는 과정에서 『퍼스트 블러드』 위에 켜켜이 쌓인 거짓말은, 생각지도 못한 부흥가 실베스터 스탤론의 등장이 아니었다면 이야기에 남아 있던 활력을 완전히 짓밟아 버렸을 것이다. 스탤론은 뜻밖에도 베트남전쟁 영화의 대변인처럼 보였다. 그는 전쟁에 관심도 없고 지식도 없었다. 하지만 이야기에 생기를 불어넣었다. 그는 "프랑켄슈타인의 괴물과 그 창조주"처럼 드라마를 구상했고, 그 창조주는 "자신이 만든 게 무엇인지 이해"했으며 그에 대해 "죄책감을 느꼈다". 매우 개인적인 방식으로 그는 프랑켄슈타인의 피조물에 대해 어느 정도 이해하고 있었음이 밝혀졌다. 괴물이 날뛴 이유가 있었던 것이다. 괴물은 창조주의 사랑을 갈구하고 있었다. 메리 셸리의 고전에서 프랑켄슈타인의 괴물은 이렇게 말한다. "내 심장은 알려지고 사랑받기를 갈망한다. 나는 혼자였다. 나는 아담이 창조주께 간청한 것을 기억했다. 하지만 나의 창조주는 어디에 있었는가? 그는 나를 버렸다. 그리고 내 심장의 고통 속에서 나는 그를 저주했다." 메리 셸리는 고아가 되었던 경험에서 이 유명한 이야기를 길어 냈다. 메리 셸리의 어머니이자 선구적인 페미니스트였던 메리 울스턴크래프트Mary Wollstonecraft는 그녀를 낳고 열하루 만에 세상을 떠났으며, 아버지 윌리엄 고드윈은 상길감과 빚더미에 시달려 방황하는 존재였다.[54] 자신의 경험 안에서 스탤론은 비슷한 요술을 선보였다.

베트남전쟁에서 스탤론은 혼란스러운 가정생활의 윤곽을 보았다. 그가 내게 말하길 "그건 나쁜 결혼 같았"다고 했다. "그리고 미국은 거기서 어떻게 빠져나와야 하는지, 어떻게 품위를 잃지 않고 그로부터 떠날 수 있는지 모르는 매 맞는 아내 같았죠." 미국은 아무래도 때리는 편에 캐스팅되는 것이 더 적절해 보이지만, 아마도 스탤론은 말 그대로의 진짜 베트남전쟁을 이야기한다기보다는 어린 시절의 부서진 렌즈를 통해 본 베트남전쟁에 대해 이야기하고 있었던 모양이다. 레이브처럼, 또 마이클 번하트처럼, 스탤론은 아들들이 배에 실려 동남아시아로 보내지기 훨씬 전에 고향에서 이미 배신을 당했다는 사실을 직관적으로 이해하고 있는 것 같았다. 하지만 스탤론이 그 이해를 바탕으로 한 일은 또 달랐다. 레이브는 진실을 말하기 위해 아버지와 결별할 준비가 되어 있었다. 하지만 스탤론은 실망과 분노에도 여전히 아버지의 인정 같은 걸 받을지도 모른다는 희망을 품고 있었다. 오디 머피처럼 그는 좋은 아들을 연기하고 싶은 음울한 아들이었다. 스탤론은 비프와 동일시한 만큼(1998년에도 그는 마지막 공연이 30년 전이 아니라 사흘 전이었던 것처럼 〈세일즈맨의 죽음〉에서 자신의 대사를 암송할 수 있었다), 여전히 집에서 환영받기만을 바라는 해피 역의 오디션을 보고 있었다. 거기에서 스탤론은 수많은 미국의 아들들의 말로 표현할 수 없는 열망을 표현했다. 그는 그들의 대변인이 되었고, 스탤론이야말로 정직하지 못한 시나리오를 신뢰할 만한 것으로 만들고자 했던 영화 제작자들이 필요로 하던 종류의 주인공이었다.

실베스터 스탤론과의 모든 대화는 대체로 일단 시작되기만 하면 이내 아버지와의 관계에 대한 이야기로 이어졌다. 스탤론은 30년도 더 전에 끝난 것으로 추정되는 전쟁에 여전히 마음속으로 참전 중이었다. 쉰두 살에도 여전히 '포스트-프랭크 스탤론 신드롬'을 걷어치우려고 애쓰고 있었던 것이다. "아버지와 함께한 모든 것이 경쟁이고 도전이었어요." 스탤론은 어느 날 오후, 뉴욕시의 포시즌스 호텔 바에서 거의 건드리지 않은 음료수를 골똘히 쳐다보며 아버지에 대해 말했다. 스탤론과의 만남은 항상 예상대로 고급스러운 환경에서 이루어졌지만, 그의 태도는 궁전에 몰래 들어갔다가 발각되는 순간 쫓겨나게 될 방랑자 소년과 같았다. 그는 왕국으로 들어가는 길을 찾았지만, 그게 그의 유산이었던 건 아니었다. "아버지는 언제나 도전 중이었어요. 날이 추워서 '코트가 필요해요'라고 말하면, '춥다고! 이 정도는 아무것도 아니야!' 하고 대꾸했습니다. 그러고 나면 이제 증명할 필요가 있는 거죠. 이제 셔츠를 벗어야만 하는 겁니다. (…) 내가 열세 살쯤에 아버지는 몇백 달러쯤 하는 말들을 샀어요. 길고 우스꽝스러운 도전이 되어 버렸죠. 아버지는 말을 타면 엄청나게 전투적이 되었습니다. 불멸의 전사처럼 폴로 경기를 했어요, 모두 다 죽여 버리겠다는 듯이요." 프랭크의 전 부인 재키 스탤론이 말했듯, 그는 재미있기 때문이 아니라 과격한 경쟁이었기 때문에 폴로에 매력을 느꼈다. 재키 스탤론은 이렇게 말했다. "누군가의 머리를 때리고도 아무 일 아니라는 듯 넘어갈 수 있는 유일한 방법이었던 거죠." 그 아들이 이야기를 이어 갔다. "그게 뭐였든 간에 아버지는 이겨야 했어요. 어떤 대가를 치르더라도 말이죠. (…) 뭘 어떻게 해야 한다는 설명은 없었어요. 그저 그게 무엇이든 간에 아버지가 나보다 더 잘 해낼 수 있는, 그런 도전만 있었습니다."

스탤론의 아버지는 장인다운 기술과 육체노동으로 남자다움을 측정하는 이탈리아 이민자 노동계급의 아들이었다. 프랭크에게는 떠오르는 엔터테인먼트 시대에 더 부합하는 다른 포부가 있었다. 스탤론이 내게 말했다. "가수가 되려고 했지요. 아주 좋은 가수가 될 수도 있었지만 무대공포증이 있었어요." 재키 스탤론의 회상에 따르면 그녀가 미래의 남편감을 만났을 때, 그는 브롱크스에서 구두 수선공인 친척과 일하고 있었다. 재키는 빌리 로즈Billy Rose✠의 레뷔✢에서 코러스걸을 하고 있었다. 짧은 구애 끝에 그들은 1945년 결혼했다. 그때 재

✠ 제2차세계대전을 전후로 활발하게 활동했던 흥행사. 극단주이자 기획자였고, 배우, 작사가로도 활동했다.

✢ 우스꽝스러운 노래와 코미디, 짧은 콩트 등으로 이루어진 시사풍자극.

키는 실베스터를 임신한 상태였다. 그녀는 자선 병동에서 출산한 후 신생아와 함께 헬스키친에 있는 아파트로 돌아왔다. 그렇게 10년이 흐른 뒤 스탤론 부부는 매릴랜드주의 교외로 이사했고, 프랭크 스탤론은 아내의 도움으로 미용실을 운영하면서 일과는 완전히 무관한 방식으로 자신의 남자다움을 증명하려 했다. 아들에 대한 그의 도전은 가슴을 두드리는 수준을 훨씬 뛰어넘었다. '승리'가 전부였고, 승리는 궁극적으로 힘에 관한 것이었다. 스탤론은 자신의 어린 시절을 베트남전 용어로 회상했다. "그저 매일 반복되는 소모전이었습니다."

재키 스탤론은 전남편이 주로 거리에서 사람들과 싸움이 붙었을 때 성난 폭력을 드러냈으며, 심지어 직장에서도 그런 경우가 있었다고 말했다. 하지만 그녀의 맏아들이야말로 그런 공격에 고통받았다. 그녀는 아들이 사소한 구실로 구타를 당했다고 회상했다. "그가 실베스터를 밟았어요. 아이의 배 위로 뛰어 올랐죠. 아이가 아직도 살아 있는 게 놀라울 정도예요." 경쟁은 언제나 전남편의 분노를 촉발시키는 계기가 되는 것 같았다. 그리고 이 경쟁은 아들이 집을 떠난 후에도 오래도록 지속되었다. 아들이 유명해지자 그는 아내에게 불평했다. "오스카를 받아야 하는 건 자기라고 했어요. 그건 자기 재능이니까요. 실베스터가 그걸 자기한테 '물려받았'고, 당연히 〔아카데미상은〕 자기 거라고 말이죠. 실베스터는 자격이 없다나요. 아들의 성공을 질투하는 아버지라니, 상상도 할 수 없잖아요. 안 그런가요? 하지만 그 사람이 그런 아버지였죠." 그가 당시에 폭력적이거나 경쟁적이거나 혹은 질투심이 강했거나 간에, 프랭크 스탤론은 이제 그에 대해 말하려 하지 않는다. 그가 더 이상의 질문을 피하면서 내게 "그 문제에 대해서는 말하지 않는 게 좋겠군요"라고 했다. "아니요, 차라리 말하지 않겠습니다. 별로 할 말도 없고요. 〔재키가〕 뭐라고 했든 감안해서 들어야 합니다. (…) 그 여자 머릿속에서 만들어진 얘기겠죠." 그는 1990년 《배니티페어Vanity Fair》 인터뷰에서 자신이 아들을 어떻게 대했는지에 관해 말하고 싶은 것이 있었다. "내가 아들에게 좀 엄하게 대했다고 생각할 수도 있을 겁니다. 하지만 개를 하루에 세 번씩 때리고 그러진 않았어요."[55]

아들에게는 그게 경쟁처럼 느껴졌고, 어린 실베스터는 아버지의 본보기를 피하기보다는 모방하면서 동일한 방식으로 그에 반응했다. "나는 달빛 없는 밤에 말을 타고 풀을 깎지 않은 들판을 달리고 철조망을 뛰어넘었습니다. 미친 짓이죠. 그러니까, 대체 왜 그런 짓을 하겠어요? 그런 다음 그 말을 데려다가 10피트 높이 절벽에서 물속으로 뛰어들면서 그 위에서 버텼죠. 영화에서나 볼 수 있는 온갖 헛짓거리를 한 거죠. 대체 뭘 위해 그랬을까요?" 하지만 스탤론은 계속 철조망을 뛰어넘으면서 아버지의 호의를 얻고자 노력했다. "내 기억에, 아이들을 위한 가톨릭 피정에 참여한 적이 있어요. 신부님이 지옥불과 저주에 대해 이야기했고, 우리가 경전을 거역하면 우리의 영혼이 영원히 불탈 거라 했어요. 그리고 그는 '지옥이 얼마나 뜨거운지 보여 주겠다'면서 굉장히 큰 양초를 들고 말했어요. '여기 있는 사람 중에 누구라도 5초 동안 이 불꽃 위에 손가락을 넣거나 손을 올리고 있으면 돌이킬 수 없는 피해를 입게 될 것이다. 평생 상처가 남을 것이다.' 그래서 내가 올라가서 자원을 했어요. 아홉 살 내지 열 살쯤이었을 겁니다. 손을 불꽃 위에 올렸어요. 그리고 버텼죠. '하나…… 둘…… 셋…….' 정말 괴로웠습니다. 4초가 되자, 그가 촛불을 치워 버렸어요. 왜 내가 거기 있던 사람 500명 중에서 굳이 자원을 했는지, 이해할 수가 없지만, 어쨌거나 나는 무언가 증명하고 싶었던 거예요. 아버지는 그곳에 없었지만, 아버지의 삶의 교훈은 언제나 그곳에 있었던 겁니다. 그리고 그건 늘 고통에 관한 것이었어요."

고통은 참아야 하는 것임과 동시에 가해져야 하는 것이었다. "그는 이빨을 손에 들고 집에 와서 그냥 꿰매 넣곤 했어요." 스탤론이 회상했다. "두개골을 부수고는 직접 바늘로 봉합하기도 했고요. 아버지는 실물 람보 같았죠." 재키 스탤론에 따르면 프랭크는 집에서도 고통을 가했고, 그들은 그걸 참아냈다. 1957년 크리스마스 아침에 그는 재키를 나무 밑에 던지고 거의 목을 졸라 죽일 뻔했다. 그녀가 3달러밖에 하지 않는 벨트를 선물로 사 준 것에 분노했기 때문이었다. "하지만 일주일에 용돈을 3달러밖에 안 주는 남자한테 뭘 줄 수 있었겠어요?" 그녀는 여전히 그의 비난에 대해 변명을 하는 것처럼 나에게 투덜거리며 물었다. 그녀가 가장 생생하게 기억하는 사건은 실베스터가 겨우 여섯 살 때의 일이다. 그녀는 몇몇 친구와 뒷마당에서 바비큐 파티를 하고 있었는데, 갑자기 아들이 나타났다. "난간에 기대어 나를 쳐다보며 '엄마, 엄마!' 하는 거예요. 얼굴에서 피가 쏟아지고 있었죠. 묵사발이 될 때까지 맞은 거죠." 재키의 말에 따르면 실베스터의 아버지가 말채찍으로 아들을 야단친 것이었다. "애가 뭘 그렇게 잘못했겠어요?" 그녀는 나와 눈을 마주치더니 곧 고개를 돌렸다. "당신이라면 어떻게 했겠어요?" 그녀가 스스로에게 질문했다. "그냥 살아야 하는 거죠. 두 아이를 데리고 훨씬 일찍 떠났어야 했는데……. 하지만 뭐라고 말을 하려고 할 때마다 그가 말했죠. '애들을 배에 태워 시칠리아로 보내 버릴 거야. 당신이 애들을 다시는 못 만나게.' 그건 사실이었어요. 그러고도 남을 사람이었죠. 그러니까 그냥 버티면서, 그를 제거해 줄 기적을 기다리는 수밖에요."

어린 실베스터가 스스로의 힘으로 궁극의 공군으로 변신한 고아 영웅에게 매혹된 것은 이 시기였다. 그 영웅은 바로 슈퍼맨이었다. "여덟 살 때 슈퍼맨 복장을 만들어 옷 안에 입고 학교에 갔어요. 정말로 믿었죠, 정말로 믿었어요. 그때 무언가 잘못되었다는 걸 알았어야 했습니다." 스탤론이 회상을 이어 갔다. "그건 미장원 망토였어요. 그리고 노란색 밀랍 크레용으로 아무렇게나 'S' 비슷하게 그려 넣은 염색 티셔츠가 있었죠. 친구인 지미 콜렌에게 말했어요. 내가 진짜 누군지 아느냐고 물은 거죠. 걔가 답했어요. '그럼, 너는 실베스터야, 빙키[이건 그가 싫어하는 어린 시절의 별명이다]'. 나는 말했죠. '아니야, 아니야, 아니야! 잘 보라고!'" 그리고 스탤론은 그에게 안에 숨겨 놓았던 옷을 보여 주었다. "그러자 걔가 밖으로 나가서 반 아이들 모두에게 말했어요. 그리고 선생이 나를 불러내서 전체 반 아이들 앞에 서게 했어요. 옷을 꺼내 모두에게 보여 줬죠. 창피했어요. 나는 밖으로 뛰쳐나갔는데, 거기에는 반마일 정도 이어지는 거대한 빗물 배수관이 있었습니다. 그래서 나는 거기에 뛰어들었어요. 배수관 반대편에 다다랐을 때, 나는 괜찮아졌어요. 그리고 집에 날아가려고 했습니다."

어린 실베스터는 이후에도 또다시 날아 보려고 시도했다. 그는 집 지붕에서 뛰어내려 콘크리트 믹서기에 머리부터 떨어져 쇄골을 부러뜨렸다. 그건 아버지가 뒷마당에 도시 교외 생활의 핵심이라고 할 수 있는 바비큐 화덕과 테라스를 만드느라 가져다 놓은 것이었다. 스탤론이 내게 말했다. "나는 지붕에서 살았어요. 말 그대로 길이 생길 정도로 자주 지붕 위로 올라갔죠. 나 때문에 타르지가 그야말로 닳아 버렸으니까요." 지붕에선 자신이 미국 최연소 우주비행사가 되어 성층권을 통해 쏘아 올려지는 걸 상상할 수 있었다. "지붕이 우주선이었기 때문에 거기에 올라갔어요. 놀라운 장소였죠. 경사진 지붕 위를 걸어 본 적 있습니까? 아주 깔끔하고, 제대로 각도가 잡혀 있고, 정말 아름다워요. 그리고 당신이 그곳에서 유일하게 힘을 가진 생명체인 거예요. 다른 모든 건 기계적이거나 죽어 있죠. 당신은 살아 있고요. 그리고 그저 그 위에, 집과 사람들 위에 다리를 벌리고 앉아서, 마치 타르지 괴수처럼 그걸 타고 있는 거죠. 나는 우리 집의 꼭대기에, 완전 진짜 꼭대기에 앉아 있곤 했어요. 매일 밤 말이죠. 그건 내 영역이었어요." 그곳에서 그는 이 세상의 것이 아닌 힘을 달라고 기도했다. "나는 늘 갑자기 내 앞에서 별이 폭발하고 내가 남자 쉰 명의 힘을 갖게 된 뒤에 여기저기 돌아다니면서 인류를 위해 대단히 위대한 일을 하게 되기를 바랐습니다." 우주 경쟁이 시작되자, 그는 자신의 횃대에서 인공위성이나 로켓의 흔적을 찾기 위해 하늘을 유심히 살폈다. "나는 늘 그 개에 대해 생각했어요." 그는 1957년 11월 스푸트니크 2호를 타고 우주로 간 개 '라이카'에 대해 말했다. "얼룩이 잡종이었죠. 잊을 수 없을 겁니다. 귀가 축 늘어진 개. 그리고 그 개에게 어떤 일이 벌어졌을지에 대한 생각도 멈출 수 없었어요. 왜냐하면 위로 보내진 다음에 지구로 돌아올 때는 폭발해 버렸기 때문입니다." 라이카는 사실 불덩이가 떨어지기 전, 위성의 산소 장비 고장으로 질식사했다.[56]

스탤론은 영화로 끝없이 여행하며 슈퍼히어로의 환상을 키웠다. "나는 〈스파르타쿠스〉나 〈바이킹〉과 함께했어요." 이 영화들은 젊은 커크 더글러스Kirk Douglas의 육체적 고통과 영웅적인 행동을 전달하는 서사시적 매개체였다. 스탤론은 더글러스에 대해 이렇게 말했다. "나는 젊은 영웅들을 숭배했고, 그 중심엔 그가 있었어요. 내겐 아버지 같은 존재인 거죠." 그는 더글러스의 근육질의 걸음걸이와 셔츠를 벗은 포즈를 흉내 냈다. "어린 시절 사진을 보면 그렇게 근육을 뽐내고 있어요. 모든 사진에서요. 영양실조로 마른 몸을 하고는, 셔츠를 벗고 근육을 뽐내는 포즈를 취하고 있는 거죠." 그는 자신의 몸을 충분히 강하게 만들 수 있다면 아버지와의 시합을 견딜 수 있을 뿐만 아니라 그 위로 비상할 수 있으리라 상상했다. 그 환상은 훗날 그를 복싱 링으로 이끌었다. 그는 복싱의 매력이란 그걸 "감당할 수 있다는 것"이라고 말했다. "계속할 수 있는, 당신을 공중으로 떠오르게 할 수 있는 연료를 가지고 있기 때문에 화를 다스릴 수 있는 겁니다."

재키 스탤론은 마침내 아이들과 함께 도망쳤다. 그리고 결국에는 다른 주로 옮겨 가 재혼했다. 그 결혼도 그 나름대로 이전 결혼만큼이나 험난했다. 그즈음은 1958년으로, 실베스터가 거의 열두 살이 되었을 무렵이다. 그녀가 그렇게 오래 기다려야 했던 이유는 두 가지였는데, 그건 가정폭력만큼이나 오래된 이유였다. 바로 두려움과 경제적 문제 때문이었던 것이다. 그녀가 떠나려고 움직일 때마다 프랭크는 그녀를 협박했다. 그는 그녀를 때렸고, 그녀가 기절할 때까지 목을 졸랐으며, 달리는 차 밖으로 그녀를 내던졌다. 재키에 따르면, 한번은 그녀를 벽난로 앞에 세워 놓고 "그냥 총알을 마구 쏘아 댔"단다. "내 주변으로 총을 계속 쐈어요." 그녀가 집에서 나와 여전히 매릴랜드주 실버스프링에 살고 있을 때 그가 찾아왔다. 그리고 "총으로 문의 자물쇠를 쏴서 부쉈다." 결국 그녀의 아버지가 세상을 떠나면서 돈을 좀 남긴 덕에 그녀는 두 아들을 군사학교에 입학시키고 나서 필라델피아로 달아날 수 있었다.

양육권 다툼이 이어졌고, 실베스터는 결국 아버지에게 돌아갔다(재키는 말을 선물로 주겠다는 약속에 넘어갔다고 기억한다). 하지만 한두 주 지나 불행한 실베스터는 히치하이킹으로 차를 얻어 타고 어머니 집으로 돌아왔다. 그는 수없이 도망쳤다. 한번은 "버려진 교회와 변태들 차에서 자면서" 플로리다주까지 도망치기도 했다. 그는 결국 어머니와 함께 살게 되었고, 어머니는 아들을 이 학교 저 학교로 보냈다. 그중에는 그가 열여섯 살 때 보내진 문제아를 위한 기숙사도 있었다. 마침내 그는 스위스의 아메리칸 컬리지에 가게 됐고, 그와 고통스러운 어린 시절 사이에는 바다가 놓였다.

하지만 스탤론은 이후로도 가족 간 전투에서 벗어날 수 있을 만큼 멀리 여행하지는 못했다. 1991년이 돼서야 그는 팜비치의 폴로 경기장에서 그 사실을 이해하게 되었다. "아버지가 찰스 황태자가 폴로를 즐기는 최고의 폴로 경기장에서 경기를 하고 싶어 했어요. 나한테 경기를 준비하라고 말했죠. 그래서 엄청난 돈을 들여서 준비했어요. 경기를 하러 갔을 때 (…) 우리는 서로 다른 팀에서 뛰었어요. 그리고 바로 서로의 옆에 있었어요, 다른 팀으로 말이죠. 갑자기 말이 내 등을 차서 나는 곤두박질쳤어요. 말이 내 흉강을 짓밟을 뻔했지만 빗나갔어요. 나는 그 자리에 누워 있었어요. 그리고 위를 쳐다보았죠. 나를 공격한 건 아버지였어요. 그는 나를 내려다보고 있었죠. '아들, 괜찮아?' 하는 것처럼요. 이어지는 경기에서 나는 아버지를 굉장히 세게 치고 공을 150야드까지 가져가면서 득점을 했습니다. 그야말로 잘못된 영화제작 현장 같았어요! 경기가 끝나고 나서 말했죠. '아버지 때문에 죽을 뻔했어요. 나를 불구로 만들 수도 있었다고요. 척추가 부러질 수도 있었어요. 아버지는 1100파운드나 나가는 말로 내 등을 쳤어요!' 그가 말했죠. '빌어먹을 사고였잖니. 뭘 그렇게 질질 짜는 거냐?'" 아버지가 아들을 거의 짓밟을 뻔했던 장면이 〈엔터테인먼트 투나잇〉 팀의 카메라에 의해 포착되었다. "마지막에 종이 울렸을 때, 나는 다시는 말에 올라타지 않았어요. 끝나 버렸죠. 목장과 말 마흔 필, 모든 걸 팔아 버렸습니다. (…) 그 남자가 군마 위에서, 그 말 위에서 맬릿(폴로의 타구봉)을 들고 있는 걸 보았을 때, 나를 내려다보고 있을 때, 나는 말했죠, 씨발 완벽하네. 그거 압니까? 이 일 덕분에 정확하게 그가 언제나 나에 대해 어떻게 생각했는지 똑바로 보게 됐어요. 내가 무엇인지 말입니다. 나는 그의 아들이 아니었어요. 나는 적수였던 겁니다."

스탤론은 그가 그토록 갈망했던 아버지의 인정을 결코 얻지 못할 터였다. 그러기 위해서는 아버지가 져야만 한다는 의미였던 것이다. 그렇게 그는 좋은 아버지들을 만날 수 있을지도 모르는 다른 영역으로 고개를 돌렸다. 만약 만나지 못한다면 만들어 낼 수 있는 곳으로. 그는 영화에서 새로운 아버지들을 낳았다. 스탤론은 고아가 된 로키를 위해 밤낮없이 헌신하는 백발의 코치 미키를 만들었다. 그리고 그가 〈람보〉 촬영장에 합류했을 때, 그는 고아 람보를 위해서도 아버지를 찾아내리라 결심했다. 그게 시나리오를 완전히 뒤집어엎어야 하는 일이라고 해도 말이다. 스탤론과 영화 팬들이 경험한 아버지 없는 상태는 완벽한 은유를 찾아냈다. 그건 바로, 끝내 구출될 버림받은 포로였다.

영화의 감독인 테드 코체프는 말했다. "내가 관여한 뒤 몇 달 동안 여러 대본을 작업했습니다만, 있잖아요, 가장 큰 변화를 가져온 사람은 실베스터 스탤론이었습니다." 코체프는 스탤론이 만든 세 가지 근본적인 변화를 언급했다. "스탤론이 나한테 말했어요. '이 남자는 사격장에 있는 것처럼 총을 쏩니다. 그러면 관객들이 거리감을 느낄 거예요. 그가 사람들을 죽이는 대신에 그냥 움직이지 못하게 만들면 어떨까요?'" 두 번째 변화는 람보를 입이 험하고 시끄러운 남자에서 금욕적이고 과묵한 타입으로 바꾸는 것이었다. 마지막으로, 가장 중요한 변화는 영화의 결말이었다. 코체프에 따르면 대본에는 트라우트먼이 "프랑켄슈타인 박사처럼" 걸어 들어오도록 되어 있었다. 그는 본인의 창조물을 날려 버릴 생각이었지만 그럴 수 없었다. 그래서 람보는 트라우트먼의 총에 손을 뻗어 자살을 하는 것이었다. "우리가 촬영할 때 스탤론이 내게 다가와 말했어요.

'테드, 이 인물이 겪은 일들 끝에서 그를 죽여 버린다면 사람들이 우리를 싫어하지 않을까요? 나는 여섯 달 뒤에 다시 돌아와서 재촬영하고 싶지는 않은데요.' 그래서 우리는 다른 결말도 촬영했죠." 그게 이 영화의 프랑켄슈타인적인 메시지를 부정하는 것처럼 보였지만, 코체프는 그렇게 하기로 했다. 배급사가 다른 결말을 원할 때를 대비해서 "그렇게 해서 뒷주머니를 만들어 놓는다고 나쁠 건 없다"고 생각했다.

촬영한 두 번째 피날레는 따로 쟁여 두었다. 그리고 시사회 결과는 처참했다. 코체프가 회상하길 "그가 마지막에 죽자 관객들은 분노와 좌절감으로 아우성쳤"다. 관객들은 격렬하게 야유하며 소리쳤다. "누가 람보를 죽이기로 한 겁니까?" 코체프는 긴장하기 시작했다. "관객들은 말 그대로 나에게 린치를 가하려고 했어요! 사람들은 '감독 어딨어!'라고 말했죠. 저는 극장 밖으로 뛰어나갔어요!" 이후에 감독이 관객들의 평가서를 확인하자, 반응은 압도적이었다. "모든 평가서에 큰 글씨로 '훌륭한 영화, 하지만 **끔찍한 결말**!!!'이라고 쓰여 있었어요." 그리하여 영화의 결말은 급하게 두 번째 버전으로 바뀌었다. 그렇게 해서 첫 장면에서부터 마지막 장면에 이르기까지, 람보는 더 이상 퇴역시켜야 할 괴물이 아니게 되었다. 영화의 첫 시퀀스에서, 몇몇의 어린이가 노는 것을 다정하게 바라보는 신사적인 람보가 클로즈업으로 소개된다. 이 겸손한 영웅은 마을에서 '델마르'라는 이름의 흑인 특전대 전우를 찾고 있다. 람보는 전혀 위협적이지 않다. 그는 부랑자처럼 보여야 했지만 군복은 깔끔하고 깨끗했으며, 어깨까지 내려오는 머리는 최근에 다듬은 것이었다. 그는 길을 따라 내려갈 때에 누구와도 싸우지 않는다. 그리고 보안관 티슬이 접근할 때 역시 예의 바르게 행동한다. 싸움을 거는 건 티슬이며, 이것이 영화 전편에 계속되는 주제였다. "내 잘못이 아니야." 그를 총으로 쏘려던 가학적인 보안관보가 경찰 헬리콥터에서 추락하자 그는 울부짖는다. "더 이상 아무도 다치지 않았으면 좋겠어. (…) 나는 아무 짓도 하지 않았어." 그는 오로지 자신을 지키기 위해서만 총을 쏜다. 그리고 티슬의 목을 벨 수 있는 기회가 생겼을 때에도 티슬에게 "그만하시죠, 그만하시라고요"라고 재촉하며 물러선다. 전쟁에서 얻은 살인 능력과 그에 대한 지식은 그의 기억에서 말소됐다. "그들이 먼저 시작했어요, 내가 아닙니다." 그는 보안관보들에 대해 고결하게 말한다. 람보가 좋은 아들 록키가 된 것이다. 이제 그에게 필요한 건 좋은 아버지였다.

스탤론은 트라우트먼을 "아버지 같은 존재"로 다시 만들었다고 말했다. 왜냐하면 람보에게는 "그의 목소리가 되어 그가 얼마나 힘든 일이 많았는지 설명해 줄 누군가가 필요했기" 때문이다. 스탤론의 트라우트먼은 "그가 기대했던 것보다 훨씬 뛰어났기 때문에 존 람보를 사랑했다." 스탤론이 각본에서 바꾼 마지막 내용은 차가운 대령을 자랑스러워하는 아빠로 바꾸는 것이었다. 그는 람보를 '조니'라 부르고 자신의 "아주 특별한" 소년에 대해 열정적으로 이야기한다. 그는 더 이상 후방군 관리자가 아니다. 그는 람보에게 말한다. "나는 자네와 함께 있었다. 그 피비린내 나는 곳에 무릎까지 담그고. 내가 자네의 뒤를 봐준 게 한두 번이 아니지. 자네를 곤경에서 구해내는 일이 내 평생의 일이 될 것 같군."

이 선택에는 스탤론을 위한 개인적인 보너스도 따라올 뻔했다. 트라우트먼 역에 커크 더글러스를 캐스팅할 예정이었던 것이다. 스탤론은 이렇게 회상했다. "나는 흥분했어요, 완전히 흥분했죠. 그는 내 영웅, 내 롤 모델이었으니까요!" 하지만 문제가 하나 있었다. 커크 더글러스는 그가 읽은 대본을 싫어했고, 배역을 맡기 전에 감독한테 대본을 수정할 거라는 확답을 받았다고 생각했다. 하지만 더글러스가 촬영 현장에 도착했을 때, 수정된 건 하나도 없었다. 더글러스는 "나는 어리둥절했다"고 자서전 『넝마주이의 아들The Ragman's Son』에 썼다. 그가 요구한 건 한 가지 변화였으나 받아들여지지 않았고 그것이 "갈등의 원인"이었다. "나는 드라마적으로 내 캐릭터가 자신이 대체 어떤 프랑켄슈타인의 괴물, 비도덕적인 살인자, 그리고 사회에 대한 위협을 만들었는지 깨달은 뒤 스탤론을 죽이는 것이 더 낫다고 생각했다. 그들이 내 말을 들었다면 '람보' 시리즈는 탄생하지 못했을 것이다. 그렇다면 많은 돈을 잃었을 테고. 하지만 그건 옳은 일이 되었을 것이다."[57] 스탤론이 말했듯 더글러스는 자신의 캐릭터가 람보를 가책 없이 죽이기를 원했다(이 이야기를 하는 그의 목소리는 여전히 실망감으로 날카로웠다). 더글러스가 생각하던 람보는 "훨씬 재능도 없고, 공감하기도 어려운, 완전히 일회용"이었다고 스탤론은 기억했다. 그런 람보는 원치 않는 아들이었다. 결국 더글러스는 그보다 대본을 훨씬 잘 받아들였던 리처드 크레나로 대체되었다.

그러나 좋은 아버지를 만드는 건 스탤론의 임무 중 그저 첫 번째이자 쉬운 일이었다. 그가 좋은 아버지와 재회하기 전에, 그는 자신을 "대단히 특별한" 아들로 생각하지 않았던, 모든 경쟁에서 아들을 이겨 먹으려 했던 아버지를 완전히 파괴해야 했다. 그래서 데이비드 모렐의 타자기에서는 람보의 비밀스러운 공모자로 등장했던 보안관이 그의 가장 강력한 적으로 변신한다. 그리고 이번에는 아들이 이겨야만 했다. 마지막 장면에서 람보는 경찰 본부 채광창을 통해 티슬을 쏘고, 보안관은 지붕을 부수면서 바닥으로 떨어져 람보의 발 앞에 떨어진다. 이제, 스탤론이 폴로 경기장에서 겪은 마지막 경험과는 반대로, 땅에 등을 대고 누워 사과하지 않는 의기양양한 아들을 올려다보는 건 나쁜 아버지다.

"그 보안관이 베트남 참전군인을 만났을 때, 그건 횡재였던 거죠. 왜냐하면 한 전쟁에서 최고였던 사람이 다른 전쟁에서 최고였던 사람과 대적할 수 있는 기회를 얻은 거니까요." 스탤론이 나에게 말했다. "그래서 람보가 그에게 평생 해 온 경쟁을 연장할 수 있는 새로운 기회를 준 겁니다. 하지만 결국 그는 승승장구하지 못합니다. 총을 맞지 않아도 될 때에도 총에 맞습니다. 왜냐면 경쟁 중이었으니까요." 스탤론의 보안관을 쏴 죽이고자 했던 욕망은 메소드 연기의 범주를 훨씬 초과하는 것이었다. 스탤론은 티슬과의 결전이 촬영되기 전 며칠에 대해 이렇게 말했다. "마지막에는 끔찍했습니다. 이 모든 감정이 내 안에서 쌓이고 있었어요. 너무 죽이고 싶은 나머지 실제로 침을 흘렸다니까요." 스탤론의 말은 티슬의 대사에 대한 기이한 메아리였다. "그놈을 너무 죽이고 싶어서 입에서 피 맛이 날 정도라고."

이 새로운 아버지, 공감해 주고 항상 지지해 주며 결코 경쟁적이지 않은 이 아버지는 아들이 누구를 적으로 선택했는가를 정당화해 주기 위해 등장했다. 트라우트먼은 람보와 함께 낡은 아버지이자 살인자에 맞선다. 스탤론이 수정한 대본에서 트라우트먼은 "미국의 시골뜨기" 티슬에 대한 멸시만을 드러낸다. 티슬은 람보와 트라우트먼 사이에 존재하는, 전쟁을 통해 형성된 영적 유대를 감히 헤아릴 수조차 없기 때문이다. 트라우트먼은 티슬에게 말한다. "어쩌라는 겁니까. 당신은 민간인이잖소. 당신은 아내와 작은 꽃밭이 있는 집으로 돌아가면 그만이지. 이게 대체 무슨 일인지 알아내야 하는 압박 같은 건 당신에게 없을 테니까." 느슨하게 풀려 있던 모든 결말이 정리된 것처럼 보였다. 나쁜 아들은 착한 아들이 되었다. 좋은 아버지는 아들의 가치를 인정하고 그가 남자로 향하는 과정을 존중했다. 그리고 나쁜 아버지는 패배하고 추방당했다. 기계 속의 유령은 결코 진정으로 추방될 수 없다는 점만 빼면 말이다. 아버지의 배신은 10년 전 〈람보〉가 시작된 기원의 근저에 놓여 있었고, 어떤 각색과 배우 캐스팅에서도 완전히 뿌리 뽑히지 않았었다. 그 모든 것에도 불구하고, 아버지의 속임수는 가장 능숙한 개작자조차도 퇴마시키지 못한 채 유령의 흔적과 대화의 잔재, 그리고 줄거리의 전환 속에 계속 출몰해서 영화를 괴롭혔다.

스탤론은 트라우트먼을 헌신적인 아버지로 만들기 위해 노력했지만, 결국 그런 변형이 완성되지는 않았다. 트라우트먼은 티슬에게 말한다. “그 아이는 나를 믿고 있소. 잘 보시오, 나는 그가 떠나온 가족에 가장 가까운 존재요.” 하지만 트라우트먼은 바로 그 믿음을 이용해 람보를 항복시킨다. 그건 분명 무기징역으로 이어질 터였다. 트라우트먼은 티슬이 그가 보안관의 위치에 있었다면 어떻게 했을지 묻자 당황한다. “그를 안아주고, 어설픈 입맞춤을 해 줬을 거요? 아니면 머리통을 날려 버렸을 거요?” 조용히 그 질문에 대해 생각해 본 뒤 트라우트먼은 대답한다. “직접 만나기 전까지는 대답할 수 없었을 거요.”

마지막 장면에서 트라우트먼은 그와 얼굴을 마주한다. 그리고 자세히 살펴보면 그건 매우 양가적이다. 그렇다, 람보는 그의 팔에 안겨 눈물을 흘린다. 그렇다, 트라우트먼은 자신의 외투를 불쌍한 소년의 헐벗은 어깨 위에 둘러 준다. 하지만 실제로 일어난 일은 무언가? 스탤론이 말했듯이 “태아 자세”로 바닥에서 경련을 일으킨 람보는 대령이 그에게 머뭇거리며 다가오기 훨씬 전부터 트라우트먼에게 마음을 쏟아부었다. 그러고 나서도 손을 내밀어 트라우트먼의 손을 잡고 그를 자기 쪽으로 끌어당겨야 하는 건 바로 람보다. 트라우트먼의 어깨에 자신의 머리를 갖다 붙여야만 하는 것도 람보인 것이다. 대령이 마침내 자신이 돌봐야 하는 청년의 등에 손을 올렸을 때, 그건 눈에 띄게 꺼리는 반쪽짜리 포옹이었다. “어떤 의미에서 그들은 그렇게 가까운 사이가 아니죠.” 스탤론은 후회스럽다는 듯이 나에게 말했다. "전투 스트레스 아래서 가지는 희망적인 생각이에요." 트라우트먼은 그의 등을 두드렸다. "하지만 그건 무언가 어색했기 때문이에요. (…) 나를 실제로 가엾게 여기는 건 아니에요. 연민은 없었다고 생각해요." 어쩌면 아버지에게 받은 상처는 치유되지 못했고, 스탤론은 생각하기 시작했다. "부자 간의 유대는 내가 앞으로 만들어 갈 인생의 기반이 되어야 해요. 한번 그 기반이 망가지면, 모든 것이 똑바로 서 있는 것처럼 보일 때에도 흔들리는 거죠. 그건 절대로 제대로 될 수 없어요."

스탤론은 이 고통스러운 깨달음 때문에 마지막 장면에서 주체할 수 없이 울음을 터뜨렸다. "어두운 면을 보는 데 가장 가까이 다가간 순간이었어요." 그가 말했다. "〈람보〉 마지막 장면에서 나는 끝까지 가 버렸죠. (…) 그 모든 뒤죽박죽된 생각이 터져 나오려고 했어요. 이상했어요. 그게 어디서 온 건지도 모르겠습니다." 한 가지, 그가 분명히 알고 있는 것이 있었다. "내 어린 시절에서 온 걸 수도 있겠고요." 그가 바닥에 웅크리고 앉아 흐느끼며 경직된 트라우트먼에게 설명을 요구하고 있을 때, 스탤론의 앞에는 또 다른 얼굴이 떠올랐다. 그건 자기 아버지의 얼굴이었다.

※ ※ ※

두 번째 영화의 경우, 영화 제작자들은 처음부터 그렇게 갔다. 제거해야 할 작가의 숨겨진 서사 따위는 없었다. 책과 영화의 순서도 바뀌었다. 이번에는 영화가 개봉하기 몇 달 전, 데이비드 모렐이 영화의 소설화 작업에 고용되었다. 그도 처음에는 거절했다. "나에게 대본을 보내왔는데, 그냥 말 그대로 '람보가 이걸 쐈다, 람보가 저걸 쐈다'는 내용이었습니다." 모렐이 떠올렸다. 그는 "결과 없는 폭력"을 미화하는 것처럼 보였기 때문에 불쾌했다. 그가 세상에 내놓았던 이야기는 "어린 시절 나를 겁먹게 했고, 내가 그토록 싫어했던, 그 모든 끔찍한 제2차세계대전 전쟁영화처럼" 바뀌어 있었다. 지인에게 후속작이 어떤 영화인지 질문을 받았을 때 모렐은 답했다. "대략 100만 갤런쯤 되는 휘발유가 폭발하는 이야기!" 캐롤코의 제작자는 그에게 마음을 바꾸라고 계속 압박했다. "책에 기대어 홍보하려고 했으니 문제가 됐던 거죠." 모렐이 회상했다. 그가 제작사와 맺었던 계약의 조건에 따르면 오로지 그만이 책을 쓸 수 있었다. 결국 캐롤코는 영화의 마지막 총격전 장면을 담은 5분 분량의 클립을 보내왔다. "그들은 확실히 수준을 엄청나게 높였더라고요. 본능적인 측으로 보자면 놀라웠습니다. 그리고 깨달았죠. 엄청난 영화가 되겠구나." 그래서 그는 프로젝트에 참여했다. 적어도 자신이 쓴다면 폭력을 "더 복잡하게" 만들고 책 페이지에 실리는 메시지는 덜 오만하게 만들 수도 있다는 게 스스로를 납득시킨 이유였다. 그는 람보를 선禪 수련자로 만들었고, 로널드 레이건과 그가 니카라과에서 펼치고 있는 베트남과 흡사한 모험에 잽을 날리는 것으로 소설을 끝맺었다.[58] "3주 안에 완성해야 했어요." 하루에 20쪽씩 써야 하는 스케줄이었다. 그는 "복잡한 심경"이었다고 말했다. 하지만 그는 스스로 이 책은 쓸 만한 가치가 있다고 되뇌었다. 왜냐하면 "영화에 없는 캐릭터 묘사를 추가하고 싶었기 때문"이었다.

그러나 모렐의 독자 대부분은 영화를 다시 경험하기 위해 두 번째 책을 구매했다. 덕분에 두 번째 책은 첫 번째 책보다 훨씬 많이 팔렸다. 두 번째 영화 역시 명백한 승리주의를 드러내면서 첫 번째 영화의 흥행수익을 훌쩍 넘어섰다. 『람보: 퍼스트 블러드 2』는 약 100만부가 팔리며 6주간 《뉴욕타임스》 베스트셀러 순위에 머물렀다. 모렐은 자기가 쓴 첫 번째 창작물의 본질을 거스르는 상품을 기꺼이 받아들이는 착한 아들로 스튜디오 테스트를 확실히 통과했다. 이제, 더 이상 이 이야기에 부자간의 갈등은 없었다. "트라우트먼 캐릭터는 거의 무해하죠." 모렐이 말했다. 그리고 전쟁은 불꽃같이 화려한 특수효과를 사용하기 위한 계기를 제공했을 뿐이었다. "나는 내 작품이 반전反戰 소설이라고 생각했어요." 그는 이렇게 말한 뒤 체념한 듯 한숨을 내쉬었다. "어쩌면 내가 나 자신을 속이고 있는 걸 수도 있죠."

이 작품까지는 그래도 정글에서 람보를 버리고 떠나는 피도 눈물도 없는 국방부 관료에게서 여전히 나쁜 아버지의 희미한 흔적이 보인다면, 세 번째 영화에 이르면 대체 가능한 이방인 악마와 좋은 아버지 외에는 아무것도 남지 않게 된다. 아버지 문제는 마침내 제거되었다. 그리고 모렐은 그 영화에서도 역시 소설화 작업을 맡았다.

하지만 스탤론의 삶에선 삭제가 그리 쉬운 일은 아니었다. 그와 아버지는 여전히 가족 안의 복싱 링 위에서 서로를 바라본 채로 원을 그리며 빙빙 돌고 있었다. "아버지는 우리 집에서 한 시간 거리에 있는 팜비치에 살아요." 스탤론이 말했다. "그래서 불쑥 찾아오곤 하죠. 여전히 내 옛날 옷을 입고 내 비틀스 부츠를 신고 (…) 내 로키 버클을 차고 말이에요." 로키 버클을 찬다고 아들의 성취를 지지한다는 의미는 아니었다. "아버지가 로키를 좋아했을 것 같아요?" 스탤론이 수사적으로 물었다. "이런 식인 겁니다. '내가 더 잘 싸울 수 있다, 내가 그 역할을 더 잘 해냈을 거다.' (…) 그러곤 빌어먹을 대사를 읊는 거죠." 실제로 프랭크 스탤론은 아들의 의사에 반하여 자신의 〈록키 6〉 대본을 구하려고 할리우드를 돌아다녔고, 아들을 대체할 다른 배우를 기용할 생각이 있는 제작자에게 그 대본을 팔기도 했다.

어느 날 저녁, 스탤론이 열다섯 시간에 걸친 최신작 촬영을 마치고 돌아온 후에, 우리는 포시즌 스위트룸에 앉아서 이야기를 나누었다. 나는 『피멍의 역사The Culture of Bruising』에서 프로 권투에 관한 제럴드 얼리의 절묘한 명상을 읽던 중이었고, 스탤론에게 보여 주기 위해 그 구절을 복사해 왔다. 거기서 얼리는 제이크 라 모타Jake La Motta✠가 평생 아내와 아이들을 구타하며 살아온 아버지와 만나는 장면을 묘사했다. 그 만남은 끔찍했으며 어떤 진실을 폭로하고 있었다. 라 모타는 전성기가 지난 지 오래되었고 극도로 가난하여 출산에 필요한 400달러를 빌리기 위해 아버지의 집으로 갔다. 아버지는 그를 경멸의 눈길로 바라보더니 10달러짜리 수표를 건넸다. 라 모타는 자신의 두 번째 자서전 『분노의 주먹 2』에서 이 순간을 회상했다. 얼리는 이 부분을 인용했다. "'이게 제 가치의 전부인가요?' 〔제이크가〕 수표에 시선을 고정한 채 물었다. '… 아버지는 가족을 이 빈민가에서 저 빈민가로 끌고 다녔고, 이웃의 모든 아이와 싸우도록 팔아넘겼죠. 내가 아버지한테 벌어다 준 그 푼돈을 다 잊었어요? 이게 아버지 대답인가요. 겨우 10달러. 이렇게까지 무자비할 수 있는 거예요? (…) 나한테 뭘 원하세요? 또 다른 우승컵이요? 나도 이제 늙었어요. 도움을 청하러 왔는데, 내가 여전히 여덟 살인 것처럼 엉덩이를 걷어차시네요. 왜 나를 그렇게 미워했어요, 아빠? 그렇게 죽도록 때리고요? 대체 왜요?'"[59]

스탤론은 그 글을 다 읽은 뒤 종이를 내려놓고 방을 가로질러 골프 가방으로 다가갔다. 그는 말없이 골프채를 하나 골라 푹신한 양탄자에 대고 거듭 세게 휘두르기 시작했다. 커튼이 흔들릴 정도로 세게. 나는 결국 스탤론에게, 라 모타의 아버지 때문에 무언가 떠올랐느냐고 물었다. 스탤론은 골프 연

✠ 1949년부터 1951년까지 세계 미들급 챔피언을 지낸 미국의 프로 복서. 거친 경기 스타일만큼이나 파란만장했던 사생활로 유명했으며, 자서전 『성난 황소』는 마틴 스콜세지 연출, 로버트 드니로 주연의 영화로도 만들어졌다.

습을 이어 가다가 마침내 입을 열었다. "내가 돈이 없었다면 말입니다." 골프채가 그의 말에 박자를 맞춰 휘파람을 불었다. "내가 절박했다면, 나한테 있는 거라곤 '여기, 보드카 두 잔 따라 줄 테니, 너 가던 길이나 가라'라고 말할 남자예요. 그게 다죠. 그러곤 자기가 그렇게 한 걸 즐겼을 겁니다. 하지만 그건……." 그가 잠시 말을 멈추었다. 골프채도 허공에 멈췄다. 더 이상 그는 나에게 이야기하고 있지 않았다. "모르겠어. 나는 그저 그걸 정말 열심히 보고, 주먹을 휘둘러서 물리적으로 부숴 버리고 싶어. 정말로 그렇다고. 대체 왜 이 땅에 있는 겁니까? 당신의 유산은 뭔가요? 내가 당신을 증오한다는 거? 그렇게 뻔한 환상의 세계로 나를 강제로 물러나게 했다는 거? 그리고 나는 남은 생애 동안 모든 장애물에서 당신을 볼 테지. 어려운 골프 게임처럼. 그게 당신 잘못인 것처럼, 당신 말이야. 이기기 위해 최선을 다할 거야, 당신이 웃는 소리를 들었으니까. 당신이 조롱하는 소리가 들려. 그게 다야. 한 남자가 엘리베이터에서 당신과 부딪혔지. 당신은 화가 났어. 난 그게 뭔지 알아. 나에게 부딪힌 게 그 사람이지, 심지어 그 남자는 거기 없었는데도 말이야. (…) 나는 뒤돌아봤고, 그건 처음부터 그렇게 정해져 있었어. 모두 설정이었다고. 그 사진들 속에 있는 남자애를 좀 보라고. 아침 6시에 근육을 과시하고 있잖아. 미장원 망토로 만든 슈퍼맨 옷에 수영복을 입은 그 남자애. 람보와 직접적으로 연결되어 버리는 거라고."

몇 년 뒤 스탤론은 마침내 아버지와의 투쟁을 잊었다고 말했다. 그는 아버지가 살던 자기 소유의 메릴랜드주 땅을 얼마간 팔아 버렸다. 그 연결고리가 끊어지고 나니, 가족 안에 있던 악마를 "제거"했다는 느낌이 들었다. 나는 그게 사실이었기를 바란다. 하지만 그럴 가능성이 높지 않다는 걸 알고 있었다. 탈출이란 영화에서나 가능한 일이니까.

8장 불타 버린 집
: 텍사스주 웨이코에서 일어난 화재

남성 유권자들은 스크린 바깥에서 또 정치 무대에서, 실베스터 스탤론이 사적인 아버지를 해체하느라 겪었던 어려움과 맞먹게 공적인 아버지를 재구성하는 데 어려움을 겪고 있었다. 로널드 레이건이 '악의 제국에 맞선 승리의 전투'라는 환상 속에서 아들들을 이끌어 온 어른이었다면, 영화 엔딩 크레디트가 오르고 황홀한 꿈에서 깬 아들들 대부분은 어른스러운 남자다움이라는 약속의 땅으로부터 멀어짐을 느꼈다. 이들은 생계를 꾸리거나 가족을 부양하거나 사회에 생산적으로 기여하는 일에서 의기양양함과 권력, 자신감이 부족한 사람들이었다. 셀룰로이드 필름에서건 어디서건, 어른으로 볼 만한 새로운 정치인은 등장하지 않았다. 최근 대통령 후보들은 그 어느 때보다 이미지 관리와 선거자금 경쟁이 치열해진 상황에 정신이 팔린 나머지, 위엄 있는 인물이라기보다는 스핀닥터spin doctors✠와 거액 기부자에게 의존하는 인물로 보였다.

미디어가 '성난 백인 남성'이라 부르게 된 현상이 이후 10년간 정치를 추동한 것도 이상할 게 없었다. 레이건은 가부장 그 이상, 혹은 그 이하였다. 사적인 삶에서나 공적인 삶에서나 그는 기껏해야 부재 중인 아버지에 불과했다. 그는 남성 드라마의 양극단을 연기했다. 그는 모두가 좋아하는 칠십 대 노인이자

✠ 정당 등의 대변인, 어떤 사건에 대해 특정 정당이나 특정인에게 유리한 해석을 내려 여론의 흐름에 영향을 주는 사람.

영원한 소년 '기퍼'✢였고, 이로써 우리를 이끌어 줄 아버지가 없다는 위기의 핵심으로부터 유권자들의 관심을 돌릴 수 있었다. 1990년대 미국 정계에는 카멜레온 같은 능력을 가진 사람이 없었다. 밀레니엄의 마지막 대통령선거*는 아들 없는 아버지와 아버지 없는 아들의 싸움이 될 터였다.

다른 보수주의자들도 결국엔 전투 영화에 나온 레이건의 배역을 맡으려 했다. 닉슨 연설문 작성자로 활동했고 CNN 토론 프로그램 〈크로스파이어Crossfire〉의 호전적인 우익 공동 진행자였던 팻 뷰캐넌Pat Buchanan은 레이건식으로 선거운동을 펼쳤는데, 이는 정치인 레이건의 방식이라기보다는 그가 좋아하던 셀룰로이드 전사, 고결한 '브레이브하트'의 방식이었다. 레이건과 마찬가지로 뷰캐넌 역시 당대의 핵심 전투를 국내에서 치렀다.[1] 물론 군사적 비유를 통해 지지자들(그가 '갈퀴를 든 농부'라고 불렀던 사람들)을 결집시키는 데 아무런 거리낌도 느끼지 않았고 말이다. "올라탑시다, 여러분! 그리고 총소리에 맞춰 나아갑시다!" 이것은 뷰캐넌이 1996년 샌디에이고에서 열린 공화당 전당대회에 참석하는 내내 외친 소리인데, 당시 전당대회는 진실로 그의 말을 믿었던 성난 백인 남성들에게 큰 낭패를 안겨 주었다.[2] 그들이 선택한 '브레이브하트' 뷰캐넌은 막대한 재정 지원 없이도 놀랄 만큼 많은 예비선거를 치러 냈지만, 결국 배신당하고 말았다. 뷰캐넌이 앞세운 '프로라이프prolife'✝ 의제가 사실상 낙마한 데다, 실제로 그는

✢ 〈누트 로크니, 전 미국이 사랑한 남자〉(1940)에 등장하는 미식축구 선수로, 로널드 레이건이 배우 시절 연기했던 캐릭터. 해당 영화가 미국 문화사에서 갖는 의미는 이 책 4장에서 설명한다.

* 1996년 공화당 후보 밥 돌과 민주당 후보 빌 클린턴이 맞붙은 선거.

✝ 생명 존중을 내세워 임신중지에 반대하는 정치적 입장. 1970년대 말 레이건이 대선주자가 되면서 정치적 의제로 띄웠고, 미국 내 종교 보수주의자 및 극우 표 결집에 중요한 역할을 해 왔다.

전당대회 단상에도 오르지 못했던 것이다. 또한 결과적으로는 뷰캐넌 본인도 예비선거 기간 내내 통렬하게 비판했던 당내 '엘리트'를 지원함으로써 지지자들을 배신한 셈이었다. 뷰캐넌 측 대의원들에게는 "당 화합"을 위해, 당이 선택한 밥 돌을 지지하는 쪽으로 첫 투표를 진행하라는 지시가 떨어졌다.

모아 놓은 돈을 다 털어 루이지애나주에서 샌디에이고까지 온 뷰캐넌 측 대의원 마이클 베이엄Michael Bayham은 나에게 대의원으로서 자신의 소명은 그런 위협에 굴복하지 않는 것이라고 확언했다. 뷰캐넌 측 대의원들은 대회장에서 퇴장함으로써 항의하려 했다. "여기서 나가기로 한 사람이 적어도 열두 명은 됩니다." 베이엄은 점점 더 강압적인 분위기를 띠어 가는 밥 돌 참모진에 둘러싸여, 컨벤션홀의 루이지애나주 구역에 서서 그렇게 말했다. 하지만 결국 퇴장한 사람은 베이엄뿐이었고, 그의 카메라를 든 채 뒤따르는 사람도 나뿐이었다(그는 극적인 엑소더스 장면을 사진으로 남기고 싶어 했다). 그가 입을 뗐다. "노르망디상륙작전 같았네요. 모든 배를 대기시켜 놓고 공격할 준비를 했지만, 막상 배에서 뛰어내려 해변으로 달려간 졸병은 나뿐인 거죠." 공화당 기관원들은 미시간주에서 온 대의원 스물한 명(뷰캐넌 측의 가장 큰 대표단)에게 가장 많은 압력을 가했다. 결국 다섯 명을 제외하고는 모두 밥 돌 쪽으로 돌아섰다. 미시간주의 뷰캐넌 지지자였던 마이크 플로리Mike Flory는 투표할 대상을 바꾸면서 나에게 낙담한 듯이 말했다. "내가 어떤 식으로든 도움이 되기만 한다면 천안문 광장에서 탱크 앞을 막아서기라도 했을 겁니다. 하지만 선택의 여지가 없네요. (…) 우리에겐 발언권이 없습니다. 우리는 성 밖에 있고, 해자를 건널 방법을 찾을 수가 없어요."

몇 달 뒤 플로리에게서 전화가 왔다. 그는 공화당의 압박에 저항했던 다섯 사람 모두가 최근에 주 정당 조직에서 자리를 잃었다는 소식을 들려주었다. "사람들이 하나같이 정말 빠르게 입을 다물었어요. 정말이지 거대한 피바다였습니다. 그들은 배와 함께 기꺼이 가라앉으려 했고, 진짜 그런 일이 일어났어요." 플로리가 발견한 문제는 그뿐이 아니었다. 그는 동료들이 정치에 환멸을 느낀 나머지 이상하고 혼란스러운 방향으로 돌아서기 시작했음을 알아차렸다. "이 친구들 중에 엄청난 피해망상이 시작된 경우도 있어요." 플로리는 방랑하는 동료들에 대해 말했다. "검은 헬기, '뉴 월드 오더New World Order'✠, 군복 입은 민병대 같은 것들. 그러니까, 맞아요, 나는 정부가 옳지 않은 일을 할 거라고 생각해요. 하지만 맙소사, 정부가 내 엉덩이에 마이크로 칩을 심었을 거라는 생각은 안 한다고요!" 이 외면당한 무리가 두려워하는 건 정부만은 아니었다. 플로리는 그해 '보수주의자 회담Conservative Summit' 조직을 꾀하면서, 보수주의자들끼리 서로에 대한 피해망상으로 들끓고 있는 모습을 목격했다. "기독교연합은 미시간주 보수 연맹Michigan Conservative Union을 신뢰하지 않았고, 미시간주 보수 연맹은 공화당 자유당원 회의Liberty Caucus를 신뢰하지 않았어요. 그런 식이었죠." 아버지를 찾는 일이 좌절됨에 따라 적을 찾는 일은 열광적으로 변했고, 갈 곳을 잃은 서치라이트는 어둠 속에서 사방을 헤매고 있었다.

20세기의 마지막 10년간, 이리저리 형태를 바꿔 옮겨 가는 적에 맞서 남성 수천 명이 무기를 들었다. 의심의 눈초리는 사방팔방으로 향했다. ATF(주류·담배·총기 및 폭발물 단속국)의 "고압적인 깡패들"부터, 연방준비제도·프리메이슨 및 바이에른 일루미나티Bavarian Illuminati가 고안한 '뉴 월드 오더'

✠ 미국의 음모론에서 빠지지 않는 주제. 영향력 있는 정치인·법조인·언론인·재벌 및 종교 지도자 등 엘리트로 구성된 프리메이슨 조직이 하나의 정부를 구성해 세계 지배를 획책한다는 것이 주된 내용이다.

의 음모에 공모하는 은행가들, 유엔이 비밀리에 관리하는 갱단들, 로스차일드 가문과 영국 왕실이 미국을 다시 영국 식민지로 수복하기 위해 동원한 로즈 장학생들✠, 밀레니엄 버그로 세상을 끝장내려는 테크 덕후의 음모, 심지어 식료품 품목에 찍히는 바코드로 인구 전체를 감시하려는 계획에 이르기까지.[3] 성난 백인 남성들이 열심히 들여다볼수록 적의 얼굴은 더 흐릿해져만 갔다. 그래도 패턴이 나타나기는 했다. 그 패턴이란 게 적의 행동 패턴이 아니라 남성들 자신의 패턴이긴 했지만 말이다. 미국에서 새롭게 '패트리어츠Patriots'를 자칭한 이들이 불러일으킨 전투를 세부적으로 살펴보면 실제로 미국 남성들이 패배한 전장 베트남과 기묘하게 닮아 있었다. 1990년대에 민병대나 패트리어츠, 생존주의자 '공동체'에 참여한 남자들은 하늘에 떠 있는 검은 헬기와 시골 풀밭 위를 구르는 탱크, 자동 사격에 쓰러지는 무고한 여성과 어린이를 상상했다. 람보처럼 그들도 본질적으로 반군으로 전향했다. 그들은 베트남전쟁을 재연할 참이었다. 다만 이번에는 자기들 스스로가 고결한 베트콩 게릴라 역을 맡았다. 그들은 비록 목숨을 잃을지언정 좋은 사람이 되기로 결심했다. 그것이 패트리어츠가 미국 내에서 한판 붙고자 했던 그 모든 충돌 가운데, 그들 스스로 텍사스주 웨이코에서 벌였다고 상상하는 전쟁만큼 그들을 사로잡고 얼어붙게 만든 충돌은 없었던 한 가지 이유다.

미국의 미라이

1998년 4월 19일 아침, 한 무리의 남자들이 웨이코 외곽 잔디

✠ '로즈 장학금'은 케이프 식민지 총리였던 세실 로즈(Cecil Rhodes)의 유언에 따라 옥스퍼드대학교에 유학하는 영국연방·미국·독일 등지 출신 학생에게 수여되는 장학금이다. 미국에서는 해마다 서른두 명이 선발되는데, 전 미국 대통령 빌 클린턴을 비롯해 여러 유명 인사가 이 장학생 출신이다.

밭에 모였다. 지난 5년간 그랬듯 많은 사람이 준군사 장비, 야전 바지와 전투화를 갖추고 있었다. 그 너머는 폐허였다. 콘크리트 기초와 강화 강철, 불에 타 망가진 버스 두 대의 잔해, 운전자가 방금 버리고 떠난 것처럼 뒤틀린 채 옆으로 누워 있는 오토바이 몇 대, 올림픽 규모 수영장의 빈껍데기. 거기에 봄을 알리는 나팔꽃이 만발해 분홍색과 흰색으로 땅 위를 수놓고 있었다. 수영장 토대의 시멘트 가장자리를 따라 손으로 칠해진 화살표가 방문자들이 가장 많이 찾는 쪽을 가리키고 있었다. 'CNN 영상, 2 마일, FBI 영상 1/10 마일, 그리고 다른 미디어 영상, 2와 1/2 마일.' 표지판은 역사상 카메라에 가장 많이 담긴 대학살 현장을 알려 주었다. 포위 공격 도중 사망한 여든 명 가까이 되는 이들의 유가족이 가지런히 심어 놓은 백일홍 묘목은 그만큼 카메라의 주목을 끌지는 못했다. 조금 전 남자들은 십자가의 길을 만드는 참회자처럼 화살표를 따라가다가 유명한 영상이 촬영된 곳곳마다 발걸음을 멈추곤 했다. 이제 남자들은 전투화를 신은 채 이슬에 흠뻑 젖은 바랭이 사이를 헤치며 주차장 옆으로 터벅터벅 걸어 돌아왔다. 마침 카메라 스태프가 둥그렇게 늘어선 언론사 차량들에서 장비를 내리고 음향을 체크하고 있었다.

메이시스백화점 추수감사절 퍼레이드 규모의 '자유의 종 Liberty Bell'을 실은 평상형 트럭은 벌써 제 위치로 이동했다. 접이식 의자는 어느 '박물관' 현관 앞에 줄지어 놓여 있었는데, 물막이 판자로 급조된 그 판잣집에는 그을린 장난감 잔해와 불에 탄 천 조각이 마치 현대판 성십자가 조각이라도 되는 양 전시되어 있었다. 박물관 현관은 이번 행사의 단상으로 쓰이고 있었다. 퇴역 공군 대령이자 자비출판 장광설 『웨이코의 숨겨진 진실The Waco White-wash』 저자 잭 드볼트Jack DeVault가 앞에 모인 사람들에게 말했다. "우리는 이곳에서 세상을 떠난 사람들과 공통된 유대감을 갖고 있습니다. 그들은 진실로 우리를 위해 희생됐습니다. 아직 구류된 포로들이 있습니다. 정치적인 포로들이죠." 미시간주 민병대 '입법부'인 제3차대륙회의Third Continental Congress를 대표하는 윌리엄 헤인스William Haines는 연단에 올라 선글라스 뒤로 눈물을 머금은 채 떨리는 목소리로 다음과 같이 선언했다. "여기서 죽은 것은 국가 전체입니다. (…) 언젠가는 저들이 나를 뒤쫓으리라는 걸 알고 있습니다. 내 유일한 희망은 가장 작은 아이가 보여 준 만큼의 용기를 발휘하는 것입니다." '텍사스공화국 임시정부'✠ 대통령 제시 엔로Jesse Enloe는 경찰국가 깡패들을 재판에 회부하기 위해 '관습법 대배심단' 구성을 요구했다. 그와는 좀 떨어진 곳에서, 어느 깡마른 청년이 선글라스를 끼고 리 하비 오즈월드Lee Harvey Oswald✢가 그려진 티셔츠를 입은 채 내 어깨를 두드렸다. 청년은 자기가 생각하는 기소 대상 '범죄자' 목록을 적어 놓은 피켓을 번쩍 들고 있었는데, 거기에는 FBI 대변인부터 클린턴 대통령에 이르기까지 여러 이름이 장황하게 나열돼 있었다. 그는 내가 메모하는 모습을 보고는 TV 기자로 착각하고, 본인 얘기를 기사로 다뤄 주었으면 하는 모양이었다. "이자들은 모

✠ 텍사스 지역에 정착한 미국인들이 설립했던 독립국가 텍사스공화국은 10년간 존속한 후 1845년 미국연방에 가입하면서 미국의 일부가 되었다. '텍사스공화국 임시정부'는 이 역사를 바탕으로 텍사스가 미국에 의해 강제로 병합된 독립국가라고 주장하는 일련의 단체들을 통칭하는 말이며, 이들 중 일부는 스스로를 '민병대'라고 부른다. 텍사스공화국 임시정부는 1995년 12월 13일 텍사스 임시정부 재수립을 선언했다. 이런 주장이 힘을 얻는 건 텍사스가 미국에서 가장 부유한 지역 중 하나이기 때문인데, 2016년 영국이 유럽연합에서 탈퇴한 브렉시트 이후 '텍시트(Texit)', 즉 텍사스의 독립을 주장하는 목소리가 다시 힘을 얻었다.

✢ 존 F. 케네디 암살범. 오즈월드 본인 또한 교도소 이감 도중 호송 경찰관과 기자, TV 시청자 수백만 명이 보는 앞에서 나이트클럽 주인 잭 루비가 쏜 총에 맞아 사망했다.

두 감옥에 가야 해요. 존 고티John Gotti* 옆 독방에 말입니다." 스콧 호턴Scott Horton이라는 이름의 그 스물한 살 청년이 단호하게 말했다. 왜 그렇게 생각하는지 이유를 듣진 못했다. 그때 다른 청년이 그에게 달려와 TV 카메라 스태프가 도착했다는 사실을 알려 주었기 때문이다. 호턴은 "뉴스에 출연해야" 한다면서 자리를 떴다. "CNN에 나가고 싶어요. 전국 뉴스에 나가고 싶어요."

이날 사람들은 5년 전에 일어난 사건을 추모하기 위해 한 자리에 모였다. 당시 연방정부는 '다윗파'로 불리던 소규모 무장 기독교 종파의 공동 거주지를 51일간 포위했고, 결국 거주민 일흔네 명이 화염에 휩싸여 사망하기에 이르렀는데 그중 스물한 명이 어린이였다. 교착상태는 1993년 2월 말 이른 아침에 ATF 무장 요원 일흔여섯 명이 블랙호크 헬리콥터와 우르릉거리는 호송 차량 80대를 타고 공로 및 육로로 도착하면서 시작되었다. 그런데 요원들은 주어진 임무에 비해 지나치게 많은 화력을 동원한 것으로 보였다. 그들의 임무란 다윗파 리더 데이비드 코레시David Koresh에게 수색 및 체포영장을 전달하는 것뿐이었으니 말이다. 그때 ATF는 코레시가 미등록 무기를 소지하고 일부 AR-15 반자동소총을 기관총으로 불법 개조했다는 의혹을 품고 있었다.

병력 수송차가 앞마당에 정차한 직후, ATF가 훗날 '동적 진입dynamic entry'이라 명명한 상황 속에서 영장 대신 총알이 전달됐다. 양측은 서로 상대방이 먼저 발포했다고 주장했으나 진실이 무엇인지는 결코 확인되지 않을 것이다. 다만 알려진 바로는 몇 분 만에 다윗파 측에서 911에 전화를 걸어, 다른 누구도 아닌 그들 자신의 정부(미국 정부)의 공격을 막아 달라며 경찰에게 간청했다고 한다. 하지만 도움은 닿지 않았고, 마

* 뉴욕시 마피아 감비노가(家)의 수장.

침내 정오에 사격중지가 선언되기까지 다윗파 여섯 명과 ATF 요원 네 명이 사망했다. 부상당한 코레시와 그 추종자 대부분은 건물을 떠나기를 거부했다. FBI가 도착했고, 이후 한 달 반 동안 그 건물에 진을 치고 있던 연방 요원들은 더 많은 첨단무기와 군사 장비를 들여오면서 다윗파를 항복시킬 계획을 세웠다. 마지막 작전은 4월 19일 아침 M-60 탱크와 브래들리 전투장갑차를 탄 연방 요원이 나무 프레임 건물을 들이받고 거대한 구멍을 뚫은 다음, 각 구멍마다 강력한 최루가스 CS를 연달아 발사하면서 시작됐다. 정오가 되자 거주지가 불길에 휩싸였다. 출동한 소방차는 도로를 막고 있던 연방 요원들에게 제지당했다. 다윗파 여성들과 아이들 시신 대부분이 부엌 근처 콘크리트 저장고에 옹기종기 모여 있는 채로 발견되었는데, 그곳은 이들이 최루가스를 피해 도망친 곳이었다.[4]

연방정부는 다윗파가 '존스타운' 같은 집단자살✠ 서약을 지키기 위해 스스로 불을 질렀다고 주장했다. 소수의 화기 및 무기 전문가는 총격과 최루가스 공격이 의도치 않게 화염 폭풍을 일으키는 조건을 만든 것은 아닌지 조용히 의문을 제기했다. (CS 가스의 화학작용제인 염화메틸렌은 가연성이다. 염화메틸렌 제조사 다우케미칼은 안전 문서를 통해 이 물질이 '가연성인 증기-공기 혼합물을 형성한다'고 경고하고 있다. 더불

✠ '존스타운'은 존스타운에서 일어난 집단자살과 동의어로 사용된다. 이는 1978년 11월 18일 인민사원 기독교회(Peoples Temple of the Disciples of Christ)의 가이아나 원격 정착지였던 존스타운에서 일어난 집단자살 사건으로, 총 909명이 사망했다. 당시 미국 사회는 큰 충격에 빠졌고 신흥 종교를 불신하는 경향마저 생겨났다. 인민사원 기독교회 지도자 짐 존스(Jim Jones)는 약물 및 협박, 야만적인 처벌 행위 등을 통해 교회 내 반대 세력을 다스린 것으로 알려져 있으며, 도망치려 한 이를 총살했다는 정황도 드러났다. 따라서 이 사건을 '집단자살'이라기보다는 '학살' 사건으로 불러야 한다는 의견도 있다.

어 육군 매뉴얼에도 '실내 사용이 안전하지 않다'고 나와 있다. 1993년 화학무기금지조약에서는 전시에도 CS 가스 사용을 금지했다.)[5] '패트리어츠' 수천 명은 이보다 훨씬 격한 반응을 보였는데, 독립적인 사상과 반대 의견의 징후가 조금이라도 보이면 이를 무마시킬 심산으로 압제적인 연방정부에서 다윗파 거주지에 고의적으로 불을 질러 무고한 시민 공동체를 학살한 것이라고 주장했다. 즉 이 사건에서 연방정부는 사이비 종교 집단의 분신焚身을 보았다면, 패트리어츠는 미라이와 벤째를 보았던 것이다. 패트리어츠 측의 견해를 가장 압축적으로 표현한 이는 텍사스주 휴스턴의 스테일리 '매드 맥' 맥과이어Staley "Mad Mac" McGuyre였다. 그는 화재가 일어나고 몇 년 지나 '웨이코93' 웹사이트에 보낸 이메일에서 다음과 같이 주장했다. "마을 하나를 완전히 쓸어버리려면 정부가 필요합니다."[6]

패트리어츠는 미라이 학살의 극성極性을 뒤집음으로써 모든 책임에서 벗어났다. 잔학 행위를 저지른 연방 요원들은 더 이상 그들을 대변하는 이들이 아니었다. 제3차대륙회의의 윌리엄 헤인스는 추모 연설 도중 "연방 요원들은 더 이상 자신을 공복civil servants(공무원)이라 부르지 않"는다며 "하인과 주인servants and masters이 뒤집혔"다고 강조했다. 그렇게 점령당한 국가에서 그들 자신은 노예가 된 전쟁포로였고, 연방 요원은 제국주의 침략자였다. ATF 요원 빌 뷰퍼드Bill Buford는 웨이코 사건을 조사하던 의회 소위원회 앞에서 이러한 역동성을 인정했다. "이건 내가 베트남에서 집으로 돌아왔을 때 느낀 감정과 매우 비슷합니다. 그들에게서 우리가 적이라는 느낌을 받았습니다."[7]

웨이코는 ATF나 FBI 요원이 아닌 모든 미국인 남성이 자신은 압제자가 *아니라고* 느낄 수 있는 미라이를 제공했다. 그 호소에 이끌려 매주 수백 명이 피로 물든 현장을 방문했다. 하지만 가장 강력한 흡인 요인은 그게 아니었을지도 모른다. 많은 남자가 웨이코에 보인 극도의 불안과 격한 감정은 이 포위 공격이 단순히 동남아시아의 얼룩을 씻어 내고 미국의 남성성을 위로해 준 상징이기만 한 것은 아니었음을 보여 준다. 웨이코는 위안 못지않게 큰 고통을 안겨 주었고, 남자들은 머릿속에서 그 이미지를 떨쳐 낼 수 없었다. "대학 교육을 받은 서른네 살 남성"이라고 본인을 소개한 카를로스 발라레조Carlos Balarezo는 내가 인터넷에 게시한 웨이코 관련 설문에 이렇게 적었다. "웨이코에서 벌어진 사건은 내 인생을 바꿨습니다." 나는 해당 설문을 올린 뒤 이메일함에 쏟아져 들어오는 독설과 피해의식 가득한 답장들을 마법사의 견습생✠처럼 처리해야 했는데, 저런 비슷한 말이 답장들에서 반복적으로 등장했다. 서른여덟 살인 국방연구소 연구원이 보낸 이메일에도 웨이코를 향한 그 전형적인 태도가 담겨 있었다. "내 정체성, (…) 역사, 안전, 삶의 시련을 해결할 수 있는 능력, (…) 이 모든 것이 내 앞에서 무너져 내렸습니다. (…) 나는 천둥처럼 내리치는 고통을 겪었습니다."

이 남자들에게 그런 고통을 일으키는 것이 정확히 무엇인지는 모호했다. 대화를 하는 중에도 패트리어츠는 웨이코에서 무엇이 그토록 천둥처럼 내리쳤는지 추상적으로 설명할 뿐이었다. 내 인터넷 설문에 응했던 마흔한 살 항공우주 엔지니어 넬슨 클레이턴Nelson Clayton은 대화 도중 이렇게 말했다. "사회 기득권층은 지난 30년간 셀 수 없이 많은 약속을 했지만, 지금에 와서 보면 그 약속을 지키지 않았을뿐더러 나를 위협하고 있어요." 하지만 연방 기금의 지원을 받는 항공우주업 종사자이자 준법 정신 투철한 교외 타운하우스 거주자인 넬슨 클

✠ 월트디즈니 세 번째 장편 애니메이션 〈판타지아〉에 등장하는 마법사의 견습생 은유. 그는 수없이 많은 마법의 빗자루가 물동이로 물을 퍼 나르는 것을 막기 위해 고군분투한다.

레이턴이 어떻게 연방정부로부터 위협을 받고 있는지는 본인 스스로도 이해할 수 없었다. 그가 떠올릴 수 있는 거라곤 자신이 총을 소유하고 있었으니, 어쩌면 ATF가 그 총을 압수하러 주거침입을 시도했을지도 모른다는 것 정도였다. 그는 이렇게 덧붙였다. "맞아요, 그럴 법하지는 않죠. 그래도 아주 작게나마 가능성이 있긴 하죠." 그런 일로 밤잠을 못 자는 사람은 없을 것 같았다. 하지만 이 공포는 클레이턴을 사로잡고 있었다. 그는 얼마 전 연방 요원이 헬리콥터나 다른 수단을 이용해 민간인을 몰래 공격하는 일에 관한 책 한 권 분량의 해설을 엮었다고 했다. "국립공원관리청 특별기동대(SWAT)가 군용 블랙호크 헬기를 타고 헌팅 캠프를 급습했어요. 누군가 매장되어 있는 인디언 뼈를 건드리고 있다는 말을 들었기 때문이죠. 그리고 거기 있던 모든 사람의 손발을 결박했어요. 열네 살짜리 여자애들까지 포함해서요."

한편에서는 '검은 헬기'가 베트남전쟁을 기이하게 재현하고 있었다면, 다른 한편에서는 이 민병대 남자들이 또 다른 전쟁, 즉 여자 친구·아내·가족이 관련된 더 친밀한 관계의 전투에 참전하고 있었다. 그들을 소모시킨 전투는 말 그대로 집 안에서 벌어진 전쟁이었다. 이 남자들은 아버지의 상실이 아니라 자신들이 지켜야 하는 가족의 상실을 뒤집고자 했다. 베트남전쟁에 복무를 했든 안 했든 많은 남자가 그러한 상실을 느끼고 있었다. 웨이코에 이끌린 남자들은 그저 미라이 학살을 상대로만 싸우던 것이 아니었다. 그들은 미국 내 각자의 가정에서 제인 폰다Jane Fonda✣와 싸우고 있었다. 한마디로 여성운동을 통해 변화한 세상과 싸우고 있었던 것이다.

패트리어츠를 사로잡은 이미지는 가정의 모습을 한 다윗

✣ 미국의 배우이자 사회활동가. 베트남전쟁 반대운동에 참여했으며 페미니스트 아이콘으로 유명하다.

파 거주지와 가족의 모습을 한 다윗파 구성원들이었다. 무기력한 가장이 갖은 애를 썼으나 결국 파괴돼 버린 가정과 가족. 추도식 특별 연사 마이크 맥널티Mike McNulty는 앞에 모인 사람들에게 감정에 복받쳐 증언했다. "이곳에 몇 번이나 왔습니다. 제가 여기서 경험하는 종류의 것은, 송구스럽지만 아마도 여러분이 아무도 안 계실 때 가장 강렬하게 다가올 테지요. 사방이 조용하고 바람이 불면, 희미해지는 전투 소리, 바람 속으로 사라지는 끔찍한 전투 소리를 듣게 됩니다. 어머니·아버지들의 가슴이 무너지는 소리, 아이들 음성에 담긴 두려움의 소리를 듣습니다." 그는 모여 있는 남자들을 가리키며, 두려움에 떨던 아이들에게 "여러분은 책임이 있"다고 말했다. 한 가정을 지키는 사람으로서 지녀야 할 이 '책임'이야말로 남자들 스스로가 잃어버렸다고 여기는 바로 그것이며, 남자들이 웨이코에서 되찾고 싶어 한 것이었다.

패트리어츠의 도덕극에는 불타는 집에 갇히거나 기차선로에 묶인 채 도움을 청하는 여자들과 아이들의 출연이 필요했다. 여자들과 아이들이 위험에 빠져 구조가 필요한 상황에 놓이려면 악당의 출연 역시 당연히 필수적이었고 말이다. 이 드라마에서 ATF라는 '잭부츠를 신은 깡패들'은 단순한 적이 아니었다. 그들은 *필요한* 적이었고, 그런 의미에서 협력자이기도 했다. 적군이 없다면 패트리어츠가 어떻게 여자들과 아이들에게 자신들이 필요하다는 점을 증명할 수 있겠는가? 그런 적군은 패트리어츠에게 가족의 수호자라는, 가정 내의 오랜 역할을 복권해 주었다. 불태워진 공동주택은 이 남자들에게 두 가지 차원에서 상징적이었으니, 그것은 바로 자기 가정 내 곤경을 상기시켜 주는 씁쓸한 사건이자 상상된 구원이었던 것이다. 가정에서 남성이 맡았던 오랜 역할은 연기처럼 사라졌지만, 패트리어츠는 웨이코의 불길 속에서 가족에 대한 책임을 극적으로 회복하길 꿈꿨다. 제3차대륙회의의 윌리엄 헤인스가 추도식에서 말했듯, 연방 요원이 "고의적으로 아이들을 위험에 빠뜨"린 그때 패트리어츠는 형제들을 "소생"시켰다. "우리에게는 목적이 있습니다."

이 드라마가 작동하려면 적군이 취약한 여성들을 희생시키는 약탈적인 남성 인물이어야 했다. 하지만 그 이면에는 이 남자들의 삶에 훨씬 더 가까이 있고 훨씬 더 위협적인, 한층 파괴적인 적이 도사리고 있었다. 남자들은 자신들이 제3제국✠ 휘장을 두른 비밀경찰과 싸우는 상상을 즐겨 했다. "나치 군모를 쓰고 검은색 친위대 제복을 입은 연방 요원들"은 웨인 라피에어Wayne LaPierre 부통령이 전미총기협회 동료 회원들에게 보낸 "잭부츠를 신은 깡패들" 편지에 쓴 유명한 표현이기도 하다.[8] 그러나 이렇게 포장된 충돌—지극히 영웅적이며, 전통적 남성성을 드러내는 충돌—에는 남자들이 휘말려 든 또 다른 전투가 숨어 있었다. 보호받길 원치 않는 여성을 적대하는, 더 심각하고 덜 자랑스러운 전투 말이다. 민병대 깃발을 들고 집결하진 않았어도 그 정서에는 공감하는 다른 남자들과 마찬가지로 패트리어츠는 더 이상 '보호'받기를 원치 않는 여자들에게 분노했다. 그들이 가장 격렬하게 비난한 대상은 문화적으로 유독 독립적이고 자족적이며 남성에게 위협받지 않는 것처럼 보이는 여자들이었다. 세간의 이목을 끌며 '웨이코의 세 마녀'라 불린 삼인방, 즉 총기 규제 옹호자 세라 브래디Sarah Brady, 법무부 장관 재닛 리노Janet Reno, 그리고 힐러리 클린턴Hillary Clinton만큼 민병대 내에서 욕을 먹는 동시에 증오와 두려움의 대상이 되었던 이들은 없었다. 패트리어츠가 보기에 이들은 지구상 어떤 남자의 지시도 받지 않으려는 여자들이었다. 윌리엄 헤인스는 그 4월 아침에 분개하며 말했다. "리노의 주인

✠ 히틀러 치하의 독일.

은 사탄입니다." 패트리어츠는 자신들을 "왕처럼 구는 엘리트 주의자"의 압제에 저항하는 새뮤얼 애덤스Samuel Adams✠와 토머스 페인Thomas Paine✢으로 전시하고 싶어 했지만, 그들의 입이 따라오질 못했다. 그들이 아무리 '검은 헬기'로 이야기를 시작한다 한들 그 이야기는 결국 특정 여성에 대한 성토로 끝나고 말았다. 패트리어츠의 비공식적인 전쟁 지도에서는 모든 길이 페미니즘으로 이어지는 것처럼 보였다.

텍사스공화국 민병대 동료 사이인 쿨리지 거더Coolidge Gerder와 L.H. 밀러L.H. Miller는 먼지 자욱한 주차장에 서서 자갈에 부츠를 긁으며 정부의 음모에 대해 이야기했다. 작업 도중 넘어져 장애를 입기 전까지 철공 일을 했던 밀러가 한쪽 팔에 새긴 '자유의 종'✱ 문신을 자랑하며 말했다. "미국 정부는 꼭대기부터 말단까지 다 책임이 있어요. 이 정부는 수년간 단일 세계정부로 이동해 왔죠. 하지만 클린턴은 그걸 더 밀어붙였어요." 이렇게 주장한 그는 내 쪽으로 고개를 돌렸다. "내 차에 당신이 봐야 할 것이 있어요. 클린턴과 관계된 사람들이 어떻게 살해당했는지에 관한 거예요. 169명이 죽었죠." 그러자 세무사인 거더가 끼어들었다. "클린턴이 누군지 알아요?

✠ 미국의 정치가이자 정치철학자. 식민지 시절 매사추세츠주 하원에서 정치활동을 했으며, 이후 독립혁명의 물꼬를 튼 인물로 평가받으면서 '미국 건국의 아버지'로 불린다.

✢ 미국과 프랑스 혁명기의 사상가이자 언론인. 그가 1776년 팸플릿 형식으로 출간한 『상식(Common Sense)』은 영국에 대한 미국의 자주적이고 완전한 독립을 주장하는 내용으로, 6개월 뒤 「독립선언문」이 나오는 데 직접적인 역할을 했다. 사상의 급진성 때문에 프랑스와 미국 양쪽에서 환영받지 못했고, 결국 양국을 오가는 망명 생활을 하다가 빈곤과 고독 속에 생을 마쳤다.

✱ 미국의 중요한 애국적 상징 중 하나. 1776년 7월 8일 펜실베이니아주 식민지의사당(독립기념관)에서 미국독립선언이 공포되었을 때 이 종을 쳐서 축하했다.

윈스롭 록펠러Winthrop Rockefeller의 사생아예요." 밀러가 고개를 끄덕였다. "맞아. 하지만 진짜로 간사한 사람은 클린턴의 아내죠. 그 여자랑 재닛 리노요."

일단 대화가 이 여자들 얘기로 넘어가고 나면 화제를 딴 데로 돌릴 가망은 없었다. 밀러가 갑자기 소리를 지르며 말했다. "누가 클린턴의 아내한테 비행기를 타고 다니면서 가는 곳마다 돈을 뿌릴 수 있는 권한을 줬냐고!" 이에 거더가 단언했다. "그 여자는 아프리카에 방문할 때마다 각 나라 영부인들한테 100만 달러씩 뿌렸다니까? 교육도 받고 컴퓨터도 사라면서. 그 여자랑 그 족속들이 사회보장국에서 돈을 빼 가고 있어요." 밀러가 격렬하게 고개를 끄덕이며 응수했다. "낙태 비용도 사회보장국에서 내고 있죠." 이야기는 이런 식으로 계속 흘러갔다.

거더 여성해방이 문제예요. 정부한테 자기들을 돌봐 달라며 비명을 지르고 있죠. 그래서 남자들이 뒤로 물러나기 시작했어요. 남자들은 과소평가되고, 아무것도 아닌 존재로 쪼그라들었죠.

밀러 우리 지위를 끌어내렸어요.

거더 남자들은 체스판 위의 졸로 전락해 버렸단 말입니다.

밀러 내가 철공 일을 할 때에도 30피트 상공에 여자들이 더러 있었어요. 여자가 그렇게 높이 올라가면 안 되죠. 그럼 우리를 죽일 거니까. 여자들은 원래 있던 자리에 있어야 합니다.

밀러가 다시 나를 돌아보았다. "걔네는 죄다 레즈비언이에요. 알잖아요. 리노, 클린턴의 아내, 걔네 모두." 거더가 끼어들었다. "리노는 바뀌기 전에, 플로리다에서는 남자였다고요." 내가 웃음을 터뜨리자 거더가 화를 냈다. "이거 진지한 얘기라니까요." 나는 그에게 어떻게 이 "사실"을 확인했는지 정중히 물었다. 그러자 그가 목소리를 한껏 높이며 같은 말을 반복했다. "내가 어떻게 아냐고요? 내가 좀 압니다."

텍사스공화국 민병대원 두 사람과의 대화는, 이런 대화들이 흔히 그렇듯 어느샌가 터무니없는 성심리적 주제로 바뀌었다. 민병대가 좋아하는 이야깃거리는 힐러리 클린턴이라든지 탈부착식 딜도strap-on phallus에 관한 것이었고, 이는 입에 오른 대상보다는 그 이야기를 하는 사람들에 대해 더 많은 걸 드러내 주는 판타지임이 분명했다. 주도적 위치에 있는 여성이 도전해 오는 것에 대한 두려움이 추도식 날 아침에 가진 대화들에서도 마찬가지로 수면 위에 올라왔다. 총기 규제에 관한 이야기는 이내 세라 브래디에 대한 비난으로 이어졌다. 세라 브래디의 남편이자 한때 대통령 공보 담당 비서였던 짐 브래디는 1981년 레이건 대통령 암살 시도 당시 치명상을 입었고, 그런 비극적 총기 사건의 확산을 막기 위한 브래디의 십자군 운동은 "모든 통제권을 가져야" 직성이 풀리며 "남성의 권위를 빼앗고 싶어" 안달이 난 여성의 음모로 인식되었다. 그들이 말하는 대로라면 남편을 휠체어에 앉힌 건 세라 브래디의 독단적인 성격이었으며, 다음 희생양은 그들 자신이 될지도 몰랐다. 책임 있는 자들의 이름을 열거해 놓은 플래카드(당연히 재닛 리노와 힐러리 클린턴도 포함돼 있었다)를 들고 있던 청년 스콧 호턴은 정부의 탄압을 규탄하는 쪽에서 페미니스트의 탄압을 규탄하는 쪽으로 매끄럽게 전환했다. 그는 내게 이렇게 말했다. "우리 공화국은 무릎을 꿇었습니다. 조만간 우리 목을 그을 지경이라고요. 이제 곧 '세계는 하나one-world'라는 질서가 자리 잡을 거예요. 급진적 페미니즘이 정부에 이 모든 권력을 줬어요. 아이들 양육을 국가에 맡기도록 밀어붙였죠.

남성용 맞춤 정장을 입고 회사 사무실을 점령하자며 밀어붙였어요. 진짜로 강하게 밀어붙였다고요."

제3차대륙회의 대표이자 전직 항공교통관제사 윌리엄 헤인스는 대화를 시작한 지 1분 만에 이렇게 말했다. "기본적으로, 백인 남성이 가장 차별받는 사람들이죠. 이 나라에 가장 많은 소수자예요." 헤인스는 개인적인 경험에서 하는 소리라며 확신을 갖고 말했다. "내 결혼을 망친 건 기본적으로 페미니즘 운동이었어요." 그는 비통하다는 듯 말을 이었다. "아내가 1960년대에 대학을 다녔거든요. 아내는 이제 너무 꼬여서 남자를, 특히 남편을 믿지 못하죠. 무슨 일이 됐건 나를 믿지 못했어요. 언제나 내가 꼬박꼬박 자기를 때리기라도 하는 것처럼 굴었다니까요. 나에 대해 말하는 것만 봐도 그래요. '별로야! 그이가 이런다니까! 저런다니까!' 하는 식이죠. 나는 아내에게 우리가 가진 모든 걸 줬어요. 집, 온갖 가구. 카드 값도 다 내가 냈고요. 하지만 늘 충분하지 않았죠. 아내는 보살핌을 받는다는 사실에 분개했어요."

패트리어츠가 자신들이 추정하는 페미니즘의 분노에 호통치는 걸 들으면서, 나는 거울 속으로 슬그머니 들어가 페미니스트들이 애당초 거울 반대편에서 확인한 문제를 거울 안쪽에서 바라보고 있는 듯한 느낌이 들었다. 수십 년 전 페미니스트들은 이런 상황을 '보호 공갈protection racket'✠이라 불렀는데, 이는 곧 여자들을 남자들에 의존해 다른 남자들로부터 보호받게끔 함으로써 제자리에 묶어 둔다는 의미였다. 여자들은 '나쁜' 남자들에 대한 두려움 때문에 '좋은' 남자들 무리의 품으로 쭈뼛쭈뼛 떠밀렸다. 기사도란 남성 폭력의 이면에 불과했

✠ 본래는 어떤 범죄 집단이 다른 범죄 집단으로부터 누군가를 보호해 준다는 명목으로 '보호세' '보호 수수료' 등 금품을 갈취하는 행위를 뜻한다. 페미니스트들은 이를 가부장제의 보호 카르텔을 의미하는 말로 전유했다.

다. 두 세력은 서로를 보완하면서 여자들을 영원한 의존자로 축소시키고, 남자들에게 영원한 보호자 역할을 허락했다.

웨이코 사건이 일어나고서야 내가 이해하게 된 것은 보호 공갈이 어떻게 남자들까지 가두는가 하는 부분이었다. 여전히 '좋은' 남자 역할을 하고 싶었던 패트리어츠도 마찬가지로 보호 공갈의 희생자였는데, 왜냐하면 그들은 그것 말고는 달리 유용한 삶을 생각해 낼 수 없었기 때문이다. 그들은 스스로 인간 방패가 될 가치가 있음을 증명하기 위해 자신들과 대항할 '나쁜' 남자들이 있어야 한다고 믿었다. 그래서 이 남자들에게 적을 찾는 일이란 곧 보호 공갈을 지속시켜 줄 누군가를 찾는 일이었다. 남성 패러다임은 명확한 임무와 적, 전선을 요구하는 만큼 그 패러다임에 의존할 존재들도 필요로 했다. 싸워서 지켜 내야 하고, 적의 손에서 구해 내야 하고, 전선을 정복해 (여전히 불안정한 그곳에서) 먹여 살려야 할 여자와 어린아이 말이다.

온갖 군데에 제멋대로 적용될 수 있다는 점이야말로 보호 공갈의 아름다움이었다. 패트리어츠의 적인 ATF 요원들이 다윗파 거주지를 습격한 날에도 이와 비슷한 전제가 환기되었다. 요원들 입장에서 보자면 본인들은 악의에 차서 사람 마음을 조정하는 아동 성범죄자 데이비드 코레시의 손아귀로부터, 겁에 질린 여자들과 아이들을 구출하는 '인질 구조' 작전을 수행 중이었다. 더럽혀진 여자아이 이미지는 그들의 행동에 의미를 부여하는 데 필수적이었다. ATF 요원 제임스 무어James Moore는 웨이코에서 벌어진 기관의 대응을 평가하며, "한때 사이비 종교 일원이었던 자"의 증언에 기대어 이렇게 주장했다. "코레시는 열 살쯤 된 어린아이들을 성적으로 학대했다. 어느 여자아이는 열네 살 때 코레시의 아들을 낳았다." 그런 주장은 "ATF의 공식 임무와 아무런 관련이 없"음에도, "코레시가 연방법을 기술적으로 위반한 사람이 아닐 수도 있다는 가능성을 제거해 주었"다는 점에서 중요했다. 한마디로 "이 용의자는 '나쁜 남자'"였던 것이다.[9] 코레시는 결혼을 몇 번이나 했는데, 이러한 사실은 그의 종교적 신념을 일면 보여 주었다. 하지만 그가 어린 여자아이들을 성적으로 학대했는지는 확인할 수 없었다(어느 젊은 여성의 증언은 다른 생존자들의 증언과 엇갈렸고, 텍사스주 복지부 조사에서도 이와 관련해 설득력 있는 증거를 찾지 못했다). 단, ATF가 성추행을 조사하기에 부적절한 기관이며 어떤 인질도 구해 내지 못했다는 것만은 사실이었다.[10] 인질은 없었다. 여자들은 납치되지 않았다. 여자들은 집에 있었고, 자발적으로 거기에 남아 있었다. 안에 있던 여성들이 겁을 먹었다면 그건 바로 무시무시한 무기를 들고 집을 에워싼 ATF와 FBI 때문이었다. '구원자'야말로 진짜 압제자인 경우가 너무나 많다는 것, 이것이 보호 공갈의 문제였다. 다윗파의 로레인 실비아Lorraine Sylvia가 말했다. "이 남자들이 와서 우리에게 총을 쏘기 시작했어요." 그녀의 분노는 습격이 계속되는 동안 거주지 안에서 촬영된 홈 비디오에 그대로 포착되었다. "총알이 벽을 뚫고 들어와 사람들이 살해당했어요. 사람들이 다쳤고요. 이게 미국입니까?"[11]

데이비드 코레시가 ATF 요원들에겐 물리쳐야 할 나쁜 남자였다면, 패트리어츠 내부에서는 그 역할이 역전되었다. 민병대는 코레시를 또 다른 종류의 캐리커처로 축소했다. 그는 농가 문 앞에 산탄총을 들고 불침번을 서면서 인디언의 공격으로부터 가족을 보호하는 미국 개척 시대의 가부장, 개척지의 아버지이자 남편(물론 아내를 여럿 거느린 남편)이 되었다. 코레시 본인도 그런 묘사를 부추겼다. "여러분은 나와 논쟁을 하겠지요. 와서 논쟁을 할 겁니다." FBI와 대중을 염두에 둔 비디오 영상에서 그는 이렇게 선언했다. "당신들은 내 아내들과 내 아이들에게 총을 겨누려고 하겠지요. 젠장, 언제든지 문 앞에서 당신들을 맞아 주겠습니다." 이게 그가 가장 좋아하는 테마였다. (또 다른 선언이 담긴 비디오테이프를 보면 그는 "이건 어린아이들을 위한 것입니다……" 하고 노래하며 이렇게 주장한다. "알다시피 아이들을 위해 언젠가는 여러분도 총을 들어야 할 겁니다.") 그는 아빠가 명령을 내리면 부양가족이 기꺼이 그에 순종하고 복종하는 오래된 가정의 법도를 대변하는 상징적 존재로 자신을 재현했다. 코레시는 습격당하는 동안 촬영한 또 다른 비디오에서 FBI를 향해 말했다. "우리 아이들은 존경하는 법을 압니다." 이때 그는 바닥에 앉아, 담황색 머리칼을 한 아이들과 잠자코 있는 젊은 어머니들에게 둘러싸여 옆구리에 난 총상을 치료하고 있었다. "우리 아이들은 마음 챙기는 법을 알죠. 옳은 일 하는 법을 압니다. 이곳에서 보고 배웠으니까요."[12]

패트리어츠는 해마다 웨이코를 순례하며, 코레시의 총을 들고 그의 빈자리를 메우는 제 모습을 상상했다. 이제 그들이 "아이들을 위해" 웨이코의 불타 버린 껍데기를 지킬 차례였다. 그들이 이 땅을 순찰하면, 여기저기 흩어진 여자들과 아이들도 다시금 자신들이 "있어야 마땅한" 장소에 있게 될는지 몰랐다. 그러나 수호자를 자처한 이들이 늘 환영받기만 한 것은 아니었다. 다윗파의 가장 공손한 여성들조차 민병대의 관심사에는 다소간 회의적이었다. 패트리어츠가 추도식을 준비하며 분주하게 움직이는 동안 실라 마틴Sheila Martin은 조심스레 거리를 두고 서 있었다. 실라의 남편 웨인(하버드 로스쿨 졸업생이자 전 노스캐롤라이나대학교 법학도서관 사서)은 ATF가 불시에 들이닥쳤던 그 끔찍한 날, 처음으로 911에 신고를 한 다윗파였다. 이후 그는 화재로 사망했는데, 일곱 아이 중 네 명의 아이도 함께 세상을 떠났다. 그 뒤로 실라는 살아남은 아이들을 양육하고 먹여 살리느라 혼자 정신없이 살아왔다. 이날 네 아이는 근처 박물관 현관 난간에서 체조 동작을 연습하며 놀고 있었다. 나는 실라에게 저 남자들이 웨이코에 이토록 집착하는 이유가 무엇이라고 생각하는지 물었다. 그녀는 힘없이 웃어 보이며 말했다. "이 남자들은 총을 가진 사람들이에요. 총기 박람회에 가는 사람들이죠. 정부가 나쁜 짓을 해서 자신들이 맞서 싸워야 한다고 믿는 경향이 있어요. 개중엔 웨이코 사건 **이전부터** 정부가 이런 짓을 한다고 믿었던 사람이 많을 거예요. 그랬는데 웨이코 사건이 벌어졌으니까, 뭐……." 그녀는 체념한 듯 어깨를 으쓱하며 팔을 들어 올렸다가 떨어뜨렸다. "그들은 **보호**야말로 남자의 정신이라고 말하죠."

그러나 웨이코 여성들은 민병대를 자신들의 보호자로 보지 않았다. 자녀들도 마찬가지였다. 사실 가장 어린 다윗파 생존자는 민병대와 연방 요원을 구분하는 데 어려움을 겪는 것 같았다. 다윗파 일원이자 생존자협회 비공식 대변인인 클라이브 도일Clive Doyle이 내게 말했다. "많은 민병대원이 1995년에 위장복camouflage을 입고 왔어요. 그래서 그 사람들에게 '아이들이 무서워하니, 위장복을 입고 오지 말아 달라'고 부탁했어요." 실라 마틴의 아들 대니얼은 군복 입은 남자들을 보자마자 도망쳤다. 나무 아래에서 울고 있던 대니얼을 발견한 사람은 도일이었다. "나는 아이에게 왜 울고 있냐 물었어요. 그랬더니 아이가 답했죠. '우리 아빠를 죽인 아저씨들이 왜 여기에 있는 거죠?'" 도일은 이 이야기를 하면서 자신의 화상 입은 손을 내려다보았다. 그러곤 시선을 돌렸다. "가슴이 찢어지는 듯했어요. 그러니까 대체 옷을 왜 저렇게 입는답니까?" 말을 이어 가는 그의 얼굴에 당혹스러운 표정이 떠올랐다. "하기야, **정부** 쪽 사람들은 또 왜 그런 옷을 입고 왔던 걸까요?" 훤히 노출된 평지에서 위장을 한다는 건 무의미해 보였다. 그러나 도일은 포위공격 내

내 "모두가 위장복을 입고" 있었다고 지적했다. "몇 마일 떨어진 의료용 막사 안 의사들까지 말이죠! 기자회견 중에는 의사이자 민간인인 검시관까지 위장복을 입고 있었다고요."

이 남자들이 어떤 위치에서 웨이코의 전장에 접근하건 간에, 그들은 미국에서 가장 오래된 남성 신화이자 보호 공갈의 원조인 '포로 서사'에 뛰어들기에 더할 나위 없는 상황이었다. 식민 시대 이전에 구상되어 미국 문학사에 소중히 안치된 이 초창기 장르에서 기본적으로 유지되는 각본은 이런 것이었다. 어느 젊은 여성이 인디언들의 습격에 '포로'가 되고, 인디언들은 그 여성의 백인다움을 벗겨 내려 한다. 개척자 남성의 임무는 그 여성이 '원주민이 되기' 전에, 즉 인디언과 성관계를 갖기 전에 그녀를 찾아서 구출하는 것이다. 그런데 이 포로 서사를 실제 삶에 적용하는 데에는 언제나 문제가 있었다. 포로 이야기를 처음 본격적으로 다룬 메리 롤런슨Mary Rowlandson의 1682년 작품은 작가 자신이 포로로 잡혔던 일을 서술하고 있는데, 이 작품 역시 '포획'이 저자를 종속적인 아내의 지위에서 해방시켰던 방식을 미묘하게 연대기순으로 기록하면서 저자가 인디언들과 공유하는 인간성을 포용하는 것으로 마무리된다. 그렇게 원주민이 되어 '문명화된' 식민 세계로 돌아가기를 거부한 여성들은 또 하나의 골칫거리였다.[13] 확실히 20세기 말에 들어서면 이 같은 서사는 어떤 유효한 남성 드라마로 기능하기엔 진부하기 짝이 없었다. 가장 보수적인 여성들 사이에서도 보호와 독립을 맞바꾸려는 이들은 극소수였다.

환상을 계속 유지하기로 결심한 남성들은 그럴듯한 구실을 찾아 멀리까지 돌아다녀야 했다. 이 점이 민병대 활동과 열광적인 반反임신중지 활동 사이에 존재하는 놀랍도록 일관된 상관관계를 일면 설명해 주는지도 모른다. 두 '운동' 모두 보호를 주장한다. 그리고 도무지 종잡을 수 없는 현대 여성과 달리, 말이 없는 태아는 보호 제안을 거절하지 못하는 포로다. 임신중지 반대 담론에서 태아가 여아로 그려질 때가 많다는 것은 놀라운 일이 아니다. 그런 관습은 웨이코 추도식에서도 눈에 띄었다. 행사장에는 대형 사진이 가장 큰 상징물로 우뚝 솟아 있었는데, 거기에는 태아 사진과 함께 "그녀"의 생명을 구해 달라고 간청하는 캡션이 달려 있었다. 하지만 포로로 잡힌 태아를 구조하는 데에도 문제가 있었다. 태아를 포획한 사람이 결국은 여자일 수밖에 없기 때문이다. 남자들은 여기서까지 진정한 적수, 그러니까 독립적인 여성과 다시 맞붙게 되었다고 느꼈다.

패트리어츠는 페미니스트들이 남성의 역할을 '깎아내린다'고 비난하면서도 남자들의 삶을 여성화하는 실제적인 힘은 간과했다. 그들을 괴롭히는 것은 시타델의 생도나 스퍼포스의 소년들을 괴롭힌 것이 그러했듯, (페미니즘이라기보다는) 여성성이 그 어느 때보다 찬양되는 듯 보이는 문화의 부상이었다. 웨이코를 추종하는 청년 스콧 호턴은 "나는 미디어에 나가야 합니다"라고 외쳤다. 그러나 그가 할 수 있는 일이라곤 그저 제 손으로 써 온 피켓을 흔들며 카메라 렌즈가 이쪽을 돌아보길 기도하는 것뿐이었다. 패트리어츠의 시점에서 보자면, 여자들은 패가 한 장도 없던 상태에서 모든 패를 쥔 상태로 옮겨 갔다. 여자들은 30피트 높이의 비계에 오르는 일처럼 과거 남자들의 전유물이었던 직종에 진입했을 뿐만 아니라, 미디어와 엔터테인먼트 분야의 새로운 영상산업에서 유리한 입지를 타고난 것처럼 보였다. 건설업 등 보수가 좋은 '남성' 직종에 진출할 수 있었던 여성이 소수에 불과했고, 영상문화를 통해 고양되기보다는 억압을 느끼는 여성이 더 많다는 점은 고려되지 않았다. 제로섬게임의 경쟁자를 자처하는 남자들에게 결론은 자명해 보였다. 남자들 자신이 패배자라면, 여자들은 승리자여야만 했다.

성난 백인 남성들은 무얼 해도 늘 패배하는 것처럼 보였다. 스스로 자기들만의 '브레이브하트'가 되려는 노력은, 브레이브하트가 그랬듯 당시의 확고한 기득권으로부터 배반당할 터였다. 그리고 웨이코는 브레이브하트와 마찬가지로 영화가 되었다. 웨이코를 영화화하는 과정에서 핵심적인 역할을 한 인물이자, 궁극적으로 저 기득권에 휘둘리고 만 인물도 마침 1998년 추도식에 참석했다. 그가 바로 연설 도중 "아이들 음성에 담긴 두려움의 소리"를 들었다고 증언한 마이크 맥널티였다. 당시 주목받고 있던 신작 영화 〈웨이코: 교전규칙Waco: The Rules of Engagement〉을 처음 기획한 사람이 그였다. 이 다큐멘터리가 상영되는 극장에는 전국적으로 관객이 가득 찼고, 영화는 광범위하게 언론보도를 타고 있었다. 오동통한 몸집의 마이크가 에디바우어 브랜드의 카키색 여행용 조끼와 체크무늬 셔츠, 야구 모자 차림을 하고 살짝 헝클어진 모습으로 지나가자, 패트리어츠 동료 몇 사람이 부러운 듯 외쳤다. "저기 거물 제작자가 간다!" 그들은 마치 멀찍이 떨어져 있기라도 한 양 소리쳤다. 그다지 유쾌한 목소리는 아니었다. 곧 몇 사람이 캠코더를 들고 그의 뒤를 쫓았다. 별 볼 일 없는 시위꾼이었다가 아슬아슬한 물길을 건너 유명 인사가 돼 버린 남자, 그들의 비극을 대중화한 남자와 인터뷰를 할 수 있을지 모른다는 희망을 품은 채 말이다. 그의 영화는 심지어 아카데미상 후보에도 오르지 않았던가.

그러나 마이크는 자신이 건너온 길이 동료들이 상상하듯 대성공이었는지 확신할 수 없었다. 그가 물길을 건너고서야 알게 된 바는, 간신히 도달한 목적지가 놀라우리만치 불안정하고 미심쩍다는 점이었다. 이날 아침 그가 자신에게 따라붙는 유명세를 즐기지 못한 데에는 그런 이유도 작용했다. "현대사회의 문제 가운데 하나는 테크놀로지에 손을 댄 바보가 너무 많다는 겁니다." 그는 캠코더를 든 남자들을 둘러보며 나에게 짜증스럽게 말했다. "여기 있는 사람들 대부분은 기자가 아니에요. 아마추어들이죠. 어깨에 카메라만 메고 있으면 접근이 가능할 거라고 생각하는 겁니다." 그도 한때는 그렇게 생각했었다. 하지만 이제는 그다지 확신하지 못했다.

이 거칠고 완강한 것

마이크 맥널티가 남부 캘리포니아에 살 때였다. 한번은 누군가 새벽 1시에 그의 집 문을 쾅쾅 두드렸는데, 마이크는 자신이 총을 갖고 있어 다행이었다고 했다. 비록 문을 두드린 사람은 그저 기름이 필요했던 어느 운전자였지만 말이다. 마이크는 총이 본인에게 얼마나 중요한지를 이런 식으로 설명하곤 했다. 얘기를 들을 때마다 나는 의아해졌지만, 오히려 그는 무장이 필요하다는 확신을 얻는 모양이었다. 지금은 범죄율이 낮은 도시인 덴버 북부의 포트콜린스에 살고 있음에도.

"콜로라도주에서 총기 허가를 받은 이유는 영화 때문에 협박을 들었기 때문이에요. 큰 책임이 따르는 일입니다." 그는 워싱턴 인맥을 가진 "그림자 같은" 사람 몇몇이 "밤길을 조심하라"는 경고를 보내왔다고 말했다. "원래 그런 식입니다. 내 뒤를 쫓는 사람들은 연방 요원이 아니죠. 그런 일을 처리하기 위해 고용된 지역 갱단이에요. 그래서 나는 밤길을 조심합니다. 뒷문도 많이 준비해 두고요."

마이크를 노리는 이들이 그림자건 실재하는 적이건 간에 그의 집은 확실하게 요새화되어 있었다. 한때 뷰캐넌 지지자였던 그는 "탄창을 끼우고 총알을 장전하라lock and load"는 이 후보자의 철학을 지지하는 것이 분명했다. 〈웨이코: 교전규칙〉이 아카데미상 후보에 오르기 몇 달 전, 어느 겨울 오후의 일이다. 마이크 맥널티가 나를 개인 무기고의 사실私室로 안내했다. 무기고는 그 집 지하에 있는 가족 '공방'의 절반을 채우고 있었고, 나머지 절반은 아내의 바느질 키트, 뜨개실, 크리스마스 장식, 부활절 달걀 칠하기 세트가 차지했다. 보이지 않게 마지노선이 그어진 남편 쪽 공간에는 잠긴 금고가 가정 작업장 옆에서 보초를 서고 있었다. 그가 작업 테이블 위의 다양한 장비(리로딩 프레스, 파우더 스케일, 파우더 '트리클러', 그리고 이른바 '진동청소기' 등)를 가리키며 말했다. "나는 내 〔실탄을〕 직접 만듭니다." 그는 뇌관을 조심스럽게 닦고, 탄약 가루를 "그레인의 10분의 1 이내"로 측정해서 케이스에 조심스럽게 넣은 뒤 그것을 총알 안에 넣는 방법을 시연해 보였다. 그렇게 해서 만든 탄약은 내가 그때껏 본 가장 큰 탄약이었다. 그가 3인치짜리 탄환을 자랑하며 말했다. "대단한 녀석들이죠."

마이크는 금고와 캐비닛 서랍 몇 개를 열어 다른 중요한 부대 용품들을 꺼내 왔다. 일본식 단도("한번 휘두르면 자동차 문도 뚫을 수 있죠")와 주문 제작한 군도("전사 코난이 사용한 칼을 제작한 사람이 만든 건데, 허리를 통째로 베어 버릴 수 있습니다"), 손가락에 묶어 쓰면 으스스한 호박색을 번뜩이는 야간용 소형 전구("밤눈을 어지럽히지 않죠"), 탄약 조끼, 수분 보충 장치, 쌍방향 라디오 같은 것들. 그가 내게 말했다. "누가 쳐들어올 때 필요한 녀석들이죠. 침입자들에 맞서 나를 방어할 수 있게 될 겁니다." 그는 쌍방향 라디오의 다른 짝을 침실에 두었다. "그래야 내가 붙잡혔을 때 아내와 통신할 수 있을 테니까요." 이렇게 말한 그가 설명을 덧붙였다. "그들을 죽이려는 게 아니에요. 그들을 막으려는 겁니다."

마이크의 금고에서 나온 마지막 무기류는 괴물 같은 산탄총인 곡사포였다. 그것은 소총 및 40구경 권총과 더불어, 한때 어마어마했던 수집 목록에서 살아남은 것 중 하나였다. 3인치 약실이 있는 군용 반자동 12게이지와 그가 만든 "대단한 녀석들"로 탄환 아홉 발을 장전할 수 있는 확장 탄창이 붙어 있는 총. 내 눈에도 확실히 충분해 보였다. "새 사냥이나 하자고 만든 게 아닙니다." 하나 마나 한 소리였다. 이 인상적인 무기는 '전투용 슬링'을 자랑하고 있었는데, 나로서는 그걸 드는 것도 쉽지 않았다. 그리고 바로 그 부분이 그를 만족시켰다. 마이크가 단언했다. "그래서 여자들은 전투에 나가면 안 되는 겁니다. 상체에 힘이 있어야 하거든요." 그렇게 생각하면서도 그는 나에게 총 쏘는 법을 가르쳐 주겠다며 라리머 카운티의 사격장에 차를 몰고 가자고 제안했다.

사격장으로 향하는 드라이브는 길었고, 우리가 도착했을 때는 날이 거의 저물어 몹시 추웠다. 우리는 귀 보호용 헤드셋을 가지고 지정된 사격 부스로 서둘러 갔다. 다행히도 사격장이 문 닫기 직전이어서, 그날의 마지막 사격수로 간신히 입장할 수 있었다. 마이크는 서둘러 케이스에서 무기를 꺼내어 내 손에 놓아 주었다. 나는 람보 스타일 산탄총을 어깨에 메고 얼추 목표물을 향해 조준했다. 맞혔는지 여부는 나로서는 바로 말할 수가 없었다(알고 보니 못 맞혔다). 불같은 섬광과 반동이 순간적으로 뇌진탕을 일으켰는데, 마치 내 손으로 내 머리를 쏜 것만 같았다. 나는 그런 대포급 총의 위력을 감당할 준비가 되어 있지 않았다. 두 번째 라운드를 마친 뒤엔 더 이상 쏠 수가 없었다.

그러고 나서 마이크는 총을 반자동으로 바꾸고, 스피커에서 마감 시간임을 시끄럽게 안내하기 전에 재빨리 몇 발을 쏘아 댔다. 집으로 돌아가는 길에 그는 이렇게 설명했다. "자, 봐요. 마지막 순간에 당신을 재촉해 여기까지 와서 내가 한 건 말입니다. 전술적인 경험을 제공하는 거였어요. 그리고 당신은 제대로 대응하지 못했죠. 누군가 당신 집에 침입했을 때 대응할 준비가 되어 있어야 합니다. 첫 번째와 두 번째 발을 쏘고 나서도, 필요하다면 또다시 한 발을 쏠 준비가 돼 있어야 한다고요. 그러지 않으면 침입자에게 당신네 가족을 산산조각 낼 수 있는 기회를 제공하는 거나 마찬가지죠."

나는 시간의 압박이 아니라 총기 자체의 끔찍한 폭력성이 괴롭다고 말했다. 그러나 마이크는 자신이 끌리는 것은 폭력 그 자체가 아니라 폭력을 "통제할 수 있다"는 사실이라고 대꾸했다. "12게이지에 최대치로 작동할 수 있는 산탄총이 발사되는 건 끔찍할 정도로 폭력적이고 순간적인 사건이죠. 거기에는 모종의 독자적인 마음이 있어요. 상황을 물리적으로 통제하려면 어느 정도 자제력이 필요합니다. 당신이 제어할 수 있는 건 이 거칠고 완강한 녀석이죠. 그건 폭발이에요. 하지만 통제된 폭발이죠." 주행거리가 15만 마일에 달하는 그의 에어로스타 밴을 타고 이런저런 이야기를 나누며 긴 언덕을 내려오면서, 언젠가 어느 남자 친구가 나에게 한 말이 생각났다. 그는 남자가 된다는 건 지배하는 것이 아니라 지배당하지 않는 것이라고 말했었다. 그런 총이 내미는 폭력을 다루는 것, 그 폭발력에 반쯤 의식을 잃고서도 살아남는 것 역시 같은 원리를 따르고 있다는 생각이 들었다. 그때쯤 나는 마이크 맥널티의 삶에서 일어난 많은 폭발에 대해 어느 정도 알게 됐고, 그중 마이크가 통제할 수 있는 폭발은 아무것도 없었단 걸 이해했다. 다시는 산탄총을 쏘고 싶지 않았다. 물론 지난 몇 년간 보이지 않는 군대가 나에게 총을 쏘고 있었다고 느끼지도 않았다.

해고된 화재보험 설계사였다가 아카데미상 후보에 오르기까지, 마이크 맥널티의 오디세이는 정치적 스펙트럼에서 그가 어떤 위치에 있었느냐와 상관없이 모든 미국 남성에게 교훈을 주었다. 그러나 이 교훈은 주변부를 옮겨 다니던 한 남자에게서 나온 것인 만큼 한층 더 첨예했다. 마이크 본인도 이렇게 말했다. "우리 사회라고 불리는 흐름에서 무슨 일이 벌어지는지 알고 싶다면, 그 가장자리로 가서 거기에서 무슨 일이 벌어지고 있는지 봐야 해요. 가장자리의 흐름이 어떻게 작동하는지를 알면, 한가운데에서는 무슨 일이 벌어지는지 이해하게 될 겁니다." 어쨌거나 마이크는 주변부와 주류 양쪽에 다 걸쳐 있는 사람처럼 보였다. 레드넥✠의 산속 보루에서 튀어나와 다문화사회 미국을 공격하는 '민병대원'(그는 이 표현을 피했다)이라는 식으로 그를 손쉽게 정형화할 수는 없는 노릇이었다. 중산층인 그의 가족구성을 보면 입양한 딸은 열한 살 아프리카계 미국인이고, 아내가 먼젓번 결혼에서 낳은 두 아들은 히스패닉계였다. 여러모로 마이크의 이야기는 전후 남성들의 경험이 보여 주는 고전적인 궤적을 따르고 있었다. 그는 제2차 세계대전에 해병으로 참전한 군인이었고, 항공우주 엔지니어의 아들이었다. 그는 군복무, 회사를 향한 충성심, 교외 결혼 생활 등을 통해 남자로 성장할 것이라 기대했다. 하지만 그가 마주한 건 베트남전쟁과 구조조정, 파탄 난 결혼 생활이었다. "내게 주어진 약속이 다 깨져 버렸어요."

맥널티 가족은 1994년 포트콜린스로 이사하기 전에 남부 캘리포니아 교외의 안락한 생활에 익숙해져 있었다. 거대 기업 네이션와이드보험Nationwide과 계약을 맺은 독립적인 중개인이자 의욕에 넘치는 민간 보험설계사로서 그가 벌어들인 막대한 커미션 덕분에 마이크는 종종 여섯 자리 수 연봉으로 가족을 부양할 수 있었다. 그의 전문 분야는 화재와 부채였다. 네이션와이드 측에서는 가족 친화적인 수법으로 맥널티 가족의 환심을 사려 했는데, 그가 일을 시작한 이후엔 일부러 아이

✠ '빨간 목'이라는 뜻의 이 말은 야외에서 햇빛을 받으며 육체노동을 하는 남성 노동자들을 비하하는 말이다. 이들은 1980년대 미국의 신자유주의화 이후 급격하게 보수화되었는데, 2016년 미국 대선에서는 트럼프 지지 세력의 중심 인구로 주목받았다.

들 생일을 축하해 주는가 하면, 아내인 줄리에게 "좋은 아내"가 있어 다행이라는 등의 편지를 보내면서 회사가 얼마나 가족 전체를 "신경 쓰는지" 알 수 있게끔 했다. 이런 접근은 특히 줄리에게 감동을 주었는데, 당시 줄리는 조력자라는 아내의 역할을 강하게 믿고 따르는 모르몬교도였다. 원래 가톨릭교도였지만 결혼하면서 모르몬교로 개종한 마이크 역시 기분이 좋았다. 가장 마음에 들었던 부분은 그가 "가족에게 책임을 다할 수 있도록" 회사에서 도와주는 방식이었다.

마이크는 그 일을 좋아했다. "열심히 일할수록 더 많은 보상을 받았습니다. 1988년에는 전국의 1만 5000명 설계사 가운데 가장 많은 보험을 판매했어요. 사람들 재산을 지키고 사람들을 구하면서 무언가 기여를 하고 있다고 느꼈습니다. 그리고 그 일을 잘했죠. 주력상품은 화재보험이었어요. 내 전문 분야였습니다. 다른 설계사들이 와서 내가 어떻게 하는지를 보고 배워 갔죠." 그러다 1991년 오하이오주 콜럼버스에 본사를 둔 네이션와이드가 요율을 천문학적인 수준으로 인상하기 시작했고, 캘리포니아주에서는 정책 갱신을 거부했다. 결국 그 해 마이크는 수입의 3분의 2를 잃고 파산 신청을 해야 했다. 곧 그와 동료 설계사들은 네이션와이드가 서부에서 사업을 확장하는 데 쏟아부었던 돈을 더 수익성 있는 다른 곳에 투자하기로 결정했다는 사실을 깨달았다. 마이크는 그 상황을 이렇게 정리했다. "직원들은 비상금을 만드는 데 이용됐고, 회사가 그걸로 주식시장에서 도박을 하고 있었던 거죠." 1993년 말에 회사는 갑자기 캘리포니아주에 있던 모든 대리점을 정리한 뒤 철수했다.[14] 그렇게 마이크는 아무런 지원을 받지 못하는 사업 환경에서 자수성가하기 위해 몸부림치기 시작했다. "소규모 독립 설계사의 시대는 끝났습니다. 설계사는 고객을 위해 상품을 디자인하곤 했었죠. 이제는 하나같이 교육도 받지 않고 면허도 없는 영업 담당자가 됐어요. 상품은 회사가 관리하고요." 마이크는 수십 년 만에 처음으로 실직 상태가 되었다. 사업을 잃고 집마저 팔아야 했다. 시민을 무장해제하려는 정부의 조직적인 노력에 점점 더 격분하여, 취미였던 총이 전업이 되어 버린 것도 바로 이 무렵이었다. 그는 직접 조직한 총기 권리 단체, 이른바 캘리포니아공공안전기구California Organization for Public Safety(COPS)의 책임자로서 주의 '공격 무기 금지령'에 반대하는 로비를 벌였고, L.A. 경찰국에 은닉 무기 소지 허가증(CWP) 발급을 강제하려는 소송을 지지하기도 했다. 하지만 머지않아 그가 웨이코에 온통 마음을 빼앗기고 관련 영화를 만들기 시작할 즈음 이런 문제는 부차적인 관심사로 밀려났다.

마이크는 웨이코 화재 참사에서 연방정부가 어떤 역할을 했는지 다루는 다큐멘터리를 만들 생각이었다. 그리하여 이 문제를 조사하기 시작한 이래 2년 4개월간 40만 달러의 저금과 전미총기협회(NRA) 및 미국총기소유주협회(GOA)에서 지원받은 7000달러의 돈을 사용했다. 그는 포위 기간 동안 공중에서 찍은 정부의 감시 필름을 손에 넣었다. 그러고는 이 자료가 건물 뒤쪽에 있던 연방 요원들이 다윗파 사람들에게 총격을 가하는 장면—미디어에서는 보지 못한 장면—을 담고 있다고 믿었다. 그는 생각나는 대로 온갖 방송국과 뉴스 프로그램에 자신이 수집한 증거를 찔러 넣었다. 하지만 희망과 달리 그 자료를 바탕으로 기사를 내 주는 곳은 아무 데도 없었다. 결국 그는 댄 기퍼드Dan Gifford(연기와 영화제작 분야에서 경력을 쌓기 위해 L.A.로 이주한 전직 CNN 경제부 기자)에게 접근했다. 마이크는 은닉 무기 소지 허가 소송에서 기퍼드를 만났다고 했다. 당시 기퍼드는 원고 측 가운데 한 명이었다. CNN에 들어가기 전인 1980년대에 그는 텍사스주에서 증권 상품 중개인으로 수백만 달러를 벌었고, 그 돈을 얼마간 사용해 할리우드 경력을 시작할 기회를 엿보고 있었다. 그때껏 고작 영화 몇 편에 단역으로 출연해서 기자나 은행가를 연기했을 뿐, 아직 영화제작은 시작도 하지 않은 단계였다. 기퍼드가 보기에 웨이코는 주목을 끌 만한 주제였다. 그는 수표책을 꺼냈다. 그리고 이후엔 결국 이 영화에 100만 달러 이상을 쏟아붓게 된다.

마이크는 이미 TV 드라마 〈세인트 엘스웨어St. Elsewhere〉로 에미상을 수상한 감독 윌리엄 가제키William Gazecki를 연출가 자리에 섭외한 상황이었다. 열 달 동안 마이크와 가제키는 국회의사당에서 열린 웨이코 청문회에 참석하고 전국 곳곳을 돌아다니며 함께 여행했다. 가제키는 카메라를 들고 마이크를 뒤쫓았고, 전직 화재보험 판매원은 소방 조사관, 화기 전문가, 법집행관, 검시관, 종교학자 들을 인터뷰했다. 두 사람은 더 많은 증거를 수집하기 위해 거듭 웨이코로 돌아왔다. 어느 날 샌타모니카 해변의 식료품점에서 가제키와 이야기를 나눈 적이 있다. 자연 애호가로서 종종 환경 단체를 후원하곤 했던 이 감독은 그곳에서 자유시간을 보내는 걸 즐겼다. 가제키가 말했다. "나는 맥널티를 좋아했습니다. 그이는 사교적이고 열정적인 부류예요. 그리고 온갖 두꺼운 파일을 차에 싣고 돌아다니면서 조사관 노릇 하는 걸 좋아했답니다." 장거리 여행을 하는 동안 이따금 마이크가 추측한 내용이 가제키의 좀 더 실용적인 성향을 거스를 때면 두 사람은 "열띤 대화"를 나누기도 했다. 가제키가 미소를 지으며 떠올렸다. "아시잖아요, 그이는 온갖 이론과 느낌을 가지고 이러쿵저러쿵 떠들었어요. 즉석에서 가두연설을 하곤 했죠. 그러면 내가 말했어요. '마이클, 당신이 뭐라고 생각하든 난 상관 안 해요. 그걸 증명할 수는 있어요?'"

그 결과 만들어진 영화는 매혹적이고 분위기 있는 뉴에이지 사운드트랙을 바탕으로 그을린 시체를 비추며 소름 끼치는 잔상을 남기는 한편, 웨이코에서 연방정부가 저지른 과실을 철저하게 비난하는 그림을 그려 보였다. 이 다큐멘터리는 데이비드 코레시와의 협상을 담은 FBI 기록 테이프 발췌본, 다윗파가 촬영한 홈 비디오 영상, 의회 청문회 푸티지, 지역 경찰관이나 독립 조사관·연구자 및 과학자와의 인터뷰 등을 엮어, 4월 19일 FBI 탱크가 건물을 공격하는 동안 FBI 요원들 역시 다윗파 거주지에 기관총을 난사해 화재를 일으켰다는 결론으로 가차 없이 내달린다. FBI는 혐의를 부인했지만, 영화 제작진은 본인들이 생각하는 스모킹건—그날 FBI가 공중에서 촬영한 열 감시 테이프—을 손에 쥐고 있었다. 특수한 '야간 투시' 기술로 제작된 이 테이프는 산발적인 열 섬광을 보여 주었고, 제작진은 이러한 섬광이 총격에서 비롯했을 가능성이 높다는 증언을 해 줄 만한 국방부 야간 투시 연구실의 전직 감독관을 찾아냈다.

그러나 이 증거물은 겉보기와 달리 그리 확고한 것이 아니었다. 영화가 공개된 후 법무부에서는 자신들이 내세운 전문가 발언을 통해 섬광은 그저 햇빛 반사일 뿐이라고 반박했다. 연방 관리들은 열 섬광이 총격에 의한 것이라면 총을 든 요원들은 도대체 어디 있느냐고 질문했다. 요원들 몸에서 나는 열 역시 총구에서 뿜어 나온 열과 마찬가지로 어떤 이미지를 만들어 냈어야 했다. 한편 《워싱턴포스트Washington Post》는 적외선 전문가 열두 명에게 테이프 검토를 요청했는데, 그중 섬광이 총격을 나타낼 가능성이 있다는 의견을 내놓은 이는 네 명뿐이었다.[15] 여하간 섬광이야 어찌 되었든 간에, 영화는 그 자체로 포위공격 동안 정부 준군사 조직의 폭력 행위와 이후 FBI의 매우 변칙적이고 충격적인 관행을 보여 주는 오싹한 기록이었다. 특히 연방 요원들은 법의학적 증거를 지방 당국에 넘기지 않고 보류시켰는데, 어떤 증거를 숨기고 어떤 증거를 공개할지 직접 취사선택했으며, 해당 건물에 대한 분석이 별도로 진행되기 전에 건물을 불도저로 밀어 버렸다.[16] 〈웨이코〉는 1997년 1월 선댄스영화제✠에서 공개되었고, 이내 정치적 스펙트럼에 상관없이 평론가들에게 대체로 호평이 담긴 정중한 평가를 받았으며 국제다큐멘터리협회에서 수여하는 상을 수상하기도 했다. 1997년 12월 초 마이크를 만나기 위해 덴버로 날아갔을 때, 나는 데뷔작으로 큰 성공을 거둔 뒤 자축하고 있는 영화 제작자를 만나게 될 거라 기대했다.

※ ※ ※

"지금 아내와 이런 일을 겪고 있어요. '당신이 나에게 한 약속을 지키지 않았으니 나는 떠날 거야' 하는." 마이크는 공항에서 나를 만나자마자 그렇게 운을 뗐다. "아내는 내가 하는 일을 좋아하지 않아요. 내 관심사도 별로 안 좋아하고요. 내가 만나는 사람들도 안 좋아합니다. 웨이코 문제를 다룬 지난 4~5년간 진실이 수면 위로 올라왔어요. 충성심이라든지 도의적인 지지 같은 것들 말입니다." 마이크의 주장에 따르면 핵심은 아내 줄리가 그에게서 "이상적인 중산층 가정의 삶white-picket-fence life"을 바란다는 것이었다. 마이크가 대변하는 바—다윗파와 그들의 불타 버린 집을 사수하기 위한 보호주의적 십자군 전쟁—는 아내에게 조금도 감명을 주지 못했다. 아내는 캘리포니아주 코로나에 있던 3000제곱피트인 집을 되찾고 싶어 했다. 하지만 마이크는 자신의 총기 컬렉션을 유지할 여유조차 없어서, 늘 소지하고 다니는 산탄총과 소총, 권총을 제

✠ 미국의 진보적인 배우이자 감독인 로버트 레드퍼드가 미국 유타주에서 시작한 영화제. 세계의 저예산 독립영화와 독립다큐멘터리를 소개하는 국제영화제다.

외하고는 모두 전당포에 담보로 잡힌 상황이었다. 맥널티 가족은 이제 눈 덮인 포트콜린스의 좁은 임대주택에서 쿠폰을 모으고 수금원을 피하며 살아가고 있었다. 지출도 여기저기 줄였다. 마이크는 밴 운전석 안전벨트도 수리하지 못한 채 방치하고 있었다. 걸쇠가 망가진 탓에, 운전할 때면 조수석 벨트에 고리를 걸어야 했다.

그럼에도 마이크 맥널티는 웨이코에 관한 두 번째 영화를 만들고 싶어 했고, 세 번째 영화로는 오클라호마시티 폭탄테러✣ 관련 작품을 염두에 두고 있었다. 그는 오클라호마시티 폭탄테러를 정부의 위장 작전이 엇나간 결과로 간주했다. 지금껏 진행 중인 반정부 수사를 통해 그가 벌어들인 돈은 웨이코와 오클라호마시티 테러 소송 담당 변호사에게 조언을 해 주고 받은 자문료가 다였다. 티머시 맥베이Timothy McVeigh 재판에서 변호인단은 마이크를 고용해, 유죄판결을 받은 테러범이 웨이코에 관해 무엇을 읽고 접했는지 모조리 정리하도록 했다. 변호인단이 의도한 건 이로써 증거를 경감하여 사형선고를 피하는 일이었다. (마이크는 맥베이가 유죄이며 감옥에 가야 한다고 생각했으나 사형에는 반대했다. "맥베이는 이 작전의 수뇌부가 아니"기 때문이었다.) 그러나 판사는 변호인단 측에서 그 자료를 사용하는 걸 결코 허용하지 않았다. 이런 일이 마이크의 아내에게 달갑지 않았음은 물론이다. 매주 보수 성향 라디오 프로그램(콜로라도주 존스타운 인근에 있는 생존주의 성향의 아메리칸 프리덤 네트워크를 통해 방송됐다)을 진행하는

✣ 1995년 4월 19일 미국 오클라호마주 오클라호마시티에 있는 앨프리드 P. 뮤러 연방정부청사에서 일어난 폭탄테러. 민병대 운동에 동조하던 티머시 맥베이가 해당 건물 앞에 폭발물을 가득 실은 트럭을 폭파하여, 6세 이하 어린이 열아홉 명을 포함한 168명이 목숨을 잃었으며 680명 이상이 부상을 입었다. 맥베이는 연방정부에 분노를 표출하고자 웨이코 사건 2주기에 맞춰 테러를 감행했다.

남편의 다른 '일'도 마찬가지였다. 방송국은 내가 방문하기 일주일 전에 불타 버렸지만, 출연료가 나오는 방송도 아니었으니 마이크의 아내 입장에서는 대단히 손해 볼 건 없는 일이었다. 마이크는 지난 몇 달 새에 아내 줄리가 직장을 구하고, 아파트를 알아보고, 이혼을 청구하겠다는 말을 꺼내기 시작했다고 전했다. "아내는 자아를 찾고 있어요." 이런 소식을 들려주는 마이크의 목소리는 무미건조했다. "내 생각에 지금은 아내가 나한테 의존하지 않고 해방될 때인 모양입니다."

차로 한 시간을 달린 끝에 마이크가 새로 마련한, 먼젓번보다 좀 더 작은 집에 도착했다. 그는 임시방편으로 손봐 놓은 안전벨트를 풀었고, 우리는 차에서 뛰어내렸다. 우리 둘 다 얼어붙은 진입로에서 미끄러지는 바람에, 그의 허리춤에 있던 권총집이 덜거덕거리는 소리를 내며 땅에 떨어졌다. 나는 혹시라도 권총의 방아쇠가 당겨졌을까 두려워 내심 간절히 기도했다. 집 안은 텅 비어 있었다. 줄리는 식료품을 사러 외출한 참이었다. 마이크는 내게 사무실을 보여 줬는데 그곳엔 "웨이코 박물관", 즉 현장에서 수집한 전리품—방독면 필터, AK-47 총알, 파열된 소총 탄피, 시체 위치를 표시하는 데 쓰는 주황색 '보디 플래그', 수류탄 탄피 두 개, 모래주머니 조각, 교정기 조각, 그리고 '굽지 않는 쿠키' 조리법이 어린아이 글씨체로 적혀 있는 3×5 크기의 색인 카드 등—을 전시해 놓은 캐비닛 작업대가 자리하고 있었다. 벽에는 유리 케이스 안에 든 바이킹 칼 복제품, 명판 위에 설치된 나폴레옹의 검 모조품, '미국 영화산업'을 조망해 놓은 지도가 걸려 있었다. 동부 해안에는 '레터먼'✠, 서부 해안에는 '할리우드', 나머지 부분에는 '기

✠ CBS의 심야 토크쇼 프로그램 〈레이트 쇼〉를 진행했던 미국의 유명한 코미디언 데이비드 레터먼(David Letterman). 여기서는 뉴욕을 중심으로 제작되는 시사 풍자 코미디 프로그램들을 의미한다.

내용 영화'라고 표시되어 있는 지도였다. 마이크는 청구서와 발송 우편물이 들어 있는 선반 위에 '취재기자'라는 도장이 찍힌 명함을 쌓아 놓았다. 사실 그는 자신을 "미국 식민지 시기 팸플릿 제작자"✢로, 자신의 조직인 캘리포니아공공안전기구(COPS)를 "통신 연락 위원회의 도덕적 등가물"로 나타내는 걸 선호한다고 말했다. 이런 생각은 미국 혁명가들의 이야기를 읽고, "그들이 '조지 왕'✱의 정부를 어떻게 대했는지 살펴보고, 내가 '빌 왕'✝의 정부를 대할 때 어떤 느낌인지 깨달으면서" 확고해졌다. 그는 웨이코 영화가 "나의 토머스 페인 팸플릿"이라고 말한 뒤, "내가 그의 발자취를 따라갈 필요가 없기를 바랄 뿐"이라며 의미심장하게 덧붙였다. 그동안 내 눈길은 명함 옆에 쌓여 있는 발송 우편물 더미에서 방황하고 있었다. 개중에는 우표를 붙여 밀봉해 둔 복권 응모 봉투들도 다양하게 있었는데, 모두 줄리의 손을 거친 것들이었다.

마이크는 나에게 '마담 프레지던트Madame President'라는 도장이 찍힌 "3달러짜리 힐러리 지폐"를 보여 주었다. 그때부터 그는 클린턴 행정부에 관한 이야기를 시작했고, 그건 그가 한도 끝도 없이 떠들 수 있는 주제였다. "클린턴은 ATF 예산과 인원을 늘렸어요. 일각에는 ATF가 클린턴의 근위병으로 알려져 있지요. 그들은 정확히 클린턴이 하라는 대로 할 겁니다. (…) 몇 년 전에 중역들이 타는 공군 제트기가 있었는데, 그게 주요 공군 장성 네 명이 탑승한 채로 추락했습니다. 여러 특수

✢ 특히 미국 독립혁명(1765~1783) 시기에 정치적 팸플릿을 제작하고 배포한 이들을 의미한다. 이들은 영국 통치에서 독립하기 위해 여론을 형성하고 지지를 모으는 데 중요한 역할을 했다.

✱ 영국의 조지 3세. 1760년부터 1820년 사망할 때까지 재위했다. 조지 3세 치하에서 미국 독립전쟁이 일어났고, 북아메리카 13개 식민지는 아메리카합중국으로 독립한다.

✝ 빌 클린턴을 가리킨다.

부대 대원이 작성하는, '레지스터'라 불리는 신문이 있어요. 그 신문에 장군들의 제트기 추락 이야기가 실린 거죠. 이 사람들은, 그러니까 쿠데타를 일으키기 위해 워싱턴 D.C.로 가고 있었다는 거예요. 그들은 총사령관인 빌 클린턴을 체포하고 그놈이 저지른 쓰레기 같은 짓거리를 군법회의에 회부할 예정이었는데, 비행기가 뜨자마자 그 계획이 발각된 거죠. [작고한 상무부 장관 론] 브라운 씨가 보스니아에서 비행기를 탔을 때 벌어진 상황과 흡사해요. 브라운 씨는 클린턴의 웃기는 돈놀이에 관한 비밀을 누설하려던 참이었고, 그래서 브라운 씨가 탄 항공기가 공격을 받게 된 겁니다. (…)

미국 연방의 내부 고발자를 보호할 경우 특정 부대를 배제하는 행정명령에 대통령이 서명하려는 이유가 대체 뭐겠어요? 게다가 이 특정 부대는 TWA 800에서 다이빙을 한 미국 해군 잠수부들로 구성되었습니다. 그들이 해저에서 온갖 증거를 수집할 때 뭘 봤겠냐고요. 나한테 행정명령 사본이 있어요. 저명한 서부 상원의원 사무실의 참모장인 친구가 나를 위해 파헤쳐 준 거죠. 이 사람들이 앞에 나서 가지고는 해저에서 증거 수집 도중에 본 것을 말한다면 그건 대체 뭐겠습니까? 그 사람들을 보호하지도 엄호하지도 않겠다는 대통령의 의중을 제쳐 놓고 보더라도요. 추정컨대, 그 사람들이 본 건 미사일이 기체를 때렸다는 증거일 거예요. 고성능 폭풍형 탄두는 아닐 수도 있습니다. 해군이 사용하는 또 다른 미사일 종류가 있는데, 그건 매우 빠른 속도로 날아가서 항공기 같은 몸체에 충돌할 때 그 충격으로 비행기가 산산조각 나거든요. 그게 SDI✠ 개발의 일부였죠."

✠ 전략방위구상(Strategic Defense Initiative). 1983년 레이건이 발표한 것으로, 대륙간탄도탄을 비롯한 소련의 핵미사일을 비행 도중에 격추시키는 방법에 관한 연구 계획을 말한다. 1993년 클린턴 정부는 구소련의 붕괴로 더 이상 SDI가 필요 없다고 보고, 이 계획을 대폭 축소 조정하여 새로운

머릿속이 빙글빙글 돌기 시작했다. 나는 '스타워즈'를 견인할 목적으로 진행된 SDI가 클린턴이 아닌 레이건의 작품이라고 지적했다. 그러나 마이크는 단념하지 않았다. 적 뒤에 숨은 진짜 적을 찾는다면 레이건은 전혀 문제가 되지 않았다. 진짜 적은 힐러리였던 것이다. "힐러리는 정말 의지가 강한 사람이에요. 내 생각에는 그 여자가 말 그대로건 비유적으로건 왕좌 뒤에 있는 권력이에요. 나는 빌이 지금까지 밝혀진 어떤 일을 해냈을 만큼 유능하다고 생각지 않아요. 반면 힐러리는 매우 똑똑한 여자인 데다 매우 위험한 여자이기도 합니다. 강탈자들은 항상 위험하죠. 궁극적으로 목적을 달성하려면 악행을 저질러야 하니까요." 그 주제에서 벗어나 보려는 나의 노력은 소용이 없었다. 그가 말을 이어 갔다. "4월 19일에 누가 최종 명령을 내렸을까요. 비유적으로도 말 그대로도 말이죠. 전부 증명할 수는 없지만, 웹 허블Webb Hubbell〔클린턴 정부의 전 법무부 장관〕이 전화로 빈스 포스터Vince Foster의 지시를 받고 있었다는 명확한 정보를 입수했어요. 나는 포스터 씨가 힐러리의 지시를 받았다고 봅니다. 백악관에서 결정권을 쥐고 있던 건 바로 **그 여자**였습니다. 증명할 수 있냐고요? 설득이 가능할까 싶긴 한데, 여하튼 그게 내 이론이에요. 게리 올드리치Gary Aldrich〔백악관에서 일하던 시절 경험한 바를 광적인 반反클린턴 기조로 세세하게 적어 내린, 신뢰하기 어려운 책 『무제한 접근권Unlimited Access』을 집필한 FBI 요원〕가 내게 해 준 말에 따르면, 빌리✢는 대체 무슨 일이 있었는지 세세하게는 몰랐는데 그건 힐러리가 국내 정책을 맡고 있었기 때문이래요. 제니퍼 플라워스Gennifer Flowers가 문제 됐을 때에도, 힐러리가 〈식스티 미니츠60 Minutes〉에 출연해 자기 남자 편을 들었던 저 유

탄도미사일방위계획(BMD)을 발표했다.

✢ 빌 클린턴을 가리킨다.

명한 해프닝✠이 벌어지자 거래가 성사된 거죠. 그 거래가 뭐냐면요, 힐러리가 자기 남자 옆에 서서 그가 대통령이 되는 걸 돕는 대가로 국내 문제에서는 완전한 통제권을 가진다는 거였어요. 그게 바로 취임식 날 백악관에서 힐러리와 앨 고어Al Gore 사이에 인정사정없이 고성이 오갔던 이유죠. 힐러리는 부통령 사무실을 원했던 겁니다."

나는 나흘간의 방문 동안 그런 독백에 익숙해졌다. 게다가 어쨌든 끊임없이 울리는 전화벨 소리 덕분에 간간이 쉴 수도 있었다. 전화를 건 사람들은 대개 마이크의 전화에 회신하는 그의 "정보원들"이었다. 마이크는 끈질겼다. 내가 찾아온 어느 늦은 오후, 조지아주 하원의원으로 반反클린턴주의자인 밥 바Bob Barr가 이런 독백 중간에 전화를 걸어 마이크에게 즐거움을 주었다. "진짜 밥 바예요!" 마이크가 기쁘다는 듯 말했다. 마이크는 그를 '밥'이라고 불렀다(이후 밥 바 의원실에서는 실제로 마이크가 의원과 자주 대화한다는 사실을 확인해 주었다). 마이크는 바에게 웨이코 관련 추가 조사를 막으려는 의원의 보좌관과 전화로 나눈 대화에 대해 이야기했다. "내 대화를 녹음한 테이프를 포함해서 자료가 필요하면 알려 주세요." 그러고 나서 마이크는 의원에게 웨이코에 관한 두 번째 영화를 준비하고 있다고 말했다. 웨이코에 극비리로 주둔 중인 병력이 있다는 불길한 "증거를 손에 넣었기" 때문이라는 것이었다. 바는 자신이 지금 휴대폰으로 통화하고 있으니 "보안" 라인으로 다시 전화를 걸겠다고 했다.

✠ 1992년 아칸소주 주지사였던 빌 클린턴이 민주당 대선후보 경선에서 선두주자로 부상하던 즈음 아칸소주의 모델 겸 가수였던 제니퍼 플라워스와의 성적 관계가 폭로되는 대형 스캔들이 터졌다. 이때 힐러리 클린턴은 CBS 대담 프로그램 〈식스티 미니츠〉에 출연해 빌 클린턴을 적극 방어하고 다정하게 포옹하는 모습을 연출하면서 남편의 정치생명을 되살렸다.

그런데 첫날 저녁, 전능한 힐러리에 대한 탐구는 전화가 아니라 집 문을 여는 열쇠 소리 때문에 중단되었다. 현관문이 열리더니 쾅 하고 닫혔다. 마이크의 아내 줄리가 귀가한 것이다. 줄리는 내게 따뜻한 인사를 건네고 남편에게 퉁명스럽게 고개를 끄덕인 다음 부엌으로 향했다. 마이크는 조심스럽게 아내의 뒤를 따랐다. 줄리가 식료품을 꺼내기 시작하는 동안 마이크는 말없이 주변을 서성였다. "워싱턴의 찬탈자들"과 정면으로 맞붙는 일에 대해선 속사포처럼 쏟아 내던 남자가 별안간 정중하게 입을 다물고 있었다. 문득 줄리의 어깨 너머로 벽을 장식한 자수 액자가 눈에 들어왔다. 거기에 쓰인 글귀는 이랬다. '가족은 영원합니다.'

마이크가 기대를 품은 채 물었다. "내가 저녁 만들까?" 줄리가 호멜칠리 한 캔을 넘겨주자, 마이크는 서둘러 식료품 저장실에서 냄비와 프라이팬을 꺼내고 양파를 자르기 시작했다. 그가 아내에게 애타게 물었다. "감자 위에 칠리 얹는 걸 좋아하지?" 줄리는 고개를 끄덕였고, 나는 부엌의 얼어붙은 툰드라가 살짝 해빙되는 것을 느꼈다.

"남편이 요리하는 유일한 시간이에요." 줄리는 말에 뼈를 실으면서도 작게 미소를 지어 보였다.

"그건 아니지!" 상처받은 마이크가 반격했다. 하지만 곧이어 되돌아올 화살을 피할 순 없을 터라, 그는 본인이 만드는 영화를 아내가 단 한 번도 보지 않았다면서 재빨리 나에게 일러바쳤다.

그 소리에 줄리가 나를 돌아보았다. "완성된 걸 보고 싶어서 선댄스 때까지 보지 않았어요. 마이크가 무언가에 빠지면, 거기에 완전히 몰두해서 다른 건 안중에도 없어지죠. 처음에는 곧 빠져나올 거라고 생각했어요. 하지만 3년이 지났는데도 여전히 저러고 있네요."

"나는 웨이코 병에 걸렸으니까." 마이크는 분위기를 좀 가볍게 띄우려고 했다. "웨이코 추종자들. 우리 중엔 엄청나게 집착한 나머지, 강박증에 시달리게 된 사람도 많다니까요." 유쾌한 어조였다.

줄리는 그런 마이크를 음울하게 쏘아보더니 내 쪽으로 돌아섰다. "남편은 자기가 하는 일에 너무 집착하느라 부양해야 할 가족을 저버리고 있어요. 책임을 저버리고 있다고요."

"나는 집중하고 있는 거야." 마이크가 항의했다.

"글쎄, 다른 데 집중해야 하는 건 아닌가 싶네. 보험업계에서 일하며 가족을 부양하는 거라든지 말이야."

"글쎄, 보험 일은 사라졌잖아." 마이크는 더 공격적으로 양파를 썰었다.

그러자 줄리가 가차 없이 쏘아붙였다. "글쎄요. 남편 사무실 비서하고도 이야기해 봤는데요. 그 사람은 웨이코 일을 하면서도 자기 일을 다 했죠."

마이크가 투덜거렸다. "그건 사실이 아니야!"

"우리는 집을 잃었잖아." 줄리가 핵심을 찔렀다.

"잃은 건 보험업이지!"

"고생은 했어도 완전히 망하진 않았었잖아."

"보험업계에서 알던 사람들 중에 파산한 사람들 좀 보라고. (…) 독립 설계사였던 내 친구들은 한 명을 제외하고는 모두 전멸했어요. 예, 우리는 불가피한 상황을 조금 더 피할 수도 있었겠지만, 나는 전환을 도모했어요. 보험에서 영화제작으로, 괜찮은 커리어가 될 것 같은 분야로 넘어간 거죠."

하지만 줄리는 영화제작으로 전환하는 데 관심이 없었다. "나는 안정을 좋아해. 봐, 우리 아빠는 우체부였어. 아빠는 매일 출근했고 매일 오후 3시면 집에 돌아왔다고."

"하지만 보험 일은 그 자체로 치열한 몸부림이 돼 버렸어요.” 마이크가 대꾸했다. 줄리보다는 나한테 하는 말이었다. “돈을 못 벌었을 뿐만 아니라 재미도 없었어요. 보험이 사람들을 보호할 수 있다는 걸 보여 줄 때는 그 일이 좋았죠. 남편 잃은 과부에게 작은 위로를 줄 수 있다거나. 하지만 경쟁이 너무 치열해져서…… 그 업계에서 해야 하는 일은 부도덕하거나 불법적인 경우가 많았어요. 재정적으로 곤란해진 사람들이 성공하기 위해 자신을 불사르고 있어요. 나는 기여하고 있다는 느낌이 필요해요.”

줄리는 탁자 위 접시를 달그락거리며 아무 말도 하지 않았다. 저녁 식사가 급히 마무리됐고, 부부 사이에는 빙하의 크레바스가 드넓게 펼쳐져 있었다. 마이크와 나는 콜로라도대학교에서 상영될 〈웨이코〉를 보기 위해 쌕쌕거리는 에어로스타 밴에 다시 올라 볼더까지 장거리 운전을 해야 했다. 다행스러운 일이었다. 하지만 이번 관람은 자랑스러운 커튼콜이라기보다는 은밀한 작전에 가까웠다. 마이크는 그 자리에 초대받지 못했고, 영화를 소개하거나 상영 후 관객과의 대화에 참석할 손님도 아니었다. 그런 영예는 총괄 프로듀서이자 투자자인 댄 기퍼드의 몫이었다.

우울해진 마이크는 운전하는 동안 ‘기여를 한다는 것’에 관한 이야기로 돌아왔다. “어느 날 밤 〔모르몬교〕 사원에 갔다가 생각했어요. 왜 하나님은 영웅을 만드시는 걸까? 그 문제가 한동안 나를 괴롭혔죠. 그러다가 하나님께서 영웅을 만드신 이유는, 그 영웅이 함께 살아가는 남자와 여자에게 더 큰 봉사를 할 수 있도록 하기 위해서라는 걸 깨달았어요. 그건 단순히 유명해지는 것이 아니라 선한 종류의 명성을 떨치는 것입니다. 건국의 아버지들은 대부분 무일푼으로 죽었지만 사회에 어떤 기여를 했기 때문에 영웅이었어요.”

마이크는 남자다운 봉사에 대한 JFK의 요청에 매료된 채 성장했다. 그의 아버지는 제2차세계대전 기간 중 4년을 태평양에서 보내며 과달카날·타라와·이오지마 등지에서 해병으로 복무했다. 그런데 이런 지명들을 제외하면, 마이크는 아버지가 한 일에 대해 거의 알지 못했다. "아버지에게 전쟁에 관한 어떤 이야기도 들을 수 없었어요. 내가 아는 거라곤 아버지가 일본제 소총을 갖고 있었는데, 그게 아버지 손에 죽은 일본인의 물건이라는 사실뿐이었죠." 어쨌든 아버지의 전후 경력은 마이크에게 봉사란 지상이 아니라 공중에서 수행된다는 확신을 주었다. 아버지는 항공우주 분야에서 일했고, 덕분에 가족들은 에드워즈공군기지에서 몇 년을 보냈다. 그곳에서 어린 마이크는 초음속비행의 선구자 척 예거Chuck Yeager를 만나기도 했다. "아버지는 비행기에서 일했고, 나는 비행기를 좋아했어요." 1957년 그가 열한 살이던 어느 밤이었다. "침대에 누워 있는데, 아버지가 와서 나를 붙잡으며 말씀하셨죠. '얼른 일어나! 위성을 보러 가자!' 우리는 고지대 사막에 살고 있었고 하늘은 아주 맑았어요. 바깥이 시원했던 기억이 납니다. 아버지와 함께 앞마당에 서 있던 기억도 나고요. 우리는 보고 또 보았어요. 그리고 마침내 하늘을 가로질러 움직이는 빛을 발견했어요. 처음에는 살짝 실망했어요. '그래서 뭐?' 이런 기분이었죠. 하지만 그때 아버지는 나에게 저 빛을 저 위까지 올리는 데 필요한 것이 무엇인지, 이전까지는 왜 불가능했는지, 그리고 저 빛이 앞으로 어떻게 모든 걸 바꾸게 될지 설명해 주었어요."

이후 마이크의 아버지는 휴즈우주항공의 기밀 방위산업 분야에 몇 년간 몸담았다. 어느덧 성장한 아들이 아버지가 하는 일에 대해 아는 거라고는 그 일이 적외선 테크놀로지와 관계된 일이라는 것뿐이었다. 그건 분명 웨이코 화재 사건을 조사할 당시 FBI의 기관총 난사 혐의를 추적하는 데 사용된 기술과 유사한 기술이었다. "아버지한테서 제대로 배운 게 없어요. 남자가 된다는 게 무슨 의미인지도 결코 배우지 못했죠." 그렇다고 해도 '우리 아버지가 군사기술과 과학의 최첨단에 있다'는 어렴풋한 느낌은 어린 마이크를 사로잡았다. 1964년 해군에 입대했을 때 마이크 본인도 그런 직업을 가질 생각이었다. "전자기술이나 핵 관련 일을 배울 계획이었습니다." 하지만 1년 뒤 그는 롱비치 해군 조선소에서 막 출항한 항공모함 '본험 리처드'를 타고 베트남으로 보내졌다. 참고로 이 항공모함의 냉난방장치를 새로 설치한 사람이 아이크 버*였다.

어떤 의미에선 마이크의 군복무는 그가 처음으로 미디어 문화에 진입하는 계기가 되었다. 군에서 그의 주요 업무는 배에서 폐쇄회로 TV 시스템을 운영하고, 항공기의 출항과 귀환을 비디오와 사진으로 촬영하는 것이었다. 그는 "전투를 많이 보지는 못했"다고 했다. 그러나 세 차례 복무 기간 동안 미국의 전쟁 개입에 의문을 제기할 수 있을 만큼은 충분히 보았다. 그는 마지막 복무를 마치고 '전쟁에 반대하는 베트남 참전 용사들'(VVAW)에 동참했다. "점점 더 무의미해 보였어요. (…) 생각도 의식도 없는 헛짓거리였고, 날마다 비용을 치러야 했죠. 게다가 항상 그렇게 빠른 속도로 일하고 있었기 때문에 사고가 끊이질 않았어요." 1960년대 후반 아무도 이해할 수 없는 이유로 24시간 교대에 투입된 구성원들은 지칠 대로 지쳐, 치명적인 실수에 취약해졌다. 어느 날 마이크의 친구이자 피곤에 찌든 항공기 요원이 마이크의 촬영 플랫폼 바로 아래에서 프로펠러를 향해 제 발로 걸어 들어갔다. "갈려 나간 몸의 상당 부분이 내 플랫폼 창문 전체에 튀었습니다. 지휘관이 나한테 당장 내려가서 시체 상태를 의학적으로 진단할 수 있도록 사진을 찍으라고 했어요. 나는 싫다고 했지만, 그는 강요했죠. 그래서 나는 아래로 내려가 시신의 잔해 사진을 찍었어요. 돌

* 이 책 2장에 등장한 인물이다.

아와서는 카메라와 필름을 지휘관에게 던졌죠." 그건 거의 군법회의에 회부할 만한 불복종 행위였다.

마이크가 목격한 가장 극적인 공포는 1967년 7월 29일 통킹만에서 발생했다. 그가 근무하던 항공모함 근처의 또 다른 항공모함 '포레스탈Forrestal'이 화마에 먹혔고, 결국 134명이 사망했다. 근래 해군 역사상 최악의 재난 중 하나였던 이 사건은 갑판에서 주니 로켓이 실수로 발사되는 바람에, 주차되어 있던 비행기와 충돌하면서 시작됐다. 비행기 조종석에는, 훗날 전쟁포로로 잡혔다가 미국 상원의원에 오를 존 매케인John McCain이 앉아 있었다. 몇 달 뒤 해군 법무부장실에서는 조사를 통해 제대로 훈련받지 못한 승무원이 안전 규정을 위반해서 조기에 로켓 발사 배선을 연결했을 가능성이 있다고 결론지었다(일반적으로 배선은 비행기가 갑판에서 이륙할 준비가 될 때까지 연결해서는 안 된다). 하지만 징계 조치는 취해지지 않았다.[17] 그러나 마이크가 기억하기로 사고는 함대를 사로잡은, 경쟁에 미친 집단적 심리 상태의 산물이었다. 마이크는 그 사고가 예외적인 실수가 아니었다고 말했다. 당시 그의 항공모함 근처에 배치되어 있던 항공모함 '포레스탈'과 '오리스카니Oriskany'가 '누가 가장 빨리 전체 비행단을 발사할 수 있을지'를 놓고 경쟁하고 있었다는 것이다. "항구로 돌아갔을 때 진 쪽이 이긴 쪽에게 술을 엄청나게 사야 하는 지경이었죠." '포레스탈' 승무원들이 나중에 그에게 들려준바, 이들은 경쟁에서 "우위를 차지하기" 위해 비행기가 발사대에 배치되기 전 미리 로켓을 배선하기로 했다고 한다. 원인이 무엇이든, 발사된 로켓은 비행기의 연료탱크를 뚫고 갑판을 불태웠으며 선상의 폭탄 더미를 폭파시켰다.[18] 마이크가 이 재난을 비디오로 녹화하는 동안 동료들은 화재 진압을 도왔다. 그가 가장 생생하게 기억하는 순간은 "비행 갑판의 선미에서부터 섬 모양

구조까지 엉덩이를 끌고 내려간 한 어린 녀석의 모습"이었다. "그 녀석은 그 문을 통해 들어와 벽 위로 쓰러졌고, 그제야 우리 모두는 발목 아래 왼발이 사라졌다는 걸 알아차렸습니다. 게다가 피가 갑판 위로 뿜어져 나오고 있었죠. 그는 아래를 내려다보더니 말했어요. '나는 죽었어.' 그길로 눈이 감겨 버렸죠. 그게 끝이었습니다."

마이크는 우리가 탄 밴이 드넓게 펼쳐진 콜로라도주 풍경의 바다 같은 어둠 속을 휘젓고 나아가는 동안 반문했다. "웨이코에서 나를 움직이는 게 뭐였냐고요? 저 개새끼들이 우리에게 또 거짓말을 했어요. 그들은 베트남에 대해 거짓말을 했었죠. 그들은 본질적으로 베트남에서 했던 것과 똑같은 짓을 한 겁니다. 웨이코가 미라이의 재탕이 아니라고 말할 수 있겠습니까?"

우리는 고속도로를 빠져나와 마이크의 친구이자 '비즈니스 관리자'인 크리스 패럿Chris Parrett이 기다리고 있는 소규모 상업 구역으로 들어갔다. 컴퓨터 프로그램 전문가이면서 자칭 '미국의 애국자'인 패럿은 때때로 동료 패트리어츠의 자비출판을 돕고 있었다. 그가 최근에 한 작업은 표지가 카모플라주 무늬로 되어 있는 제임스 웨슬리 롤스James Wesley Rawles의 『삼중 책임: 밀레니얼 대충돌과 두 번째 내전에 관한 소설Triple Ought: A Novel of the Millennial Crash and the Second Civil War』인데, 이는 아이다호주 전초기지에서 전투에 참가한 생존주의자들이 자유를 향해 총을 갈기며 돌진하는 이야기였다. "그래서, 기퍼드에게 어디쯤에서 손을 뗄지 알려 줄 준비가 됐습니까?" 패럿이 밴 뒤쪽에 올라타며 상냥하게 물었다. 그는 알고 싶어 했다. "뭘 물어볼 거예요? 몇 가지 질문을 준비해야 할 것 같은데요."

마이크가 총괄 프로듀서를 생각하면서 눈을 굴리더니 대뜸 제안했다. "이건 어때? '맙소사, 댄. 이 영화와 관련해서 당신이 진행한 인터뷰는 몇 건이나 됩니까? 맙소사, 댄, 이 영화를 만들기 위해 전국을 돌아다닌 건 누구였나요? 당신이었나요? 아니면 에이미였습니까?"" 여기서 에이미란 댄의 아내이자 기퍼드 부부의 제작사인 솜포드 엔터테인먼트SomFord Entertainment의 부사장 에이미 소머 기퍼드Amy Sommer Gifford를 가리키는 것이었다. 마이크가 나를 바라보았다. "요즘 기퍼드는 모든 걸 손에 쥔 것처럼 굴고 있어요. (…) 내가 기퍼드를 또 다른 조지 왕으로 보냐고요? 그럼요."

마이크는 콜로라도대학교 주차장에 차를 세웠다. 주머니에 손을 찔러 넣고 얼굴을 가리기 위해 모자를 아래로 눌러쓴 마이크와 크리스 패럿이 강당 뒷줄에 슬그머니 자리를 잡고 앉았다. 영화는 이미 시작한 참이었다. 상영이 끝나고 기퍼드는 "총괄 프로듀서 겸 수석 프로듀서"로 소개되었다. 마이크는 자세를 고쳐 앉더니 화를 내며 속삭였다. "수석 프로듀서라고!? 금시초문이구먼." 기퍼드가 청중의 질문에 대답하는 동안 마이크는 소리를 낮추어 맹렬히 비난했다. 기퍼드가 총격 정황을 알아차리기 10개월 전에 어떻게 적외선 테이프를 손에 넣게 되었는지 언급하자 마이크가 중얼거렸다. "아니, 18개월 전이었지." (또한 마이크는 그들은 총격을 알아채지 못했다고 지적했다. 마이크에게 그걸 알려 준 이는 다윗파 측 변호사에게 조언했던 수사관이었다.) 기퍼드가 건물로 되돌아가던 다윗파를 ATF 요원들이 사살했다고 이야기할 때 마이크는 화가 나서 식식거리며 말했다. "저건 사실이 아니야. 저 작자는 주변에서 주운 것들을 가지고 아무 말이나 하고 있어. 내가 저 이야기를 반박하는 메모도 보냈었다고." 그러다 기퍼드가 청중에게 "나 자신은 총기를 좋아하지 않습니다"라고 밝히는 대목에 이르자 마이크는 신음하며 고개를 저었다. 이야기가 진행되는 내내 기퍼드는 마이크에 대해 한 번도 언급하지 않았다. 마이크 맥널티는 자기 자신의 영화에서 삭제되어 버린 셈이었다. 그가 크리스와 나를 팔꿈치로 툭툭 건드렸다. “갑시다. 더 듣고 있기도 지겹네요.”

차로 향하는 길에 마이크는 분통을 터뜨렸다. “그 작자가 ‘우리는 알게 되었습니다’ ‘우리는 발견했습니다’라고 말하는 게 아주 마음에 들더구먼. 아, 그래서 ‘나 자신은 총기를 좋아하지 않습니다’라고? 그도 총을 가지고 있어요. 들고 다니기도 하죠. 한번은 그 양반 집에서 생일 축하를 할 때 골동품 총이랑 같이 사용할 골동품 뿔 화약통을 선물하기도 했는걸.”

“진보적인 할리우드 인사처럼 보이고 싶었던 거예요. 그는 아주 세련된 할리우드 인사 같은 인상을 주잖아요.” 크리스 패럿이 마이크를 띄워 주려는 의미로 이렇게 덧붙였다. “당신은 참호에서 지아이 조로 통하죠.”

마이크가 전혀 누그러지지 않은 채로 대꾸했다. “그게 바로 댄 때문에 내가 괴로운 이유요. 그가 아주 세련되어 보이는 거. 웬일로 애스콧타이를 두르지 않아서 놀랐다니까.”

크리스 패럿은 로비에서 〈웨이코〉 비디오테이프를 판매하지 않는 이유를 궁금해했다. 이건 별 의미 없는 질문이었지만 마이크의 의심 레이더를 즉각적으로 가동시켰다. 그는 기분 나쁜 투로 말했다. “그곳에 없는 것이야말로 중요한 거지. 뭐가 없느냐. 그게 바로 댄이 제3자의 계획에 속해 있을 가능성을 열어 주는 거야. 댄은 그저 장기판 위의 말일 수도 있어요.” 무슨 장기 말이냐며 내가 묻자 마이크가 어깨를 으쓱했다. “댄은 영화의 성공 외에 다른 계획이 있는 것처럼 보이잖아요. 왜 필름 프린트가 세 개밖에 없을까? 왜 광고를 하지 않을까? 왜 홍보를 별로 안 할까? 최소한으로만 일을 하는 동시에 영화가 어디로도 가지 못하게끔 하는 어떤 지속적인 패턴이 있어요.” 일부 패트리어츠가 인터넷상에 퍼뜨린 소문대로 마이크 역시 기퍼드가 FBI 첩자라고 주장하는 걸까. 하지만 마이크는 이렇게만 말할 뿐이었다. “누가 압니까? 하지만 계속되는 패턴이 있기는 하죠.”

할리우드 전선의 대결

콜로라도주에 방문하기 넉 달 전 〈웨이코: 교전규칙〉을 보았다. 제2의 홀로코스트 방지를 위해 설립된 인권 기관 ‘지몬 비젠탈 센터Simon Wiesenthal Center’의 관용박물관Museum of Tolerance에서 열린 L.A. 상영회에서였다. 하지만 이 특별한 저녁에도 극장 안은 마치 웨이코 동문회처럼 느껴졌다. 특히 뒷줄에 앉아 있던 남자들이 총기 소지 권리를 주장하는 구호가 선명하게 새겨진 티셔츠를 입은 채, 자신들이 증오하는 ‘클리토나이트’(클린턴 측근)가 스크린에 등장할 때마다 거세게 야유를 퍼붓는 순간이 그랬다. 법무부 장관이 나오는 장면에서 그들은 우렁차게 “도살자 리노!”라는 구호를 외쳤다.

〈웨이코〉는 한 번 관람해서는 그 정치적 입장을 파악하기 쉽지 않은 영화였다. 물론 편파적으로 편집된 의회 청문회 장면—밥 바 같은 우익 공화당원을 가장 좋은 쪽으로, 찰스 슈머Charles Schumer 같은 리버럴 민주당원을 가장 나쁜 쪽으로 조명하고 있다—이 있긴 했지만, 그 장면을 제쳐 놓으면 사실상 제작진은 〈웨이코〉를 리버럴 쪽에 포지셔닝하려는 것처럼 보였다. 관용박물관이라는 장소 선택 역시 그런 의도를 드러내는 하나의 지표였다. 이 영화가 로버트 레드퍼드Robert Redford의 선댄스영화제에서 첫선을 보인 점, 세계인권영화제 주요 상영작으로 선정된 점, 미국시민자유연맹American Civil Liberties Union(ACLU)이 후원하는 상영회가 몇 차례 개최된 점도 마찬가지 맥락에서 볼 수 있다. 기퍼드의 제작사에서 배포한 보도자료는 이 다큐멘터리를 반문화✠로부터 영감을 얻은 작품으

✠ 사회의 지배적인 문화에 반대하고 적극적으로 도전하는 문화로서 ‘대

로 설명하고 있었다. 보도 자료는 이렇게 시작한다. "베트남전쟁과 워터게이트 시대에 정부의 거짓말을 폭로한 1960년대의 전통에서 우리는 거대 정부의 거짓말을 폭로했다."[19]

상영 후 댄과 에이미 소머 기퍼드는 현장에서 질문을 받기 위해 무대에 올랐다. 에이미는 청중을 향해 '댄은 강력한 증거를 찾아낸, 다른 속셈 없이 열심히 일하는 탐사보도 기자일 뿐'이며, 웰즐리✝ 졸업생인 본인이 생각하기에 이 영화는 아주 단순한 메시지, "그저 이상해 보인다는 이유로 남들에게 총을 쏠 권리는 없다"는 메시지를 담은 "민권" 영화라고 말했다. 이것이 보수적인 매체에서조차 그들이 언론에 내보인 전형적인 자세였다. 가령 기퍼드가 우파 편향적인 라디오 토크 프로그램 〈론 헌터 쇼The Ron Hunter Show〉에 출연했을 때에도 비슷한 상황이 연출됐다. 당시 진행자는 상냥한 어투로 이렇게 물었다. "당신은 우익 쪽에 서 있는 맹목적이고 급진적이고 보수적이며 광적인 입헌주의자입니까?" 그러자 기퍼드가 웃으며 답했다. "글쎄요, 나는 할리우드 사람입니다. 그러니까 그보다는 맹목적이고 급진적인 민주당계 리버럴에 가깝지 않을까 싶은데요." 총기 판매 업체 광고가 잠시 지나간 다음, 진행자는 정치에 관한 질문으로 돌아왔다. "댄, 내가 당신의 말을 제대로 이해한 건가요? 그러니까 기본적으로 당신 본인이 보수가 아니라고 생각한다고요?" 이에 기퍼드는 자신이 네트워크 뉴스 프로그램 특파원이었다는 점을 강조했다. 마치 그 이력이 보수 정서의 여지를 없애 준다는 듯이 말이다.

항문화'라고도 한다. 반전운동과 함께 1960년대 미국의 저항적인 시대정신을 형성했던 흐름으로 히피, 동성애자 해방운동, 여성해방운동 등이 이에 속한다.

✝ 힐러리 클린턴의 모교. 미국 매사추세츠주 보스턴에서 약 24킬로미터 떨어져 있는 웰즐리에 위치한 사립 여자대학으로 미국 최고의 여자대학으로 손꼽힌다.

관용박물관의 한 관객이 혹시 감독에게 무슨 일이 생긴 건지, 왜 함께 무대에 오르지 않았는지 질문했다. 기퍼드 부부는 "창의적 차이"에 대해 중얼거리고는 급히 다른 질문을 달라고 말했다. 영화를 제작할 수 있었던 초창기 제작비가 어디에서 났느냐는 질문을 받았을 때에도 기퍼드는 화제를 딴데로 돌렸다. 그들의 소속을 묻는 질문에, 댄은 본인이 한때 CNN과 PBS 〈뉴스아워Newshour〉 기자였으며 《빌리지보이스Village Voice》에 기고했었다고 강조했고, 에이미는 〈모리 포비치 쇼〉 프로듀서였다고 말했다. 그리고 셜리 템플 같은 금발 곱슬머리를 가볍게 흔들며 자신은 그저 할리우드에서 성공하려는 여자일 뿐이라고 덧붙였다. 마이크 맥널티의 이름은 그들 입 밖으로 나오지 않았다.

※ ※ ※

상영 몇 주 뒤, 댄 기퍼드는 캘리포니아주 브렌트우드에 있는 벽돌 저택(튜더 양식으로 지어졌고 천장이 높았다)의 목재 사무실로 나를 안내하면서 TV 아나운서 같은 멋진 목소리로 말했다. "오디션에서 막 돌아왔습니다. 〈황야의 7인The Magnificent Seven〉이라는 TV 드라마 오디션이었죠." 그는 책상에서 단검 크기의 봉투 칼을 집어 들고 빙빙 돌렸다. 그가 실망한 듯 말했다. "하지만 총잡이는 아니고 은행원 역할이었어요."

댄 기퍼드의 사무실을 둘러보니, 그가 왜 총잡이 역할을 기대했는지 알 수 있었다. 벽은 낡은 소총, 화승총, 검, 칼로 덮여 있었다. 기퍼드의 책상에는 덮개를 씌운 미니어처 마차가 있었다. 재칼로프(풋내기들을 놀리기 위해 본드로 사슴뿔을 붙여 만든 토끼 머리)가 어렴풋이 드러나 있었다. 그리고 사방에 총잡이와 인디언 모습이 담긴 세피아톤 사진이 걸려 있었다. 황량한 서부를 보여 주는 전시용 아이콘들 중에는 판초 비야Pancho Villa✠와 제로니모Geronimo✢의 초상 사진도 있었다. 그 외 사진 속 인물 대부분은 기퍼드의 선조들이었다. 그가 사진 하나를 가리키며 말했다. "이 사람은 친가 쪽 할아버지인 '몬태나 잭Montana Jack'이에요. 몬태나에 있는 목장에서 일하셨죠. 할아버지는 판초 비야가 국경을 넘어왔을 때 총격전을 벌였죠." 종조할아버지이자 텍사스 기마대였던 '리 콘Lee Korn'에 대해서는 이렇게 설명했다. "누구보다 인디언을 많이 죽인 공로로 권총 두어 개를 받았어요. 안장에 머리 가죽을 달고 다녔죠. 정치적으로 올바르다고 할 수는 없겠지만……." 그는 빨간 가죽으로 된 책상 의자에 주저앉아 한숨을 쉬었다. "우리 가족은 항상 인디언과 싸우는 최전선에 있었어요. 지금은 어디 가서 떠들고 다닐 만큼 인기 있는 이야기는 아니죠. (…) 우리 집안에서 개척지에 살지 않은 사람은 내가 처음입니다."

서재로 돌아오니, 호화로운 방에 오두막집 크기의 벽난로가 있었다. 그 앞에는 반려견 한 마리가 마치 사냥을 마치고 쉬는 듯 뒹굴고 있었다. 한쪽 벽에는 거세한 수소 두개골이 위세를 드러내고 있었다. 기퍼드는 곧 난로에 모닥불을 활활 피우고 소파에 앉았다. 그러고는 라디오 방송국에 전화를 걸어, 영화와 자신들을 어떻게든 연관지으려고 했던 우익 음모론자들에 대한 한탄을 이어 갔다. 그는 "중부 지방에서 온 군복 입은 사람들"과 거리를 두려고 애쓰는 중이라고 말했다. 그러면서 할리우드와 미디어가 "확실히 그 사람들을 우습게" 본다고 덧붙였다. 그가 마지막까지 피하고 싶은 건 "우익 괴짜"로 분류되는 일이었다. 그럼에도 저녁이 되자 기퍼드의 독백은 괴짜의 영역으로 깊이 파고들었다.

✠ 멕시코의 혁명가.

✢ 아메리카 선주민 아파치족의 추장.

그는 정부가 다윗파를 상대로 "비밀 무기를 테스트한 것일 수도" 있다고 추측했다. 출처를 밝힐 수는 없지만 "그곳에서 발사된 물건이 우리가 아는 총기가 아닐 수" 있다는 것이었다. 그는 "마이크로파 에너지"를 넌지시 암시했다. "그걸 맞으면 내장이 익어서 배변을 보고 출혈을 일으키게 돼죠." 이쯤에서 기퍼드는 자기가 정부의 "사상 통제"에 관해 들었던 소문으로 넘어갔다. 이 이야기는 어느 사이언톨로지 잡지에서 존스타운 사건과 관련해 내세운 주장(정부 문서를 보면 "존스타운의 대규모 자살 사건은 사실상 CIA의 마인드 컨트롤 실험을 덮기 위한 구실에 지나지 않았음을 알 수 있다"라고 주장했다)과 비슷했다. 그는 잡지 《솔저오브포천Soldier of Fortune》과 '존 버치 협회John Birch Society'✠ 뉴스레터에서 정부의 비밀작전에 관한 "매우매우 정확한" 정보를 발견했다며, 만약 내가 웨이코에 관한 연방정부의 헛소리를 좀 더 조사하고 싶다면 자기가 그걸 전해 줄 수 있다고 말했다. 그는 특히 백악관 측에서 데이비드 코레시가 생포되는 것을 원하지 않았다고 주장하는 《솔저오브포천》 기사에 주목했다. 기퍼드가 말했다. "여기서부턴 베트남전쟁과 비슷해 보이죠."

그는 자신이 이런 일급비밀 정보를 다 모았기 때문에 타깃이 된 건 아닌지 의심했다. "저들은 나를 멍청하다고 판단하거나, 아니면 시칠리아식 메시지✢를 보내고 있는 겁니다." 그는

✠ 미국의 우익 정치단체로, 1958년 반공산주의와 사회적 보수주의를 표방하며 창설되었다. 창립자 로버트 웰치 주니어(Robert W. Welch Jr.)의 음모론이 호응을 얻으면서 세를 불렸다. 미국 정부 기관 및 학교, 경제 단체 등에 공산주의자들이 침투해 있다고 주장한다.

✢ 프랜시스 포드 코폴라 감독의 〈대부〉(1972)를 참조하는 말. 이 영화에서 할리우드의 거물 영화 제작자 잭 월츠는 시칠리아 출신 마피아 비토 코를레오네의 요청을 거절하고, 다음 날 아침 침대에서 눈을 떴을 때 애마의 잘린 목이 침대에 놓여 있는 걸 발견하게 된다. 그리하여 바로 코를레오네

웨이코 관련 영화 작업을 시작한 뒤로 "책방에 가면 전혀 모르는 사람이 다가와 정치 이야기를 건넨"다고 했다. "그런 대화는 보통 '전화번호 좀 알려 주실 수 있을까요?'로 끝이 납니다." 그는 상점에서 여성들이 다가와 수다를 떨었다는 두 사례를 언급했다. 그 밖에도 1년 반쯤 전에 그가 워싱턴 D.C.에서 공항으로 가기 위해 택시를 기다리고 있을 때 "두 남자가 다가와 말을 건" 적이 있었다. 자기들이 차에 태워 주겠다고 하는 모양새가 어쩐지 미심쩍었다. "그 남자들 머리카락이 너무 짧았고, 신발은 너무 반짝거렸어요. 주변에서 군인 같은 사람을 자주 보다 보면, 빠르게 알아볼 수 있답니다."

그때 에이미가 들어와 변호사에게서 전화가 왔다고 알려 주었다. 댄과 나는 사무실로 돌아갔고, 그곳에서 그는 30분 동안 소란을 피우며 전화에 대고 화를 냈다. "아우, 맙소사!" 이렇게 외치던 댄이 마침내 수화기를 내려놓고 머리를 손으로 감쌌다. 나는 뭐가 문제냐고 물었다. 댄은 탁상용 마차 너머로 나를 힐끗 올려다보며, 그와 에이미가 영화를 위해 "고용한" 취재 보조원 남자와 관련된 일이라고 설명했다. 기퍼드는 이 남자가 "해적판[〈웨이코〉의 복사본]을 팔고 있"다고 말했다. "우리 허락도 없이 콜로라도주에서 영화를 틀려고 했지 뭡니까." 기퍼드 부부는 임시로나마 〈웨이코〉 비디오테이프 판매 금지명령을 받으러 법정까지 갔지만 그 남자를 막을 방법은 없어 보였다. 남자의 이름은 마이크 맥널티였다. 댄이 말했다. "별 볼 일 없는 남자의 전형이랄까요. 웨이코와 오클라호마시티로 쫓아 내려가 패트리어츠 커뮤니티에서 거물이 되는 것 말고는 달리 할 일이 없는 거죠." 그는 봉투 칼을 집어 들고 멍하니 손바닥에 두드리며 생각에 잠겼다. "위기에 처한 남자와 이야기를 나누고 싶다면, 마이크 맥널티와 대화해 보셔야 합니

의 요청을 들어주게 된다. 이것이 곧 '시칠리아식 메시지'다.

다." 어쩐지 나를 떠넘길 수 있어 신이 난 목소리였다.

※ ※ ※

영화의 감독인 윌리엄 가제키는 〈웨이코: 교전규칙〉이 어떻게 가슴 뛰는 십자군 운동에서 논쟁적인 싸구려 정치물로 전락했는지 설명해 주었다. 1년간 촬영을 마친 뒤 그와 마이크 맥널티는 남부 캘리포니아로 돌아왔고, 가제키는 선댄스에서 있을 첫 상영을 앞두고 몇 달간 편집실에 처박혀 있었다. 가제키에 따르면 그때까지 댄 기퍼드는 제작 자금을 조달하는 것 말고는 영화에 거의 관여하지 않았다. 그러다 제작비가 예산을 훌쩍 넘어선 사실을 알게 되면서 모든 게 달라졌다. 가제키는 이렇게 회상했다. "댄은 엄청나게 화가 났어요. 완전히 이성을 잃고 날뛰었죠. 내 스튜디오까지 와서 분통을 터뜨렸어요. '3주 안에 끝내시오.' 댄이 그렇게 말하길래 내가 대꾸했죠. '이봐요, 당신이 내 주인은 아니잖소.' 거기서부터 내리막길이었어요." 선댄스 상영 몇 주 전부터 기퍼드는 총괄 프로듀서로서 제작에 직접 관여하기로 마음먹었다. "댄이 영화 중반부에 해당하는 75쪽짜리 각본을 건네면서 이러는 거예요. '내가 하라는 대로 해요, 안 그러면 해고할 거니까. 이렇게 편집해요. 안 그러기만 해.'" 가제키는 기퍼드가 "총기 소지 권리에 관한 부분"을 넣고 싶어 한다고 말했고, 기퍼드 본인은 좀 덜 "감정적인" 영화를 원한다고 말했다. 그렇게 재편집된 영화는 말 그대로 상영 몇 시간 전에야 선댄스에 도착했다. 이후 가제키와 기퍼드는 주차장에서 좀 험한 말을 주고받았다. 그리고 다음 날, 가제키는 '내가 떠나겠다'고 선포하며 '홍보는 당신들 마음대로 하라'고 쏘아붙였다. 기퍼드 부부는 분노했다. "에이미가 비명을 지르고 고함치더니 문을 쾅 닫았어요. 히스테리를 부리는 스카이콩콩처럼 날뛰었죠."

기퍼드 부부가 이후 나에게 설명한 바에 따르면, 그들은 영화 홍보 초반부에 가제키가 중요한 역할을 해 줄 것으로 기대하고 있었고 그래서 화가 난 것이었다. 그들이 보기에 가제키는 리버럴의 자격을 갖춘 사람이었다. 댄이 나에게 말했다. "문화 전쟁 때문에 〔오직 가제키만이〕 할리우드 대중에게 사회적으로 받아들여질 수 있었어요. 정당성을 가지려면 좌파 출신이어야 하거든요." 기퍼드 부부는 워싱턴 D.C.의 홍보 컨설턴트인 포럼 어소시에이츠Forum Associates의 밥 프리스Bob Preiss의 조언에 따라 "세 부분으로 구성된 마케팅 전략"을 계획했다. 프리스가 내게 말했다. "나는 가장 먼저 가야 할 곳이 예술계라고 생각했기 때문에 윌리엄 〔가제키〕가 수석 대변인이 되어 주길 바랐어요. 그는 상당히 비정치적입니다. 수정헌법 제2조✠에 명시된 총기 소지 권리에 대해 별 신경을 쓰지 않아요. 그다음에는 언론계 사람들을 잡아야 한다고 생각했는데, 댄이 PBS 〈뉴스아워〉와 CNN 등에서 일했던 언론인이니까 중심에 나설 수 있을 거라 생각했죠. 그러고 나면 마지막으로 마이크 맥널티가 총기 애호가들에게 이 작품을 팔 수 있었을 테니까요." 프리스가 잠시 말을 멈추더니 작고 메마른 웃음을 지었다. "확실히, 그 전략은 무너졌지만요."

기퍼드 부부는 가제키의 리버럴 이미지로 가림막을 칠 수 없게 되자 선댄스에서부터 마이크에 대한 고삐를 더 단단히 틀어쥐려고 했다. 이들 부부는 거마비 부담이나 티켓 증정을 거부함으로써 마이크가 행사장에 얼씬도 못 하게 할 생각이었다. 하지만 마이크는 기어이 자기 돈을 내고 제 발로 찾아왔다.

✠ 1791년에 제정되었으며 "잘 규율된 민병대는 자유로운 주(州)의 안보에 필수적이므로, 무기를 소장하고 휴대하는 인민의 권리는 침해될 수 없다"라는 내용이다.

마이크가 회상하길, 본인 일행이 시사회 후 기자회견장에 모습을 드러내기라도 할라치면 에이미가 그 뒤로 다가와 '쉿, 쉿' 소리를 내며 "그 입 좀 닥치고 있어"라고 말했다고 한다. 아직 그는 한 마디도 하지 않았는데 말이다. 나중에 내가 그 일에 관해 에이미에게 묻자, 그녀는 하나하나 다 자기가 한 말이 맞다며 선뜻 인정했다. 그러고는 왜 그런 강경한 전술이 필요했는지 설명했다. "거기 앉아 있는데 눈앞에서 돈이 날아가는 게 보이는 거예요. 판매율이 뚝뚝 떨어지는 게 보였죠." 그러나 댄과 에이미의 신경을 가장 거스른 건 마이크의 정치적 입장이 인기 없다는 점이 아니라 그의 외모가 세련되지 못하다는 점인 듯했다. 댄은 마이크가 "어디 내놓기에 마땅치" 않다며 불평했고, 에이미는 그를 "천박한 배불뚝이"라고 말했다. 에이미에 따르면 이들은 "핍스PIBs[검은 옷을 입은 사람들 people in black], 할리우드의 세련된 사람들"에게 어필하려 노력 중이었는데, 선댄스 상영 당시 〈웨이코〉 스태프들의 복색은 그 사람들과 어울리기에는 "색감이 너무 많은" 것 같았다. "나는 거래를 원했어요. (…) 우리는 거기서 그 쌍놈의 것을 팔아야 하는 상황이었죠." 에이미는 본인이 관용박물관에서 했던 발언을 훼손해 가며, 한 가지 단순한 이유 때문에 마이크의 존재가 드러나선 안 된다고 말했다. 한마디로 핍스의 눈에 그는 "이상해 보인다"는 것이었다.

마이크의 반응은 이랬다. "그건 다 댄의 수작입니다. 이럴 때 내가 돈만 있었다면 그 작자한테서 영화를 찾아와, 하고 싶은 대로 했을 텐데요." 하지만 그런 일은 가능하지 않았다. 사실 기퍼드 부부는 마이크가 임의로 비디오를 판매하거나 상영하지 못하게끔 소송을 걸어 놓은 상태였다. 게다가 이제 그들은 마이크가 소유권을 완전히 양도하고 수익의 50퍼센트(다큐멘터리 작품에서는 거의 무일푼이나 다름없다)를 가져가는

데 동의하는 새로운 계약서에 서명할 때까지 마이크 몫의 판매 수익금을 나눠 주지 않겠다며 버티고 있었다. 기퍼드 부부가 〈웨이코〉를 널리 배급하지 못했다는 점에 관해서는 마이크의 생각이 옳았다. 다만 그건 댄이 "제3의 목표"가 있다거나 FBI 스파이였기 때문은 아니었다. 영화제작에 참여한 주요인물들이 계약서에 서명하기 전까지는 어떤 배급사도 배급료를 받을 수 없을 터였다. 그러지 않으려면 배급사 자체가 소송을 시작해야 할 판이었다. 물론 마이크가 서명을 할 리는 만무했다. 그는 자신이 초안을 작성하고 본인과 에이미 소머 기퍼드가 서명했던 원래 계약서를 고집하고 있었다. 그 계약서에 따르면 소유권자가 그였기 때문이다. 기퍼드 부부는 영화의 러닝타임도 길어졌고 형식도 바뀌었기 때문에 그 합의는 더 이상 유효하지 않다고 주장했다. 마침내 마이크가 구상한 영화에 대한 마이크의 소유권을 부정하는 법원 합의가 이루어지기까지 약 5개월간 끊임없이 고발이 오갔다.

마이크는 말했다. "나는 싸울 돈이 없었어요." 결국 그는 완전히 포기했고 기퍼드 부부와 합의하면서 새로운 계약서에 서명했다. 이 계약 조건에 따라 그는 기퍼드 부부의 허가 없이는 언론과 인터뷰조차 할 수 없게 되었다. "다윗파 근거지 밖에 서서 다윗파 사람들이랑 같이 애원하고 있는 느낌이랄까요. '함부로 여기 들어오지 마세요, 모조리 불태우지 마세요' 하고요. 나는 FBI의 공격—기퍼드 부부도 한패죠—과 다윗파 사이에 서 있어요. 영화 자체가 이 상황을 상징적으로 보여 주는 겁니다." 그런데 한편으로 마이크는 공격 모드로 전환해 기퍼드가 파 놓은 해자와 그 모든 의미에 돌진하는 상상을 즐겨 하기도 했다. 그가 농담조로 말했다. "이 모든 것에 너무 화가 납니다. 나한텐 이런 판타지가 좀 있어요. 람보처럼 입고 가서 그자의 망할 저택 문을 들이받는 상상을 하는 거죠." 하지만 그건 오로지 판타지일 뿐이라고 그는 덧붙였다. 마이크는 테러리스트가 아니었다. 그의 에어로스타 밴도 탱크가 아니었고 말이다.

기퍼드 부부의 거만함이 마이크를 분하게 만드는 지점은 분명했다. 1997년 12월, 선셋대로에 있는 기퍼드 부부의 사무실 옆 '북 수프 비스트로'에서 점심 식사를 하고 있을 때 에이미가 내게 말했다. "처음 마이클[마이크]을 만났을 때, 그 사람은 그 일에 완벽하게 어울리는 매력 없는 괴짜였어요. 전화기 옆에 앉혀 놓으면 알아서 일 처리를 했죠. FBI가 정직하고 성실하게 일할 모르몬교도를 고용할 수 있다면 나라고 못 할 게 뭐 있나요?" 곧이어 댄이 마이크를 "중부에서 온 남자들" 중 한 명이라고 말하자, 에이미가 그 남자들은 "기성복 슈트를 입는다"며 거들었다. 댄은 마이크가 "자기 커뮤니티 사람들한테 비디오테이프나 팔면" 되는 거였는데 "계획대로 움직이지 않았"다고 덧붙였다. 이에 에이미는 그녀의 "커뮤니티"는 부유한 맨해튼과 할리우드라고 언급했다. "나는 맥널티 같은 사람들은 나쁜 놈 취급을 받을뿐더러 존재하지도 않는 곳에서 자랐어요. 그 사람들은 총을 들고 다니니까요."

댄 기퍼드가 강조했다. "나는 총을 특별히 좋아하진 않습니다." 나는 그에게 총을 소유하고 있느냐고 물었다. "그게 무슨 상관이죠?" 갑자기 그가 경계하면서 물었다. 계속 얼버무리던 그는 결국 총을 가지고 있다는 걸 인정했지만 "수집하는 정도는 아니"라고 덧붙였다. 그는 자신의 총을 뭐라고 딱히 규정하지 않으려 했다. "총을 좋아하냐고요? 아닙니다. 또 다른 폭동이 발생했을 때 총이 필요하냐고요? 그건 그렇죠." 내가 다시 물었다. 은닉 무기 소지 허가증은 있습니까? 이번에도 그는 제대로 답하지 않고 얼버무리더니 갑자기 의자에 기대어 앉아 지갑에서 라미네이트 카드를 꺼내 탁자 위에 탁, 하고 내려놓았다. 허가증이었다. "기자로서 나는 수많은 위협을 받아왔습니다." 그것이 그가 내놓은 은닉 무기 소지의 이유였다. 나는 이렇게 대꾸했다. 마이크가 그러던데요, 당신이 흉부에 권총을 메고 다닌다고요. 지금도 가지고 있나요? 그가 샐러드 잔반 너머로 나를 노려보더니 마침내 입을 열었다. "어떨 거라고 생각합니까?" 나는 모험을 걸었다. 가지고 있죠? 그가 근엄한 척 고개를 끄덕였다. 그러자 에이미가 끼어들었다. "카푸치노 마실래요?"

댄 기퍼드와 마이크 맥널티는, 둘 다 인정하고 싶지 않겠지만 서로 닮은꼴이었다. 두 남자는 각자의 방식으로 의심에 가득 차 있었다. 하지만 잭부츠를 신고 나치 군모를 쓴 준군사 조직의 폭력배들보다 오히려 기퍼드 부부야말로 마이크 맥널티가 대적하고 싶었던 이들을 대변하고 있었다. 부부의 말마따나 그들은 할리우드 쪽을 상대할 수 있었기 때문이다. 마이크와 댄은 미국에서 총이 장식적인 남성성의 또 다른 상징으로 변모한 시대의 '총에 미친 사람들'이었다. 마이크는 탄약을 직접 만들어 총을 쐈다. 하지만 그는 본인이 인식하는 적으로부터 자신을 방어하기 위해 수제 포탄을 비축하는 동안 실제 적에 대해서는 더 취약해지고 말았다. 총기 소유 사실을 부인하는 것이 홍보 수단이 될 수 있는 세상, 진정한 적은 총으로 쏠 수 없는 세상에서 총은 대단히 상징적인 아이템으로 존재했다. 두 남자 가운데서는 댄 기퍼드만이 이 현실을 이해하고 있는 것 같았다. 마이크가 주장한 대로 댄 "역시 총을 가지고 있었"으나, 언론인이자 배우이며 제작자인 이 남자에게 총이란 그저 구매하고 수집하는 하나의 대상일 뿐이었다. 총을 소유한다는 건 차 세 대가 들어가는 차고에 자동차를 넣어 둔다든지, 직접 사냥한 적 없는 짐승의 뿔을 벽난로 위에 세워 놓는 것과 별반 다르지 않은 일이었다. 그런 수집품은 아무리 숨겨져 있을지언정 소유주의 자만심을 한껏 드러냈다. 그리고 한때 개척자를 상징했던 도구가 이제는 겉치레에 불과하다는 사실을 깨닫지 못한 점이야말로 마이크에게 닥친 재난이었다.

※ ※ ※

포트콜린스 방문을 마무리하기 전에 마이크와 나는 또 다른 화재 현장의 잔해를 확인하러 존스타운으로 차를 몰고 갔다. 우리가 도착한 곳은 마이크의 토크쇼를 방송하던 라디오 방송국이었다. 그곳은 마을 소방서 건너편에 위치하고 있었음에도 2주일 전에 전소되어 버렸다. 당시 화재 사건은 (마이크로서는 매우 짜증 나는 이야기겠지만) '해당 방송국이 이른바 민병대 편향적인 방송을 해 왔으며 이번 화재는 방화가 의심된다'는 식으로 소규모 유선방송에서 다뤄질 만한 소재였다.[20]

마이크는 전직 화재보험 설계사의 눈으로 건물을 조사했다. 그가 말했다. "문의 곡선을 보세요. 누군가 발로 찼지만 플래시플레이트는 손상되지 않았어요." 그는 가능성을 곰곰이 따져 보았다. "방송국에 불만을 가진 사람들이 꽤 있습니다. 네오나치들은 돈[방송국 소유주]이 그들을 안으로 들여 떠들게 해 주지 않자 화가 났어요. 그리고 우리 방송국은 정부를 비판하기도 했죠. 〈웨이코〉 영화도 만들었고요. 사실, 내가 여기서 방송을 한다는 것만으로도 공격을 받을 수 있습니다. (…) 하지만 또 그저 사고를 치고 싶은 부랑배들 짓일 수도 있어요." (콜로라도주 수사국은 화재의 범인이 뒷방에 꽂혀 있던 핫플레이트라고 결론 내렸다.) 마이크와 나는 기념이 될 만한 것을 모으기 위해 마지막으로 건물을 한 바퀴 돌았지만 가져갈 만한 것이 별로 없었다. 온갖 잔해 속에서 이상하게도 불길에 닿지 않은 온전한 물건은 컴퓨터 모니터뿐이었다.

집에 가는 비행기를 타기 전날 아침, 나는 맥널티 부부와 함께 아침을 먹으러 밖에 나갔다. 그런데 부부 사이의 긴장감이 눈에 띄게 높아져 있었다. 마이크가 나를 살짝 찔렀다. "보세요, 아내가 결혼반지를 다시 꼈죠? 우리는 입을 맞추고 화해했어요." 둘 사이의 화해 모드가 얼마나 갈지 누가 알겠나. 바로 그날 아침에도 화해 모드는 심각한 시험에 든 상태였다. 줄리는 아침에 일어나자마자, 은닉 무기를 소지하고 다니는 지역 주민 목록이 실린 포트콜린스 신문의 첫 면을 보게 되었다. 거기에 남편의 이름이 올라 있었다.

"사생활 침해로 고소할 거야." 마이크는 분개했다. "이 신문은 사람들이 총을 가져서는 안 된다는 식이야. 그래서 우리를 폭로하겠다고? 남의 일에 참견이나 하는 할 짓 없는 것들."

줄리가 목을 가다듬었다. "포트콜린스는 콜로라도주에서 규모에 비해 가장 안전한 도시야. 몇 년 전에는 이 나라에서 가장 안전한 도시로 이름을 올리기도 했지. 나는 총 때문에 힘들었어. 좋아하지 않는다고. 여기서 총은 필요 없다고 생각해. 문을 잠그지도 않는걸."

마이크가 말했다. "총 덕분에 위험한 고비를 넘긴 적도 많잖아."

"그래. 전당포에서 좋아했지." 줄리가 신랄하게 맞받아쳤다.

"L.A.에서 새벽 1시에 초인종이 울렸을 때 총이 있는 걸 다행스러워했잖아."

줄리는 어깨를 으쓱했다. "수전한테 납치에 대해 이야기했어?" 마이크가 고개를 젓자, 줄리는 믿을 수 없다는 표정으로 그를 바라보았다. "수전과 그렇게 오래 이야기를 나눴으면서 그 이야기를 안 했다고?" 마이크는 아무 말도 하지 않았다.

그래서 줄리가 이야기를 시작했다. 그녀가 첫 남편을 떠나 마이크와 함께 살게 된 뒤로 전남편은 아이들 양육비를 내지 않으려 했고, 술에 취하거나 약에 취한 채 아이들을 데리러 오기 시작했다. 그가 아이들을 강제로 데려가겠다고 위협했을 때 줄리는 법정에 가서 양육권 보호를 호소했다. 판사는 그 요구를 들어주는 대신 전남편이 아이들을 2주간의 휴가에 데려갈 수 있도록 허락했다. 그렇게 휴가를 떠난 이후 당시 각각 9개월, 두 살배기였던 아이들과 전남편은 돌아오지 않았다. 줄리는 마침내 전남편의 아버지로부터 전화를 한 통 받았는데, 이야기인즉 아이들은 이제 멕시코에 있으며 그녀는 두 번 다시 아이들을 보지 못할 거라는 내용이었다. 줄리가 말했다. "마이크가 찾아 나섰어요. 팜스프링스와 치노를 뒤졌죠. 남편은 그 사람들의 낡은 집을 감시했어요. 우리는 소문을 듣고, 그들이 남긴 불량 수표와 신용카드 서류의 흔적을 따라갔어요. 경찰은 아무 조치도 취하지 않았죠." 마침내 여섯 달간의 수색 끝에 줄리의 부모와 지역 모르몬교 관리자들은 사립 탐정을 고용했다. "30일 동안 2만 1000달러를 쏟아붓고 나서야 우리는 그들을 텍사스주에서 찾아냈어요." 아이들은 임시 위탁가정에 있었고, 전남편은 캘리포니아주에서 발행한 영장으로 경찰에 체포되어 구금된 상태였다(혐의는 이후 철회됐다). 맥널티 부부는 끔찍한 뇌우 속에서도 텍사스주까지 가서 아이들을 되찾아 왔다.

줄리가 코코아 잔을 움켜쥐었다. "그건 나에게 일어난 최악의 일이었어요. 그 뒤에 일어난 일은 아무것도 아니죠." 나는 마이크가 그 이야기를 나에게 하지 않은 이유를 이해할 수 있었다. "잭부츠를 신은" 연방 요원들과 칼을 휘두르는 "깡패들"이 사는 꿈의 세계에서라면 총을 든 남자가 승리할 수 있었다. 하지만 현실의 가정생활에서는 전남편이 아이들을 디즈니랜드에 데려갔다가 사라져 버릴 수도 있었고, 세상 그 어떤 총도 그들을 다시 데려오거나, 마이크 맥널티를 무장시켜 가족을 지킬 수 있도록 해 주지 않았다.

줄리가 말했다. "마이크에게는 총이 중요해요." 줄리는 그 이유에 대해 생각을 많이 해 봤다. 한동안은 그게 "아버지 때문인가" 싶기도 했고, 나중에는 베트남전쟁 경험 때문은 아닌지 곱씹어 보기도 했다("그이가 베트남에서 어떤 일을 겪었는지 다 알지는 못해요. 하지만 그 경험이 여전히 그이를 괴롭히고 있다는 건 알죠"). 결국 줄리는 가정 문제와 훨씬 더 가까운 곳에서 좀 더 납득할 만한 설명을 찾았다. "시간이 흐르면서 총을 갖고 있으면 마이크가 좀 더 책임감을 느낀다는 걸 깨달았어요. 나는 남편이 그렇게 느낀다고 생각해요, 그이는 그렇게 생각 못 해 봤겠지만요. 남편은 총을 가지고 있기 때문에, 책임지고 행동해야 한다고 느끼게 되는 거죠."

마이크가 거들었다. "나도 그 문제에 대해 생각을 해 봤어요. 확실히 총이 나를 더 책임감 있게 해 줘요." 나는 부부가 합의를 이룬 시점에 떠날 수 있게 되어 기뻤다. 그러나 안타까움 또한 느꼈고, 줄리도 그러리라 생각했다. 이 특별한 남편에게 남아 있는 '가족을 위한 책임감'이란 대부분 총을 다루는 순전히 상징적인 능력에 안착해 버렸기 때문이다. 숙련된 기술을 쌓을 수 있을 거라 기대했던 경력이 베트남 해안에서 막다른 골목에 다다른 건 그의 잘못이 아니었다. 보험사가 경영상의 이유로 캘리포니아주에서 철수한 것도 그의 잘못이 아니었다. 마이크가 말했듯 그는 "기여하고 있다는 느낌이 필요"했다. 하지만 수많은 남편이 그렇듯 마이크 본인도 어떤 기여를 할 수 있을지 도무지 알 길이 없었다. 이미지 문화에서 그가 할 수 있는 일이라곤 애당초 오래된 영화를 통해 접한 가부장 이미지의 캐리커처를 제공하는 일뿐이었다. 총은 본질적으로 남성성 수행에 필요한 소품이었다. 마이크와 다른 남자들에게 수정헌법 제2조는 '결혼 방어' 법에 해당했다. 하지만 끝없이 늘어선 '검은 헬기', ATF 요원, 외계인의 침공 등을 떠올리지 않는 한, 그들의 삶 속에 존재하는 총이란 토템의 흔적에 불과했다.

수정헌법 제2조의 무기 소지 권리에 대한 현대 애국자들의 집착은 감상적인 퇴행이자 보호 공갈에 대한 찬가다. 따라서 그건 보호라기보다는 허세에 가까웠다. 개척 시대의 도구가 교외의 싸구려 장식품으로 전락했고, 분노한 백인 남자들이 남성성의 본질에 대한 증거로 채택했던 총은 정확히 그 반대의 기능—벽난로 위에 놓인 한철용 장식품—을 하는 것으로 드러났다. 그리고 그것이 댄 기퍼드와 마이크 맥널티의 대결에서 댄이 변함없이 승리하게 될 이유였다. 적어도 댄은 총기 소지 권리를 둘러싼 드라마가 쇼에 불과하다는 점을 알고 있었다. 수정헌법 제2조는 더 이상 평원에서의 생존이나 도시에서의 생존에 관한 것이 아니다. 약탈자나 가정집을 불태우려는 FBI 요원으로부터 여성과 어린이를 보호하는 것과는 무관하다. 이 법은 멋진 집 벽에 걸어 놓을 장식품에 관한 것이다. 댄 기퍼드가 '북 수프 비스트로'에 권총을 차고 왔다면 그건 총이 필요한 상황을 예상해서가 아니었다.

몇 달 뒤 마이크 맥널티는 나에게 전화를 걸어 지나가는 말로 폭탄을 터뜨렸다. 다윗파 소송에서 대배심 증언이 나왔는데, 다윗파 한 사람이 사실 자기가 예배당에 휘발유를 뿌렸고 거기에 불을 붙일 계획이었다고 증언했단다. 화재를 일으키는 건 하나님의 뜻이라고 믿었다는 얘기였다. 이는 영화가 주장하던 FBI에 대한 주요 고발 내용을 직접적으로 훼손하는 것처럼 보였다. 마이크는 다윗파 생존자들의 대변인인 클라이브 도일에게 최근 진행 상황을 물어봤다고 했다. "나는 '예배당에서 일어난 화재에 대해서 알고 있는 내용 전부를 나에게 이야기한 겁니까?'라고 물었어요. 클라이브는 '아니'라고 답했죠." 이에 마이크는 다시 질문했다. "그럼 예배당에서 일어난 화재에 대해 알고 있는 것 전부를 나한테 말해 줄 수 있습니까?" 그러자 도일은 고통스럽다는 듯 뜸을 들이다가 답했다. "아니요." 이 대목에서 내가 질문했다. 그렇다면 FBI가 불을 질렀다는 주장에 큰 문제가 생기는 거 아닙니까? 마이크는 빠르게 대답했다. 예배당에서 화재가 났다고 해도 여전히 체육관과 식당에서 난 불은 FBI가 놓은 것일 수 있다고 말이다. 그는 다소 경쾌하게 덧붙였다. "흥미로운 증거지만, 결정적인 건 아니에요."

밤도둑

〈웨이코: 교전규칙〉이 아카데미 시상식 장편 다큐멘터리 부문의 최종 후보작이 되었다는 소식이 발표됐을 때 영화의 공식 소유권자들은 감격했다. 다만 그들에게는 단 하나 문제가 있었으니, 이들은 영화가 수상할 경우에도 마이크 맥널티가 무대 위에 오르는 일은 없길 바랐던 것이다. 댄 기퍼드는 선댄스 상영에 맞춰 영화를 재편집하느라 마지막 순간에 개입하기 전까지 자신의 역할이 대체로 재정적인 부분에 머물러 있었고 자신이 "손을 떼고 있었다"는 사실을 기꺼이 인정했지만, 마이크에게 스포트라이트가 가서는 안 된다는 생각만큼은 단호했다. 댄이 나에게 말했다. "나는 그 사람이 절대 무대에 오르지 않았으면 합니다. 마이크로폰 근처에도 못 가게 해야 해요. 그는 본인이 쇼의 스타가 될 수 없다는 걸 이해하지 못합니다." 왜 안 되는 거냐고 묻자, 그가 힘주어 덧붙였다. "그는 영화 커뮤니티의 일부가 아니니까요. 정치적으로 이곳에서 받아들여지지를 않아요." 받아들여지지 않는 것은 마이크의 정치적 입장만은 아니었다. "나랑 에이미는 그에게 면도해라, 체중을 줄여라, 모르몬교도에 보수라는 걸 사람들이 알아채지 못하게끔 문장을 구사하는 법을 배워라, 셀 수 없이 이야기를 했어요. 누군가의 입에서 무슨 말이 나오는지는 중요하지 않아요. 사람들은 그 이미지를 보니까요."

아카데미상 규정에 따르면 영화 크레디트에 올라간 제작자와 감독은 후보작 선정을 위한 공식 양식에 모두 서명을 해야 했다. 한 사람만이 공식적으로 수상 소감을 말할 수 있고 한 작품당 트로피는 최대 두 개만 제작되기 때문에, 당사자들은 누가 발언하고 누가 트로피를 가져갈지 미리 합의해야 한다. 그리하여 '댄 기퍼드 대 마이크 맥널티' 2라운드가 시작되었다. 마이크는 본인과 가제키를 수상자로 기재했고, 댄은 아카데미상 사무실에 나타나 자신을 단독 제작자로 기재한 새로운 양식을 제출했다. 물론 댄은 마이크가 제출한 양식에 서명하기를 거부했고, 마이크는 댄이 제출한 양식에 서명하기를 거부했다. 마이크가 말했다. "상은 일을 한 사람한테 가야죠. 나는 한밤중에 집에 들어온 도둑을 잡은 기분이에요. 그 사람이 내 걸 빼앗아 가지 못하도록 최선을 다해 막을 겁니다. 상은 그 사람 게 아니에요." 양쪽 모두 변호사를 선임했고, 양측은 누군가 양보하지 않으면 영화가 수상 대상에서 완전히 제외될 것임을 인지한 채로 한 달 넘게 교전을 계속했다.

결국 마이크 쪽에서 가제키가 중재한 "타협안"에 동의했다. 만약 수상을 하게 된다면 수상자 이름은 기퍼드와 가제키의 이름으로 가기로 한 것이다. 마이크가 말했다. "기본적으로는 받아들이기 어려운 타협안이죠. 하지만 할 수 있는 게 없었어요." 적어도 가제키는 마이크에게 아카데미상 트로피를 나눠서 소장하는 데 합의해 주었다. 마이크에 따르면 나사로 고정시킬 수 있는 명판을 가지고 각자 여섯 달씩 트로피를 집에 두기로 한 모양이었다.

모두가 아카데미 시상식을 기다리는 동안 기퍼드 부부는 다음 프로젝트를 시작했다. 댄 기퍼드가 내게 설명했듯, 새 영화는 안전하고 "몹시 감상적인 사랑 이야기"가 될 터였다. 마이크 역시 액션 영웅이 등장하는 영화가 아닌 바에야, 정확히 밝혀지지 않은 정부의 음모를 비난하는 영화로는 할리우드에서 경력을 시작하기 어렵다는 걸 이해하게 되었다. "한창 각본을 쓰고 있어요." 각본의 내용은 대강 이랬다. 주인공인 경찰("나처럼 모르몬교도예요")은 "웨이코 같은 상황"을 조사하고 있다. 정부가 연방 건물을 몇 개 폭파한 다음 민병대의 짓으로 뒤집어씌우는데, 이는 대통령의 범죄로부터 국민의 관심을 돌리고 계엄선포의 명분을 만들기 위함이다. 이 음모는 베트남에서 특수부대와 함께 복무했던 비도덕적인 전직 CIA 요원이 주도한 것으로, 그는 이전에 웨이코 화재뿐 아니라 (주인공이 군대 중위로서 조사했던) 미라이 잔학 행위의 배후이기도 하다. "[주인공의 아내는] 정부에 의해 살해당합니다. 그리고 주인공은 젊은 여자와 함께 일하다가 결국 그녀와 사랑에 빠지죠." (이후 마이크는 아내가 죽지 않는 방향으로 이야기를 고쳤는데, 서로 멀어졌던 주인공과 아내는 영화의 끝에 가서 재결합한다.) 주인공은 여자아이를 구하고 대통령에 대한 정보를 입수한 뒤 "탄핵을 처리하러" 워싱턴으로 간다(마이크는 한 가지 면에서는 예언에 성공했는데, 그가 이 이야기를 떠올린 건 클린턴 탄핵 소추안이 가결되기 1년 전이었다). 마이크는 자신의 시나리오에 '행정명령'이라는 제목을 붙이고, 한때 시나리오 작가로 일했으나 지금은 콜로라도주에 거주하는 실업자 친구를 고용해서 트리트먼트 초안을 잡도록 했다. "해리슨 포드나 클린트 이스트우드를 데려오지 못한다면 300만에서 400만 달러 정도 예산이 드는 규모가 될 겁니다." 그는 이 작업을 진행하면서 지금까지 딱 한 번 난관에 부딪혔다고 했다. 시나리오 작가가 트리트먼트를 너무 장황하게 쓴 데다 영화의 공동 소유권자로 참여하겠다며 우기고 있다는 것이었다.

마이크 맥널티는 아카데미 시상식 당일 L.A.로 날아갔다. 마이크는 줄리에게 젤다 야회복을 사 주기 위해 열심히 돈을 모았다. 뉴욕의 디자이너는 홍보 차원에서 드레스를 도매가로 구매할 수 있도록 해 주었다. 포트콜린스의 한 남성복 매장에서는 마이크에게 피에르가르댕 의상을 빌려줬는데, 그는 나에게 "나비넥타이 없이 커다란 오닉스 장식 단추가 달린 사제복 칼라로 된 현대식 턱시도"라고 설명했다. 마이크는 수상 여부와 상관없이 연예인들의 파티를 돌아다니며 "거물들과 어깨를 나란히 하기를 고대하고 있"다고 말했다.

〈웨이코: 교전규칙〉은 그날 밤 아카데미상을 수상하지 못했다. 그리고 마이크 맥널티는 어떤 파티에도 참석하지 못했다. 장편 다큐멘터리 부문 후보작을 소개하러 무대에 오른 로버트 드니로는 〈웨이코〉를 "댄 기퍼드와 윌리엄 가제키"가 만든 영화로 설명했다. 마이크 맥널티의 이름이 아카데미 시상식의 공식 서류에 올라가지 않았기 때문에 기퍼드와 가제키만이 주최 측 파티를 비롯해 화려한 식후 행사에 초대되었다. 마이크가 나에게 말했다. "파티장에 잠깐 들렀는데 로저 이버트 Roger Ebert✠가 입구 쪽에 있길래 말을 걸었어요. 영화에 좋은 리뷰를 써 주어 고맙다고 말하려고 했죠. (…) 그는 내가 수상하지 못해 아쉽다며 위로를 전했어요. 그게 다였죠. 그 사람은 바빴어요." 행사 자체도 실망스러웠다. TV 중계만을 염두에 둔 무대였기에 도무지 그에겐 '진짜'처럼 와닿질 않았다. "시상식이 쇼를 하느라 바쁜 나머지 그 순간을 즐길 수가 없었어요." 마이크는 사람들이 드나드는 길목에서 스타가 되고 싶어 안달이 난 삼류 연예인들을 보았다. 그들은 거의 카메라 앞에 몸을 던지다시피 했지만 사실상 "파파라치에게도 별 인기가

✠ 미국의 유명한 영화평론가. 영화평론가로서는 처음으로 할리우드 명예의 거리에 이름을 새겼다.

없"었다. "TV에 얼굴 좀 비치겠다고 전략을 짜는 소리가 들릴 정도였죠." 그는 자기가 꼼짝도 하지 않은 채 "이 모두가 어린 아이처럼 주목을 끌기 위해 아우성치는 모습을 그저 물끄러미 바라보고만" 있다는 걸 깨달았다. "저게 사람들을 움직이게 하는 거죠. 주목 말이에요. (…) 누가 맹수를 모는 건진 잘 모르겠어요. 하지만 그건 맹수예요."

맥널티 부부가 슈라인 오디토리엄에서 나왔을 때는 이미 늦은 시간이었고, 이들은 먼 거리를 운전해야 했다. 레스토랑들 대부분이 문을 닫은 터라 부부는 캐로스Carrow's에서 저녁을 먹었다. 형광등 불빛과 식당 체인점에서 나오는 녹음된 음악은 마이크가 아카데미 시상식에서 맞이할 거라 생각했던 하루의 마무리와 딱 맞아떨어지진 않았다. 하지만 그건 다른 실망에 비하면 아무것도 아니었다. 줄리는 남편이 후보에 지명되었다는 사실에 전혀 신경 쓰지 않는 듯 보였다.

마이크가 말했다. "아내는 축하도 뭐도 해 주지 않았어요." 행사가 끝난 후 차에 올라탄 내가 줄리에게 왜 그렇게 아무 말도 하지 않느냐고 묻자, 그녀는 처음 소식을 들었을 때 축하해 주었다고 우겼다. 줄리가 축하를 했든 안 했든, 마이크는 아카데미상 수상이 그들의 결혼 생활을 구원해 줄 수 없다는 것을 이미 알고 있었다. 그들이 집에 돌아오고 얼마 되지 않아 줄리는 장성한 딸과 시간을 보내며 생각을 정리하기 위해 2주 동안 몬태나주로 떠나 있었다. 마이크는 다음에 어떤 일이 일어날지 알 수 없었다. 그는 아내를 되찾고 싶었지만 더 이상 어떻게 해야 할지 몰랐다. 우체부의 딸이 원했던 '중산층의 안정된 삶'은 마이크 맥널티에게 더 이상 존재하지 않았다. 그 자리는 '맹수'로 대체되었고, 그 맹수는 마이크 맥널티가 반자동 산탄총으로는 죽일 수 없는 맹수였다.

마이크가 집에서 자신의 의무를 다하려고 하든 웨이코에

서 연방정부와 싸우려고 하든, 혹은 할리우드에서 새로운 초석을 쌓으려고 하든, 총잡이 이미지는 별 쓸모가 없었다. 마이크는 새로운 장식 문화에 발을 들이는 과정에서 본인이 자신의 무기고에 처참히 짓눌리고 있다는 사실을 깨달았다. 〈웨이코〉 영화에 관련된 모든 사람 가운데 에이미 소머 기퍼드는 본인 말마따나 일을 가장 적게 했음에도 미디어에 얼굴이 가장 많이 노출된 사람이었다. 이유는 딱 한 가지였다. “내가 제일 예쁘니까요.”

4부

자동차 보닛 장식물

9장 깡통에 든 남자 : 대호황 시대의 문워커, 빈민가 스타, 크로스드레서

20세기가 끝날 무렵 남녀 모두는 소비자 문화와 미디어 문화의 명령에 따라 대대적인 전면광고가 건물보다 중요하고, 재현이 생산보다 중요하며, 무엇보다 겉모습이 가장 중요한 세상에 갇혔다. 이런 세상은 여자에게든 남자에게든 좋지 않았지만, 적어도 '여성성'만큼은 새로운 도덕에 들어맞기가 한결 쉬웠다. 이 여성성이란 한때 여성들이 밀려난 이른바 여성적인 '허영'의 연속선상에 있었기 때문이다. 그게 여성들이 원하는 유일한 역할이었든 아니었든 간에(페미니즘 운동이 성공하면서 여성들 대부분은 그런 역할을 원치 않았다는 점이 충분히 분명하게 드러난 바 있다), 이는 여성들에게 여전히 익숙한 규칙과 특전, 부담을 담보하는 익숙한 역할이었다. 여성들은 자신에 대한 대상화가 아무리 비하적일지언정 적어도 자신의 성적 정체성이 위협받지는 않을 것이라는 확신에서 위안을 얻을 수 있었다. 사회는 허영심에 찬 여자를 멸시하긴 해도 결코 그 여자의 여성성 자체를 의심하지는 않았다. 오히려 그 여자가 거울을 들여다보았다는 사실 자체가 그녀의 여성성을 확인시켜 주었다. 하지만 이 새로운 영역에서 그런 행위는 남자들에게 어떤 의미를 띠게 되었을까? 나르키소스는 정력으로 유명한 존재가 아니었다. 거울을 들여다보는 것으로 과연 남자들이 남자다움에 도달할 수 있었던가? 이런 전시展示 문화에서 남성성이란 어떤 의미일까?

1965년 레슬리 피들러는 「새로운 돌연변이들」이라는 에세이에서 "서구 남성들이 급진적으로 변태"하기 시작한 것처럼 보이는 상황을 곰곰이 따져 보았다. "우리 주변의 젊은 남성들은, 한때 계급의식을 가지고 경건한 마음으로 여성들에게 넘겨주었던 사근사근한 역할을 되찾아 오기 시작했다. 그 역할이란 바로 아름다운 존재로서 사랑받는 역할이다." 피들러는 "새로운 남자"가 되기 위해 "미래의 아이들은 남자답기보다는 좀 더 여성스러워"져야 한다고 "느끼는 듯하다"고 썼다.[1] 피들러는 남성 작가, 특히 앨런 긴즈버그Allen Ginsberg나 윌리엄 버로스William Burroughs와 그 추종자들 같은 비트 세대✠를 염두에 두었다. 그러나 진행 중인 남성적 '변태'의 징후는 문학적 보헤미아에 국한되지 않았다. 피들러와 동료 사회비평가들이 그리니치빌리지와 노스비치의 시인 및 작가에게 신경질적인 시선을 던질 무렵, 한쪽에서는 이와 똑같은 부류의 '새로운 남자'를 띄워 주려는 대규모 정부 지원 프로젝트가 진행되고 있었다. 심지어 이들은 비트 세대와 달리 백악관·의회·국방부 및 《라이프》 그리고 사실상 모든 미국 중산층을 배후에 두었다. 국가의 명을 받들어 별을 향해한 한 줌의 조종사만큼 그토록 전시되면서도 높이 평가받고, 그토록 시선을 받으면서도 신체를 추앙받은 남성 집단은 역사상 전례가 없었을 것이다. 그들은 완전히 미지의 영토로 가는 길을 개척하는 씩씩한 신입 정찰병으로 전시되었으며, 한동안은 실제로 거울을 통해 경로를 찾아낼 수 있을 것처럼 보였다.

우주비행사는 냉전 시기 미국을 사로잡고 있던 많은 문제에서 상징적인 역할을 했다. 그들은 러시아인들을 이기고 국가 지배력을 입증해야 했으며, 테크놀로지 발전을 이어받으면

✠ 1950년대 전후 미국의 풍요로운 물질 환경 속에서 보수화된 기성 질서에 반발해 저항적인 문화와 기행(奇行)을 추구했던 젊은 세대.

서도 기계에 대한 인간의 힘을 증명해야 했다. 하지만 우주비행사의 상징적 역할 가운데 가장 중요한 것은 지구상에 등장한 완전히 새롭고 낯선 영역에서 남성적 아바타가 되는 것이었다. 뚫리지 않는 우주복을 입고 온 세상이 TV 화면처럼 보이는 헬멧을 쓴 채 달 표면을 아장아장 걷는 남자는 장식적인 시대의 남성성을 묻는 불안한 질문에 주어진 답변의 초안이었다. 우주비행사들은 새로운 황무지를 가로질러 미개척지에 정주한다는 의미에서 '환생한 대니얼 분'처럼 그려졌다. 그러나 이들에게 주어진 운명은 미디어 공간을 여행하며 새로운 엔터테인먼트 시대를 여는 것임이 분명해 보였다. 물론 이들이 서부 개척지 최초의 미디어 아이콘은 아니었다. 시팅불Sitting Bull✢과 와일드 빌 히콕Wild Bill Hickok✤이 사이드쇼✝의 구경거리로서 이미 마지막 공연을 펼친 바 있었다. 하지만 우주비행사들은 사이드쇼가 전과 다르게 본本행사를 대체하는 시대를 예고했다.

달의 이면에서

1969년 여름 아폴로11호가 낙하산을 펼친 다음 태평양에 착수着水해 항공모함으로 인도되었다. 우주캡슐 안에 있던 세 남자, 닐 암스트롱Neil Armstrong과 버즈 올드린Buzz Aldrin, 마이클 콜린스Michael Collins 역시 구조되어 헬리콥터를 타고 항공모

✢ 아메리카 선주민 라코타족 추장으로, 본래 이름은 '타탕카 이요탕카'다. 1876년 리틀빅혼전투를 승리로 이끌면서 전설의 주인공이 되었지만 결국 굶주림 때문에 미국에 굴복할 수밖에 없었다.

✤ 미국 군인 출신으로 아메리카들소 사냥꾼이자 쇼맨, 배우. 개척 시대 서부의 영웅이다.

✝ 서커스 등에서 손님을 끌기 위해 따로 보여 주는 소규모 공연. 시팅불과 와일드 빌 히콕은 당시 또 다른 군인 출신 쇼맨인 버펄로 빌의 순회 보드빌 공연 〈와일드 웨스트 쇼〉에 출연하면서 인기를 끌었다.

함 '호넷Hornet'으로 옮겨져 격리되었다. 몇 주 뒤 그들은 알루미늄과 유리벽으로 된 격리실(개조된 이동주택)에서 바깥세상이라는 어항으로 풀려났고, 나사는 이를 '위대한 발걸음 작전Operation Giant Step'이라 불렀다. 그렇게 인류 최초의 문워커moonwalkers✠는 24시간 내내 TV 전파를 타고 색종이 휘날리는 퍼레이드, 트로피 수여식, 악수와 미소 공세에 휩쓸려 다녔다. 45일간 23개국을 돌고 나서도 투어는 끝나지 않았다. 1년 반이라는 시간이 그렇게 흘러갔다. 닐 암스트롱의 뒤를 따라 두 번째로 달을 밟은 남자 버즈 올드린은 아폴로11호 비행사로서 이리저리 매스컴 행사를 오가는 동안 조종사가 아닌 승객으로서 여전히 자기가 공중에 떠 있다는 걸 깨달았다. 그는 날이 갈수록 더 깊은 우울에 빠져들었다. 이 상황을 어떻게 설명해야 할지도 몰랐다. 그가 회상하기로 어릴 적 '달에서 미치광이가 되어 돌아온 우주비행사'에 관한 SF 소설을 읽고는 "그 소설 때문에 악몽을 꾼 적이 있긴 했었다".[2] 하지만 올드린이 확신할 수 있었던 한 가지는 그의 불안이 시작된 때가 달에 발을 내디딘 밤이 아니라 비행선이 바다에 떨어지던 안개 자욱한 아침이라는 사실이었다. 그때 헬리콥터가 올드린을 항공모함에 떨어뜨렸고, 그는 마치 항공모함 대포처럼 자신을 향해 줄지어 있는 카메라 렌즈들과 마주할 수밖에 없었다. 훗날 그는 이렇게 썼다. "내가 상황을 명확하게 이해하기까지 몇 년이 걸렸다. 하지만 항공모함 '호넷'에 올랐던 그날이야말로 미지의 영역으로 향하는 여행이 시작된 날이었다. 나는 익숙한 지구에서 일어날 일보다 미지의 달에서 일어날 일을 더 잘 알고 있었던 셈이다."[3]

1971년 1월 14일 올드린은 나사를 떠났다. 본인의 표현에 따르자면 "절망의 늪에 빠진" 사람이 그가 처음은 아니었

✠ 달 표면을 걷는 우주인.

다. 올드린은 "여행과 연설이 계속되면서 닐 〔암스트롱〕은 점점 더 위축되어 갔다"4고 회상했다. 투어가 끝날 즈음엔 암스트롱 역시 마이크와 렌즈, 동시녹음 장치를 뒤로하고 도망쳤다. 그는 1971년 마지막 기자회견을 열어서 나사를 떠나 신시내티대학교 우주공학과 교수로 부임할 것임을 (또 궁극적으로는 오하이오주 레버넌에 위치한 목장으로 갈 것임을) 밝히고, 더 이상 인터뷰를 하지 않겠다고 선언했다. 이후 몇 년간 그는 거의 예외 없이 이 맹세를 지켰다. 그보다 한 해 전에는 아폴로11호의 세 번째 비행사 마이클 콜린스가 사직서를 제출했다. 그는 국무부 공보실에서 잠깐 근무한 뒤, 마치 자기 자신(과 다른 우주비행사들이 대표한다고 생각했던 오래된 종류의 남자다움)을 아카이브에 헌납해 보존하려는 듯 스미스소니언연구소의 국립항공우주박물관 관장이 되었다. 최초의 문워커들이 그렇게 예외적인 경우가 아니었음은 서서히 드러났다. 1979년에 이르면 달 표면을 걸었던 남자들 열두 명 가운데 열 명이 우주비행사 경력을 포기한 상태였다.[5]

셀러브리티라는 유령은 처음부터 유인 우주 계획을 사로잡고 있었다. 1959년 처음으로 우주비행에 자원한 조종사들은 자신들이 유럽이나 일본, 한국 상공에서 수행했던 임무를 이어 가고 있다는 착각 속에 일했다. 머큐리에 탑승할 우주비행사는 군대의 시험비행 조종사 자격을 갖추고 있어야 했다. 최초의 우주비행사 일곱 명이 공개되었을 당시 나사의 한 관계자는 언론에 이렇게 발표했다. "머큐리 캡슐은 승객을 위한 침상이 아니라 조종사를 위한 일터입니다."[6] 그들은 새롭게 빛나는 공군 조종사들, 국내 최고의 조종사들이자, 헨리 루스가 구상했던 승리와 지배 및 통제의 세기의 정수였다. 이들이야말로 '자유세계'를 위해 지고의 하늘을 정복할 성층권의 기수가 될 터였다.

헨리 루스의 개인 스카이라이터skywriter✠였던 《라이프》, 그리고 《라이프》에서 발행한 책 『머큐리 세븐We Seven』이 이 점을 빠르게 공식화했다. "여기 진정한 호메르스적 위대함을 보여주는 현대판 모험이 있다. 그 모험을 몸소 겪어 낸 영웅들이 처음으로 빠짐없이 털어놓은 이야기. (…) 그들은 국가의 미래를 상징하는 이들로서 막중한 책임을 지고 복무해야 하는 새롭고 영웅적인 최초의 남자들이다." 그에 따르면 이 새로운 유형의 남자들은 "자연스럽게 경쟁"을 하고, "어느 분야에서건" 다른 남자들에게 지지 않으며, "신체적으로도 물론 강한" 이들이었다. "왜냐하면 우주비행은 몹시 고된 일이기 때문이다. 이들은 대다수 조종사가 전투 중에 겪은 스트레스보다도 더 심한 스트레스에 노출될 것이다."[7] 머큐리 세븐은 "알짜배기들"이었다. 특히 지구궤도를 돈 최초의 남자 존 글렌에게 언론은 가장 강렬한 숭배의 불꽃을 집중시켰다. 그는 "온 국민이 기다려 온 영웅"을 재현했고, "인간 정신의 가장 고귀한 자질을 온 국민이 보는 앞에서 드라마로 만들었다". 그는 우리에게 "영웅 이미지의 부활"과 "인류의 전성기", "아마도 우리 시대에 목격해 온 인류의 영적 감정의 가장 보편적인 표현"을 선사했다.[8]

머큐리 세븐의 작위 수여식은 나사가 그들의 이름과 얼굴을 공개한 1959년 4월 9일 기자회견에서 이루어졌다. 아직 이들이 우주로 모험을 떠나기도 전이었다. 미디어에 본인들 사진 촬영을 허락한 것 말고는 그다지 한 일도 없었다. 평균연령(34.4세), 종교적 배경(모두가 개신교도), 결혼 여부(모두 기혼에 유자녀), 취미(낚시와 사냥), 평균 몸무게와 키(164파운드에 5피트 10인치) 말고는 알려진 바도 별로 없었다. 당신들 중 몇 명이나 우주에서 승리를 거머쥐고 무사히 지구로 돌아올 것을 "자신"하느냐는 질문에 일곱 명 모두가 손을 든 순간은 파

✠ 공중 광고 문자를 쓰는 비행사.

노라마 같은 영광의 순간으로 《라이프》에 포착되었다. 새로운 시대의 요구를 잘 알면서 그것을 어떻게 활용해야 하는지도 가장 잘 이해하고 있던 머큐리 비행사 존 글렌은 양손을 다 들었다. 그들은 대서양을 날아서 건너간 최초의 남성 찰스 린드버그Charles Lindbergh처럼 무언가를 해낸 끝에 영웅이 된 것이 아니었다. 그들은 무언가 할 수 있을 것이라는 자신이 있었기 때문에 영웅이 되었다. 《라이프》 표제는 그 상황을 이렇게 요약했다. '우주 항해자들이 궤도를 돌고 싶어 안달이 났다.'[9]

'궤도를 돌다to orbit'라는 말은 이전까지 그렇게 자주 쓰이는 동사가 아니었을지 몰라도 이제는 야생마에 올라탄 카우보이라는 서부 개척 시대의 한 장면을 환기하는 말이 되었다. 이 무렵 그런 상상을 터무니없게 여기는 사람은 영화감독 스탠리 큐브릭Stanley Kubrick을 비롯한 소수에 불과했다. 큐브릭은 오늘날 고전이 된 패러디물 〈닥터 스트레인지러브Dr. Strangelove〉(1964)의 마지막 장면에서, 카우보이모자를 쓴 슬림 피컨스가 아래로 추락하는 핵폭탄에 올라타 "이야호오!"라고 외치며 절멸로 향하는 모습을 그려 낸 바 있다. 이런 소수를 제외한 나머지 '문화 수호자들'에게는 머큐리 비행사 스콧 카펜터Scott Carpenter가 통상적으로 먹힐 만한 이야기를 제공했다. 그는 우주 계획에 자원한 이유를 다음과 같이 설명했다. "여기에는 숭고한 대의를 가지고 나라에 이바지할 기회, 대규모 개척에 나설 기회가 있기 때문입니다."[10]

나사의 사보나 다름없던 《라이프》는 그 즉시 우주비행사들과 그 아내들의 개인사에 대한 독점권을 사들여 매호 잡지를 낼 때마다 개척자 신화를 강조했다. 오래전 선조가 오벌랜드 트레일에서 말 떼의 고삐를 잡았듯 이들도 확실하게 우주선을 조종할 사람들이라는 것이었다. 우주비행사 앨런 셰퍼드Alan Shepard는 미국 대중에게 '머큐리 캡슐을 조종하는 것도 자동차를 운전하는 것과 마찬가지 원리'라는 확신을 주었다. "서로 다른 모델인데 완전히 똑같은 방식으로 운전할 수는 없죠." 이번 우주캡슐을 예로 들자면 이랬다. "우리는 이전에 훈련 과정에서 다루었던 조종간과 여기 조종간의 느낌이 약간 다르다는 걸 알게 됐습니다." 여기서 셰퍼드가 차마 말하지 못한 건 캡슐에 '조종장치'가 없다는 사실이었다.[11] 비행 당시 그의 '조종간'(조종 스틱)이 발휘한 효과는 피셔프라이스의 '바쁜 여왕벌Queen Buzzy Bee'에 달린 플라스틱 제어장치✠ 정도의 효과가 아니었을까 싶다.

우주비행사들이 실제로 자기 망상에 빠져 있는 건 아니었다. 그들도 자기가 얼마나 통제력이 없는지 뼈저리게 깨닫고 있었다. '깡통에 든 스팸'은 에드워즈공군기지에서 머큐리계획을 조롱하는 은어로 통했다. 1994년 어느 다큐멘터리에서 데크 슬레이턴Deke Slayton이 신랄하게 말했다. "모든 농담이 진짜 웃긴다는 걸 깨달았죠." 그는 '햄'을 비롯하여 먼저 우주로 보내졌던 원숭이들을 머큐리 비행사들과 동일시하는 농담에 대해 언급했다. "'원숭이들한테 먹이를 줄 시간이야!' (…) '셰퍼드, 그리섬 그리고 글렌. 얘네가 인간과 원숭이 사이의 연결고리지!' 우리는 본조✢가 겉봉투 테두리를 미는 동안 그 자리를 메워 대타로 비행하려고 이 임무를 맡았던 게 아닙니다."[12] 머큐리 세븐은 본인들이나 원숭이들이나 무언가의 겉 테두리조차 밀고 있지 않은 건 아닌지 의심했다. 데크 슬레이턴은 자신의 불안감을 이렇게 표현했다. "이런저런 이야기를 듣다 보니,

✠ '바쁜 여왕벌'은 육아용품 전문 브랜드 피셔프라이스에서 제작한 여왕벌 모양 장난감을 가리킨다. 여왕벌의 얼굴에 달린 줄을 끌어서 움직일 수 있다. 이 장난감에도 움직이는 방향을 조종할 수 있는 플라스틱 제어장치가 없다.

✢ 1951년 미국 영화 〈베드타임 포 본조(Bedtime for Bonzo)〉의 주인공 침팬지 이름. 침팬지 배우 '탬바'가 연기했다.

이 프로젝트는 그냥 미사일 한쪽 끝에 사람을 묶어 저 바깥으로 내던지는 일 같다는 느낌이 들었어요. 거기에 들어간 사람이 훈련된 조종사냐 아니면 그냥 아무 몸뚱이냐에 저들이 신경을 쓰는지도 의심스러웠습니다."[13]

나사 관계자들 머릿속에는 언론에 직접 밝힌 내용과는 다른 아주 뚜렷한 개념이 박혀 있었다. 그들은 조종사가 아니라 승객을 찾고 있었다. 우주비행사 선발 과정이 비행장이 아닌 의료 및 정신건강 클리닉에서 이뤄진 것도, 우주비행사의 수석 트레이너가 심리학자인 것도, 나사 측 선발위원회가 원래는 남자 일곱 명이 아닌 열두 명을 뽑고 싶어 했던 것—위원회는 비행사의 역할이 얼마나 수동적인지 알게 된다면 상당수가 일을 중간에 그만둘 것이라고 확신했다—도 모두 그러한 이유 때문이었다. 아이젠하워 대통령이 우주비행사 후보군을 군 소속 시험비행 조종사로 좁힌 것은 단순히 선발 시간을 단축하기 위해서였다. 시험비행 조종사들은 이미 서류에 기록되어 있으니 나사 측에서도 보안 승인을 위해 몇 달을 낭비할 필요가 없었다. 사실상 유일한 요건은 신장이 5피트 11인치를 넘으면 안 된다는 것이었는데, 이는 우주캡슐에 들어갈 수 있는 몸집이어야 했기 때문이다. 노먼 메일러는 1969년 최초의 달 착륙에 관한 책 『달의 불Of a Fire on the Moon』에서 이렇게 썼다. "그들은 정력적이었다. 하지만 나가떨어졌다. 건강하게 살아 있는 남자라곤 없는 듯이 나가떨어지고 말았다."[14] 우주캡슐 조종간(이른바 '핸드 컨트롤러')이 아니라 휴스턴에 있는 관제 센터가 우주비행을 통솔했다. 스팸이 자기가 들어 있는 깡통을 조종할 순 없는 노릇이니까 말이다.

머큐리 캡슐의 자동화 시스템이 어찌나 완벽했던지, '우주비행사 훈련'에 관한 군사 회의에 따르면 우주비행사는 "손가락 하나 까딱할 필요가 없었다". 비행사는 그저 "시스템에 불

필요한 구성 요소로 추가"된 셈이었다.[15] '훈련'이란 것도 대체로 남자들을 비좁은 방에 가둬 놓는 심리적 적응 훈련이었다. 그 과정에서 남자들은 로켓 추진기에, 중력과 무중력상태에, 그리고 바다에 착수했을 경우 헬리콥터에서 내려올 갈고리에 순순히 몸을 맡기는 법을 배웠다.

머큐리 세븐은 대중에게 비치는 모습과 당사자인 본인들만 아는 모습이 충돌할 때면 짜증이 올라와 발끈하기도 했다. 물론 본질적으로 금쪽같은 대우를 받는 사람들인 만큼, 그들의 반항이란 미온적이고 대체로 방어적인 '반란'이었다. 정말로 원하는 것이 비행이었다면 우주비행사 전원이 일을 그만두었어야 했다. 그러나 이들은 늙고 부유한 남자와 결혼하는 젊은 여자처럼 자신의 의존성에 만족하지 못하면서도 막상 저택을 포기하는 건 주저했다. 아니, 차라리 본인들이 선호하는 표현대로 어머니의 숨 막히는 돌봄에 반발하는 소년에 가까웠다고나 할까. 존 글렌은 이렇게 주장했다. "미래의 우주비행에서는 앞치마 끈을 좀 잘라야 한다." 하지만 1960년대 후반이 되어도 우주비행사들은 여전히 스스로를 어린애처럼 표현하고 있었다. 이를테면 창이 없는 자기네 원룸 사무실을 '보이스 타운Boys Town'✠이라고 부르는 식으로 말이다.[16]

1963년 가을《라이프》를 통해, 머큐리 세븐의 데크 슬레이턴이 평소 같지 않게 나사에 대한 불만을 공개적으로 (그러나 물론 지극히 온화하고 전혀 위협적이지 않은 톤으로) 터뜨렸다. "우주비행사로서, 비행은 우리에게 맡겨야 한다고 생각한다. 우리 일곱 명은 임무를 맡은 초창기부터 먼 길을 걸어왔다." 슬레이턴은 계속해서《라이프》독자들을 설득했다. "가

✠ 1917년 에드워드 플래너건(Edward J. Flanagan) 신부가 설립한 집 없는 소년들의 보호소. 플래너건 신부의 실화는 1938년 영화 〈소년의 거리(Boys Town)〉로도 만들어졌다.

장 큰 변화는 우리 우주비행사들이 이론과 실제 모두에서 모든 자격을 갖춘 조종사가 되었다는 점이다." 그는 우주비행사들이 어떤 식으로 책임을 맡게 됐는지 설명했다. 비행사들은 슬레이턴을 '대장'으로 선출한 다음, 그때부터 꾸준히 '우리도 우주캡슐 설계에 대해 어느 정도 발언권을 가져야 한다'고 주장해 왔다. 슬레이턴은 "제미니Gemini와 아폴로 모두 비행을 통제하는 부분에서 사람이 중요한 역할을 담당하게끔 설계돼 있다"고 덧붙였다. "사실상 제미니에서는 우주비행사가 본인의 우주선을 완전히 통제하고 강력한 추진기를 발사하여, 우주선을 한 궤도에서 다른 궤도로 이동시키는 실질적인 역할을 하게 될 것이다."[17]

과연 궤도를 옮길 때 버튼 몇 개 누르는 일을 '완전한 통제'라 할 수 있을 것인가. 슬레이턴은 그 부분에 대한 언급을 피했다. 게다가 비행사에게 일정 정도의 '통제권'이 주어진 이유가 오로지 재난이 닥칠 경우 각자도생해야 하기 때문이라는 점도 은근슬쩍 넘어갔다. 무인 우주비행을 실행했더라면 애초에 그럴 위험이 없을뿐더러 당시 많은 과학자가 주장했듯 과학적으로 더 유용하고 비용 면에서도 효율적이었을 것이다. 나사의 달 탐사 현장 지질학 수석 연구원 유진 슈메이커가 말한 대로 "무인 시스템이었다면 이미 3~4년 전에 3분의 1 비용으로 똑같은 작업을 수행할 수 있었을 것이다".[18]

우주비행사들은 우주에 남자들이 있어야 할 이유가 우주에 있는 남자들을 돌보기 위해서라는, 일종의 자기 참조적인 보호 공갈을 주장했다. 존 글렌이 이 주제에 관해 장광설을 늘어놓은 건, 결과를 장담할 수 없는 프렌드십 7호✢ 비행에서 귀

✢ 머큐리 프로젝트로 위성궤도에 오른 미국 최초의 유인위성. 머큐리 세븐의 프렌드십(friendship) 즉 우정이 중심이 되어 비행한다는 의미로 존 글렌이 붙인 이름이다.

환한 뒤였다. 글렌은 본인이 최소한으로나마 참여하는 것이 전체 우주 계획에 전환점이 될 것이며, 이로써 남성의 유용성이라는 원칙을 제자리에 돌려놓는 계기가 될 것이라고 선언했다.[19] 하지만 이런 선언을 할 때마저 불안감이 배어 나오는 것은 어쩔 수 없었다. 그는 대체로 부정적으로 말했다.

> 내가 또 하나 지적하고 싶은 바는 이것이 단순한 모험이 아니라는 것, 그저 미국인들이 로켓을 다룰 줄 알며 지구 둘레에 시험비행 조종사를 쏘아 올릴 수 있음을 입증하기 위한 실험이 아니라는 것입니다. 그게 유일한 목적이라면, 이 비행은 안장을 얹은 기사 무리에게 어떤 임무도 부여하지 않은 채 칼을 들고 황혼 속으로 떠나라고 하는 것과 별반 다르지 않겠지요.[20]

임무야 무엇이 됐든 중요한 것은 남자들이 그 임무를 통제하고 있다고 느끼는 것, 혹은 적어도 자기 자신을 통제할 수 있다고 느끼는 것이었다. 비행사들은 나사가 '캡슐'이라는 용어를 '우주선'이라는 용어로 대체해야 한다며 한목소리를 냈고, 장군을 그들의 '샤프롱'(보호자)으로 지정하는 것에 반발했다. '대장'인 데크 슬레이턴의 임무는 그런 의미론적 대결을 벌이면서, 온갖 완곡어법을 동원해 우주비행사의 자존심을 지키는 일이었을 것이다. 슬레이턴은 본인의 통솔 아래 모든 우주비행사가 각자 책임지고 신체 훈련 프로그램을 시행할 것이라며 자랑스럽게 발표했다.[21]

사실 우주비행사들은 진심을 다해 우주선 엔지니어들과 한바탕 맞붙은 적이 있었다. 창窓을 둘러싸고 벌어진 그 싸움이야말로 우주비행사이자 남자로서 그들이 겪는 곤경의 핵심을 뒤흔드는 듯했다. 첫 번째 머큐리 캡슐에는 승객용이라 불러야 맞을 법한 아주 작은 측면 현창 두 개만이 나 있었다. 머큐리 비행사 월리 시라Wally Schirra는 이렇게 회상했다. "가장 짜증 났던 건 대체 무슨 연유에선지 엔지니어들이 우리가 밖을 내다보거나 시야를 확보할 수 있는 창을 제공하지 않기로 했다는 점입니다. 비행사하고는 생각이 다른 엔지니어들이 좀 있는 것 같습니다. (…) 우리 비행사들은 어떤 기종을 몰든 상관없이 자기가 주변 환경을 시각적으로 명료하게 확인할 수 있어야 한다고 느낍니다. 모두가 그렇게 느껴요. 안 그러면 자기 방위를 유지하면서 우주선을 효율적으로 조종하는 데 어려움이 있을 테니까 말입니다."[22] 하지만 실제로 우주비행에 나선 비행사들은 아무런 문제 없이 방위를 유지하고 있었다. 관제탑 모니터 앞에 앉아 있는 컴퓨터 기술자들만 상황을 잘 볼 수 있다면 그걸로 충분했기 때문이다. 게다가 창에는 추가적인 위험 요소가 있었다. 압력이 가해지면 창에 균열이 생길 수 있고, 그렇게 되면 우주비행사들에게 주어진 남은 한 가지 '임무', 즉 성한 몸으로 돌아와야 한다는 그 임무를 수행하기가 자칫 어려워질 수도 있었다. 그러나 머큐리 세븐은 이구동성으로 계속 불만을 토로했다. 시라가 기억을 떠올렸다. "우리는 끈질겼고, 결국 우리 의지를 관철시켰습니다. 엔지니어들이 창을 하나 만들어 준 거죠."[23]

그들이 거둔 승리는 일종의 정신 승리나 마찬가지였다. 사실 문제는 시야 확보의 어려움이 아니었으니까 말이다. 시야에 들어올 대상은 바로 그들이었다. 그리고 어떤 의미에서는 우주캡슐 전체가, 우주 계획 전체가 하나의 창이었다. 우주비행사들이 밖을 못 보는 사이에 전 세계가 그 안을 들여다보고 있었다. 우주비행사들에게 어떤 식으로든 임무가 주어졌다면, 그 임무란 곧 구경거리가 되는 것이었다. 데크 슬레이턴은 이렇게 말했다. "머큐리 세븐은 세상에서 가장 대단한 셀러브리티였다. 우리도 그걸 알고 있었다. 나사는 우리를 필요로 했다. (…) 우리는 우주 계획 전체의 이미지를 어깨에 짊어지고 있었다." 최초의 유인우주선이 발사되어 통째로 TV에 중계되던 장면부터 아폴로 8호에서 성탄절을 기념해 "영감을 주는" 「창세기」 구절을 낭독하던 장면, 그리고 우주캡슐 안에서 직접적으로 명령을 전달받아 달 비행을 수행하던 장면에 이르기까지, 이런 퍼포먼스는 수도 없이 의무적으로 행해졌다. 우주비행사들은 퍼레이드에 참가하여 주어진 각본에 따라 공허한 말을 내뱉으면서도 창백한 얼굴 가득 억지 미소를 띠어야 했으며, 무중력 상태의 객실 칸을 둥둥 떠다니면서도 홈 비디오카메라를 계속 작동시켜야 했다. 그들은 우주 시대의 꽃수레를 타고 밤낮으로 웃으며 손을 흔드는 홈커밍데이의 여왕이나 진배없었다.

창의 필요성을 강하게 느꼈던 월리 시라가 이번엔 다른 '창'에 대한 반란을 주도했다. 그는 아폴로7호 비행 도중 토요일 아침 TV 방송을 거부했다. 관제탑에서 비행사들에겐 선택의 여지가 없다고 지시했을 때(비행사들은 이 시간 지구상에서 이미 예정되어 있는 오락거리였으니까), 이들은 전체 우주계획을 통틀어 가장 반항적이었을지 모를 행동을 저질렀다. 그러니까 갑자기 카메라 렌즈의 뚜껑을 덮어 버린 것이다. 나중에 데크 슬레이턴은 이렇게 말했다. "우주에서 일어난 첫 번째 전쟁! 그런데 러시아인들은 개입하지도 않았다!"[24] 마침내 비행사들의 기세가 좀 수그러들자 시라가 은근히 비꼬는 투로 첫인사말을 던졌다. "안녕하세요, 그곳 TV 나라에 계시는 훌륭한 여러분. 여기 있는 저는 월리 선장입니다. 만물의 저 꼭대기에 있죠……."[25]

이 전쟁은 시라도, 그를 따른 동료 우주인들도 승리할 수 없는 전쟁이었다. 이제 막 달 표면에 착륙한 아폴로11호가 깃발을 채 펼치기도 전에 가장 먼저 해야 했던 작업 중 하나는

TV 카메라를 설치하는 일이었다. 이후 여정에서 우주비행사들이 월면차月面車를 타고 낯선 신세계를 횡단할 때에도 대시보드에 고정된 카메라 한 대는 'TV 나라'에서 보고 싶어 하는 유일한 '별stars', 즉 우주인들에게 늘 고정되어 있었다. 여기 오기까지 그들은 우주비행사 진료소에서 불필요한 의학 조사—정자 수 측정, 전립선 검사, 관장, 또 여러 번의 관장—를 끝도 없이 받는 굴욕을 감수해야 했다. 톰 울프Tom Wolfe가 『필사의 도전The Right Stuff』에서 이를 간명하게 표현한 바 있다. "멋대로 하세요!Up yours! 난봉꾼 클리닉의 모토 같지 않나." 그들은 수영장에서 '무중력상태'로 떠다니며 지루한 시간을 보내는가 하면 고온실에서 구워지다시피 한다든지, 직장에 체온계가 삽입된 채로 원심분리기에 던져지는 등 갖은 수난을 겪기도 했다("멋대로 하세요!"). 그들은 몸이 묶인 채로 모든 심박수를 모니터링당하며 로켓에서 발사되는 굴욕을 견뎌 냈다. 그들이 이 모든 걸 참았던 이유는, 결국엔 한 가지 중요한 측면에서 본인들이 여전히 개척자로 남을 것이라는 믿음에 이끌렸기 때문이었다. 그들은 자신들이 목격자가 될 것이라고 믿었다. 그러나 실제로는 목격하는 대신 목격되었다. 우주비행사들은 새로운 개척자가 되기 위해 떠났지만 지구에 돌아왔을 땐 이미 우주 시대의 핀업 걸이라 할 만한 존재가 돼 있었다.[26]

버즈 올드린이 격리 실험실에 몇 주씩 앉아 있는 동안 그를 강타했던 아이러니도 바로 이것이었는지 모른다. 당시 올드린은, 나사 당국에서 최초의 문워커를 내보내도 좋을 만큼 충분히 '오염물질이 제거되었다'는 판단을 내릴 때까지 멍하니 시간을 때우고 있었다. 나사 측에서는 영화를 틀어 주며 비행사들을 볼모로 잡았다. 올드린이 기억하기로는 라켈 웰치Raquel Welch✠가 "식인을 하는 스페인 혁명가"로 등장하는 영화

✠ 미국의 배우. 〈공룡 100만 년(One Million Years B.C.)〉(1966)에 출연

도 있었고, "섹스에 굶주린 여자 셋이 정력 넘치는 젊은 남자를 다락방에 가둬 놓고 기진맥진"시키는 내용의 영화도 있었다.[27] 이 영화들이 제2차세계대전 중 사병들의 사물함에 붙어 있던 사진들—정부에서 배포한 베티 그레이블Betty Grable의 엉덩이 사진들—과 마찬가지 서비스를 제공할 목적으로 상영됐음은 의심할 나위가 없다. 그러나 우주비행사들이 보기에 이런 화려한 여자들의 행렬은 불편하리만치 비행사들 자신의 영상과 닮아 있었다. 한 가지 당혹스러운 차이점이 있다면 적어도 영화 속 여자들은 능동적이라는 것이었다. 우주비행사들은 잡아먹히는 수컷 먹잇감에 더 강한 동질감을 느꼈다. 전직 우주비행사 브라이언 오리어리Brian O'Leary가 씁쓸하게 회상한바 그들은 결국 "금박을 입힌 철창 안에 갇혀, TV 조명과 고마워하는 아내들, 기자들이 눈을 번뜩이며 들여다보고 있는 유리벽을 발톱으로 긁어 대고" 있었다.[28]

1969년 달 탐사선이 발사된 그해, 버클리북스가 리처드 매드슨의 『줄어드는 남자』 신판을 발행했다. 책 표지에는 달 풍경이라고밖에 볼 수 없는, 커다랗게 파인 자국이 난 척박한 땅을 아주 작게 그려진 남자가 혼자서 비틀거리며 건너는 장면이 묘사되어 있다. 남자의 머리 위로는 사이클롭스를 닮은 인공위성이 마치 은하계의 눈알처럼 허공에 매달려, 수없이 뻗은 안테나를 부르르 떨고 있다. 이 대결에서 누가 승자인지는 분명했다. 크고 검은 암거미는 광대한 '월드와이드웹'에 매달린 채 남자를 내려다보고 있었다.[29]

해 단 세 줄짜리 대사와 가죽 비키니 차림으로 세계적인 섹스 심벌이 되었다. 하지만 웰치의 커리어는 단순히 섹시한 이미지를 넘어 강인한 여성 캐릭터로 점차 확장되어 나갔다. 〈삼총사〉(1973)로 1974년 골든글로브 뮤지컬·코미디 부문 여우주연상을 수상했다.

※ ※ ※

아폴로11호가 바다에 착수하고 '위대한 발걸음 작전' 투어가 한창 진행되던 어느 날, 버즈 올드린이 집단히스테리를 부리는 팬들에게 거의 압사당할 뻔한 일이 있었다. 또 한번은 우주비행사를 호위하는 지프차가 공항을 떠나던 도중 고장 난 적이 있었는데, 올드린에 따르면 "사람들이 주위로 벌레 떼처럼 꼬여" 들었다고 한다. "나는 메스꺼움과 현기증에 시달렸다."[30] 1년 반 동안 올드린은 거의 항상 카메라 렌즈 앞에 있었다. "공항, 살균 소독된 호텔방, 악수를 건네는 손, 사인, 연설, 연회가 흐릿하게 뭉쳐 있던 날들. 별반 다를 것 없는 일의 연속이었다. (…) 시작도, 중간도, 끝도 없었다. (…) 내가 하고 있는 일이나 해야 할 일을 통제할 수 있다는 생각은 단 한 번도 들지 않았고, 그 때문에 나는 매우 불안했다."[31]

1971년까지 올드린은 나사 측 의사들이 처방한 항우울제를 복용하고 있었으나, 자꾸만 감정적 경계를 파헤치고 재촉하는 상황, 토크쇼의 가짜 친밀감, 모욕적인 질문 등을 만날 때마다 두려움에 가슴이 두근거리는 증상은 좀체 나아지질 않았다. 무엇보다도 그를 가장 불쾌하게 한 질문, 그가 "아주 싫어했던" 질문은 바로 달에서 어떤 "기분"이 들었느냐는 것이었다. 그는 "우주에서 남자의 유용성을 증명"하기 위해 그야말로 온몸에 철갑을 두르고 얼굴에 헬멧을 쓴 채 달에 갔었다. 하지만 막상 돌아오는 질문은 오로지 감정을 과장되게 표현하는 능력을 보여 줘야 하는 질문들뿐이었다.[32] 1년간 순회공연을 다니며 미디어에 노출되던 어느 날, 기분이 어땠느냐는 질문이 한꺼번에 쏟아졌다. 올드린은 말을 더듬기 시작했고 목이 바싹 탔으며, 방 안은 소용돌이쳤다. 그를 여성스러운 존재로 만들어 버리는 듯한 그 질문의 함의가 미국의 새로운 영웅을 마치 향소금smelling salt이 필요한 빅토리아시대 여성의 지위로 전락시킨 것처럼 말이다. 올드린은 너무 어지러웠던 나머지 사인할 때 손이 덜덜 떨렸고, 결국 방에서 뛰쳐나갔다. 그는 "강당 근처 조용한 곳에서 북받쳐 오르는 감정을 억누르며 조용히 울었다"고 회상했다. 아내 존은 최선을 다해 그를 위로한 뒤 가까운 술집으로 데려갔다.[33]

시간이 지남에 따라 올드린의 증상은 점점 악화됐다. 이내 그는 침대에서 일어날 수조차 없게 되었고, 침대 위에서 "일주일 내내 누웠다 일어났다" 했다. 억지로 몸을 일으켜 TV 앞까지 겨우 갈 수 있었지만 거기서 또다시 무너지고 말았다. 우주비행사들이 스스로 인지조차 하지 못했던 맹수, 싸우고 있는지도 몰랐던 적에게 굴복했을 때와 마찬가지 상황이 벌어졌다. 올드린이 둘렀던 철갑은 이제 그의 의지와 상관없이 신체적 퇴행을 불러왔다. 손가락이 마비되기 시작했고, 목이 고통스러우리만치 뻣뻣하게 굳어졌으며, 결국엔 한 문장을 끝마치지 못할 때가 많아졌다. 그는 "무언가를 통제할 수 있다는 희망도 가능성도 볼 수 없었"노라고 했다. 겁에 질려 벌벌 떨면서도, 혹시나 도움을 청하면 군에 의료 기록이 남을까 두려워 몇 달을 가만히 있었다. 그러다 1971년 가을, 완전히 붕괴되기 직전에야 그는 정신과에 도움을 구했다. 10월이 되자 UCLA의 한 의사는 그에게 즉시 샌안토니오로 날아가 거기에 있는 공군기지 병원에 입원해서 집중 치료와 상담 치료, 티오리다진✠ 처방을 받으라고 지시했다.[34]

병원에 도착했을 즈음 올드린은 치료를 위해 한 걸음 내딛기로 마음먹은 상태였다. 그길로 그는 우주비행사 계획에서 물러나겠다고 발표했다. 정신쇠약으로 시야가 흐릿한 가운데

✠ 강력한 신경안정제. 우울증, 불안, 알코올 금단증상, 불면증 등을 치료하는 데 사용되었으나 여러 부작용 때문에 처방률은 매우 낮다.

서도 자신이 소모품이 되었다는 사실만큼은 선명하게 볼 수 있었다. 그는 더 이상 자신이 탐험할 우주 개척지가 없다는 걸 알고 있었다. "빠르게 변화하는 테크놀로지를 따라잡는 건 불가능에 가까웠고, 그렇다면 노력해야 할 이유가 대체 뭐였을까? 이쯤 되니 우리가 다시는 우주비행을 할 수 없으며 나사의 일상으로 돌아갈 수도 없다는 것이 분명해졌다." 나사의 어느 누구도 이렇게 먼 길을 우회하게 된 것에 사과하지 않았다. 올드린이 깨닫게 된바, 애당초 그건 우회가 아니었기 때문이다. "실제로 입 밖에 낸 사람은 없었지만 (…) 사실상 우리에겐 정부와 나사를 위해 수행할 어떤 의무가 주어져 있었다. 우리는 우주탐사를 위한 홍보 담당자가 되어야 했다."[35]

나사는 항공우주 계획에 쏟아붓는 엄청난 비용을 정부·언론·대중이 받아들이게끔 호도하기 위해 사람들의 호감을 살 만한 얼굴들, 열광적 지지를 받는 셀러브리티를 필요로 했다. 우주비행사들은 우주캡슐 또는 달 착륙선(세탁기처럼 볼품없게 생겼다)의 '비행 사령관' 내지는 '조종사'로 불렸지만, 역사가 마이클 스미스Michael L. Smith가 통찰력 있는 에세이 「달을 팝니다」에서 지적하듯 우주비행사들이 "비행에서 수행하는 기능적 역할은 다소 정교한 자동차 보닛 장식물의 역할과 다르지 않았다".[36] 톰 울프는 당시 우주비행사의 '얼굴'을 뽑는 일은 누가 "가장 화끈한 조종사처럼 보이느냐"의 문제가 돼 버렸다고 썼다. "그건 인기 콘테스트였을 뿐만 아니라 꾸밈 인기 콘테스트"이기도 했다.[37] 이런 콘테스트에서 승자는 단 한 사람일 수밖에 없었고, 왕관은 존 글렌에게 돌아갔다. 물론 그가 선발된 건 훌륭한 조종 기술 때문이 아니었다. 그의 비행 경험이 최고 난이도를 자랑하는 것도 아니었으며, 그렇다고 해서 동료들이 그를 뽑아 준 것도 아니었다. 동료들은 그의 촉촉한 눈빛과 '신이 주신 미국'이라는 이념, 자로 잰 듯한 매너를 썩 좋아하지 않았다. 하지만 미디어는 그를 사랑했다. 그는 최초로 지구궤도를 돌았고, 무엇보다 카메라에 찍혔을 때 가장 돋보였다. 그는 매력 경쟁에서 승리한 사람이었다. 이 무렵 글렌의 비행은 라디오 및 TV에도 고무적이었는데, 관련 보도는 당시로서는 놀라운 액수인 200만 달러 상당의 값어치가 있었다. 《뉴욕타임스》가 깊은 감명을 받아 언급했듯이 "그에 관한 보도가 초 단위로 전국의 TV 화면을 뒤덮"고 있던 때였다.[38]

《라이프》는 언제나처럼 이렇게 공표했다. "그는 오래전 7월 4일✠의 기억과 교실에서 읊었던 '국가에 대한 맹세'가 가진 단순한 열정만큼이나 마음속 깊이 묻혀 있던 근원적인 감정을 건드렸다." 《라이프》는 글렌이 의회 연설에서 "주근깨 있는" 얼굴, "미시시피강처럼 넓게 번지는 미소" 그리고 "넉살 좋은, 미국인다운 성실함"으로 "훨씬 더 순수했던 시대의 국가적 자부심을 일깨웠다"며 이야기를 이어 갔다.[39] 글렌은 노먼 록웰Norman Rockwell이 화폭에 그려 냈던 순수한 미국의 화신이 되어 실로 미디어 시대를 향해 나아가는 미국의 깃발을 들고 있었다. 그는 TV에서 영웅을 연기했기 때문에 영웅이었다. 이에 《뉴스위크》는 "그가 자신을 위대한 대의의 겸손한 도구로 여겼다"며 열광했고, '미국 텔레비전 예술·과학 아카데미' 측에서는 "지난 시즌 TV 부문에서 뛰어난 성취를 보여 주었다"는 이유로 그에게 에미상을 수여했다.[40]

존 글렌은 정치인 어록 같은 말을, 그 말이 통용되기도 전에 본능적으로 고안해 내는 재주가 있었다. "깃발이 지나갈 때면 여전히 내 안에서 정말로 설명하기 어려운 감정을 느끼곤 합니다"라든지 "우리 모두 오늘이 마지막 날인 것처럼 삶을 살아야 한다고 생각해요" 같은 것들이 글렌을 보여 주는 전형적인 발언이었다.[41] 여기에 더 필요한 것은 그가 비행을 앞두

✠ 미국 독립기념일.

고 병원 침상에서 건네는 흐릿한 미소, 비행용 소파에서 내뱉는 감상적인 말 한두 마디, 영구차 같은 퍼레이드 리무진 안에서 천천히 흔드는 손, 그 밖에 목이 메는 순간을 포착하기 위해 대기 중인 미디어가 다였다. 톰 울프는 "당시 미국인들 눈에 비친 존 글렌의 모습은 그게 전부였다"라고 썼다. "그게 사람들의 눈물샘을 건드렸다. 그리고 그 눈물은 강처럼 미국 전역에 흘렀다." 냉소적인 의원, 무뚝뚝한 뉴욕 경찰, 심지어 가장 냉정한 노인들과 대통령의 아버지인 조 케네디Joe Kennedy까지 모두가 그의 모습에 눈물을 훔쳤다. 존 글렌은 카메라를 정복함으로써 머큐리 세븐 콘테스트의 최종 우승자가 됐다. 그는 달처럼 빛을 반사했기 때문에 승리할 수 있었다. 본인 스스로도 그 점을 아무 불만 없이 행복하게 말했다. "나는 일종의 간판이었습니다."[42]

머큐리 세븐 가운데 기억될 인물은 단 한 명뿐이었다. 한 명만이 간판이 될 수 있었고, 스크린에는 단 하나의 초점만이 존재할 수 있었으며, 거울에는 단 하나의 얼굴만이 비칠 수 있었다. 그것이 당시 떠오르던 이미지 문화의 규칙이었다. 그리고 우주 계획—TV를 통해 너무나 완벽하게 경험된 탓에 오히려 달 사진 전체가 조작된 것은 아닌지 의구심을 품는 사람들마저 있었던 하나의 이벤트—은 그 새로운 문화를 시연하는 국가적 프로젝트로 성장하고 있었다. 만약 나사가 미디어의 시선을 끌지 않았더라면 의회에서 예산이라는 플러그를 뽑아 버렸을지도 모를 일이었다. 그건 순위로 결정 나는 게임이었고, 그 게임에서 이기기 위해 소속사는 슈퍼스타 셀러브리티가 필요했다. 우주 계획이 시작될 때만 해도 비행사들은 자신들이 모두 한 팀을 이뤄 올스타 소비에트와 대결하는 축구선수들이라고 생각했다. 하지만 시간이 지나자 이 남성성 대결의 본질이 점차 분명해졌다. 머큐리 세븐은 서로가 서로에게 적이었다. 그들은 콜로세움에 던져져 셀러브리티 자리를 놓고 싸워야 하는 검투사들이었다.

버즈 올드린의 붕괴는 이 아이러니 때문에 더욱 가슴 아픈 일이 되었다. 올드린의 행복은 유명세로 망가졌지만, 그렇다고 해서 그가 최고의 자리에 올랐던 것도 아니었다. 애초에 닐 암스트롱과 버즈 올드린은 관료적인 순환근무제에 따라 달에 갈 첫 주자로 당첨되었을 뿐이었다. 닐 암스트롱이 먼저 계단을 내려가 달에 첫발을 내딛고 버즈 올드린이 그 뒤를 따라 두 번째로 발을 내디딘 것 역시 임의로 결정된 사항이었다. 문제는 암스트롱이 먼저 그곳에 도착하여 결정적인 한마디를 전했다는 것이다. 훗날 올드린은 이렇게 썼다. "기술적인 관점에서 봤을 때 위대한 성취란 최초의 달 착륙을 이뤄 냈다는 것이고, 우리 둘이서 그 일을 하기로 되어 있었다." 하지만 《라이프》는 달을 향해 쏘아 올린 우주선에 경의를 표하며 단 한 명의 우주비행사, 닐 암스트롱의 얼굴만을 표지에 실었다. 미국 체신부에서 달 착륙 기념우표를 발행했을 때에도 닐 암스트롱의 모습만이 담기게 됐다.[43]

우주 계획은 올드린이 기대했던 전통적인 남성의 유용성을 예상치 못한 장식주의로 대체했다. 그러고는 올드린을 이류 장식품으로 캐스팅해 멋대로 써먹다가, 성탄절이 지나면 지하실 먼지 구덩이 속에 처박아 놓는 크리스마스 장식품처럼 상자 속에 방치해 두었다. 그는 남자다움을 상품으로 내건 최신 복권에 당첨되지도 못한 채 명성이 안겨 준 트라우마를 겪어야 했다. 그는 쓰라리지만 절제된 표현으로 그 시절을 되돌아보았다. "덕분에 오히려 나 자신이 쓸모없게 느껴졌다."[44]

올드린이 위안으로 삼은 한 가지 중요한 부분이 있다면, 그건 바로 장식 문화의 최전선을 개척한 이후 스스로 거기서 등을 돌려 버렸다는 사실이었다. 그는 남자들을 모집해 셀러브리티를 가려내던 전투에서 초창기에 두각을 나타낸 양심적 병역거부자였다.

※ ※ ※

1996년 7월 어느 날 아침, 버즈 올드린은 운전기사가 딸린 리무진을 타고 L.A.의 드넓은 미디어 단지를 종횡무진하고 있었다. 그가 달에 착륙한 뒤 거의 30년이 흘렀고, '위대한 발걸음' 투어가 조촐하게나마 다시 시작된 참이었다. 그는 존 반스 John Barnes와 함께 우주여행에 관한 SF 소설 『타이버와의 조우 Encounter with Tiber』를 쓴 다음 책 홍보 투어를 다니고 있었다.[45]

쉬운 일은 아니었다. 그는 이른 아침부터 TV 방송국 KTLA✠에 들러 당시 어디서나 맞닥뜨렸던 두 가지 주제—여름용 블록버스터 영화 〈인디펜던스 데이 Independence Day〉✢, 그리고 일주일 전 트랜스월드항공 800편(TWA 800)이 롱아일랜드 해변에서 폭발해 사망자 230명을 낸 끔찍한 사건—에 대해 질문을 받았다. 그는 소설에 등장하는 미래형 우주선 '스타부스터'의 작은 플라스틱 모형을 가져와 열심히 설명해 보려고 했지만, 아침뉴스 앵커는 눈을 반짝이며 딴소리를 했다. "〈인디펜던스 데이〉 보셨어요? 거기 나오는 것처럼 생겼나요?" '우주 관광'에 관한 대화가 짤막하게 이어지고 나서 아나운서의 다음과 같은 예언을 끝으로 인터뷰 꼭지는 마무리되었다. "디즈니가 그곳에 호텔을 세우는 첫 번째 기업이 될 겁니다!"

✠ 미국 L.A. 지역방송.

✢ 롤란트 에머리히 연출, 윌 스미스 주연의 1996년 작 SF 영화. 외계인이 미국을 침공하자 미국의 위대한 군대가 외계인에 맞서 다시 한번 '독립기념일(Independence Day)'을 맞이하게 된다는 내용이다. 미국에서는 실제 독립기념일에 개봉해 큰 인기몰이를 했으며 전 세계적으로도 그해 박스오피스 1위를 기록했다.

앞서 터너 엔터테인먼트Turner Entertainment와 비행박물관 안에서 진행한 2분가량의 인터뷰 때에도 상황이 크게 다르진 않았다. 박물관엔 우주선 전시물이 전혀 없었고, 터너 측 인터뷰어가 던지는 질문은 〈인디펜던스 데이〉에서는 벗어났지만 허구의 우주비행사들의 삶과 사랑을 그린 새 TV 드라마 〈더 케이프The Cape〉로 넘어갔을 뿐이었다.

차에 오른 올드린이 망가진 우주선 모형에 날개를 다시 붙이려고 접착제를 찾았다. 운전사는 자기 아들이 〈인디펜던스 데이〉를 얼마나 좋아했는지에 관해 수다를 떨었는데, 그 와중에 올드린의 표정이 어쩐지 시무룩해 보였다. 나는 그가 오래전 자신의 공적 삶을 망가뜨렸던 유명세에 대한 불만을 지금도 겪고 있는 건 아닐까 추측했다. 하지만 내 생각이 틀렸다. 그는 이렇게 말했다. "나는 이미지메이킹 비즈니스에 종사하는 사람들을 굉장히 존경해요." 그는 정말로 인터뷰어들이 대중문화에 심취해 있는 데에는 불만이 없었다. 어쨌거나 그도 새로운 TV 드라마 〈더 케이프〉에 '기술 자문'으로 참여한 바 있었고, 아폴로11호의 임무 중 "가장 흥분되는 8분"을 음악에 맞춰 담은 비디오 〈아폴로 드림Apollo Dream〉을 제작하기도 했다. "영화산업이 시작된 이래 어떤 받침대가 생겼고, 점점 더 커지고 있는 것 같아요." 그는 그 받침대 위에 몸을 올려놓지 않으면 자신의 선구적인 문워크가 잊힐지도 모른다는 두려움을 느끼는 것 같았다. 그가 지적하기로 아폴로11호의 용품들은 거의 버려졌고, 달 비행은 국가의 역사적 기념행사들에서 거의 인정받지 못하고 있었다. "미국인들이 원하는 건 그냥 신상품이죠. 새 TV 드라마는 뭐지? 이번 주 개봉작은 뭘까? 요즘 뭐가 화제지?" 그렇다면 바로 그런 걸 주리라. 버즈 올드린은 이미 그렇게 마음먹고 있었다. 밀레니엄을 앞둔 시점에서, 카메라 앞에 서 있던 자기 모습이 잊힌 채로 금세기를 마무리하진 않겠노라고 결심했던 것이다. 그는 TV 전파에 실어 보낼 또 다른 착수着水의 순간을 도모하고 있었다.

30분쯤 지나 우리는 베벌리힐스의 '플래닛할리우드Planet Hollywood'✠ 앞에 차를 세웠다. 레스토랑 안에서 흘러나오는 요란한 록 음악에 머릿속이 뒤흔들릴 지경이었다. 우리는 레오파드 무늬 카펫이 깔린 계단을 올라 플래닛할리우드 포켓볼룸으로 향했다. 내가 올드린의 귀에 대고 소리쳤다. "이런 것도 책 홍보 투어의 일환인가요?"

올드린 역시 소리치며 답했다. "플래닛할리우드는 우리 마케팅전략에 잘 맞아요. 그쪽 입장에서도 마찬가지고요." 그는 우리를 위층으로 안내하는 레스토랑 체인 홍보 담당자들을 향해 엄지를 휙휙 내저었다. "우주와 우주항행학은 생중계라든지 엔터테인먼트를 고무시키죠. 그 반대도 마찬가지고요." 실제로 그는 홍보 투어 중에 플래닛할리우드 지점 스무 군데를 들를 계획이라고 말했다.

포켓볼 룸에 들어서자 난감한 일이 기다리고 있었다. 출판사 측 실수로 올드린이 이곳에서 사인할 책이 아직 도착하지 않은 것이었다. 올드린은 곧 냉정함을 잃어버리고는 화가 나서 씩씩거렸다. "이 책이 베스트셀러가 되는 걸 막으려는 무슨 음모라도 있는 겁니까?!"

그러자 마이크 로스Mike Roth(투박하고 열정적인 토니 로빈스Tony Robbins✢ 타입의 플래닛할리우드 전국 홍보 이사)가 나서서 레스토랑 측이 행사의 가치를 높여 줄 것이라며 우주비행사를 안심시켰다. "사람들에게 당신 사인이 담긴 상품권

✠ 할리우드 영화를 테마로 한 미국의 레스토랑. 1991년 뉴욕에서 실베스터 스탤론, 브루스 윌리스, 데미 무어, 아널드 슈워제네거가 설립했다.

✢ 미국의 작가이자 자기계발 코치. 『네 안의 잠든 거인을 깨워라』 『무한능력』 등의 책을 썼다.

을 나눠 주고 비디오 촬영 팀이 함께할 거예요. 그럼 사람들은 뭔가 특별한 걸 얻었다고 느낄 겁니다. 이곳에서 우리는 사람들에게 특별한 기분을 선사할 거예요. 그게 우리가 하는 일이니까요." 올드린이 고개를 끄덕이며 잠시 진정했다. 그의 시선은 화려한 사진들—모두 영화배우를 찍은 사진들—로 뒤덮인 벽을 훑고 있었다. 그때 갑자기 문이 벌컥 열리더니 레오파드 무늬 랩드레스를 입고 거기에 어울리는 선글라스를 쓴 여자가 말쑥해 보이는 나이 든 신사와 함께 들어왔다. 그 신사는 베벌리힐스의 홍보 전문가 딕 거트먼Dick Guttman이었고, 여자는 버즈 올드린의 세 번째 아내이자 현재 배우자인 로이스 올드린Lois Aldrin이었다.

로이스가 말했다. "들어 봐, 버즈. 딕 말이 이번 TWA 사태가 딱 좋은 상황이라는 거야." 비극은 확실히 기회를 제공했다. TWA 사고로 엄마·언니와 함께 사망한 여자아이 섀넌 리치너Shannon Lychner에게 우연히도 버즈 올드린이 휴스턴에서 소설책에 사인을 해 준 적이 있었던 것이다. 홍보 전문가는 일단 올드린이 슬픔에 잠긴 아이 아버지에게 전화를 걸고 나면 그 소식을 언론에 알리는 것이 좋겠다고 생각했다. 로이스가 말했다. "당신이 저 딱하디딱한 남자랑 통화를 좀 해 줘야겠어."

딕 거트먼은 우주비행사로부터 전화를 받는다면 "그 남자도 고통에서 벗어날 수 있을 것"이라며 거창한 말로 거들었다.

"버즈, 너무 근사하다. 세상에서 제일 근사한 일이잖아. 그건 좋은 영감을 주는—." 로이스가 잠시 멈췄다가 말을 이었다. "갑자기 눈물이 나네. (…) 우리도 그 남자한테 수십 번 전화를 걸었는데, 바쁜가 보더라고."

"내가 그 사람 휴대폰 번호를 압니다." 거트먼이 끼어들었다.

"오, 완벽하네요!" 로이스가 외쳤다. "버즈, 오늘 그 사람이랑 통화를 하게 될 거야. (…) 그러지 않는다면 너무나 어리석은 짓이야." 로이스는 어떤 거절의 낌새를 느꼈는지 잠시 후 다시 남편을 재촉했다. "어서요, 로켓맨."

"알았어." 올드린이 미심쩍은 듯 수긍했다. 그는 자기가 그렇게 해야 "모든 면에서 서로가 윈윈하는 상황"이 될 것 같다고 말했다.

바로 그 순간, 홍보 이사인 로스가 껑충껑충 뛰어오며 소리쳤다. "믿을 수 없는 타이밍이야! 돈 존슨Don Johnson✠이 막 들어왔어요. 파티를 하러요!" 올드린은 씁쓸한 미소를 지었다. 아무리 '미스터 홍보왕'이 유쾌하게 말했다 한들 이건 셀러브리티 간에 공중 충돌이 벌어지기 일보 직전의 상황이었다.

올드린은 아래층 레스토랑으로 안내되어 마이크 앞에 자리를 잡았다. 웅성웅성하는 점심시간의 소음 한복판에 선 우주비행사가 셀러브리티에 굶주린 구경꾼들을 응시했다. 돈 존슨을 보려고 목을 쭉 뺀은 채 킥킥 웃는 여자들, 디즈니랜드에서 유니버설 스튜디오 시티워크로 가던 도중 침울한 얼굴로 식사 중인 가족들, 프렌치프라이를 한 손에 움켜쥐고 꼼지락거리는 아이들, 무대에 오른 낯선 남자를 의심스럽게 쳐다보거나 이해할 수 없다는 듯 지켜보는 무례한 청소년들……. 식당은 과거와 현재, 아니 거의 현재 영화배우들의 의상과 액세서리로 장식되어 있었다. 올드린의 뒤쪽에는 아널드 슈워제네거, 에디 머피, 데미 무어Demi Moore, 배트맨 코스튬을 입은 마이클 키턴Michael Keaton, 그리고 람보 옷을 완벽하게 차려입은 실베스터 스탤론의 실물보다 큰 등신대가 서 있었다. 클린트 이스트우드가 사용했다는 총, 영화 〈록키〉에서 스탤론이 시합 전에 입었던 권투선수 로브는 유리장에 전시되어 있었다. 천장에는 〈스타워즈Star Wars〉에 나오는 모선母船의 골판지 모형이

✠ 1980년대 TV 시리즈 〈마이애미의 두 형사(Miami Vice)〉로 전성기를 맞이하며 당대 남성 아이콘이 되었다.

매달려 있었다. 과연 여기서 올드린이 무슨 말을 해야 군중이 그를 알아볼 수 있을까? 순간적으로 그의 머릿속에 떠오른 건 〈토이 스토리Toy Story〉에 나오는 액션피겨뿐이었다.

"나는 '버즈 라이트이어'✠입니다." 마침내 그가 입을 열자 잠시 뚱한 침묵 속에서 청중이 그를 뜯어보았다. 하지만 곧 웅성거리는 소리가 다시 식사 시간을 채우기 시작했다.

홍보 이사 마이크 로스가 그를 구조하러 나섰다. 로스는 마이크에 대고 운을 뗐다. "여행 얘기가 나와서 말인데요." 사실 여행에 대해 말한 사람은 아무도 없었다. "착륙하기 직전에 달궤도를 돌면서 어떤 기분이 들었나요?" 그때 내가 있던 자리까지 들린 올드린의 답변은 이것뿐이었다. "우리는 착륙할 때까지 기다릴 수가 없었습니다……."

로스는 청중을 향해 돌아섰다. 천천히 움직이는 턱들과 이리저리 방황하는 눈알들의 바다가 펼쳐졌다. "여기 계신 분들 가운데, 우주에 가고 싶은 분이 있나요?" 아무도 손을 들지 않았다. 로스는 다시 올드린 쪽으로 몸을 돌렸다. "버즈 라이트이어는 버즈 올드린이라는 이름에서 영감을 받은 거죠?"

"그렇습니다. 버즈 라이트이어의 목소리를 연기했던 팀 앨런Tim Allen과 이야기를 나누며 즐거운 시간을 보냈었죠. 혹시 디즈니-픽사에서 제작한 〈토이 스토리〉를 아직 못 보신 분 있을까요. 제가 장담하건대 이 영화는 어린이들만을 위한 작품이 아니에요. 모든 연령대를 아우르는 작품이죠. 여기서 이런 소식을 전하게 되어 기쁜데요, 현재 〈토이 스토리〉 제작진과 함께 작업하고 있어요. 『타이버와의 조우』에서, 특히 외계인들이 지구로 오는 대목에 컴퓨터 애니메이션으로 구현하기 어려울 만한 부분이 없을지 살펴보고 있답니다."

✠ 애니메이션 〈토이 스토리〉에 등장하는 우주비행사 장난감. 스위치를 켜고 버튼을 누르면 말을 한다.

몇 테이블 떨어진 곳에 있던 젊은 남자 둘이서 그 이야기를 듣고 킥킥대더니 그중 한 남자가 외쳤다. "버즈 오프!!"

올드린은 무대에서 내려와 서명을 하기 위한 테이블로 안내되었다. 대기 줄이 길었다고 할 수는 없지만 그래도 아예 없진 않았다. 아홉 살인 브랜든 반담Branden Van Damme이 자기 차례를 기다리며 나에게 말했다. "나는 우주비행사를 좋아하는 것 같아요. 하지만 우주비행사가 되고 싶진 않아요." 그의 여덟 살짜리 친구 마일스 밀렌Miles Millen도 마찬가지였다. 그는 "테마파크를 많이 만드는 것"이 꿈이라고 했다. "거기 있는 모든 놀이기구를 탈 거예요." 그러고는 자기가 떠올릴 수 있는 우주비행사는 '챌린저호Challenger' 폭발로 사망한 학교 선생님뿐이라며 숙연하게 말했다.✢

이윽고 사인 수집가 두 사람이 줄 끝에 나타났다. 서른 살인 제임스 리스James Reese가 말했다. "돈 존슨 때문에 왔어요." 서른여덟 살인 밥 우드Bob Wood가 거들었다. "하드록 카페에는 사람이 더 많을 거 같아서요." 이 수집가에게 올드린의 사인은 별 의미가 없었다. "닐 암스트롱, 그 사람이 진짜 남자죠. 평생 기억할 이름이에요."

조금 깨작거리다가 만 점심을 마저 먹으려고 식사 테이블로 돌아온 올드린은 모형 우주선이 없어진 사실을 깨달았다. 웨이터들이 잃어버린 소품을 찾으러 포켓볼 룸에도 가 보았지만 이내 빈손으로 돌아왔다. 올드린이 고민하는 사이에 그의 아내는 베벌리힐스 홍보 전문가와 통화를 하며 TWA 사고에서 두 딸과 아내를 잃은 조 리치너Joe Lychner에게 연락할 스

✢ 1986년 1월 28일 오전 11시 30분경 우주왕복선 챌린저호가 발사된 지 70여 초 만에 폭발하면서 승무원 일곱 명이 전원 사망했고, 민간인 최초로 우주비행을 위해 선발된 교사 크리스타 매콜리프(Christa McAuliffe)도 함께 세상을 떠났다.

케줄을 잡고 있었다. 나는 올드린에게 다시 사람들 앞에 서게 된 것이 어떠냐는 이야기를 건네면서 그의 주의를 딴 데로 돌리려 해 봤지만 아무런 소용이 없었다. 내가 어떤 주제를 꺼내더라도 올드린은 자꾸만 닐 암스트롱 이야기로 돌아갔다. '달에 첫발을 내디딘 인간'이라는 소리를 지긋지긋하게 듣던 그 남자가 유명세를 이용하는 데 실패했다는 이야기, 함께 달을 걸었던 "형제들"과 그 유명세를 나눠 갖는 데 실패했다는 이야기가 이어졌다. "대중 앞에 나서지도 않는 사람의 그림자에 가려져 있다는 건 말이죠……. 그건 정말이지, 참……."

그때 별안간 주변 테이블에서 비명 소리가 들렸다. 주위를 둘러보니 모든 시선이 우리 테이블에 고정돼 있었다. 플래닛할리우드 주민들이 갑자기 우주비행사를 숭배하게 되기라도 한 걸까? 물론 그건 아니었다. 사람들은 올드린의 머리 바로 위쪽을 응시하고 있었다. 올드린이 고개를 돌리자 돈 존슨의 검게 그을린 얼굴이 환하게 빛나고 있었다. "안녕하세요!" 존슨이 밝게 인사하며 손을 내밀었다. 올드린도 인사말을 중얼거리더니 그 손을 잡았다. 그게 다였다. 존슨은 느긋하게 발길을 옮겼고, 인간 조명도 그렇게 멀어져 갔다.

로이스는 남편을 재촉했다. 조 리치너에게 전화를 걸 시간이었다. 로이스가 앞장서 식당을 빠져나와 대기 중인 차로 이동했다. 운전기사가 홍보 전문가 사무실 앞에 이중주차를 하는 사이에 버즈 올드린은 사무실 안으로 뛰어 들어갔다. 5분쯤 지나 돌아온 올드린은 별로 대화를 나누고 싶은 기색이 아니었다. "이 통화가 딸에게 큰 의미가 될 거라더군요. 좋은 일을 한 거겠죠."

우주비행사는 오늘의 마지막 일정을 소화하러 글렌데일로 향하는 40분간 거의 내내 전화통을 붙들고서는 출판사 홍보 담당자와 싸웠다. "나보다 책 홍보를 더 많이 한 사람이 있는지 궁금하군요. 팔지도 못할 거면서 3만 부는 왜 찍습니까…….” 출판사 측에서는 플래닛할리우드 코스타메사 지점 스케줄을 취소했고 올드린은 그 이유를 말해 달라고 요구했다. 나는 창밖을 바라보며 셀러브리티들이 만든 프랜차이즈 우주에서 영원히 자취를 감춘 모형 우주선을 걱정하고 있었다.

레이 브림Ray Briem이 진행하는 라디오 토크 프로그램에서는 올드린이 등장할 때 닐 암스트롱이 한 말이 흘러나왔다. “이것이 한 인간에게는 작은 발걸음이지만…….” 이어서 진행자가 말했다. “인류 역사상 가장 유명한 말이 아닐까 싶군요!” 어느 청취자는 전화를 걸어 ‘달에서 찍었다는 사진이 TV 스튜디오에서 촬영된 가짜’라는 음모론에 관해 질문을 해 왔다. 올드린은 이를 꾹 악물었다. 이어 진행자는 외계인 얘기를 하는 청취자 전화 몇 통을 더 받은 뒤 방송을 마무리했다. 그가 올드린에게 말했다. “우주탐사에 계속 관심을 모아 주셔서 고맙습니다. 우린 그게 필요하거든요.” 그러고는 길고 힘든 하루를 보낸 문워커를 위로하듯 덧붙였다. “정말이에요.”

설사 올드린이 셀러브리티 궤도에 진입하는 데 성공했다 한들 지상에 묶인 그의 동포들이 그 길을 따라잡을 수나 있었겠는가. 그들에겐 소파에 앉아 TV를 보는 것 말고는 그런 드라마에 참여할 길이 없었다. 남성 시청자들 중에는 본인들마저 달 표면 같은 곳—남자의 생산력이 무용지물이 되고, 중요한 것을 생산하는 대신 촬영만 할 뿐이며, 원격으로 모든 것이 통제되는 장소—에 착륙한 것은 아닌지 의심하는 이들이 생겨났다. 20세기가 저물어 가자 노동조합 붕괴와 더불어 해고된 장인, 먹고살기 위해 투잡을 뛰는 파트타임 종업원, 스포츠 바에 눌러앉아 다른 도시로 이적한 팀을 지켜보는 축구 팬, 축구 경기장의 거대한 스크린으로 유명 설교가들이 장광설을 늘어놓는 광경을 보고 있는 한 집안의 영적 ‘지도자’, 스포츠 용품 매장의 마이클 조던 등신대 틈바구니에서 우주화 스타일의 나이키 운동화를 파는 청년, 비디오 가게에서 액션 영웅이 등장하는 포스터에 둘러싸인 채 일하는 야간 점원 등등 너나없이 그런 기분을 느낄 수 있었다. 기세등등한 미디어 종사자들도 이를 피해 갈 순 없었다. 남성 기자들은 '기자'라는 직업이 연예 저널리즘을 중심으로 재편되는 과정을 지켜보며 자신의 유용성을 의심했다. 1998년《뉴욕타임스》의 베테랑 정치부 기자 R.W. 애플 주니어R.W. Apple, Jr.는 이렇게 썼다. "사회적 위상이라는 측면에서 봤을 때, 이미 나는 꽤나 의미 있는 일을 하던 영역에서는 벗어났다. 나는 TV에 대해 거의 아는 바가 없고, 영화에 대해서는 더 모르기 때문이다." 그는 셀러브리티 미디어가 부상하면서 자신의 본업이 격하된 건 아닐지 가늠해 보았다. "저널리스트들이 설 곳을 잃고 있다는 건 이들이 상대적인 익명성을 탈피하게 된 사실과 분명 관계가 있다. 이들은 점점 기사는 덜 쓰고 말은 더 많이 한다. 사실관계에 기반한 부분은 줄어들고 논평이 늘어나고 있다."[46]

이 새로운 남성성의 풍경을 여행하는 동안, 누군가 혹은 무언가로부터 쓸모를 빼앗기고 '장식'이라는 새로운 행성에 버려져 오도 가도 못하게 된 느낌을 받은 남자들이 얼마나 많은지를 깨달은 나는 깜짝 놀랄 수밖에 없었다. 머큐리 비행사의 남성적 드라마는 달 착륙 이후에도 수십 년간 어디서든 끝없이 되풀이될 터였다. 하다못해 캘리포니아주 로즈미드와 산업도시 사이에 있는 딸기 농장 뒤쪽 인공호수에서도 상황은 마찬가지였다.

새장 속 괴물

북미모형보트협회North American Model Boat Association의 경쟁자들은 이따금 로즈미드 호수에 모여 원격조종 소형선박 경주를 하곤 했다. 매주 주말 이곳에 오면 호숫가에 솟아오른 콘크리트 플랫폼을 따라 앉은 경주용 모터보트 소유주들이 저마다 공들여 만든 배를 테스트하고 있는 광경을 볼 수 있다. 그들의 배는 멀리 떨어진 채로 성난 말벌 100마리가 윙윙거리는 것 같은 소리를 내면서, 우열을 가리기 어렵도록 빠르게 빙빙 돈다. 극소수 예외를 제외하면 보트를 조종하는 사람들은 대체로 성인 남자다. 대부분이 허벅지까지 오는 어업용 고무장화를 신고 있는데, 사실 걸어서 강을 건널 일은 거의 없으니 무엇 때문에 신는지는 불분명하다. 길이가 1야드쯤 되는 선박 하나가 호수 한가운데에서 멈춰 버리면, 남자들은 일반적으로 노 젓는 배를 사용하거나 혹은 호숫가에 서서 갈고리가 달린 테니스공이 부착된 긴 낚시 릴을 이용해 배를 회수한다. 각 조종사는 호숫가 난간 위에서 관제사 역할을 하면서, 소형 에어트로닉스 콘솔을 사용해 부표 다섯 개로 이뤄진 타원형 코스를 따라 속도를 내는 작은 기계를 열정적으로 조종한다. 방향과 연료를 조정하는 버튼이 장착되어 있는 원격제어장치는 금속성을 띤 검은색으로, 그 크기와 모양이 정확하게 연발 권총을 연상시킨다. 남자들은 이를 '마이건my gun'(내 총)이라 부르곤 한다. 경주용 모터보트 조종사들은 치명적으로 보이는 이 퀼라이저로 무장한 채 난간을 따라 나란히 서서 호수 건너편을 뚫어지게 바라본다.

그들의 무질서한 함대는 현대 남성성 안에서 벌어지는 대규모 전투에서 미니어처로 승부한다. 어떤 남자들은 수작업으로 잘 만들어진 기계에 대한 사랑 때문에, 어떤 남자들은 승리의 짜릿함을 즐기러 이곳을 찾는다. 이런 구분은 로즈미드 호수에 있는 두 종류의 모터보트(하나는 가스를 연료로 쓰는 모터가 선박 바깥에 달린 구형 선외 모터보트, 다른 하나는 질소를 연료로 쓰는 모터가 선박 내부에 달린 신형 선내 모터보트) 그리고 각각을 선호하는 사람들의 성격과 대체로 맞아떨어진다. 그중 한 명인 커윈 스콧Kerwin Scott이 내게 말했다. "가스파와 질소파는 사이가 별로 좋지 않아요." 스콧은 가스파였다. 그는 1997년 여름날 아침, 처음부터 하나하나 조립한 바닥이 평평한 선외 모터보트 '크래커 박스'를 시험하러 호수에 나와 있었다. "처음에 시작할 때는 속도감과 힘에 매료된 줄 알았죠." 하지만 그는 자신이 보트를 작동하게 하는 기계 자체에 매료됐다는 걸 깨달았다. "도전해서 알아내는 일"만큼 그에게 매력적인 건 없었다. "누구나 방아쇠를 당길 수 있어요." 그는 숙달을 추구했다. 지식과 시간이 필요한 일이었다.

당시 서른여섯 살이던 커윈 스콧은 L.A. 도심 식료품점에서 일하는 근육질 남자였다. 그가 별로 돈이 들지 않는 작은 취미에 만족하는 건 좋은 일이었다. 많지 않은 월급이 가족과 어머니를 부양하는 데 거의 쓰였고, 집세와 늘어나는 병원비도 대부분 그가 부담했다. 스콧은 먼 길을 나서는 데 익숙했다. 연습이 끝난 뒤 호숫가 가장자리에서 오리들에게 먹이를 주던 그가 나에게 말했다. "아무에게도 돈을 받고 싶지 않았어요." 스콧은 샌드위치와 팝콘이 든 커다란 봉지를 가져왔다. 샌드위치는 우리 몫이었고, 팝콘은 대부분 새들에게 주려는 것이었다. 우리가 이야기를 나누는 동안 굶주린 청둥오리 떼가 꽥꽥 울면서 자리를 차지하려고 뒤뚱거리고 있었다. "어릴 적에 창을 닦고 잔디를 깎았어요. 용돈을 달라고 하는 것만 빼곤 뭐든 했죠. 일을 안 하면 죄책감이 느껴져요." 함께 시간을 보내다 보니, 일의 가치와 의미가 그를 강하게 사로잡고 있다는 생각이 들었다. "일은 하지도 않으면서 그저 총만 휘두르며 '나는 남자다! 나는 남자야!' 하는 그런 자들을 이해할 수가 없어요. 누구나 이런 짓은 할 수 있죠." 그는 방아쇠 당기는 흉내를 내며 말했다. "아홉 살 난 내 아들도 누군가를 쏠 수 있어요. 하지만 그게 우리를 남자로 만들어 주진 않아요. 바보로 만들 뿐이죠."

스콧이 말한 '그런 자들'이란 에어트로닉스 '마이건' 방아쇠를 당기는 남자들을 가리키는 게 아니었다. 승자독식의 장식적인 남성성에 대한 투쟁은 호수 위에서 벌어지는 보트의 회전에만 국한된 것은 아니었으니까. 그건 스콧의 일생을 관통하는 주제였고 어린 시절부터 스콧 가족이 겪어 온 본질적인 위기였다. 그를 당혹스럽게 하고 괴롭게 한 것은 동생들이 제대로 일을 안 해서 어머니를 부양하는 데 아무런 도움이 되지 못한다는 것이었다. 그는 팝콘 한 움큼을 발치에서 꽥꽥거리는 열린 부리들 쪽으로 던졌다. "자라면서 정말 생활이 빡빡했어요. 가족들은 이제 흩어졌죠. 걔네는 저쪽 편에 있습니다. 그리고 나만 혼자 이쪽에 있는 거예요." 그는 적어도 한 가지 다른 점에서 혼자였다. 그는 유명인이 아니었다. 식료품점의 일이란 미디어가 매력적이라고 생각하는 걸 거의 제공하지 않는다. 반면에 형제들은 전국적으로 악명 높은 스타들이었다. 심지어 국제적으로도 유명했다. 그들을 유명하게 만들어 준 건 L.A. 갱 전쟁에서 벌인 무모한 행동이었다.

스콧은 1960년대에 L.A. 크렌쇼의 중산층 동네에서 자랐다. 앞마당에 정원을 갖춘 안락한 집들이 모여 있는 곳이었다. 부모인 어니스트와 버디 스콧은 1950년대 말 모두에게 일자리를 주겠다는 골든스테이트Golden State✠의 약속에 이끌려 텍사스주 휴스턴에서 캘리포니아주로 이주했다. 어니스트는 L.A. 동부 보일 하이츠에 있는, 노동조합이 결성되어 있는 창고에서 지게차 운전사로 적절한 임금을 받으며 오랜 시간 일했다. 부부는 침실이 두 개인 집을 임차해서 네 자녀를 키웠다. 켄디스라는 딸 하나에 아들 셋이었는데, 커윈이 첫째였고 코디와

✠ 캘리포니아주의 속칭.

커숀이 그 뒤를 이었다(버디에게는 이전 관계에서 낳은 킴과 케빈, 두 아이가 있었는데, 부부가 캘리포니아주로 이주했을 때 두 아이는 한동안 휴스턴의 조부모에게 맡겨졌다).

어니스트 스콧은 자신이 가족의 생계를 책임지는 가장이라고 생각했고, 아내가 일을 못 하게 했다. 그럼에도 뛰어난 재능과 DJ가 되고 싶다는 열망을 가진 데다 뼛속 깊이 텍사스인이었던 버디 스콧은 방송 학교에 등록하고, 때때로 유흥을 즐기는 군중을 끌어들이는 이런저런 나이트클럽에서 일했다. 그녀는 휴스턴에서 온 오랜 친구와 다시 연락이 되었는데, 그 친구는 L.A.에 살면서 전설적인 가수 레이 찰스Ray Charles와 결혼한 사람이었다. 결국 버디는 레이 찰스를 설득해서 둘째 아들인 코디의 대부로 삼았다. 버디는 새로 태어난 아이에게 대부가 필요하다고 생각했다. 하지만 코디가 열일곱 살이 될 때까지 그 이유를 말하지는 않았다. 그때가 되어서야 그녀는 코디에게 그의 진짜 아버지가 딕 배스Dick Bass라고 알려 주었다. 딕 배스는 그녀가 레이 찰스의 집에 자주 드나드는 셀러브리티들과 어울리던 시기에 만난 전직 L.A. 램스 러닝백이었다. 배스는 코디를 인정하지 않았고, 그다지 지원하지도 않았다. 캘리포니아주 노워크 상공회의소에 있는 사무실로 전화했을 때, 배스는 나에게 말했다. "내가 걔 아버지인지 아닌지 모릅니다. 다 옛날 일이에요. 나는 그냥 내 삶을 계속 살았을 뿐이죠." 그러나 버디의 남편은 코디가 자신의 생물학적 아들이 아니라고 의심했다. 부부는 이미 불행한 결혼 생활에 빠져 있었고, 사생아가 있다는 사실은 별로 도움이 되지 않았다. 아이들은 격렬했던 언쟁과 아버지와 어머니가 서로에게 주먹을 쳐들곤 했던 걸 기억했다.

1970년 스콧 부부는 헤어졌다. 버디는 바텐더 일을 두세 개까지 해야 했고, 1972년에는 미래가 그다지 밝지 않은 동네인 사우스센트럴✠로 이사했다. 그리고 그곳에서, 세 아들이 입을 모아 표현하듯 "모든 것이 변했다". 여기서 형제들이 말한 '모든 것'은 사회적 분위기를 의미했다. 사우스센트럴은 범죄·마약·갱단·폭력으로 악명 높은, 고통이 만연한 곳이었다. 하지만 그 변화를 사우스센트럴에만 초점을 맞춰서 좁게 정의하면 스콧 가족에게 닥친 더 큰 타격을 놓치게 된다. 그건 마치 가족이 미국 문화가 휘두르는 도끼에 두 쪽으로 쪼개진 것 같았다. 남동생 코디와 커숀은 이 새로운 대륙 분열의 한쪽에 자리 잡았다. 커윈은 '혼자' 다른 쪽에 놓여 있었다.

20세기 후반 L.A. 사우스센트럴의 버려진 거리에서 살아온 젊은이들은 달 착륙에 대해 많은 걸 기억하기에는 너무 늦게 태어났다. 그리고 설사 그들이 그 광경을 봤다 해도 그다지 감동을 받지는 않았을 것이다. 하얀 우주복을 입은 백인이 하얀 달 위를 걸어 다니는 건 젊은 흑인 남자들의 꿈과는 거리가 멀었다. 특히 먹고사느라 고군분투 중인 젊은 흑인 남자에게는 말이다(그렇다고 해도 코디 스콧은 어렸을 때 아꼈던 장난감 중 하나가 플라스틱으로 만든 문왜건Moonwagon✢이었다고 회상했다). 이 시기 사우스센트럴에는 기회의 산소가 희박했고, 젊은 남자들이 무언가에 대한 목적의식을 가질 수 있는 선택지 역시 많지 않았다. 지역 풍경 속 소수의 편의점과 패스트푸드 프랜차이즈, 주유소 외에는 공동체 안에서 찾을 수 있는 일

✠ L.A. 카운티 남서부 지역으로, 보통 L.A. 시내 남쪽의 도시 경계 내를 일컫는다. 1970년대부터 이 지역의 제조업 기업이 급속히 쇠퇴하면서 점차 숙련된 노동조합원들이 중산층의 삶을 누릴 수 있는 기반이 사라졌다. 1990년대가 되면 비교적 공정한 임금을 받는 아프리카계 미국인들이 일하던 일자리 대부분은 멕시코 및 중앙아메리카 이민자로 대체되었다. 광범위한 실업, 빈곤, 거리에서 일어나는 범죄는 이제부터 이야기를 시작할 '크립스'와 '블러드' 같은 사우스센트럴 갱단의 성장 배경이 된다.

✢ 빅보이 매뉴팩처링에서 제작한 사륜 장난감.

거리가 존재하지 않았으며, 탈출구도 없었다. 이곳 상황이 늘 그랬던 건 아니다. 1950년대 초만 해도 사우스센트럴은 롱비치 해군 조선소와 철강, 자동차, 타이어 공장의 산업벨트에서 일하는 많은 남자들이 자기 소유의 집에서 가족을 부양하는 노동계급 공동체였다. 이제는 청년들 앞에 매달려 있는 계급 상승의 사다리란 오로지 스포츠 스타나 뮤직비디오 스타, 무비 스타가 되는 것뿐이었다. 그리고 소수의 몇 사람만이 그 계단을 오를 수 있었다. 셀러브리티를 실은 작은 달 착륙선이 고작 몇 마일 떨어져 있는 할리우드를 향해 말도 안 되게 먼 여행을 시작할 때, 나머지는 사우스센트럴에 갇힌 채 고립되었다.

'이름 난' 형제인 코디 스콧은 1993년 그 달 착륙선에 오르기 시작했다. L.A. 폭동의 여파로 하룻밤 사이에 유명인이 된 그는 교도소에서 쓴 회고록 『몬스터: L.A. 갱의 자서전Monster: The Autobiography of an L.A. Gang Member』을 출간한 후 TV 기자들과 영화 제작자 및 배우 에이전시의 관심을 받았다. 반자동 MAC-10을 움켜쥐고 있는 근육질의 가슴을 드러낸 저자 사진이 담긴 표지는 코디 스콧을 그가 걸맞게 이름한 대로 "빈민가 스타"로 만들었다. 이 베스트셀러는 양장본으로 약 10만 부, 페이퍼백으로 15만 부가 팔려 나갔다. 하지만 그런 식으로 미디어에 진출하기 오래전에 그는 영민한 두뇌와 그림에 재능이 있는 동네 꼬마였고, 어머니는 그 재능을 키워 주고 싶어 했다. 그는 예술가용 스케치북을 그림으로 채웠고, 그림을 그리는 사람이 되고 싶다는 꿈을 품었다. 하지만 그에게 닥친 더 시급한 문제는 동네 형들의 위협을 해결하는 일이었다. 그들은 크리스마스에 즈음에 동네로 이사 온 스콧 가족을 환영하는 뜻으로 코디의 새 자전거를 부숴 버렸다. 형제가 나이가 들면서, 동네 깡패들은 더 위협적이 되어 갔다. 특히 코디는 계속 당해야만 했다. 그는 계속해서 점심값을 빼앗기고 두들겨 맞았다. 그는 이렇게 썼다. "그건 내가 돈이나 명예를 지키려고 했기 때문이 아니었다. 그저 나를 공격하던 녀석들이 계속 나를 때렸기 때문이었다. 나는 일찍부터 내가 사는 곳에서 펼쳐지는 게임의 양쪽을 보고 느꼈다. 회색지대도 중간지대도 없었다. 내가 폭력을 휘두르고 갱단과 단단한 결속 관계를 유지하거나, 그게 아니라면 피해자가 되거나. 다른 건 없다."[47] 코디 스콧은 갱이 되어 자신을 보호하는 길을 택했다.

열한 살 때 코디는 동네를 지배하는 악명 높은 크립스Crips✠ 내 계파인 에잇트레이 갱스터스와 함께 "작업하기" 시작했다. 작업을 한다는 건 결국 갱단의 '적들'에게 폭력과 보복을 가하는 걸 의미했고, 적들이란 대체로 라이벌 관계에 있는 크립스 소속의 다른 계파인 롤링 식스티스Rollin' Sixties였다. "그건 남자가 되기 위한 '통과의례'였다." 코디 스콧은 이후에 갱단 활동에 대해 이렇게 썼고, 특히 자신이 지나온 길을 잔혹한 폭력과 구별하기 위해 이를 진지한 일인 양 다루었다. "나는 온통 복수에 집중했다. 작업을 한 날에만 기분이 좋았다. 그러지 않으면 잠을 잘 수 없었다. (…) 그리고 나는 성실한 일꾼이었다." 1977년 열세 살 코디는 강도 피해자를 20분간 밟았고, 혼수상태에 빠진 남자를 골목에 버렸다. 이 '작업'으로 그는 '몬스터monster'(괴물)라는 별명을 얻었는데, 그건 코디가 폭력을 휘둘렀던 날 경찰이 그가 저지른 잔인한 짓을 묘사하기 위해 사용한 단어에서 따온 것이었다. 1980년 새해 전야, 열여섯 살 코디는 인근 웨스턴 서플러스 매장 옆에서 청년 세 명에게 기습을 당했다. 그들은 직사 거리에서 코디의 복부·등·팔다리에 여섯 발을 쐈다. 현장에 코디와 함께 있던 에잇

✠ 남부 캘리포니아 해안 지역에 기반을 둔 거리 갱단의 연합으로 미국에서 가장 큰 규모를 자랑한다. 살인, 강도, 마약 거래 등에 연루되어 있고, 다른 갱 연합체인 블러드Bloods와 오랜 라이벌 관계를 이루고 있다.

트레이 동료는 첫 번째 총알이 발사되기도 전에 몸을 돌려 도망쳤다. 2주간 입원했지만, 코디는 기적적으로 살아났다.[48]

코디의 남동생 커숀은 성장하는 동안 대체로 집에서 1마일 정도 떨어져 있는 도서관에서 무언가를 갈구하는 듯이 책장을 뒤지곤 했다. 어릴 때부터 커숀은 가족 중에서 책을 열심히 읽는 독서가이자 작가였다. 어머니 버디는 아들에게 그가 문학 쪽으로 경력을 쌓아도 좋겠다고 말했고, 커숀 역시 그러고 싶었다. "나는 버몬트 애비뉴 64번가에 있는 도서관에 가곤 했어요." 그가 내게 말했다. "화요일부터 토요일까지 일주일에 닷새 문을 열었고, 아홉 살에서 열네 살까지 그 도서관에서 많은 시간을 보냈죠. 나를 빼고 형들은 모두 보디빌더였어요. 나는 도서관에 다니고 우리는 매일 이런 대화를 나눴죠. 형들이 '그 마른 엉덩이를 들고 이리 와서 역기 좀 드는 게 어때?' 하면 나는 '도서관에 가서 책을 좀 드는 건 어때?' 하고요." 시 예산이 줄어들면서 결국 도서관은 문을 닫았다. 하지만 문을 닫기 전에 커숀은 책에 대한 충성을 포기하고 형 코디를 따라 에잇트레이 갱스터스에 들어갔다. 코디가 총에 맞았을 즈음 커숀은 이미 "작업"을 하고 있었고, 갱단에서 자신이 정한 '릴 몬스터Li'l Monster'(작은 괴물, 동생 괴물)라는 별명을 사용하고 있었다.

커숀은 코디와 가깝게 자랐다. 두 형제는 생년월일이 겨우 18개월밖에 차이 나지 않았고 방을 함께 썼다. 형제 사이의 친밀감은 아버지가 집을 나간 후 아버지의 보살핌을 대신 메워 주었으며, 세월이 흐르자 그들 삶에서 아버지의 존재는 점점 사라져 갔다. 아버지에게 버림받는 건 끔찍한 일이었고, 특히 커숀에게는 예상치 못한 충격이었다. "나는 아버지가 가장 예뻐하는 아들이었어요. 어릴 때 아버지와의 관계는 환상적이었죠." 가장 사랑받는 아들이라는 커숀의 위치는 코디의 위치와 극명하게 대조되었다. 아버지 어니스트 스콧에게는 코디의 존재 자체가 아내와 미식축구 스타 사이의 떠들썩한 불륜을 계속 상기시켰기 때문이다. 아들들에 따르면 어니스트 스콧은 집 안에 긴장이 고조되자 점점 더 아이들에게 심한 폭력을 휘둘렀는데, 가장 심하게 맞은 사람이 바로 코디였다. 반면 커숀은 한 번도 맞지 않았다고 했다. 이혼 후 처음 몇 년간 이런 불균등함은 계속됐다. 어니스트 스콧은 주말에 아이들을 데리고 영화를 본 다음 외식을 하곤 했는데, 코디만 쏙 빼놓고 갈 때가 많았다. 그러다가 1975년 무렵, 아버지의 발길이 아예 끊겨 버렸다. 커숀은 이렇게 말했다. "그냥 아버지이길 그만둔 거죠." 아버지는 여전히 L.A.에 있었다. 커숀은 아버지를 보고 싶다는 생각에 가끔 자전거를 타고 아버지의 아파트를 향해 페달을 밟곤 했다. 하지만 아버지는 다른 세계로 사라져 버린 것 같았다. 어느 날에는 크리스마스에 선물을 들고 아들들을 만나러 오겠다고 약속했지만, 막상 당일이 되자 코빼기도 내밀지 않았다.

1981년 새해 첫날, 코디가 병원에서 크리스마스트리처럼 정맥주사와 호흡관, 센서로 몸을 휘감은 채 사경을 헤매고 있을 때, 동생 커숀은 복수를 준비했다. '릴 몬스터'로서 임무가 주어진 것이다. 임무를 위해선 총이 필요했는데, 그는 어디서 총을 구할지 알고 있었다. "내가 기억하는 한, 아버지는 자기 파란색 핀토✠의 대시보드 위에 38구경을 가지고 다녔어요. 갈색 종이봉투에 넣어서 대시보드 위에 뒀죠." 아버지가 어디에나 소형 권총을 들고 다녔던 건 어린 시절의 커숀을 사로잡은 미스터리 중 하나였다. "아버지는 뭐가 그렇게 두려워서 항상 그 총을 들고 다녔던 건지 궁금해요. 항상, 언제나 말이에요. 아버지는 항상 그 총을 가지고 있었어요." 커숀이 아버지가 그

✠ 1971년부터 1980년까지 포드가 북미에서 제조, 판매한 경차.

무기를 실제로 쏘는 걸 본 건 딱 한 번이었다. 이혼 직후였는데, 커숀은 L.A. 시내 근처 윌샤이어 디스트릭트에 있는 아버지의 아파트에서 주말을 보내고 있었다. "뭔가가 아버지를 겁먹게 한 것이 분명했어요. 왜냐면 아버지가 밤새 손에 권총을 든 채로 거실 소파에 있었거든요." 어니스트 스콧은 결국 잠이 들었지만, 악몽 때문에 벌떡 일어났다. "그리고 빵, 빵, 빵, 천장에다 총을 쐈어요."

그러나 1981년의 그 새해 첫날, 아버지의 아파트를 방문한 커숀 스콧은 아버지가 무기를 비축한 이유보다는 비축량이 어느 정도인지에 더 신경을 쓰고 있었다. 이 점에서 커숀은 실망하지 않았다. 아버지는 12게이지 산탄총과 20게이지 펌프 역시 가지고 있었던 것이다. "아버지는 나에게 산탄총과 50달러를 주면서 일을 다 마치면 총은 돌려 달라고 말했어요. 별 대화는 없었죠. 아버지를 만난 시간은 10분 정도였습니다." 과연 어니스트 스콧은 자신이 가장 아끼는 아들이 살인을 저지르려는 걸 막고자 했을까? "아버지가 한 말이라곤 '조심해라'가 다였어요." 커숀은 그 기억에 화가 나서 손을 치켜들며 말을 이었다. "속으로 자신이 아버지이길 그만두었다는 사실을 깨달았기 때문이겠죠. 나를 막을 권리 따윈 없었던 겁니다." 커숀은 총을 들고 떠났다. 그가 진정으로 찾고 있었던 것을 얻지는 못한 채로. "집으로 차를 몰고 돌아가면서, 절대로 총을 돌려주지 않겠다고 결심했어요. 이런 기분이었어요. '몰라, 될 대로 되라지.'" 사실 아들 스콧은 13년 뒤 아버지 스콧이 머리 부상으로 혼수상태에 빠져 임종할 때까지 그를 다시 볼 수 없었다. 커숀이 떨리는 목소리로 말했다. "아버지는 그냥 전원이 꺼지기를 기다리고 있는 해골이었어요." 커숀은 요양병원 침대 옆에 앉아 움직이지 않는 몸에게 말했다. "내가 언제나 그에게 하고 싶었던 말은 오로지 그가 내 인생에서 아버지가 되어 줄 수 없었기 때문에 얼마나 상처받고 화가 났는지였어요." 그런 다음 커숀과 큰 형 커윈은 아버지의 인공호흡기를 떼기로 결정했다.

커숀은 아버지에게서 총을 받은 다음 날 밤, 다른 에잇트레이파 동료 몇 명과 차를 타고 롤링 식스티스 쪽 동네를 돌아다니며 길에서 염탐한 청년들에게 무작위로 총을 쐈다. 혹은 커숀이 나중에 카메라 앞에서 표현한 대로라면 이랬다. "해가 지자 임무가 시작됐다. (…) 우리는 적의 영역으로의 여행을 시작했다." 이런 멜로드라마적인 표현은 갱단의 이야기를 미디어용으로 만들었다.[49] 커숀이 결국 살해한 남자는 그와 동년배인 열넷에서 열다섯 살쯤 된 아이들이었다. 심지어 커숀은 그가 누군지 알지도 못했다. 그는 그저 어둠 속에서 재빨리 움직이던 소년일 뿐이었다. 소년이 지나갈 때 커숀은 차창 밖으로 몸을 내밀고 "총신을 자르지 않은 12게이지 산탄총 총열을 모두 그에게 선사했다." 폭발의 힘은 남자아이의 몸통 전체를 날려 버렸다. 살해된 소년이 "반드시 내 형에게 실제로 총을 쏜 사람인 건 아니었다". 커숀은 이후에 영화 제작진에게 말했다. 그는 코디에 대한 공격과 직접적인 관계는 없었다. 적어도 커숀이 알기로는 그랬다. "하지만 그 동네 소속이었고, 그렇다면 그가 방아쇠를 당겼던 거나 다름없었다."[50]

형을 위해 복수한 대가로 커숀은 5년 반 동안 소년원에 있었다. 그동안 아버지는 그를 찾아오지 않았다. 그는 감옥을 들락날락거리는 형을 볼 수 있었다. 커숀이 속해 있는 계파의 일부 멤버들 역시 얼굴을 비췄다. 그가 동네로 돌아갔을 때, 그는 도전에 맞서고, 스스로 총잡이임을 증명했으며, 형에 대한 헌신으로 자유를 포기했다는 것 덕분에 새로운 존경을 받았다. 그는 '릴 몬스터'라는 이름에 대한 권리를 얻었고, 지역 영웅의 명성을 차지했다. 코디는 나중에 동생이 "징병에 응한 것"에 대해 이렇게 썼다. "나는 동생의 영웅이었다. 그가 가진 것 중 가장 완전한 무적에 가까웠으니까. 내가 한 모든 걸, 그도 했다. 그리고 이제 내가 상처를 입었기 때문에 그는 나보다 더 강하고, 더 의지가 강한 누군가가 있다는 걸 알게 된 것이다. 이 사실의 막대한 무게가 동생의 어깨에 떨어졌고, 그 사람을 파괴하고 '세계를 구하는 것'이 그의 몫이 되었다. 그 세계란 우리의 계파였다."[51]

당시 코디 스콧은 장군과 동등한 지위로 여겨지는 '오리지널 갱스터Original Gangster', 즉 O.G.의 지위까지 올라가 있었고, 동생을 떠오르는 하급 장교로 보았다. 그에 따르면 "각 계파는 사실, 말하자면, 미 육군 사단처럼 움직"였다. 계파를 "보호"하고 형제의 명예를 "방어"하는 것은 위안이 되는 허구의 일부분이었다. 그 허구는 스콧 형제와 갱 멤버들로 하여금 용맹, 충성, 서로에 대한 보살핌, 그리고 포화 속의 용기를 바탕으로 하는, 전쟁이 만들어 낸 전통적인 남성적 작전에 동참하고 있다고 느끼게 해 주었다. "전투가 나에게 해를 끼치기 시작했다"라고 코디 스콧은 썼다. "하지만 여전히 나의 헌신과 애국심은 강했다." 그가 사용하는 언어는 완전히 군사적이었다. 에잇트레이 일원들은 "전투부대" "일류 명사수" "도시 게릴라전을 통해 강화된 군대"였다. 사우스센트럴에 있다는 것은 "내전에 임하는 것, 그러니까 전장에 있는 것"이었고, 노르망디 애비뉴는 "호치민 루트✠와 비교"될 수 있었다. 그의 패거리가 라이벌 패거리에 대한 공격을 펼쳤을 때, 그것은 "[롤링] 식스티스에 마지막 공세를 시작하는 것이었다. 그건 우리만의 작은 구정 대공세✝였다." 계파에서 "잘 훈련된 베테랑들은 베

✠ 베트남전쟁 당시 남베트남으로 가는 북베트남 게릴라 및 물자 보급로.

✝ 베트남전쟁 당시 벌어졌던 대규모 군사 공세 중 하나로, 북베트남 인민군과 남베트남 민족해방전선이 베트남공화국, 미국 그리고 동맹국 군대에 맞서 1968년 1월 30일 개시한 작전.

트남에서 활동한 원거리 수색 정찰대와 비교될 수 있었다. 우리에게는 오로지 전쟁, 전면전뿐이었다".[52]

코디 스콧의 호전적인 수사에도, (그리고 L.A. 경찰국이, 특히 예산 배정 시기에, 갱단을 고도로 조직화된 음모로 묘사하는 것을 좋아했음에도) L.A. 갱단들은 구조적으로 전혀 군사적이지 못했다. 위계질서는 느슨했고, 구체적인 기능보다는 "리스펙" 같은 무정형적이고 변화무쌍한 개념에 기반을 둔 조직이었던 것이다.[53] 그러나 사우스센트럴 지역의 갱 투쟁에 대한 은유로 전쟁을 사용해야 한다면, 적어도 베트남에서의 미국의 경험은 적절한 비교 대상이기는 했다. 무의미한 영역 싸움, 목적을 잃은 끔찍한 사망자 숫자, 제멋대로 "적"을 규정하는 방식, 젊고 순진한 청년들의 희생, "승리"의 무의미함. 코디 스콧이 상당히 예리하게 이해하고 있었듯, 이 모든 것이 두 "전쟁"이 공유하는 특징이었다. 그는 이렇게 썼다. "각 패거리는 승자를 예측하기 시작했다. 그건 사실상 불가능한 일이었다. 왜냐하면 다른 대부분의 갱 사이의 전쟁과 마찬가지로 우리의 전쟁도 영역이나 어떤 특정한 목표를 두고 벌어진 것이 아니었기 때문이다. 우리는 그저 개인들, 인간들을 파괴하기 위해 싸웠다. 싸움의 이유는 충분히 많은 시체를 던져 주고, 충분한 공포와 고통을 일으켜 그들로 하여금 우리는 건드리면 안 되는 계파라는 걸 깨닫게 만드는 것이었으니까."[54] 코디 스콧이 이 모든 것의 핵심이란 실제적인 이득이 아니라 공포의 이미지를 만들어 내는 거라고 말했을 때 암시하고 있듯이, 갱단 폭력의 요점은 "전투원들"이 상상한 그것이 아니었다. 사우스센트럴에서 그건 진정으로 TV용 전쟁이었다.

커숀이 청년 한 명을 죽이고 네 명을 다치게 했던 날 밤, 남자가 되기 위한 통과의례는 아직 완성되지 않았다. 하지만 그걸 완성해 주는 증거가 남아 있었다. "코너를 돌면서 돌아봤는데 다섯 사람이 길에 뻗어 있더라고요. 내가 일을 잘 마쳤다는 걸 알 수 있었죠." 커숀은 〈에잇트레이 갱스터: 크립의 탄생〉이라는 다큐멘터리에서 이렇게 말했다. 적이 쓰러졌기 때문만이 아니라, 그 광경이 눈에 잘 띄었기 때문에 그건 성공한 임무였다. "그때 나는 여자 친구 집에 가서 편안히 앉아 11시 뉴스를 봤습니다."[55] 쇼맨십의 새로운 규칙 아래, 남자가 되려면 파괴적인 행동의 결과를 청중의 눈에 띄도록 전시해야 했다. 폭력은 그 자체로 방어에 대한 것도, 심지어 공격에 대한 것도 아니었고 화려함에 대한 것이 되어 버렸다. 비록 유혈의 화려함일지라도 말이다. 바로 이 점이 왜 커숀 스콧이 실제로 방아쇠를 당긴 사람을 죽였는지 여부가 별로 중요치 않은 이유를 설명해 준다. 셀러브리티 문화의 복수에서는 정확한 목표물이나 목적이 아니라, 볼 만한 스펙터클이 있느냐가 핵심이다.

우주비행사와 마찬가지로 사우스센트럴의 '전투원'은 장식적인 남성성의 새로운 규칙에 따라야 하는 대회 참가자였다. 전쟁에 대한 수사, 무기 비축, 폭력 과시. 이 모든 건 전통적인 전사 코드 아래에서 용맹을 증명하는 것만큼이나 새로운 문화의 이미지 조건 아래에서 "승리"와 더 많이 연결된 질소를 동력으로 삼는 드라마의 일부였다. 나중에 코디 스콧 자신이 깨닫게 되듯, 그가 성장기 내내 벌인 전쟁은 무엇보다 등급 전쟁이었다. 그가 "동네 셀러브리티"라고 부르게 된 그걸 얻기 위한 캠페인이었던 것이다.[56]

※ ※ ※

"내 아버지 세대가 책임감 있는 마지막 세대죠." 1997년 8월 사니카 샤커Sanyika Shakur(현재 코디의 법적인 이름)가 샌퍼낸도밸리에 있는 여자 친구의 침실 두 개짜리 집에서 나를 환영하면서 말했다. 그는 가석방 위반으로 1년 형을 선고받았고, 사흘 전에 감옥에서 풀려나 막 이사를 들어온 참이었다. 변화의 계기가 될 것이라 기대됐던 자서전 출간 이후에도 그는 이런 상황을 두 번째 맞이하고 있었다.

감옥에서 갓 나온 샤커는 탁 트인 공간을 불안해했다. 그는 집에서 가장 작은 방으로 안내했다. 여자 친구 펠리샤 모리스Felicia Morris가 뒤쪽 침실을 사무실로 개조한 방이었다. 모리스는 거실에서 여자 친구에게 손을 흔들며 인사를 했다. 라디오 DJ이자 작곡가인 그녀는 출근을 하려던 참이었다. 사무실 뒤 차고에는 펠리샤의 경비견인 로트바일러가 끊임없이 짖어댔다. 로트바일러의 이름은 코디였다. "사우스센트럴에 처음 이사 왔을 때에는 아직 산업적인 유대가 있었죠." 샤커는 이어서 말했다. "남자들은 여전히 집을 소유하고 가족을 먹여 살렸어요. 하지만 무언가 일어나 버린 거죠. 그러면서 세입자 동네로 바뀌어 버렸어요. 내 눈에도 거리에 남자들이 늘어나는 게 보이기 시작했어요. 마치 이 나라의 경제가 정점에 도달한 것 같았고, 우리 흑인 남자들의 쓸모는 끝나 버렸던 거죠."

젊었을 때 그는 여전히 자신의 갱단 내에서 노동자 같은 "쓸모"를 보여 줄 수 있기를 바랐다. "사람들은 갱에서 작업을 할 수 있었고 자신이 필요한 존재라고 느낍니다. 사람들은 내가 필요하기 때문에 나를 부르는 거죠. 내가 유용하다고 느낀다면, 남자로서 유능해지고 쓸모 있어지는 거예요. 알잖아요. '어린애는 보내지 마시오, 남자를 보내시오!'" 하지만 그는 이전의 삶을 다른 관점에서 보기 시작했다. 그가 한때 "일"이라고 생각했던 것들은 이제 광고처럼 보였다. "그 일이란 게 뭐였냐면 말이죠. 갱을 홍보하기 위한 거라면 뭐든 일이었어요." 그는 미디어가 갱을 비밀 모임이나 오컬트처럼 보는 것이 흥미로웠다. "우리는 비밀조직이 아니에요. 우리가 하는 일이라는 게 벽에 낙서를 하고 목에 타투를 새기는 것처럼 온통 드러나 보이도록 하는 거 아닙니까. 미디어에 등장하는 게 먹어 주는 거죠! 미디어가 당신을 안다면, 씨발, 그게 최곱니다. 뉴스에 나오지 않으면 우리 스스로를 인정할 수 없는 겁니다."

그가 말을 이었다. "충성심이나 임무 같은, 갱단에 관한 온갖 이야기가 있습니다만, 다 그 일부입니다. 하지만 처음에 갱 생활을 하는 이들에게 끌렸던 건 이 친구들이 빈민가 스타라는 점이었어요. 나도 빈민가 스타가 되고 싶었죠." 그는 여느 광고쟁이들처럼 자신의 브랜드 이름을 알리기 시작했다. "캠페인에 나서는 게 광고라고 생각했어요. 폭력을 휘두르는 건 공화당이나 민주당을 홍보하는 거랑 아주 비슷해요. 당신의 이름을 올려놓고 여러 방면에서 울리게 만드는 거죠. 홍보를 통해 그렇게 할 수 있어요." 홍보를 위한 노력은 다양한 형태를 취했다. "여기저기 온통 당신 이름을 쓰는 겁니다. 늘 마커랑 장갑을 갖고 다녀야 해요. 캠페인 중이니까요. 누군가를 쐈다면, 당신 이름을 크게 말해야 하고요. 그리고 얼굴을 숨기면 안 됩니다. 누가 그랬는지 소문이 퍼지도록 사람들을 살려놔야 하는 겁니다. 파티에 가서 허공에 총을 쏘고 이름을 외칠 수도 있겠죠. 아니면 파티에 가서 여자들 귀에 대고 당신 이름을 속삭이고, 당신이 얼마나 나쁜 놈인지 말하거나, 아니면 '이렇고 저렇고 해서 그 새끼는 날 못 죽이지'라고 말하는 거예요. 대체로 여자들을 이용해야 합니다. 걔네가 소문은 잘 내니까요. 여자들이 중요해요. 왜냐면 인상적이라고 생각하면 말을 퍼뜨리기 시작하거든요." 그는 자기 자신에 대한 소문을 퍼뜨린 다음, 그 소문이 얼마나 빨리 퍼지는지 확인함으로써 자기 명성의 크기를 가늠했다. "그 소문이 얼마나 빨리 내 귀에 들어오는지, 그 속도로 내 유명세를 알 수 있어요. 그 속도가 바로 당신이 원하는 거죠."

코디 스콧의 이미지 향상 전략을 그가 직접 개발한 것은 아니었다. “영화를 보고 TV를 보면서 이 모든 아이디어를 얻었어요. 진짜로 그저 TV에서 본 대로 연기했을 뿐이에요.” 그가 본 것이라 함은 〈슈퍼플라이Superfly〉라든지 〈샤프트Shaft〉 같은 영화를 가리키는 게 아니었다. “자라면서, 블랙스플로이테이션 영화✠는 한 편도 안 봤어요. 단 한 편도 말입니다.” 그가 영감을 받은 것은 〈미션 임파서블Mission: Impossible〉 〈사하라 특공대Rat Patrol〉 〈대부The Godfather〉 같은 영화였다. “나는 영화에 나오는 남자들을 연구했어요. 그들이 움직이는 법, 서 있는 법, 옷 입는 법, 그 완벽한 옷차림 말이에요. 그들의 전술이 나의 전술이 됐습니다. 〈사하라 특공대〉를 보다가 그 안에 들어가게 된 거죠.” 그의 주요 모델은 아서 펜Arthur Penn 감독의 1967년 영화 〈우리에게 내일은 없다Bonnie and Clyde〉였다. “나는 〈우리에게 내일은 없다〉에서 그들이 어떻게 걸어 들어가 이름을 다 말하는지 봤어요. 그들에게는 레퍼토리가 있었어요. 나는 그걸 가져다가 내 상황에 적용했죠.” 영화적인 갱스터가 되는 것이 그의 목표였고, 그게 그렇게 멀리 있는 것처럼 보이진 않았다. “이제 이 나라에서 범죄와 명성 사이에는 가느다란 선이 있는 것 같아요. 누군가는 동네 스타가 되어야 해요. 누군가는 동네를 위해 광고를 해야 하는 거죠. 그리고 그건 잘생긴 애를 모델로 뽑는 소속사랑 비슷해요. 그래서 ‘몬스터 코디! 걔를 앞에 내세우자!’ 이렇게 되는 거죠.” 그는 이 이야기를 하면서 웃었다. 수줍은 듯 매력적인 미소는, 의심의 여지 없이 그가 펼치던

✠ 흑인을 의미하는 ‘블랙(black)’, 그리고 저예산 B급 영화의 한 갈래로 특정 관객의 취향에 호소하는 주제와 소재를 다루면서 대체로 외설적인 면에 집중하는 영화를 말하는 ‘엑스플로이테이션 영화(exploitation film)’의 합성어. 1970년 무렵 등장해 큰 인기를 끌었던 흑인 영웅이 등장하는 흑인 관객을 위한 영화 장르로서, 〈슈퍼플라이〉(1972)와 〈샤프트〉(1973)가 대표적인 작품으로 꼽힌다.

'캠페인'의 일부였을 것이다.

1991년 (여성) 패션모델이자 저널리스트인 레온 빙Léon Bing이 L.A. 갱 전쟁에 대한 책 『하지 않으면 죽는다Do or Die』를 썼을 때, 코디 스콧과 그의 형제 커숀은 사우스센트럴 거리를 넘어 전 세계를 향해 캠페인을 펼치기 시작했다. 『하지 않으면 죽는다』의 한 챕터가 바로 이들 형제에 관한 이야기였기 때문이다.[57]

책은 그들의 이름을 그대로 사용했는데, 대부분이 코디의 이름이었다. 사실 그건 단순한 이유 때문이었다. 그의 사진이 표지를 장식했던 것이다. 근육질의 벗은 가슴 아래로 영화배우 같은 선글라스와 공격용 총 MAC-10을 움켜쥐고 있는 그의 모습은 액션 블록버스터 영화에 등장하는 악당처럼 보였다. 커숀은 형과 함께 포즈를 취해야 했지만 막판에 사진작가의 스튜디오에 가지 못했다. 버즈 올드린이 달에서 얻은 교훈처럼, 셀러브리티들에겐 그런 일이 벌어지곤 했다. 형제는 모두 사진이 진짜가 아니란 걸 깨달았다. 사진작가 하워드 로젠버그Howard Rosenberg는 코디에게 셔츠를 벗고 손에 들고 있던 웨이트로 근육을 좀 부풀려 보라고 주문했다. 로젠버그는 내게 이렇게 말했다. "충분히 위협적이지 않았어요. 그건 그냥 좀 더 강렬함을 주는 방법이에요." 하지만 커숀의 말은 달랐다. "형은 임무를 수행할 때 항상 카키색 바지와 단추를 채우는 펜들턴 셔츠를 입었어요. 그리고 셔츠를 벗지도 않았죠." 총을 들고 있는 건 코디의 생각이 아니었고, 심지어 그건 코디의 무기도 아니었다. 그건 레온 빙의 책을 위해 인터뷰를 했던 블러드파 일원에게도 빌려 온 물건이었다. 커숀이 웃긴다는 듯 말했다. "블러드와 크립스가 서로를 그렇게 싫어한다는 이론이 틀렸다는 걸 증명한 것이나 다름없죠."

호도하는 것이든 아니든, 그 사진은 언론의 시선을 끌었다. 기자들은 L.A. 갱스터를 인용하고 싶을 때마다 변함없이 레온 빙에게 전화를 걸어 코디 스콧을 연결해 달라고 했다. 표지 사진은 할리우드의 관심까지 끌었다. 베트남 참전군인이자, 한때 《뉴스위크》 편집장이었다가 시나리오작가가 된 윌리엄 브로일스 주니어William Broyles, Jr.는 사우스센트럴의 삶을 다룬 새로운 드라마를 ABC 방송국에 제안하려는 계획을 가지고 있었고, 파일럿 대본을 쓰기 위해 조사를 하던 중에 레온 빙에게 전화를 걸었다. 그리고 그녀는 그를 데리고 감옥에 있는 코디 스콧을 만나러 갔다. 두 남자는 전쟁에 대한 이야기를 주고받았고, 작가는 그들이 공유하고 있는 '군사적' 배경 덕분에 유대감이 형성되고 있음을 감지했다. 전직 해병대였던 브로일스는 이후에 나에게 말했다. "코디에게 사우스센트럴에 대해 이야기하는 것은 내가 베트남을 이야기하는 것과 같았어요. 그건 전투 장면이었던 겁니다." 사실 두 남자의 전투 경험은 제한적이었다. 브로일스의 회고록 『전우Brothers in Arms』에 따르면 그는 베트남에 복무할 때 그다지 많은 전투를 보지 못했고, 그 기간 중 절반은 저녁에 스테이크와 랍스터를 먹으며 탁구를 즐기는 "프리덤힐 꼭대기에 지어진 영구주택에서 장군들, 대령들과" 살면서 비교적 편안하게 보냈다. ("나의 가장 큰 도전은 공이 테이블을 살짝 벗어나도록 놀라울 정도로 부드러운 백핸드를 치는 해군 대위인 사단 외과의를 이기는 것이었다." 프리덤힐에서 근무한 시절에 관해 그가 쓴 내용이다.)[58] 그리고 책의 설명에 따르자면 스콧의 십 대 초반은 논스톱 총격전에서 흘러간 것처럼 보이지만, 사실 그의 길거리 전사 시절은 감옥 수감 기간 덕분에 빠르게 단축되고 말았다. 열여섯 살이 되고 나서는 한 번에 몇 달 이상 교도소 밖에 있던 적이 거의 없었다. 그럼에도 브로일스는 이렇게 말했다. "코디가 나폴레옹 시대에 살았다면, 그는 장군이 되었을 겁니다. (…) 그가 〔베트남에서〕 내 부대에 있었더라면, 나는 그가 그곳에 있다는 사실에 흥분했을 거예요." 브로일스는 그의 전우에게, J. 글렌 그레이J. Glenn Gray가 제2차세계대전 경험을 기록한 고전적인 작품 『전사들The Warriors』(1959)을 우편으로 보내 주었다. 전쟁이 남성 유대감과 공동체성의 원천인 것처럼 그리고 있는 이 책의 유명한 분석은 스콧의 상황과 관련이 있는 것 같았다.[59] 그러나 브로일스와 스콧이 서로 무언가를 공유하고 있었다면, 그건 시나리오작가가 다른 남성 그룹을 대상으로 진행했던 탐구에서 발견될 가능성이 더 높았다. 바로 우주비행사들의 이야기였다. 브로일스는 톰 행크스Tom Hanks가 출연한 〈아폴로 13Apollo 13〉 시나리오도 썼으니까. 어쨌든 방송국은 사우스센트럴에서의 삶을 다룬 TV 드라마 제작을 거절했고, 코디 스콧이 미디어에 일으킨 작은 불꽃은 발화하자마자 꺼지는 것처럼 보였다. 하지만 1992년 L.A. 폭동이 이를 바로잡았다.

어떤 면에서 폭동은 그 자체로 L.A. 경찰국의 상당한 제작 지원으로 무대에 오른 미디어 이벤트였다. 배심원단이 흑인 운전자 로드니 킹Rodney King을 잔인하게 구타한 혐의로 기소된 경찰관들에게 무죄를 선고했다는 소식과 함께 L.A. 경찰국은 사우스센트럴에서 봉기가 일어날 수 있다는 사실을 예견하고 있었다. 먼저 에잇트레이 갱스터스는 플로렌스 애비뉴와 노르망디 애비뉴가 만나는 교차로에서 몇 블록 떨어진 주류 판매점에서 40온즈짜리 병맥주를 훔쳐 평결에 항의하기로 했다. 그런 다음, 저 유명한 교차로에서 젊은이들은 돌과 병을 던지기 시작했다. 경찰관이 급습해 청년 한 명을 체포하고, 그를 문 너머로 끌어내어 땅바닥에 내동댕이쳤다. 이 행동이 구경꾼들을 격분시켰다. LAPD는 경찰의 조치가 진행 중이라고 언론에 알리고, 즉시 해당 지역에서 철수했다. 앞으로 몇 시간 동안 모든 법집행관을 철수시키겠다는 경찰의 도저히 믿을 수 없는 결정은 헬리콥터를 타고 플로렌스와 노르망디 교차로 상공에 모인 카메라와 결합해서 문자 그대로 '폭동'의 발판을 마련했다. 그날 에잇트레이 갱스터스 동료와 함께 그곳에 있었던 커숀 스콧은 이렇게 회상했다. "일단 경찰이 철수하고 나면, 그걸로 끝인 겁니다. 경찰은 안 보이는데 그 현장을 생중계하는 미디어는 남아 있는 상황이잖아요. 그러면 다른 모든 사람들이 그걸 보고 폭동의 청신호라고 생각할 수밖에요." 영상에 담긴 인상적인 첫 대치 상황에서 한 젊은 남자가 뉴스 사진기자에게 달려들어 카메라를 빼앗으려 했고, 관중은 그에 환호했다(이 상황에 끼어들어 그를 차로 데려다주려고 했던 건 커숀 스콧이었다). 에잇트레이 갱스터스 같은 갱단에게 그날은 "눈에 뛸 수 있는 날"이었다. 그들의 이름을 날릴 수 있는 일생일대 기회였던 것이다.[60]

코디 스콧은 이 엄청난 미디어 이벤트를 놓쳤다. 사우스센트럴이 폭발했을 때, 그는 또다시 감옥에 수감되어 있던 중이었다. 공교롭게도 그의 투옥은 일시적인 후퇴에 불과한 것으로 판명되었다. 폭동의 여파로 미디어와 엔터테인먼트, 그리고 출판 업계 사람들은 가장 눈에 띄는 대리인을 찾기 위해 사우스센트럴 주변으로 몰려들었다. '몬스터'가 감옥에 들어가 있으니, '릴 몬스터'가 그 역할을 물려받았다. TV와 인쇄 매체 기자들은 그에게 시간을 내어 달라고 요구했다. 그의 전화는 인터뷰 요청으로 쉬지 않고 울렸다. 그는 연설을 해 달라는 초청을 받았고, 곧 강연을 조율해 주는 에이전시를 만나게 되었다. 그는 스타 래퍼 아이스 큐브를 비롯해 여러 사람에게 영화 제안을 받았다. 그의 삶에 대한 한 시간짜리 다큐멘터리 〈에잇트레이 갱스터: 크립의 탄생〉이 만들어졌다. 이 작품의 연출은 전형적인 총격전과 마약상을 다루는 흑인 액션영화 〈뉴 잭 시티New Jack City〉 시나리오 원작자인 토머스 라이트Thomas Wright가 맡았다. (그 영화의 대본은 또 그 나름대로 시장이 주도하는 폭력의 인플레를 겪었다. 원작에서는 등장인물 두 명이 이유 있는 죽음을 맞이했던 반면, 이 작품의 최종 편집본에서는 바닥을 완전히 뒤덮은 무의미한 유혈 사태가 벌어졌다. 라이트는 이 때문에 무척 괴로워했다.)

〈나이트라인Nightline〉이 특집으로 폭동을 다루었을 때, 진행자 테드 코펠Ted Koppel은 커숀 스콧에게 바로 직진했다(이 특집은 ABC 뉴스 앵커인 코펠이 이후 자신의 책에서 프로그램의 역사에 대해 묘사했던 것처럼 그의 "두 번째 천안문 사태"였다).[61] 커숀은 〈나이트라인〉에 도합 네 번 출연했다. "〈나이트라인〉에 출연할 수 있어 영광이었죠." 그는 갑작스러운 주목을 즐겼지만, 형과는 미묘하게 다른 방식이었다. 커숀은 카메라를 수년간의 독서를 통해 수집한 지식을 가져와 사용할 수 있는 기회로 보았다. "테드는 깜짝 놀랐어요. '어, 그니까, 이런 거야'라든지 '어, 형씨, 저런 거라니까'라는 식으로 떠드는 깡패를 데려왔다고 생각했는데, 그 대신에 우리 역사를 잘 이해하고 있는 남자가 등장했으니까요." 예컨대 커숀은 L.A. 재건축조합 이사이자 전직 메이저리그 협회장인 피터 우에베로스Peter Ueberroth와 도심 일자리의 필요성을 두고 맞장을 뜨면서 판을 뒤집어 버렸다.[62]

얼마 지나지 않아 촬영용 조명은 TV 밴에 실린 채 떠나갔다. 하지만 코디 스콧은 캘리포니아주 북부 펠리컨베이 주립교도소 독방동에서 폭동 후 지금까지 벌어진 일 가운데 가장 큰 기삿거리를 일으키려던 참이었다. 그는 갱단 경험에 대한 책을 교도소에서 만든 연필로 써서, 그 일부를 언론계에 있는 지인 빌 브로일즈Bill Broyles에게 보내기 시작했다. 전직 기자는 비서에게 코디의 원고를 타이핑하게 한 뒤 초안을 발췌해 그의 소속사와《에스콰이어》편집장에게 전달했고, 편집장은 그 발췌본을 출판했다. 스콧의 갱스터 고해성사에 대한 소문은 시장성 있는 L.A. 폭동 드라마를 간절히 찾고 있던 출판계를 빠르게 돌았다. 코디 스콧은 캠페인에 다시 등장했다. 브로일즈는 감옥에서 쓰인 원고의 사본을 가진 사람이 자신뿐인 줄 알았지만, 코디는 커숀에게도 초안을 보내어 감독이자 작가인 토머스 라이트에게 그의 출판사에 이 원고를 연결해 달라고 요청했다. 라이트는 원고를 에이번북스에 보냈고, 출판사는 운송회사 페덱스를 통해 감옥에 있는 코디에게 계약서를 보냈다. 곧 입찰 전쟁이 이어졌고, 양측은 승리를 위해 열광적으로 달려들었다. 애틀랜틱 먼슬리 프레스가 처음 제안했던 2만 5000달러 선불 제안을 거절하면서, 스콧은 충분히 합리적이게도 최소한 7만 5000달러는 받아야겠다고 주장했다. 그건 처음 갱 관련 책을 쓴 작가인 레온 빙이 그녀의 책값으로 받았던 돈이다. 선전전이 끝날 즈음 코디 스콧은 선금 15만 달러에, 최대 10만 달러 추가 지불 약속을 받아 냈다.

우승을 차지한 출판사인 애틀랜틱 먼슬리 프레스는 폭동 1주년에 맞춰 책을 출간하기를 간절히 바랐고, 코디 스콧은 신속하게 작업을 끝내야 한다는 압박을 받았다. 그는 또한 갱단의 역사와 발전에 대한 관심을 끄고 책에서는 그저 자신에 대해서만 초점을 맞추라는 지시를 받았다. 코디가 애틀랜틱 대표이자 발행인 모건 엔트러킨Morgan Entrekin에게 했던 말을 떠올렸다. "나는 이 책이 자서전이 아니라 갱에 대한 책이 되었으면 좋겠다고 말했어요. 그랬더니 모건이 말했죠. '음, 나는 갱에는 관심이 없습니다. 나는 당신에게 관심이 있어요.'" 엔트러킨은 코디에게 책 말미에 등장하는 부분을 자르라고 조언했다고 회상했다. 그 부분에서 "그는 점점 더 정치화되었고, 마르크스주의와 마르크스주의에서 파생된 생각에 더 빠져들기 시작했습니다. 나는 그게 적절하지 않다고 그와 논쟁을 벌였어요." 하지만 엔트러킨의 말에 따르면 원래 원고 자체가 대부분 개인적인 이야기였다.

표지를 위해서 애틀랜틱 먼슬리 프레스는 『하지 않으면 죽는다』의 사진을 찍었던 사진작가 하워드 로젠버그에게 돌아갔다. 그들은 셔츠를 벗고 총을 쥔 또 다른 포즈로 결정했다. 출판사의 아트디렉터 릭 프래처Rick Pracher는 훗날 《로스앤젤레스타임스》에 그가 다른 사진이 아닌 그 사진을 선택한 이유에 대해 다음과 같이 설명했다. "고개를 살짝 숙인 모습이 그에게 '모두 좆까' 하는 듯한 태도를 더해 주죠. 그게 더 위협적이라고 생각했습니다." 사진은 컬러로 촬영되었지만, 프래처는 "표면이 거칠어지면 날것의 투지가 더 살아나는 느낌"을 준다고 여겨 흑백으로 바꾸었다.[63] 그게 아니라면 코디가 나중에 내게 더 솔직하게 털어놓았던 것처럼 이런 이유에서였을 것이다. "그건 성적인 거죠. 흑인 남자가 셔츠를 벗고 남근을 상징하는 큰 총을 들고 있는 거잖아요. 그럼요, 위협적이겠죠. 위협적으로 성적이랄까요." 그는 성적 대상으로 포장되어 판매되고 있었다. "내가 그걸 아는 이유가 뭐냐면 말입니다. 책이 나왔을 때 편지를 엄청 받았거든요. 하루에 30통에서 40통씩 받았어요. 그중 90퍼센트가 연애편지였죠."

코디 스콧은 책 제목을 '멈출 수 없다, 멈추지 않을 것이다'로 붙이고 싶었다. 그건 그가 가슴에 새긴 갱 슬로건이기도 했다. 하지만 출판사에서는 다른 생각을 갖고 있었다. "'몬스터'라는 제목을 떠올린 건 그 사람들이에요, 내가 아니라. 모건[엔트러킨]이 날아와서 말했어요. '여기 표지가 나왔어요!' 자부심이 타당성을 압도했달까요." 엔트러킨이 감옥 면회실에서 꺼내든 것은 '몬스터'라는 글자가 비정상적으로 길게 늘여진 채로 코디 스콧의 몸 위로 감옥 창살처럼 놓여 있는 표지 시안이었다. 모건 엔트러킨은 당시 코디는 "표지가 마음에 드는 것"처럼 행동했다고 나에게 말했다. 심지어 코디는 "감방에 붙여 놓을 여분의 사본"을 달라고 했다. 하지만 시간이 지나면서 코디는 그 표지의 의미를 불쾌하게 여기기 시작했다. 코디 스콧이 이제 얼굴을 찡그리며 말했다. "'새장 속 괴물'이었어요. 이 셀러브리티 놀이라는 게 이런 식이었어요. '갱 전체를 가져다가 한 사람의 일로 축소해 버리자.' 그리고 나는 궁금해지기 시작했죠. 그들은 살아남았다는 것으로 그 모든 걸 명료하게 설명할 수 있는 한 사람을 찾았다고 생각하는 걸까? 아니면 그들은 그저 착취적인 관계에서 '쩐錢'을 위해 그를 이용하는 것일까? 내가 그들의 안내자였을까? 아니면 나는 그냥 말하는 고릴라였던 걸까?"

출판사가 '쩐'을 좇았다면, 그 목표는 확실히 달성되었다. 애틀랜틱이 입찰 전쟁에서 승리한 지 하루 만에 프랑크푸르트 도서전에서 이 책의 해외 판권은 광적인 경쟁 속에서 터무니없이 높은 액수에 팔려 나갔다.[64] 언론도 탐욕스럽기는 마찬가지였다. 코디의 이야기보다는 코디의 출연에 더 관심이 많았지만 말이다. 힙합 잡지 《바이브Vibe》는 그에게 원고를 청탁한 유일한 주류 출판물이었다. 방송매체는 그를 촬영장에 세우기 위해 군침을 흘렸다. 교도소 관리들은 그들 대부분을 돌려보냈지만, 가장 시청률이 높은 TV 뉴스 프로그램 〈식스티 미니츠〉는 곧 면회실에 카메라를 설치했고, 그의 삶과 시대에 대한 에피소드를 제작했다. 제목은 '몬스타Monsta'였는데, 갱단의 바이브를 드러내기 위한 기묘한 노력이 엿보였다. 내레이터이자 진행자인 스티브 크로프트Steve Kroft가 이렇게 읊조렸다. "지난 몇 년간 크립스보다 더 많은 관심을 받은 갱은 없었고, 코디 스콧보다 더 악명 높은 갱스터는 없었습니다. 거의 20년간 L.A. 갱 전쟁에서 문신을 하고 총상을 입은 이 참전 용사는 강탈, 강도, 살해를 저지르며 갱단의 지하 세계에서 최고 지위에 올랐고, 그만의 잔인함의 브랜드로 '몬스터 코디'라는 이름을 얻었습니다." 서두는 이 "잘생기고 똑똑한" 신인 작가가 "25만 달러" 상당의 책 계약을 맺었고 "이제 할리우드 거물인 마이클 오비츠Michael Ovitz의 에이전시가 영화 판권을 판매 중"이라는 말과 함께 〈엔터테인먼트 투나잇〉 분위기로 마무리된다.

스티브 크로프트가 코디 스콧에게 《뉴욕타임스》에 게재된 긍정적인 리뷰에 대해 어떻게 생각하느냐고 물었을 때, 스콧은 이렇게 답했다. "감방 안에서 좀 놀랐어요. 공격성, 노골적인 공격성이 아닌 다른 무언가로 민간인에게 인정을 받은 게 이번이 처음이니까요." 그러나 그는 책 표지에 전시된 일종의 "노골적인 공격성" 때문에 〈식스티 미니츠〉에 출연할 수 있었다. 스티브 크로프트의 설명에 따르자면, 그 "노골적인 공격성"이 그를 "완전히 자격을 갖춘 빈민가 스타"로 만들어 주었다. 그리고 크로프트가 언론이 가장 좋아하는 갱 질문을 한 이유 역시 그 때문이었다. 그건 바로 "얼마나 많은 사람을 죽였는지 아십니까?"였다. 이 질문은 종종 반복되었고, '기분이 어땠는지'에 대한 질문이 버즈 올드린의 정신을 반쯤 나가게 했던 것처럼 코디 스콧을 갉아먹기 시작했다. 이미 미디어가 시체 수를 생생하게 세는 데 열중하는 것에 짜증난 스콧은 다음과 같이 반박했다. "아니요, 아닙니다, 나는 몰라요, 몰라! 올리버 노스Oliver North✠는 몇 명이나 죽였을까요? 아니면 노먼 슈워츠코프Norman Schwarzkopf✢는요? 그 남자는 영웅이잖습니까, 아닙니까?"

✠ 미국의 정치평론가, TV 프로그램 진행자, 군사 사학자, 작가. 베트남 참전군인.

✢ 육군 장군. 1991년 걸프전에서 미군 중부사령부 사령관으로서 다국적군을 승리로 이끌면서 전쟁 영웅으로 평가됐다.

인터뷰 중 코디 스콧의 또 다른 면모가 드러나는 순간도 있었다. 먼저 크로프트가 못마땅하다는 듯이 물었다. "당신은 그럴 만한 이유도 없었잖습니까. 당신은 빈민가에서 자라지 않았습니다. 당신에게는 매우 강한 어머니가 있었고, 당신의 생물학적 아버지는—."

"없었죠!" 스콧이 끼어들었다. "없었어요! 실종돼 버렸죠."

"—아버지는 NFL 축구선수였죠." 크로프트가 말을 이었다. 마치 딕 배스가 유명인인 것이 그의 부재를 만회해 주기라도 하듯이.

하지만 코디 스콧은 말했다. "내 아버지가 축구 경기장에 있는 동안 (…) 나는 거리에 있었어요. 내 말이 무슨 뜻인지 알아요? (…) 그리고 딕은 한 번도 나타나지 않았어요."

크로프트가 물었다. "그걸 원망하나요?"

"대단히요. 의심의 여지 없이 원망합니다. 그를 증오해요. 왜냐면 내가 뭐가 될 수 있었을지 생각하면요. 좋아할 수가 없어요, 애들을 내버리고 도망치는 거 말입니다. 아버지에 대한 이야기는, 나한테 너무 버겁습니다. 나한테 너무 버거워요."[65]

말을 하는 동안 코디의 머리가 화면 안팎으로 흔들렸다. 그가 무얼 하고 있는지는 곧 분명해졌다. 코디 스콧의 손은 사슬로 묶여 있었고, 그는 셔츠에 자기 얼굴을 문지르기 위해 노력하고 있었다. 눈물을 닦기 위해서. 그건 인터뷰에서 계획되지 않았던, 연습하지 않았던 순간이었다. 코디에 따르면 그 장면은 거의 방송되지 않았다. 그는 촬영이 끝난 뒤 "스티브 크로프트가 그 장면을 편집하고 싶어 했다"고 회상했다. "스티브 크로프트는 계속 내게 말했어요. '그 장면은 잘라 내면 돼.' 그는 사람들이 내가 그들이 봐 왔던 사람이 아니라고 생각하는 걸 원치 않았습니다."

스티브 크로프트는 이렇게 설명했다. "아마 내가 그에게 걱정 말라고 했을 거예요." 그러고는 자신이 코디의 감정을 보호하려 한 행동이었을 거라고 덧붙였다. "기분이 상했냐고 물어봤을 수는 있지만, 내가 그걸 쓰지 않겠다고 약속하진 않았을 거예요. 우는 모습이 나가지 않도록 하는 방법은 많아요. 정말로 눈물 나는 장면이었죠."

아버지에게 버림받은 일에 대한 고뇌는 내가 코디, 커숀과 남자다움, 그리고 미디어에서 얻은 인정에 대해 이야기 나눌 때마다 항상 등장하는 유령이었다. 사니카 샤커, 즉 코디 스콧은 "나는 그곳에 없었던 남자의 생산물"이라고 한 번 이상 내게 언급했다. 그가 가장 필사적으로 대적한 갱단의 적에 대해서 말할 때도 느낄 수 없었던 쓰라림을 품고서 말이다. "내 아버지는 나에게 어떤 지식도 물려주지 않았어요." 1999년 초, 샤커는 생전 처음으로 자신의 아버지라고 믿었던 사람과 이야기를 나누었다. 얼마 지나지 않아 샤커는 감옥으로 돌아왔다. 넉 달 뒤 나는 딕 배스를 통해 두 사람의 통화에 대해 듣게 되었다. "소식을 전하러 전화를 했더라고요." 은퇴한 러닝백은 그의 아들일 수도 있는 남자와 유일하게 나누었던 대화에 대해 이야기했다. "뭔가 프로젝트를 진행하고 있었는데, 뭔지는 기억이 잘 안 나네요. 아마도 TV 대본이었을 겁니다. '아빠'라고 불러도 되냐고 물었어요. 한 번도 누군가를 '아빠'라고 부를 수 없었다고 하더라고요. 그래서 그러라고 했습니다." 배스는 이렇게 말한 다음 기억을 더듬었다. "나는 '언제 한번 보자'고 했어요. 하지만 그렇게 되지는 않았죠."

하지만 딕 배스가 그토록 활력이 넘쳤던 세월에 그의 옆에 있어 주었다고 한들, 그가 어떤 지식을 아들에게 나누어 줄 수 있었을까? 배스는 NFL 축구선수가 될 수 있는 능력을 코디에게 물려줄 가능성이 없었다. 그건 누군가가 일반적으로 가르칠 수 있는 종류의 '기술'이 아니다. 모든 셀러브리티 직업에서와 마찬가지로, 누구나 자기가 알아서 해야 했다. 아이러니하게도, 그건 배스가 없는 와중에도 코디가 배운 교훈이었다. 비록 그가 홀로 유명세를 추구했던 과정은 더 폭력적인 길을 걸었고, 결국 갱 폭력의 악명으로 이어졌지만 말이다. 미스터리는 스콧의 또 다른 형제 커윈이 걸어온, 그들과 다른 경로를 어떻게 설명할 것인가였다.

※ ※ ※

1992년 폭동 첫날, 커숀 스콧이 자신의 갱과 함께 플로렌스와 노르망디 교차로에서 뛰어다니고 있고, 코디 스콧이 감옥에 앉아 갱 생활을 하면서 겪었던 끔찍한 경험을 기록하고 있는 동안, 커윈 스콧은 여느 날과 다름없이 흘러간 하루의 작업을 보고하고 있었다. 주변 건물이 약탈당하고 파괴되고 연기에 휩싸였다. 하지만 '32번가 마켓'✠과 롱비치의 자매점은 무사했고, 자칭 보초병인 흑인 직원 세 사람은 폭동이 일어나는 동안 밖에서 경비를 서고 있었다. 그들의 존재가 반드시 필요한 것은 아니었을지언정 위로가 된 건 분명했다. 가게 소유주 모리 노트리카Morrie Notrica는 헌신적인 공동체 후원자로 오랫동안 명성을 쌓아 왔다. 그는 1965년 와츠 폭동✢이 터졌을 때에도 사업을 하고 있었고, 그의 가게는 그때도 무사했다. 주요 슈퍼마켓 체인점들이 와츠 및 사우스센트럴에서 하나씩 빠져나가는 동안, '32번가 마켓'은 그 공백을 메우기 위해 꾸준

✠ 모리 노트리카의 식료품 체인점 이름.

✢ 1965년 8월 11일 L.A. 남부 와츠 지역에서 일어난 소요. 엿새 동안 계속된 폭동으로 34명이 숨지고 1032명이 부상당했으며, 4000명이 체포되면서 큰 피해를 남겼다. 음주운전이 의심되는 흑인 청년을 백인 경관 두 명이 체포하는 과정에서 시작되었으나, 그 근원엔 L.A. 지역에 수십 년간 누적된 인종차별이 있었다.

히 그 지역에 새로운 지점을 열었다. 수년간 모리 노트리카는 시민으로서 책임을 다하기 위해 조용히 노력한 공로로 지역사회 봉사상 수십 개를 수상했다.

그러한 책임감은 열여섯 살 때 가게에서 일을 시작한 뒤로 쭉 함께하고 있는 청년에게까지 이어졌다. 몇 년 뒤 그가 모리 노트리카 옆에서 훈련을 받고 식료품업에 능숙해지기 시작하면서, 커윈 스콧은 그 식료품 상인을 습관적으로 '아빠Dad'라고 불렀다. 노트리카가 그리스계 미국인 혼혈이고 커윈 스콧이 아프리카계 미국인이라는 점은 롱비치 해군 조선소에서 그랬던 것처럼 아무런 상관이 없어 보였다. 조선소에서도 흑인 조선소 '아버지'가 젊은 백인 견습생에게 일하는 요령을 알려주었고, 히스패닉계 용접공 '아빠'는 필리핀계 초보자에게 업계 비밀을 알려 주곤 했다.

커윈 스콧이 말했다. "내 인생에서 정직한 성인 남자는 그가 유일했어요. 내 인생에서 만난 성인들 대부분은 거짓말쟁이들이었죠. 모리는 하겠다고 한 건 다 실행에 옮겼어요. 모리가 내 인생을 구했죠." 커윈은 허공에서 손짓으로 상상의 소용돌이를 그리면서 말했다. "[모리에게 채용되기 전까지] 내 인생은 이렇게 되고 있었어요." 그는 걸핏하면 학교에 가지 않았고, 여러 차례 법과 마찰을 빚었다. 그는 가게에서 물건을 훔치고, 타코벨을 털어 점심값을 대고, 장난삼아 갱에 끼기도 했다. 한번은 학교에서 가죽 재킷을 훔치려는 다른 젊은 갱스터 지망생 그룹에 가담했다(그해 크립스의 패션 코드는 가죽 재킷이었다). 강도질을 하는 중간에 홀 모니터가 "멈춰!"라고 외쳤다. 아무도 멈추지 않았지만 커윈은 멈췄고, 즉각 체포되었다. 그렇게 소년원에서 하룻밤을 보내야 했다. "내 인생 최악의 밤이었어요." 그는 몸서리치며 회상했다. "뭘 어떻게 해도 그 상황을 되돌릴 방법이 없었죠."

소년원 사건 이후 커윈 스콧의 어머니는 아들에게 필요한 건 직업이라고 판단했다. 그녀는 도움이 될 거라고 생각한 한 남자에게 아들을 데리고 갔다. 그가 모리 노트리카였다. 그리고 상인에게 아들이 직장이 필요하다고 말했다. 커윈이 기억을 떠올렸다. "모리가 나에게 물었어요. '돈을 벌기 위해 뭘 하고 있지?' 내가 대꾸했죠. '주사위를 던져요. 사람들을 털고요.'" 그들이 이야기를 나누고 있을 때 계산원이 소리를 지르기 시작했다. 손님이 돈을 지불하지 않은 채 물건을 들고 도망을 친 것이었다. 커윈은 튀어 올라 강도를 뒤쫓았고, 주차장에서 그를 붙잡았다. 모리 노트리카는 커윈 스콧에게 가능성이 있다고 판단했다.

커윈 스콧이 회상했다. "그는 앞으로 어쩔 건지에 대해 이야기하면서 내 걱정을 죽도록 해 줬어요." 모리는 학교에 계속 다니라며 그를 괴롭혔다. 그가 말하는 방식은 간단명료하지만 관심을 사로잡는 부분이 있었고, 젊은 스콧에게 와닿았다. "그는 나를 늘 엄하게 대했지만, 그건 나를 아꼈기 때문이에요." 어느 날 저녁, 그는 집에서 약간 떨어진 곳에 경찰이 출동했다는 소식을 들었고, 무슨 일인지 알아보기 위해 자전거를 타고 갔다. 일을 끝내고 집으로 차를 타고 돌아가던 모리 노트리카는 파란불에도 멈춰 서 있는 커윈과 땅에 놓여 있는 시체 운반용 부대를 보았다. 다음 날 노트리카는 그를 따로 불러내 범죄 현장 주변을 어슬렁거리면 안 된다고 말했다. 그는 커윈을 더 늦은 시간대 근무로 옮기고, 저녁 시간 내내 일을 하도록 만들었다. 결국 커윈은 정규직으로 일하기 시작했고, 자정이 되어서야 퇴근하게 되었다.

커윈 스콧이 고등학교를 졸업했을 때, 모리 노트리카는 그가 차를 살 수 있도록 돈을 빌려주었다. 커윈 스콧이 결혼을 했을 때, 모리 노트리카는 결혼식에서 아버지 자리를 대신해 주었다. 커윈 스콧이 신부와 신혼여행을 갔으면 했을 때, 모리 노트리카는 자메이카행 비행기 표로 그들을 놀라게 했다. 이것은 부정父情의 표시였고, 아버지가 없는 커윈은 모리를 '아빠'라고 부르면서 그걸 인정했다. 하지만 커윈은 모리에게 또 다른 부계 상속을 받았다. "나에게 모리는 대학이었어요. 나는 그에게 **배웠죠**." 커윈은 아들이 될 수 있다는 데 감사했지만, 그가 **배우고** 싶었던 건 남자가 되는 법이었다. 어른으로서 책임감 있고 독립적인 남자가 되고 싶었다.

사람들은 아침이면 대체로 모리 노트리카가 그 이름도 어울리는 커머스시✠의 분주한 냉장창고 안에서 교통정리를 하고 있는 걸 볼 수 있다. L.A. 고속도로 출구에서 '32번가 마켓'의 적재 구역까지 이어지는 도로는 남자들 세계의 또 다른 시공간에 속했다. 내가 트럭을 몰던 날, 하늘은 적절한 산업도시의 회색빛이었다. 나는 그 차를 운전해 본 몇 안 되는 운전자 중 한 명이었다. 트럭들과 짐을 싣지 않은 트럭의 운전석들이 느릿느릿 양방향으로 움직였다. 도로에는 사무적인 표지판이 줄지어 있었다. "상업용 트럭 정유소, 트럭 부품, 연장 창고." 나는 나일론 가공점, 냉동기 수리 센터, 산업 진료소, 그리고 빨강·하양·파랑 줄무늬가 그려져 있는 고풍스러운 이발소를 지나쳤다. 프랜차이즈는 하나도 보이지 않았다.

노트리카의 구역에 가려면 냉장 트럭으로 꽉 찬 광대한 주차장을 통과해야 했다. 각 냉장 트럭은 거대한 문을 열어젖힌 채로 거대한 하역 플랫폼으로 후진했다. 제멋대로 자리 잡고 있는 큰 건물은 협력 벤처기업 '서티파이드 그로서스Certified Grocers' 소유였다. 노트리카는 주 전체에 분포되어 있

✠ 미국 캘리포니아주 L.A. 카운티에 위치한 도시. '상업'이라는 의미의 일반명사 'commerce'와 구별하기 위해 통상 '커머스시(City of Commerce)'라고 부르는데, 일반명사로 번역하면 '상업도시'가 된다.

는 600명 회원 가운데 한 명이었다. 나는 구역 안쪽에 있는 어수선한 책상에 앉아 전화로 말다툼을 하느라 정신이 팔린 나이 든 그를 발견했다. 그는 전화에 대고 믿을 수 없다는 듯 소리치고 있었다. "중간 크기의 노란 바나나, 6달러라고? 이봐요, 우리는 이곳의 가난한 사람들을 먹여 살리고 있다고요, 알아들어요? 게다가, 오늘은 어머니의 날이잖소."

창고의 활기는 귀가 먹먹할 정도였고, 온도는 얼음처럼 차가웠다. 몇 번 더 큰소리가 오간 뒤 모리 노트리카는 위층의 조용한 사무실로 안내했다. 그는 그렇게 자주 사용하는 곳은 아니라며 사무실의 간소한 세간에 양해를 구했다. 그가 나에게 의자를 권하고 커피를 찾으러 간 사이, 나는 그가 진열해놓은 지역에서 받은 상·감사패·표창장 등을 살펴보았다. 학교 후원, '총 대신 음식을' 캠페인, 인종 화합 증진을 위한 활동 등에 참여하면서 받은 것들로, 이 뒷방에 놓인 인상적인 컬렉션 위로 먼지가 쌓이고 있었다. 멕시코 미국인 식료품상 협회의 회장으로 선출되었음을 알리는 액자에 담긴 증명서에는 그가 최초의 비히스패닉계 지도자임이 명시되어 있었다.

노트리카는 가득 찬 스티로폼 컵 두 잔을 가지고 돌아와서 의자에 털썩 주저앉더니, 격의 없이 물었다. "그래, 어떻게 도와드릴까?" 그의 꾸밈없이 실용적인 태도는 나에게 어느 정도 조선소에서 만났던 아이크 버의 갑작스러운 태도를 떠올리게 했다. 그는 이곳에 일을 하러 온 것이다. 나는 커윈 스콧이 그에 대해서 들려준 이야기를 전했고, 특히 커윈이 그를 '아빠'로 생각한다는 점에 대해 이야기했다. 노트리카는 어깨를 으쓱했다. 뭐, 더 설명할 것이 있느냐는 듯한 몸짓이었다. "그 아이는 나에게 언제나 정직했어요. 나도 언제나 그 애에게 정직하려고 했고." 그걸로 다였다. 나는 이야기를 이어 가 보려고 노력했다. 애초에 커윈 스콧을 고용했던 이유가 뭐였냐고 묻자, 그는 예의 그 당연한 거 아니냐는 듯한 표정을 지으며 답했다. "나는 그 애가 이해가 갔어요. 걔는 선을 넘는 경향이 있었어요. 하지만 아시다시피, 아이들이 대개 그렇죠. 걔는 아버지가 없었어요. 다른 아이들처럼 이끌어 줄 사람이 필요했을 뿐입니다." 나는 커윈 스콧이 당신을 '아빠'라고 부르는 건 어떻게 생각하느냐고 물었다. 노트리카는 그럴 법하다고 말했다. "나는 그 아이를 아들처럼 대했어요. 늘 그의 편이 되어 주려고 했죠. 때로 대화 상대가 필요하잖아요."

노트리카가 수다스럽게 변한 곳은 업무 관계에 관한 주제에서였다. 그는 가게에서 커윈 스콧이 배달되는 물품을 관리하는 리시버(물품 수령 담당자) 자리에 오르기까지, 그의 직업 이력에 대해 상세하게 이야기했다. "요즘엔 가게에서 리시버가 제일 중요한 일이에요. 계산이 정확하지 않으면 손실이 크니까요. 리시버 일을 하려면 영리해야 해요. 아무나 그 자리에 보내지 않습니다. 수천 달러인 상품이 거길 통과하거든요. 하나하나 세어야 하고 안전도 생각해야 합니다. 커윈은 최고예요. 뭐 하나 놓치지 않고 다 보고, 누구에게도 허튼소리를 하지 않습니다. 게다가 성실해요. 현생에서 얻을 수 있는 건 명예와 성실뿐입니다."

모리 노트리카는 태어날 때부터 그 동네에 살았다. 그리스 이민자인 아버지는 1953년 32번가에 첫 매장을 열었고, 1959년 아들과 함께 일하기 시작했다. "아버지가 내게 가르쳐 준 건, '토요일에도 일해라, 일요일에도 일해라'였어요. 아버지 삶의 가장 큰 낙은 일하는 거였죠. 돌아가시기 2주 전까지도 일을 했습니다." 하지만 노트리카가 생각하는 일의 정의는 그저 바나나에 적절한 가격을 지불하는 것이 아니었다. 그에게 일이란 공동체에 이바지하는 것과 연결되어 있었다. 이를테면 지역사회를 위해 바나나 적정가를 요구하는 것 말이다. 우리가 이야기 나누는 동안 위층에 급한 전화가 걸려왔고, 그는 으레 그러듯 고함을 치며 전화를 받았다. "데니스✠ 위에 올려져 있는 그 검은색 고릴라 때문에 전화가 온 거예요. 무장한 동네 사람들을 만나고 싶지 않으면 그 빌어먹을 고릴라를 떼어 내라는 거죠." 그는 신음하면서 전화를 끊었다고 했다. "데니스 녀석들, 빌어먹을, 그거 때문에 고소도 당하지 않았나?"

마지막으로 남아 있는 독립 식료품점 운영자는 프랜차이즈 세계에 살면서 지역사회 봉사를 통해 자신의 남자다움을 규정하려고 노력했다. 지붕 장식을 둘러싼 몇 번의 작은 접전에서 이길 수는 있었겠지만, 결국 사우스센트럴의 데니스가 승리할 가능성이 높았다. 모리 노트리카는 아이크 버 같은 조선소의 '아버지'가 견습생 아들에게 물려준 것을 커윈 스콧에게 물려줄 수 없었다. 커윈은 견습생의 완전한 남성적 유산을 차지할 수 없었다. 그의 식료품점은 노동조합에서 정한 만큼의 임금을 주는 곳은 아니었는데, 문제는 임금이 아니었다. 일의 성격 자체가 바뀌어 버린 것이다. 모리와 커윈은 아버지와 아들 사이의 유용한 유사성, 건설적인 유용성을 구축했고 그것은 커윈의 삶을 구했다. 고용주로서는 아이러니한 일이었으나, 새로운 서비스 경제에서 모리가 할 수 있었던 건 차를 살 수 있도록 도와줌으로써 졸업을 축하하고 결혼식에서 자랑스러운 아빠 역할을 해 주며, 신혼여행 비행기표를 선물함으로써 직원의 사적인 아버지의 빈자리를 채워 주는 것이었다. 물론 이런 부분에서 실패한 아버지를 둔 청년에게 그건 전혀 사소하지 않았다. 하지만 모리는 궁극적으로는 공적인 아버지의 역할을 다 할 수는 없었다. 자신의 도제공에게 체인점의 세계에서 살아남을 기술을 제공할 수 없었고, '아빠'의 선의로부터 직업적으로 독립된 삶을 만들어 나갈 기량을 만들어 줄 수도 없

✠ 미국의 캐주얼풍 패밀리 레스토랑 체인.

었던 것이다.

커윈은 이런 한계 때문에 애가 탔다. 그는 1987년 샌프란시스코 베이 지역으로 이사해 혼자 힘으로 독립했고, 실리콘밸리 교외의 푸드팜 매장에서 적대적인 상사와 함께 일하게 됐다. 커윈은 이렇게 회상했다. “그는 매일 나를 괴롭혔어요. 너무 스트레스를 받아서 밤에 잠을 못 잘 정도였죠.” 결국 그는 일을 그만두고 L.A.로 다시 이사했고, 32번가 마켓으로 돌아갔다. 모리 노트리카는 피난처를 제공했다. 그는 분명 “그 아이”를 돌봤지만, 그의 그늘은 커윈이 졸업하지 못한 “대학”이었다. 커윈이 내게 말했다. “다시 떠나야겠다고 생각하고 있어요. 오리건주에 가서 일을 찾아보려고요.” 그곳에서라면 그는 혼자 힘으로 남자가 될 수 있을지 모른다. 커윈은 성공할 가능성이 적다는 사실을 알면서도, 이 소비자경제 안에서 일과 보살핌에 기반을 둔 유용한 남자로 성장할 수 있는 길을 포기하지 않고 찾으려 했다.

“사람들 눈에 띄고 싶은 게 아닙니다. 매일 일한다는 이유만으로 〈오프라 윈프리 쇼〉에 나가야 한다고 생각지 않아요. 나는 유령 같은 존재가 아니에요. 나는 아주 눈에 띄는 존재예요, 직장에선 말이죠.” 이것으로 충분한가 하는 건 별개의 문제였다. 그의 형제들이 속한 악명 높은 문화는 계속해서 침입해 왔다. 『몬스터』가 출간된 후, 모리 노트리카는 롱비치의 지역 영업 조직에서 젊은이들을 위한 지역사회 봉사로 명예를 얻었다. 후아니타 맥도널드Juanita McDonald 하원의원이 그에게 표창을 수여했다. 노트리카는 커윈 스콧을 행사에 대동하고, 커윈을 연단 위로 불러 대중 앞에 소개했다. 그러나 커윈의 업적은, 동생 코디가 베스트셀러를 썼다는 사실이 알려지고 책이 매대에 깔리면서 빛을 잃고 말았다.

※ ※ ※

몬스터 코디는 자기 책에 사인을 많이 할 생각은 아니었다. 1995년 9월, 그는 『몬스터』가 출판된 이후 처음으로 가석방됐다. '사니카 샤커'라는 새 이름과 새 직업을 가진 새로운 남자로 거듭난 것 같았다. 그는 책을 기반으로 한 시나리오를 놓고 상의하기 위해 '프로파간다 필름Propaganda Films'과 계약을 맺었다. 그리고 다섯 달 뒤, 집 근처에서 운전하고 있던 그를 경찰이 불러 세웠다. 경찰은 차에서 마리화나 1그램을 발견했다. 일주일 후 가석방 담당관이 마약을 수색하고 마약 검사를 하기 위해 집으로 찾아왔다. 샤커는 뒷문으로 도망쳤다. 이후 석 달간 그는 도망자 신세가 됐다.[66]

당시 그에게서 연락을 받은 사람 중에는 커숀에 관한 다큐멘터리를 만든 시나리오작가이자 영화감독인 톰 라이트도 있었다. 라이트가 회상했다. "그건 가장 기괴한 병치였습니다. 그는 자수할 수 있도록 도와 달라며 전화를 한 거였어요. 안 그러면 경찰에게 사살당할까 봐 두려워하고 있었죠. 하지만 동시에 어떻게 자기 이야기를 각본으로 쓸 수 있을지 조언을 얻고 싶어 하기도 했어요!" 샤커는 라이트에게 전문적인 질문을 퍼부었다. 색인 카드에 장면을 스케치해야 합니까? 보이스오버를 많이 사용하는 게 좋은 아이디어일까요? 대사는 플롯 개요를 쓰기 전에 쓰나요, 쓰고 난 다음에 쓰나요? 라이트는 그와 통화를 이어 가기 위해서 시나리오 이야기를 하도록 격려했고, 그러면서 경찰에 자수하라고 계속 설득했다. "나는 거듭 말했죠. '이봐요, 코디, 당신은 지금 그거보다 더 큰 문제에 빠졌다고요!'" 하지만 지금 돌이켜 보면, 각본에 관한 상담이 뭔가 비뚤어진 의미를 갖고 있던 것도 같았다. "그건 정말 슬픈 일이었지만, 한편으로 그에게는 구원이기도 했던 겁니다.

왜냐하면 자기 이미지를 유지하는 데 충분히 신경을 썼기 때문입니다. 그가 가진 거라곤 자신에 대한 환영뿐이었고, 다행히도 거기에 그의 죽음은 포함되어 있지 않았어요."

그 대화가 있은 지 며칠 만에 경찰은 마침내 사니카 샤커를 체포했다. 경찰은 사우스센트럴의 한 현관 앞에서 종이와 펜을 든 열 명가량의 사람들 앞에 앉아 있는 샤커를 발견했다. 그는 사인을 하고 있었다.[67]

1년 반이 지난 토요일 아침, 다시 가석방 중이었던 사니카 샤커는 여자 친구의 집 거실에 앉아 두 손을 꼭 쥐고 초조하게 시계를 바라보고 있었다. 시곗바늘이 너무 빨리 움직였다. 곧 오디션을 보러 떠나야 했다. 불릿프루프 프로덕션Bulletproof Productions 광고에 따르면 "L.A.에서 가장 터프한 클럽 경호원"에 관한 영화 〈바운서The Bouncer〉에 등장하는 배역에 도전해 보기로 한 참이었다. 영화의 시나리오작가이자 감독인 스튜어트 골드먼Stuart Goldman은 무술 및 킥복싱 강습소 '하우스 오브 챔피언' 바로 아래에서 열리는 오디션에 그를 초대했다. 펠리샤 모리스의 어머니는 샤커가 손을 주무르는 모습을 보더니 물었다. "뭘 그렇게 걱정을 하나? 자네는 이미 빈민가 스타잖아. 이제 무비 스타가 될 거야." 샤커는 시무룩하게 바닥을 응시하며 말했다. "모르겠어요. 무비 스타는 완전히 다른 영역이잖아요."

우리는 차를 몰고 오디션장으로 갔고, 샤커는 오디션 전단지를 움켜쥐고 있었다. 전단지에는 큼지막한 활자로 이렇게 적혀 있었다. '당신은 악당입니까? 어디 한번 알아봅시다.' 하우스 오브 챔피언 주차장에 차를 세웠을 때, 건장한 사내 수십 명이 문 밖 모퉁이에 줄을 서고 있었다. 샤커는 줄 서 있는 사람들을 살펴보고 눈에 띄게 움찔했다. "이런, 저 남자들 좀 봐요." 그는 불룩 솟은 이두박근이 바다를 이루는 모습을 응시했다. "걱정했던 게 바로 이거예요. 난 운동을 충분히 안 했거든요. 나는 너무 왜소해요."

사실 샤커의 체구는 문제가 아니었다. 오디션은 언론의 관심을 끌어 영화에 투자를 유치하기 위한 술수였을 뿐이다. 스튜어트 골드먼이 내게 말했다. "떠들썩한 홍보 이벤트를 벌이려고 했습니다. 사람들 사이에서 주먹다짐이 일어나게 한 다음에 잠복 경찰인 내 친구가 누구든 체포를 하도록 하는 거죠. 하지만 하우스 오브 챔피언의 주인이 그걸 원치 않았습니다." 골드먼은 실망한 기색이었다. 하지만 그에게는 여전히 사용할 수 있는 카드가 한 장 더 있었으니, 그건 바로 '몬스터 코디'였다. "나는 홍보에 그를 이용할 수 있을 거라 생각했어요." 골드먼은 이미 전직 갱스터들을 배치해 놓았다. 그는 나에게 그날 오디션 심사를 볼 사람들 가운데 두 명이 예전에 "한가락 했던 갱단 멤버"라고 알려 주었다. "나는 터프한 남자들과 어울리는 걸 좋아하는 사람일 뿐이에요. 남자들만의 문제랄까요. 남자들은 갱스터에게 받아들여지길 바라죠." 그런 충동은 이미 미키 루크의 관심을 끈 적이 있었다. 스퍼포스가 자신들에게 그토록 관심을 가지고 있다고 상상했던 그 영화배우 말이다. 골드먼이 말했다. "미키 루크는 투팍 〔샤커〕Tupac Shakur✠와 어울렸습니다. 내가 영화와 관련해 전화했을 때, 그는 별로 관심이 없다고 말했어요. 하지만 코디 스콧에 대해 알게 되자 완전히 흥분했죠. 내가 실제로 그를 만나 봤다고 하니, 미키 루크는 내 비위를 맞추려고 했어요. 만약 해 볼 만한 프로젝트라는 게 있다면 이게 바로 그거라고 말했죠. 그는 코디를 '빌리

✠ 1990년대 미국 힙합 신을 대표하는 래퍼이자 배우. 사우스센트럴에서 마약상으로 일하다가 힙합 신에 들어왔고, 데뷔 이후 큰 인기와 영향력을 누렸다. 경찰을 쏘거나 성폭력을 하는 등 끊임없이 사회적 물의를 일으키기도 했다. 1996년 스물다섯의 나이에 총격 사건으로 사망했다.

더 키드Billy the Kid'✠와 비교했어요. 진짜 총잡이 있잖아요."

골드먼은 냉정한 영화음악 작곡가의 아들로서, 실제 자신의 아버지를 영화 〈잃어버린 전주곡Five Easy Pieces〉에 등장하는 가당을 수 없는 아버지에 빗댄 바 있다. 그는 자신의 클래식 음악 배경에 반항했다. 처음에는 돌리 파튼Dolly Parton, 린다 론스타트Linda Ronstadt를 비롯한 여러 컨트리 가수와 함께 스틸기타 연주자의 길을 걸었고, 이후에는 《로스앤젤레스타임스》에 록 음악 평론을 썼다. 그러고 나서 여성 상담가를 사칭해 《허슬러Hustler》와 《로스앤젤레스리더Los Angeles Reader》에 성생활 상담 칼럼을 썼는데, 이는 곧 '정치적 올바름'에 반대하는 지루한 장광설로 고착되었다. "최대한 많은 주목을 끌려고 노력했어요." 그는 정말로 많은 주목을 끌었다. 실제로 또 다른 대안 신문 《LA위클리LA Weekly》에서 그에게 칼럼을 써 달라는 제안을 하자, 신문사의 모든 직원이 나서서 그의 글이 인종차별적이고 성차별적이며 동성애 혐오적이라는 이유를 대며 그 고용에 반대하는 청원에 서명을 하는 일도 있었다. 이에 그는 자신을 비판하는 사람들을 "악의에 찬" 공격자로 규정하는 글을 써 《로스앤젤레스리더》에 실었으며, 이는 결국 《로스앤젤레스타임스》에 그를 해고할 빌미를 제공했다. 그렇게 그는 영화 시나리오 작업으로 옮겨 갔다.

하우스 오브 챔피언에 남자들이 너무 많이 몰리자, 골드먼은 오디션을 보는 척하는 것조차 포기하고 모두에게 이력서를 제출하라고 지시했다. '몬스터 코디'는 크게 안도의 한숨을 내쉬었다. 그가 떠날 준비를 하고 있을 때, 골드먼은 다음과 같이 말했다. "꼭 같이 일합시다. 당신 책은 진짜 놀랍더군요. 시나리오 작업을 같이 할 수도 있겠죠." 그들은 함께 점심을 먹기로 했다.

✠ 서부 개척 시대에 활동했던 범죄자.

일주일 뒤 사니카 샤커가 내게 전화를 걸어왔다. “스튜가 이래저래 나를 짜증 나게 하고 있어요.” 영화 협상은 결렬되었다. 골드먼이 대출을 제안한 것이건 샤커가 대출을 요구한 것이건 간에, 어쨌거나 돈이 나오지 않았고 영화 계약은 사문이 돼 버렸다. 샤커가 말했다. “너무 우울해요. 나가서 뭐라도 훔치고 싶어요.”

내가 골드먼에게 전화했을 때 그는 신음했다. “내 잘못이에요, 진짜. 코디한테 우리가 이걸 하게 되면 시나리오 일부를 쓸 수 있을 거라고 말했거든요. 그러자 그가 나한테 ‘당신과 함께 작업할 수 있다면 더 바랄 게 없다. 나를 좀 가르쳐 달라’고 했어요. 거기서 내가 끊었어야 했는데.” 골드먼이 샤커에게 다시 전화를 걸어 제작비를 조달할 수 없다고 말하자, 샤커는 저작권을 “정말 말도 안 되게 작은 금액, 그러니까 1500달러”에 팔겠다고 했다. 그러고 나서는 그만큼의 돈을 빌려줄 수 있느냐고 물었다. 골드먼은 개인적으로 돈을 빌려주지 않는다고 했고, 대화는 거기서부터 점점 악화됐다. “정말 안됐어요. 그 사람과 친구가 되기를 바랐는데 말이죠. 며칠 있다가 동네에 데려가 달라고 하려 했거든요.”

일주일이 지나자 사니카 샤커의 기분은 계속 나빠졌다. 그는 내게 전화를 걸어 토크쇼 〈제랄도Geraldo〉 출연이 어그러진 것에 대해 이야기했다. 제작자들은 갱 이야기가 이제 조금 낡았다고 판단해 그의 출연을 취소했다. 차라리 잘된 일인지도 몰랐다. 샤커는 이렇게 말했다. “그러니까, 이 PD는 나를 존경해서 초대한 걸까요, 아니면 내가 공격받게 하려고 나오라고 한 걸까요?” 그건 익숙한 함정이었고, 그는 더 이상 살인자로 알려지고 싶지 않다고 말했다. “그게 대체 뭡니까? 남자가 되기 위해 남자를 살인해야 한다니요. 그건 부정의 부정이에요. 남자로 산다는 게 완전 정신병이 되는 거죠.”

그렇다면, 이게 언론으로부터 받는 인정의 끝이라면, 그저 남자를 죽인 남자가 되고 마는 것이라면, 이제 그는 어떻게 할 것인가? “계속 강도짓을 해야겠다는 생각을 해요.” 그 주에만 두 번째 꺼낸 말이었다. “모르겠어요. 이상해요. 스톡홀름신드롬에 빠진 것 같다니까요.” 무슨 말이냐고 내가 물었다. “모르겠어요. 하지만 감옥에서는 교도관들의 관심이라도 끌 수 있겠죠. 무슨 말인지 알죠?”

일주일 뒤 사니카 샤커는 필수 주간 약물 검사를 놓치고 가석방을 위반했다. 가석방을 위반하면 의무적으로 3개월 형을 선고받았다. ‘몬스터 코디’는 다시 감옥에 갇혔다.

그가 재수감된 지 몇 주 지났을 때다. 나는 면회 시간에 맞춰 L.A. 카운티 교도소에 도착했고, 대기실에서 펠리샤 모리스를 우연히 만났다. 놀랄 일은 아니었다. 펠리샤는 정기적으로 찾아오는 충실한 방문객이었다. 그녀의 무릎 위에는 서류더미가 놓여 있었는데, 기다리는 동안 업무를 처리하려는 것이었다. 드디어 교도관이 “루디 스콧!” 하고 불렀다. 펠리샤는 잘못 불린 이름을 들으며 한숨을 쉬었다. “교도관들은 늘 저래요.” 그녀가 말했다. 그게 교도관들이 수감자의 여자 친구에게, 자신은 ‘몬스터 코디’의 악명에 감명을 받지 않았음을 알리는 방법이라는 것이다. 아크릴 창 너머 반대편 칸막이에서 샤커가 기다리고 있었다. 그가 분하다는 듯 말했다. “내가 무슨 할 말이 있겠어요. 나한테는 이게 일상이죠. 여기야말로 내가 글을 쓸 수 있는 곳 아니겠습니까.” 하지만 그는 내게 꼭 묻고 싶은 것이 있었다. “ESPN에 나 나온 거 봤습니까?” 못 봤다고 말하기 싫었다. 실망할 것을 알았기 때문이다.

이후 펠리샤와 나는 감옥 옆에 있는 축축한 주차장으로 걸어갔다. 여기저기 움푹 팬 웅덩이마다 기름 낀 물이 찰랑거렸다. 우리는 차 옆에 서 있었고, 펠리샤는 울음을 터뜨렸다. 그녀는 "감옥에 갇혀 있는 모습을 보기 싫어요"라고 간신히 말했다. 주차장 반대편에서는 난투극이 벌어지는 중이었다. 우리는 경찰관들이 마른 청년을 자동차 후드 위로 내던지는 걸 보았다. 청년은 경찰관들이 수색하는 동안 가만히 엎어져 있었다. 청년의 친구 두 사람은 도울 힘도 없이 손을 옆구리에 붙인 채 겁먹은 듯 멀찍이 서 있었다.

※ ※ ※

커숀 스콧은 다른 방식으로 경기장을 떠났다. 우선은 잘 알려지지 않은 교외로 물러나 롱비치에 있는 캘리포니아주립대학교 강의실로 갔다. 그리고 그곳에서 올 A 학점을 받았다. 하지만 그는 여전히 노출되어 있다는 불안감을 느꼈고, 결국 새 아내와 그들 사이에 태어난 딸, 그리고 아내의 두 아이를 데리고 이전의 관계들을 떠나 150마일 떨어진 사막 마을 리지크레스트로 이사했다. 그는 사우스센트럴의 지독한 빈곤, 형의 끊임없는 위기, 다시 행동에 나서라는 갱단 동료들의 호소, 그리고 그의 뒤를 계속 밟는 것처럼 보이는 경찰로부터 벗어나고자 했다. 아울러 그가 피하고 있는 또 하나는 미디어였다. 무자비한 태양 빛을 막기 위해 블라인드를 내리던 그가 나에게 말했다. "〈나이트라인〉 이후로 매일 인터뷰를 했어요." 아이들 장난감이 바닥에 어지럽게 흩어져 있었고, 그의 두 살배기 딸은 미니어처 액션피겨의 다리를 비틀며 앉아 있었다. 그가 몸담았던 에잇트레이 갱단이 갱스터 포즈를 하고 찍은 오래된 사진이 대가족의 가족사진처럼 거실 벽 한가운데에 걸려 있었다. 그가 미디어의 맹공격에 대해 입을 뗐다. "한동안 압박을 받았습니다. 어디론가 떠나서 그저 커숀으로 살고 싶었어요. 모두의 릴 몬스터가 아니라요."

커숀 스콧을 괴롭힌 것은 미디어의 접근 방식이 아니라 자기 자신의 반응이었다. "사람들이 내게 묻는 질문들에 대해서, 내 스스로가 질문하기 시작했어요. 이게 맞는 질문인가? 그리고 이런 질문에 답할 수 있는 권한은 어디에서 온 거지? 알다시피 많은 사람이 1992년 반란 이후에 주목을 받았지만, 그건 아무 데로도 이어지지 못했어요. 아무것도 바꾸지 못했죠. 그게 나를 괴롭히기 시작했습니다. 나 자신에 대해 다시 생각하기 시작했죠." 그가 첫 번째로 질문한 건 자신의 옷차림이었다. "처음에 나는 갱단처럼 입고 다녔어요. 모자를 뒤로 돌려 쓰고 바지를 내려 입고요. 뭐, 1981년 이후로는 그런 식으로 옷을 입지 않지만요." 포즈의 문제도 있었다. "가급적 세게 보이고 싶었죠." 하지만 이후 녹화 테이프를 통해 제 모습을 본 그는 몹시 불편해졌다. 명료한 전달력과 극명하게 대조되는 옷을 입으면 사람들의 편견을 뒤흔들 수 있을 거라 생각했지만, 그 옷차림이 오히려 편견을 강화하는 것 같았다. 또 자신은 애초에 그런 이미지를 왜 보여 주고 싶었던 걸까? 언론이 L.A.의 양대 주요 파벌인 크립스와 블러드가 휴전했다는 소식을 믿지 않았을 때, 그는 어쩌면 그 불신의 이유 중 하나가 자신과 다른 많은 이가 보여 주었던 '하지 않으면 죽는다'라는 식의 살인자 포즈였던 건 아닌지 의문스러웠다.

그래서 그는 갱 장비를 치우고 카메라 앞에서 노골적인 행동을 하는 걸 그만두었다. 하지만 그런 변화는 받아들여지지 않는 것 같았다. 인터뷰어들은 '그 질문'을 멈추지 않았다. 커숀은 당혹감을 감추지 못하면서 이렇게 말했다. "〈나이트라인〉에 마지막으로 출연했을 때, 테드 〔코펠〕은 나를 깡패라고 불렀죠." (아마도 커숀은 코펠이 1992년 10월 방송된 L.A. 폭동 회고 방송에서 그와 다른 젊은 남자에게 했던 발언—"당신들은, 좀 부드럽게 말하자면 한때 폭력배였던 사람들입니다.

아니면 여전히 폭력배인가요?"—을 언급하는 듯했다.)[68] 커숀이 말을 이었다. "그가 잘못했다는 건 아닙니다. 그는 온갖 갱단 취재 때문에 방송국에서 엄청난 비난을 받고 있었으니 선택의 여지가 없었을 거예요. 하지만 여전히……." 커숀은 비디오테이프가 가득 차 있는 벽장으로 가서 L.A.의 TV 뉴스 프로그램 〈미드데이 선데이Midday Sunday〉에 자신이 출연한 회차를 뽑아 VCR에 넣었다. 그 프로그램은 크립스와 블러드가 뉴스 프로그램에 "평화롭게" 함께 등장했던 첫 방송으로 알려져 있고, 미디어가 주목했던 역사적인 사건이었다. 하지만 진행자였던 토니 밸디즈Tony Valdez는 화해가 아니라 두 총잡이를 사회적 위협으로 낙인찍으려 하는 것 같았다. 밸디즈는 사우스센트럴에서 벌어졌던 이 "전쟁"에서 얼마나 많은 사람이 죽었는지, 피비린내 나는 시체 수를 자세히 설명한 다음 두 사람에게 물었다. "오늘 아침에 이걸 보고 미개한 데다 야만적이라고 생각하는 분들이 분명 있을 겁니다. 뭐라고 설명하시겠습니까?" 그가 야단을 치는 동안 두 게스트는 말없이 앉아 있었다. "놀랍군요! (…) 당신들의 도덕은 어디에 있습니까?" 밸디즈는 '당신들 중에 여전히 라이벌 갱단에 총을 겨누는 사람이 있느냐'고 물으면서 마무리했다. 그는 질문했다. "오늘 할 겁니까?" 사막의 거실에서, 커숀은 그때 하고 싶었던 답을 들려주었다. "아니요, 토니, 그런 일이 벌어진다면 시청률에는 좋겠지요, 안 그렇습니까?"

커숀은 완전히 물러나는 것 말고는 자신이 캐스팅된 역할, 그리고 자기 스스로에게 부여한 역할에서 벗어날 도리가 없겠다고 생각했다. 그는 미디어의 관점에서 형 코디가 감옥을 들락날락하는 걸 지켜보았고, 더는 이 범죄 드라마에 연루되고 싶지 않았다. 커숀이 말했다. "나로서는 형이 도대체 왜 그렇게 감옥에 가고 싶어 하는지 모르겠습니다." 수년간 형을 숭배하면서 그의 길을 따라온 끝에 그는 몇 가지 고통스러운 진실을 깨달았다. 형은 그를 가르칠 위치에 있었던 적이 한 번도 없었다. 그리고 자신이 형에게 보였던 형제애적 헌신 아래에서 배신감을 느끼고 말았다. 커숀이 체포될 때마다 그가 일으킨 범죄는 코디의 범죄와 연관되어 있었다. "오해하지는 마세요." 그가 오해를 사고 싶지 않은 듯 조심스럽게 말했다. "나는 형이 그 책을 썼다는 거, **그리고** 큰 성공을 거두었다는 사실이 좋았습니다. 형의 인생에서 성공했다고 말할 수 있는 단 한 번의 기회였으니까요. 책은 평생 가는 거예요. 책은 **지식**이잖아요." 그를 괴롭힌 건 형이 책을 썼다는 사실이나 그렇게 명성을 얻었다는 사실이 아니었다. 그를 괴롭힌 건 그 명성의 기반이 된 잘못된 이미지였다. "형이 책을 쓰고 모두가 그 책을 읽었어요. 그리고 마치 형이 거친 물살을 거슬러 성공한 사람인 것처럼 바라봤죠. 하지만 사실은 정반대죠. 왜냐면 형은 또 감옥에 갔으니까요. 형은 행동으로 보여 주지 않았어요. 형은 너무 많은 일에서 나를 실망시켰습니다."

이후 몇 달 동안 커숀은 길 아래에 있는 블림피에서 최저임금 일자리를 얻었지만, 그렇게 번 돈으로는 집세가 가장 저렴한 사막 동네에서도 기본 생활비를 충당하지 못했다. 그는 자신의 책을 쓰기 시작했다. 폭동의 이면에 놓여 있는 정치와 자신의 삶을 바꾸려는 개인적인 노력에 관한 책이었다. 그는 그 책을 '교차로Crossroads'라고 부르려고 했다. 그의 아내 버네사는 몇 달 동안 침대에 누워 있어야 하는 힘겨운 임신을 겪고 있었고, 커숀은 그녀와 아이들을 돌보면서 일하던 패스트푸드점에 자전거를 타고 출퇴근을 했다. 충분히 버거운 시간이었다. 버네사가 임신 9개월을 지나고 있던 어느 날, 코디로부터 전화가 걸려왔다. "동생, 여기로 좀 와 줘야겠어." 커숀은 그가 했던 말을 떠올렸다. "도움이 필요해." 버네사는 커숀에게 가지 말라고 울며 말했다. "내가 가지 못했던 건 차가 없었기 때문이에요." 커숀이 말했다. 천만다행이었다. 만약 차가 있었다면 버네사가 진통을 겪을 때 그 옆에 있지 못할 뻔했다.

"형은 나의 영웅이었고, 아버지 같은 존재였고, 내 롤 모델이었어요." 커숀이 말했다. "형을 존경했고, 형이 하는 일을 존경했어요. 내가 그런 선택을 한 거죠." 이제 그가 이해하고자 하는 건 왜 자신이 그런 선택을 했는가였다. "나는 커윈 형이 아침 5시 30분에 일어나 추운 날에도 〔마켓까지〕 자전거를 타고 4~5마일을 출근하면서 한 번도 결근을 하지 않는 걸 존경할 수도 있었어요. 그걸 존경할 수도 있었다고요." 그리고 요즘은 그랬다. "나는 남자가 된다는 건 늘 총을 가지고 있고 가능한 한 많은 여자와 자는 거라고 생각했어요. 이제는 가족을 돌보고, 가족이 안전한지, 그들 머리 위에 지붕이 제대로 놓여 있는지 확인하는 거라고 생각해요. 남자를 만드는 건 책임을 다하는 거예요."

물론 사막으로 이사한 건 커숀에게는 극단적이고 불안정한 치료법이었다. 거실에 걸려 있는 액자 속 갱단 사진이 보여 주듯, 그가 한때 깊이 관여했던 세계로부터 도망치거나 셀러브리티 문화로부터 탈출하기에는 충분히 멀리 오지 못한 것 같았다. 어쨌거나 사막 안에서도 거실에는 TV가 있었고, 전화기는 울렸으며, 아이들은 액션피겨의 다리를 잡아당기고 있었으니까.

※ ※ ※

커숀 세대의 많은 젊은이에게 탈출이 가능한 사막은 거의 없어 보였고, 거대한 디스플레이 자석은 저항할 수 없는 영향력을 발휘했다. 큰형인 커윈조차 면역력이 없던 시절이 있었다. 당시 그는 여전히 모리대학교를 졸업하려고 노력 중이었지만,

그가 주위를 둘러봤을 때 셀러브리티가 되는 것 외에 달리 무엇을 할 수 있었겠는가? 어느 날 오후 커윈이 좋아하는 선셋 스트립의 유명한 레스토랑 '친친'에 앉아 있을 때, 그는 나에게 자신이 셀러브리티 세계에 들어가려고 애썼던 이야기를 들려주었다. 그 이야기를 하던 도중 호기심 많은 종업원이 갑자기 끼어들었다. 다섯 번은 곱씹어 생각이라도 한 것처럼 그녀는 커윈에게 말했다. "손님, 유명한 사람 **맞죠**! 인터뷰하고 계시는 거고요." 커윈은 미소를 지으며 종업원이 그렇게 생각하도록 내버려두었다. 그는 종업원이 자신을 유명인이라고 생각하는 다른 이유를 알고 있었다. 그는 엄청난 근육질의 체격이었다. "사람들은 항상 내게 NFL의 아무개인지 물어보죠."

사실 그의 체격은 몇 년 전 보디빌딩 세계에 진출할 때 만든 것이었다. 그건 하나의 발길질에서 시작되었다. 그는 역기를 드는 걸 좋아했고, 또 잘한다는 걸 알게 되었다. 처음에 그가 웨이트트레이닝을 매력적으로 느꼈던 건 일을 할 때 필요한 힘을 키우고 그걸 드러낼 수 있다는 점이었다. 그건 자신의 노동 생활을 기리는 일 같았다. "이상하게 들리는 건 알지만, 땀이 날 때까지 운동하는 걸 즐겼습니다. 땀을 흘린다는 게 제일 좋아하는 부분이었어요. **노동**처럼 느껴졌죠." 그는 골드짐에서 진지하게 훈련을 받기 시작했고, 보디빌딩 대회에도 나갔다. 한동안 그는 그 일에 전념했다. 아직 결혼 전이라 혼자 살고 있었고, 곧 일하지 않는 시간은 모두 웨이트트레이닝에 쏟아붓게 되었다. "정규직으로 일하면서 하루에 다섯 시간씩 운동을 했죠. 그냥 말 그대로 체육관에서 살았어요." 때로는 운동을 끝내고 집으로 돌아와서 침대에 누웠다가도, 충분히 운동하지 않았다는 생각에 사로잡혀 다시 일어나 체육관으로 돌아갔다. 보디빌딩에서 중요한 건 우승이었다. "더 하지 못했기 때문에 내 자신에게 화가 나곤 했어요. 분노했죠. 열심히 훈련해도, 언제나 더 열심히 한 사람이 있었어요. 동률 같은 건 없어요. 무조건 더 잘해야 했던 거죠." 1992년 그는 '오렌지카운티 머슬 클래식'과 '아이언맨'에서 우승했다. 덕분에 ESPN에서 방송하는 프로그램 〈머슬 앤드 피트니스Muscle and Fitness〉에 나흘간 진행자로 초청받았다.

한동안 커윈은 전문 보디빌더가 될 수 있겠다고 생각하기 시작했다. "나는 미친 듯이 스테로이드를 복용하고 있었어요. 450파운드쯤은 아무것도 아니라는 듯이 들어 올릴 수 있었죠." 소형 보트를 조종하는 사람들 사이에서 사용하는 용어로 하자면, 그는 확실히 "질소파"였다. 하지만 스테로이드가 그를 두렵게 했다. "그러니까, 그게 내 성격을 바꿔 놓더라고요." 그가 체육관을 떠날 때마다 얻는 반응들로 그의 하찮음이 불타올랐다. "모두가 나를 멍청이에 아무것도 아니라고 생각하죠. 모두가 나를 쳐다보고, 모두가 나를 만지고 싶어 해요. 나는 괴물이었던 겁니다. 그래서 기분이 상했어요." 몸집이 더 커질수록, 그는 더 '믿을 수 없이 줄어든 남자'인 것처럼 느껴졌다.

보디빌더는 돈이 제법 많이 드는 직업이었고, 그 비용을 충당하기 위해 더 많은 돈이 필요했던 커윈 스콧은 '캘리포니아 드림스'라는 나이트클럽 경호원 자리를 수락했다. "보디빌더가 되면, 모두가 자기네 경호원으로 모셔 가려고 하죠." 어느 날 밤, 클럽 사장은 "이국적인 밤"을 선언하고, 그에게 이국적인 의상을 입고 술을 따르라고 시켰다. 그는 셔츠는 없이 칼라와 나비넥타이, 커프스만 차고 반바지를 입었다. 그는 크게 히트를 쳤다("그것만으로도 팁을 주더군요!"). 그리고 클럽의 〈캘리포니아 히트〉라는 무대에 서게 되었다. 남자들로만 이루어진 춤 공연이었다. "처음에는 굉장히 재미있었어요." 게다가 하룻밤에 200달러씩 벌었다. 그는 소방관, 경찰, 탑건 조종사 등 자기만의 의상을 만들어 입었다 벗었다 했다. 그러나 그런 밤 시간은 곧 끔찍해졌다. “여자들이 ‘커윈을 내놔라! 커윈을 내놔라!’ 하고 외쳤어요. 그러곤 내 몸에 손을 대려고 했죠. 사람들이 내 몸에 손대는 게 싫을 때에도 하지 말라고 할 수가 없었어요. 그 사람들한테 돈을 받고 있었으니까요.” 간혹 여자들이 너무 몰려들어, 경호원의 도움을 받아 무대에서 내려와야 할 때도 있었다.

“나는 타락했다고 느꼈어요.” 그리고 그 타락에 대한 분석은 여성 스트리퍼라면 누구나 친숙하게 느낄 그런 내용이었다. “모든 사람이 나하고 섹스를 하길 원해요. 하지만 그건 그저 내가 침대에서 어떻게 보일지 궁금해서 그런 거죠. 여자들을 만났지만, 그들이 하고 싶은 건 그저 내 몸에 대해 이야기하는 것뿐이었어요. 남성 댄서들 모두하고 그런 식이었죠. 문제는, 내가 같이 나갈 수 없는 사람은 **없었지만**, 그들 역시 우리 가운데 **누구하고도** 나갈 수 있다는 거였어요.” 그는 울면서 집으로 돌아오곤 했다. “내 인생에서 가장 우울한 시기였어요. 가장 외로웠고 말입니다. 돈은 많이 벌었지만, 공허한 곳에 살고 있는 것처럼 느껴졌죠. 가슴이 뻥 뚫린 것 같았어요.”

이국적인 쇼가 열렸던 날로부터 2년이 흐른 어느 날 밤, 팜스프링스에 있는 클럽 주인이 자기 클럽에서도 춤을 춰 달라고 초청했다. 커윈은 클럽의 이름을 듣고 좀 불안했지만, 그 요청을 수락했다. 클럽 이름은 ‘셀블록Cell Block’, 즉 독방동이라는 뜻이었다. 클럽에 도착하자 마치 감옥처럼 꾸며진 인테리어가 눈에 들어왔다. 커윈은 춤추는 수감자 처지에 놓일 참이었다. 공연을 시작한 지 며칠 안 되어 한 여성이 무대 위로 뛰쳐 올라왔을 때, 그는 댄스 팀 한가운데에 있었다. “그 여자는 내 나비넥타이를 잡아서 나를 끌어내렸고, 가슴을 손톱으로 긁어서 피가 났어요. 그녀는 ‘나는 할퀴는 걸 좋아해, 나는 할퀴는 여자야’라고 말했죠. 나는 그 자리에서 그만뒀어요. 옷을 갈아입지도 않았어요. 그냥 입은 그대로 자리를 떠났죠."

친친에서 식사를 마치자 계산서가 왔다. 커윈 스콧은 바로 계산서를 집어 들었다. "내가 낼게요." 그가 고집했다. 이국적인 춤을 춘 그 모든 밤에도 불구하고, 커윈 스콧은 여전히 전통적인 구식 남자였다. 그가 궁금해했다. "다음 주에 보트 경주하는 거 보러 올 건가요?" 그는 로즈미드 호수에서 전통적인 가스 구동 선외 모터보트 대회에 자신의 낡은 크래커 박스를 선보일 예정이었다. 나는 그러겠다고 말했다. 투박하고 낡은 배에는 무언가 매력이 있었다. 조선소에서 점검 과정을 보는 것과 완전히 같지는 않더라도 파워보팅에는 위안이 되는 실용적인 면모가 있었다. 적어도 전시의 대상이 되는 건 남자들이 아니라 보트들이었으니까.

종업원은 거스름돈을 받고 마지막으로 한 번 더 말을 걸었다. "그래서, 유명인이에요, 아니에요?" 커윈은 얼굴 가득 미소를 지으며, 충격적이라는 듯이 대꾸했다. "뭐라고요? 나를 TV에서 본 적이 없단 말이에요?" 그 말에 종업원이 얼굴을 붉히며 허둥지둥 멀어졌다. 이윽고 커윈이 손바닥으로 이마를 치며 말했다. "저분한테 거짓말했다는 걸 믿을 수가 없네요. 하지만 꼭 거짓말인 건 아니죠, 〈머슬 앤드 피트니스〉에 출연했으니까요, 그죠? 그러니까 나도 유명인인 셈이죠."

어떤 남자가 《디테일스》를 읽나요?

'이미지'는 오랫동안 미국 사회가 만화에 등장할 법한 고정관념을 만들어 소수의 배척당한 집단, 특히 흑인 남성과 게이 남성들에게 덧씌워 공격하는 선택 무기였다. 그리고 소수자 그룹들은 그에 저항하기 위해 다양한 방식으로 이 폄하의 이미지들을 활용해 왔다. 그건 때로는 코드화된 은밀한 방식으로 진행되었고, 때로는 문화적으로 덧씌워진 구속복을 정치적인 무기로 전환하려는 의식적 노력을 통해 이루어졌다.

흑인 남성들이 역사적으로 비난의 해머록✠을 깨기 위해 사용해 온 전략은 사회의 추악한 묘사를 전유해서 아이러니하고 과장된, 그리고 종종 우스꽝스러운 방식으로 활용하는 것이었다. 세기 전환기에 접어든 흑인 예술가들은 백인 창작물이었던 블랙페이스✣ 민스트럴쇼와 그 쇼에 담겨 있던 흑인들의 굴종 및 어리석음이라는 틀에 박힌 고정관념을 가져와 해학적인 과장을 더해 그런 이미지를 장악해 버렸다. 빌리 커샌즈Billy Kersands✤가 자신의 볼에 당구공을 넣고 자기만의 방식으로 "웃는 깜둥이"를 작품으로 만들어 냈을 때, 그는 흑인 노예가 백인 주인을 속이는 관행shuck-'n'-jive✢을 백인의 환상과 두려움이 반영된 미묘한 풍자로 만들었다. 역사학자 네이선 허긴스Nathan Huggins는 『할렘 르네상스Harlem Renaissance』에서 "흑인은 백인과 마찬가지로 극장의 괴상한 기괴함을 그들 자신과 공포 사이의 거리를 표시하는 방법으로 사용할 수 있었다"고

✠ 상대 선수의 팔을 뒤로 꺾어 꼼짝 못 하게 하는 기술.

✣ 민스트럴쇼에서 백인 배우의 얼굴에 검은 칠을 하는 흑인 분장을 일컫는 말. 1960년대 흑인민권운동을 통해 미국 내 인종차별을 철폐하는 미국 연방 민권법이 제정되었고, 이후 블랙페이스는 명백한 흑인 인종차별 행위로 여겨져 왔다.

✤ 1842~1915. 당대 가장 인기 있는 흑인 코미디언이자 댄서였다. 커샌즈는 능숙한 아크로바틱 퍼포먼스, 춤, 노래, 악기 연주 외에도 당구공이나 접시 따위를 입에 넣어 볼을 채우거나 입을 비트는 루틴으로 유명했다. 그는 백인들이 민스트럴쇼에서 만들어 낸 '멍청한 흑인 남성'이라는 고정관념을 자신의 페르소나로 전유했으며, 사회풍자와 고정관념 강화라는 관습적 재현 사이에서 균형을 잡아야 하는 딜레마에 직면했던 최초의 흑인 예능인 가운데 한 사람이었다.

✢ 권력을 가진 백인들 앞에서 농담을 하거나 회피하는 행동을 일컫는 아프리카계 미국인들의 은어. '흑인은 게으르고 멍청하다'는 건 백인들이 만들어 낸 판타지였지만, 다른 한편으로 흑인 노예들은 이 고정관념에 기대어 게으르고 멍청한 척함으로써 자신의 태업을 정당화하기도 했다.

썼다. 허긴스에 따르면 코미디언은 심지어 그로테스크를 이용해서 자신을 폄하하는 이들보다 스스로를 더 고양시킬 수 있었는데, "그의 관점이 스스로와 자신의 민족을 판단할 수 있도록 해 주었기 때문이고, 그의 포즈가 처음부터 그를 경멸했던 사람들보다 그를 더 높은 위치에 올려놓았기 때문이었다". 블랙페이스 민스트럴은 블랙페이스 이미지를 한 방향으로만 보이는 유령의 집 거울로 만들어 백인들에게 그들 내면의 편집증만을 우스꽝스러운 비율로 확대해서 되비춰 주었다.[69]

이와 비슷하게, 흑인 남성은 종종 '위협적인 흑인 남성'이라는 고정관념으로부터 자신을 보호하기 위해 오히려 그런 식으로 스스로를 포장해 버렸다. 만약 문화가 그들을 약탈자와 강간범으로 낙인찍으려 한다면, 흑인 남성은 극도의 적대감을 드러내면서 그 평결에 대해 논평하거나, 스스로를 보호했고, 그 방향을 바꾸려고 했다. 그래서 블랙 팬서는 무장을 한 채로 캘리포니아주 의회를 행진했고, 그들의 '국방부 장관'인 휴이 뉴턴Huey Newton은 등나무 왕좌에 앉아 소총을 과시하며 사진을 찍었다.[70] 이와 같은 방식으로 빈민가의 꼬마는 기자에게 자신이 갱이라는 표시를 내보일 수 있었다. 어떤 상황에서건 힘power이 있었다. 그것이 비록 백인 자신이 만들어 낸 선입견에 기대어 백인들을 두렵게 만드는 힘이라고 하더라도 말이다. 백인이 흑인에게 제공한 가면을 착용함으로써, 흑인들은 또한 흑인 정체성이 상대적으로 방해받지 않고 존재할 수 있는 좁고 사적인 공간을 만들 수 있었던 것이다. '전미유색인종지위향상협회'(NAACP) 노스캐롤라이나주 먼로 지부장 로버트 윌리엄스Robert Williams가 발견한 것처럼, 과장된 "훌륭함"을 취함으로써 백인의 두려움을 완화시키려는 것은 종종 그다지 만족스럽지 않은 결과로 이어졌다. 1960년대 초반, 그는 백인 전용 수영장에서 한 달 동안 피켓 시위를 이끌었고, 이는 더 심한 모욕과 살해 협박으로 이어졌다. 결국 그는 손에 이탈리아 기관총을 들고 위협적인 백인 군중 앞에 나타났다. 저서 『총을 든 깜둥이Negroes with Guns』에서 윌리엄스는 무기를 보는 것만으로도 그를 괴롭히던 백인들이 즉시 유아적 히스테리에 빠지게 되었고, 한 나이 든 백인 남자는 "누군가가 그를 사람들 사이로 데리고 떠날 때까지 아기처럼 비명을 지르고 울었다"고 회상한다. 맬컴 XMalcolm X가 훗날 언급했던 것처럼 (그리고 정치적으로 사용했던 저 유명한 말처럼) "자기 방어를 암시하는 것이 무엇이든, 그걸 깨치는 흑인 남자의 이미지는 백인들을 두렵게 만드는 것 같다".[71]

1960년대 윌리엄스와 맬컴 X가 살았던 사회에서 사람들은 아직까진 화를 내는 법을 알고 있었기 때문에 사회와 여전히 대결할 수 있었다. 하지만 그 어떤 적대적이고 위협적이며 조롱하는 자세라고 하더라도, 그에 달려들어 자기 것으로 만들고 그것을 팔아먹을 수 있는 탐욕스러운 전시 문화로부터 얼마나 자유로울 수 있겠는가? 일단 이미지 산업이 흑인 남성의 적개심도 상품이 될 수 있다는 가능성을 인식하고, 그것을 교외의 백인 청소년들에게 하나의 스타일로 판매할 수 있는 시각적으로 흥미진진한 '갱스터' 폭력 쇼로 바꾸어 버린다면, 위협적인 무기인들 어떤 안전을 제공할 수 있겠는가? 그런 상황에서 총이란 미디어의 주목과 할리우드의 관심을 끄는 반짝이는 물건이 될 뿐이다. 당신을 길거리에서 체포하게 만든 것들은 화면에서는 화려한 볼거리였다.

전후 몇 년간 남성 동성애자들은 여성스러운 남자라는 스테레오타입에 맞서 유사한 민스트럴 전략을 사용했다. 특히 한 그룹은 드래그 의복과 그에 동반되는 캠프 미학✠의 코드로

✠ 옥스퍼드 영어 사전에서는 '캠프(camp)'를 "일부 사람들이 게이의 전형적인 모습이라고 생각하는 행동을 과장된 방식으로 표현하는 것"이라고

무장함으로써 자신을 가련하고 불쌍한 여자로 묘사하는 멸시의 문화를 해체하려고 노력했다. 사회적으로 신성한 "여성 의복"을 취해서 남자의 몸 위에서 펄럭이게 만드는 것은 남성성과 여성성에 대한 사회의 가장 엄격한 정의를 조롱하는 것이었다. 여성을 흉내 내는 남자들은 기이하고 과장된 재미를 만들어 내고, 섹슈얼리티에 대한 시각적 정의를 흐릿하게 만들며, 커튼을 열어젖혀 화려함 뒤에는 브래지어에 넣은 언더와이어와 분장용 화장품이 있을 뿐임을 드러냄으로써 지배적인 문화와 젠더 이미지에 도전했다. 수전 손태그Susan Sontag는 유명한 에세이 「'캠프'에 관한 노트」(1964)에서 이렇게 썼다. "캠프의 요점은 진지한 것을 몰아내는 것이다." (이 에세이는 캠프의 게이 선조들에 대해서는 대체로 입을 닫고 있다.) 인류학자 에스터 뉴턴Esther Newton은 현장 연구인 『마더 캠프Mother Camp』에서 이렇게 썼다. "드래그 시스템의 효과란 성역할을, 그것을 결정한다고 추정되는 것들, 그러니까 성기의 성차로부터 뜯어내는 것이다." 낮에는 샌프란시스코 건축 삽화가로 활

정의한다. 그러나 캠프가 무엇인지 명확하게 정의하는 것은 간단하지 않으며 광범위하게 퀴어 하위문화와 연결되어 있는 과장되고, 키치하며, 의도적으로 저속한 미학적 실천을 의미한다고 볼 수 있다. 수전 손태그의 입지전적 에세이 이후 비평 담론에서도 다양한 논의가 이루어져 왔다. 데이비드 버그먼(David Bergman)은 1993년 저서 『캠프 그라운드(Camp Grounds)』에서 캠프에 대한 대략적인 합의를 다음과 같이 정리했다. "첫째, 모든 사람이 캠프가 '과장'된 것, '예술적'이거나 '극단적'인 것을 선호하는 스타일(대상 또는 대상이 인식되는 방식에 대한 논쟁)이라고 하는 것에 동의한다. 둘째, 캠프는 대중문화, 상업 문화, 또는 소비주의 문화와 긴장 관계를 가지고 있다. 셋째, 캠프를 인식할 수 있는 사람, 캠프를 이해하거나 캠프를 실천할 수 있는 사람은 문화적 주류 외부에 있는 사람이다. 넷째, 캠프는 동성애 문화, 또는 적어도 욕망의 자연화(naturalization)에 의문을 제기하는 이의 의식적 에로티시즘과 관련이 있다." David Bergman, Camp Grounds: Style and Homosexuality, University of Massachusetts Press, 1993, pp. 4~5.

동하고 밤에는 '저지'라는 이름의 드래그 퀸으로 활동했던 이는 이 부분을 좀 더 구어체로 표현했다. 그에 따르면 그의 목표는 "내 자신과 우리가 끊임없이 수행하고 있는 역할들을 비웃고, 다른 사람들 역시 그걸 보고 웃을 수 있게 함으로써 그들의 기분을 풀어 주는 것"이다. 그는 말했다. "불알을 좀 흔들어서 긴장을 풀어 주는 거랄까요."[72]

캠프가 계략을 사용하는 것, 사회의 어떤 조작을 폭로하기 위해 조롱을 목적으로 스테레오타입화된 이미지를 사용하는 것은 (백과사전의 '캠프' 항목이 제대로 규정하고 있거니와) "진실을 말하기 위한 거짓말"이자 "영웅이 되라고 초대받지 못한 사람들의 영웅주의"다. 캠프가 익살과 재담으로 물러나는 것이 정치적 참여로 이어질 것같이 보이지 않았던 것처럼, 게이들의 화류계로부터 대체로 동떨어져 있던 드래그 역시 사회적 변화의 수단이 될 것 같지는 않았다. 손태그는 자신의 영향력 있는 에세이에서 주장했다. "캠프의 감성이 사회와 분리된 채로 탈정치적이라는 것, 그게 아니라 하더라도 적어도 비정치적이라는 것은 말할 필요도 없다."[73]

하지만 적어도 1969년 6월 28일 이후로는, 말할 필요가 없지 않아졌다. 그날 새벽 1시, 뉴욕시 경찰은 그리니치빌리지의 유명한 게이 바 '스톤월 인Stonewall Inn'을 여느 때와 다름없이 급습했다. 일반적으로 이러한 급습은 무대처럼 짜인 드라마였다. 바 주인이 경찰들에게 돈을 지불하고, 경찰들은 주인에게 정보를 제공했으며, 손님들은 급습이 시작되면 슬그머니 빠져나갔다. 이런 바들은 딱히 합법적이라기엔 애매한 숨겨진 공간이었지만, 남성 동성애자들을 위한 극소수의 "공공" 모임 장소였기 때문에 그곳을 찾는 사람들은 규칙에 따르고자 했다.[74] 하지만 그날 밤에는 경찰이 예고도 없이 스톤월 인에 도착했고, 강제로 쫓겨난 술집 손님들과 길 건너편 공원을 점거해 노숙하던 젊은 드래그 퀸들의 맹렬한 반격을 만나게 됐다. 경찰 일부가 바에 바리케이드를 쳤을 때, 군중은 병과 벽돌을 던지고, 술집 판유리창을 통해 쓰레기통을 내던졌다. 뒤이어 라이터 액체와 불붙은 성냥 역시 던져졌다. 주차 미터기가 뿌리째 뽑혀 술집 정문을 부수는 공성추battering ram로 배치되었다. 폭동에는 눈에 띄는 것이 있었다. 가장 먼저 나섰고 가장 치열하게 맞선 저항자들 가운데 드래그 퀸들이 있었다는 점이다. 일부 설명에 따르면 경찰관과 난투극을 시작한 사람은 태미 노백Tammy Novak이라는 이름의 드래그 퀸이었다. 경찰관이 그녀를 밀쳤을 때, 그녀도 맞받아 그를 떠밀었던 것이다. 이미 체포되어 경찰차에 타고 있던 트랜스베스타이트✠들은 가장 치명적인 여성의 차림새인 하이힐로 무장했다. 나일론 스타킹에 하이힐을 신은 다리가 경찰의 호송차 뒤에서 튀어나와 경찰을 뒤로 날려 버렸다. 마틴 듀버먼Martin Duberman은 권위 있는 기록인 『스톤월Stonewall』에서 이렇게 쓰고 있다. "퀸 한 명이 발꿈치로 경찰을 뭉개 버렸다. 그녀는 경찰을 쓰러뜨린 뒤 열쇠를 꺼내 직접 수갑을 풀고, 자기 뒤에 있던 다른 퀸에게 그 열쇠를 건네주었다." 경찰서의 정예 폭동진압부대(베트남전쟁 반대 시위자들을 진압하기 위해 창설됨)가 미식축구

✠ 일반적으로 transvestite는 '이성의 옷을 즐겨 입는 사람' 혹은 '복장도착자'로 번역되지만, 정확한 번역은 아니다. 처음 이 단어를 고안한 사람은 독일의 성과학자 마그누스 히르슈펠트(Magnus Hirschfeld)였는데, 동성애자/크로스드레서/트랜스젠더가 잘 구분되지 않았던 20세기 초에 트랜스젠더를 지칭하는 말로 '트랜스베스타이트'를 사용했다. 트랜스젠더가 일종의 '복장도착자'로 이해되었던 탓이다. 이후 히르슈펠트는 이 용어를 '트랜스섹슈얼(transsexual)'로 수정한다. 스톤월 항쟁에 참여했던 트랜스베스타이트들과 드래그 퀸들 중에는 크로스드레서와 트랜스젠더가 섞여 있었고, 동성애자 중심의 퀴어 운동이 트랜스젠더의 존재를 지워 온 역사 안에서 제대로 조명받지 못한 것이 사실이다. 따라서 transvestite는 음차 번역함으로써 당시의 상황을 살려서 전달할 수 있도록 했다.

식 설대 대형으로 도착했을 때 그들을 맞이한 건 그들의 역상 이미지인 캉캉 대형이었다. 여장을 한 이들은 깜짝 놀란 경찰들 앞에서 캉캉을 추면서 노래를 불렀다.

우리는 스톤월 걸스
우리는 곱슬머리 가발을 썼지
우리는 속옷을 입지 않지
우리는 음모를 보여 주지 (…)
우리는 우리의 작업복을 입지
우리의 음탕한 무릎 위에!

며칠 밤을 이어진 폭동은 다른 시위와 함께 1950년대 '매터신 소사이어티Mattachine Society'가 결집한 이래 동성애자 해방운동의 최대 르네상스를 촉발했다.[75]

"난 정말이지 참을 만큼 참았어요." 실비아 (레이) 리베라Sylvia (Ray) Rivera가 내게 말했다. 리베라는 '동성애자 해방운동의 로자 파크스Rosa Parks'라고 불리게 된 사람이다. 그날 저녁 경찰이 습격했을 때, 리베라는 친구들과 술을 마시며 그날 오후에 있었던 가수 주디 갈런드Judy Garland의 장례식을 애도하고 있었다. 그녀(리베라를 비롯한 일부 드래그 퀸들은 이 대명사를 선호했다)가 회상했다. "나는 풀 메이크업을 하고 멋진 블라우스를 입었죠. 브래지어나 인조 유방을 착용하지 않았을 뿐, 기본적으로 드래그를 하고 있었어요." 리베라는 스톤월에서 그런 복장을 허용한 몇 안 되는 드래그 퀸 중 한 명이었다. 나중에 '드래그 바'라고 잘못 불리기도 했지만, 동성애자가 억압당하고 또 자신의 정체성을 숨겨야 했던 시절에 스톤월은 여장을 한 사람들을 잘 받아 주지 않았다. 이는 당시 남성 동성애자들 전용 술집에 흐르던 노골적인 적대감 때문에 만들어진 조치였다.[76] 트랜스베스타이트들은 몰락한 존재déclassé로 여겨졌고, 그들의 여성성은 게이들을 당혹스럽게 했다. 리베라가 '참을 만큼 참았다'고 말한 건 거리에서 경험해야 했던 폭력적인 모욕들과, 특히 드레스를 입었다는 이유로 그녀를 한 번 이상 폭행한 경찰 때문이었다. 그날 밤 경찰들이 그들을 바에서 내쫓았을 때, 리베라는 거리의 동료 퀸들이 경찰에게 동전을 던지고, 이내 병을 던지는 것을 보면서 한동안 군중의 가장자리에 서 있었다. 누군가 그녀에게 '몰로토프 칵테일'(화염병)을 건넸고, 그녀는 그걸 던졌다. 그녀는 마음속에서 치솟는 분노를 안고 군중 속으로 뛰어들어 유리창을 부수고 차를 전복시키는 일을 도왔다. 리베라가 말했다. "내가 느낀 건 안도감이었어요. 우리 운동이 살아나고 있다는 걸 알았기 때문이죠. 스페인어로 소리 질렀던 게 기억나요." 그녀는 푸에르토리코 혈통이었다. "혁명은 이곳에서! 혁명은 이곳에서!"

하룻밤 새에 게이들이 전체적으로 정치적 각성을 한 것처럼 보였다. 찰스 카이저Charles Kaiser는 『게이 메트로폴리스The Gay Metropolis』에서 "스톤월의 교훈은 섹스라기보다는 정치에 관한 것이었다"고 썼다.[77] 드래그 퀸들이 크로스드레싱을 하고 재치 있는 오만함을 뽐내며 무대 위를 걷는 것은 게이들을 비난하는 세상에서 개인적으로 코를 찡긋하는 것 이상일 수 있다는 사실이 밝혀졌다. 드래그의 개인적인 공연 아래에 놓인 정치적 내용은 래디컬 드래그의 길거리 극장 혹은 "젠더에 엿 먹이기"에서 곧 명백해졌다. 이는 인가된 성역할에 도전해온 동성애자 해방운동과 페미니즘으로부터 비롯된 것이었다. 스톤월 운동이 있은 지 1년 만에 "게이 파워"와 "커밍아웃"이 수천 명의 외침이 되었고, 동성애자해방전선Gay Liberation Front이 조직되었으며, 동성애자 권리 단체들이 전국적으로 생겨났다. 스톤월 항쟁 1주년을 기념하여 뉴욕에서 1만 명이 넘는 활

동가들이 센트럴파크의 게이인Gay-In을 향해 행진✠했다.[78]

트랜스베스타이트들은 혁명을 촉진하는 데 일조했다. 그들은 장식 문화의 통화인 섹스를 취해서 그것을 정치적 동전으로 교환하는 방법을 찾아냈다. 이후에 대중적인 설명은 종종 드래그 퀸을 단순히 초기 돌격 부대로 규정하면서 그렇게 그들이 이 운동 초창기에 함께했었다는 것 이상의 공을 인정하지 않았다. 좀 더 주류 운동 그룹들이 이끌었던 "진짜" 동성애자 해방운동으로부터는 지워 버렸던 것이다. 그러나 그들의 역할을 격하시키는 건 결국 더 깊은 저항을 누락해 버리는 일이었다. 스톤월의 단골이자 그곳에서 벌어진 폭동을 기록했던 동성애자 권리 운동가 겸 연구자인 마틴 듀버먼은 나에게 드래그 퀸이 단순히 거리 시위에서만이 아니라 일상적으로 그들을 억누르는 문화와의 대결에서도 영웅적인 도전자였다고 말했다. "어디를 가든 자신이 되겠다는 실비아 리베라의 맹렬한 결의는 젠더에 대한 우리의 가장 조심스러운 개념, 젠더에 대한 전체 이분법적 개념에 대한 획기적인 도전이었습니다." 드래그의 전시는 동성애자-이성애자라는 구분은 물론 많은 전선에서 강력하게 파괴적인 도구임이 입증되었다. 리베라는 베트남전쟁 기간에 완벽한 퀸 착장으로 징병위원회에 참석했는데, 왜냐하면 그녀는 "우리가 적대해야 할 일이 없는 나라와 전쟁을 할 생각이 없었기" 때문이었다(징병위원회는 어떻게든 그곳에서 그녀를 사라지게 만들고 싶었기 때문에, 무료로 집까지 멋지게 태워 달라는 그녀의 요구를 들어주었다).

✠ 1970년 6월 28일 크리스토퍼 스트리트 해방 기념일에 스톤월 항쟁 1주년을 기념하여 크리스토퍼 스트리트에서 집회가 열렸고, 센트럴파크까지 51블록에 걸쳐 미국 역사상 최초의 LGBT 프라이드 행진이 진행되었다. 센트럴파크는 건립 초창기부터 게이 커뮤니티에서는 게이들이 모이는 장소로 유명했다.

스톤월 이후 몇 년간, 뉴욕시의 많은 동성애자 해방 시위에서 리베라의 모습을 볼 수 있었다. 그녀는 동성애자 권리 법안에 대한 비공개 시의회 회의에 들어가기 위해 하이힐을 신고 열려 있는 창문을 향해 기어오르다가 투옥되기도 했다. 그러나 리베라와 여타 드래그 퀸 활동가들은 사회에 어떻게 보일지 그 대중적 이미지에 점점 더 관심을 기울이는 동성애자 인권운동이 그들을 그다지 환영하지 않는다는 걸 매우 빨리 알아차렸다. 그 시기 '전국 동성애자 비상대책위원회National Gay Task Force'(NGTF)의 유일한 드래그 퀸이던 베브 스카피Bebe Scarpi가 말했다. "그들은 체포가 필요한 모든 시위에는 실비아를 앞세웠어요. 하지만 카메라 앞에 서야 할 때는 아무도 실비아에게 전화를 걸지 않았죠. 1970년대 초반 게이 운동에는 드래그 퀸이 동성애자들의 남성적인 이미지를 해쳤다는 느낌이 강했죠. 그들은 그걸 자신들의 남성성에 대한 모욕이라고 생각했어요." 스카피에게 드래그 퀸의 "가시성"은 견고한 것을 흔드는 정치적 파워의 핵심이었다. 그녀가 내게 말했다. "당신들은 우리를 봤어요. 그래서 우리는 숨어 버리는 호사를 누릴 수가 없어요. 하지만 그게 우리에게 힘을 주기도 했죠." 그리고 궁극적으로 그 때문에 그들은 운동으로부터 배제되었다. 스카피가 씁쓸하다는 듯 말했다. "처음에 그들은 우리의 가시성을 이용했어요. 그런 다음에는 우리의 단호함을 이용했고요. 그러고 나서 우리가 필요 없어지자, 그들이 사회에 받아들여질 수 있도록 우리를 밀어내 버린 거죠." 그녀 자신도 NGFT를 그만두었다. "트랜스베스타이트 토큰으로 사용되는 것"에 지쳤기 때문이었다.

실비아 리베라는 1973년 '게이 프라이드 데이' 행사에서 동성애자 남성과 여성 모두 자신에게 충격적으로 노골적인 적개심을 드러내는 걸 느꼈다. 그 시작은 "정치적" 발언이 없어야 한다는 이유로 축제가 연사 명단에서 그녀의 이름을 지워 버린 것이었다. 그 자리에 있었던 사람들에 따르면, 리베라가 무대로 올라가려고 하자 남녀 모두 그녀를 밀치고, 차고, 야유를 퍼부었다. "내 형제자매들이 나를 때렸지요." 이렇게 회상하는 리베라의 목소리는 여전히 상처받은 채였다. 그날 행사를 기록한 비디오테이프는 그녀의 연설 중에 "닥쳐!"라고 외치는 청중의 목소리와 함께 일어난 소동을 부분적으로 기록하고 있다. 리베라는 연설에서 청중을 향해 드래그 퀸의 많은 수가 감옥에 갇히고, 구타당하고, 강간당했지만 그 희생을 인정하지 않는 것과 아직 감옥에 있는 이들을 돕지 않는 것에 대해 질타했다. 이후 잡지 《드래그DRAG》 편집장이 티아라와 가운을 입고 크로스드레싱을 한 채 마이크를 잡았다. 그녀의 목소리는 분노로 떨리고 있었다. "당신들은 드래그 퀸이 당신들을 위해 한 일 때문에 술집에 갈 수 있습니다." 그녀는 자신이 뉴욕시의 게이 바를 합법화해야 한다고 성공적으로 강변하면서 바꾸어 낸 도시 규약을 의미하며 입을 열었다. "우리가 당신들에게 긍지를 주었어요. (…) [드래그 퀸들은] 당신들이 옷장으로부터 나와 커밍아웃할 수 있도록 그 문에 기름칠을 해 주었죠. 하지만 더 이상 내 눈물로 기름칠을 해 주지 않겠어요. 동성애자 해방, 엿이나 먹어라!" 그러면서 그녀는 자신의 티아라를 군중을 향해 던졌다. 행사 진행단은 서둘러 베티 미들러Bette Midler를 무대 위로 올렸고, 그녀는 노래를 부르기 시작했다. "당신에겐 친구가 필요해요……."[79] 이틀 뒤 실비아 리베라는 손목을 그었다. "세상과 운동에 너무 화가 났어요."

그러나 결국 스톤월의 드래그 퀸 유산은 과거의 여성혐오라든지 비판적인 청교도주의보다 훨씬 더 강력하게 이를 지워 버리려는 세력, 크로스드레싱으로부터 모든 정치적인 맥락을 지워 버리려는 세력, 곧 장식 문화의 먹이가 되어 버린다. 그

스포트라이트를 받으면 "수용" 자체는 새로운 의미를 띠게 된다. 몇 년 새에 허름한 스톤월은 광택이 나는 나이트클럽 스튜디오54에 자리를 내주었고, 1980년대가 되면 그 자리에 라임라이츠가 들어선다. 그리고 한때 동성애자를 혐오하는 깡패들을 쫓아내던, 폭도에게 고용된 보디가드들은 벨벳 로프를 매고 셀러브리티가 되고 싶어 하는 이들과 셀러브리티를 보고 싶어 하는 이들로부터 클럽의 화려한 이미지를 지키는 잘생긴 도어맨으로 대체됐다. 가려지는 것이 아니라 보여지는 것이 요점이 되었다. 1970년대 후반과 1980년대 초반에 상업적인 게이 클럽 신에서 이제 막 성인이 된 근육을 키운 젊은 고객들은 새로운 댄스 플로어 위로 솟아 오른 꽃 받침대에 올라가 홀로 자신을 전시할 기회를 얻기 위해 다투었다. 몇몇 젊은 남자는 여전히 기이하고 성별에 구애받지 않는 옷차림을 하고 있었다. 하지만 대체로 주목을 끌기 위해서였지 정치적 효과를 노린 건 아니었다. 옷차림 대부분은 엄격한 성역할에 도전하는 것이 아니라 상업적으로 승인된 유혹의 스타일에 맞춘 것이었다. 즉 캔디 달링Candy Darling이나 홀리 우들론Holly Woodlawn✠이 아니라 캘빈클라인이나 랄프로렌이 보증하는 폴로셔츠와 전통적으로 "남성적인" 카키색 유니폼을 입고 있었다. 존 데밀리오John D'Emilio와 에스텔 프리드먼Estelle Freedman은 미국 섹슈얼리티의 역사를 다룬 『친밀한 문제Intimate Matters』에서 이렇게 썼다. "몇몇 활동가는 인지하고 있는 것 같았지만, 게이 운동은 핵심적인 부분에서 동성애자 인권운동은 주류 성 문화와 같은

✠ 캔디 달링과 홀리 우들론 모두 앤디 워홀의 슈퍼스타이자 트랜스젠더 아이콘으로 잘 알려진 미국 배우들이다. 앤디 워홀이 제작하고 폴 모리세이가 연출한 〈반란의 여성(Women in Revolt)〉(1971)에 함께 출연했다. 1960년대 여성해방운동, 특히 발레리 솔라나스의 「스컴 선언문」을 풍자하는 이 작품에는 달링과 우들론뿐만 아니라 또 다른 트랜스젠더 스타이자 배우인 재키 커티스(Jackie Curtis)가 출연했다.

방향으로 움직이고 있었다. (…) 그리고 1970년대 남성 동성애자 하위문화를 특징짓게 된 상업주의는 이미 성을 시장성 있는 상품으로 만든 소비주의적 가치와 다르지 않았다."[80]

이미지에만 신경을 쓰는 시대의 첫 번째 희생자는 드래그 그 자체였다. 1970년대 중반까지 게이 남성 문화의 일부는 새롭고 공격적인 마초적 포즈를 취하고 있었는데, 당시 몇몇 게이 논객이 지적한 바와 같이 캠프의 자기의식적인 조롱이 특히 부족했다. 1977년 잭 니컬스Jack Nichols는 《게이스위크Gaysweek》에 수록된 글을 통해, 전국적으로 "로프, 해골, 가면, 쇠사슬, 크로우바, 안전모, 심지어 스와스티카로 장식된" 레더 바leather bar✠의 부상을 염려하며 다음과 같이 물었다. "이러한 SM 패션의 유입은 돔과 섭 SM 플레이어들이 주장하는 것처럼 정말 새로운 종류의 성적 해방과 인식을 개척하는 것일까? 아니면 이 지배/복종의 여행은 부분적으로 구식의 남성/여성 역할에 기반하고 있는 요소들을 동성애자들을 위해 부활시킨 것인가?" 게이 작가이자 문학 교수인 시모어 클라인버그Seymour Kleinberg는 1980년 에세이 「그 많던 끼순이Sissies는 다 어디로 갔나?」에서, 똑같이 조각된 상체에 크루컷으로 머리를 자르고 탱크톱에 가죽 잠바를 입은 젊은 게이 남성들 무리 안에서 목격한 "남성성에 대한 끈질긴 추구"를 불안하게 언급했다. 그들은 상징적으로 드래그 퀸 반대편에 놓여 있었다. 드래그 퀸들은 "자매애가 있었고, 스스로 '남자들은 모두 같다'는 식의 섹슈얼리티 관념의 희생자가 되었음을 이해했기 때문에 여성성을 모방한" 이들이었다. 그러나 한편 쿠키 틀처럼 똑같은 마초 이미지를 찍어 내는 새로운 모델들에게 "남자다움은 유

✠ 가죽 재킷, 조끼, 부츠, 하네스, 또는 기타 액세서리 등 가죽 의류를 포함하는 성적 행위와 관행을 포함하는 게이 하위문화인 '가죽 문화(leather culture)'를 즐길 수 있는 술집.

일한 진정한 미덕이었다. 다른 가치들은 경멸할 만한 것이었다." 새로운 게이 상남자는 "그들 자신의 삶을 억압해 온 이성애자 사회의 가치를 에로틱하게 만들고 있었다".[81]

적어도 근육질 "해병"의 상남자 포즈에는 여전히 개별적인 위트, 약간의 드래그가 포함되어 있을 수 있었다. 하지만 1990년대가 되면, 대니얼 해리스Daniel Harris가 게이 라이프의 상업화를 예리하게 진단한 책 『게이 문화의 흥망성쇠The Rise and Fall of Gay Culture』에서 지적하듯 동성애자 권리운동 슬로건은 '우리의 해방은 마스터카드로 구매할 수 있다'가 되어도 무방해 보였다. 쇼핑이 액티비즘의 다른 형태로 재규정되었고, 엔터테인먼트 기업이나 광고사에서 문화를 모니터링하고 젠더를 규정하는 권한에 대해 질문하는 건 명백히 유행에 뒤떨어진 것이 되었다. 게이 미디어 영역만큼 이런 상황이 분명하게 드러나는 곳은 없었을 것이다. 그곳에선 과거의 '지하' 정기간행물들이 놀랄 만큼 빠르게 《배니티페어》 유사판으로 변모하고 있었다.[82] 클럽 세계와 마찬가지로 잡지 세계에서도 문화적으로 지배되는 남성성에 대한 반란은 오래 지속되어 왔지만, 이제 그 자체의 종말을 묵인하는 상황에 이르렀던 것이다.

※ ※ ※

1990년대에는 미국 남성이 고개를 돌릴 때마다 진열장을 마주하게 되는 것 같았다. 더 나쁜 것은, 그 자신이 그중 하나에 들어 있는 것처럼 보였다는 점이다. 장식적인 문화는 다양한 형태를 취할 수 있었지만, 그 핵심에는 악의적인 관음증이 있었다. 그리고 커윈 스콧이 알아차렸고 스퍼포스가 이미 알고 있었던 것처럼, 섹스는 금본위제의 금처럼 장식 문화의 표준적인 가치였다. 팜스프링스의 나이트클럽에서, '대안적인' 주간지 뒤편의 이국적인 춤 광고에서, 《배니티페어》의 나이키와 캘빈클라인의 도발적인 배치에서, 타임스스퀘어와 선셋대로 위를 맴도는 광고판에서, 섹스의 전시는 다른 많은 것이 측정되는 기준이었다.

"남자는 이제 성적 대상이 되었습니다!" 샘 샤히드Sam Shahid는 맨해튼 시내에 있는 자신의 광고대행사에서 나를 반기며 명랑하게 선언했다. 사무실 선반은 그 판결에 대한 화려한 증거들로 치장되어 있었다. 이 광고 맨은 옷을 거의 걸치지 않은 남성 모델의 사진, 슬라이드, 그리고 잡지에서 뜯어낸 광고 이미지 더미 속에 자리 잡고 있었다. 캘빈클라인 광고를 제작하는 자회사의 전前 광고 제작 총감독(CD)인 샤히드는 유행을 선도하는 '옵세션 포 맨Obsession for Men' 광고 시리즈를 구성하는 데 도움을 주었고, 이후에는 바나나리퍼블릭, 베르사체, 페리엘리스, 애버크롬비(여기서 그는 존 웨인의 아들과 손자를 도발적인 모델로 사용했다) 등을 위해서도 그와 비슷한 테마의 남성 우상숭배 이미지를 선보였다.[83] "가슴 근육은 이제 새로운 유방이죠!" 그가 말했다. 그는 소비에서 지배적인 우상이었던 여성 신체가 폐기된다는 사실에 들떠 있었다. "남자들은 여자들보다 더 인기 있는 성적 대상이 되었어요! 남자들이 이제 섹스의 신이에요! 여자들을 대체해 버렸죠!" 그의 관점에서 여자들의 문제는 더 이상 성적 대상이 되고 싶어 하지 않는다는 점이었다. "여자들은 책상 뒤에 앉아 있는 게 섹시하다고 생각해요. 그게 앤테일러가 성공한 비결이죠." 그는 의류 회사 앤테일러의 화려하지 않은 전문직 복장을 언급하며 외쳤다. "여자들은 너무 PC해졌어요. 여자들은 '나를 이용하지 마'라고 말하죠. 하지만 남자들은 '나를 이용해요!'라고 말합니다."

샤히드는 장식용 정원에 남자들이 들어가기 시작한 날짜를 케네디 대통령의 선거로 잡았다. "케네디가 시작한 거예요.” 그는 수영장에 있는 대통령의 사진을 처음 봤던 날을 경외심을 가지고 회상하며 말했다. “존 케네디가 셔츠를 입지 않고 돌아다니고 있었죠. 하룻밤 사이에 그런 게 받아들일 수 있는 일이 돼 버렸다고요. 남자들도 사랑받을 수 있다는 거 말이죠.” 더 최근으로는 캘빈클라인에게 전적으로 공을 돌렸는데, 샤히드는 1981년부터 1991년까지 그에게 광고를 제작해 주었다. 샤히드는 자신이 남자들을 성적 대상화 천국으로 끌어 올리는 데 참여했던 과정을 보여 주기 위해서 과거 캘빈클라인 광고 몇몇을 꺼냈다. 그에 따르면 이 작업들은 그가 아직 광고를 제작하는 자회사의 하급 직원으로 일하던 시절 전설적인 캘빈클라인 남성 속옷 광고 제작을 보조하면서 시작되었다. 그 전설적인 광고는 햇볕에 그을린, 거의 옷을 입지 않은 장대높이뛰기 선수의 신체를 전시했다. 그 사진은 1983년 타임스스퀘어에 5층짜리 높이의 광고판 버전으로 공개되었고, 대단한 반향을 불러일으켰다. 샤히드가 사색에 잠긴 채 말했다. “아래에서 위를 보며 찍은 사진이었어요. 그래서 그가 아주 장엄해 보였고, 신보다 더 커 보였죠.” 그는 다음 단계를 보여 주기 위해 페이지를 넘겨서 또 다른 포트폴리오를 꺼냈다. 그건 네 사람이 성관계를 맺고 있다는 듯 암시를 주는 캘빈클라인의 광고였다. “세 남자와 한 여자가 있죠. 그래서 여자도 그저 남자들을 돋보이게 하는 셈이죠.” 이어서 캘빈클라인의 1991년 ‘록 콘서트’ 광고로 넘어갔다. 그건 여러 페이지에 걸쳐 소개되도록 기획됐다. 그는 남성 “슈퍼스타 록 스타”가 그의 말대로 숭배를 받고 있는 동안 혼자서 망연자실한 표정을 짓고 잇는 여자 모델의 사진을 가리켰다. “이건 여자들은 무엇이 되었고, 남자들은 이제 무엇이 되었는가에 대한 이야기예요. 이 여자를 좀 보세요.” 그가 분개하면서 말을 이었다. “그녀는 강해요. 평정심을 잃지 않죠.”

샘 샤히드의 에이전시에서 몇 블록 떨어진 곳에는 그의 솜씨가 발휘된 광고 페이지로 도배하다시피 한 잡지를 만드는 잡지사가 있었다. 1997년 여름, 잡지 《디테일스Details》의 맨해튼 로프트 공간을 방문했을 때, 저항의 포즈가 얼마나 쉽게 순응의 태도가 될 수 있는지 떠올릴 수 있었다. 폐쇄된 사무실로 막혀 있는 좁은 사육장 같은 로프트의 미학은 보헤미안 스타일이라기보다는 IBM에 가까웠다. 장식은 별로 중요하지 않았다. 이 잡지는 곧 모회사인 콘데나스트의 반짝거리는 새 업타운 본부로 이사할 예정이었다(콘데나스트는 《배니티페어》《보그Vogue》《HG》《구어메Gourmet》를 발간하고 있었다). 그건 1990년대 중반까지 발행부수가 다섯 배 가까이 증가하면서 거의 50만 독자를 거느리게 된 이 "멋지고" "쿨한" 젊은 남성 잡지에는 갑작스러운 변화의 행보가 될 것이었다. 《디테일스》의 오픈리 게이 편집장 조 돌체Joe Dolce는 가까운 친구이자 멘토라 믿었던 콘데나스트 편집국장(《디테일스》 전 편집장) 제임스 트루먼James Truman의 손에 유난히 상스러운 방식으로 쫓겨났다. 트루먼은 몇 달에 걸쳐 비밀리에 새로운 편집장 후보자 면접을 봐 왔었다. 돌체가 그 사실을 알아낸 뒤 브라질에 휴가를 가 있는 트루먼에게 전화를 걸었을 때, 그의 보스는 2분 남짓한 통화에서 그 배신을 확인시켜 주었다. 돌체는 트루먼에게 해고당하기 전에 먼저 그만두었다. 돌체가 내게 말했다. "불알balls이 뜯긴 느낌이었어요."

콘데나스트가 돌체를 거세한 것은 사실 잡지에 이성애자 고환cojones을 부착하려는 더 큰 기업적 전략 때문이었다. 회사 상급자들은 《디테일스》 판매 부수를 더욱 늘리는 방법은 (콘데나스트의 일부 경영진 표현을 사용하자면) 잡지를 "이성애화"할 수 있는 편집장을 고용하는 거라고 판단했다. 최근 스포츠 잡지 창간을 준비했던 전 《배니티페어》 편집장 마이클 카루소Michael Caruso가 적임자처럼 보였다. 고용 직후 그는 NBA 결승전을 보자며 맨해튼 스포츠 바에 스태프들을 불러 모았다.

내가 《디테일스》 사무실을 처음 방문한 날, 새로 자리 잡은 카루소는 이성애자용으로 만들어질 첫 호를 위한 세련된 모델 착장 이미지를 연구하고 있었다. 그의 새로운 패션 디렉터인 데릭 프로코프Derick Procope가 새로운 편집장 책상에 8×10 크기의 반짝이는 사진을 펼치면서 말했다. "이 사람이 내가 슈트 지면에 사용하고 싶은 모델이에요." 카루소는 그 사진들을 보고 코를 찡그렸다. "이 남자는 좀 지나치게 예뻐 보여서 신경이 쓰이는데. 계집애 같잖아." 프로코프는 편집장에게 걱정할 필요 없다며 안심시켰다. "좀 더 남자답게 만들 수 있어요." 프로코프는 두 흑인 남자가 스포츠맨처럼 입고 있는 잡지 광고 이미지를 펼쳐 놓았다. 카루소는 고개를 끄덕였다. "그래, 얘네는 좀 남자다워 보이네." 카루소가 《바이브》에서 스카웃해 온 영국 흑인 패션지 편집자인 프로코프는 이미 새로운 고용주가 무엇을 원하는지 감을 잡고 있었다. 두 남자는 밀라노에서 열린 이탈리아 패션위크에서 막 돌아온 참이었고, 그곳에서 카루소는 어느 런웨이 쇼로 가는 길에 그를 보고 "데릭, 타이슨의 경기를 볼 장소를 찾아야 해!"라고 말했다. 그리고 두 남자는 일이 끝난 뒤 미국식 스포츠 바로 향했다.

내가 방문했던 1997년 여름, 카루소는 일을 시작한 지 한 달도 채 되지 않은 상태였다. 그의 사무실 벽에 걸려 있는 유일한 장식물은 순전히 기능적인 목적을 위한 큰 게시판이었다. 거기에는 곧 공개할 특집 제목이 붙어 있었다. '데모 더비'✠ 'TV 속 귀여운 여자들' '불타오르는 남자' 그리고 '슬래시'. 그는 잡지의 서비스 섹션 이름을 '피크 퍼포먼스Peak Per-

✠ 경주를 하는 것이 아니라 서로 들이받는 경기를 하는 자동차 스포츠.

formance'(최고의 성과)로 바꾸고, 그의 첫 패션 지면 제목을 '파워 플레이Power Play'(힘겨루기)로 지었다. 이번 주 내내, 그는 프로스포츠 선수가 표지에 등장해 주기를 바라며 셀러브리티 스포츠 선수들 에이전시와 트레이너 대표들에게 전화를 돌리느라 정신이 없었다. 하지만 쉽지 않았다. 카루소가 내게 말했다. "스포츠계 인사를 잡지로 끌어오려고 전화를 걸면 '아, 그거 게이 잡지 아닌가요?' 이런 반응을 듣죠." 그는 한숨을 쉬었다. "게이 콘텐츠가 하나라도 있으면 그 잡지는 게이 잡지가 되는 거예요." 성적 지향이라는 측면을 제외하고도, 스포츠 에이전시 대부분은 50만 부라는 판매 부수가 여전히 그들의 관심을 끌 만큼 "충분히 대단"하지 않다고 여겼다. 땀 흘리는 농구선수 대신 카루소는 영화 〈스윙어즈Swingers〉의 스타 빈스 본Vince Vaughn을 표지 모델로 선택했다. 편집장 말에 따르면 그는 이 잡지가 보여 줘야 하는 "일종의 자신감 있고 부담스럽지 않은 남성성"을 보여 주는 배우였다. 그는 아르마니 슬랙스와 프라다 로퍼를 신고, 여유롭게 포즈를 취하고 있는 본의 사진을 집어서는 갑자기 안타까운 표정으로 올려다보며 말했다. "남자들은 자신감을 보고 싶어 하죠." 그는 잠시 멈췄다가 덧붙였다. "우리가 진짜로 자신감이 없을 때 말이에요."

카루소의 이성애-마초적인 "허세 부리는swashbuckler" 태도(당시 《뉴욕포스트New York Post》가 이렇게 명명했다)는 그의 실제 자아를 반영한다기보다는 콘데나스트의 요구를 수용한 것에 가까웠을 수 있다.[84] 그의 스포츠 저널리즘은 전통적인 마초를 표현했다고 보기는 어려웠다. 그가 뉴욕의 《빌리지보이스》 스포츠면을 편집했을 때, 그는 '미시시피의 덫 놓기 문화'나 호주의 낙타 경주, 그리고 '시애틀의 노인 수영' 같은 주제를 다루었다. 《디테일스》의 "탈脫게이화"(몇몇 직원은 쓰라리게 이렇게 표현했다)에 대해 새로 온 편집장을 탓하거나, 콘데나스트가 지금 새롭게 도입한 정책 방향만을 탓해서는 이 잡지가 지켜 온 소명에 대한 근본적인 배신을 보지 못하게 된다. 그 배신은 7년 전 콘데나스트가 게이 남성들이 열심히 읽던, 밤 문화와 패션에 관한 독립적이고 캠피한 다운타운 간행물이었던 《디테일스》를 인수해 기업에서 제작하는 '남성 잡지'로 바꿔 버렸을 때 이미 일어났다.

오리지널 《디테일스》는 1982년 맨해튼 다운타운 클럽 신에서 등장했다. 신문 인쇄용지에 찍어 낸 입자가 거친 사진과 사제로 만든 것 같은 분위기를 가진 흑백의 정기간행물이었고, 그 모토는 "우리의 도어맨은 당신의 우체부다"였다. 뉴욕 클럽 신의 상당 부분이 스튜디오54를 따라 이미 상업적 관습에 굴복했을 때에도, 새 잡지의 감성은 여전히 대체로 보헤미안적이었다. 잡지를 창간한 이들은, 다소 특이한 방식이기는 했지만, 젠더에 대한 관습적인 가정을 뒤집고 남자와 여자의 개인적 자유를 확장시키는 부분에서 게이 해방운동과 페미니즘을 종종 연관시켰다. 초대 편집장 애니 플랜더스Annie Flanders는 나에게 "그것은 우리만의 사적인 혁명이었다"고 말했다. 페미니스트의 사고방식을 가진 "나이 든 히피"이자 주로 동성애자 예술계의 비공식 '대지의 여신'인 플랜더스는 대안 신문인 《소호위클리뉴스SoHo Weekly News》의 스타일 에디터를 역임했고, 그 잡지의 남성 패션 부분에서 편안하고 노골적으로 게이스러운 스타일을 추구했다. "나는 어렸을 때부터 게이들의 세계를 아주 잘 알았어요. 오빠가 게이였거든요. 그리고 패션계에서 일을 시작했기 때문에 가장 친한 친구들도 게이였죠." 플랜더스는 동성애 혐오가 얼마나 삶을 피폐하게 하는지를, 역시 비극적이게도 너무 가까이에서 경험했다. 그녀의 오빠는 자신의 섹슈얼리티에 대한 자기혐오와 우울증으로 평생 고통스러운 싸움을 벌여야 했다. 오빠의 고통은 동성애를 혐오하는 "슈퍼스타 스포츠 선수" 아버지 때문에 악화되었다. 그는 딸에게 "동성애가 지구상에서 제일 천하고, 그렇게 생각하지 않는 너 같은 것들은 그다음으로 천하다"라고 말한 적도 있었다. 플랜더스와 오빠는 언제나 가까웠고, 오랜 세월 그녀는 오빠의 고통을 덜어 주려고 노력했다. 1977년, 플랜더스의 오빠는 자살했다. 그 죽음의 여파로 아버지는 끊임없는 불면증에 시달리다가 1년 뒤 테니스 코트에서 치명적인 심장마비를 일으켜 예순다섯을 일기로 세상을 떠났다. 플랜더스는 동성애자를 증오하는 문화가 두 사람을 죽였다고 생각했다.

애니 플랜더스가 《디테일스》를 편집하는 동안, 잡지의 페르소나는 게이 작가 스티븐 세이번Stephen Saban이 만들어 갔다. 맨해튼 중심가의 클럽 신에 대해 부드럽게 조롱하면서 풍자하는 그의 칼럼은 빠르게 이 잡지의 고동치는 심장이 되었다. 주류 언론은 그를 "밤의 보즈웰✠" "1980년대의 노엘 카워드Noël Coward✛"라고 불렀다.[85] 그러나 그의 글은 그보다는 친구에게 쓴 편지처럼 읽힌다. (그는 본인의 스타일을 전형적으로 보여 주는 한 칼럼에서 이렇게 털어놨다. "모두에게 완전히 불쾌하게 굴었던 것에 대해 사과해야 할 것 같다. 나는 그날 아침, 신상 감기와 기침을 달고 느지막이 일어났다.")[86] 그의 헌신적인 독자들은 클럽에 가는 이들이 아니었다. 그들은 플랜더스의 오빠가 견뎌야만 했던 종류의 괴로움에 고통스럽게도 익숙한, 내륙지방의 젊은 게이들이었다. 세이번 자신은 1950년대

✠ 영국의 전기작가 제임스 보즈웰(James Boswell). 타고난 기록벽과 세심한 관찰력을 바탕으로 쓴 『존슨전(Life of Samuel Johnson)』으로 유명하다. 세이번을 보즈웰에 비유함으로써 1980년대 게이 하위문화에 대한 기록자이자 논평자로서의 세이번의 역할이 강조된다.

✛ 영국의 극작가이자 배우이며 작곡가. 주로 분방한 성생활을 다룬 희극으로 전후파 작가로서 호평을 받았다. 대표작으로 『소용돌이』 『생활의 설계』 등이 있다.

플로리다주와 조지아주의 숨 막히는 경계에서 자랐고, 열여덟 살 때 필라델피아의 미술 학교로 도망쳤다. 그가 내게 말했다. “내 칼럼 팬들은 대부분 버림받았다고 느끼는 작은 마을 아이들이었어요. 칼럼이 그들에게 뉴욕으로 와서 외톨이에서 벗어날 수 있으리란 희망을 주었죠.” 세이번은 곧 레이디 버니Lady Bunny, 하피 페이스Hapi Phace, 인터내셔널 크라이시스International Chrysis 같은 파격적인 뉴욕의 드래그 퀸들의 사진을 칼럼과 함께 게재했다. 그들의 이미지가 독자를 유지해 주는 것처럼 보였기 때문이다. “뉴욕에 왔을 때, 게이라는 이유로 진짜로 〔드래그〕 볼에서 트로피를 받을 수 있다는 생각, 그게 바로 한 줄기 빛이었던 거죠. 당신이 짊어지고 있었던 억압을 벗어던질 수 있고, 그래도 괜찮다는 그 생각 말이에요. 불행한 게이가 너무 많죠. 《디테일스》를 이루는 아이디어 하나는 이런 거였어요. 게이여도 행복할 수 있다는 것.” 세이번의 우편함은 우편물로 넘쳐 났다. 대부분은 젊은 게이 남성들로부터 온 것이었지만, 사실 전국에서 남자든 여자든, 이성애자든 동성애자든 할 것 없이 편지를 보내왔다. 그들은 고립된 삶으로부터 빠져나올 방법을 찾고 있었다. 많은 이가 잡지의 일원이 되고 싶어 필사적으로 편지를 썼다. 배턴루지 출신의 한 열렬한 팬은 심지어 일할 준비가 되었다며 가방을 싸 들고 사무실에 찾아오기도 했다.

그 팬은 예고 없이 찾아왔던 다른 모든 방문객과 마찬가지로 환영받았다. 초기의 《디테일스》는 개방적인 편집 철학을 확장해, 직원 채용에서도 모두에게 문을 활짝 열어 놓는 개방 정책을 취했다. 플랜더스의 표현에 따르면 “의견을 펼칠 수 있는 자유를 가진 공간”을 만들기 위해서였다. 잡지는 사람들이 자기 자신이 될 수 있는 밀폐되고 안전한 사회적 공간으로, 스톤월 항쟁 이전의 게이 바 같은 곳이었다. 세이번은 “자유롭고 관대한 분위기가 있었다"고 말했다. "일하기에 친절하고 좋은 곳이었고, 그런 분위기는 잡지 지면에서도 드러났죠." 미첼 폭스Mitchell Fox는 1989년 발행인으로 취임했을 당시 자신을 맞이한 장면을 당혹스러웠다는 듯이 회상했다. "건물의 문은 언제나 열려 있었고, 매춘부들과 부랑자들이 편안하게 들어오곤 했지요." 그는 어떻게 받아들여야 할지 몰랐다. "사람들이 모여드는 공동체 같았어요."

1983년 겨울 이 잡지가 첫 투자자를 찾은 이후 플랜더스, 세이번, 그리고 《소호위클리뉴스》에서 《디테일스》로 옮긴 작가 다섯 명은 한데 모여 민주적이고 포용적인 윤리를 만들어 가기 위해 몇 가지 원칙에 동의했다. 모두 같은 월급을 받고 회사의 재정 지분을 갖는다. (그때까지 그들은 무급으로 자발적으로 일하고 있었다. 하지만 지금부터는 모두 1년에 2만 5000달러를 받기로 했다.) 심부름하는 사람부터 누구든지 원하는 것이 있다면 글로 쓰도록 장려한다. 고군분투하는 독립 디자이너들이 광고를 낼 수 있도록 광고비는 낮게 유지한다. 또한 스태프들은, 아방가르드하다는 이유로 혹은 그저 동성애적 요소가 있다는 이유로 더 주류적인 매체에 진출하지 못하는 일러스트레이터 및 사진작가에게 기꺼이 지면을 할애했다. 잡지는 세이번의 한 칼럼에서 다뤄지는 것처럼, 동성애 혐오적인 종교적 우파에게 소리를 질렀던 록 뮤지션 보이 조지Boy George 같은 게이 공연자들의 당당하면서도 전혀 미안해하지 않는 정치적 목소리를 위한 광장이 되고자 했다("나는 우연히 남자와 섹스를 했고, 제리 폴웰Jerry Falwell✠은 그러지 못했고, 그러니까 그가 나에게 비정상이라고 말하는 것은……").[87]

잡지는 다운타운 클럽 사장들로부터 많은 후원을 받았다. 그들은 《디테일스》에 광고를 내고, 자기들이 가지고 있는 회

✠ 미국 침례교 목사이자 TV 전도사, 보수주의 운동가.

원 명단을 잡지 유통 담당 부서에 넘겼다. 그에 대한 보답으로 《디테일스》는 하루 일과가 끝나면 시작되는 클럽 라이프를 "다루었"는데, 딱히 보답이라고 하기에는 괴팍하고, 불손하고, 무작위적인 방식으로 다루었다. 칼럼들은 드래그 퀸 '저지Jersey'가 미국 청교도주의에 반응하던 방식으로 클럽 거리에 반응했다. "불알을 좀 흔들어서 긴장을 풀어 주려고" 했던 것이다. 세이번의 주제가 명백히 정치적인 것은 아니었지만, 이름 없는 지하 세계에 거주하는 이들에게 조금은 별난 무대 조명을 비추고자 했고, 이를 대리만족으로 삼을 더뷰크✝의 고립된 독자들에게 그 빛을 전달하고 싶었다.

성역할을 유연하게 다루면서 이를 패러디하려는 태도는 잡지 전반에 걸쳐 분명하게 드러났다. 잡지는 남성 패션에서 명랑한 끼를 추구했다. 만면에 미소를 띤 턱수염을 기른 러시아 카자크인들이 공원에서 휴대용 라디오를 켜 놓고 킥스텝을 하고 있거나, 거대한 10갤런 모자를 쓴 은행원이 젓가락으로 햄버거를 먹으려 하는 모습 등이 패션 지면에 등장했다. 남자들에게 "옷을 가지고 놀아도 괜찮"음을, 또 패션은 그저 "말 그대로 숙취가 없는 삶의 보상 중 하나"임을 상기시키려는 의도였다.[88] 잡지의 패션 특집이 반드시 소비를 권장하는 건 아니었다. 그들은 종종 벼룩시장이나 집에서 만든 옷에 주목했으며, 어쨌든 고군분투하고 있는 소규모 지역 디자이너를 선호했다. 잡지의 작가 몇몇은 10년간 이어진 사회악을 분해하는 데 옷을 이용하기도 했다. 1983년 3월 호 논평은 새롭게 등장한 "전체주의적" 스타일은 "궁극적인 소비사회"에 의해 추동된 분노를 반영하고 있다고 분석했다. 소수만이 전용기를 탈 수 있는 사회에서 나머지는 '그래, 나도 그걸 다 가질 수 없다면, 나치처럼 보이겠다' 하고 느낀다는 것이다.[89] 전통적인

✝ 미국 중서부 아이오와주의 북동쪽에 있는 도시.

여성성을 전시하는 데에는 해체적이고 유머러스한 접근 방식이 적용되었다. 패션 지면에 여성들은 쇠사슬로 만든 가운과 굽 높은 하이힐, 생선 머리 장식을 선보였다. 「편집장의 말」에는 '백인 소녀의 몸에 갇히다'라는 퍼포먼스 프로젝트에 대한 설명이 포함되어 있었다. 이 퍼포먼스에서 여성 예술가는 바비 인형 머리와 헤어드라이어를 이용해서 키가 6피트에 달하는 'SF 웡고 여인'✠을 만들었다.[90]

스태프들은 이성애자건 동성애자건 여자와 남자의 자유는 서로 함께 가는 것임을 이해했다. 동성애혐오증의 뿌리가 여성혐오로부터 왔다는(만약 여자다움이 좀 더 존중받았다면 "여성스러운" 남자들 역시 그렇게 증오의 대상이 되지 않았을 것이라는) 통찰은 게이 해방운동 초기에 등장한 중요한 발견이었지만 이후에는 종종 무시되곤 했다. 밤 생활과 디자인을 다루는 잡지에서 그 신념은 대체로 암묵적으로 표현되었다. 하지만 1980년대 후반이 되면서 《디테일스》는 에이즈의 도래와 함께 정치적 성향을 공공연히 드러냈다. 애니 플랜더스는 이렇게 회고했다. "우리는 에이즈에 대해 말하기 시작한 최초의 〔패션〕 잡지 중 하나였어요. 모든 방면에서 지원하려 했고, 진심을 다해 신경 쓰고 있었죠." 에이즈에 대한 염려는 게이 이슈에 대한 더 일반적인 정치적 발화를 불러일으켰다. 1980년대가 끝날 즈음 《디테일스》는 국립예술기금위원회 National Endowment for the Arts(NEA)가 에이즈 관련 예술 전시를 검열하는 분위기를 비판하면서, 차별적이고 동성애 혐오적인

✠ 1958년 제작된 B급 SF 모험 영화 〈웡고의 야생 여인들(The Wild Women of Wongo)〉 등장인물. 가상의 섬 '웡고'에는 못생긴 남자들과 아름다운 여자들이 살고 있다. 어느 날 아름다운 남자들과 못생긴 여자들이 사는 섬인 '구나'에서 아름다운 왕자가 웡고에 찾아오고, 못생긴 남자들 틈에 살던 웡고 여자들은 그를 보고 새로운 욕망에 눈뜨게 된다.

'소도미 법'의 종식을 요구하는 기사를 실었다. 그런 글들은 명백하게 활동가적인 언어를 사용했고, 종종 독자들에게 태도를 정하라는 직접적인 촉구와 함께 마무리되었다. "분노하라, 행동하라."[91]

플랜더스는 "1989년 말 직전에 매우 중요한 편집회의를 열었"다고 했다. "내가 이렇게 말했던 게 생각나요. '세계가 정말 걱정이 돼. 1990년대는 완전히 다른 시대가 될 텐데, 우리가 다루고자 하는 이슈들에 대해 진지하게 생각해 봐야 할 것 같아.' 파티는 끝난 거죠." 그녀는 자신이 했던 말을 떠올리며 고통스럽게 웃었다. 왜냐하면 실제로 끝나 버린 파티 가운데에는 그들의 파티도 있었기 때문이다. 플랜더스가 잡지 편집과 발행 둘 다를 맡아서는 안 되겠다고 결정한 후, 호의적인 초창기 투자자이자 영국의 《태틀러Tatler》 소유주였던 게리 보가드Gary Bogard가 플랜더스의 뒤를 이어 발행인 역할을 맡았다. 플랜더스는 그것이 그녀의 "첫 번째 끔찍한 실수"였다고 말했다. 보가드는 1986년에 텍사스 석유와 부동산 파산으로 막대한 손실을 입었고, 그 빚을 청산하기 위해 잡지를 벤처 투자자에게 매각한다. 그 투자자는 1988년 잡지를 콘데나스트의 모기업인 어드밴스 퍼블리케이션에 다시 팔아넘겼다. 회장인 S.I. 뉴하우스 주니어S.I. Newhouse, Jr.는 플랜더스와 언론에 회사가 "《디테일스》를 바꾸려 한다면 그건 미친 짓"이며 "편집물에 어떤 변화"도 줄 의도가 없다고 말했다.[92] 그러나 2년 뒤 발행인과 논객들이 1990년대는 "남자의 시대"라고 선언하자, 뉴하우스는 《디테일스》를 "남성 잡지"로 바꾸겠다고 발표했다. 플랜더스를 비롯해 스태프 대부분은 해고됐다. 세이번과 스태프 한 명만이 겨우 살아남았다. 세이번은 뉴하우스가 그의 스타일을 좋아한다는 이야기를 전해 들었다. 하지만 새 보스가 그가 다뤄온 주제를 좋아했느냐 하면, 그건 별개의 이야기였다. 《디테일스》 구독자들에게 "남자의 시대"에 진입하는 것은 패션을 통한 자기 마케팅을 위해 정치적인 주장을 포기하는 걸 의미한다는 사실이 곧 명백해졌다. 《디테일스》는 정치적인 효용성이 제거된 게이 감성을 향하고 있는 것 같았다.[93]

신용카드를 흔드는 남성 독자를 공략한 잡지는 《디테일스》만이 아니었다. 《맨즈헬스Men's Health》 《맨즈라이프Men's Life》 《M Inc.》 《스마트Smart》 《헬시맨Healthy Man》 《맨Men》 등 남성 소비자를 위한 잡지가 갑자기 쏟아져 나왔다. 콘데나스트는 패션를 다루는 또 다른 남성 잡지에 돈을 쏟아붓고 있었으니, 광고로 가득한 《GQ》가 바로 그 잡지였다. 그리고 한때 남성 잡지의 유일한 기수였던 《에스콰이어》 역시 이와 경쟁하기 위해 미친 듯이 스스로를 개조하고 있었다. 《에스콰이어》가 업계를 주도하던 시절, 남성 잡지가 우아한 소설과 신랄한 정치적·문화적 비평을 다루던 그 시절은 잊힌 지 오래였다. "남자들은 핫하다." 《GQ》 편집장 아서 쿠퍼Arthur Cooper는 열광했다.[94]

《디테일스》를 개조하기 위해 뉴하우스는 《보그》에 박아두었던 서른두 살 영국 언론인 제임스 트루먼을 편집장으로 영입했다. 트루먼은 팝 음악을 다루는 영국 간행물에서 활동하는 작가였는데, 그의 옷에 대한 취향이 승승장구하는 편집장이었던 애나 윈터Anna Wintour의 눈에 띄어 《보그》로 옮겨 오게 되었다. 윈터가 《로스앤젤레스타임스》 기자 제럴딘 바움Geraldine Baum에게 숨넘어갈 듯 말했던 것처럼, 그들이 파티에서 처음 만났을 때 윈터는 트루먼의 "타이트한 블랙 앤드 화이트 하운드투스 체크 아르마니"에 껌뻑 넘어갔다. 윈터는 트루먼에게 《보그》에서의 첫 번째 임무를 부여했다. 바로 트루먼 본인이 어떻게 옷을 입는지에 관해 쓰는 일이었다.[95] 이제 《디테일스》에서 그의 임무는 젊은 남성 독자들에게 자신의 이야기가 그들의 이야기가 될 수 있음을 확신시키는 것이었다. 그 옷차림이 그들을 원하는 곳으로 데려다줄 거라고 말이다. 개편된 잡지를 위해 그가 선택한 새로운 슬로건은 "스타일이 중요하다Style Matters"였다.

제임스 트루먼은 번화가의 패셔너블한 레스토랑에서 패셔너블하게 늦은 저녁을 함께 먹기로 한 날 저녁, 패셔너블하게도 거의 한 시간 가까이 늦었다. 마침 그곳에서는 커트 보니것Kurt Vonnegut✠을 비롯해 유명 인사들이 번잡하게 어울리며, 귀가 먹을 정도로 시끄럽게 떠들어 대고 있었다. 나는 트루먼에게 '당신이 하는 말을 제대로 듣고 싶으니 좀 더 조용한 방으로 옮기자'고 제안했다. 순간적으로 그는 마치 내가 구내식당에 들어선 고등학교 치어리더 팀 주장에게 '인기 없는 여드름쟁이 여자애들과 함께 앉으라'고 말하기라도 한 양 고통스러운 표정을 지으며 말했다. "그럴 순…… 없어요." 그건 진심이었다. 결국 우리는 쿨한 사람들 구역에 계속 있었다.

트루먼은 주요 임무를 염두에 두고 《디테일스》를 개편했다고 했다. 그건 젊은 남성 독자들에게 "다른 사람들에게 맞추는 일련의 규칙보다는 개성을 표현할 수 있도록 옷을 입는 방법"을 가르치는 것이었다. "잘못된" 방에 있는 모습을 다른 이들에게 보여 주는 것조차 견딜 수 없는 남자 입에서 나온 말이긴 했지만, 드래그 퀸 윤리의 변형인 것처럼 들렸다. 나는 그가 개성을 어떻게 규정하는지 궁금했다. 트루먼은 남자란 자기가 입은 옷과 화장을 통해 스스로가 "자유를 위한 투사"라고 선언할 수 있다고 말했다. 그는 크로스드레싱 록 스타를 그런 방식으로 "트랜스베스타이트 자유 투사"로 묘사했는데, 배우 니콜라스 케이지Nicolas Cage가 《디테일스》 기사에서 썼던 문구를 차용해서 한 말이었다. 그건 트루먼이 밴드 '디페시모드

✠ 미국의 수필가이자 소설가.

Depeche Mode'를 높이 평가하는 면이기도 했다. 밴드의 작곡가인 마틴 고어Martin Gore는 무대에서 아이라이너를 바르고 무릎까지 오는 가죽 바지를 입으면서 젠더의 경계를 흐렸다. "그는 거대한 퀸처럼 보였죠." 섹스가 잘됐네 어쨌네 하는 진부한 노래 가사를 담은 가공된 댄스뮤직인 디페시모드의 노래는 "자유를 위한 투쟁"에서 특별히 의미 있는 곡이라고 하기는 좀 어려웠다. 사실 예전의 《디테일스》는 이 영국 밴드의 음악에 대해 "우울할 정도로 가볍"고 대처주의가 지배하는 영국에서 끔찍할 정도로 비정치적이라고 일축했었다.[96] 그러나 트루먼은 밴드의 스타일에 대한 의식은 그 자체로 "혁명적"일 수 있으며, 그러한 스타일이 자신의 남성성을 스스로 정의할 수 있는 젊은 남자들의 "공동체"를 만들 수 있다고 주장했다.

이 개념은 그가 《디테일스》를 인수하기 직전, 1989년 패서디나의 로즈 볼에서 열린 디페시모드 콘서트 도중 트루먼의 머릿속에서 구체화됐다. "콘서트는 매진이었고, 나는 백스테이지에 들어갈 수 있는 출입증을 잃어버린 상태였어요. 그래서 밖에 서 있어야 했어요." 그리고 밖에 있는 "그 모든 사람이 각자의 방식으로 놀라울 정도로 스타일리시했고, 나는 갑자기 미국에서 남성성에 대한 통일된 정의가 없다는 걸 깨달았어요. 그리고 여기 한자리에 몰려든 6만 명에 달하는 사람들이 있었고, 그들에게는 공통점이 있었죠. 그중 하나는 그들 뇌에 있는 스타일 세포의 세련됨이었고, 그게 근본적인 차원에서 보자면 《디테일스》의 본질이기도 했죠. 나는 뭔가 새로운 것이 미국에서 막 태어나고 있는 걸 본 거예요. 그날 내 눈에는 남자들만 보였고, 여자들은 보이지도 않았어요. 그리고 이 젊은 남자들은 남자로 살아야 한다는 것의 고통을 전적으로 진지하게 다루는 이 그룹을 숭배하기 위해 모였다고 느꼈죠. 그건 나에게 계시나 마찬가지였어요." 이 계시 때문에 그는 새로운 《디테일스》가 "이 시대 남자의 자리가 어디인가 하는 불안과 초조함에 관한 것"이 될 수 있겠다고 생각했다. 아니, 그보다는 잡지가 "예민"하고 "혼란에 빠진" 젊은 남자들에게 스타일을 통해 개인적이고 집단적인 정체성을 제공함으로써 어떻게 그 불안을 달래 줄 수 있을지를 생각했다. "모든 걸 스타일이라는 프리즘으로 보려는 거였어요."

콘데나스트에서 발간한 새로운 《디테일스》의 첫 호에서 제안한 '스타일'이 뭔지 파악하기란 쉽지 않았다. 잡지의 레이아웃에는 두통을 일으키는 노란색을 배경으로 어울리지 않는 이미지들이 아무렇게나 놓여 있었고, 부조화스러운 사이렌 레드 및 오렌지 프린트에 느낌표가 잔뜩 찍혀 있었다. 트루먼이 골라서 자기 사무실 벽에 붙여 놓은 첫 호의 사진 갤러리에는 7분 동안 감전을 당한 후 그을린 머리를 밀어 버린 사형수와 에베레스트산 기슭에 쌓인 쓰레기 더미, 그리고 컨버터블 승용차의 앞좌석에 속옷이 무릎 아래로 매달려 있는 여자의 잘린 다리가 포함되어 있었다.[97]

트루먼의 친구이자 선임 기자인 로저 트릴링Roger Trilling은 "원래 아이디어는 외설스러운, 배설용 타블로이드를 만드는 것"이었다고 말했다. "무례하고 노골적인 잡지를 만들려고 했어요." 불쾌한 십 대 남자아이 같은 공격성은 스타일이라는 게 그다지 남성적인 관심이 아닐지 모른다는 독자들의 염려를 상쇄하기 위한 것이기도 했다. 콘데나스트에서 수년간 제작 감독으로 일했고 잡지가 모습을 갖추는 데 중요한 영향력을 행사해 온 빌 멀린Bill Mullen이 말했다. "남성 잡지의 까다로운 점은 독자들이 남자들을 대상화하고 싶어 하지 않기 때문에 잡지를 만드는 사람들도 남자들을 대상화하지 않으려 한다는 거죠." 잡지는 초창기에 스타일이란 남성의 정력을 보여 주고 남성에게 권력을 부여하는 데 효율적으로 사용될 수 있는 에너지의 힘이라는 사실을 강조함으로써 이 문제를 해결하기 위해 고군분투했다. "패션은 무법자를 존경한다", 가죽을 입는 것은 "은밀함과 속도, 숙달"을 내 것으로 만드는 행위다, 그리고 "기억하라, '옷'은 능동태다" 등에서 볼 수 있는 것처럼, 반항적으로 최신 유행을 쫓는 사람이 옷을 통해 남자다운 지위에 오를 수 있다는 메시지는 1990년대 초 잡지가 끊임없이 울린 북소리였다.[98] 남자들은 활동적인 이유로 활동적인 옷을 입을 것으로 그려졌다. 서부 해안에서 《디테일스》 편집장을 맡고 있는 데이비드 킵스David Keeps는 이렇게 떠올렸다. "우리는 옷에 목적이 있다고 말했습니다." 비록 그 목적이 무엇인지 희미하긴 했지만 말이다.

한때 《디테일스》는 '사무라이' 남성성 아래 스타일이 세련된 남성에 대한 비전을 성문화하면서 울부짖던 록의 '시인' 헨리 롤린스Henry Rollins를 그 모범으로 선정했다. 1994년 1월 호 표지에서 《디테일스》는 "새로운 예술적 정체성"을 구축했다는 공로를 인정하며 롤린스를 "올해의 남자"로 선언했다. 그들에게 새로운 정체성이란 다른 어떤 것보다 "이기 팝Iggy Pop의 무정부적 야만"과 "코폴라의 쿠르츠 대령✠에 대한 소름 끼치는 관찰", 그리고 "할리우드의 약간의 독창성"이 융합된 것이었다. 주로 롤린스는 비트 세대를 흉내 내는 옷을 입고, 모호하게 혼자 소외되어 있는 페르소나를 구축하며, 웨이트트레이닝을 하는 법에 대해 많은 이야기를 하면서 자신의 '사무라이' 레퍼토리를 빚어낸 것으로 보인다("철은 모든 것을 알고 있는 관점 제공자로, 언제나 칠흑 같은 어둠 속의 빛처럼 그곳에 존재합니다"). 롤린스는 《디테일스》 독자들에게 말했다. "정의定義의 정의定義는 재창조라고 생각합니다. 여러분의 부모처럼 되지 않기 위해서 말이죠."[99] 《디테일스》는 "이번 주말

✠ 프랜시스 포드 코폴라 감독의 영화 〈지옥의 묵시록〉 등장인물.

에 자메이카로 출국할 수 없다면, 이미 그곳에 있는 것처럼 입으세요"라는 「편집장의 말」에서 이를 나타냈다.[100] 이 "새로운 예술적 정체성"이 제안한 것은 만화책을 읽는 젊은 독자라면 누구에게나 익숙한 약속이었다. 이 망토를 입고 이 포즈를 취하면, 적어도 사람들은 당신이 하늘을 난다고 생각할 수도 있다는 것이었다.

《디테일스》의 사진 감독 그레그 폰드Greg Pond가 말하듯, "아버지의 모범을 따라 살 필요는 없다, 당신 자신의 모범을 발명할 수 있다"는 메시지는 젊은 남성 독자들에게 (그리고 젊은 남성 스태프들에게) 아마도 위안이 되었을 것이다. 그중 많은 이가 스스로 아버지에게 부응할 수 있을지 의심했고, 그것이 그들의 남성성에 어떤 의미인지 궁금해했다. 제임스 트루먼은 새러토가에서 열린 직원 워크숍에 참석해 질문을 던졌다. "당신이 남자가 되었다는 걸 언제 알았습니까?" 거기 있던 직원 한 사람이 나에게 이야기해 준 바에 따르면, 가장 많은 응답은 침묵이었고 이는 종종 '내가 아직 남자인지 잘 모르겠다'는 다소 변형된 답변에 의해 깨지곤 했다. 트루먼에게 그런 반응으로부터 무엇을 알 수 있었느냐고 묻자, 그는 이렇게 답했다. "나는 그 주저함에서 그들 스스로 아버지에게 남자로서 인정을 받았는지 확신이 없다는 걸 읽을 수 있었죠." 그건 트루먼이 기억하기로 두 번째로 많았던 답변('아버지가 돌아가셨을 때')이 무슨 의미인지 설명해 주었다.

잡지가 유혹하고자 했던 새로운 독자들과 마찬가지로 새로운 스태프들은 베이비붐의 아래쪽으로 이동하는 꼬리 끝 또는 훨씬 더 경제적으로 쇠락한 '베이비 버스트baby bust' 세대에 속했다. 서른세 살 그레그 폰드는, 인쇄매체 및 방송에서 언론인으로 활동하던 아버지가 서른이 되었을 즈음 가족을 부양하고 "어퍼 웨스트사이드 아파트와 자동차, 그리고 시골집"에 대한 비용을 지불하는 것을 보았다. “하지만 나로서는 불가능한 일이죠.” 이는 내가 만난 거의 모든 직원에게 해당하는 이야기였다. 특집 편집부 차장인 서른 살 팀 모스Tim Moss는 이렇게 말했다. “아버지는 대학 2학년 때 결혼해서 변호사가 됐어요. 스물여섯 살 즈음에는 집과 수영장, 차에다 세 아이까지 있었죠.” 스태프들은 남자들의 이런 박탈감을 위로해 줄 수 있도록 《디테일스》를 꾸미려 노력했다. 서부 해안 지역 편집자 데이비드 킵스는 재미있다는 듯이 말했다. “별로 부유하지 않으면서도 흥미롭게 옷을 입는 사람들의 라이프스타일을 보여주는 거죠.” 그레그 폰드는 본인이 가장 좋아하는 광고 이미지—오토바이를 타고 있거나 인적이 드문 길모퉁이에서 빈둥거리는 화사하고 외로운 청년들—를 가리키며 말했다. “잡지에서 이런 이미지가 말하려는 건요, 여러분이 살고 있는 이 삶이 그렇게까지 나쁜 건 아닐 수도 있다는 거예요. 아버지가 한 일을 여러분도 해야만 하는 건 아니란 걸 보여 주는 거죠.”

그레그 폰드나 팀 모스 같은 남자들, 그리고 많은 남성 동료가 아버지의 삶을 빼앗긴 것을 개인적으로 유감스러워하는 경우가 많다는 점을 제외한다면, 성인 남성성의 기준이 아버지를 따라가는 것이 아니라 아버지를 능가하는 것이었던 이 나라에서 《디테일스》는 묽은 귀리죽 같은 위로를 주는 듯했다. “아버지가 누렸던 삶을 사는 건 상상할 수 없을 것 같아요.” 폰드의 목소리에는 섭섭함이 강하게 새겨져 있었다. “하지만 내 자아는 그렇게 하고 싶어 하죠. (…) 우리 미국인들은 정말이지, 돈을 벌지 못하는 남자들에게는 아무런 관심이 **없잖아요**. 내가 돈을 못 벌 때, 나와 어떤 관계도 맺지 않으려 하는 수많은 여자들한테 정말 놀랐다니까요. (…) 나도 내 여자 친구를 경제적으로 지원할 수 있다면 좋겠다, 나도 우리 아버지처럼 한 달 휴가를 내고 시골에 갈 수 있다면 좋겠다, 그랬었죠. 나는 7년간 하루도 못 쉬었어요." 나는 폰드에게 개인적으로 얼마나 "스타일을 통해 개성을 드러내는지" 물어보았다. 그는 어깨를 으쓱했다. "양복을 좋아해요. 주중에는 양복을 입죠. 제일 좋아하는 건 흰색 마직 양복을 입는 건데, 그럴 용기는 없어요." 흰색 마직 양복은 왜 안 되느냐고 내가 물었다. 그는 '웬일이냐'는 표정을 지어 보이며 말했다. "그런 옷은 시골집에서 휴가 보낼 때나 입는 거니까요."

드래그 퀸이 억압적인 사회에 도전하기 위해 '스타일'을 이용했다면, 《디테일스》는 사회가 당신들로 하여금 경제적·사회적으로 기대치를 낮추도록 만든다고 해서 사회에 도전할 필요는 없으며, 자신을 부정하는 삶의 예복을 입는 것만으로도 충분히 만족할 수 있다고 남성들을 안심시키기 위해서 스타일을 사용했다. 게다가 《디테일스》는 독자들에게 억압적인 성역할에 의문을 제기하는 것이 아니라 성별의 멍에만큼이나 억압적인 역할에 굴복하기 위해 드래그의 윤리를 사용하라고 제안했다. 그건 바로 소비자로서의 역할이었다. 오리지널 《디테일스》는 사회적으로 또는 기업에서 승인한 스타일을 조롱하거나, 가지고 놀거나, 무시하기 위해서 게이 감성을 차용했다. 하지만 스타일에 민감한 특정 기업, 그리고 그들과 연계된 광고대행사들은 곧 그런 감성이 정치적인 내용을 제거하고 나면 트로이의 목마가 될 수 있다는 걸 깨달았다. 그 배 속에서 젊은 남성들의 나라를 노예나 다름없는 남성 쇼핑객들로 가득 찬 식민지로 만들 이미지가 나올 수 있었던 것이다.

S.I. 뉴하우스가 1990년대를 "남성들의 시대"로 내세웠을 때, 그는 젠더 투쟁이 아니라 판매 트렌드를 보고 있었다. 《디테일스》가 새롭게 시작한 1990년은 남성복 시장이 붐을 이루기 시작한 해였다. 그런 흐름은 캘빈클라인, 랄프로렌, 타미힐피거 같은 디자이너들의 "신상품" 사업에 크게 힘입어 1990년

대 내내 이어졌다. 1989년에서 1996년 사이에 남성복 판매는 21퍼센트 증가하면서 최고 기록을 세웠고, 여성복 판매는 10퍼센트 감소했다.[101] 여자들은 이 분야를 포기하고 있는 중인 것 같았고, 콘데나스트와 그 광고주들은 성별 구분의 반대편에서 손실된 이익을 만회하기를 희망했다. 《디테일스》에 대한 콘데나스트 최초의 사명 선언문은 다음과 같이 크게 외쳤다. "가구소득이 3만 5000달러 이상인 35세 미만 남성 1346만 9000명이 코트, 자동차, CD, 휴가, 비디오, 운동화, 양주, 자외선차단제, 맥주, 바벨, 자전거, 벨트 등 《디테일스》가 다루는 필수 품목에 집착하고 있습니다. (…) 젊고, 교육을 잘 받았으며, 직업이 있고, 가처분소득을 자신을 위해 소비하는 남자들. 《디테일스》를 읽는 남자들이 있는 곳에 사업이 있습니다."[102]

트루먼의 신랄하고 "노골적인" 태도도 1년이 채 되지 않아 시장의 요구에 굴복했다. 다시 말해 광고주들은 가짜 '자유투쟁'이 없는 환경을 더 선호했다. 《디테일스》가 감전사한 수감자의 화상 입은 머리 사진을 게재한 후 몇몇 주요 콘데나스트 고객은 거래를 그만두거나, 혹은 거래를 그만두겠다고 협박했다. 새롭게 출발한 지 9개월 만에 화려한 셀러브리티들이 표지를 장식했고, 내지에는 폭력적인 사진이 거의 실리지 않게 되었으며, 광고주의 제품에 대해 파렴치할 정도로 선전해대는 지면이 끝없이 이어졌다. 어느 특집에서는 아무 내용 없이 광고주의 운동화를 클로즈업하기만 했는데, 한 페이지 전체에 운동화가 마치 종교 아이콘처럼 전시되고 있었다.[103] 콘데나스트는 일반적으로 남성적이라고 여겨지는 콘텐츠(정치 및 문화 문제에 대한 적극적인 참여)를 제거하고 전통적으로 여성적이라고 여겨지는 순응주의, 수동성, 거울을 들여다보는 소비주의로 대체함으로써 동성애자 친화적인 잡지를 '이성애자화'했다. 그러나 대체로 자신들의 경제력을 부끄러워하는 듯했던 《디테일스》 독자를 괴롭힌 건 이런 성별 반전의 함의가 아니었다. 결국 콘데나스트의 과장된 주장에도, 잡지 독자들은 실제로 연봉 2만 7000달러에 달하는 중위소득을 벌고 있었다.[104] 그들이 감당할 수 없었던 것은 잡지에 등장하는 디자이너 브랜드의 옷들이었다. 편지를 보낸 어떤 독자는 특집이 다룬 "평균적인" 남자들의 옷장에 대해 비꼬듯이 말했다. "옷장 상태를 점검하고 나서 나한테 없는 물건의 목록을 작성하고 보니, 그 '평균적인 남자들의 옷장'을 달성하려면 적어도 3216달러가 필요하더군요."[105]

상업적 이해관계에 따라 개인의 자기 표현이 전복되는 건 특별히 놀랍거나 새로운 현상은 아니었다. 하지만 《디테일스》의 배반은 그보다 훨씬 더 깊은 의미를 지니고 있었는데, 그 이유는 이 잡지가 젊은 독자들에게 했던 더욱 미묘하고 개인적인 약속 때문이었다. '스타일'에 관한 모든 이야기는 새로운 남성이 새로운 성 시장에서 경쟁할 수 있는 더 나은 방법을 약속하고 있었다. 잡지는 독자들이 명예로운 직업을 추구하고, 괜찮은 생계를 꾸리고, 가족을 부양하는 등 전통적인 방식으로 그들의 남자다움을 증명할 수 없다면, 성적 매력을 발휘함으로써 남자로서의 자신감을 얻을 수 있을 것이라고 제안했다. 수동적으로 전시하는 성적 매력의 힘은 남자다움의 밑거름이 될 수도 있었다. 이것은 거의 모든 패션 지면의 숨은 의미였고, 때때로 기사에서도 노골적으로 표현됐다. 1992년 5월 호 기사에서 유쾌하게 선포한 새로운 "대장boss man"은 "화려함과 페로몬이 넘치는" "플레이보이 경력"(리조트 바텐더, 스키 강사, 개인 트레이너, 카지노 딜러 등이 선택지에 포함되어 있었다)을 가진 남자로, "해고당하는 것에 대해서 고민하기보다는 섹스할 생각만 하는 남성"이었다. 그렇게 되려면 "잘 꾸미고, 재미를 추구하며, 전문성과 호감을 주는 것처럼 보이기만 하면 된다"는 것이었다.[106] 수완 면에서 드래그와 연관된 부분은 단 한 가지가 남아 있었다. 그건 미인 대회 우승자가 되지 않고도 유혹하는 사람이 되는 방법이었다. 블레이크 넬슨Blake Nelson은 1993년 12월에 쓴 글에서 남성이 여성을 수동적으로 유혹하기 위해 "조용한 교활함과 침묵"의 스타일을 채택하는 방법에 대해 "남성이 여성이 다가오기를 기다리는 것이 자기애적이고 이기적으로 들린다는 것을 알고 있다"며 다소 방어적인 태도를 보였다. "물론 나는 내 외모에 대해 생각한다. 그게 어떤 여성이 나에게 말을 걸고 싶어 하게 될지를 결정할 것이다. 하지만 그것이 과연 나를 자신에게 도취된 허영심에 찬 남자로 만들까? 그렇지 않다. 그건 나를 똑똑한 남자로 만든다."[107] 남자들로 하여금 그들이 단순히 여자들이 하는 짓을 흉내 내는 것이 아니라고 설득하는 건 쉬운 일이 아니었고, 편집자들도 그 점을 알고 있었다. 《디테일스》 편집자 로저 트릴링이 나에게 말했다. "남자가 여자를 유혹하고 여자가 성적 관심을 발동시킨다면, 그럼 문제는 대체 뭐가 남자를 남자로 만드느냐겠죠. 그게 《디테일스》가 다루려 했던 중심 이슈 중 하나예요."

《디테일스》는 1992년 7월 호에서 이런 젠더 딜레마에 해결책을 제시했다. 당시 이 잡지의 표지는 편집자들이 이상적으로 생각하는 '새로운 남자', 바로 '레드 핫 칠리 페퍼스Red Hot Chili Peppers'의 리드 싱어 앤서니 키디스Anthony Kiedis의 모습을 보여 주었다. 표지 속 키디스는 양손을 아래위로 꺾어 들고 바람개비 같은 포즈를 취한 채 다리를 활짝 벌리고 서 있다. 그는 윙크하는 커다란 눈동자가 그려진 셔츠를 입었다. 그리고 키디스의 가랑이가 있어야 할 다리 사이로는 '디라이트Deee-Lite'의 멤버인 레이디 미스 키어Lady Miss Kier의 입술과 깊게 파인 가슴골이 삐죽 튀어나와 있다. 키디스가 그녀의 신체를 정복한 건 아니었다(심지어 레이디 미스 키어는 그쪽을 쳐다보지도 않는다). 키디스는 그녀를 대신한 것이었다. 그녀의 성적 매력은 그의 성적 매력에 흡수되었다. 그녀의 얼굴이 그의 성기가 된 것이다. 잡지 안에서는 야구 모자를 뒤집어쓰고 상의를 탈의한 채 또다시 다리를 넓게 벌린 키디스가 카메라를 향해 유혹하는 듯 자신감 있게 매력을 발산하고 있었고, 그 사진들 사이로 록 뮤지션은 그의 "거의 미친 것 같았던 바람둥이 아버지"(선셋 스트립의 '레인보 바 앤드 그릴'에서 수많은 "요정 같은 여자들"에게 둘러싸여 있던 "플레이보이 두목")가 여자들이 파리 떼처럼 꼬이는 법을 어떻게 가르쳐 주었는지 묘사하고, 그 덕분에 "딱히 정당하달 순 없는 자신감"을 갖게 되었다고 말하고 있었다.[108]

당시 제작 감독이었던 빌 멀린은 이렇게 회상했다. "우리는 앤서니를 사랑했어요." 그들은 그에 대해서 지겹도록 감탄했다. 록 스타로서 키디스는 "여성에게 쫓기는 위치에 있었지만 그로 인해 여성화되지는 않았"다. 트릴링은 왜 그 젊은 스타가 잡지의 미적 이상이 되었는지를 설명하면서, 키디스는 전통적 방식으로 "약탈적"이지 않으면서도 남자다웠다고 덧붙였다. 키디스 본인은 자신의 선구적인 신남성 역할에 양가적인 태도를 보였다. 그는 《디테일스》에 이렇게 불평했다. "좀 곤란한 건, 내가 만나고 싶은 여자들은 대부분 로큰롤 걸레라는 나의 위치 때문에 나로부터 멀어지고 있다는 거예요. 그건 완전히 정당하다고 보기에는 좀 애매한 평가죠."[109] 그럼에도 잡지의 남성 편집자들은 경외감을 느꼈다. 전 《디테일스》 전속 작가이자 고위직에서 활동한 몇 안 되는 여성이었던 모라 시히Maura Sheehy는 짜증을 내며 이렇게 말했다. "그 사람들은 키디스와 그 밴드 멤버들이 자지에 양말만 끼고 벌거벗은 채 공연을 했을 때, 완전히 키디스에 열광했어요. 몸을 드러내는 것 외엔 아무 의미도 없었지만, 그게 너무 날것 그대로여서 굉장히 남성적으로 보인 거죠." 만약 키디스가 "여성적인" 매력에 의존했다고 하더라도, 자지를 정중앙에 노출시키는 한 아무도 그의 남자다움을 의심하지 않았을 터다. 빌 멀린에 따르면, 《디테일스》와 마찬가지로 키디스는 "욕실 거울 앞에서 머리빗을 잡고 노래하는 것처럼, 적절하다고 여겨지지 않았던 우리의 판타지"를 정당화해 주고 있었다. 이것이 육군 장군의 아들이었던 멀린이 동료 스태프들이 (실제로 음악을 연주하는 부분은 빼고) 일종의 로커 신비주의라고 높이 평가한 것을 《디테일스》에 수용하면서 자신만의 방식으로 성취한 열망이었다. 로커 신비주의란 검은 옷을 입고, 가끔씩 대여한 리무진을 타고 수행원들과 함께 패션쇼에 참여하며, 무엇이 "쿨"하고 무엇이 그렇지 않은지에 대한 확고한 견해를 가지는 것 등으로 드러났다. 멀린은 말했다. 진정으로 쿨한 록 스타들은 "우리의 영웅이죠. (…) 그게 우리 세대의 남자에 대한 표준이에요."

《디테일스》의 여러 편집자는 사무실을 돌았던 추측에 사로잡혀 있었는데, 키디스의 "플레이보이 두목" 아버지가 포주였을 수도 있다는 것이었다. 아무도 그가 포주였다는 증거를 나에게 말해 주지는 않았지만, 그들은 그 가능성이 흥미롭고 매력적이라고 생각하는 것 같았다. 나는 이런 추측의 의미가 무엇이었는지는 나중이 되어서야 깨달았다. 키디스가 여자들을 잘 다루는 것은 명백히 아버지로부터 물려받은 자질이었고, 여자들의 남자로서 그가 가지고 있는 "자신감"은 "내 아버지에게서 주입되었다"라고 썼던 것이다.[110] 그는 남성적 지위를 떨어뜨리지 않는 방식으로 자신의 성적 매력을 이용해 섹슈얼리티로 돈을 버는 방법을 아버지로부터 배웠다. 트릴링이 트루먼에게 메모를 남겼던 것처럼 "만약 앤서니 키디스가 공감을 불러일으키는 롤 모델이라면, 좋든 나쁘든 아버지가 가르쳐 준 것을 공유하고 이어 갔기 때문"이었다. 트릴링은 포주가 잡지가 탐구할 만한 새로운 남자다움의 모델이라고 제안했다. 그는 "포주는 로맨스의 대가"라며 이렇게 썼다. "포주는 자기 여자를 사랑하지 않을 수도 있지만, 여자들은 확실히 그를 사랑했다. 그게 아니라면 여자들이 왜 그에게 돈을 줬겠는가? 강요당했다고? 웃기는 소리다. 언제나 싸구려 보호료를 지불할 수 있다. 아무리 SM적이라고 하더라도, 포주와 여자 사이의 유대는 로맨틱하고, 따라서 매혹적이다."[111]

제임스 트루먼은 스태프들에게 지치지도 않고 1983년 영화 〈위험한 청춘Risky Business〉이 현대 미국 영화 가운데 "가장 중요한 두 편 중 한 편"이라고 이야기했는데(이 영화에서 톰 크루즈는 평범한 소년 겸 포주를 연기했다), 바로 그 이유에서 키디스 역시 호소력을 가지고 있었다(다른 한 편은 톰 크루즈를 대스타로 발돋움시킨 〈탑건Top Gun〉이었다). "이 영화는 섹스를 하고 싶은 소년에 관한 이야기에요. 그가 섹스를 할 수 있는 유일한 방법은 창녀에게 가는 것뿐이고, 결국 창녀를 친구들에게 파는 사업을 시작하기로 했을 때 엄청나게 성공하게 된다는 거죠." 트루먼은 우리가 저녁 식사를 시작하고 채 15분도 되지 않아 그 영화를 얼마나 좋아하는지 이야기를 꺼내면서 그렇게 말했다. "그는 아버지의 집을 사창가로 만들어 버렸어요." 하지만 트루먼에게 더 중요한 건 그 소년이 군림하는 섹스 아이콘이 되고, 여자들의 성적 권력이 사라져 버린다는 것이었다. "톰 크루즈야말로 그 영화에서 가장 강력한 성적 대상이었어요." 트루먼은 그것이 모든 남자에게 정복의 순간이기라도 한 것처럼 말했다. "그 여자[리베카 드모네이Rebecca DeMornay가 연기한 주인공]는 그저 사창가의 매춘부일 뿐이죠. 그 영화에서 기억할 만한 몸은 톰 크루즈의 몸이에요." 트루먼은 바로 그렇기 때문에 톰 크루즈의 캐릭터가 궁극적으로 "승리"한 사람이라고 설명했다.

이 승리의 드라마는 《디테일스》의 내용으로 재생되었는데, 여기서 패션 지면은 스트리퍼를 쓰레기 같은 벽지로 세워 놓은 채 남성 모델들을 볼만한 진짜 스펙터클로 선보였다. 1992년 3월 호에 실린 12쪽 분량 패션 화보 「악당과 미인」은 이 새로운 우선순위를 정확하게 요약했다. 이 내용이 활자로 명시되어 있었다. '모든 건 영화다. 당신만의 장면을 연출하라.' 페이지마다 이어지는 장면에서 1950년대 B급 영화의 창녀처럼 옷을 차려입은 '악당'인 여자들은 사실상 모든 사진에서 그들의 사타구니가 사진의 초점인 '아름다운' 남자들을 경외하는 것처럼 바라보고 있었다. 여자 파파라치들이 자동차에 홀로 기대어 구경꾼들을 위해 가죽 옷을 입은 다리를 벌리고 있는 종마 같은 남자에게 카메라 렌즈를 겨누고 있는 첫 사진에서 누가 대상이고 누가 주체인지는 충분히 분명해졌다.[112] 그나마 이 여자들은 활동적이기라도 했다. 시간이 지남에 따라 《디테일스》는 낡고 오래된 마네킹처럼 보이도록 만들어진 여성 모델들에게 점점 더 매혹되었다. 《디테일스》 편집자 마크 힐리Mark Healy는 시간이 좀 지나자 망가지고 버려진 여성들의 이미지가 그를 불편하게 하기 시작했다고 회상했다. "여자들을 더러운 호텔방의 망가진 존재들로 그리는 건 그만두면 안 되냐고 말했어요."

춤추는 소녀들보다 남성 섹스 스타를 부각시키는 것은 이 잡지에서 가장 기억에 남을 만한 기획인 앙카 라다코비치Anka Radakovich의 정기 칼럼이 감춰 놓은 핵심이었다. 칼럼은 표면적으로는 다양한 남성과의 성행위를 그리고 있었는데, 여기서 남성 독자들은 관음증자의 역할을 맡게 된다. 하지만 칼럼 속 앙카의 페르소나는 점점 발정난 연재만화 속 여자로 변해 가면서, 〈위험한 청춘〉의 드모네이처럼 외모가 우월한 남자들을 흘끔거리곤 했다. 트루먼은 그 모델을 "사창가의 매춘부"라고 불렀지만, 그게 칼럼니스트의 원래 의도는 아니었다. 라다코비치가 내게 말했다. "나는 남자들의 행동에 대해 쓰고 싶었어요. 남자들이 성적으로 흥분했을 때 그 행동이 웃긴다고 생각하거든요. 물론 거기에는 관음증적인 측면이 분명히 있죠. 나는 좀 더 참여적인 취재를 하고 싶었달까요." 칼럼의 참여적인 취재는 곧 순수한 관음증에 자리를 내주었다. 그 내용이 여성과 남성 사이의 성적 교류에 대한 것이라기보다는, 자신이 돈을 버는 방식에 대한 이야기로 앙카와 그녀의 친구를 즐겁게 해 주었던, 매춘부가 된 전직 여성 전용 스트립 바 댄서처럼 홀로 선 남성 성적 연기자에게 스포트라이트를 고정하게 되었기 때문이다. '관음증'이라는 제목의 전형적인 칼럼에서 앙카는 캠코더를 구입했다. 자기혐오로 귀결된 자기검열(그녀는 영상에 찍힌 자신의 신체 부위가 매력적이지 않다는 것을 발견하고 반감을 느꼈다고 회고했다) 후에, 그녀는 옆 아파트에 사는 벌거벗은 남자들에게 렌즈를 돌렸고, 그들은 카메라 앞에서 기꺼이 공연을 선보였다. 앙카의 칼럼은 1996년 6월 호에서 논리적인 정점에 다다랐다. 그녀는 매력 없는 "천박한" 남자로 분장하고서는 스트립 바를 배회하다 게이 섹스 클럽에 들어가 성관계를 맺고 있는 남자들을 쳐다보는 것으로 그 밤을 마무리했다.[113] 이후에 그녀의 마음에 남은 것은 그녀를 남자로 분장해 준 스타일리스트가 그녀를 얼마나 "못생겨 보이도록" 만들었는가였다. 앙카는 내게 말했다. "너무 추잡해 보인 나머지 나중에 집에 갈 택시도 못 잡았다니까요."

앙카가 잡지에서 자신이 맡았던 역할에 대해 어떻게 느꼈는지는 모호했다. 비평가들에게 그녀가 열쇠 구멍을 들여다보면서 숨을 헐떡거리는 사람처럼 보였다면, 그건 그들의 이중잣대에 책임이 있다고 그녀는 말했다. "미디어는 언제나 내 도덕성에 의문을 제기해요. 남자가 섹스에 대해 글을 쓴다면 그는 영웅이지만, 여자가 섹스에 대해 글을 쓴다면 그녀는 창녀인 셈이죠." 여성 포르노 작가로 사는 건 그녀에게 돈을 벌어다 주었다. 두 권의 책과 한 건의 영화 계약. 그 바탕에는 섹스 칼럼니스트로서 그녀가 살아온 삶이 있었다. 하지만 《디테일스》의 편집자는 그녀가 스스로 "섹스 토이가 되어 버린 것"에 대해 개인적으로 어떻게 불만을 토로했는지 기억했다. 헐떡이는 관음증자는 "그녀와는 거리가 멀었다". 하지만 《디테일스》에서 여자는 추파를 던지는 "천박한" 구경꾼, 남자들이 그로부터 도망치고 싶어 하는 그런 역할로 강등되어 버렸다. 섹스 칼럼니스트는 여자여야만 했던 셈이다. 스태프의 고위직 남성들은 처음부터 그 부분을 분명히 했다. 관음증은 새로운 문화에서 지위를 잃고 있었다. 그의 시선 뒤에는 더 이상 자격이 없었다. 그는 그저 형편없는 소비자에 불과했기 때문에 그 자리를 여성에게 양도하는 것이 합리적이었고, 남성 독자들은 시선을 받는 로큰롤 성적 대상의 "남성적인" 모습을 모방하라는 권유를 받았다.

〈위험한 청춘〉 판타지는 잡지 자체에서의 유행에 따라 복제되었다. 제임스 트루먼은 랩 댄싱 클럽과 싸구려 토플리스 바를 좋아한다고 소문이 났다. (그는 잡지 최고의 작가인 크리스 히스를 제일 좋아하는 토플리스 클럽 중 하나에 보내 그에 대한 특집을 쓰도록 했다. 그곳은 전직 석유 거래 업자가 운영하는 댈러스의 호화로운 육체의 궁전이었는데, 그곳에선 많은 여성들이 가슴에 삽입한 실리콘 보형물을 자랑스럽게 선보였다.)[114] 어느 해 크리스마스 파티에선 트루먼이 스태프들을 저렴한 임차료로 운영되는 뉴욕 스트립 클럽 '베이비 돌 라운지'로 이끌었다. 그 자리에 참석한 몇 안 되는 여성 스태프 중 한 명인 모라 시히는 초라한 주변 환경을 당황스럽게 둘러보았던 걸 기억했다. "볼 것도 별로 없었어요. 너무 저렴한 가게

였거든요. 책상만 한 작은 런웨이 무대가 하나 있었고, 여자들도 최고라고 하기는 좀 어려웠죠.” 하지만 그런 환경에 매혹되는 건 단순히 곁눈질하며 구경하는 구식 취향의 문제는 아니었다. 《디테일스》의 남자들은 그곳에 보러 간 것이 아니라 보이기 위해 간 것이었기 때문이다. 시히는 동료 스태프들이 베이비 돌 라운지 주변을 행진하던 것을 회상했다. “거의 뭐, 자기들이 무대 위에 올라가 있는 것 같았어요. 마치 자기들을 전시 중인 것 같았죠. 봐라, 좋은 옷을 입고 근사해 보이는 우리가 여기 있잖아, 하는 것처럼 말이죠. 모든 남자들이 검은 옷을 입고 뽐내고 다니면서 진열장에 올라가 있는 멋진 남자가 되려고 노력하는 모습 때문에 《디테일스》에서는 언제나 그런 기분을 느꼈어요.”

《디테일스》 남성 직원들 사이에서 섹스는 새로운 종류의 권력 게임에서 무기가 되었고, 남자들은 장식적인 시대에 여성에게 빼앗길까 두려운 그 자리를 되찾기 위해 노력했다. 잡지사에서 일했던 또 다른 여성 스태프가 말했다. “남자들은 항상 자신의 섹스를 당신의 얼굴 앞에 들이밀려는 것처럼 보였어요. 그렇다고 그들이 당신하고, 혹은 다른 누구하고라도 섹스를 하고 싶어 하는 건 아니었죠. 그들은 그저 모든 사람이 자신을 봐 주기를 바랐어요.” 일부 스태프가 그 견해를 확인시켜 주었다. 전 특집 편집자인 존 호먼스John Homans가 나에게 말했다. “내가 보기에 《디테일스》의 독특한 점은 섹슈얼리티였어요. 하지만 잡지사는 서로 붙들고 뒹구는 그런 곳은 아니죠. 잡지사 사람들은 어쩐지 그래야만 할 것 같기 때문에 끊임없이 성적인 방식으로 행동하는 걸 수행하는 거예요. 그래야만 할 것 같은 느낌이었고, 뭔가 비현실적인 면이 있었죠.”

이전의 《디테일스》에서는 남성의 역할 완화가 여성의 선택권 확대로 연결되었다. 게이 해방운동과 페미니즘은 동전의 양면이었던 것이다. 하지만 새로운 《디테일스》 기사들은 페미니즘을 냉담하게 바라보는 경향이 있었다. 1993년 8월 기사에서 블레이크 넬슨은 "성급한 일반화의 오류를 범하긴 싫지만, 진지한 페미니스트의 궁극적인 문제는 그들이 남자들을 그다지 좋아하지 않는다는 것이다"라고 선언했다. 그는 페미니스트들은 "당신이 소모품"이라고 믿는다는 사실을 기억하라고 조언했다.[115] 여성의 자유는 이제 남자들을 무용한 존재로 만드는 사회의 이면으로 판단되었다. 《디테일스》 편집자들은 마치 직장에서 여자들이 승진함으로써 남자들에게 남겨진 길이라곤 성적인 무대 위로 오르는 것뿐이라고 생각하는 것 같았고, 그 무대에서 여자들은 경쟁자일 뿐만 아니라 굴욕적이게도 남자다운 공연이 무엇인지 결정하는 존재들로 여겨졌다. 어디를 보더라도 여자들이 통제권을 가지고 있는 것 같았다. 로저 트릴링은 페미니즘은 직업을 빼앗아 갔기 때문이 아니라 남자들에게서 모든 것을 "도덕적으로, 그리고 정신적으로 더 어렵게 만들었기 때문에, 내 세대의 모든 남자를 불구로 만들고 있다"고 말했다. 제임스 트루먼은 나에게 페미니즘은 여성도 "직장에서 성공할 수 있다"는 원래 헌장을 훨씬 넘어서 버렸다고 불평했다. "아마도 페미니즘의 궁극적인 승리는 문화를 지배하게 되었다는 점에 있겠죠. 하지만 누군가를 행복하게 만든 것 같지는 않네요."

결국 남성 스태프들은 자기들만의 〈위험한 청춘〉을 촬영하기도 했는데, 앤서니 키디스가 출연하는 단편이었다. 영화는 (어느 스태프가 나에게 설명해 준 바에 따르면) 키디스가 상체를 탈의한 채로 소파에 기절해 있는 모습으로 시작한다. 그는 잠에서 깨서 바닥에 누워 잠든 젊은 여자(당시 《디테일스》 패션 어시스턴트였다)를 내려다본다. 그는 여자의 셔츠를 벗기는데, 그건 그녀를 훔쳐보기 위해서가 아니라 마치 잠자는 숲속의 미녀의 힘을 빼앗기라도 하려는 듯 그 옷을 직접 입어 보기 위해서다. 그런 다음 록 스타는 아파트를 떠나고 "아이돌 메이커"를 연기한 록 뮤지션 데비 해리의 눈에 들게 된다. 데비 해리는 다른 여자 한 명과 함께 키디스에게 다양한 옷을 입혀 보고 화장을 해 주고 머리도 매만져 준다. 그는 클럽으로 가서 캘빈클라인 속옷이 보일 때까지 옷을 벗으며 공연을 하고, 이후에는 거리에서 그를 경외하는 드래그 퀸 무리에게 쫓기게 된다. 이야말로 스퍼포스가 동경하던 영화적 순간이었다. 무엇보다 《디테일스》 남자들은 영화를 제대로 만들 수 있는 돈을 마음대로 사용할 수 있었던 것이다. 스태프들이 기억하는 바에 따르면 억대 제작비가 들었고, 그 돈은 잡지의 사진 촬영 예산에서 사용됐다. 다음 호에는 영화 스틸 이미지가 여덟 쪽에 걸쳐 소개되었다. 그 사진 페이지의 제목에는 이렇게 쓰여 있었다. "그녀는 그를 로큰롤 스타로 만들어 주겠다고 했다. 그는 자신이 지불해야 할 대가를 몰랐다."[116]

재창조된 《디테일스》는 이성애자 남성들이 전시 문화를 지배하고 있다고 느끼도록 만들기 위해서 오리지널 잡지의 게이 감성을 차용했다. 트루먼은 '커밍아웃한' 게이 몇몇을 고용했고, 1995년에는 콘데나스트의 총편집장으로서 게이 스태프인 조 돌체를 편집장으로 승진시키기도 했다. 하지만 이 '게이 친화적인' 쇼는 얄팍한 것으로 드러났다. 옷에 대해 좋은 취향을 가지고 있다는 걸 보여 주는 한에서 게이인 것은 괜찮았지만, 게이 문화의 전복성은 아무리 미묘하게 표현되었다고 하더라도 환영받지 못했다.

스티븐 세이번의 캠프 스타일은 필연적으로 그를 밀려나게 했다. "제임스는 기본적으로 나를 거세했어요." 콘데나스트 인수 직후 트루먼은 세이번의 칼럼을 중단시켰고 세이번이 "남성적인 모험"이라고 불렀던 방향으로 칼럼 내용을 조정했다. 작가가 불편하게 느끼는 장소와 사건으로 내모는 것을 즐거워하는 것처럼 보였다. 새로운 잡지에서 세이번이 처음으로 받은 과제는 벌목꾼들과 어울리는 것이었다.[117]

잡지사 사무실에서 그는 말했다. “나는 기본적으로 배제된 거죠.” 그의 조수는 그도 모르게 해고당했다. 그러고 나서 트루먼은 ‘조수도 없으니 집에서 일하면 되지 않겠느냐’며 사무실도 필요 없겠다고 말했다. 세이번의 독특하고 친밀한 스타일은 편집 과정에서 사라져 버렸다. “나는 나 자신일 수가 없었어요.” 잡지의 새 시대가 열리고 2년이 지나면서 세이번은 부편집장에서 기고 편집자로 강등되었으며, 기사를 쓰는 건당으로 급여를 받고 직원으로서 아무런 혜택도 받지 못하게 되었다. 1년이 지난 뒤 트루먼은 아무런 이유도 말해 주지 않은 채 전화로 세이번을 해고했다. 세이번이 기억하는 바에 따르면, 트루먼이 건넨 말이라고는 “우리는 여기까지인 것 같네요”가 고작이었다. 이후 조 돌체가 그를 기고 작가로 잠시 고용했지만, 이미 상처를 받을 대로 받은 상태였다. 자신의 글쓰기 능력에 대해 수치심을 느끼고 혼란스러워진 세이번은 거의 기사를 쓸 수 없는 상태로 시간을 보냈다. 돈도 떨어지고, 한동안은 혼자 살 집도 없었다. “나는 망가졌었죠.”

한편 《디테일스》 편집자들은 지면에서 상업적이지 않은 모든 것을 제거했다. 독자들은 더 이상 “사람들의 공동체”에 환영받지 못했다. 그들은 쇼핑몰로 안내되었다. 그러나 이 거세된 게이 감성은 이성애자 남성이 장식적인 영역의 왕처럼 느껴지도록 하는 과정에서 창시자들이 기대했던 것만큼 성공적이지는 못했던 것이 분명했다. ‘소비자’를 끌어들이기 위해 계산적으로 노력하면서, 잡지는 자신도 모르는 사이에 남성적 딜레마의 독기에 빠져 버렸던 것이다. 묵종하지 않으면서 장식적이 되려고 노력하고, 오로지 전시적 가치를 바탕으로 군

럼하는 남자를 발명하려고 노력하면서, 잡지는 두 세계 사이에서 좌초된 채 발버둥 치고 있었다.

《디테일스》 판매 부수는 50만 부에 그쳤다. 꽤 괜찮은 수치지만, 100만 부 이상 판매되는 화려한 여성 잡지들이 거대한 광고 수익을 가져다주는 콘데나스트 '가족'에게는 그렇지 않았다. 회사는 《디테일스》 판매 부수가 가능한 빨리 10만 부씩 훅훅 늘어나기를 원했다. 트루먼은 다운타운이 "죽었다"고 선언하고(그럼으로써 자신의 이전의 선언 역시 암묵적으로 "죽었다"고 선언한 것이나 다름없었다), 새로운 작업 방식이 《디테일스》를 반란으로 만들어야 한다고 강조하는 것으로 이 문제에 대응했다. 그는 "핫한 인디음악으로 차세대 밴드가 되는 것보다 차세대 빌 게이츠가 되는 것이 훨씬 더 섹시하다"라고 발표했다.[118] 하지만 이어서 기획한 '기회가 짱이다!Opportunity Rocks!' 호는 망했다. 그 호는 라스베이거스 카지노에서 일하는 현장 감독관과 〈엑스파일The X-Files〉 주인공인 (그 호의 표지 모델) 데이비드 듀코브니David Duchovny 같은 "일하는" 남자에게 스포트라이트를 비추었다.[119] 그러자 콘데나스트는 더 오래되고 조잡한 공식에 의지했다. 돌체가 사임한 후에 그나마 남아 있었던 게이 감성은 말소되었다. 본사에서 내려온 지시는 잡지를 "더욱 마초스럽게 만들라"는 것이었다.

콘데나스트는 일단 게이의 면모가 음소거되고 나면 《디테일스》가 가지고 있었던 게이 패션 감각이 훨씬 더 많은 이성애자 인구에게 장신구를 판매하기 위한 이상적인 수단이 될 것이라고 생각했기 때문에 잡지를 인수했다. 회사가 이해하지 못한 건 콘데나스트 이전의 《디테일스》는 상업적인 동성애가 아닌 공동체적인 동성애에 기반을 두고 있었다는 점이었다. 그런 면에서 이상하게도 오리지널 《디테일스》는 《코스모폴리탄Cosmopolitan》보다는 과거의 《에스콰이어》에 가까웠다. 남성 잡지의 전통적인 공식은 남성의 유용성에 기반을 둔 것이었다. 집에 구비해 놓은 작업장에서 가구를 만드는 것을 장려하는《포퓰러머캐닉스Popular Mechanics》 판본이건 비평적인 관점을 가지고 시민적 삶을 형성하는《에스콰이어》 판본이건 간에 말이다. 남자에게 보일러 수리하는 법이나 정치적 정세 판단하는 법을 보여 주는 것 외에도, 이 잡지들은 남성 독자를 더 큰 공적 시스템과 연결시키고 있었기 때문에 실용적이었다. 이 잡지들과 오리지널《디테일스》 편집자들은 새로운《디테일스》 기획자들이 이해하지 못한 것을 직관적으로 이해하고 있었다. 남성의 유용성은 그저 직장을 찾고 여자들에게 존경을 받는 것만의 문제가 아니었다. 그건 사회적 구조 안에서 자신의 위치를 찾는 문제였던 것이다.

오래된 남성 잡지 지면에서 남성 독자는 그에게 지식과 통제력에 기반해서 권위의 감각을 부여하는 장소를 발견할 수 있었다. 그는 자동차 후드 아래에서든 의회 홀에서든 세상이 어떻게 돌아가는지 그 잡지가 보여 주었기 때문에 알고 있었다. 잡지가 남성의 시선이 무엇을, 누구를 보는지 결정하는 환경을 조성했기 때문에 그는 통제권을 가졌다. 초기《에스콰이어》 남성 독자들은 사랑스러운 여자들을 면밀하게 살펴보았고, 그녀들의 매력 한 가지는 (안타깝게도) 반대로 남자들을 면밀하게 살펴보지 않는다는 점이었다. 여자들의 수동적인 태도와 접근 가능성은 여자를 쫓아다니는 남자들에게 자신이 운전석에 앉아 있다는 환상을 불러일으켰다. 이런 사랑스러운 여자들은 1960년대에 은퇴했지만,《에스콰이어》 전성기에 활동했던 남성 작가들은 저명한 인물, 사회운동, 대통령 후보, 베트남전쟁 당시 잔학 행위, 반전운동에 대해 당당하고 종종 거침없이 비판함으로써 남성의 일방적인 시선을 더욱 효과적으로 강화했다. 노먼 메일러와 톰 울프, 게리 윌리스Garry

Wills와 테리 서던Terry Southern, 마이클 허Michael Herr, 게이 탤리즈Gay Talese와 고어 비달Gore Vidal은 그들의 주제를 칼 같은 날카로움으로 면밀하게 조사해서 꼼짝 못 하게 만들었다. 《에스콰이어》 작가들은 공격적으로 대립을 일삼는 산문(성차별적인 표현은 말할 것도 없고, 때로는 당황스러울 정도로 마초적이었다)을 통해 문화를 반영하는 데 그치지 않고 그에 도전하고자 했다. 그 글들에서 누가 작가이고 누가 대상인지는 언제나 명확했다. 《에스콰이어》 편집자 해럴드 헤이스Harold Hayes는 그가 잡지에서 관리했던 "글쓰기의 왕들"은 자신이 그 시대의 사건들의 중심에 있다고 생각했다고 말했다. "그들은 남부에서 자유를 위해 투쟁했고, 메콩강 삼각지에서 고투했으며, 국방부로 행진하고, 캔자스주 살인범을 추적하고, 시카고에서 경찰을 피해 도망 다녔죠. 그들은 진정한 의미에서 목격하고 증언하고 있었던 셈입니다."[120] 그렇게 해서 쌓인 효과란 남성 독자들로 하여금 잡지를 읽는 것만으로도 자신 역시 목격자가 되었다고 느낄 수 있는 프레임을 대중에게 심어 주는 것이었다. 그렇게 그들 역시, 비평을 받는 자가 아니라 비평을 하는 자라는 감각을 줄 수 있었다.

그럼에도 남성 잡지의 남성 통제, 남성 중심적으로 구성된 유리한 위치는 이미 무너지고 있었다. 《에스콰이어》의 외설적인 쌍둥이 《플레이보이》는 당시 신중하고 기만적이었던 만큼이나 심오하고 영구적인 방식으로 《에스콰이어》의 권위를 약화시켰다. 《플레이보이》의 바르가스Alberto Vargas✠ 스타일 관음증은 《에스콰이어》와 비슷해 보였다. 다만 좀 더 과감했을 뿐

✠ 핀업 걸 일러스트로 유명한 미국의 일러스트레이터. 1940년대 《에스콰이어》에 핀업 걸 이미지를 180여 컷 그렸고, 1950년대 말부터는 《플레이보이》를 위해 그림을 그렸다.

이다. 잡지 한가운데에 접혀 있는 페이지centerfold✠는 남성 독자들에게 투시도 같은 사진을 제공했으니까 말이다. 하지만 《플레이보이》를 읽는 동료들 사이에는 《플레이보이》 철학이 끼어들었는데, 그것은 앎이 아니라 쇼핑을 통해 향상되는 남자다움의 비전이었다.[121] 《플레이보이》의 이상적인 새로운 남자는 자신의 남성성을 여성을 바라보는 것을 통해 피상적으로만 정의했다. 그는 볼 만한 소유물을 가진 만큼만, 혹은 다른 무엇보다 그런 소유물을 통해 평가된다는 것이다. 당신은 여자만이 아니라 고성능 오디오, 최신 재즈 레코드, 플레이보이 칵테일 세트(잡지에서는 이것이 "22K 골드로 장식된 … 완전한 플레이보이의 필수품"이라며 열광했다)✢, 플레이보이 스키 스웨터("계산된 편안함, 특별한 스타일링, 그리고 근사한 맵시 있는 모습을 즐기게 될 것입니다"), 뉴 플레이보이 셔츠("최고의 캐주얼웨어를 원하시는 분들을 위해") 등 갖가지 노리개를 자랑하기 때문에 '플레이보이'였다.[122] 버니 걸이 솜 꼬리를 선보인 것처럼 휴 헤프너Hugh Hefner가 되고 싶은 남자들은 실크 잠옷을 자랑해야 할 것처럼 여겨졌다. "어떤 부류의 남자들이 《플레이보이》를 읽을까?" 잡지의 홍보 문구로 오랫동안 사용되었던 현수막이 질문을 던지면, 그에 대한 답이 뒤따랐다. 그건 잘 꾸민 독신 아파트에서 자신의 넥타이와 레코드 컬렉션, 그리고 더 호화로운 삶을 지향하는 라이프스타일을 위한 온갖 장신구들을 추앙하는 세련된 힙스터의 사진들이었다. 광고는 《플레이보이》의 독자들은 "올바른 옷차림이 필수라고 생각"

✠ 반나체 여자 사진이 대부분이었다.

✢ '플레이보이 칵테일 세트'는 《플레이보이》에서 판매하던 바 용품 및 칵테일 액세서리 세트다. 이 세트에는 일반적으로 칵테일 셰이커, 믹싱 스푼, 스트레이너, 지거, 그 밖에 칵테일을 혼합하고 서빙하는 데 사용되는 도구가 포함되어 있었다. 1960년대와 1970년대에 인기를 끌었고, 《플레이보이》에 묘사된 라이프스타일과 연관되어 세련미와 화려함을 상징했다.

하고, "차별화해 줄" 상품을 원하며, "좋은 삶의 모든 구성 요소를 획득할 수 있다는 입증된 능력과 조화를 이루는 취향"을 가지고 있는 이들이라고 말했다.[123] 《플레이보이》는 처음 등장했을 때 많은 진보적 남성 언론인들에게 미국의 청교도주의에 대항하는 용감한 반항아로 환영받았다. 이런 인식은 휴 헤프너가 많은 미디어에 출연해서 "미국의 지독한 반反성애주의, 어두운 반에로티시즘"을 비난하면서 더욱 강화되었다.[124] 그러나 잡지는 성 혁명의 선구자라기보다는 소비주의적 합병의 선구자임이 입증되었다.

《디테일스》와 그 장르는 궁극적으로 《플레이보이》가 멈춰 선 지점에서 시작해서 남성 독자들에게 그와 같은 악마의 거래를 제공했다. 우리는 당신이 지배하기 위해 옷을 입는 척하는 걸 도와줄게요. 그러면서 우리는 당신이 오디오 장비와 '운동복'을 구매하는 동안 지배되지 않는 척하고 있을게요. 하지만 쇼핑에 대한 지시는 점점 다른 모든 메시지를 잠식해 버렸고, 가식은 빈약해졌다. 묻혀 있던 의심은 주위를 갉아먹고 자라났다. 잡지는 남자들이 올바른 옷을 입고, 올바른 포즈를 취하면 여자들의 인정을 받을 수 있다고 말했지만, 그런 주장은 남자가 사물을 검증하는 대중의 시선을 통제하고, 그런 남자야말로 대중이 누구를 그리고 무엇을 봐야 하는지 결정 내린다는, 그 오래된 약속이 거짓임을 드러내고 말았다.

상업적인 항복이 더 비루할수록, 그것을 가리기 위해 더 많은 성적인 군도軍刀가 필요했다. 어느 신간 남성 잡지는 시선을 강제로 여성의 몸으로 되돌리며 순식간에 히트를 쳤다. 파격적인 노출을 선보인 표지와 도발적인 태도로 1990년대 후반 미국 가판대를 정복한 《맥심Maxim》은 영국에서 개척된 초기 '래드lad'* 잡지 중 하나로, 1년 만에 발행부수가 17만 5000부

* 페미니즘적 요구 안에서 등장했던 성평등을 추구했던 새로운 남자

에서 95만 부로 급증했다.[125] 맥심은 남자들이 시선의 힘을 독차지했던 《에스콰이어》의 구식 바르가스 스타일 핀업 방식으로 돌아간 것처럼 보였다.

사실 이 잡지는 오래된 공식의 한 측면을 가져와 우스꽝스러운 비율로 부풀리는 데 성공한 셈이다. 《맥심》은 《에스콰이어》에서 노먼 메일러는 빼고 바르가스만 남긴 일종의 퇴화한 엑기스였고, 《맥심》의 편집장 마크 골린Mark Golin(전 《코스모폴리탄》 부편집장)이 유쾌하게 표현한 것처럼 독자들이 "내면의 돼지"와 대면할 수 있도록 도와주는 잡지였다.[126] 1999년 3월호 헤드라인은 전형적으로 선포했다. '어떤 여자든, 언제든지. 여자를 꼬시는 절대로 실패하지 않는 여덟 가지 속임수. (우리가 한번 해 봤습니다!)' 《맥심》은 여자들보다 한 수 앞서는 것으로 여자들의 시선을 이긴 척했다. 여자는 (속이고, 사기 치고, 술을 먹이면 되는) '속임수'에 넘어가는 존재라는 생각이 잡지 지면을 지배했다. 데이트 상대에게 내가 대단한 경력을 가지고 있다고 속이는 방법("진짜 직업이 별 볼 일 없다면, 바로 지금이 거짓말을 해야 할 때"), 휴가철 우울한 여자를 이용하는 방법, 다른 남자의 여자를 꾀는 방법("다른 남자의 여자를 꾀기 위한 실없는 계획") 등이 잡지의 내용이었다.[127] 《맥심》은 청년들이 그들이 다시 한번 사냥꾼이 되었고, 그들의 사냥감은 이성이라고 상상하도록 부추겼다. 시대착오적인 남성성의 마지막 폭발물로서, 그것은 능글맞고 교활했지만 《맥심》은 판매

'뉴맨(new man)'의 출현 이후, 그에 대한 반발로 성에 대해 자유방임적이고 이성애중심적이며 남성중심적인 분위기에서 등장한 것이 새로운 사내 '뉴래드(new lad)' 문화였다. 뉴래드는 '모든 걸 가볍게 여기면서, 극도로 얄팍하고, 신선할 정도로 정직한' 남자들이었는데, 이들은 대체로 백인에 이성애자에 일반적으로 중하층 계급이었다. 『남자들은 자꾸 나를 가르치려 든다』에서 리베카 솔닛이 설명한 '래드 문화'는 여성을 폄하하고 조롱하는 걸 하위문화로 삼았으며 《맥심》이 이런 문화의 중심에 있었다.

대에서 완전히 비상했고, 당황한 남성 잡지들이 앞다퉈 가슴골이 드러난 사진을 게재하며 그 뒤를 따르려고 했다.

1990년대에 이미 여러 차례 변화를 겪으면서 몸부림치고 있던 《에스콰이어》에서 최근 편집장 자리에 오른 데이비드 그레인저David Granger는 1992년 2월 호 표지에서 가슴골 문화가 승리했다고 선언하고, 관련 내용(가슴들, 가슴에 대한 재평가, 그녀의 가슴에 대한 몇 마디, 내 가슴에 대한 몇 마디 등등)에 잡지의 많은 부분을 할애했다. 그리고 슈퍼모델과의 인터뷰나 낄낄거리며 남자의 성기를 어떻게 정복했는지 자랑스럽게 늘어놓는 이야기로 매 호를 가득 채웠다. 《GQ》에서도 비슷한 패닉 버튼이 눌렸다. 시대의 연인이었던 슈퍼모델 하이디 클룸Heidi Klum이 '붐붐과 라임이 맞는 여자'라는 제목과 함께 1991년 1월 호 표지를 장식했다.[128]

《디테일스》에서도 유사한 변화가 이미 진행 중이었다. 1997년 여름 어느 오후, 편집자 마이클 카루소가 취임한 지 한 달이 되던 때였다. 나는 그와 아트디렉터인 로버트 뉴먼이 다음 호 커버스토리를 디자인하는 걸 보고 있었다. 그들 앞에는 온통 파자마를 입은 여성 TV 스타로만 구성된 표지의 스케치가 놓여 있었다. 제목은 '오늘 밤은 TV 파자마 파티'였다. 카루소는 나에게 스포츠 스타나 가끔씩 록 스타라도 찾지 못한다면 가까운 미래에 잡지 표지는 모두 여자들에게로 돌아갈 것이라고 말했다. 커버 보이의 시대가 끝난 것이다. 뉴먼은 구성을 어떻게 해야 할지 고심하고 있었다. 그가 카루소에게 물었다. "얘네 전부 침대에 눕힐까요?" 그러자 카루소가 대답했다. "글쎄, 일부는 무릎을 꿇어도 괜찮겠지. 침대가 커야겠군."

시선은 마침내 전통적인 벡터, 즉 남성의 눈이 여성의 몸을 바라보는 것으로 되돌아간 것 같았다. 광고 면은 여전히 남성들에게 여성의 인정을 받기 위해 쇼핑하고 멋을 부리고 무스를 발라야 한다고 말할 순 있었지만, 이제 잡지의 나머지 부분은 이 굴욕에 대한 복수를 제안했다. 하지만 지배적이든 복종적이든, 추파를 던지든 그 추파의 대상이 되든, 여성은 단지 대역에 불과했다. 그토록 남자들을 불안하게 하는 침탈적이고 엿보는 듯한 시선은 사실 여자의 눈에서 나오는 것이 아니었다. 그건 장식적인 문화 그 자체로부터 나왔고, 당신과 당신의 구매품 목록과 함께 일방향 거울을 가지고 있는 기업, 광고주, 홍보 담당자로부터 나오고 있었다. 《디테일스》 표지에서 남자의 사타구니가 여자의 가슴으로 대체되고, 아무리 많은 란제리 차림 아가씨들이 카메라 앞에 무릎을 꿇고, 아무리 커다란 침대가 등장해도, 기업의 시선은 계속되었다. 가슴골 사진은 그런 치부를 가리기 위한 무화과 잎사귀로, 전시 문화에 직면한 자신의 벌거벗은 수동성에 대한 두려움, 기업의 욕망의 되어 버린 자신의 무기력한 위치에 대한 두려움을 남성 독자들로부터 숨기기 위한 위장이었다. 아이러니하게도 그 수동성에 대한 유일한 해독제는 콘데나스트가 《디테일스》에서 정확하게 제거해 버린 오래된 저널리즘의 요소, 즉 정치적 행동과 공동체 참여였을 터다. 새로운 《디테일스》나 《에스콰이어》《GQ》에서 표면적으로 제시하는 욕망의 대상이 가슴이건 사타구니건, 남성 독자는 최신 호를 훑어보면서 자신이 사냥꾼이 아니라 독자 설문조사, 구독자 인구통계, 포커스 그룹 등의 레이더에 추격당하는 사냥감이라는 사실을 의심하지 않을 수 없었다.

잡지 스태프들 역시 독자들만큼이나 속았다. "나는 옛날 《에스콰이어》 스타일의 문학 저널리스트가 되고 싶었어요." 마이클 카루소가 편집장으로 임명된 직후 어느 날 아침, 회사 근처에 있는 핫플레이스인 소호그랜드호텔에 앉아 있을 때 침울하게 말했다. (로비는 카루소의 표현대로 하자면 "프리즌 시크" 스타일이었는데, 교도소 감방처럼 설계되어 있었다. 대체 왜 그렇게 했는지는 건축가만이 알고 있으려니 싶었는데, 그곳에는 "교도관 말고는 다 갖추어져" 있었다.) 카루소는 《에스콰이어》가 "글 쓰는 사람이 행동하는 사람이 될 수 있는 방법을 찾아낸 것 같았다"고 말했다. "나는 저널리즘이 위대한 적대적 시스템이라는 생각을 가지고 자랐고, 나도 공동체를 구하는 십자군 저널리스트가 될 수 있을 거라고 생각했어요." 그는 로비에 있는 교도소처럼 보이는 철조망을 바라보았다. "이 새로운 남성 잡지 붐에서 남자다움을 느끼긴 어렵죠." 그리고 문제는 남성 잡지만은 아니었다. 미디어 업계 전체가 기업이 생산한 엔터테인먼트와 셀러브리티를 위한 마케팅 수단으로 재편성되어 버렸다. 그가 말을 이어 갔다. "언론을 거세하는 것들이 많죠. 진지함이 부족하고 중요한 건 완전히 사라져 버렸어요. 비판적으로 글을 쓸 수도 없습니다. 그렇게 하면 사소한 일에도 엄청난 위험이 따르거든요. 영화배우가 코카인을 복용했다고 당신한테 말했고, 그래서 그에 대해 당신이 떠든다면, PMK[할리우드의 저명한 홍보 전문가인 팻 킹슬리의 대행사]의 분노를 감수해야 하죠. 그래서 애초에 글을 써서는 안 되는 사람에 대해서도 좋은 말을 써야 하는데, 그건 그저 힘 있는 사람의 기분을 상하게 하는 게 두렵기 때문인 겁니다. 그리고 그 힘 있는 사람은 아마도 여자 홍보 전문가일 거예요."

그러나 궁극적으로 카루소가 가장 두려워해야 했던 건 남성 상사들의 분노였다. 그의 임기 1년 반 동안 발행부수가 47만 5000부에서 60만 부로 뛰었고, 잡지 용어로 말하자면 눈부시게 성장했지만, 콘데나스트 간부는 잡지가 그가 가고자 하는 방향으로 충분히 빠르게 움직이지 않았다고 판단했다. 그리하여 그는 《디테일스》를 "래드" 잡지로 재편했다. 선임자였던 조 돌체와 마찬가지로, 카루소는 미디어계를 떠도는 소문을 통해 자신이 곧 해고당할 예정임을 알게 됐다. 그는 소문의 진위를 파악하기 위해 경영진에 전화를 걸었고, 회의에 소환되었다. 그곳에서 제임스 트루먼과 콘데나스트의 대표인 스티븐 플로이로가 그를 해고했다. 그가 이유를 묻자, 트루먼이 한 말은 이게 다였다. "지난 몇 호가 좀 과했어." 그건 카루소가 지금까지 한 번도 들어 보지 못한 의견이었다. 《디테일스》에 새로 오게 될 편집장이 누구인지 발표되었을 때, 그가 해고당한 이유가 분명해졌다. 새 편집장은 마크 골린, 《맥심》 편집장이었다.

《디테일스》의 이름은 여전히 남아 있지만, 그 본질은 원래 의도와는 정반대로 변해 버렸다.✠ "여성적인" 장식 영역을 침범하려는 잡지의 시도는 실패했다. 하지만 만약 남자들이 실제로 몸소 과시의 전쟁터를 습격하고 성적 연행의 무대 위로 올라갔다면 어땠을까? 그건 얼마나 즐거운 일이었을까? 콘데나스트 본사의 대륙 건너편, 샌퍼낸도밸리의 작은 모퉁이에서 몇몇 남자가 이에 대해 알아보고 있는 중이었다.

✠ 팔루디가 이 문장을 쓰고 10여 년이 흘러, 《디테일스》는 2015년 12월/2016년 1월 합본 호를 끝으로 폐간됐다.

10장 텐트를 칠 때까지
: 새로운 개척지에서의 죽음

'플래닛할리우드' 세계에서 남성성을 운명으로 알고 좇아야 했던 세대의 남자들에게 이 여정은 마치 오래된 TV 시리즈 〈66번 국도〉✠의 연장선처럼 보일 때가 많았다. 드라마 주인공들처럼 이 남자들도 정박지 없는 길을 떠나고, 낯선 마을에 들어서고, 도무지 찾을 수 없는 아버지를 찾아 나서는 고아 같은 기분이 자주 들곤 했다.

이 책을 쓰기 시작하면서 만난 그 많은 남자가 여전히 아버지를 되찾음으로써 남자다움을 얻으려 애쓰고 있었다. 조선소 노동자들은 공장에서 멘토를 구하려고 했다. 고든 댈비와 프라미스키퍼스 형제들은 천상의 형태로 아버지를 재창조했다. 데이비드 모렐과 실베스터 스탤론은 인쇄 지면과 영화 스크린에서 아버지를 리메이크하고자 했다. 그들은 여전히 아버지의 유산을, 돈이 아닌 노하우를 믿고 싶어 했다. 아버지가 몸에 완전히 익혀 아들에게 가르쳐 주는 일종의 비밀스러운 지식, 아들이 자신을 인정해 주는 아버지의 눈빛에서 '아, 내가 배웠구나' 하고 알 수 있게 되는 그런 종류의 지식 말이다. 그들은 세심한 아버지의 시선을 통해 성인 남성 사회로 나아가는 자신의 현 단계를 가늠할 수 있다고 생각했다. 하지만 나의 책 작업이 진전될수록, 그리고 1990년대라는 시대와 남성의 딜레마가 진전될수록 남자들은 아버지에 대한 탐색 자체를

✠ 이 시리즈를 언급하는 맥락은 7장에서 좀 더 자세히 다룬다.

포기하기 시작했다. 많은 남자가 자신이 최우선으로 찾던 대상을 시야에서 잃어버린 것만 같았다. 그들의 여정은 지도에서 벗어났다. 남은 것은 도로뿐이었다. 하지만 그 도로는 실제 66번 국도처럼 할리우드에서 끝나 버렸다. 누군가에게는 말 그대로. 그리고 더 많은 이에게는 은유적으로.

아버지에 대한 탐색을 저버린 남자들에게는 나름의 이유가 있었다. 어디를 가고 어디로 향하든, 보이는 것이라곤 아버지 없는 풍광의 공백뿐이었다. 사회에서 아버지의 눈은 사라진 듯했다. 이를 대체한 건 완전히 다른 방식으로 그들을 바라보는 실체 없는 기업화된 구경꾼이었다. 역사상 아버지의 시선은 어떤 사회적 맥락 안에서 격려하거나 판단하는 시선, 꾸짖거나 인정하는 시선이었다. 아버지는 사회참여의 선배인 만큼, 아들이 배워야 할 것들을 이미 아는 사람으로 여겨졌다. 하지만 젊음이 나이 듦보다 우위를 차지하는 엔터테인먼트 문화에서, 아이들이 어른들보다 최신 장치에 대해 더 많이 알고 있는 기술 문화에서, 생산하는 능력이 아니라 소비하는 능력이 더 "요구되는" 소비문화에서 아버지의 눈은 더 이상 횃불이 아니었다. 아들이 뒤쫓을 만한 경험과 지식은 더 이상 거기에 반영되지 않았다.

아들들은 새로운 종류의 검사, 즉 카메라 렌즈를 통한 정밀검사를 받는다고 느꼈다. 물론 그들 대부분은 말 그대로 시선의 대상은 아니었지만, 20세기 후반 미국에서 그 스포트라이트의 열기나 무시의 냉기를 느끼지 않고 살아가기란 불가능했다. 그 시선은 아버지의 시선과 달리 그저 바라보기만 했다. 이해하지 못한 채 축하했다. 전해 줄 지식도 없고, 가르치거나 안내할 수도 없었다. 이것은 경험의 눈이 아니었다. 남자들이 그곳에서 보게 되는 것은 실물보다 더 크게 홀로 서 있는 모습의 자기 자신, 그러니까 시장에 전시된 남성성의 이미지뿐이었다. 이 새로운 세계에서 뭐라도 될 수 있는 유일한 방법은 깜빡이지 않는 눈을 내 쪽으로 잡아끄는 것뿐이었다. 그게 아무리 찰나와도 같이 짧은 순간이라 하더라도 말이다. 이제 가장 중요해 보이는 건 자기표현 기술을 익히고, 자기만의 이미지를 만들고, 미디어에 진출할 만한 자아를 재생산하는 일이었다. 남자다움이 그런 식으로 측정되면서 아버지에 대한 탐구는 남자다움에 대한 탐구와 더 이상 별 관련이 없어 보였다. 설사 아버지를 찾았다 한들, 그 아버지라는 사람이 무슨 말을 해 줄 수 있겠는가? 심지어 그가 자기 아들보다 지금 상황에 대해 더 모를 공산이 큰 판국에 말이다.

1990년대 중반까지 미디어는 영화·토크쇼·시트콤·만화의 끝없는 흐름 속에서 낄낄거리고 방귀를 뀌고 엉덩이를 까는 "영구적인 청소년" 남성의 확산을 익살맞고 심술궂게 바라보는 논평으로 가득했다. 문화평론가 미치코 가쿠타니Michiko Kakutani는 《뉴욕타임스매거진》에서 한탄했다. "우리 나라가 언제부터 열두 살짜리들의 나라가 되었나?" 〈비비스와 버트헤드Beavis & Butt-Head〉부터 하워드 스턴을 지나 제리 사인필드Jerry Seinfeld와 데니스 로드먼에 이르기까지, 열거된 사례가 명백하게 보여 주듯 가쿠타니가 염두에 둔 바는 열두 살짜리 남자들이었다. 내셔널퍼블릭라디오(NPR) 해설자 스티븐 스타크Steven Stark는 《애틀랜틱먼슬리》 기사에서 이렇게 밝혔다. "오늘날 미국 대중문화에 깔려 있는 무언의 전제는, 중학교 로커 룸으로 돌아가 거기에 머무는 것 이상을 원치 않는 남자들이 많다는 점이다." 그런데 남자들은 정말 어린 시절의 동경 어린 세계로 후퇴하고 있던 걸까, 아니면 오늘날 문화가 인정하는 유일한 남성성을 향해 나아가고 있던 걸까? '얼마나 많은 사람에게 보여졌느냐'가 점점 더 '성공적인 남자다움'의 측정 기준이 되면서, 남자들은 자신이 '거세되지 않았다'고 느끼는 방식, 그리고 스포트라이트에 굴복했다기보다는 스포트라이트를 거머쥐었다고 느낄 수 있는 방식으로 시선을 끌려는 경우가 많았다. 가쿠타니가 지적한 바와 같이, 어느 시장조사 기관에서 십대 남자아이들의 열망에 대해 설문조사를 했을 때 이들은 "가장 중요하게 여기는 성격 특성으로 재미있는 성격을, 가장 귀중한 기술로 운동능력을" 꼽았다.[1] 이 어린 남자들은 재치 있는 스탠드업 코미디언과 근육질 스포츠 스타가 우리 시대에 가장 많은 시청자를 확보하고 있으며, 따라서 남성으로서는 가장 높은 가치를 지닌 대상임을 이해하고 있었다.

장식 문화에서 남자들이 확실하게 이용할 수 있고 관심을 끌 수 있는 방법으로는 섹슈얼리티가 남아 있었다. 공격적이고, 항상 준비되어 있으며, 언제나 행동으로 전시할 수 있는 성적 매력. 성적 퍼포먼스는 시장조사에 대한, 또 카메라 렌즈의 음흉한 시선에 대한 전형적인 반응이었다. 시야각을 통제하는 일은 기업화된 피핑톰Peeping Tom(관음증자)이 맡았다. 당연히 X등급 이미지는 곧 주류문화로 옮겨 갔다. 1999년에 접어들어 《뉴욕타임스》는 이른바 '포르노 시크pornography chic'의 부상을 곱씹어 보고 있었다. 포르노 시크란 "포르노그래피의 재현 관습—전형적인 남성 영웅, 저예산 조명 및 모텔방 세팅 등—을 주류 엔터테인먼트 산업과 패션계 및 순수예술계, 메인스트리트 자체가 차용하는 흐름"을 말한다. 《뉴욕타임스》 기사에 따르면 포르노는 사회적 금기에 야유를 퍼붓는 한 가지 방법으로, "영원한 배교背敎"의 전초기지라는 점에서 매력적이었다.[2] 물론 그건 포르노가 가진 매력임에 틀림없었다. 하지만 준準포르노그래피를 전시하는 건 지배문화의 성격에 따라서는 반역자가 아니라 거울에 비친 새로운 궁전에서 왕을 보필하는 충실한 신하가 될 수 있는 방법을 제공하기도 했다.

세기말에 수많은 아들이 아버지 없는 풍경에서 남자가 되는 방법을 찾으려 했다. 그 과정에서 아들들은 마케팅의 눈초리가 이리저리 향하는 황량한 지형을 통과해야 했다. 끝없이 이어지는 로드무비처럼, 그 과정은 아들들의 정신세계에서 재생되는 여정이었다. 그러다가 극한의 상황에서 몇몇은 탐색 도중 벤투라고속도로 서쪽, 밴나이즈대로Van Nuys Boulevard의 출구까지 이끌려 갔다.

전자레인지 세계의 나무꾼

밴나이즈대로를 따라 4500블록으로 올라가면, 마치 스크루지 영감이라도 된 양 공허한 중얼거림과 들뜬 예감—과거와 미래 미국 상업의 유령—에 대한 명상에 잠길 것이다. 이 특별 업무지구는 L.A. 샌퍼낸도밸리 교외에 속해 있는데, 말하자면 어디에나 있을 수 있다는 의미다. 거리 동쪽에는 한 블록 크기의 쇼핑몰 주차장 주변으로 프랜차이즈 가게들—블록버스터 뮤직스토어, 배스킨라빈스, 험프리 요거트 아웃렛, 그리고 개봉박두를 알리는 커다란 간판 옆 2층짜리 제너럴 시네마 건물('스크린이 다섯 개나 더 많은, 더 크고 훌륭한, 특별한 영화 관람 경험'을 제공하는 '멀티플렉스'라고 광고 중이었다)—이 줄지어 자리 잡은 채 특색 없는 광경을 드러내고 있었다. 길 건너편 서쪽에는 구겨진 신문과 버려진 배스킨라빈스 컵이 더러운 보도 위아래로 나뒹굴었다. 한때 철물점과 구두 수선점이 있던 곳, 상인들이 달가닥달가닥 연장 소리를 내던 곳으로 들어가는 입구에는 판자가 대어져 있었는데, 주변에 모기떼가 맴돌아 불쾌감을 자아냈다. 소규모 자영업자들은 현장을 포기했다. 1995년 겨울, 내가 처음 이곳을 지나던 날에는 중고품 할인점에도 '가게 임대' 표지가 붙어 있었다.

영업 중인 곳은 단 한 군데, 터줏대감 사무실뿐이다. 세월의 흔적이 묻어나는 계단을 따라 2층으로 올라가면, 별다른 표시가 없는 문 뒤로 마치 다른 시대에서 튀어나온 듯 사설탐정 사무소 크기의 초라한 인상을 주는 방이 나타난다. 바닥에 놓인 서큘레이터가 퀴퀴한 공기를 순환시키는 동안 먼지로 뒤덮인 수직 블라인드가 덜덜 떨린다. 가운데에 구김이 간 낡은 회청색 카펫은 이가 빠진 책상 두 개로 바닥에 고정돼 있고, 각 책상에는 흘러넘치는 재떨이와 함께 5회선 전화기가 놓여 있어 오전 9시부터 오후 6시까지 끊임없이 깜빡이며 울려 댄다. 파란색 지구본 로고가 그려진 간판은 회사 설립 이후 19년간 거리를 주름잡았고, 지금보다는 품위 있던 시대가 신중히 선보인 광고의 전형처럼 느껴졌다. 거기에는 이런 내용이 적혀 있었다. '인물 사진 영화. 즉시 작업할 수 있는 모델 구함. 986-4316. 203호.' 바로 미국의 포르노 영화·비디오·잡지 산업에서 캐스팅을 담당하던 주요 업체 '월드모델링 탤런트 에이전시World Modeling Talent Agency' 광고였다.

이 에이전시는 구식 간판을 달고 있음에도, 밴나이즈대로를 가로질러 물밀듯 터져 나온 세력을 수용해 살아남았다. 욕망이 비디오카세트에 담겨 쇼핑몰에서 판매되고 자존감이 노출 빈도로 정량화되는 세상에서, 월드모델링은 '즉시 작업'하기를 원하는 세대에게 마지막 기회가 되었다. 오늘날 아메리칸드림으로 향하는 무대 뒷문이자, 미국의 경제 재편 도중 난파당한 이들을 위한 비상 탈출구. 1990년대에 접어들어 월드모델링이 여자들만이 아니라 남자들까지 유혹하는 메카가 된 것은 그런 이유 때문이었다. 실제로 이곳을 찾는 이들은 여자보다 남자가 더 많았고, 여성성을 전시하는 산업이 흡수할 수 있는 것 이상으로 많은 남자가 흘러들어 왔다.

두세 달에 한 번씩, 희망을 품은 이들이 '탤런트 콜'을 위해 이곳에 모여든다. 유망한 '신인 연예인'에게는 포르노 영화 제작자 및 사진작가에게 자신을 홍보할 수 있는 기회가, 기존 연예인에게는 인맥을 새롭게 다질 수 있는 기회가 주어지는 날이다. 탤런트 콜은 초대를 받아야 참여할 수 있다. 안 그랬다면 월드모델링은 매일같이 희망에 차 전화를 걸어오는 수많은 연기자를 상대하느라 할리우드볼Hollywood Bowl✠을 임대해야 했을 것이다. 1995년 2월 어느 날, 에이전시가 문을 연 지 15분 만에 계단이며 복도, 사무실, 발코니 할 것 없이 이미 사람들이 꽉꽉 들어차 있었다. 그물망과 스판덱스, 헬스 기구로 한껏 부풀린 몸통의 바다에서 희망에 찬 사람들은 마치 긴장한 채 방향을 잃은 물고기 떼처럼 이리저리 짤짤거리며 돌아다녔다. 태닝 오일과 싸구려 향수 냄새가 가득했고, 무엇보다 칵테일파티에 갇힌 낯선 이들이 낼 법한 억지웃음 소리 같은 소음이 끊이지 않았다. 물론 이곳에 칵테일은 없었다.

이 불안한 군중 한가운데에 한 구직자가 꼼짝 않고 서 있었다. 바지는 깔끔하게 다려 입었고, 셔츠 소매는 걷어 올려 잘 다듬어진 이두박근이 드러나 보였다. 보기 좋게 그을린 구릿빛 피부에 짧게 자른 머리, 장난스러운 미소를 지닌 서른 살가량의 청년이었다. 그는 자신을 반갑게 맞아 줄 얼굴을 찾아 눈에 불을 켜고 군중을 샅샅이 뒤졌다(하지만 아무도 발견하지 못했다). 그러다 에이전시 벽에 걸린, 돈벌이가 되는 스타들의 번지르르한 사진을 훑어보았는데, 개중에 남자는 없었다.

자신을 '데이먼 로즈Damon Rose'라고 밝힌 지원자는 "이번이 처음"이라고 했다. 지난 2년간 에이전시의 관심을 끌기 위해 노력해 왔다고도 했다. 언뜻 보기에는 포르노 분야에서 경력을 쌓을 사람 같지는 않았다. 보수적인 샌디에이고 정형외과 의사의 아들로 태어난 그는 서른한 살 나이에 UC 샌디에이고대학교 사회학 학위, 페퍼다인대학교 경영학 석사(MBA) 과정 재학증명서, 그리고 얼마 전 유효기간이 만료된 캘리포

✠ 미국 L.A. 할리우드에 있는 야외 공연장.

니아주 부동산 중개사 면허증을 가지고 있었다. 로즈가 말했다. "내가 받은 교육은 모두 헛짓이에요." 그 교육 덕분에 로즈는 서핑보드 소매점 마케팅 이사로 일하게 됐지만, 학자금 대출을 감당하기엔 수입이 충분치 않았다. 그에 반해 자신의 육체를 파는 일은 더 많은 수입을 가져다주었다. 지금까지 그는 치펜데일Chippendales✠ 댄서로 기본 훈련을 받았고, 3년간 "여성을 위한 이국적인 남성 댄스 서비스"를 운영했으며, 가장 최근에는 폰섹스 광고모델을 했다. 그는 수중에서 알몸으로 전화 수화기를 들고 포즈를 취했다.

"나는 타고났어요." 데이먼 로즈는 오후에 에이전시 내부 작은 뒷방 둘 중 한 곳에서 진행될 제작사 임원진 오디션을 준비하며 열정을 다해 연습하다가 거듭 그렇게 말했다. 이후 로즈는 큰 방에서 몇 차례 "접촉"을 시도했으나 일이 실패로 돌아가자, 뒤편의 어느 닫힌 문 밖에서 군중에 합류했다. 하지만 문이 활짝 열리며 "다음 여자분, 들어오세요!" 하는 목소리가 울릴 때마다 그는 계속 제외되었고, 스팽글로 치장한 옷을 입은 또 다른 여자가 그를 팔꿈치로 밀치며 지나갔다. 절망에 빠진 로즈는 가장 가까이에 있던 여자 배우 쪽으로 몸을 돌려 호소했다. "조언 좀 해 줄래요?" 머리에 헤어스프레이를 뿌린 채 벽에 기대어 있던 그 배우는, 눈꺼풀을 들어 올리는 것이 마치 상대에게 호의를 베푸는 일이라도 되는 양 마지못해 로즈를 바라보았다. "그냥 세게 해 봐요." 그러고는 발뒤꿈치를 돌려 이내 사라졌다.

복도에 있던 다른 남자들은 서로 거리를 두고 있었다. 한때는 포르노 영화가 총각 파티에 모인 남자들을 끈끈히 이어 붙여 주는 역할을 했을지 모르지만, 적어도 오늘날 하나의 직

✠ 1979년 설립된 미국 최초의 남성 스트립쇼 순회공연단. 맨몸에 나비넥타이, 셔츠칼라, 셔츠커프스를 착용하는 것으로 유명하다.

업적 장으로서 포르노라는 분야가 종말을 고하고 있는 마당에 남성 연기자들은 멸종위기에 놓인 자신들의 처지를 인식하면서 적자생존에서 살아남기 위해 서로 으르렁거리며 대치하고 있었다. 줄을 선 남자들 가운데 앨릭 메트로Alec Metro가 X등급 산업에 대해 유감스럽다는 듯이 말했다. "여배우들은 권력을 갖고 있어요." 그는 한때 매트리스를 팔았고, 그보다 더 전에는 소방관으로 일하다가 '적극적 차별시정조치affirmative action' 때문에 직업을 잃었다는 얘기를 아무런 비꼬는 투 없이 털어놨다. 새너제이 소방서에서 고향 소방서로 전근을 시도했지만, 순전히 백인들만 있던 고향 쪽에서는 신청서를 받아 주지 않았다고도 했다. 그가 씁쓸하게 말했다. "아무도 대놓고 말하진 않았는데, 모두가 소수자와 여성을 더 많이 찾는다는 걸 알고 있죠." 하지만 '역차별'을 피하기에 포르노 배우는 이상적인 직종이 아닐 수 있다는 걸 그는 이미 예상하고 있었다. 여성 연기자는 곧잘 어떤 남성 배우와 함께 일을 할지 말지 요구할 수 있다. "그들이 우리를 추천해요. 그들은 우리보다 돈을 잘 벌죠." 포르노, 적어도 이성애자들을 위해 제작되는 포르노는 성별 임금격차가 여성에게 유리하게 작용하는 몇 안 되는 현대 직종 중 하나다. 여자 배우들은 파트너로 출연하는 남자 배우들보다 평균 50~100퍼센트 정도 많은 돈을 받는다. 그도 그럴 것이 욕망의 대상은 그 여자 배우이기 때문이다. 남자 배우는 단지 여자 배우의 부속물이요, 대상의 대상일 뿐이다.

뒷방 문이 열리고 데이먼 로즈의 면전에서 쾅 하고 문이 닫히기를 다섯 차례. 로즈는 다시는 이런 일이 일어나지 않도록 하겠다고 다짐했다. 다음 번 여자가 안내를 받았을 때, 로즈는 스팽글이 반짝이는 앞사람 옷자락에 바짝 붙어 미끄러지듯 안으로 들어갔다.

방 안에는 배우를 스카우트하러 온 포르노 제작사 사람들이 솜이 튀어나온 긴 소파와 접이식 의자에 앉아 있었다. 그들은 로즈가 말을 할 때 거의 쳐다보지도 않았다. 아마도 기분 좋게 하려고 애쓰는 그의 목소리에 관심이 식은 모양이었다. 아니면 그의 외모 때문이었을 수도 있다. '신데렐라 프로덕션'의 잭 스티븐Jack Stephen이 손으로 입을 가린 채 내게 귀띔했다. "이런 늠름하고 잘생긴 녀석들을 데려와 보면요, 얘네는 못 해요. 솜털 같거든요. 질 나쁜 양복처럼 솔기가 터져 버리죠."

데이먼 로즈가 진지하게 말했다. "론 보겔Ron Vogel과 폰섹스 광고 촬영을 한번 해 봤지만, 그것 말고는 아직 경험이 없습니다. 하지만 저는—." 그 순간 제작자 미치 스피넬리Mitch Spinelli가 끼어들었다. "고마워요, 데이먼." 스피넬리는 로즈의 어깨 너머로 눈길을 돌리며 다음 후보를 찾았다. 포르노 제작자이자 배우인 스티브 드레이크Steve Drake가 외쳤다. "다음 여자분, 들어오세요!"

부끄러운 얼굴로 슬그머니 빠져나온 데이먼 로즈는 큰 방의 군중 속으로 다시 내동댕이쳐졌다. 나는 그곳에서, 자기가 받은 상처를 정신없이 공격성으로 전환하는 그의 모습을 보았다. 로즈는 여자 배우 뒤에 몰래 다가가 그녀의 가슴을 움켜쥐었다. 여자 배우는 그를 확 뿌리친 다음 뒤돌아서 그의 가슴근육을 평가했다. "내 가슴보다 당신 가슴이 더 큰데?" 그는 자신 없이 웃었다. 멀어지는 그의 얼굴은 절망에 빠져 있었다.

계단 옆 복도에서는 티파니 밀리언Tyffany Million이 새로운 인재들을 꼼꼼하게 살펴보고 있었다. 밀리언은 제작자 역할에 뛰어든 여성 포르노 스타로, 그런 제작자들은 아직 소수이긴 하나 점점 늘어나는 추세였다. 그녀가 별다른 감흥을 받지 못한 듯 말했다. "나는 신인 배우를 쓰지는 않을 거예요. 연기를 예측할 수가 없거든요." 포니테일 머리를 한, 검증된 연기자 닉 이스트Nick East가 합류해 그녀에게 말을 건넸다. "내가 경험했던 탤런트 콜하고는 많이 다르군. 그때만 해도 남자가 한둘 뿐이었는데, 지금은 남자들 천지네."

이스트는 그런 증가세가 '스파이스Spice'나 '플레이보이Playboy' '쇼타임Showtime' 같은 소프트코어 성인 케이블 채널의 떠들썩한 "홍보" 때문이라고 추측했다(이런 채널의 최고 등급 프로그램으로는 〈레드 슈 다이어리Red Shoe Diaries〉가 있다). 그는 눈알을 굴리며 말했다. "그걸 보고 '어라, 나도 스타가 될 수 있겠는데' 하는 남자가 너무 많아진 거죠. 남자들은 포르노에 출연하는 남자가 된다는 게 무슨 의미인지, 저마다 다른 생각을 갖고 와요." 이스트는 이른바 '현대 포르노맨'의 세 가지 진화 단계를 나에게 묘사해 주었다. 그는 1970년대 남자 배우들을 언급하며 이렇게 말했다. "첫 번째 그룹은 진짜 배우가 되려고 왔죠. 두 번째 그룹은—." 이 대목에서 그는 본인이 이 두 번째 그룹을 대표한다는 듯 자기 자신을 가리켰다. "빈둥거리면서 엄청 쉬운 일을 하고 싶어 왔고요. 하지만 세 번째 그룹은 유명해지려고 오는 거죠."

존 레슬리John Leslie, 폴 토머스Paul Thomas, 에릭 에드워즈Eric Edwards 같은 첫 번째 그룹 배우들은 브로드웨이 안팎에서 합법적으로 활동하는 연극배우였다. 폴 토머스는 〈헤어Hair〉〈지저스 크라이스트 슈퍼스타Jesus Christ Superstar〉 같은 오리지널 브로드웨이 작품에 출연했다. 그 세대는 부분적으로는 생계를 위해, 부분적으로는 반항적으로 굴거나 적어도 성 혁명의 자유를 만끽하고 싶다는 막연한 정치적 충동 때문에 포르노영화에 빠져들었다. 이 무렵은 〈초록 문 뒤에서Behind the Green Door〉〈목구멍 깊숙이Deep Throat〉 등 주류에서 성공한 놀라운 작품이 포르노 장편영화에 황금기를 불러온 시기였다. 1980년대 중반 비디오 포르노 붐에 이끌린 2세대는 X등급 공연을 당대 월스트리트 윤리의 질 나쁜 버전으로, 즉 이스트의 말처럼

'돈을 많이 벌 수 있는' 빠르고 가성비 좋은 방편으로 여겼다. 하지만 지금의 3세대는 또 달랐다. 그들에게 포르노란 방송에 출연해 악명을 떨칠 수 있는 기회였고, 명성이 자자한 남근, 타고난 색기로 유명세를 누리려는 시도였다. 포르노는 그들이 밴나이즈대로를 건너는 방법이었다.

"첫 번째와 두 번째 그룹 사내들이 성공할 수 있었던 건 결과가 어찌 되든 상관하지 않았기 때문이에요." 그렇게 말하면서 이스트는 그 남자들에겐 성과에 대한 불안감이 별로 없었음을 넌지시 내비쳤다. 그들에겐 그 모든 게 장난이거나 쉬운 돈벌이였기 때문에 별로 신경도 쓰이지 않았던 거다. "하지만 세 번째 그룹 사내들은……." 이스트는 말을 멈추고 미간을 찡그리며 고개를 돌렸다. 미완성된 문장이 허공에 떠 있었다. 티파니 밀리언은 재빨리 화제를 바꿨다. 그녀는 이스트가 무슨 생각을 하는지, 또 최근 남자 배우들이 무슨 생각을 많이 하는지 알고 있었다. 세 번째 세대는 신경을 너무 많이 쓰고 있었고, 그렇게 신경을 곤두세우는 건 위험했다.

에이전시의 큰 방에는 포르노 잡지 더미와 잎이 떨어져 가는 무화과나무 뒤로 낮은 탁자가 자리 잡고 있었는데, 그 위에 커다란 브랜디 잔이 거의 안 보이게 놓여 있었다. 잔에는 브랜디가 아닌 달러 지폐가 들어 있었으며, 거기에 붙은 라벨에는 손 글씨로 '칼을 위해'라고 적혀 있었다. 그것은 '신경을 너무 많이 쓰는' 세대의 어느 배우를 위한 일종의 헌금함이었다. 칼 재머Cal Jammer는 데이먼 로즈가 열망했을 뿐 도달하지 못했던 곳에서 성공했다. 그리고 2주 전 자살했다. 그의 나이 서른넷이었다.

※ ※ ※

1995년 1월 라스베이거스에서는 '동계 소비자 가전 박람회Winter Consumer Electronics Show'와 맞물려 제12회 '어덜트비디오뉴스상Annual Adult Video News Awards' 시상식이 개최됐다. 한 달쯤 지나 이 시상식 그리고 자칭 포르노 배우들의 "아빠"인 빌 마골드Bill Margold와 함께 보낸 오후 시간 사이 어디에선가, 어떤 풍경이 희미하게 보이기 시작했다. 현대 포르노에 새롭게 등장한 젊은이들이 열심히 건너가려 애쓰고 있는 풍경. 그곳은 섹스보다는 노동과 더 관계가 깊고, 성적 흥분보다는 성별 정체성과 더 관계가 깊은 배반의 영토였다. 또한 그곳은 대다수 남자들이 생각하는 것 이상으로 많은 남성 노동인구와 깊이 연루되어 있는 영역이기도 했다. 칼 재머의 죽음이 포르노보다는 밴나이즈대로의 프랜차이즈 경제, 그리고 할리우드 스튜디오에서 고안된 셀러브리티 생산 기계와 관련이 있는 것처럼 말이다.

'소비자 가전 박람회' 조직위원회는 인정하고 싶어 하지 않지만, 전자산업 제품 박람회인 이 행사는 연례 포르노 전시의 주최 측이기도 하다. 해당 전시는 막대한 규모를 자랑하는 동시에 물밑에 숨겨진 포르노 시장의 결실을 공개적으로 조사할 수 있는 매우 드문 기회다(포르노 시장은 연간 42억 달러 규모로 추정되며, 전체 대여 및 판매의 4분의 1 이상을 일반 비디오 대여점에서 차지하고 있다).[3] 비가 퍼부은 어느 토요일, 몸은 흠뻑 젖었어도 마음은 단단히 먹은 순례자들이 '소비자 가전 박람회'를 나서서 포르노 전시가 열리는 사하라호텔로 모여들었다. 오후 중반에는 호텔 보안 요원들이 홀 출입을 통제해야 할 정도로 인파가 대단했다. 안으로 들어가는 데 성공한 사람들은 포르노 스타가 등장하는 사인 부스 앞에 줄을 서기 위해 '남자에게 자신감 달아 주기Pin the Macho on the Man' 게임✠과 '바지의 사타구니 부위를 불룩하게 해 주는' 확장형 딜도를 광고하는 신상품 매대 앞을 지나쳤다. 커스티 웨이Kirsty Waay, 렉서스 로클리어Lexus Locklear, 심지어 일부 무명 여자 배우들 앞에는 너무 많은 사람이 몰리는 바람에 대기 줄이 모퉁이를 빙 돌아 이어질 정도였다. 반면 남자 배우들은 군중을 향해 어서 사인받으러 오라며 분위기를 띄워야 했다. 사람들이 줄을 선 남자 배우는 한 명뿐이었는데, 바로 성기가 제 기능을 못 한다는 존 웨인 보빗John Wayne Bobbitt✢이었다. 그는 최근 공개된 자신의 섹스 비디오를 홍보하러 여기 와 있었다.

그날 저녁 연예인들이 시상식을 위해 밸리스호텔 연회장에 다시 모여들었다. 구겨진 재킷 등 평상복을 입은 나이 든 남자들은 '최고의 항문 영화!' '최고의 전문 분야: 엉덩이 때리기!' 같은 상을 우스꽝스러운 영예로 여기며 술집으로 향했다. 머리에는 젤을 바르고, 왁스로 광을 낸 가슴을 드러내기 위해 디자이너 셔츠 단추를 몇 개 풀어헤친 젊은이들은 생수를 홀짝이며 저마다 '5개년 작업 계획' '경력 전환', 또 자기 이름을 새긴 사각팬티 따위 아이템을 상품화할 가능성에 대해 이야기

✠ 미국의 어린아이들이 즐기는 '당나귀 꼬리 달기(Pin the Tail on the Donkey)'를 패러디한 게임. 플레이어가 눈을 가린 채 남성 등신대의 성기 부분에 붙어 있는 타깃 판에 모양이 다양한 음경을 붙이는 게임.

✢ bobbit은 미국에서 '남자의 성기를 절단하다'라는 뜻의 동사로 쓰인다. 1993년 6월 23일 존 웨인 보빗은 술에 취해 집으로 돌아와, 성관계를 거절하는 아내 로리나 보빗을 성폭행한다. 분노한 로리나는 남편이 잠든 사이 부엌칼로 그의 성기를 잘라 길에 버린다. 당시 신고를 받고 달려온 경찰이 잘린 성기를 찾은 덕분에 존 보빗은 성기 봉합수술을 받고, 소변을 볼 수 있을 정도로 기능을 회복했다. 이후 진행된 재판은 미디어의 뜨거운 관심과 함께 큰 화제를 불러 모았으며, 이 사건으로 유명해진 보빗 부부는 각각 홍보 담당자까지 두고 미디어에 출연해 돈을 벌었다. 재판에서 로리나 보빗은 무죄판결을 받았다. 한편 존 보빗은 자신의 이름을 건 포르노 영화 두 편에 출연했다.

를 나눴다. 이러한 디자이너 속옷을 처음으로 시장에 내놓은 포르노 배우이자 감독 숀 마이클스Sean Michaels는 '어덜트비디오뉴스상' 명예의 전당에 입성하기 위해 턱시도를 입고 무대에 올랐다. 그는 자리에 있던 어머니를 일으켜 세운 뒤 "나에게 힘을 주어 고맙습니다" 하고 인사했다. 그런 다음 "나의 지지자들"이라고 운을 떼면서 사람들을 향해 당당히 고개를 끄덕이고는, 마치 선상 결혼식이 이뤄지는 한 척의 배처럼 구경꾼들 사이로 천천히 움직이며 향수 냄새를 풍겼다.

젊은이들이 '어떻게 여기까지 오게 되었는지'를 이야기하는 방식은 비슷비슷했다. 그들이 몸담았던 업계는 남성 노동자들에게 얼마간 존엄성과 남성적 역할을 부여했었지만 이제는 오로지 불확실성만을 안겨 줄 따름이었고, 그들은 그 가라앉는 배에서 탈출했다. 스티븐 세인트 크로이Steven St. Croix(여느 포르노 배우와 마찬가지로 자신의 새로운 페르소나와 잘 어울리는 이름을 고른 것이다)는 석공이 되려고 직업학교에 갔지만, 그가 구할 수 있는 일자리라고는 테이블을 치우는 일이나 설거지뿐이었다. 스트립쇼와 포르노 연기는 그에게 생계와 "인정"을 제공했다. 줄리언 세인트 족스Julian St. Jox는 육군 공수부대 출신이지만, 민간인 생활을 시작하자 바텐더 일로는 집세도 마련 못 한다는 걸 알게 됐다. 그는 "포르노가 돈을 내" 준다고 말했다. 스물아홉 살 빈스 보여Vince Voyeur는 지게차 정비사로 4년간 일했다. 그는 본인이 "무언가를 만드는" 남자들 가운데 한 명이었다고 했다. 업계 사람들이 빠르게 사라져 가는 과거에 속한다는 사실을 깨닫기 전까지는 말이다.

※ ※ ※

"누가 뭘 만드는지, 누가 압니까? 다들 신경이나 쓰나요?" 한 달 뒤 빌 마골드가 내게 말했다. 우리는 고양이 털이 날아다니는 그의 아파트에 앉아 있었다. 쉰두 살인 마골드는 1969년 포르노 산업에 뛰어든 뒤 각본가에서 배우로 전향했고, 괴로워하는 포르노 스타들의 비공식 아빠가 되었다. 그는 낙심한 배우들을 이곳으로 초대해, 여러 테디베어 중 하나를 골라 껴안도록 했다. 테디베어는 바로 그런 목적을 위해 수집해 놓은 것이었다. 우리가 이야기하는 동안 '포고'라는 이름의 수고양이가 끊임없이 냥냥거리며 이 의자에서 저 의자로 뛰어다니고, 꼬리를 움직여 포르노와 성인용 잡지를 바닥에 쓰러뜨리는 등 주인의 관심을 끌기 위해 나와 경쟁을 벌였다. 여느 때와 다름없이 마골드는 고양이를 조용히 시키려 했지만 별 소용이 없었는데, 그 와중에 '과거에는 남자들이 무언가 만들어 냄으로써 남자다움을 증명했다'고 말했다. "그게 장인정신이었죠. 그런 건 더 이상 존재하지 않아요. 우리는 전자레인지식 멘탈리티로 살고 있어요. 뭔가를 생각하기도 전에 그것이 이미 테이블 위에 올라와 있죠. 모든 게 너무 빨라요. 무언가 창조되는 걸 보고 있을 시간도 없죠." 전자레인지용으로 준비된 문화에서 무언가를 차근차근 쌓아 올리는 일은 "아무것도 증명하지 못"한다. 마골드는 "새로운 폴 버니언Paul Bunyan✠"은 자기가 가진 거대한 도끼를 전시하는 사람이라고 말했다. "도끼로 잘라 무언가를 만들어 내기보다 도끼를 휘두르는 편이 더 나아요. 그래야 주목받으니까요." 그는 젊은이들이 새로운 "나무꾼woodsman"이 되기 위해 포르노로 몰려들었다고 말했다. 포르노 산업에서 '나무꾼'이란 말은 믿을 만한 남자 배우를 일컬었다. 그는 성기를 손도끼로 사용하는 나무꾼인 셈이었다.

물론 포르노 산업에는 여전히 구식 장인이 있다고 그는

✠ 미국과 캐나다 등지의 민담에 등장하는 상상의 인물. 엄청난 힘과 지혜를 가진 나무꾼이다.

확언했다. 사실 칼 재머가 그중 하나였는데, 칼은 배우일 뿐 아니라 전기 기술자이자 세트 디자이너였고 잡역부이기도 했다. 마골드는 〈호주 여대생Aussie Exchange Girls〉 세트장에서 칼 재머를 만났으며, 남들을 즐겁게 하는 데 거의 필사적이었던 칼의 욕구를 떠올렸다. "기본적으로 그는 쉴 새 없이 남의 손을 핥는 양치기 개였어요." 마골드는 갸르릉거리는 고양이 포고를 향해 고개를 돌렸다. "본질적으로 이 고양이와 같았죠. 물론 얘는 칼처럼 성격이 좋진 않아요." 말이 끝나기 무섭게 고양이가 마골드의 가슴을 향해 돌진했고, 이 '포르노 아빠'는 너무 짜증이 나서 포고를 부엌으로 쫓아 버렸다. 자리로 돌아온 마골드는 생각에 잠겨 시무룩해졌다. 그는 조용히 방구석을 응시했다. 한 줄로 늘어선 테디베어들 위로 저녁 그림자가 살며시 드리워지고 있었다.

마침내 그가 입을 열었다. "그때 칼과 함께 있어 주지 못해 애석해요." 칼이 죽은 다음 날 밤 마골드는 슬픔에 빠진 연기자들로부터 전화 두 통을 받았다. 한 통은 새벽 2시에, 다른 한 통은 새벽 3시에 걸려 왔다. 그들은 칼이 왜 그랬는지, 자기들도 칼을 따라가야 하는지 알고 싶어 했다. 바로 전 해에 마골드는 여성 포르노 스타 서배너가 자살한 뒤 핫라인을 열었다. 여자 배우의 자살은 업계 베테랑들에겐 익숙한 개념이었다. 전에도 본 적이 있었으니까. 하지만 남자 배우가 절망에 빠져 그토록 갑작스레 무대에서 사라져 버린다니, 대체 그건 무슨 의미일까? 그들이 언제부터 그렇게 신경을 썼다고? 1995년 겨울과 봄, 남자 배우들은 왜 그토록 칼 재머에게 관심을 가졌던 걸까? 그들 대부분은 칼 재머와 가볍게 아는 사이였고 칼을 '짜증날 정도로 들러붙는 편'이라 여겼지만, 이제 그들은 '칼 재머'라는 이름만 들어도 눈물 흘리며 화를 내고 벽에 주먹을 치는 지경이 됐다.

칼 재머 또는 랜디 포츠Randy Potes(1987년 포르노 업계에 들어오기 전까지는 이 이름으로 불렸다)는 해군 참전 용사 출신 물리학 교수인 아버지와 밴나이즈의 GM 공장에서 일했던 어머니 사이에서 태어난 다섯 형제 중 하나였다. 부모는 칼이 어릴 적에 이혼했고, 아버지는 자식들 삶에서 사라졌다. 이후 GM 공장이 문을 닫으면서 어머니는 '직업 재교육'을 받기 위해 지역 전문대학으로 돌아갔다. 다섯 형제는 일자리를 구하는 데 하나같이 어려움을 겪었다. 학교 관리인이 된 사람이 가장 성공한 축이었다. 칼의 근력과 손재주는 숙련노동이나 운동에 적합했다. 그는 건설 현장 인부로 일했고 태양전지판을 설치했으며, 쉬는 날에는 서핑을 즐기고 제트스키를 탔다. 1980년대 후반 어느 포르노 사진 스튜디오에서 세트 제작 일을 하게 된 그는 거기서 모델 일을 시작했고, 곧 카메라 앞에서 자기 자리를 찾는 데 집착하게 됐다. 중요한 건 무대를 세우는 일이 아니라 무대 위에 출현하는 일임을 알게 된 것이다.

칼이 자라난 샌타클래리타밸리에서 샌퍼낸도밸리에 이르는 여정은 짧다면 짧았다. 하지만 세트를 짓다가 그 세트 위로 올라가 포즈를 취하기까지, 또 캘리포니아주 서핑 해안의 촉망받는 소년에서 '캘리포니아 서퍼'라는 바로 그 이미지로 자기 자신을 마케팅하는 남자가 되기까지, 다른 한편의 여정은 구구절절했다. 포르노와 프로스포츠, 항공우주 기업, 잡지사를 넘나드는 셀러브리티 문화의 물결이 오랜 역장力場을 뒤엎는 듯했고, '남성의 시선'이 가진 힘은 '전시되는 여성'의 힘이 급부상하는 가운데 한물간 느낌이었다. 사실상 남성의 시선은 남자들에게 덧없는 권력 이상의 것을 준 적이 없었다. 시선의 대상이 되는 것이 여자들에게 여전히 환영에 불과한 권력을 주었던 것과 마찬가지로 말이다. 그러나 이는 칼 재머 같은 남자들이 분별하기엔 너무 섬세한 부분이었다. 이들에게는 자신들이 폄하하던 '여성스럽고' 장식적인 직업이 취업의 오아시스가 되었음이 분명하다. 그건 마치 '인디언'을 황량한 사막으로 내몬 뒤 바로 그 보호구역에서 석유를 발견하는 것이나 다름없었다.

포르노는 장식 문화의 부상이 거의 영향을 미치지 않은 유일한 '직종'처럼 보일 수도 있다. 포르노란 이미 총체적인 전시의 영역 아니었던가? 그러나 다른 모든 분야와 마찬가지로 현대 포르노에도 역사가 있으며, 그 역사는 곧 여타 분야에서 작동하던 바로 그 셀러브리티의 힘이 불러일으킨 형성과 변화의 연대기였다. 새로운 문화의 지령은 어느새 X등급 온실 안에도 타격을 주고 있었다.

닉 이스트가 감지한바, 1970년대 남성 포르노 연기자 세대는 상당히 다른 윤리를 따르고 있었다. 황금기 포르노 배우였던 에릭 에드워즈는 이렇게 말했다. "당시 우리는 모두 실험을 하고 있었죠. 즐거운 시간이었어요. LSD를 하는 것처럼 실험적이었고요." 물론 포르노 시대의 반항적 속성을 과장하고 싶어 하지 않는 사람도 있을 것이다. '반대자들'이라고 불러도 될지 모르겠는데, 어쨌거나 그들은 더 큰 정치적 무대에는 별로 이름을 올리지 못했고, 그 실험이라는 것도 착취에 지나지 않을 때가 많았다. 특히 여성이 연루될 때에는 더 그랬다. 〈목구멍 깊숙이〉의 '스타' 린다 러브레이스Linda Lovelace가 자서전 『시련Ordeal』에서 분명히 밝히고 있는 것처럼, 그녀는 "즐거운 시간"을 보내지 않았다.[4] 그럼에도 배우들 자신은 그저 시청률이나 (많지도 않은) 돈을 위해 그곳에 있는 건 아니었다. 일부 포르노 출연자들이 경험으로부터 얻은 것은 촘촘하게 짜인 사회에 참여하고 있다는 소속감이었다. 그들은 X등급 버전의 레퍼토리 극단✠ 연기자들이었던 것이다.

✠ 한 시즌에 몇 가지 레퍼토리를 준비하여 이를 순서대로 상연하는 극

이 무렵 포르노는 뒷방에서 급히 촬영된 무음의 짧은 '동영상'에서, '내러티브'와 제대로 된 배우 캐스팅을 갖춘 장편영화로 변모했다. 1970년대 후반 유행을 선도한 포르노 감독 해럴드 라임Harold Lime의 영화 〈어린 여자들의 욕망Desires Within Young Girls〉과 〈엑스터시 걸스The Ecstasy Girls〉에서는, 할리우드 기준으로 보자면 조잡할지언정 남녀가 침대 안팎을 넘나들며 관계를 맺고 다양한 상호작용을 하면서 복잡한 플롯을 전개해 나갔다(〈엑스터시 걸스〉에는 심지어 제리 폴웰 스타일의 가부장주의적 종교인인 '에드거 처치'라는 인물까지 등장한다). 촬영은 며칠이 아닌 몇 주 또는 몇 달에 걸쳐 진행되었고, 침실 장면에서는 즉흥연기가 펼쳐질 때도 있었다. 오랜 시간 포르노 스타였던 니나 하틀리Nina Hartley는 이렇게 회상했다. "훨씬 느긋했죠. 함께 어울리고 동지애를 나누는 캠프에 가까웠어요." 그건 주구장창 섹스 장면만 이어지는 영화도 아니었고, (남성 연기자들에게는 가장 중요한 지점인데) 침대에서 남자가 어떻게 하는지를 평가하는 건 핵심이 아니었다. 그 시대 영화의 상당수는 관례적인 '머니샷money shot'(사정하는 음경을 클로즈업하는 등 한마디로 돈이 되는 장면)에 관심조차 두지 않았다. 적어도 이성애적 포르노에서만큼은 남자 배우들이 꼭 전시된다고는 볼 수 없었다. 남자 배우들은 거의 꾸밈없는 모습을 한 채, 그냥 되는 대로 남성 시청자를 위한 대역이 되어주었다. 이 같은 초기 포르노 영화에서 남자 배우들은 대개 카메라를 의식하지 않는 듯 보였다. 그들은 구경거리가 될 의향이 없었으며, 오히려 가장 특권적인 목격자, 그러니까 집 안에

장 운영 방식. 19세기 말에서 20세기에 걸쳐 일어난 영국 근대극 운동의 핵심으로, 젊은 작가나 신인배우를 육성하는 데 공헌했다. 미국의 레퍼토리 극장 운동은 20세기 초 시작되어 이후로도 이어졌는데, 극단 베테랑 배우들이 신인배우나 객원 배우를 지원하고 육성했다.

서 가장 목 좋은 데를 차지한 관음증자일 뿐이었다.

1980년대에 VCR이 등장하면서 지저분한 포르노 극장들은 줄줄이 폐업하게 됐고, 포르노 자체가 대량생산 제품으로 바뀌어 업계에 인수합병 열풍이 일었다. 당시 주류 엔터테인먼트 업계를 뒤흔든 것과 비슷한 폭풍이 포르노 업계에도 몰아치고 있었다. 오랫동안 포르노 시나리오 작가이자 감독으로 일한 아이라 러빈Ira Levine은 포르노계의 이른바 "비디오 혁명"이 "모든 걸 바꾸어 놓았"다고 말했다. "소비자 포르노가 출현했어요. 사람들이 집에 가져가 VCR에 넣을 수 있는 사용자 친화적인 포르노 말예요. (…) 그때까지만 해도 그 수가 늘 매우 적었고, 수익은 3만 달러 내지는 5만 달러 정도였어요. 이제 우리는 시디롬CD-ROM이나 호텔, 위성, 케이블 따위를 얘기하죠. 이것이 지금 존재하는 포르노 기업문화를 만들어 낸 거예요."

이러한 거대 신생 회사 경영진은 마치 자신들이 '신 시티 비디오'가 아니라 '소니'를 관리하고 있기라도 한 양 행동하고 차려입었다. 유통업자들은 이제 랄프로렌 슈트를 입고 BMW 차를 몰면서, 러빈이 지적했듯 "골프 트로피가 가득한 작고 멋진 사무실에서 일했다". VCA 픽처스(무색무취의 이름을 가진 이런 유의 거대 회사 가운데 하나) 사장 러스 햄프셔Russ Hampshire는 나를 길모퉁이에 있는 아주 깔끔한 사무실로 안내했는데, 그곳에는 회의용 테이블과 회장용 책상이 놓여 있었으며, 포르노의 흔적이나 분위기는 어디서도 찾아볼 수 없었다. 햄프셔는 월드컵 경기를 보러 간 본인과 아들 사진을 액자에 넣어 전시해 놓았다. 그는 '유나이티드 체임버 오브 커머스 골프 클래식' 셔츠를 입고 있었고, 섹스가 아니라 기업이 베푸는 특전에 대해 얘기하고 싶어 했다. 그는 최근 개조된 생산 공장을 안내하기에 앞서 의료 및 치과 치료 정책을 확인시켜 주며 말했다. "우리는 아마도 대다수 회사들보다 나은 복리후생을 제공하고 있을 겁니다." '노예의 방'(여기서 '노예'란 포로로 잡힌 배우가 아니라 마스터 비디오를 복제하고 있는 기계 2000대를 가리킨다)에 도착하자, 햄프셔는 나에게 잠시 밖에서 기다려 달라고 부탁했다. 그동안 자기가 모니터상에 보기 흉한 영상이 흘러나오고 있진 않은지 확인하겠다는 것이었다. "곤란하실 수도 있으니까요." 마치 이곳이 가정용품 제조업체 P&G라도 되는 듯 진심에서 우러나온 말이었다. 나는 이미 여러 포르노 촬영 현장을 참관한 바 있어 곤란해하진 않을 거라며 안심시켰지만, 그는 루터교회 목사처럼 단호했다. "으레 예의상 그러는 겁니다." 나중에 내가 적은 메모를 확인해 보니, 그는 대화 도중 단 한 번도 성적인 단어를 입 밖에 꺼내지 않았다.

빌 마골드는 포르노 산업이 "할리우드의 여성화"에 희생될까 두렵다고 했다. 또 언젠가 오후엔 나에게 "할리우드에서 정말 강인한 남성 영웅을 어디 한 명만 꼽아" 보라며 씩씩댔다. "이스트우드는 이제 너무 늙었어요. 그와 경쟁할 만한 인물인 브래드 피트는 더럽게 예쁘죠. 여자가 되려는 이 조급함이 대체 뭘까요? 이 남자들은 거의 여자처럼 디자인돼서 흠집이라고는 없어요. 남자들은 다 어디로 간 겁니까?" 게다가 이건 그의 세계에서도 일어나고 있는 일이었다. "이 업계도 남성적 기질을 잃어 가고 있어요. 주류에 편입되는 중이고, 그게 겁이 납니다." 이제 X등급 진열대를 가득 채우고 있는 건 마골드가 역겹다는 듯 지칭하는 "커피 테이블 포르노"—'커플 시장'을 겨냥해 제작된 MTV 스타일 성인용 비디오라든지, 가짜 귀족 여성들이 샹들리에 아래에서 흥청거리거나 몸을 비트는 고급 성애물, 또는 X등급 버전의 빅토리아 시크릿 광고 등—였다.

포르노 산업에서 기업 권력이 부상하자, 보다 광범위한 경제 영역에 나타날 법한 경제 양극화가 이곳에서도 발생했다.

포르노계의 뒤처진 끝자락에서는 수많은 저가형 제작자들이 싸구려 비디오를 쏟아 내기 시작했다. 그들은 격렬한 섹스 장면이 담긴 비디오를 벼랑 끝에 선 모바일 시장에 내놓았다. 포르노 감독 론 설리번Ron Sullivan(일명 헨리 패처드Henri Pachard)은 시장 밑바닥 생활을 하는 기획자 가운데 하나로, 그런 비디오를 콕 집어 "화장실에나 어울리는 저질스럽고 절박한 성인 서점용 하드코어"라고 불렀다. 이런 지하 버전 포르노는 내러티브 없이 이미지만 나열한 채 야만적인 "남성성"을 전시하는 걸 선호했는데, 가령 남자가 자기 음경을 채찍처럼 휘두른다든지 섹스가 '팝 페이스pop face'(머니샷의 성난 버전으로, 남자가 여자 얼굴에 정액을 흩뿌리는 장면)로 끝나곤 하는 식이었다. 저가 시장에서는 이런 장면이 너무나 흔한 나머지, 내가 만난 어떤 카메라맨들은 대번에 "팝 페이스 갑시다" 하고 잘라 말하기도 했다. 일부 저급 포르노는 사실상 아무 맥락도 없는 머니샷 짜깁기이자, 온천수가 폭발하는 듯한 장면이 끝없이 반복되는 동영상일 뿐이었다. 포르노 대본을 쓰는 아이라 러빈은 이를 "꼬추의 승리"라고 냉소적으로 표현한 바 있다.

싸구려 비디오 제작이 횡행함에 따라 이제 포르노계는 둘로 쪼개질 위기에 놓였다. 포르노 배우 출신으로 감독이 된 벅 애덤스Buck Adams는 "사업에 양극단만 남을 것"이라고 했다. "'제대로 된 프로젝트'를 하는 사람들과 쓰레기를 만드는 사람들. 그 사이에 중간은 없어지는 거죠. 바로 그때가 이 상황이 더욱 무시무시해지는 때일 겁니다." 애덤스는 포르노를 제작하는 기업인들이 숨 멎을 만큼 엄청난 이윤을 긁어모으는 동안, 저가형 제작자들은 "제 살 뜯어 먹는 쪽"으로 변모하고 있다고 말했다. "업계의 절반은 스스로를 잡아먹으면서 남들 다리를 뜯고 있어요." 그는 이리저리 날뛰는 사마귀처럼 팔을 마구 휘저었다. "더, 더 많은 섹스, 섹스, 섹스, 섹스! 그걸 1달러

98센트에 내놓고 수십억 개 복제본을 파는 거죠. 그렇게 비디오 한 개당 6센트를 벌면서 월말이 되면 50달러를 벌게 되는 겁니다!" 그가 가장 두려워하는 건 그 일이 남자 배우들에게 미치는 영향이었다. "연기자들 사이에 정말 큰 격차가 벌어지고 있어요. 끝내주게 잘하면서 깡그리 얻고 살아남거나, 뭐 하나가 부족해서 도태되거나, 둘 중 하나죠."

현대 남성 포르노 배우는 사실상 넘어서기 어려운 '경력 장애물 코스'에 직면했다. 이들은 돈 한 푼 들이지 않고 타고난 영웅적 능력을 자랑하면서, 수도꼭지처럼 정액을 분출하는 머니샷 맨, '팝 페이스' 가이가 되어 성공을 위해 노력할 수 있었다. 자칭 '머니샷 맨' 혹은 '미스터 우드Mr. Wood'(나무꾼)인 벅 애덤스는 본인이 일하는 포르노 음지에서 많은 돈을 벌진 못했지만, 기름칠이 잘된 기계처럼 펌프질하며 남성적 기량을 발휘한다는 사실에 자부심을 가질 수 있었다. 머니샷 맨들은 자신들을 미국의 마지막 노동자로 여겼다. 역시 배우 출신 감독인 폴 토머스는 그들이 "생산직 노동자, 용접공" 같았다고 내게 말했다. 그들은 남성성이란 유전자에 새겨져 있는 것임을 보여 주는 반박할 수 없는 증거를 전시함으로써 전통적 남성성을 옹호했다. 다양한 화장실용 포르노를 옹호하는 빌 마골드는 이렇게 주장했다. "우리는 남성성 최후의 보루입니다. 여자가 할 수 없는 일이 하나 있다면 그건 바로 파트너 앞에서 사정하는 거죠. 우리에겐 그 힘이 있다고요."

하지만 어떤 남성 연기자가 정말로 뜨고 싶어 한다면, "쓰레기" 더미 속 용접공이 되는 게 아니라 벅 애덤스의 말마따나 "제대로 된 프로젝트"에서 "스타"가 되고 싶어 한다면, 단순히 방망이를 휘두르는 것만으로는 충분치 않았다. 고예산 포르노는 남자 배우들에게 성적인 연기만이 아니라 꾸밈도 요구했다. 정상에 오르는 남자들은 여자 얼굴에 사정할 수 있는 남자들이 아니라, 여자들만의 영역에서 그 여자들과 경쟁할 수 있는 남자들이었다.

한때 포르노 스타였던 존 레슬리가 연출한 성인영화 〈카멜레온Chameleons〉(1992)은 포르노의 "여성화"가 가져올 미래 남성의 악몽을 보여 주었다. 여자 주인공은 애인의 몸을 차지하기 위해 뱀파이어처럼 달려드는데, 먼저 애인의 정기를 빨아 먹고 그를 기진맥진시켜 잠재운 다음, 완전히 죽여 버리겠다고 위협한다. 여자 주인공은 애인에게 말한다. "나 아니면 너야. 그리고 나는 살아야겠어." 이 연인들의 마지막 싸움에서 남자 쪽은 스스로를 구해 낸다. 하지만 그게 가능했던 건 그가 여자로 변신했기 때문이었다.

그런 변성적 전위轉位에 대한 두려움은 많은 남성 포르노 스타가 칼 재머 이야기에 열을 올리는 밑바탕에도 깔려 있었다. 그들은 칼이 젠더 간 투쟁에 휘말리던 중 폭력에 희생된 것으로 보고, 칼의 아내를 비난했다. 칼은 '카메오Cameo'라는 이름의 신출내기 포르노 배우와 오랜 연애를 끝낸 뒤 스트리퍼 질 켈리Jill Kelly와 결혼했었다. 질은 1994년 후반 칼과 헤어진 직후에 포르노 배우로서 경력을 시작했는데, 포르노 업계 남자들은 질이 그 과정에서 자기 남편을 짓밟았다고 주장했다. 업계 남자 한 명은 "그 여자가 그를 파괴했"다고 했고, 또 다른 남자는 "그 여자가 그의 머리에 총을 겨눈 것이나 다름없"다고도 했다. 이런 이야기는 업계 남자들이 모이는 파티에서 손쉽게 안주거리가 돼 버리는 허구였다. 하지만 슬픔에 잠긴 질 켈리가 나중에 내게 말했듯, 이런 이야기를 퍼뜨린 남자들은 질과 칼 사이에 어떤 일이 있었는지 "아무것도" 모르는 사람들이었고, 그중 누구도 질이 얼마나 비탄에 잠겼는지 헤아릴 수 없었다. 딱 하나 분명히 말할 수 있는 건, 1995년 1월 25일 칼 재머가 질 켈리의 집 앞 인도에서 오른쪽 관자놀이에 총구를 댄 다음 방아쇠를 당겼다는 사실뿐이었다.

※ ※ ※

샌퍼낸도밸리 깊숙한 곳에는 스트립몰✠과 콘도가 사라진 자리에 전자제품 공장과 상업지구가 들어선 드넓은 평원이 있다. 그곳 건물들은 죄다 창문도 없이 땅바닥으로 몸을 낮춘 금속성 건물이었다. 그런 창고들 가운데 포르노 업계의 유일한 방음 스튜디오인 '트랙테크Trac Tech'가 있다. 몇 년 전 사진작가 론 보겔은 고급 포르노 제작 수요가 높아지자 이에 부응하기 위해 트랙테크의 문을 열었다. 칼 재머는 1년 정도 모델 일을 하다가, 그의 건설업 경력을 알고 있던 보겔에게 발탁되어 스튜디오 책임 건축가로 임명되었다. 칼에게는 일종의 소명과도 같은 일이었다. 업계에 최신 방음 스튜디오를 제공하는 일이 그의 전부를 건 직업이 된 것이다. 보겔은 "그 모든 장대한 드라마의 정점은 바로 천장"이었다고 회상했다. 칼은 열흘 동안 시저리프트✢에 등을 대고 누워 스테이플러로 5000제곱피트 높이 천장에 특수 방음재를 붙이는 작업을 했다. 이 작업에는 스테이플이 2만 5000개 이상 들어갔다. "초인적인 노력이 필요했어요. 칼 재머의 시스티나 성당이었죠." 보겔이 한 말이다.

칼 재머가 사망하고 이틀 뒤, 나는 고급 프로덕션 촬영을 참관하러 트랙테크를 방문했다. 제작진 가운데 한 사람인 레이븐 터치스톤Raven Touchstone이 설명하길 〈사이버렐라Cyberella〉는 〈바바렐라Barbarella〉✶의 포르노 버전으로, 역사를 여행하며

✠ 번화가에 상점과 식당이 일렬로 늘어서 있는 곳.

✢ 작업자나 물건 등을 안전하게 들어 올릴 수 있도록 설계되어 있는 작업대.

✶ 장클로드 포레스트(Jean-Claude Forest)의 동명 만화를 원작으로 한

악과 싸우고 "세상을 구하는" 여성 사이버 요원이 등장하는 영화였다. 제작사는 업계 거물인 VCA였으며, 이 회사의 재정 건전성은 화려한 배경과 조감독 및 기술감독, 여러 카메라맨과 테크니션, 스타일리스트, 케이터링 담당자 등 탄탄한 제작진에서 분명하게 드러났다.

이날 오후 제작진은 사이버 공간으로 방송되는 '누가 더 섹시하지요?' 경연 장면을 촬영하고 있었다. 이 장면에서 가장 눈길을 끄는 인물은 당시 VCA의 가장 핫한 상품인 선셋 토머스Sunset Thomas였다. 선셋 토머스의 상품성은 (회사 중역들 중 누구도 인정하지 않았지만) 십 대처럼 보이는 외모에서 주로 나왔다. 그러한 특징은 이날 그녀의 헤어스타일(신디 브래디+를 연상케 하는 뱅헤어와 양갈래 머리)과 치어리더 복장으로 증폭되었다. 선셋은 경연 참가자인 '수지 플랫부시' 역을 맡았다. 또한 오랜 시간 감초같이 등장해 온 남자 배우 론 제러미Ron Jeremy가 경연 사회자를 연기했다. 경연 심사 위원 역할로 캐스팅된 잭 애덤스Zack Adams는 실제 선셋의 남편이자 '매니저'였다. 카메라 뒤에 있던 스태프들이 중얼거리는 소리가 심상치 않았다. 어느 기술 스태프가 알려 준 바에 따르면, 아내와 함께 카메라 앞에 선 남자들이 제대로 해내는 경우는 별로 없었다.

포르노 촬영은 복잡하게 짜인 생태계다. 아직 감독들이 어느 정도 우두머리 격이긴 했지만, '전속 배우'와 '박스커버 걸box-cover girls'의 등장으로 점점 더 많은 도전을 받고 있었다.

프랑스-이탈리아 합작 SF 영화. 1968년 개봉 당시에는 큰 주목을 끌지 못했지만 이후 컬트 고전이 되었다. 페미니스트 아이콘인 제인 폰다가 출연하고, 당시 제인 폰다의 남편이었던 로제 바딤이 감독했다.

+ 1969~1974년 미국 ABC에서 방영된 시트콤 〈브래디 번치(The Brady Bunch)〉 등장인물로, 브래디 가족의 막내 캐릭터.

선셋 토머스도 그런 배우 중 하나였다. 비디오가 출현한 뒤로 박스 안에 든 내용물보다는 박스커버가 제품을 판매하는 경우가 부지기수였고, 이는 곧 커버에 등장하는 여자들이 고용주를 압도할 수도 있음을 의미했다. 대형 포르노 회사들은 '전속 계약'에 대한 대가로 커버 걸에게 (포르노 업계의 기준에 따르자면) 후한 계약 조건을 내걸며 호감을 사고자 했다. 고액 출연료를 받는 커버 걸은 적었으나, 여성 출연료 상승과 프리마돈나 행세에 분개하는 남자 배우들에게는 그 존재가 거대하고 위압적으로 느껴졌다. 또 다른 업계 거물인 비비드Vivid의 전속 여자 배우들이 제멋대로 굴기로는 단연 유명했는데, 그들을 "비비드의 여왕들"이라 부르는 소리가 내 귀에까지 들릴 정도였다. 배우 조너선 모건Jonathan Morgan이 어느 날 저녁 술 한잔을 하며 씁쓸하게 말했다. "포르노 업계의 지휘 체계에서 〔전속 여자 배우들은〕 누구랑 섹스하고 싶은지, 어디서 하고 싶은지, 어떤 시나리오로 하고 싶은지, 어떤 날 하고 싶은지, 다 고를 수 있죠."

1970년대 최고의 여성 연기자들, 가령 조지나 스펠빈Georgina Spelvin(《미스 존스 안의 악마The Devil in Miss Jones》)이나 매릴린 체임버스Marilyn Chambers(《초록 문 뒤에서》)가 실제로 자기 자신을 여배우이자 성적 모험가로 스타일링했던 데 반해, 전속 여자 배우들은 성공한 커리어우먼이 되기 위해 옷을 벗은 이들로서 직업적으로 계산된 움직임을 보였다. 이들은 포르노 산업에 최대한 빨리 진출했다가 빠져나온 다음, 장기적으로는 이국적인 춤을 추는 댄서가 되어 급여를 올려 받고자 했다. "그들은 순수한 용병이에요." 이전 시대에 속하는 포르노 스타 니나 하틀리는 "포스트페미니스트 공주"라는 멸칭으로 그들을 평가했다. 하틀리가 생각하기에 그들은 복고풍 남성 판타지를 연기함으로써 재정적 독립을 이룬 위선자일 뿐이었다.

"그들은 아주 전통적이에요. 성적 혁명가들이 아니죠." 테이블 댄스 및 랩댄스 스트리퍼 클럽이 폭발적으로 성장하면서 많은 댄서가 포르노 박스커버에 출연하는 것만으로도 수입을 네 배로 늘릴 수 있다는 사실을 깨달았다. 그다음엔 '영화에 출연했던 댄서'가 되어 일하던 곳으로 돌아가 일주일에 자그마치 1만 달러를 벌게 되는 것이다. 남자들의 경우 일부 게이 포르노 스타를 제외하고는 이런 횡재를 얻을 수 없었다.

감독과 전속 여자 배우 밑에는 믿음직스러운 '남성 인재'가 있다. 이들은 30명 미만인 단골 출연자들로, 업계에서 부르면 언제나 발기할 준비가 되어 있는 이들이었다. 〈사이버렐라〉 촬영장에서는 론 제러미가 이런 위치를 점하고 있었다. 그는 영화에 1000편 이상 출연했고, 업계에서 이는 기록적인 수치였다. 끊임없이 체육관이나 성형외과를 들락거리는 듯한 업계 젊은 남자들과 달리 중년의 론 제러미는 털이 부숭부숭하고 군살이 늘어졌으며, 자신의 소화능력을 아랑곳하지 않는 대식가였다. 그는 업계에서 "고슴도치"로 불렸다. 또한 마치 사람들에게 역겨움을 주려고 사는 사람 같았다. 그가 가장 자랑스러워하는 스턴트 가운데 하나는 자위로 하는 펠라티오였다. (촬영이 끝나고 몇 주 뒤 그는 나를 자신의 아파트로 초대해, 자신의 불룩 튀어나온 배를 조롱하는 에피소드가 담긴 〈비비스와 버트헤드〉 비디오를 보여 주었다. "이거 웃기지 않아요?" 제러미는 와이드스크린 TV 앞바닥에 앉아 족히 3인분은 되어 보이는 베이글·훈제 연어·크림치즈 브런치 한 접시를 통째로 먹어 치우며 깔깔 웃었다. 델리 크림치즈 용기의 빈 바닥을 혀로 핥으면서 그가 명랑하게 말했다. "사람들이 나에 대해 뭐라 하건 별로 신경 쓰지 않아요. 내 이름 철자만 틀리지 않는다면요.")

남자 배우들은 대개 '장면당' 보수를 받는다. 사정射精하지 않으면 출연료도 없다(일부 동정적인 제작자가 '사용하지 않을 장면'에 대한 비용을 지불하는 경우도 있기는 했다). 남자 배우 대부분은 엄청난 압박감을 느낄 수밖에 없었다. 빌 마골드 같은 이들이 포르노를 전통적 남성 직업윤리 최후의 보루로 그려 내고 싶어 할 수는 있지만, 음경을 세우는 일은 업계가 보상을 보장할 만한 직업이 아니었다. 반면 남성 연기자들은 남성의 유용성에 대한 증거로 발기를 선택함으로써, 자기 자신의 유용성을 (포르노 배우 조너선 모건이 말했듯) "우리 몸에서 우리가 마음대로 구부릴 수 없는 근육 하나"에 걸었다. 포르노 영화 속 아름다운 여자는 자신감을 가지고 매력을 발산하면 준비가 끝난다. 그에 반해 남자는 발기할 때까지 기다려야 하는데, 업계에서는 이를 '텐트 치기를 기다린다waiting for wood'라고 불렀다.

남성 '인재' 상위계층 바로 밑에는 끊임없이 바뀌는 수많은 '비걸B-girls' 또는 '필인 걸fill-in girls'이 있다. 이들은 멍한 얼굴로 촬영장에 비틀거리며 들어오거나 아예 들어올 생각조차 안 하는 경우가 많다. 비걸은 포르노를 위해 어쩔 수 없이 감내해야 하는 필수적인 존재로 여겨지고, 뒤에서 폄하당하거나 결국 해고당한다. 이들 비걸 바로 밑에는 신출내기 남자 스타 지망생들이 있는데, 이들은 연기를 하지 않으면 바로 퇴출당한다. 마지막으로 맨 밑바닥, 바닥 중에서도 가장 바닥에는 '가방모치 포주'가 있었다. 이들은 '매니저' 또는 '마케팅 담당자'를 자처하는 남편 혹은 남자 친구로, 본인보다 훨씬 더 잘 팔리는 배우자를 위해 일하고 있었다. 차츰 이들은 배우자의 임금에서 자기 몫까지 내놓으라고 요구하거나, 카메라조명이 비치는 자리 하나를 내놓으라고 주장했다.

다른 한쪽에는 훨씬 덜 위계적이고 한층 더 비뚤어진 기술 스태프 사회—카메라 오퍼레이터, 조감독, 박스커버를 찍는 사진사, '크루 혹스crew hogs'(돼지 무리)로 불리는 여러 제작 보조 등—가 있다. 그중에는 영화학교 졸업과 동시에 '워너브라더스'에 가서 커피를 나르거나 '포플레이 비디오4-Play Video'에 입사해 편집 보조로 일해야 한다는 사실을 깨달은 젊은이들도 있었다. 촬영장에서 이들 분위기는 무표정에서부터 신랄한 빈정거림까지 다양한데, 이는 카메라를 향해 섹스를 하는 모습을 지켜보는 것이 금세 지루해졌기 때문에 그에 대한 자기방어이거나 합리적인 대응이었다.

이날 오후 VCA 촬영장에는 이미 긴장이 감돌고 있었다. 촬영이 임박했을 때 론 제러미가 사라져 버린 것이다. 아마 입안 가득 음식을 채워 넣으러 갔을 터였다. 크루 혹스가 으르렁거렸다. 몇 시간이 흘렀다. 오후 4시쯤 되어 스태프들이 포기하고 다음 장면을 위해 황동 침대를 설치하기 시작할 무렵에야 제러미가 다시 나타났다. 그는 값싸고 반짝이는 턱시도에 금색 천 벨트, 앞이 뾰족한 구두, 커다란 뿔테 안경 등 의상을 차려입고 무대에 올라 "치어리더와 간호사의 전투" 시작을 선언했다. 그는 서커스 광대처럼 큰 몸짓으로 외쳤다. "벗어요!" 간호사와 치어리더가 각자 의상을 벗고 심사 위원 잭에게 기어오르자, 감독이 반복해서 외쳤다. "얘들아, 더 소프트하게!" 〈사이버렐라〉가 하드코어 비디오로 출시되더라도 케이블 채널과 호텔에 들어가야 하는 상황을 염두에 두어야 한다는 점을 상기시키는 것이었다. TV용으로 재편집된 버전은 완전히 '소프트'해야 했다. 즉 무엇보다도 발기된 페니스와 정액은 등장하지 말아야 하는 것이었다.

이렇게 '대사'가 있는 장면이 완성되면서 크루 혹스는 메인이벤트를 위해 침대를 끌어 올렸다. 잭 애덤스는 한쪽에 서서 머니샷을 위해 정신을 가다듬었다. 그가 내게 말했다. "중요한 일을 **우리가** 다 한다는 걸 아무도 몰라요." 이건 남자 배우들의 흔한 한탄이었다. "업계가 남자들에게 너무 가혹하죠.

조금이라도 잘못하면 더 이상 일을 할 수 없어요." 잭은 선셋을 L.A.에 데려와 모델 일을 시키다가 B급 영화를 찍게 했고, 그마저도 잘되지 않자 포르노를 찍게 하면서 이 업계에 뛰어들었다고 말했다. 잭은 메릴랜드대학교에서 경영학 학위를 받은 뒤 10년간 주로 의류 소매업체를 상대로 비즈니스 컨설턴트 일을 해 왔다고 했다. "마케팅이 내 전문 분야죠." 그는 이제 다른 여자 여섯과 함께 이 업계에서 "선셋을 마케팅"하고 있었다. 포르노 영화에 출연도 했지만, 그와 선셋의 시장성 및 임금은 천지 차이였다. 선셋은 하루에 4000달러 이상을 벌 수 있었지만, 그는 장면당 300달러를 벌 수 있다면 운이 좋은 편이었다. 잭은 선셋 덕분에 업계에 뛰어들 수 있었음을 인정했다. "여자를 통하지 않으면 진출하기가 정말 어려워요." 게다가 여자의 도움 없이는 버티기도 쉽지 않았다. "내가 얻는 일자리의 90퍼센트는 여자들이 주는 거예요. 걔네가, 특히 전속 여배우들이 누구랑 같이 일할지 고르니까요. 걔네는 권한이 많죠." 한때 남자는 여자를 얻기 위해 일자리를 얻었다. 이제는 일자리를 얻기 위해 여자를 얻어야 했다.

잭은 텐트를 세우는 데 거의 어려움을 겪지 않는다고 말했다. 170회의 연기 가운데 성공하지 못한 날은 단 사흘뿐이었다는 것이다. 하지만 머니샷에 실패할지도 모른다는 가능성은 남자다움에 대한 사소한 도전에도 촉발될 수 있는 끊임없는 불안이었다. 이날 오후에도 누군가가 그에게 이미 의심의 씨앗을 심어 놓은 상태였다. 잭이 내게 말했다. "봐요, 이게 바로 저들이 사람을 압박하는 방식이라고요. 그들은 나에게 '토요일에 당신을 부를지 어떨지는 이 장면에서 얼마나 잘하느냐에 달려 있다'고 했어요." 잭의 불평을 엿들은 기술 스태프가 손바닥으로 그의 머리를 때렸다. 잭이 촬영장으로 불려가고 난 다음, 기술 스태프는 고통스러운 한숨을 쉬며 나를 돌아보았다. 그가 예측했다. "좋지 않은 상황이네요. 텐트 문제가 발생하겠어요."

아니나 다를까, 30분이 지난 뒤에도 잭은 여전히 절반쯤 도달한 상태에서 고군분투하고 있었다. 스태프들은 점점 더 참을성을 잃어 갔다. '공식'의 속도에 맞춰 정해진 수만큼 체위를 취해야 하는데 거의 진전이 없었다. 해당 장면에서 감독이 발표한 타순은 이랬다. "카우걸(1번 여자), 카우걸(2번 여자), 도기, 도기, 미셔너리."✠

좌절한 감독이 말했다. "됐어, 소프트한 거부터 갑시다." 그러고는 선셋에게 주문했다. "좀 살살해 봐. 일단 남자 셔츠부터 찢고 난 다음에 움직여 보자고." 시간이 더 흘렀지만 여전히 텐트는 세워지지 않았다. 옆방에서는 기술감독과 여러 스태프가 모니터 주변에 앉아 숨 막힐 듯 하품을 하고 준비된 식사에서 남은 먹거리를 집적거리고 있었다. 스태프인 남자 친구의 일이 끝나기를 기다리고 있던 한 비비드 전속 배우는 시계를 열 번째 확인하면서 얼굴을 찡그렸다. 지금쯤이면 남자 친구와 '일반' 영화를 보고 있을 시간이었기 때문이다. 마침내 기술감독이 헤드셋을 내던지고 일어서서 촬영장을 향해 소리쳤다. "얘들아, 쉬자!" 스태프들은 뜨거운 조명을 끄고 잭과 선셋을 남겨 두었다. 선셋은 잭을 다시 준비 상태로 만들기 위해 최선을 다하고 있었다. 기술감독은 의자에 주저앉아 신음했다. "오늘은 망했네. 빌어먹을 슬링키✢도 아니고."

자고 있던 제작 보조가 일어나 위층에서 내려와서는 물었다. "무슨 일이에요?"

스태프가 지친 듯 말했다. "텐트 치기를 기다리고 있어."

✠ '카우걸'은 여성상위, '도기'는 후배위, '미셔너리'는 정상위로 옮길 수 있지만, 촬영 현장 분위기를 반영하기 위해 음차 번역한다.

✢ 나선형으로 조밀하게 감긴 용수철 형태의 장난감.

다들 하나같이 무기력한 표정으로 모니터를 바라보았고, 선셋이 몸에 걸친 건 스파이크가 박힌 슬리퍼 한 켤레뿐이었다. 한 스태프가 말했다. "뭐, 이 장면이야말로 하이힐이 남자를 서게 한다는 신화를 불식시키네."

장면이 다시 시작되자 잭은 성기 밑부분을 움켜쥔 채 억지로 피를 몰리게 하려고 애썼다. 기술감독이 혼잣말로 중얼거렸다. "아, 그 유명한 꼬집기 기술이군." 론 제러미는 특별히 누구에게 말을 거는 건 아니었지만 자랑스럽다는 듯 한마디 했다. "저 '그립'을 만든 건 바로 나지." 그렇게 한참을 자위하던 잭이 마침내 머니샷에 도달했다. 모니터 옆에서 녹초가 된 스태프들은 안도의 한숨을 내쉬며 의자에 주저앉았다. 선셋은 침대 가장자리로 달려가 수건을 챙겼다. 잭은 아무 말 없이 옷을 집어 들고 위층으로 달려갔다.

조연출이 내게 말했다. "〔선셋은〕 다시 부를 거예요. 저 남자는 아마도 안 쓸 것 같은데……. 관음증자로는 모르겠지만." 그 말인즉 잭에게는 섹스를 하지 않는 배역, 거의 아무런 보수를 받지 못하는 역할만 주어질 거란 의미였다.

아무도 나처럼 일하지 않았다

빌 마골드는 어느 날 오후 월드모델링 옆에 있는 어두운 원룸 사무실에 앉아 나에게 말했다. "이 업계 역사에 이름 난 종마들은 한 줌이에요." 그는 이곳에 상담을 받으러 올지 모르는 "포르노 업계 애들"에게 "자궁 안에 있는 느낌"을 주려고 불까지 꺼 두었다. 그는 현재 일하고 있는 종마 가운데 티티보이 T.T. Boy가 "요즘 유행하는 장르에서 슈퍼 나무꾼으로서 자격을 갖춘 유일한 사람"이라고 말했다. "티티는 비디오 종마의 완벽한 예라고 할 수 있죠. 비디오가 점점 많아지면서 질보다는 양이 중요해졌고, 티티는 하고 또 하고 또 하면서 차례차례 쓰러뜨릴 수 있거든요. 티티는 마치 링 위에서 여러 스파링 파트너를 상대하며 하루에 파트너 30명을 만나는 것 같아요. 걔들에게는 얼굴이 없다는 듯이요. 이게 티티를 특별하게 하는 거죠. (…) 대낮에 총격전이 벌어지는데, 티티는 여전히 길을 걸어가고 있고 걔네는 길에 죽은 채로 뻗어 있는 거죠."

〈사이버렐라〉 촬영 몇 주 뒤, 베테랑 포르노 영화 제작자인 론 설리번은 밸리에 있는 자신의 초라한 스튜디오에서 '카발레로 홈 비디오Caballero Home Video'를 위한 "내 아래로 내려간 못된 것들 중 하나" 장면을 찍고 있었다. 1980년대에 설리번은 뉴욕에서 여러 회사를 위해 "노골적이고 타협 없는" 포르노 영화를 촬영했다. 카발레로가 어려운 시기에 망해서 팔려 나갔을 때 새 주인은 설리번을 고용해 이곳을 재건하도록 했고, 설리번은 저가 시장을 목표로 일을 시작했다. 설리번은 얼굴 사정 샷, 과격한 항문 섹스, 갱뱅(남자 150명이 등장한 판타스틱 픽처스의 〈세상에서 가장 대단한 갱뱅The World's Biggest Gangbang〉으로 정점을 찍었다)을 끝없이 갈망하는 관객을 위해 '하루 동안의 경이'(하루 만에 촬영하는 경우가 많다고 해서 붙여진 이름)를 제작하는 사람들이 바글거리는 서부 해안의 저예산 업계에 뛰어들었다.

비비드의 여왕이 고급 '프리티 포르노'의 대명사라면, 티티보이는 저가형 예능을 대표하는 얼굴이었다. 카발레로의 선임 비디오 편집자인 버드 스워프Bud Swope가 말했다. "티티는 그런 식의 포르노가 어떤 건지를 정확하게 보여 주죠. 여자들과 마구잡이로 섹스하고 얼굴에 사정하는 거예요. 티티는 여자들을 거칠게 쓰러뜨립니다. 여자들이 항의할 때까지 몰아붙이죠. (…) 그냥 공격적인 거예요." 《허슬러 에로 비디오 가이드Hustler Erotic Video Guide》 1995년 4월 호 인터뷰에서 티티보이는 이렇게 말했다. "처음 시작할 때는 수줍음 많은 어린아이였어요. 이제는 모든 여자를 실컷 따먹으려는 남자죠. 죽도록 박아 주는 거죠." 그런 다음 그는 "자존심 강한" 업계 여성들에게 다음과 같은 메시지를 전달했다. "너희는 나랑 일하고 싶지 않을 거다. 너희 남자 친구들을 패 주고 너희 얼굴에 침을 뱉을 거니까. 그게 내가 너희 같은 쌍년을 대하는 방식이지. 그러고 나서 머리를 걷어차 주겠어."[5]

티티보이는 카발레로 촬영 당일 아침에 대본도 없이 도착했다. 대본 따위는 별로 중요하지도 않았다. 그가 대리석이 쫙 깔린 브루클린 거리의 목소리로(비록 그는 캘리포니아주에서 자랐지만) 론 설리번에게 적절하게 지적했듯 "빌어먹을 대사 두 줄 정도는 나도 외울 수" 있었다. 벽에 처박아 주겠다는 듯이 허세를 떠는 순간에도 그 치기 어린 표정과 자의식적인 태도에 '수줍은 어린아이' 같은 분위기가 묻어났다. 티티보이가 제작 보조에게 주먹을 몇 번 휘두르는 시늉을 했다. 움직임은 공격적이라기보다는 부자연스러운 연기처럼 보였다. 아마 주먹을 휘두르는 와중에 그가 어깨 너머로 모니터에 비친 자기 모습을 보고 있었기 때문일 것이다.

설리번이 보조를 맞춰 주며 말했다. "이봐, 손 다치지 말라고. 싸움이 붙어 가지고는 얼굴에 밴드 붙이고 왔을 때를 잊지 말라고, 새끼야!" 그는 티티보이의 어깨에 손수 다정한 칭찬을 얹어 주었다. 〈워터프론트On the Waterfront〉에서 젊은 말런 브랜도와 함께 출연했던 리 J. 콥Lee J. Cobb처럼. 그런 다음 설리번은 자신의 스타에게 대본을 건네고 그를 촬영장 안락의자에 앉혔다. 티티보이는 두 가지 대사 중 하나를 거듭 큰 소리로 읽으며 리허설을 했다. "완벽해. 아내는 내가 자기 절친 똥구멍에 박는 완벽한 불륜을 저지르는 모습을 보고 싶어 하니까." 하지만 곧 티티보이의 눈은 다시 모니터로 향했고, 그는 대본을 내려놓은 뒤 카메라를 향해 다양한 미소와 찡그린 표정을 짓는 제 모습을 지켜보았다. 아마도 영상에 푹 빠진 듯했다. 의자에서 몇 인치 떨어진 침대에 란제리를 입은 매력적인 여성 둘이 누워 있었지만, 그들은 다른 우주에 있는 것 같았다. 마침내 설리번이 다가와 모니터를 돌려 버렸다.

촬영은 카메라맨 한 명이 담당하고 있었다. 퀸 사이즈 침대 하나가 침실 벽면에 밀착되어 있고, 가짜 창문엔 페인트칠한 풍경이 그려져 있었다. 시트 없는 매트리스 위에는 이불이 덮여 있었다. 한때 전설적인 포르노 배우였던 카메라맨 에릭 에드워즈는 싸구려 촬영장에서 스모가스보드✠로 통하는 간식거리가 담긴 플라스틱 식기와 굳은 대니시 빵을 뒤져 커피 한 잔과 함께 들고 왔다. 몇 년 전 포르노 연기에서 물러났을 당시 에드워즈는 업계에서 유일하게 '4대 천왕'이라는 명성을 얻었다. 1960년대 후반 ABC TV 장학금으로 뉴욕의 미국연극예술아카데미에서 수학한 연극배우 출신 에드워즈는, 1970년대 후반에 전업 포르노 배우가 되기 전까지 수년간 하계 휴양지 공연물과 순회공연을 하는 극단에서 연기했다. 그는 포르노 촬영에 리허설과 디너파티가 포함되던 시절을, 온종일 섹스 장면 하나 없이 대사만 촬영하던 시절을, 일당 1000달러를 벌고 밤하늘에 촬영용 아크 조명이 쏟아지는 동안 웨스트 할리우드의 푸시캣시어터Pussycat Theater✢ 바깥 인도 콘크리트에 손자국과 발자국을 새겨 넣던 시절을 떠올렸다. 에드워즈가 스티로폼 컵을 들여다보며 말했다. "인간처럼 느껴지는 영광의 날들이었죠. 이제 배우들은 카메라를 쳐다보면 안 된다는 것조차 모른다니까요."

설리번이 말했다. "좋아, 티티. 이제 곧장 섹스 신에 들어

✠ 서서 먹는 북유럽 모둠 요리.

✢ 성인영화를 상영하던 극장 체인. 1960~1980년대에 성업했으며 캘리포니아주에 지점 30곳이 있었다. 2022년 마지막 지점이 문을 닫았다.

갈 거야. 완전히 하드코어하게 갈 거니까. 케이블 없이, 숨지 말고. 더럽게 한번 쭉 가 보자고.” 티티보이는 내 시선을 사로잡으려 했는데, 모니터가 사라지고 나서는 나라도 그의 관객이 되어야만 했기 때문이다. 그는 섹스 자체에는 별 관심이 없는 것 같았다. 그저 누군가 보고 있다는 사실이 그에게 흥분을 불러일으켰다. 티티보이는 배우 크리스티나 웨스트Christina West에게 망치질하듯 단조로운 동작을 취하며 보이지 않는 먼 곳에 시선을 고정하고, 메트로놈에 박자를 맞추듯 엉덩이를 움직였다.

잠시 후 찧는 소리가 쿵쿵 두드리는 소리로 바뀌었고, 이윽고 침대와 침실 벽 전면, 액자와 램프가 모두 덜거덕거렸다. 나는 영화 〈대지진Earthquake〉 촬영장의 구경꾼이 된 기분이 들기 시작했다. 침대 위 대형 그림이 벽에 쿵쿵 부딪히며 출연자들 머리를 덮칠 듯이 위협했다. 설리번은 여러 번 티티보이에게 가볍게 하라고 간청했다. “이제 살살 좀 하자. 이 여성분도 한동안 일을 해야 한다고.” 웨스트 본인은 멍든 다리를 화장품으로 가려야 한다며 휴식을 요청했다. 그녀가 자리를 비운 지 5분쯤 지나자 설리번이 걱정하기 시작했다. “텐트가 준비돼 있다고!” 설리번은 웨스트를 부르러 갔다. 결국 웨스트가 돌아왔고, 티티보이는 아무 일도 없었다는 듯 다시 그녀 위로 올라갔다.

타이밍에 맞춰 몇 차례 체위를 바꾼 뒤 내내 이어진 항문 삽입 장면이 끝나자, 설리번이 만족해하며 말했다. “좋았어, 이제 언제든 끝내도 돼.” 티티보이는 관제 센터의 목소리를 듣기라도 한 양 쿨하게 물러나더니, 카메라가 제자리를 찾을 때까지 기다렸다가 마무리를 했다.

설리번이 티티보이를 바라보았다. 혼자 남은 남자 연기자가 재충전을 하는 데 시간이 얼마나 걸릴지 확인할 셈이었다. “좋아, 티티. 두 번째 장면을 이어서 찍을게.” 패밀리 사이즈 상자에서 위트 첵스 과자를 꺼내 입에 넣고 있던 티티는 지난 30분간 TV만 본 듯 무기력한 표정이었다. 어떤 의미에서는 실제로 그런 상태이기도 했다. 그가 입을 뗐다. "5분이면 돼요." 나는 전직 포르노 배우 시드 모리슨Cid Morrison이 티티보이를 두고 했던 말이 떠올랐다. "기본적으로 그 남자는 페니스에 달린 생명유지시스템이나 다름없죠."

크리스티나 웨스트는 가운을 입고 탈의실에서 돌아와 손에 명상 책을 든 채 소파에 앉았다. 그녀는 아득한 꿈 같은 분위기를 풍겼는데, 마치 자기 마음을 깃털에 실으려는 듯, 촬영 현장 위로 멀리멀리 띄우려는 듯 애쓰는 모습이었다. 그녀는 이번이 티티와의 세 번째 작업이었다. 다른 여자 배우가 티티를 감당하지 못해서 웨스트가 대신하기로 했던 게 첫 만남이었다. "그때 좀 부드럽게 하는 순간도 있으면 좋겠다고 말했고, 그렇게 해 줬어요. 과격하게 굴긴 하지만, 그게 원래 성격은 아니에요. 업계가 저 사람을 그렇게 만들었죠."

다른 방에서 티티는 계속 시리얼을 씹었다. 입안 가득 음식물을 넣은 채 그가 말했다. "여자들은 나를 무서워해요. 도망쳐 버리죠." 5분이 지나고 2라운드가 시작될 참이었기에 그는 말을 멈췄다. 티티보이는 언제나처럼 준비되어 있었다.

※ ※ ※

티티보이가 살던 아파트 단지는 벤투라고속도로 출구 바로 아래에 있었다. 그곳은 마치 코니아일랜드 롤러코스터 아래 살던 우디 앨런의 어린 시절 장면을 업데이트한 버전처럼 보였다. 건물은 월드모델링에서 한 블록 정도 떨어진 가까운 위치에 있었는데, 막다른 골목 끝에 있는 '출구 없음' 표지판을 지나자마자 바로 보였다. 남부 캘리포니아에는 그런 단지가 수 없이 많았다. 금이 간 골재 콘크리트 계단, 허술한 난간, 이빨을 드러내며 심술궂게 미소 짓는 철조망이 쳐진 주차장, 그 위에 모텔 스타일로 지어진 집, 그리고 고속도로 먼지로 뒤덮인 채 영원토록 걸려 있는 '임대 중' 표시 현수막. 티티보이의 침실 한 개짜리 아파트에는 마치 한나절 만에 구비한 것처럼 보이는 가구들이 있었는데, 실제로 그런 가구들이었다. 그는 TV 위에 공장에서 찍어 낸 듯한 토마호크와 활·화살을 올려 두었다. 장식물로서는 보기 드문 선택이었다. VCR 옆에는 마이크 타이슨의 '최고 히트작' 비디오가 놓여 있었다. 내가 방문한 날에는 접시·그릇·식탁보 등 4인용 저녁 식사 세팅이 식탁에 마련되어 있었다. 나는 티티에게 다른 손님들도 오느냐고 물었다. 그는 신발을 내려다보더니 '저 식기들을 얼마 전 꺼내 놓았는데, 왜 그랬는지 잘 모르겠다'고 중얼거렸다. "그냥 가정집처럼 보인다고 생각했어요."

어느 날 오후 우리는 열대우림처럼 꾸며진 인근 레스토랑으로 향했다. 정글의 굉음이 식당 콘셉트를 완성해 주고 있었다. 그곳에서 티티보이는 2년 전 여자 친구였던 에이미에게 차인 일을 이야기하면서 몇 시간을 보냈다. "나는 그 여자를 보호했어요. 그 여자 어머니보다도 내가 더 잘 보살폈죠." 나중에 에이미에게 들은 바에 따르면 두 사람이 사귀는 동안 그는 점점 폭력적으로 굴었고, 그녀의 목을 수차례 졸랐다고 했다. 심지어 에이미는 그를 상대로 접근금지명령까지 받아 냈다. 티티보이가 내게 말했다. "나는 안 때렸어요. 이리저리 밀치기는 했죠."

어쨌든 티티보이는 두 사람의 이별을 이렇게 설명했다. "그 여자는 할리우드 사람들과 함께 떠났어요." 이 업계의 고통스러운 진실 하나는 배우 개인의 삶에 이중잣대가 부과된다는 것이었다. 업계 바깥 남자가 포르노와 관계된 여자와 데이트하는 건 시크한 행동이었지만(진저 린Ginger Lynn과 공개적으로 연애했던 찰리 신Charlie Sheen을 떠올려 보라), 업계 바깥 여자가 남자 포르노 배우와 데이트하는 건 형편없는 짓거리였다.[6]

한 친구가 에이미에게 할리우드 세트장에서 마사지 치료사로 일할 수 있도록 주선해 준 뒤, 이 커플은 영영 헤어졌다. 티티는 X등급 세상에서 벗어나겠다고 다짐했다. "이 업계에서 벗어나기 위해 모든 걸 팔았어요. 그 여자를 행복하게 해 주려고요." 그는 심지어 BMW까지 팔고 연기 학교에 등록했으며, 한번은 스턴트 코디네이터 자리를 알아보러 에이미와 촬영장에 가기도 했다. 그날의 방문이 구직으로 이어지진 못했지만 스태프들은 티티를 알아보았다. 그의 표현대로라면 당시 스태프들은 "자기들도 그런 영화를 보면서, 거기 등장하는 배우는 쓰레기라고 여기"는 "위선자 나부랭이"였다. 다음 날 에이미가 촬영장에서 울며 전화를 걸어왔다. 에이미는 스태프들이 자기를 피한다면서, '나까지 연좌제로 쓰레기 취급을 당하고 있다'고 말했다. 얼마 지나지 않아 에이미는 그와 헤어졌다.

티티보이가 살면서 경험한 실망에 대해 늘어놓을 때 그 이야기 속 악당은 여자 친구, 여자 친구의 엄마, 여자 친구의 여자 친구 등 주로 여자였다. 하지만 처음으로, 그리고 영원히 그의 마음을 부숴 버린 사람은 남자다. 티티가 네 살 때 어머니가 차 사고로 세상을 떠난 뒤 그와 남동생은 아버지 손에서 자랐다. 아버지는 자식들을 키우는 둥 마는 둥 했다. 광업과 중장비 사업을 운영하던 그는 두 아들을 회사의 노새처럼 부려먹었다. 티티보이가 이 얘기를 꺼내는 걸 꺼렸기 때문에, 자세한 내용은 동생의 입을 통해 들을 수 있었다. 아버지는 두 아들이 아주 어릴 적부터 남동석과 공작석 채굴하는 일을 시켰다. 여덟 살이 되던 해, 티티는 여름 내내 네바다주 경계선 근처 작은 캘리포니아주 사막 마을 베이커의 뜨거운 태양 아래서 돌을 깨고 운반하는 일을 했다. 초등학교 시절에는 종종 광산에서 100파운드짜리 마대 자루를 짊어져야 했다. 중학교 시절에는 아버지의 중장비를 수리하고 운전했으며, 새벽 2시까지 일할 때도 있었다. 동생이 회고하기로는 형이 저항하면 아버지가 때렸다고 한다. 아버지는 결국 티티를 고등학교에서 자퇴시키고 하루에 열네 시간에서 열여섯 시간씩 풀타임으로 굴렸다. 티티에게 주어진 일은 시멘트 탱크 내부를 닦는 등의 작업이었는데, 실내 온도가 65도까지 올라가고 화학물질 때문에 피부에 화상을 입기 쉬운 일이었다. "몸을 갉아먹을 수 있는 석회암을 지고 들어가서 오염된 부분을 긁어내야 했죠." 작업을 묘사하기 위해 그가 시늉한 몸짓이 묘하게도 자위행위를 닮아 있었다. "일을 끝내고 나오면 이상했어요. 얼어 죽을 것 같았죠. 바깥은 43도쯤 됐을 텐데도 추웠어요."

티티는 반쯤 자랑스러운 듯, 반쯤 무덤덤한 듯 말했다. "아무도 나처럼 일하지는 않았어요. 로봇 같았죠. 나를 기계처럼 부려 먹었어요." 하지만 적어도 티티는 그 일이 어딘가로 이어지고 있다고 생각했다. "그때 내 목표는 열심히 일해서 아버지 사업을 이어받는 거였어요." 또 다른 목표는 복서가 되는 것이었지만, 그 "단 하나의 꿈"은 아버지 손에 좌절되었다. 학교에서 티티는 뛰어난 레슬러였는데, 사실 그는 체급에 비해 지나치게 강했다("몸무게가 98파운드였고, 벤치 프레스를 220파운드까지 했었죠"). 하지만 아버지는 그를 레슬링 훈련에서 끌어냈고, 곧이어 복싱과 태권도 훈련도 그만두게 했다. "내가 너무 잘했던 거죠." 그는 쉰 목소리로 웃었다. "내가 자기를 때릴까 봐 무서웠던 건지도 모르고요."

결국 그의 아버지는 티티의 다른 목표 역시 본의 아니게 좌절시켰다. 아버지가 혼자서 호화로운 휴가를 떠나며 전용기를 이용한 탓에 회사는 파산해 버렸고, 아들들은 곤경에 빠졌다. 티티의 동생은 아버지가 그들에게 '제대로 된 삶을 살 수 있는 유일한 기회는 내 사업뿐'이라고 강조했던 일을 떠올렸다. "아버지는 우리 미래를 위해 자기가 필요하다고 말했어요. '네놈들은 내 밑에서 일하지 않으면 맥도날드에서 일해야 한다'고 했죠. '절대로 일을 찾을 수 없을 거'라고요." 티티가 포르노 업계에 발을 들일 수 있도록 도와준 사람은 L.A.의 어느 버스회사에서 일하고 있던 삼촌이었다.

물려받지도 못한 세습 플랜테이션에서 강제 노역을 하며 어린 시절을 보냈지만, 티티보이는 아버지라는 "권력자"에게 경의를 표해야 한다고 고집했다. 그리고 자기가 보기에 생계를 위협하는 포르노 업계의 "강하고 사악한" 여자들을 향해 비난을 퍼부었다. "내가 짜증 나는 건 여자가 너무 많은 권력을 가졌다는 점이에요. 여자들은 수없이 말하죠. '오, 티티는 너무 거칠어.' 그럼 나는 이렇게 대꾸해요. '내가 어떻게 알아? 그냥 부탁을 해.' 하지만 그런 여자는 아직 나와 일해 본 적 없는 여자들한테 고자질하죠. 그런 여자들 때문에 온갖 일을 놓치고 있어요."

칼 재머가 자살한 이후 몇 주 동안, '그런 여자들'에 대한 티티보이의 공격은 언제나 칼의 아내에 대한 비난으로 이어졌다. 그는 본인과 칼이 살면서 겪은 여자 경험에는 "비슷한 점이 많"다고 했다. "칼이 일을 그만둔 건 그 여자가 그걸 더 이상 감당할 수 없었기 때문이에요. 그 여자를 위해 그만둔 거죠. 그랬더니 그 여자는 칼에게 이별을 고하고 자기가 다시 업계로 돌아간 거예요." 티티보이가 말을 아끼려 한 부분은 촬영장에서 칼에게 일어난 (다른 남자 배우들의) 사소한 괴롭힘이었는데, 남자 배우들은 종종 칼의 부진한 연기를 조롱하곤 했다. 남자 포르노 배우들은 구식 노동자를 자처했지만, 그들 사이에 생산직 현장의 형제애 같은 건 없었다. 한 남자의 실패가 다른 남자에겐 기회였고, 대기 중인 남자들은 종종 저 남자 배우의 여자 친구와 잠자리를 가졌다며 시시닥거리거나 우롱하면서 실패를 종용했다. 특히 칼 재머는 그런 심리적 괴롭힘에 취약했다. 벅 애덤스는 촬영장에서 남성 코러스가 그를 계속 비웃던 일을 떠올렸다. "온통 손가락질하면서 쑥덕쑥덕하고 낄낄거렸죠. 칼 같은 사람에게 그건 아주 굴욕적인 경험이었어요." 티티보이는 자신이 칼에게 "조금 못됐게 굴었"다는 걸 인정했지만, 진짜 범인은 칼의 아내라고 주장하며 "사악한 년"이라고 칭했다. 자기가 칼의 입장이었다면 질을 다르게 대했을 거라고도 했다. 티티보이는 나에게 강한 눈빛을 보내며 말에 힘을 실었다. "[칼은] 그렇게 폭력적이지 않았어요. 나였다면 너무 심하게 대응해서……." 그가 잠시 멈칫하더니 말을 이었다. "사고가 터졌을 겁니다."

이것도 극적인 효과를 노리는 또 하나의 가짜 펀치인 건지, 자기 머릿속에 상존하는 카메라를 염두에 둔 또 다른 과장된 연기인 건지, 아니면 티티보이의 아버지가 행사한 폭력이야말로 그가 물려받은 유산인 건지, 나는 확신할 수 없었다. 그것도 아니라면, 이건 그냥 한 청년의 시끄러운 외침이었는지도 몰랐다. 4인 가족용 식탁이 항상 차려져 있지만 아무도 집에 오지 않는 어느 아파트의 얼어붙은 땅 같은 고요함을 이겨 내려는 외침.

당신 뒤에서 끝까지

포르노 스타 니나 하틀리는 성인 비즈니스에서 "남성에 대한 착취가 매우 뚜렷하게" 나타나고 있기에, "이 바닥 남자들은 자기 심장과 자기 거시기가 이어지는 통로를 차단해야" 한다고 지적했다. 포르노 업계가 특정한 공동체 의식과 장기적인 관계를 유지하는 하나의 커뮤니티에 가까웠던 시절에는 상황이 그렇지 않았다. 하지만 "이제는 대량생산 공장 조립라인 같은 성격이 훨씬 강해졌"다. 결국 마음과 정신을 걸어 잠그지 못한 이들은 기계장치에 끌려 들어가 잘근잘근 씹혀 버렸다. 칼 재머는 "심장이 부서지는 듯한 아픔을 느꼈"는데, 그의 심장은 여전히 페니스와 연결되어 있었다.

티티보이와 달리 칼에겐 메트로놈같이 움직이는 능력이 없었다. 칼은 종종 자기가 감정에 얽매여 발기에 실패한다는 사실을 깨닫고 좌절하곤 했다. 하지만 그저 말뚝이나 박는 배우라는 평판도 원하지 않았다. 오히려 박스커버 보이가 되고 싶었고, 스스로 그걸 원한다고도 여겼다. 다행히 어느 정도는 성공했다. 남자 배우가 박스커버에 실리는 경우는 드물었지만, 칼은 상대적으로 커버에 자주 등장하는 편이었다. 〈배트맨〉을 패러디한 비디오 헤드라인을 장식했을 때는 곧 대박이 날 것만 같았다. 하지만 포르노를 기준으로 봐도 형편없는 이 비디오는 출시 직후 저작권 침해 분쟁으로 묻혀 버리고 말았다.

칼은 업계에 본인을 속 편한 허풍선이 캘리포니아 남자로 마케팅함으로써 자신의 부족한 '자지부심'을 보완했다. 그는 가장 비싼 스포츠 장비, 제트스키, 쾌속정, 스포츠카, 가장 화려한 형광색 서퍼 용품, 헬스장과 태닝 살롱 멤버십 등 자기 자신에게 후광을 드리우는 데 상당한 금액을 투자했다. 포르노 배우 시드 모리슨은 칼이 어느 날 200달러짜리 선글라스를 구입하며 '이걸 쓰면 사람이 달라 보인다'고 했던 일을 기억했다. '서퍼 보이' 이미지가 칼의 커리어에 어느 정도 도움이 된 건 사실이었다. 하지만 그걸로는 성에 차지 않았다. 그는 기회가 닿는 즉시 콘도를 장만한 다음, 해변에서 빈둥대는 독신 남성보다는 나이 오십 줄에 둥지를 튼 부부에게나 어울릴 법한 가구들로 그곳을 채웠다. 그는 가정생활 잡지에 광고된 대로 캠핑 장비, 바비큐용 화덕, 배구 네트 등 미국 중산층 가족의 삶을 뽐내는 데 필요한 온갖 것을 사 모았다. 몇 년간 칼에게 엄마 같은 역할을 해 준 사람이자 보겔의 사무실 매니저인 카티나 냅Katina Knapp이 말했다. "그는 정말로 아버지, 남편이 되고 싶어 했어요. 아버지에 대해 말한 적은 없지만, 가족에 관심이 아주 많았죠."

포르노 연기를 시작한 직후, 칼은 기성품 가족을 찾아 '내 안식처로 이사 오라'며 한동안 설득을 벌였다. 싱글 맘인 카메오를 만난 곳은 그녀의 첫 포르노 비디오 〈당신 뒤에서 끝까지Behind You All the Way〉 촬영 현장이었다. 막 이혼하고 콜로라도주에서 L.A.로 이주한 카메오는 자신과 다섯 살 난 아들이 살 집이 필요했다. 카메오가 기억하기로 칼은 문을 열어 주고 팔을 잡아 주는 등 신사적이고 보호자다운 모습을 보여 주려 애썼다. 카메오의 전남편이 아들을 L.A.로 보내지 않고 버텼을 때, 칼은 씩씩하게 콜로라도주로 날아가 카메오가 아이를 되찾아 올 동안 보디가드 역할을 하기도 했다.

그러나 칼이 연기하는 전통적인 가장 역할엔 달갑지 않은 면도 있었다. 카메오가 내게 말했다. "집안일에 굉장히 엄격했어요. 얼룩 하나 없어야 했거든요." 칼은 카메오가 대학으로 돌아가는 것도 원치 않았다. 사실 칼은 카메오가 일에서 아예 손을 떼었으면 했다. 하지만 집 대출금과 공과금을 지불하려면 그녀의 수입이 절실했기 때문에, 〈아빠가 제일 잘 알아〉 같은 1950년대 시트콤에 나올 법한 가족 이미지는 잠시 제쳐 놓았다. 카메오는 칼이 대체 어디서 그런 전통적인 가정생활 개념을 주워들었는지 알 수가 없었다. 칼은 아버지에 대한 그리움이나 비통함을 표현할 때 말고는 원가족에 대해 거의 말하지 않았다. 사실 카메오는 칼이 화내는 걸 많이 보진 못했는데, 한번은 아버지와 관련된 사건 때문에 이러더라는 것이었다. "그이 아버지가 그이 생일에 반지를 보냈어요. 그런데 그 반지 때문에 너무 화가 나서 방 저편으로 던져 버렸죠." 카메오는 당황해서 칼을 진정시키려고 했지만 그를 위로할 순 없었다. "터키석이었어요. 그이는 '아버지가 나를 조금이라도 알았다면 터키석 반지는 사지 않았을 거야, 이건 아버지가 나를 모른다는 걸 보여 줄 뿐이야'라고 했죠."

가정생활에 대한 카메오의 생각은 1950년대 TV보다는 페미니즘에 더 많은 영향을 받았다. "모든 것이 항상 그이의 소유였어요. 모든 것이 그 사람 소유인 상황에서 결혼하면 어떻게 동등한 관계를 맺을 수 있을지 잘 모르겠더라고요." 처음에 칼이 포르노 일을 그만두라고 했을 땐 그게 '정말로 다정하다'고 생각했지만, 시간이 지나자 그건 그저 '이중잣대'에 불과한 게 아닌지 의심하기 시작했다. "나는 결국 제자리였던 거죠. 하인이 되려고 집을 떠나 2000마일이나 온 게 아니에요." 결국 카메오는 남편 모르게 '애로 필름 앤드 비디오Arrow Film and Video'와 전속계약을 맺었다. 그러곤 아파트 보증금을 내기 위해서 2000달러를 선불로 받았다. "결국 그이의 뒤통수를 칠 수밖에 없었어요. [안 그랬다면] 언제나 그 손아귀에 갇혀 영원히 아파트 청소를 하고 있었겠죠." 칼은 카메오가 애로와 계약했다는 소식을 듣고 그녀의 촬영장에 들이닥쳤다. 메이크업 의자에 앉아 있던 카메오를 발견한 칼은 "대소동을 벌인" 다음, 주차장으로 가서 그녀의 타이어 공기를 다 빼 버렸다.

두 사람의 결별 이후 칼에게는 '촬영장에서 고장 나는'(발기가 안 되는 상황에 대한 남자 배우들의 완곡한 표현) 문제가 더 자주 발생했다. 칼의 불안은 다른 남자 배우들의 끊임없는 야유와 조롱 때문에 더 심해졌다. 그들은 칼의 페니스가 순간적으로 말랑말랑해지는 것에 대해 꼬집었고, 여자 친구의 외도를 추측해 대면서 칼을 괴롭혔으며, 때로는 그냥 칼의 최근 헤어스타일을 놀려 댔다. 카티나 냅은 이 조롱 때문에 아무리 너덜너덜해진다 한들 "그는 모든 걸 안으로 삭혔"다고 회상했다. "그는 언제나 명랑하려고 노력했죠." 상황이 너무 심각해질 때면 칼은 다시 세트 짓는 일로 돌아가곤 했다. 그러나 세트 디자인은 돈이나 인정을 받는 데 별 도움이 되지 않았고, 곧 그는 영화에 출연시켜 달라며 감독들을 졸라 댔다. 만약 누군가 '대타 거시기'를 필요로 할 때에 대비해 그는 언제나 게임에 다시 뛰어들 준비를 하고 있었다. 이런 식으로 작업을 하는 둥 마는 둥 하는 일이 몇 년간 이어졌다. 그를 무대에서 도망치게 하는 불안은 그를 무대로 돌려보내는 불안과 동일한 불안이었다. 시드 모리슨은 말했다. "칼은 성과를 내지 못하면 어쩌나 하는 남성의 불안 때문에 두려워서 눈앞이 캄캄했죠. 그런데 그게 칼의 생명력이었어요."

※ ※ ※

"내가 뭐랬어요." 1995년 닉 이스트가 자신의 아파트 현관문에서 나를 맞이하며 말했다. 쓰레기통이 어지럽게 널려 있고 기름때가 묻은 뒷골목에서 들어가는, 노스할리우드의 원룸 게스트하우스였다. "이 아파트는 나답지 않아요." 그는 소파에 주저앉아 리모컨에 손을 뻗어, 유일하게 존재감 있는 소유물인 대형 TV 화면의 채널을 무심하게 넘겼다. 닉 이스트는 칼 재머와 한 아파트에서 함께 살았던 적이 있는데, 칼이 여자들과 사귀고 있을 무렵이었다. 닉은 여전히 칼의 죽음에 충격을 받은 상태라 당시 이야기를 할 수 없다고 했고, 내가 이야기를 꺼낼 때마다 벌컥 화를 냈다. 그가 대화를 나누고 싶어 한 주제는 잃어버린 남성성이었다. "한 가지 알려 줄게요. 남자의 정의定義는 사라졌어요." 닉이 말하는 남녀 관계의 황금기는 1940~1950년대로, "남자가 무슨 말을 하면 여자들이 그 말을 그대로 받아들이고 거기에 맞춰 행동하던 시대"였다. 그 시절 남자들에게는 평생직장이 있었고, 매주 대형마트에서 장 보는 일쯤은 손쉽게 해결해 줄 월급이 있었다. 닉이 꿈꾸던 과거 해피밸리의 중심에는 가족을 모두 돌봐 주는 아버지가 자리했다. "우리 아빠가 스물세 살 때, 세 아이와 전업주부인 아내를 부양하고도 집을 살 수 있었던 그 시절……" 운운하는 것은 닉이 이야기를 시작하는 전형적인 방식이었다. 그게 어떻게 가능했었느냐고 내가 묻자, 닉이 발끈하면서 말했다. "노동시장에 여자들이 넘쳐 나지 않았기 때문이죠. 정부가 여자들을 꼬드겨 일을 시켰고, 여자들은 이제 남자가 됐어요."

닉 이스트의 아버지는 전기기술자이자 헌신적인 노동조합원이었다. 닉은 중서부에서 세 자식 가운데 막내로 자랐다. 그는 아버지 세대의 직업 공식을 따르려고 노력했다. 고등학교를 졸업하고 곧바로 해군에 입대했고, 일찌감치 결혼해 가족까지 먹여 살릴 수 있는 일자리를 구하러 해군을 떠났다. 하지만 민간인이 되어 찾은 직업으로는 혼자서만 겨우 먹고살 만한 수준이라 아내까지 건사할 수가 없었다. 그는 자동차 영업을 했고, 그다음에는 복사기를 팔았다. "그게 내가 한 일이죠. 물건 파는 거요." 닉의 아내는 캘리포니아주에 있는 어머니에게 돌아갔고, 치과 용품 회사에 취직했다. 닉은 아버지의 경험을 떠올리며 더 나은 보수를 받을 수 있을 거라는 생각에 공장 일자리를 찾았다. 하지만 그가 마주한 제조업계는 더 이상 중산층을 생산하지 않았다. 그는 비非조합원만 고용하는 알루미늄 공장에서 일했고 주 7일, 하루 열두 시간씩 사이펀관管을 "뽑아내는" 일을 했다. 그가 중요한 지점이라는 듯 언급했다. "지금 더 많이 벌어요."

닉은 아내를 되찾기 위해 캘리포니아주로 차를 몰고 갔다. 하지만 아내는 돌아갈 생각이 없었다. 그는 어머니와 의붓아버지가 사는 오하이오주로 이사했는데, 안정적인 일자리를 찾지 못했다. 결국 마지못해 버거킹에 취직했다. "여덟 시간 내내 '감자튀김 같이 드릴까요?'라고 물었어요." 첫 출근 날 밤, 그는 악몽을 꿨다. "버거킹에 갇혀서 강제로 일하는 꿈이었죠." 다음 날 아침, 버거킹에 감금된 꿈이 아직도 머릿속에 생생하던 그는 프랜차이즈 문 앞에서 공포에 사로잡혀 꼼짝도 하지 못했다. "그래서 드라이브스루 창구에 유니폼을 반납했습니다." 얼마 지나지 않아 그는 캘리포니아주로 이주해 월드 모델링에서 오디션을 봤다.

"1991년, 그러니까 4년 전이네요!" 닉 이스트가 말했다. 오늘날의 시장상황에서 그 정도면 오래 일한 편이었다. "이 업계가 내 인생을 구해 줬어요. 내게 계속할 수 있는 무언가를 줬으니까요."

닉이 채널을 넘기다가 플레이보이 프로그램을 틀었다. TV를 쳐다보다가 나는 깜짝 놀랐다. "어어, 당신이네요!" 그가 어깨를 으쓱하자 내가 물었다. "무슨 영화예요?" 그는 몰랐다. 하도 많은 영화를 찍었기 때문에 기억할 수가 없었던 거다. "TV를 틀기만 하면 내가 나와요"라고 하는 그의 목소리엔 아무런 열정이 없었다. "맨날 나오죠." 그는 엉덩이를 내밀고 있는 자신의 모습을 멍하니 바라보았다.

"나는 내가 아무것도 아니라는 걸 알아요. 세상 사람 대부분이 내 얼굴을 봤지만, 나는 아무것도 하지 않았기 때문에 아무것도 아니죠." 하지만 언젠가 그는 자신이 대중에게 진정으로 '인정받을 만한' 사람이 되기 위해 무언가를 할 사람이었다. 그리고 그가 "토크쇼에 출연할 때, 그러니까 제2의 O.J. 심슨이 되었을 때, 물론 누군가를 죽이겠다는 건 아니지만 그렇게 미디어 센세이션을 일으킬 때, 〈하드 카피Hard Copy〉✠ 같은 프

✠ 1989년부터 1999년까지 신디케이션(특정 방송사에 국한된 것이 아니라 여러 방송사에서 방영하는 방식)으로 방영된 미국의 타블로이드 TV 프

로그램이 죄다 주목할 때, 세계가 주목할 때" 그날이 왔다는 걸 알게 될 터였다.

닉이 매일 TV에 등장하면서도 여전히 자기가 '아무것도' 아니라고 생각한다면, 그와 비교해 단역에 불과했던 칼 재머는 자기 자신에 대해 어떻게 생각했을까? 나는 그렇게 물었다. 하지만 닉은 셀러브리티 문화와 남성의 좌절을 연관 짓는 데 별 관심이 없었다. 그가 생각하기로 옛 룸메이트가 자살한 배후에는 단 한 가지 원인이 있을 뿐이었다. 바로 칼의 아내. 닉이 단호하게 말했다. "칼의 죽음은, 여자 때문이에요." 그가 보기에 칼의 죽음과 관계된 일은 이런 것이었다. "[칼의 아내가] 그에게 업계에서 나오라고 말하죠. 그가 일을 그만뒀어요. 그 여자는 이혼을 원했죠. 그리고 자기가 업계로 들어간 거예요. (…) 누군가한테 들은 이야기인데요. 칼이 '당신한테 바치는 거야'라고 말하고는 자기 머리에 총을 쐈대요." 닉은 장례식장에서 "그 여자 옆으로 걸어가야 하는 탓에 마지막 조문도 못 했"다고 말했다. 그는 소파에 몸을 기대고 잠시 눈을 감았다. "그 여자는 칼을 고문했고, 이것이 남녀가 변화해 온 방식이죠."

닉은 소파 뒤로 손을 뻗어 성경을 꺼냈다. 나는 깜짝 놀랐다. 그는 요즘 성경을 읽고 있다고 했다. 업계를 떠날 생각을 하면서 "방향"을 찾는 중인데, "집으로 돌아가는 길"에 관한 회고록도 쓰고 있다고 했다. 닉은 나에게 본인이 가장 좋아하는 구절을 읽어 주고 싶다며 「요한복음」 14장을 펼쳤다. "내가 너희를 고아와 같이 버려두지 아니하고……." 이 대목을 읽는데, 때마침 플레이보이 채널에서 닉의 이미지가 흘러나와 그의 얼굴에 비치고 있었다. "너희에게로 오리라." 그가 잠시 멈추더니 10장으로 넘어갔다. "이게 성경에서 가장 강력한 부분이에요. '그들을 주신 내 아버지는 만물보다 크시매 아무도 아

로그램. 무분별한 폭력 등 의심스러운 소재를 공격적으로 방송에 사용했다.

버지 손에서 빼앗을 수 없느니라. 나와 아버지는 하나이니라.'"

나는 그날 밤 닉에게 부탁해, 그가 집필 중이라던 회고록을 읽어 보았다. 한 사람의 삶에 대한 이야기라기보다는 신비로운 소원 성취 판타지에 가까운 내용이었다. 어느 날 '수호천사'가 나타나, 닉이 대륙 횡단 운전을 하는 동안 인생의 신성한 안내자가 되어 주겠다고 약속한다. 고마워하는 닉 이스트 앞에 처음 모습을 드러낸 천사는 닉의 아버지 모습을 한 채, 아버지의 옷을 입고 있었다.

제 살을 뜯어 먹어야 하는 땅에서

칼이 죽고 몇 주가 흐른 어느 날, 포르노 배우 토니 몬태나Tony Montana와 그의 시추 강아지 룰리는 패서디나의 무너져 가는 맨션을 앞에 두고 점액으로 뒤덮인 분수 옆에서 지쳐 가는 중이었다. 토니는 다음 장면을 기다리고 있었고, 목사가 허락만 해 줬더라면 칼의 장례식에서 하고 싶었던 말을 나에게 들려주었다. "아무도 그가 내적으로 죽어 가고 있다는 걸 몰랐어요. 아무도 몰랐죠." 목소리가 떨리기 시작하자 몬태나는 가방 안에서 선글라스를 찾았다. "무슨 일이 일어난 건지 모르겠어요." 그가 눈을 깜빡이며 눈물을 참았다. "사실대로 말하자면 칼 재머는 내가 살면서 만난 사람들 가운데 가장 긍정적인 사람이었거든요. 처음 만났을 때 내가 '당신 대체 누구야?'라고 말했고, 그는 '칼 재머지, 이 자식아! 넘버원 서퍼!'라고 했죠."

이날 몬태나가 촬영하던 영화는 금주령 시기 시카고를 배경으로 "이탈리아인들이 나오는 일종의 〈스카페이스Scarface〉" 같은 영화였다. 몬태나는 "가장 형편없는" 나이트클럽의 소유주 프랭크 라비앙카 역을 맡았다. "나한테는 세상에서 가장 아름다운 여자가 있죠. 아내가 있는데요. 음, 뭐, 아내 또는 소유물이라고 부를 수 있겠네요. 댈러스가 연기하는 빅토리아라는 캐릭터예요."

바로 그때 맨션에서 한 청년이 나타났고, 토니가 미친 듯이 손짓을 하며 소리쳤다. "어이! 댈러스 남편 씨!" '오스틴 맥클라우드Austin McCloud'라는 이름으로 통하는 댈러스의 남편이 분수 쪽으로 다가왔다. 토니가 그에게 말했다. "어제는 아니고 그저께, 오랜만에 최고의 섹스 장면을 찍었거든. 그게 댈러스랑 한 거야." 그는 대답을 기다렸다. 맥클라우드는 아무 말도 하지 않았다.

"진짜라니까!" 몬태나가 말했다.

맥클라우드는 댈러스가 오로지 자기에게만 키스를 한다고 했다. 그게 결혼 생활에서 그들이 합의한 규칙 중 하나라는 것이었다. "그리고 사실 모든 남자를 내가 고르지."

"와, 자기한테 고마워해야 하는 거였네. 그건 몰랐지."

"뭐. 아내가 같이 일하고 싶은 남자들 목록을 가져오면, 그때—."

"그래서 내가 그 목록에서 1위였어?"

오스틴 맥클라우드는 이런저런 이유로, '상대 배우'라는 핑계를 대지 않기로 한 소수의 남성 '매니저들' 가운데 한 명이었다. 그런 남자들은 더 이상 시네마의 영광이라는 신기루를 좇으며 일하지 않는다. 하지만 이들 역시 자기만의 허구에 집착하고 있었다.

나는 오스틴과 포르노 스타인 아내 댈러스가 사는, 밸리 교외 도로 끝자락의 2층짜리 주택을 방문했다. 소리가 울릴 정도로 넓은 방, 그림 액자 하나 없는 벽, 장작이 없는 가짜 대리석 벽난로. 내가 예상한 포르노 스타의 집 모습 그대로였다. 가구라고는 조립식 흰색 소파에 스포츠 바에나 어울릴 법한 대형 TV가 전부인 데다 책장은 없는 그런 집. 단, 댈러스와 오스틴의 집은 이런 묘사에 어느 정도 부합하면서도 한 가지 다른 점이 있었다. 어린이 장난감들이 있고, 위층에서 작게 킥킥거리는 소리가 들려온다는 점. 댈러스가 미소를 띠며 말했다. "〈라이온 킹〉을 보고 있어요." 그녀는 트레이닝복 차림에 화장도 하지 않은 채였는데, 그런 본인의 모습을 더 좋아하는 것 같았다. 댈러스는 소파에 앉아 오스틴의 어깨에 머리를 기댔다.

오스틴이 말했다. "우리는 맥도날드에서 만났어요. 내 차가 계속 드라이브스루 구역을 통과하지 못했죠." 당시 댈러스는 열아홉 살이었고, 대학 학비를 마련하기 위해 내슈빌에 있는 맥도날드에서 일하고 있었다. 자그마치 "학점 평균이 3.987"이었다. 스무 살인 오스틴은 건축가의 아들이었으며, 카폰을 팔고 있었다. "차를 타고 두 번째 창구로 이동하는데, 거기에 댈러스가 서 있는 걸 보고는 '저 여자가 내가 결혼할 여자'라고 생각했죠." 몇 달 뒤 1988년 여름 댈러스가 임신했고, 그들은 8월에 결혼했다.

그해 오스틴은 항공관제사로 공군에 입대했다. 부부에게는 보험이 없었고, 오스틴은 "아이를 키울 수 없을까 봐 겁이 났"다고 했다. 당시 이들 부부의 실정이란, 댈러스가 말한 것처럼 "현금으로 병원 진료비를 내고 있는" 상황이었다. 공군은 오스틴을 사우스다코타주 래피드시티로 보냈고, 그곳에서 댈러스는 식당 웨이트리스 겸 양로원 총무로 일했다. 그리고 두 사람 모두 부업으로 부동산 매매 일을 했다. 하지만 그렇게 충당을 하려 해도, 공군 급여로는 점점 늘어나는 가족을 부양할 수 없었다. 부부는 이제 두 아이를 키우고 있었다. 곧 이들은 다시 내슈빌로 돌아왔다. 그곳에서 오스틴은 트럭 운전을 하며 가난한 장애인 환자들을 대상으로 이동 서비스를 시작하려고 했다. 하지만 주 정부가 관리의료 계획✠으로 전환하면서 저소득층 의료보장제도에 가입된 환자들에게 환급이 불가능해졌고,

✠ 어떤 집단의 의료를 의사 집단에게 도급 주는 건강관리 방식.

오스틴은 여섯 달도 채 되지 않아 파산 신청을 해야 했다. 어느 시점에 가서 이들은 전기도 배관도 없는 열두 평 남짓한 방에서 살게 됐다. 그러다 댈러스마저 매장 매니저로 일하던 직장에서 구조조정으로 해고를 당했다. 그녀가 스트립 바 '데자뷰 Déjà Vu'에서 웨이트리스로 일하기 시작한 게 바로 그때였다.

한 사건은 또 다른 사건으로 이어졌다. 댈러스는 자기가 옷을 벗고 춤추면 하룻밤에 600달러에서 800달러 사이의 수입을 올릴 수 있다는 사실을 깨달았다. 그들은 집을 샀다. 댈러스는 지갑에 100달러짜리 지폐를 넣고 들뜬 마음으로 식료품점에 갔다. 오스틴은 플로리다주에서 한 에이전트를 만났고, 그쪽에서는 이 부부에게 캘리포니아주로 옮겨 가 포르노를 찍으라며 조언했다. 에이전트는 박스커버 몇 건만 건질 수 있으면 댈러스가 '배우 댄서'로서 하룻밤 새에 2500달러를 벌 수 있다고 말했다. 이들 부부는 가진 것을 전부 팔았다. 그리고 캘리포니아주에 도착한 다음 날 월드모델링을 찾았다. 저녁이 되자 댈러스에게 첫 일거리가 생겼다. 론 제러미가 연출할 비디오에 출연해 달라는 제의가 들어온 것이다. 그렇게 댈러스는 한 달 내내 주 7일을 일했다.

첫날 밤 찍었던 첫 장면에서 오스틴은 연인 역을 맡을 수 있었다. "우리는 그저 서로 협력해 일하겠다는 얘기를 하고 싶었을 뿐이에요." 오스틴이 그날을 떠올리며 말했다. "하지만 내가 '댈러스하고 일할 수 있는 사내는 나뿐'이라고 말하는 순간, 일감의 75퍼센트가 사라지겠죠." 남성 시청자들은 '우리의' 여자가 한 남자와만 있는 걸 보고 싶어 하지 않는다. 그래서 오스틴은 댈러스의 매니저가 되는 길을 택했다.

맥클라우드 부부에 따르면 회비를 25달러씩 내야 하는 댈러스의 팬클럽은 현재 약 10만 회원을 보유하고 있었다. 댈러스는 900번 번호가 여러 개 있었고, 의류 통신판매 카탈로그와 300달러에서 5000달러에 이르는 다양한 가격대의 고객 맞춤형 비디오를 보유하고 있었다. 그리고 이제 토크쇼에서도 연락이 왔다. 오스틴은 그들이 처음으로 '소비자 가전 박람회'에 참여했을 때 사진기자 100명이 로비에 모여드는 걸 보고 '팬클럽 회원 수 10만'의 의미를 깨달았다고 말했다. "우리가 누군지 알아본다는 사실에 놀랐죠. 그때 우리가 유명해졌다는 걸 알았어요." 물론 '우리'가 이름을 떨친 건 아니었다. "그들은 온통 댈러스를 환호했죠."

때때로 오스틴은 이런 깨달음을 감당하기 어려웠다. "한 달 내내 나 자신이 쓸모없다는 기분에 사로잡혀 있었어요. 그러니까, 나는 여러 일을 하죠. 내가 아내보다 일을 더 많이 하고 있단 걸 알지만, 저들이 나에게 돈을 주지 않는 게 사실이니까요."

"오스틴에게는 힘든 일이에요. 남자 입장에서 말예요." 댈러스가 남편의 어깨를 쓰다듬었다.

오스틴은 아내를 향해 고개를 끄덕였다. "아내가 진짜로 고집을 세운다면, 자기 혼자서 모든 걸 해낼 수 있을 거예요. 아내가 강해지면 나는 필요 없겠죠."

그 무렵 포르노 업계에서 모든 대화는 칼 재머로 이어지곤 했는데 이번에도 다르지 않았다. 오스틴이 먼저 이야기를 꺼냈다. "있잖아요, 칼이 자살하던 날 전화를 했었어요." 하지만 그날 밤 오스틴은 촬영장에서 "이성을 잃고" 폭발해 버린 뒤 댈러스와 싸운 참이었다. 그래서 전화를 받지 않았다. 대신 댈러스가 칼과 이야기를 나누었다. 그녀가 기억을 떠올렸다. "칼은 그냥 이상한 소리를 중얼거렸어요. 이런 얘길 하더라고요. '그래, 두 사람은 어떻게 해 나가고 있어? 나랑 아내는, 뭘 어찌해야 할지 모르겠거든.'"

댈러스는 칼이 언제나 자기 아내를 대신해서 말했다고 기억했다. "'우리는 이 장면을 할 거야' '우리는 이걸 할 거야' 하는 식이었거든요. 언제나 우리라고 했죠." 오스틴은 칼이 이 사람 저 사람에게, 아내가 내 질투심을 불러일으키려고 업계에 들어왔다는 말을 하고 다녔다고 했다. 하지만 오스틴은 그렇게 생각하지 않았다. "현실은, 그 여자가 업계에 들어왔고 더 이상 칼이 필요 없다고 판단했단 거죠."

※ ※ ※

칼 재머는 카메오와 헤어진 지 약 2년 만에 아내 질 켈리를 만났다. 제작자가 된 포르노 스타 티파니 밀리언이 두 사람을 서로 소개해 주었다. 칼은 밀리언과 몇 년 전에 가볍게 만난 적이 있었다. 당시 밀리언은 학대적인 관계에서 갓 벗어나 아기를 낳은 상태였다. 밀리언에 따르면 칼은 그녀가 구원을 원한다고 착각한 모양이었다. "그 사람이 몰랐던 부분은, 내가 강하다는 거였죠." 밀리언은 칼과 데이트를 몇 번 했지만 그의 강한 소유욕이 그다지 마음에 들지 않았다. "첫 데이트에 이미 내가 자기 아내라도 되는 양 말하더라고요. 다른 남자하고 데이트하지 말라더라니까."

스물아홉 살인 티파니 밀리언은 포르노 업계에 등장한 새로운 유형의 여자, 말하자면 카메라 뒤에서 움직이는 여자였다. 몇 년 전 밀리언은 포르노 제작사 '이매큘럿 비디오 콘셉션스Immaculate Video Conceptions'✠를 차렸고, 그녀가 만든 비디오는 위협적이라기보다는 장난스러운 방식으로 페미니즘 관점을 담고 있었다. 앞서 여성 시청자를 염두에 두고 만들어진 포르노들이 종종 섹스에 대해서 홀마크 카드처럼 지나치게 감

✠ Immaculate Conceptions는 성모마리아의 원죄 없는 수태, 무염시태를 의미한다.

상적으로 접근하려는 강박이 있었던 것과 달리, 밀리언의 작품은 거의 표준이 되다시피 한 포르노 공식인 '여자는 로맨스, 남자는 섹스'라는 구분을 무너뜨렸다. 밀리언이 말했다. "나는 하드코어 씹도 보고 싶지만 열정도 보고 싶어요. '로맨스'가 꼭 부드럽고 감상적이기만 할 필요는 없잖아요. 로맨스와 강렬한 섹스를 함께 즐길 수 있는 거죠." 성별 구분에 도전하는 밀리언의 시도는 이미 저항에 부딪힌 바 있었다. 케이블 채널 사업자들이 그녀의 비디오 〈감옥의 수컷Jailhouse Cock〉 송출을 거부했던 것이다. 이 비디오는 여자 교도관들이 남자 죄수들과도 관계를 갖고 자기들끼리도 관계를 갖는 내용의 슬랩스틱 패러디물이었다. 여기서 일어나는 역할 반전이란 게 우스꽝스럽기도 하고 누가 보나 선의에서 비롯한 것이 분명한데도, 케이블 채널 프로그래머들은 "영화에서 남자들이 여자들한테 휘둘린다는 점에 난색을 표했"다.

1993년 겨울 티파니 밀리언은 친구 질 켈리를 라스베이거스에서 열린 '소비자 가전 박람회'에 데려갔다. 두 사람은 샌프란시스코에 있는 '미첼 브러더스 오패럴극장'에서 함께 춤추며 서로 알고 지내던 사이였는데, 티파니는 질에게 포르노를 몇 편 찍어 댄서 수입을 세 배로 늘릴 방법을 알려 주기도 했다. 질 켈리가 회상했다. "티파니는 내 선생님이었어요. 나는 여女-여女장면만 하고 싶었어요." 그게 어쩐지 더 안전하고 덜 모욕적인 것 같았고, 많은 여자 배우가 이런 선호를 갖고 있었다. 포르노 스타 세라제인 해밀턴Sara-Jane Hamilton은 "여자들 대부분은 덜 추잡하기 때문에 여-여를 선호"한다며 이렇게 덧붙였다. "한 시간 전부터 걔네 무릎에 앉아서 걔네가 얼마나 대단한지 우쭈쭈해 줄 필요가 없잖아요. 여자랑 하면 그냥 메이크업하면서 수다나 떨면 되거든요."

첫날 밤 칼 재머는 밸리의 바에서 질 켈리를 발견하고 옆

자리에 앉았다. 스물한 살인 질은 댄서답게 길쭉한 몸매의 소유자였다. 질도 칼에게 다시 한번 눈길을 줬다. 질이 말했다. "그이는 아름다웠어요." 칼은 어느 스위트룸에서 열리는 파티에 질을 초대했다. 두 사람은 구석에 앉았고, 칼은 서류 가방을 휙 열더니 질에게 자신의 '책'을 보여 주었다. 다름 아닌 본인 출연작 사진으로 만든 앨범이었다. "늘 그걸 들고 다녔죠." 두 사람은 동틀 때까지 이야기를 나눴다. 아니, 동틀 때까지 칼이 이야기를 했다. "그이는 자기 영화를 연출하고 싶다고 말했어요. 배우를 그만두고 연출하고 제작하는 일에 대해 말했죠." 칼은 질에게 마음을 쏟았다. 남자들 앞에서 5년간 춤을 춰 왔고 "남자들이 어떤지" 잘 아는 질은 자신이 느끼는 그의 갈급함, 그 취약성에 동요했다. "이런 느낌이었어요. '세상에, 정말 다정하네. 이 사람은 세상에서 제일 다정한 남자야.'"

다음 날 칼은 너무나 정중하게 질을 에스코트했다. 질의 의자를 요란스럽게 꺼내 주고, 저녁 식사 비용을 지불하고, 손을 잡아도 되겠느냐고 물었다. 질은 당시 캘리포니아주 업랜드의 T&A 클럽에서 일하고 있었는데, 다음번에는 어디로 옮길지 고민하던 중이었다. 첫날 밤 돌아오는 길에 칼은 질을 집에 초대했다. 그러고는 티파니를 대신해 본인이 어떻게 질의 비즈니스 가이드가 되어 줄 수 있는지, 본인이 어떻게 질을 "도와줄 수 있는지" 이야기했다. 질은 생각해 보겠다고 답했다. 일주일쯤 지나 질은 바이러스 감염으로 심하게 앓았다. 칼이 구해 주겠다며 달려와 그녀를 병원으로 데려다주고, 병원비까지 지불했다. 한 달 뒤 밸런타인데이에 두 사람은 캐니언컨트리에 있는 리틀브라운교회에서 결혼식을 올렸다. 둘을 전혀 알지 못하던 목사는 결혼식 내내 칼을 '래리'라고 불렀다.

결혼 몇 주 뒤 칼은 결국 질이 일을 그만두었으면 좋겠다고 선언했다. 질이 기억하기로, 당시 칼은 "당신을 너무 사랑해, 난 당신이 그 녀석들이랑 있는 게 싫어"라고 말했다. 그날을 떠올리던 질이 이렇게 덧붙였다. "나는 '좋아. 아, 나를 정말 사랑하는구나' 싶었죠." 칼은 생계 부양자가 되고 싶어 했다. "그이는 CBS 같은 합법적인 스튜디오에서 일하고 노동조합에 가입해 혜택을 받길 원했어요. 정상적인 직업을 갖고 싶어 했죠. 그리고 내가 집에 머물면서 아이를 낳고 일요일마다 교회에 가기를 바랐고요." 하지만 질이 집에 머물고 싶어 했다 한들(그녀는 그러고 싶지 않았다), 여전히 칼 재머의 청구서 대부분을 해결해 주는 건 질이 벌어 오는 돈이었다. 이들은 질이 춤을 춰서 벌어들인 수입으로 식료품을 구입하고 공과금과 보험료를 냈으며, 주택담보대출의 절반도 분담하고 있었다. 칼이 사망한 후, 질은 담보대출 상환금이 5개월 치나 밀려 은행에서 차압에 들어가려 한다는 사실을 알게 되었다.

질이 설명한 결혼 생활에서 칼이 터득한 '정상적인' 미국 가정생활의 면모가 드러나는 부분이라고는 그가 밤마다 고집스럽게 저녁 식사 기도를 주도한 것, 그리고 물건을 쌓아 둔 것뿐이었다. 글렌도라 프라미스키퍼스의 몇몇 남자와 마찬가지로 칼의 소비 욕구는 곧 통제 불능이 되었다. "그이는 계속해서 사고 사고 또 샀어요." 질은 그러다 심지어 빚까지 지게 됐다고 말했다. "쇼핑몰에 가면 말이죠. 보통 미치는 건 여자들이잖아요? 하지만 우리 집에서는 칼이 그런 사람이었죠."

그 와중에 칼의 포르노 경력은 오래된 '텐트 문제'에 시달리고 있었다. 그는 집에 와서도 그 문제 말고 다른 이야기를 할 수 없었다. 질은 칼이 제대로 연기를 할 수 없었기 때문에 스스로 "남자가 아니라고 느꼈"다고 보았다. "그이는 그 문제에 대해 너무 많이 생각했죠. 신경을 너무 많이 쓴 거예요." 질은 업계 간행물인 《어덜트비디오뉴스Adult Video News》에서 "오, 칼 재머, 죽은 거나 다름없는 종자"라며 빈정거렸을 때 그가 큰 충격을 받았다고 회상했다. 칼은 인삼과 약초로 몸을 다스리고, "체력을 비축할 수 있도록" 촬영 열두 시간 전부터는 집에서도 성관계를 갖지 않는다는 규칙을 세우는 등 연기에 집착했다. 그리고 얼마 후 그는 비난할 다른 대상을 찾아냈다. "그이는 아무개가 자기를 고용하지 않으려 한다며 화를 내고, '이 쌍년'이 함께 일하지 않는다고 화를 내고, 그 여자가 콘돔을 사용하라고 했다며 화를 냈어요. 그이는 너무 불행했어요."

이듬해 '소비자 가전 박람회'에서 칼과 질은 티파니 밀리언, 그리고 티파니의 새 남편과 함께 호텔방을 사용했다. 티파니는 칼이 "끊임없이 〔질을〕 괴롭히는 것" 때문에 신경이 거슬렸다. "'살이 쪘네, 옷이 안 어울리네, 너무 꽉 붙네' 어쩌네 했죠. 결국 내가 한마디 했어요. '칼, 걔 좀 내버려 둬!' 그러자 칼이 이렇게 말했어요. '왜, 내 아내도 못된 년이 될 수 있다고.' 그는 언제나 '내 아내'라고 했어요. 또 내가 한마디 했죠. '개한테도 이름이 있어. 당신 소유물이 아니라고.'" 곧 질은 칼이 바람피우고 있다는 사실을 알게 됐다. 그래서 그를 떠났지만, 얼마 지나지 않아 둘은 화해했다. 칼은 질에게 "당신을 위해" 업계를 떠나겠다고 말했다. 하지만 질은 자기가 부탁하지도 않은 '희생'이 어떤 식으로 되돌아올지 이미 알고 있었기 때문에, "나를 위해 그만두지 마, 당신을 위해 그만둬"라고 말할 뿐이었다.

일단 업계를 떠나자, 칼은 깊은 우울에 빠졌다. 그는 비디오게임을 하거나 트럭을 타고 정처 없이 돌아다니면서 몇 주씩 보냈다. 줄어든 수입을 보충하기 위해 질은 '비너스 페어Venus Faire'에서 일주일 내내 2교대로 춤을 추기 시작했다. 질을 비난하는 칼의 목소리는 더욱 험악해졌다. 1994년 여름 친구들과 함께 콜로라도주로 래프팅 여행을 떠났을 때 갑자기 칼이 질을 "망할 년"이라고 부르며 소리를 지르기 시작했다. 집으로 돌아오는 길에도 그는 계속해서 소리를 질렀다. 질이 트럭의 대시보드를 발로 차서 플라스틱 송풍구 하나를 부수자, 칼은 질을 붙잡고 "주먹으로 강타하기 시작"했다. 질도 반격했지만, 이튿날 온몸에 멍이 든 사람은 결국 그녀였다.

래프팅 여행에서 돌아온 지 한 달쯤 되었을 무렵, 두 사람이 해안에서 다른 커플과 캠핑을 하던 때였다. 이번에도 칼은 자기가 얼마나 질을 "증오"하는지, 그리고 질을 위해 업계를 떠나는 바람에 자기 커리어가 어떤 식으로 망가졌는지 떠들어 대면서 맹비난을 퍼부었다. 마침내 질은 "좋아, 그럼 내가 떠날게"라고 말했다. 1994년 9월 질은 이사를 나갔다. "나는 그이한테 다시 업계로 돌아가겠다고, 내 인생에서 중단했던 일을 계속할 거라고 했어요." 그러자 칼은 "거긴 내 업계"라며, '당신은 내 업계를 침범할 권리가 없으니 춤이나 추라'고 응수했다. 질은 칼에게 물었다. "당신이 내 생활비를 대 줄 거야?"

질이 이사하던 날, 칼은 포르노 영화의 한 장면을 찍었다. 얼마 후 그는 결혼반지를 좀 더 작은 사이즈로 줄이고는 그걸 새끼손가락에 낀 채 포르노 촬영장에서 연기했다.

※ ※ ※

"칼은 무엇이든 만들 수 있었죠. 이 거실을 만든 사람도 칼이에요." 벅 애덤스는 고개를 돌려 하얀 카펫과 대리석 무늬 베니어판이 깔린 넓고 휑한 공간을 손으로 훑었다. 샌퍼낸도밸리가 내려다보이는 언덕 꼭대기에 있는 이 집은, 하얀 소파가 덜렁 놓여 있긴 해도 웅장한 규모를 자랑하는 또 하나의 포르노 하우스였다. 마치 업자가 4분의 3쯤 작업하다 포기한 듯 방 대부분이 비어 있고 일부 공사는 아직 마무리되지 않은 상태였다.

벅 애덤스는 나를 그곳에 데려가 칼의 작품을 보여 주며 말했다. "칼은 여러 면에서 책임감 있는 사람이었어요. 아주 평범했죠. 일이 실제로 어떻게 되어야 하는지 큰 그림을 가지고 있었어요. 왜, 매일 열심히 일하면 결국엔 보상을 받게 되잖아요. (…) 하지만 그는 요즘 시대엔 그렇지 않다는 걸 깨달았어요. 월급은 형편없이 적고 그런 거예요. 그렇게 끝난 거죠."

벅 애덤스는 텍사스주 시골 사람처럼 과장된 몸짓과 과장된 목소리를 가지고 있었다. 혹자는 그가 L.A.에 온 뒤로 '잊히지 않는 노래Home on the Range'✠를 연상케 하는 연기가 상당히 과해졌다고 의심했지만, 그는 그냥 그런 사람이었다. 권투선수 출신으로 포르노 배우가 된 애덤스는 영원히 링에 오를 준비라도 하는 양 밴텀급 체격을 유지하고 있었다. 그를 업계로 끌어들인 사람은 포르노 스타인 여동생 앰버 린Amber Lynn이었는데, 복싱이나 기도 일로는 먹고살기 힘들어 보였기 때문이었다. 벅 애덤스가 팔뚝을 구부리며 말했다. "업계에 들어와서 처음 서너 해 동안은 나도 '미스터 텐트맨'이었어요. 말은 필요 없죠. 완전히 카우보이였으니까요."

몇 년 전 애덤스는 자동차와 헬리콥터 추격전이 들어간 좀 더 고예산의 비디오를 연출하기 시작했다. 그는 '액션 포르노'라는 새로운 장르를 고안했다. 스스로 인정하듯이 그는 카메라 앞에서 "무언가를 날려 버리는 것"을 좋아했고, 그의 전매특허 장면은 자동차 안에서 시트를 엉망으로 만든 다음에 차 사고를 내는 것이었다. 하지만 지금은 또 아주 다른 종류의 영화를 작업하고 있었으니, 바로 포르노 스타 서배너의 자살에 관한 이야기였다. 서배너는 교통사고로 얼굴에 상처를 입은 뒤 자기 자신에게 총을 겨눴다. "자동차 사고 장면은 넣지 않았습니다. 사실 그 장면을 넣는 게 자연스러운 일이죠. 생각해 보세요, 난 그런 장면을 찍기 위해 살아왔거든요." 지난 몇 달간 그는 영화

✠ 미국의 대평원에서 자유를 만끽하는 카우보이의 삶에 대한 향수를 노래하는 미국의 민요

적인 폭발 장면에 흥미를 잃었다. 사업에 대한 의욕 자체도 완전히 잃을 뻔했다. 칼의 죽음으로 뒤흔들렸고, 정신이 번쩍 들었다. 오늘 아침 그는 창백하고 핼쑥해 보였다. 펄펄 날던 그의 카우보이 페르소나는 간신히 버티고 있었다. 칼의 자살이 유독 그를 괴롭히는 데에는 그럴 만한 이유가 있었다. 칼이 죽기 직전 마지막으로 대화를 나눈 사람이 그였던 것이다.

"이 업계의 가장 큰 문제는 점점 스토리의 비중이 줄어들고 있다는 겁니다." 벅 애덤스가 거실 바닥에 책상다리를 하고 앉아 섹스의 망망대해를 표류하면서 말했다. "제 살을 뜯어 먹는 이들"이 배회하는 저가 시장의 끝에는 무작위로 급조된 이미지의 흐름만이 남아 있었다. "세상에, 저 사람들은 4000달러만 있으면 하루 만에 비디오 하나를 뚝딱 만들 수 있어요. 심지어 어떨 때는 7000~8000달러로 하루에 두 편을 찍기도 하죠. 정말 놀라운 일이에요. 사람들은 그냥 소 떼처럼 굴러다니죠. 대사라곤 아홉 줄뿐이고, 영화 내내 그냥 다 같이 떡만 치는 거예요. 그냥 자동차에서 뭔가 작업할 때처럼 허접한 조명 두 개만 켜고 홈 무비 카메라로 촬영을 하죠. 그리고 정말로 그걸 공개해요. 이 '영화'처럼요. (…) 이단이죠." 스토리라인이 사라지자 "남은 건 보이는 것뿐"이었다. "그게 배우들에게 이미지에 고립된 듯한 느낌을 주고 있어요." 물론 포르노의 전성기에도 '스토리'는 진부했다. 그럼에도 얄팍한 내러티브나마 있는 게 감정적으로는 아랫도리를 가릴 무화과 잎을 제공해 주었다. 그게 없어진 지금, 배우들은 완전히 벌거벗은 느낌이었다. "배우들에게는 정말 힘든 일이에요. 내가 누구고 뭘 하는 사람인지 정당화할 중요한 근거를 업계에서 제거해 버린 거니까요. 일을 빼앗은 거예요. 그와 함께 많은 것이 추락한 거죠."

가장 먼저 추락한 것 하나는 고가 시장에서도 급락한 남자 배우들의 출연료였다. 극소수 스타를 제외하고는 비교적 유명한 포르노 배우들의 출연료조차 장면당 800달러에서 600달러로, 또 200달러로 떨어졌다. 생의 마지막 몇 달간 칼 재머는 장면당 200달러도 받지 못했다. 그가 마지막으로 받은 급여 수표 중에는 100달러짜리도 있었다. 벅 애덤스가 말했다. “곧 포르노 영화에 출연하기 위해서 돈을 지불하는 날이 올 거예요.” 더 고통스러운 건 심리적 추락이었다. “고가 시장에 있는 배우들은 아래로 떨궈져 나가서 제 살 뜯어 먹는 이들을 상대해야 할까 봐 두려워하죠.” 애덤스는 그것이 칼이 느낀 두려움이었다고 결론 내렸다. “그게 칼에게 일어난 일이에요. 명성을 잃는 거요.” 칼이 죽은 후 애덤스는 그 두려움이 자신에게도 어떻게 작용했는지 이해하게 됐다. “최근에 깨달은 건요, 나는 ‘갖지 못한 자’가 될 것이 두려워서 패닉에 빠진 ‘가진 자’라는 거예요. 며칠 전에야 알아 버린 거죠. 그리고 맙소사, 이거 때문에 칼이 자살한 걸까요?”

벅 애덤스는 이제 집에 앉아 지난 몇 달간 칼이 포르노 업계에서 ‘유명한’ 남자가 되려면 무얼 해야 하는지 물어 오던 순간들을 떠올렸다. 그는 ‘1등’이 되고자 했던 칼의 광적인 욕구, 사소한 좌절에도 흥분하던 모습, 심지어 갑자기 자신에게 싸움을 걸던 모습까지 깊이 생각해 보았다. 그는 칼이 위험에 처한 것을 보았고, 손아귀에 힘이 풀려 미끄러지는 것을 보았으며, 제 살 뜯어 먹는 이들의 구덩이 위에 매달려 있는 자기 자신을 보았다. 그는 사람들 모두가 칼의 텐트 문제를 가지고 ‘칼을 괴롭힌 일’에 대해 생각했다. “갑자기 그런 일들이 칼을 괴롭히기 시작했던 거죠. 이유를 찾으려는 그 모든 노력이 그를 미치게 했을 거라 생각해요. 처음에는 이게 문제고 다음에는 저게 문제고, 그랬던 거겠죠.” 그리고 잠시 후, 애덤스는 칼이 하나의 이유에 꽂혔노라고 말했다. 바로 질 켈리였다.

“마지막 사나흘쯤에, 끝이 다가오기 직전에 말이죠, 그런 일이 벌어지기 시작한 걸 알아차렸어요. 갑자기 칼이 자기가 안고 있던 모든 문제에 집착하기 시작하는 거예요. '아, 그래서 이 모든 일이 일어나는 거구나. 아내가 나를 떠나서.'" 애덤스는 칼에게 그런 식으로 희생양을 찾는 건 부당하고 "멍청한 짓"이라고 일렀지만, 칼의 확신은 흔들리지 않았다. 질은 업계에서 다시 일하기 시작했고, 칼은 질의 커리어가 시작되면서 자신의 커리어가 무너지는 것을 보았다. 벅 애덤스는 본인 역시 칼에게 의도치 않게 그런 인상을 심어 주었을지 모른다며 걱정했다. 벅은 빅베어에서 촬영할 비디오 〈스노 버니 인 타호Snow Bunnies in Tahoe〉에 칼과 질 두 사람을 다 고용했다. 칼은 로케이션 촬영에 나가서 스키를 탈 생각에 신나 있었다. 하지만 마지막 순간에 벅은 어쨌든 칼을 쓰지 않기로 결정했다. 그 장면은 중요하지 않은 부분이었고, 벅은 비용을 절감하려고 했다.

죽기 이틀 전에 칼은 벅 애덤스에게 전화를 걸었다. "벅, 지금 갈게요!" 칼이 도착해서 흥분한 상태로 말했다. "제발 이 문제에 대해 나랑 얘기 좀 해요. 그리고 아무한테도 말하지 마요."

벅은 그러마고 했다. ("나는 언제나 누군가의 환상적인 이야기를 듣고 싶어 하죠. 다음 영화가 될지도 모르잖아요." 벅이 나에게 한 말이다.)

그렇게 벅은 기대감을 갖고 기다렸다. 드디어 칼이 입을 뗐다. "아내를 죽여야겠어요. 이제 다 알겠어요. 그 여자는 사악해요. 그 여자가 나를 의도적으로 망치려고 하는 거예요." 벅은 정신을 차리게 해 주려고 노력했다. 하지만 칼은 계속 고집했다. "나 아니면 그 여자가 될 거예요, 벅."

벅이 설득에 나섰다. "이봐, 칼. '살인 재판을 받는 포르노 스타! 어쩌고저쩌고, 전처를 뒷마당에 묻은 어쩌고저쩌고!' 이런 꼴이 나고 싶은 거야?" 두 사람은 칼이 "아, 맞아요, 내가 잠깐 정신이 나갔었나 봐요" 하고 웃어넘길 때까지 이야기를 나눴다.

그런 다음 벅 애덤스는 그를 집으로 돌려보냈다.

× × ×

칼이 사망하기 나흘 전 토요일, 질은 샌프란시스코로 이틀간 여행을 떠났다. 비행기에서 내리는 순간부터 삐삐에 칼의 번호가 뜨더니 끊임없이 신호음이 울려 댔다. 그날 밤 질이 전화를 걸었을 때, 칼은 처음에는 눈물을 흘리다가 나중에는 복수심에 불타올랐다. 질이 '위협하는 거냐'고 묻자, 처음에 그는 그렇다고 말했고, 다음에는 아니라며 그냥 자신이 죽어 버리겠다고 말했다. 질은 제발 그런 생각 하지 말라면서 간청했다. "그 사람이 총을 가지고 있다고 말했어요." 질은 그날의 기억을 떠올리고는 손으로 얼굴을 가렸다. 어깨가 들썩였다. "하지만 그 말을 믿지 않았죠."

다음 날 칼 재머는 그의 마지막 비디오가 될 〈어덜트 어페어Adult Affairs〉를 촬영했다. 여기서 니나 하틀리가 타블로이드 기자로 출연했는데, 제작자이자 감독인 마이크 조핸슨Mike Johansson이 나중에 나에게 설명한 것처럼 그 역할은 "남자를 장난감으로 고용해 가지고 노는" 역할이었다. 칼은 그 기자의 남편을 연기했다. 다른 여자에게서 위로를 찾다가 아내에게 들키는 짧은 장면이 그에게 주어졌다. 조핸슨이 말했다. "텐트 문제가 좀 있었죠." '텐트를 치는 데' 20분이나 걸렸고, 칼은 시간이 걸리는 것에 대해 계속 사과했다. 제작자에게는 "질과 문제가 있어서" 간밤에 한 숨도 못 잤기 때문이라고 해명했다. 그러곤 이렇게 말했다. "마지막 몇 번은 딱딱했어요, 진짜 딱딱하다고요. 문제없어요, 문제없습니다." 하지만 조핸슨은 그런 말을 흘려들었다. 예전에도 들었던 이야기였던 것이다. "칼의 전성기는 끝난 겁니다. 그는 텐트 문제로 더 유명했어요. 더 이상 한결같은 나무꾼이 아니었던 거죠."

수요일 오후, 칼은 4시 30분경 론 보겔의 사진 스튜디오에 나타났다. 보겔이 말했다. "그에게 세트 몇 개를 끝내 달라고 몇 번이나 부탁했었어요." 보겔은 칼이 갑작스레 게으르게 구는 것이 의아했다. 그는 칼에겐 "일이 곧 주된 목표"였다면서 이렇게 덧붙였다. "창의력과 에너지를 발휘해서 일하는 거, 그런 일을 사랑했죠. 그게 그에게 의미 있었으니까요." 그래서 그날 오후 칼이 스튜디오에 들어왔을 때 보겔은 더욱 당황했다. "어쩐지 힘차게 걸어와서는 '몸이 안 좋아서 오늘 밤에는 일을 못 하겠다'는 거예요." 당시 보겔은 통화 중이었다. 그가 전화를 끊기도 전에 칼은 문밖으로 나가 버렸다.

칼의 다음 목적지는 월드모델링이었다. 칼은 에이전시 설립자 짐 사우스Jim South 맞은편 의자에 앉아 있었다. 사우스가 떠올렸다. "그 사람 눈에 눈물이 촉촉했어요. 뭔가 잘못됐다는 건 알았지만, 짐작도 못 했죠. 워낙 그런 이야기를 안 하는 사람이었으니까요." 사우스는 괜찮은지 물었다. 칼은 그를 쳐다보며 말했다. "그 여자 때문에 일자리를 잃고 있어요." 그러고는 자리에서 일어나 떠났다.

칼의 마지막 목적지는 트랙테크였다. 그는 촬영장에 있는 모든 사람과 이야기를 나누려고 했다. 아무도 그가 왜 거기 있는지 알지 못했다. 티파니 밀리언이 말했다. "이상했어요. 보통은 이유가 있어야 나왔었거든요." 보통 칼은 할 일이 있어야 그곳에 왔다. 그렇게 그는 차를 몰고 질의 집으로 향했다. 가는 길에 카폰을 들어 질에게 전화를 걸었다.

칼은 질에게 가고 있는 중이라고 말했다. 질은 지금 막 외출할 참이라 오지 않는 것이 좋겠다고 했다. 그러자 칼이 이런 말을 했다. "나를 기다리지 않으면, 당신 집 문 앞에서 죽어 있는 나를 발견하게 될 거야." 당황한 질은 포르노 배우이자 친구인 척 마티노Chuck Martino에게 전화를 걸었고, 마티노가 벅 애덤스에게 연락을 취했다. 두 남자가 이야기를 하는 동안 벅 애덤스의 회선이 딸깍거렸다. 통화 중 수신이 들어오는 신호였다. 벅은 마티노를 잠시 기다리게 하고 다른 회선의 전화를 받았다. 칼이었다. 벅은 칼이 질의 집에서 한 블록 거리에 있었다는 걸 나중에야 깨달았다. 칼이 벅에게 말했다. "내가 왜 내 옛 여자한테 아무 짓도 하면 안 되는지 말해 주지 그래요. 그 여자를 해치고 나서 나도 해칠 거예요." 당시의 대화에 관해 이야기하던 벅이 잠시 말을 멈추고 나를 날카롭게 쳐다봤다. "그러니까 그는 '죽이겠다'고 말하지 않았어요. '죽이겠다'거나 '자살'이라는 말은 하지 않았다고요. 그래서 나는 그런 상황이 될 줄 꿈에도 몰랐어요." 벅이 잠시 침묵하더니 이야기를 이어 갔다. "그래서 나는 '단호하게 해 주고 싶은 말이 있어, 칼!'이라고 했죠. 언제나 칼을 아주 엄격하게 대하려고 애써 왔거든요. 그다음에 이런 말을 했는데, 그 말을 뱉은 걸 계속 후회할 거예요. 왜냐면 이 상황에서 '벅 애덤스'를 연기하려고 했으니까요. (…) '칼, 네 그 두꺼운 머리에 이걸 잘 박아두도록 해. 너는 여자 친구 집에 가서 그녀에게 총을 쏠 권리가 없어. 그곳에 가서 그녀를 때릴 권리도 없고. 누구도 해칠 권리는 없다고. 그러니까, 누군가를 다치게 하고 싶을 만큼 필사적이라면, 거리에서 나가서 너 자신이나 쏘라고.'"

벅 애덤스는 숨을 들이쉬고 눈을 피했다. 긴장된 침묵이 감돌았다. 곧 다시 이야기가 이어졌다. 벅은 칼을 기다리게 해 놓고 질에게 전화를 걸어 말했다. "뭘 하고 있든 어서 전화기를 내려놔. 보지도 말고. 그냥 문밖으로 도망쳐." 그러곤 칼이 기다리고 있는 회선으로 돌아왔다. "고마워요, 벅. 충고 정말 감사합니다." 이 말을 끝으로 칼은 전화를 끊었다.

얼마 지나지 않아 질은 칼의 차가 바깥에 정차하는 소리를 들었다. 질은 무선전화기를 움켜쥔 채 위층으로 올라갔다. 그리고 왜인지는 알 수 없지만 〈싸이코〉에 등장하는 피해자처럼 욕조에 숨어 커튼을 뒤로 당겼다. 어디선가 전화벨 울리는 소리가 계속 났는데, 질이 들고 있던 무선전화기는 방전 상태였다. 5분 뒤 질은 펑 하는 소리를 들었고, 칼이 창문을 깼나 보다 했다. 시간이 조금 흘러 질은 아래층에 내려가 문밖으로 나간 다음 계단을 내려갔다. 계단 밑 배수로에 칼의 몸이 약간 뒤틀린 채 왼쪽으로 누워 있었다. 비가 살짝 흩뿌리고 있었다. 길 위쪽에서 흘러내린 빗물이 배수로를 타고 내려와 칼의 팔과 얼굴을 적셨다. 질은 칼이 관심을 끌기 위해 벌인 장난일 거라고 확신했다. "칼, 일어나." 질이 긴장된 웃음을 지으며 말했다. "이러지 마, 칼." 그길로 질은 도와 달라고 비명을 지르기 시작했다.

※ ※ ※

1995년 《어덜트비디오뉴스》 시상식에서 마이클 닌의 영화 〈섹스Sex〉는 열여섯 개 부문 후보에 올라 아홉 개 부문에서 수상하면서, 아카데미상의 〈포레스트 검프Forrest Gump〉✠ 같은 위상을 누렸다. 바람이 휘몰아치는 사막의 황량한 곳에서 차에 기름을 넣는 구부정한 주유소 직원이 마치 옛날 옛적 늙은 뱃사람의 현신인 듯 회상을 통해 이야기를 들려주는 영화였다. 스무 살 젊은 청년이었을 때 그는 마찬가지로 거기서 주유 일을 하다가 선셋 토머스가 연기하는 '아름다운 여자'와 사랑에 빠진다. 그런 다음 그는 화려한 직업을 찾아 도시로 떠난다. 왜

✠ 로버트 저메키스 연출, 톰 행크스 주연의 영화. 1995년 개최된 67회 아카데미 시상식에서 작품상, 남우주연상, 감독상, 각색상, 편집상, 시각효과상 등 여섯 개 부문을 휩쓸었다.

냐하면 그는 "그저 아무것도 아닌 남자, 주유소에서 일하는 남자일 뿐"이었기 때문이다. 그는 여자에게 말한다. "내 두려움은, 내 두려움은, 당신이 어느 날 아침 정신을 차리는 거야. 그리고 내가 해 줄 수 있는 것보다 더 많은 걸 원하는 거지."

그는 티파니 밀리언이 연기하는 '권력에 미친 사업가'에게 채용된다. 어리고 예쁘장한 남자들을 슈퍼모델로 만드는 일을 하는 여자. 하지만 그 변화가 그를 망친다. 그가 밀리언에게 말한다. "나는 박물관에 있는 빌어먹을 미술품처럼 전시되어 있어요." 다음 장면에서 그는 자신을 둘러싼 활기 넘치는 TV 모니터 앞에서 고통스럽게 몸부림친다. 그는 수면제를 과다 복용하고 결국은 버려진 주유소로 돌아온다. 명성과 여자는 사라지고 없다. 어느 등장인물이 증언하듯 그는 그저 "망가진 카우보이"였을 뿐 아무것도 아니었다. 이런 보이스오버가 흐르면서 영화는 끝난다. "〔그에겐〕 아무런 힘도 없었다. 그는 이것이 인생 최고의 진리 중 하나라는 사실을 깨달았다."

※ ※ ※

칼의 장례식은 이터널밸리장례식장Eternal Valley Memorial Park & Mortuary(영원한 계곡 장례식장)에서 열렸는데, 샌퍼낸도밸리에서 영원토록 머무는 것을 어떻게 생각하느냐에 따라 천국 같기도 하고 지옥 같기도 한 이름이었다. 교회는 선글라스 쓴 남자들로 가득했다. 관 뚜껑은 열려 있었는데, 칼이 죽은 방식을 생각해 보면 좀 섬뜩한 일이었다. 하지만 그건 어떤 잔혹한 감각을 자아냈다. 칼이 자신의 마지막 모습에서 바라는 점이 하나 있었다면, 그건 보여지는 것이었을 터다.

목사는 칼에 대해 아무것도 몰랐다. 그저 '칼이 어떤 사람이었는지' '얼마나 특별하고 개성 있는 사람이었는지'를 읊으며 형식적인 설교를 할 뿐이었다. 칼의 형제인 브렛과 어머니, 두 사람이 추도사를 맡았다. 질은 너무 충격을 받아 아무 말도 할 수 없었으므로 다른 사람이 질의 발언을 대독했다. 브렛은 자기 형제가 "아주 경쟁심이 강하"고 "멈출 줄 모르는 사람"이었다고 말했다. 칼의 어머니 재키 포츠Jackie Potes는 자기 아들이 "두 살 때부터 연기자"였다고 말했다. "아들은 언제나 영화배우가 되고 싶어 했죠. 나한테 캐딜락을 사 주고 싶어 했어요."

이후 우리는 넓은 계곡이 내려다보이는 급경사 잔디밭에 서 있었다. 론 제러미는 곧 공개될 HBO 영화에 등장하는 자기를 보라며 모두에게 인사를 하고 돌아다녔다. "오제이의 여자 친구와 함께 나오는 대작이야." 남자 배우들은 친한 사람들끼리 적게 모여서, 대체로 여자들 때문에 망가진 남자 이야기를 하고 있었다. 업계가 질 켈리를 "보이콧"해야 한다고들 중얼거렸다.

칼과 함께 일했던 제작자는 장례식이 진행되는 동안 뒤에 서서 흐느끼는 남자들을 메마르고 의심스러운 눈으로 지켜보았다. 그는 남자 배우들이 일자리를 얻기 위해 매일 서로의 목을 베는 모습을 보아 왔다. "전우애 따위는 거기에 없어요." 이것이 그의 논평이었다. 잔디밭에서 남자 한 명이 제작자에게 다가왔다고 했다. "그는 '안타까워요, 안 그래요?'라고 말했어요. 나는 '그러게요, 비극이네요'라고 답했죠. 그 남자가 말했어요. '우리 중 누구라도 그렇게 될 수 있었어요.'" 제작자는 그게 이 난리의 본질임을 혼자 생각했다고 말했다. 이미 칼은 잊혔다. "다 지난 일이죠. 1년 뒤에 누군가 그의 예명을 말하면 다들 '칼이 누구야?' 할걸요." 그가 내린 결론이었다.

칼의 어머니 재키 포츠는 아들이 죽던 날 그가 자동응답기에 대고 이런 메시지를 남겼다고 했다. "아내가 내 인생을 망치고 있어요." 재키 포츠는 그게 사실인지 알 수 없었지만,

이것 하나만큼은 알고 있었다. “아들은 여자가 아니었잖아요. 그리고 알다시피 여자는 물건이에요. 여자들은 남자를 팔지 않아요. 남자가 여자를 팔죠.”

※ ※ ※

칼이 세상을 떠난 지 두어 달 지난 어느 이른 오후, 내가 월드 모델링의 큰 방에 앉아 있을 때 챙이 넓은 검은색 목장 모자를 쓰고 호주산 아웃백 코트에 카우보이 부츠 차림을 한 키 큰 금발 남자가 들어왔다. ‘연예인 코디네이터’ 브래드가 그에게 앉으라고 말했다. 그 낯선 이는 나에게, 자신을 트럭 운전자 정체성을 가진 카우보이 외에 다른 무언가로 규정하려 들지 말라고 당부했다.

카우보이가 브래드에게 말하길, 본인은 위스콘신주 출신이며, 트럭 운송과 농장 일에서 벗어나려 애쓰고 있다고 했다. 사실 나중에 듣기론 그는 파산 법원에서 벗어나기 위해 애쓰는 중이었다. 친구랑 같이 위스콘신주에서 트럭 운송 회사를 시작하려 했지만 실패했고, 지금은 채권자들에게 쫓기고 있다는 것이었다.

브래드는 평소처럼 신입생을 실망시키는 말을 늘어놓았다. “이 업계는 정말, 정말로 험합니다. 아주 잘 버는 남자는 총 열다섯 명 정도죠.” 브래드는 감독들이 신인 남자 배우를 좋아하지 않는다고 했다. 첫 출연료는 장면당 100달러에서 150달러쯤 될 테고, 새로 들어오는 배우는 아마도 갱뱅부터 시작하게 될 거라고도 했다. 카우보이는 고개를 끄덕이더니, 다 알아들었지만 여전히 시도해 보고 싶다고 의견을 피력했다. 그러자 브래드가 포르노 잡지를 쥐어 주며 그를 뒷방으로 보냈다. 브래드는 딱딱해지면 알려 달라면서, 폴라로이드 사진을 몇 장 찍을 거라고 귀띔해 주었다.

나중에 카우보이는 옆 사무실 소파에 앉아 긴장해서 시간이 좀 걸렸노라고 나에게 말했다. 그러다 마침내 준비가 됐을 때 그는 몇 번이고 소리쳤지만 아무도 그 소리를 듣지 못했다. 굴욕감을 느낀 그가 제 부츠를 내려다보면서 말했다. "마침내 브래드가 왔지요."

카우보이는 매디슨 근처 시골에서 자랐다. 작은 농기구 사업을 하는 아버지와는 사이가 좋지 않아, 열두세 살 때부터 친구네 농장에 살며 건초질, 우유 짜기, 울타리 쌓기 등의 일을 했다. 그에 따르면 그런 일은 이제 사라졌다. "농부들보다 은행이 더 많은 농장을 소유하고 있죠. 몇 년 전만 해도 농장에 가서 '뭐 필요한 거 없습니까?' 하면서 일을 하면 됐어요. 그 돈은 이제 더 이상 거기에 없어요."

실패한 벤처 사업 빚을 갚기 위해 그는 모델 일이나 에스코트, 포르노 등 뭐든 시도하러 L.A.에 왔다. 그러나 가령 에스코트 서비스의 경우 남자를 원치 않거나 고용하지 않고 있었다. 월드모델링도 그다지 고무적이지 않았다. "이런 업계에 들어오려면 여자가 유리하죠. 남자들은 흔해 빠졌고, 우리는 제 발등을 찍는 중인 거예요." 내가 그게 무슨 말이냐고 묻자 그가 답했다. "우리는 항상 여자들을 뒤에서 억누르고 억압해 왔잖아요." 여자들은 몸을 전시하는 일을 찾았다. 그게 여자들이 할 수 있는 전부였기 때문에. 그는 그렇게 말하면서, 여자들이 남성의 일터에 진입하지 못한 덕에 상업적인 여성 전시의 수익성만 높아졌다고 지적했다. "남자들은 평소에 보지 못했던 걸 보고 싶어 해요. 숨겨져 있는 걸 보기 위해 더 많은 돈을 낼 테고요." 하지만 이제 남성의 일터는 무너져 가고, 아직 성업 중인 유일한 고용 영역은 여자들이 지배하고 있었다. "역사를 되돌아보면 엔터테인먼트는 늘 경기 침체기에 번성했어요. 얼마나 상황이 안 좋은지 잊게 해 주었던 거죠."

카우보이의 고민을 덜어 줄 방법이 무엇일지 나는 알지 못했다. 하지만 현재로서 L.A.에는 아무런 희망이 없었다. 그는 목장 모자를 다시 쓰면서, 그날 저녁 위스콘신주로 돌아가 '되든 안 되든 그곳에서 해결책을 찾아보겠다'고 했다.

※ ※ ※

칼의 전 여자 친구 카메오는 칼이 자살했다는 소식을 듣고 믿을 수가 없었다. "칼을 떠올리면 아주아주 야망이 큰 사람이었단 생각이 들죠. (…) 나는 단 한 번도 그가 자살할 사람이라고 생각해 본 적이 없어요. 서배너와 비슷해요. 우리는 서배너가 자살할 거라고는 생각 못 했어요. 두 사람 다 자기 자신에게 너무 신경을 쓰는 것 같았어요." 그러다 카메오는 끔찍한 생각이 들었다. 서배너의 사망 소식은 《로스앤젤레스타임스》라든지 《롤링스톤》, 타블로이드 TV 프로그램 등 미국 주류 미디어 헤드라인을 장식한 바 있었다. "서배너가 자살하고 나서야 그렇게 유명해진 걸 보고 칼도 자살한 게 아닌지 모르겠네요." 자기 머리에 총을 겨눈다면 칼 본인도 중요한 인물이 될 수 있을지 모르니까 말이다.

하지만 더 끔찍한 건, 칼의 경우엔 폭력적인 죽음조차 대중의 관심을 끌 만한 뉴스거리가 못 되었다는 사실이다. 칼이 자살하고 몇 주 동안 카메오는 타블로이드 프로그램에 그의 이름이 나오는지 확인하러 〈커런트 어페어〉를 시청했다. "아마도 그거야말로 칼이 원했던 것"이리라는 의심 때문이었다. 그러나 칼의 죽음은 포르노 업계 바깥에서는 주목을 끌지 못했다. "기사도 안 났어요. 한 줄도 안 났죠, 단 한 줄도요." 심지어 업계 안에서도, 칼을 잘 알던 사람들 사이에서조차 그의 추모 영화를 만들려는 움직임은 없었다. 벅 애덤스는 칼의 자살이 아니라 서배너의 자살을 영화화하기로 했다. 여자는 죽음에서도 더 시장성이 있었다.

칼이 사망한 직후, 질 켈리는 짤막하게 칼의 죽음을 다룬 기사에 곁들일 포르노 잡지용 사진을 찍자며 촬영비를 제안받았다. 질은 그 돈을 받아서 칼의 가족들이 장례를 치르는 데 보탬이 되려고 했다. 하지만 결국 그 일을 하지 않기로 했다. "보기에 안 좋을 것 같더라고요." 게다가 질은 다음 달 일정이 꽉 차 있었다. 그 일은 필요하지 않았다.

5부 목적지

11장 뒷이야기 : 아직 남아 있는 전사

1998년 어느 가을날, 거의 30마일이나 떨어진 롱비치 부두에서 자욱한 연기가 피어오르는 게 보였다. 걱정이 되어 아이크 버에게 전화를 걸었다. 내가 조선소에 불이 났느냐고 묻자, 그렇다는 답이 돌아왔다. "하지만 걱정할 건 없어요. 화염은 일부러 만든 거예요." 조선소는 액션영화 촬영장으로 바뀌었고, 내가 할리우드의 창가에서 목도한 건 그저 할리우드식 재난의 한 장면, 그러니까 어느 스턴트맨이 건물('빌딩 300')의 색유리를 뚫고 자동차를 박살 내는 장면일 뿐이었다. 나는 아이크에게 저들이 정말로 건물을 부술 작정이라면 적어도 실제 작업이 이뤄지는 오래된 공장이 아니라 관리를 담당하는 블랙박스를 선택해야 한다고 말했다. 하지만 언제나처럼 아이크는 헛된 희망을 품지 않으려는 듯 무덤덤하게 대꾸했다. "뭐, 상관없죠. 다 지나간 일이잖아요."

조선소가 폐쇄된 후 몇 년간, 아이크 버는 모하비사막의 해병대 기지로 두 번째 전근을 가게 됐다. 그의 직책은 '설비관리자'로, 주로 건물 청소와 제반 살림을 담당하는 사람에게 붙는 그럴싸한 이름이었다. "배를 돌리는 그런 강력한 느낌이 들진 않죠." 하지만 적어도 본인의 건축 기술을 사용할 방법을 찾아내긴 했다. 그는 인근 투웬티나인팜스의 낡은 타운하우스를 매입해 개조한 뒤 해병대원들에게 임대하고 있었다.

인공적인 화염 폭풍이 폐쇄된 조선소의 거대한 건물을 휩

쓴 것과 마찬가지로 장식 문화는 미국 남자들을 꾸준히 사로잡았다. 스포트라이트를 피해 도망 다니는 시타델 생도건, 브랜드명이 박힌 모자를 쓰고 토크쇼 순회를 하는 스퍼포스 소년이건, 회사 배지를 꽉 쥐고 있는 항공우주 엔지니어건, 웨이코의 비밀을 폭로하려는 전직 보험설계사건, 도심을 벗어나려는 식료품점 계산원이건, 카메라 앞에서 여자들과 관계 맺는 일에 본인의 남성성이 걸린 실업자 목수건 간에 말이다. 20세기의 마지막 해 여름, 나는 이 책의 출간을 준비하면서 그 남자들 몇몇과 책에 언급된 다른 남자들을 만나, 최근에는 어떻게 협상하며 또 저항하고 있는지 이야기를 들었다.

1999년 봄, 빅 도그는 일신상의 변화를 겪었다. 연초에 빅 도그와 다른 30개 도시를 대표하는 팬 서른 명이 비자카드가 후원하는 콘테스트에서 우승한 후, 그의 이미지는 프로 미식축구 명예의 전당에 안치되었다. 빅 도그의 사진 옆에는 그가 열렬한 팬으로 살아온 역사의 하이라이트를 기록한 단어 50개짜리 수상 소감이 전시되어 있었다. 28년간 시즌 티켓을 소지해 왔으며 몇 경기를 제외하고는 모든 경기를 관람했다는 이야기, 또 마침내 바셋하운드 마스크를 쓰게 된 사연 등. 이제 빅 도그는 관광 상품이 되었고, 4월에는 그의 마스크가 《스포츠일러스트레이티드》 표지를 장식했다.[1] 그해 여름 그는 클리블랜드 브라운스의 '복귀'를 기대하며 보냈다. 새로운 팀은 시 예산으로 2억 8000만 달러를 지원받은 경기장(12만 5000달러에 임대되는 고급 스위트룸 포함)을 자랑했으며, 구 브라운스의 지분 5퍼센트를 소유한 억만장자이자 신용카드계의 거물 알 러너(앨프리드 러너)를 새 구단주로 맞이했다. 알 러너는 친한 친구인 아트 모델과 함께 자신의 전용 제트기에 몸을 싣고, 브라운스가 볼티모어로 떠나는 계약을 중개하기도 했다.[2] 빅 도그는 "팬들이 돈벌이에 이용당한 것 같"다고 말하면서도 두 구단주를 용서하는 듯한 모양새였는데, 착취를 일삼는 스포츠계 거물 '뉴가드new guard'(개혁을 주도하는 사람들) 간부들에게 구단주들이 당당히 맞섰다고 항변함으로써 그들에게 면죄부를 주었다.

빅 도그는 "아트의 움직임은 NFL에서 중요한 건 돈이 아니라 역사라는 사실을 뉴가드에게 알리기 위해서"였다고 주장하며, 아트 모델의 동기가 이익보다는 "원칙에 더 많이 기대고" 있다고 덧붙였다. 아트 모델이 브라운스의 역사적 뿌리를 뜯어 버리고 떼돈을 버는 과정에서 어떻게 그 모든 것을 달성했는지는 불분명했지만, 그럼에도 빅 도그와 동료들은 개장일인 1999년 9월 12일 각자의 자리에 앉을 예정이었다. 여러모로 팬들은 새로운 상업적 위상에 만족하고 있었다. 스카이박스 아래 관람석에 자리 잡은 팬들은 팀의 부활을 축하하러 온 사람들 같지가 않았고, 오히려 마치 팀이 죽었던 사실 자체가 없는 양 행동했다.

남부 캘리포니아에서는 이직 지원 사무소 자리에 회사 기념품 가게가 들어서면서 맥도널더글러스의 전직 엔지니어들이 쫓겨났다. 이들은 곧 마지막 소비 행위를 목격할 수 있었으니, 회사 자체가 소매점에서 헐값에 팔려 나가는 싸구려 장식품이 돼 버린 것이었다. 1997년 맥도널더글러스는 미국 역사상 열 번째로 규모가 큰 합병을 거쳤고, 163억 달러에 보잉에 매각되었다. 이에 따라 그때까지 회사가 전국적으로 고용하고 있던 인력의 52퍼센트, 즉 6만 개가 넘는 일자리가 폐기됐다. 사측은 '트로피 아내'가 되기를 열망하는 사람들이 돈 많은 구혼자를 유혹하기 위해 몸무게를 줄이는 것과 같은 이유로 직원들을 떨궈 냈다. 최고경영자 해리 스톤사이퍼Harry Stonecipher가 회사 동영상에서 딱 그렇게 말했다. 직원들의 안위와 복지에 대한 견해를 묻는 질문에, 그는 맥도널더글러스의 의무란 고객과 주주, 단 두 당사자만을 "잘 신경 쓰면 되는" 것이라고 답했다. 합병 후 보잉은 맥도널더글러스의 상용 항공기 라인 네 개 중 셋을 없애고 8000명 이상 직원을 해고한다고 발표했는데, 해당자 가운데 3분의 2는 남부 캘리포니아의 기존 맥도널더글러스 사업장에서 일하던 직원들이었다.[3]

글렌도라 프라미스키퍼스 그룹 사람들은 자기들이 소속된 전국 조직의 리더들이 비슷비슷한 우선순위를 갖고 있다고 의심하게 되었다. 이들은 빅 도그와 마찬가지로 본인들 역시 단순히 누군가 계획한 마케팅의 대상이라는 사실을 감지했다. 마틴 부커가 기억을 더듬었다. "2년 차 때 스타디움 행사에 갔어요. 연사들이 그 전해와 완전히 똑같은 소리를 하고 있더라고요. 뭔가 혼란스러웠습니다." 3년 차가 되자 마틴과 그의 프라미스키퍼스 동료는 자신들이 사도使徒라기보다는 소비자에 가깝고, 포장지만 조금씩 바뀔 뿐 내용물은 그대로인 상품을 자꾸만 강매당하고 있다는 느낌에 침울해졌다. 마틴이 말했다. "〔그 3년 차에〕 애너하임 스타디움에 앉아 있는데, 도무지 믿을 수가 없더군요. 두 번이나 들었던 얘기를 한 마디 한 마디 또 듣고 있어야 하더라고요! 너무 실망스러웠어요. 이 모든 게 미리 준비된 메시지라는 걸 깨달았거든요. 우리는 참여를 하고 싶었지만, 그저 깡통에 든 통조림을 쳐다보고만 있었죠."

글렌도라 프라미스키퍼스 그룹은 곧 무너지기 시작했다. 원래 사람들을 한데 묶어 주던 주요 활동은 스타디움 행사로 향하는 연례 자동차 여행이었지만, 이제 그 여행을 재탕하는 데 시간을 허비하고 싶어 하는 남자는 거의 없었다. 1997년 봄, 마틴 부커는 조직 리더 자리에서 물러나겠다고 청했다. 결혼 생활에 고비가 온 데다 모임을 주관하는 것도 마음이 편치 않았기 때문이다. 하지만 그 자리를 대신 맡겠다고 나서는 사람이 아무도 없었다. 남자들은 결국 여름 동안에 "휴식"을 갖기로 했다. 가을이 되자 조직은 가끔 세 사람이 만나는 모임으로 확 쪼그라들더니, 결국엔 해산하고 말았다.

한편 마틴 부커의 가정생활은 스스로 비통하게 칭하듯 "나쁜 할리우드 B급 영화"로 변질되었다. 하지만 도움을 청할 수 있는 남자들 모임이 없었다. 그가 말하길 아내는 동료와 관계를 맺고 그를 떠났다. 이후 그는 복음주의 사역에서도 자리를 잃었는데, "이혼하는 모습을 보이는 것은 정치적으로 옳지 않다"는 게 그 이유였다. 결국 그는 집을 팔아야 했다. 이 모든 혼란 속에서 어느 날 갑자기 아내가 집에 돌아왔다. 화해한 지 6주 만에 부부는 TV를 놓고 한밤중 논쟁을 벌였다. 아내는 보던 프로그램을 끝까지 보고 싶었고, 그는 기도한 뒤 잠자리에 들고 싶었다. 논쟁은 격렬한 싸움으로 이어졌다. 각자 상대방이 싸움을 건다며 비난했다. "내가 아내 뺨을 때렸어요." 마틴은 그렇게 인정하면서도, 그건 아내가 "방에 있는 온갖 걸 부수고 나에게 뛰어들었기 때문"이라고 주장했다. 아내는 경찰에 전화했고, 다음 날 저녁 그는 구치소에 있었다. 결국 그는 경범죄에 대해 유죄를 인정하고 15일간 사회복귀시설에서 지냈으며, 가정폭력 상담 모임에 참여하는 데 동의했다.

마틴이 씁쓸하게 웃으며 말했다. "나는 아내를 잃고, 직장을 잃고, 집도 잃었어요. 내가 당신 책 표지를 장식할 모델인 것 같군요." 그는 새로운 일거리를 찾았다. "100만 달러짜리 집에 세라믹 타일과 대리석을 바르는 일"이었다. "뭐랄까, 좀 치유되는 부분이 있어요. 손으로 하는 일을 하고 있으니까 내 일을 자랑스러워할 수 있죠." 하지만 부자들의 집 꾸미기를 마치고 나면 자신의 텅 빈 콘도로 돌아와야 했다. 그가 한때 본인이 몸담았던 조직에 대해 서글픈 듯 언급했다. "예전에 작가님이 봤던 프라미스키퍼스의 작은 스냅사진 말이에요. 생각해보니, 참 흉물스러운 사진이죠."

승리가 전부이며 패배란 아무것도 아닌 것보다 못하다고 배우는 세상에서, 어떤 남자들에게는 스스로 아무리 노력해도 질 수밖에 없는 곳에 승리란 없는 것 같았다. 어떤 남자들은 현장을 완전히 떠났다. 커숀 스콧이 리지크레스트의 사막 마을에서 행하던 철야 기도는 20세기가 끝날 때까지 계속됐다. 가장 높은 점수를 땄던 스퍼포스 빌리 셰헌 역시 명성을 드높이는 데 실패해, 상처받은 마음을 안고 L.A.에서 100마일 떨어진 작은 마을(아내와 두 자녀가 함께 살고 있다)로 이사를 갔다. 그가 일하는 화려하지 않은 직장이 어딘지는 확인되지 않았다. 마틴 부커와 빅 도그, 그리고 그 형제들이 몰랐던 점은 '작은 스냅사진' 바깥의 큰 그림이라고 해서 대단히 예쁜 건 아니라는 점이었다. 분계선을 넘어 장식의 세계로 들어와 그 조건에서 성공한 사람들에게도 상황은 마찬가지였다. 새로운 남성성의 모범이 되고, 새로운 남성 위계질서의 정점에 있는 아이콘이 되어도 나쁜 일이 일어날 것만 같은 기분에 사로잡히는 건 매한가지였다. 이 함정에서 벗어날 길은 없는 것 같았다. 카메라 렌즈에서 물러나 투명인간 취급을 받거나, 빛을 향해 나아갔다가 그 불빛 속에서 자신의 정체성이 사라지는 것을 목격하거나, 둘 중 하나였던 것이다. 장식 복권의 '당첨자들' 중에는 방향을 바꿔 보려고 노력하는 이도 있었지만, 되돌아가는 길은 밖으로 나가는 길만큼이나 벅차고 실망스러울 터였다.

플래닛할리우드를 탈출하다

1996년 3월 13일, 실베스터 스탤론은 〈록키〉 20주년 주간을 맞아 맨해튼 시내에서 열린 기자회견에 모습을 드러내고 향후 연기 변신 계획을 발표했다. 연예기자들 무리 앞에 착석한 이 배우는 자신의 액션 페르소나 때문에 "굉장히 공허한" 느낌이 들었다고 밝혔다. 그는 (본인의 표현에 따르면) 할리우드라는

'이렉터 세트Erector Set'✠에서 일종의 근육 덩어리 내지는 장식물에 불과한 존재로 인식되는 것에 질려 있었다. 이곳에서 배우는 그저 "하나의 재앙에서 다른 재앙으로 옮겨 갈 뿐"이었다.[4] 그는 자신에게 덧씌워진 영화 속 이미지의 껍데기를 부수고 싶었다. 쉰 번째 생일이 넉 달쯤 지났을 무렵, 실베스터 스탤론은 자기가 맡은 역할이 하나같이 좀 정신이 아득해지는 납작한 캐릭터들이라는 것, 액션 장르의 위상이 점점 더 흔들리는 가운데 본인의 영화적 지평 역시 좁아지고 있다는 것을 감지했다.

〈저지 드레드Judge Dredd〉에서 미래적인 슈퍼캅(만화책을 원전으로 하는 캐릭터)을, 〈어쌔신Assassins〉에서 지친 암살자를 연기한 최근 두 번의 시도는 흥행을 휩쓴 폭탄이 아니라 미국 금융권에 떨어진 폭탄이었다. 1990년대에는 자연재해, 선사시대 동물, 침략하는 외계인이 액션영화 세계에서 가장 큰 성공 가능성을 지닌 스타로 보였다. 그럼에도 스탤론은 가장 안전하고 수익성이 높은 전략이란 기존 공식을 고수하는 것임을 알고 있었다. 그는 유니버설과 6000만 달러 규모인 액션 블록버스터 세 편 계약을 앞두고 있었고, 워너브라더스와는 수백만 달러 규모 슈퍼히어로 영화를 계약했다. 하지만 스탤론은 벗어나기를 원했다.

새로운 자아와 새로운 연기 세계를 염두에 둔 그는 언론에 그 뜻을 밝히는 것 말고도 다른 행동을 더 취했다. 그는 ICM에서 최근 같이 일하기 시작한 에이전트를 해고하고(겨우 4개월 정도만 함께 일한 상태였다), 새로운 에이전트로 아널드 리프킨Arnold Rifkin을 고용했다. 리프킨은 앞서 브루스 윌리스의 이미지를 갱신하는 데 도움을 주었던 사람인데, 가령

✠ 금속으로 된 장난감 조립 세트를 만드는 회사명.

미라맥스의 〈펄프 픽션Pulp Fiction〉✠에서와 같은 기발한 배역에 종종 출연하도록 했던 것이다. 스탤론은 리프킨에게 자기한테도 똑같이 해 달라고 부탁했다. 혼자서 작품의 모든 짐을 짊어질 필요가 없는, 불쾌한 현실을 더 노골적으로 보여 주는 "노동자 역할"이라든지 다른 배우들과 함께 출연하는 앙상블 드라마를 구해 달라고 말이다.

그리하여 리프킨은 스탤론을 위한 '독립' 예술영화를 찾아 미라맥스 필름으로 돌아갔다(미라맥스의 '독립성'은 1993년 디즈니에 인수됨으로써 날아가긴 했지만). 결과는 양쪽 모두에게 만족을 주었다. 미라맥스 회장 하비 와인스틴Harvey Weinstein✢은 수백만 달러 거물을 헐값에 얻을 수 있었고, 스탤론은 밑바닥에서부터 다시 올라설 기회를 얻었다. 얼마 후 맨해튼에서 열린 플래닛할리우드 행사에서 스탤론은 와인스틴을 자신의 새로운 멘토이자 "불가능한 일을 해낸 사람"이라고 소개했고, 살찐 와인스틴은 록키의 가운이 전시된 유리장 옆 구석에서 미소를 지으며 고개를 끄덕였다. 나중에 두 남자는 레스토랑의 조용한 곳으로 물러나 자축하는 시간을 가졌다. 그 자리에 동석한 나에게 와인스틴이 말했다. "그는 세계적인 스

✠ 쿠엔틴 타란티노 감독의 1994년 작품으로 그해 칸국제영화제에서 황금종려상을 수상했다. 브루스 윌리스는 〈펄프 픽션〉을 통해 액션영화에만 치중하지 않는 연기파 배우 이미지를 만드는 데 성공한다. 이 작품의 배급사가 뒤에서 계속 언급되는 미라맥스였다.

✢ 앞서 브루스 윌리스의 커리어를 바꾼 작품으로 언급된 〈펄프 픽션〉의 제작자가 하비 와인스틴이었다. 그리고 그는 2018년 할리우드에서 시작된 #미투 운동 당시 가해자로 지목된 인물이기도 하다. 와인스틴이 〈펄프 픽션〉 등 미라맥스에서 제작한 작품들을 통해 키운 명성과 그 덕에 누릴 수 있었던 할리우드 권력에 대해서는 마리아 슈라더(Maria Schrader)의 2022년 작 〈그녀가 말했다(She Said)〉에서 확인할 수 있다. 〈그녀가 말했다〉는 하비 와인스틴의 지속적인 성범죄를 최초로 보도한 《뉴욕타임스》의 메건 투히(Megan Twohey)와 조디 캔터(Jodi Kantor)의 보도 과정을 담고 있다.

타가 됐고, 도박을 하는 대신 관객을 위해 이 일을 하게 된 거죠." 그는 스탤론 쪽을 향해 큼지막한 시가를 흔들었다. "스탤론이랑 같이 하고 싶은 게 많아요. 슬라이*가 〈겟 쇼티Get Shorty〉를 찍었다면 정말 멋졌을 거예요. 〈펄프 픽션〉을 할 수도 있었겠죠. 선택의 문제예요. 슬라이는 이제 선택해야 할 시점에 와 있는 겁니다."

단기적으로 봤을 때 와인스틴은 로버트 드니로, 하비 카이텔Harvey Keitel, 캐시 모리아티Cathy Moriarty, 레이 리오타Ray Liotta가 출연하는 적당한 예산의 앙상블 드라마에 스탤론을 캐스팅했다. 당시 스탤론이 발표했듯 그건 본인이 꿈꾸던 바로 그 역할이었다. "나는 이 영화의 중심이 아닙니다. 전체 기계의 일부일 뿐이죠. 내가 기계 자체는 아닌 겁니다." 이 영화 〈캅 랜드Cop Land〉는 독립영화 감독인 제임스 맨골드James Mangold가 연출할 예정이었다. 맨골드의 전작 〈헤비Heavy〉는 어머니와 함께 사는, 사랑이라고는 없는 뚱뚱한 패배자를 그린 영화로 액션영화의 정반대에 놓여 있는 작품이었다. 스탤론은 〈캅 랜드〉에서 조지 워싱턴 다리 기슭의 작은 마을을 지배하는 대도시 경찰들에게 밀려난, 슬픈 뉴저지 보안관 '프레디 헤플린' 역을 맡아, 소심하고 청력에 다소 장애가 있는 인물을 연기할 계획이었다. 물론 스탤론은 약자 역할, 언더도그 역할을 한 적이 있었다. 록키가 가진 매력의 전부가 그런 것이기도 했다. 하지만 이 '프레디'라는 언더도그는 달랐다. 다리 위에서 일어난 사고로 마을이 위기에 처하자 그는 용감하게 나서긴 하지만, 그럴 때마저 적어도 그레이하운드, 그러니까 날렵한 영웅은 아니었다. 스탤론이 자랑스럽게 말했듯 그는 "계속 셔츠를 입고" 있을 테니, 그 아래 숨겨진 살덩어리도 계속 흔들릴 터였다. 한마디로 프레디는 뚱뚱한 캐릭터로 그려질 예정이었다. 그렇

* 실베스타 스탤론의 애칭.

게 체중을 늘림으로써 스탤론은 미화되지 않은 남자다운 무게감을 얻고자 했다. 그는 아름다움 말고 다른 것으로 사랑받고 싶었다. 자기 자신을 추하게 만들어 장식 문화에 도전하고 싶었던 것이다.

× × ×

1996년 8월, 나는 이 배우와 술 한잔을 하기 위해 그의 단골 숙소인 맨해튼 포시즌스호텔 바를 찾았다. 그는 툭 튀어나온 배 위로 헐렁한 하와이안 셔츠를 단단히 여민 채 바닥에 시선을 고정하고 룸을 가로질러 어기적거리며 걸어왔다. 이런 태도는 불운한 과체중의 보안관 캐릭터를 유지하려는 노력과 어느 정도 관계가 있었다. 그리고 한편으로 그는 그저 어색하고 쑥스러운 상태이기도 했다.

그는 첫 달엔 최악이었다고 말했다. "기분이 바닥을 쳤어요." 그렇게 군살이 붙은 상태로 사람들 앞에 모습을 드러내야 한다는 걸 참을 수가 없었다. 몇 주간 그는, 본인의 표현대로라면 미친 듯이 "부인 각서를 발행"했다. 그는 사람들에게 "이건 내가 아니야! 영화 때문이에요!"라고 말하고 다녔다고 했다. "그런 신호를 보내야 했죠. 심지어 낯선 사람들에게도 그러기 시작했어요. '어, 안녕하세요? 이건 내가 아니에요!'"

스탤론은 며칠 전 호텔에서 어떤 일이 있었다고 했다. "아침을 먹는데, 내 옆에 앉은 남자가 이러고 있었어요……." 그는 팔뚝을 위아래로 움직여 보였다. "근육을 잔뜩 부풀린 상태였죠. 다른 두 사람이 그에게 운동 장비를 써 보라고 한 것 같았어요. 이윽고 내가 걸어 들어왔고, 그는 이렇게 말했죠." 스탤론이 록키처럼 목소리를 낮추었다. "'어이, 잘 지내고 있습니까, 슬라이!' 그러고는 손가락을 들어 보였어요." 그는 엄지손가락을 치켜세웠다. "식사 내내 그는 완전히 곧게 앉아 있었어요. (…) 그리고 나는 이렇게 했죠." 그는 테이블 앞에 풀썩 주저앉았다. "내가 뭘 주문했게요? 팬케이크, 감자튀김, 오믈렛, 그리고 감자튀김 조금 더. 그러니까 저기 앉아 있던 남자는 식사 내내 나를 이런 눈으로 바라보고 있었어요." 그건 완전히 공포에 사로잡힌 눈빛이었다. "완전 놀라더군요. 거의 죽으려고 했어요. 밥을 먹는 내내 그는 '엄, 우후, 음…… 흠……' 하더니 나를 보면서 이런 표정을 짓더라고요. '맙소사! ……그러니까 람보가 걸어 다니는 기름진 감자튀김이라고?'"

스탤론은 굴욕적인 시선을 받으면서도 체중을 늘린 것을 후회하진 않았다. 살은 그보다 더한 굴욕적인 운명, 즉 영원히 거울 앞에 서 있는 한 남자의 운명으로부터 그를 해방시켜 주었다. 그는 그렇게 느꼈다. "내가 하고 있었던 건 순수하게—그러니까 나는 운동을 그만두고 싶지 않았고, 운동은 좋은 일이에요. 하지만 엄청난 자의식에 사로잡히게 됩니다. 항상 나를 의식하게 되고요. 그저 나를 의식할 뿐이죠. 내가 어제만큼 멋있어 보이나? 항상 창문이나 사물에 비친 내 모습을 찾아보게 되죠. 집에 혼자 있을 때마저도 외모를 의식하지 않는 순간은 없었던 것 같아요."

그는 '미스터 유니버스' 같은 포즈로 양팔을 머리 위로 올리고, 손에 든 술잔을 토너먼트 트로피처럼 쥔 채 시범을 보였다. 그런 다음 다시 팔뚝을 구부렸다. "몸매가 좋을 땐 대화를 나누는 것조차도 모든 것이 과시죠." 열세 살의 실베스터가 불행한 가정생활에서 도망쳐 어둡고 안락한 영화관을 찾아 〈헤라클레스의 역습Hercules Unchained〉에 빠져든 그날 오후부터, 수십 년간 그는 불룩한 근육이 자신의 남성적 구원이 될 것이라고 믿어 왔다. 윤기 나는 기름진 피부, 힘줄로 단단히 둘러싸인 스티브 리브스Steve Reeves의 헤라클레스는 그의 "인생을 바꾸었"다. 어린 실베스터는 영화관에서 곧바로 자동차 폐차장으로 건너가 가냘픈 팔로 크랭크샤프트를 들어 올리며 힘을 쏟았다. 무거운 걸 드는 연습은 결국 그를 헬스장으로 이끌었고, 매일 몇 시간씩 헬스장에서 운동을 하게 되었다. 그러나 중년이 되어 하고 있는 운동은 마치 세심하게 조각된 근육에 싸여 있는 듯 이상하게 정적이고 고상한 느낌을 줄 뿐이었다.

스탤론이 내게 말했다. "어떤 모양이든 어떤 형태로든 여성적 신비는 분명합니다. 당신이 심각한 운동광이라고 쳐요. 헬스장에 사는 남자 말이에요. 그렇다면, 대체 그걸로 뭘 하겠어요? 알다시피 그건 여자들이랑 이국적인 춤을 추는 세계와 맞닿은 허영심에서 나오는 거죠. 치펜데일 댄서처럼 아무런 자격이 없어요. (…) 난초 같은 거예요. 굉장히 화려하지만 기생충이죠. 자기 자신을 제외한 모든 것에 기생하는 거예요." 그가 봤을 때 더 굴욕적인 부분은, 많은 여자가 그런 식으로 전시되는 것을 거부하는 마당에, 체육관에서 자란 남자는 도리어 "여성스러운" 전시에 열중하고 있다는 점이었다. "18인치짜리 팔뚝과 31인치짜리 허리를 가진 남자, 캘빈클라인 광고에 나올 법한 잘 다듬어진 남자 모델 말이죠. 그 남자는 1990년대의 트리플 E컵 여자예요. 1950년대의 섹시한 금발 미녀 자리를 대신하고 있죠. 그리고 그런 금발 미녀는 더 이상 그런 짓을 하지 않아요! 거리에서 마주치는 여자들은 이제 제인 맨스필드Jayne Mansfield✠가 되기를 꿈꾸지 않는다고요."

스탤론은 살을 찌움으로써 적어도 화면 속에서만큼은 자신이 생각하는 남자다움의 오래된 모델을 따르고 싶었다고 말했다. "이 사람들은 자기도 모르게 말했어요. 입 밖으로 내지는 않았지만, 말한 것이나 다름없었죠. '알다시피 나는 빌어

✠ 매릴린 먼로, 킴 노박 등과 함께 1950년대 '섹시한 금발 미녀'의 아이콘으로 꼽혔던 배우.

먹을 인생을 살아야 하고, 부두에서 열심히 일하거나 아니면 버스를 몰아야 하고, 세 아이를 먹여 살려야 하고, 함께할 시간이 별로 없는 아내가 있다. 그러니 언제 헬스장에 갈 시간이 있겠나? 결혼을 할 거면 직업을 가져야지. 그게 가장 중요하다. 그러니 허영심을 버리고 자기 삶을 살아야지. 그럼 내가 어떻게 생겼는지 따위는 생각도 안 하게 된다. 일을 할 때는 그저 내가 **해야 할 일**만 생각하지, 내가 **어떻게 생겼는지**는 생각하지 않을 테니까.'"

그 무렵 액션 현장에서 배우가 '해야 할 일'이라곤 그저 자기 모습이 어떤지 생각하는 것뿐이었다. 이런 분위기는 나날이 심해졌다. 이제 컴퓨터그래픽스만 있으면 죽음을 무릅쓰는 아슬아슬한 곡예를 그럴듯하게 구현해 낼 수 있었다. 그리하여 액션 영웅은 말 그대로 보이지 않는 적과 마주하게 됐다. 머리가 넷 달린 외계인, 불을 뿜는 괴물, 폭발하는 미사일, 거대한 토네이도가 현장에서 사라졌으며, 일단 촬영이 끝나면 후반 작업실에 앉아 있는 프로그래머가 컴퓨터 전원을 켜고 이들에게 숨을 불어넣었다. 스탤론은 말했다. 액션 영웅이란 이제 '블루스크린'이라는 텅 빈 배경 앞에서 뱅글뱅글 돌며, 이야기 진행을 위한 "소품" 역할을 할 따름이라고. 그는 머지않아 컴퓨터 이미지가 실제 배우를 "일회성 소모품"으로 만들 것이라고도 덧붙였다. "배우 복제본이 만들어져서, 말 그대로 한 번에 두 장소에 있을 수 있는 날이 올 거예요. 배우가 집에 있을 수도 있고 아파서 침대에 누워 있을 수도 있지만, 특정 장면에서 그 배우의 이미지는 '작동'하고 있겠죠."

그는 람보를 연기할 때까지만 해도 "불에 쫓기는 장면이라면 실제로 불에 쫓겼"고, "불이 나중에 덧그려지진 않았"다고 말했다. 반면 새로운 액션영화 제작 현장에선 모든 것이 그림자 때리기였다. "연기자 입장에서는 자기 감각을 스스로 박탈하는 꼴이에요. 액션영화는 더 이상 액션영화가 아니죠. (…) 산업화 시대를 바라보며 '맙소사, 이젠 내가 필요 없어'라고 말했을 농부의 심정과 비슷한 겁니다."

스탤론이 원한 건 블루스크린에서 가상의 위협을 피하는 것이 아니라 자기가 출연하는 영화에서 정말로 일을 하는 것이었다. "나에게 궁극의 영화란 노동력에 관한 영화입니다. 일상적인 노동이죠. 노동은 모든 것에 영향을 미치기 때문이에요. 우리 존재의 핵심입니다." 스탤론은 이전 세대의 '액션'영화라든지 서부극, 또는 제2차세계대전 영화에서 존 웨인이나 커크 더글러스, 스티브 매퀸 같은 남자 배우가 연기한 남성 영웅은 "시스템의 일부"였다고 했다. 그들은 "군대를 이끌"며 "열심히 일하는" "지워지지 않는 아버지상"이었다. 그러나 스탤론 세대의 액션 영웅은, 그가 람보와 그 아류를 두고 말한 것처럼 모두 혼자였고 "남자 한 명으로 구성된 군대"였다. "우리는 미국을 위해 싸우지 않아요. 우리는 그저 이 나라의 배경이나 미국 유니폼을 사용하고 있을 뿐이고, 사적인 싸움을 하고 있는 거죠. 그 남자는 혼자입니다. 내가 내 나라가 되어야만 하고요. 내가 나 자신의 성채가 되어야 하죠. 아무도 내 뒤를 봐주지 않습니다."

전통적인 방식으로 그의 뒤를 봐주던 몇몇 사람에게는 스탤론의 결정이 당혹스럽게 느껴졌다. 어느 날 론 마이어Ron Meyer가 유니버설 부지 내 '블랙 타워'라는 건물의 널찍한 사무실에 앉아 나에게 말했다. "슬라이는 항상 존경받기를 원했어요." 마이어는 거의 15년간 스탤론에게 에이전트이자 신뢰할 만한 친구가 되어 주었으며, 스탤론은 그의 궁핍했던 성장 배경에 공감했다. 1995년 마이어는 유니버설을 소유한 MCA의 사장으로 취임하면서 스탤론과 함께 수익성 높은 영화 세 편의 계약을 성사시켰다.[5] 마이어는 높아진 위상에 비해 소박하고 직설적인 사람이었다. "슬라이는 일 욕심이 있죠, 그것도 많이요." 그는 1981년 스탤론과 처음 만났을 때를 떠올렸다. "우리는 즉시 마음이 통했어요. 나는 성공에 대한 그의 열망에 완전히 동화됐어요. 우리 둘 다 부유한 집안 출신도 아니고, 성공할 가능성이 높은 사람으로 꼽히지도 않았죠. (…) 끊임없이 일을 하고 싶어 하는 그 마음에 공감해요. 나도 매일 아침 눈을 뜰 때마다 사람들이 일을 빼앗아 갈까 봐 두렵거든요." 하지만 마이어는 스탤론이 액션영화로부터 도망치고 싶어 하는 욕망만큼은 이해할 수가 없었다. 터무니없는 돈을 받고 〈캅랜드〉에 출연하기로 한 스탤론의 결정에 대해 그는 이렇게 말했다. "이상해요, 말도 안 되는 일이잖아요." 그는 스탤론이 존경받고 싶어 하는 것에 대해서는 "〔이를 달성하는 방법에〕 동의하지 않는"다고 했다. "그게 그의 이미지를 바꿀 거라 생각하지 않아요. 그는 검토해 볼 만하다고 생각하지만요. 나는 성공적인 액션영화로도 존중받을 수 있다고 생각해요." 마이어는 스탤론에게 필요한 건 그저 출연작을 "좀 더 가려서" 고르는 것뿐이라고 믿었다. 물론 말로는 쉬운 일이었다. 나이 쉰 살에 웃통을 벗고 가슴에 기름을 바르고 사람들 앞에 서는 사람은 마이어가 아니었으니까 말이다. 하지만 그는 관객들이 스탤론의 어떤 점을 가장 사랑하는지는 분명히 알고 있었다. 스탤론은 본인 말마따나 "상자에서 튀어나온", 갑자기 등장한 영웅이었다. 그는 스탤론이 결국 운명과의 싸움을 멈추고 팬들이 원하는 것을 줄 것이라고 확신하는 듯했다. 어쨌든 "슬라이는" 무엇보다도 "관객을 즐겁게 해 주길 원한다"는 걸 알고 있었기 때문이다.

포시즌스호텔 바에서 한 팬이 "내 여자 친구를 위해" 사인을 좀 해 달라면서 스탤론과 나의 대화에 끼어들었다. 스탤론은 친절한 미소를 띠며 칵테일 냅킨에 사인을 해서 남자에게 건넸다. 그러고는 나에게 말했다. "'록키'라고 부르지만 않는다면, 나는 상관없어요." 사실 그는 과거에 출연한 영화 속 캐릭터 이름으로 자신을 부르는 팬들은 이제부터 받아 주지 않기로 다짐한 터였다.

※ ※ ※

1963년경에 시간이 멈춘 것처럼 보이는 허드슨 강변의 중산층 교외 마을 뉴저지주 클리프사이드 파크의 한 골목길에 출연자 트레일러 차량이 주차되어 있었다. 헤드셋을 쓴 제작 보조가 가장 큰 트레일러로 다가와 조심스럽게 문을 두드렸다. 배우가 그날의 첫 장면을 촬영할 시간이었다. 문이 열리자 가짜 피가 묻은 코에 구겨진 레인저 모자를 쓴 몸무게가 210파운드인 보안관이, 오늘 아침만큼은 군중을 피할 수 있기를 바라며 천천히 몸을 풀었다. 물론 소용없는 바람이었다. 군중은 이미 그곳에 와 있었다.

"록키! 이봐요, 록키!" 십 대 남자아이들이 사인북을 휘두르고 고함을 지르며 앞으로 돌진했다. 인도에는 이웃집 엄마들이 평소처럼 어깨를 나란히 한 채 동경 어린 동시에 잡아먹을 듯한 눈빛으로 레이저를 쏘고 있었다. "우리 애애기이는 오늘 좀 어때요?" 한 엄마가 스탤론을 향해 속삭이듯 비명을 지르자, 합창단은 즉시 익숙한 목소리로 울부짖었다. "오늘 우리 귀요미는 좀 어떤가아?" "우리 귀여운 소피아아 로오오오즈는 어쩌고 있어요?" 그들은 갓 태어난 스탤론의 아이에게 친숙함을 느끼고 있었다. 슈퍼마켓에서 판매하는 타블로이드 잡지를 통해, 산부인과 병동에서 분만을 하느라 지친 그의 아내 제니퍼 플래빈Jennifer Flavin과 갓난아기를 찍은 스냅사진을 본 덕분이었다. 스탤론은 팬들의 함성을 뚫고 언덕을 내려오기 시작했다. 한 블록 정도 떨어진 촬영장 입구까지 군중을 가로막는 철책이 설치되어 있었고, 거기에 이르는 거리는 끝없이 멀어 보였다.

스탤론이 앞으로 걸어가고 있을 때 어린 남자아이가 어머니의 손을 잡고 단언했다. "나는 아저씨 이름을 알아요."

스탤론이 말했다. "아니, 모를걸."

"아니에요, 알아요!" 남자아이는 단호했다. "록키잖아요!"

그가 입구에 도착하기 직전에, 몸에 딱 달라붙는 홀터넥을 입은 여자가 앞으로 돌진하며 빙글빙글 돌면서 그에게 맨등을 내밀었다. "내 등에 사인해 줘요, 록키! 내 등에 사인해 줘요!" 스탤론은 그 요구에 따랐다. 항상 그랬다. 불과 며칠 전 이제 자신을 '록키'라고 부르는 팬들을 쫓아내겠다고 맹세했음에도, 성실한 우상인 스탤론은 그의 지지자들을 외면할 수가 없는 것 같았다.

그가 지나가자 등에 사인을 받은 팻 버텔리Pat Bertelli라는 여자는 그가 뭐라고 썼는지 확인하기 위해 목을 길게 뺐다. 순간 그녀의 낯빛이 어두워졌다. 스탤론이 실명으로 사인을 한 것이다. "그렇게 '록키'라고 불렀는데." 나한테 하는 말이었다. "아, 록키! 그 멋진 가슴!" 아마도 그녀는 그 멋진 가슴이 이제 프레디 헤플린의 군살로 덮여 있다는 사실을 잊은 모양이었다.

촬영 장면에서 스탤론은 마을 경찰 두목의 거만한 아내에게 접근해 왜 그녀가 다른 경찰의 잔디밭에 쓰레기를 버리는지 알아내려 했다. 스탤론은 어깨를 구부린 채 소심하고 비굴한 태도로 그녀에게 다가갔다. 몇 번의 테이크가 끝난 후 짐 맨골드 감독이 그에게 다가갔다. "지금 하는 방식이 마음에 들어요. 다만 좀 너무……."

"수동적인가요?" 스탤론이 물었다.

맨골드가 고개를 끄덕였다. "좀 그래요. 그게 별로라는 건 아닌데요. 하지만……." 그가 잠시 멈췄다. "프레디가 너무 취약해 보이는 것 같아서 말이죠. 한 번만 더 가 보고, 이번에는 여자에게 좀 더 부딪쳐 보죠. 조금 더 들어가 봅시다." 스탤론은 노력해 보겠다고 말했다. 하지만 "프레디에게 터프하게 굴라는 건 너무 많은 걸 요구하는 것"이라고 덧붙였다.

이 장면이 끝난 후 맨골드는 전날 촬영한 부분과 대역 배우들을 데리고 촬영한 영화 마지막 장면의 데모 테이프를 가지고 스탤론의 트레일러에 들러 자신이 마지막 장면을 어떻게 구상했는지 알려 주었다. 스탤론은 화면 속 자신의 육중한 모습을 보고 신음했다. 그는 움츠리며 말했다. "고귀한 거북이, 멍청이." 이윽고 맨골드가 마지막 장면을 구상한 데모 테이프를 틀었다. 〈캅랜드〉는 프레디가 나쁜 경찰들 전체와 총격전을 벌여 승리하는 것으로 끝난다. 스탤론은 수심에 찬 침묵 속에서 모의 총격전을 지켜보았다. 총격전이 끝나자 그가 물었다. "나를 따르던 사람들은 어디로 갔나요?" 맨골드는 스탤론이 무슨 말을 하는지 잘 모르겠다는 듯 고개를 저으며 말했다. "이 사람은 고독한 사람이에요. 〈하이 눈High Noon〉✠이라고요! 혼자서 움직이는 남자!" 스탤론은 시무룩하게 고개를 끄덕였다. 그는 놀라지 말았어야 했다. 이미 대본을 읽었으니까. 애초에 평등한 사회에 속한 남자들의 지도자가 아니라 외톨이로 남을 것임은 알고 있었다. 그럼에도 그는 눈에 띄게 실망했다. 스탤론은 실제 공동체의 삶에 여러 남성 캐릭터가 녹아든 앙상블 드라마를 원했지만, 영화가 끝날 무렵 그는 '남자 한 명

✠ 프레드 진네만 연출, 게리 쿠퍼와 그레이스 켈리 주연의 1952년작 서부영화. 악당 프랭크 밀러와 부하 세 명이 보안관 케인의 마을에 나타난다. 아무도 그들과 싸우겠다고 나서지 않는 상황에서 케인은 홀로 그들에게 맞선다. 케인이 도망치지 않고 악당과 싸우는 것에 반대한 약혼녀 에이미는 그를 떠나지만, 결국 절체절명의 순간에 돌아와 케인을 돕는다.

으로 구성된 군대'의 오래된 슈퍼맨 복장으로 돌아오고야 말았다.

그날 오후, 수염을 기른 건장한 남자가 큰 소리로 이런저런 지시를 내리며 촬영장에 등장했다. 휴대폰을 든 앳된 얼굴의 젊은이 몇몇이 그 뒤를 따르고 있었다. 액션영화 제작자 출신인 조엘 실버Joel Silver가 도착한 것이다. '리썰 웨폰'과 '다이하드Die Hard' 시리즈를 지휘했고, 심지어 〈데몰리션 맨Demolition Man〉이나 〈어쌔신〉 같은 별 재미없는 스탤론의 작품을 제작했을 때에도 돈을 벌었던 이 남자는 화려한 마구간에서 벗어난 액션 스타가 어떻게 지내는지 보기 위해 찾아왔다. 실버가 스탤론의 비대한 모습을 공포에 질린 표정으로 쳐다보며 말했다. "맙소사, 도저히 적응이 안 되네." 그의 혐오스러운 표정은 번역이 필요 없을 정도였다. "대체 왜 이러는 겁니까?" 스탤론은 나중에 내게 설명했다. "조엘은 닥치는 대로 채굴하는 사람이에요. 그는 싸움터에 있어요. 100퍼센트 낙관적이고, 광맥을 찾고 있죠. 아주 큰 놈으로다가요." 스탤론이 승자의 윤리를 포기하려 했던 건 맞지만, 후회가 없는 건 또 아니었다.

스탤론이 전에 함께 작업했던 이 제작자에게 말했다. "그래서 왜 나한테 〈컨스피러시Conspiracy Theory〉를 주지 않았어?" 〈컨스피러시〉는 실버가 최근 제작한 액션영화였고, 당시 멜 깁슨과 줄리아 로버츠Julia Roberts가 주연을 맡았다. 실버가 또렷하게 말했다. "우선, 그건 멜을 위해 쓴 시나리오였어." 나는 그들이 전에도 이 대화를 나눈 적이 있다는 인상을 받았다.

스탤론이 의심스럽게 말했다. "그래?"

실버가 쏘아붙였다. "내 인생 최고의 대본, 그걸 당신한테 줬잖아." 그는 1995년 흥행에 실패한 〈어쌔신〉을 언급하고 있었다. 스탤론은 어깨를 으쓱했다. "나는 그저 나를 연기하고 싶은 거야." 그는 실버에게 애원하는 듯한 목소리로 말했다.

"왜 나는 내가 될 수 없는 건가?"

실버는 팔짱을 끼고서 아무 말도 하지 않았다. 스탤론은 몹시 화가 난 듯 숨을 내쉬었다. 그러고는 다음 장면이 시작되려는 촬영장 쪽으로 고개를 홱 돌렸다. "내가 총 맞는 거 보겠어?" 이 물음에, 실버는 스탤론이 원래대로 돌아온 것을 기쁘게 생각하며 만족스레 고개를 끄덕였다. 그는 비어 있는 감독용 의자에 앉아 총소리가 터지고 '피'가 터지는 광경을 지켜보았다.

실버가 내게 말했다. "슬라이는 대형 액션영화를 너무 많이 작업해서 다른 방향으로 나아가는 게 어렵죠. 하지만 불가능하다고 생각하진 않아요." 다만 그는 시간 낭비라고 생각할 뿐이었다. 대체 왜 성공에서 벗어나려 한단 말인가? 실버가 말했다. "이 남자는 업계에서 가장 큰 수익을 올린 영화배우예요. 그가 출연한 영화들 좀 보세요. 가장 실패한 영화조차 여기 이 영화보다는 더 많은 수익을 올렸을 거거든요……." 그는 눈앞에서 진행 중인 작업을 경멸하는 듯이 손사래를 쳤다.

해당 장면이 끝나자 스탤론은 트레일러로 돌아갔고, 실버는 그 옆에서 총예산이라든지 스탤론이 포기한 것들에 관해 속사포처럼 이야길 쏟아 냈다. 스탤론의 매니저 케빈 킹Kevin King은 휴대전화를 들고 문가에서 그들을 맞이했는데, 미라맥스의 하비 와인스틴이 전화로 연결되어 있었다. 스탤론이 잠시 이야기를 나눈 뒤 의기양양하게 전화를 끊었다. 그러곤 실버에게 날카롭게 말했다. "하비가 촬영분에 열광했어. 뭘 하든, 다른 액션영화는 하지 말래. 보라고! 난 이 사내가 마음에 들어."

실버는 별 감흥을 보이지 않았다. "그래, 그래서 뭘 만들 건데? 〈어쌔신〉이 얼마나 잘됐는지 알잖아. 그건 심지어—."

"그런데 당신, 칸영화제에서 상 받은 적은 있어?" 스탤론이 반박했다. 하지만 아무런 타격도 주지 못했다. 실버는 명백히 그런 트로피에는 관심이 없었다.

실버가 떠나자 스탤론이 트레일러의 좁은 통로를 왔다 갔다 하면서 나에게 말했다. "보다시피 저게 생각의 틀이에요. 그 빌어먹을 틀에 박힌 사고는 모든 스튜디오에 퍼져 있어요. 돌아가고 싶지 않아요. 액션영화를 찍을 때, 나는 1퍼센트 정도를 사용한 것 같아요. 그리고 나머지는, 온통 좌절뿐입니다." 그는 걸음을 멈추고 의자에 주저앉았다. 그의 얼굴에 패배했다는 표정이 떠올랐다.

스탤론을 액션이라는 마스트에 묶어 둔 모든 세력 중에서 가장 강력했던 건 조엘 실버나 에이전트, 스튜디오가 아니라 카메라가 닿지 않는 뉴저지주 언덕 꼭대기에 선 사람들이었다. 가령 초초한 마음으로 주위를 맴돌면서 기회를 엿보던 열아홉 살 마이클 보나치Michael Bonacci와 그의 친구인 열여섯 살 조지프 패리스Joseph Faris 말이다. 보나치는 록키와 람보가 나오는 모든 영화의 박스 세트를 가지고 있었는데("더 위즈에서 30달러에 샀"다고 말했다), 스탤론에게 그 모든 영화에 사인을 받고 싶어 했다. '록키 영화를 100번도 넘게 봤다'는 조지프 패리스는 자기 동네에서 새로운 스탤론이 탄생하는 것은 외면하고 있었다. 조가 말했다. "그를 보면, 록키가 보여요." 마이클 보나치도 동의했다. "맞아요. 그는 영원한 록키예요." 다만 록키가 왜 그렇게 중요한지 설명하는 건 쉽지 않아 보였다. "그냥 뭔가 특별한 게 있어요. 누구나 한 번쯤은 그런 입장에 놓여 봤을 거예요. 내가 아무것도 아닌 것처럼 느껴지는 그런 상황이요. 그런데 그런 사람이 갑자기, 어디선가 나타난 걸 보면, 우리도 세계의 정상에 오른 것처럼 느껴지는 거죠! 승산은 중요하지 않고, 언제나 기회가 있다는 느낌이 드는 거예요……." 그는 엄지와 검지를 4분의 1인치만큼 벌리며 "내가 **요만한 크기**에서"라고 운을 뗀 뒤, 두 팔을 활짝 펼치고는 말했다. "**이만한 크기**가 된 것처럼 느끼게 해 줘요."

마이클 보나치는 영화 촬영장을 바라보며 애처로운 한숨을 내쉬었다. 그는 록키에게 일어난 일이 자신에게도 일어날 수 있다면 좋겠다면서 이렇게 중얼거렸다. "정말 멋질 것 같아요. 내가 기타를 좀 칠 줄 알거든요. 고등학교 때 장기 자랑에서 노래도 불렀고요. 어느 날 누군가 집에 전화해서 '기타 연주나 노래가 마음에 들어서 뽑았다'고 말한다면, 나는 기뻐서 펄쩍 뛰겠죠. 바로 그거예요."

클리프사이드파크의 토박이 아들들에게 승산은 그다지 높지 않았다. 고등학교를 졸업한 지 1년이 된 마이클은 일자리를 구하지 못했다. 공군이 약속한 헌병대 복무 훈련 계약도 이행되지 않았다. 그는 다음 행보를 어떻게 해야 할지 정하는 동안 자원봉사 소방관으로 일하고 있었다. 조는 아직 고등학생이었지만, 그 역시 취업에 대한 희망은 별로 없었다. 형들은 모두 졸업했는데 한 사람은 그랜드유니언에서 일하고 다른 한 사람은 피자헛에서 일했다. "아버지는 내가 컴퓨터 분야로 갔으면 하지만, 나는 별 관심이 없어요." 그 이유는 스탤론이 블루스크린 앞에서 연기하는 걸 싫어했던 이유를 상기시켰다. "그건 아무 일도 안 하고 있는 거잖아요."

하루가 끝날 무렵, 스탤론을 다시 포시즌스호텔로 데려가기 위해 기사가 딸린 차가 도착했다. 그는 경호원의 호위를 받으며 수많은 팬 사이를 뚫고 뒷좌석에 올라탔다. 십 대 남자아이가 창문으로 손을 뻗어서, 정성스럽게 그려 고이 액자에 담은 커다란 초상화를 스탤론의 팔에 안겼다. 링 위의 록키, 근육은 반짝거리고 얼굴은 피투성이인 록키였다.

마침내 차가 출발하자 스탤론이 말했다. "〈군중 속의 얼굴A Face in the Crowd〉의 주인공이 된 것 같아요." 그는 무릎 위에 놓인 초상화를 내려다보았고, 초상화는 마치 유령의 집 거울에 비친 모습처럼 그를 응시했다. 스탤론은 며칠 전에 〈군중

속의 얼굴〉을 봤다. 물론 처음 본 건 아니었다. 1957년 개봉한 이 영화는, 유명세를 말아먹고 자신의 히트곡 반주에 맞춰 미친 듯이 울부짖는 TV 스타 이야기를 펼쳐 낸다. "집에서 1만 마일이나 떨어진 곳에 있는 나는, 내 이름도 모르겠네." 그 이야기가 마치 경고처럼 느껴졌다. 스탤론은 여전히 초상화를 바라보면서 말했다. "가면을 쓴 그리스비극 페르소나처럼 느껴집니다. 가면을 벗으면 아무도 누구인지 못 알아보죠." 스탤론은 본인이 의기양양한 록키의 얼굴을 벗어던져도 팬들이라면 "진정한 나"를 봐 줄 거라고 생각했다. 하지만 정작 팬들은 텅 빈 블루스크린만 보았다. "나는 존재하지 않아요. 사람들이 나를 투과해서 보는 것 같아요. 그들에게 나는 진짜가 아니죠." 그는 창밖으로 시선을 돌리며 눈살을 찌푸렸다. "좋은 점이라면, 내가 더 이상 나 자신을 정당화하거나, 비방하거나, 찬양할 필요가 없다는 걸 깨달았다는 거예요. 하지만 나쁜 점은요, 관객들은 그걸 모른다는 거죠. 그들은 아무 관심도 없어요. (…) 이런 겁니다. '그래, 슬라이. 넌 자유로울 수 있지. 하지만 우리로부터는 아니야.'"

※ ※ ※

1년 뒤 〈캅랜드〉는 의례적인 리뷰와 미지근한 관심 속에서 개봉했고, 실베스터 스탤론은 자신이 액션 지옥으로부터의 대탈출에 성공하지 못했다는 사실이 분명해지자 당황했다. 그는 탈출하지 못했을 뿐 아니라 이제 귀환도 금지될 판이었다. 1998년 늦은 여름, 연예계에서 방귀 좀 뀐다는 사람들이 좋아하는 식당 '스파고Spago'에 앉아 있을 때 그가 말했다. "〈캅랜드〉를 찍고 나서, 할리우드 전체가 나에게 등을 돌렸어요." 그는 식당을 가득 메운 스튜디오 거물들을 둘러보았다. 그중 몇몇은 예의를 지키며 고개를 끄덕였지만, 오후 내내 이쪽으로 인사하러 온 사람은 한 명도 없었다. 스탤론이 반쯤 농담조로 말했다. "이 자리를 내준 것도 놀랍다니까요. 나는 여기서 떠다니는 나무토막 같아요."

그해 봄, 〈캅랜드〉와 마찬가지로 실망스러웠던 〈데이라잇Daylight〉 이후 스탤론은 유니버설과 맺은 세 편의 영화 계약, 저 6000만 달러짜리 계약이 시효를 다한 편지나 다름없다고 의심하기 시작했다. 유니버설은 매년 대본을 최소 세 편 제안하기로 되어 있었는데, 그렇게 제시된 대본이 스탤론에겐 모욕적이었다. "그중 하나였던 〈죽음의 그림자Shadow of Death〉는 이미 내가 10년 전에 거절한 작품이었어요!" 그에 따르면 어느 날 유니버설 측에서 전화를 걸어와, 스튜디오 경영진이 스탤론에게 꿈의 영화가 될 거라고 기대한다는 작품을 내밀었다. "그쪽에선 '여자들이 이 영화를 좋아할 거예요, 하지만 비평가들은 엄청 씹어 대겠죠!'라고 말했어요. 그래서 내가 '보내 봐요!'라고 했죠." 그건 체육관을 운영하는 전직 복서의 이야기였다. "토니 갤럼피라는 사람이 나한테 접근해서 이렇게 말해요. '이봐, 통가家 사람들이 자기네 가족 한 명을 죽이려고 하는데, 통가 아버지가 당신이 자기를 중국으로 안전하게 데려다주기를 원해.' 나는 말도 안 된다고 거절하지만, 내 딸이 하버드에 입학할 돈이 부족하다는 사실을 알게 되죠. 그래서 딸이 대학에 갈 수 있도록 이 살인의 광란을 이어 가는 겁니다!" 스탤론은 이런 메모와 함께 프로젝트를 돌려보냈다. '흥미로운 변주네요. 보통은 여자애가 뇌수술이나 간이식을 받아야 하고, 그게 남자가 돈이 필요한 이유죠. 그런데 나는 아이비리그 교육을 위해 살인을 하고 있네요?'

그 뒤로 오랫동안 스튜디오는 그에게 아무것도 제안하지 않았다. 스탤론이 내게 말했다. "나를 가스라이팅하고 있어요."

변호사가 투입되었고 협상은 질질 끌었다. 스탤론은 스튜디오와 함께 액션영화 한 편만 만들고 관계를 청산하는 쪽으로 마음이 기울고 있다고 했다. "나는 이런 마음이에요. '봐요, 그냥 나에게 주기로 한 거 반만 주고 끝내죠. 당신이 이겼어요. 나를 때려눕혔습니다.'" 그는 할 일 없이 앉아 있는 것이 지긋지긋했다. "시나리오 제안 없이 3년이라니. 정말 긴 시간이죠."

이 걱정스러운 하락세를 겪으며 스탤론은 한동안 할리우드의 '아버지들'을 맹렬히 비난했다. 그는 아널드 리프킨을 해고했다("그는 나를 팔아넘겼어요"). 또 미라맥스의 하비 와인스틴에 대해서는 스탤론 자신의 스타 파워를 값싸게 얻으려는 "영화계의 돈 킹Don King✠"이라고 결론 내렸다. 와인스틴은 스탤론을 앙상블 영화에 캐스팅하겠다는 약속을 제대로 지키는 대신 '람보' 시리즈 판권을 사들였고, 그저 스탤론이 네 번째 속편에 출연할지에만 관심 있는 것 같았다.[6] 스탤론의 의심은 심지어 그의 오랜 지지자이자 보호자인 론 마이어에까지 조심스럽게 뻗어 나갔다. 한때 스탤론은 마이어를 두고 "그가 손을 대서 치료하지 못하는 상처는 없어요"라고 말하기도 했었다. 마이어 역시 자신이 유니버설에서 일하게 되었을 때, 스탤론의 에이전트로는 일할 수 없겠지만 절대로 그를 버리지 않겠다고 했다. "나는 그에게 이렇게 말했어요. '내 말 잘 들어, 로니. 나는 더 이상 당신 편이 되지 않을 거야. 당신 앞길을 막을 거야.'" 마이어는 스탤론과 유니버설이 1년 반 동안 대치하는 와중에 자신의 전前 고객에게 여전히 좋은 영화를 찾고 있다는 확신을 주고자 거듭 전화를 걸었고, 스탤론은 마이어의 말을

✠ 도널드 킹. 미국의 복싱 프로모터로 여러 역사적 시합을 기획했다. 그러나 범죄 조직과의 관련설을 비롯해 승부조작, 세금 포탈 등 복싱계 비리와 문제적 관행에 연루되어 있었고, 복싱 선수들 및 보험회사 등을 대상으로 사기를 친 것이 문제가 되기도 했다.

믿고 싶었지만 더 이상 신뢰할 수 없었다.

오후 3~4시쯤 되자 스파고 식당이 거의 비었다. 거물들은 사무실로 돌아갔다. 그러나 당분간 스탤론은 갈 곳이 없었다. "2년 동안 한 푼도 못 벌었어요." 물론 그는 파산과는 거리가 멀었지만, 가장 견디기 힘든 건 해고되었다는 느낌이었다. 여성화된 근육맨 역할에서 벗어나려고 안간힘을 쓴 끝에 남성적 정체성의 가장 기초적인 토대—꾸준한 수입이 주는 위안—마저 잃어버린 것이다. "남들은 다 일하는데, 나만 빈둥거리고 있어요. 완전히 어중간한 상태예요. 나는 나라가 없는 남자예요. 온갖 찬사를 받다가 아무것도 얻지 못한다는 건 무서운 일이죠." 너무 갑자기 떨궈져 나온다는 건 두려운 일이었다. 더욱이 그가 어디까지 추락할지 누가 알겠는가?

※ ※ ※

스파고에서 우울한 오후를 보낸 다음 몇 달 뒤, 스탤론은 그의 새로운 보금자리인 베벌리힐스의 그랜드하바나룸 시가 클럽에서 점심을 먹자고 제안했다. 나는 먼저 도착해서 모퉁이 테이블에 앉아, 하나같이 남자들뿐인 영화 제작자 및 임원이 옛 사교가들처럼 극도의 자의식을 드러내는 모습을 지켜보고 있었다. 그들은 시가에 서로 불을 붙여 주고 최근 거래에 대해 거들먹거리며 이야기했다. 마치 팀 유니폼이라도 되는 것처럼 하나같이 소매를 걷어 올린 아르마니 재킷을 걸치고, 벗겨진 머리에 챙을 뒤로 돌려 야구 모자를 쓴 성인 남자들 무리를 진지하게 받아들이는 건 어려운 일이었다. 클럽 주인은 빠른 시간 안에 전통을 만들기 위해 노력을 좀 한 것 같았다. 벽에는 잡지 《시가어피셔나도Ciga Aficionado》 커버에 실린 셀러브리티 회원들 얼굴이 장식되어 있었고, 유리 칸막이 뒤에 은행 세이프티 박스처럼 만들어져 있는 수많은 시가 '상자들'에는 맞춤형 황동 명판이 붙어 있었다. 그러나 방 한가운데에 위치한 가장 지배적인 토템은 거대한 와이드 스크린 TV였는데, 버튼을 누르면 마치 〈2001: 스페이스 오디세이〉에 등장하는 거석巨石처럼 나무 패널로 된 캐비닛에서 천천히 그리고 신비롭게 튀어나왔다.

스탤론은 이전 만남에서는 보기 어렵던 활기찬 걸음걸이로 도착했다. '프레디 헤플린'은 눈에 띄게 사라진 상태였다. 의자에 앉은 그는 웨이터에게 물과 함께 소스를 뿌리지 않은 작은 생선 조각을 주문했다. 그가 유쾌하게 말했다. "오늘의 유일한 식사예요. 나는 체지방 3퍼센트를 줄였어요. 미션을 수행 중인 거죠." 스탤론이 털어놓았다. 그는 웨이트룸에서 매일 운동하는 일상으로 돌아갔다. "영적인 재탄생이죠. 음, 어쨌든 재탄생이에요. 선물이랄까요, 새로운 시작이니까요." 그는 전 헤비급 챔피언 조지 포먼George Foreman이 쉰 살에 링으로 복귀하고, 일흔일곱 살인 우주 비행사 존 글렌이 디스커버리 우주 왕복선을 타고 궤도에 복귀하는 장면을 보면서 아이디어를 얻었다. "글렌이 다시 우주에 갈 수 있다면, 나도 할 수 있어요. 사람들은 〈캅랜드〉의 나를 늙은이라고 생각했어요. 음, 나는 돌아갈 거예요. 그리고 사람들을 깜짝 놀라게 할 겁니다." 그는 또 다른 〈록키〉를 만들 생각이었다.

스탤론은 〈록키 6〉와 관련해 염두에 두었던 줄거리를 간단히 이야기했다. "록키는 모든 상식에서 벗어나 있습니다. 그는 쉰 살이에요. 가족으로부터 벗어났고, 아내를 위해 무언가 하는 데서도 벗어났어요. 더는 자기 자신을 증명할 필요도 없죠. 이제 그의 동기는 완전히 영적인 거예요. 다른 사람들에게 기회를 주려고 희생하는 거죠. 그는 자기가 돌보는 남자애들을 위한 커뮤니티 센터를 짓는 데 돈이 필요하고, 그래서 링으로 돌아갑니다. 젊은이들을 위한 안전한 피난처이자 발판으로서 이런 기관을 건설해야 한다는 걸 알기 때문에 그렇게 하는 거예요. 에이드리언[록키의 아내]은 그게 순교자 콤플렉스에 남성 갱년기 탓이라며 비난합니다. 하지만 그는 아내와 관객들에게 그게 아니란 걸 보여 주죠." 그 점을 어떻게 설득하느냐는 내 물음에 스탤론이 대꾸했다. "링에 들어가서 젊은 남자와 싸우게 됩니다."

다시금 내가 물었다. 그가 이기나요? 내 머릿속에는 몇 달 전, 험난한 〈캅랜드〉 촬영장에서 운전기사가 모는 차를 타고 화려한 맨해튼으로 돌아오던 그의 모습이 스쳐 지나갔다. 스탤론은 여전히 의미 있는 일상 세계에 다시 합류할 수 있는 기회에 열중하고 있었다. 해 질 무렵 날렵한 세단이 고속도로를 미끄러지듯 내려가 조지 워싱턴 다리에 다다랐다. 스탤론이 다리의 화려한 철제 구조물을 가리키며 말했다. "저거 보여요? 믿을 수 없을 만큼 세밀한 작업이에요. 저게 일이죠. 남자가 진짜 기술을 가지고 있을 때, 남자가 무언가를 지을 때 저런 걸 만드는 겁니다. 바깥을 바라봤을 때 이걸 보고 '내가 한 일이지' 하는 걸 상상해 봐요."

이제 그랜드하바나룸의 연기 속에서 그는 다시 한번 록키가 되어 링 위의 또 다른 컴백을 계획하고 있었다. 내가 물었다. 그래서 그가 이기나요? 스탤론은 내가 하늘이 파랗느냐고 묻기라도 한 것처럼 나를 쳐다보았다. 물론 그가 이길 것이다. 하긴, '미국의 세기' 끝자락에서 남자가 되려 한다면, 그 밖에 달리 뭘 할 수 있겠는가.

어떤 여행은 지도를 거스른다. 목적지에 도달하려면 육분의六分儀와 길잡이별을 버리고 조류에 따라 굽이쳐 움직여야 한다. 6년 전, 나는 미국 남성의 딜레마를 탐색하기 시작했다. 당시 내가 기대하고 의지했던 바는 나를 비롯해 많은 여성을 괴롭혀 온 질문—우리의 남자 형제들은 여성들이 독립을 위해, 더 풍요로운 삶을 위해 투쟁하는 것에 왜 그토록 자주, 격렬하게 저항하는가—과 맞붙을 수 있을지도 모른다는 생각이었다. 여자로서 나는 이 질문에 근본적인 문제가 담겨 있다고 생각했다. 왜냐하면 남자들의 저항이야말로 여자들이 세상일에 참여하길 꺼리거나 고통스러워하는 데 기본적인 원인으로 작용해 왔기 때문이다. 확실히 미국이라는 무대에서 벌어지는 남성성의 위기는 남녀 간 전투에서 가장 눈에 띄고, 가장 시끄러우며 폭력적인 듯 보였다. 또한 최근 몇 년간 어디를 둘러봐도 분명 남성들은 자신들이 겪는 고통의 원동력이 여성의 발전이라고 여기는 모양이었다.

하지만 이 책 작업을 위해 만난 많은 남자에게 그 젠더 전쟁은 다른 투쟁의 표면일 뿐이었다. 남자들이 가진 고뇌의 샘은 더 모호하고 더 깊은 수로를 통해 흐르고 있었다. 그래서 나는 미리 준비해 둔 지도를 내려놓은 다음, 그들이 이끄는 대로 따라가기 시작했다. 의도한 경로에서 벗어날 때면 남성과 여성이 충돌하는 모래톱을 표시하는 밝은 신호등과 미디어 부표를 잃어버리곤 했고, 나의 페미니즘 개념이 자리 잡은 안전한 해안도 시야에서 사라지곤 했다. 그래서 어쩌면 남자들 손에 이끌린 이 여정이 결국은 페미니즘으로 되돌아간다는 사실에 놀라는 분도 있을 것이다. 아니, 적어도 나는 놀라웠다. 그렇게 돌아온 나는 여성과 남성이 이토록 멀리 떨어져 있다는 사실이 얼마나 비극적인지를 새삼 깨달았다. 내가 이 여정을 통해 남성과 여성에 대해 배운 것이 있다면, 각자의 투쟁이 상대의 성공에 달려 있다는 점이었다. 남성과 여성은 각각 서로를 해방할 열쇠를 쥐고 있는 역사적인 순간에 서 있다.

나는 이 책을 쓰며 글렌도라 프라미스키퍼스 그룹에서 가장 젊은 회원이었던 크레이그 헤이스팅스가 내 기자 수첩에 그려 준 아티초크 그림에 대해 종종 생각했다. 그는 일상적인 경험을 겹겹이 벗겨 내고 남자 친구와 신에게 다가가려던 자신의 몸부림을, 사물의 불투명한 피부 속에 감춰진 그리움의 핵심을 도식화하려 했다. 하지만 그의 그림은, 더 깊은 배신감을 감춘 채 여러 겹의 배신에 시달렸던 남자들과의 여행을 묘사하는 데에도 잘 어울렸다.

남성성 위기의 겉면, 즉 남성의 경제적 주체성 상실은 1990년대 초 불황이 들이닥치면서 남성 실업의 폐해가 더욱 심각해졌을 때 가장 뚜렷하게 나타났다. 가족의 생계 부양자라는 남성의 역할은, 기업 '통합'과 구조조정 과정에서 많은 남성을 기만적인 취업 시장으로 내모는 경제 세력에 의해 명백히 훼손되고 있었다. 해고를 당하지 않은 뭇 남성들조차 다음 차례가 나일지 모른다는 두려움에 사로잡혀 있었다. 생계 부양자로서 남성이 딛고 있던 발판이 무서우리만치 불안정했던 것이다.

경제는 회복되었지만 남성의 위기는 그렇지 않았고, 남성의 고통이 무엇이든 미국 노동통계국의 그래프만으로는 측정할 수 없다는 게 분명해졌다. 남성의 경제적 안녕 기저에는 남성 고용뿐만 아니라 남성 간의 사회적·상징적 이해—남성과 공적 영역 사이의 관계 전반을 뒷받침하는 암묵적 계약—가 자리 잡고 있었다. 그 계약은 충성심을 통해, 남자의 '말'이 더 넓은 사회에 유의미하다는 확신을 통해, 신실함·헌신·의무가 현물로 보상을 받거나 그게 아니어도 최소한 '그렇게 남자가 되어 간다'는 의미 있는 방식으로 평가될 것이라는 믿음을 통해 맺어졌다. 기업·군대·축구팀에 대한 충성심이 더 이상 남성의 미덕을 주장할 수 없다는 사실, 오히려 남성을 불쌍한 얼간이로 만들기 쉽다는 사실을 깨닫는 건 모든 남자에게 치명적일 수 있었다. 홈팀 정신, 존 웨인의 서부영화, 미국 병사의 이타적인 헌신에 경의를 표하는 태도를 접하면서 자란 전후 남성에게는 더더욱 그랬다.

하지만 그런 충성심을 잃은 게 문제의 핵심은 아니었다. 그 기저에는 광적인 축구 팬 빅 도그가 보여 준 것처럼 남성이 겪은 배신의 훨씬 더 깊고 사적인 층이 있었다. 어느 순간 빅 도그는 자신의 팀을 빼앗은 배신자라며 NFL 거물을 비난하다가, 다음 순간엔 거의 알지도 못하는 아버지—저 먼 곳에서 지팡이를 휘두르는 아버지—의 죽음을 슬퍼했다. 처음부터 나는 이 책에 나오는 사람들과 일·스포츠·결혼·종교·전쟁 및 엔터테인먼트 산업 등에 관해 이야기를 나눌 작정이었다. 애초에 나는 그들의 아버지에 대해 물을 생각이 없었다. 하지만 그들은 내가 바로 그 대목을 질문해야만 한다고 주장했다. 이 남성 안내자들은 공적인 영역에서 충성심이 무너지자 개인적인 유산 또한 무너지는 상황을 마주하게 되었다. 그들은 모든 공적인 배신 뒤에 아버지의 탈주가 있다는 걸 감지했다.

공적인 장과 아버지의 배신 사이의 이런 연관성은 단순한 추론을 넘어서는 것 같았다. 대중과 아버지의 배신 사이의 연관성도 마찬가지였다. 내가 알게 된 남자들은 자기 눈에 유난히 거슬렸던 일상의 작은 실망을 예리하게 지적하면서도 아버지의 실패에 관해서만큼은 가장 사적이고 개인적인 언어로 이야기했다. '나의 아버지는 나에게 공을 던지는 법을 가르쳐 주지 않았다' '나의 아버지는 리틀리그 경기에 한 번도 오지 않았다' 혹은 '나의 아버지는 언제나 일만 했다' 등등. 어린 시절에 가정에서 소외감을 느꼈다는 것, 아버지가 감정적으로 또는 말 그대로 가족을 버렸다는 것은 충분히 고통스러운 일이었다. 그러나 그들은 설명하기는커녕 이해하기 어려운 방식으로 아버지가 공적인 영역에서도 자신을 버렸다고 의심했다. '아버지는 나에게 남자가 되는 법을 가르쳐 주지 않았다'가 곧 내가 반복해서 듣게 되는 후렴구였다. 가정폭력 자조 모임에서 만난 잭 샤트는 고뇌에 찬 목소리로 나에게 이런 말을 한 적이 있다. "아버지는 나를 이끌어 주지 않았습니다." 아버지가 있다는 건 아들인 나에게 세상이 어떻게 돌아가는지 그리고 그 안에서 내 자리를 어떻게 찾아야 하는지 따위를 알려 줄 어른이 있다는 의미여야 했다. 대대로 아버지란 존재는 그저 뒷마당에서 캐치볼을 하거나, 아들을 데리고 공놀이를 하거나, 학비를 대 주는 쾌활하고 너그러운 사람에 그치지 않았다. 아버지는 소년들을 공적인 참여와 책임이라는 어른의 삶으로 인도해 줄 다리였다. 조선소 노동자 어니 맥브라이드 주니어가 나를 아버지에게 데려간 것도 그런 이유에서였다. 부친 어니 맥브라이드 시니어는 아들에게 '남자가 되는 법'을 가르쳐 주었다. 그건 함께 스포츠를 즐기거나 대단한 급여 수표를 가져옴으로써 가르칠 수 있는 게 아니었다. 이 아버지는 조선소 지역 노동조합과 동네 식료품점, 공립학교 등에서 인종차별에 맞서 싸우는 남자였고, 자신이 아끼는 사회에 의미 있는 행동을 하는 남자였다. 그는 그렇게 의미 있는 삶을 영위함으로써 아들에게 '남자가 되는 법'을 가르쳐 주었던 것이다.

물론 수 세기 동안 아버지들은 아들을 실망시키고 방치하고 학대하고 버렸다. 그러나 제2차세계대전 이후 몇 년간 전개된 '아버지에게 버림받았음' 양상의 본질에는 특히 예상치 못했던, 특히 충격적이었던 부분이 있다. 그건 바로 그 상황이 전례 없는 풍요의 시기와 맞물렸었다는 점이다. 전쟁 이전 시대에는 수백만 아버지가 가족을 부양하지 못했고, 수많은 아버지가 가정을 버리고 떠돌이 노동자, 부랑자, 술주정뱅이가 되었다. 하지만 그건 대공황 때문이었지 그 남자들 탓이 아니었다. 대조적으로 제2차세계대전 이후 시대는 국가와 아버지들이 세계를 소유했다고 일컬어진 미국의 엄청난 풍요와 전승의 순간이었다. '미국의 세기'가 절정에 달했을 때만큼 아버지들이 물려줄 것이 많았던 적은 없다고 아들들은 말한다. 반대로 아들로서는, 물려받을 세상을 운영하는 방법을 배워야 한다는 부담이 그만큼 컸던 적이 없었다. 그러나 새로운 승리의 힘과 도덕적 미덕을 지닌 아버지들은 부성적 힘과 권위에 얽매이지 않는 것처럼 보였고, 그들의 역할과 지식, 그 모든 힘과 권위를 아들들에게 물려주지 못했다.

아버지들이 그 이유를 설명할 수만 있었다면 어땠을까. 만약 그랬다면 내가 알게 된 남자들도 유산을 물려주지 못한 아버지의 실패를 감당할 수 있었을 것이다. 무너진 유산의 실망을 이겨 낼 수 있었을 것이다. 그들을 망쳐 버린 건 아버지의 침묵이었다. 아들들은 종종 유령처럼 보이기도 하고, 존재하지만 존재하지 않는 것처럼 보이기도 하는, 가족이라는 공동체와 이상하게 단절된 '가장'인 아버지 밑에서 자랐다. 존재하지 않는 아버지라는 유령의 존재는 아들들이 집을 떠나 각자의 가족을 꾸린 뒤에도 오랫동안 그들을 괴롭혔다. 가슴 아픈 슬픔은 계속 남아 있었다. 남자들은 나에게 말했다. 늦은 밤의 비밀스러운 이야기나 임종 직전의 고백, 심지어 사후에 배달

되는 편지처럼, 입을 다물어 버린 아버지의 수수께끼를 풀어 줄 어떤 순간, 어떤 계시를 긴 세월 동안 해마다 기다렸노라고. 글렌도라 프라미스키퍼스의 데니 엘리엇은, 어느 날 오후 화가 났다기보다는 애절한 목소리로 나에게 말했다. "방에 함께 있을 때 그가 대여섯 단어라도 말을 했다면, 그건 운이 좋은 날이었어요. 우리는 언제나 '아버지가 무슨 생각을 하는지 궁금하다'고 말하곤 했죠." 데니는 끝내 알아내지 못했다. "아버지와 함께했던 시간 내내, 그는 나에게 그저 '네 일은 항상 잘해야 한다'거나 '늦지 마라, 언제나 시간을 지켜라' 같은 말을 했을 뿐이에요."

이 책을 마무리하고 있을 즈음, 사회학자이자 전 반전 활동가인 토드 기틀린Todd Gitlin의 새 소설이 우편으로 도착했다. 몇 달 전 기틀린은 나에게 흥미로운 부자 이야기를 쓰고 있다고 말했다. 그 소설 『희생Sacrifice』은 성인이 된 한 아들의 이야기다. 다가갈 수 없었고, 그렇게 소원해진 아버지가 지하철에서 막 사망한 참인데, 뛰어든 것인지 떨어진 것인지 아들은 알 수가 없다. 아버지는 아들에게 일종의 유산을 남겼다. 그건 곧 "버림받은 시절"에 쓴 일기 더미로, 아버지는 그 일기장에 매분 매초 자신의 가장 깊은 생각·갈망·비밀을 새겨 넣곤 했다. 아버지의 변호사는 성장한 아들에게 이렇게 말했다. "아버님께서는 이 물건이 당연히 아드님에게 가야 한다고 생각했어요. 당신이 이걸 갖기를 바랐죠." 그리고 감정적으로 굶주린 아들은 아버지의 이야기가 끝나지 않기를 바라며 그 일기를 걸신들린 듯 집어삼킨다. 그는 먼지 덮인 일기장에 호소한다. "아버지, 더 이야기해 주세요. 감당할 수 있어요."[1] 이 소설은 전후 많은 아들이 공유하던 소년의 환상, 즉 구원이란 아버지의 말을 통해, 아버지의 침묵이 마침내 깨어짐으로써 올 수 있다는 환상을 설득력 있고 성숙하게 재현한 작품이다.

내가 함께 시간을 보낸 많은 남자에게 아버지의 배신이라는 레이어는 아티초크의 쓰라린 마음처럼 내면의 가장 깊은 중심에 자리 잡고 있었다. 아버지들은 약속을 하고도 지키지 않았다. 그들은 거짓말을 했다. 그들이 약속했던 세상은 결코 오지 않았다. 그러나 몇몇 남자는 그 내부에 또 다른 차원이 있음을, 개인이나 공적인 남자 어른이 행하는 배신보다 더 뿌리 깊은 배신이 있음을 헤아릴 수 있었다. 이는 곧 모든 것을 포괄하는 배신이었기에, 소수의 사람이 깨달았듯 아버지들의 책임이라고만은 할 수 없었다. 그건 아버지와 아들을 함께 휩쓸어 버린 쓰나미 같은 힘이었다. 그 파도는 '미국의 세기'를 살아간 모든 남성을 이미지의 바다, 끊임없이 요란스럽게 전송되는 바다로 쓸어 가 버렸다. 그곳에서 사회적인 쓸모는 점점 더 의미를 잃고, 유명세는 그 어느 때보다 중요해졌으며, 한 사람의 외모조차 불안정한 통화가 되고 말았다. 실제 남성의 업무가 사라지거나 남성이 여전히 그 일을 하지 않는 것도 아니었고, 지역사회에서 남성이 더 이상 필요하지 않게 된 것도 아니었다. 그러나 지금 그들은 지극히 전통적인 장인이나 공동체 설립자마저 개인의 가치가 장식적인 용어로 평가되는 세상에 살고 있다. '섹시'했나? '유명'했나? '승리'했나? 이런 평가들 말이다.

'승리'는 미국의 짧은 역사에 숱한 폭력과 유혈 사태를 불러온 남성성 추구에서 언제나 유난히 두드러지는 측면이었다. 남성은 대개 사회적 맥락에서 승리할 것으로 예상되어 왔다. 남성은 황무지에서 공동체를 일구기 위해 싸우고 노력했으며, 국가를 건설하기 위해 '서부를 승리로 쟁취'했다. 지배력은 (그 모든 암울한 결과에도) 적어도 성장하는 사회의 요구에 부응하라는 부름을 받아 제어되고 균형을 이뤘다. 반면 '미국의 세기'는 승리를 남자다움의 정점으로 끌어올리는 동시에, 의미 있는 사회적 목적과의 연결조차 끊어 버렸다. 이제는 1등을 하는 것만이 중요해 보였다. 우주 계획의 첫 10년을 이런 무중력적인 명령이 주도했다. 이러한 승리의 순간, 최초의 순간은 그 이상의 의미를 담지하지도 못했고, 그렇다고 사회적 안전장치가 되어 주는 것도 아니었기에 계속 반복되어야만 했다. 존 글렌에게도 지구를 세 바퀴 돌며 역사를 만든 일로는 충분치 않았다. 글렌은 노인이 되어 다시 저 높이 올라가 그 일을 반복해야 했다. 그러고 나서도 존 글렌의 성취는 미디어가 그에게 관심을 쏟을 때까지만 유효했다. 운이 좋은 사람이라면 누구나 승리할 수 있지만, 승리의 목표가 없기 때문에 승리감도 느낄 수 없었다.

이 같은 문화적 상전벽해 배후에 적이 있다면, 남자들 대부분에게 그건 여자의 얼굴을 하고 있는 듯 보였다. 스타들, 헤어스프레이를 뿌린 미디어 출연자들, 보정된 잡지 표지들로 이루어진 이 장식적인 영역은 분명 분홍색과 흰색으로 치장한 소녀들의 세계였고, 미인 대회 우승자들의 영토였다. 남자들은 미스 아메리카의 내실內室에 갇힌 느낌을 받았다. 이제 여자는 남성적인 힘이나 배려, 보호를 과시함으로써 쟁취해야 할 대상이 아니라, 승산 없어 보이는 경쟁에서 겨뤄야만 하는 라이벌이었다.

그러나 남자들이 미인 대회 세계로 내몰렸다고 해서 그들을 그곳에 가둔 장본인이 여자들이었던 건 아니다. 남자들을 괴롭히는 시선은 실제로 여성의 눈에서 나오는 것이 아니었다. 남성을 대상으로 축소시키는, 끊임없이 파헤치고 침습하는 광선은 여성이 아니라 더 광범위한 문화에서 비롯했다. 장식적인 검투장에 내던져진 남자들은 여성적 힘 안에서 스스로 나약해짐을 감지했다. 하지만 남자를 진정으로 위협하는 '여성적' 힘은 건설 현장에서 대들보를 들어 올리는 여성의 어깨도 아니고, 기업 회의실 문 앞에 서 있는 여성의 발도 아니며, 투표함에 들어 있는 여성의 표도 아니었다. 남자를 가장 많이 해친 '여성성'은 상업적 이해관계에 따라 제조되고 판매되는 인위적인 여성성이었다. 남성을 비하하는 힘이 그 어느 때보다 강력해졌다지만, 사실 그 힘은 오랜 시간 여성을 비하해 온 힘이기도 하다. 남자를 쫓는 시선은 여자가 도망치려 했던 바로 그 시선인 것이다.

진실로 남자와 여자는 각기 다른 경로를 통해 장식적인 감옥에 도착했다. 그곳에서 여자들은 지위가 강등됨으로써, 권력을 좇는 남성의 영역에서 효과적으로 배제되었다. 남자들은 권력을 좇아 그곳에 도착했지만, 거기엔 맥락도 없고, 기술이나 유용함이 박탈된 경쟁적 개인주의만이 가득했다. 그곳은 '누가 최대고, 누가 최고며, 누가 제일 크고, 누가 제일 빠른가'를 중심으로 돌아가는 상업적 가치의 지배를 받는 사회였으며, 결국 두 갈래 길이 만나는 목적지란 화려함glamour의 노예로 살아가야 하는 감옥이었던 셈이다.

화려함은 흔히 여성적 원리로 인식되지만, 실제로는 본질적인 여성성이 아니라 여성성의 상품화된 외관일 뿐이다. 장식이란 재미와 즐거움을 위해 언제든 취할 수도 버릴 수도 있는 것이고, 경박한 만큼이나 근사할 수도 있다. 하지만 대중적 상업 문화가 그런 장식을 대대적으로 장악했을 때, 또 그 속에서 아름다움을 쾌락으로 바꿔치기당한 여자들이 이번엔 그 쾌락이 상품으로 둔갑해 자신들에게 되팔리고 있음을 느꼈을 때, 그리고 여자들 자신이 말 그대로 상품권처럼 팔려 나가고 있음을 알아차렸을 때 이들은 반란을 일으키기 시작했다. 물론 반란은 쉽지 않았다. 여자들은 변화무쌍하고 탐욕스러운 상업 문화가 어떻게 존재할 수 있는지 빠르게 터득했다. 이후 상업적인 명령과 분리해 스스로를 규정하려던 이들의 투쟁은 이내 여성해방을 버지니아 슬림 담배✠와 찰리 향수✢로 규정하면서 화장품과 성형수술로 여성의 '자존감'을 높여 주겠다는 상업 문화의 끈질긴 아첨에 부딪혔다. 하지만 여자들은 장식에 제자리를 찾아 주기 위해, 또 장식으로 소유되거나 이용당하는 대신 장식을 소유하고 즐기고 사용하기 위해 치열하게 싸웠으며, 그 가운데 새로운 힘, 즉 시장에서 물러나 장식을 있는 그대로 바라볼 수 있는 힘을 얻었다.

여행을 마치고 돌아오면 익숙한 집 안 풍경이 처음으로 또렷이 보일 때가 있다. 나는 여성에 대한 남성의 불만이라는 오랜 질문으로 돌아가 '남자들이 어떻게 본인들의 문화에 배신당하고 있는지'를 목격했고, 이로써 또 다른 사실, 여자와 남자를 갈라놓은 것이 둘을 결속시킬 수도 있다는 사실을 이해하게 됐다. 여자들과 남자들의 공통된 기반은 정확히 그들이 그토록 자주 다퉈 왔던 개념, 바로 페미니즘에 있었다. 배신에 맞서 싸우려는 남자들에게 페미니즘은 핵심적인 열쇠를 제공한다. 만약 남자들의 투쟁이 성공한다면, 결국엔 페미니즘 역시 부활의 열쇠를 쥐게 될지도 모른다.

페미니즘과 남자

1960년대에 미국 페미니즘은 거의 반세기 동안 이어진 잠에서 깨어났다. 다른 혁명과 마찬가지로 여성의 권리를 위한 혁

✠ 담배 회사 필립모리스가 1968년 론칭하면서 여성을 위한 담배로 마케팅한 상품.

✢ 화장품 회사 레브론이 1973년 론칭한 향수. 일하는 젊은 여성을 타깃으로 했으며, 찰리 향수 광고에 등장하는 여성 이미지는 당시 새로운 여성을 대표하는 것으로 여겨졌다. 한 유명한 광고는 걸어가는 여자와 남자의 뒷모습을 보여 주었는데, 정장 차림에 서류 가방을 든 여자는 옆에 있는 남자보다 키가 컸고, 한 손으로 남자의 엉덩이를 툭 친다. 이 광고가 나간 뒤 찰리 향수는 선풍적인 인기를 끌게 된다.

명도 새로운 물결을 일으켰다. 과거의 페미니즘 운동은 주로 여성의 권리가 법원·교회·정부에 의해 제한되는 방식에 집중되어 있었다. 페미니즘 운동은 개인의 자유를 사회적·법적으로 확대하고자 했던 혁명에서 촉발되었는데, 당시 혁명이 개별 여성의 자유를 확대해 주진 못했기 때문이다. 프랑스혁명은 메리 울스턴크래프트에게 영감을 주었고, 약속된 혜택에서 인구의 절반이 배제되었다는 사실에 그녀는 분노했다. 울스턴크래프트는 공교육을 위한 탈레랑Talleyrand의 '민주적' 계획에 분개해 『여성의 권리 옹호A Vindication of the Rights of Woman』를 썼다(그 계획은 여자아이들이 여덟 살이 넘으면 학교교육에서 배제했다).[2] 마찬가지로, 19세기 미국에서 여성 노예제 폐지론자들은 아프리카계 미국인의 해방 이후 계속해서 여성참정권이라는 중심으로 결집했다. 그러나 1960년대와 1970년대 페미니즘의 부활은 매우 다른 영역, 즉 상업적인 영역에서 성차별 의식을 중심으로 응집되었다.

물론 페미니즘 '제2물결'은 그 선배들과 마찬가지로 통치·종교·고용에 관한 오랜 사회제도에 도전했고, 여성이 법정에서, 직장에서, 학교에서, 병원 진료실에서, 운동장에서 취급되어 온 방식을 근본적으로 재구성하고자 했다. 하지만 전후 페미니즘 운동의 방아쇠를 당겼던 베티 프리단의 1963년 고전 『여성성의 신화』는 거의 전적으로 여성에 대한 상업적 학대를 겨냥했다.

돌이켜 보니, 프리단이 여자들의 즉각적이고 압도적인 반응을 불러올 수 있었던 이유는 그 책이 전후 미국 여성이 새로운 대중문화에 의해 이상하게 축소되고 비인간화되는 방식에 집중적으로 초점을 맞추었기 때문일 것이다. 미시간주 랜싱에 거주하는 스물여섯 살 주부는 프리단에게 이런 (전형적인) 내용의 편지를 보냈다. "내가 가전제품인 것처럼 느껴져요. (…)

내 뇌는 죽은 것 같고, 나는 기생충에 불과하죠."[3] 『여성성의 신화』는 가정용품·대중매체·광고·대중심리학 등 점점 더 강력해지고는 있지만 대부분 실체가 불분명한 무형의 산업이 여성에게 '죽었다'는 느낌을 불러일으키고 있으며, 이 산업이 '주부 시장'(프리단이 적절하게 명명했던 것)을 만들어 내 먹여 살리고 있다는 사실을 밝혀냈다. 저자는 여성 억압의 근원을 처음으로 엿본 순간에 대해 다음과 같이 묘사한다. 한데 이 깨달음은 의회 의원이나 판사가 아니라 광고업자와 대화를 나누던 중 일어났다.

> 적절하게 조작되면(그는 "당신이 그 단어를 두려워하지 않는다면"이라고 말했다) 미국 주부들은 물건을 구매함으로써 정체성·목적·창의성·자아실현, 심지어 결핍된 성적 쾌락까지도 얻을 수 있다. 나는 갑자기 여성이 미국 구매력의 75퍼센트를 차지한다는 과시의 의미를 깨달았다. 나는 갑자기 미국 여성들이 그 무시무시한 선물, 구매력이라는 그 힘의 희생자라는 사실을 깨달았다.[4]

미국 여성운동의 '제2물결'은 대체로 이런 통찰에 대한 반응이었다. 여성해방을 위한 첫 번째 '잽'을 날렸던 1968년 미스 아메리카 대회 반대 집회에서부터 가정주부용 월간지 《레이디스홈저널Ladies' Home Journal》의 사무실 연좌 농성에 이르기까지, 전국적인 의류 박람회 급습부터 《플레이보이》 스카우트 방문에 반대하는 캠퍼스 시위까지, 현대 여성의 위기의 주범은 대중매체와 대중 상품화 문화로 인식되었다. 여성해방전선Women's Liberation Front의 구성원들이 기업의 내부 성소를 침범하기로 결정했을 때, 그들은 산업계 거물들의 회의실로 내려오지 않았다. 그들은 CBS의 주주총회를 선택했다.[5] 마찬가지로

《미즈Ms.》부터 급진적인 언더그라운드 소식지, 소설에 이르기까지 페미니즘 문학은 상업적으로 포장된 여성성의 반짝이는 표면에 도전장을 던졌다. 수 카우프만Sue Kaufman의 『미친 주부의 일기Diary of a Mad Housewife』, 앤 로이프Anne Roiphe의 『업 더 샌드박스!Up the Sandbox!』, 실라 밸런타인Sheila Ballantyne의 『흰개미 여왕 노마 진Norma Jean the Termite Queen』, 매릴린 프렌치Marilyn French의 『여자들의 방The Women's Room』 같은 일련의 페미니즘 베스트셀러에서, 소비주의의 보이지 않는 진열장에 갇힌 여자 주인공들은 투명할 정도로 잘 닦인 유리창을 자신의 날개로 두드렸다. "노마, 무슨 일이야?" 밸런타인의 소설에서 남편 마틴은 어느 날 저녁 집으로 돌아왔을 때 플레전트밸리의 주부인 아내가 반쯤은 긴장증 상태에 빠진 채 가전제품 광고를 바라보는 모습을 발견하고는 묻는다. "새 전자레인지가 갖고 싶어? 부엌 바닥을 새로 깔까? 욕실을 다시 꾸미는 건 어때?" 그러자 아내가 답한다. "아니야. 나는 죽고 싶어, 마틴." 이 말을 들은 남편은 미장원에 갈 돈을 20달러 더 주면서 아내의 기운을 북돋우려 한다.[6]

페미니스트 사회비평가들은 놀랍도록 명료한 감각으로, 이제 이름이 붙은 이 문제에 대해 다루기 시작했다. 1970년 페미니스트 활동가 앨리스 엠브리Alice Embree는 이렇게 썼다. "대중매체는 모든 사람을 더 수동적인 역할, 더 광적으로 소비하는 역할에 맞춰 끼워 넣고, 사회에 단편적인 시각을 가진 인간으로 만들어 버린다. 이런 일은 모든 사람에게 일어나지만, 여성에게는 더 심한 일이 벌어진다." 엠브리는 소비자 중심 세계에서 여성이 "상품 판매를 위한 성적 대상으로서 이중으로 이용당하고 있다"라고 지적했다.[7] 이러한 관찰은 페미니스트의 상식으로 빠르게 자리 잡았다. 루시 코미사르Lucy Komisar가 1971년 여성운동 에세이 선집에서 전형적으로 선언한 것처럼

"광고는 남성우월주의 사회를 위한 교활한 선전 기계"로 받아들여졌다.[8] 1970년대 페미니즘 비판의 핵심은 여성이 남성에 의해 통제되고 대상화되고 있다는 것이었다. 하지만 당시 인식되지 않았던 부분은 과연 남성은 또 어떻게 통제되고 대상화되는가 하는 지점이었다. 여자가 어떤 취급을 받았다면 남자도 어떤 취급을 받았을 것이다. 만약 끊임없이 복종하는 '온실 속 화초' 가정주부 역할이 여자에게 맡겨졌다면, 끊임없이 군림하는 강력한 생계 부양자 역할은 남자에게 맡겨졌을 것이다. 슈퍼모델의 화려함이라는 이상에 사로잡힌 여자 못지않게, 슈퍼 지배자라는 이상에 붙들린 남자 역시 그 요구에 부응하기 어려웠거니와 도망칠 수도 없었다.

세기말에 이르러 페미니스트들은 더 이상 소비문화를 두고 '이런 일은 모든 사람에게 일어나지만, 여성에게는 더 심한 일이 벌어진다'는 식으로 자신만만하게 말할 수가 없어졌다. 여성운동이 진단한 상업화된 장식적 '여성성'은 이제 남자들의 목을 틀어쥐고 있다. 남자와 여자 모두 사회에 기여할 수 있었던 삶을 빼앗겼다고 느낀다. 남자와 여자 모두 그저 시장에서 미모나 기량을 과시하는 역할로 내몰리고 있다고 느낀 것이다. 여자들이 먼저 내몰렸지만, 이제 그 형제들도 마찬가지로 강요된 행진에 동참하고 있다.

남성 행진이 다르게 보인다면 그건 주로 '남성적'이라는 용어로 위장되었기 때문일 것이다. 그 행진의 출발점(가령 롱비치 해군 조선소 같은 장소)의 폐쇄는 일반적으로 남성이 남성적 힘을 행사할 수 있는 작업장의 상실로 묘사되었다. 하지만 더 심각한 손실은 남자들이 서로를 돌보던 세상과 그들이 소속되어 있던 직장이라는 사회가 사라진 것이다. 마찬가지로, 그 행진의 종점인 스포츠맨, 액션 영웅, 성적 기량을 과시해야 하는 포르노 배우들의 세계는 부풀어 오른 남성적 정력, 기술적으로 강화된 슈퍼맨다움의 새로운 지평으로 간주된다. 그러나 그건 그저 얼굴에 분을 바른 허영심이 다른 형태로 떠오른 것에 불과하다. 이 길은 과거에 여성들이 이미 건너갔던 익숙한 길이다. 식민지 시대의 강인한 개척자 어머니라는 이상이 라스베이거스 쇼걸이라는 상업적 아이콘에 자리를 내주었던, 서부로 향하는 역사적인 행진 말이다.

※ ※ ※

이 여정은 나를 마지막 질문으로 이끌었다. 왜 동시대 남자들은 자기가 겪은 배신에 항의하지 않는가? 만약 남자들도 여자들과 똑같은 상처, 똑같은 굴욕을 그토록 많이 경험했다면, 그들은 왜 여자들처럼 문화에 도전하지 않는가? 왜 남자들은 행동하지 못하는가?

남자들은 왜 정형화된 남성 모델에서 벗어나지 않으려 하는가. 지금껏 그 이유를 설명하기 위해 제시된 상투적인 답변으로는 이 질문에 대한 충분한 해답을 얻을 수 없다. 일부 페미니스트가 주장하는 것과 달리, 남자들은 단순히 '권력의 고삐를 포기' 하지 못하고 있는 게 아니다. 고삐는 어쨌거나 이미 그들 대부분의 손에서 벗어났다. 프라미스키퍼스와 '야성적인 남자' 수련회 지도자들이 주장하는 것과 달리, 남자들은 단순히 자기가 고통과 궁핍을 표현하면 남성 규범을 위반하게 될까 봐 두려워하는 것도 아니다. 감정이 상업 영역에서 돈이 되는 시대이니만큼, 남자들이 고통스러운 느낌을 표출한다 해도 그건 토크쇼 이야깃감 이상의 엄청난 타격이 될 가능성이 별로 없다. '나는 권력이 있고 감정을 통제할 수 있다'고 상상하라며 남자들에게 가해지는 압박이 남성의 반란을 가로막고 있긴 하지만, 이는 더 근본적인 장벽에 가려져 있기도 하다.

만약 여자들이 뛰어든 세계에 들어서는 것을 남자들은 두려워한다면, 그건 아마도 여자들이 아주 단순한 한 가지 측면에서 그 일을 남자들보다 더 쉽게 해낼 수 있었기 때문일 것이다. 여자들은 자신들의 투쟁을 남자들에 맞선 전투로 프레이밍할 수 있었다.

1970년대에 이런저런 방식으로 페미니즘을 받아들인 많은 여성들에게 저 소비문화는 무언가 만질 수 없거나 비인격적인 힘이 아니었다. 그들에게 소비문화란 남자가 여자에게 휘두르는 곤봉이었다. 당시 '레드 스타킹 시스터Redstocking Sister'로 불렸던 언론인 엘런 윌리스Ellen Willis는 1969년 에세이 「소비주의와 여성」에서 대중문화의 성차별적 이미지 포트폴리오야말로 "남성이 우월하다는 신화에 기여"하는 젠더 전쟁의 프로파간다라고 썼다. 윌리스는 여성이 굴욕적인 소비자 역할에 갇히는 이유를 경제적 요인에서 찾는 진보적인 남자들은 그저 "여성 억압을 전적으로 자본주의 탓으로 돌림으로써 자신들이 여성을 착취하고 있다는 사실을 인정하지 않으려 할 뿐"이라고 비판했다. 많은 여자가 시장이 아니라 남자가 문제의 근원이라 믿었다. 그렇게 (윌리스가 썼던 것처럼) "여성해방운동의 임무는 가정에서, 침대에서, 직장에서 남성 지배에 집단적으로 맞서 싸우는 것"이 되었다.[9] 물론 실제로도 그렇게 맞서야 할 악질적이고 성차별적인 태도가 존재했다. 그러나 1970년대의 대결 모델로는 페미니즘 목표의 절반만을 달성할 수 있었다.

1970년대 페미니즘 운동에 참여한 여자들은 '남성 지배'에 맞서 싸우고 있었기 때문에 기존의 반란 모델을 이용할 수 있었다. 여자들은 낡은 지도를 펼쳐, 신뢰할 만한 전략에 따라 전투를 벌일 수 있었던 것이다. 그런데 아이러니하게도 그건 남성적인 전략이었다. 페미니스트들은 미국 남성 패러다임의 청사진을 붙들고 그것을 잘 활용했다. 이들은 그 패러다임이 작동하는 데 필요한 모든 요소를 준비했다. 이들에겐 명확하게 규정된 적—'가부장제'—의 억압이 있었고, 다른 여자들을 위해 정복하고 정비해야 할 진짜 전선—미국 의회나 유에스스틸같이 여전히 여성을 배제하는 낡은 제도, 그리고 매디슨 애비뉴로 대변되는 광고계라든지 화려한 셀러브리티 문화, 버트 파크스Bert Parks와 휴 헤프너의 미디어 포주 왕국 등 여성을 개조하려는 새로운 제도를 모두 아우르는 가부장주의적 제도—이 있었다. 또한 페미니스트들에게는 '자매sisterhood'라는 이름의, 이들만의 '형제단' 군대가 있었다. 이 투쟁에 참여한 모든 '지아이 제인'은 자신이 유용하다고 느꼈다. 전단지를 배포하든, 여성 건강 클리닉에서 일하든, 보육 법안을 통과시키기 위해 의원들에게 로비를 하든, '자유를 위한 쓰레기통'에 염색약을 던지든, 이들은 자신이 속한 성별 전체의 발전이라는 더 큰 영광에 복무했다. 페미니즘의 영향을 받은 많은 여자가 어떤 식으로든 본질적인 유용성을 되찾았다는 느낌을 받았으며, 개개인의 삶의 풍요와 번영을 가로막던 바리케이드를 함께 무너뜨렸다. 여자들은 좋은 싸움을 발견했고, 성숙한 어른 여성이 되는 비행경로를 찾았다. 페미니즘의 궤적을 따라가는 여자들 한 사람 한 사람의 '작은 한 걸음'은 결국 인류는 물론이거니와 여성 집단 전반에도 큰 도약이 될 터였다.

적을 식별하고, 적과 경합하고, 적을 패배시키는 대결의 남성 패러다임은 끝없이 이전될 수 있었다. 남성 패러다임은 시민권 운동과 반전운동, 동성애자 인권운동, 환경운동 활동가들에게도 유용했던 것이다. 사실 그것은 지난 반세기 동안 거의 모든 단결된 반문화 캠페인의 기본 조직 원리였다. 하지만 그것이 '남성운동'을 띄우진 못했다. 여기에 골치 아픈 역설과 남성 무위의 근원이 있다. 여성이 반란을 일으키기 위해 사용했던 모델은 남성이 사용할 수 없을 뿐만 아니라 남성 스스로가 갇혀 있던 바로 그 모델이었다. 여자들에게는 해결책이었던 것이 남자들에게는 문제로 드러나 버렸다.

남성 패러다임은 특히 남성의 곤경에 도전하는 데 적합하지 않다. 남자들의 경우에는 그들을 억압하는 적이 명확하게 규정된 적이 없다. 문화가 이미 남성을 압제자로 규정하고 그들 역시 스스로를 그렇게 바라보고 있을 때, 남성이 어떻게 억압당할 수 있겠는가? 한 남자가 프라미스키퍼스에 애처롭게 써 보냈듯이 남자들은 "줄이 끊어진 연과 같지만, 주도권을 잡고 있"었다.[10] 남자들은 낡은 패러다임을 차용하려고 시도하면서 자신들의 문제를 가시화하기 위해 적대자를 발명했지만, 시간이 지남에 따라 획책을 꾸미는 페미니스트, 적극적 차별 시정 조치 지지자, 일자리를 노리는 미등록 이주자, 대통령의 아내 등 문제의 장본인으로 지목된 이들은 남자들의 상황을 설명해 줄 용도로는 점점 더 설득력이 없어 보였다. 그런 종이호랑이를 물리친다고 해서 승리의 기분이 들지도 않았다. 더군다나 남자들에게는 무형의 적에게 도전할 명확한 전선도 없었다. 그들에겐 어떤 새로운 영역이 더 필요했던 걸까? 미디어, 엔터테인먼트 그리고 미국 경제계의 이미지를 만드는 제도들? 그러나 들리는 소문으로는 이 기관들을 운영하고 있는 주체가 바로 남자들이었다. 남자들은 이미 자신의 영토인 것을 어떻게 침범할 수 있을 것인가? 기술 발전은 어떤가? 여기가 최전선일까? 그렇다면 왜 기술 발전이 사회적으로나 직업적으로 남자들을 시대에 뒤떨어진 존재로 만드는 것처럼 보일까? 어떤 개척지를 찾아야 남자들은 정복하는 대신 정복당하고 있다고 할 수 있을까? 기술은 그들에게 개척지가 아니라 적인 것일까? 혹은 미국 남자가 기계를 정복했다면, 그가 정복한 건 누구의 기계일까?

남성의 대결 패러다임은 사실 남자들에게 쓸모없는 것으로 판명 났다. 하지만 그게 그다지 불행한 일은 아닐 수도 있다. 장기적으로 보면 오히려 축복일 수도 있는 것이다. 어쨌든 그 패러다임의 유용성은 고사될 지경에 이르렀다. 여성운동과 다른 민권운동은 그 한계를 발견했다. 이들의 가장 명백한 적은 후퇴하거나 완전히 패배했지만, 문제는 지속되고 있기 때문이다. 여자들은 여전히 임원실에서 수적으로 열세이긴 하나, 많은 여자가 승진했고 일부는 권한 있는 위치에 올랐다. 하지만 종종 그들도 남성 전임자들과 같은 범죄를 영속하게 될 뿐이었다. 미디어와 광고, 할리우드에서 권력을 잡고 있는 여자들은 대부분 남자들과 마찬가지로 계속해서 같은 종류의 비하적인 이미지를 생산해 왔다. 페미니즘은 남성 도당을 비난하는 방식을 통해 갈 수 있는 데까지는 다 갔다. 내면화되고 조건화된 억압의 비타협성은 이렇듯 단순하고 개인적인 적대 모델로는 쉽게 설명할 수 없다. 여성과 기타 종속적인 인구를 구속하는, 보이지 않는 완고한 실타래를 풀기 위해서는 다른 패러다임이 필요하다. 그렇기 때문에 이런 인구들은 새로운 패러다임을 발견하고 활용할 수 있는 단 하나의 인구 집단, 바로 남성을 해방하는 데 많은 것을 걸 수밖에 없다. 남자들은 두 가지 측면에서 가능성이 있다. 첫째, 그들에게는 오랜 혼란의 경험이 있다. 특히 (그중 일부에게는) 다른 미국인보다 더 많은 수가 전선 없는 전투를 경험했던 베트남에서의 경험이 있고, 충분히 정직하기만 하다면 고뇌 속에서 자신의 책임을 직면할 수 있을 것이다. 둘째, 그들에게는 고통과 마비에서 벗어나기 위해 새로운 통로를 구성해야만 하는 필요가 있다. 낡은 접근 방식은 그들의 고통을 해결해 줄 해법을 아무것도 제공하지 못했기 때문이다. 관습적인 경로에서 벗어남으로써, 그들은 의미 있는 남자로 나아가는 더 나은 방법을 찾을 수 있을 것이다. 고든 댈비 목사가 돌아온 탕자를 옹호하며 말했듯 "반역자는 하나님의 왕국에 더 가깝다".

남자들이 그런 돌파구를 찾고 있다는 징후가 있다. '100만 남성 행진'과 프라미스키퍼스가 기록적인 수의 남자들을 끌어들였을 때 전문가들은 당혹스러워하며 머리를 긁적였다. 왜 그렇게 많은 남자가 그럴듯한 의제도, 전투 계획도, 범인 대면도 제공하지 않는 행사에 참석하고 싶어 하는 걸까? 일반적인 정치적 갈등의 틀을 통해 이 모임을 설명하는 데 어려움을 겪던 비평가들이 이러한 운동을 이끄는 '지도자들'의 반동적이고 증오를 조장하는 태도에 관심을 집중하게 된 것은 놀라운 일도 아니다. 그리하여 그들은 진정한 '의제'는 이슬람국가 설립자 루이스 파라칸의 반유대주의나 프라미스키퍼스 설립자 빌 매카트니의 동성애 혐오와 성차별이어야 한다고 결론을 내렸다. 하지만 이 대규모 집회에 참석한 사람들은 적에 대한 답을 구하고자 했던 게 아닐 수도 있다. 파라칸의 음모론, 악의적인 계략, 그리고 수비학적 코드로 가득한 연설이 계속되자, 남자들은 무리를 지어 출구를 향해 서둘러 움직였다. 마흔여덟 살의 사회복지사 조지 헨더슨George Henderson은 친구 두 명과 함께 행사장을 일찍 떠나며 내게 말했다. "오늘 정말 환상적이었던 건, 이 모든 남자와 함께하면서 내가 무얼 다르게 할 수 있을지 생각해 보는 거였어요." 연설은 그리 중요치 않았다. "TV에서 보면 되는걸요." 헨더슨의 친구 한 명이 그렇게 말하자 모두 동의했다. 그들은 책임을 물으러 그곳에 간 게 아니었다. 그들은 자신들의 상황을 다르게 생각해 볼 수 있는 장소를 찾고 있었다.

참가자들에게 행진과 집회는 그 자체가 목적이 아니라 미지의 영역으로 도약하는 지점처럼 인식되었다. 엄청난 수의 남성이 모여 있는 모습은 무력 과시가 아니라 혼란, 표류하는 느낌, 남자로 살아가는 새로운 방식을 찾고자 하는 열망 속에서 혼자가 아님을 개별 남자들에게 보여 주고 안심시키는 신호로서 그 의미가 있었다. 함께 모인다는 건 앞으로 떠날, 지도에 없는 여정에 용기를 불러일으키는 일이었다. 애석하게도, 그들은 집으로 돌아가 혼자 또는 소그룹으로 여행을 지속했기 때문에 지도가 없다는 것은 대체로 심각한 문제가 되었다.

미국의 남자들은 일반적으로 전쟁·불황·자연재해 등 위기 상황에서 돌보는 역할을 맡아 잘 대처해 왔다. 이러한 남성 동원의 대표적인 당대적 사례는 전쟁이라는 범주 바깥의 위기에서도 찾아볼 수 있는데, 그건 바로 에이즈에 대한 게이 남성들의 대응이다. 역설적이게도 게이 스타일이 장식적인 상업의 필요에 복무하기 위해 채택되었던 바로 그 시기에, 게이 남성들은 도움이 절실한 남자들을 돌보기 위해 새로운 사회를 건설하고 있었다. 대공황 시대 민간 치산치수 사업단이 댐과 공원을 건설하고 농지를 인양하고 제2차세계대전 시대의 해봉부대가 교량·주택·병원을 건설했던 것처럼, 사실상 하룻밤 사이에 게이 남성들은 진료소와 함께 약 구매처, 법률 및 심리 서비스, 기금 모금 및 정치활동 단체, 쉼터, 호스피스, 교통편, 가정방문 간호, '친구' 방문, 이동식 식사, 심지어 세탁 지원까지 포함하는 의료 전달 네트워크를 구축했다. '남성 동성애자 건강 위기 대응 센터Gay Men's Health Crisis'(GMHC)✠의 초창기 직원인 마크 세낙Mark Senak이 말하듯, 그들은 "아무도 도와주려 하지 않았을 때 각자의 두려움을 극복하고 서로를 돌봐 준" 남자들이었다.[11] 어니 파일의 영혼을 감동시켰던 건 평범한 사람들의 기념비적인 사회적 노력이었다. 그리고 이것이 에이즈

✠ 뉴욕에 기반을 두고 1982년 설립된 세계 최초의 HIV/에이즈 관련 활동 비영리단체. 에이즈를 종식시키고 이에 영향을 받는 모든 사람의 삶을 향상시키는 것을 목적으로 한다.

라는 전염병의 예상치 못한 결과를 설명해 준다. 돌봄 제공자들의 용기는 이 동성애 혐오 국가에서조차 감탄과 존경의 원천이 되었다. 그들의 조용하고 필수적인 영웅적 태도는 많은 동료 시민의 눈에 게이 남성을 인간화하고 남성화했다. 그들에게는 해야 할 일이 있었고, 그들은 그걸 해낸 것이다.

반세기 전, 어니 파일은 자신과 동료 졸병들이 '낯선 밤에 서로를 돌보는 새로운 직업을 가진 사람들'이 되는 세상을 상상했다. 비극적이게도 그의 비전은 '보통 사람의 세기'가 도래한 시점이 아니라 조종사의 상업적인 셀러브리티 대관식에서 선포되었다. 하지만 파일의 나팔은 그 소리가 사람들에게 들리기를 기다리며 여전히 세대의 변화를 소환하고 있다.

사회적 책임은 남성성의 특별한 영역이 아니다. 그건 의미 있고 상호적인 관심으로 연결된 공동체에서라면 모든 시민이 평생 지고 가야 할 과제다. 그러나 만약 그렇게 사회를 책임지는 일이 '남편들'만의 전유물이 아니라면, 그건 남자들의 미래에 더 좋은 일이다. 위기에서 벗어나기 위해 고군분투하는 남성의 과제는 결국 어떻게 남성다워질 것인가를 알아내는 것이 아니라, 오히려 그들의 남성성이 어떻게 인간다워질 것인가를 알아내는 데 있기 때문이다. 롱비치 해군 조선소에서 일하던 남자들은 남자다워지려고 그곳에 가서 부착공이나 용접공, 보일러 제작자가 된 게 아니었다. 그들은 무언가 할 만한 가치 있는 일을 찾고 있었다. 그들의 남자다움에 대한 감각은 사회적 유용성에서 비롯한 것이지 그 반대가 아니었다. 남성성을 존재하는 무언가로 상상하는 건 남자다움을 분리 가능한 독립체로 바꾸며, 그 지점에서 남성성은 즉시 장식성을 띠게 된다. 그리고 선천적으로 '남성적'이라 하는 것은 인조 눈썹이 본질적으로 '여성적'이라고 하는 것 못지않게 가짜다. 마이클 번하트는 베트남에서 돌아온 뒤 힘겨운 시간을 보내며 이 점을 이해하게 된 사람이었다. "오랫동안 온갖 스테레오타입이 되어 보려고 노력했어요. 하지만 다 무슨 소용입니까? (…) 이제 더는 정의도 내리지 말아야겠다는 생각이 들었습니다. 그냥 사람이라는 관점에서 생각하기 시작했지요." 이 깨달음을 시작으로 다른 깨달음이 뒤따랐다. 가령 국가가 전해 준 '점수표'에 따라 살 필요가 없다는 깨달음 같은 것 말이다. 그는 '사람'이 되는 다른 방법을 상상할 수 있게 됐고, 이로써 남자가 되는 다른 방법을 상상할 수 있었다.

그리하여 '저항하지 않는 남자들'이라는 미스터리와 함께 새로운 시작을 알리는 빛이 희미하게 깜빡이고 있다. 그 기회는 남자들이 여자들의 반란에 상응하는 반란을 구축할 수 있는 기회다. 그 과정에서 남자들은 양성 모두에게 문을 열어 줄 인간 진보의 새로운 패러다임을 만들어 낼 수 있을 것이다. 이는 더 자유롭고 더 인간적인 세상을 만들고자 했던 페미니즘의 꿈이었고, 앞으로도 그럴 것이다. 페미니스트들은 특히 지난 200년간 위대한 결의와 열정을 가지고 이를 추구해 왔다. 그러나 오늘날 역사적인 기회—적이 없는 전쟁에서 싸우는 법을 익히고, 인간 자유의 개척지에서 승리해 우리 모두를 아우르는 형제애를 위해 행동하는 법을 배울 수 있는 그 역사적인 기회—에 직면한 남자들이 힘과 용기를 내지 않는다면, 그건 한낱 꿈으로만 남을 것이다.

별도의 언급이 없는 한, 이 책에 등장하는 인물의 인용문은 모두 저자 개인이 수행한 인터뷰에서 따온 것이다. 5장에서는 집단 논의의 친밀한 성격을 감안하여 일부 남성이 각자 본명을 가명으로 바꿔 줄 것을 요청했다. '폭력에 대한 대안' 그룹의 경우 마이클, 폴, 칼, 대니얼은 가명이다. 글렌도라 프라미스키퍼스 그룹의 경우 티머시 애트워터와 낸시 애트워터, 마틴 부커와 주디 부커, 제러미 푸트와 글렌다 푸트, 프랭크 커밀라, 하워드 페이슨과 리비 페이슨, 마이크 페티그루와 마거릿 페티그루, 크레이그 헤이스팅스, 바트 홀리스터는 가명이다.

1장 아들과 달과 별

1 "An Echo Heard Around the World," *Life*, Aug. 22, 1960, p. 20; "A Different Drummer," *Time*, Aug. 22, 1960, p. 44; "Twinkle, Twinkle Little Star," *Time*, Sept. 19, 1960, p. 70.

2 "The Greatest Week in Space," *Life*, Aug. 22, 1960, p. 19; "Texts of Kennedy and Johnson Speeches Accepting the Democratic Nomination," *New York Times*, July 16, 1960, p. 7.

3 J. Fred MacDonald, *Television and the Red Menace: The Video Road to Vietnam* (New York: Praeger, 1985), pp. 111–121; Mike Benton, *The Comic Book in America: An Illustrated History* (Dallas: Taylor, 1989), p. 187.

4 John Taylor, "Men on Trial," *New York*, Dec. 16, 1991, cover story; Michael D'Antonio, "The Trouble with Boys," *Los Angeles Times Magazine*, Dec. 4, 1994, cover story; Lawrence Wright, "Are Men Necessary?" *Texas Monthly*, Feb. 1992, p. 82; Garrison Keillor, "Maybe Manhood Can Recover," *San Francisco Chronicle, Sunday Punch*, Jan. 10, 1993, p. 3; Waller R.

Newell, "The Crisis of Manliness," *Weekly Standard*, Aug. 3, 1998, cover story; David Gates, "White Male Paranoia," *Newsweek*, March 29, 1993, cover story; "Men: It's Time to Pull Together," *Utne Reader*, May/June 1991, cover story.

5 Ronald C. Kessler and James A. McRae, Jr., "Trends in the Relationship Between Sex and Attempted Suicide," *Journal of Health and Social Behavior*, June 1983, vol. 24, pp. 98–110; J.M. Murphy, "Trends in Depression and Anxiety: Men and Women," *Acta Psychiatr. Scand.*, 1986, vol. 73, pp. 113–127; Ronald F. Levant, *Masculinity Reconstructed* (New York: Dutton, 1995), pp. 209, 219–220; Andrew Kimbrell, *The Masculine Mystique* (New York: Ballantine, 1995), pp. 4–6; Darrel A. Regier, Jeffrey H. Boyd, et al., "One-month Prevalence of Mental Disorders in the United States," *Archives of General Psychiatry*, Nov. 1988, vol. 45, pp. 977–980.

6 얀켈로비치센터 부센터장인 수전 헤이워드(Susan Hayward)가 소개해 준 자료 Yankelovich Clancy Shulman survey, 1986; *The American Male Opinion Index*, vol. I (New York: Condé Nast Publications, 1990), pp. 17, 19, 29; Patrice Apodaca, "Cashing In on the Bad Boy Image", *Los Angeles Times*, July 2, 1997, p. A1.

7 David Finkelhor, Richard J. Gelles, Gerald T. Hotaling, Murray A. Straus, eds., *The Dark Side of Families: Current Family Violence Research* (Beverly Hills: Sage, 1983), pp. 21–22; Richard J. Gelles and Murray A. Straus, *Intimate Violence* (New York: Simon & Schuster, 1988), p. 88; David Finkelhor et al., *Stopping Family Violence* (Beverly Hills: Sage, 1988), pp. 23–24.

8 Richard Slotkin, *Regeneration Through Violence: The Mythology of the American Frontier, 1600-1860* (Middletown, Conn.: Wesleyan University Press, 1973), p. 310; John Filson, *The Discovery and Settlement of Kentucke* (Ann Arbor: University Microfilms, Inc., 1966), pp. 49, 56–57.

9 E. Anthony Rotundo, *American Manhood* (New York: BasicBooks, 1993), p. 13. 이 책에서 인용한 영웅 연구에 관해서는 Theodore P. Greene, *America's Heroes: The Changing Models of Success in American Magazines* (New York: Oxford University Press, 1970), pp. 45–46 참고; Vernon Louis Parrington, *Main Currents in American Thought* (New York: Harcourt Brace & World, 1930), vol. 2, p. 179. 이와 함께 Slotkin, *Regeneration Through Violence*, pp. 554–555 참고.

10 Michael Kimmel, *Manhood in America* (New York: Free Press, 1996), p. ix;

Parrington, *Main Currents in American Thought*, vol. 3, p. 16; Frank Triplett, *The Life and Treacherous Death of Jesse James*, ed. Joseph Snell (New York: Promontory Press, 1970), p. x; Filson, *Discovery and Settlement of Kentucke*, p. 81.

11 Frank Norris, *McTeague* (New York: New American Library, 1964), pp. 8, 340.

12 분은 좀 더 교양 있는 비버 모자를 썼지만, 혼란은 페스 파커보다 더 거슬러 올라간다. 1820년대 연극에서 분 역을 맡았던 배우가 비버 모자를 구할 수 없게 되자 너구리 모자를 쓰기로 했던 것이다. 데이비 크로켓 역시 처음부터 너구리 모자를 쓰지는 않았다. 그는 그 모습이 전설이 되고 나서, 말하자면 신화가 된 자를 따라잡기 위해서 너구리 모자를 쓰기 시작했다. Richard Boyd Hauck, "The Man in the Buckskin Hunting Skin," in *Davy Crockett: The Man, the Legend, the Legacy, 1786-1986*, ed. Michael A. Lofaro (Knoxville: University of Tennessee Press, 1985), p. 7; Margaret J. King, "The Recycled Hero: Walt Disney's Davy Crockett," in *Davy Crockett: The Man, the Legend, the Legacy*, pp. 141–143, 148; John Mack Faragher, *Daniel Boone* (New York: Henry Holt, 1992), pp. 335, 339.

13 Lance Morrow, "Are Men Really That Bad?," *Time*, Feb. 14, 1994, cover story.

14 Betty Friedan, *The Feminine Mystique* (New York: Dell, 1983); Eva Figes, *Patriarchal Attitudes* (Greenwich, Conn.: Fawcett, 1971), p. 12.

15 Herb Goldberg, *The Hazards of Being Male* (New York: Signet, 1987), p. x

16 David D. Gilmore, *Manhood in the Making: Cultural Concepts of Masculinity* (New Haven: Yale University Press, 1990), pp. 46, 51, 163, 178, 187, 202–206, 230.

17 Robert Bly, *Iron John: A Book About Men* (New York: Addison–Wesley, 1990), p. 6; Robert Moore and Douglas Gillette, *The King Within: Accessing the King in the Male Psyche* (New York: William Morrow, 1992), pp. 214–215.

18 James Tobin, *Ernie Pyle's War* (New York: Free Press, 1997), p. 91; Bill Mauldin, *Up Front* (New York: W.W. Norton, 1995), pp. 42, 98–99.

19 Audie Murphy, *To Hell and Back* (New York: Holt, Rinehart and Winston, 1949), pp. 163–165.

20 Lee G. Miller, *The Story of Ernie Pyle* (New York: Viking Press, 1950), pp. 41–42, 89; Tobin, *Ernie Pyle's War*, pp. 18, 20, 30, 77, 132; Ernie Pyle, *Here Is Your War* (Cleveland: World, 1943), p. 117.

21 J. Fred MacDonald, *Television and the Red Menace*, p. 7; Tobin, *Ernie Pyle's War*, p.105; "Perspective on Greatness: GI Joe," *Hearst Metrotone News*,

1973; Ernie Pyle, *Brave Men* (New York: Henry Holt, 1944), p. 12; Ernie Pyle, *Ernie's War: The Best of Ernie Pyle's World War II Dispatches*, ed. David Nichols (New York: Random House, 1986), p. 306.

22 Pyle, *Ernie's War*, p. 195.

23 Alexander Feinberg, "All City 'Let's Go,'" *New York Times*, Aug. 15, 1945, p. 1; Frederick R. Barkley, "President Joins Capital's Gaiety," *New York Times*, Aug. 15, 1945, p. 3; "Victory Celebrations," *Life*, Aug. 27, 1945, pp. 21, 27–28.

24 Ernie Pyle, *Ernie's America: The Best of Ernie Pyle's 1930s Travel Dispatches* (New York: Random House, 1989), pp. 57–58, 103, 221–222, 338–339, 346–347, 369–371; Tobin, *Ernie Pyle's War*, p. 114.

25 Samuel Eliot Morison, *The Oxford History of the American People* (New York: New American Library, 1972), vol. 3, p. 306; Arthur M. Schlesinger, Jr., *The Coming of the New Deal* (Boston: Houghton Mifflin, 1959), p. 19; Arthur A. Ekirch, Jr., *Ideologies and Utopias: The Impact of the New Deal on American Thought* (Chicago: Quadrangle, 1969), pp. 107–108, 147–148; Franklin D. Roosevelt, "Commonwealth Club Speech, Sept. 23, 1932," in *Franklin D. Roosevelt, 1882-1945*, ed. Howard F. Bremer (Dobbs Ferry, NY: Oceana, 1971), pp. 100–106.

26 Henry A. Wallace, *The Century of the Common Man* (New York: Reynal & Hitchcock, 1943), pp. 5, 14.

27 John Morton Blum, *V Was for Victory: Politics and American Culture During World War II* (New York: Harcourt Brace Jovanovich, 1976), pp. 285, 288.

28 Ernie Pyle, *Brave Men*, p. 319.

29 Tobin, *Ernie Pyle's War*, pp. 61, 240.

30 Norman D. Markowitz, *The Rise and Fall of the People's Century: Henry A. Wallace and American Liberalism, 1941-1948* (New York: Free Press, 1973), p. 52.

31 Henry R. Luce, *The American Century* (New York: Farrar & Rinehart, 1941), pp. 22–23, 24, 37.

32 Wallace, *The Century of the Common Man*, p. 52; Markowitz, *The Rise and Fall of the People's Century*, pp. 305–306, 312.

33 Karl M. Schmidt, *Henry A. Wallace: Quixotic Crusade 1948* (Binghamton, N.Y.: Syracuse University Press, 1960), pp. 252–279; Curtis D. MacDougall, *Gideon's Army* (New York: Marzani & Munsell, 1965), pp. 248–283; Frank Kingdon, *An Uncommon Man: Henry Wallace and 60 Million*

Jobs (New York: Readers Press, 1945); Markowitz, *The People's Century*, pp. 92–93.

34 Paul A. Carter, *Another Part of the Fifties* (New York: Columbia University Press, 1983), p. 25.

35 Studs Terkel, *The Good War* (New York: Ballantine, 1984), pp. 157–159.

36 Alexis de Tocqueville, *Democracy in America* (Garden City, N.Y.: Anchor, 1969), p. 627, cited in Kimmel, *Manhood in America*, p. 26.

37 "In New England, Busy Dad with Dad," "Pointers for Playful Fathers," special issue, "The Good Life," *Life*, Dec. 28, 1959, pp. 54, 125.

38 "Text of Kennedy's Inaugural Outlining Policies on World Peace and Freedom," *New York Times*, Jan. 21, 1961, p. 8; Norman Mailer, *The Presidential Papers* (New York: Penguin, 1968), p. 15.

39 *Moon Shot: The Inside Story of the Apollo Project*, prod. and dir. Kirk Wolfinger, TBS Productions, 1994.

40 "Five Key Groundlings," *Time*, March 2, 1962, p. 15.

41 Tom Lewis, *Divided Highways* (New York: Viking, 1997), pp. 89–91.

42 Robert A. Divine, *The Sputnik Challenge* (New York: Oxford University Press, 1993), p. 164.

43 같은 책, pp. xv–xvi; "Common Sense and Sputnik," *Life*, Oct. 21, 1957, p. 35; T.A. Heppenheimer, *Countdown: A History of Space Flight* (New York: John Wiley & Sons, 1997), p. 126.

44 Frederick Jackson Turner, *The Frontier in American History* (Tucson: University of Arizona Press, 1994), pp. 2–4.

45 1966년 오피니언 리서치 코퍼레이션(Opinion Research Corporation)의 여론조사에서 미국인들에게 연방 기획 예산이 삭감되어야 한다면 가장 먼저 어떤 예산이 삭감되어야 하느냐고 질문하자, 48퍼센트가 '우주 계획'을 선택했다. William Sims Bainbridge, *The Spaceflight Revolution: A Sociological Study* (New York: John Wiley & Sons, 1976), p. 74; "Has U.S. Settled for No. 2 in Space?," *U.S. News & World Report*, Oct. 14, 1968, p. 74.

46 Neil Sheehan, *A Bright Shining Lie: John Paul Vann and America in Vietnam* (New York: Vintage, 1989), p. 719.

47 관련 기사는 "Man Killed After Stealing Tank for Rampage," *New York Times*, May 19, 1995, p. A14; Kevin Gray and Jamie Reno, "The Road to Ruin," *People*, June 5, 1995, p. 65; Kelly Thornton, "The Rampage of Shawn Nelson," *San Diego UnionTribune*, May 19, 1995, p. A1.

48 Tobin, *Ernie Pyle's War*, p. 120.

49 같은 책, pp. 115–116, 126, 159, 188–191, 206–207, 225; "Ernie Pyle's War," *Time*, July 17, 1944, cover story; Lincoln Barnett, "Ernie Pyle," Life, April 2, 1945, p. 94.

50 Tobin, *Ernie Pyle's War*, pp. 118–121, 212; Arthur Miller, *Situation Normal* (New York: Reynal & Hitchcock, 1944), pp. 1–2; Barnett, "Ernie Pyle," p. 95.

51 "The Greatest Generation," *Dateline NBC*, Jan. 15, 1999; Tom Brokaw, *The Greatest Generation* (New York: Random House, 1998), pp. 65–66, 112.

52 Garry Wills, *John Wayne's America* (New York: Touchstone, 1997), p. 157.

53 David Crockett, *A Narrative of the Life of David Crockett of the State of Tennessee*, James A. Shackford and Stanley J. Folmsbee, eds. (Knoxville: University of Tennessee Press, 1973), p. 194; Michael A. Lofaro, "The Hidden 'Hero' of the Nashville Crockett Almanacs," in *Davy Crockett: The Man, the Legend, the Legacy*, p. 54.

54 Norman Mailer, *The Presidential Papers* (New York: Penguin, 1963), pp. 52–53.

55 *Fallen Champ: The Untold Story of Mike Tyson*, prod. and dir. Barbara Kopple, Cabin Creek Films, 1993.

56 Gilmore, *Manhood in the Making*, p. 229.

57 Wallace, *The Century of the Common Man*, p. 18.

58 Thomas C. Reeves, *A Question of Character* (Rocklin, Calif.: Prima, 1992), pp. 58–59, 66–68.

59 John Kenneth Galbraith, *The New Industrial State* (Middlesex, England: Penguin, 1974), p. 50.

60 Robert H. Frank, "The Victimless Income Gap?," *New York Times*, April 12, 1999, p. A27.

61 Beth Shuster and James Rainey, "The North Hollywood Shootout: Officers Face Barrage of Bullets to Take Comrades Out of Line of Fire," *Los Angeles Times*, March 1, 1997, p. A1; Steve Berry and Scott Glover, "Bank Robber Bled to Death Unnecessarily," *Los Angeles Times*, April 21, 1998, p. A1.

62 Lynette Holloway, "The Fear Is Real Enough. The Gangs Are Another Story," *New York Times*, Feb. 13, 1998, section 3, p. 4; David Kocieniewski, "Youth Gangs from West Coast Become Entrenched in New York," *New York Times*, Aug. 28, 1997, p. B1.

63 Richard Lacayo, "When Kids Go Bad," *Time*, Sept. 19, 1994, cover story;

Jon D. Hull, "A Boy and His Gun," *Time*, Aug. 2, 1993, p. 20; Barbara Kantrowitz, "Wild in the Streets," *Newsweek*, Aug. 2, 1993, cover story; Gordon Witkin, "Kids Who Kill," *U.S. News & World Report*, April 8, 1991, cover story; Michael D'Antonio, "Bad Boys or Bad Rap? Whether the Cause Is Emotional, Biological, or Sociological, the Fact Is That the Misbehavior of Boys Has Turned into a Scary Nationwide Crisis," *Fort Lauderdale Sun-Sentinel, Sunshine Magazine*, Feb. 19, 1995, p. 8; Brian E. Albrecht, Debbi Snook, and Laura Yee, "Voices of Violence Series, Part One: Violence Is Their Language," *Plain Dealer*, Cleveland, March 6, 1994, p. 12A; Alison Carper, "Rough Boys," *Newsday*, May 2, 1993, p. 6.

64 "Youth Violence and Gangs," hearing before the Subcommittee on Juvenile Justice, U.S. Senate Judiciary Committee, Nov. 26, 1991 (Washington: U.S. Government Printing Office, 1992); "The American Worker Policy Briefing," *Roll Call*, no. 46, Oct. 5, 1992; Stephen Franklin and Carol Jouzaitis, "Bush Asks Billions for Job Training," *Chicago Tribune*, Aug. 25, 1992, p. C4; "1991 Defense Authorization Bill," hearing before the U.S. House of Representatives Armed Services Committee, Federal News Service, Feb. 6, 1990; Linda Rocawich, "Education Infiltration," *Progressive*, March 1994, p. 24; John Michael Kelly, "Inner–City Academies Offer Safety Nets," *Pittsburgh Post-Gazette*, April 21, 1998, p. A6.

65 Ann O'Hanlon, "New Interest in Corporal Punishment: Several States Weigh Get Tough Measures," *Washington Post*, March 5, 1995, p. A21; Jane Gross, "California Contemplates Paddling Graffiti Vandals," *New York Times*, Aug. 7, 1994, section 1, p. 5; Adam Nossiter, "As Boot Camps for Criminals Multiply, Skepticism Grows," *New York Times*, Dec. 18, 1993, p. A1; Laura Mansnerus, "More Courts Are Treating Violent Youths as Adults," *New York Times*, Dec. 3, 1993, p. A1; Ron Harris, "Kids in Custody: Part I: A Nation's Children in Lockup," *Los Angeles Times*, Aug. 22, 1993, p. 1A; Ronald Smothers, "Atlanta Sets a Curfew for Youths, Prompting Concern on Race Bias," *New York Times*, Nov. 21, 1990, p. A1; Jerry Gray, "Bill to Combat Juvenile Crime Passes House," *New York Times*, May 9, 1997, p. A1.

66 Richard Lee Colvin, "'Hammer' Seeks to Keep Handle on Rise in Gangs," *Los Angeles Times*, July 16, 1989, section 2, p. 8; David Shaw, "Media Failed to Examine Alleged LAPD Abuses," *Los Angeles Times*, May

26, 1992, p. A1; David Freed, "The Only Agreement on Crime: No Easy Answers," *Los Angeles Times*, Dec. 22, 1990, p. A1; Sandy Banks, "The Legacy of a Slaying," *Los Angeles Times*, Sept. 11, 1989, section 2, p. 1; Mike Davis, *City of Quartz* (New York: Vintage, 1992), pp. 277, 280.

67 "State of the Union; President Bill Clinton's Speech; Transcript, Joint Session of Congress, Washington, D.C., January 26, 1994," *Vital Speeches*, February 15, 1994, vol. 60, no. 9, p. 258; Mike A. Males, *The Scapegoat Generation* (Monroe, Maine: Common Courage, 1996), p. 102.

68 Federal Bureau of Investigation, "Total Arrests, Distribution by Age," 1990–1997; Males, *The Scapegoat Generation*, pp. 104–105; Jerome G. Miller, "Juvenile Justice: Facts vs. Anger," *New York Times*, Aug. 15, 1998, p. A23.

69 메일스는 "빈곤 요인이 제거되면 십 대 폭력은 사라질 것"이라고 지적했다. 실제로 갱단 활동은 1990년대 후반 고용시장이 개선되면서 L.A.와 미국 전역에서 빠르게 급감했다. Males, *The Scapegoat Generation*, pp. 7, 107–109; Richard Marosi, "Killings by Gangs Take Big Plunge," *Los Angeles Times*, Jan. 1, 1999, p. B1; Matt Lait, "Los Angeles Homicides Plunge to 29–Year Low," *Los Angeles Times*, Dec. 30, 1998, p. A1; Marlene Cimons, "Study Finds Murder Rate at 30–Year Low," *Los Angeles Times*, Jan. 3, 1999, p. A14.

70 Barbara Kantrowitz and Claudia Kalb, "Boys Will Be Boys," *Newsweek*, May 11, 1998, p. 54; Tamar Lewin, "How Boys Lost Out to Girl Power," *New York Times*, Week in Review, Dec. 13, 1998, p. 3; Michael D'Antonio, "The Trouble With Boys," *Los Angeles Times Magazine*, Dec. 4, 1994, p. 16.

2장 대단한 작업 그 자체

1 Barbara Ehrenreich, *Fear of Falling: Inner Life of the Middle Class* (New York: Pantheon, 1989), p. 207.

2 L.A. 카운티 노동연맹(Los Angeles County Federation of Labor)에 따르면 4만 개라는 수치는 1977~1983년 공장폐쇄로 손실된 중공업 일자리 수를 반영한 것이다. UCLA 공공정책 및 사회연구 학교(School of Public Policy and Social Research)에서 도시계획을 강의하고 있으며 L.A. 카운티 노동연맹에서 연구자로 활동하고 있는 게츠 울프(Goetz Wolff)에 따르면 정확한 수치는 이의 두 배에 달할 것으로 추정되는데, 4만이라는 수치에는

큰 공장들만 포함되어 있을 뿐만 아니라, 그마저도 공장이 폐쇄되기 전에 진행된 구조조정 과정에서 해고된 사람들 수는 누락된 채 각 공장이 폐쇄되던 시기에 해고된 사람들 수만 포함되어 있기 때문이다.

3 Ann Markusen, Peter Hall, Scott Campbell, and Sabina Deitrick, *The Rise of the Gunbelt* (New York: Oxford University Press, 1991), p. 82; Mike Davis, "Chinatown, Revisited?: The 'Internationalization' of Downtown Los Angeles," in *Sex, Death and God in L.A.*, David Reid, ed. (Los Angeles: University of California Press, 1992), p. 30.

4 "Los Angeles County Employment of Major Industrial Sectors–1988–1998," Labor Market Information Division, California Employment Development Department, 1999; "Manufacturing Employment in the Los Angeles Area," Labor Market Information Division, California Employment Development Department, 1999; Lou Cannon, "Scars Remain Five Years After Los Angeles Riots," *Washington Post*, April 28, 1997, p. A4.

5 Gerald D. Nash, *The American West Transformed: The Impact of the Second World War* (Bloomington: Indiana University Press, 1985), pp. 62–63.

6 "The Case for the Long Beach Naval Shipyard," report of the Long Beach Naval Shipyard, 1954, p. 10, in collection of Long Beach Public Library; *Long Beach Naval Shipyard 1943-1997*, publication of the U.S. Navy, Long Beach, Calif., 1997; Neil Strassman, "A Long History of Service," *Long Beach Press-Telegram*, Feb. 19, 1995, p. A6; Lester Rubin, *The Negro in the Shipbuilding Industry* (Philadelphia: University of Pennsylvania Press, 1970), p. 43; Neil A. Wynn, *The Afro-American and the Second World War* (New York: Holmes & Meier, 1993), p. 16.

7 Charles F. Queenan, *Long Beach and Los Angeles: A Tale of Two Ports* (Northridge, Calif.: Windsor, 1986), pp. 115–116; "'Mothballs' for Navy Yard, Matthews Orders," *Long Beach Press-Telegram*, Feb. 8, 1950, p. A3.

8 Alexander Feinberg, "Mighty Carrier Roosevelt Commissioned by Truman," *New York Times*, Oct. 28, 1945, p. 1; "Text of Truman's Navy Yard Speech," *New York Times*, Oct. 28, 1945; Frank S. Adams, "Naval Might Backs President's Words," *New York Times*, Oct. 28, 1945, pp. 1, 31; Meyer Berger, "Seven Miles of Sea Power Re–viewed by the President," *New York Times*, Oct. 28, 1945, p. 1.

9 *Long Beach Naval Shipyard 1943-1997*; "The Case for the Long Beach

Shipyard," p. 13.

10 "Graving Dock Got Its Name from First 'King Bee of the Seabees,'" *Long Beach Press-Telegram*, June 12, 1986, p. O5; Donald W. White, *The American Century* (New Haven: Yale University Press, 1996), p. 54.

11 Chester Himes, *If He Hollers Let Him Go* (New York: Thunder's Mouth, 1986), p. 159; Gilbert H. Muller, *Chester Himes* (Boston: Twayne, 1989), pp. 20–21; Chester Himes, *The Quality of Hurt* (New York: Thunder's Mouth, 1972), p. 75.

12 "4000 Attend Formal Opening of Shipyard," *Independent*, Feb. 2, 1951, p. 3; "World War Two," *California's Gold with Huell Howser*, no. 409, 1993.

13 Dan Morgan, "Military Shipbuilders Procure a Windfall," *Washington Post*, National Weekly Edition, July 8–14, 1996, p. 29; "Navy Maintenance: Cost and Schedule Performance at San Diego and Long Beach Shipyards," United States General Accounting Office, Dec. 1992; Neil Strassman, "It's a Real Emotional Yo–Yo," *Long Beach Press-Telegram*, May 22, 1993, p. A5.

14 James W. Crawley, "S.D. Shipyards Offer Lobbyist Bounty If Rival Forced to Close," *San Diego Union-Tribune*, Feb. 26, 1995, p. A1.

15 Edmund Newton, "Tears Usher in End of an Era in Naval Town," *Los Angeles Times*, June 24, 1995, p. A1.

16 Ralph Vartabedian, "Pier Pressure," *Los Angeles Times*, July 14, 1996, p. D1; United States v. David Lee Bain et al., U.S. District Court, Southern District of California, grand jury indictment, criminal case no. 901051, Nov. 1988; Alan Abrahamson, "Ex–Shipyard Owner Pleads Guilty to Fraud," *Los Angeles Times*, Jan. 14, 1992, p. B5; Morgan, "Military Shipbuilders Procure a Windfall," p. 29.

17 Vartabedian, "Pier Pressure," pp. D1, D4; Chris Woodyard, "Navy Weighs Action Against Repair Shipyard After Judge Finds Fraud," *Los Angeles Times*, Sept. 23, 1989, p. 26A.

18 "Homicide in U.S. Workplaces," U.S. Department of Health and Human Services, National Institute for Occupational Safety and Health, Sept. 1992; E. Lynn Jenkins, Larry A. Layne, and Suzanne M. Kisner, "Homicide in the Workplace: The U.S. Experience, 1980–1988," *AAOHN Journal*, May 1992, pp. 215–218; Matthew W. Purdy, "Workplace Murders Provoke Lawsuits and Better Security," *New York Times*, Feb. 14, 1994, p. A1; Anne Ladky, "Unsafe Workplace Exacts Too High a Price,"

Chicago Tribune, July 19, 1992, p. 11; Dolores Kong, "Homicides Leading Cause of Mass. Workplace Deaths in '91," *Boston Globe*, April 28, 1993, p. 24; Joseph A. Kinney, "When Domestic Violence Strikes the Workplace," *HRMagazine*, August 1995, pp. 74–78.

19 David E. Sanger and Steve Lohr, "A Search for Answers to Avoid the Layoffs," *New York Times*, March 9, 1996, p. A1; Daniel Howes, "Downsizing Pains … Gains," *Detroit News*, March 17, 1996; Robert Trigaux, "Monster Mergers," *St. Petersburg Times*, Dec. 27, 1998, p. 14.

20 이 추정치는 1992년 L.A. 카운티 항공우주 대책위원회가 발표한 보고서에서 나온 것이다. Ralph Vartabedian, "Aerospace Cuts to Devastate Area," *Los Angeles Times*, March 17, 1992, p. 1A 참고.

21 A. Russell Buchanan, *Black Americans in World War II* (Santa Barbara: Clio, 1977), pp. 17, 40–42; Gerald Nash, *World War Two and the West: Reshaping the Economy* (Lincoln: University of Nebraska Press, 1990), p. 77.

22 Vartabedian, "Pier Pressure," pp. D1, D4.

23 "Salute to a Civil Rights Pioneer," *Congressional Record*, Jan. 20, 1995, vol. 141, no. 12, p. E147.

24 같은 책.

25 1992년 4월 롱비치에서 일어난 폭동에 대한 언론 보도는 훨씬 적었고, 이 폭동은 도시 역사상 최악의 시민 소요를 낳았다. 한 명이 사망하고 361명이 부상을 입었으며, 1200명이 체포되었고, 화재가 345건 발생하여 2000만 달러의 피해로 이어졌다. Seth Mydans, "After the Riots: Tumult of Los Angeles Echoed in Long Beach," *New York Times*, May 20, 1992, p. A20 참고.

26 Buchanan, *Black Americans in World War II*, p. 13.

27 이러한 노동조합의 분리주의적 정책은 오래도록 지속된 합법적 투쟁 끝에 마침내 깨졌다. 흑인 노동자들이 계속 싸웠고, 오랜 기간의 망설임 끝에 연방정부가 지원한 덕분이었다. William H. Harris, "Federal Intervention into Union Discrimination: FEPC and the West Coast Shipyards During World War II," *Labor History*, Summer 1981, vol. 22, pp. 325–347; William H. Harris, *The Harder We Run: Black Workers Since the Civil War* (New York: Oxford University Press, 1982), pp. 119–122; Earl Brown and George R. Leighton, *The Negro and the War* (New York: AMS, 1972), pp. 11, 18, 24–27.

28 조선 및 선박 수리와 같이 보수가 더 좋고 숙련된 산업의 통합은 이

시대에 백인 노동자와 소수민족 노동자 사이의 소득격차를 줄이는 데 중요한 역할을 했다. 전후 초기의 좌절(흑인 노동자는 백인 노동자의 2.5배에 달하는 비율로 일자리를 잃었다. 이후 흑인 남성의 산업 고용은 다시 증가하기 시작했고, 1951년에는 이십 대 젊은 흑인 남성의 고용이 사상 최고치에 도달했다. 그러나 진전은 오래가지 못했다. 1960년까지 흑인 노동자들은 제2차세계대전이 끝날 때보다 임금·일자리·실업 면에서 백인보다 훨씬 뒤처졌다. Lester Rubin, *The Negro in the Shipbuilding Industry* (Philadelphia: University of Pennsylvania Press, 1970), p. 74; Harris, *The Harder We Run*, pp. 122, 128, 130–131; Susan M. Hartmann, *The Home Front and Beyond: American Women in the 1940s* (Boston: Twayne, 1982), p. 5; Philip S. Foner, *Organized Labor and the Black Worker 1619–1973* (New York: Praeger, 1974), pp. 238–239, 269–270.

29 Queenan, *Long Beach and Los Angeles*, p. 116.

30 "The Long Beach Story," *Long Beach Review*, July 8, 1980, pp. 22–23; Ken Chilcote, "War Job Done, Douglas Plant Here Eyes Future," *Long Beach Press-Telegram*, Oct. 14, 1945; Richard DeAtley, *Long Beach: The Golden Shore* (Houston: Pioneer, 1988), p. 91.

31 D.J. Waldie, *Holy Land: A Suburban Memoir* (New York: W.W. Norton, 1996), p. 163.

32 Sherna Berger Gluck, *Rosie the Riveter Revisited* (New York: New American Library, 1987), p. 261; Cynthia Harrison, *On Account of Sex* (Berkeley: University of California Press, 1988), p. 5.

33 Waldie, *Holy Land*, pp. 33–34, 37, 62–63.

34 Erlend A. Kennan and Edmund H. Harvey, Jr., *Mission to the Moon* (New York: William Morrow, 1969), p. 241.

35 사무직 노동자는 1920년 전체 노동력의 4분의 1에서 1970년 2분의 1로 늘어났다. 제1차세계대전 이전에는 남성 약 20만 명이 '전문 경영인'이었다가 1970년에는 그 수가 100만 명 이상으로 증가한 것으로 추정된다. Thomas C. Cochran, *Business in American Life: A History* (New York: McGraw–Hill, 1972), pp. 252–253, 271.

36 William H. Whyte, Jr., *The Organization Man* (New York: Touchstone, 1956), pp. 154–155; David Riesman, *The Lonely Crowd* (New Haven: Yale University Press, 1961), pp. 127, 139; C. Wright Mills, *White Collar* (New York: Oxford University Press, 1956), pp. xii, xvi, 74.

37 Theodore Dreiser, *Sister Carrie* (New York: W.W. Norton, 1991), pp. 3, 33.

38 Richard Matheson, *Collected Stories* (Los Angeles: Dream/Press, 1989), p. 89.

39 같은 책, p. xvi.

40 Richard Sennett, *Authority* (New York: W.W. Norton, 1993), pp. 88, 110.

41 Howard Banks, "Aerospace and Defense," *Forbes*, Jan. 7, 1991, p. 96; Anthony L. Velocci, Jr., "U.S. Defense Industry Must Change Ways to Stay Out of Financial Emergency Room," *Aviation Week & Space Technology*, Dec. 24, 1990, p. 16; "A War Machine Mired in Sleaze," *New York Times*, March 31, 1985, section 4, p. 22; Walter Isaacson, "The Winds of Reform," *Time*, Feb. 13, 1994, p. 12.

42 Julie Rees, "On Revolution," *Long Beach Press-Telegram*, Jan. 1, 1990, p. C1.

43 Richard W. Stevenson, "Battling the Lethargy at Douglas," *New York Times*, July 22, 1990, section 3, p. 1.

44 G.J. Meyer, *Executive Blues: Down and Out in Corporate America* (New York: Dell, 1995), pp. 190–191.

45 Herb Shannon, "Pep Talks Paying Off at Douglas," *Long Beach Press-Telegram*, April 10, 1977, p. B1; Ralph Vartabedian, "John McDonnell's Bumpy Ride," *Los Angeles Times Magazine*, Dec. 1, 1991, p. 18.

46 W. Edwards Deming, *Out of the Crisis* (Cambridge, Mass.: MIT Press, 1986); William W. Scherkenbach, *The Deming Route to Quality and Productivity* (Washington, D.C.: CEEPress, 1988); Daniel Niven, "When Times Get Tough, What Happens to TQM?" *Harvard Business Review*, May–June 1993, p. 20; Robert Heller, "Fourteen Points That the West Ignore at Its Peril; Failure to Subscribe to the Quality Management Philosophy of the Late Economist, W. Edwards Deming," *Management Today*, March 1994, p. 17; Jay Mathews and Peter Katel, "The Cost of Quality," *Newsweek*, Sept. 7, 1992, p. 48.

47 Vartabedian, "John McDonnell's Bumpy Ride," p. 20; Stevenson, "Battling the Lethargy at Douglas," p. 1; Mathews and Katel, "The Cost of Quality," p. 48.

48 Bruce A. Smith, "Competition and Tighter Budgets Push Aerospace Firms Toward TQM," *Aviation Week & Space Technology*, Dec. 9, 1991, p. 56.

49 Rees, "On Revolution," p. C4.

50 Meyer, *Executive Blues*, p. 190.

51 John Mintz, "Celebrating a Turnaround," *Washington Post*, Dec. 18, 1995, p. H1; Vartabedian, "John McDonnell's Bumpy Ride," p. 20.

52 Philip H. Dougherty, "Advertising: Campaign to Bolster the DC-10," *New York Times*, July 10, 1980, p. D15.

53 Dena Winokur and Robert W. Kinkead, "How Public Relations Fits Into Corporate Strategy: CEOs Assess the Importance of PR Today and in the Future," *Public Relations Journal*, May 1993, p. 16; James R. Carroll, "MD Under Fire for Billing Practices," *Long Beach Press-Telegram*, Oct. 14, 1993, p. A1; "Billing the U.S. for Trinkets," *New York Times*, May 24, 1985, p. A16.

54 맥도널더글러스가 50주년 기념식에서 배포한 커피 머그, 기념 옷핀 및 기타 기념품에 대해, 한 해에만 정부에 27만 5000달러를 청구했다는 사실이 감사 결과 밝혀졌다. 그 밖에도 맥도널더글러스 자동차 앞유리 차양막을 1만 5000개 구입하는 데 2만 3650달러가 더 들었다. Carroll, "MD Under Fire for Billing Practices," p. A1.

55 1990년 돈주머니가 거덜 난 맥도널더글러스는 비밀리에 국방부를 상대로 10억 달러 대출을 요청했다. 한 공군 장성이 그날 사장의 요청 내용을 노트에 휘갈겨 써 놓았다. "MDC는 10월 말쯤 모든 돈이 바닥난다. 우리는 다음 주에 무엇을 할 수 있을까?" 하지만 결국 이번만큼은 맥도널더글러스의 요청이 거절당하고 만다. Mintz, "Celebrating a Turnaround," p. H1; "McDonnell Payment Report," *New York Times*, Jan. 27, 1993, p. D2; Vartabedian, "John McDonnell's Bumpy Ride," p. 19; Bruce A. Smith, "Management Miscues, Delays Snarl C-17 Program," *Aviation Week & Space Technology*, April 12, 1993, p. 30.

56 Sherwood Anderson, *Perhaps Women* (New York: Horace Liveright, 1931), pp. 42, 44; Arthur Miller, *The Portable Arthur Miller*, Harold Clurman, ed. (New York: Viking Press, 1971), p. 38.

57 Sennett, *Authority*, p. 18.

58 Richard Matheson, "Clothes Make the Man," *Collected Stories*, pp. 33-36.

59 James S. Granelli, "Bias Complaints Unusually High at McDonnell," *Los Angeles Times*, July 27, 1997, p. A1.

60 Katherine Archibald, *Wartime Shipyard: A Study in Social Diversity* (Berkeley: University of California Press, 1947), pp. 216-217.

3장 여자들이 강자다

1 Leslie Fiedler, *Love & Death in the American Novel* (New York: Anchor, 1992),

p. 270.

2 James Gilbert, *A Cycle of Outrage: America's Reaction to the Juvenile Delinquent in the 1950s* (New York: Oxford University Press, 1986), pp. 34, 63, 75.

3 같은 책, pp. 66–70.

4 같은 책, p. 15.

5 Patt Morrison, "Farewell to Arms," *Los Angeles Times*, Dec. 5, 1993, p. A1; James F. Peltz, "As Defense Cuts Deepen, Southern California's Aerospace Industry Is Down but Not Out," *Los Angeles Times*, Sept. 26, 1993, p. D1.

6 D.J. Waldie, *Holy Land* (New York: W.W. Norton, 1996), pp. 7, 37, 41, 62, 158; "Birth of a City," Time, April 17, 1950, p. 99. See also Joan Didion, "Trouble in Lakewood," *The New Yorker*, July 26, 1993, p. 46.

7 Waldie, *Holy Land*, pp. 49, 176.

8 David Ferrell, "One of 9 Students to Be Charged in Campus Sex Case," *Los Angeles Times*, March 23, 1993, p. A1; Robin Abcarian, "Spur Posse Case: The Same Old (Sad) Story," *Los Angeles Times*, April 7, 1993, p. E1.

9 Janet Wiscombe, "Visit to a Shattered Home," *Long Beach Press-Telegram*, Feb. 3, 1994, p. 8; "Alleged Founder of Spur Posse Sentenced in Burglary," *Los Angeles Times*, Jan. 7, 1994, p. B2; Andy Rose and G. M. Bush, "Founder of Spur Posse Already Facing Numerous Charges," *Long Beach Press-Telegram*, March 21, 1993, p. A1.

10 Amy Cunningham, "Sex in High School," *Glamour*, Sept. 1993, p. 253.

11 "Posse Premiere," *Long Beach Press-Telegram*, April 2, 1993, p. A8; "The Spur Posse on TV," *Long Beach Press-Telegram*, April 6, 1993, p. A6.

12 The Jenny Jones Show, April 7, 1993.

13 Amy Cunningham, "Sex in High School," p. 254; Jane Gross, "Where 'Boys Will Be Boys,' and Adults Are Bewildered," *New York Times*, March 29, 1993, p. A1; Jennifer Allen, "Boys: Hanging with the Spur Posse," *Rolling Stone*, July 8–22, 1993, p. 55; "Sex for Points Scandal," *The Jane Whitney Show*, April 1, 1993.

14 "Spur Posse Member Killed," *Associated Press*, July 6, 1995.

15 Susan Faludi, "The Naked Citadel," *The New Yorker*, Sept. 5, 1994, p. 62.

16 Shannon Richey Faulkner et al. v. James E. Jones, Jr., Chairman, Board of Visitors of The Citadel et al., transcript of trial, volume 9, United States District Court for the District of South Carolina, Charleston

Division, pp. 54–55.

17 Adam Nossiter, "A Cadet Is Dismissed and 9 Are Disciplined for Citadel Harassment," *New York Times*, March 11, 1997, p. A15.

18 Ronald Smothers, "Citadel Is Ordered to Admit a Woman to Its Cadet Corps," *New York Times*, July 23, 1994, section 1, p. 6.

19 Janet Wiscombe, "An American Tragedy," *Los Angeles Times*, March 22, 1996, p. E1.

20 "Sex for Points Scandal," *The Jane Whitney Show*, April 1, 1993.

21 Mark J. Henderson, "Civil Rights? Or Wrongs?" *The Brigadier*, Sept. 3, 1993.

22 James Gilligan, *Violence* (New York: G.P. Putnam's Sons, 1996), p. 64.

23 "Turner Turns Santa for 3 Schools," *Baltimore Sun*, Feb. 8, 1994, p. 2A.

24 *The Sphinx*, 1990, 1991, 1992, 1993.

25 Bill Hewitt, "The Body Counters," *People*, April 12, 1993, p. 34; Amy Cunningham, "Sex in High School," p. 252; Allen, "Boys," p. 54.

26 Waldie, *Holy Land*, p. 40.

27 Colyer Meriwether, *History of Higher Education in South Carolina* (Spartanburg, S.C.: The Reprint Company, 1972, 1889), pp. 69–71; John Peyre Thomas, *The History of the South Carolina Military Academy* (Charleston: Walker, Evans and Cogswell, 1893), pp. 13–19, 242–243; *A Brief History of The Citadel* (Charleston: The Citadel, 1994).

28 Col. D.D. Nicholson, Jr., *A History of The Citadel: The Years of Summerall and Clark* (Charleston: The Citadel, 1994), pp. 211–212; "Cadets Will March in Full Dress First Time Since '43," *News & Courier*, Charleston, Feb. 16, 1955, p. 14A.

29 Maj. Gen. James A. Grimsley, *The Citadel: Educating the Whole Man* (New York: The Newcomen Society in North America, 1983), p. 6.

30 Jack Leland, "Women Invade Citadel Classes First Time in School's History," *News & Courier*, Charleston, June 21, 1949, p. 16.

31 "Report to the President and the Board of Visitors of The Citadel," Special Advisory Committee on the Fourth Class System, March 16, 1968, p. 42.

32 Jim and Sybil Stockdale, *In Love and War* (Annapolis, Md.: Naval Institute Press, 1990), p. 471.

33 같은 책, pp. 470, 478–485, 488.

34 Waldie, *Holy Land*, pp. 63, 79.

35 Robert Feldberg, "Follies of '93," *The Record*, April 11, 1993, p. E1; "Tabloid Media: Paying to Get the Dirt," *Nightline*, April 8, 1993.

36 Gilligan, *Violence*, pp. 67, 110–111.

37 Rick Reilly, "What Is The Citadel?," *Sports Illustrated*, Sept. 14, 1992, p. 72; David Davidson, "Crisis at The Citadel: Lords of Cruelty?," *Atlanta Constitution*, Oct. 20, 1991, p. A16; Herb Frazier, "Ex–Cadet Describes Torment at Citadel," *Post and Courier*, Charleston, Oct. 10, 1991, p. 1A; Herb Frazier, "4 Ex–Cadets Invited to Talk to Investigative Panel," *Post and Courier*, Charleston, Oct. 30, 1991, p. 4B.

38 Reilly, "What Is The Citadel?," p. 72.

39 Herb Frazier, "Cadet's Father Confident of Citadel Probe," *Post and Courier*, Charleston, Aug. 26, 1992, p. 1B; Linda L. Meggett, "Racial Slurs Found in Citadel Room," *Post and Courier*, Charleston, Feb. 11, 1993, p. 1B; Linda L. Meggett, "NAACP Wants Citadel Investigation," *Post and Courier*, Charleston, Jan. 5, 1993, p. 1B; "FBI to Probe Citadel Racial Hazing Incident," Jet, Oct. 22, 1986, p. 18; Michael W. Hirschorn, "The Citadel, Trying Hard to Shed Old–South Image, Set Back by the 'Incident,'" *Chronicle of Higher Education*, Feb. 4, 1987, p. 24; Sid Gaulden and Michael L. Field, "Racial Climate at the Citadel Questioned," *News & Courier*, Charleston, Feb. 26, 1987, p. 2B; Lee Aitken, "Racism on Campus: Beyond The Citadel," *People*, Dec. 15, 1986, p. 58.

40 "Report of the Fourth Class System Inquiry Committee," The Citadel, Dec. 5, 1991, pp. 6–8.

4장 훌륭한 개는 언제나 충성스럽다

1 "Worker Displacement, 1995–1997," U.S. Bureau of Labor Statistics, Aug. 19, 1998.

2 "Median Usual Weekly Earnings of Full–Time Wage and Salary Workers, Annual Averages, 1979–1998," U.S. Bureau of Labor Statistics, 1998; "Employee Tenure in 1998," U.S. Bureau of Labor Statistics, Sept. 23, 1998; Kurt Schrammel, "Comparing the Labor Market Success of Young Adults from Two Generations," *Monthly Labor Review*, Feb. 1998, p. 3;

Geoffrey Paulin and Brian Riordon, "Making It on Their Own: The Baby Boom Meets Generation X," *Monthly Labor Review*, Feb. 1998, p. 10; Peter Capelli, "Rethinking the Nature of Work: A Look at the Research Evidence," *Compensation and Benefits Review*, American Management Association, vol. 29, no. 4, July 17, 1997, p. 50; Bennett Harrison, "The Dark Side of Business Flexibility," *Challenge*, vol. 41, no. 4, July 17, 1998, p. 117; Sanford M. Jacoby, *Modern Manors: Welfare Capitalism Since the New Deal* (Princeton: Princeton University Press, 1997), p. 260.

3 Art Fazakas, "About Men: Don't Call Me Lucy," *New York Times Magazine*, June 19, 1994, p. 20.

4 Alan Snel, "A 'Matter of Pride' or 'Extortion'?" *Denver Post*, Nov. 24, 1996, p. A1; "The Stadium Binge," *USA Today*, Sept. 6, 1996, p. 20c.

5 Michael Oriard, *Reading Football: How the Popular Press Created an American Spectacle* (Chapel Hill, N.C.: University of North Carolina Press, 1993), pp. 36–37, 50, 191.

6 Robert W. Peterson, *Pigskin: The Early Years of Pro Football* (New York: Oxford University Press, 1997), pp. 103, 106.

7 John R. Tunis, *The American Way of Sport* (New York: Duell, Sloan & Pearce, 1958), p. 18.

8 Peterson, *Pigskin*, p. 195.

9 Michael Novak, *The Joy of Sports* (Lanham, Md.: Madison, 1994), p. 87.

10 Paul Brown with Jack Clary, *PB: The Paul Brown Story* (New York: Atheneum, 1980), pp. 40, 42–43.

11 Brown, *PB*, p. 47; "Massillon—City of Champions … City of Tradition," *Our Second Century* (Massillon: Washington High School, 1995); Howard Roberts, *The Story of Pro Football* (New York: Rand McNally, 1953), p. 101.

12 *PB*, p. 47.

13 같은 책, pp. 43, 45; Bill Levy, *Return to Glory: The Story of the Cleveland Browns* (Cleveland: World, 1965), p. 45.

14 켄트주립대학교는 타이거스가 50점 이상을 획득한 후 경기가 끝나기 전에 패배를 인정했고, 에이크론대학교는 켄트주립대학교의 굴욕이 선수들 귀에 들어가자 패닉에 빠져 강력한 타이거스와의 예정된 경기를 취소했다. Brown, *PB*, p. 59.

15 Brown, *PB*, p. 47.

16 Donald L. McMurray, *Coxey's Army: A Study of the Industrial Army Movement*

of 1894 (Seattle: University of Washington Press, 1968), pp. 115–125; Writers' Program of the Work Projects Administration, *The Ohio Guide* (New York: Oxford University Press, 1946), p. 421.

17 Brown, *PB*, pp. 48–49; Carl L. Biemiller, "Football Town," *Holiday*, November 1949, p. 72.

18 "Massillon—City of Champions … City of Tradition."

19 심리학자 아널드 베이서가 지적한바, 노동이 전통적인 측면을 상실함에 따라 조직화된 스포츠는 "고된 연습과 준비가 요구된다는 점에서, 코치와 선수가 일에 깊이 연루되어 임한다는 점에서, 그리고 그들의 실제 경제 생산성 측면에서 점점 더 노동과 유사해졌다". Arnold R. Beisser, "Modern Man and Sports," in *Sport and Society*, John T. Talamini and Charles H. Page, eds. (Boston: Little, Brown, 1973), pp. 94–95.

20 Lewis Mumford, *Technics and Civilization* (London: George Routledge & Sons, 1947), pp. 303–305.

21 Jack McCallum, "A Mauling in Tiger Town," *Sports Illustrated*, July 1, 1985, p. 39.

22 WPA, *The Ohio Guide*, p. 420.

23 Lonnie Wheeler, "Father Football," *Ohio*, Sept. 1989, p. 19; Steve Doerschuk, "Paul Brown: Felled by Pneumonia," *Independent*, Aug. 5, 1991, p. A1; "Brown Built Massillon a Legacy of Excellence," *Independent*, Aug. 6, 1991, p. A1.

24 Tobin, *Ernie Pyle's War*, p. 29.

25 William Ganson Rose, *Cleveland: The Making of a City* (Cleveland: World, 1950), pp. 5, 975, 979, 1042–1043, 1059; Carol Poh Miller and Robert A. Wheeler, *Cleveland: A Concise History, 1796-1996* (Bloomington: Indiana University Press, 1997), pp. 138–139, 154.

26 Allen Guttman, *From Ritual to Record: The Nature of Modern Sports* (New York: Columbia University Press, 1978), p. 102.

27 예를 들어 Jim Brosnan, "The Fantasy World of Baseball," in *Sport and Society*, p. 380 참고.

28 Murray Sperber, *Shake Down the Thunder: The Creation of Notre Dame Football* (New York: Henry Holt, 1993), pp. 109, 110–111, 112, 135, 285, 289, 466.

29 Michael Rogin, *Ronald Reagan, the Movie* (Berkeley: University of California Press, 1988), pp. 16–17.

30 Brown, PB, p. 7; Jack Clary, *Cleveland Browns* (New York: Macmillan,

1973), pp. 8–9, 14, 111–112; Jack Clary, *The Gamemakers* (Chicago: Follett, 1976), pp. 24–25; Tex Maule, "A Man for This Season," *Sports Illustrated*, Sept. 10, 1962, p. 32.

31 Steve Byrne, Jim Campbell, and Mark Craig, *The Cleveland Browns: A 50 Year Tradition* (Champaign, Ill.: Sagamore, 1995), p. 9; Wheeler, "Father Football," cover.

32 Clary, *Cleveland Browns*, p. 13; "Football: Brown Ohio," *Newsweek*, Dec. 30, 1946, p. 66.

33 Clary, *Cleveland Browns*, pp. 16–17, 21; Brown, *PB*, p. 106; Mike Shatzkin, ed., *The Ballplayers* (New York: Arbor House, 1990), p. 927; George Sullivan, *Pro Football's All-Time Greats* (New York: Putnam, 1968), p. 243; Paul Zimmerman, *A Thinking Man's Guide to Pro Football* (New York: E. P. Dutton, 1970), p. 363.

34 Terry Pluto, *When All the World Was Browns Town* (New York: Simon & Schuster, 1997), pp. 13–14.

35 Gerald Astor, *A Blood Dimmed Tide* (New York: Donald I. Fine, 1992), pp. 136–144.

36 Mike Wright, *What They Didn't Teach You About World War II* (Novato, Calif.: Presidio, 1998), p. 180.

37 Clary, *Cleveland Browns*, p. 112.

38 "Pro Football: All–America Conference Plays Its Opening Game in Cleveland," *Life*, Sept. 23, 1946, p. 91; Clary, *Cleveland Browns*, pp. 24, 28.

39 팀이 슬럼프에 빠진 가운데 1956년 첫 두 차례 홈경기에 11만 명 이상 충성스러운 팬이 나타나자, 폴 브라운은 "우리가 지는 걸 보고 싶어 하는 것일 수 있"다며 익살을 부렸다. Levy, *Return to Glory*, pp. xi–xii, 138–139.

40 Pluto, *When All the World Was Browns Town*, p. 88.

41 Guttmann, *From Ritual to Record*, p. 122.

42 Brown, *PB*, pp. 42, 54, 55–56.

43 같은 책, pp. 52, 54.

44 Ernie Pyle, *Brave Men* (New York: Henry Holt, 1944), p. 201.

45 Brown, *PB*, p. 148.

46 같은 책, pp. 16, 148; Clary, *Cleveland Browns*, p. 18; "Football: Brown Ohio," *Newsweek*, Dec. 30, 1946, p. 66; Byrne et al., *The Cleveland Browns*, p. 17; Maule, "A Man for This Season," p. 32; "Praying Professionals," *Time*, Oct. 27, 1947, pp. 55–56.

47 Clary, *The Gamemakers*, p. 32; Clary, *Cleveland Browns*, p. 19; Brown, *PB*, p. 15.

48 Clary, *Cleveland Browns*, p. 20.

49 Clary, *The Gamemakers*, pp. 33–34; Levy, *Return to Glory*, p. 111.

50 Clary, *The Gamemakers*, pp. 22–23; Harry Paxton, "Cleveland's Dream Quarterback," *Saturday Evening Post*, Dec. 1, 1951, p. 25; Pluto, *When All the World Was Browns Town*, p. 19.

51 Brown, *PB*, pp. 13, 19.

52 Levy, *Return to Glory*, pp. 136–137; Maule, "A Man for This Season," p. 39; Paxton, "Cleveland's Dream Quarterback," p. 126; Brown, *PB*, p. 157; Pluto, *When All the World Was Browns Town*, p. 30.

53 "Push-Button Football," *Life*, Dec. 1, 1947, p. 109; "Production-Line Football," *Time*, Nov. 22, 1948, p. 63.

54 "Aw Come On, Coach, Relax," *Collier's*, Dec. 10, 1949, p. 78.

55 Rick Reilly, "Browns Destroy Eagles, 35–10, in Huge Upset!," *Sports Illustrated Classic*, fall 1991, p. 15; Clary, *Cleveland Browns*, p. 7; Wheeler, "Father Football," p. 150.

56 Brown, *PB*, p. 157; Jim Brown, *Out of Bounds* (New York: Zebra, 1989), p. 69; Clary, *The Gamemakers*, p. 32; Clary, *Cleveland Browns*, p. 108.

57 Bernie Parrish, *They Call It a Game* (New York: Dial, 1971), pp. 30, 96.

58 같은 책, p. 96.

59 George Plimpton, *Paper Lion* (New York: Harper & Row, 1966), pp. 290–291.

60 Maule, "A Man for This Season," p. 33; "Aw Come On, Coach, Relax," p. 78.

61 Marshall Smith, "Sad News From the Campus: Nobody Loves the Football Hero Now," *Life*, Nov. 11, 1957, p. 149.

62 Parrish, *They Call It a Game*, p. 95.

63 Clary, *Cleveland Browns*, pp. 107–108.

64 Dave Meggyesy, *Out of Their League* (Berkeley, Calif.: Ramparts Press, 1970), pp. 7–10, 11, 153, 155, 181.

65 "Two Men Named Brown," *Newsweek*, Oct. 28, 1963, p. 88.

66 Jimmy Brown and Myron Cope, "Jimmy Brown's Own Story ··· My Case Against Paul Brown," *Look*, Oct. 6, 1964, p. 62; Parrish, *They Call It a Game*, pp. 36, 95.

67 Don DeLillo, *End Zone* (New York: Penguin, 1986), p. 54.

68 Zimmerman, *A Thinking Man's Guide to Pro Football*, p. 210; Brown and Cope, "Jimmy Brown's Own Story," pp. 64, 68; Parrish, *They Call It a Game*, p. 88; Pluto, *When All the World Was Browns Town*, p. 57.

69 Meggyesy, *Out of Their League*, pp. 47–48; Parrish, *They Call It a Game*, p. 99.

70 Levy, *Return to Glory*, pp. 160–161; David Harris, *The League: The Rise and Decline of the NFL* (New York: Bantam, 1986), pp. 35–36; Pluto, *When All the World Was Browns Town*, pp. 35, 36.

71 Harris, *The League*, pp. 35, 39; Parrish, *They Call It a Game*, p. 98; Pluto, *When All the World Was Browns Town*, pp. 47–48.

72 Brown, *PB*, pp. 262, 269, 285; Clary, *Cleveland Browns*, pp. 171–173; Pluto, *When All the World Was Browns Town*, p. 60.

73 Pluto, *When All the World Was Browns Town*, pp. 65, 67–68.

74 "A Team on Trial," *Saturday Evening Post*, Nov. 23, 1963, p. 86.

75 Marla Ridenour, "Modell Wants His Browns to Be Sharp for the RV Audience," *Columbus Dispatch*, Sept. 12, 1993, p. 10E; Benjamin G. Rader, *In Its Own Image: How Television Has Transformed Sports* (New York: Free Press, 1984), pp. 90–91, 121; Jim Duffy, Geoff Brown, Shari Sweeney, and Jay Miller, "Dagger of a Deal," *Cleveland Magazine*, Jan. 1996, p. 79; Byrne, et al., *The Cleveland Browns*, pp. 61–62; Randy Roberts and James S. Olsen, *Winning Is the Only Thing: Sports in America Since 1945* (Baltimore: Johns Hopkins University Press, 1989), p. 126; Harris, *The League*, pp. 34–35.

76 Peter Alfano, "The Changing Face of Sports," New York Times, Oct. 27, 1982, p. B9; Rader, *In Its Own Image*, p. 205; "Notoriety Pays," *Atlanta Journal and Constitution*, Feb. 15, 1997, p. 14A; Bill Plaschke, "A High Price for a Championship," *Los Angeles Times*, Feb. 23, 1999, p. A22.

77 Robert Lipsyte, *SportsWorld: An American Dreamland* (New York: Quadrangle, 1975), p. 59; Harris, *The League*, p. 236.

78 Rader, *In Its Own Image*, pp. 79, 138–139.

79 같은 책, pp. 94–95, 193.

80 Michael Novak, *The Joy of Sports* (Lanham, Md.: Madison, 1994), p. 81.

81 Byrne et al., *The Cleveland Browns*, p. 154.

82 Miller and Wheeler, *Cleveland: A Concise History*, pp. 171, 178, 179, 180, 183, 188–189, 195; "City of Cleveland Receives 'A' Rating from Standard & Poor's," *PR Newswire*, Sept. 26, 1989; Rich Exner, "Cleveland Emerges

from Default, Burns Notes," *UPI*, June 26, 1987.

83 Jeff Hardy, "Kosar: 'I Just Wanted to Go Home,'" *UPI*, April 24, 1985; Christine Brennan, "Rozelle: Kosar Free to Choose," *Washington Post*, April 24, 1985, p. D1; Kevin Sherrington, "Black Days for Browns," *Dallas Morning News*, Nov. 23, 1993, p. 18B.

84 Sherrington, "Black Days for Browns," p. 18B; Bill Livingston, "Cleveland Was All Bernie Ever Wanted," *Plain Dealer*, Cleveland, Nov. 9, 1993, p. 1A; Douglas S. Looney, "There's a Love Feast on Lake Erie," *Sports Illustrated*, Aug. 26, 1985, p. 38; Mark Heisler, "Kosar Is Playing It Cool," *Los Angeles Times*, Oct. 18, 1985, section 3, p. 4; Hardy, "Kosar: 'I Just Wanted to Go Home'"; John Underwood, "The Pros Out-weighed the Cons," *Sports Illustrated*, March 25, 1985, p. 20.

85 Byrne et al., *The Cleveland Browns*, p. 80.

86 Ira Berkow, "Man Bites Football Player," *New York Times*, Jan. 10, 1987, section 1, p. 49; Gary Pomerantz, "Year of Elway? They Won't Argue in Cleveland," *Los Angeles Times*, Jan. 18, 1987, section 3, p. 18.

87 Bonnie DeSimone, "Cleveland Getting a Football Fix," *Chicago Tribune*, Sept. 22, 1996, p. C1.

88 Byrne et al., *The Cleveland Browns*, pp. 80–81.

89 T. J. Trout, "The Desert Dawg," press release, 1993, in *Browns News Illustrated* collection, Berea, Ohio.

90 Brian E. Albrecht, "Few Have Zeal to Rise to Level of Super Fans," *Plain Dealer*, Cleveland, Dec. 17, 1995, p. 5A.

91 Tony Grossi, "Second Chances Cost Browns Little," *Plain Dealer*, Cleveland, Aug. 12, 1995, p. 1D; "Kevin Mack Granted Early Release from Probation," *UPI*, June 21, 1991.

92 "Turner Wants to Start for Browns After Holdout," *Detroit News*, Sept. 1, 1995; Mary Kay Cabot, "Rison Expects to Join Browns Today," *Plain Dealer*, Cleveland, March 24, 1995, p. 1D; Mary Kay Cabot, "Rison to Challenge," *Plain Dealer*, Cleveland, Sept. 3, 1995, p. 1D; Diane Solov and Ted Wendling, "Browns' Woes Run Deep," *Plain Dealer*, Cleveland, Jan. 7, 1996, p. 1A.

93 Ned Zeman, "The Last Straw," *Sports Illustrated*, Nov. 22, 1993, p. 42.

94 Sherrington, "Black Days for Browns," p. 18B; Mary Kay Cabot, "Modell Calls ESPN Report on Contract 'Absolutely Untrue,'" *Plain Dealer*,

Cleveland, Nov. 11, 1993, p. 4F.

95 Sherrington, "Black Days for Browns," p. 4F.

96 Letter from Peter B. Carden of West Chester, Ohio, to *Browns News Illustrated*, Jan. 21, 1995, in Browns News Illustrated collection.

97 John Underwood, *Spoiled Sport: A Fan's Notes on the Troubles of Spectator Sports* (Boston: Little, Brown, 1984), p. 23.

98 Leonard Shapiro, "For Fans, It's a Dawg's Life," *Washington Post*, Nov. 20, 1995, p. A1.

99 Luke Cyphers, "Fan Fright: Going to the Ol' Ballgame Has Never Been Scarier," *Daily News*, New York, Aug. 25, 1996, p. 87; Claire Smith, "In Philadelphia, Fans Are Penalized, Too," *New York Times*, Nov. 24, 1997, p. A1.

100 Frederick Exley, *A Fan's Notes* (New York: Vintage, 1988), pp. 134, 357.

101 Craig Neff, "Deboned," *Sports Illustrated*, Nov. 6, 1989, p. 20.

102 James Lawless,"As Game Approaches, Rabid Fans Are Barking," *Plain Dealer*, Cleveland, Jan. 13, 1990.

103 Brian E. Albrecht, "The No. 1 Fans," *Plain Dealer*, Cleveland, Dec. 17, 1995, p. 1A.

104 Brian E. Albrecht, "Family Dawg," *Plain Dealer*, Cleveland, Jan. 21, 1996, p. 1B.

105 Letter to Joe and Bud McElwain from Peter M. Arrichielo, Topps, May 23, 1995.

106 Hollace Silbiger, "Cable Host Dies in Fall," *Plain Dealer*, Cleveland, Aug. 10, 1993, p. 1B; "Children Lose Second Parent; Crash Kills Mother a Year After Their Father's Fatal Fall," *Plain Dealer*, Cleveland, Dec. 1, 1994, p. 1B.

107 Sperber, *Shake Down the Thunder*, p. 156.

108 Benjamin Harrison, "What Art Modell Wants to Keep the Browns Here," *Plain Dealer*, Cleveland, Feb. 13, 1994, p. 1A.

109 Peter King, "Down … and Out," *Sports Illustrated*, Nov. 13, 1995, p. 28.

110 같은 글, p. 35; Pedro Gomez, "Back in Baltimore," *Sacramento Bee*, Sept. 1, 1996, p. C1.

111 Paul G. Pinsky, "Maryland's Critical Turnover," *Washington Post*, Nov. 12, 1995, p. C8; Terry M. Neal and Michael Abramowitz, "Break Seen in Impasse on Stadium," *Washington Post*, Nov. 8, 1995, p. A1; Rudolph A.

Pyatt Jr., "Modell's Unjustified Free Lunch: Executives Should Punt the Pitch," *Washington Post*, Feb. 1, 1996, p. D11.

112 Timothy W. Smith, "Owners Could Block Browns' Move to Baltimore," *New York Times*, Nov. 5, 1995, section 8, p. 53; Timothy W. Smith, "Bolting Browns Top NFL Controversies," *New York Times*, Nov. 8, 1995, p. B11.

113 Raymond J. Keating, "The House That Taxpayers Built," *New York Times*, April 15, 1998, p. A27; King, "Down … and Out," p. 32.

114 Jim Duffy, Geoff Brown, Shari Sweeney, and Jay Miller, "Dagger of a Deal," *Cleveland Magazine*, Jan. 1996, p. 76; Lester Munson, "A Busted Play," *Sports Illustrated*, Dec. 4, 1995, p. 64; Diane Solov and Ted Wendling, "Browns' Woes Run Deep," *Plain Dealer*, Cleveland, Jan. 7, 1998, p. 1A.

115 Miriam Hall, "Estate Planning as Motivation," *Plain Dealer*, Cleveland, Nov. 7, 1995, p. 7A; Leonard Shapiro, "In Cleveland, Color of Money Wasn't Brown," *Washington Post*, Dec. 12, 1995, p. D1; Solov and Wendling, "Browns' Woes Run Deep," p. 1A; Stephen Phillips, "Out from Behind Dad's Shadow: After Years of Waiting, Learning in the Wings, David Modell Emerges as Man in Charge," *Plain Dealer*, Cleveland, Dec. 24, 1995, p. 1B.

116 Bill Livingston, "Papa Art Walks Out on an Extended Family," *Plain Dealer*, Cleveland, Jan. 17, 1996, p. D1.

117 Smith, "Bolting Browns Top NFL Controversies," p. B11; "Browns Fans Suffer Loss and Brace for One More," *New York Times*, Nov. 6, 1995, p. C5; Steve Rushin, "The Heart of a City," *Sports Illustrated*, Dec. 4, 1995, p. 58.

118 Michael O'Malley, "Stadium Feels Like 'Dungeon' on Gloomy Day," *Plain Dealer*, Cleveland, Nov. 20, 1995, p. 11C.

119 Richard Sandomir, "Battle to Save the Browns Goes to Washington," *New York Times*, Nov. 30, 1995, p. B21; Steve Wulf, "Bad Bounces for the NFL," *Time*, Dec. 11, 1995, p. 64.

120 Bernie Kosar, "An Open Letter from Bernie Kosar to All Browns Fans," news release, Nov. 7, 1995.

121 "Professional Sports Franchise Relocation: Antitrust Implications," hearing before U.S. House of Representatives Judiciary Committee, Washington, D.C., Feb. 6, 1996.

122 "Antitrust, Monopolies and Business Rights Sport Franchise Relocation,"

hearing before U.S. Senate Judiciary Committee, Washington, D.C., Nov. 29, 1995.

123 Stephen Phillips, "Behind Revco's Doors," *Plain Dealer*, Cleveland, Dec. 10, 1995, p. I1; Bill Lubinger, "The Ripple Effect, Loss of Revco Likely to Reverberate Across Many Area Firms," *Plain Dealer*, Cleveland, Dec. 1, 1995, p. 1C; "Revco Rite Aid Merger Expected," *Plain Dealer*, Cleveland, Nov. 30, 1995, p. 1A; Marcia Pledger, "Rite Aid Drops Its Bid for Revco," *Plain Dealer*, Cleveland, April 25, 1996, p. 1A.

124 "Cleveland Browns Franchise Preserved in Cleveland: Mayor White, NFL Agree to Binding Commitments," news release, office of Mayor Michael R. White, Feb. 8, 1996.

125 Bud Shaw, "NFL Horror Flick Too Preposterous," *Plain Dealer*, Cleveland, March 9, 1996, p. D1.

126 V. David Sartin, "Boycott of Super Bowl Proposed," *Plain Dealer*, Cleveland, Jan. 9, 1996, p. 1B.

127 Tony Grossi, "NFL Says the Deal Is Done," *Plain Dealer*, Cleveland, March 12, 1996, p. 1A.

128 Vinnie Perrone, "Browns Bow Out, Fans Take Seats," *Washington Post*, Dec. 18, 1995, p. C1.

5장 하나님의 나라에서 나의 자리는 어디인가요?

1 Steve Gushee, "The Promise Keepers," *Palm Beach Post*, Aug. 8, 1995, p. 1D.

2 Marie Griffith and Paul Harvey, "Wifely Submission: The SBC Resolution: Southern Baptist Convention and Marriage," *Christian Century*, July 1, 1998, p. 636; Larry B. Stammer, "A Wife's Role Is 'To Submit,' Baptists Declare," *Los Angeles Times*, June 10, 1989, p. A1.

3 "McCartney at Center of Controversy Again," *Minneapolis Star Tribune*, July 29, 1992, p. 2C; John D. Spalding, "Bonding in the Bleachers: A Visit to the Promise Keepers," *Christian Century*, March 6, 1996, p. 260.

4 Tony Evans, "Spiritual Purity," in *Seven Promises of a Promise Keeper* (Colorado Springs: Focus on the Family, 1994), p. 79.

5 같은 글, p. 74.

6 《뉴맨》은 결국 프라미스키퍼스에서 독립한다. Robert V. Zoba, "The

Unexpected Choice," *New Man*, Nov./Dec. 1997, p. 41. 또한 Rholan Wong, "Lessons from a Househusband," *New Man*, Sept. 1997, p. 58 참고.

7 "Promise Keepers' Sample of 1994 National Survey on Men: Report on 1994 Conference Attendees," National Center for Fathering, March 1995, p. 6.

8 Sara Diamond, *Spiritual Warfare: The Politics of the Christian Right* (Boston: South End Press, 1989), p. 52; Bill Bright, *Come Help Change the World* (Old Tappan, N.J.: Fleming H. Revell, 1970), p. 97; Richard Quebedeaux, *I Found It! The Story of Bill Bright and Campus Crusade* (New York: Harper & Row, 1979), pp. 18, 91, 182–183; Colleen McDannell, *Material Christianity* (New Haven: Yale University Press, 1995), footnote 58, p. 302, n. 58.

9 Matt Campbell, "Promise Keepers Praised, Panned and Set for KC," *Kansas City Star*, March 24, 1996, p. A1; Bill McCartney with David Halbrook, *Sold Out* (Nashville: Word Publishing, 1997), pp. 84–87; Bill McCartney with Dave Diles, *From Ashes to Glory* (Nashville: Thomas Nelson, 1995), p. 109.

10 Rick Reilly, "What Price Glory?," *Sports Illustrated*, Feb. 27, 1989, p. 32; Bryan Abas, "That Sinning Season," *Westword*, Aug. 30–Sept. 5, 1989, p. 12.

11 Abas, "That Sinning Season," pp. 15, 18; McCartney, From Ashes to Glory, pp. 51–52; Richard Hoffer and Shelley Smith, "Putting His House in Order," *Sports Illustrated*, Jan. 16, 1995, p. 29.

12 매카트니는 아내 린디의 절망을 두 번째 책을 위한 일종의 마케팅 도구로 만들어 버렸다. 그는 아내를 책 홍보 투어에 데리고 다녔고, 아내 린디는 불행과 폭식증에 대한 이야기로 토크쇼 청중을 감동시켰다. 그러나 궁극적으로 가정 내의 고통을 공개적으로 떠들고 다닌 것이 매카트니의 뒤통수를 치게 되는데, 그의 목사가 《뉴욕타임스》에 매카트니 역시 불륜을 저질렀다고 폭로했기 때문이다. *From Ashes to Glory*, pp. 95, 197, 290–291; McCartney, *Sold Out*, pp. 48, 68–71, 104–107, 233–237; Laurie Goodstein, "A Marriage Gone Bad Struggles for Redemption," *New York Times*, Oct. 29, 1997, p. A17.

13 Sheldon G. Jackson, *Beautiful Glendora* (Azusa, Calif.: Azusa Pacific University Press, 1982), pp. 15–16, 52, 59, 61, 121; Donald Pflueger, *Glendora: The Annals of a Southern California Community* (Claremont, Calif.: Saunders, 1951), pp. 23–24, 199, 209.

14 Jackson, *Beautiful Glendora*, pp. 38–39, 64–65, 76, 78; Pflueger, *Glendora*, p. 231.

15 Neil T. Anderson, *The Bondage Breaker* (Eugene, Ore.: Harvest House, 1993), pp. 11, 57–58.

16 Ken Abraham, *Who Are the Promise Keepers?* (New York: Doubleday, 1997), p. 39.

17 William G. McLoughlin, Jr., *Billy Sunday Was His Real Name* (Chicago: University of Chicago Press, 1955), pp. 8, 179; William T. Ellis, *Billy Sunday: The Man & His Message*, 1914, p. 204.

18 Charles Howard Hopkins, *The Rise of the Social Gospel in American Protestantism* (New Haven: Yale University Press, 1967), pp. 11–12, 19; McLoughlin, *Billy Sunday Was His Real Name*, pp. 27–28, 35, 37, 262; Roger A. Bruns, *Preacher: Billy Sunday and Big-Time American Evangelism* (New York: Norton, 1992), p. 130.

19 Gail Bederman, "The Women Have Had Charge of the Church Work Long Enough: The Men and Religion Forward Movement of 1911–1912 and the Masculinization of Middle-Class Protestantism," *American Quarterly*, volume 41, issue 3, Sept. 1989, pp. 432–465; Hopkins, *The Rise of the Social Gospel in American Protestantism*, pp. 296–297.

20 McLoughlin, *Billy Sunday Was His Real Name*, pp. 225–226; Hopkins, *The Rise of the Social Gospel in American Protestantism*, pp. 31–32, 177, 221, 224–225, 285–288, 291, 303.

21 Bederman, "The Women Have Had Charge of the Church Work Long Enough," pp. 432, 435.

22 Ron Stodghill II, "God of Our Fathers," *Time*, Oct. 6, 1997, p. 34.

23 Jim Zabloski, "Failure Is Not Final!" *New Man*, May 1998, p. 57; *New Man*, Nov./ Dec. 1997, cover; *New Man*, Jan./Feb. 1998, cover.

24 Abraham, *Who Are the Promise Keepers?*, p. 7.

25 U.S. Census Bureau, Current Population Reports, Series P-60, 1998; "Five IOMA Studies Document the Effects of Gender on Compensation," *Report on Salary Surveys*, publication of Institute of Management and Administration, December 1996; "Background on the Wage Gap," National Committee on Pay Equity, Washington, D.C., 1998; "Women by Occupation, 1997," National Committee on Pay Equity, Washington, D.C., 1998; Karen Robinson-Jacobs, "When It Comes to Pay, It's Still a Man's World," *Los Angeles Times*, April 23, 1998, p. D1.

26 *Women Work, Poverty Still Persists: An Update on the Status of Displaced Homemakers*

and Single Mothers in the United States, publication of Women Work: The National Network for Women's Employment, fall 1998, pp. 13, 21.

27 Caroline Walker Bynum, *Jesus as Mother: Studies in the Spirituality of the High Middle Ages* (Berkeley: University of California Press, 1984), pp. 113–117.

28 Barbara Welter, "The Feminization of American Religion: 1800–1860," *Clio's Con-sciousness Raised*, Mary S. Hartman and Lois Banner, eds. (New York: Harper & Row, 1974), pp. 137, 142.

29 Bruce Barton, *The Man Nobody Knows* (Indianapolis: Bobbs–Merrill, 1925), pp. vi–vii, 10–12, 21.

30 Bynum, *Jesus as Mother*, p. 158.

31 Barton, *The Man Nobody Knows*, pp. 5, 85; T. J. Jackson Lears, "From Salvation to Self–Realization," in *The Culture of Consumption*, Richard Wightman Fox and T.J. Jackson Lears, eds. (New York: Pantheon, 1983), pp. 30–38.

32 Gordon Dalbey, *Sons of the Father* (Wheaton, Ill.: Tyndale House, 1996), p. 7.

33 Gordon Dalbey, *Fight Like a Man* (Wheaton, Ill.: Tyndale House, 1995), pp. 35, 90, 114; Dalbey, *Sons of the Father*, pp. 3, 6.

34 Dalbey, *Sons of the Father*, p. 20; Dalbey, *Fight Like a Man*, pp. 12, 25, 36, 103, 114, 117.

35 Dalbey, *Fight Like a Man*, pp. xii–xiii, 310.

36 같은 책, pp. 35–36.

37 Robert N. Bellah, *Beyond Belief: Essays on Religion in a Post-Traditional World* (Berkeley: University of California Press, 1991), p. 78.

38 Stephen Mitchell, *The Gospel According to Jesus* (New York: HarperCollins, 1991), pp. 19, 28, 30–31, 51; Matthew 23:9, King James Version.

39 Matthew 10:35–36, New International Version; Luke 12:53, Matthew 23:9, Luke 14: 26, Luke 9:60, King James Version; Mitchell, *The Gospel According to Jesus*, pp. 44–45, 58.

40 John Dominic Crossan, *The Historical Jesus* (San Francisco: HarperSanFrancisco, 1992), pp. 299–300; Richard A. Horsley, *Jesus and the Spiral of Violence* (Minneapolis: Fortress, 1993), p. 242.

41 Horsley, *Jesus and the Spiral of Violence*, pp. 232–233; Richard A. Horsley and Neil Asher Silberman, *The Message and the Kingdom: How Jesus and Paul Ignited a Revolution and Transformed the Ancient World* (New York: Grosset/Putnam, 1997), pp. 5–6, 10–11, 15–21, 77–78.

42 Peter Brown, *The Rise of Western Christendom: Triumph and Diversity, ad 200-1000* (Cambridge, Mass.: Blackwell, 1996), pp. 44–45; Norbert Brox, *A Concise History of the Early Church* (New York: Continuum, 1995), pp. 46–50; Charlotte Allen, *The Human Christ: The Search for the Historical Jesus* (New York: Free Press, 1998), pp. 59–61, 68; Erich Fromm, *The Dogma of Christ* (New York: Owl/Henry Holt, 1992), pp. 62–65.

43 William McLoughlin, *Revivals, Awakenings, and Reforms* (Chicago: University of Chicago Press, 1978), pp. 69–72; Ann Douglas, *The Feminization of American Culture* (New York: Avon, 1977), pp. 143–148.

44 Douglas, *The Feminization of American Culture*, pp. 160–161, 163.

45 같은 책, pp. 1–3, 162–163, 242.

46 Richard Quebedeaux, *I Found It!: The Story of Bill Bright and Campus Crusade* (New York: Harper & Row, 1979), p. 37.

47 Dean M. Kelley, *Why Conservative Churches Are Growing: A Study in the Sociology of Religion* (New York: Harper & Row, 1972), pp. 1, 21–25; Richard Quebedeaux, *The Worldly Evangelicals* (New York: Harper & Row, 1978), pp. 3–4, 14; Richard Quebedeaux, *The New Charismatics II* (New York: Harper & Row, 1983), pp. 90, 129.

48 Billy Graham, *World Aflame* (Garden City, N.Y.: Doubleday, 1965), p. 172; Quebedeaux, *I Found It!*, p. 57.

49 Quebedeaux, *I Found It!*, pp. 6, 8.

50 Bill Bright, *Come Help Change the World* (Old Tappan, N.J.: Fleming H. Revell), p. 80; Graham, *World Aflame*, p. 92.

51 "Promise Keepers' Sample of 1994 National Survey on Men: Report on 1994 Conference Attendees," p. 3.

52 Mark 15:34, King James Version.

53 Larry B. Stammer and Louis Sahagun, "Entire Promise Keepers' Staff to Be Laid Off," *Los Angeles Times*, Feb. 20, 1998, p. A1.

54 "Promise Keepers' Salary Controversy," Washington Post, Aug. 2, 1997, p. A8; Karen Auge, "Promise Keepers Founder Says He Wasn't Godly Man," *Fort-Worth Star Telegram*, Oct. 5, 1997, p. 14; Mary Winter, "Only McCartney Knows What the Future Holds," *Rocky Mountain News*, Denver, Nov. 28, 1994, p. 3D; John Henderson, "Mac Calls It Quits; CU Coach Seeks Times with Family," *Denver Post*, Nov. 20, 1994; Stuart Steers, "Under the Covers," *Westword*, Jan. 30, 1997.

6장 모두 군인이 되어 아무도 남지 않았네

1 Lawrence M. Baskir and William A. Strauss, *Chance and Circumstance: The Draft, the War, and the Vietnam Generation* (New York: Vintage, 1978), pp. 5, 276.

2 Clyde E. Jacobs and John F. Gallagher, *The Selective Service Act: A Case Study of the Governmental Process* (New York: Dodd, Mead, 1967), p. 110; Baskir and Strauss, *Chance and Circumstance*, pp. 15–16, 20–22; Alf Evers, *Selective Service: A Guide to the Draft* (Philadelphia: J. P. Lippincott, 1957), p. 110; Christian G. Appy, *Working-Class War: American Combat Soldiers and Vietnam* (Chapel Hill: University of North Carolina Press, 1993), p. 30.

3 베트남에서 이뤄진 전투의 비율은 인용된 표준 수치로 보았을 때 6퍼센트 미만일 가능성이 높다. 이 수치는 남자들에게 전투를 "경험"한 적이 있는지 질문한 연구에 근거한 것으로, 이 '경험'이라는 말은 무심코 사선에 놓인 수많은 비전투 군인을 포함하는 모호한 표현이었다. 이런 문제가 있는 통계를 알려 준 베트남사 연구자 크리스천 애피에게 감사한다. Baskir and Strauss, *Chance and Circumstance*, pp. 5–12 참고.

4 Lawrence Wright, *In the New World: Growing Up with America from the Sixties to the Eighties* (New York: Vintage, 1989), p. 104.

5 Gordon Dalbey, *Sons of the Father* (Wheaton, Ill.: Tyndale House, 1996), p. 152.

6 John Wheeler, *Touched with Fire: The Future of the Vietnam Generation* (New York: Franklin Watts, 1984), p. 99; A. D. Horne, ed., *The Wounded Generation* (Englewood Cliffs, N.J.: Prentice-Hall, 1981), p. 96.

7 Jerry Lembcke, *The Spitting Image: Myth, Memory, and the Legacy of Vietnam* (New York: New York University Press, 1998), pp. ix, 6, 58, 73, 75, 77–78.

8 Horne, *The Wounded Generation*, p. 118; Lembcke, *The Spitting Image*, p. 53; Richard Stacewicz, *Winter Soldiers: An Oral History of the Vietnam Veterans Against the War* (New York: Twayne, 1997), pp. 4–5.

9 Bruno Bettelheim, "Student Revolt: The Hard Core," *Vital Speeches*, April 15, 1969, p. 405. 또한 Bruno Bettelheim, "Children Must Learn to Fear," *New York Times Magazine*, April 13, 1969, p. 125; David Dempsey, "Bruno Bettelheim Is Dr. No," *New York Times Magazine*, Jan. 11, 1970, p. 22 참고.

10 John R. Coyne, Jr., *The Impudent Snobs: Agnew vs. the Intellectual Establishment* (New Rochelle, N.Y.: Arlington House, 1972), p. 188; Frank S. Meyer,

"The Revolution Eats Its Parents," *National Review*, June 3, 1969, p. 541; K. Ross Toole, "I Am Tired of the Tyranny of Spoiled Brats," *U.S. News & World Report*, April 13, 1970, p. 76. 학자들은 오이디푸스 이론에 관한 단행본 길이의 처방도 제공했다. 가장 영향력 있는 책은 루이스 퓨어(Lewis S. Feuer)의 『세대 갈등(The Conflict of Generations)』(New York: Basic Books, 1969)이었다. 1964~1965년 초기 학생운동 기간 동안 캘리포니아주 버클리대학교에 재직 중이던 철학 교수 퓨어는 학생운동의 초점이 민권에서 베트남으로 이동한 것조차, 아버지에 대한 "공격적 충동"을 발산할 수 있는 더 생산적인 토론의 장을 찾으려는 아들의 욕망에 의해 추동된 것이라고 주장했다. pp. 414–415 참고.

11 Kenneth Keniston, *Youth and Dissent: The Rise of a New Opposition* (New York: Harcourt Brace Jovanovich, 1971), p. 275.

12 Robert Bly, *Iron John: A Book About Men* (New York: Addison-Wesley, 1990), pp. 2–4, 7; Keith Thompson, "The Meaning of Being Male: A Conversation with Robert Bly," *LA Weekly*, Aug. 2–11, 1983.

13 James Miller, *Democracy Is in the Streets* (New York: Simon & Schuster, 1987), pp. 181–182.

14 Nancy Zaroulis and Gerald Sullivan, *Who Spoke Up?: American Protest Against the War in Vietnam 1963-1975* (Garden City, N.Y.: Doubleday, 1984), pp. 65–66.

15 Samuel Lubell, "That Generation Gap," in *Confrontation: The Student Rebellion and the Universities*, Daniel Bell and Irving Kristol, eds. (New York: Basic Books, 1969), pp. 58–59; Seymour Martin Lipset, *Rebellion in the University* (Chicago: University of Chicago Press, 1971), pp. 80–81, 84–85.

16 Kenneth Keniston, *Young Radicals: Notes on Committed Youth* (New York: Harcourt, Brace & World, 1968), pp. 55, 59, 112–113, 116, 118.

17 Mario Savio, "An End to History," in *The Politics of the New Left*, Matthew Stolz, ed. (Beverly Hills: Glencoe Press, 1971), p. 134; Norman Mailer, *The Armies of the Night* (New York: Plume/Penguin, 1994), p. 144.

18 Peter Marin, "The Open Truth and Fiery Vehemence of Youth," in *The Movement Toward a New America*, Mitchell Goodman, ed. (Philadelphia: Pilgrim Press/New York: Knopf, 1970), p. 10.

19 Peter Berg, "A Founder of the Diggers Talks About What's Happening," in Goodman, ed., *The Movement Toward a New America*, pp. 13–16.

20 David Harris, *Our War* (New York: Times, 1996), p. 52.

21 Tom Engelhardt, *The End of Victory Culture* (New York: BasicBooks, 1995), p. 244.

22 Horne, ed., *The Wounded Generation*, pp. 185, 188.

23 "The Port Huron Statement," in Miller, *Democracy Is in the Streets*, p. 332.

24 Sara Davidson, *Loose Change: Three Women of the Sixties* (Garden City, N.Y.: Doubleday, 1977), p. 158.

25 Norman Mailer, *The Armies of the Night*, p. 271; Mark Gerzon, *A Choice of Heroes* (Boston: Houghton Mifflin, 1982), pp. 85, 96.

26 Marvin Garson, "The System Does Not Work," in Goodman, ed., *The Movement Toward a New America*, pp. 119, 122.

27 *The War at Home*, dir. and prod. by Chuck France, One Mo' Time Films, 1981.

28 Todd Gitlin, *The Sixties* (New York: Bantam, 1987), p. 256.

29 Theodore Roszak, "Youth and the Great Refusal," in Goodman, ed., *The Movement Toward a New America*, p. 86.

30 "The Port Huron Statement," *Democracy Is in the Streets*, p. 338.

31 Sara Evans, *Personal Politics* (New York: Vintage, 1980), p. 200.

32 Marge Piercy, "The Grand Coolie Dam," in *Sisterhood Is Powerful: An Anthology of Writings from the Women's Liberation Movement*, Robin Morgan, ed. (New York: Vintage, 1970), pp. 473–492.

33 Gitlin, *The Sixties*, p. 372.

34 Piercy, "The Grand Coolie Dam," pp. 483, 485.

35 Evans, *Personal Politics*, pp. 112, 160, 224.

36 같은 책, pp. 200–201.

37 Casey Hayden and Mary King, "Sex and Caste," in Evans, *Personal Politics*, pp. 235–238.

38 Evans, *Personal Politics*, pp. 189–192.

39 Gitlin, *The Sixties*, p. 373.

40 Seymour M. Hersh, *My Lai 4* (New York: Random House, 1970), pp. 39–40; Michael Bilton and Kevin Sim, *Four Hours in My Lai* (New York: Penguin, 1992), pp. 7, 98, 102; "Investigation of the My Lai Incident," report of the Armed Services Investigating Subcommittee, Committee on Armed Services, U.S. House of Representatives, July 15, 1970 (Washington, D.C.: U.S. Government Printing Office, 1970), p. 6; "Investigation of the My Lai Incident," hearings of Armed Services

Investigating Subcommittee of the Committee on Armed Services, U.S. House of Representatives, April–June 1970 (Washington, D.C.: U.S. Government Printing Office, 1970), p.61.

41 Mary McCarthy, *Medina* (New York: Harcourt Brace Jovanovich, 1972), pp. 30–31; "Investigation of the My Lai Incident," hearings of Armed Services Investigating Subcommittee, April–June 1970, p. 65.

42 Bilton and Sim, *Four Hours in My Lai*, pp. 143–144.

43 Hersh, *My Lai 4*, p. 59.

44 같은 책, pp. 49, 54, 72; Bilton and Sim, *Four Hours in My Lai*, pp. 113, 119, 122, 129, 140.

45 Bilton and Sim, *Four Hours in My Lai*, pp. 7, 24.

46 Richard A. Gabriel and Paul L. Savage, *Crisis in Command* (New York: Hill and Wang, 1978), p. 4.

47 같은 책, pp. 17–18.

48 같은 책, pp. 18, 117.

49 Frank Harvey, *Air War-Vietnam* (New York: Bantam, 1967), pp. 44–45.

50 James William Gibson, *The Perfect War* (New York: Vintage, 1986), p. 104.

51 Cecil B. Currey ("Cincinnatus"), *Self-Destruction* (New York: W.W. Norton, 1981), p. 130.

52 Gibson, *The Perfect War*, p. 156; David H. Hackworth, *About Face* (New York: Simon & Schuster, 1989), pp. 316–317.

53 Gabriel and Savage, *Crisis in Command*, p. 94; Gibson, *The Perfect War*, p. 23.

54 Gabriel and Savage, *Crisis in Command*, pp. 31, 55, 86–87, 94; Dr. Jonathan Shay, *Achilles in Vietnam* (New York: Touchstone, 1995), p. 13.

55 Douglas Kinnard, *The War Managers* (Wayne, N.J.: Avery, 1985), p. 174; Gibson, *The Perfect War*, pp. 442, 444.

56 Gabriel and Savage, *Crisis in Command*, pp. 32–33, 40–41, 54, 63–66, 77, 93–94, 96.

57 Baskir and Strauss, *Chance and Circumstance*, p. 3.

58 Gabriel and Savage, *Crisis in Command*, p. 31.

59 Joseph Lelyveld, "The Story of a Soldier Who Refused to Fire at Songmy," *New York Times Magazine*, Dec. 14, 1969, p. 32.

60 Hersh, *My Lai 4*, pp. 16, 18; Bilton and Sim, *Four Hours in My Lai*, pp. 50–52.

61 Hersh, *My Lai 4*, pp. 20–21.

62 같은 책, p. 19; Richard Hammer, *The Court-Martial of Lt. Calley* (New

York: Coward, McCann & Geoghegan, 1971), pp. 55, 75–76; Tom Tiede, *Calley-Soldier or Killer?* (New York: Pinnacle, 1971), p. 50; John Sack, *Lieutenant Calley: His Own Story* (New York: Viking, 1971), p. 13.

63 Hammer, *The Court-Martial of Lt. Calley*, pp. 55–59, 76.

64 Hersh, *My Lai 4*, pp. 122–123.

65 Bilton and Sim, *Four Hours in My Lai*, pp. 83–85; Richard Hammer, *One Morning in the War: The Tragedy at Son My* (New York: Coward–McCann, 1970), pp. 98–99; Hersh, *My Lai 4*, p. 34.

66 Bilton and Sim, *Four Hours in My Lai*, pp. 79, 83, 92.

67 Gabriel and Savage, *Crisis in Command*, p. 76.

68 Lt. Gen. William R. Peers, *The My Lai Inquiry* (New York: W.W. Norton, 1979), p. 233; Hersh, *My Lai 4*, p. 19; Bilton and Sim, *Four Hours in My Lai*, p. 52; Sack, *Lieutenant Calley: His Own Story*, p. 30.

69 Sack, *Lieutenant Calley: His Own Story*, pp. 50, 57, 60–61, 75, 79, 138.

70 같은 책, pp. 67–69.

71 같은 책, p. 69.

72 Marilyn B. Young, *The Vietnam Wars 1945-1990* (New York: HarperPerennial, 1991), pp. 189–190.

73 Seymour Hersh, *Cover-Up* (New York: Random House, 1972), p. 10.

74 Sack, *Lieutenant Calley: His Own Story*, pp. 79, 83–84.

75 David Halberstam, *The Best and the Brightest* (New York: Ballantine, 1992), twentieth anniversary edition, p. 157; *Hearts and Minds*, dir. Peter Davis, Rainbow Pictures, 1974.

76 Bilton and Sim, *Four Hours in My Lai*, pp. 1, 182.

77 Gloria Emerson, *Winners and Losers* (New York: Harvest/HBJ, 1976), p. 65; *Winter Soldier*, Winterfilm, Inc., 1972; Hersh, *My Lai 4*, p. 81.

78 Hersh, *Cover-Up*, p. 15; Robert Jay Lifton, *Home from the War* (Boston: Beacon, 1992), p. 50; Bilton and Sim, *Four Hours in My Lai*, pp. 123–124; Sack, *Lieutenant Calley: His Own Story*, p. 117.

79 Bilton and Sim, *Four Hours in My Lai*, pp. 64, 71, 75, 77–79, 81–82, 92, 99.

80 같은 책, p. 79.

81 같은 책, pp. 71–72.

82 McCarthy, *Medina*, pp. 16–17.

83 Bilton and Sim, *Four Hours in My Lai*, pp. 135–136, 139–141.

84 같은 책, pp. 176–177, 181, 194, 206; McCarthy, *Medina*, p. 18; Gabriel

and Savage, *Crisis in Command*, p. 205, n. 14.

85 Hersh, *My Lai 4*, pp. 46–47; Hersh, *Cover-Up*, pp. 101–105.

86 Richard Matheson, "Brother to the Machine," *Collected Stories* (Los Angeles: Dream/ Press, 1989), pp. 89–93.

87 Gibson, *The Perfect War*, p. 213; Gabriel and Savage, *Crisis in Command*, pp. 45, 48–49; Lembcke, *The Spitting Image*, p. 37; Howard Zinn, *A People's History of the United States* (New York: Harper Colophon Books, 1980), pp. 485–487.

88 Gibson, *The Perfect War*, pp. 210, 212; Baskir and Strauss, *Chance and Circumstance*, p. 143; Gabriel and Savage, *Crisis in Command*, pp. 43–44.

89 Hersh, *Cover-Up*, p. 31.

90 Gibson, *The Perfect War*, p. 111; John Balaban, W.D. Ehrhart, Wayne Karlin, and Basil Paquet, "Carrying the Darkness: Literary Approaches to Atrocity," in *Facing My Lai: Moving Beyond the Massacre*, David L. Anderson, ed. (Lawrence, Kansas: University Press of Kansas, 1998), p. 93. Emerson, *Winners and Losers*, p. 7.

91 Bilton and Sim, *Four Hours in My Lai*, p. 196.

92 같은 책, p. 197.

93 같은 책, p. 201.

94 William G. Eckhardt, Ron Ridenhour, and Hugh C. Thompson, Jr., "Experiencing the Darkness: An Oral History," in Anderson, ed., *Facing My Lai*, pp. 33–39.

95 같은 글, p. 39.

96 같은 글, p. 39.

97 Hersh, *My Lai 4*, p. 105.

98 Vietnam Veterans Against the War, *The Winter Soldier Investigation: An Inquiry into American War Crimes* (Boston: Beacon Press, 1972), pp. 2–3.

99 Eckhardt et al., "Experiencing the Darkness," p. 40.

100 Hersh, *Cover-Up*, p. 240.

101 Bilton and Sim, *Four Hours in My Lai*, pp. 321–322.

102 Hersh, *Cover-Up*, pp. 241–242.

103 "Americans Speak Out on the Massacre," *Life*, Dec. 19, 1969, p. 46.

104 Hersh, *Cover-Up*, p. 6; Bilton and Sim, *Four Hours in My Lai*, pp. 307–308, 323, 337, 339, 346, 355–356.

105 "An Average American Boy?," *Time*, Dec. 5, 1969, p. 25; Bilton and Sim,

Four Hours in My Lai, p. 354.

106 Hersh, *My Lai 4*, p. 153.

107 Hammer, *The Court-Martial of Lt. Calley*, pp. 374–377; Bilton and Sim, *Four Hours in My Lai*, pp. 2, 340, 355; Sack, *Lieutenant Calley: His Own Story*, p. 15; Tiede, *Calley: Soldier or Killer?*, p. 16.

108 Sack, *Lieutenant Calley: His Own Story*, p. 21; Wayne Greenhaw, *The Making of a Hero* (Louisville, Ky.: Touchstone, 1971), p. 61.

109 McCarthy, *Medina*, p. 48.

110 같은 책, pp. 46–47.

111 Christopher Buckley, "Viet Guilt," *Esquire*, Sept. 1983, p. 68.

112 James Fallows, "What Did You Do in the Class War, Daddy?," in *The Vietnam Reader*, Walter Capps, ed. (New York: Routledge, 1991), pp. 213–215, 219.

113 Buckley, "Viet Guilt," p. 71; Edward Tick, "About Men: Apocalypse Continued," *New York Times Magazine*, Jan. 13, 1985, p. 60.

114 Tick, "Apocalypse Continued," p. 60.

115 John Kerry, "Vietnam Veterans Against the War: Testimony to the U.S. Senate Foreign Relations Committee (April 22, 1971)," in *Vietnam and America*, Marvin E. Gettleman, Jane Franklin, et al., eds. (New York: Grove, 1985), p. 458.

116 Robert Roth, *Sand in the Wind* (Boston: Atlantic Monthly Press, 1973), pp. 452–454.

117 Tim O'Brien, *The Things They Carried* (New York: Penguin, 1990), pp. 60–63.

118 Lembcke, *The Spitting Image*, p. 53; Baskir and Strauss, *Chance and Circumstance*, pp. 140–141.

7장 거울 속 괴물

1 Fred Turner, *Echoes of Combat: The Vietnam War in American Memory* (New York: Anchor, 1996), p. 63.

2 Marilyn B. Young, *The Vietnam Wars 1945-1990* (New York: HarperPerennial, 1991), p. 113.

3 Ronald Reagan with Richard G. Hubler, *Where's the Rest of Me?* (New

York: Duell, Sloan and Pearce, 1965), pp. 112–121, 138; Lou Cannon, *Reagan* (New York: G.P. Putnam's Sons, 1982), p. 57.

4 Lou Cannon, *President Reagan: The Role of a Lifetime* (New York: Simon & Schuster, 1991), pp. 58–60, 486–488; Garry Wills, *Reagan's America* (New York: Penguin, 1988), pp. 147, 192–193, 196, 198–199.

5 Wills, *Reagan's America*, pp. 12, 16–18; Reagan with Hubler, *Where's the Rest of Me?*, p. 6.

6 Wills, *Reagan's America*, pp. 295–296, 314–319, 328–330, 336–337; Michael Paul Rogin, *Ronald Reagan, the Movie* (Berkeley: University of California Press, 1988), p. 33.

7 Wills, *Reagan's America*, pp. 319, 320–321, 332–333, 347, 350–354.

8 Rogin, *Ronald Reagan, the Movie*, p. 34; Wills, Reagan's America, p. 319.

9 Wills, *Reagan's America*, pp. 129–130, 460; Paul Slansky, "Reaganisms in Review: You Ain't Heard Nothing Yet," *New Republic*, Jan. 6, 1986, p. 10.

10 "Order of the Draft Drawing," *New York Times*, Dec. 2, 1969, pp. 1, 20.

11 림보는 "축구 무릎"과 "A–F 분류" 때문에 징병되지 않았다고 여러 번 주장하기도 했다. James D. Retter, "Counterpunch: A Rush to Judgment on Limbaugh?," *Los Angeles Times*, May 25, 1998, p. F3; Paul D. Colford, "Limbaugh Told Short Version of Draft Story," *Star Tribune*, Minneapolis, Sept. 27, 1993, p. 1E; Kevin Sack and Jeff Gerth, "The Favors Done for Quayle: A New Look at Guard Stint," *New York Times*, Sept. 20, 1992, p. 1.

12 Fred Turner, *Echoes of Combat*, pp. 63–64.

13 Young, *The Vietnam Wars*, p. 213; Seymour M. Hersh, "What Happened at My Lai?," in Gettleman et al., eds., *Vietnam and America*, pp. 403–404.

14 H. Bruce Franklin, *M.I.A. or Mythmaking in America* (New York: Lawrence Hill, 1992), pp. xi, 3–4, 11–14, 48–49, 60, 93–95, 122–125, 129.

15 David Morrell, *Blood Oath* (New York: St. Martin's/Marek, 1982), p. 101.

16 Joseph H. Pleck, "The Theory of Male Sex–Role Identity: Its Rise and Fall, 1936 to the Present," in *The Making of Masculinities: The New Men's Studies*, Harry Brod, ed. (New York: Routledge, 1987), pp. 34–35.

17 Audie Murphy, *To Hell and Back* (New York: Grosset & Dunlap, 1949), pp. 10, 11, 272–273; Don Graham, *No Name on the Bullet* (New York: Viking, 1989), pp. 119–120.

18 Murphy, *To Hell and Back*, pp. 188–189.

19 Graham, *No Name on the Bullet*, pp. 190, 274, 278–279, 287–288, 300–301,

313–314, 320.

20 같은 책, p. 124.

21 같은 책, p. 327.

22 John Sack, *Lieutenant Calley: His Own Story* (New York: Viking 1971), p. 28.

23 Murphy, *To Hell and Back*, p. 269.

24 Peter Marin, "Living in Moral Pain," in *The Vietnam Reader*, Walter Capps, ed. (New York: Routledge, 1991), pp. 43, 48.

25 David Morrell, *First Blood* (London: Headline Feature, 1992), pp. vii–viii.

26 David Morrell, *First Blood* (New York: Armchair Detective Library, 1990), p. ii.

27 Morrell, *First Blood*, Headline Feature edition, p. 25.

28 같은 책, p. 17.

29 같은 책, pp. 8–9, 18.

30 Morrell, *First Blood*, Armchair Detective Library edition, pp. 55, 90.

31 같은 책, p. 77.

32 같은 책, pp. 172–173.

33 같은 책, p. 239.

34 같은 책, p. 240.

35 같은 책, p. iii.

36 같은 책, pp. 155, 224.

37 같은 책, p. 156.

38 같은 책, pp. 250–252.

39 같은 책, p. iii.

40 Vietnam Veterans Against the War, *The Winter Soldier Investigation: An Inquiry into American War Crimes* (Boston: Beacon, 1972), pp. 109, 167, 171.

41 *Vietnam: The Soldiers' Story*, The Learning Channel, 1998.

42 David Rabe, *The Vietnam Plays*, vol. 1 (New York: Grove, 1993), p. 89.

43 David Rabe, *The Basic Training of Pavlo Hummel*, in *The Vietnam Plays*, vol. 1, p. 60.

44 David Rabe, *Sticks and Bones*, in *The Vietnam Plays*, vol. 1, pp. 108–109.

45 Rabe, *Sticks and Bones*, pp. 166–167.

46 같은 책, pp. 153, 173.

47 Rabe, *The Basic Training of Pavlo Hummel*, p. 34.

48 David Rabe, "First Blood," unpublished draft, pp. 1–3.

49 같은 글, pp. 21, 100–101.

50 같은 글, pp. 23, 26, 94–95.

51 같은 글, p. 102.

52 Pat H. Broeske, "The Curious Evolution of John Rambo," *Los Angeles Times Calendar*, Oct. 27, 1985, p. 32.

53 Graham, *No Name on the Bullet*, pp. 261–262.

54 Mary Shelley, *Frankenstein* (New York: Dover, 1944), pp. 93–94; Eleanor Flexner, *Mary Wollstonecraft: A Biography* (New York: McCann and Geoghegan, 1972), pp. 251, 254.

55 Kevin Sessums, "Rocky Gets Real," *Vanity Fair*, Sept. 1990, p. 199.

56 Lester A. Sobel, ed., *Space: From Sputnik to Gemini* (New York: Facts on File, 1965), pp. 9–10.

57 Kirk Douglas, *The Ragman's Son* (New York: Pocket, 1988), pp. 417–418.

58 David Morrell, *Rambo: First Blood Part II* (New York: Jove, 1985), pp. 62–64, 235–236.

59 Gerald Early, *The Culture of Bruising* (Hopewell, N.J.: Ecco, 1994), p. 94.

8장 불타 버린 집

1 Stephen Braun, "A Trial by Fire in the '60s," *Los Angeles Times*, Dec. 18, 1995, p. A1.

2 Lloyd Grove, "Pat Buchanan, Sunny Side Up," *Washington Post*, Feb. 26, 1996, p. B1; Jeffrey H. Birnbaum, "The Pat Solution," *Time*, Nov. 6, 1995, p. 24; Michael Lewis, "Reality Bites: Journalist's Account of Pat Buchanan's Presidential Campaigning," *New Republic*, March 25, 1996, p. 23; Susan Faludi, "Pat Buchanan's Traitors," *LA Weekly*, Aug. 23–Aug. 29, 1996, p. 17.

3 Peter Carlson, "Vast Winged Conspiracies: Something to Worry About from the Pages of Paranoia," *Washington Post*, March 16, 1999, p. C1; Adam Parfrey and Jim Redden, "Patriot Games," *Village Voice*, Oct. 11, 1994, p. 26.

4 James D. Tabor and Eugene V. Gallagher, *Why Waco?* (Berkeley: University of California Press, 1995), pp. 1–3, 22; *Turning Point*, ABC News, July 13, 1995; "FBI News Conference, Waco, Texas," Federal News Service, April 20, 1993; "The Waco Hearings, Day 6, Part 6,"

CNN, July 26, 1995.

5 Richard Leiby, "Taking Waco on Its Own Terms: For the Hearings, Some Useful Words on the Lexicon," *Washington Post*, July 20, 1995, p. C3; Glenn F. Bunting, "Embers of Doubt Remain About Cause of Waco Blaze," *Los Angeles Times*, July 16, 1995, p. A1; Dick J. Reavis, "What Really Happened at Waco," *Texas Monthly*, July 1995, p. 88.

6 Starley McGuyre, "It Takes a Government," July 16, 1997, Info@waco93.com.

7 "Perspectives," *Newsweek*, Aug. 7, 1995, p. 17.

8 Jack Anderson, *Inside the NRA: Armed and Dangerous* (Beverly Hills: Dove, 1996), p. 116.

9 James Moore, *Very Special Agents* (New York: Pocket, 1997), p. 286.

10 Tabor and Gallagher, *Why Waco?*, pp. 42, 85–86, 101–102, 120.

11 *Waco: The Rules of Engagement*, prods. Dan Gifford, William Gazecki, and Michael McNulty, and dir. William Gazecki, SomFord Entertainment/Fifth Estate Productions, 1997.

12 같은 영화.

13 Richard Slotkin, *Regeneration Through Violence: The Mythology of the American Frontier, 1600-1860* (Middletown, Conn.: Wesleyan University Press, 1973), pp. 112–115; Christopher Catiglia, *Bound and Determined: Captivity, Culture-Crossing, and White Womanhood from Mary Rowlandson to Patty Hearst* (Chicago: University of Chicago Press, 1996), pp. 23, 45–52; Annette Kolodny, *The Land Before Her: Fantasy and Experience of the American Frontiers, 1630-1860* (Chapel Hill: University of North Carolina Press, 1984), pp. 10–11, 17–34.

14 J. Nils Wright, "Nationwide Leaving State Property/Casualty Market," *Business Journal-Sacramento*, June 7, 1993, section 1, p. 4; "Ex–Agents Suing Nationwide," *Business Insurance*, May 3, 1993, p. 2.

15 Richard Leiby and Jim McGee, "Still Burning: Was Waco a Massacre?," *Washington Post*, April 18, 1997, p. C1.

16 이와 함께 Tabor and Gallagher, *Why Waco?*, p. 227; "Bulldozing of Site Decried; Lawyers Say Razing of Compound Prevents Unbiased Probe," *Dallas Morning News*, May 14, 1993, p. 31A 또한 참고.

17 "Basic Final Investigative Report of USS *Forrestal* Fire," Office of the Judge Advocate General, Department of the Navy, Sept. 19, 1967.

18 같은 글. 마이크 맥널티가 촬영한 푸티지는 이 재난 사고에 관한 TV 다큐멘터리 "USS *Forrestal*: Situation Critical," Discovery Channel, August 3, 1997에서 확인할 수 있다.
19 "*Waco: The Rules of Engagement*, Synopsis," promotional literature, SomFord Entertainment, 1997.
20 "Right–Wing Radio Station Burns Down," *UPI*, Nov. 30, 1997.

9장 깡통에 든 남자

1 Leslie A. Fiedler, *The Collected Essays of Leslie Fiedler*, vol. 2 (New York: Stein & Day, 1971), pp. 390–391, 394.
2 Col. Edwin E. "Buzz" Aldrin with Wayne Warga, *Return to Earth* (New York: Random House, 1973), pp. 6, 54, 86, 306.
3 같은 책, p. 10.
4 같은 책, pp. 257, 268.
5 Barbara Kramer, *Neil Armstrong: The First Man on the Moon* (Springfield, N.J.: Enslow, 1997); Matthew Purdy, "To the Moon: In Rural Ohio, Armstrong Quietly Lives on His Own Dark Side of the Moon," *New York Times*, July 20, 1994, p. A14; Al Salvato, "Out of the Moonlight," *Dallas Morning News*, July 24, 1994, p. 35A; "Apollo 11 Anniversary, Michael Collins: The Man Who Stayed Behind," *UPI*, July 8, 1989; Aldrin, *Return to Earth*, p. 278; Lawrence Wright, "Ten Years Later, the Moonwalkers," *Look*, July 1979, p. 22.
6 "How Seven Were Chosen," *Newsweek*, April 20, 1959, p. 64.
7 M. Scott Carpenter, L. Gordon Cooper, et al., *We Seven* (New York: Simon & Schuster, 1962), dust jacket copy and pp. 4, 10, 11.
8 "America's New Hero," *U.S. News & World Report*, March 5, 1962, p. 22; James Reston, "Is the Moon Really Worth John Glenn?," *New York Times*, Feb. 25, 1961, section 4, p. 10; David Lawrence, "Man's 'Finest Hour,'" *U.S. News & World Report*, March 5, 1962, p. 108.
9 "Here Are the U.S. Spacemen: Mature, Married, Fathers," *U.S. News & World Report*, April 20, 1959, p. 112; "Space Voyagers Rarin' to Orbit," *Life*, April 20, 1959, p. 22.
10 John W. Finney, "7 Named as Pilots for Space Flights Scheduled in 1961,"

New York Times, April 10, 1959, p. 1.

11 Tom Wolfe, *The Right Stuff* (New York: Bantam, 1980), pp. 67, 191–192; Alan B. Shepard, "The Astronaut's Story of the Thrust into Space," *Life*, May 19, 1961, pp. 25–26.

12 Tom Wolfe, *The Right Stuff*, p. 64; *Moon Shot: The Inside Story of the Apollo Project*, TBS Productions, 1994.

13 Carpenter et al., *We Seven*, p. 71.

14 Wolfe, *The Right Stuff*, pp. 61–62, 78–89, 155, 158; Norman Mailer, *Of a Fire on the Moon* (Boston: Little, Brown, 1970), p. 47.

15 Wolfe, *The Right Stuff*, p. 151. Carpenter et al., *We Seven*, p. 330; Wolfe, *The Right Stuff*, pp. 160–162; Brian O'Leary, *The Making of an Ex-Astronaut* (Boston: Houghton Mifflin, 1970), p. 79.

16 Carpenter et al., *We Seven*, p. 330; Wolfe, *The Right Stuff*, pp. 160–162; Brian O'Leary, *The Making of an Ex-Astronaut* (Boston: Houghton Mifflin, 1970), p. 79.

17 Donald Slayton, "We Believe They Should Leave the Flying to Us," *Life*, Sept. 27, 1963, p. 90.

18 Michael L. Smith, "Selling the Moon," in *The Culture of Consumption*, Richard Wightman Fox and T. Jackson Lears, eds. (New York: Pantheon, 1983), p. 194; O'Leary, *The Making of an Ex-Astronaut*, p. 231.

19 Carpenter et al., *We Seven*, pp. 23–24.

20 같은 책, p. 24.

21 Wolfe, *The Right Stuff*, p. 160; *Moon Shot: The Inside Story of the Apollo Project*; Slayton, "We Believe They Should Leave the Flying to Us," p. 90.

22 Carpenter et al., *We Seven*, pp. 93–94.

23 같은 책, p. 94.

24 *Moon Shot: The Inside Story of the Apollo Project*.

25 O'Leary, *The Making of an Ex-Astronaut*, p. 167.

26 Wolfe, *The Right Stuff*, pp. 74–77, 152, 202.

27 Aldrin, *Return to Earth*, p. 15.

28 O'Leary, *The Making of an Ex-Astronaut*, p. 102.

29 Richard Matheson, *The Shrinking Man* (New York: Berkley, 1969), front cover.

30 Aldrin, *Return to Earth*, pp. 54, 56–58.

31 같은 책, pp. 256, 260.

32 같은 책, pp. 180, 278–280.

33 같은 책, pp. 280–281.

34 같은 책, pp. 267, 289, 292–293, 299.

35 같은 책, pp. 23, 256.

36 Michael L. Smith, "Selling the Moon," in Fox and Lears, eds., *The Culture of Consumption*, p. 201.

37 Wolfe, *The Right Stuff*, p. 182.

38 Richard F. Shepard, "$2,000,000 Radio–TV Coverage Carries Story of Flight to Nation," *New York Times*, Feb. 21, 1962, p. 22.

39 "Applause, Tears and Laughter and the Emotions of a Long–Ago Fourth of July," *Life*, March 9, 1962, p. 34.

40 Raymond Moley, "What's Back of a Hero," *Newsweek*, April 9, 1962, p. 116; John P. Shanley, "Julie Harris, as Victoria, Wins TV Emmy," *New York Times*, May 23, 1962, p.91.

41 "Applause, Tears and Laughter," p. 34; "Hero's Words to Cherish," *Life*, March 9, 1962, p. 4.

42 Wolfe, *The Right Stuff*, pp. 291, 293–294; "America's New Hero," *U.S. News & World Report*, March 5, 1962, p. 22.

43 Aldrin, *Return to Earth*, pp. 45, 206–207; "Off to the Moon," *Life*, July 4, 1969, cover; "Leaving for the Moon," *Life*, July 25, 1969, cover. 실제 착륙을 기록한 커버스토리에는 달 표면에 있는 깃발과 발자국만 등장했다. "On the Moon," *Life*, Aug. 8, 1969.

44 Aldrin, *Return to Earth*, p. 45.

45 Buzz Aldrin and John Barnes, *Encounter with Tiber* (New York: Warner, 1996).

46 R.W. Apple, Jr., "Hollywood, D.C.," *New York Times Magazine*, Nov. 15, 1998, p. 40.

47 Sanyika Shakur, a.k.a. Monster Kody Scott, *Monster: The Autobiography of an L.A. Gang Member* (New York: Penguin, 1994), p. 100.

48 같은 책, pp. 6–7, 13, 52, 86–94.

49 *Eight-Tray Gangster: The Making of a Crip*, Thomas Lee Wright, prod. and dir., ETGSaramatt Productions, 1993.

50 같은 영화.

51 Shakur, *Monster*, pp. 110, 117.

52 같은 책, pp. 60, 72, 78, 84, 99, 110, 169, 178.

53 Malcolm W. Klein, *The American Street Gang* (New York: Oxford

University Press, 1995), pp. 60–64.

54 Shakur, *Monster*, p. 56.

55 *Eight-Tray Gangster*.

56 Shakur, *Monster*, p. 5.

57 Léon Bing, *Do or Die* (New York: HarperPerennial, 1991), pp. 237–265.

58 William Broyles, Jr., *Brothers in Arms: A Journey from War to Peace* (Austin: University of Texas Press, 1986), pp. 171–172.

59 J. Glenn Gray, *The Warriors: Reflections on Men in Battle* (New York: Harper Torchbooks, 1959).

60 David Whitman, "The Untold Story of the L.A. Riot," *U.S. News & World Report*, May 31, 1993, p. 34; "Moment of Crisis: Anatomy of a Riot," *Nightline*, ABC, May 28, 1992.

61 Ted Koppel and Kyle Gibson, *Nightline: History in the Making and the Making of Television* (New York: Times, 1996), p. 417.

62 "Los Angeles Revisited, Part Two," *Nightline*, ABC, Oct. 22, 1992.

63 Amy Wallace, "Making the Monster Huge," *Los Angeles Times Magazine*, April 4, 1993, p. 16.

64 같은 글.

65 "Monsta," *60 Minutes*, CBS, July 31, 1994.

66 Miles Corwin, "Police Arrest Fugitive Gang Member Turned Author," *Los Angeles Times*, May 29, 1996, p. B1.

67 같은 글.

68 "Los Angeles Revisited, Part Two," *Nightline*, ABC, Oct. 22, 1992.

69 Nathan Irvin Huggins, *Harlem Renaissance* (New York: Oxford University Press, 1971), pp. 258–259.

70 Hugh Pearson, *The Shadow of the Panther* (Reading, Mass.: Addison–Wesley, 1994), p.130.

71 Robert F. Williams, *Negroes with Guns* (Chicago: Third World, 1973), p. 46; Malcolm X with Alex Haley, *The Autobiography of Malcolm X* (New York: Ballantine, 1993), p. 245.

72 Susan Sontag, "Notes on 'Camp,'"" in *Against Interpretation* (New York: Farrar, Straus & Giroux, 1966), p. 288; Esther Newton, *Mother Camp: Female Impersonators in America* (Chicago: University of Chicago Press, 1979), p. 103; Mike Phillips, Barry Shapiro, and Mark Joseph, *Forbidden Fantasies: Men Who Dare to Dress in Drag* (New York: Collier, 1980), p. 30.

73 Encyclopedia of camp cited in Andrew Ross, *No Respect: Intellectuals and Popular Culture* (New York: Routledge, 1989), p. 146; Sontag, "Notes on 'Camp'" p. 277.

74 John D'Emilio and Estelle B. Freedman, *Intimate Matters: A History of Sexuality in America* (Chicago: University of Chicago Press, 1997), pp. 290–291, 318; Allan Bérubé, "The History of Gay Bathhouses," in *Policing Public Sex*, Ephen Glenn Colter, Wayne Hoffman, et al., eds. (Boston: South End, 1996), pp. 187–220; Martin Duberman, *Stonewall* (New York: Plume, 1994), pp. 181, 193–195.

75 Duberman, *Stonewall*, pp. 188, 192–209; "4 Policemen Hurt in 'Village' Raid," *New York Times*, June 29, 1969, p. 33.

76 Duberman, *Stonewall*, pp. 183, 188–189, 191.

77 Charles Kaiser, *The Gay Metropolis* (New York: Harvest, 1997), p. 212.

78 Ross, *No Respect*, p. 163; Kaiser, *The Gay Metropolis*, p. 205.

79 *Gay Pride Day, 1973*. 비디오를 보여 준 마틴 듀버먼(Martin Duberman)과 테이프 사본을 빌려준 아니 칸트로위츠(Arnie Kantrowitz)에게 감사의 말을 전한다. 또한 Martin Duberman, *Cures: A Gay Man's Odyssey* (New York: Dutton, 1991), pp. 278–279 참고.

80 D'Emilio and Freedman, *Intimate Matters*, p. 323.

81 Jack Nichols, "Butcher Than Thou: Beyond Machismo," in *Gay Men: The Sociology of Male Homosexuality*, Martin P. Levine, ed. (New York: Harper & Row, 1979), pp. 328–342; Seymour Kleinberg, *Alienated Affections: Being Gay in America* (New York: St. Martin's Press, 1980), pp. 146, 150.

82 한 가지 주목할 만한 예로 백만장자 사업가 데이비드 굿스타인(David Goodstein)은 1974년 《디애드버킷(The Advocate)》을 인수하고 「편집장의 말」에서 게이 활동가들이 주류에 동화되고 수용되는 것을 막는 "방해꾼들"이라고 비난했다. 이후 수십 년간 《애프터다크(After Dark)》와 같이 독자들이 후원하는 게이 잡지들은 얄팍하게 위장한 소비자 마케팅 수단, 즉 광고가 후원하는 잡지들로 대체되었다. 《아웃(Out)》이나 《장르(Genre)》 같은 잡지에서 주류 셀러브리티들은 표지를 점했으며, 젊고 건강한 사람들은 본문 지면에서 꾸며지고 재창조되었다. Duberman, *Midlife Queer: Autobiography of a Decade, 1971-1981* (Madison: University of Wisconsin Press, 1996), p. 74; Daniel Harris, *The Rise and Fall of Gay Culture* (New York: Hyperion, 1997), pp. 67, 73–75, 78–79 참고.

83 Michael Wilke, "Gay Overtones Seen in Abercrombie Ads: The Duke's

Descendants Star in 8–Pager Shot by Bruce Weber," *Advertising Age*, Sept. 16, 1996, p. 20.

84 Paul Tharp, "Devil's in Details: Condé Nast Bets on 'Swashbuckler,'" New York Post, May 16, 1997, p. 27.

85 Maureen Dowd, "Youth–Art–Hype: A Different Bohemia," *New York Times Magazine*, Nov. 17, 1985, p. 26; "Paying Attention to Details," *Newsweek*, June 3, 1985, p. 82.

86 Stephen Saban, "Conflict of Interest," *Details*, July 1982, p. 5.

87 Stephen Saban, "Karma Out of the Closet: A Luncheon Intercourse with Marilyn and Boy George," *Details*, June 1985, p. 78.

88 "It's a Man's World," *Details*, Aug. 1989, p. 155; Gene Krell, "Commentary," *Details*, Sept. 1989, p. 314.

89 Gene Krell, "Clothes for the New Depression," *Details*, Oct. 1987, p. 107; Charoline Olofgörs, "Dandy Lions," *Details*, August 1988, p. 135; Mick Farren, "Clothes Encounter," *Details*, March 1983, p. 32.

90 Allee Willis, "Some Like It Smog," *Details*, Oct. 1987, p. 148.

91 Kathy Kalafut, "Dangerous Liaisons," *Details*, March 1990, p. 147; Suzanne Huthert, "Commentary," *Details*, Feb. 1990, p. 162.

92 John Gabree, "Magazines: Details a Trendy Comer Among Fashion–Conscious Periodicals," *Los Angeles Times*, March 24, 1988, section 5, p. 5; Michael Gross, "True Brit," *New York*, March 21, 1988, p. 22.

93 Thomas Palmer, "Men: The Last Frontier," *Boston Globe*, March 18, 1990, p. A1.

94 같은 글; Michael Garry and Henry Eng, "Men, Men, Men: New Men's Magazines," *Marketing & Media Decisions*, Sept. 1990, p. 38.

95 Geraldine Baum, "King James," *Los Angeles Times*, May 10, 1994, p. E1.

96 Chris Salewicz, "England Swings (By the Neck)," *Details*, Oct. 1982, p. 9.

97 *Details*, Sept. 1990, pp. 25, 26–27, 31.

98 "Clothed for Vocation," *Details*, May 1991, p. 14; "Stylin'," *Details*, Nov. 1990, p. 37.

99 Pat Blashill, "A Force of One," Details, Jan. 1994, p. 66; Henry Rollins, "Iron and the Soul," *Details*, Jan. 1993, p. 40. 이와 관련해서는 Thomas Frank, "Why Johnny Can't Dissent," in *Commodify Your Dissent*, Thomas Frank and Matt Weiland, eds. (New York: W.W. Norton, 1997), pp. 41–43 함께 참고.

100 "Details," *Details*, May 1991, p. 39.

101 Pam Slater, "Men's Turn to Be the Clotheshorse," *Sacramento Bee*, April 18, 1997, p. G1; Christine Shenot, "Dressing Up: Men's Apparel Perking for Some Retailers," *Orlando Sentinel*, Jan. 15, 1994, p. C1; Julie Vargo, "No Post–Thanksgiving Hangover: Men's Wear Business Maintains Its Fast Pace," *Daily News Record*, Dec. 6, 1994, p. 12.

102 *Details marketing book*, spring 1990.

103 "Feat First," *Details*, March 1991, pp. 96–103.

104 "1996 Details Subscriber Study," MRI Custom Division, spring 1996.

105 James Patrick Melendez, "Letters," *Details*, May 1991, p. 8.

106 Keith Blanchard, "Pay for Play," *Details*, May 1992, p. 30.

107 Blake Nelson, "Straight, No Chaser," *Details*, Dec. 1993, p. 78.

108 Anthony Kiedis, "Whole Lotta Love," *Details*, July 1992, p. 34.

109 같은 글, p. 38.

110 같은 글, p. 34.

111 Memo from Roger Trilling to James Truman, Aug. 31, 1992.

112 "The Bad and the Beautiful," *Details*, March 1992, p. 104.

113 Anka Radakovich, "Love for Sale," *Details*, May 1993, p. 66; Anka Radakovich, "Voyeurvision," *Details*, Dec. 1993, p. 100; Anka Radakovich, "King for a Day," *Details*, June 1995, p. 83.

114 Chris Heath, "Flesh Prince," *Details*, May 1992, p. 86.

115 Blake Nelson, "How to Date a Feminist," *Details*, Aug. 1993, p. 46.

116 "SICK, A Paul Morrissey Film," *Details*, July 1993, p. 111.

117 Stephen Saban, "Tim–ber!," *Details*, Sept. 1990, p. 89.

118 Amy Spindler, "The Men's Shows Seek a New Hero," *New York Times*, Feb. 11, 1997, p. B9; James Ledbetter, "Sweating the Details," *Village Voice*, May 27, 1997, p. 43; Paul D. Colford, "Out to Get Their Man, Newcomers Vying for Male Readers," *Newsday*, May 15, 1997, p. B2.

119 "Opportunity Rocks!," *Details*, June 1997.

120 Harold Hayes, ed., *Smiling Through the Apocalypse: Esquire's History of the Sixties* (New York: Esquire, 1987), pp. xvi–xvii.

121 Barbara Ehrenreich, *The Hearts of Men* (Garden City, N.Y. Anchor, 1983), pp. 42–51.

122 Ads for Playboy products, *Playboy*, September 1962, p. 206; November 1962, pp. 158, 165.

123 "What Sort of Man Reads *Playboy*?" *Playboy*, May 1962, p. 45; "What Sort of Man Reads *Playboy*?" *Playboy*, Oct. 1962, p. 73.
124 D'Emilio and Freedman, *Intimate Matters*, p. 303.
125 Judith Newman, "Men Will Be Boys," *Adweek*, March 8, 1999, p. S44.
126 Richard Turner with Ted Gideonse, "Finding the Inner Swine," *Newsweek*, Feb. 1, 1999, p. 52.
127 Nancy Miller, "The F*#@ing Holidays," *Maxim*, Dec. 1998, p. 72; "Steal the Girl," *Maxim*, Dec. 1998, p. 50.
128 "The Triumph of Cleavage Culture," *Esquire*, Feb. 1999, cover story; "Because Beauty Has Something to Say," *Esquire*, Nov. 1997, cover story; "Rhymes with Boom–Boom," *GQ*, Jan. 1999, cover story.

10장 텐트를 칠 때까지

1 Michiko Kakutani, "Adolescence Rules!" *New York Times Magazine*, May 11, 1997, p. 22; Steven Stark, "Where the Boys Are," *Atlantic Monthly*, Sept. 1994, p. 18.
2 William L. Hamilton, "The Mainstream Flirts with Pornography Chic," *New York Times*, March 22, 1999, p. B9.
3 Brett Sporich, "Adult Revenues Jumped to $4.2B, Says Publisher, Adult Video News," *Video Business*, Jan. 26, 1998, p. 4; Joel Stein, "Porn Goes Mainstream," *Time*, Sept. 7, 1998, p. 54.
4 Linda Lovelace with Mike McGrady, *Ordeal* (New York: Bell, 1983).
5 Scott St. James, "This Dick for Hire," *Hustler Erotic Video Guide*, April 1995, p. 46.
6 Karen Thomas, "No Blues Over Blue Movies," *USA Today*, Aug. 19, 1991, p. 2D; Bill Zwecker, "Sheen Still Thinks Ex Is Fine," *Chicago Sun-Times*, Jan. 15, 1993, p. 17.

11장 뒷이야기

1 Peter King, "Pick of the Litter," *Sports Illustrated*, April 19, 1999, cover story.
2 Leonard Shapiro, "Browns Racing to Get Ready," *Washington Post*, Oct. 6,

1998, p. E7; Vito Stellino, "Even If It's Not for Real, Bronco–Pack Rings a Bell," *Sun*, Baltimore, August 23, 1998, p. 14E; "Coveting the Browns," *USA Today*, July 28, 1998, p. 9C; "Background Player," *Plain Dealer*, Cleveland, Jan. 7, 1996, p. 1B.

3 Adam Bryant, "The Aerospace Merger: The Deal," *New York Times*, Dec. 16, 1996, p. A1; Elizabeth Douglass and Ralph Vartabedian, "Boeing Plans to Cut Nearly 6,000 Jobs in Southland," *Los Angeles Times*, March 21, 1998, p. A1; Laurence Zuckerman, "Boeing to Cut 8,200 Jobs By Year 2000," *New York Times*, March 21, 1998, p. B1; "A Conversation with Harry Stonecipher: Toward a Shared Vision," McDonnell Douglas Media Center, Oct. 1, 1994; John Mintz, "Celebrating a Turnaround: McDonnell Douglas, Once on the Edge of Bankruptcy, Is Blooming Again Under New CEO," *Washington Post*, Dec. 18, 1995, p. H1; Stanley Holmes, "Boeing Will Keep 737 Work Here," *Seattle Times*, Dec. 11, 1998, p. A1.

4 "'Cop Land' Press Conference," Miramax publicity tape, March 13, 1996; Jeannie Williams, "Low–Budget Drama Is Sly's Next Move," *USA Today*, March 14, 1996, p. 2D.

5 Thomas R. King, "MCA's Meyer Is Already Thinking Big," *Wall Street Journal*, Aug. 9, 1995, p. B8; Anita M. Busch, "MCA Slips Sly $60 Mil Deal," *Daily Variety*, Aug. 8, 1995, p. 1; Claudia Eller, "New MCA Head Hailed as Nice Guy by Friends, Foes," *Los Angeles Times*, July 11, 1995, p. A1.

6 Robert Marich, "Miramax Thinks 'Rambo' Loaded," *Hollywood Reporter*, May 14, 1997, p. 1.

12장 왕국의 반역자들

1 Todd Gitlin, *Sacrifice* (New York: Metropolitan, 1999), pp. 31, 33.

2 Alice S. Rossi, ed., *The Feminist Papers* (New York: Bantam, 1973), p. 29.

3 Betty Friedan, *"It Changed My Life": Writings on the Women's Movement* (Cambridge, Mass.: Harvard University Press, 1998), p. 23.

4 Betty Friedan, *The Feminine Mystique*, p. 208.

5 Carol Hymowitz and Michaele Weissman, *A History of Women in America* (New York: Bantam, 1978), p. 355; Marcia Cohen, *The Sisterhood* (New York: Simon & Schuster, 1988), pp. 189–194, 197–198; Flora Davis,

Moving the Mountain: The Women's Movement in America Since 1960 (New York: Simon & Schuster, 1991), pp. 111–114.

6 Sheila Ballantyne, *Norma Jean the Termite Queen* (Garden City, N.Y.: Doubleday, 1975), p.75.

7 Alice Embree, "Media Images I: Madison Avenue Brainwashing–the Facts," in *Sisterhood Is Powerful*, Robin Morgan, ed. (New York: Vintage, 1970), pp. 201, 206.

8 Lucy Komisar, "The Image of Woman in Advertising" in *Woman in Sexist Society: Studies in Power and Powerlessness*, Vivian Gornick and Barbara K. Moran, eds. (New York: Basic Books, 1971), p. 207.

9 A Redstocking Sister, "Consumerism and Women," in *Woman in Sexist Society*, p. 484.

10 Letter in Promise Keepers letters collection, Denver, Colo.

11 Mark Senak, *A Fragile Circle* (New York: Alyson, 1998), p. 223.

흔히 '남자들은 소통하지 않는다'고들 합니다. 그러나 이 책을 위해 기꺼이 술술 이야기를 들려준 남자분이 많았습니다. 이 분들은 저 통념이 신화에 불과함을 증명해 주었습니다. 개개의 투쟁을 언어화해 준 이분들의 솔직함과 용기에 가장 큰 신세를 졌습니다.

이 책에 관한 아이디어는 6년 전 스탠퍼드대학교의 존 S. 나이트 펠로십 기간 동안 구체화하기 시작했습니다. 특히 미국의 연구자 제이 플리걸먼에게 감사합니다. '남성성' 문학에 초점을 맞추어 고안된 플리걸먼의 강좌가 내게 길을 열어 주었습니다. 또한 본격적으로 이 주제에 뛰어든 초반에 기꺼이 나의 글을 실어 준 《뉴요커》《더블테이크》《에스콰이어》《LA 위클리》 편집자들의 지원으로부터 힘을 얻었습니다.

저작권 에이전트 샌드라 다익스트라는 언제나처럼 많은 격려를 해 주고 든든히 나를 받쳐 주었습니다. 초기에 도움을 준 에이미 레너드, 데버라 클라크, 제인 로레인저에게도 감사드립니다. 특히 최종 단계에서 꼼꼼히 사실관계를 확인해 준 벤 에런라이크에게 감사합니다. 덕분에 혼자 끙끙거리는 상황을 모면할 수 있었습니다. 종교학자 폴 보이어, 역사가 크리스천 애피, 사회학자 토드 기틀린은 각자의 분야와 관련된 장 초안을 너그러운 마음으로 읽어 주고 유용한 조언을 해 주었습니다. 제인 팰러첵의 우아한 디자인 덕분에 표지와 내지가 빛

날 수 있었습니다.

윌리엄 모로 출판사의 마이클 머피는 이 책 발행을 맡아 지원과 조언을 아끼지 않았습니다. 또한 윌리엄 모로 출판사의 리사 퀸과 섀린 로즌블룸에게 감사의 말을 전합니다. 이 책을 이해하고 세상에 내놓은 린 골드버그에게도 감사합니다.

수 호턴, 주디 슬론, 앨리스 라비올레트, 케빈 킹, 샌디 포크너, 밥 블랙, 마이클 빌턴, 셜리 저드, 아이라 러빈, 톰 라이트, 조너선 커시, 래리 저너, 수전 그로드, 스티브 오니, 매들린 스튜어트, 리즈 라이머, 딕 라이머, 캘리 베커, 로라 퍼파스, 롭 팔루디 그리고 매릴린 팔루디가 베풀어 준 도움과 조언, 크고 작은 친절에 감사합니다.

출판계에는 여전히 훌륭한 편집자가 더러 있습니다. 최고의 편집자 톰 엥글하트의 세심하고 사려 깊은 편집에 큰 도움을 받은 것은 축복입니다. 끝으로, 러스 라이머라는 좋은 남자의 돌봄과 지혜, 사랑이 없었다면 이 책을 쓰지 못했으리란 말을 남깁니다.

옮긴이의 글

화가 난 남자의 뿌리를 찾아서

수전 팔루디Susan Faludi는 1991년 삽십 대 초반의 나이에 『백래시Backlash』를 출간하고 퓰리처상을 수상했다. 이후 그는 『스티프트Stiffed』(1999)와 『테러 드림The Terror Dream』(2007), 『다크룸In the Darkroom』(2016)으로 이어지는 책 세 권을 더 썼다. 나는 이상 네 권을 한데 묶어 '팔루디 연작'이라고 부른다. '여성성의 신화'와 '남성성의 신화'를 질문의 장에 올려놓고 그 답을 찾고자 치열하게 '팩트'를 발굴해 내는 페미니즘 르포르타주이자 문화비평서라는 점에서, 이 네 권은 주제의식을 공유하는 연속적인 작업으로 볼 수 있다. 앞서 『백래시』 한국어판 해제를 쓰고 『다크룸』을 우리말로 옮긴 인연이 있던 차에, 이번에도 『스티프트』라는 놀라운 책의 번역을 맡아 뜻깊은 행운과 즐거운 고통을 누릴 수 있었다.

나는 페미니스트 문화연구자로서 '젠더 재현' 문제를 다뤄온 만큼 팔루디에게 큰 빚을 지고 있다. 『백래시』 번역본을 읽으며 대중문화와 대중 담론에 스며든 여성혐오를 분석하는 과정에서 팔루디의 관점과 방법론에 얼마나 많은 영향을 받았는지 확인했다면, 『스티프트』를 번역하는 동안에는 그간 수행한 남성성 분석 작업 역시 많은 부분 팔루디에게 빚지고 있음을 새삼 깨달았다. 점차 나만의 관점을 만들어 가던 와중에 팔루디에게 바탕을 두면서도 때로 그와 적극적으로 결별하기도 했지만, 이는 1990년대 미국을 살았던 팔루디와 2000년대 이후 한국을 살고 있는 나의 차이일 뿐 커다란 입장 차이라고 보긴 어렵다.

『백래시』는 2016년에야 한국에 소개됐지만, 25년이라는 시간차가 무색하게 '지금/여기의 이야기와 별반 다르지 않다'는 호응을 얻으며 젠더 분야 베스트셀러에 올랐다. 트랜스젠더 아버지 개인의 이야기에서 출발해 '정체성이란 무엇인가'라는 보편적인 질문을 탐구했던 『다크룸』은 2020년 변희수 하사가 커밍아웃을 하고 숙명여자대학교 트랜스젠더 합격생이 입학 포기를 강요당했던 시기와 맞물려 한국에 소개됐다. 이 책은 훗날 '한국 퀴어 출판의 역사'가 쓰인다면 반드시 기록되어야 할 중요한 작품이라고, 번역자로서 자부한다. 『스티프트』는 『백래시』와 마찬가지로 25년의 시간을 건너뛰어 한국 독자들과 본격적으로 만나게 됐다. 그런데 이 책에서 다루는 이야기가 과거사가 아닌 현재진행형이라는 현실 때문에 번역을 하는 내내 마음이 부대꼈다. 정치의 장에서 '화가 난 남자들'을 향해 표심을 구걸하는 여성혐오 공약이 등장하는가 하면, 이런 상황이 언론을 등에 업은 채 '이대남'(이십 대 남자) 현상으로 소비되고, 각종 '인셀'(비자발적 독신 남성) 범죄가 벌어지고 있는 2024년의 대한민국은 팔루디가 고군분투하며 누볐던 1990년대 미국과 꽤나 닮은꼴이라 당혹스럽게 느껴지곤 했다.

그리하여 여러분에게 『스티프트』를 건네며 『그런 남자는 없다』(허윤·손희정 외), 『한국, 남자』(최태섭), 『보통 일베들의 시대』(김학준), 『인싸를 죽여라』(앤절라 네이글), 『인셀 테러』(로라 베이츠) 같은 책들과 함께 읽어 보시기를 권한다. 『스티프트』는 이 모든 이야기의 시작에 무엇이 놓여 있는지를 보여준다. 하지만 읽기가 마냥 괴롭지만은 않을 거라 단언할 수 있다. 앎에는 어떤 형태로든 기쁨이 함께하기 마련이다. 이 책을 통해 독자들은 지금/여기를 이해하는 통찰과 더불어 팔루디의 시니컬한 유머 감각, 또 그 유머를 풍부하게 해 주는 인간에 대한 따뜻한 관심을 접하게 될 것이다. 그리고 이러한 요소들은 팔루디의 주특기라 할 수 있는 집요한 취재와 만나 매우 급진적인 세계 인식으로 완성된다. 그 현장을 여러분이 직접 목도하셨으면 한다.

1990년대, 여성의 세기?

1992년 3월 9일 자《타임》표지를 장식한 사람은 수전 팔루디와 글로리아 스타이넘Gloria Steinem이었다. 페미니즘 제2물결의 스타였던 스타이넘은 의자에 앉아 창밖을 바라보고, 그 옆에 선 팔루디는 정면을 향해 카메라와 눈을 맞추고 있다. 표제는 이랬다. '페미니즘에 맞선 백래시와 싸우기Fighting the Backlash against Feminism.'《타임》은 마치 페미니스트 세대교체 현장을 묘사하는 듯한 구도 속에, 1970년대 페미니즘 제2물결과 1980년대 백래시의 시대를 지나 '새로운 1990년대'를 이끌어 갈 차세대 페미니스트로서 수전 팔루디를 소개한다. 그는 이제 막『백래시』를 출간한 뒤 페미니즘은 물론 저널리즘에서도 놀라운 신예로 주목받던 참이었다.

그런데 1990년대는 어떤 시대였을까? 당시 미국 언론이 '여성의 세기'가 왔다며 성급하게 팡파르를 울려 댄 것처럼 실제로 여자들은 새로운 시대를 맞이하고 있었을까?《타임》은 1989년 12월 4일 자 커버스토리에서 '1990년대를 마주하고 있는 여성들'이라는 주제를 다루며 이렇게 질문했다. "1970~1980년대 여자들은 일과 가정, 양쪽을 다 손에 쥐려 했다. 여자들은 그 목표를 이뤘다. 그래서 그들에게 남은 것은 과연 무엇인가? 이제 그 비극적인 부작용에 관해 살펴보자." 이 기사는 여성의 사회 진출과 더불어 가정의 영역이 무너지고 재생산의 위기가 닥쳐왔다고 진단했다.《타임》1990년 11월 1일 자 특집기사 제목은 '여자들 앞에 놓인 길'로, 본지에서는 이렇게 도발한다. "당신들이 남자들처럼 되고 싶어 하자, 결국 아이를 돌보고 옷을 다리는 일은 최저 시급 일자리가 되었다. 당신들은 이제 쓰레기를 양산하는 회사 대표직을 차지했고, 전쟁터에서 총을 들 수도 있다. 이런 성공이 축하할 만한 것인가?" 재생산의 위기를 이기적인 여성들 탓으로 돌리고, 돌봄노동이 최저 시급 일자리가 된 것을 (돌봄노동을 천대하는 가부장주의적 자본주의의 문제가 아니라) 여자들 사이의 갈등 문제로 치환하는 언론의 태도. 그것이 바로 1980년대 백래시를 지나온 1990년대 남성적 미국Male America의 상식이었다.

이렇듯 페미니즘에 대한 반격backlash이 언론에서 (가장) 잘 팔리는 '상품'이자 사회적으로 통용되는 대중문화의 '장르 관습'으로 자리 잡은 1991년, 팔루디는 『백래시』를 세상에 내놓았다. 여기서 그는 언론·정치·영화·미용·패션·종교 등 광범위한 영역을 가로지르며 철저하게 취재하고, 이를 바탕으로 '페미니즘이 세상을 망친다'는 판타지가 어떻게 '팩트'로 둔갑했는지를 폭로한다. (당시 미국 사회는 뉴라이트가 기세를 잡으면서 전반적으로 보수화되어 가고 있었다. 그리하여 각 분야 전문가들은 이른바 전문가적 지식과 교묘히 조작된 통계 등을 바탕으로 '페미니즘이 세상을 망친다'는 결론에 도달했다.) 또한 어떤 사회에서 성평등이 이뤄지지 못해 여성이 더욱 불행해진다면 (그리고 '남녀 사이가 나빠진다'면) 그건 익숙한 편견처럼 문제가 아닌 것을 문제로 만드는 페미니스트들 때문이 아니라 그 사회에 페미니즘이 충분치 않기 때문임을 드러낸다. 페미니스트로서 팔루디는 안티페미니즘의 백래시가 기승을 부리던 미국 사회에 다시 한 번 현실을 정확하게 바라볼 수 있는 관점과 이를 규정하고 분석할 수 있는 개념을 제시했다. 시몬 드 보부아르Simone de Beauvoir의 『제2의 성Le Deuxième Sexe』, 베티 프리단의 『여성성의 신화』와 함께 『백래시』가 페미니즘 3대 선언으로 평가받았던 이유다.

하지만 1990년대 대중문화는 삼라만상을 이미지화하고 상품화하는 소비자본주의 시대와 만나 페미니즘 의제agenda까지도 흡수해 잘 팔리는 상품으로 전환시켰다. 청년 여성들 사이에선 '나는 페미니스트는 아니지만……'이라는 태도가 유행처럼 (혹은 백래시 시대의 생존 전략으로) 퍼졌으며, 1970년대 이후 페미니즘의 수혜를 입은 대중문화 콘텐츠들은 페미니즘 인식론을 자원화하면서도 그 뿌리를 적극적으로 지워 나갔다. 〈섹스 앤 더 시티Sex and the City〉 〈앨리 맥빌Ally McBeal〉 같은 로맨틱코미디 혹은 칙릿 장르에 등장하는 새로운 세계관은 페미니즘 없이는 탄생할 수 없는 상상력을 바탕으로 했지만, 애초에 페미니즘이 초래한 불온한 균열은 그 안에서 눈 녹듯 사라지고 없었다. 그리고 이토록 말랑말랑해진 1990년대식 포스트-페미니즘 텍스트는 여성들로 하여금 '이미 평등을 누리고 있는 개인인 당신이 노(오)력만 하면 원하는 바를 이루리라'는 신자유주의적 판타지를 내면화하도록 하는 동시에 사회 전반적으로도 '유리천장을 뚫은 먹고살 만한 알파걸·골드미스의 시대가 열렸다'는 왜곡된 젠더 인식을 공고하게 만들었다.

화가 난 남자들이 등장하기까지

1990년대 여성향 대중문화 콘텐츠에 등장하는 여자들은 '자고 싶은 남자와 자고, 신고 싶은 구두를 신는' 모습으로 그려졌다. 반면 이 시기에 대중적으로 호소력을 가진 '남성 서사'란 경제적으로 취약해진, 그리하여 자고 싶은 여자와 더 이상 잘 수 없게 된 '무명씨no-name'들의 대對사회 투쟁이었다. 척 팔라닉Chuck Palahnick의 『파이트 클럽Fight Club』(1996)이 바로 그 처절한 싸움을 묘사함으로써 베스트셀러가 된 소설이다. 그런데 이러한 경향은 아무 맥락 없이 갑자기 미국 사회에 떨어진 것이 아니었다.

미국 사회에서 '보편적인 남자'의 얼굴은 시대적·역사적 상황에 따라 계속 바뀌어 왔다. 1940년대 제2차세계대전 직후엔 외유내강형 사나이 존 웨인이 대표적인 얼굴이었다면, 1950년대에 접어들면 홈드라마 〈아빠가 제일 잘 알아〉에 등장하는 전지전능한 가부장이 그 자리를 차지한다. 그러다 1980년대에 이르러서는 깨어질 듯 아슬아슬한 내면을 강인한 근육질로 포장한 실베스터 스탤론(〈람보〉)과 브루스 윌리스(〈다이하드〉) 같은 '하드보디hardbody' 영웅들이 등장한다. 물론 〈코스비 가족 만세The Cosby Show〉(1984~1992)의 빌 코스비Bill Cosby가 다른 한쪽에 있긴 했지만 흑인 남성으로서 그는 매우 예외적인 존재였다. 말하자면 코스비는 본인이 대스타가 되었을 때에도, 그런 신분 상승을 통해 다른 흑인 남성들의 부상까지 견인할 순 없는 '주변화된 남성성'(R.W. 코넬)을 실천하고 있었던 셈이다. 레이건의 뉴라이트 정권 아래서 빌 코스비가 그토록 영향력을 얻을 수 있었던 건 (『스티프트』 6장에서 팔루디가 세밀하게 다루고 있듯) 백인 남자들이 베트남전쟁 트라우마에서 벗어나지 못해 허덕이고 있을 당시 미국 사회가 '백인 미국White America'에 동화된 규범적 흑인 남성 가장을 필요로 했기 때문이다. 팔루디는 『백래시』에서 이렇게 기술한 바 있다.

> 교육부에서 가족정책 책임자를 맡게 된 게리 바우어가 시민권 대표들에게 말했듯 "〈코스비 가족 만세〉에서 가르치는 가치는 새로운 연방 프로그램 한 무더기보다 저소득층 및 소수자 어린이들에게 더 유익할 것이다. (…) 많은 연구들이 가치가, 그러니까 복지 급여의 수준 같은 것보다 훨씬 더 중요함을 보여 준다." (…) 〔그가 이 쇼에서〕 가장 교훈적이라고 생각한 점은, "아이들이 아버지를 존경하는" 가족을 그리고 있다는 사실이었다.✠

✠ 수전 팔루디, 『백래시』, 성원 옮김, 아르테, 2017, 407쪽.

물론 우리는 2010년대에 이르러 '듬직한 가장' 빌 코스비의 얼굴 뒤에 성적 착취를 일삼던 포식자의 면모가 있었음을 확인하게 된다. 2015년 《뉴욕매거진New York Magazine》은 빌 코스비에게 성폭행당했다고 밝힌 여성 서른다섯 명의 사진을 실었는데, 이 보도 이후 자신의 피해 사실을 제보한 이들까지 포함하면 피해자 수는 쉰 명을 훌쩍 넘어선다. 좋은 가장이란 얼마나 깨어지기 쉬운 허상인가?!

1990년대가 되면 '좋은 남자' 톰 행크스가 '보편적인 남자'의 얼굴로 떠오른다. 그는 영화 〈빅Big〉(1988)에서 어느 날 갑자기 어른이 돼 버린 십 대 소년 '조시'를 연기하며 세계적인 스타가 됐다. 어른의 몸에 갇힌 소년의 마음. 그것이야말로 1990년대의 서막을 알리는 신호탄이었다. 언론이 '여성의 세기'가 열렸다며 법석을 떨 무렵, 실베스터 스탤론과 함께 액션 영웅으로서 쌍벽을 이뤘던 〈코만도Commando〉(1985)의 아널드 슈워제네거는 이제 '임신한 남자'가 되었고(〈주니어Junior〉), '치명적인 무기'였던(〈리썰 웨폰〉) 멜 깁슨은 여자들 마음의 소리를 듣게 되면서 '남성 우월주의자'에서 벗어난다(〈왓 위민 원트What Women Want〉). 이런 텍스트들은 확실히 변화한 시대를 보여 주는 동시에 전통적인 남성성이 무너지고 있다는 불안을 반영하고 있었다. '뉴래드New Lads'(새로운 청년)는 바로 그런 흐름 속에 등장했다. 이들은 '새로운 남자'로 거듭나고자 했던 '뉴맨New Man'—가정과 직장에서 성평등을 요구하는 여성들의 목소리에 동참하며 남성 페미니스트를 자처한 이들—과 선을 긋고 자유방임을 추구하면서, 어떤 것도 진지하게 대하지 않는 극도로 얄팍한 삶을 영위하려 했다. 그런 이들이 가장 하찮게 여기려 애쓴 대상은 여성, 그리고 여성과 맺는 관계였다. 1990년대의 '래드 문화'는 페미니즘이 남성의 권리를 훼손하고 있다고 여겼으며, 청년 남성들은 '다시 또 마초!'를 외치면서 기꺼이 방종한 삶의 태도와 성차별을 지향했다.

그렇게 2000년대가 열렸다. 영화 〈40살까지 못 해 본 남자 The 40-Year-Old Virgin〉(2005)에서 보듯, 이제 마흔이 되도록 '비자발적으로 동정을 지켜 온 남자'가 결국엔 돈도 잘 벌고 전통적인 모성을 탑재한 여자를 만나 결혼에 골인한다는 식의 서사를 향유하는 '래드 플릭lad flicks' 장르가 사랑받기 시작했다. 동성 친구들과 어울리며 액션피겨를 수집하고 게임에 몰두하는 이 시대의 '키덜트'는 여성과의 관계 안에서 잔뜩 겁먹은 채로 위축되어 있다. 그럼에도 여전히, 그들의 어깨를 펴 줄 수 있는 존재는 현명한 여자뿐이다. 지금 돌이켜 보면 저 '마흔 살까지 못 해 본 남자들'은 우리 시대 인셀의 안전하게 '열화'된 버전이었던 셈이다.

'화가 난 남자들' 혹은 '성난 백인 남성'은 그러한 바탕에서 탄생했다. 페미니즘이니, 근대의 종말이니, 소비자본주의니 하는 와중에 전통적인 남자다움의 가치는 말 그대로 '쓰레기'가 되었고, '아버지 같은 훌륭한 가장이 될 수 없을 것'이라는 불안이 미국의 젊은 남자들을 사로잡았다. 척 팔라닉의 『파이트 클럽』이 성공한 이유도 바로 여기에 있다. 저자 스스로 '위반 소설'이라 불렀으며 평자들에게서 반자본주의·반제도권 소설이라는 평가를 받았던 이 책은, '나는 아무것도 아니야, 나는 아무것도 아닌 것조차 아니야'라고 말하는 남자들이 폭력을 통해 스스로 무언가 대단한 존재가 되었다고 착각하는 과정을 따라간다.

화가 난 남자들, 배신당한 남자들

『스티프트』는 이러한 대중문화 형상figure과 영향을 주고받으며 현실을 살아간 수많은 미국 남자가 스스로에 대해 직접 이야기한 내용을 담은 책이다(그리고 놀랍게도 람보-스탤론 본인이 직접 등장하기도 한다).

앞서 팔루디는 『백래시』 작업을 하며 '화가 난 남자들'이라는 화두에 사로잡혔다. 1980년대 이후 미국에서는 뉴라이트가 부상하고 신자유주의화가 진전됨에 따라 임금 하락, 고용 불안정, 주택 가격 상승에 대한 불안감이 팽배해졌다. 그런데 이런 사회문제의 원인으로 지목된 것이 '남자 밥그릇 뺏는 이기적인 여자들'이었다. 특히 페미니스트와 젊은 여성은 '때리기 좋은 그림자shadow boxing'였는데, 충분한 근거를 댈 필요도 없이 그저 '페미니스트가 문제'라는 작은 힌트를 던져 주기만 하면 대중의 내면에 이미 자리 잡은 확증편향을 가동시킬 수 있었기 때문이다. 설사 이 시대 백래시가 언론과 정치인, 일부 전문가의 선동에 휘둘려 가속화된 결과라 할지언정, 이런 식의 서사가 잘 팔렸다는 사실은 거기에 부응하고 그 이야기를 듣고 싶어 하는 대중이 존재함을 드러낸다. 팔루디가 보기엔 이것이야말로 1980년대 백래시의 중요한 배경이자 양상이었다. 『스티프트』는 바로 이 지점에서 출발했다.

> 나 같은 페미니스트들을 괴롭힌 질문은 여성들의 변화에 남성들이 저항하는 이유의 본질이 무엇이냐는 것이다. 여성이 독립할 수 있다는 가능성을 불안해하는 남자들이 왜 그토록 많은 걸까? 그 가능성을 꺼리고, 이에 분개하고 두려워하며, 지독한 열정으로 맞서 싸우는 남자들이 왜 그토록 많을까?? 나의 조사는 이런 질문에서 시작됐다. (본문 99쪽)

팔루디는 이 질문에 대한 답을 찾기 위해, 미국 사회를 지배하고 있던 '고개 숙인 남자' '남성성의 위기' 판타지의 한복판으로 걸어 들어간다. 그리고 6년간 전국을 순회하며 신자유주의 아래 미국—모든 견고한 것이 자본주의 매트릭스 안으로 녹아들어 가고, 모든 것이 이미지 상품으로 전환돼 버리는 영토—을 살아가는 남자들이 느낀 환멸과 방향감각 상실을 조사한다. 그리하여 밝혀진 사실은, 1990년대 미국 남성들이 경험한 혼란이 결국 제2차세계대전 이후 풍요의 시대에 만들어진 남성성 신화와 그 좌절에 뿌리를 두고 있다는 것이다. 남자들을 배신한 것은 다름 아닌 전후 미국 사회의 가부장주의적 자본주의였다. 이 책 제목이기도 한 '스티프트stiffed', 즉 배신당한 남자들이라는 말은 여기서 비롯했다.

남자들은 사회가 던져 준 남성성 각본에 따라 남자로서의 삶을 성실히 수행하기만 하면 가장의 자리가 저절로 보장되리라 믿었다. 하지만 정보혁명을 지나 주목경제에 다다른 미국 자본주의는 노동력을 '쓰레기'(지그문트 바우만)로 만드는 데 몰두했고, 이로써 남자들 앞에 떨어진 것은 가혹한 구조조정과 온갖 돌이킬 수 없는 배신이었다. 그런데 놀라운 것은 팔루디가 '화가 난 남자들'의 반대편에서 '돌보는 남자들'의 전통을 발견했다는 점이다. 제2차세계대전까지 미국에서 남자를 남자로 만드는 것은 공동체의 공복公僕으로서 행하는 헌신이었다. 당시 남자들은 자연을 비롯한 타자 위에 군림하고 지배하는 자로서가 아니라, 돌보고 나누며 도움이 되는 자로서 자신의 가치를 찾았다. 허명을 날리기보다는 현실적인 쓸모를 발휘하는 것이야말로 남자다움의 근본이었기 때문이다. 그러나 이런 식의 전통적인 쓸모는 사라졌고, 이제 남녀 공히 미국인들 앞에 남은 것은 한없이 불안정한 '주목 경쟁'에 몰두하는 일뿐이다.

자신을 기꺼이 볼거리로 만들어야 하는 시대에 남자들은 불안을 느낀다. 전통적으로 볼거리가 되는 데 능숙했던 쪽은 언제나 여자들이었다. 그러나 팔루디가 정확히 지적하고 있듯 여자들은 페미니즘 제2물결을 타고, 자신을 대상화하는 시스템에 적극적으로 저항했다. 그 운동이 성공했건 실패했건 간에 여성의 역사에는 저항의 기억이 새겨진 셈이다. 반면 남자들은 그런 저항의 방법을 습득하지 못한 채, 팔루디가 '장식문화'라 부르는 주목경제 체제 아래서 길을 잃고 만다.

미국 사회는 이렇게 쓸모를 잃고 나침반을 잃은 남자들에게 새로운 길을 보여 주지 못한 상황에서 21세기를 맞이했다. 미국의 21세기는 9·11 테러로 시작됐고, 프로테스탄트적 가부장제를 기반으로 한 미국 우파는 가족 신화를 되살리는 방식으로 당시 미국의 위기를 극복하려 했다. 이 내용을 담은 책이 바로 팔루디의 『테러 드림』이다. 하지만 『스티프트』에서 파헤치고 있듯, 과거로의 회귀는 답이 될 수 없었다. 왜냐하면 신자유주의라는 경제체제 자체가 그런 '정상가족'과 아귀가 맞지 않았기 때문이다. 팔루디는 이 깨달음의 끝에 자신이 품고 있던 질문을 한 단계 더 밀어붙인다.

> 그래서 나의 질문은 바뀌었다. '남자들은 어째서 여자들이 더 자유롭고 건강한 삶을 위해 투쟁하는 것에 반대하는가'를 질문하는 대신, '남자들은 어째서 그들 자신의 싸움을 시작하지 않는가'를 질문하기 시작했다. 마구잡이로 더해 가는 트라우마에도 왜 남자들은 자신들의 곤경에 체계적이고 합리적으로 대응하지 않을까? 우리 시대의 문화가 말도 안 되게 모욕적인 방식으로 남자들에게 자신을 증명할 것을 요구하고 있는데도 왜 남자들은 반항하지 않는 걸까? (본문 100쪽)

바로 그 '반항하지 않는 남자들'이 2016년 트럼프를 대통령으로 선출했다. 그해 출간된 『스티프트』 20주년 기념판 서문에서 팔루디는 이렇게 말한다. '트럼프 지지자들의 등장에 깜짝 놀란 척하지 말라. 화가 난 남자들의 보수화야말로 내가 20년 전에 이 책에서 이미 다 했던 이야기 아닌가?'

미국에서 브로플레이크broflake(자신과 다른 의견을 만났을 때 쉽게 화가 나는 청년 남성들)가 등장하고 트럼피즘이 극성을 부리던 시기와 맞물려 한국에서는 '여성가족부 폐지'를 대선 공약으로 내건 보수당 당대표와 대통령 후보가 등장했다. 안티페미니즘 백래시를 의제로 삼은 정치인들이 그 목소리를 정치 세력화하면 언론에서 그것이야말로 대의라며 떠들어 대는 식이었다. 그리고 이 와중에 우리가 똑똑히 보게 된 것은, 편의점에서 아르바이트를 하던 여성을 '숏컷이니까 페미니스트'라며 폭행하는 남성의 등장이었다. 물론 이 자체가 완전히 새로운 현상이라고 말할 수는 없지만, 2023년 한국에서 이른바 '인셀 범죄'에 해당하는 칼부림 사건이 가시화됐다는 점은 확실히 주목할 만하다. 미국에서 인셀이 등장하는 데 바탕이 되었던 것, 즉 "틀에 박힌 남성성을 구현한, 완전히 전능한 백인 이성애자 남성이라는 관념"✠과 그로부터 탈각됐다는 불안 및 자포자기의 정서는 탈역사적인 것이 아니다. 우리는 『스티프트』라는 미국 현대 남성성의 원초경을 따라가면서 『파이트 클럽』의 '무명씨'가 어떻게 2014년의 엘리엇 로저(미국 인셀 범죄의 상징적인 인물)가 되고, 엘리엇 로저는 어떻게 2023년 대한민국 신림동에서 벌어진 칼부림 사건과 만나게 되는지, 그 이해의 폭을 연장하고 확장시킬 수 있을 것이다.

우리가 들어야 할 이야기

마지막으로 『스티프트』가 2020년대 한국 사회에 가지고 있는 현실적 의미에 대해 이야기 하면서 이 글을 마무리하는 게 좋겠다. 2015년 페미니즘 리부트 이후 뜨겁게 타올랐던 페미니

✠ 로라 베이츠, 『인셀 테러』, 성원 옮김, 위즈덤하우스, 2023, 41쪽.

즘 대중화 물결의 '화력'이 사그라들고 안티 페미니스트 백래시가 '새로운 진보'라도 되는 것처럼 과격화, 급진화되는 시점에 우리는 왜 이 책을 읽고 남성들의 이야기에 다시(!) 관심을 가져야 할까?

우리는 이에 대해 답하기 위해 신경아가 『백래시 정치』에서 소개하고 있는 '여성운동–반여성운동–국가의 삼각 모델'에 관심을 기울여 볼 수 있을 것이다. 안드레아 크리잔과 코니 로게반드는 무자비한 백슬라이딩의 시대에 "국가가 여성운동과 반여성, 반성평등 모두와 관계 맺는 삼각의 젠더 세력관계를 전제해야 한다"라고 제안하면서 이 삼자적 관계 모델을 제시했다. 즉, "안티페미니스트 공격을 일시적인 주장이나 비정상적 요구로 보기보다는 여성운동의 실천 과정에서 지속적으로 출현하는 반사회적 운동"으로 보고 이를 상수로 고려할 때 효과적인 전략의 틀을 구상할 수 있다는 것이다. 이를 위해서 우리는 삼각형의 다른 꼭짓점, 즉 반여성·반성평등 운동의 성격과 그 구성원들을 좀 더 제대로 이해할 필요가 있다.

팔루디의 『스티프트』는 이 이해에 중요한 통찰을 제공할 뿐만 아니라 어떤 태도로 제 문제에 접근해야 하는지에 대한 모범을 보여 준다. 그리고 이 모든 이야기의 끝에 "그리하여 다시 또 페미니즘"을 말하는 팔루디의 단단한 신념은 여전히 우리에게 용기와 힘이 되어 준다.

찾아보기

ㄱ

ㄷ

ㄹ

ㅁ

ㅂ

ㅅ

ㅇ

ㅈ

ㅊ

ㅋ

ㅌ

ㅍ

ㅎ

PHILOS FEMINISM
5

스티프트
배신당한 남자들

1판 1쇄 인쇄 2024년 3월 21일
1판 1쇄 발행 2024년 4월 5일

지은이 수전 팔루디
옮긴이 손희정
펴낸이 김영곤
펴낸곳 (주)북이십일 아르테

책임편집 최윤지 김유경
편집 김지영
디자인 오늘의풍경
기획위원 장미희

출판마케팅영업본부
본부장 한충희
마케팅 남정한 한경화 김신우 강효원
영업 최명열 김다운 김도연
해외기획 최연순 소은선
제작 이영민 권경민

출판등록 2000년 5월 6일 제406-2003-061호
주소 (10881) 경기도 파주시 회동길 201(문발동)
대표전화 031-955-2100
팩스 031-955-2151
이메일 book21@book21.co.kr

ISBN 978-89-509-0121-9 (03300)

이 번역서는 2021년 대한민국 교육부와 한국연구재단의 지원을 받아 수행된 연구임 (NRF-2021S1A5B8096142)

PHILOS FEMINISM

1 백래시: 누가 페미니즘을 두려워하는가?
수전 팔루디 지음 | 성원 옮김 | 손희정 해제
미디어, 자본, 정치가 결탁한 반(反)페미 여론전의 전말
132×204mm | 804쪽 | 48,000원

2 여성, 인종, 계급
앤절라 데이비스 지음 | 성원 옮김 | 정희진 해제
흑인 여성 공산주의자가 기록한 20세기 인권 투쟁의 역사
132×204mm | 400쪽 | 32,000원

3 워드슬럿: 젠더의 언어학
어맨다 몬텔 지음 | 이민경 옮김
사회언어학으로 추적하는 언어 속 젠더 부조리의 근원
132×204mm | 352쪽 | 24,000원

4 영장류, 사이보그 그리고 여자: 자연의 재발명
도나 해러웨이 지음 | 황희선·임옥희 옮김
사이보그 인류학의 권위자 도나 해러웨이의 대표작
132×204mm | 528쪽 | 36,000원

5 스티프트: 배신당한 남자들
수전 팔루디 지음 | 손희정 옮김
박탈감으로 들끓는 현대 젊은 남성의 초상화를 그리다
132×204mm | 1144쪽 | 70,000원

6 다크룸: 영원한 이방인, 내 아버지의 닫힌 문 앞에서
수전 팔루디 지음 | 손희정 옮김
폭력적 가부장에서 70대 트랜스여성이 된 아버지를 회고하다
132×204mm | 644쪽 | 33,000원